日本通史

THE HISTORY OF JAPAN

冯玮 ◎ 著

上海社会科学院出版社

目录

1	序言
1	第一章　史前时代
1	一、日本列岛的形成和日本人的起源
8	二、先土器时代
12	三、"我国的黎明期——绳文时代"
22	四、"文政十一年弥生十日"
29	作者点评
30	第二章　古坟·大和时代
30	一、倭人·邪马台国·古坟
38	二、"大和朝廷"的建立和倭的初步统一
47	三、"国家制法自滋始焉"
56	四、"兴隆三宝"和"飞鸟文化"
61	五、"大化改新"在刀光剑影下进行
69	六、律令制国家在"同室操戈"中建立
77	七、"因为日出东方,故称我国为日本"
84	八、白凤文化
94	作者点评
95	第三章　奈良时代
95	一、"和同开珎和平城京是律令国家的象征"
101	二、奈良时代:"政情不安和混迷的时代"
108	三、"日本"版图的迅速扩大
113	四、"遣隋、遣唐使的波及效应"
119	五、"文字的普及和个性的诞生"
125	作者点评
127	第四章　平安时代
127	一、迁都平安·巩固皇权
135	二、"虚弱的天皇和幼帝接连登基" ——"摄关政治"的前提
144	三、"由上皇或法皇在院厅主理国政"

153	四、唐风文化与国风文化"共存共荣"
159	五、佛教文化的繁荣
166	作者点评

168	**第五章　镰仓时代**
168	一、"源平争乱"
177	二、镰仓：武家政权的发祥地
183	三、执权治世的时代
189	四、"庄园制"和"御家人制"
198	五、忽必烈征伐："文永、弘安之役"
207	六、镰仓时代的"纹化"
212	七、"镰仓新佛教"
220	作者点评

221	**第六章　室町时代**
221	一、"一天两帝南北京"
229	二、"南北一统"和室町鼎盛
236	三、"乱"：从"禅秀之乱"到"应仁之乱"
241	四、"中世纪是'一揆'的时代"
249	五、日明复交和"勘合贸易"
255	六、神与佛的"共生"
261	七、"传承至今的日本独特的文化"
268	作者点评

269	**第七章　战国时代**
269	一、"应仁之乱"：日本历史的里程碑
278	二、"天下布武"
287	三、"天下布武路线的转换"
295	四、"从统一天下到侵略朝鲜"
304	五、"吉利支丹时代"的兴衰
314	六、"安土·桃山文化"和"南蛮文化" ——东西文化并行格局的形成

322　作者点评

第八章　江户时代

- 324　一、"元和偃武"：走向近世社会
- 331　二、幕藩体制的建立和享保改革
- 339　三、田沼政治和宽政改革
- 346　四、"大盐之乱"和"天保改革"
- 353　五、"锁国"和"开国"
- 360　六、尊王攘夷：明治维新的前奏
- 368　七、从"公武合体"到"大政奉还"
- 378　八、儒学的全盛和"诸学"的并行
- 387　九、并行不悖的"外来文化"和"本土文化"
- 393　作者点评

第九章　明治时代

- 395　一、定制·改元·迁都·变法
- 402　二、殖产兴业·文明开化·富国强兵
- 408　三、"外征论"和"安内论"的冲突
- 419　四、"大久保体制的三大历史遗产"
- 430　五、超然主义·政党内阁·桂圆体制
- 440　六、修改条约：明治政府的首要外交课题
- 448　七、改变东亚秩序的"甲午战争"
- 455　八、日英同盟条约：日俄战争和日韩合并的"通行证"
- 464　作者点评

第十章　大正时代

- 466　一、"大正政变"
- 476　二、迈上"真正的政党内阁"的"台阶"
- 484　三、"平民首相"原敬
- 493　四、"护宪三派内阁"
- 500　五、从"小村外交"到"币原外交"
- 509　六、"大正民主"的政治思潮

| 519 | 作者点评 |

第十一章　昭和时代（战前）

520	一、"改朝换代"：裕仁登基·田中登台
527	二、从"皇姑屯事件"到"九一八事变"
532	三、"九一八事变"和"十月事变"
542	四、冲破"华盛顿体制"
554	五、"卢沟桥事变"·"北支事变"·"支那事变"
561	六、"支那事变"的扩大
568	七、构筑"大东亚共荣圈"
577	八、南进——"日本刀"直逼"山姆叔"
583	九、"攀登新高山·1208"
594	作者点评

第十二章　昭和时代（战后）

596	一、"和平"在蘑菇烟云中升起
604	二、"战后处理"和"战后改革"
616	三、"东京审判"
627	四、战后复兴和"旧金山体制"的建立
637	五、50年代：日本政治、经济、外交的分水岭
647	六、60年代：创造"东方奇迹"
659	七、70年代："两次尼克松冲击"和"石油冲击"
667	八、80年代：昭和时代在内政外交的剧变中谢幕
678	作者点评

未了章：平成时代……

| 679 | 一、"象征天皇制"的延续 |
| 684 | 二、"泡沫经济"的崩溃和"55年体制"的终结 |

694　后记

序言

"学贵有疑",古人多有论述。朱熹曰:"读书无疑须有疑,有疑定要求无疑。无疑本自有疑始,有疑方能达无疑。"陆九渊曰:"为学患无疑,疑则有进,小疑则小进,大疑则大进。"近代以后,怀疑和批判精神更被举世公认为知识分子的"身份证"。今天,不具有这张"身份证"只是"知道分子",不是知识分子,正日益获得更多人认同。正是渴望成为"知识分子"的追求,敦促我在治学路上蹒跚前行,并为自己确立了"标新立异、博采众长、史论结合、经世致用"的16字治学原则。这一所谓的"原则"亦被我运用于拙著的写作。在此,我谨就"标新立异"这一对任何合格的学术作品的基本要求,谈一点个人体会。

为了阐释拙著所谓的"标新",首先请允我引述日本著名史学家网野善彦近年对日本史研究状况的点评:"日本人的出现、日本国的成立、日本国首次登上国际舞台,这些堪称日本史出发点的重大事实几乎不为当今日本人所知的现实,的确令人惊讶。我认为,对这一现实不管如何强调都不过分。形成这一现实固然有深刻的根源,但是其直接的背景,则是明治以后政府将'记纪'(按:《古事记》、《日本书纪》)神话所描绘的日本'建国'的历史,不加分析地通过国家教育作为史实全面向国民灌输。战败后,战后历史学虽然以对神话为基础的历史进行了批判,对天皇亦持有批判性观点,试图以史实为基础对历史进行学术性探讨,并通过这种探讨还原历史原貌。但是,战后历史学依然没有将与天皇具有不可分割的联系的'日本',作为研究和探讨的对象。1966年政府继承'纪元节'传统,将其定为'建国纪念日'时,对此持反对意见的历史学研究者也没有认真探讨'日本国'的建立,而是始终沿用'日本的旧石器时代'、'绳文时代的日本'、'弥生时代的日本'等表述,使这一状况延续至今。因此,不能不说'日本'建国的历史,依然是战后历史学的一个盲点。"[①]

[①] 网野善彦:《何谓日本?》讲谈社,2001年,第88—89页。迄今为止,日本仍以"神武天皇即位日",也就是2月11日为"建国纪念日"。

为了努力消灭这一"盲点",笔者参阅国内外最新研究成果,对有关史籍的论述爬梳整理,大致勾勒了一条日本列岛的形成、日本人的形成、"日本"之由来的粗略线索。

此外,拙著在其他一些方面亦不乏所谓的"创新",即关注中国日本史研究极少被关注的问题,如日本列岛、日本人如何形成;如何认识最初的"日本"、"邪马台"和"倭国";日本女天皇的历史地位和作用;日本独特的"摄关政治"为何形成;构成日本二元政治的"武家政权"在镰仓时代如何建立;"传承至今的日本文化"在室町时代如何形成;丰臣秀吉何以在颁布传教士保护令《关白殿许可状》后,突然颁布《传教士驱逐令》;从织田信长的"天下布武"到德川将军"元和偃武",日本在重新统一的路上经历了哪些重大变故;幕末时期天皇和将军的明争暗斗究竟暗藏了多少玄机;"明治宪法体制"的建立和完成,主要涉及哪些基本问题,主要是哪些人的功绩;"大正民主时代"之后,为何旋即出现法西斯专制;中日战争为何爆发、为何逐步扩大;日美外交战究竟如何展开,以至太平洋战争最终爆发;"东京审判"未审天皇,真正原因究竟何在;"象征天皇制"能继续存在,靠什么继续支撑;"55年体制"的解体原因和标志究竟何在,中日复交的"关键问题"最终如何得以解决;战后日美关系经历了哪些重大变化,《日美防卫合作指针》如何"关注"日本"周边";《联合国维持和平协作法》为何成为法律,其内容及适用当如何理解,等等。笔者不才,但有这些"疑问"担任向导,笔者问心无愧地认为,和同类著作相比,拙著当还算有点"新意"。

前日本首相吉田茂曾撰有一书,题名《激荡的百年史》,论述明治维新后日本风云激荡的百年历史。笔者在撰写本书的整个过程中,经常怀有一种难以抑制的、如风云在胸中激荡的感觉和感慨:日本的历史如同时刻处在地震、台风、火山和海啸颠簸中的日本特定的地理位置和环境中,激荡的历史何止百年!

拙著标新立异之"立异",主要体现于致力纠正一些因是泰斗和权威的论述,以至成为学界"通识"的史实性错误。作为论据,恕我在此斗胆冒犯,摘引吴廷璆先生主编的《日本史》中的两段论述,并作说明:①

---

① 吴廷璆主编:《日本史》,南开大学出版社1994年版,第220页。

引文一:"(江户)幕府颁布了《禁中及公家诸法度》17条,规定天皇只许从事学问,诵读《群书治要》、《禁秘抄》,吟诵和歌,不得过问政治。"

这段论述关乎"万世一系"的天皇的地位、江户幕府政治体制之特征,尤其关乎明治维新的前提,其重要性当毋庸赘言。唯其如此,笔者不得不立"异"予以扶正。为了说明其错误所在,在此照录"法度"原文:

"天子诸艺能之事,第一御学问也。不学则不明古道而能致太平者,未有之也,《贞观政要》明文也。《宽平遗诫》,虽不穷经史,可诵习《群书治要》云云。和歌自光孝天皇未绝,虽为绮语,我国习俗也,不可弃置云云。所载禁秘抄,御习学专要候之事。"①

姑且不论原文中的"第一"和引文中的"只许"纯属两个概念,其实查考原文,《日本史》所述是否有错,已一目了然。需要强调的是,上述"法度第一条"中提及的几本典籍,《禁秘抄》是有关朝廷礼仪和政务的"指南"或"教科书",是镰仓时代顺德天皇为训诫后世即后代天皇而撰写;《贞观政要》阐述的是唐太宗的治世之道;《宽平遗诫》是平安时代宇多天皇给皇子醍醐天皇的告诫;《群书治要》则是中国唐代从群书中汇集关于统治的内容编纂而成。因此,"法度第一条"所谓的"学问",是关于朝廷礼仪和政务知识,不是我们今天所理解的在书斋里潜心钻研的"学术问题"。《日本史》以今义释古义,错解了文中"学问"的含义。作个不恰当的比喻,日文中的"娘"(女儿),如果我们作"母亲"理解,笑话可就闹大了,尽管由于日文中有大量汉字,此类笑话可谓比比皆是。

引文二:"7月26日,《波茨坦公告》发表,这是反法西斯盟国敦促日本无条件投降的公告。"②

《波茨坦公告》涉及盟国对日本的处置,且和上段引文有一相同之处,即亦涉及日本的"国体",在日本史上占有无可替代的位置。因此正确阐述,当是最基本要求。但是,对照原文,我们不难发现《日本史》的阐述也存在史实性错误——

---

① (日)历史学研究会编:《日本史史料·3·近世》,岩波书店,2006年,第82页。
② 吴廷璆主编:《日本史》,第780页。

《波茨坦公告》共十三条，其中第五条是："以下为吾人之条件，吾人决不更改，亦无其他另一方式。犹豫迁延，更为吾人所不容许。"第十三条是："吾人通告日本政府立即宣布所有日本武装部队无条件投降，并对此种行动诚意实行予以适当之各项保证，除此一途，日本即将迅速完全毁灭。"①

核查原文不难发现，《波茨坦公告》本身就是美英中三国为敦促日本尽早投降而提出的"条件"，如果按照《日本史》的阐述，显然构成提出诸项要求日本投降的条件，"要求日本无条件投降"这种显而易见的悖论。但事实上《波茨坦公告》本身并无悖论，这一悖论是因为《日本史》混淆了要求"日本武装部队"无条件投降（第13条）和要求"日本"无条件投降两个不同的概念。顺提一笔，赵建民、刘予苇主编的"大陆第一本日本通史"，也有同样错误："7月26日，美英中三国《波茨坦公告》发表，敦促日本及早无条件投降。"②

吴廷璆先生是日本史研究权威，对我等后学而言，其名如雷贯耳，令人肃然起敬。所以指出吴先生主编的《日本史》中的上述错误（在拙著中我还指出了其他一些错误），实在是因为该论著堪称中国最全面、影响最大的日本通史性论著，被诸多日本史学子奉为"教科书"。唯其如此，我才不得不犯颜立"异"，以绵薄之力予以扶正。更重要的是，试想，如果我们批判日本右翼分子"篡改历史"，而对方以我们在叙史中的讹误反唇相讥，我等何言以对？总之，作为后学，我绝无鄙视，更无诋毁《日本史》之意，在此切望吴廷璆先生在天之灵鉴谅。同时，我也相信吴先生一定会理解我作为后学的主张：我们可以不敬畏学术界权威，但是我们必须敬畏治史之真谛。"吾爱吾师，但吾更爱真理。"信哉斯言！

同时，我也想借此告之前辈同人、后学诸君，学识丰富如吴廷璆先生，其主编并由诸多名家执笔的《日本史》尚难免犯错，拙著是否有错，答案是肯定的。但是，正如本套丛书责任编辑张广勇先生在嘱我撰写《日本通史》时所言："只要我们扎扎实实地尽可能将一

---

① （日）外务省编：《日本外交年表及主要文书》，原书房，1966年，第626—627页。
② 赵建民、刘予苇主编：《日本通史》，复旦大学出版社1989年版，第318页。

个个问题搞清楚,就可以逐步将错误减少到最低限度。"确实,中国日本史研究的进步,和任何领域的学术进步一样,必须依靠一代代人薪火传承,必须由我们努力去澄清一个个应该乃至必须澄清的问题。从实为学生至虚为学生之"教授",我常以此自勉,并勉励我的学生。14年前,我刚毕业时,吕万和先生曾来信勉励我:"中国的日本史研究经历了几代人,但最有希望的是你们这一代人。"求学多年,自感辜负了吕先生的期待。但是为营造"长江后浪推前浪之势"推波助澜,却是我始终不渝的心愿。

得益于在恰逢150年校庆的日本庆应义塾大学担任客座教授之便,且我的合作教授恰巧是图书馆馆长杉山伸也教授。很多国内难以寻觅甚至无以寻觅的珍贵史料,在这里可以"信手拈来"。因此,我对"庆应义塾图书馆"进行了尽可能充分的利用,并不无感慨地对朋友坦言:"我在复旦大学图书馆写《日本通史》,和在庆应义塾大学图书馆写《日本通史》,显然有天壤之别。"有人以"物是人非"形容世间之变故,我以"人是物非"表述写作条件之不同。或许可以斗胆直言,得此便利,和很多无奈靠研究性著作即所谓"二手、三手材料"支撑的论著相比,"论据"即史料之丰富,或许可称为拙著的一个亮点。我也正是凭借这些史料,构建了拙著貌似庞大的篇幅。

历史学一代宗师兰克在《拉丁和条顿民族史》一书序言中称,他写作该书的目的"仅仅在于说明史实之真相",并由此确立了"兰克史学"的一项基本原则:"史料本身会说话"。虽然此原则或有偏颇,并且特别自20世纪50年代面临严峻挑战。后现代主义更以"能够客观叙述历史的、具有首尾一贯之连续性的语言本身就不存在",对此类传统史学观提出反驳。但我认为,即便如此,忠实地引述史料,比之未见史料而随意评判史实的治史态度可取。何况以1978年英国史学家约翰·斯通的《叙述的复兴》为标志,一股力求客观记述历史而非主观评判历史的潮流,已经形成。

西方传统史学认为,"史料沉默的地方,历史也在沉默"。我认为,"史料沉默的地方,历史必须沉默"。因为,史料之于史学,犹如皮之于毛的关系。"皮之不存,毛将焉附?"无史料而叙史,只能是虚妄武断的夸夸其谈。在追求学术"大跃进",治学不无"浮夸"的今天,这种夸夸其谈我们难道还见得少吗?当今史学界,究竟缺少历史的"画匠",还是缺少历史的"法官"?何况很多"法官"在"断案"时,对案情几近无知。

最后需要对拙著《日本通史》的内容作一重点说明:

拙著涵盖日本政治、经济、外交、军事、文化的变迁。然而,"文化"是一个见仁见智的概念,在斯宾格勒和汤因比等学者的论述中,"文明"和"文化"指代同一范畴,属可以互相置换的同义语。因此读者诸君不难发现,包括吴廷璆先生主编的《日本史》在内,很多史著的"文化"范畴包容甚广,凡属观念形态的内容几乎均被纳入。但我认为那样做不仅淡化了日本文化的本质,得不偿失,而且我也力所不逮。为了避免这种缺陷的产生,我根据著名社会文化学家阿尔弗雷德·韦伯在"历史文化结构论"中关于"文化"和"文明"的辨析,对两者作四项区别:1.文明是被"发现"的,而文化则是被"创造"的。"一切文化的发展始终是创造。因此带有创造的标志"。宗教即属这一范畴。2.被"发现"的文明具有普遍适用性,而被"创造"的文化则具有"排他性"。3."文明过程"中的"发现"具有时间和空间的累积性,而"文化运动"中的"创造"则具有"一次性"。用阿尔弗雷德·韦伯的话解释:"火药和发动机制造在中国早就得以成功,但是没有被用于为整个人类社会造福,而是借助于重新'发明'它们的西洋之手,引领了整个现代世界伟大的技术革命。"相反,虽然文化也有变化,但是,"就本质而言,这些变化都仅仅是形式上的变化,其内容没有变化"。4.文明过程存在明确的目的性和选择性,而文化运动则没有这种直接的"功利"色彩。阿尔弗雷德·韦伯指出,"文化"是"灵魂的表现和灵魂意欲的展示,是处在一切知性的支配现实的手段背后的本质"。

基于上述理由,如作一通俗解释,拙著中的"日本文化"属日本"独特的文化",如神道教、佛教、儒教、"西学"、物语、和歌、俳句、浮世绘、猿乐、屏障画,等等,而不是但凡可以理解为"文化"的一切观念形态的产物。

韩愈云:"闻道有先后,术业有专攻。"《日本通史》上下数千年,涉及广泛领域。以我之绵薄学力,要深入正确地阐述拙著所涉及的每一个问题,显然是不现实的。有鉴于此,后学哪怕是我直接指导的学生,也必然能至少凭借一管之见,在某个方面指出拙著中的讹误。我真诚地欢迎和期待读者诸君不吝赐正,并将对此表示最衷心的感谢。

冯玮　敬识

第一章 史前时代

一、日本列岛的形成和日本人的起源

地球的历史按照地质年代被划分为始生代、原生代、古生代、中生代、新生代。今天的日本列岛在距今约6亿至2.3亿年前的古生代仍卧于海底。至古生代末期,海底开始隆起,在经历了地球在距今约2.3亿年至6 500万年后发生的剧烈的"造山运动"后,当今日本列岛的弧状骨架开始形成。

中生代后的新生代分为两部分:第三纪、第四纪。第三纪自距今6 500万年至200万年前,是高等哺乳类动物和类人猿出现的世纪。自距今约200万年前至今天,按照地质年代划分属新生代第四纪。自距今约200万年前至1万年前的第四纪,由两个时期构成:更新世(洪积世)和完新世(冲积世)。更新世自距今约200万年至距今1万年,完新世自1万年前延续至今。在数以亿年计的地球史中,堪称"现代"的新生代第四纪,也是今天我们能够在地表上能够以肉眼看到的各种事物,如火山、湖泊、河流、丘陵、盆地、平原开始出现的世纪。特别在更新世,地球上反复发生着对以后诞生的人类产生重大影响的变动。例如,在亚洲大陆的东部边缘,经过激烈的地壳变动,呈弧状南北走向的日本列岛的基本构架开始形成,并在更新世几经变化,而引起这种变化的一个主要原因,就是冰川的消长。更新世一般被称为"冰川时代",但是在长达200万年的更新世,地球并非始终被封冻在冰床底下。事实上,在数万年乃至数十万年中,因极地和高山的冰川显著扩大导致地球寒冷化的冰冻期,同冰川消融引起大地回暖的温暖期,曾有多次交替。科学家通过分析花粉等科技手段获知,当时至少经历了两个冰冻期和两个温暖期。

更新期诞生的人类,在寒冷的气候和温暖的气候,即如非洲大陆般湿润多雨的气候,同广袤无垠的寒冷的沙漠般干燥的气候交替的严酷的自然环境的变动中,依靠自己的劳动,不断适应着不同的时代和地域的自然环境,创造出了延续至今的人类历史和文化。

在冰川时代即更新世,不仅在今天依然冰雪封冻的阿尔卑斯、喜马拉雅,以及阿拉斯加,而且在其他大陆也覆盖着如南极地区那样的厚厚的大陆冰床。在冰川时代的极盛时期(距今约2万年前),自包括英格兰在内的西欧、北欧和东欧整个地区、西伯利亚大部分,至中国北部、五大湖附近以北的美洲大陆以及各地区的高山地带和周边地区,在占北半球整个陆地面积约三分之一的广阔地域范围,覆盖着厚达2 000多米的冰床。

大量冰雪覆盖大陆,海水必然相应减少,海水减少的必然结果,就是导致地球上整个海面的下降。于是,在距今约13万至12万年前的间冰期,随着冰川的消融,海面开始隆起。间冰期持续达1万至15 000年。在极盛时期,海面下降达100至200米左右。

在日本列岛周边海面,延伸着离海面200多米的大陆架;阻隔大陆和九州的对马海峡,则水深不足140米;北海道和本州之间的津轻海峡,水深约140米;横亘于日本和俄罗斯的宗谷海峡,水深为40米;连接北海道北部和库页岛的间宫海峡,水深更是仅40米左右。在海面下降达100多米的冰川期,日本列岛南北两端,均由大陆架和大陆断续相连。也就是说,当时的"日本"还不是"列岛"。从日本各地更新世的地层处,通过考古,发掘出了长毛象等20多种象的化石,以及虎、犀牛、鹿等大型动物的化石。在今天的日本列岛,还发掘出了很多兽类动物的化石。那些现已灭绝的动物,是在日本依然由大陆架和大陆相连的各个时代从亚洲大陆到达日本的。

根据上述古生物学的化石资料,以及地质学研究的证据,科学家推断大陆架形成的年代,最近的可以追溯至距今约2、3万年前,在此之前是5、6万年前,最久远的则可以追溯至10多万年前。在距今约1万年前的冰川后期,由于海底地壳隆起、海面上升,日本列岛最终形成。

有关日本人的起源的科学性研究,是由1823年赴日的德国人西博尔德(P. F. von Siebold)开创的,即距今已有190多年历史。在明治初期,即19世纪70、80年代,西博尔德的儿子希尔德(H. von Sield)、莫斯(E. S. Morse)、巴尔兹(E. von Bälz)、米尔内(J. Milne)等外国研究者,对日本人的起源进行了深入研究,取得了令人瞩目的成果。之后,日本本国的研究者也开始了对日本人起源的研究。西方学者和日本学者在这方面的研究成果,大致可以被归纳为三种理论:一、人种交替论;二、混血论;三、演变论(又称连续论)。①

一、人种交替论。按照这种理论,在日本列岛曾经出现过一次或两次人

---

① 埴原和郎:《日本人的形成》,载朝尾直宏等编:《岩波讲座・日本通史》第1卷《日本列岛和人类社会》,岩波书店,1993年,第85页。

种交替。简而言之,即在很久以前,土著的绳文人的祖先被现代日本人的祖先驱逐出了日本,外来民族是日本人的祖先。例如,平井正五郎即持这种观点,其依据是根据考古发掘出土了许多当年的陶器,阿伊努人是不使用陶器的。这种理论能够比较简单地解释日本列岛上的绳文人和现代日本人,以及阿伊努人和本土人的差别。但是,仍存在许多按照这种理论难以解释的问题。例如,如何解释日本东西部在文化等方面的差异?

二、混血论。和人种交替论相比,这种理论更具有说服力。按照这种理论,绳文时代的土著居民,在进入弥生时代以后和日本周边族群的人融合,逐渐形成了现代日本人。例如,京都大学医学部的清野谦次通过对1 000多个人体遗骨的收集、测量,指出石器时代的人不仅和现代的阿伊努人类似,而且和现代日本人也类似。因此,不是继阿伊努人之后日本人的祖先登上了列岛,而是石器时代的人是两者共同的祖先。①但是,这种理论也有缺陷,即难以解释阿伊努人、冲绳人和本土人之间的差异。换言之,难以用这种理论对作为整体的日本人的形成进行解释。

三、演变论(又称连续论)。按照这种理论,现代日本人是土著的绳文人经过长期的进化逐渐形成的。早在19世纪80年代,解剖学家小金井良精即通过将绳文时代人骨和北海道现代阿伊努人的体格进行了比较,指出两者存在相似处,如头骨缝合、眉间突出、上膊骨、胫骨扁平等。②但是,这种理论也有缺陷,即难以解释日本人所存在的地域性差异,如东西部日本人的差异。

值得关注的是,上述理论最大的分歧,是对现代日本人和土著的"绳文人"关系的认识,即要么认为两者完全无关,要么认为两者密切相关。而上述理论共同的缺陷,就是都无法说明日本人地域性的差异,以及具有独特的身体和文化特征的阿伊努人(虾夷人)、冲绳人和本土人的关系。要澄清上述理论无法解释的问题,首先必须通过考古发现,对日本人形成的历史进行概要性追溯。

尽管在日本发现了1 000多处旧石器时代遗址,但日本更新世人类化石仅有少量发现,不满10处,主要有以下几例:③

1931年,直良信夫在兵库县明石市西八木海岸崩塌的土层中,发现了一块人类腰骨化石,有学者根据对其石膏模型推断,认为当属更新世猿人,但未被学术界所接受。1948年,日本人类学家长谷部言人在《人类学杂志》60卷1号上发表了《论明石附近西八木前期堆积层出土人类(石膏模型)的原始性》一

---

① ② 直木孝次郎:《日本的历史》第1册《倭国的诞生》,小学馆,1973年,第375页;第373—374页。
③ 关于更新世人类,铃木尚的著作《日本人之骨》(1963年,岩波新书)、《从猿化石到日本人》(1971年,岩波新书),有较详细论述。

文,对此作了明确否定。战后,学术界对此再次进行了探讨,但在20世纪80年代,学者们对其原始性再度表示怀疑,认为"明石猿人"化石可能是绳文时代以后的人类化石。

1950年,吉泽兵卫等人在枥木县安苏郡葛生町,发现了一块"葛生人"腕骨;

1957年,石川一美等人在爱知县丰桥市牛川町发现了所谓"牛川人"的左上腕骨和右大腿骨化石。经推断,这一化石当属10万年前,即更新世的猿人的化石。根据对其遗骨的复原,发现其身材很矮,较好地显示了原始特性。

同年,即1957年,高桥佑吉在静冈县引佐郡三日町发现了"三日人"的大腿骨、头骨的一部分等7块遗骨。根据炭14同位素测定,将遗骨和鹿等动物的遗骨的比较,以及对氟含有量的检测,科学家认定其为新人阶段的人类化石。

1961年,在静冈县浜北市根坚,即"三日人"出土的附近地区,浜北市教育委员会发现了"浜北人"遗骨;在冲绳发现了"山下洞人"、"港川人"等。

1962年,日本洞穴遗址调查委员会的八幡一郎等人在大分县南海部郡木匠村宇津圣岳石灰岩洞穴第三层,发现了成年人头盖骨片和尖锐石器。这是迄今为止日本人类化石和石器一并出土的唯一遗址。

不能不指出的是,仅依据上述考古材料,我们仍难以理清日本人起源的端绪。那么,究竟该如何认识日本人的起源呢?为了澄清这一问题,似有必要按照年鉴学派的方法,对日本人形成的历史,从古至今作一长时段的鸟瞰和梳理。

(一) 石器时代(200万年前至1万年前)

众所周知,爪哇猿人和北京猿人是在亚洲发现的古人类的代表。但是他们如何变为现代亚洲人的进化过程,目前还不明了。因为在猿人和新人之间,还存在旧人阶段。但目前关于旧人阶段的考古发现还相当少,因此只能从新人阶段开始追溯。

在新人阶段,即大约距今3万年前的原始时代,亚洲人开始了大规模的迁徙。其出发点是今天的东南亚。当时,东南亚地区的气候宜人,资源丰富,因此人口密度较高,呈饱和状态。这次迁徙是人类为了赡养大量增加的人口的一种对应战略或无奈之举。根据考古发现,迁徙人群最初至少有两支,一支沿着中国大陆北上,并至少到达了今天的中国河北省。另一支则从东南亚沿着东海大陆架或者说从中国大陆东进,登上了日本列岛,这批人被认为是日本绳文人的祖先。也就是说,当时形成了两类亚洲人:东南亚人和东北亚人。

根据考古发现,目前发现的被认为是日本人直系祖先的最早的遗骨,是距今约18 000年的人类遗骨。这种遗骨以冲绳县那霸市近郊的具志头村港川发现的"港川人"为代表。这一遗迹由大山盛保发现,由东京大学铃木尚为中心的科研小组进行调查。当时发现的是一男性遗骨,身材矮小,据推断约155厘米,因此被认为属东南亚人。除此之外,还有一些考古发现。总之,目前发现的旧石器时代的日本人,都属于东南亚系人。但他们是如何到达日本列岛的,目前尚不明了。

(二)绳文时代(约为1万年前至公元前2 500年)

绳文人遍布从北海道至冲绳的整个日本列岛。虽然绳文人在不同时代、不同区域存在较大差异,但是和现代日本人相比,其差异的幅度还是比较小的,因此可以认为绳文人属于同一支人。

绳文时代处于冰川后期。如前面所述,当时日本列岛由于海面上升而和大陆分离。这一地理条件使得大陆人口的流入,以及日本列岛和大陆的文化交流非常困难。事实上,绳文人的骨骼形态和中国同时期人的骨骼形态存在很大差异,而和港川人等则存在一些共同特征,就说明了这一点。因此,在绳文时代早、中期,日本列岛和大陆之间几乎不可能进行交流,包括遗传基因的交流,即绳文人是在和大陆不同的生态环境、食物资源的影响下,沿着独特的方向进化的。1989年,宝来聪等研究人员将约5 800年前的绳文人的遗骨和马来西亚、印度尼西亚人的DNA进行了比对,结果显示两者基本一致,但是和东北亚人的DNA则不同。这一结论使人们有理由可以认为,绳文人和东南亚人存在血缘关系。

(三)弥生时代(公元前3世纪至公元3世纪)

对于日本人和日本政治、经济和文化来说,弥生时代都是一个非常重要的转折时期。政治上,弥生时代后日本进入了大和时期,在文化方面弥生时代引入了中国大陆的水稻种植技术。在人口方面,弥生时代日本列岛的人口激增——这是本部分要谈的主要内容。

弥生时代人口激增的原因在考古发现中可以找到答案:亚洲大陆人口往日本列岛的迁徙始于绳文时代晚期,至弥生时代急剧增加。根据上田正昭的研究,一波又一波源自东北亚的迁徙浪潮从绳文时代晚期、弥生时代初期持续至公元7世纪,即持续了约1 000年。金关丈夫、牛岛阳一等根据山口、佐贺等地的出土遗骨判断,认为这些先民当来自朝鲜半岛北部,他们和土著的绳文人逐渐融合。另据考古发现,来自朝鲜半岛的不仅仅是朝鲜半岛人,其中有不少人原先居住在东北亚其他地区。也就是说,他们属于东北亚系亚洲人。这一发现否定了"演变论"即"连续论"。

从日本全国来看,居住在九州北部和本州南部的弥生人和居住在其他地方的弥生人存在很大差异。前者具有较明显的东北亚人的特征,而后者则具有较明显的土著冲绳人的特征。总之,从人类学角度看,在弥生时代,日本列岛已经存在"渡来系"、"绳文系"两大集团。前者主要居住在北九州,后者则分布于其他地区。也就是说,日本人的"二重结构",产生于弥生时代。

(四)古坟·大和时代(公元3世纪至公元7世纪)

古坟时代在日本政治史上具有划时代意义:近畿地区出现了"朝廷",即大和朝廷。大和朝廷为了吸收大陆的先进文化,大量接受登陆日本列岛的外来人,从而使外来人口急剧增加。根据考古资料判断,古坟时代踏上日本列岛的人也具有东北亚人的特征,他们大都居住在日本西部,从而使东西日本人的差异比弥生时代更加明显。另据考古发现,还有大量介于两者之间,既兼具"绳文系"和"渡来系"两方面特征的遗骨。因此可以判断,当时必然存在"绳文系"和"渡来系"两个族群的融合(混血)。

需要强调的是,在古坟时代,日本人口有很大增加。造成人口激增的主要原因是"渡来人"的大量涌入:据估计,在这一时期,大约有数十万至100万人迁入日本。他们在各方面给予了日本列岛土著的绳文人很大影响。

那么,对北海道的阿伊努人该如何理解呢?在很长一段时期,阿伊努人的起源一直是个谜。但是现经考古发现,自绳文时代早期,北海道便居住着和本土的绳文人相同的人类。后来,由于当地和日本本土受到外来的影响不同,因此其进化过程也就必然不同。根据三泽章吾、尾本惠市等人进行的遗传学研究,阿伊努人也属亚洲裔族群,特别是尾本惠市还进一步证明了阿伊努人和菲律宾人的类似性。这一研究成果否定了阿伊努人"白人起源说"和"澳大利亚人起源说",支持了"东南亚起源说"。

阿伊努人和本土人的这种关系,在冲绳人和本土人之间也同样存在。早在明治时期,西方学者贝尔茨就指出了阿伊努人和冲绳人明显的相似性,认为两者系源于同样的祖先。日本学者池田次郎也通过头盖骨研究,显示了阿伊努人、冲绳人和东南亚人的相似性。研究日本人起源的权威学者安田喜宪将池田次郎的研究数据和其他许多人类集团进行了比较,将阿伊努人、冲绳人归为绳文人一类,将本土人同中国人和朝鲜半岛人归为一类。也就是说,前者属于东南亚系,后者属于东北亚系。

至少至17世纪,冲绳诸岛的居民无论在政治上还是在地理上都和本土(九州)隔绝。冲绳诸岛从很早的时候开始就居住着绳文人,并且至中世纪几乎没有和朝廷存在政治联系并受其影响。这一点和北海道类似。两者存在诸多相似之处,与这一历史背景不无关系。也就是说,冲绳人和阿伊努人一样,直接承继了绳文人的很多特征。

(五)现代日本人

今天,人们不难发现日本东西部在语言、风俗习惯、食物偏好、考虑问题的方式等日常生活的各个方面存在差异。不仅如此,东西部日本人的身高、头和面部形态、指纹、掌纹、血型、DNA分布频度等方面也存在差异。这种差异在考古发现中也能够找到答案：特别在弥生时代以后，东西部的差异日趋明显。

值得关注的是，东西部的差异以中部为界，而且大多数特征自西向东呈渐进性变化。根据小山修三的研究，在绳文时代，日本列岛东部的人口远比西部的人口多，但是从弥生时代开始，西部的人口急速增加，并在弥生时代晚期，至迟在古坟时代初期超过了东部日本。所以产生这种变化，主要是因为"渡来人"传入了以水稻种植技术为主的大陆文化。也就是说，今天日本人和日本文化存在的东西部差异，主要起源于弥生时代。

上述结论得到了进一步的研究证实。战后，东京大学人类学者长谷部言人经过研究提出，绳纹时代的日本人由于生活方式的改变，历经弥生时代、古坟时代，演变成了当今日本人。他对现代亚洲各民族的体质作了详尽比较和调查，于1951年在《日本人的祖先》中提出："认为日本人的祖先来自中国南部的主张，是迄今为止最具有说服力的主张。"也就是说，战后的主张注重体质的变化，但是并不忽略和否认由于新人种的到来而引起的混血。近年安田喜宪在日本各大学、博物馆30位人类学者和解剖学者的配合下，对自北海道至九州13个地区的711个男性遗骨标本和537个女性遗骨标本进行了研究，发现自日本西部至日本东部呈明显的"斜坡"即渐进性变化。在九州北部和本州西部，存在东北亚系（即渡来系）集团的明显特征，在日本列岛其他地区，即北海道、本州东北部、四国、九州南部，则残留着东南亚系（绳文系）集团的明显特征。冲绳诸岛也残留着绳文系的浓郁特征。这一研究结果和遗传学的研究结果是一致的。耐人寻味的是，残留着绳文特征的地区，都是古代朝廷的影响较弱的地区。日本人常被称为单一民族，但是安田喜宪认为，考虑到日本人中并存着东南亚系和东北亚系两大集团、他们之间的融合迄今仍在进行这一事实，或许将日本人称为"混合民族"更为恰当。

综合上述内容，似可以用"二重结构模式"表示日本人的形成，即本州西南部和九州北部的日本人，显示出东北亚系人的特征，而北海道、本州东北部、四国和九州南部以及西南诸岛，则具有东南亚系人的特征。由于亚洲大陆各形态的分布和日本列岛（九州南部和西南诸岛除外）的各种形态的特征呈相反的状态，因此这种现象被称为"日本人中的南北逆转现象"。另外值得关注的是，弥生时代产生的日本人的"二重结构"，直到今天依然得以维持。这种"二重结构模式"可用以解释日本地域性的差异，以及解释本土系、阿伊努系、冲绳系日本人的相互关系、日本人和周边民族的关系，以及日本列岛的南北逆转现象。这种理论，也可用以对方兴未艾的日本文化的基层结构进行研究。

二、先土器时代

按照西方观点,日本先土器时代约相当于旧石器时代。

科学家根据器具的材质将迄今为止人类进步的历史划分为石器时代、青铜器时代、铁器时代。事实上,这种通过器具的进步划分历史的方式,早在古希腊、古罗马时代已经萌芽。公元前8世纪,古希腊诗人赫西奥德将人类历史划分为黄金时代、白银时代、青铜时代、英雄时代、铁和恐怖时代共5个阶段,以显示具有宿命论色彩的末世观。公元前1世纪,古罗马哲学家卢克莱修提出,人类经历了3个时代:使用木器和铁器的时代、使用青铜的时代、使用铁器的时代。虽然这种考察是哲学而非自然科学的考察,但是在强调以人为本的文艺复兴时期,这种考察却成了唤起人类关注自身历史的动因,并使考古学最终得以确立:18世纪,被誉为"考古学之父"的德国美术史家温克尔曼奠定了以古典古代世界研究为中心的考古学基础。在这一考古学确立期,北欧各国,特别是瑞典和丹麦的学术界,则以一种特别的方式展开研究。19世纪中叶,瑞典史学家尼尔森(S. Nilsson)以斯堪的纳维亚半岛的特殊资料为依据,出版了《北欧斯堪的纳维亚的土著居民》一书,并在书中首次使用了"史前史"这一概念,提出当地居民最初使用石器、之后使用铜器、再后使用铁器。

丹麦考古学家汤姆森(Thomsen, Christian Jürgensen)积极吸取了尼尔森等人的学说,在1836年发表了《关于北欧远古纪念物和古代遗物的简单展望》一文,明确提出了"三时代划分法",即根据器具的材质,将人类历史划分为石器时代、青铜器时代、铁器时代,引起了极大反响。不仅如此,汤姆森还在担任丹麦皇家文物保存委员会负责人、整理各大学图书馆陈列室的资料时,将出土文物分为石器时代、青铜器时代、铁器时代。他的这一做法,被认为是"三时代区分法"最初的具体运用。汤姆森的"三时代划分法"很快在欧洲获得接受并得以普及。虽然在19世纪30年代,法国考古学家E. Lartet对将石器时代细分为属于更新世的旧石器时代,以及属于完新世的新石器时代进行了探讨,但是三时代区分法作为人类发展史最基本和普遍的时代划分,迄今仍保持着生命力。

继汤姆森之后,英国考古学家罗德·埃维布雷(Load Avebury, 1834—1913年)在1865年出版了《先史时代》(Prehistoric Times)一书,引起极大关注。埃维布雷在书中将"石器时代"前半期,称为"漂流的时代"(That of the drift),其时段相当于地质年代的更新世(即洪积世)。按照埃维布雷在书中的叙述,当时人类和长毛象或獴等现今已经灭绝的动物生活在一起。他将这一时代称为Palaeolithic,意为"旧石器时代"。今天人们普遍采用的"旧石器时代"这一概念,就是在他的书中首次出现的。与之相对,埃维布雷将石器时代的后半期称为"石器时代之后的磨制石器时代"(The later of polished stone)。同年,另一位英国考古学者鲁博克(J. Lubbock)将石器时代的前半期命名为"旧石器时代",将石器时代的后半期命名为"新石器时代"。

然而我们必须明确的是,事实上这种划分也存在值得商榷的问题。因为,对旧石器时代的认定,依据的是当时存在现已灭绝的动物属于更新世的观点,即依据的是古生物学、地质学的观点,而对新石器时代的认定,依据的是当时存在磨制石器,即依据考古学的观点。也就是说,对石器时代两分法,并非依据同一基准。因此,对石器时代的研究,还存在广阔发展空间。

那么,日本是否也存在与其他地区类似的旧石器时代呢?长期以来,这始终是一个未经证实的疑问。至20世纪40年代,这一疑问因"岩宿遗迹"的发现而获得了解答。

1946年,24岁的年轻考古学者香泽忠洋在群马县笠悬村发现了疑属旧石器时代的遗迹。1949年9月11日至9月13日,明治大学考古学研究室以杉原庄介教授为首的考古队对这一发现进行了预备性调查。10月1日至10日,该研究室开始了第一次正式调查,之后于1950年4月11日至4月20日,又进行了第二次正式调查。通过三次调查,取得了巨大收获:从被认为属5万年即更新世第四冰川期的地层(堆积着火山灰的赤土层),发掘出了无疑由人类打造的、形状如斧子的石器,即通过考古发掘首次证明了在日本列岛也曾有旧石器时代的人类存在。这一遗迹,现根据地名被命名为"岩宿遗迹"。此后,在日本全国各地陆续发现了约2 000多处同属旧石器时代的遗迹,从这些遗迹出土的石器,全都是2万年以前的石器,其形状大都呈刀状或矛状,按照欧洲旧石器时代的编年,属新人阶段旧石器时代的器物,或紧随旧石器时代的中石器时代器物。

自岩宿遗迹发现后,日本学术界指称这一普遍采用石器的原始时代的术语,随研究的进展几经变迁。

20世纪50年代,学术界将这一时代称为"先绳文时代"或"前绳文时代"。所以采用这一术语,是因为当时的学术界对这些新发现的石器是否属于旧石器的器物,仍持审慎态度。例如,八幡一郎1955年发表于《日本考古学年报》第三号的论文,即开宗明义地将标题定为《先绳文式文化遗迹》。

不过,在20世纪50年代,学术界更普遍采用的,是"无土器时代"这一术语。采用这一术语的代表人物是芹泽长介。芹泽长介不仅早在1954年发表于《骏台史学》第四号上的论文即定名为《预察关东及中部地区无土器文化的终末和绳文文化发生的关系》,而且在1957年由日本评论新社出版了其代表性著作《无土器文化——考古学笔记先史时代(1)》。以芹泽长介为代表的考古学者采用这一术语的理由是：所有新发现的这些器物有一个共同特征，即均不是以土器制成，同有土器存在的绳文时代形成了对比。他们同时认为，很难断定石器一定存在于绳文时代之前。这一观点不仅在当时颇为流行，而且迄今仍有学者将相应于旧石器时代的这一时代，称为"无土器时代"。

1960年后，又有学者将这一时代称为"先土器时代"，采用这一术语的代表人物，是明治大学"岩宿遗迹"考古队的领导者杉原庄介。他1965年编纂并由河出书房出版的《日本的考古学》第一卷，更使这一术语得以普及。这些学者采用这一术语的理由是："无土器文化"（Non-ceramic Culture）这一术语，虽然是用以指称日本仍处在尚未拥有土器的特殊文化阶段，但是以"无"，即"没有"的东西作为一种文化象征指称一个时代，是不合适的。他们认为，应该将这一先于绳文、弥生两个时代，即先于陶土器制作之前的时代，定名为"先土器时代"（Pre-ceramic），使之作为考古学意义上的日本史的一个时代。可能由于和"旧石器时代"相比，"先土器时代"这一术语更能显示日本原始时期的特征，因此由诸日本历史学权威主编或撰写的论著，如井上光贞、永原庆二、儿玉幸多、大久保利谦主编、山川出版社1984年出版的《日本历史大系》，以及林屋辰三郎撰写、岩波书店1988年出版的论著《日本文化史》等，均采用这一术语。

之后，由于日本研究的进一步深入，考古学家探明"先土器时代"的大部分时间，属于更新世（洪积世），按照世界史的观点，那个时代属于"旧石器时代"。因此，许多学者开始采用"旧石器时代"这一术语。而强烈主张采用这一新术语的代表人物，就是当年以"无土器文化"指称这一时代的芹泽长介。他刊载于1962年出版的《岩波讲座·日本历史》中的《日本旧石器时代的诸问题》，在标题中即显示了采用新术语的主张。在当今日本学术界，"先土器时代"和"旧石器时代"两个术语均被采用。

但是，也有一些著名学者认为"先土器时代"的器物基本上属"新石器时代"器物。持这种观点的核心人物，是在绳文文化的研究方面取得显著业绩的日本石器时代研究代表性人物山内清男，其理由是：第一，以放射性同位素测定年代的数值并不可信；第二，从先土器时代的遗迹中有磨制圆凿和磨制石斧出土；第三，同日本周边特别是西伯利亚出土的新石器比较，绳文早期的夏岛遗迹的年代约距今4 000年前，先土器时代是从约7 500年前开始的，历时5 000年，而旧石器时代距今至少1万年。第四，地质学者的研究具有明确目的性，难以信任。当然，山内清男等并非认为日本根本不存在旧石器时代。但他们认为"旧石器仅在大分县的丹生遗迹、群马县不二山遗迹、群马县权现山遗迹等遗迹中有极少发现"。[1]山内清男的观点自然遭到反驳。特别是他认为

---

[1] 直木孝次郎：《日本的历史》第一卷《倭国的诞生》，小学馆，1973年，第49—50页。

碳14同位素测定法不可信的理由,被认为是对科学的否定。

虽然"先土器时代"或"旧石器时代"的特征是采用石质器物。但是在漫长的历史过程中,属于这一时代的石质器物的形态,经历了大致可划分为四个阶段的变化。①

第一阶段是狩猎器具产生阶段。在这一阶段,以刃器技法作为石器制作技术之基础的剥片石器,特别是刀形石器还不发达,大多是砾器、握槌之类的敲打器。属于这一阶段的考古资料不多,迄今为止发现的仅有上述群马县岩宿遗迹、武藏野的立川最底层的ローム层两三处遗迹,以及尚未完全确定的群马县权现山遗迹和同样在群马县出土的不二山遗迹。这些遗迹出土的石器,均属于这一阶段。这些被统称为"敲打器"的石器,自最初作为人类工具的粗陋的砾器的出现至握槌问世,经历了漫长的、约100万年时间。那些敲打器有一个短柄,可以直接用手握住,可以击打和杀死动物,可以分割猎获物,可以砍树,堪称"万能器具"。因此,按照器具发展史的观点,这种器具尚属于形态同用途不对应,即功能未分化阶段的石器。另外,那些狩猎器具在捕杀行动相对迟缓的体形高大的野兽时,只能发挥主要依赖人的肉体和腕力进行攻击的辅助性作用。

第二阶段是刀形石器出现并用作狩猎工具阶段。日本旧石器时代遗迹出土的石器,大部分是石刀。具有尖头和利刃的石刀,不仅可以瞬时切开猎物的皮肤并拉大伤口,而且可以刺入猎物的身体将其捕获,使猎物的伤口既有广度,又有深度。如果装上长长的木柄,不仅可以在猛兽反击时有效地护卫自己,还可以追捕小动物。因此,刀形石器作为较进步的狩猎工具得以问世后,不仅被用作刺杀工具,而且催生了有尖锐的刀刃因此可切开动物的皮肉,以及针对不同用途,能便捷地用以切削木头和骨头的、形态各异的刀形石器。刀形石器的问世,使旧石器时代制作狩猎工具的水平,达到了顶峰。考察上述在武藏野的立川ローム层下部出土的最古老时期的刀形石器,可以发现那些石器已经属于针对功能、用途的不同而具有相应形态的石器,即已经经历了石器的形态分化阶段。更重要的是,不仅刀形石器,那些用以切削、剥皮、凿孔的各种各样的石器,如雕器、削器、搔器、揉锥器等,在刀形石器出现以后亦一起亮相,构成了被称为"旧石器时代后期"多姿多彩的石器群,进而推动了以这些石器制作、加工的器物的发展。据科学考察,刀形石器所以唯独在日本列岛取得显著变化和进步,可能主要是因为在被称为冰川时代的更新世的自然变化中,随着象的灭绝以及取而代之的鹿、野猪和其他中小动物的增加,旧石器时代的人类在狩猎方法的改进方面作出努力的结果。

---

① 参阅井上光贞、永原庆二、儿玉幸多、大久保利谦编:《日本历史大系》第1卷《原始·古代》,山川出版社,1984年,第37—41页。

第三阶段的特征是矛形锐器的发展,特别是投掷锐器的出现。虽然在关东南部出土的旧石器时代的遗物中,矛形器具的发达不甚显著,但是在北海道和东北地区,在关东北部和中部地区,以及在日本西部,发现了许多矛形锐器在石器组成中占据主体地位的石器群。虽然在将矛形锐器安装在长长的木柄上作为突刺用狩猎工具这一点上,矛形锐器承袭了刀形石器的传统,但是从石器的两侧被仔细调整加工,整个横断面被尽量均匀打造的目的判断,似不能仅仅以技术改良加以评价,而是应有其他原因。首先值得关注的是,虽然都是矛形锐器,形状及大小有所不同,但总体上在重量方面均超出较薄的刀形石器。究其原因,可能不仅是为了装上长柄后能用作强力有效的突刺器,而且可以提高其作为投枪的远投力和命中率。在这一时期继续得以制造的刀形石器,则整体上朝小型化的方向发展,有的似用作箭镞。虽然这种锐器当时是否已被用作石镞目前仍难以证实,但不管怎么说矛形锐器特别是投枪的出现,使当时人类能在相对较远的距离猎杀动物,因而在狩猎器具发达史上占有重要一席。

第四阶段的特征是细石器从周边地域流入日本、从而使日本组合形石器得以发展阶段。那些能够藏于指间的非常细小的刃器,乍一看形如石屑,极不起眼,但是在人类工具史上,却具有划时代的意义。之所以这么认为,理由是这种细小的刃器,是组合形器具的零部件。即当时的人类将很多这种细刃器排列在木质或骨质的主体器物上,制成一种"大型武器"。如果刃器经多次使用后不再锋利,则可以如我们今天更换剃须刀一样,更换新的刃器。同时,当时的人类似还能够改变其主体器物的形态,随心所欲地制成各种形状的狩猎工具。夸张一点说,这种以细石器为零部件的组合形石器的问世,是现代具有复杂结构的机械的出发点。

总之,日本列岛上的原始人类在先土器时代的不同历史阶段,如在日本全国各地陆续发现的遗迹——鹿儿岛县上场遗迹和北海道中本遗迹的坚穴;长野县茶臼山遗迹、静冈县休场遗迹、北海道吉田遗迹的炉灶等所显示的,过着群居的生活;①采用与上述各阶段相应的工具从事采集、狩猎和尚未发达的捕捞,创造出了日本列岛上先土器时代的原始文明。

三、"我国的黎明期——绳文时代"

寺泽滋在他由近代文艺社2001年出版的《通过探讨和考察理解日本的历史》一书中,将阐述绳文时代的一章的标题,定为"我国的黎明期——绳文时

---

① 迄今为止发现的欧洲旧石器时代的居所遗迹,绝大多数是洞窟遗迹,而日本先土器时代的居所遗迹,大都是建在平地上的所谓"开地遗迹"。

代"。这一标题定得非常正确。因为日本学者普遍认为,绳文时代是真正为日本文化和日本民族奠定基础的时代。

1877年,美国动物学家摩斯对东京大森贝塚进行了考查,将从该处发掘出的陶器称为Cord Marked Pottery,谷田部良吉将其译为"索纹陶器",白井光太郎改为"绳纹陶器",之后有"绳文陶器"一词,二战后,学界将此时代称为"绳文时代"。一般认为,绳文文化时间跨度约为1万年前至公元前3世纪,空间跨度南起冲绳,北至北海道,覆盖整个日本列岛。对于绳文文化的空间范围,学术界基本没有争议,但是对于绳文文化的时间范围,特别是绳文文化究竟始于何时,日本学术界却存在两种截然不同的意见。

一种意见认为,土器就是绳文文化的标志,土器的问世即标志绳文文化的来临,因此持这种意见的学者将日本列岛出现的最早的土器直接称为"绳文土器"。早在1937年,山内清男就在《先史考古学》1卷1号上发表了《绳文土器形式的细别和大别》一文,将绳文时代分为5个时期,并由此开创了绳文时代的编年体式划分(吴廷璆主编、南开大学出版社1994年出版的《日本史》,也采纳了这种划分)。1969年,山内清男根据考古新发现的更早的土器,又撰写了《绳文草创期的诸问题》一文,在绳文时代设定了一个草创期,即将绳文时代分为6个时期。①1975年,冈本勇发表了《原始时代的生产和咒术》,将绳文时代分为形成、发展、成熟、终末4个阶段。②1982年,小林达雄等考古学者的论著对山内清男的观点基本表示赞同。③

另一种意见认为,土器的出现并不直接意味着绳文文化的形成,理由是两者并非完全一致。持这种意见的学者以考古材料为依据,认为在先土器时代和绳文时代之间,还存在一个过渡期。属于这一过渡时期的文物的特征,既有别于之前的先土器时代的石器,也有别于之后的绳文时代的土器。最先系统提出这种观点的,是镰木义昌发表于1966年《冈山理科大学纪要》第2号上的论文《关于绳文式土器·绳文文化的起源》。之后,不少日本考古学者对这一时期作了不同的命名,如芹泽长介在出版于1967年的《信浓》19卷第4号上发表的论文《旧石器时代的终末和土器的产生》,将这一时期称为"晚期旧石器时代",在其他论文中有时又称之为"中石器时代";杉原庄介同样发表于《信浓》19卷4号上的论文《试论日本先土器时代的新编年体》,将这一时期称为"原土器时代";宫下健司发表于1980年出版的《信浓》32卷4号上的论文《土器的出现和绳文文化的起源(试论)》,则将这一时期称为"土器出现期",等等。

---

① 山内清男:《绳文草创期的诸问题》,载《博物馆》杂志224号,1969年。
② 冈本勇:《原始时代的生产和咒术》,载《岩波讲座·日本历史》第1卷,1975年。
③ 小林达雄:《绳文文化的研究》第3卷《总论》,雄山阁,1982年。

值得注意的是,上述两种意见虽然相左,但至少存在一个共同点,即均认为土器在日本经历了漫长的发展和演变过程。因此,尽管拙著采纳"原土器时代"说,即注重考察自然环境的变化对动植物生态及原始人类的影响,但这并不意味着作者的立场有所偏袒。

诸多学者已经指出,日本绳文时代属新石器时代,其时间跨度约为1万年前至公元前3世纪。值得关注的是,这一时代按地质年代划分,处于地质发生剧烈变动的晚冰期。晚冰期自然环境的变动,使原始人类所处的生态环境产生了连锁反应。正是这种反应改变了原始人类的生活,催生了绳文文化。

晚冰期是更新世最后一个冰期,时间跨度约为2万年前至15 000年前。在晚冰期最寒冷时期,日本列岛年平均气温比现在低7、8度。但是,从大约15 000年前开始,覆盖于地球广袤地域上的冰川和冰床开始慢慢朝极地的高山方向退缩,气候开始显示变暖的征兆。在日本列岛,这一变化大约始于13 000年前。由于气候变化,植物生态也发生了相应变化,特别是耐寒的针叶树林逐渐为喜暖的落叶树林所取代。植物生态的变化,又引起了动物生态的相应变化,导致一些依赖原先的植物为生的大型动物相继灭绝,并进而对原先主要以猎杀大型兽类动物为生的人类生活产生极大影响,使人类的生活方式开始发生重大变化。通过对地层下花粉的分析,考古学家取得了相关依据。① 这一因自然环境的变化而引起"多米诺骨牌"式连锁变化的时期,就是先土器时代向绳文时代转变的过渡时代——原土器时代。

先土器时代的主要石器是刀形石器。继刀形石器之后流行于日本列岛的石器,是细石器。制作细石器的技术(细刃器技术),最先从中国和包括西伯利亚在内的亚细亚北方某地区同时传入北海道和九州地区,然后沿着各自的路线迅速传入本州中部。从西伯利亚方向传入的细石器以舟底状细石核为特征,而从中国方向传入的细石器则以圆锥状角柱状的细石核为代表。两地传入的细石器在长野县附近汇合,即以长野县为界,两种细石器形态各异,如泾水和渭水般分明。在经历了一段时间的变迁后,九州的细石器依然流行,但在其他地区,这些石器在日本其他地区均相继消失。取而代之的是大型矛形尖头器和有茎尖头器。至爪形纹土器时期,贯穿以后整个绳文时代、以三角形为基本形态的精巧石镞在考古中多有发现。这一发现说明,当时的狩猎器具已从先前依靠人投掷的阶段,进入了依靠弓发射的阶段。除此之外,从东北亚大陆传入的石器,赋予了原土器时代的石器重要特征。这些石器因山内清男的首倡而被称为"渡来石器"。虽然前述细石器也是"渡来石器",但是那些细石器在传入日本后很快"土著化",成为"日本细石器文化"的主要代表。然而,在

---

① 参阅塚田松雄:《花粉的叙述》,岩波书店,1974年。

日本东部地区发现的许多单刃石斧等大型磨制或打制石斧、枪头以及分布在日本海沿岸地区的植刃、断面三角形锥等,几乎在亚洲大陆北部各地区都有发现,而在日本列岛却迄今尚未发现这类石器的变迁痕迹。日本考古学家因此推测这些石器很可能属"渡来石器"。不难认为,在晚冰期或"原土器时代"这一自然环境剧烈变动的时代,日本列岛上的原始人类吸纳了新的获取粮食资源的技术和生活用品,同时通过自己的创造,为下一个新的文化时代——绳文文化时代,奠定了基础。

约15 000年前,在这种细石器继续存在的同时,日本列岛上出现了土器与之相伴。那些土器被称为"豆粒文土器"、"隆起线土器"、"爪形纹土器",是迄今为止世界上发现的年代最久远的土器,最初发现于爱媛县上黑岩阴遗址。近年来,在日本除北海道和冲绳以外的其他地区,相继发现了早期陶器,前不久,在长野县下茂内和鹿儿岛县简仙山,相继出土了经测定约为距今15 000年前的陶片,其中鹿儿岛的陶片烧成温度只有400度—500度,质地疏松,还没有完全陶化,堪称名副其实的土器。其中隆起线土器问世后迅速向四国、东北地区中部和本州全部传播。继隆起线土器出现的爪形土器则进一步向北延伸,到达东北地区北部。这些土器在各地均具有统一特征,没有地方特色。这一现象在日本列岛以后漫长的土器变迁史上未再出现。因为,继爪形土器后出现的土器,在日本东西部地区呈现出不同的特征。出土文物显示,日本西部一些地区的土器属"无纹土器",比较厚实,而日本东部地区,特别是沿日本海地区的土器,则在器物表面制有绳文图案(按:这些作为生产工具的土器,制有这种图案不是为了美观,而是为了不使绳子在器物表面打滑)。一些研究绳文土器的专家认为,这种土器是以后绳文土器的母体。事实上,"绳文土器"就是因具有绳文状图案而得名。①

1998年,日本举行了最大的"绳文遗迹发掘"并因此颠覆了"先史文化"常识:在青森市郊外的"三内丸山遗址"中,考古学者发现在距今约6 000年以前,当地已有了果树栽培技术,并已形成数百人规模的"定住集落"。这一重大发现,将前此的"考古学上的常识"彻底打破。

1999年,日本青森县大平山元一号遗址出土了无纹饰陶器,其陶片附着碳化物的碳测校正年代为16 520年—14 920年,在国际考古界引起轰动。

但是,当时的土器和严格意义上的绳文土器并不相同。因为许多遗址的考古发现显示,虽然根据隆起线土器是从下层出土,而爪形文土器是从上层出土这一现象判断,两者似乎存在相续性,但是却难以发现两者在土器形态学上

---

① 1979年由日本先史考古学会出版的山内清男的论著《日本先史土器的绳文》,对此有系统研究和论述。

的相续性。这一看法同样适用于爪形文土器和日本东部出土的押压绳文土器和日本西部出土的无文土器，即难以发现它们具有同一传统特征的发展、演变过程。这说明，当时原始人类的生活具有较大的流动性。考古学的其他发现也证实了这一点。与之形成对比的是，在以关东平原为中心的一些地区发现的、距今约1万年的撚系纹系统土器群，以及在日本西南部出土的、大致同一时代的押型纹系统土器群，则如名称所示，在图案、形状、制作方法等方面均不相同。尤其值得关注的是，这3个土器群在各自所处的地区至少经历了数百年、历经几个阶段的具有相关性的变化，具有土器形态学上的相续性和关联性。也就是说，在这个时期，日本列岛已经产生具有一定地域性、自身形态具有一定关联性的土器群。这一考古发现表明，当时的原始人类已经从相对不安定的生活方式，向相对安定的生活方式演变，并顺应当地的地域特色休养生息。正是这种变化宣告了绳文文化的确立。

  需要指出的是，山内清男等学者对绳文文化的编年体式划分，揭示了土器的发展演变过程。但是，编年体式划分未必能准确反映当时日本列岛上的原始人类的生产方式和生活方式的变化，而绳文时代作为日本的"黎明期"，其主要意义或价值就是和以往相比，人类的生产方式和生活方式发生了重要变化。基于这一理由，本书作者试以绳文土器的编年研究成果为基础，以关东地区为中心，根据土器形式群的动向，分阶段地阐述绳文时代最具有代表性的"贝塚文化"，以求窥斑见豹地把握当时生活在列岛上的日本先民生产方式和生活方式的演变。需要说明的是，之所以以关东地区为中心，是因为在整个日本，关东地区南部是发现贝塚最多的地区。日本现今出土的约1 200个贝塚，约半数集中于千叶、茨城、东京、神奈川、埼玉，其中约70％筑成了属绳文时代中期至末期的"贝塚文化"的极盛期。

  首先让我们认识"贝塚文化"的确立期。目前发现的、属于"贝塚文化"确立期的遗址，主要是伴有撚系纹系统土器群的两个日本最早的贝塚遗址：1. 利根川沿岸的西城遗址。在这一遗址中发掘出了留有作为撚系纹系统土器群最古老形式的井草式土器的贝塚；2. 神奈川县夏岛遗址。在这一遗迹含有夏岛式土器的贝壳层中，发掘出了精巧的、以鹿角磨制的钓钩，以及鲷鱼、鲈鱼等鱼类的鱼骨。这些出土文物显示，当地的渔业技术已相当发达。同时，通过对属于这一时期的茨城县花轮台遗址、东京都多摩新城第52遗址、横滨市荏田第7遗址等处居住群的考察发现，当时日本列岛的人类不仅已开始了定居生活，而且已经出现集落形成的萌芽，尽管这种集落规模尚小。20世纪80年代，日本考古学界对和撚系纹系统土器群大致属同一时期、以押型纹系统土器群为主体的静冈县若宫遗址进行考察时，发现了45处竖穴居所，59个炉穴、67个土圹。这些文物显示了较大规模集落的存在。

"贝塚文化"在经历了上述确立期后,开始进入上升期,其主要标志是贝壳条痕纹系统土器的问世。这种土器是纤维土器,烧制时在胎土(制作土器的原材料,主要是黏土)里掺入纤维,并在表面用有肋脉的贝壳的边缘刻上贝壳条痕纹。值得关注的是,贝壳条痕纹系统土器的形态虽然也经历了变化,但相对于以往土器大都是尖底和圆底,这种土器大都是平底。虽然目前尚未能完全探明产生这种变化的原因,但冈本勇等考古学者认为,这种变化显示,当时的人类已更注重于土器的功能和用途,而非外观,这是一种质的变化。同时,在关东地区发展起来的贝壳条痕纹型土器,又深入中部和东北部地区,推动了日本列岛其他地区绳文文化的发展。除了土器外,当时狩猎和渔捞工具性能的改良和数量的增加也非常显著。例如,在作为贝壳条痕纹型土器的代表性遗址之一的神奈川县吉井贝塚,发现了用于捕捞体形大小不同的鱼的鹿角制钓钩20多根,其意义,自不待言。

出现上述变化,似与自然环境的变化密切相关。在约距今6 500年前,气温的上升导致极地和冰川的冰雪消融并进而导致海面上升,海域沿利根川和荒川沿岸的低地向关东平原扩展,形成了广阔的古东京湾。被称为"海进"的自然环境变化——海面上升,为"贝塚文化"的发展提供了更广阔的舞台,使"贝塚文化"进入发展期。值得关注的是,考古发现,不仅属这一时期的遗迹的数量较之以前明显增多,而且在千叶县幸田遗址、神奈川县南堀遗址、长野县阿久遗址,发现了许多定形的大规模集落群。同时值得关注的是,在所有绳文土器中,这一时期的土器最富有装饰性:以羽状绳文为代表,土器表面显示出技术复杂、种类繁多的绳文图案。关东地区多绳文系统土器群出现的一个重要原因,就是"贝塚文化"随着"海进"向关东北部挺进。另外,从这些绳文的特征判断,一些考古学者认为可能吸取了日本东北地区的土器制作手法。在"贝塚文化"发展期的后半叶,竹管纹系统的土器在关东地区显示出"对立"状态:以诸矶诸型式土器为代表的自关东向中部地区扩展的土器群,以及主要存在于关东东部,特别是以霞浦周边海域为中心分布的浮岛式土器群和兴津式土器群,前者的传统在经历了五领台式土器发展阶段后,为胜坂式土器所继承,后者的传统则在经下小野式土器发展阶段后,由阿玉台式土器继承。在"贝塚文化"进入极盛期前夕,土器群分布圈的差异更加鲜明。

"贝塚文化"的极盛期是土器制作充满原始活力的时期。当时的土器主要有以关东、中部地区为中心的胜坂式各种形态的土器,器面全部有装饰性的隆线纹,不少还有充满立体跃动感的装饰把手。值得关注的是,关东东部地区主要是阿玉台式土器,仅在连接中部地区的关东西部地区,有胜坂式诸形态的土器出土。这一现象说明当时中部地区比东部地区发达。虽然上述土器群已经显示了当时土器制作的工艺水平,但真正迎来"贝塚文化"极盛期的,是在加曾利E各种形态的土器问世以后。这种土器是阿玉台式土器和胜坂式土器的"混血儿",在东北南部地区独自发展的大木系土器群的影响下形成的泛关东型土器,它不仅体现了当时土器的制作水平,更重要的是反映了当时人类的生活和交流状态。在加曾利E各种形态的土器后相继问世的,是磨消绳文系统的土器群和带绳文系统的土器群。这些土器群不仅在形态方面明确显示了继承关系,而且传入了近畿地区和东北地区,使产生于关东的绳文土器得以扩散。

在"贝塚文化"极盛期后,分布范围以关东南部为中心、属带绳文系统土器群的安行诸形态土器,是最具有关东地方特色的土器,并有着堪称绚丽的形态和图纹。然而,这种绚丽已如"夕阳残照"或"回光返照"。耐人寻味的是,关东南部也是象征"贝塚文化"确立的撚系纹系统土器群出土的地区。带绳文系统土器问世后,曾作为"贝塚文化"繁荣之象征的马蹄形贝塚开始销声匿迹。之后,甚至贝塚本身也所剩无几。所以产生这种变化,亦可能和自然环境的变化有关:曾在绳文时代前期达到顶峰的"海进",此时转为"海退"。曾享受海水抚摸、作为通往资源丰富的渔场入水口的高地,此时变成了绳文人只能望而兴叹的沼泽。至"贝塚文化"开始明显衰退的绳文时代晚期,曾是关东"土著"的带绳文系统土器,明显受到了在东北地方达到极盛的龟冈式系统土器的影响。也是在同一时期,承袭"贝塚文化"衣钵的带绳文系土器群正式寿终正寝,尽管"关东化的龟冈式土器"依然微弱地延续着它的香火。与之同时,属于这一时代的遗迹不仅数量愈益减少,而且规模也呈零星化状态,令考古学界怀疑固定的集落是否依然存在。

在以"贝塚文化"为例对绳文文化进行纵向阐述后,似有必要对绳文文化在日本各地的发展再作一番横向扫描。因为,日本列岛是自北向南长约2 000公里的弧状列岛,列岛地形的复杂和气候的差异以及与之密切相关的生态环境,对各地绳文文化特征的形成和演变具有重要影响。

必须看到的是,考古学界定的土器分布圈的演变,只是概要反映了绳文时代的文化动态。事实上,不仅绳文时代的人类生活以更小的地域为单位,而且各地的生产活动也存在明显差异。以下分别阐述各主要地区的这些差异。

在长野县八岳山麓遗址出土的遗物中,有耕地的锹、锄、草耙、镰刀;用于农耕的打制石器;用以谷物、果实加工的石皿、石磨;疑是用于储藏和酿造的土器;以及作为农耕信仰、祈祷丰收用的土器和表现妇女妊娠和生产的土偶。藤森荣一等考古学者在对这些遗物进行研究后指出,当地在水稻栽培最终确定的弥生时代之前的绳文时代,已经存在原始农耕栽培。[1]另外,贺川光夫等考

---

[1] 藤森荣一:《绳文农耕》,学生社,1966年。

古学者也指出,在绳文时代晚期,受中国或朝鲜半岛新石器文化影响,以九州为中心的日本西部,已经产生相当进步的农耕,甚至有水稻种植已经开始的可能。①在"绳文农耕论"提出后,作为直接证据的10多种栽培植物的遗物,如荞麦、绿豆、桃子、紫苏等也陆续被发现,除此之外还有较难栽培的薯类等根茎植物,以及甘栗、胡桃等半栽培植物,种类相当丰富。虽然作为当今日本人主食的谷物不包含在内,但是各种迹象显示(如九州西北部出土的山寺式土器的表面,特别是底部,留有籾的压痕),当时日本列岛的人类极有可能已经开始栽培谷物。1966年,在对佐贺县宇木汲田遗址的发掘中,发现了已处于炭化状态的稻谷颗粒,经分析属绳文时代晚期的前半期。更具有说服力的证明是,1978年在福冈县板付遗址的下层,发现了属于绳文时代晚期的水田遗迹。②1981年,在佐贺县菜畑遗址,也发现了被推定为绳文时代晚期后半叶、但比板付遗址早100年的水田遗迹。③这些经过规整的耕作场所的发现,排除了稻谷有可能是从其他地方运入、偶尔撒落在那里的疑问,为绳文晚期水稻耕种已经存在的看法提供了有利证据。另外,科学家对出土花粉的分析也为此提供了证据。上述一系列证据,使日本考古学界现已无人全面否定"绳文农耕"的存在。尽管农耕在绳文时代究竟占有什么地位,还是个有待进一步研究的课题。

在日本列岛最大的平原——东西、南北均约150公里的关东平原,由于西北为险峻山脉,东南面临太平洋,平原内部由冲积低地和洪积高地两大部分构成。同时,关东平原又处在日本中央,不仅地理位置、自然气候还是生态环境,都属日本列岛东北和西南的缓冲地带,而且可以"左右逢源",吸收两边的新文化。正是这些优越条件,培育了璀璨的"贝塚文化"。同时,处在这样的位置,绳文时代的人类生产和生活方式也自然呈现另外一种景致。考古发现,在直径为数十米至200多米的贝塚里,留有厚达数十厘米至2米不等的贝壳。那么,通过对这些日积月累堆积起来的贝壳的判断,是否能证明贝类是当时支撑人类饮食生活的主要支柱呢?根据铃木公雄等学者对东京都伊皿子贝塚的抽样资料分析,当地的人类每天从贝类获取的卡路里,约相当于成人所需卡路里的6.7%至8.9%。而且贝类的采集主要集中在春季。因此,当地的人类不可能主要靠采集贝类谋生。④他们的食品,主要是覆盖于广阔的洪积高地的暖温带落叶树林和照叶树林上的坚果类、薯类等植物性食品,其中包括经栽培的植

---

① 贺川光夫:《农耕的起源》,讲谈社,1972年。
② 山崎纯男:《板付遗址调查报告》,福冈市教育委员会,1979年。
③ 中岛直幸:《菜畑遗址》,载《末庐国》,六兴出版,1982年。
④ 铃木公雄等:《伊皿子贝塚遗址》,东京都港区伊皿子贝塚遗址调查会,1981年。

物。同时,由于靠近海边,贝类、鱼类等海鲜,也得以大量采集、食用。这些食品为当地人类生活的安定,提供了保证。

在绳文时代相当长一个时期,东北地方一直是培育着独特文化的场所。绳文时代前期,在东北地区全部和北海道局部得以繁荣的,是具有东北地区土器显著特征的、硕大的筒形深钵形圆筒系下层式土器群;绳文时代中期,土器群虽然开始产生分化:东北北部是圆筒系上层式土器群,南部则是大木系土器群,但是两者仍具有共同的"东北"特征。至绳文时代晚期,虽然列岛其他地区的绳文文化显著衰退,但在东北,堪称"绳文文化最后的高扬期"的龟冈文化,却绽放出绚丽夺目的色彩。特别是壶和皿,土坛和高杯(一种带腿的食案或高足漆盘),不仅实用,而且以其华丽、洗练、精致,在美学意义上将原始土器推向新的高峰。其中,著名的似带着墨镜的"遮光器土偶"可谓龟冈文化的代表。同时,这种土偶的存在,说明龟冈文化兼具有咒术性。不过需要说明的是,绳文时代的咒术不是为了非生产性的祈祷,而是以生产力发展为背景的具有活力的表现。因为在其他地区,土偶也是地域文化高扬期的象征。

最后探讨东北地区的情况。早在1964年,山内清男就提出,为东北地区绳文文化、特别作为绳文文化最后的高扬的龟冈文化提供给养的,是鲑鱼和鳟鱼,①这一观点被称为"龟冈文化＝鲑和鳟文化论"。虽则在石器时代或未开化时代的民族中,以鲑的捕捞和保存为生产中心的例子很多,但龟冈文化时代的人类,是其中最典型的例子。日本居民素有食鱼的传统,当今日本的食鱼量在世界上首屈一指。这一传统的基础是在绳文时代奠定的,而最明确显示绳文时代渔捞技术之发达的,就是在东北地区,特别是龟冈文化时期。在绳文时代早期,已经出现了精巧的用鹿角和鹿骨制成的钓钩。随着捕捞技术的进步,证明当时已经存在铦(鱼叉),甚至渔网编织的土锤、石锤也得以发现,甚至可能用于共同捕捞的木船,也在各地陆续出土。而各种当时最先进的捕捞工具,均是在龟冈文化时期产生的,并以太平洋沿岸为中心。当然,当时的人们并非仅仅依靠渔业为生。正如其他地区一样,植物采集和狩猎,也是龟冈文化时期的人类获取食物的主要途径。不仅如此,对青森县田子町龟石遗址的花粉分析显示,荞麦等植物的栽培,在当时也可能得到某种程度的发展。②

综上所述,绳文时代的人类在同自然保持和谐的同时,最大限度地利用当地资源,创造出了各具特色的地域文化。

除生产活动外,在社会生活方面,当时的人类则在各地域内部形成了各种

---

① 山内清男:《日本原始美术》,载《日本先史时代概说》,讲谈社,1964年。
② 平安博物馆:《青森县田子町龟石遗址第二、第三次发掘调查概报》,1975年。

集团或曰共同体。现这方面的研究正不断深入。长崎元广1980年发表的《绳文集落研究的系谱和展望》，对绳文时代集落研究的学术史，作了很好的概括。①在这些研究中，以具体把握共同体概貌为目标的研究，主要集中于对绳文时代集落生活和殡葬的研究。事实上，生和死对人类来说也是最基本的问题。考古发现和一系列研究成果显示，绳文时代的人类一开始就居住在半地下式的、具有圆、方、多角等不同形状的竖穴里。这些竖穴的直径或边长一般为4至6米左右。一个竖穴一般住4、5人；根据其具有不同年龄和性别判断，当属类似于今天核心家庭的最小社会单位。而作为集落，20世纪80年代发掘出的、属绳文时代早期押型纹系统土器群遗迹的静冈县若宫遗址，在长和宽各为100和50平方米的范围内，有45个竖穴遗迹。至绳文时代中后期，一个集落群往往有100个以上竖穴，不少遗址发现的竖穴超过200个。

绳文时代的人，无论男女均寿命极短，平均寿命均仅30岁左右，且自前期至晚期基本没有变化。②死去的绳文人只要非特殊情况，均由其亲友安葬。目前绳文时代初期埋葬死者的墓穴已有发现，形式随时代变迁，但是均比较简朴，一般都是大小刚好够容纳一个成人的浅穴。所处位置一般在集落附近，但也有不少就在作为居所的竖穴的角落里。墓穴内遗体的姿势最初呈曲肢状，后呈伸肢状，并时有生前饰品和用品作为陪葬品。目前发现的绳文时代的墓穴不多，有长野县枥原岩阴遗址、爱媛县上黑岩岩阴遗址等。在绳文文化迎来发展高峰时期，各地均出现了作为墓标的石块。在绳文时代终期，以日本东部为中心，出现了大规模的墓群。墓群的出现表明，最初祈望死者入土为安的埋葬，经对祖先灵魂的崇拜，发展为对自然的信仰。宗教因素在墓穴中注入了大量能源。墓穴在绳文时代终期的显著改变，颇具象征性地宣告了绳文时代寿终正寝。

绳文时期的土器。自左至右：马高式（新潟县）、井户尻式（长野县）、胜坂式（东京都）

---

① 长崎元广：《绳文集落研究的系谱和展望》，《骏台史学》50号，1980年。
② 小林和正：《通过出土人骨推断绳文时代人的寿命》，载《人口问题研究》102号，1967年。

四、"文政十一年弥生十日"

作为一个历史时代的弥生时代的"弥生",原是纪年名:在日本国立东京大学校园内的原水户屋遗址,有一块水户藩主德川齐昭题写的"向冈纪"纪念碑,碑文上刻有落款日期"文政十一年弥生十日"。之后,弥生不仅是一个时间概念,而且成了一个空间概念:东京大学所在地东京都文京区本乡弥生町的町名。象征弥生时代来临的弥生式陶器因发现于此而得名,而这一会聚了时空的发现纯属偶然。

1884年(明治十七年)初,考古学者有坂鉊藏踏访了本乡弥生町的向冈,发现了贝塚,在贝塚的贝壳层里发现了一个壶形陶器。事后,他对当时的情况作了如下记述:

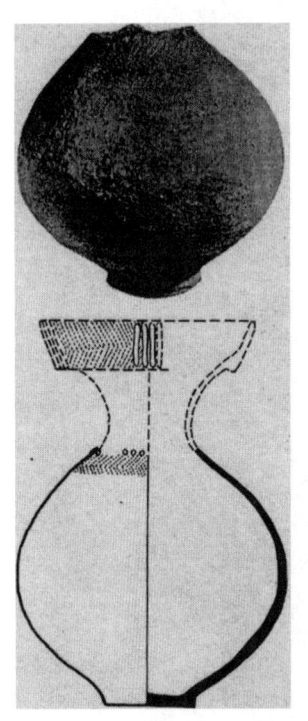

本乡弥生町发现的土器

"在现今弥生町的一部分、原来被称为向冈的地方,有一个陆军的手枪射击场……我多次踏访此地。"那射击场的后面有一山丘,"明治十七年初,我就是在那山丘靠近根津市街头的山崖上,发现了贝塚"。"我正在这个遗迹转来转去时,在埋有贝壳层的土堆里,发现一个瓶口探头探脑……由于周边没有任何可用以挖掘的工具,于是我就用手将它刨了出来。当时我心里又惊又喜,将这个瓶子小心翼翼包好后带回了家中,在一段时间里独自赏玩"。"明治十七年三月,如前面谈到的,由于坪井君和白井君都是我的挚友,我便对他们说想和他俩一起进行共同研究,并将这一土器交给了坪井君"。①

之后,文中提到的"坪井君",即日本考古学的创始者坪井正五郎以壶形土器的"出生地"为其冠名,称之为"弥生式陶器"。弥生式陶器的问世,为弥生时代提供了出生证明,为考古学提供了打开弥生时代之门的钥匙。1975年,在东京大学校园里的原浅野邸地区进行的考古调查,不仅发现了伴有贝塚的弥生时代的沟,从中发现了和1884年在有坂遗址发现的同一类型的陶器。这一发现为研究弥生时代,提供了新的实物资料。

1943年太平洋战争时期,日本人在静冈县静冈市骏河区建设兵工厂时,发现了著名的"登吕遗迹"。战后不久,1947年,考古学家、人类学家、地质学家等各领域专家,在日本史上首次进行了综合性发掘,在当

---

① 有坂鉊藏:《对弥生式土器发现时的回忆》,《古石墓》(ドルメン)四卷六号,1935年。

地出土了超过 8 000 平方米的水田遗迹和井、竖穴式居所、高床式仓库的遗迹。此外还发现了农耕和狩猎、捕鱼的木制工具和引火工具、占卜用的骨头，等等。这一遗迹经复原后，现已建成登吕公园，供参观游览。"登吕遗迹"和"弥生遗迹"被认为是弥生文化的两大发现。

弥生时代始于公元前3世纪，终于公元3世纪；空间跨度南起萨南诸岛，北至东北地区，时空舞台远不及历时数千年、覆盖整个日本列岛的绳文文化。之所以出现这种情况，主要是因为"弥生时代是日本开始以粮食生产为基础进行生活的时代"，即日本列岛自弥生时代正式进入了以水稻耕作时代，而水稻耕作，对自然环境有基本要求。因此在日本列岛上述地区进入弥生时代后，屋久岛以南、包括冲绳诸岛在内的南方各岛，依然处在与弥生文化并行的、以采集经济为基础的固有的"南岛文化"阶段。不过，当时九州和南方诸岛之间，存在着恒常的交流。九州的弥生土器当时已传入南方各岛，而南方诸岛海域盛产的贝类海产品，也被运往九州。在北面，北海道当时纳入亦未享有属于弥生文化一分子的荣光，当地的岛民仍主要依赖采集经济为生。山内清男称当时当地的文化为"续绳文文化"。

虽然和对绳文时代的研究相比，水稻的栽培和铜器、铁器的使用取代陶器成为学术界的新宠，但本书作者并不"喜新厌旧"，尤其是陶器作为这一时代的钥匙和象征，更不应遭受冷遇。因此，本节的论述仍从陶器开始。另外，弥生时代约历时五六百年，一般被分为前期、中期、后期，始于公元前3世纪，以板付遗址1式陶器的出土，以及与之同时出土的朝鲜磨制石镞、磨制石剑为标志；下限为公元3世纪，即已经定形的前方后圆坟——古坟，登上历史舞台，日本进入"古坟时代"。因此，首先考察陶器，也是历史学对拙著的要求。

蒔田沧次郎1896年发表于《东京人类学会杂志》的论文《关于弥生式土器（与贝塚土器类似的较薄的土器）的发现》一文，使"弥生式陶器"一词在学术杂志上首次亮相，并促使日本学术界对弥生式陶器进行更深入研究。19世纪末，虽然考古学界对弥生式陶器进行了不少研究，并为它取了很多别名，如"中间陶器"、"马来式陶器"、"埴瓮陶器"，等等。但是，真正集弥生式陶器研究之大成并为这一研究构建了基本框架的，是森本六尔和小林行雄编集、东京考古学会1938年出版的《弥生式陶器聚成图录》。这一划时代的成果为今日弥生式陶器的研究奠定了基础。

关于弥生式陶器的断代划分，迄今为止比较通行的方法是，按照其形态及相应的年代进行划分。这种划分方法首先在弥生式陶器研究方面比较领先的两个地区提出：对弥生式陶器进行编年体研究的近畿地区，以及将弥生式陶器和大陆文物和陶器进行比较研究的北九州地区。最初，当地的学者将弥生式陶器分为三种类型（近畿地区分为远贺川式、栉积式、穗积式，九州地区分为远贺川式、须玖式、高三潴式）。三种类型分别对应于弥生前期、中期、晚期三个发展阶段。之后，随着各地对弥生式陶器发展阶段同各地陶器并行关系的研究的深入，有更多式样的弥生式陶器被认定。目前学者普遍认为，一个地区当有约10种式样。

在弥生式陶器研究的基础得以奠定的大正末年至昭和初年，即20世纪二三十年代，也是日本学者通过多方面研究，从而确定弥生时代同时也是水稻栽培开始的年代。1925年，山内清男根据宫城县桝形围贝塚出土的陶器上附着籾痕的考古发现，于当年在《人类学杂志》40卷5号上发表了《石器时代亦有稻》一文，引起了学术界对水稻栽培起源的关注。之后，森本六尔于1933年和1934年分别在《考古学评论》上发表了《日本原始农业》和《日本原始农业新论》，对前此关于这一问题进行了概括，将"弥生文化"定义为"产生于原始农业社会的文化"，开辟了视弥生时代为初期水稻栽培农业时代的道路。和绳文时代从产生至衰落历经数千年相比，仅历时五六百年的弥生时代的历史，可谓相当短暂。但是，弥生时代在日本列岛进入铁器时代迄今两千数百年的历史中，却占据了约四分之一。依此观之，弥生时代的历史又可谓相当漫长。不管认为弥生时代的历史短暂还是漫长，对以稻米为主食的日本人来说，弥生时代在日本历史上所占有的地位，显然意义极其重大。

继弥生式陶器之后被发现的，是铜器。1917年，福冈医科大学教授中山平次郎在福冈县板付遗址田端地区的弥生陶器的坛子里，发现了一些铜剑、铜矛。他根据这一发现，在当年的《考古学杂志》第8卷上发表了题为《论九州北部先史时代和原始时代两个时代中间期的遗物》的论文，不仅明确提出了前此认为始自古坟时代的铜剑、铜矛，在弥生时代已经出现的观点，而且提出了弥生时代是石器时代向金属时代过渡的"中间时代"的主张。和中山平次郎的研究同时受到关注的，是富冈谦藏的汉镜研究。富冈谦藏对江户时代因青柳种信的著作《柳园古器略考》而被发现的福冈县须玖、三云、井原的各种弥生时代的遗物进行了探讨，并得出了须玖、三云出土的铜镜，"是前汉时代，至少是王莽镜以前的遗物""井原村的遗物也是王莽前后的物品"的结论。① 这一研究使人们认识到，弥生时代正值中国汉王朝时代。之后，在京都府函石浜、福冈县御床松原遗址等7处遗址，发现了8枚王莽执政时期的铜币"货泉"。这一发现使人们的上述认识进一步明确。② 之后，有关青铜器的研究相当活跃，至1935年前后完成了青铜制武器、铜铎的分类和编年，并大致明确了两者的关

---

① 富冈谦藏：《关于九州北部的铜剑铜铎及随弥生陶器出土的古镜的年代》，载《考古学杂志》8卷9号。
② "泉货"是王莽执政时天凤元拗劲天凤元年后的十年间铸造的钱币。

联性。根据考古学和历史学家研究,赋予弥生文化重要特征的青铜器的产生,和日本同中国大陆和朝鲜半岛的交流密切相关。森本六尔更是不仅将弥生时代定义为"青铜时代",而且明确主张这一时代的产生不是日本自石器时代后独立发展的结果,而是在中国文明的强烈影响下逐渐形成的。

与石器(包括陶器)时代、铜器时代、铁器时代相继登上日本列岛历史舞台的顺序相对应,铁器的发现和有关铁器的研究,也是在对陶器和青铜器的研究已经取得丰硕成果之后才开始的。尽管铁器的发现和弥生式陶器和青铜器的发现一样,也非常偶然:

1941年,京都帝国大学考古学教研室通过对奈良先唐古遗址的发掘,发现了各种弥生式陶器和木制农具、容器。由于不仅那些木器留有刃器加工的痕迹,而且在推断为弥生前期的鹿角刀的刀柄上,还附有铁锈痕迹,因此开始引起学术界对当时是否存在铁器的疑问。这一疑问至1955年得以消解。是年,在熊本县斋藤山贝塚属于弥生前期的贝层中,出土了一把铁斧。之后不久,又在长崎县原辻唐原两个遗址发现了大量属于弥生时代的铁器。这些考古发现使弥生时代基本上属于铁器时代的观点得以确认。①

日本学术界普遍认为,弥生时代是农耕文化在日本列岛正式确立的时代。水稻的栽培和青铜器、铁器一起作为三根支柱,支撑起了日本列岛上弥生时代这幢古老的文化高楼。因此,我们必须对水稻耕作的起源、发展、普及,作一番扼要的回顾。

如前面所述,1978年考古学者在福冈县板付遗址的下层,发现了属于绳纹时代晚期的水田遗迹。1981年在佐贺县菜畑遗址,发现了被推定为绳文时

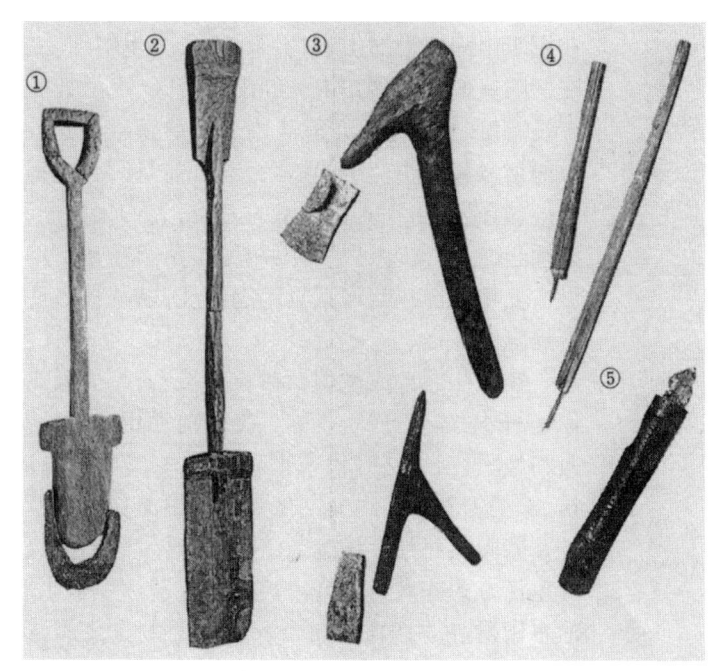

铁制农具

---

① 参阅冈崎敬:《日本初期铁制品的问题》,《考古学杂志》42卷1号,1956年。

代晚期后半叶、但比板付遗址早100年的水田遗迹。也就是说,在九州立足的稻耕农业,在弥生前期即已迅速向日本西部各地普及,使主要以水稻耕种为中心的生活方式,在日本西部落户。之后,掌握了"稻和铁"的文化的人们陆续向东部推进并改变了当地的生活。进入弥生中期后,落户于日本西部平原和盆地的稻耕农业发展迅速。考古显示,这一时期不仅平原和盆地的稻耕农业遗址大量增加,而且这类遗址在内海岛屿和山区也为数甚多。弥生前期呈点状分布的农耕遗址,在历史尚未进入弥生时代中期门槛时已呈面状扩大。在围绕大阪湾的摄津、河内、和泉等平原地带,属弥生时代前期的稻耕遗址仅有10个。但是进入中期后,其数量增加了7、8倍。在奈良盆地,迄今为止发现的属弥生时代初期的稻耕遗址仅区区几个,但是进入弥生时代中期后,迄今已发现的这类遗址就有约40个。最先开始水稻栽培的北九州地区,情况也同样如此。在玄界滩沿岸得以确认的数量庞大的瓮棺,显示了当时人口的急剧增加。在属于中间地带的山阴、山阳地区,弥生中期以后的遗址的增加也很显著。如在山阳一侧的吉井川中流的山间地区、冈山县栅原町,属于弥生前期的遗址迄今没有发现,但是属于弥生中后期的遗址则达到50处。考古学界认为,遗址数的增多和分布范围的扩大,很可能是因为当时出现了分村现象。即随着低湿地的开发、水稻耕作技术的普及,人们集中于一个地区显然难以维持生计,必须迁徙、分散。这是导致从母集落衍生出许多子集落的基本原因。目前经考古发现的淀川北岸大阪安满遗址,以及福冈县下稗田遗址的发现,为这种判断提供了佐证。

在九州北部成型的稻耕农业技术,经过濑户内海、近畿中部到达伊势湾沿岸,向日本东部普及,是弥生文化前期中叶的一大亮点。因为,在东海西部的三河地区,至绳文时代末期仍形成了大规模的贝塚。这说明当时以狩猎、捕捞、采集为基础的绳文文化传统仍根深蒂固。但之后随着稻耕农业的传入,当地开始向农耕社会演进,并在弥生时代中期中叶,正式形成了以水稻栽培为主要生产方式的农耕社会。其影响进而达到东北地区北部。青森县垂柳遗址中的水田遗迹,明确显示了这一阶段稻耕文化的波及状况。①

稻耕农业向日本列岛各地扩展和渗透的一个重要结果,就是促使各地方产生了富有特色的地方文化。概括而言,各地的特色主要是:在北九州,以凸带纹为唯一饰纹的陶器(须玖式陶器)得以普及,瓮棺盛行,以及从大陆传入列岛的青铜武器、汉式铜镜等成为随葬品;在以近畿为中心的各地区,被称为栉描纹的回转台和陶器表面饰有以栉齿状施文具制作的流丽的饰纹,方形、周边有沟的墓和土圹墓(无区划坑的墓)得以营造;在晚于日本西部各地进入农耕

---

① 村越洁等:《垂柳遗址发掘调查报告》,青森县教育委员会,1982年。

社会的日本东部地区,绳文时代的风俗仍有留存,如不仅陶器上仍留有传统的绳文,而且遗体白骨化后被放入一个大壶埋葬的再葬法依然流行。当然,在上述各地区内部,传统也各有不同。尤其在近畿各地最为明显。近畿地区在古坟时代后成为日本列岛中枢的基础,就是在弥生时代开始奠定的。①

然而,必须进一步探究的是,上述基础的奠定,依靠的是内因还是外因?即依靠的是列岛居民自身的力量,还是依靠外力的推动?根据考古发现和历史文献记载,拙著可以毋庸置疑地指出,是内在和外在力量的合力,奠定了这一基础。具体而言,就是传承于绳文时代的文化传统、产生于弥生时代的创新因素、生发于中国和朝鲜的文化因素,合力奠定了这一基础并不断推动弥生文化的发展。

提及对绳文文化要素的传承,首屈一指的当属打制石器,其中在日本列岛各地普遍得以发现的,是石镞,仅在部分地区发现的就有石匙(近畿、濑户内海)、石锥(近畿、北九州)、土掘具(山阴、北陆、南信)等。考古学家通过对石质、制作技术、形态等各种因素的分析,肯定了弥生时代的石器和绳文时代的石器的一致性。至于弥生文化自身的创新,则实际上是绳文文化和大陆文化联姻后产下的"混血儿",是大陆要素和绳文要素"合体"后重新产生的文化。其中既有主要受大陆文化影响的产物,如矛、戈、剑等兵器形祭器铜铎;并有在绳文文化的土壤上生长出的弥生文化自身的果实,如似用作为盾的装饰器的巴形铜器;也有绳文文化和大陆文化联姻产下的"混血儿",如铜制手镯。需要强调的是,在代表最古老的弥生文化——板付式石器出土的文物中,有朝鲜式磨制石镞;石制庖丁、三种磨制石斧、穴枪;打制石镞、打制刃器、打制石枪。

弥生文化所以能取代绳文文化并不断发展,列岛本身的文化力量作为一种惯性,其作用不可否认,但来自大陆的外来文化力量的推动所起的作用,同样不可否认,而在各种外来的文化力量中,首屈一指的,当属水稻耕作。

关于亚洲水稻栽培源于何处,有多种观点,但较有说服力的是源自アッサム·云南高地,然后传至东南亚北部的观点。这一观点得到了长年研究水稻耕作史的渡部忠世和探讨水稻遗传和变异多样性的中川原捷洋的有力支持。

关于日本列岛水稻耕作从何时何处传入,一般认为约在公元前1000年左右,由三条路径传入:一、从华南、华中经海路传入;二、经西南海路传入;三、从陆路(河北辽宁)或海路(山东)经朝鲜半岛南部传入。即有从长江下游分别直接传入朝鲜半岛南部和日本列岛的所谓"东进直接传入说",以及从长江下游经华中、山东半岛一带传入朝鲜半岛西南部并在那里发展成熟后,进一步传

---

① 田边昭三、佐原真:《弥生文化的发展和地域性(近畿)》,载《日本的考古学》第3卷。

入日本列岛的所谓"东进间接传入说"两种观点。现经考古发现,日本水稻耕作技术传自朝鲜半岛的可能性最大。因为,在绳文时代末期,朝鲜半岛的稻耕社会和九州北部的绳文晚期社会之间,已经有了直接的接触。这种接触对长期以来一直靠获取自然野生植物为生的日本列岛居民的生活方式,产生了革命性影响。也就是说,灌溉技术和水田耕作,以及大量磨制石器的传入,帮助日本列岛的居民开始建立起一种新的经济体系。根据对北九州出土的、属弥生初期的遗物判断,可以认为朝鲜半岛南部对当地从原始自然经济向农耕社会转型,产生了决定性影响。而在这一转型过程中扮演了主导性角色的,是来自朝鲜半岛南部的"渡来人"。一些学者,如春成秀尔认为,直接导致弥生文化形成的契机,就是因为当时朝鲜南部的居民大批移居北九州,特别是移居玄海滩沿岸。他的观点不无考古学依据:福冈县板付遗址和有田遗址上的大规模集落,以及在玄海滩丘陵地带的福冈县金川遗址上的集落,均是弥生时代初期形成的集落。这些集落上的住所的形态,以及在这些集落中发现的铜镞、铜凿、磨制石凿、勾玉等,几乎是朝鲜半岛南部同类集落和物品的翻版,这些集落很可能是"渡来人"的生产和生活场所。[①]西谷正也在1982年和1983年多次撰文指出,这些"渡来人"的故乡很可能是朝鲜半岛洛东江下游的金海平原。和这种多少具有推测性的观点相比,体质人类学家金关丈夫的研究显然更有说服力。他以当时显然不同的大陆、朝鲜半岛、日本列岛的居民身高为基准,以出土的人的遗骨为依据,通过对分属各个时代的人身高的判断,证实了大批来自朝鲜的"高身材种族"移民的存在,以及"混血儿"的存在。[②]永井昌文、内藤芳笃、铃木尚也通过类似研究,分别发表了《探寻日本人的祖先》、《弥生时代人骨》、《日本人的祖先》等论文,为金关丈夫的观点提供了支持。事实上,弥生时代朝鲜半岛和日本列岛许多物品的相近,许多技术的相通,许多思想和习俗的相似,足以显示当时日本列岛和朝鲜半岛存在着密切的文化交流。尤其值得关注的是,考古发现,当时日本列岛和朝鲜半岛在诸多方面相当一致,如多纽细纹镜、凸面镜、细形铜戈、铜矛、铁剑、铁制工具、铜镘(一种锅)、铜钮扣、有柄式磨制石剑、磨制石镞、陶器等物品和制作技术;以及各种农耕礼仪、骨占卜术、支石墓(以石块作为墓标)、厚葬、用矢随葬等众多器物、制作技术和习俗。由于所有这些物品及制作技术和习俗在不断受中国影响的朝鲜半岛的形成,均早于日本列岛,因此孰受孰影响,当不言自明。

---

① 春成秀尔:《弥生时代是如何形成的?》,载《考古学研究》77号,1973年;福冈县宗像郡津屋崎町教育委员会:《今川遗址——福冈县宗像郡津屋崎町今川所在遗址的调查》,同町教育委员会,1982年。
② 金关丈夫:《人种的问题》,载杉原庄介编:《日本考古学讲座》第4卷,河出书房,1955年;《弥生时代人》,载《日本考古学》第3卷;《日本民族的起源》,法政大学出版局,1976年。

中国对弥生文化的影响,显然更无可否认。事实上,上述关于日本列岛水稻耕作起源的观点,均认为源于中国的水稻耕作技术直接或间接地影响了日本。不仅如此,经考古发现,构筑弥生文化支柱的铜器和铁器,也显然受到来自中国大陆的影响。如汉代的铜制腕轮、汉代的环头铁刀,等等。

金属器物的产生,是使弥生时代有别于以往时代的真正开端。以水稻栽培为基础的农耕经济的发达,以及由此产生的剩余成果和剩余劳动,则是使弥生时代真正走向末路的关键。因为,这一关键为人剥削人的劳动及其成果提供了物质基础。弥生时代因此开始产生阶级社会的萌芽。和绳文时代末期一样,这一萌芽首先反映于墓葬和祭祀。因为,一个社会的结构、传统、习惯,往往首先反映于人的埋葬方式,即墓和墓地的结构。随着稻耕农业的发达而形成的农耕共同体的首长与亲属的坟墓,以及作为地域整合体的大首长的墓的突出显赫,明确显示了当时已经产生阶级社会的萌芽。虽然墓和墓地的结构在各地存在明显差异,如在受大陆文化影响最大的北九州、奠定了稻耕农业坚实基础的近畿中心地区、受大陆影响较少的关东地区,墓和墓地的结构存在显然的差异。但其传递的社会文化信息却是同一的,即日本行将进入古坟·大和时代。

作者点评:

本章通过对诸多日本史学家研究成果的汇总,将"日本"和"日本人"的形成在地球史和人类史的历史坐标中定位,阐述了日本列岛的形成、日本人的形成、日本史前时代人类的生产和生活等问题。据管见所及,这一阐述或可算是在中国的日本史研究中的首次尝试。

读者将会发现,本章在行文风格上和以后各章最显著的差异,是侧重于对"研究史"或"学术史"的梳理和介绍。毋庸赘言,这一风格是由本章内容决定的。因为,通过各种科学手段在没有确切文字记载的史前时代"寻找自己的祖先",人类还处在跋涉途中,还无法得出最终结论。人类如此,作为人类一员的日本人同样如此。然而,这项功课必须要做。"问渠哪得清如许,为有源头活水来"。只有探明"源头",我们才能借鉴镌刻在希腊克尔伯神庙中的那句话告知日本人:"认识你自己。"

第二章 古坟·大和时代

一、倭人·邪马台国·古坟

"倭"即日本,"倭人"即日本人,已成为日本和亚洲其他民族的一种常识。然而必须明确的是,"日本"不是地名,而是包含特定时间和地点、由特定的人类集团组成的国家。因此,在"日本"成立之前,"日本"和"日本人"都是不存在的。即使在日本国成立的时候,日本列岛东北中北部和南九州的人们,也仍然不是"日本人"。那么,"倭"即日本,"倭人"即日本人这一认识是怎么形成的呢?为了回答这一问题,我们必须首先澄清"倭"的概念。虽然日本方面与大陆交往的文字记载要迟至 7 世纪后才出现,但是在中国的史籍中,早在公元前就已有关于日本列岛的记载。《山海经》中的《海内北经》有关于倭的记载:"盖国在钜燕南,倭北。倭属燕。"这是关于"倭"最初的文字记载。王充的《论衡》也有关于倭的记载:"越裳献上白雉,倭人献上畅草。"①公元前 108 年,汉武帝在朝鲜设立乐浪、临屯、玄菟、真番四郡。此后,中国学者对北九州的倭和倭人的情况有了进一步了解,如班固(32—92 年)在《汉书·地理志》中记载:"乐浪海中有倭人,分为百余国,以岁时来献见云。"这一记载被引用最繁。但是,如下所述,百余国中最主要的国家"邪马台"究竟在何处,则曾犹如"海市蜃楼"。

范晔(398—445 年)的《后汉书·东夷传》中,有关于汉光武帝刘秀赐倭奴国王金印的记载:"建武中元二年(公元 57 年),倭奴国奉贡朝贺,使人自称大夫。倭国之极南界也,光武赐以印绶。安帝永初元年(公元 107 年),倭国王帅升等献生口百六十人,愿请见。"1784 年(天明四年)2 月 23 日,在博多湾志贺岛上,农民甚兵卫发现了一枚金印,其发现过程在 3 月送交那珂郡役所的口上

---

① 畅草为粤地特产。

书(不签字的备忘录)中有明确记载。即中国文献中的记载现已为考古发现所证实。

　　志贺岛叶崎农民甚兵卫在水渠修缮过程中，发现了一块约需两个人搬动的大石头，用金属杠棒撬起石头后，他发现了一个闪闪发亮的东西——一枚刻有"汉委奴国王"5个字的金印。甚兵卫随即将这枚金印交给了当时的藩校"甘棠馆"馆长龟井南冥。龟井南冥敏锐地判断，这枚金印就是《后汉书·东夷传》里记载的、汉光武帝赐予倭女王的"印绶"。于是，金印立即被送交福冈藩的藩库收藏。① 另有一说是，这枚金印随后经郡宰津田原次郎而交到福冈藩主黑田手里并作为黑田家的收藏品保存至今。②

　　陈寿(233—297年)的《三国志·魏书·东夷传·倭人》(通称"《魏志·倭人传》")中，有关记述更为详尽："倭人在带方东南大海之中，依山岛为国邑，旧百余国，汉时有朝见者，今使译所通三十国，从郡至倭，循海岸水行，历韩国、乍南乍东，到其北岸狗邪韩国七千余里。"

　　同时，关于汉朝和倭的交往，该史籍亦多有记载："其国本亦以男子为王，住七八十年，倭国乱，相攻伐历年，乃共立一女子为王，名曰卑弥呼，事鬼道，能惑众，年已长大，无夫婿，有男弟，佐治国。自为王以来，少有见者，以婢千人自侍，唯有男子一人，给饮食，传辞出入居所。宫室、楼观、城栅严设，常有人持兵守卫。女王国东渡海千余里，复有国，皆倭种……景初二年(238年)六月，倭女王遣大夫难升米等诣郡，求诣天子朝献。太守刘夏遣使，将送诣京都。其年十二月，诏书报倭女王曰：制诏亲魏倭王卑弥呼、带方太守刘夏、遣使送汝大夫难升米，次使都市牛利，奉汝所献男生口四人、女生口六人，班布二匹二丈以到，汝所在逾远，乃遣使贡献，是汝之忠孝，我甚哀汝。今以汝为亲魏倭王，假金印紫绶，装封付带方太守假授……正始元年(240年)，太守弓遵遣建中校尉梯儁等，奉诏书印绶，旨倭国，拜假倭王，并赍诏，赐金帛、锦罽、刀、镜、采物，倭王因使上表，答谢诏恩。其四年(243年)，倭王复遣使大夫伊声耆、掖邪狗等八人，上献生口、倭锦、绛青缣、绵衣、帛布、丹、木(反犬旁字旁一个付字)、短弓矢、掖邪狗等壹拜率善中郎将印绶。其六年(245年)，诏赐倭难升米黄幢，付郡假授。"

　　值得关注的是，一方面卑弥呼作为倭的代表和魏交往，俨然是个政治君主。另一方面，卑弥呼"事鬼道，能惑众"，又纯然是个萨满女巫。

---

① 《魏志倭人传》中记载的国家名称和实际所在地一致的，有北九州玄海滩沿岸的三个国家，即相当于现唐津松浦平原的"末庐国"、系岛平原的"伊都国"、福冈平原的"奴国"。这里所谓的"倭奴国"，即倭的"奴国"。另外，何谓"生口"，目前尚无统一认识，有奴隶、俘虏、普通人诸说。

② 武光诚：《邪马台国和大和朝廷》，平凡社，2004年，第25页。

关于"倭人"的生活习俗,在《魏志·倭人传》中是如此描述的:"倭地温暖,冬夏食生菜,皆徒跣,有屋室。父母兄弟卧息异处,以朱丹涂其身体,如中国用粉也。食饮用笾豆手食,其死有棺无椁,封土作冢,始死停丧十余日,当时不食肉,丧主哭泣,他人就歌舞饮酒。已葬,举家诣水中澡浴以如练沐……其会同坐起,父子男女无别,人性嗜酒,见大人所敬,但搏手以当跪拜。其人寿考,或百年,或八九十年。其俗国大人皆四五妇,下户或二三妇。妇人不淫,不妒忌,不盗窃,少诤讼。其犯法,轻者没其妻子,重者灭其门户及亲族,尊卑各有差序,足相臣服……下户与大人相逢道路,逡巡入草,传辞说事,或蹲或跪,两手据地,为之恭敬。对应声曰噫,比如然诺……"

从公元前1世纪中叶北九州的许多"国",经公元1世纪中叶的"奴国"、2世纪初北九州的"倭国",至3世纪中指称卑弥呼的"亲魏倭王",中国史籍中已不乏有关"倭"的记载。实际上,那些属于"倭"各小国的国王,在弥生时代中、后期,实际上仅是具有司祭性质的政治首长。

据《魏志·倭人传》记载,在经历了公元2世纪末发生的一场大乱后,"倭"形成了以卑弥呼为首的政治联合体。但是,如何认识统率这一联合体的"邪马台国",自古以来一直存有争议。首先提出这一问题的,是《日本书纪》的编者。因为,《日本书纪》的编者将卑弥呼和神功皇后视为同一个人。而正视这一问题的,首先是本居宣长时代的所谓"熊袭"(九州)说。然而,仅关注这一问题的前提,从江户时代的新井白石、本居宣长时代到今天,就发生了很大变化。难以容忍向中国朝贡的女酋是皇室的祖先这一思想,曾是国学者认识这一问题的前提。而明治、大正时期的一些知识分子关注这一问题并作出不懈努力的前提,则是为了通过文献记载复原古代日本的真实形象,打破《古事记》和《日本书纪》记述中的虚妄内容。

关于邪马台国的争议,主要围绕其地理位置进行。邪马台国究竟是在大和,位于畿内即奈良县中部的"大和盆地",还是在北九州地区?明治四十三年(1910年)在邪马台国研究史上,无疑是一个划时代的年份。因为京都大学教授内藤湖南(虎次郎)通过《卑弥呼考》提出的"畿内说",以及白鸟库吉教授通过《倭女王卑弥呼考》提出的"九州说",均在这一年问世,并因此将此项研究大大推进了一步。20世纪20年代,京都大学教授喜田贞吉发表了《汉籍中所见的倭人纪事的解释》,折中了双方的意见,并使"九州说"对"畿内说"这场被称为"东大和京大之争"的争论暂告段落。战后,在20世纪60年代之前,持"畿内说",认为邪马台王权的母体就是大和即畿内势力本身的人占据多数;70年代,台状、壶状和楯筑坟丘墓的存在得到关注,认为邪马台服属于畿内政权的主张开始登场;80年代,由于考古新发现,不少学者认为邪马台是和畿内对等的政权。

毋庸赘言，在《魏志·倭人传》中，有关于赴邪马台国所需里程，以及邪马台国所在方位的记载，观察邪马台国的地理位置，主要有两个视角，就是注重里程，抑或注重方位。包括内藤湖南和白鸟库吉在内，致力解决这一问题的关键，就是或注重里程，或注重方位。一般而言，"九州说"注重里程，"畿内说"注重方位。事实上，注重方位对"九州说"不利，而注重里程则对"畿内说"不利。例如，根据《延喜式》记载，从京都到太宰府，海路有30天的旅程，这显然是不可能的。也就是说，按照"里程说"，认为邪马台位于畿内的"大和"显然不合理。但是，考古发现所获得的证据，又对"畿内说"有利。首先，据《魏志·倭人传》记载，卑弥呼从魏国获得了很多镜子，而与卑弥呼同时代的中国三国时代的镜子，仅在畿内被发掘出土。其次，卑弥呼死时筑了百余步的塚。按字面理解，那塚当属高塚式古坟，而高塚式古坟发现于"大和"。但是，也有考古学者对此提出异议：如斋藤忠发表于古代史谈话会编的《邪马台国》的论文指出，首先，镜子存在传世和移动的可能。也就是说，镜子在大陆制成后，未必马上输入列岛，并未经传世和移动即被葬入古坟。因此，三国时代的镜子，很可能在三国时代以后，即邪马台国以后被葬入冢中。其次，现在伴随古坟出土的三国时代的镜子，据推断为公元239年以后的物品，如果将镜子传世、移动的因素考虑在内并综合其他因素，则古坟的发生，当在3世纪后半、4世纪初。换言之，在能够确证邪马台国存在的年代，日本尚未见古坟。按日本古代史权威井上光贞的论述："根据《魏志》地理记载，自然当位于北九州，考古学也证实在弥生时代后期，北九州处在同近畿地区不同的文化圈内。因此，将邪马台联合体视为北九州的政治统合体的假说，似更加合理。"① 新近的考古发现，特别是1989年北九州佐贺县神埼町吉野里遗址的发现，为"九州说"提供了有力支持。同年2月23日，《朝日新闻》以《邪马台国时代的"国家"》、《佐贺县吉野里、最大规模的环濠集落发掘》等醒目标题，对此作了报道。当天，NHK新闻节目也对此作了报道。这些报道引起极大关注，据统计，在72天时间里，约有106万人踏访吉野里遗址。至此，曾经的"海市蜃楼"似已清晰可辨。但是，20世纪末的一个重大考古发现，使"邪马台论争"重起：1997年8月11日，日本考古学者开始对奈良县天理市黑塚古坟进行发掘。1998年1月10日，日本主流媒体的新闻报道称，在黑塚古坟发现了34面镜子，其中画纹带神兽镜1面、三角缘盘龙镜1面、三角缘神兽镜32面。由于黑塚古坟是全长约130米的前方后圆坟，墓主显然应是侍奉卑弥呼的权贵，而三角缘神兽镜当是卑弥呼从大陆魏国获取，故这一发现顿时为"畿内说"注入了活力，使之盛赞有加。1998年1月10日，持"畿内说"的奈良大学校长、考古学家水野正好在日本销

---

① 井上光贞、永原庆二、儿玉幸多、大久保利谦编：《日本历史大系》第1卷《原始·古代》，第199页。

量最大的《读卖新闻》上撰文称,这一发现是"本世纪最大的发现之一。邪马台国已清晰可见"。"三角缘神兽镜是卑弥呼受赐于中国皇帝并搜集的镜子,黑塚的被葬者获得的镜子,来自王室的镜仓。"九州大学教授、考古学家西古正更是声称:"这已经不是为'畿内说'补充证据,而是使研究朝一个方向发展的铁证。"但正如一些专家指出的,据《魏志·倭人传》记载,卑弥呼仅从魏国获取了百面镜子。如果这些镜子是三角缘神兽镜,那么黑塚古坟的被葬者独占其中33枚,似不太合理。这些三角缘神兽镜完全有可能是国产而非舶来的。最终,以下意见获得了众多专家的认可:"仅仅以关于三角缘神兽镜的看法为依据展开邪马台国争论,似很难得出正确的结论。"这一意见,使邪马台国重新恢复了"海市蜃楼"的原貌。

　　虽则邪马台国究竟所在何处迄今尚未明了,但是对邪马台部落联盟性质的认识,则已然清晰;邪马台是咒术宗教权威在统合中扮演重要角色、各属"国"具有很强独立性的政治集团、处在国家正式形成前的过渡时期。在这一时期,女性无疑扮演了重要的政治角色。早在弥生时代受大陆文化影响而发展起来的伊都国,公元前后在汉王朝的扶持下,和奴国一起发展成了部落国家。2世纪初,在后汉王朝的庇佑下,伊都国登上了倭国盟主的宝座并在较长时期保持了盟主地位。1965年,在三云遗址群西北1.2公里的平原遗址令人惊叹的国王墓穴的随葬品中,发掘出了约40面已几呈粉状的镜子,以及玛瑙制管玉、玻璃制耳珰(耳饰)、勾玉、小玉。通过这些随葬品考古学家有理由判断,伊都国最后一位躺在这种墓穴中的,无疑是女性祭司王。事实上,《魏志·倭人传》中的记述,也反映了当时女性的政治地位:"其国本亦以男子为王,住七八十年,倭国乱,相攻伐历年,乃共立一女子为王,名曰卑弥呼。"3世纪30年代,卑弥呼和魏国正式开始交往,但不久在和狗奴国的争斗中去世。卑弥呼去世后,"更立男王,国中不服,更相诛杀。当时杀千余人。复立卑弥呼宗女壹与年十三为王,国中遂定"。同样据中国史籍记载,晋亡魏后,壹与继续与之保持联系并多次遣使。但是,自"泰始初年"后,壹与遣使在中国史籍中曾中断近150年。最后一次遣使见于《晋书》记载:"泰始二年(公元266年)十一月乙卯,倭人来献方物。"之后,在《晋书》义熙九年(公元413年),才又见记载:"是岁,倭国及西南夷献铜头大饰及方物。"两国交往何以长期中断?林屋辰三郎在论述了当时中国动乱的政治形势后指出:"由于中国当时存在这种政局,因此使魏晋以来一直是中国和倭交涉对象的洛阳,被完全卷入了战争漩涡。再则,前此倭使前往洛阳一直经由朝鲜半岛,而倭本身在这一期间因侵略朝鲜而堵塞了这条路。"①林屋辰三郎的论述颇给人启发。国交长期中绝,似与中

---

① 林屋辰三郎:《古代的环境》,岩波书店,1988年,第50页。

国政局和亚洲政局变化有关。邪马台部落联盟和魏的关系,虽然由其同西晋的关系所取代,但是如"八王之乱"所象征的,4世纪西晋在对外关系方面已难以维持权威。

与此对应,中国周边民族发生了明显的政治变动。自3世纪末至4世纪中,随着中国王朝势力的衰退,东亚的政治地图开始发生明显变化。在朝鲜半岛,高句丽日益向南方扩展势力范围,百济统一了马韩诸国,新罗统一了辰韩诸国。但是,在这一时期,倭似保持着和朝鲜半岛的交往,其主要证据,就是镇坐于奈良县天理市布留的石上神宫和石上的七支刀。石上神宫系《日本书纪》中的"振神宫",原本和大神神社一样没有本殿(现在的本殿是1911年动工、1912年建成的)。神宫以瑞垣围起的禁足地信仰迄今仍有保持。经考古发掘,石上的禁足地出土了大量宝物,如各种玉器、金铜镱、环头大刀柄头、琴柱形石制品等。据推断,该处自4世纪后半叶当是一个作为祭司场所的圣域。在各种宝物中,尤其珍贵的,是国宝"七支刀"。这把刀长74.9厘米(刀身65厘米),刀身两侧刻有金象嵌铭文60余字。对此铭文,自明治后即有多种解读。1981年通过高倍显微镜·X线摄影,辨认出有"泰和四年五月十六日"字样。一般认为,此"泰和四年"(公元369年)当为东晋年号。关于宝刀来历,认为系百济呈献倭王的"献上说"和认为系倭王下赐给百济的"下赐说"可谓旗鼓相当。"但不管采用何种论说,七支刀在考察古代日朝关系史方面,均堪称不可轻视的传世品"。①

日本国宝"七支刀"

以上述历史为背景,在日本列岛,以畿内,即以奈良县中部的"大和盆地"为中心,古坟和古坟文化兴起并迅速波及北九州。自3、4世纪前后,畿内开始成为日本古代统一政权"大和朝廷"的根据地。虽然统一的主体是畿内地方土著势力,还是东迁的原北九州地方势力,目前尚不明了。但是有一点似可以肯定,即大和政权不再是由卑弥呼那样的萨满统治的国家,而是由掌握强大权力的王者统治。王死后,也不像邪马台国那样即刻发生内乱,而是依靠已稳固建立的体制,由新的王者职掌政权继续统治。所有这些均表明,当时畿内地区已进入阶级社会。

与上述大和与邪马台显著有别的情况相对应,从3世纪末到4世纪末约100年间,以大和为中心、在近畿和濑户内海等地区,出现了前方后圆形坟墓,之后这种坟墓逐渐扩展到自九州北部到东北南部的日本列岛大部分地域。象征一个时代的古坟不断向各地扩展,不仅清晰地显示了日本的生产力发展水平,而且显示了豪强势力以畿内为中心逐步建立起了统一国家,即在列岛各

---

① 朝尾直宏等:《要说日本史》,东京创元社,2000年,第35页。

地，整合了附近的共同体并确立起强大而稳固统治权的地方首领，均附属于以大和为中心的畿内首长联合体即大和政权，形成日本古代国家母体的过程。如果说邪马台国如"海市蜃楼"，那么古坟无疑已清晰可辨并于大和政权荣衰与共：经考古发掘，在以畿内为中心，包括濑户内海、九州北部在内的广大区域内，出土了被称为前方后圆坟的高塚坟墓。其中被认为最早的古坟，有京都府椿井大塚山古坟、兵库县吉岛古坟、冈山县汤迫车塚古坟、山口县竹岛古坟、福冈县石塚山古坟、大分县赤塚古坟，等等。这一考古发现说明，在3世纪后半叶至4世纪初，日本迎来了古坟时代并急速扩展，进入5世纪后已达九州南部至东北南部，至6世纪后半叶或7世纪初，前方后圆坟几乎遍布各地。

同时，自5世纪后半叶，除了大型的前方后圆坟以外，中、小古坟也有明显增加。尤其是圆坟的"群集坟"开始登上历史舞台，并在6世纪后期达到高峰，现身于列岛各地的山间岛屿。进入7世纪后，其原先生机勃勃的气势陡然衰颓，至律令制国家得以确立的7世纪，古坟的营造基本打上了休止符。这一休止符，宣告又一个新时代——古坟时代的来临。

所谓"古坟"，原本的含义是"用土高高堆起的古墓"。但是在日本，"古坟"特指代表这个时代的高塚坟墓。同时由于高塚坟墓在3世纪后半叶至7世纪，即400年左右的时间里遍布全国，因此这一时期在日本学术界被称为"古坟时代"。古坟时代大致被划分为三个时期，即前期、中期、后期。前期以镜子、碧玉制腕饰等咒术、宗教色彩较强的随葬品，以及狭长的竖穴式石室和黏土椁等为特征，跨越年代为4世纪前后，是古坟文化的形成期。中期的特征是前方后圆坟的规模达到顶端；将铁器、石制仿造品以及新增添的源自大陆的马具作为随葬品；炫耀权力的古坟祭祀的礼仪化得以推进。跨越年代大致是整个5世纪，是古坟文化的发展期。后期以横穴式石室、须惠器、马具的普及、群集坟的发展等为特征，表现出对大陆文化的全面吸收和咒术、宗教要素的淡化；古坟开始变质并踏上从衰退至消亡的不归路。后期的时间跨度为6、7世纪。

以高塚古坟为象征的古坟之所以能代表一个时代，是因为在该时代初期高塚古坟都建于鸟瞰平地的山丘或山尾上，显示出一种威压四方的气势。而这，显然是炫耀身份的重要手段。虽则古代的达官显贵往往通过建筑金碧辉煌的宫殿和寺院炫耀自身的权力，但对于古坟时代的豪族来说，进入那个阶段还要等待几百年。除了政治上的象征意义外，这些古坟还显示出充分反映当时生产技术水平的特征：

第一，古坟无论是坟丘的规模还是地形的选择，不仅显示出与一般坟墓不同的风格，而且显示出在营造时经过很好的规划设计。前方后圆坟自出现时，就有长达数十米至二百数十米不等的坟丘，将圆丘和方丘联结起来的大坟丘，无论平面还是立体均具有几何学轮廓,非常整然。整个坟丘的表面均堆有葺石。可以认为,当时的人们在营造这些坟丘时,都进行了很好的规划和计划,并采用了统一的尺度和测量方法。

第二,虽然遗骸以各种方式收入棺中,但埋葬设施的结构相当复杂,即在营造时首先自坟顶处掘出一个很大的方形土圹,在土圹底部铺上砾、黏土,将宽5米长7米的硕大的木棺安放在里面,然后用石板构筑的竖穴式石室将木棺围起,用厚厚的黏土覆盖其顶部,最后将棺木埋葬。这种特殊的埋葬设施,作为同前方后圆坟的坟丘一体化的内部结构而被定形。

第三,墓葬中有大量中国制的镜子、铁制武器、生产用具、铜镞、玉等成套的随葬品。需要强调的是,分布于濑户内海地区和山阴、北陆等地、承袭了方形周沟墓和方形台状墓传统的坟丘墓,虽然在一定程度上显示出坟丘的发达,但几乎没有随葬品。与之相反,在九州北部弥生时代的瓮棺墓中,虽然有大量中国制的镜子、金属武器、玉器等随葬品,但却看不到坟丘的发达。也就是说巨大的坟丘、复杂的内部结构、定型的成套随葬品整齐划一的组合,是宣告新时代来临的新的墓葬制度的标志。

尤其值得关注的是,在古坟的随葬品中,有许多三角缘神兽镜的同范镜(按:即用相同的模子铸造的镜子)。根据镜子的分布状况判断,似由畿内首长统一配发。也就是说,通过这些墓的主人和畿内的首长存在这种授受宝器的亲密关系,对照畿内,特别是大和盆地的前方后圆坟相比其他地区更早显示出显赫规模,不难判断当时以畿内豪族势力为中心的政治联合体已经形成。因为,仅仅为安葬一个人而营造、并以大量贵重器物随葬的巨大的古坟,既是弥生时代最后的栖身之处,同时也是凌驾于共同体其他成员之上、握有权威的首长的摇篮:无声地宣告一个时代的降临。

毋庸赘言,营造一个大则全长二百数十米,小则数十米,一般全长约百米至四五十米的庞大的古坟,需要动员和组织大量劳动力。能做到这一点本身就是地位和权力的象征。事实上根据考古发现,很多古坟所在的区域,以后基本上就是一个郡或一个郡的二、三分之一——一般均以一个水系的上、中、下游为中心,即显示了古坟的主人生前拥有的"势力范围"。由于这些古坟是渐次营造的,因此先后营造的座座古坟同时也显示了政治权力的代代传承。

在前方后圆坟中,镜、铁制利器、玉成套的随葬品,与其说是墓主身前的财物,毋宁说是显示其权力、具有强烈咒术和宗教色彩的宝物。同时,这些宝物是我们了解墓主身份的重要线索。如铁刀、铁剑、铁镞、铜镞等各种武器,在成套的随葬品中占据中间很大位置,说明墓主身前曾是一位军事首领。由于在古坟时代,墓主往往既是军事统帅者,也是共同体生产的指导和组织者。因此,在随葬品中也有许多铁制农具、工具。在古坟时代前半期,铁制农具和工具始终占有重要位置,并在5世纪表现得最为明显。而掌握铁制生产用具的供应源并集中管理,动员和组织包括治水、灌溉在内的生产活动,也是当时墓主的一大权力。除了掌握政治、军事、经济方面的世俗权力外,当时的部落首领同时也是作为该部落最高司祭的宗教权威,并在身前和身后以此姿态君临共同体。在被认为是祭祀位于玄海滩孤岛冲岛上的海神宗像神的遗址,考古学者发掘出了与以镜为中心的古坟的随葬品的种类一致的大量奉献品。依此判断,当时的人们显然将去世的首领作为部落的守护神供奉。特别考虑到作为重要随葬品的大量镜子,是由作为共同体司祭的部落首领管理的神圣祭器,因此首领本身从祭祀者转变为护佑部落安宁的被祭祀者,也就成了题中应有之义。

最后探寻一下古坟文化的传播。以畿内、濑户内海沿海区域为中心的西日本古坟分布圈,自4世纪后半叶至5世纪初,迅速向东西两个方向扩展,西至九州北部和中部,东至东北地方南部。毫无疑问,在扩展过程中,不仅古坟的外观发生了变化,特别是以圆筒埴轮为主的定形化的埴轮的大量出现,以及台形、壶形、盖形、楯形的出现;而且古坟的内容——随葬品,也随之发生变化。其中最值得关注的,是大陆文化因素的影响。在古坟时代初期,作为随葬品的镜子,均是中国制的所谓"舶载镜",最初日本制的所谓"国产镜",也只不过是对中国制的三角缘神兽镜的忠实模仿。至古坟时代中期,"在随葬品中尤其值得关注的,是马具、金铜制带金具等大陆要素的出现。在随葬品中显示出的大陆要素,在4世纪后半叶的古坟中,已经可以看到其先驱者,如奈良县新山古坟出土的龙文透雕带金具。马具则最初发现于誉田山古坟的陪冢丸山古坟、石津丘古坟(履中陵)的陪冢七观古坟等,在坟丘规模最大化时期的大王陵周边"。[①]同时毋庸置疑的是,在5世纪前半叶至中叶,在王权主导下,通过吸收大陆的先进技术及人员,列岛的劳动生产水平和武器生产水平得到了划时代的增长。日本列岛居民骑马的习俗不仅传自大陆,而且是当时受大陆文化影响的典型事例。事实上,当时确实有大批专门负责养马以及传授骑马技术的"马饲部",以及专门从事马具制作的"鞍作部"的技术者的赴日。而马具的普及,如前面所述,则是古坟时代后期的一大特征。

二、"大和朝廷"的建立和倭的初步统一

日本又称"大和",日本民族又称"大和民族"。然而,"大和"原本只是奈良盆地东南部一带的地名,其大体区域范围是:自大和国城下郡大和乡(现天理

---

① 井上光贞、永原庆二、儿玉幸多、大久保利谦编:《日本历史大系》第1卷《原始·古代》,第247页。

市海知町)及大和神社所在地天理市南部(天理市新泉町),经箸墓古坟(现樱井市箸中),至古代被称为磐余天之香具山东麓(现樱井市池之内村附近)。公元3世纪左右,大和地方豪族争雄,竞相扩大自己的势力范围。最后统一各路豪族并占有"盟主之座"的"大王",就是"皇族"(天皇)的祖先。也就是说"大王"即"天皇"的祖先。

关于日本天皇何时诞生、大和政权如何建立,长期以来学者们众说纷纭,莫衷一是。按《古事记》和《日本书纪》记载,原居于日向,后率领军队进入大和的磐余彦,就是初代天皇——神武天皇。但是现经考证,《古事记》和《日本书纪》,即《记纪》中的内容,多系后人杜撰,不可作为信史。如上述"神武东征传说"出现于公元6世纪前后,显然不足为信。事实上,从第二代天皇绥靖天皇至第九代天皇开化天皇,《记纪》均只提其名,未记其事,因此日本史学界称之为"欠史八代"。换言之,那八代天皇是否真实存在,或曰子虚乌有,难免令人生疑。

早在20世纪30年代,对《记纪》持批判性态度的津田左右吉已通过令人信服的比较分析后指出,首先,从第一代神武天皇至第14代仲哀天皇,仅记有天皇尊号。这是因为在被用作《记纪》之材料的《帝纪》中,未记有实名即讳名。其次,前14代天皇的所谓"尊号",其实仅是一些称号,同6世纪后自第27代天皇至第44代天皇各有实在的、与之对应的尊号(如第27代天皇的尊号是"安闲",第44代天皇的尊号是"元正")相比,缺乏固有性。再次,自第15代天皇应神天皇至第26代天皇继体天皇,均将其皇子时的名字用作天皇的名字并表记,这显然更接近于《帝纪》的原型、在6世纪中叶已经成书的"原帝纪"中的记述。最后,考察天皇系谱,在第14代天皇仲哀之前,王位的继承是子承父位。这和第15代天皇应神天皇身后屡有兄终弟及的情况相比,缺乏现实性。因为,父子相承的原则在7世纪后半叶之前尚未形成。父子直系传承王位,萌芽于继体天皇时的"大兄制",实现于天智天皇制定的"不改常典"。①

津田左右吉对《记纪》中不符史实之记载的批驳,倡导了一种关于大和政权起源的理论——"应神王朝论"。"应神王朝论"主张大和王权由应神天皇创始,主要理由如下:

第一,在历代天皇中,唯第1代神武天皇、第10代崇神天皇、第15代应神天皇在谥号中附有神名,体现了皇主神天照大神(日神)的神格。其中虽神武天皇和崇神天皇被视为国家的创立者,但应神的事迹具有理想化和人格化色彩,以此观之,属于现实社会的大和王权当始于应神。所谓应神,意为天照大

---

① 参阅津田左右吉:《神代史的研究》、《古事记及日本书纪的研究》,岩波书店,1924年;《日本上代史研究》,岩波书店,1930年。

神的"应身"。窥斑见豹,可知应神天皇是在世俗社会现实、具体地实现日神神格的最初的天皇。

第二,磐余、矶城等遗址规模庞大的前方后圆形古坟的存在,表明在应神之前,大和地区亦曾存在王朝。而颠覆旧王朝建立新王朝的,就是以难波为根据地的应神天皇。

也有学者从社会发展,特别是生产力发展的角度对大和政权究竟何时形成作了分析。例如,井上光贞指出:"纪元前3、2世纪至纪元后3世纪的日本,阶级尚未正式分化,是初期农耕社会,按照《魏志·倭人传》的记述,在我们邪马台国九州论者看来,当时日本尚未出现统一国家。即使退一步采取大和论者的立场,在2世纪末倭国大乱之前,也绝不可能已经由大和朝廷建立了统一国家,而使用汉字纪录更是在4世纪末即应神天皇以后。所以,《记纪》的有关记述,即在此1 000多年前的公元前7世纪第1代天皇神武天皇东征并即位建立大和,显然不可能是信史。"①也有学者认为,4世纪初的崇神天皇当是真正的大和政权的缔造者,在他之前的神武天皇和"欠史八代",均属子虚乌有。近年更有学者认为,《记纪》中对作为大和统治者、第10代天皇崇神天皇政迹的记述,比较可信。例如,对男女分别课以不同额度的租税;向北陆、东海、西海、丹波派遣四道将军以扩充统治范围,均属信史。此外,大和朝廷先已崇奉的大神神社及大倭神社(现称大和神社)中明确表记的祭祀,也始自崇神天皇。②

除此之外,还有许多广受关注的论说,其中主要有:

一、"九州王朝东迁说"。该论说的主要倡导者水野祐在《增订日本古代王朝史论序说》(小宫山书店,1954年)中提出,应神很可能是当时在九州和邪马台国对立的"狗奴国"的后代,东迁后在畿内的大和建立了新的政权。

二、"河内王朝入侵说"。和上述论说类似,即认为大和政权是由于河内地区豪强势力的侵入畿内,建立起了大和政权。

三、"骑马民族征服说"。由日本著名史学家江上波夫竭力主张的这一论说提出,大和政权是由亚洲北方的骑马民族南下,在征服了高句丽、百济和任那之后,以之为据点越过大海,凭借其强大的武力使倭臣服,并在日本列岛上建立起了史无前例的征服王朝。也就是说,游牧民族征服农耕民族建立王朝的模式,对倭也同样适用。

不难发现,上述论说均认为,大和政权系由外来者通过征服而建立,并曾获得不少拥趸。但是自20世纪80年代,这些论说开始受到有力反驳。例如,

---

① 井上光贞:《古代史研究的世界》,吉川弘文馆,1975年,第138—139页。
② 武光诚:《邪马台国和大和朝廷》,第231页。

平野邦雄指出:"首先,如果九州王朝东迁说能够成立的话,那么毫无疑问它当属征服王朝。然而事实是邪马台国东迁说、狗奴国东迁说、应神九州诞生说,以及骑马民族征服说,不仅完全没有统一性,更重要的是,通过《记纪》批判而一度被否定的神武东征传说和应神九州诞生说,在未获得任何新的证据支持的情况下得以复活。这无疑意味着学术的倒退。其次,就河内王朝侵入说而言,大和同河内、摄津原本是一个地方,大和政治势力如果不能抑制作为其门户的河内、摄津,那么大和政权是不可能成立的。事实上,这两个地区在以后的'大和朝廷'时期,即使在作为天皇、贵族之根基的畿内也是最重要的枢纽性地区。由是观之,来自河内的外来势力侵入并征服大和,似不太可能。"①

近年的考古发现,不仅为探究大和政权形成的时间,而且为探究大和政权发祥的空间,提供了重要参考资料。一些专家根据考古发现提出,公元200年左右,大和朝廷在位于奈良盆地东南隅的缠向新建了古代都市。那时的当朝者约在公元220年去世,葬于缠向石塚古坟。由于缠向遗址和冈山县内吉备遗址类似的遗物很多,因此大和朝廷很有可能是从吉备迁入的集团建立的。公元260年代至270年代左右,大和朝廷的势力急剧扩大,箸墓古坟就是为创建这一伟业的大和朝廷的领袖建造的。安葬王族成员的黑塚古坟、安葬朝廷属下物部氏的西殿塚古坟,也基本上在同时期建造。凡此事实,为大和朝廷究竟起于何时,提供了重要思路。尤其是最近在缠向遗址中的发现,更具有启发性。

1971年,日本橿原考古学研究所开始着手发掘位于奈良盆地东南隅三轮山西南方一个高坡上的缠向遗址。经过几十年的发掘,终于获得了许多重要发现。缠向遗址虽没有吉野里遗址和代表弥生时代的静冈市登吕遗址引人注目,但却足以和藤原京遗址和平城京遗址媲美。《记纪》所述的第10代天皇崇神天皇的瑞垣宫、第11代天皇垂仁天皇的珠城宫、第12代天皇景行天皇的日代宫遗址,均在其周围。诸多现象显示,缠向遗址是大和朝廷的发祥地,是天皇的摇篮。

缠向遗址规模庞大,有约1平方公里。在遗址中有许多高床式住房。和掘地建造的竖穴式住房相比,高床式住房显然进了一步。同时考古学家还在遗址中发现了连接河流、被称为"缠向大壕"的运河、水田遗迹和耕作不可或缺的锹。1987年,在遗址中发现了由木制水槽和樋(送水的管子)构成的净水道设施。这一约建于4世纪的设施在日本仅见于缠向遗址。据推测,可能用以为当时的统治阶层提供清凉甘甜的三轮山的泉水。自此,该遗址开始广受关

---

① 井上光贞、永原庆二、儿玉幸多、大久保利谦编:《日本历史大系》第1卷《原始・古代》,第275页。

注。1989年,对缠向石塚古墓的调查,更使之闻名全国。缠向石塚古坟位于遗址的西北部,规模不大,全长约93米,当建于3世纪中叶。石墓前低后高,以涂有赤色的建筑材料建成,是迄今发现的日本最早的古坟。有人声称"终于发现了卑弥呼的墓!""是不是(卑弥呼的后代)台与的墓?"最初,不少专家综合各种因素提出:"缠向遗址是大和朝廷在形成期构建的古代都市。那里的居民是不从事农业的、居住在高床住所里的统治阶层。"但是在1991年3月,即对缠向遗址进行发掘的第20个年头,首次发现了1个竖穴住所,经鉴定当属3世纪后半叶所建。这一重要发现,证实了前此一些专家的判断:"缠向未必仅是上流阶层的居住场所。在遗址的某处肯定存在从事劳役的下层民众的竖穴住所。"同年9月,在缠向遗址又发现了宽约6米、深约1.2米、已探明的长度为7米的运河遗址,其方向和前此发现的、被称为"缠向大壕"的运河交汇,当属"缠向大壕"的支流。1992年1月,考古队还发现了一个较小的绢制小袋,似挂在腰间用以放香料。经鉴定当属3世纪末的物品。前几年在北九州曾出土了几件绢制物品,当时考古学家认为是通过交易传自大陆的物品。但是,当出土的北九州时代的绢制品达到十多例时,学界始有人认为,那时日本当已有养蚕业。

1991年10月,在缠向北面的西殿塚古坟内,属于3世纪后半叶的特殊器台的残片和特殊器台型埴轮的残片被起出。据推断,该古坟当建于缠向石塚古坟问世前后。值得关注的是,目前在缠向发现的与之同时代(公元270年代至280年代)的古坟,均不足百米,而西殿塚古坟全长达220米。这一考古发现使学界认为有必要重新认识大和朝廷成立之经纬。

1992年1月,在位于奈良县矶城郡田原本町的唐古・键遗址,考古学者发现了经推断为弥生时代中期,即公元1世纪左右的环壕。环壕有四重,间隔距离为5米至9米,最深的宽数十米、深2米。另外,在东海地区的爱知县清州町照日遗址的集落群外,有宽5米、深2米的壕沟,其外侧还有两排栅栏和木桩围绕。外层高出地面1.5米的栅栏有尖头,用于防御外敌,据推断同样建于弥生时代中期。这些考古发现说明,弥生时代中期的动乱波及全国。① 吉野里遗址有用于瞭望敌情的高层"楼阁"。据出土文物推测,在唐古・键遗址,当年应同样有这种楼阁。因为从那里出土的属1世纪前半叶的陶器表面,绘有楼阁。随着唐古・键遗址发掘的深入,在弥生时代大和文化所达到的高度日益显明。自1991年11月至1992年1月,在该遗址发掘出了大量铜铎、铜剑、

---

① 唐古・键遗址原被称为唐古遗址。在前不久的教科书中,静冈市的登吕遗址和唐古遗址被并列为弥生时代具有代表性的农村遗址。但是,随着唐古周边发掘的进展,考古学家发现该遗址的范围不仅限于田原本町唐古池底部,而是达到唐古、键区域,故改称唐古・键遗址。

铜镞的铸型片。铜剑文化以北九州为中心传播,铜铎文化以近畿地方为中心形成。但是,唐古·键遗址兼具铜剑文化和铜铎文化。北九州发现的属弥生时代的青铜器的总量约 1 吨,而近畿地区同时代的铜器总量约 2.5 吨,远远超出北九州地区。据此判断,当年近畿地区通过和北九州的交流,吸收了大量大陆文化。同时青铜器的数量显示,当年近畿地区的文化当不逊色于北九州地区,而唐古·键遗址则曾是近畿地区青铜器文化的中心。虽然仅就规模而言,唐古·键遗址和吉野里遗址类似,只是一个小国的遗址,但在当年这一地区却曾是通过青铜器的生产、交易,对周边的集落群具有引领作用的重要地区。

考古资料显示,唐古·键遗址上的集落群持续至公元 3 世纪末。至大和朝廷时代,原有的权势豪族开始衰退,东北的物部氏、东南的大王家(皇室的祖先)、西边的葛城氏取而代之,中小豪族则处于分裂状态。掌握较发达文化的大王家统一奈良盆地的时候,原先统治唐古·键的权势豪族成了无名的、遵从朝廷的中等豪族。按照"神武东征传说",物部氏的先祖饶速日命降临河内,闻知此事后,和兄弟们一起筹划东征。磐余彦统一大和的时候,饶速日命归附了磐余彦。以后磐余彦登基,成为第一代天皇。这一传说,似物部氏归附大王家这一史实的反映。

以大王家为中心建立的政权,最初和北九州、出云、吉备等地的政权一样,也是地方政权。在统一了全国之后,其统治区域西起九州、东至关东,成为"中央政权"。

"大和朝廷"成为中央政府的基本过程,大致可概括如下:

公元 4 世纪初,即弥生时代之后,日本列岛开始进入"古坟时代"。以大和地区为根据地、以大王氏为中心的豪族集团,不断扩张,遂成为凌驾于北九州势力、出云势力、濑户内海地区势力的一大势力。

4 世纪中叶,与百济缔结了军事同盟的"大和国家联军"入侵朝鲜,击败了"新罗国",占领了半岛南部的"任那"。公元 391 年,"大和国家联军"继征服百济国、新罗国后,与高句丽进行了战争。结果,"高句丽军大胜、大和国联军败退"。约在这一世纪,日本古代国家的轮廓开始显现。这一史实被镌刻于广开土王碑(按:广开土王碑又称好太王碑,因高句丽广开土王的正式谥号为"国冈上广开土地好太王",又称"国冈上广开土境平安好太王"。于永乐元年即公元 392 年即位——王陵碑上永乐元年为 391 年。该王采取了阻止百济的南下政策并不断扩张领土。其后任长寿王于丁卯年即公元 427 年迁都平壤,并自冠"永乐大王"。长寿王即位后,在甲寅即公元 414 年为了歌颂先王业绩,树立该碑。现经诸多史家考证,认为其中不乏不实之处,具体内容可参阅井上光贞、永原庆二、儿玉幸多、大久保利谦编:《日本历史大系》第 1 卷《原始·古代》第 284—286 页"广开土王陵碑"一节)。

位于中国吉林省集安市的"广开土王碑"

"广开土王碑"立于高句丽旧都丸都的一个山丘上(现为鸭绿江北岸中国吉林省集安市太王乡境内),高6.34米。在角砾凝灰岩梯形四角柱石碑的四面碑文上,共刻有18 000多字(一说17 000多字)。其中被称为"辛丑年条"一节尤受日本关注:"百残新罗旧是属民,由来朝贡。而倭,以辛丑年来,渡海破百残□□新罗,以为臣民。以六年丙申,王躬率水军讨伐残国。"①

公元5世纪是实现全国性政治统治、确立倭王权的所谓"倭五王"时期。这一时期从大陆吸取了被称为"部"的新的国家组织管理生产的方式,在全国配置了屯仓。如前面所述,象征大王权力的前方后圆古坟也出现于这一时期。倭五王系谱在中国史籍《宋书》、《梁书》中均有记述:

中国史籍《宋书》记载:珍、讚、济、武、兴

中国史籍《梁书》记载:赞、弥、济、兴、武

日本史籍《记纪》中,有关"倭五王"亦有记载,但因不用上述名讳而用天皇年号,故"倭五王"究竟和哪几位天皇对应迄今未明,主要争议点是:②

讚=应神天皇、仁德天皇或履中天皇

珍=仁德天皇或反正天皇

济=允恭天皇

兴=安康天皇

武=武略天皇

诸多中国史籍,如《晋书》、《梁书》、《宋书》,均有关于倭五王和中国朝廷交往的记载,其中尤以《宋书·夷蛮传·倭国条》的记载最为详尽。按其所记,421年、425年、443年、462年、478年,历代倭王先后遣使中国朝廷:

"倭国在高丽东南大海中,世修贡职。高祖永初二年(421年),诏曰,倭讚万里修贡,远诚宜甄,可赐除授。太祖元嘉二年(425年),讚又遣司马曹达奉表献方物。讚死弟珍立,遣使贡献,自称使持节,都督倭、百济、新罗、任那、秦韩、慕韩六国诸军事、安东大将军、倭国王,表求除正,诏除安东将军、倭国王。

---

① □□为因碑文表面风化不可判读处。百残系百济。辛丑年为公元391年。六年丙申系永乐六年、公元396年。明治十七年(1884年),日本参谋本部炮兵大尉(一说中尉)酒匂景信将碑文拓本带回日本,使之为日本所发现。明治二十二年(1889年),碑文内容由日本亚细亚协会作为《会余录》第五集出版并因此广为人知。后因碑石剥落等多种原因,其本来面目已不复存在。

② 讚究竟是哪位天皇有三说,持"应神天皇说"者最众,珍究竟是仁德天皇还是反正天皇有两说。

珍又求除正倭隋等十三人平西征虏冠军辅国将军号,诏并听。二十年(443年),倭国王济遣使奉献,复以为安东将军、倭国王。二十八年(451年),加使持节都督倭、新罗、任那、加罗、秦韩、慕韩六国诸军事、安东将军如故,并除所上二十三人军郡。济死,世子兴遣使贡献,世祖大明六年(462年),诏曰,倭王世子兴,奕世载忠,作藩外海,禀化宁境,恭修贡职,新嗣边业,宜授爵号,可安东将军、倭国王。兴死弟武立,自称使持节都督倭、百济、新罗、任那、加罗、秦韩、慕韩七国诸军事、安东大将军、倭国王。顺帝昇明二年,遣使上表曰,封国偏远,作藩于外,自昔祖祢,躬擐甲胄,跋涉山川,不遑宁处……"

  对《宋书》中的上述记载,熊谷公男有一段值得关注的评论:"倭五王执拗要求承认其在半岛南部的军政权,是希望通过获取中国王朝的官爵,显示其是这一小世界的统治者。但是,对自认为是'天下'唯一统治者的中国皇帝来说,承认倭王为'天下'中的小世界的统治者,根本没有可能。因此自倭王武开始,列岛统治者终于意识到其以往外交政策的矛盾。于是,倭王决意脱离册封体制,与中国王朝诀别,开始踏上作为独自的'天下'的世界王者的道路。使之决意踏上这条道路的根本原因,是倭王维持作为列岛统治者的地位,已不需要借助中国王朝的权威。""因此自7世纪至9世纪,虽则列岛持续派遣遣隋使、遣唐使前往中国,但那仅是倭王、天皇派出的进行朝贡贸易的使节,并没有受到册封。在这一时期,如以后也将看到的,不接受中国王朝的册封已成为日本外交的基本方针。"[1]熊谷公男的评论不无道理,对列岛的君主而言,中国王朝的册封并非不可或缺。诉诸历史,列岛和大陆之间确曾多次"断交"。例如,在倭五王向宋朝派遣使臣之前、以4世纪为中心的1个半世纪,以及倭五王不再遣使至遣隋使出现的120多年间,列岛和大陆不存在官方外交。因此,以"册封体制"这一概念概括东亚国际关系,显然与史实不符。

  5世纪至6世纪,大和朝廷基本上完成了全国统一并建立起了全国政权——大和政权。大和政权的政治结构如金字塔:位处塔尖的是"大王",塔尖以下中央政府的重要职位均由臣姓豪族和连姓豪族担任,其中臣姓地位更高,任"大臣",连姓次之,任"大连";地方官职伴造、国造、县主、稻置由臣、连、君、旱、直、首"六姓"豪族担任,再后依次是部民、奴隶。公元5世纪左右,使各豪族获得新的身份、作为大和政治体制核心的氏姓制度,以及作为生产组织形式

广开土王碑墨水廊填本

---

[1] 熊谷公男:《从大王到天皇》,讲谈社,2001年,第82页、第83页。

的部民制最终确定,基本构成如下:

统治者	中央的"氏"	地方的豪族	农民和工匠	奴隶
	皇族		子代·名代	奴
大臣	臣	伴造	部民	奴
大王			部民	奴
大连	连	国造	部民	奴

各生产集团组成的"品部"

田部	园部(耕作)	服部(纺织)	赤染部(染色)	玉造部(装饰)
弓削部	鞍作部(武具)	史部(文书)	忌部	宫部(葬祭)
	土师部 陶部(土器)			
倭锻冶部	韩锻冶部(工具、农具)		鞍作部·矢作部(武器)	
工部·漆部(工具)		犬养部·马饲部(饲养)	山部·海部(相关事务)	

处于上述金字塔形政治结构塔尖的,是大王。但是大王并不直接掌握"绝对权力",而是通过由官员组成的"合议制"处理和解决问题。因此,负责"合议制"的人物是"实权人物"。此实权人物一般和大王有姻亲关系,并必然出自"大臣"或"大连"。大臣或大连在其"姓",即"臣"和"连"前面冠有"大",意为此人有政治实绩。"氏"表明出身地区(如葛城氏、石川氏)、职业(如忌部氏、服部氏)、门第(如久米氏),"姓"则是朝廷给予的尊称(称号)和"氏"的身份的表示。由于大和·河内·摄津地区是支撑"大和朝廷"的地区,因此任职于中央政府的官吏豪族较多,其中最有权势的是大伴氏、物部氏、和珥氏、巨势氏、平群氏、苏我氏。获得"大臣"荣誉的,最初是自5世纪初任职70年的"葛城氏",其次是5世纪末至6世纪初的"平群氏";再次是6世纪初至7世纪中叶任职约长达140—150年的后发势力"苏我氏",而担任大连的"氏",最初是5世纪后半叶至6世纪初的"大伴氏"。从氏和姓同职务的连贯、一致性判断,可知"氏姓制"是世袭制。大和政治体制这种对权力的垄断,往往成为权力争夺的重要原因。同时,世袭制往往在政治中孕育怠惰和满足现状,因此为支撑和推动大和朝廷提供原动力的,是大和地方的中心豪族集团。这些中小豪族集团统称"伴造",即生产集团的首领,具体的职能是管理、支配为朝廷提供必要的技术、劳力、物资的"部民"。

应该强调的是,公元4世纪至5世纪,由于"大和朝廷"积极推动与中国大陆和朝鲜半岛的交流,因此诸多从大陆和半岛有大量人登陆列岛,并因此传入了灌溉等"农业技术"、打制铁制品等"工作技术",为日本列岛的生产活动作出了重大贡献。他们进而传入了汉字和学问、宗教、思想。为了留住人才,大和朝廷给予了他们"氏"的身份,并赠与土地。据9世纪的《新撰姓氏录》记载,在1 182个氏中,有373个氏(30%)是"渡来人"的氏。①

"子代"系大和朝廷时代(5—6世纪)的"皇室私有民"。为了使皇子和皇女的花费(如养育费)由民众负担,将一部分部民划为直属皇室的"私有民"。

"名代"是相对于为"养育"皇子和皇女而设置的生产集团"子代",冠以大王和皇族之名的生产集团,其性质和"子代"无甚差别。"名代"主要存在于关东。

"品部"又称"部曲",是隶属于中央和地方豪族的"私有民"、享有受庇佑的权利和提供"租税和劳力"的义务。部民的身份高于奴隶,作为下层民众从事各项生产活动。

"奴隶"又称"奴卑",处在社会最底层。除了侍奉权贵外,奴隶中有一部分是隶属神社的"神奴"。此外还有从事"马饲"、"墓守"等职业的奴隶。

综上所述,诚如林屋辰三郎所言:"5世纪的古代王权,最初通过政治的统一而获得了最大规模,其权力结构是,拥有臣的氏姓者多半是皇亲国戚,从中产生大臣(如葛城氏、平群氏),从拥有连的氏姓、大多沿袭伴造系谱的军事、技术职业者(如大伴氏、物部氏)中产生大连,料理政务,通过天皇口头颁布的敕、宣的传达贯彻统治意志。因此支撑大臣、大连等权力阶层的豪族之间,始终围绕天皇的统治地位反复展开争斗,并多次引发内乱。"②

三、"国家制法自滋始焉"

公元6世纪中叶至7世纪初,即自佛教传入至推古朝改革,特别是制定宪法十七条这段历史,是日本历史上的重要时期。因为前者使儒、释、道(神道)三足鼎立的"传统"文化开始形成,后者则使律令制基础得以奠定。按醍醐天皇当政的弘仁年代编纂的法律法令集《弘仁格·弘仁式》序言中的说法:"国家制法自滋始焉。"

佛教传入日本经历了漫长的历史过程。在此略作叙述,以使读者了解日本佛教产生的历史背景。

据信,佛教发源于公元前500年左右现印度东北部恒河流域。作为一种宗教而创生的佛教,在"释尊入寂"后,由其弟子向印度南方,以及沿恒河上游传布。公元前3世纪,向南传布的佛教在锡兰岛建立了根据地,并继续前行。公元3世纪"南传佛教"沿海路到达缅甸、暹罗、柬埔寨、越南,最终形成了小乘

---

① 寺则滋:《通过检证和考察了解日本的历史》,近代文艺社,2001年,第48页。
② 林屋辰三郎:《古代的环境》,第139页。

佛教。另一方面,沿着恒河向其上游区域传布的"北传佛教",于公元前3世纪到达了中游区域。当地的国王皈依佛门并对传教进行保护。公元前2世纪,"北传佛教"巩固了其作为大乘佛教的基础,并以印度西北部的恒河流域为中心,进一步向周边地区传布。公元1世纪前后,佛教经中国西域,即塔克拉玛干沙漠周边地区传入"前秦"和中国东部的"前汉",并进一步传至扬子江流域的"东晋",再经"东晋"于公元384年传入朝鲜半岛西南部的百济,4世纪后半叶传入高句丽,582年传入新罗。

进入6世纪后,大和朝廷的内政外交进入了"继体天皇"和"钦明天皇"当政时期(事实上,当时"天皇"名号尚未问世,但拙作从俗沿用此说)。由于倭五王后列岛和大陆直接交流中断,因此列岛只能通过百济吸收大陆南朝梁文化。百济则不仅和高句丽处于战争状态,而且同新罗也势不两立,亟需倭的军事援助。因此两国进行着持续的交流。

关于佛教何时传入日本,古籍有四处、两个年份记载:

上宫圣德法王帝说:"志癸嶋天皇御世戊午年十月十二日,百济国主明王始奉度佛像经教并僧等,敕授苏我稻目宿禰大臣,令兴隆也。"

元兴寺缘起说:"大倭国佛法,创自志归嶋宫治天下天国案春岐广庭天皇御世。苏我大臣稻目宿禰仕奉时,治天下七年岁次戊午十二月度来。百济国圣明王时,太子像并灌佛之器一具,及说佛起书卷一箧度而言。"

《扶桑略记》钦明十三年(552年)条:"延历寺僧禅岑记云,第廿七代继体天皇即位十六年壬寅,大唐汉人案部村主司马达正,此年春二月入朝。即结草堂于大和国高市郡坂田原安置大尊,皈依礼拜,举世皆云,是大唐神之。"

《日本书纪》钦明十三年(552年)十月条:"百济圣明王(更名圣王)遣西部姬氏达率怒利斯致契等,先释迦佛金像一躯,幡盖若干、经论若干卷。"

此前,亦有佛教进入列岛的记载。据《叡岳要记》中的"三津首百枝本缘起"记载,显宗天皇三年丁卯(487年),百枝在志贺的草屋中用泥土塑造了一具长3尺的比丘像,人们见之畏惮。但一般不被用作佛教传入凭信。

以往学界一直强调初传日本列岛的佛教,与日本的古神道即氏族信仰相悖,是与之性质迥异的信仰。确实,佛教是具有高度体系化的教义和成文化的经典的宗教,和日本固有宗教神道不同,但这绝不意味着两者自始不可兼容。事实上,将初创时的日本佛教和奈良、平安时代作为一种发达的思想体系的佛教等量齐观,是不甚恰当的。因为,当时的神佛在与原始信仰的邻接点上颇为相通。更值得关注的是,很多论著称,初传日本的佛教被称为"蕃神"。但我认为"蕃神"一词似有误译之嫌。因为,被译为蕃神的日文单词是"トナリクニノカミ",不难认为,该词当译"邻国之神"为妥。毋庸置疑,"蕃神"和"邻国之神",前者属"上下关系",后者属"左右关系",语义显然不同。即便两者无甚差别,"蕃神"一词本身也并不能体现排斥佛教之意。事实上,在日本与大陆、朝鲜半岛交往仍频的年代,"佛"就是来自邻国的渡来人的"神"。毋庸赘言,在世界文化传播史上,对任何一种外来文化的吸收,都必须拥有能接受这种文化的土壤。如不作此理解,当很难解释佛教在飞鸟时代为何迅速普及。

另外需要强调的是,如前所述,6世纪30年代钦明朝时期佛教结缘日本列岛,百济圣明王是"月下红娘"。之后,佛教通过种种路径从朝鲜半岛、特别是百济传入日本。据《元兴寺缘起》钦明十五年(554年)二月条记载,百济在替换五经博士的同时,又派遣僧侣昙慧等9人替换了原先派出的僧侣道深等7人;敏达六年(577年)十一月条记载,百济王向倭晋献了律师、禅师、比丘尼、咒禁师、造佛工、造寺工6人。这些人均被安置于难波的大别王寺(四天王寺的前身);崇峻元年(公元588年)为营造法兴寺(飞鸟寺),百济向倭晋献了寺工、炉盘博士、瓦博士、画工等。但根据《崇峻纪》、《元兴寺露盘铭》纪录的人名判断,白昧淳、阳贵文、凌贵文、白加等人显然不像百济人,而似从大陆去的中国人。

普世性宗教佛教的传入,对列岛社会构成了一大冲击。首先在朝廷内部,以苏我氏等代表渡来系利益的高官为一方,以中臣镰子和物部氏等代表土著者利益的高官为另一方,围绕是否接收佛像佛经,展开了一场激烈争论。据《日本书纪》记载,钦明天皇面对佛像经卷,询问诸臣如何因应,苏我氏的第一人苏我稻目当即回禀,称:"西藩诸国(按:指西邻朝鲜诸国)举国礼拜,倭国不应单独拒绝。"物部尾舆和中臣镰子则主张:"吾王若使邻国之神(有些书里写作蕃神)获得礼拜,必惹怒国神。"结果,钦明天皇恩准"崇佛论者"苏我稻目作为个人接受佛教信仰、收纳佛像。这场论争,揭开了日本历史上几度浮沉的"崇佛废佛论争"的序幕。

苏我稻目从钦明天皇手中接过佛像后,将其供奉于小垦田的邸宅日日崇拜。之后更将其在向原的邸宅用作寺。孰料此后不久,当地疫病流行,死者甚众。物部尾兴等称,此番灾祸皆因崇拜蕃神惹怒国神所致,于是征得天皇恩准将佛像投弃于难波的堀江,并将伽蓝付之一炬。这,就是日本最初的"废佛毁释"事件。据《元兴寺缘起》记载,此事件发生于苏我稻目死后的钦明三十年(569年)。

事发之后,佛教在日本的流传受阻,直至敏达十三年(公元584年),鹿深臣(甲贺臣)从百济获得一尊弥勒佛石佛后,苏我稻目之后苏我马子才以此为契机使佛教再兴。据《日本书纪》记载,当时苏我马子拜高句丽僧惠便为师,在邸宅的东面建起佛殿并将弥勒佛石像供奉其中并举行法事。令人意想不到的是,此时佛殿惊现舍利,显示了匪夷所思的灵异。《日本书纪》对此特记,曰佛法之启蒙自此开始。翌年,即公元585年,苏我马子又在大野丘(今奈良县明日香村)的北面建起佛塔,举行了大规模法事,并将舍利置于塔顶。此后,苏我马子在各地建造佛堂佛塔,经常举行大型法事,使崇佛在列岛不像其先人那样仅是一种个人行为。然而,佛教在日本注定命运多蹇,刚如枯木逢春又再次遭难。在一次法事后,苏我马子因有恙在身,遂向弥勒佛石像求拜,祈延年益寿。然此时,国内再度疫病流行,死者甚众。物部尾兴和中臣镰子之后物部守屋和中臣胜海向敏达天皇奏诉,称疫病流行,祸起佛教信仰。敏达天皇准奏,敕令禁教。于是,物部守屋亲往佛寺,推倒佛塔,烧毁佛殿,将佛像投入难波堀江。佛教僧尼也因此遭到弹压。上述事件,在《日本书纪》和《元兴寺缘起》中均有记述,经专家考证,可为信史。

必须强调,崇佛废佛之争,看似有疫病作祟之偶然因素,实则始终存有作为朝廷政治斗争之延伸的必然因素。在佛教传布草创期,苏我氏和6世纪中叶从朝鲜半岛来到日本的司马氏私交甚笃。司马氏是以司马达等为首的一个宗族,因以制作马鞍为业,故后改称"鞍作",为鞍作氏。该家族虽以"鞍作"为业,但亦曾产生卓著如鞍作鸟(止利)的佛师,并在飞鸟建造了坂田寺作为氏寺,是始终与佛教有深刻关联的"渡来系宗族"。事实上,同草创期的佛教关系密切的人,几乎都是"渡来系"的人。不难理解,从朝鲜半岛迁徙日本列岛的"渡来人",原本就有接受作为外来宗教佛教的意识形态温床,自始力主容纳佛教的苏我氏早与渡来系氏族有染。特别是苏我氏和倭汉氏长年过从甚密,后者几成其私人武装。另外,苏我氏的"部"不仅存在于大和的飞鸟周边,而且分布于渡来人聚居的河内石川流域(今大阪府富田林市周边)。恐在苏我稻目之前,苏我氏已将许多渡来人收入麾下,以其一技之长护己长期之需,将朝廷的财政部门握入掌中,经营先进的"部",并借此在朝廷中维持较高的政治地位。同时,渡来人的利益诉求,也是苏我氏具有开明派和改革派性格的源泉。因此,当百济圣明王向倭呈献佛像、经卷时,苏我稻目当即表示崇佛态度,虽不能排除其个人信仰因素的驱动,但必有借此笼络渡来人人心的政治动机。

敏达十四年(585年)敏达天皇驾崩后,苏我马子和物部守屋的对立更趋表面化,甚至在安置敏达天皇遗体的殡宫互相嘲讽。所以如此,是因为继位的是钦明天皇的四子大兄皇子用明天皇。由于用明天皇的母亲系苏我稻目的女儿坚盐太后,因此物部守屋的危机感急剧加深。于是,物部守屋便密谋拥立钦明的妃子小姊君的三儿子穴穗部皇子。一场冲突在所难免。用明二年(公元587年),用明天皇在新尝祭的当天以带病之躯(据说所患疾病为天花)召集重臣,表明欲皈依佛门之意,请重臣商议可否。天皇首次主动表明崇佛之意,与用明有苏我氏血脉似不无关系。席间,崇佛派和废佛派自然再起冲突,对阵双方的立场也可以预料:物部守屋和中臣胜海表示反对,苏我马子表示支持。争论正酣之际,押坂部史毛屎走进会场,暗暗告知物部守屋大祸即将临头,于是物部守屋当即逃往阿都(今大阪府八尾市迹部),召集部众。

时隔不久,用明气绝身亡。苏我马子当即集合兵力,首先将与物部守屋联手的穴穗部皇子斩杀,随后率领泊濑部皇子(崇峻天皇)、竹田皇子等诸王子,以及纪男麻吕、巨势比良夫等举兵讨伐物部守屋,决意斩草除根。面对讨伐,物部守屋集合一族之众及其部民迎战,与苏我马子阵营浴血相搏。据称物部守屋亲自登高射箭,并因此被迹见赤梼射杀。主帅阵亡,物部氏全线崩溃。

据《日本书纪》记述,当时厩户皇子(圣德太子)也在苏我马子阵中。在对阵双方激战正酣之际,厩户皇子正雕琢四天王木像,发誓征战胜利后定为四天王建造寺院佛塔。由于笃信佛教的苏我马子也为求菩萨保佑而在战前发誓将建造寺院佛塔。因此在平定"叛乱"后,厩户皇子在摄津国建立了四天王寺,将物部守屋半数部民和奴隶捐赠给该寺。苏我马子也在飞鸟建造了飞鸟寺(法兴寺)。然而据专家考证,《日本书纪》中四天王寺和飞鸟寺同时建造的记述,显然不符史实。因为,四天王寺的轩丸瓦较若草伽蓝迹(创建时的法隆寺)新,显然建成当在其之后,应建于7世纪初。所以出现这一误记,盖因《日本书纪》所述取材于《四天王寺缘起》。《四天王寺缘起》的作者为了提高该寺地位,刻意使之与厩户皇子扯上关系,使之具有更悠久的历史。与之相应,关于厩户皇子的誓愿和参与平乱的记述当也不足为信。因为厩户皇子生于敏达三年(574年),当时年仅14岁。

尽管上述记述或有讹误,但佛教此后获得厩户皇子(即圣德太子)和苏我马子的皈依和崇拜,则是不争的史实。正因如此,废佛派被一举横扫,佛教在列岛迎来了璀璨的黎明。佛教在列岛第一个真正的寺院飞鸟寺,就是在这一背景下建造的。

崇峻元年(588年),百济遣使倭国,向倭国朝廷进献了舍利、僧侣和寺工、炉盘博士、瓦博士、画工等技术人员。由于获得百济的全面协助,飞鸟寺的建造于是年正式开工,推古四年(596)年竣工,历时8年建成:在选址飞鸟真神原后,崇峻三年(590年)开始采伐寺院建筑用材;崇峻五年(592年)开工建造金堂和回廊;推古元年(593年)将百济晋献的舍利供奉于佛塔心础(支撑佛塔中心之心柱的基石),并树立心柱正式开始建塔。推古四年(596年)佛塔建成;推古十四年(606年)由鞍作鸟(止利佛师)领衔雕琢的金铜如来像问世。佛像高达1.6丈(约4.8米),被供奉于金堂。该佛像即现在飞鸟寺(安居院)的本尊释迦像(飞鸟大佛)。伽蓝的竣工,也当在这个时候。

如前所述,以百济圣明王晋献的一尊佛像和数卷经纶为标志,佛教在钦明天皇时期正式传入日本,之后另经敏达天皇、用明天皇时期的"崇佛废佛之争",至崇峻天皇时期以飞鸟寺的建造为标志趋向繁荣。这一过程看似历经几代皇帝颇为"漫长",实则并非如此。因为敏达天皇、用明天皇、崇峻天皇是兄弟关系,即均是钦明天皇的子。从538年佛像和佛经传入至596年飞鸟寺竣工,虽经"几代皇帝",实则仅历时58年。崇峻天皇登基后,苏我马子作为其岳父,更加飞扬跋扈,令崇峻天皇非常不满。据史料记载,某日,有人向崇峻天皇献猪。崇峻指着那口猪说:"我真想像宰这口猪那样,将那令人讨厌的家伙给宰了!"此话传至苏我马子的耳内,苏我马子勃然大怒,称:"天皇这是自寻死路。好吧,容我在被杀之前先把他给杀了。"公元592年,苏我马子果然不辞"弑君之罪",诱使崇峻天皇出席一个仪式,并指使刺客东汉驹伺机将其刺杀。

在崇峻被杀后的第二年,众臣拥戴的敏达天皇的皇后登基,成为统御列岛的第一个女王——推古天皇。据《日本书纪》卷二十二"推古天皇即位前纪":"天皇为大臣马子宿祢见杀,嗣位即空,群臣请渟中仓太珠敷天皇之皇后额田部皇女,以将令践祚……因以奉天皇之玺印。"

对上述引文有必要作两点说明。第一,所谓"天皇之皇后额田部皇女",是因为推古既是用明天皇的胞妹,也是敏达天皇的皇后及同父异母妹妹。也就是说,敏达天皇娶了同父异母妹妹为妻并立其为皇后。按现代观点,敏达和推古此举纯属乱伦。但在当时的日本朝廷,不是近亲结婚而是"至亲"结婚的现象,并非绝无仅有。例如,圣德太子的父亲用明天皇和他母亲,也是同父异母兄妹。第二,在推古天皇前后出现的女统治者有两种类型,一种是萨满型即女巫型,如《魏志·倭人传》所记载的"事鬼道、能惑众"的卑弥呼。清宁天皇逝后"临朝秉政"的饭丰皇女,亦属这种类型。另一种类型是先帝的皇后,如舒明天皇的皇后齐明天皇,天武天皇的皇后持统天皇。

推古天皇登基后,用明天皇的皇子、年方19岁的圣德太子摄政。其实,"圣德太子"是其谥号。所谓"圣德",是称赞其身具佛德、深谙佛法。圣德太子的本名为厩户皇子,在《日本书纪》为丰聪耳厩户皇子。同时,因其居于上宫,故又称上宫王、上宫太子。关于圣德太子的身世,《日本书纪》卷二十一中专有记载:"(用明天皇元年)春正月壬子朔,立穴穗部间人皇女为皇后,是生四男,其一曰厩户皇子,更名丰耳聪圣德,或名丰聪耳法大王,或云法主王。是皇子初居上宫,后移斑鸠,于丰御食炊屋姬天皇世,位居东宫,总摄万机,行天皇事。"

推古天皇在圣德太子摄政下推行的政策的基本路线,和苏我马子的路线可谓一脉相承。如许多史家所言,推古朝最初十年的政治体制,堪称圣德太子和苏我马子共治体制。但即便如此,两人之间的矛盾显然存在。如引文所述,推古天皇九年(601年),圣德太子移居在斑鸠之地建造的宫室,"总摄万机,行天皇事"。究其迁移斑鸠的目的,显然是为了脱离苏我马子的控制。正是在这一背景下,圣德太子展开了他的内政外交改革。

在内政改革方面,最重要的、使推古朝彪炳千秋的改革,是制定作为官员秩序之基本的身份制度"冠位十二阶",以及制定官员必须遵循的国法"宪法十七条"。

据《日本书纪》记载,推古十一年(603年)10月,推古天皇在小垦田宫设立朝廷,12月即制定了冠位十二阶并于翌年正月实施。所谓冠位十二阶,即将官员分为大德、小德、大仁、小仁、大礼、小礼、大信、小信、大义、小义、大智、小智的一种官位制度。显而易见,冠位十二阶将作为儒教最大道德准则的德置于第1位,然后依次是儒学强调的、必须奉行的五常,即仁、义、礼、智、信,共十二阶,充分显示了推古朝对儒学的重视。同时因采用不同颜色的绝制成的"冠"作为官位等级的标志,故称"冠位十二阶"。实际上,各阶官员不仅冠位不同,衣服的质地和颜色也不同。值得关注的是,虽然冠位是天皇授予朝廷和地方豪族、官员作为其身份的标志,但和当时和以后依然存在的氏姓制度相比具有明显特征:姓氏是一定范围的族员的共同标志,强调的是血统,而冠位则是授予个人的、显示个人官职的标志,强调个人的功绩。推古朝制定的冠位十二阶,是使以姓为基础的强调血缘的秩序,向强调功绩的官员秩序转变的开端。之后,随着国家组织的完善,特别是律令法的形成进一步发展,并经过大化改新后的冠位制修改,①成为以后官员身份制度的起源。

同样据《日本书纪》,推古十二年(604年)条,有"夏四月丙寅朔戊辰、皇太子亲肇作宪法十七条"一句,以及宪法十七条全文:

夏四月丙寅朔戊辰、皇太子亲肇作宪法十七条。

一曰、以和为贵,无忤为宗。人皆有党,亦少达者。是以,或不顺君父,乍违于邻里。然上和下睦,谐于论事,则事理自通,何事不成。

二曰、笃敬三宝。三宝者佛法僧也。则四生之终归,万国之极宗。何世何人,非贵是法。人鲜尤恶,能教从之。其不归三宝,何以直枉。

三曰、承诏必谨,君则天之,臣则地之。天覆地载,四时顺行,万气得通。地欲覆天,则至坏耳。是以,君言臣承,上行下靡。故承诏必愼,不谨自败。

四曰、群卿百寮,以礼为本。其治民之本,要在礼乎。上不礼,而下非齐。下无礼,以必有罪。是以,群臣有礼,位次不乱。百姓有礼,国家自治。

五曰、绝飨弃欲,明辨诉讼。其百姓之讼,一百千事。一日尚尔,况乎累岁。顷治讼者,得利为常,见贿听谳,便有财之讼,如石投水。乏者之诉,似水投石。是以,贫民则不知所由,臣道亦于焉阙。

六曰、惩恶劝善,古之良典。是以无匿人善,见恶必匡。其谄诈者,则为覆国家之利器,为绝人民之锋剑。亦佞媚者,对上则好说下过、逢下则诽谤上失。其如此人,皆无忠于君,无仁于民。是大乱之本也。

七曰、人各有任。掌宜不滥。其贤哲任官,颂音则起。奸者有官,祸乱则

---

① 冠位十二阶在大化三年(647年)改为十三阶,大化五年(649年)改为十九阶;天智三年(664年)改为二十六阶;天武十四年(685年)改为诸王以下十二阶、诸臣四十八阶;大宝元年(701年)改为亲王四阶、诸王十四阶、诸臣三十阶。

繁。世少生知,克念作圣。事无大少,得人必治。时无急缓,遇贤自宽。因此国家永久,社稷勿危。故古圣王,为官以求人,为人不求官。

八曰、群卿百寮,早朝晏退。公事靡监,终日难尽。是以,迟朝不逮于急。早退必事不尽。

九曰、信是义本,每事有信。其善恶成败,要在于信。群臣共信,何事不成。群臣无信,万事悉败。

十曰、绝忿弃瞋,不怒人违。人皆有心,心各有执。彼是则我非,我是则彼非。我必非圣,彼必非愚,共是凡夫耳。是非之理,讵能可定。相共贤愚,如环无端。是以,彼人虽瞋,还恐我失。我独虽得,从众同举。

十一曰、明察功过,赏罚必当。日者赏不在功,罚不在罪。执事群卿,宜明赏罚。

十二曰、国司国造,勿收敛百姓。国非二君,民无两主。率土兆民,以王为主。所任官司,皆是王臣。何敢与公,赋敛百姓。

十三曰、诸任官者,同知职掌。或病或使,有阙于事。然得知之日,和如曾识。其以非与闻,勿防公务。

十四曰、群臣百寮,无有嫉妒。我既嫉人,人亦嫉我。嫉妒之患,不知其极。所以,智胜于己则不悦,才优于己则嫉妒。是以,五百之乃今遇贤,千载以难待一圣。其不得贤圣。何以治国。

十五曰、背私向公,是臣之道矣。凡人有私必有恨,有憾必非同,非同则以私妨公,憾起则违制害法。故初章云,上下和谐,其亦是情欤。

十六曰、使民以时,古之良典。故冬月有间,以可使民。从春至秋,农桑之节,不可使民。其不农何食,不桑何服。

十七曰、夫事不可独断,必与众宜论。少事是轻,不可必众。唯逮论大事,若疑有失,故与众相辩,辞则得理。

宪法十七条之"宪法"当然不是现代意义的、作为国家一切法律之基础的宪法(constitution)。现代意义的宪法在日本的问世是在明治维新以后。但是就功能而言,十七条宪法在规范社会秩序和人类行为方面,有几点值得特别关注:

首先,宪法十七条强调国家由君(3次)、臣(4次)、民(6次)三大要素构成,即体现了国家的基本社会结构,尽管在宪法十七条中,"君"也时以"王"出现;广义的"臣"包括"王臣"、"群臣"、"群卿臣百僚"等中央官吏,以及"国司"、"国造"等地方官吏;同时"官"、"官司"等词语也多次出现;"民"则既有"百姓",也有"人民"。①

---

① 十七条宪法中在指称"君"时未见"天皇"出现。事实上,天皇号在史料中的出现是在推古十五年,即公元607年。

其次,宪法十七条规定了国家的臣僚——公务员应该具备的道德操守和必须服从的纪律规定。如规定官对君要"承诏必谨"(第三条);官对官要"群卿百寮、以礼为本"(第4条);官对民要"绝飨弃欲、明辨诉讼"(第五条),"国司国造、勿收敛百姓","背私向公、是臣之道矣"(第十二条)。"明察功过、赏罚必当"(第十一条),则体现了法家的治国原则。

最后,宪法十七条虽然具有浓厚的儒学色彩,但并不排斥其他学说。例如,"笃敬三宝"(第二条)即强调必须尊崇佛教。

总之,虽然宪法十七条是一种训诫,和被称为律令的法律属两个系统。但是,无论是在通过对官吏的训诫来阐述国家的理想方面,还是在遵循儒家和法家的世界观方面,宪法十七条同律令,特别是令的根本思想是一致的。因此,被称为律令时代明法家的法律学者,视宪法十七条为令的起源。例如,弘仁格式序中即写道:"上宫太子亲作宪法十七条,国家制法自滋始焉。"另外,宪法十七条虽无刑罚规定,但是《隋书·东夷传》关于倭国风俗写道的"其俗杀人强盗及奸皆死,盗者计赃酬物,无财者没身为奴,自余轻重,或流或杖",则明确无误显示了推古时代"笞、杖、徒、流、死"五刑的运用。

推古朝摄政的圣德太子另一项重要政绩是在苏我氏的协助下,自620年开始着手编纂"天皇记"和"国记"。这是日本"国史"编纂的正式开端。在"大化改新"的争斗中,这一珍贵资料焚于战火,现已无法查考。

在外交方面,推古朝推行的基本路线是"亲隋"路线。事实上,遣隋使的派遣,就是圣德太子利用他摄政的权力断然采取的、与苏我马子的外交路线有违的决定。据《隋书·东夷传》记载:"开皇二十年(600年),倭王姓阿每,字多利斯比孤,号阿辈鸡弥(按:此姓、字、号皆日语读音音译),遣使诣阙。上令所司访其风俗。使者言,倭王以天为兄,以日为弟。天未明时出听政,跏趺坐,日出便停理务,云委我弟。高祖曰,此太无义理,于是训令改之。王妻号鸡弥,后宫有女六、七百人。名太子为利歌弥多弗利……新罗、百济皆以倭为大国,多珍物,并敬仰之,恒通使往来。"

值得关注的是,推古朝一次次派遣遣隋使,意欲何为?通过史实,我们或许能获得启示。推古天皇十五年(607年),派小野妹子出使隋朝。《隋书·东夷传》对此有明确记载:"大业三年(607年),其王多利思比孤遣使朝贡。使者曰,闻海西菩萨天子重兴佛教,故遣朝拜,兼沙门数十人来学佛法,其国书曰,日出处天子,致书日没处天子,无恙,云云。帝览之不悦,谓鸿胪卿曰,蛮夷书有无礼者,勿复以闻。"

另据《日本书纪》卷二十二记载:"(推古天皇十六年)九月辛未朔辛巳(十一日),唐客裴世清罢归,则复以小野妹子臣为大使,吉士雄成为小使,福利为通事,副于唐客而遣之……是时,遣于唐国学生倭汉直福因、奈罗译语惠明、高向汉人玄理、新汉人大圀、学问僧新汉人日文、南渊汉人请安、志贺汉人慧隐、新汉人广济等,并八人也。"值得关注的是,是年"日本"朝廷首次派遣学问僧随遣隋使前往中国。

另外,从上述两条史料中,我们还可以获得两点启示,第一条史料,"帝览之不悦,谓鸿胪卿曰,蛮夷书有无礼者,勿复以闻"的原因,是倭致隋的国书中后来传闻于世、广为人知的"日出处天子,致书日没处天子"一句,彰显了倭国欲与隋帝国"平起平坐"的勃勃野心,也因此惹恼了隋炀帝。由此可联系另一史实:608年小野妹子和隋使裴世清一起归国后,隋炀帝本有复函,但小野妹子称复函丢失,无法禀呈。专家分析,很可能所涉内容会引起倭朝廷愤怒,影响两国关系,故小野妹子不敢禀告;再联系以后倭"大王"改称"天皇","倭"改称"日本",我们更不难发现这一野心。第二条史料,"遣于唐国学生……学问僧"显示,推古朝虽欲改变其"属国"形象,提高其国际地位,但其深知这种改变和提高是必须通过与隋亲善、借此吸收隋文化实现的。可以认为,这一日本以后也极力贯彻的外交政策,在推古朝时期已昭然若揭。

四、"兴隆三宝"和"飞鸟文化"

7世纪上半叶,如《日本书纪》卷二十二记载:"(推古天皇二年)春二月丙寅朔,诏皇太子及大臣,令兴隆三宝。是时,诸臣连等,各为君亲之恩,竞造佛舍,即是谓寺焉。"于是,在王宫所在地飞鸟,即现奈良县高市郡,以及大和的外港难波,即今大阪府天王寺区元町等当时最先进的地区,以佛教为中心的飞鸟文化日趋繁荣,使日本文化史册掀开了飞鸟文化璀璨的一页。顾名思义,飞鸟文化得名于飞鸟时代,而关于飞鸟时代的时段,对其上限为6世纪中叶即佛教传入,学术界看法一致。但对其下限,学术界主要存有两种意见,一种意见将其定为大化改新,一种意见将其定为7世纪中叶的天智朝,即重点关注天武朝以后律令政治的正式建立。按照这一意见,推古朝恰处在飞鸟时代的中期。毫无疑问,飞鸟文化最典型的标志,就是当年建造的寺院。

在飞鸟时代,苏我氏建造的法兴寺(因地得名,又称飞鸟寺)、圣德太子建造的四天王寺、斑鸠寺(按:原寺被焚,后在其附近建起了法隆寺)竞相亮出身姿,不仅当之无愧成为推古朝最具有代表性的3个寺院,而且以基石、瓦葺等新的技术手法修建的寺院伽蓝建筑,鲜明地体现了大陆的寺院建筑风格。寺院中的佛像雕刻,如据称为鞍作鸟的作品的法隆寺金堂释迦三尊像所显示的,显然受到了中国北朝佛雕风格的影响。另外,如百济僧观勒向日本传播了历法、高句丽僧昙徵传播了彩色、纸、墨的技法等史实所显示的,飞鸟文化经百济和高句丽大量吸收了中国南北朝时代的文化。

第二章　古坟·大和时代

　　1956年至1957年，在奈良国立文化财研究所组织下，日本考古学者对法兴寺遗址进行了发掘，取得了许多新的发现。首先令人感到惊讶的，是法兴寺的伽蓝布局：以塔为中心，在塔的东西两侧和前方配置金堂。这种一塔三金堂的伽蓝布局，未见于日本列岛和百济，仅发现位于平壤清岩里的高句丽时代的废寺，有以八角塔为中心的相同布局。专家据此推断，法兴寺的伽蓝配置很可能受到高句丽的影响。这一推断显然不无道理。因为据史料记载，当时高句丽采取了"亲倭"政策。推古三年(559年)，高句丽僧慧慈登陆日本，翌年与百济僧慧聪一起客居飞鸟寺，成为佛、法、僧"三宝之栋梁"。如《日本书纪》记载："推古天皇四年冬十一月，法兴寺造竟，则以大臣男善德臣拜寺司。是日慧慈、慧聪二僧始住于法兴寺。"

　　同时，法兴寺出土的瓦，没有日本江户时代之前的庙宇通常用的轩平瓦，仅有轩丸瓦，上面有莲花图案，同百济古都扶余出土的瓦极为相似，为史料所载法兴寺的建造有百济瓦工参与提供了实物证明。在塔离地3米处，考古学家发现了地下式心础，上面有安置舍利用的舍利孔。在心础的上方发现了一个木箱，里面有装有舍利的金铜制小容器。在心础的上面发现了翡翠和玛瑙的勾玉、管玉、水晶切子玉、玻璃制蜻蜓玉、小玉、金环、金银延板、各种金铜制器具、马铃，以及挂甲(骑马用的铠甲)、蛇形状铁器(马尾装饰物)等，总计达1750余件。法兴寺的考古发掘，还验证了文献中又一条重要史料的真实性：据《日本书纪》记载，推古天皇元年(593年)正月，将佛舍利置于法兴寺刹柱础，使法兴寺形成了由佛堂、步廊、塔构成的布局的记载，从而真正完成了使拜佛之地从"草堂"变成伽蓝的飞越。

　　法兴寺的考古发现再次展示了日本既吸收外来文化，又保持传统文化的特征；既吸收其他文化和先进技术，又沿袭古坟时代祖灵信仰的传统。①法兴寺(飞鸟寺)作为日本佛教兴隆的标志，不仅在日本文化史上占有重要地位，而且是日本大陆文明摄取史上的一块里程碑。同时，通过对法兴寺的考古发掘进一步证实，朝鲜半岛在当时扮演着将中国的佛教传向日本的"中介"角色。正如林屋辰三郎在《古代的环境》一书中写道的："在推古朝廷的支持下，苏我氏显示其作为其权力象征的举措，就是营造法兴寺(飞鸟寺)。法兴寺于崇峻天皇元年(588年)动工、推古天皇四年(596年)竣工。作为我国(日本)最初规划整然的伽蓝，法兴寺伽蓝不仅模仿了高句丽清岩里废寺的布局，而且成为以后日本伽蓝的蓝本。苏我氏推崇高句丽—北魏路线，不久得以供奉的本尊释

---

① 考古学者发掘出了建造当初的塔心础(四方形，各面面积均约2.5米)。容纳舍利的容器是镰仓时代的器物，但础心上面散布着挂甲、草折、马铃等古坟时代的随葬品，以及其他类似物品，显示了日本佛教草创期的寺院和古坟文化的关系。

迦如来像(飞鸟大佛),亦典型地显示了北魏样式,并被视为苏我氏采用的沿日本海路线接受文化传播的成果。故在此之后由圣德太子建造的法隆寺及其中的佛像等,基本采用这一模式也就成了题中应有之义。"①

上述林屋辰三郎的观点非常正确,因为当时佛教文化传入日本有三条路径,并因此形成了三种不同的风格。第一条路径,是位于大陆北部的北魏的佛教文化经高句丽传入日本列岛。事实上,法兴寺明显留有北魏佛教文化的痕迹。例如,仅就佛像而言,法兴寺飞鸟大佛、法隆寺药师三尊、释迦三尊等由止利佛师雕琢的佛像,均具有古拙涩硬的风格。第二条路径,是位于大陆中部的北齐、北周(南朝)的佛教文化,经百济、新罗传入日本列岛,以广隆寺、中宫寺的弥勒佛像等为代表,具有理智、柔和的风格。第三条路径,稍后从重新统一中国的隋朝直接传入。因此,以播磨国一乘寺的观音菩萨像、播磨国鹤林寺的圣观音像为代表,当时的佛像具有严肃中透出一种轻妙的风格。

作为当时"三大寺"及飞鸟文化的又一代表,四天王寺建于大和的外港难波,即现在的大阪府天王寺区元町。1955年至1957年,日本文化财保护委员会对遗址进行了考古发掘。结果显示,四天王寺的伽蓝的南大门、中门、塔、金堂、讲堂呈南北一直线状,周边设有回廊。这一格局和百济最后的都城扶余的军受里废寺、新罗古都庆州的皇龙寺的格局一致。另根据出土的大量古瓦判断,该寺院如《日本书纪》等古籍中所记,于飞鸟时代早年开工,至推古朝末年竣工。四天王系金光明经四天王品所述之护国诸天神,但是否自始定名四天王寺尚难推断,可能最初以地为名称之为荒陵寺。但是,《太子传古今目录抄》所引《古今缘起》称,阿倍仲麻吕将四大天王像供奉于塔内,《日本书纪》孝德纪大化四年二月条也称,阿倍仲麻吕在四天王寺内安置佛像四尊。根据两项记载的一致性判断,日本自推古朝已有祈愿四天王降伏外敌的信仰。

推古十一年(603年)10月,推古帝迁住小垦田宫,圣德太子则于此前的推古九年(601年)2月在斑鸠也建造了宫室,因地名而称斑鸠宫。斑鸠位于大和盆地的西隅、矢田丘陵的南麓、小垦田宫西北方向,距小垦田宫20公里左右。斑鸠宫位于今法隆寺近旁,早在1939年至1940年,浅野清等考古学者即进行了考古发掘,发现了可推定为圣德太子建造的斑鸠宫的遗址。因为从东院的传法堂、舍利殿等处的地下,发现了与法兴寺同时期的许多掘立柱遗迹,长约21米,宽约6、7米,还有几处大小建筑物和水井的遗迹。另外,那些建筑物的地表层铺着沙砾,散乱着烧毁的壁土、灰、土器片等。据《日本书纪》皇极纪二年(643年)十一月条记载:"苏我臣入鹿,遣小德巨势德太臣、大仁土师娑婆

---

① 林屋辰三郎:《古代的环境》,第145—146页。

连、掩山背大兄王等于斑鸠……巨势德太臣等烧斑鸠宫。"根据遗址状况和历史记载的一致性判断,当地系斑鸠宫无疑。近年对斑鸠宫旧址、现在的法隆寺东院伽蓝的舍利殿、绘殿和传法堂的地下再次进行发掘,基本探明了其全貌。以梦殿为中心的东院伽蓝系天平以后为追慕太子而建。最初的法隆寺即若草伽蓝,距斑鸠宫更近,可堪称太子的私人寺院。推古三十年(622年)太子罹患疾病,王妃和王子为了使他病体痊愈,开始塑造释迦像。太子于同年2月逝于斑鸠宫,翌癸末年3月释迦三尊像塑造完成。

和法隆寺有不解之缘的斑鸠寺紧挨着斑鸠宫。被供奉于法隆寺金堂的药师如来像光背的铭文记载,丙午年(586年)用明天皇因罹患疾病祈愿痊愈,向炊屋姬(敏达天皇的皇后、推古天皇)和圣德太子下诏,立佛寺和药师像,但终因未能如愿而成不归之人,推古天皇和圣德太子谨遵遗命塑造此像并完成于丁卯年(推古十五年,即607年)。铭文中称推古为"小治田大宫治天下大王天皇",称圣德太子为"东宫圣王"。据称,铭文记载的,也是兴造法隆寺之缘由。因为,此光背铭在《法王帝说》中亦有记载,称"右法隆寺金堂坐药师像光后铭文,即寺造始缘由也"。另外一与斑鸠寺兴建有关的金石文、被供奉于金堂中央的释迦三尊像的光背的铭文,镌刻有推古三十年(622年)圣德太子亡故,翌癸末年,王后、王子、诸臣,祈愿太子往生,命鞍作首领止利佛师造此佛像云云。

据《日本书纪》天智九年(670年)四月条记载,该寺在当时已焚毁,之后不久得以重建,7世纪先建成金堂,之后建成五重塔,遂成今日法隆寺之伽蓝。因此人们曾经相信,创建当时的斑鸠寺即以后的法隆寺。但明治以后,随着实证历史学的兴起,《日本书纪》天智九年(670年)四月条中"法隆寺被焚,一屋不剩"的记载开始遭到质疑。针对黑川真赖、小杉榲邨、喜田贞吉等以文献为依据提出的"重建论",即原初的斑鸠寺已被焚毁,现在的法隆寺是之后重建的观点,平子铎岭、关野贞等以建筑为依据提出了"非重建论"。他们认为法隆寺的伽蓝建筑样式是唐代以前的样式,不可能在7世纪中叶发生的大化改新以后重建,天智九年的记载或恐有误。1939年,考古学者石田茂等对法隆寺南大门东面的"若草伽蓝",即斑鸠寺遗址进行了发掘,结果证实若草伽蓝的中心线和法隆寺的中心线有16度之差,另外,斑鸠寺遗迹出土的轩瓦的年代,远较法隆寺的轩瓦久远,无法认为法隆寺和斑鸠寺"同寺并存"。以此为结果,学界对法隆寺建于何时进行了探讨。最初,原先的"重建论"者根据《七大寺年表》和《伊吕波字类抄类抄》等平安时代的文献记载,认为法隆寺当建于和铜年间(708—715年)的记载。但是之后,随着对法隆寺金堂和五重塔的修缮进行的调查发现,法隆寺中心舍堂在7世纪后半期已得以建造。另据天平十九年(747年)的《法隆寺伽蓝缘起并流记资财账》记载,在相当于持统七年(693年)的癸巳年举行的仁王会上,法隆寺获得了经台和天盖等物品的捐赠,翌年又获得了《光明经》捐赠。在法隆寺观音像的铭文上，有"斑鸠大寺德聪法师"的名字，因此可以相信当时金堂那样的中心堂宇已经存在。总之，斑鸠寺和法隆寺所建年代不同，不可能并立。同时所在方位不同，也非原址重建。

3寺建立之后，氏寺建造之风在各地兴起，僧尼人数也随之增加。据《日本书纪》推古三十二年(624年)四月条记载，当时推古女帝以一僧侣斧砍自己的祖父事件为契机，欲对以后非行的僧尼科刑，但因百济僧观勒竭力反对，推古女帝遂根据他建议，决意仿效中国和朝鲜的做法，建立僧正、僧都制，让寺院和僧尼实行自治，并命观勒对各地寺院先进行巡察。据《日本书纪》推古三十二年(624年)九月甲戌朔丙子(三日)记，当时"校寺及僧尼，具录其寺所造之缘，亦僧尼入道之缘，及度之年月日也。当是时，有寺册六所，僧八百十六人，尼五百六十九人，并一千三百八十五人"。但是，据现代学者石田茂向1936年举行的圣德太子奉赞会提交的研究论文《飞鸟时代寺院址的研究》，若设定飞鸟时代为"自佛教传来至天智天皇以前"，则包括基石等遗迹、古瓦等遗物以及文献记载在内，该时期当有寺院58个寺院。之后，福山敏男发表了《日本建筑史研究》(墨水书房1970年出版)。福山敏男通过对文献和古瓦的研究，提出了至天智朝日本寺院的名称和所在地。

自6世纪末开始营造的日本寺院，无疑是佛教文化的象征。但非常遗憾的是，这些珍贵的文物，历经自然的侵蚀和人为的破坏，绝大多数已不再是耸立于地面的建筑，而是藏身于地下的古迹。之后，随着考古学的发展和考古发掘的展开，这些古迹的真相开始逐渐显现。

除了最具有划时代意义的飞鸟寺遗址的发掘和发现外，1958年对天武朝时建造、位于飞鸟寺西南方的川原寺遗址的发掘，也取得了重要发现：该寺遗址的伽蓝有两栋金堂和一座塔构成，这种一塔两金堂布局亦不见于日本其他寺院伽蓝，和飞鸟寺的一塔三金堂伽蓝布局一起，成为7世纪伽蓝布局的新的例子引人关注。另外，专家通过比较分析后指出，川原寺遗址出土的复瓣莲花图案轩丸瓦，是以后建造藤原宫、平成宫等宫殿的丸瓦纹图案的原型。与之具有相同图案的轩丸瓦，在畿内周边的寺院也有出土。专家人为，所有出土这些轩丸瓦的遗址，都是壬申之乱时站在天皇一方的地方豪族的地盘。可见当时寺院的建造颇受政治的影响。另外，1972年的考古发掘，在川原寺西北面的山的斜坡上，发现了很多塑像断片、绿釉水波纹砖、砖佛等。考古发掘还在飞鸟地方发现了属于7世纪寺院遗址的山田寺、大官大寺、和田废寺；在斑鸠地方发现了若草伽蓝、法起寺、法轮寺等遗址。除了这些中央寺院以外，考古发掘还使许多地方寺院的遗址重建阳光。令人关注的是，地方寺院多半建于7世纪后半叶，说明佛教文化急速向地方普及始于7世纪后半叶。

虽然当年的寺院都已"作古"成为名副其实的古迹，绝大多数都仅剩下需通过发掘才能发现的残垣断壁。但是,寺院内部的一些展示日本早期佛教魅力的宝物,却有不少流传至今。如雕像有法隆寺的释迦三尊像、救世观音像、百济观音像、金堂四天王像;广隆寺和中宫寺的半跏思维像等,工艺品有法隆寺的玉虫厨子;绘画有中宫寺的天寿国绣帐断片。①这些艺术珍品,如由古坟时代制作马具的鞍作部的工匠塑造的飞鸟寺和法隆寺的北魏式佛像,即透视了对古坟时代的文化技术不断修炼的结果,也反映了以朝鲜半岛为中介的中国魏晋南北朝文化的强烈影响。

除了精湛的艺术品外,文献中记载的、作为飞鸟文化一些侧面的记述也值得关注。如在《日本书纪》推古纪中,有关于高句丽僧昙徵传授五经和画具、优质的纸和墨的制法和使用方法的记载;有百济僧观勒向大友村主高聪等传授历书、天文地理书和遁甲(一种占星术)、方术(一种咒术)的记载;《日本三代实录》有持统天皇四年"始用元嘉历、次用仪凤历"的记载;《政事要略》有推古十二年"始用历日"的记载。所有这些记载说明,至飞鸟时代,日本的艺术和科学,已取得显著进步。正如恩格斯所言:"统治阶级的意识在任何时代都是占统治地位的意识。"《日本书纪》关于圣德太子向高句丽僧慧慈学习佛经,向博士觉珂学习儒教,以及撰成注释《法华经》、《维摩经》、《胜蔓经》的《三经义疏》,印证了飞鸟文化何以兴隆的一个重要原因。

五、"大化改新"在刀光剑影下进行

据法隆寺金堂的释迦如来像光背铭文等文献记载,圣德太子、苏我马子、推古天皇在推古三十年(622年,《日本书纪》为推古二十九年)、推古三十四年(626年)和翌年相继乘鹤西去,将大和朝廷政治舞台的角色,让给了他们的后人山背大兄王和苏我虾夷扮演。②

然而,由于推古天皇在太子未立时即撒手西去,因此围绕皇位继承问题,均想扮演主角的上宫王家和苏我氏豪族在朝廷内外明争暗斗,直至最后剑拔弩张,刀光剑影。《日本书纪》对这一争斗过程,有非常详尽的记载。

当时,最有希望继承皇位的有两人,一是田村皇子,一是山背大兄王。田村皇子是敏达天皇之子、本应继承皇位但最终未能如愿的押坂彦人大兄皇子的儿子;山背大兄王则是圣德太子和苏我马子的女儿刀自古郎女的儿子。推古女皇在临终之际将两人招致榻前分别进行嘱托。她对田村皇子说:"治理天

---

① 绢的刺绣。表现了太子往生的"天寿国"的情景,配置有四个文字构成的龟甲100个。《法王帝说》等文献中有其铭文记载,称此即圣德太子逝后根据妃橘大郎女之命而作。
② 关于圣德太子的享年,有46、48、49、50岁诸种说法。

下乃是大任,不可轻易发表意见。"对山背大兄王则说:"凡事一定要尊重群臣的意见,不可轻易发表自己看法。"推古天皇的临终遗言看似普通,实则含义深刻。她皇权在握三十多年,在朝廷拥有极高的威信,至死未确定后嗣,其中必有隐情值得深究。

在推古天皇逝后讨论皇位继承问题的众臣会议上,大臣意见相左,尤以推戴田村皇子的苏我虾夷和力推山背大兄王的摩理势为最,尽管摩理势亦属苏我氏一族,为境部臣。如上所述,就血缘而言,山背大王和苏我氏更近,苏我虾夷所以拥戴田村皇子且与之成犬马之仲,盖因为田村皇子虽然是敏达天皇之后非苏我氏香火的延续,但在推古朝末年娶了苏我马子的女儿法提郎媛的女儿为妻,生下了深得苏我氏宠爱的古人大兄皇子。苏我虾夷以推古天皇"遗诏"为据,坚称推古天皇让田村皇子担当"治理天下之大任",摩理势当然不予认可,因此不了了之。嗣后,苏我虾夷暗中将重臣逐一招致宅邸进行策动,但重臣并未全部顺从其意。闻知此事,山背大兄王询问虾夷所欲何为。苏我虾夷称,群臣认为让田村皇子继位是"遗诏"本意,非苏我虾夷个人意见。对此,山背大兄王言辞驳斥。由于山背大兄王对皇位志在必得,苏我虾夷遂决定孤注一掷。他首先试图说动山背大兄王派的急先锋境部摩理势倒戈,但摩理势不为所动,于是苏我虾夷举兵讨伐灭了摩理势,并令畏惮的众臣顺服。田村皇子因此得以即位,号舒明天皇。一幕争夺皇位的活剧因此谢幕。虽然权力争夺的活剧在日本历史上绝非首演,但是在这幕活剧中增添了一些新的"台词",即推古的遗言。虽然遗言本身并没有明确指定由谁继承皇位,但围绕遗言展开的争斗,则使先王的旨意自此成为决定继位者是否"正统"的重要依据。

629年舒明天皇即位后,于翌年定宝皇女为皇后,皇后"夫唱妇随"成为皇极女皇,并再祚成为齐明天皇。齐明天皇的长子葛城皇子(通称中大兄皇子)就是大化改新的核心人物、以后的天智天皇,而天智天皇的弟弟是天武天皇。如以后所述,在7世纪后半叶,这两位天皇在日本建立律令制国家的过程中,建立了彪炳千秋的伟业。

当时的国际形势对日本政局的变化具有重要影响。618年,李渊(唐高祖)建立了唐王朝。但由于王朝初建,无暇外顾。621年,百济、新罗开始对唐遣使朝贡,624年,唐朝廷遣使对百济、新罗、高句丽三国进行了册封。"之后,三国年次朝贡,重新形成了以唐王朝为中心的国际秩序"。[①]623年,即推古三十一年,作为遣隋使被派赴大陆的惠日等经新罗回国,奏请朝廷早日召回在唐留学生;尽快和唐朝建立国交。推古朝时他的这一奏请未被采纳。但是舒明天皇登基后,即于舒明二年(630年)派遣原遣隋使犬上君三田耜(御田锹)和

---

① 西岛定生:《六至八世纪的东亚》,岩波书店,1962年,第37页。

惠日,作为第一批遣唐使出使唐朝。在朝鲜半岛三国向唐朝遣使朝贡十年后,与唐朝通交。唐朝也于两年后派遣高表仁为使节,取道新罗到达日本。原先隋朝派遣的学问僧僧旻等随同回到日本。

舒明十二年(640年),南渊请安、高向玄理等留学生也被召回。当时的唐朝文明发达、文化繁荣,并建立了以严谨的律令为基础的中央集权。这些留学生对此有长期、切身的感受,他们的返回对日本飞鸟朝廷,特别是青年贵族,产生了不可忽略的影响。《日本书纪》和《家传》对此都有记载,如《家传》记载:"尝群公子咸集于旻法师之堂,讲周易焉",苏我虾夷之子苏我入鹿而中臣镰足亦同席听讲。①

注意到当时朝鲜半岛三国在642年后相继发生政变,彼此间争斗日趋激烈且唐朝的干预不断升级,因此被称为"大化改新"的划时代变革,虽然是一部分对现实政治不满的朝廷贵族和熟悉唐朝政治文化的留学生联手推动的一场内政改革,但和试图建立集权国家以因应朝鲜半岛风云变幻的局势不无关系。考察大化改新,不可忽略这一国际背景。

舒明天皇驾崩后即位的皇极女帝继续以苏我虾夷为大臣,苏我虾夷专横跋扈,漠视皇权。例如,据《日本书纪》记载:"皇极天皇二年十月壬子(六日),苏我大臣虾夷,缘病不起,私授紫金冠于子。"其子苏我入鹿更是盛气凌人,试图通过发动政变左右朝政。《日本书纪》皇极天皇二年条记载:"戊午(十二日)苏我臣入鹿独谋,将废上宫王等,而立古人大兄为天皇。"又据《上宫太子传补阙记》(作于9、10世纪的圣德太子传记),翌年苏我入鹿袭击了斑鸠宫,诛杀山背大王一族,使"太子子孙男女二十三王无罪被害"。

苏我氏的所作所为仗势横行,令圣德太子后人忍无可忍,亦使朝廷诸臣对其愈益不满。于是,以中臣镰足为中心,反苏我氏的势力悄悄而迅速集结。镰足的曾祖父在钦明朝受天皇赐姓中臣,父亲御食子和叔父国子均在推古朝和舒明朝获官"小德",主管祭祀,参与朝政。中臣镰足对国政颇为关心,与从大唐回国的僧旻和南渊请安私交甚笃,并是诛灭苏我入鹿的"乙巳之变"的积极策划者。皇极朝四年(645年)6月,政变发动者趁"三韩进调日"即朝鲜三国向倭王进贡举行仪式之际,诱使苏我入鹿前往板盖宫正殿,并让石川麻吕承担在倭王面前宣读"三韩国书",以手势为号,佐伯连子麻吕等冲入将苏我入鹿斩杀。

是时,苏我入鹿入席,仪式开始。石川麻吕由于紧张,全身冷汗淋漓,双手颤抖不止。入鹿见状起疑,问:"为什么双手不停抖动?"答曰:"我太紧张了,因

---

① 见《家传》(上)。《家传》共上下两卷,上卷是《藤原镰足传》,藤原仲麻吕著;下卷是《武智麻吕传》,延庆。在上卷正文末尾处,有贞惠、不比等、贞慧传。上下卷均写于天平宝字年间。该史料在了解大化改新的历史背景方面是仅次于《日本书纪》的重要史料。

为我见到大王就害怕。"此时,担心事机有变的中大兄皇子率先大喊一声冲进殿内,其他人随后跟进。中大兄皇子首先挥刀砍向苏我入鹿,苏我入鹿惊起,子麻吕一刀砍向其腿部。苏我入鹿连滚带爬向大王御座方向逃命,并叩头求饶。事先对政变一无所知的皇极天皇见状大惊,询问中大兄:"究竟怎么回事?"答曰:"鞍作(苏我入鹿别名)欲灭大王家,篡夺王位。"皇极闻言走入殿中,实际上默认了自己儿子发动的政变。于是,子麻吕等"一剑封喉",苏我入鹿气绝身亡。此时,天正下雨,上演惨剧的舞台为雨水浸透。不知谁将一张草席盖在苏我入鹿的尸体上,似为了使他免遭雨淋。当时,中大兄率领王族和官员进入飞鸟寺摆开阵势,准备应对苏我虾夷的反击。虽然实为苏我氏私人武装的东汉氏亦摆开对阵架势,但最终在高向国押的劝说下放弃了与中大兄敌对的念头。惊悉噩耗,进退失据的苏我虾夷在私宅自刃。

由于这一年的干支是乙巳年,故史称"乙巳政变"。《日本书纪》卷二十五皇极天皇四年六月条对此有详细记载:"时中大兄即自执长枪,隐于殿侧,中臣镰子连等,持弓矢而为助卫,使海犬养连胜麻吕,授箱中两剑于佐伯连子麻吕与葛城稚犬养连纲田曰,努力努力,急须应斩……中大兄见子麻吕等畏入鹿威,便旋不进曰,咄嗟,即共子麻吕等,出其不意,以剑伤割入鹿头肩,入鹿惊起,……佐伯连子麻吕、稚犬养连纲田,斩入鹿臣。是日,雨下潦水溢庭,以席障子,覆鞍作尸,古人大兄,见走入私宫,谓于人曰,韩人杀鞍作臣(谓因韩政而诛),吾心痛矣,即入卧内,杜门不出,中大兄即入,法兴寺,为城而备,凡诸皇子诸王卿大夫臣连伴造国造,悉皆随侍,使人赐鞍作臣尸于大臣虾夷。""己酉(十三日),苏我臣虾夷等临诛,悉烧天皇记、国记、珍宝,船史惠尺,即疾取所烧国记而奉献中大兄。是日,苏我臣虾夷及鞍作尸,许葬于墓,复许哭泣。"在朝廷叱咤风云历经四代的苏我氏,自此覆亡。

苏我虾夷自刃后,翌日,皇极将中大兄皇子招去,向他表示了让位之意。对此,中大兄没有即刻作答,而是回去求教中臣镰足。中臣镰足认为,中大兄皇子的兄长古人大兄皇子依然健在,此时即位颇为不妥,因为这么做会使人认为中大兄系为权力欲所驱使而发动政变,不仅会失去人心,而且会授人以柄。不妨让其叔父轻皇子即位,既可避免让身体康健的古人大兄皇子即位,从而掌握实权,又可笼聚人心,使打倒权力私有化的苏我氏获维护"大义名分"之美名,可谓一举三得。不愧为策士中臣镰足,能出此妙策。中大兄皇子当即表示赞同并依此向皇极上奏。皇极准奏,欲将皇位让与轻皇子,但轻皇子固辞并推古人大兄皇子。古人大兄拱手谢辞,并入飞鸟寺剃度为僧。轻皇子无以再辞,遂受让登基,成为孝德天皇,开了日本历史上"让位"之先例。

孝德天皇登基后,立中大兄皇子为太子,并模仿唐制将大臣分为左右。据《日本书纪》记载:"皇子再三固辞,转让于古人大兄皇,曰:'大兄命是昔天皇所生。而又年长,以斯二理,可居天位。'于是古人大兄避座逡巡,拱手辞曰:'奉顺天皇圣旨,何劳推让于臣?臣愿出家入于吉野,勤修佛道,奉佑天皇!辞讫,解所配刀,投掷于地,亦命帐内皆令解刀,即自诣于法兴寺佛殿与塔ігі,剔除髭发,披著袈裟。由是轻皇子不得固辞,升坛即祚……以中大兄为皇太子,以阿倍内摩吕臣为左大臣,苏我仓山田石川麻吕臣为右大臣,以大锦冠授中臣镰子连为内臣……以沙门旻法师、高向史玄理为国博士。"孝德登基后,和先王皇极、中大兄皇太子集群臣于飞鸟寺西面作为神树的槻树下,对众神发誓效忠新王。

必须强调,乙巳政变不仅是历史上历演不衰的争夺政权的惨剧中的一幕,更是使日本自此正式形成律令制国家的政治改革的序幕。"乙巳之变"后,孝德改元"大化",迁都难波(今大阪府内),推行变法。所有这些,史称"大化改新"。①

645年6月新政权成立后,即向不断反抗唐朝干预的高句丽派出了友好使臣;要求连年受到新罗压迫的百济不可忽略日本的特权。并向东国(现关东和本州岛中部大部分地区)以及原来的直辖领地、倭的6县派遣了使者,传达了以强化中央集权为基本内容的诏书。同时,新政权制定了所谓"男女之法",仿效中国的"良贱"观念,在"奴婢"和"良民"之间划定明确界线,废除了原来以子女归母系的归属意识为基础的"妻问婚",规定了中国式的父系主义原则。但同时规定,奴婢之子仍归奴婢。所以如此规定,皆因将奴婢视为畜生,"不知其父"。至平安末年,在被称为《法曹至要抄》的法律文书中仍有此记载:"案之于奴婢者,律比畜产,仍所生之子皆可从母也。"

同年8月,大化朝廷还遣使各国家寺院,向佛教界阐明了新政,其中一项主要内容就是以学自唐朝的"十师制"取代推古朝制定的、学自朝鲜的僧正、僧都,担当佛教界的指导。并规定伴造以上的佛寺给予财政援助,由是不仅继续了前此兴隆佛教的政策,同时促使氏寺向官寺转换。

是年年末,大化朝廷在原属于大和朝廷"外港"的难波(今大阪府内)着手营造难波长柄丰碕宫(俗称难波宫),并在经历了上述改革预备阶段后,正式开始全面推行改革。②

"大化二年(646年)春正月甲子朔,贺正礼毕即宣改新之诏"。"改新之

---

① 据《日本书纪》记载,大化(645—650年)是日本最初的元号。因此,诸多史书皆称,新政权建立后即改元"大化",内政外交全面推行新政。但现今史学家对当时是否已经使用"大化"作为年号存疑。理由是所有文书、木简、金石文均写道,正式使用元号是大宝元年(701年)以后,此前均采用干支纪年,唯一有大化元号的,是《帝王编年记》中引用的宇治桥断碑文,但此碑文很可能是后世之作。

② 根据前期难波宫遗址判断,日本史学家大都认为当建于孝德朝(7世纪中叶),但条坊井然的前期难波京建设究竟始于何时,有孝德朝和天武朝初期(7世纪后半叶)两种意见。

诏"全文由四项目构成,在《日本书纪》卷二十五中载有全文,在此录其要点并简释如下:①

"其一曰,罢昔在天皇等所立子代之民,处处屯仓,及别臣、连、伴造、国造、村首所有部曲之民,处处屯仓。仍赐食封,大夫以上各有差。降以布帛,赐官人百姓有差。又曰,大夫,所使治民也。能尽其治,则民赖之。故重其禄,所以为民也。"即废除原先所有"部曲之民"以及各处"田庄",给予官僚新的"俸禄",并说明此举之目的。

"其二曰,初修京师,置畿内、国司、郡司、关塞、斥候、防人、驿马、传马、及造铃契,定山河。凡京每坊置长一人,四坊置令一人,掌按检户口,督察奸非。其坊令,取坊内明廉强直堪时务者充,里坊长,并取里坊百姓清正强干充,若当里坊无人,听于彼里坊简用。凡畿内,东自名垦横河以来,南自纪伊山以来,西自赤石栎渊以来,北自近江狭狭波合坂山以来,为畿内国。凡郡以四十里为大郡,三十里以下四十里以上为中郡,三十里以下为小郡。其郡司,并取国造性识清廉,堪时务者,为大领、小领;强干聪敏,工书算者,为主政、主账……"即划定行政单位及区域范围,确定择官标准。

"其三曰,初造户籍、计账、班田授受之法。凡五十户为里,每里置长一人,掌按检户口,课殖农桑,禁察非违,催驱赋役。若山谷阻险,地远人稀之处,随便量置。凡田长三十步、广十二步为段,十段为町。段租稻两束两把,町租稻二十二束。"此即在上述行政区划内,对基层组织、责任人作进一步具体规定。

"其四曰,罢旧赋役而行田之调。凡绢、𫄨、丝、绵并随乡土所出。田一町绢一丈,四町成匹。长四丈,广二尺半;二丈,二町成匹,长广同绢;布四丈,长广同绢、𫄨,一町成端。别收户别之调,一户布一丈二尺。凡调副物盐亦随乡土所出。凡官马者,中马每一百户输一匹,若细马每二百户输一匹,其买马值者,一户布一丈二尺。凡兵者,人身输刀、甲、弓、矢、幡、鼓。凡仕丁者,改旧每三十户一人,而五十户一人,已充诸司,以五十户充仕丁一人之粮。一户庸布一丈二尺,庸米五斗。"即废除原有之赋役,以租、庸、调取而代之,具体做法是:受田农民必须向国家交谷物(租),服劳役或纳布代役(庸),交地方土产(调)。

不难发现,"改新之诏"的基本精神就是强化中央集权。其基本做法,大抵采自隋唐律令制。曾留学中国的"博士"们的作用,由此可见一斑。

---

① 日本史学界认为,收录于《日本书纪》的"大化改新之诏"是否系当年原始文件值得怀疑。因为,整个诏书作为法律文书之严谨,和半世纪后701年颁布的"大宝律令"类似,不像当年所作。另外,诏书中有几处关于郡和郡司的记载,但是,据发现于藤原宫遗址的诸多相关木简记载,郡和郡司制是由"大宝律令"制定、施行的,之前将评或评司制。因此,目前可以判定,上奏于720年的《日本书纪》的编者当参照了当时的现行法《大宝律令》。不过,"大化改新之诏"究竟在多大程度上对原诏进行了润色,还无法判定。

大化二年(646年),在推行政治改革的同时,新政权努力"移风易俗",提出了规定坟墓营造规格的"薄葬令",以及改革葬仪旧俗的举措。

大化三年(647年),新政权为了改革旧职、新设百官,设定了七色十三阶,大化五年(649年)又"制冠十九阶",并诏令国博士高向玄理和僧旻"置八省百官"。虽则当时仅是令其起草方案,但至迟在白雉年间(650—655年)已得以推行。如《续日本纪》和铜元年八月条中的《高向麻吕传》,有其父国忍"难波朝廷刑部尚书大花王上"的记载。

大化政权建立后新政频出,既获得拥护,也招致反对。特别是由于苏我氏的灭亡而无法问鼎皇位并因此出走吉野遁入佛门的古人大兄皇子,更是利用部分人的不满和焦虑情绪,在大化初年即图谋反。但中大兄皇子早已防患于未然,迅速予以平定。大化五年(649年),左大臣阿部内麻吕去世后,右大臣苏我石川麻吕试图谋反遭到密告,中大兄皇子未予细究即举兵讨伐,使石川麻吕在山田寺自杀,其族人和盟友多人殉死,多人被处死刑。

大化六年(650年),有人在穴户国发现了一个白雉,呈献朝廷。孝德下问僧侣吉凶,答曰此乃祥瑞之兆,于是新政权改元"白雉"。

白雉二年(651年)冬12月晦,孝德朝迁都难波长柄丰碕宫:"是夕,燃二千七百余灯于朝廷内,使读安宅、土侧等经。于是,天皇从于大郡,迁居新宫、号曰难波长柄丰碕宫。"

白雉四年(653年),中大兄突然向孝德天皇建议离开新宫重返飞鸟。孝德对此建议不予采纳,但中大兄仍奉其母宝皇女(皇极)和妹妹间人皇女一起迁往飞鸟河边行宫,其众多兄弟及朝中多数大臣亦跟随前往。见众叛亲离,甚至连最爱的妻子也弃他出走的孝德天皇,在郁郁寡欢中于翌年10月去世。是年,即白雉四年(653年),日本朝廷连续派出了两批遣唐使各120人,其中第二批遣唐使在海上遭难,未能重归故里。654年,日本朝廷派出了第三批遣唐使。可以认为,在同室操戈的宫闱争斗方兴未艾之际,一再遣使唐朝主要已不是出于文化需求,而是执政者立足未稳,希望获得唐朝支持的政治需求。

事实上,重归飞鸟故里不是中大兄皇子,而是其母宝皇女(皇极)的意愿。宝皇女让位后仍贵为"大御母"(天皇号成立后称"皇祖母尊"),长期以来曾在位于飞鸟的其夫舒明天皇冈本宫,以及自己板盖宫的政治舞台上扮演主要角色。因此飞鸟返都实际上是政治斗争的产物。

655年正月,宝皇女在飞鸟板盖宫即位,号齐明天皇,这是日本历史上首次重祚。655年因此成为"齐明元年"。然而,在齐明登基不久,一场史称"有间皇子之变"的政变悄然酝酿。

有间皇子是逝于难波的孝德天皇之子,杀父之仇自古不共戴天,因此他对宝皇女当然怀有刻骨仇恨。为了使这种心理不被察觉,他平时故意装疯卖傻。

齐明三年(657年)某日,有间皇子去纪伊的牟娄温泉治病,回来后禀告齐明天皇,称"仅看一下那里的景色,病就痊愈了"。齐明天皇闻之心动,于翌年10月偕中大兄皇子一起前往。

在两位执掌政治权柄的人物离开都城的时候,在天皇巡幸期间负责值勤的苏我赤兄造访了有间皇子。苏我赤兄向有间皇子历数了齐明天皇的三大"苛政":大建仓库聚敛民财,此其一;挖掘运河劳民伤财,此其二;以船运石,以石造丘,此其三。一直为寻觅盟友而殚精竭虑的有间皇子听后大喜过望,遂决意起兵。

两天后,有间皇子到了苏我赤兄住宅,孰料在登楼谋事时不慎扭伤了脚。预感这是不祥之兆的有间皇子当即回到家里静卧。然而,正所谓"树欲静而风不止"。当天半夜苏我赤兄即派兵包围了有间皇子的住宅将他拿获,并遣使向齐明天皇禀报。

根据旨令,有间皇子及同党被带到纪伊温泉女皇处。自感来日无多的有间皇子悲愤交加,在途经盘代(今和歌山县日高郡南部町)赋诗一首抒发胸臆:"磐代岸边松,结枝祈幸免;得幸免,归来重见。"至纪伊,中大兄皇子问有间皇子:"为何谋反?"答曰:"此乃天和赤兄知,我一无所知",表达了被诱入圈套的悲愤和无奈。两天后,有间皇子在藤白坂(今和歌山县海南市)被处以绞刑。

一波未平,一波又起,此时国际局势的变化,特别是唐和新罗的联手,向齐明朝提出了新的课题。于是,齐明朝在659年派出了第四批遣唐使。迄今依然留存的第四批遣唐使成员伊吉连博德在他当天的日记里,有关于这批遣唐使行动的记载。当时,与伊吉连博德同乘一条船的副使等,在觐见唐高宗时,奉上了道奥虾夷男女两人,似夸耀大和朝廷的德化已播及远方。是年年末,遣唐使一行为唐朝官员抓捕,称唐高宗有旨,因近期有"海东之政",禁止他们回国。

所谓"海东之政",即唐和新罗欲联手称霸朝鲜半岛。660年,唐将苏定方、新罗武烈王率领的军队会师于高句丽的盟国百济,对百济发动猛攻,迫使百济义慈王在首都泗沘城(扶余)签城下之盟。661年初,日本齐明女皇和中大兄皇子(后来的天智天皇,668年即位)亲赴九州,欲统兵渡海西征,但齐明女皇因旅途劳顿,于当年7月病死,出征计划被迫推迟。8月,中大兄皇子监国,令先遣部队及辎重渡海。9月,5000日军护送百济余丰璋王子归国即位(按:余为百济王室的姓)。662年正月,日本向百济赠送大批物资。同年5月,日本军舟师170艘亦前往增援,日本本土则"修缮兵甲、各具船舶、储设军粮",随时准备渡海作战。663年3月,日本又增兵27 000人,唐朝也任命右威卫将军孙仁师为熊津道行军总管,统舟7 000进驻熊津城(今韩国公州)。5、6月间,百济君臣之间发生严重内讧,实力锐减。唐军与新罗军队趁机调兵遣将,于 8 月 13 日包围了百济王所在的周留城(今韩国扶安)。惨烈的白村江海战随即拉开战幕。据朝鲜史籍《三国史记》记载:"此时倭国船兵,来助百济。倭船千艘,停在白沙。百济精骑,岸上守船。新罗骁骑,为汉前锋,先破岸阵。"但是,因唐军"左右夹船绕战",巧施包抄合击之术,致使日军"赴水溺死者众,舻舳不得回旋"。《旧唐书·刘仁轨传》记载:"仁轨遇倭兵于白江之口,四战捷,焚其舟四百艘。烟焰涨天,海水皆赤。"白村江之战以后,百济王余丰璋逃亡高句丽,残军尽皆投降,百济复国梦想破灭。667 年,唐朝和新罗联军继续挥师征伐,翌年攻陷平壤,存在 705 年之久的高句丽灭亡。至此,唐朝在东亚地区的中心地位基本确定。

天智天皇六年(667 年),大化朝廷迁都近江(今滋贺县),然此举颇不得人心。《日本书纪》卷二十七记载:"三月辛酉朔己卯(十九日),迁都于近江。是时,天下百姓,不愿迁都,讽谏者多,童谣亦众,日日夜夜,失火处处。"

668 年,中大兄皇子即位,称天智天皇。是年,天智天皇命中臣镰足制定《近江令》22 卷。"世人所谓近江朝廷之令也"。《近江令》是日本最早的一部成文法典,成为日本以后《令》之基础,所憾已经失传。日本学者推测其大体参考唐代《贞观令》编纂。

在外交方面,战争的惨痛教训,迫使天智天皇审时度势地恢复与强盛的大唐帝国的国交,开始积极选派遣唐使,全方位学习唐朝的政治、经济、文化。关于"遣唐使"的贡献,将在下一章详述。

六、律令制国家在"同室操戈"中建立

日本律令国家形成于天武天皇时期(673—685 年),确立于文武天皇时期(697—707 年)。在这一历史阶段,日本朝廷通过中央集权体制下进行的各项改革,如官僚制的形成、对氏族政策的颁布、公民制的出现、都城制的确立、律令法典的编纂等,为日本律令制国家的建立,奠定了坚实的基础。但是,如同迎接新生儿降临人世一样,在迎接初生的律令制国家时,日本又经历了一次临盆前的阵痛——发生于 672 年(壬申年)的壬申之乱。[①]

壬申之乱祸起萧墙,与白村江败战直接相关。因为,天智天皇在此次战败后的诸多新政,引起了皇族内部的不和,尤其使天智天皇同其弟大海人皇太子之间的矛盾日益加深。其实,天智天皇本有后嗣,无奈 4 个儿子均不成大器,所以不得已立其弟大海人皇子为皇太子。大海人皇子是在大化改新中成长起

---

① 关于"壬申之乱"的研究,在去除天皇制研究禁忌的战后正式开始。龟田隆之的《壬申之乱》(至文堂,1961 年)和星野良作的《研究史:壬申之乱》(吉川弘文馆,1972 年)对此有较详细介绍。

来的政治家和军事家,享有较高的威望,被立为皇太子后自然如虎添翼,更加有恃无恐,使天智天皇颇为不满。事实上,天智天皇和大海人皇子的矛盾,并非限于政事。壬申之乱祸起萧墙,亦与兄弟情仇有关。据史料记载,天智七年(668年)5月5日,大海人皇子、中臣镰足等结伴前往琵琶湖南面的蒲生野(今滋贺县八日市市附近)狩猎。其实,选在5月5日前往当地狩猎,只是找个名义,实际上在这一天当地传自中国的男割花鹿嫩角,女采山野草药的习俗。当时,著名的万叶歌人额田王也与皇子等同行。

当时,额田王:"往来紫野围禁场,守吏岂不见,君又举袖扬。"皇太子:"妹妍如紫茜,焉能憎厌;况知已是人妻,犹使我生恋。"一唱一和,宛如恋爱中的男女。据称,两人的上述应和如是纯粹的情歌,当收于《万叶集》中的《相闻》,所以收于《杂歌》,即将其作为狩猎结束后在宴席上即席余兴之作,自有原因。实际上,额田王最初曾可能嫁给大海人皇子,成为十市皇女,然最终成了天智天皇的妃子。兄弟情仇因此萌生。据《家传》记载,登祚当年,即668年某日,天智天皇在琵琶湖畔的楼阁宴请群臣,"酒酣极欢"时,大海人在御前操枪起舞。可能是突然想起了什么事,大海人皇子突然"以长枪贯敷板(地板)",引起天智天皇大怒,若非中臣镰足劝阻,大海人皇子险些被杀。为了遏制大海人皇子的专横跋扈,671年天皇任命自己的宠儿大友皇子为太政大臣,以为挈肘。大友皇子自幼聪明好学,他赋的诗《侍宴》用词得体,气宇恢弘,见收于《怀风藻》:"帝德天地载,皇明日月光。万国臣义表,三才并泰昌。"年甫弱冠,20岁的孩子即贵为宰相,大海人当然自感地位不保,甚至担忧生命亦可能危在旦夕,因此惶惶不可终日。

671年10月,天智天皇病危。他将大海人招致病榻,希望他能主理朝政。但大海人不仅婉拒,而且决定剃度出家。是年10月19日,大海人在宫中剃度后,披上天智天皇送去的袈裟,骑上骏马,披星戴月连夜离开京驰往吉野宫。671年12月2日,在大化改新中建立彪炳千秋伟业的天智天皇以46岁之英年,溘然长逝。根据遗诏,大友皇子继位,是为弘文天皇。

672年5月,隐栖吉野的大海人皇子获得了有关近江朝廷动向的两项重要情报,一是朝廷以营造天智天皇皇陵为口实,大量征用人夫(劳役)并授以武器;二是朝廷在近江至倭京(香具山以南、推古朝后诸宫所在地)各要塞布置"候"(侦探),观察大海人皇子的动静。获此信息,大海人皇子决意避往东国,举兵推翻朝廷。他迅速离开吉野,经伊贺、伊势,到达美浓,并以此为根据地,联络东国各地军队。东国的国司、郡司积极支持大海人"义举",纷纷投入麾下。获此支持,大海人率领各路人马挥师挺进,首先占领不破关和铃鹿关等军事要道,截断了近江朝廷与东国的联系。672年7月初,大海人的两路大军分别向近江、大和进发。7月22日,大海人的武装与朝廷"王师"在濑田川决战,经过惨烈激战最终取得了决定性胜利。《日本书纪》卷二十八天武天皇元年条如此描述这一战役："旗帜蔽野，埃尘连天，钲鼓之声，闻数十里，列弩乱发，矢下如雨。"第二天，弘文天皇在树上自缢而死。此记载同样见诸上述文献："于是，大友皇子，乃还隐山前，以自缢焉。时左右大臣及群臣皆散亡。"①大海人把弘文天皇的妃子、也是他亲生女儿十市皇女收留回宫，欲为其另择婚偶。然而在出阁前夕，芳龄18岁的十市皇女自杀殉夫。"近江朝廷"就此灭亡。

672年，在"壬申之乱"中获胜的大海人皇子大兴土木，建造了飞鸟净御原宫（现奈良县橿原市），并于翌年，即673年在飞鸟净御原宫即位，称天武天皇（673—686在位）。和前后代天皇相比，天武天皇治世15年可谓强权专制。在天武朝之前，自推古朝开始，不仅有皇太子作为摄政辅佐天皇，而且有畿内豪强任大臣、大连、大夫参理朝政；在天武朝之后，随着律令制的建立，有左大臣、右大臣、大纳言、中纳言等作为议政官参理朝政。而在天武朝，几乎不见天皇臣属共议国政的形迹。当然，天武天皇在理政时并非孤家寡人，皇后鸬野皇女（以后的持统天皇）、皇后和7个皇妃生的皇子。因此，天武朝的政治，又被称为"皇亲政治"。这种政治所以能够推行，无疑由"壬申之乱"后畿内传统势力即豪强势力的衰退所导致。因为在大友皇子当政时期，豪强已趋分裂。而追随近江朝廷的豪强，又在壬申之乱后相继失势。天武天皇正是利用皇权和族权的均衡被打破之际，独掌政权，不仅使自己的权力，而且使具有天皇地位者所具有的权威和权力急剧扩大。如下节所述，史家普遍认为，"天皇"这一称号本身，即始于天武朝时期。天皇神格化的观念，亦确立于这一时期。史家同样普遍认为，天武朝是日本律令制国家的正式形成期。因为，作为中央集权国家的律令制之枢纽的政治机构，是官僚制和支撑官僚制的各个机构，依此判断，8世纪初标志律令制正式形成的大宝、养老令制之原型的各种制度，在天武朝专制集权体制的背景下相继设定。

政治方面，天武天皇进一步加强皇权，在中央官僚机构中废除太政大臣、左右大臣和御史大夫，改设直接听命于天皇的太政官和大弁官。大弁官统辖法官、理官、大藏官、兵政官、刑官、民官等六官。大弁官和六官构成的官僚机构，是隋唐尚书都省和六部的翻版，也是以后左右弁官和八省的原型。作为地方官僚机构，在全国派驻权力有所消减的新国宰（天智朝时已有国宰），通过评造，和几个地区依然保留的惣一起统治民众。新国宰亦由大弁官统辖。但和

---

① 1907年，伴信友在《长等的山风》一文中提出，大友皇子自缢的地点"山前"，是长等山（滋贺县大津市三井寺）"山前"。1913年，大西源在《壬申之乱地理考》中提出，此"山前"当为京都府乙训郡大山崎的山崎。后学认为，从近江逃往河内的大友皇子遭遇北上吹负军的别动队后，因进退失据而自缢，其地点当在山崎。

以往的太政大臣和左右大臣相比，太政官和大弁官实际上不掌握实权，其角色类似于天皇和群臣的联络官。同时，天武朝廷不拘一格起用人才。天武五年(676年)下诏："外国人欲进士者，臣连伴造之子，及国造子听之。唯虽以下庶人，其才能长亦听之。"天武六年(677年)下诏："凡任国司者，除畿内及陆奥、长门国以外，皆任大山位以下人"，并在翌年诏令奖勤罚懒："诏曰，凡内外文武官，每年，史以上，其属官人等，公平而恪勤者，议其优劣，则定应进阶，正月上旬以前，具记送法官，则法官校定，申送大弁官，然缘公事，以出使之日，其非真病及重服，轻缘小故而辞者，不在进阶之列。"①

同时值得关注的是，虽天智三年(664年)制定的冠位26阶仍得以保持，但在天武初年另外设立了诸王位阶，使诸王亦成为授予冠位之对象。同时，为了提拔畿外出身的平定壬申之乱功臣，又建立了外位制。尤其值得关注的，是天武十四年(685年)正月施行爵位48阶，使皇子、诸王的爵位和群臣的爵位有别，并将授爵位对象扩大至皇子皇女。此举意义昭然——纵然贵为皇子(皇女)，也同样是天皇的臣子。

在氏族对策方面，天武朝的主要措施有两项：第一，天武四年(675年)废除天智三年(664年)设立的、作为公认的豪族私有民的部曲，将朝廷先前赐予亲王、诸王、诸臣及各寺院的山林池泽岛浦收归国有，以食封制，即支配封地上的劳役和收获物的制度取代。第二，制定由真人、朝臣、宿弥、忌寸、道师、臣、连、稻置八姓构成的"八色之姓"。天武十一年(682年)，天武天皇诏令将族姓序列作为考选文武官的重要条件："凡诸应选考者，能捡其族姓及景迹，方后考之。若虽景迹行能卓然，其族姓不定者，不在选考之色。"②此诏令显示了原族姓制秩序仍根深蒂固存在。天武十三年(685年)设定"八色之姓"，就是以"八色之姓"对原有的官僚秩序进行调整，以建立新的官僚秩序。③

在对官僚加强控制的同时，对民众也加强控制。在前述废除部曲、使民众全部成为"公民"后，又在全国范围内建立每50户为1里的行政组织。天武五年(676年)下诏："自今以后，明察百姓，先知富贫，简定三等，仍中户以下，应与贷"，在鼓励生产和减轻农民的徭役负担的同时，将农民紧紧束缚在土地上。北山茂夫认为，至天武六年(677年)以此为基础的户籍制度在当时可能已经产生。④

---

① 《日本书纪》卷二十九。
② 《日本书纪》(下)，精兴社，1987年，第587页。
③ 更具体内容可参阅石田母正的《古代的身份秩序》，载《日本古代国家论》第1卷，岩波书店，1973年出版；竹内理三的《天皇八姓制定的意义》，载《律令制和贵族政权》第1卷，御茶之水书房1957年出版。
④ 北山茂夫：《壬申之乱》，载《日本古代政治史研究》，岩波书店1959年出版。

同时，天武天皇基于"凡政要者军事也"的认识，于676年下令："诸王以下，初位以上，每人备兵。"677年遣王卿于京、畿内"校人别兵"。684年诏令诸国"习阵法"，要求文武官"务习用兵及乘马"。11月下诏收缴私家兵器。

　　天武朝时期也是天皇制意识形态的确立期。而这种对后世产生划时代影响的意识形态的确立，主要通过日本神祇思想和中国天命思想的结合，即传统思想和外来思想的结合而完成。

　　日本神祇思想的传统，主要见于高天原天孙降临神话。在神话中找到天皇统治合法性的根源，并使之溶入《记纪》成为"历史"，是在天武朝；留传于民间、和高天原神话系统不一的出云系神话，因强调对天孙服属之缘由被吸收于《记纪》，是在天武朝；平定壬申之乱的东征途中，天武天皇在伊势国朝明郡的迹太川附近遥拜了天照大神，并在平乱之后让大来皇女作为斋王奉侍伊势神宫。日本以天照大神为皇祖神、以伊势神宫为国家祭祀对象，亦是在天武朝。

　　天武天皇吸收中国的天命思想并用作强化自己权力和权威的一根支柱，可以通过几个事例察知。如在壬申之乱时，天武天皇将自己比作汉高祖，以示篡夺政权于大友皇子是"易姓革命"；在壬申之乱时，长于天文遁甲之术的天武天皇通过自己的方式占卜云的运行，预言友军必胜，并在平乱后立刻建造占星台；在"天武纪"中每年均记有祥瑞记事，如天武十二年（683年）正月的诏书是"朕初登鸿祚以来，天瑞非一二多至之，传闻其天瑞者，行政之理。协于天道则应之。是今当于朕世。"而所谓祥瑞，按诏书所言，乃天帝对天武皇帝善政之褒奖。高松塚古坟出土的星宿图，则是对天武朝存在这种天命思想的实物证明。但必须指出的是，中国的易姓革命思想，和日本皇统万世一系的思想，原本是格格不入的。因此日本以易姓革命的观念传递天命思想的内容，仅在异常时代出现，如以后的桓武朝。

　　以强化皇权的政策和思想为背景，天武朝法典和史书的编纂，也在日本历史上树立了新的里程碑。法典当以天武十年（681年）开始编纂的、使天皇对日本国的统治体系化的《飞鸟净御原（律）令》为代表。"《飞鸟净御原（律）令》是《大宝律令》问世之前据以规制国家十三年的法典，是日本最早的一部综合性法典"。① 史书编纂则以为天皇统治的神圣合法化提供历史根据的《古事记》和《日本书纪》为代表。按《日本书纪》记载，即"天皇御于大极殿（按：净御原宫的正殿），以诏川岛皇子、忍壁皇子、广濑王、竹田王……大山下平群臣子

---

① 关于《飞鸟净御原（律）令》，史学界有三种观点：一、"净御原（律）令非存在说"，持此说者以天武十年二月诏"朕，今更定律令，修改法式"为据，认为此律令仅是近江律令的修改，而非新律令的编纂；二、"净御原律令存在说"，即同样以上述诏书为据，认为此律令是继近江律令后新编纂的律令；三、"净御原令存在·净御原律非存在说"，即认为此诏书虽显示了新律令的编纂，但当时仅编纂令、未编纂律。日本史学界大都赞同第三种说法。

首,令记定帝纪及上古诸事。大岛、子首,亲执笔以录焉"。①

另外,天武朝进一步强化了神道要素,吸收民间相尝祭传统,创设了每年新谷收获后,天皇和皇祖神一起品尝新谷的"新尝祭",并使之成为国家祭祀,具有了劝农和统制全国神社的两大功能。与之同时,天武朝还创设了为"新尝祭"添加作为服属礼仪之要素的"大尝祭",并在治世中几度举行该祭祀礼仪。

正是在每年举行的"新尝祭"、与之几无区别的"月次祭"以及"大尝祭"中,天皇通过与神的结合而强化了神格,成为"人间之神"。

同时,天武朝一如既往"兴隆三宝",提倡造寺、写经、诵经。据《日本书纪》卷二十九记载:"(天武二年)三月,是月,聚书生,始写一切经于川原寺。""十二月戊戌(十七日),以小紫美浓王、小锦下纪臣讠可多麻吕,拜造高市大寺司(今大官大寺)。""(天武天皇五年)十一月甲申(二十日),遣使于四方国,说金光明经、仁王经"。"(天武天皇八年)十月,是月,敕曰,凡诸僧尼,常住寺内,以护三宝"。"(天武天皇十四年)三月壬申(二十七日)诏,诸国每家,作佛舍也,乃置佛像及经,以礼拜供养"。

天武天皇的一切政策,似可以用两个字概括"集权"。但是集权统治从来不可能根除异端,灭绝反叛。因此,对其后任而言,巩固政权仍是一项长期的任务。朱鸟元年(686年)9月天武天皇晏驾后,在其尸骨未寒的翌年10月平定大津皇子"谋反",就是完成这项任务的又一举措。

天武天皇膝下虽有10子,但在决定皇嗣问题上,一贯处事果断的天武天皇却极为踟躇。天武天皇的皇后是天智天皇之女鸬野皇女(即以后的持统天皇),当年她曾偕子跟随丈夫在吉野山中流浪,同甘共苦。作为糟糠之妻,鸬野皇女深得天皇宠爱并获封皇后。其子草壁皇子虽能力平平,体弱多病,但母贵子荣,天皇自然不能小觑。与之相比,鸬野皇女的胞姐大田皇女之子大津皇子,却是才貌双全。按《日本书纪》朱鸟元年记载,"皇子大津,天渟中原瀛真人天皇第三子也,容止墙岸,音辞俊郎,为天命开别天皇所爱,及长弁有才学,尤爱文笔,诗赋之兴,自大津始也。"但是,枕风强劲,最终草壁皇子在天武十年(681年)2月获封太子,"摄万机"。然而,天武毕竟爱才,就在封草壁皇子为东宫的两年后,他又允许大津皇子"听朝政"。"摄万机"和"听朝政"几无差别,如此叠床架屋,无疑又制作了一个大海人皇子和大友皇子的翻版。事实上,两位

---

① 《古事记》为日本古代官修史书。太安万侣奉命据稗田阿礼背诵之帝记、旧辞笔录。和铜五年(公元712年)成书。共三卷。现存最古老版本是南北朝时期(1336—1392年)的真福寺本。本书以皇室系谱为中心,记日本开天辟地至推古天皇(约592—628年在位)间的传说与史事,亦为日本最古的文学作品。《日本书纪》是日本留传至今最早之正史,为六国史之首,原名《日本纪》,记述神代乃至持统天皇时代的历史,由舍人亲王等撰,养老四年(720年)完成。全书三十卷,另有系谱一卷。系谱现已亡佚。

皇子之间的矛盾日益深刻。朱鸟元年(686年七月二十日新设年号)9月,天武天皇大行。为了翦除异己,翌年10月,即在天武天皇尸骨未寒之际,鸬野皇后以"谋反"罪名逮捕了自己的外甥大津皇子及其同党30余人,并令大津皇子自决。大津皇子辞世前赋诗一首,韵律悲哀:"金乌临西舍,鼓声催短命,泉路无宾主,此夕离家行。"其妃山边亦为皇子殉情。当时场景见载于《日本书纪》朱鸟元年,读来颇为感人:"冬十月戊辰朔己巳(二日),皇子大津,谋反发觉。逮捕皇子大津,并捕皇子大津所注误直广肆八口朝臣者樫、小山下壹伎连博德、与大舍人中臣朝臣麻吕、巨势朝臣多益须、新罗沙门行心,及帐内砺杵道作等,卅余人。庚午(三日),赐死皇子大津于訳语田舍,时年廿四。妃皇女山边,被发徒跣,奔赴殉焉,见者皆歔欷。"

　　天武天皇虽然晏驾,但是他所拥有的专制权威,却在继后的持统王朝以各种形式进一步制度化,君主的地位也在"神格"上继续晋升。

　　如上所述,为使君主享有神的尊严,天武朝创设了大尝祭。但在天武治世期间,曾几度举行,但当时的"大尝祭"还不具有以后的天皇将此作为即位的重要组成部分,不是一再举行,而是"一世一祭"的性质;天武将净御原宫的正殿命名为"大极殿",在传达天皇重要诏敕和天皇举行圣宴时,臣下可以进入大极殿,即当时的大极殿还不是臣属不可踏入的天皇独占的空间。大尝祭和大极殿作为升华天皇神圣权威的载体,均形成于持统朝。

　　持统天皇的即位仪式,具有划时代的意义。在称制3年后,持统天皇于持统四年(690年)元旦正式即位。在即位仪式上,首先由中臣大岛诵读神寿辞(按:诸神对天皇的祝福辞),然后由忌部色夫晋献镜和剑、持统天皇升坛即位,再后由群臣列队绕坛徐行并拍手礼拜。诵读神寿辞和晋献镜和剑,史无前例,其意已不是仅限于群臣对新主的拥戴,而是具有新天皇承袭了"太阳之子"的血脉、禀承先帝的遗愿的含义。而"拍手"则是所谓"柏手",按广辞苑的解释:"拜神之时,双手掌互击发出声音。"总之,将原来"大王"即位的各项仪式改为"神"即位的各项仪式的发端,始于持统天皇。

　　持统三年(689年)6月,天皇向诸司颁赐令1部22卷,《飞鸟净御原(律)令》正式施行。虽《飞鸟净御原(律)令》全文现已无存,难解其详,但其中户令、考仕令等篇目,现仍有留存,可知在官员令中有持统四年(690年)7月任命太政大臣、右大臣,以及迁任"八省百僚"、"国司大宰"的记事;在衣服令中有同年4月和7月关于施行朝服的记事。自持统三年,以其户令为基础,在全国编定户籍,并于翌年(庚寅年)完成,故此户籍被称为"庚寅年籍"。以后所谓"六年一造"即六年审订一次为特色的律令户籍,即始于"庚寅年籍"。另外在持统六年(692年)朝廷任命了畿内班田大夫,施行班田。

　　新都城藤原京虽则在天武十三年(684年)已经规划,但是正式建造完成,则是在持统朝。据史料记载,持统天皇在即位当年(690年)遣高市皇子前往藤原宫地视察,12月亲王行幸,在翌年班给诸臣宅地,并于持统八年(694年)正式迁都。藤原京和难波京是日本以中国的都城为蓝本建造的正式的都城。原先人们认为,藤原京系模仿中国长安建造,但是20世纪70年代中,岸俊男经过考证后指出,藤原京不仅和北魏洛阳城及东魏邺都南城颇多相似之处,甚至近于《周礼》所记中国理想的都城形态。①

持统十一年(697年)2月,持统天皇在藤原不比等的辅佐下力排众议,立其孙、草壁皇子之子轻皇子为太子,并于8月将皇位让与太子,使日本又一位天皇——文武天皇因此登基,并娶藤原不比等的女儿宫子为妻,生下了首皇子(以后的圣武天皇)。持统虽然退位,但此后依然理政,与文武天皇"并坐治天下"。

在文武天皇时期,日本律令制国家正式形成。其标志,就是大宝元年(701年)颁布的《大宝律令》。据《续日本纪》记载:"(大宝元年)八月癸卯(三日),遣三品刑部亲王、正三位藤原朝臣不比等、从四位下下毛野朝臣古麻吕、从五位下伊吉连博德、伊余部连马养等撰定律令,于是始成,大略以净御原朝廷为准正,仍赐禄有差。"值得关注的是,"大宝令"的编纂者系由上层官僚、对唐文化有造诣的中下层官僚(其中有多名渡来人和渡来系人)共19人组成,文武四年(700年)完成;"大宝律"则在大宝令完成后开始编纂,于大宝元年(701年)完成。

《大宝律令》的制定和施行,标志律令制国家正式形成。8世纪初,亡于庆云四年(707年)的威奈大村的墓志铭称:"大宝元年,律令初定";至9世纪,人称:"昔我文武天皇大宝元年甫制律令,施行天下";"律令之兴,盖始于大宝"。②重要的是,《大宝律令》在以后很长的历史时期规定了日本的国家政治体制,具有划时代意义。

此后,在养老年间由藤原不比等虽领衔编纂《养老律令》并于天平宝字元年(757年)施行,但其实质上只是《大宝律令》体系原封不动的翻版。

在持统太上皇"山陵崩"后,大宝四年(704年)5月,因天现祥瑞之庆云,故文武天皇诏令将大宝四年改为庆云元年。庆云三年(706年),文武朝廷颁布了7条改革诏令,开始推行以减轻民众负担、提高贵族官员阶层待遇、调整官员设置、晋升和处罚条件三项为核心内容的一系列改革。史称"庆云改革"。

---

① 岸俊男:《都城和律令制国家》,载《岩波讲座·日本历史》(新版)第2卷,1975年出版;《日本的官都和中国的都城》,载《都城》,社会思想社,1976年出版。
② 《宁乐遗文》(下),威奈真人大村墓志铭;《类聚国史》卷一四七,天长七年(830年)七月丁未条;《类聚三代格》卷一七,承和七年(840年)四月二十三日太政官符。

庆云四年(707年),文武天皇晏驾。是年正月,文武天皇曾让文臣五位以上之高官议"迁都之事",然未及实现,文武天皇便以25岁之年轻生命"晏驾"。其母、同时亦是其后继者阿閇皇大妃(元明天皇,天智天皇的女儿)根据儿子的遗诏登基后,即遵从"先王"遗愿,于翌年颁迁都诏书,并于710年正式迁都平城京(今奈良)。日本历史自此开始进入以文化璀璨闻名于世的奈良时代。

七、"因为日出东方,故称我国为日本"

"日本是神之国","天皇是神的后裔",这种与科学精神不符的观念作为由统治阶级规定的"占统治地位的意识",曾长期支配日本人的意识。因此,认识日本和认识"天皇"存在必然联系。

"天皇"一词出自中国史籍,是中国神话传说中的三皇之一。如《史记·补三皇本纪》中写道:"天地初立,有天皇氏,十二头,澹泊无所施为,而俗自化。""天皇"称号和"日本"国号,均是在律令制形成后出现的。然而迄今为止,在很多论著,甚至在历史学、考古学和历史教科书里,诸如"绳文时代的日本"、"弥生时代的日本人",以及"雄略天皇"、"继体天皇"、"崇峻天皇"、"推古天皇"等名称已屡见不鲜。虽然这已约定俗成,不必也很难更改,否则极易引起混乱,但是我们必须清楚,至少在6世纪之前,"日本"和"天皇"都是不存在的。尽管这两个名词何时出现迄今尚有争议,但其出现和当时"倭"王朝内部政治局势、对外关系,以及周边国际政治局势的变化密切相关,当可确定无疑。

众所周知,"日本"的原初含义为"日之本",即"太阳升起的地方"。关于为何取名"日本",在平安时代发生的一场争论中曾有解释。

据《日本书纪私记》记载,承平六年(936年),在一个关于《日本书纪》的讲座上,参议纪淑光提出了一个问题:"为何将'倭国'改称'日本'?"对这一提问,讲师引用《隋书·东夷传》中"日出之国"一词,答称:"日本即太阳升起的地方。"纪淑光再问:"'倭国'确实在大唐东面即太阳升起的方位。但是在日本本土,太阳岂不是在国家的中间升起?既然如此,为什么要称'日出之国'?"对此,讲师的解释是:"因为从唐(中国)的方位看,太阳是从东方升起的,所以称自己的国家为'日本'。"

不难发现,这一问一答,确实为日本国号作了很好的诠释。但是通过对历史的"瞻前顾后",我们不难发现,被喻为"日出之国"的日本,其实颇有宇宙中蒙受太阳光泽的月亮的特征。因为毫无疑问,日本民族文化的形成和国家的产生,无不受到周边、特别是中国的强烈影响。换言之,就社会现象而非自然现象而言,真正太阳升起的地方不是列岛,而是大陆。认清这一点非常重要。

因为,正如纪淑光和讲师在问答中显示的,如何看待"日出"——太阳升起的地方,存在立场问题。因为只有站在中国大陆而不是日本本土观察,日本才成其为"日之本"。

江户时代,学术界开始争议"日本"国号何时产生,并已形成不同看法。在战前的1943年,日本建设社出版了井乃香术撰写的《日本国号论》。该书不仅对前此的学说史进行了综述,而且从学术的角度对《记纪》的记述提出了疑问。在高仓辉的《大原玄学》等著作相继发表、皇国史观横行的历史背景下,《日本国号论》的出版曾受到极大关注。

战后,对"日本＝日之本"的论述并不多见,仅有岩桥小弥太的《日本的国号》(吉川弘文馆,1970年)、坂田隆的《日本的国号》(青弓社,1993年)、吉田孝的《日本的诞生》(岩波书店,1997年)等区区数本。其中坂田隆在《日本的国号》中列举了13种关于"日本"何时出现的观点,对了解"日本"研究学术史颇有裨益。吉田孝则以个人长年研究为基础,在《日本的诞生》中追溯了"日本"国号形成之前的"倭"的动向;评述了平安时代前期盛行一时的"古典古代论"和9世纪"大和古典的国制"的各种议论。按吉田孝的观点,所以定国号为"日本",是以太阳神信仰和明确意识到日本西面大陆存在大帝国为背景的。追溯历史背景,不难认为吉田孝的观点不无道理。7世纪初,倭遣隋使呈中国隋朝皇帝的国书中,有"日出天子至日落天子"这一名句。此句既显示了日本不愿接受隋朝册封的姿态,甚至可以认为也显示了与中国分庭抗礼的姿态。如网野善彦所言:"毫无疑问,日本的国号按照字面理解,既非特定的地名,也非王朝创始者的人名,而是意指该国在东方,并且将观察的视点置于中国大陆。我们可以从日本这一国名中看到,大和统治者一方面强烈意识到中国大陆大帝国的存在,另一方面试图作为一个小帝国与之对抗。但另一方面,我们可以认为这一国号是大唐帝国所采纳的国号,并非真正意义上以自己的脚进行自立。"换言之,采用这一国号并不完全是日本自觉的行为。更重要的是,"日本＝日之本＝太阳升起的东方",是基于处在日本列岛西边的中国大陆立场的观察。据《释日本纪》记载,在延喜四年(904年)的一个讲座上,有人向讲师提出:"现在称为日本的我们国家的名号,是唐朝给起的,还是我国自己定的?"讲师明确回答:"是唐朝起的。"尽管查考一下《旧唐书》便不难发现,这种观点显然与史实不符。但是在平安时代中期,这种误解甚至在学者中也已经存在。江户时代后期,日本出现了一些对"日本"这一国号"非常厌恶"的国家神道家。其中水户学派代表人物藤田幽谷的书信中,有此前几年引起热议的一封信。信里有作为"提倡一种国家神道的会津人士佐藤忠满"的"一种奇谈"的主张,即对"原封不动地接受日本这一唐人称呼我们国家的国号并用于和唐朝交往,实令人非常厌恶"。这一立场也为以后的国粹主义者所承袭。直至现代,将

"日本"作为国号在日本国内也曾长期遭受批判。①

"日本"这一名称究竟源于日本人对自己国家的认识,还是中国人对它的认识,确有探讨的必要,因为这一问题特别对日本外交政策有深远影响。拙作第一章第四节指出,《山海经》的《海内北经》对"日本"的描述,是中国对日本最初的认识;而《后汉书》中对"百国分治"时期的列岛的描述,即"乐浪海中有倭人,分为百余国,以岁时来献见云"一句,则被认为是对当时的日本最为经典的描述。之后在《旧唐书》中,倭国、日本两者并记。而在《旧唐书》中,关于日本有如下记载:"日本国,倭国之别种,以其国在日边,故以日本为名;或曰倭国自恶其名不雅,改为日本。或云日本旧小国,并倭国之地,其人入朝者,多自矜大,不以实对,故中国疑焉。"在《新唐书》中,倭国之称呼不再,仅见"日本":"咸亨元年,遣使贺平高丽,后稍习夏音,恶倭名,更号日本。使者自言,国近日所出,以为名;或云日本乃小国,为倭所并,故冒其号,使者不以请,故疑焉。"《隋书》中的"故中国疑焉"和《新唐书》中的"故疑焉",说明当时中国对"日本"这一"国号"是否真实存在,不无怀疑。《宋史》则开篇即直呼"日本":"日本国者,本倭奴国也,自以其国近日所出,故以日本为名。或云恶其旧名,改之也。"《元史》对日本的描述几乎是《宋史》的翻版:"日本国在东海之东,古称倭奴国,或云恶其旧名,故改名日本,以其国近日所出也。"

反观日本史籍,《日本书纪》大化元年(645年)有向高丽、百济使提出的"明神御宇,日本天皇诏旨"一句,有些学者认为,此应作为"日本"最早的出典,虽则正式对外使用,要至"改朝换代"后的近江王朝。但《日本书纪》中的记载是否能够凭信颇受质疑,并早已有不少学者对此进行证伪。有些学者认为,日本首次正式定国号为"日本",当始于天武十年(681年)开始编纂、持统朝开始实施的《飞鸟净御原(律)令》,正式对外使用"日本"作为国号,则始于大宝二年(702年)日本使者向改唐为周的则天武后递交的国书。究竟应如何认定,目前尚难得出结论。

应该认为,"日本"国号的诞生,既有天智天皇(中大兄皇子)迁都近江大津、制定全国性户籍既庚午年籍、平定"壬申之乱"等一系列国内政治背景,也有佛教入传和苦尝白村江败绩后不自甘卑下欲改名更姓或曰改弦易辙以求"雄起"的国际政治因素的推动。如林屋辰三郎所言:"由飞鸟的圣德太子提出的日出之国的构想,堪称'日本'诞生的前提。因为这一构想使人们认

---

① 网野善彦:《何谓日本?》,第92页。1996年,日本放送协会(NHK)的"人类大学"栏目,以"日本史再考"为题播送的节目提出,曾由一部分统治者决定的国号,可以用我们国民总体意志进行改变。节目播出后,当即收到"如果讨厌日本,请从日本滚出去"的警告信和明信片。

为'日本'这一国号诞生于受普遍且理性的佛法,以及统一且规范的律令的支撑的'法'的感觉。"①

正因如此,所以当周(唐)官员问日本使者为何变更国名时,使者答称:"日本国者倭国之别种也"、"倭国自嫌其名不雅,改名日本";或答称:"日本旧小国并倭国之地。"②则天武后承认了这一国名。事实上,大和统治者因为看到了则天武后改"唐"为"周"这一"楷模",认为这是变更国号的绝好机会亦未可知。总之,纵览史籍,此后的中国王朝正史不再有《倭人传》、《倭国传》出现,而以《日本传》取而代之。这充分说明,中国官方尊重"日本"的自我选择。在以后的中日外交文书中,多采用"日本"这一国号。在平安时代的贞元二十年(804年)9月12日颁发给入唐求法僧最澄的"过书"(通过关卡的通行证,自奈良时代后开始颁发),记有"日本国求法僧最澄";大中七年(853年)9月给入唐求法僧圆珍的符牒(木制简札,律令制施行后无直属关系的官府之间的官方文件),记有"日本国求法僧圆珍"。在镰仓时代,《吾妻镜》安贞元年(1227年)5月14日条,引用的高丽国的符牒,记有"日本国惣官大宰府"。不仅官方外交文书,而且其他文书也屡见"日本"字样。据《东大寺文书》,建久四年(1193年)6月东大寺三纲等陈状(被告针对原告的指控提出的书面答辩),有"抑和卿,辞大宋之旧境,成日本之浪人"记载。

值得注意的是,当时在涉及异国和异国人的文书中,多采用"日本"和"日本人"的提法,但有时亦称"和州"、"和国",两者并用。如上述陈状"抑和卿,辞大宋之旧境,成日本之浪人",就是一例。同样值得注意的是,"日本"或"日本人"多相对于其他国家及国民而言,如在《今昔物语集》中,"日本"系相对于"唐"、"天竺"而言。还值得注意的是,"日本"国号在"彼岸世界"的使用。《平安遗文·金石文编》中,收录了埋于土中,用以奉献佛主和流传后世的经筒,许多经筒上的铭文刻有"日本"国号。③例如,奈良县金峰神社的经筒铭宽弘四年(1007年)8月11日条,记有"南瞻部洲大日本国左大臣正二位藤原朝臣道长";德岛县大山寺的经筒铭大治元年(1126年)10月12日条,记有"南浮提日本国阿洲于大山寺"。更值得关注的是,"日本"国号不仅用于世俗的世界和神佛的世界表明有关人员的身份,而且书于希望获得神佛护佑的"愿文"(表达意愿的祈祷文)。例如,兵库县极乐寺的瓦经④(1144年)6月29日的"愿文"上书有"南瞻部洲大日本帝国播州极乐寺别当大法寺禅慧";文永二年(1265年)

---

① 林屋辰三郎:《古代的环境》,第216页。
② 见《旧唐书·倭国日本传》。
③ "经筒"系用以放置经典埋入经塚以流传后世用的筒,材质多用青铜、金铜、铁、陶、石,形状多为圆形、六角形、八角形,筒的周边所刻埋经的宗旨即为经筒铭。
④ "瓦经"系刻在瓦片上的经文,为埋经的一种方式,多制作于平安后期。

9月4日大和国西大寺光明真言会"愿文"书有"南部洲大日本国西大寺卧云沙门叡尊"。

有趣的是,"日本"国号在一些故事和传说中的出现。例如,《今昔物语集》第十一卷有某僧死后复活,称在阴间由于曾在"阎浮提日本国"嫉妒行基(奈良时代的高僧)而遭到阎罗王严词怒叱;第十六卷有某男因拯救了一条被捉的小蛇,由蛇带入龙宫受到龙王赞誉,称:"日本人心善良,实属难得",并将"金饼"装入一个箱子赐予该男子的故事。这些故事说明,"日本"国号在"异界"甚至获得阎罗王和龙王的承认。

不过,"日本"国号问世后,作为"大和朝廷"历史遗产的"和州"、"和国"、"和朝"等名号依然存在。例如,《吾妻镜》建久三年十月三十日条有武者所宗亲试图从燃烧着的家里取出风筝而烧掉胡须,称"唐国大宗之须施赐药之仁,和朝宗亲之须显惜弦之志",同书建久六年(1195年)三月十三日条记,宋人陈和卿"作为宋朝来客,应和州巧匠";收入《高野山文书》的高野山满寺僧愿文建长五年(1253年)八月二十七日条,有弘法大师向"和国"投掷金杵的记载。另外,"和歌"、"和绘"等名词也显示了相同的意义。

事实上,当时的日本和今天的日本当不可同日而语,因为今天日本的土地面积数倍于刚刚问世的"日本"。

在国号从"倭"变更为"日本"的同时,大和的统治者将最高统治者的称号"大王"改为"天皇"。据考证,日本正式采用"天皇"称号,亦始于《飞鸟净御原(律)令》。据前不久对唐永泰公主墓志铭等文物的判断,系基于道教的立场。

和定国号时强烈意识到大唐帝国的存在一样,采用"天皇"这一称号也显然具有和大唐帝国的"天子"平起平坐的强烈意识。由是观之,日本和天皇显然有不可分割的联系。作为国号的"日本"沿用了约1 400多年,作为国家最高权力的所有者和象征者,日本天皇从初代神武天皇至当今125代平成天皇,其历史显然更加悠久。然而必须指出的是,虽则"天皇"号始见于公元7世纪,但是在日本初、高中教科书,以及历史学、考古学的研究性论著中,不仅将天皇号出现之前见于信史记载的"大王",称为"雄略天皇"、"继体天皇"、"崇峻天皇",甚至将神话传说中的王者,即日本史学界称为"欠史八代"的八代"天皇",亦冠以

不同时代的"日本"。出处:纲野善彦:《何谓日本?》第107页

"神武天皇"、"仁德天皇"……等名号,使人们在无意识中感到天皇早在远古时代就已存在。

值得关注的是,相对于日本国号通用于为中国所承认的东亚世界,虽然"天皇"称号屡见于中国正史,但是因顾忌"天子"的存在,"天皇"这一称号不用以致包括中华帝国在内的东亚各国的正式外交文书。唯一的例外,是致渤海国的外交文书。按照吉田孝在《日本的诞生》中的分析,所以如此,是因为日本天皇不愿接受大唐帝国的册封。同样,天皇所以无姓,也是因为不愿接受册封的天皇试图超越中国大陆"姓氏"制度。

同样值得关注的是,虽然"天皇"称号在7世纪已经出现,但在以后的日本古籍中,"天皇"、"人帝"、"人王"的称呼经常并用。例如,《金刚峰寺杂文》记载,宽弘四年(1007年)10月11日的金刚峰寺解案中称"当日本卅二主钦明天皇即位十七年",《石清水八幡宫文书》记载,永承元年(1046年)河内守源赖信告文中称"本朝大日本国人帝第十六代治武皇";《西大寺爱染明王像胎内瑜伽瑜祇经》宝治元年(1247年)8月18日叡尊愿文称"日本国人王八十九代"。

同时值得关注的是,当时存在向天皇进贡"贽"即山珍海味的制度。①前几年,在藤原宫遗址和平成宫遗址出土的大量木简中,发现了许多记载海味"贽"的文件,进一步证实了这一制度的存在,引起了广泛关注。另外,各"国"还向天皇进贡栗、梨、柑、椎、胡桃、杨梅等。这一看似只不过让天皇尝鲜的进贡制度,实际上具有日本古已有之并始终不断地延续至今的一个重要特征:反映了天皇作为在中国大陆影响下形成的、以稻耕文化为基础的日本统治者的一面,和以太阳神为祖先、作为神的后代君临天下的神圣的后代的一面,即兼具外来文化和本土文化相结合的特征。

即便在名副其实的"日本"和"天皇"出现以后,当时属于天皇统辖的日本的国土面积,实际上仅限于以"倭"为中心的九州地区,和今天主要由本州、九州、北海道、四国四大列岛构成的日本不可同日而语。

7世纪末正式建立的"日本国",在原具有多种性质的列岛社会强行普及了划一的国家制度。具体措施是,不仅将作为其原有地盘的近畿、瀬户内海沿海区域、九州北部纳入版图,而且将本州中部、关东、东北南部,以及九州中部也纳入统辖区域,建立起了国郡制度,在这些地区贯彻"日本国"的国家制度和律令制度。但是,北海道自不待言,即便列岛东北中部以北、九州南部至西南诸岛,当时也尚未划入"日本"的版图。但是,特别在"壬申之乱"中获胜的大海人皇子,在登基成为天武天皇后,废大津宫、迁都飞鸟净御原宫,推行各项改革,使律令制国家的结构逐渐形成。迄今仍保留着明显痕迹的律令国家结构,

---

① "贽"又可写成"牲",意为向神和朝廷贡献当地的特产,特别是供食用的山珍海味。

主要由下述几方面构成：

一、本律令国家大致的行政区划由"五畿七道"和属于"道"统辖的"国"、属于"国"统辖的"郡"组成。五畿七道是古代日本全土在律令制下的行政区域划分。"五畿"指京畿区域内的5国，又称"畿内"。京畿之外的日本全土则仿中国唐制，以"道"称之，共分为"七道"。七道中皆建有同名的官道，构成古代日本的交通路网。七道之间有大路、中路、小路的等级差别，间接代表着繁荣的程度。据说五畿七道确立于天武天皇朝。

"五畿"是指作为朝廷直辖地的畿内5国，即大和、和泉、河内、山城、摄津五国，类似于今天的日本"首都圈"。以"畿内"为基点，东面自南向北依次是东海道、东山道、北陆道；西面是山阴道、山阳道、南海道，以及九州的西海道，共"七道"。"五畿七道"制不仅是将国土进行了大范围划分的行政区域划分制度，而且是通过贯通各道的"道"路，对"日本国"进行规划建设。这一规划显然影响长远，其痕迹在今天的日本依然清晰可辨。木下良以近年丰富的考古发掘资料为基础，对"七道"进行了缜密研究。按照他在《道和站》（大巧社，1998年）中提出的观点，规划建设的"七道"是宽约十多米的直线道路并不时得到铺设，有测沟，类似于今天的高速公路。1869年即明治二年，日本政府在虾夷地新设立了"北海道"，故此后"五畿七道"成了"五畿八道"。

对"五畿七道"进一步细分的，是国郡制，即"道"由若干个"国"组成，国由若干个"郡"组成。与道和国相比，各个郡的框架虽然长期得以维持，但是流动

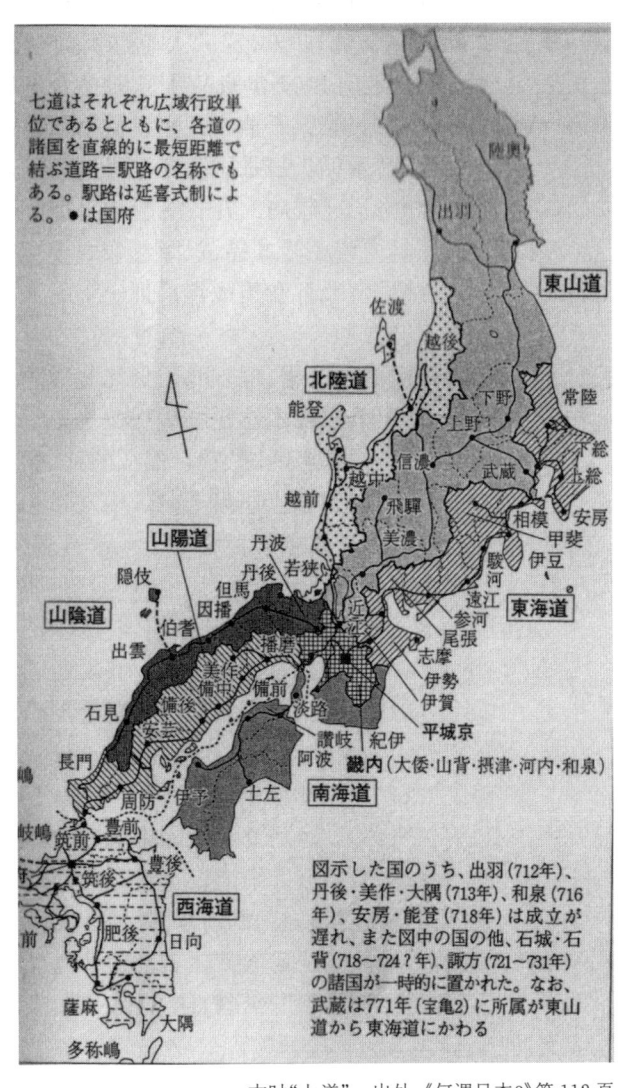

古时"七道"。出处：《何谓日本？》第112页

性较大,自 11 世纪至 12 世纪,曾发生上中下、东西南北的变动。同时郡的名称和境界亦有变化。因为,郡和乡一样,同社会生活的变化具有更密切的联系。但必须强调的是,日本朝廷以律令制为基础,努力实现对整个国家的控制。尽管当时建立的各项制度和推行的各项举措,特别在 10 世纪以后发生了本质性变化,很多制度和举措几乎停止运作。但是国郡制和道制则特别对统治机构依然发挥重要影响。

二、施行"条理制",将全国土地进行区划整理,形成"N 个小方块组成中方块、N 个中方块组成大方块"。

三、农民的"税"收负担。(一)实物负担。租:每 1 段交稻 2 束 2 把(收获量的 3%);庸:以布 2 丈 2 尺(约 8 米)代替劳役;调:缴纳当地特产(绢、丝、绵、布)中的 1 种;出举:从国家那里所借稻米,归还时须另加 50% 作为"利息"。(二)劳役。杂徭:每年劳动 60 天以下(地方);仕丁:每 50 户出 2 人在都城劳动 3 年;(成人农民"正丁"中的 1/3 服兵役);兵役:都城警备 1 年(卫士),北九州警备 3 年(防人)。

在国内统一基本完成、制度基本完备后,日本即开始踏上对外征服的里程。对此,网野善彦的观点可谓一针见血:"日本在成立之初就已具有扩张国家领土的强烈欲望。事实上,在'日本国'成立之前的 7 世纪中叶,'倭国'的统治者就已举兵征服北陆北部、东北的'虾夷',以及列岛北部亦被称为通古斯系民族的'肃慎',强使这些民族'朝贡'。""我们绝不可忽略的是,作为以日本为国号、天皇为王名的国家,日本从创建之初即具有'帝国主义'的、侵略性的一面"。[①]"日本国"在与大唐帝国的正式外交公文中,在论及自身的统治者时是不使用"天皇"称号的。但是在派遣遣唐使时,可能是基于大唐帝国朝贡国立场的考虑,不自称"倭"而自称"日本",并称日本统治者为"天皇"。然而,这绝非谦恭。事实上,当时的"日本国"已以使"蛮夷"服属的"中华"自居,并向周边"未开化"的"夷狄"推广其自认为"发达"的政治和法律文化。如拙作将在下一章较详细展开的,以文化璀璨闻名于世的日本奈良时代,同时也是全面对外扩张的时代。

八、白 凤 文 化

在日本建设律令制国家的过程中,不仅法律政治制度日趋完备,文化也欣欣向荣,形成了在日本文化史上与飞鸟文化时期构成双璧、亦以佛教文化为轴心的文化繁荣时期——白凤文化时期。

---

① 网野善彦:《何谓日本?》,第 105 页、108 页。

白凤文化因白雉年号(650—654年)而得名,但狭义的白凤文化时期以天武朝为中心,即672年至686年前后。广义的白凤文化时期则指自大化改新至迁都平城京,即645年至708年。白凤文化前期受大陆六朝文化影响,后期受唐朝文化影响。在这一时期,各朝天皇实施佛教国教化,建造了大官大寺、药师寺等多所官寺,各寺多次举行法会讲解护国经典。同时,各地贵族也纷纷建立自己的氏寺。《扶桑略记》记载,据持统六年(692年)调查,当时日本全国共建有寺院545所。近年考古发掘发现了大量有白凤样式古瓦的寺院遗迹,其数和《扶桑略记》记载数大致相符,说明其无甚夸张。以《日本国现报善恶灵异记》的传说为线索,可知佛教向全国各地急速传播的重要原因之一,是救援百济的地方豪族直接见闻了百济佛教,或从百济偕僧尼请佛像回国,不管采取哪一说,均说明系受百济佛教影响。

遗留下来的白凤文化的代表性佛教建筑有药师寺东塔、山田寺回廊等,雕刻有药师寺金堂药师三尊像等,绘画有法隆寺金堂壁画、高松塚古坟壁画等。另外还有一些王公贵族如大友皇子、大津皇子创作的汉诗作品,以及额田王、柿本人麻吕创作的长短歌、和歌等,其作品被收入奈良时代编撰的《怀风藻》和《万叶集》。白凤期的佛教因与朝廷关系密切而映照出日本律令制国家建设时期的时代川流。

大化元年(645年),登基甫定,孝德天皇即颁发《正教崇启》之诏,阐述了自佛教传入至苏我稻目、苏我马子显扬佛教、恭敬僧尼的事迹,以及朝廷设置十师教导众僧、捐助氏寺任命寺司寺主的宗旨,最后以"朕更复思崇正教光启大猷"结尾。①该诏书不仅是继推古二年(594年)的《三宝隆兴》之诏颁布的第二个兴隆佛教的诏书,而且其颁布先于国家政治制度改革。朝廷"兴隆三宝"之决意,昭然若揭。

之后,佛教因素不断渗入朝廷,成为国家政治的组成部分。例如,迁都难波的孝德天皇首先在宫廷礼仪中吸收了佛教因素,规定在一些重大法事中着大化三年制定的7色13阶冠位。特别在白雉二年(651年)年末,不仅白天在味经宫邀集2 000多僧尼一起诵经,而且夜晚在庭内点燃2 700余盏灯,令其诵读《安宅神咒经》和《侧土经》;为征讨虾夷和救援百济等内忧外患问题所困的齐明六年(660年)5月,官僚奉敕造上百高座和上百袈裟,并举行仁王般若会,诵读祈祷驱除灾害护佑国土的《仁王般若经》。之后,如此场面在宫廷一再重现。

佛教虽进入宫廷,但在天武朝之前还没有超越宫廷范围。作为佛教跨出宫廷向更广阔的领域伸展的标志,是根据天皇的意愿建造大寺。虽则佛教传

---

① 见《日本书纪》大化元年八月条记载。

来后，历代天皇都致意兴隆佛法，尤其推古朝后，朝廷下诏兴隆三宝，佛教日益兴隆，创建了法兴寺、法隆学问寺、四天王寺等大寺，但其中法兴寺是由苏我氏建立的，后来改为元兴寺，或称为飞鸟大寺，由朝廷任命寺司，几乎成了朝廷的祈祷寺。真正由天皇发愿建造的大寺，始于舒明朝。舒明十一年（639年），天皇将圣德太子的熊凝寺移到百济河边，称为百济大寺，但据称因招惹了大寺附近的子部社引起，使大寺堂塔在一场火灾中化为灰烬。天武二年（673年）朝廷任命了负责复建该寺的造寺司，并将该寺从百济川畔移至高市郡夜部村，该寺因此获名高市大寺。天武六年（677年）改名大官大寺，意为培养僧尼的"国家的寺院"。同时因其"大"字原非"小"的反义，而是附于天皇的事物表达尊敬之意，故又意为"天皇的寺院"。

　　之后建造的是川原寺（弘福寺）。川原寺系日本最古老的抄经寺院。据《日本书纪》天武二年（674年）二月条记载，是年，天武天皇敕令有学问的僧侣聚集该寺，抄写数千卷《大藏经》。后1960年进行的考古发掘发现，文献记载的川原寺遗址下层系川原宫，因而推断川原寺建于天智天皇为其母齐明天皇追善举行殡葬仪式的飞鸟川原宫。2005年2月20日，奈良国立文化财研究所发表调查报告，称在飞鸟时代的国家寺院的代表、奈良县明日香村的川原寺迹（国史迹），找到了7世纪末的六座巨大基石，由采自当地的花岗岩所制成，最大的基石为1.4米×1.6米，以「一」形间隔2.1米排列，从而证实了上述推断。值得一提的是，佛寺伽蓝配置主要是塔与佛殿位置的变化，这种是了解佛教传播和崇佛思想演变的主要根据。川原寺伽蓝配置呈"塔与佛殿东西并立"，具有当时中国大陆佛寺伽蓝的明显特征，因而再次印证了日本佛教的发展演变在一定程度上是中国佛教发展演变的投影。

　　与川原寺具有同样伽蓝配置的崇福寺，因1941年发表的第10号《滋贺县史籍调查报告》即考古发掘公布的结果，同《扶桑略记》天智六年二月三日条、翌年正月十七日条所载情况基本吻合，亦当为天智天皇所建。

　　与在飞鸟京的川原寺形成对偶、位于模仿中国都城规划建造的"新益之京"藤原京的药师寺，亦是白凤文化的时代杰作。据收入《宁乐遗文》的"药师寺东塔擦铭"记载，天武八年（680年）皇后病笃，为了祈愿皇后（以后的持统天皇）病体早愈，天武天皇于是年11月发愿造1寺供奉药师如来，始建药师寺。然未等竣工，天武即驾鹤西行。皇后登基成为持统天皇后，即秉承夫君遗志，创建堂宇，并于持统二年（688年）在寺内举行无遮大会（佛教举行的一种广结善缘，不分贵贱、僧俗、智愚、善恶都一律平等对待的大斋会）。文武二年（698年）10月，寺宇建成，诏众僧入住。如果说大官大寺实质上是天武天皇的"大寺"，则药师寺堪称持统天皇的"大寺"。大官大寺、药师寺、法兴寺、川原寺，并称藤原京"四大寺"。此外，各地贵族亦竞相造寺，以致天武九年（681年）4月朝廷不得不颁布敕令,确立分层管理的"官寺制度",并另设立"造寺司"。

在汲取中国佛教的营养方面,遣唐留学僧的作用当不可忽略。以白雉四年(653年)入唐、齐明天皇七年(661年)回国的道昭为例,据《续日本纪》记载:"文武天皇四年三月己未,道昭和尚物化。天皇甚悼惜之。"①与寺院建设并立的,是佛事法会不仅在宫廷举行,而且在都城和地方诸寺举行。如天武五年(677年)十一月,朝廷遣使各国要求诵读《金光明经》和《仁王经》;天武九年(681年)五月,敕令宫中和诸寺诵读《金光明经》,等等。《金光明经》的诵读和大忌祭、风神祭、新尝祭等祭祀一起,作为国家祭祀而恒例化。

"大寺制度"和"护国法会"作为新生的律令制国家宗教意识形态的支柱,占有"国家佛教"的地位。同时,大化的"十师"不久即被废除,天智朝末年"僧正"、"僧都"的名称得以复活,天武十二年(684年)朝廷任命了僧正、僧都、律师,敕令"统领僧尼"。

白凤文化代表性建筑,当首推药师寺东塔。虽药师寺内有东西两塔,但唯东塔在日本建筑史和美术史上均占有突出地位,被誉为"国宝中的国宝"。东塔实为三层,但因每层都附有"裳层"(飞檐),因此看似六层,塔顶耸立的相轮有天女起舞的透雕水烟,给人以明快的感觉,和擦柱的铭文一起称誉于世。

雕塑领域的代表性作品,明确标识年代的有大阪野中寺的弥勒像(黄铜造半跏思维像),在该像铭文上,不仅明确记有天智天皇五年(公元666年),而且记有其缘起:栢寺的智识等118人为了使中宫天皇的病体早日康复发愿而建。此像衣襟边缘雕着的连珠花纹图案,这种图案原为隋代由西方传到中国,日本佛像自始也出现这种图案,再次无声地叙述了中国文化对日本列岛的影响。雕塑领域另一代表性作品是记有口戌年(686年或698年)的长谷寺"《法华经》说相图"。顾名思义,该图描绘了宣讲《法华经》的情景。该寺铜版铭文还记载了寺内三重塔之缘起:依天武天皇敕愿,道明上人率众80余人,为在飞鸟净御原大宫内日理万机治天下的天皇建千佛多宝塔(三重塔)。另外,壬辰年(692年)的岛根县鳄渊寺的金铜立像观音菩萨像,亦是该时期雕塑的逸品。据铭文记载,系由出云国的若倭部臣德太理为其父母所建。之后,显示受唐朝初年佛教文化影响的作品开始出现,如药师寺东院堂的圣观音立像。该立像镀金铜,等身大,贴身衣纹的手法和清秀圣洁的表情,一洗前代生硬的皱纹和古拙的面貌。然而,此作虽然精妙绝伦,但作为雕刻黄金时代即将来临的真正路标,则是药师寺金堂的药师三尊像。这三尊像同样镀金铜,等身大,其中药师如来坐像端庄威严,分侍左右的日、月光菩萨立像则表情悠然,姿态轻盈。三尊像目前安置于1972年甫复原完工的金堂内,不仅是药师寺的镇宝,也是

---

① 皇学馆大学史料编纂所编《续日本纪史料》1卷,皇学馆大学出版社,1987年,第142页。

日本美术史屈指可数的国宝。三位尊师守在白凤美术的关口,既保住初唐雕刻的洗练,又透露着盛唐样式的圆熟,作为理想完美的典型简直令人叹为观止。可能因为其精妙绝伦,鬼斧神工,又不见确切的历史记载,以致和东塔何时建造一样,其创作年代目前尚无定论:一说是藤原京药师寺本尊的迁移,即随药师寺迁建而移座;一说是药师寺平城京的新铸,即药师寺迁建之后重新铸造。前者以白凤谕者坚持的697年开眼供养说为据;后者则因为奈良谕者不相信前代会有如此精美的佳作。

绘画方面,无疑数法隆寺金堂壁画最美轮美奂:在法隆寺金堂大壁四面,绘有四个天界景象或曰四方净土的菩萨群像:北面墙壁上是弥勒佛和药师佛,东面墙壁上是佛教始祖释迦牟尼佛,西面墙壁上是阿弥陀佛。四个天界中央的主佛法座,绘有被俗称"四大天王"的护法天神和众菩萨围绕。上面的宝盖两边各有飞天,下面有一张祭桌,两头狮子。八角壁面上的八尊菩萨像两两相对,或坐或立。整个墙壁上部空白处是隐士们在山中修行。画面大小不一,但布局对称整齐,手法多样,风格独异。整个壁画采用线描与晕染法画出,立体感和真实感很强,研究者认为与印度阿旅陀石窟的壁画相似,可见其创作手法亦源自印度经中国传至日本。1949年1月26日拂晓,法隆寺金堂失火,这一烧使金堂彩色壁画严重受损。然而,俗界事物祸福相倚,佛界亦然。这场火虽然使旷世奇宝原形不再,但却逼出了日本《文化财保护法案》,尽管所付代价过于高昂,但所幸二次世界大战爆发后法隆寺大修进度缓慢,解体部分和寺藏宝物都疏散各处,因此躲过了灭顶之灾。[①]

在日本文化不断以新的姿态呈现于世时,新陈代谢也就势所必然。4世纪以来历经300年风霜雨雪、曾为日本古代社会注入极大能量的前方后圆古坟的营造者,在白凤文化时期开始印证"异己"的哲学意义:自己创造的古坟,最终埋葬自己。随着中国文化的不断东传,前方后圆古坟的地位逐渐被以中国帝王陵为模板的方陵取代。

据考古发掘,畿内目前最终末的大型前方后圆古坟,是大和的见濑丸山古坟。该古坟长轴为315米,后圆有直径为26米的巨大横穴式石室构成,放有家形石棺两个。这种构造的古坟盛行于6世纪后半叶至7世纪初,被认为是苏我马子的墓的飞鸟石舞台古坟是这种古坟的代表,但见濑丸山古坟更出其右。虽目前尚无法断定被葬者身份,但古坟很可能是钦明陵。[②]与之相比,用明陵、推古陵均是边长为70米的方陵。据《日本书纪》九月条记载,用明天皇于推古元年(593年)被改葬于现在的矶长陵。也就是说,大王陵改为方陵,和

---

① 《奈良六大寺大观》5册,岩波书店,1971年。
② 森浩一:《古坟的发掘》,中公新书,1965年。

推古朝画时代的政治变革是相辅相成的;是和以小帝国面对隋帝国、最终创始天皇号的历史背景相一致的;也是大王陵殊别于地方豪族陵墓的显著标志。虽然在关东地区北部和东部,至7世纪初前方后圆古坟依然放出光芒,如高崎市八幡观音塚古坟、绵冠观音山古坟、木更津市金铃塚古坟等,但那无疑已如夕阳残照。至7世纪末,这种古坟在日本东部也踏上归途。

按照哲学原理,内容当比形式更加重要。在古坟外形发生变化的同时,其内容也发生了显著变化。正当美术史家担忧法隆寺壁画遭劫使飞鸟白凤期的壁画再也无处寻觅时,同年,即1972年3月21日,考古学家惊喜地发现了高松塚古坟壁画。高松塚古坟本身是横穴式小圆坟,位于奈良县明日香村。壁画绘于石室三面墙上,有四神像,日、月、云纹,以及青龙、白虎、男女人物,天井中央有星宿图。此外,还出土有海兽葡萄镜。虽然和法隆寺金堂壁画相比,高松塚古坟壁画只能算一组小品,但它以高度的写实和绚丽的色彩,弥补了法隆寺金堂壁画烧损的遗憾,更弥补了日本绘画史的一段空白。虽然壁画剥落之处甚多,可是残存的西壁女子像仍最受瞩目,被认为价值不可估量。从技法判断,高松塚壁画精确的描法,动感的层次显然受中国唐代文化的影响,因此其创作年代被推定为7世纪末、8世纪初,即白凤文化时代。

虽然白凤文化时期上述成就的价值不可估量,但是更不可估量的,无疑是"日文"自始真正开始形成。日文的形成,使日本真正拥有了自己的"语文";使日本文化获得了不可或缺的载体;使日本文化在由历史积淀构成纵轴和各民族文化构成横轴的世界文化的坐标上,找到了自己的位置,形成了独具特色的日本文化。

在远古时代,"日本人"只有语言,没有文字。早在江户时代,已有学者通过日语和周边民族语言的比较,调查了解日语语系,探究日语的源流。例如,新井白石和藤井贞干就曾指出,日本语和朝鲜语相类似。明治以后,语言比较进一步展开,并形成了4种较有说服力的观点:1.日语属乌拉尔·阿尔泰语系,特别是属于阿尔泰语。2.日语和同属于乌拉尔·阿尔泰语系的朝鲜语关系密切。3.日语和南方语系关系密切。4.日语是从阿伊努语分离出来,即源于阿伊努的语言。

上述第4种论说,即认为日语和阿伊努语存在亲缘关系的论说的主要倡导者,是被称为"阿伊努之父"的J.巴切拉。但是阿伊努语研究大家金田一京助和知里真志保均指出,上述两种语言虽然文法方面存在相似点,但是也存在很多相异点,并且不存在数词和其他基本单词的对应性。因此上述第4种论说现已被排除,而第1种和第2种论说则可以归并为"乌拉尔·阿尔泰语说"。因此,在此只需探讨两种论说。

认为日语和乌拉尔·阿尔泰语关系密切的论说,早已有欧洲学者进行了论述。在日本学者中，东京大学语言学教授藤冈胜二在1908年列出了14项阿尔泰语的特征，其中13项特征日语同样存在。他的论说，受到很多学者支持。但是，阿尔泰语和日语对应的单词非常少，因此一些学者认为，如果存在亲缘关系，则日语当很早就从阿尔泰语中分离出来。

关于日语和南方语言的关系，近年已取得令人瞩目的成果。所谓南方语言，是指从包括夏威夷和新西兰在内的南太平洋，到东南亚、印度洋诸岛的岛民使用的语言，总称波利尼西亚语。很早就关注日本语和南方语关系的，是前苏联语言学家Е. Д. 波利瓦诺夫。Е. Д. 波利瓦诺夫1914年到达日本，他通过对长崎县西彼杵郡三重村的实地调查和其他各项研究后声称："我可以证明，日语和马来·波利尼西亚语系同根同源。"他的这一着眼点为比较神话学者松本信广所承袭，语言学者泉井久之助则提出，自西南日本至朝鲜南部，可能存在使用南方语的时期。国语学者大野晋更是进一步推进了这项研究。他在1957年撰写的《日本语の起源》中，列举了几个颇为关键的波利尼西亚语和日语的类似点，并据此推断：波利尼西亚语为日语的形成作出了贡献。

相对语言的混沌，看一下今天的日文就不难明白，日本文字的"血脉"显得非常清晰。可以认为，大陆魏国使者登上日本列岛时，已将文字传入。但当时的倭人仅是"观赏"，并未仿效。也就是说，在4世纪，即公元300年，日本尚未使用文字。至5世纪，有两件证据证明日本人已开始使用文字，一是在中国478年的史籍中，有倭王武，即雄略天皇呈出上表文的记载。另外，在九州熊本县江田船山古坟，出土了一把大刀。刀上有银的象眼铭文，计74个字。据推断，当属反正天皇时的器物。反正天皇时被称为倭王珍，即位略早于雄武天皇。之后，在近畿地区的和歌山县隅田八幡宫的人物画像镜上，有48个字组成的铭文，其中有"癸未年"3个字。据推算，443年和503年是癸未年。也就是说，在5世纪中或6世纪初，已有极少数人开始使用文字。不仅如此，当时还有人临摹那些从中国传入的镜子上的文字。所以称为临摹，是因为对他们来说，那与其说是文字，倒毋宁说是图案。另据《记纪》记载，在应神朝，来自百济的归化人王仁将千字文和儒教典籍带入日本并开始教习。虽然这仅是传说，但汉字经朝鲜传入，则是事实。而最先使用文字的，无疑是归化人。当时有归化人为皇室撰写文书，上述倭王武的上表文，即被认为系归化人所写。之后，对文字发生兴趣的人不断增加，文字的书写很快在达官显贵中传播，8世纪也因此被称为"文书の世纪"。确实，8世纪获此美名，当之无愧，因为和前此累计仅区区20件文书相比，8世纪的文书达到1.2万件。现在，这些文书大都被收藏于东大寺正仓院。

在日本的书写文字当中，现存最古的是隅田八幡宫所藏的、有"癸未年八月"纪年的《人物画像镜铭文》。关于"癸未"年，有383年、443年、503年各种说法,众说纷纭,莫衷一是。其中,443年(倭王济时)之说最有说服力。其次,是1978年秋在埼玉县稻荷山大坟出土的《铁剑铭文》,其中有"辛亥年"、"获加多支卤大王"的字样,由此可以推断为是雄略天皇时代。另外,熊本县江田船山古坟出土的《大刀铭文》,也有"蝮□□□齿大王"等字样。对此,有的学者认为是反正天皇时代的产物。然而,自从出现了稻荷山古坟出土的"获加多支齿大王"铭文之后,被认定为是雄略天皇时期文物的理由则更为充分些。以上这3种文字,皆为铸造或施以雕刻之后而镶嵌的文字,并非用笔直接书写上去。其结体古拙,近似于中国商周时期的青铜器铭文,只不过中国的青铜器铭文是钟鼎文字,而日本的则是具有典型的中国六朝时代风格的魏碑体。其中,《隅田八幡宫人物画像镜铭》和《稻荷山古坟铁剑铭》的共同特征为:楷法中时而出现隶书或章草书的笔意,方圆兼用,让人联想到中国北魏时代龙门造像记的书风来。尤其是《稻荷山古坟铁剑铭》和《江田船山古坟大刀铭》,均为5世纪之后的雄略天皇时代,两者制作年代和书风也相差无几,文字有凿刻的味道。

  在其后的一个世纪,日本均未看到有书写文字的遗品。到了推古天皇时代,才出现了确切的金石文字的遗例。7世纪以降,其数量才急剧地增加起来。这一时期,年代最古且书写在纸上的代表性遗墨,当属圣德太子自撰自书的《法华义疏》。不久前藤枝晃氏提出质疑,认为《法华义疏》并非圣德太子书写,恐怕是职业的写经生所为。但无论怎么说,它仍能显示出那个年代的书风面貌。同时,《法华义疏》也揭示出典型的六朝书风的样式。

  由于文字的普及,社会成员的思想和意识可以显现个性,和歌的表现形式也自此发生飞跃性变化。关于和歌究竟源于何时目前尚无定论,有学者认为当源于天智朝。但是,和歌创作手法的明确变化,以及正式用汉字表记和歌,当始自天武朝。最初的日文——"万叶假名"日本文字赖以"孵化"的《万叶集》即产生于这一背景,尽管"万叶假名"的现身,还有待时日。由于《万叶集》在日本文化史上享有崇高的地位,以致人们将以《万叶集》为代表的时代称为"万叶的世纪"或"万叶的时代",即大化改新自奈良中期(645—759年)。这一时代又以不同文化背景和都城分为白凤(藤原京)文化和天平(平城京)文化两个时期,这里考察前一个时期。与之相应,《万叶集》里的和歌可分为四个阶段进行考察,本节考察属于前一个时期的两个阶段。[①]

  自舒明朝(629—641年)至壬申之乱(672年),为第一阶段,即"初期万叶"阶段。毫无疑问,进入"初期万叶"阶段,和大化改新、壬申之乱和近江朝灭亡等内政剧变的国内政治背景,以及受大陆文化强烈影响的国际政治背景密切相关。就与文字纪录的关系而言,这一阶段创作的和歌基本上是口诵作品,作

[①] 拙著所引《万叶集》诗歌皆参照根据岩波书店1977年版译出、译林出版社2002年中文版。

者有舒明、齐明、天智、天武四位天皇,以及倭太后、额田王、镜女王、藤原镰足、大伴安麻吕等皇族和贵族的作品。不过,其中有些显然是托名之作,因此究竟作者是谁颇有争议。这一阶段的特点概括而言,是集团性、意欲性、咒术性、与自然的交融,以及同歌谣、民谣的血脉相通。所谓集团性,不难发现"初期万叶"的许多和歌所描述的,是"年中行事"即每年按惯例举行的庆典活动或其他礼仪活动时的作品,如舒明朝的"国见歌"、宇智野狩猎歌、天智天皇千秋后的殡宫的歌,等等。即便一代才女额田王的《下近江国时作歌》:"三轮山,岂可被遮掩;云但能体谅,怎再频遮掩?"也是在迁都奈良时,抒发别离作为大和之国魂的三轮山时的心情,使读者仿佛看到一种礼仪场景。所谓意欲性,如《额田王歌》:"乘舟熟田津,待月把帆扬;潮水涌,操棹桨",描述了齐明七年(661年)驶向九州的船队,在印南野附近的海上或从伊予的熟田津西行时,向海神的祈祷,具有在以后的和歌中难以寻觅的充实的意欲感。所谓咒术性,则是古代灵魂观和自然观的反映,如有间皇子的《自伤结松枝歌》:"磐代岸边松,结枝祈幸免;得幸免,归来重见。"再如倭太后的作品《天皇圣躬不豫之时,太后奉御歌》:"仰首高天凝眸,吾皇御寿,定然,天长地久。"所有上述作品,均具有和自然交融的特征。同歌谣、民谣的结合亦为"初期万叶"的特征,即便如在蒲生野的药猎时额田王和大海人皇子的唱和,也不同于个人的恋歌。额田王:"往来紫野围禁场,守吏岂不见,君又举袖扬。"皇太子:"妹妍如紫茜,焉能憎厌;况知已是人妻,犹使我生恋。"

《万叶集》最初阶段的和歌所反映的各种特征,有一点同《记纪》中的歌谣颇为相似,即由艺术的自觉和个性的贫乏构成表里。但是由于大陆文化的浸润,该阶段后期的和歌开始告别过于浓厚的主观表现而向客观即事的方向发展,以简洁的语言表现事物存在核心的初期万叶和歌固有的诗情美,开始从歌谣向抒情诗转变。

第二阶段自壬申之乱以后至迁都平城京(710年),文化的繁荣,往往与统治者的意识形态取向和对文化事业的推动密切相关。这一观点为天武天皇统治时期的日本所印证。不难认为,这一时期和歌的繁荣与朝廷的政策密切相关。

顺应当时社会对语言文字一体化的强烈关心,天武天皇当政时颁布了许多推进日本语文事业发展的诏敕,这些诏敕在《日本书纪》中多有记载。例如,天武天皇四年(675年)2月,"敕令大倭、河内、摄津……美浓、尾张等国,挑选能歌男女及侏儒、伎人贡上"。天武十一年(682年)3月,"命境部连石积等造《新字》一部四十四卷"。必须强调,《新字》是日本最初的一部辞典。

正是在这样的历史背景下,涌现出了日本和歌史上的一代宗师柿本人麻吕。在日本和歌史上,柿本人麻吕堪称"三朝元老",因为他的活跃期跨天武、持统、文武三朝。这一阶段正是律令制国家确立时期和口诵文学向记载文学转换时期。与第一阶段艺术的自觉和个性的贫乏构成当是和歌的表里类似,转型时期的社会政治和文化背景同柿本人麻吕的作品构成表里。换言之,时代规定了柿本人麻吕作品的特征,时代也通过他作品反映自身。这种表里构成是该时代创作的和歌的一大特征,其中尤以柿本人麻吕的作品为最。

柿本人麻吕的作品以"枕词"和"对仗"的精美著称,写作手法和前代相比迥异其趣。枕词虽是以往口诵词章的一种形式,起源于咒术,但柿本人麻吕作品中的比喻性枕句,不是口诵的惯用句,而是具有通过文字纪录取得自立的倾向,其多样性及从中透示出的柿本人麻吕把握事物的敏感,通过文字这一媒体表现得淋漓尽致,宛如古希腊叙事诗中定型句(formulae)的变质。而一般被称为"对仗"的写作技巧,则从《记纪》歌谣和初期万叶和歌具有的反复性,向对偶地描写事物的方向转型,留有受中国诗作影响的明显痕迹。虽然在天武朝之前,如额田王的歌所显示的,已经有了"对仗"的萌芽,但是从严格意义上说引入"对仗"与其说是在近江朝时期,毋宁说自柿本人麻吕以后。柿本人麻吕留下的很多与"初期万叶"的长歌明显有别的长歌,以及他在天武朝时创作的七夕歌,均显示出中国文化影响的清晰痕迹。更重要的是,不仅是形式和素材,而且文学意识和诗的灵魂,均受到来自大海彼岸的文学浪潮的推动和冲刷。尝试将长歌、短歌、旋头歌等不同的体裁作为装盛新的情怀的容器,也主要完成于这一时期。特别是由柿本人麻吕定型的长歌"五七"形,既有天皇赞歌、皇族挽歌、悲叹都城荒废的哀歌啊:"志贺海湾,水纵回环,昔日之人,岂能再见",又有感伤离别的情歌,悼念妻子的悲歌。这些和歌在经过雕琢的文字背后,栖息着朴实无华的精神思想。短歌数首一组的连作形式,也创始这一时期。旋头歌虽然发源于歌垣中的片歌问答,但是柿本人麻吕将其作为六句体歌活用,开辟了和歌的一个新的领域。之所以视柿本人麻吕为和歌史上最初具有作诗意识的自觉者,主要就是基于上述原因。

和柿本人麻吕基本同时代的歌人,还有持统天皇的皇子皇女,天智天皇和天武天皇的皇子皇女,以及石川郎女、志斐妪、高市黑人、长意吉麻吕等。他们的作品,如感叹大津皇子谋反事件的悲歌、称颂穗积皇子和但马皇女恋情的欢歌,均和新的抒情时代互相吻合,而高市黑人吟诵"恋物"旅情的佳作,与柿本人麻吕将古代和开化的自然观融为一体相比,则通过和歌咏对象保持一定距离,并以触景生情的感伤,开拓了和歌一块新的境地。总之,第二期的和歌比第一期的和歌更增添了技巧性和华丽感,且有时给人以做文字游戏的感觉,但是,这个时期的歌仍不耽形式之浮薄,仍不失线条之明快,仍不陷律令制之矛盾,仍反映充满建设活力之时代。同时,这一时期的作品还显示,前代氏族制的精神仍作为支撑这种歌风的一根重要支柱保存于个人和集团之间。

作者点评：

本章与前章的衔接之处就是继续为日本和日本人"寻根"，故开宗明义地指出，"日本"不是地名，而是包含特定时间和地点、由特定的人类集团组成的国家。在"日本"成立之前，"日本"和"日本人"都是不存在的。因此，为了澄清"日本"从何而来，本章引证诸多史籍记载和学者观点，对最原初的"日本"如何发展壮大，进行了考察。

同时本章对日本语言文字、宗教和世俗文化在古代的形成进行了阐述，在阐述中尤其注重揭示了一项史实：不仅日本语言文字、宗教和世俗文化的形成和发展归因于统治阶级的推动，而且在战前占统治地位、作为"日本是神国"之意识基础的"记纪"史观，虽然早在20世纪30年代已经遭到有力批判，但在战前始终是占统治地位的意识。凡此，主要为了验证恩格斯的观点："统治阶级的意识在任何时候都是占统治地位的意识。"

和诸多日本史专家对"大化改新"偏重于论述其意义、对"律令制"偏重于阐释其对古代中国政治体制之仿效不同，包括本章在内，我在拙著中绝不敢"怠慢"日本在政治变革中"刀光剑影"、"同室操戈"、"血雨腥风"的史实。所以如此，不仅为了尽可能客观地展现日本历史的风云激荡，更为了揭示一个令我等三思的普遍真理：任何一种成功的政治变革，都往往需要付出血的代价。中国对此真理有深刻认识并明确表述的仁人志士，首推谭嗣同。谭嗣同在"百日维新"失败时，曾留下一句掷地有声、余音绕梁的豪言壮语："自古未尝有为变法而流血者，此国之所以不昌也。有之，请自嗣同始。"

第三章 奈良时代

一、"和同开珎和平城京是律令国家的象征"

庆云四年(707年)11月文武葬礼结束后,47岁的阿閇皇大妃即位,号称"元明天皇"。翌年(708年)正月,武藏国秩父郡晋献未经提炼的自然铜"和铜",为示庆祝,元明天皇改元"和铜",并先后颁布建都和迁都之诏。《续日本纪》:"(和铜元年)二月戊寅诏曰,朕祇奉上玄,君临宇内,以菲薄之德,处紫宫之尊,常以为作之者劳,居之者逸,迁都之事,未必遑也。而王公大臣咸言,往古以降,至于近代,揆日瞻星,起宫室之基,卜世相土,建帝皇之邑。""(和铜三年)三月辛酉(十日),始迁都于平城"。日本自此正式进入奈良时代。

平成宫遗迹复原的朱雀门

古代的人们大都出于水源、生产、生活等原因自然形成集落,最后发展为城市,但是平城京和藤原京一样,也是按照天皇和豪强的政治意图,有计划地创造出来的人工都市。和铜元年9月底,朝廷新设"造平城京司"。该司有长官2名,次官3名,4等官合计6名,是一个具有"特异性"的庞大组织,显示了当朝统治者使平城京成为"百官之府,四海所归"的集权机构的强烈欲望。12月初,平成宫建筑用地举行了镇祭仪式,正式开工建造。"和铜三年(710年)三月辛酉(十日),始迁都于平城,以左大臣正二位石上朝臣麿为留守"。据推定,建设平城京的构想是在文武朝提出的,两者均作为施行大宝律令的一环,在文武朝得以准备。但因文武天皇早逝,故均在元明朝完成。

奈良时代,日本与唐朝的交往极为密切频繁,朝廷曾4次派出遣唐使"西行取经",其中733年和752年派出的遣唐使分别达594人和约500人之多。当时的朝野以"仿唐"为时尚,平城京也完全模仿长安城的格局建设,堪称长安城的微型版:大小为长安的四分之一,东西宽为32町(4.2公里),南北长为36町(4.7公里),基本上呈正方形。中国的都城为防止外敌入侵,在城的四周一般都建有城墙,但日本因是岛国无此担忧,故没有高大坚实的城墙,仅以"盛土"将城内城外隔开。在城内,中央的朱雀大街将城市分为东、西两部分。各宽约24米的两条南北大道和九条东西大道把城市切割成72个正方形街坊,再对每一坊16等分,1/16即1坪。1坪的面积大致为15 000至16 000平方米。表达坪的范围的词语就是"町"。居民在其中拥有1/32至1/64不等的宅基地。平城京内的平成宫拥有5坊的面积,甚为宽广。坊和坪基本上都有矮墙和周边隔开,形成一个独立的空间。京城内有兴福寺、元兴寺、纪寺、大安寺、药师寺、唐招提寺、西大寺、法华寺、西隆寺9大寺院,宛如一个佛教都市。城外,群山环抱,四周一片翠绿,衬托着京里的红顶寺院,使平城京获得了"朱红翠绿之都"的美称。

朝廷在决定迁都的同一年,还作出了另一项对日本社会经济发展产生深远影响的决定:铸造"本朝十二钱之嚆矢"——和同开珎。①

"和同开珎"铜币

《续日本纪》记载:"庆云五年(708年)正月,武藏国秩父郡献和铜。"(按:和铜即未经提炼的自然铜)为示庆贺,元明天皇改元"和铜"。"和铜元年二月甲戌(十一日),始置铸钱司",负责铸造"和同开珎";"和铜元年五月壬寅(十一日),始行银钱";"和铜元年八月乙巳(十日),始行铜钱"。"和铜二年八月乙酉(二日),废银钱,一行铜钱"。

上段历史记载显示,朝廷在发行"和同开珎"后,首先发行银钱作

---

① "本朝十二钱"按首次发行年份依次为:1.和铜元年(708年)的和同开珎;2.天平宝字四年(760年)的万年通宝;3.天平神护元年(765年)的神功通宝;4.延历十五年(796年)的隆平永宝;5.弘仁九年(818年)的富寿神宝;6.承和二年(835年)的承和昌宝;7.嘉祥元年(848年)的长年大宝;8.贞观元年(859年)的饶益神宝;9.贞观12年(870年)的贞观永宝;10.宽平二年(890年)的宽平大宝;11.延喜七年(907年)的延喜通宝;12.天德二年(958年)的乾元大宝。

为过渡,然后发行铜钱,最后全部流通铜钱,废止银钱流通,即分阶段按步骤地促进"和同开珎"的流通。所以如此,是因为自7世纪末市场上尚银钱流通。在分阶段、分步骤推行这项货币政策的同时,朝廷还颁布了一系列配套政策和措施,尤其对私铸钱币进行严厉打击。由朝廷统一发行铸造货币,结束了普遍采用以稻和布为实物货币、以货易货的货币史前史,翻开了日本以"皇朝十二钱"为主要内容的古代货币史的第一页。迁都和铸币,意义重大。按吉田孝的观点:"'和同开珎'和'平城京'是律令国家的象征。"①

诉诸历史,"和同开珎"的源流当在天武、持统朝寻找。据《日本书纪》天武十二年(683年)4月的记载,当时朝廷颁布了全面禁止使用银钱、改用铜钱,但允许在铸造钱币时使用生银的诏令。据考古发掘,在记载中提到的"银钱"目前已有100多枚出土,被称为"无纹银钱",即圆形没有花纹图案的平板银币。在没有足以证明当时日本已使用铜钱的证据、有学者甚至对这一记载的史料价值表示怀疑时,在一个意想不到的地方发现了天武朝已经开始使用铜钱的"证明":1991年初夏,在位于飞鸟寺东南方一个丘陵北侧的"飞鸟池"遗址的底部,发现了7世纪后半叶至8世纪初的工场遗址。1997年至1999年,奈良县为在当地建设"万叶博物馆"而进行了考古发掘,从而揭示了该遗址的全貌:飞鸟池遗址南侧是工场区,有约200个冶炼金属用的炼炉,地层堆积有金属废渣为主的渣土层,北侧有一些方形池子,据分析,当用以进行水处理,即沉淀、净化从南侧工场排水沟流过来的水,然后再排泄出去,另有一些井、房屋、土坑。在南侧的工场区,有一个个按金、银、铜、铁等不同金属,以及玻璃、琥珀、水晶、漆等非金属进行分类的工房,如同一个"综合工业园区"。在这一"工业园区"里,有铸造被称为"富本钱"的铜钱的工房。所谓"富本钱",亦是"孔方兄"家族成员,即是一种外圆内方形铜钱,方孔的上下有"富本"两字,左右有"七曜文",即七个点。在飞鸟池有近300枚"富本钱"出土,而且多数铜钱周边一圈留有脱离于铸模的边痕,并有铸模出土。根据历史记载、飞鸟池工房曾铸造铜钱以及该遗址同时出土有其他与天武朝有关的物品判断,专家一致认为,富本钱当为日本最早的铜钱。

虽然史料记载和考古发掘的一致,为前此悬而未决的铜钱起源于何时的问题,提供了有力证据,但当时银、铜货币的流通极为有限,并没有在社会上真正发挥货币的职能。正是在这一意义上,和同开珎才能够在"皇朝十二钱"中位居首席,成为由各种金属演奏的"日本货币交响曲"第一乐章,而以前的货币,包括金属货币在内,均仅是"序章"。

---

① 吉田孝:《八世纪的日本》,载朝尾直宏等主编:岩波讲座《日本通史》第4卷《古代史·3》,1994年,第36页。

按照珀兰尼首倡的货币理论,近代以后的货币具有"四种职能",即交换手段、支付手段、储藏手段、价值尺度。虽然和同开珎还只是前近代的货币,但其功能似已不止"四种职能"。通过以下史实,我们可了解其不仅具有"四种职能",而且还有"另类"职能的"奇特"情况。

"和同"的原意是人们能彼此信赖地行为处世,将此两字融入货币,是祈望人们能够公平交易,通过货币使商品交易更趋活跃,同时又由于"和同"与当时的年号"和铜"谐音,故采用此名。值得注意的是,荣原永远等指出,和同开珎的"珎"和"珍"是同一字,是以唐的开元通宝为蓝本铸造的、四字"正统"货币。不采用通常用的"宝"字而采用"珎"字,从又一个侧面显示了日本以"小帝国"自诩、意欲在东亚和中国平起平坐。但是,天平宝字四年(760年)发行的"万年通宝"却完全采用了"通宝"这一很中国化的名称,说明在唐风劲吹、先进的唐文化不断传入日本的历史背景下,日本朝廷还是为之折服。

在和铜元年(708年)发行和同开珎并采取一系列政策促进铜钱流通后,朝廷于和铜四年(711年)10月甲子(23日)颁布了"蓄钱叙位令":"诏曰,夫钱之为用,所以通财贸,易有无也。当今百姓,尚迷习俗未解其理。仅虽卖买,犹为蓄钱者。随其多少,节级授位。其从六位以下,蓄钱有一十贯以上者,进位一阶叙。"①即如果钱蓄积到一定的量,可以换取"位阶"。但时隔50年,据《续日本纪》神护景云二年(768年)闰六月庚戌(8日),雄万根据"献物叙位"由外正七位下叙位至外从六位下。事实上,不管蓄钱叙位还是献物叙位,那点钱或物,对豪强而言都属小菜一碟。官商一体,古已有之。

有学者认为,"蓄积叙位法"的功能类似于现代政府采取的发行"国债"政策,只是与国债发行相比有一点重大区别或曰好处,即政府通过"蓄钱叙位令"吸收到的货币无需偿还,因此可以作为国家的财源重新投放市场。至万年通宝发行,和同开珎完成了其持续52年的历史使命,实现了日本货币自富本钱发行以后的质的飞跃。

世人云:"争名于朝,争利于市。"实际上"朝"和"市"往往密不可分。和同开珎发行并不断发挥作为流通手段、价值尺度、储藏手段等货币特有功能,有力地推动了朝廷所在地平城京的发展、繁荣。

平城京设有东西两市,由市司衙门、店铺、市人住所3部分构成,面积各为4坪,合计8坪的空间是约10万人的平城京的"厨房"。作为官方设立的市场,是否有监管市场的公职人员呢?根据律令制的《职员令》67东市司条对市的官员的规定:"东市司(西市司参照执行)正一人,职掌财货之交易、器物之真伪、度量之轻重、买卖之估价,非违之禁察;佑1人;令史1人;价长5人;物部

---

① 《续日本纪史料》3卷,第101页。

20人；使部10人；直丁1人。"也就是说，市司之职权，就是管理市场，杜绝暴力和偷盗（"非违之监禁"）的发生。又，《续日本纪》和铜五年（712年）12月已酉条记载："东西二市初置史生各二员。""史生"是该年新设的下级书记官之类的官吏，负责公文处理，类似于今天的秘书。除此之外，还有作为民间代表的"市领"，其角色类似于今天"民间企业家协会"会长。

另外，"养老律令"中的"关市令"第14条规定："凡官私之权衡度量，每年二月送交大藏省平校。不在京城者，则送交所在国司平校。"这里"权衡"＝秤，"度"＝尺，"量"＝枡，即规定"度量衡"类量器，必须每年送交官府校（查）验，以杜绝不公平交易之发生。

"关市令"第17条规定："凡出售者，不得行滥；属横刀、枪、鞍、漆器等物，均需刻上制造者姓名。"所谓"不得行滥"即不得粗制滥造。不难理解，此项规定旨在防止假冒伪劣产品流通市场，贻害黎民百姓。"关市令"第19条规定："若以行滥之物交易，没官。"即官吏若有此等勾当，一经查实，即革除官职。同时，为了避免"挂羊头，卖狗肉"之类商业欺诈行为的发生，"关市令"第12条特别规定："每肆均须树立标志题写行名"，明示店铺经营类别或内容；"市司应核准商品时价，将商品分列三等；十日成一簿册案记市况，季别申告各本司"。需要说明的是，所以如此，是因为当时商品交易不仅按照"时价"，而且还要按照"估价"。商品估价主要用以公私交易。按《令义解》职员令大藏省铜钱事条的解释："货物之价格因时而异……临时与官方交易时，将交易商品交市司估价，以中估价进行交易。"《令义解》还对"中估价"举例进行说明：如上等的布有300、350、400三种价格，则350即为中估价。"核准商品时价"、并分等、造册，主要用于这一目的。此举措不仅有助于保证交易之公平，而且有助于使官府尊重市场，不随意定价，即尊重市场经济规律的意义。总之，由上述"关市令"的各项规定可以发现，当时有关市场运作的法令和机制，已相当完备。

在鸟瞰了作为市场管理机构的市司和相关法令后，有必要概论一下被管理者："市人"（即商人）。平城京的市人在京城建成之前多半独自开展商业活动，后应朝廷邀请而赴东西两市行商。对交易的时间，"关市令"第11条有明确规定："凡市均于午时开集，日落前击鼓三下闭集。""关市令"第20条规定："除官司购入外，均须在市场交易，不得私下招揽物主以背离市场的价格进行交易。无论官私，均不得悬违。"所谓"悬违"，按照《令集解》的解释，"悬"即仅付订金或押金，获取货物后不支付全部资金，"违"即获取货物后根本不支付应付金额。需要强调的是，这一规定不仅反映了对市人利益的保护，同时也反映支付"订金"的商品交易方式，在奈良时代已经出现并已经产生弊害。

其实，当时的商人不仅商业行为得到朝廷保护，而且其政治权利亦得到尊重。8世纪以后，朝廷曾4次迁都：从藤原京至平城京，从平城京到恭仁京，从恭仁京到难波京，从难波京重返平城京。不仅每次迁都天皇均征询百官意见，如"(天平十六年)闰正月乙丑朔,诏唤会百官于朝堂,问曰,恭仁难波二京何定为都,各言其志"(《续日本纪》)，而且当局者还征询掌控着都城经济命脉的市人的意见，显示了朝廷对市人，或更准确地说，对商业的重视。在天平十三年8月丙午(28日)迁都恭仁京的诏令中，明确宣告"平城二市迁恭仁京"；再迁京都时，于延历五年(786年)5月辛卯(2日)发布的告示，亦明确显示了对"市"的重视："赐左右京和东西市人物各有差。"朝廷所以如此"厚待"东西市，盖因为对律令国家来说，东西市已不可或缺。其不仅是达官显贵等获取日用生活品和奢侈品的场所，同时也是出售全国朝贡物和获取必需物资的销售场所。而朝廷既敛财又推动商品经济发展，同时又赢取人心的一石三鸟之招，令人拍案叫绝。

和铜六年3月壬午条："诸国之地,江山遐阻,负担之辈,久苦行役。……国郡司等,募豪富家,置米路侧,任其买卖。一年之内,卖米一百斛以上者,以名奏闻。"①即适用"蓄钱叙位令"。采取这项政策看似鼓励人们认识钱的重要，但事实上朝廷此举绝不是，或绝不仅仅是体恤民情，也不是为了使人们认识钱的重要，而是主要有如下目的：第一，由于沿途即可获得稻米，因此脚夫可携带钱币作为旅费而不必再带干粮，轻装上阵，有利于各地上缴的货物顺利运抵京城；第二，可以加速货币流通，促进商品经济发展；第三，地方豪强虽因此获得大量货币，但地方货币用途有限，因此通过颁布"蓄钱叙位令"，将这些钱币回收。

那么，当时从事商业活动的都是什么样的人呢？值得注意的是，在史料中此等人除了"市人"外，还被唤作商贾之辈、市廛人、商旅之徒，等等。根据"杂令"24皇亲条："凡皇亲即五位以上者,不得遣帐内、资人,以及家人、奴婢在市内立肆兴贩。但在市内沽卖、出举及差人在别处贸易、往来,不适用此例。"显而易见，这条规定不是不允许经商，而是不允许在市内开店设铺经商。

东西市市人的作用当然不可忽略。但是，仅仅依靠他们，尚不足以推动整个日本商品经济的发展，因此各地商人、市人的作用亦不可忽略。不仅如此，当时日本诸多民众均已有明确的商品货币意识。《日本灵异记》中卷第二十四章记载了一个故事：有个人叫楢磐岛，活动时间为圣武天皇时代，活动空间为大安寺西边一个集落。一天，楢磐岛从大安寺讲大般若经的费用中借了30贯钱，前往越前国敦厚地方做生意。在回家途中碰到了阎魔王宫的差役，花钱请差役施展法术使其能延年益寿。这个故事本身显然是不真实的，但却反映了当时身处佛教净土的人也懂得贷款获利"以钱生钱"，以及"有钱能使鬼推磨"

---

① 《续日本纪史料》3卷,第205页。

的思想。

另一方面,在远离平城京的地区,虽则有田园牧歌般的氛围,但同样存在人们聚集于集市进行商品交易的图景。《出云国风土记》岛根郡朝酌促户渡条,有如下一段描述:"市人从四处汇聚于此,自然形成集市,收购从浜里捕捞到的大鱼小鱼,人声嘈杂,熙熙攘攘。"虽然似此类偏远之地的市只是在捕获或收获季节自然形成,不同于固定且朝开暮闭的京城的市,但是却从一个侧面反映了奈良时代人们的经济生活和商业活动的繁荣:哪里有商品,哪里就有商人。

如同现代社会一样,当时的市不仅是商业场所,而且是男女的恋爱,甚至酿造并荡漾男女情色的场所。《万叶集》卷12第2 951首有如此描绘:"椿市立歌垣,踏平街衢;斯时结衣纽,解来堪惜。"

当然,在奈良时代,8世纪20年代初由藤原不比等总裁的《养老律令》的撰定亦值得特书一笔。事实上,市场的规范和繁荣很大程度上得力于养老律令的有关律令,如"关市令"对法制的规范。但同时必须指出的是,"养老律令只是对大宝律令作了修订,如将'官员令'改为'职员令'等,未作根本性变更,并且722年朝廷行赏撰定养老律令的有功之臣时,藤原不比等已逝,中心人物丧失而中绝,因此施行并不充分。直至757年,即被束之高阁约40年后,才由藤原仲麻吕施行"。①

二、奈良时代:"政情不安和混迷的时代"

提起奈良时代,人们往往会联想到遣唐使的派遣和唐风文化的繁荣,殊不知"在以正仓院宝物为代表的华丽的唐风文化这一现象的背后,该时代也是接连不断的叛乱、谋反、政情不安和混迷的时代"。②

奈良时代共历8代天皇。其中元明、元正、孝谦为女皇,统治将近30年,圣武天皇虽在位25年,但实际由光明皇后执掌实权。与之类似,在位6年的淳仁天皇受孝谦女皇的操纵。因此奈良时代被称为"女人掌权的时代"。当然,此种说法未免极端。

元明天皇在其即位的"宣命"中,对天智天皇所定的"不改常典"作了特别强调,意为时年7岁的嫡孙首皇子以后终将继承皇位。"不改常典"因此作为皇位继承法首次登场。③同时,元明天皇登基4天后便在律令国家中央官制的

---

① 川崎庸之等总监修:《日本史》,第131页。
② 中村修也:《续日本纪的世界》,思文阁,1999年,第124页。
③ 对"不改常典"的含义,田村圆澄、武田佐知子、水野柳太郎、仓住靖彦、佐藤宗谆等有不同见解。

武装机构武卫府之外,新设作为天皇和皇太子"亲卫军"的"授刀舍人寮"。

平城建都之诏经石上朝臣麻吕、大纳言藤原朝臣不比等为核心的贵族"众议"后得以推进,其意义在于通过全面接受中国都城制体系而使天皇专制具像化。同时,元明朝廷对上自左右大臣、下至地方官僚的人事,进行了大幅度调整,其中几个重要职位的人选尤其值得关注:穗积亲王(天武天皇和苏我赤兄的女儿的皇子)任"知太政官事",总揽政务;69岁的右大臣石上麻吕晋升左大臣,50岁的大纳言藤原不比等晋升右大臣。虽然藤原不比等官位晋升,但当时显然还无法力排众议,尚未权势倾朝。

藤原不比等出生于659年,是645年"乙巳之变"即大化改新的功臣中臣镰足的次子,因其兄定惠遁入空门而成中臣镰足的政治后嗣。669年其父去世时藤原不比等年仅11岁,壬申之乱时年仅14岁。但是,经历了一次次政治风雨的藤原不比等成长迅速,在持统朝即进入政界,《大宝律令》的编纂名义上由刑部亲王总裁,但真正承担实际责任的是这位中臣镰足的政治后嗣,并因此在大宝建元之日授命担任大宝令制的太政官次官——大纳言,即在42岁时成为中央上层官僚。作为《大宝律令》的实际主编,藤原不比等为律令制的建设建功立业,正是这一功业,使藤原氏在大化前代的氏姓制秩序中属第二等级的豪族中臣氏中脱颖而出。因为,藤原不比等作为典型的律令制贵族,能够一步跃升和传统的大豪族并驾齐驱,同否定世袭官职制的律令制密切相关。

不过,藤原不比等的跃升虽则应归功于其父中臣镰足在改朝换代的"乙巳之变"即大化改新中的作用,以及他在国家律令制建设中的功业,但还有一个条件值得一提,即在"女人掌权的时代",藤原不比等能够叱咤风云,一展身手,亦得益于"裙带"的牵动。草壁皇子逝后,持统十一年(是年亦为文武元年,即697年)2月,自登皇位继承天武遗业的持统天皇立草壁遗孤轻皇子为太子。同年8月,持统让位于轻皇子,文武朝自此诞生。对文武天皇,《续日本纪》有如下评述:"天皇天纵宽仁,愠不形色,博涉经史,尤善射艺。"[①]谥号"文武"就是因其性格而获封。15岁的文武天皇即位后,与其53岁的祖母持统天皇共治天下,并娶了藤原不比等和贺茂朝臣比卖的女儿宫子为夫人(按:此"夫人"系作为天皇偏房妃、夫人、嫔中的夫人)。

女儿嫁与天皇的藤原不比等因此位尊"国丈",虽然当时还没有即刻成为朝廷"主角",但已经因此身份特殊。圣武天皇遗爱品目录《国家珍宝账》(《东大寺献物账》的一部分)中的记载,显示了其特殊身份。据该账册"除物"一栏记载:"右,平日皇子常佩黑作悬佩刀一口,刃一尺一寸九分,赐太正太臣。大行天皇即位之时便献,大行天皇崩时亦赐。太正太臣薨时更献后

---

① 《续日本纪史料》1卷,第1页。

太上天皇。"①根据记载可知,此佩刀原为草壁皇子平日护身用佩刀,在持统三年(689年)临终之际,将其赐予藤原不比等,作为其受先王"托孤",将来辅佐轻皇子即位的凭证(当时轻皇子年仅7岁)。8年后轻皇子顺利即位,根据约定复将此佩刀奉献文武天皇。由此可见藤原不比等在皇位继承问题上所扮演的角色不同寻常。其能位尊"国丈",亦与此角色有关。

697年8月,宫子进入新任天皇文武天皇的后宫,并于701年不负藤原不比等的政治厚望,生下了其父翘首以待的首皇子(即以后的圣武天皇)。同年,藤原不比等的继室县犬养宿弥三千代生下了安宿媛,即以后的光明皇后。毋庸赘言,这两个女人对藤原不比等在朝廷中的地位产生了极为重要的影响。在藤原不比等成为新任右大臣的和铜元年(708年)11月下旬,为庆贺元明天皇即位举行了"大尝祭",在庆祝宴会上,元明女皇赐姓"橘"予县犬养宿弥三千代,县犬养橘宿弥三千代就此产生。县犬养橘宿弥所以获宠,固然与其长年的精勤相关,但与藤原不比等升任右大臣在时间上如此巧合亦不无关联。

和铜六年(713年)11月乙丑(5日),朝廷内发生了一件大事:元明天皇颁诏,"乙丑,贬石川、纪二嫔号,不得称嫔",②即剥夺广世、广成两个皇子的母亲、石川朝臣刀子的女儿,以及纪龟门的女儿"嫔"的名号。元明天皇颁发此诏,藤原不比等及其继室县犬养橘宿弥三千代很可能起了重要作用。因为藤原不比等亟欲使其外孙首皇子被立为太子,而三千代亦亟欲剥夺石川两个儿子的皇嗣继承权。是时,三千代已位居内侍司最高长官尚侍之位,处在元明女帝侧近,其意欲有实现之可能。

翌年,即和铜七年,朝廷人事频生变故:5月,壬申之变的功臣、大纳言大伴宿弥安麻吕去世,以他的声望和资历,足以同试图强化自身权势的藤原不比等分庭抗礼。同年6月和7月,朝廷中的两位实权人物长亲王和穗积亲王亦相继去世。虽然石上麻吕位高权重,但已年届76岁,在精力上明显不济57岁的藤原不比等,因为两者的年龄差了一个辈分。正是在上述朝廷人事频生变故的背景下,藤原不比等在政治上日趋强势。是年6月下旬,14岁的首皇子被立为太子,一遂藤原不比等的心愿。和铜八年(715年,9月2日改元灵龟)正月元旦,以太子首皇子为首的众皇子拜见了55岁的皇祖母元明女帝。9月2日,元明天皇让位于她36岁的长女、文武天皇的同胞姐姐冰高内亲王。并在让位诏书中明言理由:"因以此神器欲让皇太子,而年齿幼稚,未离深宫,庶务多端,一日万机。"显示出对皇太子的期待和元正朝的过渡色彩。

---

① 皇子指草壁皇子,"大行"指天皇逝后谥号制定之前,此处指文武天皇。太正太臣系太政大臣,指藤原不比等。
② 《续日本纪史料》3卷,第244页。

在日本古代,围绕皇位继承不乏明争暗斗、流血冲突。此朝亦无例外。在首皇太子迈向皇位的路途上,至少存在三大障碍:皇族长老舍人、新田部两位亲王,以及高市皇子的嫡子长屋王(其妃为元明继任者元正女帝的妹妹吉备内亲王)。正是在外祖父和外祖母不比等和三千代的引导和搀扶下,首皇太子最后一步步走上了皇位。不过必须强调,藤原不比等的政治才能显然不在于拉住"裙带"攀升,而在于另外两个方面:

第一,通过雷厉风行地贯彻律令条文统制思想,努力实现"舆论一律"。养老元年(717年)4月,法号行基菩萨及其弟子的行动因违反大宝僧尼令的数条禁令,并在民间煽动民众规避课役,藤原不比等出手进行了坚决镇压。行基(668—749年)为和泉(大阪府)人,15岁至药师寺学唯识、瑜伽,37岁建家元寺。平城京开工营建时,从各地征用的役民脚夫群集当地,行基见之,既行善事关心其生活,又对其宣扬观想法门与净土之说,一时"道俗慕化追从者至少千人"。然而,行基所行虽得民心。但却无法见容于朝廷,故遭镇压。藤原不比等的镇压亦通过天皇以颁布诏令的方式进行。养老元年(717年),天皇下诏,历数其三大罪状,称:"方今小僧行基并弟子等,零叠街市,妄说罪福,合构朋党,焚剥指臂,历门假说,强乞余物,诈称圣道,妖惑百姓,道俗扰乱,四民弃业,进违释教,推法犯令。"

第二,不慕虚荣,以此树立自己的政治声望,注重身后,不失时机选好政治传人。在元正朝,自养老四年(720年)穗积亲王去世至藤原不比等寿终,整整5年无人登上"知太政官事"的高位。究其原因,一是元明女皇让位后仍"垂帘听政",使日本时隔十多年又现太上天皇,一是藤原不比等当时50多岁,年富力强又掌实权。灵龟二年(716年),不比等和三千代所生的女儿藤原安宿媛被选为皇妃。当时安宿媛和皇太子同庚,都正值16岁的豆蔻年华。几乎与安宿媛被选为妃子同时,三千代同族的县犬养宿弥广刀自配侍皇太子,不久生下了安积亲王。翌年(717年,11月17日改元养老)正月7日,三千代晋升从3位。其所以能与丈夫不比等一起位居高官上层,显然和其女配侍皇太子直接相关。同年3月3日,左大臣石上麻吕去世,享年78岁。右大臣不比等位居律令官制顶峰。同时在此之前,和铜元年授命天皇的其他议政官的身影,在朝廷里相继消失,独剩不比等1人,于名于实,当时的政权均堪称"藤氏政权"。据《公卿补任》养老二年记载,当时天皇有意任命不比等为太政大臣,但为其固辞,其政治权势和政治姿态,由此可见一斑。

养老元年(717年),59岁的藤原不比等为了世承藤原氏在朝廷中的政治地位,适时把握议政官激减的难得时机,不拘一格让其37岁的庶子、同时也是其次子的藤原房前先于38岁的嫡长子藤原武智麻吕"参议朝政",成为他的政治传人。不难预见,通过这一安排,藤原不比等将继续维系律令制的使命,以及保证首皇太子和藤原安宿媛前途安泰的重担,交给了他信任的庶子藤原房前。

　　藤原不比等的这一安排当然无法保证体制稳固、朝廷安宁。养老四年(720年)8月3日,身卧病榻多时的藤原不比等再也无法起身:一代枭雄在62岁时驾鹤西行。为表彰其功业,朝廷于同年10月追封其为太政大臣并赠从1位。4天后,舍人亲王获封"知太政官事"、新田部亲王入主"授刀舍人寮"。天武天皇身后仅留下的两位皇子,在藤原不比等逝后不到1周即统揽中央政治和军事大权,足以显示天武皇统势力的卷土重来。然而,其他皇族并不因此善罢甘休,藤原不比等亲选的政治传人房前亦不会俯首听命。一场争斗,势在必然。

　　藤原不比等逝后,女皇的政权机构被"重新洗牌":新政府的全体议政官均就任于养老年间,和铜元年授命的议政官踪影全无。养老五年(721年)12月7日,元明太上天皇以61岁之享年登遐。长屋王由大纳言晋升为右大臣,成为新政府要员。长屋王是天武天皇的孙子、持统朝"后皇子尊"即高市皇子的嫡长子,其母亲是元明女皇的姐姐御名部皇女,其妃子是文武、元正天皇的姐妹吉备内亲王。一根根强有力的皇统血脉注入年富力强的躯体,不仅使长屋王极有可能成为皇位的继承者,而且使他激情澎湃,踌躇满志。另一方面,当年41岁的藤原房前虽依然停留于"参议"的地位,比他长1岁的哥哥藤原武智麻吕则已被起用为中纳言,但同年10月24日,元正女帝颁诏:"汝卿房前,当作内臣,计会内外,准勅施行,辅翼帝业,永宁国家。"①也就是说,房前作为名实相副的"内臣",将直接领受天皇"御令",通过与议政官合议体不同的"捷径"直接参与国家机要,同时,作为有资历的议政官"参议",房前授命担任"授刀头",即掌控女帝和首皇子的亲卫军。于是在权力角逐中,一个分别以知太政官事舍人亲王和右大臣长屋王为代表的皇亲势力,和以"内臣"藤原房前为代表的藤原氏势力的两极权力机构开始形成。

　　元正天皇留下遗言:"朕闻,万物之生,靡不有死。此则天地之理,奚可悲哀?厚葬破业,重服伤生,朕甚不取焉。朕崩之后,宜于大和国添上郡藏宝山雍良岑造甍火葬,莫改他处。"

　　所谓"一山不容二虎",更所谓"二虎相争必有一伤"。随着太上天皇登遐,两种势力的冲突日趋激化,并最终酿成所谓"长屋王之变"。

　　失去掌控实权的母亲,元正女皇为如何使首皇子顺利继承皇位而殚精竭虑。恰在此时,又一"祥瑞"之兆降临:养老七年(723年)10月,有人呈献长着一对赤目的小白龟。据中国古籍记载,此乃"能流传王者之德的征兆",趁此天

---

① 《续日本纪史料》4卷,第607页。

赐良机，元正让位于24岁的首皇子。首皇子即位后号称"圣武天皇"，并改元"神龟"。是年，长屋王亦晋升为左大臣。圣武即位3年后，于神龟四年(727年)和爱妃光明子(安宿媛)生了一个皇子并在1个月后立为太子。如此迅速确立后继天皇人选，史无前例。翌年，为了加强对天皇和皇太子的警卫，圣武新设了中卫府，将授刀舍人寮并入其中，由藤原房前担任长官。然而，皇太子命薄如纸，不幸夭折。而恰在此时，圣武天皇的夫人县犬养广刀自又生了1个皇子。为了避免政权旁落，藤原氏只能孤注一掷，选择使光明子获封皇后的险途。所以称为"险途"，是因为按照皇朝惯例，如果天皇驾崩后产生皇位之争，当由皇后作为"过渡"天皇即位避免事态恶化。推古、齐明(皇极)、持统三位女皇，均属此类"过渡"天皇。因此按照藤原氏的如意算盘，如果光明子获封皇后，那么身体羸弱的圣武一旦千秋，光明子当可迅速即位。但是，皇后当选自皇女是古有惯例，律令亦将此作为立后的前提。如果强行立光明子为后，以左大臣长屋王为首的皇亲派断然不会听之任之，于是一个翦除长屋王的宫廷政变在悄然中酝酿。

天平元年(729年)，在整个平安京因庆贺建都20周年而处处充满欢歌笑语，花团锦簇，呈现《万叶集》卷3(328)所描绘的"奈良京城，如同花开香满溢，而今正盛"的祥和美景时，一个令全城人震惊的消息迅速传开：长屋王因"谋反"被捕，天皇赐令其自尽。此事件始末，《续日本纪》卷十有详细记载："(天平元年)二月辛未(十日)，左京人从七位下漆部造君足、无位中臣宫处连东人等告密，称左大臣正二位长屋王私学左道，欲倾国家。其夜，遣使固守三关(按：三关为伊势国铃鹿关、美浓国不破关、京城越前国爱发关)，因遣式部卿从三位藤原朝臣宇合、卫门佐从五位下佐味朝臣虫麻吕、左卫士佐外从五位下津岛朝臣家道、右卫士佐外从五位下纪朝佐比物等，将六卫兵围长屋王宅(按：'六卫'指令制五卫府加神龟五年七月合并授刀舍人寮创设的中卫府)。十一日上午十点左右，知太政官事舍人亲王、新田部亲王、中纳言藤原武智麻吕等究问使赴位于都城左京三条二坊的王宅审问，癸酉(十二日)，令王自尽。其室二品吉备内亲王、男从四位下膳夫王、无位桑田王、葛木王、钩取王等，同亦自经('自经'意为'自缢')。乃悉捉家内人等，禁着于左右卫士兵卫等府。"

"长屋王之变"半年后，藤原麻吕向天皇晋献了1只背上刻有"天王贵平知百年"的"神龟"，按《续日本纪》记载："六月己卯(十日)，左京职献龟长五寸三分，阔四寸五分，其背有文云：天王贵平知百年。"顺应此"祥瑞"之兆，朝廷取其中"天平"两字，于八月癸亥(五日)改元天平，同月戊辰(十日)宣告天下："诏立正三位藤原夫人为皇后。"(按：即光明子或藤原安宿媛)时隔约400年，圣武皇后成为继仁德皇后(出身葛城氏)又一非皇女出身的皇后。藤原氏不仅如愿以偿，而且"收获"还远不止于此：因"长屋王之变"系由藤原氏发动，"论功行赏"，藤原不比等的四"家"儿子,即藤原武智麻吕(南家)、藤原房前(北家)、藤原宇合(式家)、藤原麻吕(京家),在事变后均获重用,形成了所谓"藤原四子体制"。①既上演了丰富多彩、堪与"三宝兴隆"的白凤时代媲美,又上演了华美瑰丽、堪与唐风日盛的平安时代比肩的日本古代文化活剧的"天平时代",自此正式拉开帷幕。

天平时代是以正仓院宝物为代表的唐风文化繁荣昌盛的时代,同时也是经历了天平十二年(740年)9月的"藤原广嗣之乱"、天平宝字元年(757年)7月的"橘奈良麻吕之变"、天平宝字八年(764年)9月的"藤原仲麻吕之乱"等一次次政治动乱的时代。特别是"藤原仲麻吕之乱"的影响尤为深远。因为,这次动乱再次改变了政权格局。

天平二十年(748年)4月,69岁的元正太上天皇大薨。二十一年(749年)7月2日,圣武天皇让位,32岁的孝谦女皇即位,改元天平胜宝,并进行重大人事调整。藤原武智之子,即藤原不比等之孙藤原仲麻吕升任大纳言,之后几经"政荡",因成功防止"政变"、将反对势力彻底清除出中央政界的藤原仲麻吕,巩固了其作为事实上的"政界第一人"地位。

天平胜宝九年(757年)8月朔,41岁的孝谦女皇让位于大吹皇太子,被尊为太上天皇。26岁的皇太子即位后号称"淳仁天皇"。天平宝字四年(760年)正月,藤原仲麻吕从右大臣跃升至正一位太师(太政大臣),在淳仁朝位极人臣,其3个儿子也陆续成为参议,其权势之大,被认为旷古少有。但恰如"浪峰之后必是浪谷"所形容,是年藤原仲麻吕的"后盾"及"支柱"相继丧失:其叔母光明皇太后、担任高级女官为其把守"后宫"的正室藤原宇比良谷(藤原房前之女)、御史大夫(大纳言)石川年足先后辞世。同样,恰如"屋漏偏遇连夜雨"所形容,自天平宝字三年开始,狂风、地震、淫雨、亢旱等"天边地异"接踵不断,造成全国范围的饥馑和疫病流行,并且恰在此时,因道镜而引起的天皇和太上天皇不和,更增加了朝廷的乱局。道镜出生于河内国若江郡(今大阪府八尾市)的弓削氏,并修行佛道、学法相宗之义渊,并有咒术附身。后作为治病禅师近侍孝谦女帝,因使用秘法治好孝谦太上天皇的疾病而得宠。当然,孝谦宠爱道镜恐可能不独与"治病"有关。据史料记载,道镜长相颇为俊朗,孝谦太上皇如此厚待,恐另有私情。淳仁天皇对道镜极不待见,多次进谏劝其"自重",出身草壁皇子直系的孝谦太上皇因自尊受损,或许更因深陷情网,根本无法纳谏,两者的矛盾日益加深。《续日本纪》天平宝字六年5月辛丑(23日)条对此有详细记载。

---

① 藤原房前是否参与密谋,因尚未发现明确记载,目前存疑。很可能采取旁观态度。参阅中村修也:《续日本纪的世界》,第117页。

在上述背景下,早已对藤原仲麻吕的专横不满的藤原宇合之子藤原良继、他的侄子开始首谋"除奸"。由于事机不密,藤原良继因"大不敬"而被捕并被夺去官位和姓。来自血亲的谋杀对藤原仲麻吕的打击自然沉重,并更加深了其孤独感。而这一孤独感更因其"臂膀"的丧失而进一步发展:天平宝字八年(764年)6月乙亥(9日),藤原仲麻吕的女婿、参议授刀头兼伊贺近江按察使藤原御楯薨去。自此,授刀卫不再为藤原仲麻吕所掌控,并因此在3个月后,即是年9月,发生了藤原仲麻吕(惠美押胜)之乱。关于藤原仲麻吕(惠美押胜)之乱,《续日本纪》天平宝字八年9月有详细记载。

因"举兵谋反",藤原仲麻吕被捕后即遭问斩,淳仁天皇于是年10月壬申(10日)被逼退位,和其生母当麻山背一起被软禁于淡路国。孝谦女帝重祚,号"称德天皇",成为继7世纪的齐明天皇后重祚的又一个天皇,并且亦是女天皇。道镜因此飞黄腾达,于太平神护元年(765年)太政大臣禅师,进入政治中枢,并以翌年10月壬寅(20日)在隅寺(海龙王寺)佛像中发现舍利为契机,获封"法王",并被待若皇亲。神护三年(767年)正月壬申,道镜在西宫正殿受大臣以下拜贺之礼。因此,尽管此后谋反、叛乱事件依然不断,但"这一时期的政治特征堪称佛教政治,名副其实政治荡然无存"。①直至以藤原式家为中心拥立的光仁天皇治世,政治才回复原貌。

三、"日本"版图的迅速扩大

奈良时代不仅是一个同室操戈的权力争斗持续不断的时代,而且也是一个以金戈铁马南征北战开疆拓土,使"日本"的版图迅速扩大的时代。

被誉为"古代伟大学者"、逝后被尊为"文化神"的菅原道真(845—903年),曾撰有一部按项目类别对"六国史"的记述进行分类的巨著,题名《类聚国史》。该巨著原由200卷构成,所惜大部已经佚失,现仅存62卷。在遗存的"风俗部",作者记述了当时居住在日本列岛的一些具有独特生活习惯的异民族,如东北地方的虾夷、俘囚;南九州至西南诸岛的隼人、多祢人、南岛人、掖玖人、阿麻弥人。天平十年(738年)左右问世的《大宝令》注释书中,有如下定义:"夷人、杂类者,毛人、肥人、阿麻弥人之所谓也。"由此可知,在日本西南部,曾生活着一些与律令政府统治下的民众生活习惯迥异的原住民。

据熊本县江田船山古坟出土的铁刀上有大和政权的大王名这一史实判断,当时大和政权的势力范围已达九州中部。因此《宋书》所谓的"众夷",当指九州南部。现在,九州南部的熊本仍有时被称为"球磨川"(按:在日语中,熊本

---

① 川崎庸之、原田伴彦、奈良本辰也、小西四郎总监修:《日本史》,自由国民社,1992年,第162页。

和球磨川的读音完全相同)。据《古事记》和《日本书纪》景行天皇部分记载,古代称这一地域为"熊袭"。关于缘何称该地域为熊袭,可谓诸说纷纭,但一般认为,熊袭应是"熊地方"(熊本县球磨郡)和"袭"地方(鹿儿岛县曾于郡)的合称。关于熊袭何时被纳入大和政权的势力范围,《日本书纪》齐明天皇纪元年(655年)是岁条和天武天皇纪十一年(682年)七月甲午(三日)条等,均有隼人服属向朝廷呈献供品的记载;而且个别条目有多祢人、掖玖人、阿麻弥人向大和朝廷朝贡的记载。综合这些记载,可知自南九州至西南诸岛地区受大和朝廷统治,应为7世纪后半叶,即日本列岛开始进入建设律令制国家的新阶段。

然而,耐人寻味的是,自和铜七年(714年)奄美(奄美大岛)、信觉(石垣岛)、球美(久米岛)等朝贡以后,除了多祢岛以外,《续日本纪》中不再有具体岛名的出现,当地居民的生活实态亦完全无法察知,而关于南九州的隼人的记载则比较完整,因此,拙作拟通过对日本列岛西南部的"异人"的代表隼人的考察,对当地原住民作一"窥斑见豹"的阐述。

首先值得关注的,是文武四年(700年)6月庚辰(3日)的一段有关隼人大规模"造反"的记载。之后,《续日本纪》大宝二年(702年)、和铜六年(713年)均有"隼人"对大和朝廷以武力强使其臣服进行顽强抵抗的记载,说明律令政府当时尚未能掌控这一地区。同书和铜四年(714年)3月壬寅(15日)条记载:"隼人昏荒野心,不习宪法,故移居丰前(今福冈县南、大分县北)国民二百户,相导劝。"按照养老律令,1乡由50户构成,一下子迁移相当于四个乡的人口去教化当地人,可见当地土民还相当蒙昧。另外,早在8世纪初,大和朝廷即在南九州设置了萨摩、大隅两国,并在当地推行了国郡制。10世纪文人源顺曾编纂的《和名类聚抄》一书,更记载了当时日本全国国郡乡的名称,其中大隅国桑原郡有大分、丰国两个与丰前、丰后相关的乡名,萨摩国高城郡亦有合志、饱多、宇土、讬万等与肥后国的郡名相关的乡名。结合上述诏令可以推测,大和朝廷曾令丰前、丰后国的居民殖民大隅国、令肥后国居民殖民萨摩。

另一方面,亦有隼人入居京城。1964年,日本考古机构对在平城京遗址一角属于奈良时代的一口古井进行了发掘,发现在用作井的"枠板"的木板表面,刻有S形的螺旋状和锯齿状花纹,经确认,此件系所谓"隼人之楯",理由是10世纪初编纂的《延喜式》中有相关记载:在都城,隼人在举行仪式时持楯以显示威仪,楯长5尺、宽1.8尺、厚1寸的楯,楯的上面附有马鬃,并有土红、灰白、墨黑三种颜色的钩形图案。考古发现的这个楯没有马鬃,但其他部分和《延喜式》的记载吻合。

据《续日本纪》和铜二年(709)10月戊申(26日)条记载:"萨摩隼人郡司已下一百八十八人入朝。征诸国骑兵五百人,以备威仪也。"同史籍灵龟二年(716年)5月辛卯(16日)条则记载,太宰府上奏"萨摩、大隅二国贡隼人,已经八岁,道路邈隔,去来不便,或父母老疾,或妻子单贫,请限六年相替"。①之后,京城的隼人每六年轮换。养老二年(718年),大和朝廷编纂了养老令,在其中的"职员令"部分,记有名为"隼人司"的政府机构,该机构隶属负责警卫皇居诸门的卫门府,对在京隼人的日常工作进行管理,即让其习歌舞,编竹笠。朝廷何以让隼人入京城列仪仗、习歌舞、编竹笠?答案只有一个,即通过歌舞升平显示朝廷和隼人关系的融洽,以及隼人的臣服。

但是,南九州的状况显示,朝廷和隼人的关系并不彼此融洽,更无"歌舞升平"。至养老四年(720年),大和朝廷似仍未平息当地叛乱。《续日本纪》同年2月壬子(29日)条记:"隼人反,煞大隅国守阳候史麻吕。"但是,隼人的反抗似自此发生变化。《续日本纪》同年6月壬辰(11日)天皇致征隼人军将军的慰劳诏书,传递了这一信息:"今西隅小贼,怙乱逆化,屡害良民,因遣持节将军正四位下中纳言兼中务卿大伴宿祢旅人诛罚其罪,尽彼巢居,治兵乐忠,剪扫凶徒,酋师面缚。请命下吏。寇党叩头,争靡敦风。然将军暴露原野,久延旬月。时属盛热。岂无艰苦,使使慰问,宜念忠勤。"②以后虽有零星骚扰,但大规模造反不再见有记载,可知南九州的大规模战乱,在养老年间(717—724年)基本平息。不仅如此,24名隼人还奉诏协助力圣武天皇平定了天平十二年(740年)曾上表"指时政之得失,陈天地之灾疫"而获罪的"藤原广嗣之乱",并因此获得褒奖,获授位阶,成为大和朝廷的官吏。律令政府在招安隼人后,在当地进行了人口调查并编造户籍,派驻官员,使当地居民完全成为朝廷的臣民。

另外,鉴于当地多为火山灰形成的土地、不适宜水田耕作的实际情况,天平二年(730年)3月,大宰府还专门上奏天皇,请求对前一年在当地全面实施的班田授受规定进行调整,允许百姓仍耕作旱田,以免引发新的冲突,并获得批准。由此可见,至8世纪30年代,律令制的基本内容在南九州亦得以贯彻。

在"南征"的同时,大和朝廷亦积极"北战",南北呼应,使日本疆域迅速扩大。

古代,在当今的日本东北地区,居住着一些不属大和政权或曰律令制国家管辖的居民,包括最权威的"六国史"③等史籍均称这些居民为"蝦夷"(日语发音为"えみし",中文写作"虾夷")。"えみし"原是个美称,意为"勇者",之后该词有了"强暴"的色彩,从而变成了一个兼有褒义和贬义的词。为何将当地居

---

① 《续日本纪史料》4卷,第49页。
② 同上书,第448页。
③ "六国史"系日本奈良、平安时代朝廷编撰的六部国史书,即《日本书纪》、《续日本纪》、《日本后纪》、《续日本后纪》、《日本文德天皇实录》、《日本三代实录》的总称。

民称作"虾夷",有两种说法,一说"虾"这个词是形容当地人长有长长的胡须,弓着腰,和"虾"颇有几分相似,而"夷"则是借鉴了中国人南蛮、北狄、西戎、东夷的称呼,意为"东方的蛮人",故称之为"虾夷";另一说是因为当地人自称"かい"(音"ka yi"),"虾夷"两字的发音与之吻合。不管怎么说,均是基于"日本"政府立场对当地人的蔑称,不是当地人对自己的称呼。

关于虾夷人究竟是什么人,迄今仍有两种观点:阿伊奴人或边民——边境的日本人。战前,虾夷=阿伊努人的观点占据优势。战后,一些学者基于体质人类学的立场对这种观点进行了反驳,同时对平泉留存下来的奥州藤原氏四代"木乃伊"的调查,以及考古学发掘确证,当时水稻耕作一直扩大到东北北部的事实均支持"边民说",因此"边民说"开始占据优势。但是,近年由于通过调查确认了东北各地的许多地名源于阿伊努语,从而在语言方面认定虾夷人和阿伊努人存在联系,"阿伊努说"又重新得宠。不管采用哪说,在"虾夷人"不同于当时的"日本人"似毋庸置疑。在日本的"六国史"中,虾夷人均被视为异族、蛮族。如《日本书纪》景行天皇四十年7月戊戌(16日)条对虾夷人是如此描述的:"冬则宿穴,夏则住巢,茹毛饮血。"另从《续日本纪》等书中可以获知,降伏政府、被强制移居东北外地域的虾夷(当时被称为"俘囚")难以顺应农耕生活,因此以东北寒冷气候为背景,他们在当地的生活主要靠狩猎和渔捞,而不是农耕维持。

当时,日本在当地派驻有所谓"征夷大将军"、"镇守将军"。所谓"不打不相识",最初担任这些职务的是临时性的军事指挥官,说明虾夷和大和朝廷的关系最初是通过战争建立的。在"六国史"中,自《日本书纪》开始,虾夷似已成为征讨对象。如《日本书纪》舒明天皇九年是岁条记载,当时大和朝廷派遣了上毛野形名为将军对当地进行征讨,为虾夷所败后逃入城栅,其妻一面让形名饮酒为之壮胆,一面亲率数十女人鸣弦威吓虾夷,使虾夷以为城栅中兵士众多,落荒而逃。但为岩波书店出版的"日本古典文学大系"之《日本书纪》下卷进行注释的青木和夫考证,"这一记载与其称之为历史记载,毋宁称之为历史传说"。①虽则上述记载或有美化政府之嫌,但政府同虾夷的关系是通过武力征讨建立,似毋庸置疑。

在进入《续日本纪》时代即8世纪初以后,大和朝廷即挥师北陆北部的越后、东北南部的陆奥,正式开始了对列岛东北的进攻,在沿太平洋一侧和沿日本海一侧,分别建立了陆奥和出羽两个国家。同时,朝廷还向当地殖民并建立"栅户"。②虾

---

① 青木和夫:《白凤·天平时代》,吉川弘文馆,2003年。
② "栅"类似于"城"、户为移民单位。律令制规定,每50户为1乡。至养老三年,即719年,向当地移民均以户为单位。

夷对朝廷的"侵略"进行了顽强的、不屈不挠的抵抗。神龟元年(724年),朝廷建多贺城作为陆奥国首府,将两国并入陆奥,同时在各地设立"栅户",强化对当地的统治。过去曾经认为,所谓"栅户"是军事设施,但是近年据考古发掘证实,"栅户"的结构和其他"国"的"郡家"基本一致,因此可以判定"栅户"是朝廷在尚未建立郡国制的地区进行行政管理的设施,即向这些"城"、"栅"(两者的规模无大差别,名称也经常混用)移民,使之从事农耕,为在当地设郡奠定基础,并获取兵源。

无法继续按原有方式生活的虾夷,当然奋起反抗。对此,可资凭信的《续日本书纪》和铜二年(709年)3月条对此有较详细记载:当时,大和朝廷以中国"讨伐"东夷、北狄的"异族"为蓝本,分别向陆奥和出羽派遣了征夷将军和镇狄将军。养老三年(719年)7月,大和朝廷进行行政改革,分别将几个小"国"并为1个大"国",由正五位级高官出任新建立的行政区域最高长官——按察使。养老五年(721年)8月,出羽被划归陆奥巡察使管辖,且陆奥按察使的地位较其他按察使显赫,位居从四位上,《续日本纪》天平十一年(739年)4月条记载可资佐证:"陆奥国按察使兼守镇守府将军大养德守从四位上大野朝臣东人"。不仅如此,平安时代后,其他地区的按察使逐渐不复存在,而陆奥巡察使依然得到历代天皇任命,成为全国唯一的巡察使,足见朝廷对东北地区之"另眼相看"。

天平宝字年间,中断达30余年的"栅户"再度得以兴建,同时以浮浪人、奴婢、逃亡军士甚至罪犯为殖民对象,从而极大地改变了当地居民结构。不仅如此,此后除了少数例外,正史不再有向栅户殖民的记载。按照熊谷公男的解释,原因是政府自此不再新建栅户,而是鼓励自愿移民。对虾夷人,则一方面不断进行"压迫",将国境线不断向北推移,另一方面将在征夷过程中俘获的虾夷俘虏一批又一批发配东国以西地区。有关内容在《日本后纪》"宝龟五年"(774年)7月条中有较详细记载。

对上述举措极其不满的虾夷人,于宝龟五年(774年)向桃生、胆泽城发动攻击,并由此拉开了与朝廷长达38年抗争的所谓"38年战争"的序幕。《续日本纪》7月壬戌条对此有如下记载:"海道之虾夷,忽发徒众,焚桥塞道,断绝往来,侵桃生城,败城之西郭。"

大和朝廷对"虾夷"进攻胆泽城、稍多贺城极为震怒。8世纪末,恒武天皇在诏令大兵压境进行讨伐却吃了败仗后,进一步投入10万大军进行围剿,并建造了志波城,将国境进一步往北推移。但是,因受阻于东北人韧劲十足的抵抗,大和朝廷未能将东北最北部纳入统治范围,最终只能向东北人妥协。由此可见,"日本"的发展和开疆拓土的对外扩张具有密切关系。国郡制度的最终定形,就是在加贺国从越前国分离出来的弘仁十四年(823年)。自此,日本

"各国"的名称和范围基本定形,只是稍有变动。在明治时代府县制施行后"实存名亡",直至今天。

政府为何大兵压境征讨虾夷?律令国家以大唐王朝为楷模,以教化"蛮夷"并将其纳入自己的管辖范围,无疑是一个重要原因。所以很早就放弃了对南方各岛施行同样政策的想法,是因为南方各岛分布各处,难以统治,同时当地缺乏如东北的马匹、黄金、老鹰那样对政府具有诱惑力的产物。东北虽有上述宝物,但征伐东北所付出的代价也非常高昂。与投入大量人力和物力相比,政府仅仅获得虾夷以"朝贡"的形式晋献的实物和劳役、兵役。以陆奥地区为例,正是通过长期征伐,自7世纪中至8世纪末,该地区被纳入政府管辖的面积约增加了2倍,为通向"今日日本"铺设了一条更宽广的道路。

四、"遣隋、遣唐使的波及效应"

奈良时代的日本不仅以干戈在列岛获得了版图的扩大,而且以玉帛在海外汲取了文化的营养。遣唐使,就是承载后一项功能、在迄今为止的中日关系史上具有无可替代位置的典型象征。按照奈良朝研究的著名学者青木和夫的评价:"7、8世纪日本急速发展的基础,是由这些无名人氏奠定的。即我们必须对'遣隋、遣唐使的波及效应'给予充分认识。"①

提起"遣唐使",人们必然联想到日本。所谓"遣唐使"本来并不应专指日本遣唐使节。西自丝绸之路沿途、南自印度尼西亚半岛的热带雨林、北自蒙古大草原和西伯利亚森林,凡前往大唐的各国使节均可称为"遣唐使"。据《新唐书》记载,当时和唐朝通交的国家达50余国——尽管其中有些即便在古代亦未必能称之为国。不仅如此,可从陆路前往唐代中国的各国使节,其往返之频繁,远胜于须漂洋过海的日本使节。但曾几何时,"遣唐使"已然成了受日本朝廷派遣,前往大唐中国的专有名词。所以如此,原因众多,但最重要的原因一是遣唐使的活动在日本的历史征途上留下了无数深深的脚印,而同时代唐周边各国因长年战火绵延,其使节的脚印大多为历史的尘土覆盖,很多已踪影全无;一是在日本政治和文化历史上,遣唐使树立的航塔和路标在很大程度上为日本社会的发展指明了方向。

当然,即使对当年遣唐使的活动及其内容记载最详细也最权威的《续日本纪》,也是很片断性的,没有关于遣唐使活动及其内容的全面记载。但是,通过那些片断性的记载以及其他相关"链接",我们仍可基本窥其全貌。

历次遣唐使中最具典型意义的是第7次至第10次遣唐使(669—733

---

① 青木和夫:《白凤·天平时代》,第154页。

年)。据历史记载,前此遣唐使规模均只有1、2艘船组成,人数为120人。而这几批遣唐使团规模庞大,一般为4条船,其中第8批为557人,第9批为594人,第10批约500人,为以前的3倍。著名的764年鉴真东渡,即跟随归国的第10批遣唐使。因此,这一时期中日间文化和经济交流颇为兴盛活跃,出现了许多彪炳史册的人物。遣唐使虽是日本朝廷派遣的国使,但其不仅在政治上扮演了发展日本与唐朝睦邻关系的角色,在经济上交换宫廷贵族需求的珍贵物产,而且在文化上积极吸取唐代丰富的律令典章制度,推动日本社会进入了一个新的发展阶段。

文武天皇五年(701年)正月(同年3月21日大宝建元),在时隔30多年之后,日本朝廷任命了第7批遣唐使,并于翌年,即大宝二年6月首次以"日本"使节的名义入唐。追溯历史,在唐朝重新统一中国后不久,大和朝廷即于舒明二年(630年)派出了第一批遣唐使。至宽平八年(894年),共18次任命遣唐使。但是因第18任遣唐使菅原道真上奏《请令诸公卿议定遣唐使停止状》获准,该批遣唐使没有派遣,故承和五年(838年)派遣的第17批遣唐使实际上是最后一批。另第12批中止派遣、第13批没有出发,所以共计派遣唐使15批。其中第11批是为了迎接上次没有归国的前大使、第15批是为了送唐朝赴日使节。遣唐使节团由使节、船员、随员三部分构成。其中使节按级别依次为大使(押使、执节使、遣唐使长官)、副使(次官)、判官、录事(主典)、史生(书记官)、杂使(总务)、傔人(随从);船员包括知乘船事(船长)、船师(航海长,类似大副)、柁师(舵手)、水手长、水手、主神、卜部、医师、阴阳师、画师、射手、音声长(主管通讯联络)、音声生(通讯员)、船匠(木工)、玉生、锻生、铸生、细工生(均为技工)、译语(翻译);随员包括学问僧、留学生、傔从(随员)、请益生(短期留学生)、还学生(归国者)。遣唐使节团所乘船只长约24米,宽约8米,吨位约30,承载人数约100—160人。总计派遣船只33只,人数约为5 200人至6 000余人(因《扶桑略记》等相关史料记载不同,以及统计方式不同而有差异)。纵览《续日本纪》等原始资料关于遣唐使经纬之记录,笔者认为过去为论证中国唐朝文化对日本的影响,对有关遣唐使的论述过于偏重"学习"、"友好",以及日本统治者对唐朝的感佩,因此使遣唐使整个活动经纬和遭遇难免疏漏和偏颇之嫌。为了弥补这一缺陷,拙作拟尽可能对遣唐使画像进行"临摹"而非"润色",以使之显得"英俊潇洒",并首先提出以下未曾受到重视的几点特征,以期成今后遣唐使研究的引玉之砖:

第一,和从内陆可直达大唐的国家相比,岛国日本遣使赴唐本身就承载较大风险。在奈良时代,由于周边国际局势的变化,这种风险进一步扩大。事实上,遣唐船只遇难的记载并非绝无仅有,例如同史籍天平宝字六年(762年)6月丙寅(17日)条,亦有类似记载。"遣唐使驾船一只,自安艺国至难波江口时,触滩……"宝龟八年(777年)出发的遣唐使在翌年回国后,亦有1船遭难。据笔者考察发现,在时间上,所有的风险均发生于"白江口之战"以后,在航线上,所有海难均发生在"南线"。原因何在?经分析查证,主要原因是:至7世纪末,日本遣唐使均走"北路"航线,即从筑紫的大津浦(九州的博多)经对马海峡、贴着朝鲜半岛的西侧航行。但是白村江之战后,与日本敌对的新罗统一了朝鲜半岛,迫使日本的遣唐使必须绕开朝鲜半岛、直接穿越大海走"南路",因而大大增加了航行风险。从下列《遣唐使年表》可以获知,凡遭遇海难的船只全部在南路,没有一只(次)是在北路而且多为返回日本的时候。因为,船只在日本列岛靠岸,比在拥有漫长海岸线的中国靠岸更加困难。详情请见下表:

遣唐使年表

批次	出发年	返回年	船只数量	人数	航线	备注
1	630	632			北路	
2	653	654	1	121	北路	
	653		1	120	南路	遇难
3	654	655	2		北路	
4	659	661	2		北路	
5	665	667			北路	
6	669	(670)	?		北路	送唐朝使节
7	702	704			南路	山上忆良等随行
8	717	718	4	557	南路	吉备真备、玄昉等 阿倍仲麻吕等
9	733	734	4	594	南路	1船遇难、1船触礁
10	752	753—754	4	约500	南路	吉备真备等同行 鉴真和尚赴日
11	759	761	1	99	渤海路(出)	与唐使从南路返回
12	761		因船只损害中止			
13	762		因风向原因中止			
14	777	778	4		南路	归途1船触礁
15	779	781	2		南路	送唐朝使节
16	804	806	4		南路	最澄、空海同行
17	838	839—840	4	511	南路	3船遇难 1船触礁
18	894		采纳菅原道真的建议停止派遣			

第二,遣唐使遭遇的磨难,不独"天"之所为,亦有"人"之所为。据《续日本纪》庆云元年(704年)7月朔记载,唐人对遣唐使颇有好评。所以获此好评,日本朝廷在挑选遣唐使时的严格和明智的要求,无疑是主要原因。例如,在人员

的选择上,日本朝廷重视"世袭"。因为,"当时的读写由家属或亲属进行启蒙,且日文汉字完全按照中文读音,和今日不同,所以在选择新的遣唐使时,自然优先考虑以前出过遣唐使和留学生、学问僧的家族"。① 另外,宝龟八年(777年)7月3日抵达中国的第14批遣唐使节中,有一个名为羽栗臣翼的中日混血儿。据菅原道真的《类聚国史》卷187记载,翼系灵龟二年(716年)遣唐使吉麻吕和一唐朝女性所生,天平六年(734年)16岁时和父亲一起回国。翼所以入选遣唐使,不仅因为其符合日本朝廷挑选遣唐使的基本标准——兼具长相、气质、学识,而且会讲中文且熟悉唐朝习俗。此等人为遣唐使,自然当赢得唐朝好感。但即便如此,遣唐使在中国亦并非始终受到善待。

史料显示,该批遣唐使出航8天后到达了位于中国东海岸的扬州。唐朝为了显示中华帝国的姿态,免收遣唐使的食宿等费用,为他们接风洗尘。但时隔不久,即有"观察使兼长使"陈少游来到他们下榻处,让他们10月15日赴京城长安。并称由于"安史之乱",赴京人数只能限定在60人。不仅如此,在60人行了约55公里后,为了节约经费,又要求遣唐使节团将人数减少至20人。最终经过交涉,使节团实际获准赴长安的人数为43人。正月3日,即时隔两个半月后,一行43人历经颠簸抵达长安并递上国书和朝贡物品。但是,直至3月22日才得以谒见唐代宗。可见大唐皇帝对遣唐使摆足了架子,并不那么热情。

不仅如此,虽然该批遣唐使节团总共多少人没有明确记载,但是依照4只船的规模判断,当有500人左右,即赴京人数不足1/10,且其余的人并非可以"自由活动"。尽管对他们的活动缺乏历史记载,但是据9世纪赴唐的圆仁的《入唐求法巡礼行记》记载,当时1个遣唐使节团成员只是想在市场购物,但却当即被衙役逮捕。依此判断,作为外国人的遣唐使的行动是受到严格控制的,该批遣唐使成员,当不会例外。

第三,如中村修也所言:"所谓遣唐使,其本质与其说是被派往唐朝,毋宁说是代表天皇要求唐朝皇帝谒见。"遣唐使节团由押使、执节使、大使、副使等组成。"在出航准备完了后,遣唐使节团最高负责人会被授予意为天皇向其转让部分大权的节刀"。② 对此,《续日本纪》天平胜宝四年(752年)闰3月丙辰(9日)条有明确记载。同时,天皇授予的节刀犹如中国皇帝授予的"尚方宝剑",如果使节团内发生海淫海盗等恶行,遣唐使正使可以先斩后奏。遣唐使回国后,须将出使经历上奏朝廷并奉还节刀。

第四,虽遣唐使"代表天皇要求唐朝皇帝谒见",但其以"小帝国"使节自

---

① 青木和夫:《天平文化论》,载朝尾直宏等编《岩波讲座·日本通史》第4卷(古代3),第280页。
② 中村修也:《续日本纪的世界》,第214页、215页。

居的意识,昭然若揭。《续日本纪》记载:"天平胜宝六年(754年)正月丙寅(三十日),副使大伴宿祢麻吕自唐国至,古麻吕奏曰,大唐天保十二载,岁在癸巳正月朔癸卯,百官诸藩朝贺,天子于蓬莱宫含元殿受朝。是日,以我次西畔第二吐蕃下,以新罗使次东畔第一大食国上。古麻吕论曰,自古至今,新罗之朝贡日本国久矣,而今列东畔上,我反在其下,义不合得,时将军吴怀实简直古麻吕不肯色,即引新罗使,次西畔第二吐蕃下,以日本使次东畔第一大食上。"

"天保十二载"即公元753年,系唐玄宗李隆基的年号。从上述史料中,我们可以获知,在朝贺时,吐蕃(西藏)使位居日本之前,列西畔第一,新罗使居大食(阿拉伯帝国)使之前,居东畔首席,如此安排座次,显示出唐朝对"藩属国"的重视和对日本的相对轻视。正因为此,日本使节对自己居然位列向日本朝贡的新罗使节之后表示强烈不满和抗议。事实上,8世纪中叶,日本已为征伐新罗积极扩军备战,此类动向屡现记载。如《续日本纪》记:"(天平宝字三年)六月壬子(十八日),令大宰府造行军式,以将伐新罗也。""(天平宝字三年)九月壬午,造船五百艘,北陆道诸国八十九艘,山阴道诸国一百卅五艘,山阳道诸国一百六十一艘,南海道诸国一百五艘,并逐闲月营造,三年之内成功,为征新罗也"。"天平宝字六年(十一月)庚寅(十六日),遣参议从三位武部卿藤原朝臣巨势麻吕,散位外从五位下土师宿祢犬养,奏弊于香椎庙,以为征新罗调习军旅也"。

第五,作为遣唐使成员的留学生和留学僧,既有返回日本者,亦有"自愿"留在唐代中国者,有些人成为改善中日关系的桥梁。其中最著名的,莫过于养老元年(717年)3月随遣唐使节团入唐、后留在中国并改名"晁衡"、成为唐朝官吏的阿倍仲麻吕。从天平十一年(739年)11月辛卯(3日),从遣唐使平群广成回国后给上奏朝廷的报告中,可知阿倍仲麻吕曾上奏唐玄宗请求回国并获准,尽管终身未归。另中国史籍《新唐书·东夷传》中,则有阿倍仲麻吕官至左散骑常侍、安南都护的记载。所谓安南都护,即唐朝在越南河内官方机构的长官,颇似"中国驻越南大使",可见他受到大唐朝廷何等信任和重用。不仅唐朝对他颇为善待,日本朝廷对他的评价也非常之高。《续日本纪》宝龟六年(775年)10月壬戌(2日)条"吉备真备薨传"中,对"晁衡"有如此评价:"我朝学生名字播撒唐国者,唯大臣和朝衡二人。"文中"大臣"即吉备真备,而"朝衡"即阿倍仲麻吕。关于阿倍仲麻吕在唐代中国的生活情况,如是否有妻室等,目前尚未发现记载,但通过阿倍仲麻吕的文学作品,我们不难窥见他望月思乡的游子情怀:"举头望夜空,月如金镜;眼前如镜月,也悬三笠山头。"与日本的阿倍仲麻吕形成对偶的,是中国的鉴真和尚。扬州名僧鉴真(688—763年)在743年至748年曾5次东渡,但因"天灾人祸"等诸多原因均未成行,直至第

6次才获得成功。关于鉴真东渡扶桑经纬、鉴真在日享有的礼遇及其对日本佛教的贡献,《续日本纪》的记载堪称言简意赅,兹摘录于后,以免拙笔赘述:

"天平宝字七年五月戊申(六日),大和上(尚,以下同)鉴真物化,和上者扬州隆兴寺之大德也,博涉经纶,尤精戒律,江淮之间独为化主。天保二载(750年),留学僧荣叡业行等白和上曰,佛法东流至于本国,虽有其教无人传授,幸愿,和上东游兴化,辞旨恳至,谘请不息,乃于扬州买船入海,而中途风凛,船被打破。和上一心念佛,人皆赖之免死。至于七载更复渡海,亦遭风浪漂着日南。时荣叡物故,和上悲切失明。胜宝四年,本国使适聘于唐,业行乃说以宿心,遂与弟子廿四人,寄乘副使大伴宿祢古麻吕船归朝,于东大寺安置供养。于时有敕,校正一切经纶。往往误字诸本皆同,莫之能正,和上暗诵多下雌黄,又以诸药物令名真伪,和上一一以鼻别之,一无错失。圣武皇帝师之受戒焉。及皇太后不悆,所进医药有验,授位大僧正,俄以纲务繁杂,改授大和上之号,施以备前国水田一百町,又施新田部亲王之旧宅以为戒院,今招提寺是也。和上预记终日,至期端坐,怡然迁化,时年七十有七。"①

第六,每次遣唐使入唐均向大唐皇帝晋献物品,大多是纺织品如各种绌、丝、绵、布、帛等,以及地下资源如玛瑙、银、出火铁等。在所赠物品中,有两项特别值得注意:

一是珍贵物品,如黄金。《续日本纪》宝龟七年(776年)4月壬申(15日)条记载,前入唐大使藤原河清赠"绌一百匹,细布一百端,砂金大一百两"。日本首次发现黄金是在天平二十一年(749年),宝龟八年(776年)晋献大唐皇帝是迄今为止发现的黄金被带往国外的最初记载。翌年,奈良朝廷又以黄金赠渤海王。有学者认为,正是因为这一原因,在9世纪后半叶波斯人的记述中才出现了日本"遍地是黄金"的记载,并将此信息传至西方。

二是急需物品,如牛角。提起唐朝,往往同样给人以"天朝物产丰盈,无所不缺,原不借异邦货物以通有无"的印象,即接受"馈赠",仅仅是满足自诩"天子"的中国皇帝的虚荣,其政治意义远胜于经济意义。但即便繁荣如大唐王朝,事实也并不尽然。《续日本纪》天平宝字五年(762年)10月辛酉(10日)条有此记载。所以如此,是因为唐朝由于发生"安史之乱",需要以此制作兵器并

---

① 吴廷璆主编、南开大学出版社1996年出版的《日本史》第四章第四节"五、鉴真东渡"和《续日本纪》中的记述多有不同。例如《续日本纪》则称"荣叡物故,和上悲切失明",《日本史》则称鉴真"在第5次东渡时,遇大风,漂流到海南岛南端,从海南岛南端绕经广东、广西、江西等地回到扬州。途中由于劳累和暑热,鉴真双目失明,荣叡病死在端州(今广东高要)";《日本史》称鉴真"被任命为大僧都",而按《续日本纪》中的记述则是:"授位大僧正,俄以纲务繁杂,改授大和上之号。"《日本史》称"鉴真圆寂、享年76岁",而《续日本纪》则称"和上预记终日,至期端坐,怡然迁化,时年七十有七"。

向日本提出这一要求。

同样,遣唐使回到日本,亦带回大量大唐朝廷"赐予"的珍贵物品,特别是绚丽璀璨的大唐文化的象征。例如,735年回国的吉备真备带回了《唐礼》130卷、大量关于历法、音乐的汉籍,以及乐器、武器。玄昉僧则带回了"经纶五千余卷"。这些汉籍和经纶,以后无疑成为日本政治、经济、文化发展史的一个个路标,影响不可估量。

五、"文字的普及和个性的诞生"

与7世纪后半叶至8世纪初的白凤文化相对应,奈良时代的文化因以圣武天皇的天平年代为中心,故史称"天平文化"。继飞鸟文化之后的白凤文化和天平文化,同样是在大陆文化的影响下形成的。但是,与飞鸟文化主要通过百济、高句丽将中国文化间接传入日本不同,由于推古朝以后日本采取了积极的对隋、对唐外交方针,因此白凤、天平文化的形成系受中国文化的直接影响和推动。天平文化的辉煌成果对日本历史发展产生了巨大影响。以下表格中所列项目,或能为此佐证:

"天平文化"概览

		内容
	时期	以圣武天皇天平年间(729—749年)为中心
	空间	以都城平城京为中心
	特征	受唐代中国文化的强烈影响(由遣唐使传播了大量唐代中国文化) 通过唐代中国接触了"地中海世界",即希腊、罗马、波斯、中亚、印度的文化影响,使日本文化具有"丰富的国际色彩"
宗教	国家佛教	建成东大寺(大佛)、国分寺、国分尼寺 形成南都七大寺:东大寺、西大寺、兴福寺、法隆寺、元兴寺、药师寺、大安寺
工艺美术	建筑	东大寺"法华堂"(三月堂) 东大寺"正仓院"(校仓造) 唐招提寺"金堂、讲堂"
	雕刻	东大寺法华堂"不空羂策观音菩萨像" 　　　　　　　"日光、月光菩萨像" 　　　　　　　"执金刚神像" 东大寺戒坛院"四天王像" 兴福寺　　　"阿修罗像" 唐招提寺　　"鉴真和尚像"

文献	绘画工艺	正仓院"鸟毛立女屏风"、药师寺"吉祥天画像" "御物"（螺钿紫檀五弦"琵琶"、碧琉璃"杯"等） 药师寺"吉祥天画像"
	历史	《古事记》、《日本书纪》
	方志	《常陆风土记》、《出云风土记》、《播磨风土记》、《肥前风土记》、《丰后风土记》
	和歌	《万叶集》
	汉诗	《怀风藻》

纵览上表，可见天平文化似有以下几点尤其值得关注：

第一，天平文化和前此两代文化一样，也具有浓郁的佛教文化色彩。但与以往不同的是，随着统一国家的形成及其基础的巩固，对佛教扮演"镇护国家"的角色的期待，愈益强烈。自以大官寺（大安寺）为代表的官方寺院建造以后，历代天皇均采取了保护佛教的方针。同时也加强了对僧尼的统制。但是，和以往相比，作为天平文化重要象征的东大寺和国分寺的建造，更如实地反映了"国家佛教"的性格。同时，中央和地方贵族豪强也建造了诸多寺院。在所有官私寺院里进行的雕像、写经，呈现的建筑、绘画、工艺美术等，透视着国家佛教的繁荣。尤其是唐招提寺金堂、东大寺法华堂的雕像，更是代表天平文化的遗产。而佛教的礼仪、建筑，亦给予了神社的神祇祭祀和神社建筑不可忽略的影响。

第二，通过魏晋时代和初唐时代的中国以及朝鲜的传导，在飞鸟文化和白凤文化的佛教艺术中，已经具有了希腊、西亚文化的明显留痕。但是，由于中国盛唐时代是比前此历朝历代更热衷于汲取异国文化的时代，故天平文化也因此更具有了"国际化"的色彩，显示出印度、波斯、东南亚等各国家和地域的文化的明显影响。例如，汇集天平工艺美术之精华的东大寺正仓院宝物，就洋溢着西域文化的浓郁气息。

第三，与"国际化"相对应，"贵族化"也是飞鸟、白凤、天平文化共通的特色。以国家统一为背景，天皇和构成大和政权的贵族豪强集中了诸多财富。以此隔绝于庶民的财富为基础，贵族积极汲取外来文化，创造出了璀璨的"日本文化"结晶品。7世纪末正值国家统一的完成期。以中国律令制为楷模、以巩固政权为目的的律令制度的形成、唐风殿堂和寺院在都城的建立、具有异国情调的工艺美术品的雕琢等文化"贵族化"的显现，均始于这一时期。只是和以往不同，就"贵族化"而言，飞鸟和白凤文化时代均属于向真正显示"古代贵族文化"框架的天平文化的过渡时期。

第四，从古代留存至今的日本历史、文学、法律等领域的经典文献，最早始于8世纪，其中很多经典，全都是在奈良时代完成的。换言之，8世纪是日本文献史上的一块几乎无与伦比的伟大里程碑:《古事记》3 卷是迁都平城京后的第 3 年即 712 年完成的;《日本书纪》30 卷是在《古事记》问世 8 年后完成的;播磨、常出陆、出云、肥前、丰后五国《风土记》,均是根据 713 年的敕命在数年至 20 年左右时间里陆续完成的;《万叶集》20 卷的完成年代虽然诸说不一,但对大伴家持为之作出重大贡献这一点上没有异议,因此当也是在 8 世纪后半叶完成的。汉诗集《怀风藻》1 卷撰者不详,但序言显示成书年代为 751 年。另外,作为藤原家族在日本历史上留下的两个足迹的拓本、藤原镰足的传记《大织冠传》和他孙子的传记《藤原武智麻吕传》、描述鉴真东渡之艰辛、具有西方"使徒行传"般催人泪下之震撼力的《唐大和尚东征传》,也都是在 8 世纪后半叶完成的。探讨歌的创作理论的所谓"歌论书"《歌经标式》,以及顾名思义即可理解的故事集《日本国现报善恶灵异记》(简称"灵异记"),亦形成于这一时代。因此,"若问日本的古典何时诞生,答案无疑是 8 世纪奈良时代"。

另外,通过将"养老令"官撰注释书《令义解》、私撰注释书《令集解》中看到的"大宝令"的逸文,同其母法《唐律疏义》进行比较,可以复原 8 世纪初撰定的《大宝律令》的骨骼。为什么留存至今的日本古典中的古典,全部都是 8 世纪天平时代以后的作品,无一属于至 7 世纪为止的飞鸟、白凤时代?个中原因固然很多,但主要当归因于在奈良时代"文字的普及和个性的诞生"。①

确实,在留存至今的文献中,7 世纪以前无论是经过编纂的还是因一时之需作成的公文、信函、证明,几乎都已经散佚。但是进入 8 世纪以后,自最早的、702 年编制的美浓国和西海道诸国的户籍为始,多达 12 000 件古文献作为《正仓院文书》被保存着。② 公元 8 世纪的古文献如此大量地留存至今,连拥有敦煌和吐鲁番等西域地区出土文献的中国亦难以与之匹敌。不仅如此,在纸张尚未被广泛使用的古代日本,能够通过文字窥视当年政情、世情、人情的,还有木简、漆纸文书、墨书土器,而其中扮演主要角色的当首推木简。自 1961 年在平成宫遗址(奈良)发现最初的木简迄今,通过 40 多年考古发掘,在藤原宫遗址(奈良),以及西自九州大宰府遗址、东至仙台附近的多贺城遗址,目前日本已出土的木简达 20 多万件。需要强调的是,这些木简的大致形成年代可以根据下述标准判断:有的木简仅 1、2 个字;有的仅以干支记录年代,有的以"评"表记国以下的行政单位。这类木简数量非常有限,当为 7 世纪以前的木简。因为同 8 世纪的木简迥然不同。8 世纪后,随着《大宝律令》的推行,木简不再以"评",而是以"郡"标记国以下的行政单位;以往的"治天下"天皇为"御

---

① 青木和夫:《白凤·天平时代》,第 163 页。
② 《正仓院文书》被收录并公开发行于 1901 年开始编纂、耗时 40 年完成的《大日本古文书》编年部 25 册。

宇"天皇所取代;"皇子、皇女"为"亲王、内亲王"所取代。因此,奈良时代被称为"木简的世纪"。①这些木简在日本古代史研究领域如异军突起,发挥着极为重要的作用。因为,通过对考古新发现的史料和原先已有史料的对照判读,史学界对日本古代史的观察,必将更加深入,甚至可能获得诸多新的视角。例如,1988年和1989年在长屋王府邸遗址及近旁发现的多达11万件的木简,无疑有助于对当时事变的认识。

  值得深究的是,为什么7世纪的文献如此之少,而进入8世纪以后,以《古事记》、《日本书纪》,以及《正仓院文书》和木简为代表,成文的文献急剧增加?天皇制的"长寿"和正仓院宝库的"健在"无疑是一个原因,但最根本的原因是随着律令制国家的形成,"文书主义"得以贯彻。事实上,留存至今的文书、记录等,全都与国家行政相关,即便与东大寺等寺院相关的文书,也主要记录从政府那里获得的国家经费的使用,全无抒发个人感想和意见的日记、信函。另一方面,在处理哪怕借贷等日常事务时,和有读写能力相比,无读写能力不仅甚为不便,而且明显处于劣势,因此人们的识字欲望急剧膨胀。《正仓院文书》也罢,木简也罢,当时"习书",即类似当今供摹写用的汉字楷书"习字本"的大量存在,就是最好的证明。而"习字"中不少《论语》和《千字文》,亦传达了其内容。识字率的迅速提高,反过来通过律令文书行政的统治方式,两者相辅相成。留存于《正仓院文书》的当年的平城京右京的账册的纸质、笔记各不相同,据此推测京城中1户当有1人具备汉字读写能力。

  不仅如此,这种社会风潮还推动了寺院中书写和诵读佛教典籍人数较以往成倍的增加,并因此形成历史学、文学的全面繁荣。其中尤其值得重视的,是《古事记》、《日本书纪》、《万叶集》,前者对日本以后的历史学特别是历史观产生了不可估量的影响,后者不仅在日本传统歌谣的基础上吸收汉诗格律,形成以五言、七言和歌为代表的和歌文学,并且创造出了"万叶假名",使日本开始拥有自己的文字。总之,读写能力的普及,推动了文化的全面繁荣。

  依《古语拾遗》所述,"上古之世,未有文字,贵贱老少,口口相传,前言往行,存而不忘"。也就是说,在编纂《古事记》和《日本书纪》之前,日本没有正式的文献记载,仅有口耳传说。仅此一点已足显《古事记》和《日本书纪》编纂者之丰功伟业。但是"记纪"之问世孰先孰后,日本学术界有"记前纪后说"和"记后纪前说"两种观点,目前认识仍未完全统一。关于《古事记》何时起撰,根据序文记载,系起意于天武天皇本人,并以稗田阿礼为助手,"阿礼时年廿八",经青木和夫考证,当为公元681年。何时完成,根据序文记载为:"和铜五年(712年)正月二十八日。"以往对《古事记》成文年代颇有怀疑,但现在经过诸多考

---

① 有关木简的详情,可参阅渡边晃宏著《平城京和木简的世纪》,讲谈社,2001年出版。

证,包括通过出土文物的印证,一般认为序文中的记载可以凭信,即成书于712年。《日本书纪》起撰时间记载比较明确,即根据天武诏令,始于681年3月,完成则在《续日本纪》(养老四年)五月癸酉有记载:"一品舍人亲王奏敕,修日本纪,至是功成奏上,纪卅卷、系图一卷。"即完成于720年。不过,不少学者认为,《日本书纪》原本的书名当为《日本纪》,称为"书纪"不伦不类。理由如下:1. 中国谓之"书"即纪传体史书,谓之"纪"即编年体史书,《日本书纪》是编年体史书,理应称为《日本纪》。2. 紧随其后的史书《续日本纪》,之"续",显然意味着续写《日本纪》。3. 表明《日本书纪》完成年代的《续日本纪》癸酉五月条,亦称修"日本纪"而不称修"日本书纪"。此说不无理由,但因目前尚无确切证据,且在留存至今的平安时代的写本的"内题"(写于卷首的书名)和奥题(写于卷尾的书名)均为《日本书纪》,故现只能存疑。

《古事记》由"序"和上、中、下3卷构成,是日本人自己撰写的关于古代日本历史、思想、宗教、文学、神话……的"古典中之古典",是研究古代日本的一部极其重要的文献。《古事记》的序言中,有以天武天皇语气阐述的编纂目的:"余闻诸家所传帝纪、本辞,有诡於事实者,或多加虚伪。若今不修其谬,唯恐数年之后,旨趣亡散佚矣。帝纪、本辞,乃我国组织之理,天皇政治之基,故欲撰帝纪、检旧辞,去伪、定真,使传后世。"但是,是否真如编纂者所言达到"去伪、定真"的程度却大可怀疑。因此,自古以来,有识之士对《古事记》表达了种种不同看法,其中较具代表性的学者有两位:一位是江户时代的国学家本居宣长;另一位是现代急进民主主义思想家津田左右吉。他们均对《古事记》的研究作出了杰出贡献,但观点立场迥异。前者认为,《古事记》中所说的一切都是真实的,这种观点后来为军国主义所利用,为日本是由万世一系天皇族祖先神所创造和统治的神之国提供了理论基础。后者在日本军国主义最猖狂的时期,以极大的勇气否定了本居宣长的观点,起到了解放思想的作用。但是,津田左右吉认为《古事记》的内容大多是虚构的,对日本的古典采取了虚无的否定的态度,从而走向了另一个极端。虽然《古事记》迄今仍笼罩在疑团之中,但其作为文献的地位当不可否认。

《日本书纪》是留传至今日本最早之正史,为六国史之首,记述了神代至持统天皇时代的历史。全书30卷,系谱1卷。系谱1卷现已亡佚。《日本书纪》以编年体编纂,不仅采用汉字,而且采用曾流行中国的四六骈俪体表现文体之华美。尽管《日本书纪》的个别记述亦存在出于政治或其他目的歪曲或杜撰,并亦有人对其中有些记述"证伪",但其史料价值似毋庸赘述。不难发现,拙作之撰写对该史籍多有参考和引述。

如前面所述,《万叶集》在日本文化史上享有崇高的地位,以致人们将以《万叶集》为代表的时代称为"万叶的世纪"或"万叶的时代",即大化改新自奈良中期(645—759年)。"万叶的时代"又以不同文化背景和都城分为白凤(藤原京)和天平(平城京)两个时期,上一章第4节考察了前一个时期的两个阶段,本节继续考察后一个时期的两个阶段。

第三阶段为平成迁都至天平五年(733年)。

和铜三年(710年)迁都平成后,都市的壮丽美景即刻在和歌中得到反映:"奈良京城,如同花开香满溢,而今正盛。"(卷3·328)

事实上,以来自大海彼岸的《王勃集》、《文选》等中国诗文不断向日本各个层面渗透为背景,和歌的创作在奈良时代日趋兴旺。柿本人麻吕的赞歌传统为该时代个人所承袭,尤在"赤人派"歌手笠金村、车持千年、山部赤人的作品中印记明显。不过,和以往的赞歌相比,这一时期的赞歌以讴歌自然为特征,天武、持统朝那种赞颂天皇神圣权威的色彩已极为疏淡,显示出以往赞歌迥然不同的质的变化。渗入私人恋情的千年之歌,即堪称体现此种质变的典范。如《万叶集》卷6(913)最后有此几句:"黎明雾起,夕暮蛙喧,衣纽未解,独宿孤单。"(915)则仅此几句:"千鸟鸣,吉野河水声;我思君,无时或停。"

顾名思义,"赤人派"以山部赤人为代表。他的短歌显示出一种力量,并且因受咏物诗的影响而特别擅长于客观叙景,他的短歌即景抒情,工整对仗,洗练而充满美感。如《万叶集》卷8(1431)即是他的作品:"百济野,胡枝子;旧枝上,待春黄莺,已然啼鸣。"与山部赤人相比,山上忆良的作品和大伴旅人的作品,又显示另一番景致。山上忆良无位无姓,但却曾被选为遣唐少录,足见其汉学造诣之深。相对于以歌遣闷、超凡脱俗的大伴旅人,山上忆良直面律令制国家矛盾日益深化的现实,积极探寻人生价值。山上忆良的这一特质集中体现于他的代表作《贫穷问答歌》,尽管他的这一特质后继乏人。大伴旅人的作品无论风格还是思想,均和山上忆良形成对跖。被中央政界边缘化赴任九州产生的乡恋,爱妻的病逝触动的忧伤情怀,充溢着他的作品,使他的作品具有催人泪下的震撼力量。

除了上述歌手,高桥虫麻吕的作品亦独树一帜。他的作品具有取材于地方传说并以长歌叙事的方式予以表现的特点,而在这一特点的背后,则是隐藏在作者内心深处的孤独和对古代的憧憬。

第四阶段的代表席,显然不能没有汤原王、大伴坂上郎女的席位。汤原王是天智天皇的后代,她的作品以纤细优美、观照自然见长:"月明夜,心意正冷;庭院白露降,蟋蟀鸣。"(卷8·1552)。大伴坂上郎女则是万叶和歌的"集大成"者即《万叶集》编者大伴家持的姑母,在《万叶集》的女性作者中,她留下的作品无有出其右者。大伴坂上郎女的作品以写景即物栩栩如生见长,从她的作品中,读者实不难领略这位为万叶后期的和歌增光添彩的才女独具的魅力:"一似青山白云绕,分明是,对我笑——莫使人知道。"(卷4·688)当然,论万叶末期的代表,更不可遗漏大伴家持。生活在一个天平文化已经非常成熟的年代,承袭其父亲大伴旅人以情入歌的传统、亲受姑母大伴坂上郎女的指点,大伴家持的条件可谓得天独厚,集众家之所长。同时,大伴家持又经历了罹病、弟卒、藤原仲麻吕势力的抬头和大伴族势的衰退等人生辛酸,丰富的阅历和履历使他不断进入和歌更深的境地,使他的作品在万叶和歌中大放异彩。作为《万叶集》20卷的编纂者,大伴家持更是造福后人,功悬天际。不能不提的是,大伴家持所以能有此成就,同他周围女歌人对他精神和心境的启迪,显然不无关系。如留下"恋君苦难又难,奈良山上小松下,只自伫立叹"(这种脍炙人口佳作的笠女郎,便是其中的1位,卷4·593)。《万叶集》能问世,她们可谓功不可没。柿本人麻吕在溺死的出云女子火葬吉野村时写的:"出云少女,莫非化为雾,竟在吉野山头,漂拂。"(《万叶集》卷19第429首)被誉为表现忧伤哀愁的绝唱。另外,诸多留下佚名佳作的歌人亦不应被忘却。不可否认,正是那些著名和佚名作者的佳作,荟萃成了《万叶集》这一不朽名著。

至于《怀风藻》,因据该诗集序言所述简明扼要,再予赘述,显然画蛇添足:"怀风撰述,未详其人,或有淡海三船、石上宅嗣、葛井广成之说。书成于皇纪一千四百一十一年,纳近江朝以至奈良朝间汉诗,起大友皇子以下,迄葛井广成以上六十四名之作,共一百二十首录之。文风受中国诗集影响至大,乃为现存最古日本汉诗集。"

在日本历史上,天平文化之瑰丽绚烂毋庸置疑。但是,在瑰丽绚烂的天平文化背后,则是"国库空虚,民不聊生"的经济和"人疑彼此,罪废者多"的政治。以此为背景,以延历十二年(793年)迁都平安京(京都)为标志,"大和丸"驶入了下一个港口——平安时代。

作者点评:

一般认为,所谓"汉字文化圈"由四大要素构成:汉字、儒教、佛教、律令制。如本章开篇即以"和同开珎和平城京是律令国家的象征"为标题所示,我试图通过唐朝对日本货币经济形成和发展的影响这一史实,提出一个未直接明示的观点,这个观点也是我试图通过本章阐述的第一个观点:唐朝对奈良时代的日本之影响,是全方位的,并非仅仅是似已成为"通识"的政治和文化影响。因此,如果说"日本的律令制是在中国影响下建立的"这一观点可以成立——迄今为止,这一观点尚未受到挑战,那么这种影响无疑是全方位的,即包括人类社会的三大领域:政治、经济、文化。

本章试图提出的第二个观点是:如本章以考证方式所述,奈良时代同时也是日本货币经济真正开始形成的重要时期。位居日本"皇朝十二钱"之首的"和同开珎",即在奈良朝铸就。或可以认为,当时铸就的不仅是钱币,更是战后奉行"贸易立国主义"的日本之商品货币经济的基础。

  本章试图阐述的第三个观点是：奈良时代不仅是货币经济开始形成，也是日本开疆拓土，势力不断扩张的重要时期。从"乐浪海中有倭人，分为百余国"中的一国，至在一个又一个世纪中领域不断扩展，最终在二战时期试图建立将几乎半个地球包容在内的"大东亚共荣圈"，日本似自古走的就是一条对外扩张的发展道路。

第四章 平安时代

一、迁都平安·巩固皇权

延历十三年(794年)10月,桓武天皇诏令迁都。同年11月8日再次颁诏,将新都定名为平安京,自此开始了日本历史的平安时代。但如下所述,此次迁都,无论起因和结果,均和以往不同。

据《续日本纪》记载:"宝龟元年八月四日癸巳,高野天皇崩,群臣受遗,即日立讳为皇太子。"[1]"宝龟元年"即770年,"高野天皇"即称德女皇,"群臣"即左大臣藤原永手等。"讳"是避免直呼尊者其名,所谓的"讳"即"近江大津宫御宇天命开别天皇之孙、田原天皇第六之皇子"(天智天皇的皇孙)白壁王。毋庸赘述,这条史料明确记载了改朝换代的一段史实。嗣后,朝廷即令道镜改任造下野国药师寺"别当"。这位称德女皇当政时炙手可热、权倾朝野的"法王",在称德天皇晏驾后,顿时应了中国"一朝天子一朝臣"的古训,即刻被"边缘化"。同年10月,时年已62岁的皇太子白壁王即位。日本政治自此重新恢复常态并进入光仁天皇当政时代。

称德女皇的驾崩,意味着天武系皇统的终焉。称德天皇治下,"道镜擅权,轻兴力役,务缮伽蓝,公私凋丧,国用不足",律令国家的政治和经济基础受到严重动摇。因此光仁天皇登基后即进行体制性改革,并推出一系列新政,其中主要有两个方面:

一、对各官司及人员进行清理整肃。天平时代"繁荣兴旺"的造寺造佛事业创作了诸多传世流芳的精品杰作,同时也创造了给一批贪官污吏恣意用权的"天赐良机"。尤其在称德女皇当政时几乎"政教不分"的年代,以权谋私的官员几乎充溢官场。"己身不正,焉以正人?"为官为吏,如要行政有方,首先必

---

[1] 《续日本纪》同年条。

须清廉正直。因此光仁当政后的第一个政治手术，就以其置身其间的官场为对象。

二、减轻民众徭役负担。在整个奈良时代，兵役特别是九州的防人、向中央运送调庸的脚夫每年根据国司命令从事的杂徭，以及迁都、建造离宫等，使民众不堪重负。有见于此，光仁当政后大幅减少非边境地区的兵员，同时主要从"殷富百姓"通晓武术者中征募兵士。

在藤原百川的策谋下，宝龟三年（772年），光仁天皇先后废黜了欲在暗地里"咒死"他的皇后、圣武天皇的皇女井上内亲王，以及井上内亲王之子、皇太子他户亲王，并于宝龟四年（773年）立35岁的山部亲王为皇太子，使称德女皇时即已存在的继嗣问题的波澜，暂时得以平息。然而，一波方平，一波又起。"宝龟十一年（780年）三月丁亥，陆奥国上治郡大领外从五位下伊治公呰麻吕反，率徒众杀按察使参议从四位下纪朝臣广纯于伊治城"。深感疲惫的光仁天皇于翌年，即天应元年（781年），让位于山部亲王，山部亲王是光仁天皇的长子，其母高野新笠出身于百济系渡来氏族和氏家族，颇有才干。不独如此，由于他不仅不是皇子皇女"近亲繁殖"所生，而且带有异族血统，因此相貌堂堂，身材伟岸。光仁让位于山部亲王，实是委他处理内政外交难题。44岁的山部亲王即位后，号称桓武天皇。由于天武、圣武系的皇统中绝，因此桓武朝廷堪称真正的新王朝。

延历元年（782年），日本朝廷又生内讧：是年闰正月甲子，"冰上川继谋反事件"发生。冰上川继的曾祖父是天武天皇、祖父是新田部亲王、父亲是盐烧王，母亲是圣武天皇的皇女不破内亲王，可谓一脉相承皇统血脉，本很有希望继承皇位，眼见希望落空，自然心生怨恨。但是，"胜者为王败者为寇"乃政治斗争铁律，再坚韧的皇统血脉也经不起利刃切割。冰上川继事败被杀后，其母亲不破内亲王和兄妹被悉数流放至淡路国。

为了脱离属天武系皇统势力范围的平城京，以及与平城京的旧佛教势力诀别，重新聚集贵族势力巩固王权基础，在藤原种继的策动下，桓武天皇于延历三年（784年）诏令在长冈京（以现在的京都府向日市为中心）营造新都，并在同年迁都。但是随后不久，藤原种继在晚上巡察京城工地时被暗箭射杀。宠臣被杀，桓武天皇诏令严查，并迅速将案犯拿获。据案犯招供，光仁天皇的胞弟早良亲王和大伴家持、大伴继人、佐伯高成、大伴竹良等与此案有染。于是，除大伴家持和早良亲王外，其余人全部被杀，而大伴家持因已经故去，但剥夺其官职，并将其子嗣全部流放。早良亲王是时已由桓武天皇根据其父皇光仁天皇之命被立为太子，案发后即被废黜，并被囚于乙训寺。由于早良皇太子大呼冤枉，"不自饮食，积十余日，遣宫内卿石川垣守等，驾船移至淡路。比至高濑桥头，已绝。载尸至淡路，葬云云"。①也就是说,早良亲王以绝食抗议十余日后,被流放淡路且命绝途中,其尸体未被运回京城却被运往淡路掩埋,即死后依然被"流放"。政治斗争,"莫须有的罪名"本来就是关键词。事实上,早良皇太子等是否真的涉嫌"谋杀",迄今仍有诸多未解疑点。

延历四年(785年)11月,皇后藤原乙牟漏所生的天皇嫡子安殿亲王被立为皇太子。翌年,藤原百川的女儿被立为夫人。然而,或许冤死者终阴魂不散。时隔不久,桓武天皇的几位亲人连年去世:延历七年(778年)桓武的夫人、藤原百川的女儿旅子(以后淳和天皇的母亲)去世,年仅30岁;延历八年皇太后高野新笠仙逝;延历九年皇后藤原乙牟漏弃她的两个儿子,即安殿亲王(以后的平城天皇)和神野亲王(以后的嵯峨天皇)西行。然而,一连串的不幸并非就此中止。皇后故后不久,皇太子又罹患疾病,终日躁动不安,按现代医学术语,即罹患了"焦虑症"。见此症状,桓武天皇唤来阴阳师探问究竟,答称:"早良亲王阴魂未得安抚。"桓武天皇闻之,当即遣使赶往淡路为早良亲王举行"怨灵镇魂"仪式。这段史实在《日本纪略》前篇十三中有如下记载:"(延历十一年)六月癸巳(十日),皇太子久病,卜之,崇道天皇为祟。遣诸陵头调使王等于淡路国,奉谢其灵。"文中所谓"崇道天皇"就是早良亲王。因延历十九年(790年)被封为"崇道天皇"而获此尊号。既为天皇,其墓亦当然按天皇墓——"山陵"标准重建。

然而,仅靠"奉谢其灵"似仍难摆脱幽魂纠缠,于是桓武天皇于"(延历十二年)正月申午(15日),遣大纳言藤原小黑磨、左大弁纪古佐篑等,相山背国葛野郡宇太村之地,为迁都也"。山背国即现在京都一带,因曾是圣德太子之子、山背大兄皇子的领地而得名。延历十三年(794年)10月,桓武天皇诏令迁都。同年11月8日再次颁诏,将山背国改名为山城国,并将新都定名为平安京:"宜改山背国为山城国,又子来之民,讴歌之辈,异口同辞,号曰平安京。"(同上条)日本历史自此正式进入平安时代,直至1192年源赖朝建立镰仓幕府一揽大权。迁都本为避祟,将新都定名"平安",其意更不言而喻。但是,所谓事与愿违,朝廷并没有因此平安,而是内乱不断,更加不安。

平安京地处京都盆地北端,居桂川(葛野川)和鸭川之间,南北约5.3公里,东西约4.6公里,基本结构和平成京类似,即以朱雀大道为中心将整个京城分为左右两京,两京各设东市和西市。另有为外国使臣而建的左右鸿胪馆和官立东寺和西寺。条坊的分割以40丈见方的1町为1单位(条坊的1/16);公卿的宅基地为1町,并基本集中在左京北部的一条至四条之间;庶民的宅基地为公卿宅的1/32。

---

① 《日本纪略》前篇十三。

迁都平安京,意义不同以往。首先,迁都长冈京后难波依然是陪都,故有移建陪都的另一层含义,但迁都平安无此含义。其次,在此之前无论是飞鸟、藤原京、平成京等主都,均因受制于古道而北进,难波京和长冈京等陪都则均沿着淀川水系而建。迁都平安京则未受古道、水系的限制,而是为了使京城免遭洪水灾害,将南流的鸭河移向东面,和京城西面的桂川形成两大运河。第三,由于历史上都城均在大和,故在"畿内"各国序列中,大和始终列第一位。这一序列至迁都长冈京仍未改变。但是自迁都平安京后,延历十五年(796年),山城国开始名列第一。

平成京的北部中央有南北约1.4公里、东西约1.2公里的"大内里"。在大内里的南面,中间是朱雀门,从朱雀门至京城南端的罗城门,有宽约85米的朱雀大道。从朱雀门进入"大内里"再过应天门,就是朝堂院。朝堂院东侧是民部省、宫内省的官司,西侧是丰乐院,主要用于宴请蕃客,以及大尝祭时举行丰明节会。需要说明的是,包括大极殿、朝堂、朝集殿在内的"朝堂院"这一名称,于延历十一年(792年)始见于史籍。

京城外观显示的威严仅仅是皇权的表象,迁都平安京后朝廷本质的改变是桓武天皇执政后通过对贵族豪强势力的抑制而在国家政治中占据了主导地位,使日本天皇制进入了一个新阶段,使皇权得以重建。因此,桓武天皇被称为日本古代史上最强悍的天皇。经过光仁、桓武天皇两代天皇的整顿治理,中央集权制度日趋稳固,史称"光仁、桓武之治"。

皇权强化最明显的标志,一是延历四年(785年)桓武天皇在长冈京南郊的郊野,举行了日本历史上首次郊祀。所谓郊祀,原是中国皇帝祭祀赋予其皇权正统性依据的"昊天上帝"的仪式。桓武此举,含义毋庸赘述。二是以往天皇登基时有一很重要的仪式,即由中臣氏吟诵"神寿辞"、由忌部氏奉上玺、剑、镜"三件神器"。但是,桓武天皇登基及以后,不再有这一仪式。与之构成表里的是,在大纳言以上的政府官员中,皇族明显占优,无1人出身藤原家族。但是另一方面,桓武天皇善待作为渡来系氏族的外戚,即和氏及百济王一族,并赐予侧近宠臣、贵族广大的田地原野,形成以天皇为中心的新的特权集团。

桓武天皇强化和巩固皇权最根本的措施,就是继续推进光仁天皇时期开始的改革。上台伊始,桓武天皇即精简官司机构;查处惩治腐败;派遣"问民苦使";严禁鱼肉百姓;积极开源节流;整肃违规乱纪,杜绝偷漏调庸。查阅史籍,桓武天皇严明政治的记载几乎比比皆是。如据《续日本纪》记载:"敕曰:夫正税者,国家之资,水旱之备也。而去年,国司苟贪利润,费用者众,官物减耗,仓廪不实。职此之由,宜自今以后,严加禁止。其国司如有一人犯用,余官同坐,并解见任,永不叙用。赃物令共填纳,不再免死逢赦(之)限,递相检察,勿为违犯,其郡司和许,亦同国司。"①

同时严词抨击官员在班田中的鱼肉百姓行径及不正当交易现象,责令纠正:"诸国司等,挍收常荒不用之田,以班百姓口分,徒受其名,不堪轮租。又王臣家、国郡司及殷富百姓等,或以下田相易上田,或以便相换不便,如此之类,触处而在。于是仰下所司,却据天平十四年胜宝七岁等图籍,咸皆改正,为来年班田也。"②

延历十六年(797年)8月3日,太政官秉承旨意,下令禁止偷漏缴纳调庸,违者严惩:"浮宕之徒集于诸庄,假势其主,全免调庸,郡国宽纵曾无催征,黎元积习常有规避。宜令国宰郡司堪计见口,每年附、帐、全征调庸,其庄长等听国检挍。若有庄长拒捍,及偷漏一口者,禁身言上,科违敕罪。国郡阿容亦与同罪者。"③

同时,因佛教势力之强盛甚至有凌驾政府之上的可能,桓武天皇遂果断采取抑制佛教继续发展的政策,限制修建新的寺院,限制捐助或出卖土地给佛教寺院。

在巩固中央皇权的同时,律令制向西南和东北两端边远地区渗透。

在日本列岛西南方的萨摩、大隅两国,有从肥后、丰前等国迁入当地的居民即隼人的"栅户"为主组建的郡。这些郡是律令国家支配隼人的"前哨阵地",在奈良朝及以前,当地居民似仍未完全进入律令制体系。天平元年(729年)大规模班田时,萨摩、大隅两国未施行班田收授。换言之,即"隼人"尚未被课以"调庸"义务,还不是严格意义上的朝廷臣民。但是延历十九年(800年),萨摩、大隅两国的既垦田被收归公有,然后作为口分田班给,即也必须承担调庸义务。恰好在大宝律令施行百年之际,隼人亦享有了班田收授和课役制规定的权利和义务,正式成为平安朝的臣民。

在东北地区,律令制波及的区域和程度更为广泛。在当地虾夷人居住的地域内建有"城栅","城栅"内居住着由本州迁入的移民"栅户"组成的"郡"。在城栅里常举行"飨给"以促成虾夷归顺,而归顺的虾夷、俘囚(个别服属的虾夷)要承担"调"和"役"。虽然栅户的民众亦适用作为律令制重要内容的班田制和课役制,但在虾夷人中间仅施行供纳制。虽当地建有以栅户(移民)为主体的"边郡"(近夷郡)和以虾夷为主体的"虾夷郡",但是除此之外还有广大未服属朝廷的广大虾夷人的地域。如前一章第三节所述,8世纪后半叶朝廷曾在当地强制推行律令制遭到反抗,引发双方长达38年抗争的所谓"38年

---

① 《续日本纪》延历四年七月丁巳(二十四日)条。
② 《续日本纪》延历十年五月戊子(二十九日)条。
③ 《类聚三代格》八卷。

战争"。

延历二十二年(803年),桓武天皇诏令田村麻吕在胆泽城北方构筑志波城(岩手县盛冈市),翌年任命田村麻吕为征夷大将军,再次准备大张挞伐近代并进行了积极准备。第二年,即延历二十四年(805年),桓武天皇请藤原绪嗣(功臣藤原百川的长子)和菅原道真(官史"六国史"之一《续日本纪》的编者)议论"天下之德政"。年轻的藤原绪嗣表示:"方今天下所苦,唯军事征讨和宫殿建造。若能终止,则百姓当能休养生息。"长老菅原道真则表示反对,主张继续推进虾夷征讨和新都造营两大政策。最终桓武天皇采纳了藤原绪嗣的谏言,决定不在平安宫继续大兴土木,废除造宫职,将其并入木工寮。同时停止了计划中的第四次大规模征夷。结果,陆奥六郡和山北三郡被纳入律令制体系。尽管这些地区仍是东北人的自治区——俘囚地区,而且当时自东北最北部,即现在的岩手县、秋田县的北部,至下北、津轻,国郡制度未能得以推行。但是,这项举措无疑意味着日本作为律令国家的政策性转变,即从试图建立以支配"蕃夷"的帝国为目标,向弱化"夷"与"民"的差异的方向转变,意义非常重大。因为,形成统一"国民"是建立律令制的前提条件。约在11、12世纪,上述地区成为"日本国领土"、国郡制在当地得以推广。但如大石直正在《东国、东北的自立和"日本国"》中所言,那绝不是由于"日本国"自身的力量,而是由于安倍氏、藤原氏等当地具有很强自立性的政治势力开始形成。

12世纪,在国郡制度终于广及整个本州、四国、九州时,尽管北海道、渡岛已有许多被称为"和人"的日本人定居,但这些地区仍不属于"日本"领土。17世纪初,松前殿对偷偷潜入北海道要求传教的基督教传教士安杰利斯表示了如下态度:"日本"是禁止传教的,但"此地非日本",传教亦无妨。① 也就是说,迟至17世纪,国郡制仍未在北海道南部推行。松前氏虽受幕府支配,但不享有"石高制",即身份和其他幕府下属地区的行政长官,仍有区别。② 北海道成为"日本领土"还有待时日,跻身原先的"七道"成为"八道"中之一道,则是在进入明治时代后的1869年。当然,那是后话。

延历二十五年(806年),70岁的桓武天皇在请藤原绪嗣和菅原道真议论"天下之德政"3个月后驾崩。皇太子安殿亲王即位,改元大同,日本自此开始了平城天皇当政的朝代。安殿亲王的胞弟神野亲王被立为太子(以后的嵯峨天皇)。

---

① 参阅圣心天主教文化研究所编:《北方探险记——元和年间外国人的虾夷报告书》,吉川弘文馆,1962年。
② "石"为计量单位,一日石相当于1.80中国石;"高",为数量。"石高制"是不按面积而按法定标准收获量来表示(或逆算)封地或份地面积的制度。对大名和武士而言,"石高"是授受封地(或禄米)以及承担军役的基准。

前已述及,平城天皇曾患焦虑症,这一病症实难断根。据史料记载,在父皇驾崩后,他嚎啕痛哭,几近失神。具有焦虑性格的平城天皇登基后,立即展开具有理想主义色彩的急进的改革。其中特别值得一提的有两项:

第一,仿效中国唐朝乾元元年(758年)往各地派驻"观察处置使"的做法,将作为太政官之议政官的"参议",作为"观察使"派往各道:"(大同元年)五月丁亥(二十四日),始置六道观察使。"①所谓六道,即东海、东山、北陆、山阴、山阳、南海,不包括西海道。之后扩大至整个畿内七道。大同二年(807年)4月,8名参议均成为观察使,参议之号被废止。观察使以桓武天皇当政时的延历五年制定的"十六条条例"考察国郡司政绩。和以往作为地方政治监察官的巡察使和按察使相比,观察使不仅恒定,而且作为朝廷耳目,与天皇具有直接和紧密的联系,是强化中央集权体制的重要一环。值得注意的是,正是以观察使的报告为基础,平城天皇推出了一系列地方行政改革。

第二,大规模裁撤合并中央官司机构,裁减冗员。在光仁朝、桓武朝改革中,员外官、令外官被裁撤。而平城朝的改革不仅裁减冗员,而且在大同三年(808年)正月,将令内31个司中的兵马、锻冶、漆部、缝部、内礼、丧仪、隼人等13个司并入其他官司。与之相应,一些下级官员的待遇得以改善。

然而,正推行急进改革的平城天皇,因朝廷发生的一大事变而旧病复发,并使政权顿生变故——其异母兄弟伊予亲王及其母藤原吉子涉嫌谋反并幽禁,嗣后两人均服毒自杀。据《日本纪略》前篇十三记载:"(大同四年)四月丙子朔,天皇自去春寝膳不安,遂禅位于皇太弟(嵯峨)。"退位的平城天皇成了平城上皇,并因在平安京难以静养而迁居平城旧京。同时,在平城上皇的侧近藤原药子及其兄藤原仲成的策划下,部分公卿和太政官外记局亦迁移平成宫。由于按照律令,让位后的上皇和天皇享有同样权力。因而产生了"两个朝廷",彼此对立。特别在弘仁元年嵯峨天皇患病期间,平城上皇俨然成为朝政中心,双方矛盾日趋尖锐。为此,嵯峨天皇一方面严防机密向上皇方面泄漏,另一方面任命藤原冬嗣为"藏人头",使之成为自己和太政官之间的通讯管道。而上皇则在是年六月颁发诏令,撤销观察使,恢复参议号,上皇和天皇各颁诏令,引起朝政一片混乱。

大同五年(810年,这年也是弘仁元年)9月,上皇诏令迁都平成京,并派藤原仲成前往嵯峨天皇处传达诏令。嵯峨天皇不仅以"先帝(桓武)赐定平安京为万代之宫"为由予以拒绝,而且为了断上皇"右臂",趁机将藤原仲成拘禁并射杀。上皇闻讯举兵问罪,却遭到嵯峨天皇的军队阻截。无奈返回平成宫的上皇随后剃度出家,药子自杀。这血腥一幕史称"平城上皇之变",又称"藤原

---

① 《日本后纪》卷十四。

药子之乱"。其结局有史为证:"(弘仁元年)九月己酉(十二日),太上天皇至大和国添上郡越田村,即闻甲兵遮前,不知所行。(太上)天皇遂知势蹙,乃旋宫,剃发入道,藤原朝臣药子自杀。"①8世纪在奈良朝曾反复上演的同室操戈血亲仇杀一幕,平安朝再现。所幸的是,在藤原仲成被射至"保元之乱"约350年时间里,都城未见执行死刑。"在这一宽松的时代形成的国制,成为以后日本国制之基础"。②

在奠定"以后日本的国制"之基础方面,嵯峨天皇显然功不可没。弘仁十一年(820年),嵯峨天皇根据桓武天皇遗愿诏令编纂的《弘仁格式》最终完成。《弘仁格式》系统整理了自大宝元年(701年),即《大宝律令》颁布之年至弘仁十年(819年)的法令,并将其归入格10卷、式40卷。该法典仿效中国的"格、式"按官司分类。另外,弘仁十二年又编定了有关宫廷礼仪的《内里式》3卷。同时,嵯峨天皇对官司机构也作了充实、调整。特别新设了"藏人所"作为传达诏令敕命以及监控律令制诸官司的机构。此后,在9世纪至10世纪初,清和天皇时期的《贞观格式》和醍醐天皇的《延喜格式》为《弘仁格式》编撰了序篇,形成了著名的"三代格式"。③

三 代 格 式

格式名	卷数	主编纂者	编成时间	所处朝代
弘仁格	10	藤原冬嗣	820年	嵯峨天皇
弘仁式	40	藤原冬嗣	820年	嵯峨天皇
贞观格	12	藤原氏宗	869年	清和天皇
贞观式	20	藤原氏宗	871年	清和天皇
延喜格	12	藤原时平	907年	醍醐天皇
延喜式	50	藤原时平	927年	醍醐天皇

弘仁十四(823年),具有雄才伟略且年仅38岁的嵯峨天皇在执政14年后表示"万机之务,传贤嗣,八柄之权,不再问",将皇位禅让于和他同龄的异母兄弟、皇太子大伴亲王。大伴亲王登基后号淳和天皇。但是,与平城上皇截然不同,嵯峨上皇不仅主动入"人臣之列",从"内里"迁往"后院"居住。而且让位后不直接干预朝政。是时,淳和天皇宣诏,奉号嵯峨"太上天皇"。之后,新天皇奉号让位的天皇,遂成为一项制度。太上天皇从此不再拥有和天皇同等的权力。尽管历史悠久的皇权统治方式,不会就此彻底退出历史舞台。淳和天皇即位后,于天长十年(833年)诏令编纂了《令义解》,对令作出官方解释。

---

① 《日本纪略》前篇十四。
② 吉田孝、大隅清阳、佐佐木惠介:《9至10世纪的日本——平安京》,载朝尾直宏等编:《岩波讲座·日本通史》,第5卷(古代4),第18页。
③ "格"是修正律令规定的法令,"式"是律令施行细则。

同"皇权归一"相关,平安以后女皇即位不再。至8世纪,同天皇生前禅让的制度性存在互为表里,皇位争夺经常围绕立、废太子展开。在两代天皇交替之际如果出现政治乱局,一般推拥过渡性女皇,如推古、皇极、持统、元明女皇,均属这种性质。但是自此之后,除了江户时代的两个例外,女皇不复存在。

除了一时性迁都福原之外,平安京自此成为首都,历时1 100多年,直至明治维新迁都江户。究其原因,平城上皇颁布迁都平成京的诏令后,嵯峨天皇强调"先帝(桓武)赐定平安京为万代之宫",是重要因素。

继淳和天皇之后,天长十年(833年),嵯峨之子仁明天皇即位。在嵯峨、淳和、仁明三代天皇治世的约半个世纪,即弘仁(811—822年)、天长(823—833年)、承和(834—847年)年代,以中央集权为背景,政治比较安定。但是,"承和之变"发生后,随着王权的弱化和外戚专权、豪强贵族势力抬头,政治局势发生了显著变化。

二、"虚弱的天皇和幼帝接连登基"
——"摄关政治"的前提

9至10世纪,随着"安史之乱"后唐朝日趋衰亡,东亚国际局势开始发生显著变化。与之相关,日本仿效中国建立的律令制趋向崩溃。正如西山良平所言:"9世纪,王权确立了同其他贵族和王族隔绝的绝对权力。但另一方面也形成了王权固有的特征,即虚弱的天皇和幼帝接连登基。"[1]以宫廷的这一特征和农村社会变动为背景,藤原良房(藤原北家)占据权力中枢的"摄关政治"开始形成。毋庸赘述,"虚弱的天皇和幼帝接连登基"是"摄关政治"的基本前提。

所谓"摄关"是"摄政和关白"的略称。按照山川出版社出版的《日本史广辞典》的释义:"摄政"是指奉敕命替天皇代行国政,或代行国政者。平安时代以后始于藤原良房。后藤原氏作为天皇外戚在天皇幼时为摄政、成人后为关白成为通例。其权限为代拟诏书、代批论奏,参与叙位(赐予冠位)、官吏任命的决定。"关白"是"辅佐天皇统理大政的职掌、地位"。职掌的核心是"内览",即"政务公文在奏上、宣下之前首先经关白审阅"。

承和九年(842年)发生的"承和之变",是引起权力关系变化的重要契机。

9世纪前半叶的嵯峨、淳和两朝,虽然政治比较安定,但同时诱发豪强贵族势力膨胀的要素,也开始酝酿。主要表现为政治权力日益集中于深得嵯峨和淳和两代天皇信任的宠臣手中,王权的基础开始动摇。弘仁十四年(823

---

[1] 朝尾直宏等编:《要说日本历史》,第85页。

年)承让于嵯峨天皇登基的淳和天皇,于10年后的天长十年(833年),又将皇位让给了嵯峨上皇的皇子仁明天皇。仁明天皇嗣后也立淳和天皇的皇子恒贞亲王为皇太子。尽管如此"投桃报李",他们的关系本应亲密无间,无奈日本皇室素有同室操戈的传统,"豆萁相煎"的烟雾而非"血浓于水"的亲情,经常弥散于朝廷。进入仁明朝以后,由于嵯峨太上天皇经常以父家长制的权威干预朝政,当政天皇自然不满,芥蒂逐渐产生。特别在仁明天皇和他的女御即藤原冬嗣的女儿顺子所生的儿子道康亲王长大后,皇太子恒贞亲王的地位逐渐受到威胁。承和七年(840年)山陵崩,失去了父亲淳和天皇的庇佑,恒贞亲王更加孤立。一场政变危机,就此暗伏。

承和九年(842年)7月,嵯峨上皇驾崩。两天之后,伴健岑、橘逸势等拥皇太子前往东国,"承和之变"发生。对此,史料记载颇详,在此择其事发时的一段:"(承和九年)七月己酉(十七日)……是日,春宫坊带刀伴健岑、但马权守从五位下橘朝臣逸势等谋反。事发觉令六卫府固守宫门并内里,遣右近卫少将藤原朝臣富士麿、右马助佐伯宿祢宫成率勇敢近卫等,各围健岑逸势私庐,捕获其身令杻禁。"①事变之后,皇太子恒贞亲王被废;淳和天皇的近臣、大纳言藤原爱发、中纳言藤原吉野被左迁。"罪人橘逸势,除本姓,赐非人姓,流于伊豆国。伴健岑流于隐岐国"。②仁明天皇的女御藤原顺子的兄长、中纳言藤原良房升任大纳言。翌年8月,道康亲王被立为皇太子。

仁明、文德、清和均属"虚弱的天皇和幼帝"。仁明天皇自幼身体羸弱,尽管本身留意医术,但仍41岁驾崩;文德天皇天年更短,33岁晏驾。文德天皇同样自小"龙体"欠安,且因为预见可能又是一个幼帝登基,所以于天安元年(857年)2月诏令"右大臣正二位藤原朝臣良房为太政大臣",③而且果不出"圣断",天安二年(858年),藤原良房的外孙惟仁亲王9岁登基成为清和天皇。也就是说,天皇尚未"元服"就已登基,是名副其实的"儿皇帝"乃至"孙皇帝"。④正因为此,"承和之变"才成为天皇外戚藤原良房确立霸权的出发点。

嘉祥三年(850年)仁明天皇驾崩,道康亲王即位,称号"文德"。几乎与之同时,藤原良房的女儿明子生下了文德天皇的皇子,即以后的惟仁天皇。同年11月,出生仅9个月的皇子被立为皇太子,而皇子常康亲王、女御藤原贞子、宠臣良岑宗贞(遍照)等则相继剃度遁入空门。或许,他们已经看破红尘,抑或已经预见到朝廷必将有一番厮杀。

---

① 《日本纪略》前篇十五承和九年七月己酉条。
② 《续日本后纪》卷12承和九年七月庚申条。
③ 《日本文德天皇实录》卷9天安元年二月丁亥(十九日)条。
④ "元服"泛指古代男子成年开始戴冠的仪式(古代日本武士15岁就被视为成年),此说始于中国。如《旧唐书·太宗》记载:"二月乙巳,皇太子加元服。"

当时，皇族中有个较惟仁亲王年长的皇子惟乔亲王，乃朝中重臣纪名虎的女儿静子所生。文德天皇惜爱惟乔之才，有意将皇位传给他，所憾这一愿望尚未实现，纪名虎在承和十四年(847年)去世，惟乔亲王顿失靠山。天安二年(858年)，文德天皇亦因病33岁即驾崩，惟仁亲王遂以9岁之年龄践祚，是为清和天皇。因此，朝政主要由他的外公、已获任太政大臣的藤原良房总揽。

贞观八年(866年)闰3月10日，位于内里朝堂院南部的应天门发生火灾，大纳言伴善男告纵火者为左大臣源信，为太政大臣藤原良房否定。8月3日，纵火者被捕获，供出首谋者为伴善男及其子中庸。尽管两人拒不认罪，但仍被流放远乡。以"应天门之变"为契机，当年8月19日清和天皇颁诏："敕太政大臣摄行天下之政。"①久演不衰的人臣摄政的历史剧序幕，就此正式拉开。

藤原良房能够在朝中独揽大权，巧妙利用嵯峨上皇治下的王室芽蘖初生的矛盾，是他一大手段。在"承和之变"以前，王室表面安稳，实质上各种对立、矛盾已经产生。仅仅由于威严的父家长嵯峨上皇的存在，这些对立和矛盾才没有爆发。但是，正所谓"伟人身后一片空白"，铁腕人物嵯峨上皇驾崩后，必然产生权力真空。为弥补这种真空，政治格局必然发生变化。"承和之变"后，这种变化首先发生于朝廷努力在权力掌握上构建"均势"以相互制约。承和十一年(844年)，嵯峨源氏的源常晋升为左大臣。源常逝后，源信于天安元年(857年)晋升为左大臣。源常和源信同藤原北家的藤原良房、藤原良相在太政官要部并驾齐驱。这种构想和举措本来值得肯定，至少无可厚非。因为没有了"强权"，"均势"理应成为维护政治安定的法宝。但是，终究"一山难容二虎"，更无奈源氏家族官僚虽为皇亲，但是多缺乏政治方面的远见卓识和掌管政务的经验能力，因此他们占据要职，必然导致官僚机构因贵族化而徒具形骸，而官僚机构向贵族化方向迁移，必然为外戚藤原家族逐渐进入政权中枢并建立霸权鸣锣开道。权力制衡的构想，几乎成了一个推倒一片的"多米诺骨牌"。与中央太政官要部的贵族化倾向相应，地方脱离中央统制的倾向亦日趋明显。这种倾向在10世纪迈出了律令制支配全面溃退的关键一步。

"承和之变"后，自仁明朝末年至文德朝期间，风水灾害，饥馑流行，疫病频发，盗贼猖獗，更是为律令制支配全面溃退之势推波助澜。例如，以疫病流行为背景，贞观五年(863年)朝廷在神泉苑举行了御灵会，祭祀"6所灵"。②这一祭祀既反映了当时人们的怨灵神信仰，更反映了民众对皇权的不信。

贞观十四年(872年)，69岁的太政大臣藤原良房谢世。藤原良房身后无

---

① 《日本三代实录》卷13贞观八年八月十九日辛卯条。
② 据《日本三代实录》贞观五年五月二十六日条。所谓"6所灵"即崇道天皇(早良亲王)、伊予亲王、伊予亲王的母亲藤原夫人、藤原仲成、橘逸势、文室宫田麻吕。

女,因此将其养子基经的妹妹、长天皇 8 岁的高子许配给了清和天皇,生下了贞明亲王。贞观十一年(869 年),仅出生 3 个月的贞明亲王被立为皇太子。贞观十八年(876 年),清和天皇将皇位让与年幼的贞明亲王。翌年,贞明亲王登基,称号阳成天皇,并改元"元庆元年"(877 年)。清和上皇让位后倾心佛教,元庆三年(879 年)落饰入道并遍历各地削身苦行,所惜翌年英年晏驾,年仅 31 岁。

幼年登基的阳成天皇和清和天皇一样,是名实相符的"儿皇帝",完全受控于摄政的右大臣藤原基经。元庆七年(883 年),藤原基经认为阳成皇帝举动"出格",迫其让位,并于翌年成功拥立仁明天皇之子、时年 55 岁的时康亲王登基,以阳成天皇为君的朝廷,因此变成了以光孝天皇为君的朝廷。光孝天皇念藤原基经拥立有功,翌年即颁诏任基经为太政大臣颁行万政,上奏天皇,而天皇给太政官的敕令必先咨询藤原基经。仁和三年(887 年),天皇在立定省亲王(以后的宇多天皇)为皇太子后登遐。宇多天皇登基后,即仿效先皇诏令百官"万机巨细,百官惣己,皆关白于太政大臣,然后奏下"。①日语中的"关白"一词,首出这一诏令。②以后一统朝政风光无限的"关白",亦由此启程,尽管当时尚有实无名。宇多天皇颁布此诏主要为藤原基经执政提供"合法依据"。因为,藤原良房是外戚,而藤原基经没有这种身份,其参与政务的地位缺乏保障。或许以"尾大不掉"、"养虎成患"来形容光孝天皇和宇多天皇的诏令所产生的结果非常恰当。因为,他们既开了使藤原良房代替天皇总揽政务之先例,又创了藤原基经能废立天皇之先例。尽管当时仍是通过诏敕强化太政大臣藤原氏的权力,作为摄政的"关白"既不是职位,也不是官位,和 10 世纪以后的摄关政治尚有区别,因此被称为"前期摄(政)关(白)政治"。但毋庸置疑,这一时期奠定了"摄关政治"的基础。

当然,"摄关政治"的形成并非一蹴而就。宽平三年(891 年),"辅佐"清和、阳成、光孝、宇多四代天皇的一代权臣藤原基经去世。左大臣源融、右大臣藤原良世虽不至让人怀疑"尚能饭否",但确实垂垂老矣,处理国政显然力不从心。于是,源氏的大纳言源能有实际上成了太政官的首班。同时,为了制衡藤原氏过大的权力,宇多天皇启用了作为国司颇有政绩的藤原保则和菅原道真等人才,推出了任命菅原道真为藏人头、充实藏人所;设定后院领;整顿朝纲杜绝京官谋私;严格庸调、抑制地方官吏擅权中饱私囊;建立检非违使制度稳定社会治安等一系列政策,努力重建天皇"亲政"的政治体制且成效显著。

---

① 《类聚三代格》卷 17,元庆八年四月十三日敕。《日本三代实录》同日条。
② "关白"一词原意是"禀告",如《汉书·霍光传》有"诸事皆先关白光,然后奏御天子"。后"关白"成为辅佐天子处理政务的要职。

第四章 ● 平安时代

宽平五年(893年),宇多天皇立他和藤原高藤的女儿胤子所生的皇子敦仁亲王为皇太子,在宽平九年,即年富力强仅31岁时,着令年仅13岁的皇太子元服,并于即日让位,醍醐天皇就此登基。醍醐天皇励精图治,创下了多项政治业绩。

登基甫定,醍醐天皇即任命藤原基经的儿子藤原时平为大纳言、菅原道真为权大纳言。两年后,即昌泰二年(899年)又晋升藤原时平为左大臣、菅原道真为右大臣。虽上皇让位之时,令新帝幼少时由藤原时平、菅原道真宣行万机,但作为文章生破格晋升为太政官的菅原道真,终不免招致诸派势力反对。因此醍醐天皇借机"清君侧",翦除身边的上皇宠臣,于延喜元年(901年)正月25日戊申诏令菅原道真左迁。《日本纪略·后篇一》论述了当时的情景:"诸阵警固,帝御南殿,以右大臣从二位菅原朝臣人大宰权帅,以大纳言源朝臣光任右大臣,又权帅子息等各以左降。"菅原道真左迁后,醍醐天皇重用左大臣藤原时平,并于延喜二年(902年)3月13日以改革政治为目标,采取了一系列新政措施,向诸国司颁发了一系列措词严厉的太政官符以图重建律令体制,史称"延喜新制"或"延喜之治",主要内容共有9条,即:敕旨开田,禁止诸院诸宫及五位以上收买百姓田地舍宅,停止占用闲地荒田;重新班田;严格调庸缴纳;禁止诸院诸宫王臣家占用荒地、山川;修造破损的官舍、驿站、池堰、国分二寺及神社,等等。① 不难发现,规定"诸院诸宫王臣家"及"五位以上"官僚的权利和义务,是这次改革的重点。而其历史背景是藤原良房为护佑其皇太子外孙,于仁寿二年(852年)在山城国(现在的京都一带)深草建造嘉祥寺西院,贞观四年(862年)获贞观寺寺号并获庄园、土地。庄园由此发端并愈益膨胀,侵吞公田。

需要说明的是,所谓"院宫王臣家"不独是了解"延喜新制",也是了解9、10世纪的日本的一个关键词:"院"指居于其中的太上天皇及其官邸。如"嵯峨院"、"淳和院"即属此类。天皇亦有仿效太上天皇建立院的,此为后院,但是否包括在"院"内尚不明了。"宫"指春宫坊和中宫职,即皇太子和"三后"(皇后、皇太后、太皇太后)的参与政治和社会生活的机构。7、8世纪亦称亲王、诸王的官邸为宫。王臣"家"是亲王1品至4品,诸王、诸臣正1位至从3位的官邸。4位、5位官邸称"宅"。

"延喜新制"确实得到了有效贯彻实施。但是,好景不长,因为律令制显然已成"明日黄花"。延喜九年(909年)藤原时平去世后,天不遂人愿,尽管醍醐天皇仍踌躇满志,但此后各种疫病的流行、旱涝灾害引起的饥馑、盗贼、放火频发导致社会治安的混乱,不仅使继续推行原先的政策成为不可能,而且导致律

---

① 见《聚类三代格》及《政事要略》。

令制的加速崩溃。延喜十四年(914年)2月15日,醍醐天皇向公卿诏令官员就国政提出意见。4月28日,前文章博士三善清行奉上了著名的"谏书"《意见封事十二条》,从维护律令制权威的立场出发,严厉指出了各项政事的混乱:"风化渐薄,法令滋彰,赋敛年增,徭役代倍,户口月减,田亩日荒",并提出了相应对策:"消水旱求丰穰"、"禁奢侈"、"敕诸国随现口数授口分田"、"依旧制增置判官",等等。这封"谏书"既是对时局的担忧,更是一面时局的镜子。① 虽然三善清行的意见得到了醍醐天皇的高度重视,但是律令制的权威皇权都无法维护,一纸文书又如何撑起律令制将倾的大厦？在日本被称为"时代剧"的历史剧总是一幕幕上演,以律令制为剧本的"王土王民"时代剧剧终曲尽,"摄关政治"的时代剧终将正式开演。藤原时平逝后,不仅他的弟弟藤原忠平作为右大臣继续执权,而且推行维护院宫王臣家私人利益的政策。在开场锣鼓已经敲响的时候,皇权的衰弱和藤原氏权威的强化,已经决定了谁是即将开场的"摄关政治""时代剧"中的主角。

　　不可否认,醍醐天皇堪称一代明君。他在位期间始终亲理朝政,一生未设置摄政、关白。在他统治的年代,鉴往知来的《日本三代实录》和制定规矩的《延喜格式》的相继编纂,分别为"六国史"和"三代格式"画上了圆满的句号;在他统治的时代,作为文化"风向标"的《古今和歌集》的问世,预示了唐风汉诗的地位将被"和风"诗歌所取代。顺提一笔,当今日本国歌《君子代》就出自这本歌集。

　　延长八年(930年),醍醐天皇因病让位,时隔不久大行,亦年仅46岁。醍醐天皇大行后,年仅8岁的皇太子宽明亲王即位,号称朱雀天皇。其外伯父、左大臣藤原忠平摄政。天皇元服后,藤原忠平从摄政变成了关白。天庆四年(941年)11月28日,天皇颁诏,令诸臣仿效仁和旧制,一切听命关白:"万机巨细,百官总已,皆关白于太政大臣,然后奏下如仁和故事。"②

　　但是,天庆九年(946年),朱雀天皇之后登基的村上天皇在天历三年(949年)70岁的关白藤原忠平去世后,和醍醐天皇一样始终未立摄政关白,并因亲理国政且治国有方,其当政时期和醍醐天皇治世作为明君治世的圣代,被后人并誉为"延喜·天历之治"。确实,在藤原氏领衔主演的"摄关政治时代剧"正式开演之前,这两位天皇理应赢得后世的掌声与喝彩。因为,他们允许臣下犯颜直谏并和他们互相协调;他们高瞻远瞩的政策推动了文坛兴旺,文运隆昌。但是,正如"高潮"往往在戏剧谢幕之前出现,作为"延喜·天历之治"重要象征的国史、格式的编纂、钱币的铸造堪称律令时代剧的最后一个高潮并自此退出

---

① 《日本史料集成》,第124—125页。
② 《日本纪略》后篇二同日条。

律令国家搭建的古代史舞台。奴婢身份的逐渐废除虽然值得称赞,但却因此毁掉了固守律令制身份秩序的最后一道防线。此后,摄政关白正式开始作为时代剧的主角粉墨登场。

　　在被两代天皇打入"冷宫"后,自冷泉天皇开始,摄政、关白开始被设定为固定的职位,不再遭受"冷遇"。康保四年(967年),村上天皇驾崩,皇太子宪平亲王,即使摄政关白不再遭受"冷遇"的冷泉天皇登基。冷泉天皇即位时已是18岁的成年人,按理能够亲理朝政,无奈当年的宪平亲王在备位东宫的时候,就精神有疾,举止怪诞。甚至在给父亲的信件中画上一具男根。虽按现代科学的看法,这无疑与近亲繁殖有关,无奈那时的日本朝廷认为是灵异作祟,百般求神拜佛,然东宫的病却终不见好。这样的东宫成为天皇,当然难以名副其实地成为人君。于是平定承平・天庆之乱的功臣藤原忠平的长子藤原实赖登上了关白宝座。据《日本纪略》记载:"(康保四年)六月廿二日己卯,诏令左大臣(实赖)关白万机。"安和二年(969年),藤原实赖发动"安和之变",使政敌、左大臣源高明被左迁为大宰权师且失去了政治生命,从此独掌朝纲。"安和之变"5个月后,冷泉天皇退位,其弟圆融天皇即位。藤原家之后、师贞亲王(以后的花山天皇)以2岁之身被立为皇太子入住东宫。圆融天皇时年仅11岁,当然需人"监护",于是藤原实赖便以太政大臣的身份摄政。翌年,即天禄元年(970年),71岁的藤原实赖谢世。时年12岁的圆融天皇依然在政治上无法"断奶"。于是便由天皇的舅父、右大臣藤原伊尹担摄政。冷泉、圆融两代天皇后,摄政关白基本上成了常设职位,由藤原实赖的子孙或他的弟弟藤原师辅的子孙担任。天皇幼小时由摄政"监护"、元服后由关白"辅佐",遂成为惯例。永观二年(984年),圆融让位、花山天皇即位。藤原兼家之女诠子所生的皇子怀仁亲王(以后的一条天皇)被立为皇太子。宽和元年(985年)7月,即位仅1年多的花山天皇因痛失怀有身孕的宠爱女御,决意出家,让位于怀仁亲王。于是,朝廷又一个年仅7岁的幼帝一条天皇登基。一条天皇的外祖父藤原兼家作为"监护人"摄政时,"高瞻远瞩"地立他的女儿超子所生的居贞亲王为皇太子。宽弘八年(1011年)6月居贞亲王登基成为三条天皇。

　　如上所见,外戚藤原家族作为摄政关白真正开始伸张势力,始于冷泉天皇时代的藤原实赖。经过代代努力,至藤原道长时,藤原家族在朝中的权力达到顶点,几乎将天皇玩弄于股掌之间。摄关政治因他而奠定了最坚实的基础。天皇虽仍安坐紫宸殿,但早已风光不再。大津透一语指出关键:"(藤原)道长的时代,是摄关政治的典型。"[1]

　　藤原道长能够为摄关政治奠定坚实基础,"长寿"和"多女"是两大要素,并

---

[1]　大津透:《道长和宫廷社会》,讲谈社,2001年,第22页。

因此成为四代天皇的岳父。他的女儿妍子是三条中宫、彰子是一条中宫、威子是后一条中宫、嬉子是后朱雀女御(仅次于中宫的妃子)。之后彰子生下了后一条和后朱雀天皇,嬉子则生下了后冷泉天皇。

  宽弘八年(1011年)6月三条天皇即位后,中宫即是藤原道长的女儿妍子。长保元年(999年),藤原道长使其长女彰子进入了一条天皇的后宫并于翌年成为中宫皇后。由于当时藤原道长的侄女定子已经成为中宫,因此形成了"一帝二后"的格局。宽弘五年(1008年),彰子不负父望,生下了皇子敦成亲王。宽弘八年(1011年)6月,32岁的一条天皇登遐。东宫居贞亲王登基,是为三条天皇。几乎与三条天皇登基同时,敦成亲王被立为皇太子。嗣后,藤原道长急于让外孙登基,以三条天皇患有眼疾应该休息为由,多次劝其让位。最初三条天皇未轻易顺从,无奈内里在长和三年(1014年)2月9日和翌年11月7日两次发生大火,三条疑为天意警告,无奈只得顺从,但提出一个交换条件:立他和皇后诚子所生的敦明亲王为皇太子,藤原道长表示赞同。"长和五年(1016年)正月廿九日甲茂,未刻,三条院天皇逃位,让皇太子。皇太子春秋九岁,于时御坐上东门院,令新帝外祖左大臣藤原道长朝臣摄行政事"。①文中提到的皇太子即敦成亲王(后一条天皇)。他登基后,曾在一条、三条天皇时期的"内览"左大臣藤原道长,自此作为9岁幼帝的外祖父正式摄政,并确立了其在朝中的绝对权威。宽仁元年5月,42岁的三条天皇驾崩。自知早晚被废的东宫敦明亲王向藤原道长提出"辞呈",藤原道长当然求之不得。于是,再立自己的外孙、后一条天皇的同母弟弟敦良亲王为皇太子(以后的后朱雀天皇),并在3年后的治安元年(1021年)将自己的女儿嬉子许配给敦良亲王。之后,嬉子生下的皇子成了后冷泉天皇。如此,藤原道长不仅完全掌控了天皇的后宫,而且掌控了天皇的"任免权"。他的两个儿子藤原赖通和藤原教通,也沿袭了摄政的权位。

  综上所述,醍醐天皇和村上天皇的"延喜·天历之治"显现了律令制"王土王民"最后的荣光,但这种荣光无异于律令制寿终正寝前的"回光返照"。更重要的是,如果说当时律令制仍然还是"一栋楼",尽管已经"山雨欲来风满楼",10世纪承平、天庆年代,即30、40年代爆发的"承平·天庆之乱",无疑是摧毁律令制这栋楼的骤雨狂风。因为,律令制的衰亡不独是宫廷权力的转移,更是社会结构的变革。

  9世纪末至10世纪前半叶,各地反对国政改革的动乱频发。中央政府为了平乱,任命、派遣了一批作为军事指挥官的押领史和追捕使。但始料不及的是,由此埋下了"承平·天庆之乱"的种子:延喜初年任命平氏的祖先高望王和

---

① 《日本纪略》后篇十三,后一条天皇践祚前抄记。

足利氏的祖先藤原秀乡为押领史,平定关东地区的动乱。拙作以后会写到,平氏和足利氏均是"乱世之枭雄"。

严格地说,"承平·天庆之乱"应该被称为"天庆之乱",因为,发生在承平年代和天庆年代的动乱具有截然不同的性质。

承平五年(935年),同为平氏家族一员的平将门和平良兼之间的"同氏操戈",拉开了"承平·天庆之乱"的序幕。据记载这场争斗的原始资料《将门记》所述,平将门是"桓武天皇第五代之苗裔高望王之孙"、"陆奥镇守府将军平朝臣良持"之子;平良兼则是"将门之伯父"。9世纪末,高望王被降为臣籍,并获赐平姓,后作为"上总介"被派往关东平乱,平乱后仍留驻上总国,平氏伯侄就是高望王的后裔。朝廷让高望王留驻当地,原本希望依赖其名声和武力维护地方治安的,孰料"尾大不掉",其一族在关东北部的势力日益壮大,最终催生了武士并成天皇沦为傀儡的武家政治的温床。这场内斗,有说起因于势力范围的争夺,亦有说起因于"冲冠一怒为红颜"的争风吃醋。不管哪一说,均不认为具有"犯上作乱"的意图。尤其能支持这种认识的是,平将门在包围平良兼后,故意放了他一条生路。因为平良兼是朝廷命官"下总介",不可随意处死;另外,朝廷获报两人"火并"后传唤平将门,平将门即赶赴京城为自己作了辩解,未被处置。

但是,随后发生的"天庆之乱"则无疑是一场反抗朝廷的"叛乱"。这场叛乱始于常陆国土豪藤原玄明向平将门申诉国司之无道,请求平将门为他作主。早已想"占山为王"的平将门欣然接受请求。天庆二年(939年)11月,平将门率兵袭击了常陆国府,夺取了象征权力的印鉴和钥匙,并因此难辞"叛乱"的罪名。①之后,平将门逐一驱逐"关东八国"国司。在进入上野国后,平将门根据一号称"八幡大菩萨使节"的女巫的"神托",登上了"新皇"宝座。之后即仿效中央朝廷政体任命文武百官,并在下总国规划建设都城。朝廷接报后,先是向神佛祈求平安,然后令关东周边各国采取平乱行动,任命东海道、东山道追捕使;最后任命藤原忠文为征东大将军发兵制止叛乱。最终,平将门被诛,包括其兄弟在内的同党被一网打尽。论功行赏,藤原秀乡、平贞盛、源经基等均加官晋级。

"东西呼应",是时西海岸地区也发生了以藤原纯友为首、以伊予国为根据地的"海贼叛乱"。藤原纯友原本不是海贼,其曾祖父是9世纪末的"权中纳言"藤原长良,父亲是"筑前守、太宰少二"藤原良范。10世纪30年代,藤原纯友被任命为平定伊予国海盗的军事首领"伊予掾"。但是,所谓自古"官匪一家",藤原纯友借此纠集了濑户内海的诸多海盗自立为王,成为地方霸主。据

---

① 律令制奉行"文书主义",公文上均须盖章以证明其权威性;钥匙用于开启储藏谷物的仓库。按照律令制,非储藏非常用谷物的"不动仓"的钥匙由中央政府的中务省掌控,国司亦无权自由开启。

原始资料《扶桑略记》天庆三年 11 月 21 日条转述《纯友追讨记》记载:"纯友追讨记云,伊予掾藤原纯友居住彼国,为海贼首。唯所受性狼戾为宗,不拘礼法。多率人众,常行南海山阳等国,滥吹为事。暴恶之类闻彼威猛,追从稍多。押取官物,烧亡官舍以之为其朝暮之勤。"①天庆二年(939 年),即平将门率兵袭击常陆国府的同一年,京中发生火灾,"备前介"(官职)藤原子高欲告发称此乃藤原纯友所为,但被藤原纯友先发制人在路上将其捕获。甚而翌年与赞岐国介藤原国风率领的国衙军发生冲突,并放火焚烧国衙、抢夺财物。至此,藤原纯友脑后的"反骨"形态毕露。同年 3 月 4 日朝廷任命小野好古为长官、将门之乱的告密者源经基为次官,率 200 余艘兵船前往藤原纯友的根据地伊予国平乱。本来和拥有千余船只比起来,官军寡不敌众,但藤原纯友手下最大的海贼首领藤原恒利却树起了"反旗"。尽管内外夹击没有立刻摧垮藤原纯友,天庆四年(941 年)他还率兵占领了太宰府。对此深感震惊的朝廷即命令曾任征东大将军讨伐平将门的藤原忠文为征西大将军。官军和叛军在筑前博多对纯友进行了水路两路夹击,一举收缴了纯友统辖的 800 余艘船,并将逃往伊予的藤原纯友诛杀。一场大乱终告平息。

上述两个叛乱所以同时发生,无疑与当时的国际、国内政治彼此相关的一系列变化有关:首先,自 9 世纪至 10 世纪,随着唐朝衰亡,东亚国际局势发生了显著变化,日本朝廷军事体制进行了调整,军备开始减弱;其次,与中央军事力量减弱呈相反走势,随着律令社会结构的逐渐解体,官员、贵族、地方豪强、寺院等各种势力形成了错综复杂的利害关系,并逐渐形成了各种地方武装;再次,为了应付日益抬头的地方豪强势力,中央在增强国衙权限的同时,也增强了触发矛盾冲突的可能。总之,导致叛乱发生的根本原因,当在地方势力的强化和朝廷势力弱化的趋势中寻找。

毋庸赘述,上述叛乱是以地方霸权反抗中央强权的方式展开的。这种叛乱几乎前所未有。因此,虽然难言上述动乱是中世纪封建制开始取代古代律令国家中央集权制的报春鸟,但却无疑是以地方领主制为特征的中世纪社会萌芽的绽放。按照义江彰夫的观点,这两次大乱"是象征从古代社会向中世纪社会转换的大动乱"。②

三、"由上皇或法皇在院厅主理国政"

"由上皇或法皇在院厅主理国政",略称"院政",是平安时代末期继摄关政

---

① 《扶桑略记》第二十五同条。
② 儿玉幸多等主编:《日本历史大系》第 1 卷《原始·古代》,第 789 页。

治之后出现的一种政治形态。按照权威的日语辞典《广辞苑》的释义,所谓院政,即"白河上皇专政的权势下确立、以上皇或法皇在院厅主理国政为常态的政治形态。名义上院政持续至江户末期的光格天皇时期,但实际上院政至镰仓末期后宇多天皇时期已经结束,历时 250 多年"。也就是说,院政是日本平安时代末期由太上天皇(皈依佛门后称法皇)掌握实权的一种政治形态。虽然在形式上院政的历史漫长,始自后三条成为上皇的 1072 年,终于光格上皇驾崩的 1840 年,但实质上在平安时代末期平治元年(1159 年)"平治之乱"发生后,已经开始发生极大变化。历史已开始向"武家之世"迁移。

一般认为,院政始于应德三年(1086 年)11 月白河天皇让位于年仅 8 岁的堀河天皇而成为太上天皇,在居处建立院厅掌握国政大权。因院厅拥有摄政、关白(见摄关政治)以上的权威,因此受到为藤原氏所压制的贵族的支持。虽然院政历时长久,但实际上只有自 1086 年院厅建立至 1192 年镰仓幕府建立的百余年间才史称"院政时代"。源赖朝建立镰仓幕府后,院政时代即已宣告结束。因为此后院政虽仍断续存在,但已实质全变,面目全非。

不少学者认为,院政作为一种新的政治形态的出现,是对发端于 9 世纪的摄关政治的否定,是日本社会行将进入中世纪的里程碑。这种观点当然正确。但是,如侧重于考察权力结构的变化,那么似可以认为"藤原道长的王权"的形成更具有划时代意义。就严格意义来说,天皇亲政、摄关政治、院政等概念,其指向是实权所在,而非指政治结构。院政的成立仅意味着权力重心发生了变化,而不是一种新的政治制度的产生。因此,在考察从古代向中世纪转变时,就权力关系的变化而言,与其说中世纪的基础是由摄关政治向院政转变奠定的,毋宁说是由藤原道长规划、由"院政"方式体现的政治结构的变化奠定的。

那么,同样使天皇形同木偶的摄关政治和院政,究竟有什么明显区别呢?就本质而言,即摄关政治是天皇的父系和母系共同执政,而院政则努力排除母系,试图由父系独掌大权。那么,院政的基本结构如何?运作方式如何?这两个问题对了解何为"院政",显然是无法绕开的重要问题。

作为一种政治形态,"院政"的特征首先是太上天皇掌握并确立了对天皇的"任免权"。在摄关政治时期,天皇的地位为外戚藤原氏所左右。后三条天皇试图从外戚手中夺回这一权力,最终未能取得成功。白河天皇即位后,成功指定了堀河天皇—鸟羽天皇—崇德天皇继承皇位,即指定了直至曾孙的直系子孙继承皇位。而对廷臣、贵族的人事任免权,则举行叙位、除目仪式。所谓"叙位"即授予位阶。平安中期以后,每年正月 5 日或 6 日在宫廷中举行仪式,敕授五位以上位阶。而"除目"则是记载获任官僚的花名册。平安时代以后,任命诸司、诸国的主典以上官吏要在宫廷中举行仪式,由公卿大臣根据诏敕一一记下获任官吏的姓名。在天皇幼小时,这些仪式在内里的摄政官邸举行。天皇成人后,这些仪式则在御前举行。这一原则至摄关时期始终得到遵循。但是至院政时期,由于院的介入,朝廷的官吏任免权实际上已为院所掌握。例如,嘉承三年(1108年)正月5日,幼帝鸟羽天皇践祚后首次举行除目,白河法皇的许多侧近被派赴经济发达的播磨、伊予等地任职,此为谁的意志的体现、谁在幕后操纵,似无需赘言。

  作为上皇"执政机构"的,是院厅。所谓"院厅"即附属于上皇处理政务的机构,在嵯峨上皇时期初步形成、宇多太上天皇时代扩大、平安中期圆融太上天皇时代近乎成形、白河太上天皇院政时期进一步扩充并最终成形。院厅主要由下述人员和机构组成:1.别当(主管院厅行政事务官员)、判官代(比别当级别低的官员,由五位、六位的官员担任)、主典代("主典"音同"佐官"即辅佐官员,主要负责公文处理)等组成的行政事务处理机构;2.殿上人(获准进殿的官员,指4位、5位官员和6位的藏人)、藏人(负责诏敕传宣的官员)等太上天皇的侧近;3.别纳所(收纳贡品等库房)、文殿(放置文件、档案的地方)、御厩(马厩);4.御随身所、武者所、北面等上皇和院厅的警卫机构。

  长期以来,学术界对作为一种政治形态的院政在国家政治中的地位,特别是院厅与朝廷的关系的认识,一直深受关白藤原忠通之子、曾任天台宗座主和后鸟羽天皇朝大僧正的慈圆的影响。大致经纬是:由于缺乏明确记载后三条天皇何以让位的史料,因此长期以来,年富力强且踌躇满志并已经展开"新政"的后三条天皇突然让位的真意,并在让位后5个月即晏驾,一直是研究日本史的专家费心破解的哑谜,并因此众说纷纭。首先试图破解这个哑谜的,是慈圆。慈圆,谥号慈镇,关白藤原忠通之子。11岁在延历寺受戒,称道快,后改名慈圆。其兄九条兼实担任关白期间为后鸟羽天皇护持僧,就任天台座主,后升任大僧正。慈圆在写于镰仓时代初期的史论《愚管抄》中,提出了对后三条天皇何以让位的看法。他指出,后三条天皇对长期延续的摄关政治极为不满,欲亲自主理朝政,并在退位后亦制定了亲自理政的计划,但是因突然驾崩,壮志未酬。但是此后白河上皇掌握了政治实权,院内近臣势力急剧膨胀,摄关地位大幅下陷,一种新的政治形态诞生,后三条天皇的政治理想亦随之完成。慈圆的见解为南北朝时期北畠亲房所承袭和强化。北畠亲房在他被并称为"中世纪两大史书"的《神皇正统记》中不仅坚持了慈圆的见解,并进而提出白河上皇主掌政权,完全改变了以往的政治形态。在摄关政治时期,政令是通过天皇宣旨、太政官官符发布的,但是自白河天皇以后,院的宣令、院厅下发的公文比前者更受重视。至近世江户时代,新井白石在他的名著《读史余论》中亦对上述见解表示赞同。按照新井白石的见解,"天下之大势有九变",其中第四变是

"后三条院抑制摄家之权";第五变为"上皇御政务之事"。明治以后,黑板胜美《国史的研究》和三浦周行《有关院政的一项考察》亦支持上述看法。现代河野房雄的《论后三条天皇的让位》亦认为,实施"院政"是后三条天皇让位的主要目的。上述对院政的见解迄今仍有影响。

但是,20世纪60年代后,诸多学者的实证性研究证明,上述见解并不准确。因为史料显示,当时日常政务仍由以太政官为首的各官厅处理,重要事项仍由"阵定"即作为太政官最高官员的公卿议决,以往的朝政运作方式并没有因院政的出现而发生改变。上皇和院厅发出的公文,即院宣和院厅文件,并不具有天皇的宣旨和太政官的官符那样的效力。如铃木茂男指出,在白河、鸟羽两院政时期,院厅下达的文件和院厅牒等有别当、判官代、主典代署名的文件,均仅和院厅有直接关系,与一般国政无关。院宣虽然是向各方传达上皇圣意的文书并受到高度重视,但亦仅作为私人文件,并不因此取代了太政官符等官方文件,亦不具有那种效力。关键是:在这种政治运作方式的背后,上皇下达的敕旨和诏令往往对重大问题的裁断有重大影响。换言之,即作为天皇的父亲乃至祖父的上皇,继续利用以往的政治机构和执政形式左右国政,包括立选东宫以及厚待宠臣并因此奠定了经济基础,而不是以院政取代国政,这才是院政的实态。因此,"院厅政治"并非如以往各家所言,是以"院政"取代"国政"的一种政治状态。事实上,院政是一种政治形态,更是一种新的政治机构和政治形式,但没有取代国政。院政存在,但国政照样存在。田中文英在他的论著中有一段对院政颇有启发性的评述:"所谓院政这一政治形态,即使在中央政界贵族阶级范围内,也并非是国家政体所需求的不可或缺的存在。特别以摄关家为首的反院政派政治势力,更执拗地展开否定上皇干预国政的思想和政治行动。那么在这种政治状况中,院以怎样的理论逻辑和实际方法使其干预国政正统化,使院政这一政治形态在国家权力机构中取得正式合法的地位呢?不难发现,院就是基于其和摄关政治不同的、院独特的立场出发,强调与帝王的关系。"[①]

尽管至少在白河太上天皇时期已经形成了所谓"院政"政治结构,但"院政"这一术语,犹如天皇的谥号,是后人加封的,当时并没有"院政"这一术语。"院政"这一术语的首次亮相场所,是江户时代末期赖山阳撰写的《日本外史》。至明治时代,"院政"作为历史学术语被广泛采用。不过,"术语"出现滞后,并不说明对院政迟至江户时代才有认识。事实上,对上皇治政的经纬及其作为日本一定历史阶段的政治形态的认识,在其亮相之前早已为人们所识。按照人们的一贯认识,院政,即"上皇"主政的政治形态发端于后三条天皇时期,形

---

① 田中文英:《院政及其时代》,思文阁,2003年,第35—36页。

成于白河天皇时期,确立于堀河天皇时期。为阐述这一院政形成的经纬,对院政的历史发展经纬作一回溯,似至为必要。因为,这种回溯不独是为了重现颇为独特、甚或可以说世所仅见的政权构成方式,梳理日本历史的一段脉络,更为了证明一个其实已被历史无数次证明的真理:内容比形式重要,武力比权力重要。

追溯历史,花山天皇时代已为院政登上历史舞台,留下了伏笔。花山天皇后的一条、三条、后一条、后朱雀、后冷泉天皇,除三条天皇外,或驾崩于在位之际,或登遐于让位不久,均无当太上天皇的经历,从而使外戚摄政名正言顺。万寿四年(1027年),藤原道长的外孙女祯子成为东宫敦良亲王(即以后的朱雀天皇)的妃子,并于长元七年(1034年)生下了尊仁亲王(以后的后三条亲王)。宽德二年(1045年)朱雀天皇染疾,让位于亲仁亲王(后冷泉天皇),并立亲仁亲王的异母兄弟尊仁亲王(以后的后三条天皇)为下任天皇。藤原道长之子藤原赖通因与尊仁亲王没有外戚关系而竭力制止,但终未得逞。治历四年(1068年),44岁的后冷泉天皇驾崩,时年35岁、已居东宫20余载的尊仁亲王登基,成为后三条天皇。

后三条天皇是宇多天皇驾崩170多年后第一位不以藤原氏为外戚的天皇。他在登基后推行新政,其中最著名的政策就是于登基翌年,即延久元年(1069年)2月22日以太政官符的形式颁布的所谓"庄园整理令"。不过,应该强调的是,以禁止庄田和公田的不正当交易为核心内容的这场改革,本质上是"延喜新制"的延续。延久四年(1072年),39岁的后三条天皇在执政仅4年后突然让位于20岁的皇太子贞仁亲王即白河天皇,并在让位5个月后晏驾。现代史学家大多认为,后三条天皇让位后即设置院厅、任命包括5名公卿在内的7名别当、主典代、公文等院司,并设立院藏人所等组织,说明他试图以此遥控朝政。但不管何种原因,有一点似可肯定,即"后三条奠立了自己决定皇位继承者的立场。虽则他的构想因翌年5月40岁时去世而未能实现,但因此提供了由院掌握皇位继承决定权的关键,并使由院'监护'天皇这一导向院政政治形态的可能性。就这个意义而言,似可以认为后三条的让位就是院政的开始。"[①]

白河天皇登上上皇宝座,院政真正鸣锣登场。白河天皇执政10多年后,于应德三年(1086年)11月立年仅8岁的皇太子善仁亲王(堀河天皇),并在同一天让位于善仁亲王即堀河天皇,自成太上天皇,院政自此正式拉开帷幕。

善仁亲王刚入东宫立足未稳,旋踵进入紫宸殿登上皇位。由于年仅8岁,故由摄关家嫡流藤原师实摄政。藤原师实因既无与上皇分庭抗礼的野心,也

---

① 加藤友康:《日本的时代史》第6卷《摄关政治和王朝文化》,吉川弘文馆,2002年,第93—94页。

无凌驾天皇之上的权术,因此上皇掌握实权,依然如故。诸多当时朝廷权臣留下的日记,也反映了一切唯上皇马首是瞻的权力归属。嘉保元年(1094年),对白河上皇大权独揽极度不满的藤原师实,提出辞呈获敕许,关白一职遂由藤原师实的儿子藤原师通担任。33岁成为关白的藤原师通好学有能、少年得志,自想大展一番宏图,而时年已过元服之年的16岁青年堀河天皇亦不甘再当傀儡,想有一番作为。于是,两人一拍即合,联手分割上皇权力,形成了天皇、摄关与白河上皇各为一方,"世间事,两方相分"的对立格局。①这种格局使上皇权力受到极大限制。

永长元年(1096年)8月7日,白河上皇最宠爱的皇女媞子内亲王病逝。应德元年(1084年)9月因痛失最宠爱的中宫贤子曾想退位的白河上皇,经受不住感情和精神上的一再沉重打击,于两天后剃度。然而,剃度遁入空门,并不意味着一定看破红尘与世无争。上皇其实对权力依然心有向往,且愈爱愈深。康和元年(1099年),藤原师通猝死。嘉承二年(1107年)7月堀河天皇驾崩。之后,白河法皇立年仅5岁的孙子鸟羽天皇即位。本来,天皇、太上天皇、外祖父等协力处理政事,是摄关政治的特征。特别在决定"东宫"(皇太子居所)或天皇继嗣等重大问题时,均由天皇、上皇、国母、外戚等协商决定。但是鸟羽天皇即位,根本没有这一程序,完全由上皇决定。而上皇独揽大权,如上所述,是院政作为一种政治形态形成的主要标志。

鸟羽天皇当政后,由藤原师通的儿子藤原忠实摄政。当时,天皇的舅舅、上皇的宠臣藤原公实作为外戚亦觊觎摄政之位,为此,藤原忠实特别要求在任命其为摄政的"宣命"中明记,此任命乃奉上皇之旨意。②这一任命过程昭显了摄政一位由上皇决定的实情,从而在院政的道路上迈出了关键一步。

在通往院政的道路上进一步的跨越发生于保安元年(1120年)。是年发生的一件事,使藤原忠实的关白一职实质上被罢免。事情经纬如下:

是年,白河上皇诏令藤原忠实的女儿泰子入其后宫,藤原忠实不仅推诿犹疑,而且策划使泰子入鸟羽天皇的后宫。上皇获悉,极为震怒,当即剥夺了藤原忠实的实权——内览,并诏令藤原忠实之子藤原忠通担任关白。藤原忠通提出,若对父亲的处罚不解除实难从命,因此上皇解除了对藤原忠实的处分,让其自己提出辞呈。此事件实际上诏告天下,对摄政、关白,上皇亦可随意左右。既然连作为最高廷臣的摄政、关白的任免权都由太上天皇操控,那么朝廷的一切权力最终都握于太上天皇手掌之中,当然是题中应有之义。权大纳言

---

① 中御门右大臣藤原宗忠日记《中右记》嘉承二年七月十九日条。
② 《朝野群载》卷嘉承二年七月十九日任摄政宣命。另据藤原忠实的日记《殿历》同日记载,宣命中明记任命他为摄政乃奉上皇旨意,是他特别要求的结果。

藤原宗忠在白河上皇驾崩当天的日记中如是写道："自后三条院崩后，禅定法王(白河上皇)掌控天下之政 57 年(在位 14 年，避位后 43 年)，任意而不拘法，行除目、叙位(按：即官员、阶位的任命和诏赐)，古今未有……威满四海，天下归服，掌幼主 3 代之政，成齐王 6 人之亲，桓武以来，绝无此例，堪称圣明之君，长久之主。然理非决断、赏罚分明；爱恶揭焉，贫富显然。因男女之宠殊甚多，至天下之品秩破坏。"①藤原为隆也在其同一天日记中对白河上皇作如是评价："百王之间，未闻此例，威满四海，权振一天。"②

至此，退位后的太上天皇虽身在院内而不在紫宸殿，但却可以对朝政独断专行的政治形态开始出现。这种被后世称为"院政"的政治形态以后历久不衰，成为日本的一种政治特色。

大治四年(1129 年)，77 岁的白河上皇驾崩。此前 1123 年其皇孙、年仅 27 岁的鸟羽天皇已继任上皇——太上天皇，11 岁的崇德天皇继承皇位。在此后 28 年时间里，鸟羽上皇承袭白河院传统，在"院"里行"天下之政"。但是，和白河上皇时期相比，鸟羽时期的院政呈现出几点应予关注的变化：

第一，所谓"一朝天子一朝臣"，政权中枢随专制君主的更替而发生变化。原先得宠于白河上皇的藤原显盛等被冷落一边，以藤原忠实为代表的新的权势人物开始出现。如上所述，藤原忠实其实并非政界新秀，在白河上皇时即任关白。因不情愿将女儿泰子"许配"上皇而触动龙颜，无奈递交"辞呈"离开关白宝座。天承元年(1131 年)，藤原忠实在"笼居"宇治 12 年后复归朝廷，并在翌年即长承元年(1132 年)由上皇宣命"内览"。③不久，藤原忠实的女儿泰子成为上皇的女御，并很快史无前例地被立为上皇的皇后。由于藤原忠实曾因此迁怒白河上皇、白河上皇特立遗言严禁泰子"入内"，因此鸟羽上皇此举极具象征意义地宣告了一个时代的终结。此外，事务官僚出身的藤原显赖、藤原实行，以及武士代表、伊势平氏家族的平忠盛等，成了决策层的中心人物。武家专权，开始进入萌芽状态。

第二，白河院政时期比较活跃的"受领"即地方权势人物，地位日趋下降。所以出现这种趋向，究其原因一方面由于"受领"本身在当地的势力增强，整个社会开始向"封建化"转化，另一方面由于院领庄园的扩大使院政本身经济基础得以加强。

第三，颁布"新制"，放宽对庄园的限制。鸟羽院政时期曾分别在长承元年(1132 年)和久安元年(1145 年)颁发了"新制 14 条"和"新制 9 条"，以纠正"天

---

① 中御门右大臣藤原宗忠日记《中右记》大治四年七月七日条。
② 《永昌记》大治四年七月七日条。
③ "内览"原意为批阅重要公文，后亦成为摄政、关白的同义语。

下之过差",但具体内容目前尚不明了。目前比较明了的,是鸟羽院政时期对庄园的政策。据现存文件分析,虽鸟羽院政期亦颁布了庄园整理令,但当时院厅下发的公文,多是对庄园的成立给予认可,而白河院政时期此类公文则绝无仅有,两相对照,差别一目了然。以能登国为例,在鸟羽院政时期的1136年至1145年批准建立的庄园土地面积,达到全国土地总面积的44%,若狭和伊贺等国也与能登情况类似。同时,鸟羽院政时期是所谓"庄园公领制"确立时期,即许多庄园向上皇"周边"集中,成为上皇建立的神社寺院的领地,或由上皇宠爱的女性、子女分割、传承。总之,庄园作为社会重要的土地制度的确立,是在鸟羽院政时期。而摄关家藤原氏的庄园,在藤原赖通任关白时属领有所增加,在藤原忠实任关白时被归并为一个大庄园。被称为"富家殿"的藤原忠实此举的目的,是在长期掌握的实权被院政夺去之后,作为庄园主维持摄关家的权威。

鸟羽院政时期的一些皇朝年号颇耐人寻味:大治、长承、永治……1145年4月5日,因东方出现彗星、"尾长一丈";23日西方又出现彗星,为谢天酬,是年改元"久安"。然而,无论大治、长承、永治还是久安,均只能表明祝愿而不能反映现实。在鸟羽院政时期,在统治阶层相对祥和的表象背后,各种矛盾错综复杂,特别是围绕皇位的争夺,更是剑拔弩张,整个国家弥散着驱之不散的血腥,流血事件不断发生。在朝内,所谓"天下没有不散的宴席",以摄关藤原家族争权夺利为背景,保安元年(1120年)11月,已经从鸟羽殿(位于京都南郊的上皇离宫)入住京中三条殿的鸟羽法皇,颁布了终止藤原忠实内览的宣命,实质上剥夺了其作为关白的权力。翌年即保安二年3月,藤原忠实之子藤原忠通被任命为关白,并作为4代天皇的关白,掌握内览权长达38年。尽管鸟羽上皇以后的崇德上皇、近卫上皇均没有其先父的伟略,但是摄关政治的黄金时代却随鸟羽上皇驾鹤西行,不再复返。

保元元年(1156年)7月1日,年仅17岁,继崇德天皇之后继承皇位的近卫天皇夭折。翌日,54岁的鸟羽上皇在鸟羽殿登遐。长期以来铁腕"治世之君"的辞世,如火种点燃了权力之争这堆干柴:崇德上皇和后白河天皇的矛盾、摄关家的藤原忠实、藤原赖长父子和藤原忠通的矛盾:是月11日,"保元之乱"爆发。7月11日与往日明显异常,破晓的不是鸡叫声,而是迅疾的马蹄声:在下一时代时代剧的序幕扮演主角的平氏和源氏家系的平清盛、源义朝、源义康分别率领铁骑共600余,分几路向崇德上皇的居所白河殿发起攻击。据史籍记载:"十一日庚戌鸡鸣,清盛朝臣、义朝、义康等军兵都六百余骑向白河。清盛三百余骑自二条,义朝二百余骑自大炊御门方,义康百余骑自近卫方。"[①]面对奇兵,崇德

---

① 《兵范记》。

上皇招架不住,逃入仁和寺;左大臣藤原赖长中流箭,身负重伤,在逃往奈良3天后死于般若寺。"保元之乱"很快被打上休止符。当月23日,已逃入仁和寺的崇德上皇被发配赞岐国,一些上皇侧近的官员或被问斩,或被流放。绵延持久的皇位争夺问题,最终通过武力在短短数小时内即告解决。"枪杆子里面出政权"。信哉斯言!

美川圭的《院政》一书,在论及"保元之乱的历史意义"时如此写道:"院政期的政治结构经白河、鸟羽院政期产生了王家和摄关家两大权门。但是,围绕鸟羽法皇的身后安排,王家至少分裂为崇德、近卫、后白河三个皇统不同的派系,摄关家也分裂为藤原忠实、藤原赖长和藤原忠通两大派系。正统的皇位继承者近卫天皇夭折、翌年鸟羽法皇驾崩后,由于两大权门的分裂,政界急剧变动。保元之乱将摄关家主流藤原忠实和藤原赖长逼上绝路,最后走向灭亡。保元之乱的背景,就是父系和母系支撑的王权、父院、母后、外戚等共同执政的摄关体制即'近亲政治',仍是一种旧制,对奉行专制主义的父院显然是一种束缚。于是,父院通过院政独断专行地决定了皇位后继者。"①

保元元年(1156年)闰9月23日,即乱后仅3个月,朝廷以太政官符的形式颁布了史称"保元新制"的7条规定,主要内容是:1.非宣旨许可,不得擅建庄园;2.已建庄园不得擅自扩大;3.禁止伊势、贺茂、春日等神社神人滥行、不得新增神人;4.禁止兴福寺、延历寺等诸寺院恶僧之滥行;5.传令诸国国司,禁止国中私设滥行;6.伊势、贺茂、春日等神社近年建立"神社领地"夺占公田,需缴纳神社领地和神事费用;7.东大寺、兴福寺、延历寺等诸寺,亦须缴纳与上述神社同样费用。保元二年(1157年)10月,朝廷又以宣旨的形式颁发了35条"新制",基调仍是天皇亲政,其中有4条涉及京都街市的管理、检察。

上述两次"新制"的策划者,是后白河天皇的侧近、以"信西入道"的僧名为人们所知的藤原通宪。藤原通宪学识渊博,仅现今残存的《通宪入道藏书目录》就达97箱,涉及各个领域,并曾受上皇之命,独力续写了官撰国史书以后约270年历史的浩瀚史书《本朝世纪》(现存47卷)。另有汇集诉讼案件和法律问答的大著《法曹类林》(原230卷,现仅存4卷)。久寿二年(1155年),近卫天皇猝然驾崩。信西入道再婚的妻子哺育的后白河天皇即位。信西入道以其学识和与天皇的关系当然成为"首席智囊"。特别在"保元之乱"后,按照慈圆在《愚管抄》中的评价,纯然是"信西入道之世"。

"保元之乱"虽仅历时几个小时,但却使平安后期的政治局势因新制的颁行、皇权的再度崛起而打破了王权和摄关两大权门的平衡。本来,摄关家藤原氏长者地位是由摄关家独自决定、然后接受朝廷宣命。但是事发当天,后白河

---

① 美川圭:《院政》,中央公论新社,2006年,第111页。

天皇即无视这一惯例,宣旨称若能粉碎上皇方的军势,则不管藤原氏长者藤原赖长生死如何,均封藤原忠通为氏族长者。这,当然埋下了仇恨的种子。

保元三年(1158年)8月,后白河天皇让位于东宫守仁亲王,自为上皇。守仁亲王即位,是为二条天皇,历史开始进入后白河院时代。原本就极易产生矛盾的院政这种皇权二元化的政治形态的发展,使信西入道成为众矢之的。平治元年(1159年),左兵卫督藤原信赖、左马头源义朝等趁上皇护卫、曾因发动"保元之乱"而得宠于后白河的平清盛赴熊野神社参诣离开京都发动军事政变,矛头直指信西入道,"平治之乱"爆发。叛军将上皇和二条天皇禁闭于内里,夺得了政权。信西入道虽闻讯逃脱,但自知在劫难逃,遂在山城国令人将自己"活埋",辉煌一生,就此了断。叛军不依不饶,将其尸体挖出斩首并将其首级送往京都。之后,平清盛假装顺从叛军,设法救出了二条天皇并获得宣旨,随后依靠各方势力一举平定了叛乱。

"平治之乱"后,上皇和天皇之间为掌握政治主导权而关系微妙,廷臣和武士亦貌合神离。但是,通过"保元之乱"和"平治之乱",通过军事手段决定政权归属的政治构图已经画就。按照慈圆在《愚管抄》中的说法,时代开始进入"武者之世"。

四、唐风文化与国风文化"共存共荣"

吉川真司主编的《日本的时代史》第5卷《平安京》,以"唐风文化和国风文化"为题,论述了平安时代的文化。整章论述简洁明快,不仅标题把握住了平安时代的文化特征,而且对"唐风"的定义更把握住了平安时代的文化脉搏:"唐风不是'和'与'汉'的互相排斥,而是在天皇统治的理念中,使'唐'范畴化并占有一定地位。似只有如此理解'唐风'才有意义。"[①]

与新佛教在"唐风"下立根、传播相对应,平安时代世俗文化也日渐兴隆,并首先体现于"唐风文化"的兴隆。唐风文化的兴隆期因嵯峨天皇和清和天皇的年号得名——"弘仁、贞观文化",并以承和九年(842年)嵯峨上皇驾崩为界,分为前后两个时期。

自桓武朝至嵯峨朝,王权显著伸张。为显现和论证王权之神圣和威严,中国式的礼仪、学问获得朝廷重视。尤其在嵯峨天皇时代,"文章为经国之大业"(《凌云集》序)成为一种思想指导,文学艺术被赋予了促进国家繁荣的政治使命,尊重文艺的气氛充溢朝野。在嵯峨天皇的宫廷里,每逢游览、宴会,赋诗助兴堪称一种时髦和"常规",天皇亦热衷此道,诗人辈出,如小野岑守、滋野贞

[①] 吉川真司主编:《日本的时代史》第5卷《平安京》,吉川弘文馆,2002年,第270页、294页。

主、空海等。与之相应,《凌云集》、《文华秀丽集》、《经国集》等汉诗文集相继得以编纂。桓武朝以后,作为上述风潮的反映,原先明经道的地位,即为支撑律令国家政治理念而以学习儒教经典为中心,被"纪传道"的地位所取代。"三史",即《史记》、《汉书》、《后汉书》和《文选》学习,成为大学主要科目。"文章博士"的地位也获得提升。弘仁十二年(821年),文章博士的官位由从七位下跃升至从五位下。①中央的有力氏族也顺此风潮,在大学附近创建了所谓"大学别曹"的教育设施。和气氏的弘文院、藤原氏的劝学院、橘氏的学馆院、王氏的奖学院等,即属此类设施。②同时亦有学者在私邸授课,特别是连续三代承袭"文章博士"地位的菅原清公、是善、道真,更是门徒众多。

为了维护国家的权威并为治世提供借鉴,国史编纂继续进行,《续日本纪》、《日本后纪》、《续日本后纪》、《日本文德天皇实录》、《日本三代实录》相继问世,与《日本书纪》一起合称"六国史"。有关内容参见下表:

名 称	卷数	取载历代	取载年代	完成年	主编纂	备 注
日本书纪	30	神代—持统	—697	720	舍人亲王	缺系图1卷
续日本纪	40	文武—桓武	697—791	797	菅原道真 藤原继绳	
日本后纪	40	桓武—淳和	792—833	840	藤原绪嗣	仅存10卷
续日本后纪	20	仁明	833—850	869	藤原良方 春澄善绳	
日本文德天皇实录	10	文德	850—858	879	藤原基经 菅原是善 岛田良臣	
日本三代实录	50	清和—光孝	858—887	901	藤原时平 大藏善行	

嵯峨天皇统治的弘仁年代,文化活动丰富多彩。仅书籍的著述、编纂,除了上述论著外,还有《弘仁格》、《弘仁式》;《内里式》等法律法令、解释律令的《令义解》,以及作为敕撰氏族志的《新撰姓氏录》。

至9世纪后半期的贞观年代,以藤原氏为中心的贵族化动向日益抬头,以宫廷为中心的政治局势发生变化,文艺与政治的关系逐渐松弛,敕撰汉诗集不再编纂,取而代之的是菅原道真编纂的《菅家文草》、《菅家后集》;纪长谷雄编纂的《纪家集》等私家诗文集。汉文学方面,继仁明朝的小野篁之后,在9世纪后半叶有春澄善绳、都良香、菅原道真、纪长谷雄等,均是可圈可点

---

① 《聚类三代格》卷五,弘仁十二年二月十七日太政官府。
② 所谓"大学别曹"是学生寄宿处,本身并不授课,学生均须去大学参加考试和听讲。

的大家。更重要的是,在这一时期,作为汉文学繁荣的标志不仅仅是人物和作品,而是汉诗传统表现形式本身不断发生变化,即日本汉文学的特征正式形成。

平安时代,日本文坛并非只吹来自列岛西面大陆的"唐风"。"和风拂煦",也是这一时代文坛特征。所谓"和风"即"国风",这一词汇最初频繁出现于20世纪30年代初。当时以"国风"一词表示和歌的兴隆、假名散文的发展等文坛新的气象。至20世纪50年代,以日益高涨的"民族文化论"为背景,1951年川崎庸之指出:"国风文化是这一时代具有特征的动向,即社会的各阶层均朝这一方向努力。"

早在《万叶集》时代,汉诗与和歌已经开始结缘。如天平宝字二年(758年)正月大伴池主赠大伴家持的"歌"又记为"倭诗",可见当时已有"倭诗"是"汉诗"对偶的意识(《万叶集》卷17)。9世纪初,空海撰写了《文镜秘府论》,论述了诗歌创作的基本理论。该论著引用了中国最早的诗集《毛诗》中的观点,对诗作了如下定义:"诗者,志之所之也。""在心为志,发言为诗,情动于中而形于言,然后书之于纸"。这一思想构建了"诗"与"歌"的桥梁,对和歌的创作具有不可忽略的影响。

9世纪中叶后,"倭歌"即"和歌"一词开始流行。宽平八年(894年),大江千里奉宇多天皇之命在《白氏文集》等文集中搜寻诗句撰成的《句题和歌》,即是诗歌联姻的铁证。

嘉祥二年(849年),兴福寺法师等撰文讴歌了天皇的仁政。将此文采录于《续日本后纪》者就此评论:"夫倭歌之体,比兴为先……故采录刊载。""比兴"原为汉诗表现手法,如此评述,足见"汉诗"与"和歌"至此已形成日本"诗歌"双璧。

在所有和歌集中,《古今和歌集》无疑是平安时代"国风文化"的首席代表。曾经盛极一时的和歌在弘仁・贞观汉文学似锦繁花中不仅显得很不起眼,而且曾一度几乎身姿难觅。但是进入9世纪30、40年代的仁明朝之后,和歌创作又趋活跃,贺宴和法会吟诵和歌的喜欢重新获宠,被称为"六歌仙"的遍照(良辰宗贞)、在原业平、小野小町等开始登上历史舞台。分左右两队赛歌的形式受到人们欢迎。和歌在一度几乎被打入冷宫之后,终于可以跻身朝廷与汉诗争宠。延喜五年(905年),纪友则、纪贯之、凡河内躬恒、壬生忠岑等奉醍醐天皇诏令,完成了20卷本《古今和歌集》的编纂,为以后和歌的发展奠定了坚实的基础。更重要的是,以醍醐天皇为中心的朝廷强烈希望就此赋予和歌同汉诗一样的、得到官方承认的文化价值。《古今和歌集》在序言中开宗明义地体现了和歌的真谛:"夫和歌者,托其根于心地,发其华于词林者也。"整部歌集由春、夏、秋、冬、贺、离别、羁旅、物名、恋、哀伤等部构成,在各部,例如春,又分立春、雪、莺等主题,相当缜密。歌的作者运用了枕词、序词、挂词、缘语、拟人等各种创作技巧,以优美的五七调风格讴歌了贵族纤细的情感。这种歌风给予了后世和歌创作极大的影响。

此后,和歌在宫廷社会扮演了社交的角色,而其作为表现思想的载体则逐渐让位于正在崛起的日记、随笔和物语文学。

在日记中,纪贯之的《土佐日记》,以及出自女性手笔的《蜻蛉日记》、《和泉式部日记》、《紫式部日记》、《更级日记》,无疑是平安时代日记文学的杰作。

《土佐日记》是第一部使用纯粹日文("假名")写成的作品,叙述了一个任职于土佐地方的老"国守"(地方长官)夫妇任期届满乘船返京途中艰难的航海过程。作品采取日记体裁,将老国守(即作者本人)作为客观对象来加以描写,并假托一个妇女之口,叙述了这对老夫妇追怀在任上失去的女儿的感情,以及长途旅行中的种种苦乐悲欢。作品的语言平易洒脱,诙谐幽默,在日本古典文学史上占有重要的地位。

10世纪70年代问世的藤原道纲母的《蜻蛉日记》,亦是"日记"中的杰作。作者所以名为"道纲母",是因为当时妇女社会地位低下,故借用其子藤原道纲以传其名。作者是摄关政治要人、外戚藤原兼家众多妻子之一,是有名的女歌人。"蜻蛉"则意为"浮生"。这部作品共3卷,纪录了作者与藤原兼家结婚后20年间的生活,倾诉作为一名贵族妇女在一夫多妻的制度下所承受的精神痛苦。既揭示了平安时期男性贵族荒淫无耻的生活的情况,也反映了贵族妇女对自身地位的反省。作品反映的是作者的切身体验,文笔细腻,真挚动人。11世纪初登上日记文学舞台的《和泉式部日记》是一部用第三人称写的作品,叙述作者与一条天皇的皇子敦道亲王的爱情生活。作者以110首爱情赠答歌为中心,淋漓尽致地展示了其奔放的感情和无所顾忌的恋爱心理,从另一个侧面反映了平安贵族妇女的精神面貌。与《和泉式部日记》大致同时登上文坛的,还有《源氏物语》的作者紫式部的《紫式部日记》。这部作品纪录了作者担任一条天皇的皇后、藤原道长的女儿彰子的侍从女官时的宫中生活。作者在作品中描述了藤原道长一族的豪华生活,并对这种生活感到怀疑,表现出作者对贵族生活的批判态度。11世纪中叶菅原孝标女的《更级日记》描写了作者作为贵族妇女年轻时的种种冥想和年老时的宗教生活,带有明显的宗教色彩。作品没有连贯性,但却反映了处于没落时期的贵族阶级的虚幻不安的精神世界,亦属平安时代贵族生活的真实写照。

在日本民族文学中占有重要地位的随笔文学,也是在平安时代繁荣起来的。日本的随笔文学和日记文学有相似之点,内容广泛,但不受日记那种系日系年形式的拘束。随笔既有纪行和日记式的文章,也有对自然、人生、社会各方面的观察、纪录与评论,以及记载考证、研究的成果,是日本文学中足以同诗歌、说话、戏剧等媲美的一种文学形式。随笔文学最初的代表作是一条天皇的皇后藤原定子的女官清少纳言的《枕草子》。该作品是各段互不连属的杂文，记录了作者任女官时的生活、见闻，以及对人事、自然的感想与评论，显示了作者对事物敏锐的观察力、超凡脱俗的纤细感觉，以及作者驾驭文字的天赋才能。尤其值得称道的是，《枕草子》无疑是一只日本文学重要体裁"草子"文学的"报春鸟"。①

物语文学的形成受中国六朝和隋唐传奇文学的影响。在产生之初就分为两大类，一类为虚构物语，即将民间流传的故事经过有意识的虚构和润色形成完整的故事，具有传奇色彩。《竹取物语》堪称这类物语的代表。创作于10世纪初的《竹取物语》是日本最早一部物语文学。故事写一位伐竹翁在竹心中取到一个美貌的小女孩，经3个月就长大成人，取名"细竹赫映姬"。5个贵族子弟向她求婚，她答应嫁给能寻得她喜爱的宝物的人，可是这些求婚者都遭到失败。皇帝想凭借权势来强娶她也遭到拒绝。赫映姬在这些凡夫俗子茫然失措之中突然升天。另一类为歌物语，以《伊势物语》、《大和物语》为代表，以和歌为主，使和歌与散文完全融为一体，成为整部小说的有机组成部分。与《竹取物语》差不多同一时期写成的物语文学《伊势物语》即属这一类型。《伊势物语》由125个短篇汇集而成，各篇均为独立完整的故事，但全篇由一个叫原业平的中心人物在宫廷和外地的种种恋爱经历贯穿。

物语文学的巅峰之作是11世纪问世的《源氏物语》。《源氏物语》将虚构物语与歌物语结合在一起，既在创作方法上继承了物语的现实主义传统，又摒弃了物语只重史实、缺少心理描写的缺陷，不仅促进了物语文学的发展，而且对日本散文文学产生了巨大影响。

上述日记、随笔、物语同《古今和歌集》一起，抑或可以说在《古今和歌集》之后，代表了10世纪至11世纪形成的"国风文化"。

在平安时代，随着游宴的盛行，宫廷舞乐也逐渐成为一项制度。7世纪以后海外传入的舞乐自9世纪以后被编为唐乐(左方)和高丽乐(右方)2部。经乐所的乐人世代传承，特别在配器、曲目、上演形式等方面，构成了今日雅乐之基础。当时皇族、贵族中会演奏琵琶、笛子等乐器者比比皆是。同时，举行神事时演奏的神乐、扎根于民众的劳动歌催马乐，也获得不少贵族喜爱，其形式日渐完备。

迁都平安后，受唐朝文化影响，建筑、雕刻、绘画、书法、工艺等也发生了显著变化，尤其体现在外来文化和本土文化的并存——平成京的朝堂院显示了唐风的威仪，而内里的紫宸殿、清凉殿等则保留着和风的简朴；贺茂神社、日吉

---

① "草子"又称"草纸"，是日本中世和近世文学中的一种群众读物，形式为带插图的小说，多为短篇。

大社则在简朴中显示出华丽,京都石清水八幡宫和八坂神社,则体现了一种新的建筑风格;虽然东寺和西寺的伽蓝沿袭了奈良时代的格局,但密教和真言宗的寺院却体现出该时代寺院建筑的特色,尤其是出现了前所未有的佛堂和佛塔,以及正堂前面供礼拜用的礼堂。遗憾的是,比叡山延历寺、高野山金刚峰寺、东寺(教王护国寺)、神护寺、室生寺等原始风格已经逝去,唯室生寺的金堂和五重塔还稍微能让人们想像其本来面目。在雕刻、绘画、工艺方面,密教的作品弥足珍贵,并体现出唐朝风格,如高野山金刚峰寺的7尊像颇能反映密教风格,可惜1926年被一场大火烧毁,人们只能通过照片窥其"遗容"。空海在东寺供奉的、以密教教主大日如来为中心的21尊造立,或是木雕像,或是木心漆雕像,个个栩栩如生。天台宗雕像亦令人瞩目,且留存较多。相对于空海系统主要吸收中唐末期的风格,最澄的高足圆仁、圆珍等传递的是晚唐的信息。滋贺渡安寺11面观音立像,是圆仁模仿唐朝新密宗图像的遗作,而圆珍系的京都仁和寺阿弥陀三尊像,则作为成为日后和风雕刻的先驱而在日本雕刻史上占有重要地位。另外,体现神佛习合的雕像和祖师肖像雕像也不容忽略。前者有东寺的僧形八幡神等,后者有神奈川箱根神社的万卷上人(723—816年)座像。

绘画方面,这一时代因最澄和空海为代表的"唐八家"传入的唐代中国密教绘画而画风一变。①例如,京都神护寺的紫绫金银泥两界曼荼罗图(高雄曼荼罗)佛尊端庄的容貌,不难引发人们对唐代绘画的联想。堪与曼荼罗媲美的还有作为密教绘画特色的忿怒尊,如作为金刚界五佛的化身(教令轮身)而得到尊奉的五大尊(五大明王)。除了佛画以外,具有"唐绘"风格的山水画和人物画迄今已遗品全无,令人扼腕叹息。但是观赏现存东寺的一些与之相关的"大和绘"水墨画,我们能够感觉唐绘的浓烈气息。书法方面,王羲之的拥趸甚众。被称为"三笔"的空海、嵯峨天皇、橘逸势的作品以及最澄的真

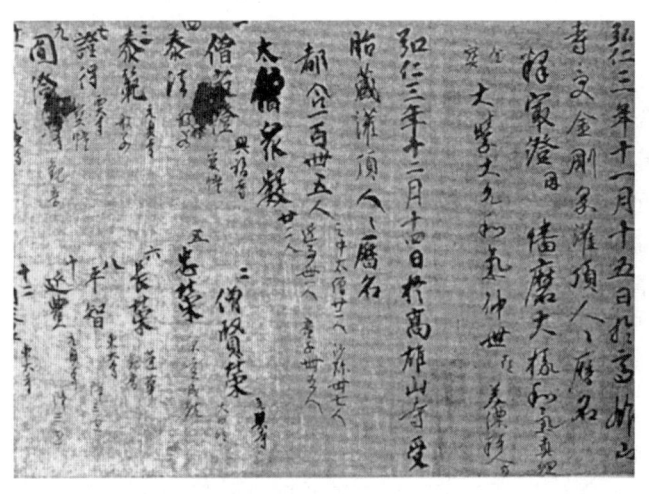

空海亲笔"灌顶历名"

---

① "唐八家"指入唐求法的8位僧人,即天台宗的最澄、圆仁、圆珍;真言宗的空海、常晓、圆行、惠运、宗叡。

迹,均有"王牌"印记。而仿效颜真卿书法的作品,则首推现存在于神护寺的《灌顶历名》。

工艺方面,密教法具是平安时期颇有特色的遗品。空海请自大唐的五钴铃、五钴杵金铜盘现存于东寺,可以作为见证。此后制作的铜镜、铜像、金铜钵如意,则留存更多。另外,贞观十七年(875年)制作的神护寺铜钟,扮演了承先启后的角色。漆工工艺既承袭前代,又受唐风影响,可列举的作品有当麻寺的当麻曼荼罗厨子、京都仁和寺的宝箱华迦陵频迦莳绘塞册子箱和东寺的海赋莳绘袈裟箱。

总之,这一时代的美术既承袭前代传统,又受唐风影响,最终引导日本美术界"和风"日盛,具有明显的过渡时期的特色。

五、佛教文化的繁荣

佛教在平安时代的发展,主要经历了在 8 世纪南都佛教已得到发展的基础上,9 世纪最澄和空海两位高僧分别创建了天台宗和真言宗,与南都佛教一起构建了国家佛教体制。佛教诸宗既独立形成了各自教学体系,又彼此影响渗透,并同密教结合,相得益彰。10 世纪和 11 世纪,佛教在日本开始作为独立的"平安佛教"发展并呈现贵族化、世俗化倾向。

进入平安时代以后,文化方面最显著的变化,首先当数平安新佛教的形成。8 世纪 70 年代前,佛教因具有护持国家的功能而受朝廷重视。以此为背景,佛教各项事业可谓欣欣向荣。但是在这种繁荣的背后,则是佛教的"异化"趋向日益严重。特别在称德当政、道镜擅权时期,佛教"魔咒"色彩浓厚,腐败现象频生。8 世纪末"光仁、桓武之治"时期,随着各项新政的实施,佛教界亦受到清理,两代天皇均诏令控制寺院和僧侣的收入,如规定对寺院的施舍,以杜绝滥行。同时,为了修正当时僧侣修学重法相、轻三论的偏向,桓武天皇于延历十七年(798年)诏令两宗并习,以及纠正以往重礼仪、轻教义的倾向。受政府宗教政策转换的刺激,佛教界出现了一些着力于新的理论和实践道路的探索者,其中首先应该瞩目的是最澄。

最澄(767—822 年)俗姓三津首,幼名广野,出生于近江国滋贺郡,少从近江国师行表高僧出家,延历四年(785 年)在鉴真生前弘法的东大寺受具足戒,学习鉴真和思托带来的天台宗经籍。延历七年(788 年),最澄入比叡山修行,并自刻药师如来佛供奉。他还撰写了《愿文》,透视出他深深的无常观和强烈的求道心。入比叡山修行期间,最澄还在当地建立了日枝山寺。此寺为日本天台宗的根本中堂,又称一乘止观院,后成为日本天台宗的总本山延历寺。修行期间,最澄阅读了天台"三大部"即《法华玄义》、《法华文句》、《摩诃止观》,以及《维摩经疏》、《四教义》等天台教籍,自此深深皈依天台妙旨。

　　天台宗系由中国隋代的智顗集其思想大成。智顗按佛教"五时八教"之说将佛教之诸教说分为不同体系。①提出释迦通过种种因缘、譬喻、言辞对众生说法;而《法华经》宣扬的达到佛之真理的道路的"三乘"(声闻、缘觉、菩萨),是作为宇宙统一之真理的一乘之妙法,显示了佛教之根本目的和大纲,应基于这种理解进行修行实践。正是这种思想,给予了最澄极大启示。在入山修行12年后,延历十七年(798年),最澄开始了布教活动。延历二十一年(802年),最澄应邀在和气广世主持的高雄山寺(神护寺)"法华经"宣讲会上传授天台教义,受到桓武天皇嘉奖。以此为契机,最澄向桓武天皇提出了作为"还学生"(短期留学生)入唐求法的要求并获敕许。延历二十三年(804年,唐贞元二十年),最澄率弟子义真等随藤原葛野麻吕为首的第十二批遣唐使团进入中国。最澄在中国总共8个月。期间先在天台山修禅寺随道邃大师学《摩诃止观》等,后在国清寺受行满天台的付法和大乘戒,再返其登陆的临海龙兴寺继续研习天台教观。同时亲手抄写了大量台宗典籍。道邃还于龙兴寺西厢"极乐净土院"亲手向最澄授圆教菩萨戒。最澄回国后带回以天台宗教说为主的典籍230部460卷。②回到日本后,最澄在比叡山大兴天台教义,并于大同元年(806年)正式开立与南都六宗并立的日本佛教天台宗。是年,最澄的最大保护者桓武天皇驾崩。最澄遂开始了与南都其他宗派的论争。特别在弘仁八年(817年),最澄为和法相宗的德一论争,撰写了《照权实镜》、《守护国界章》、《决权实论》、《法华秀句》等大量论著。

　　弘仁九年(818年),最澄舍弃了在东大寺接受的250戒,主张天台宗的僧侣应该接受大乘戒,并请求嵯峨天皇恩准其在比叡山设立戒坛,提出真正镇护只能借助大乘菩萨僧之力。按照他的看法,南都戒坛授受的具足戒(请3师7证,授250戒)是小乘佛教之戒,真正的大乘佛教不应接受这种戒律,而应根据梵纲经的论说,在佛菩萨前起誓,接受由10善戒、48轻戒构成的菩萨戒。天台的学生应不入僧籍,用自己的衣食;受戒之后在比叡山修行12年,然后根据自己的能力承担护国之任务。对于最澄的上表,嵯峨天皇咨询僧纲。弘仁十年(819年),僧正护命代表僧纲上表予以反对。对此,最澄于翌年撰写了《显戒论》禀呈朝廷,对僧纲的主张进行反驳,并再次要求恩准设立戒坛。弘仁

---

① "五时八教"系天台宗智顗大师判解一大藏佛教,即以"五时"定释迦一代圣教说法之次第,以"八教"分别其说法之仪式即"化仪之四教"以及教法之浅深的"化法之四教"。"五时"为华严时、阿含时、方等时、般若时、法严时(附涅槃时);化仪四教为顿教、渐教、秘密教、不定教;化法四教为藏教、通教、别教、圆教。
② 见《僧最澄将来目录》,收录于《延历寺文书》,《平安遗文》4310—4312号。

十三年(822年),最澄圆寂。其弟子光定等奔走吁求,在最澄圆寂7天后获得嵯峨天皇设立戒坛的敕许。翌年以后,每年三月桓武天皇忌日,天台宗均在比叡山迎接敕使举行得度、受戒仪式。弘仁十四年(823年),比叡山寺获赐延历寺之号。天长元年(824年),义真被任命为初代天台座主,且不由僧纲统摄。天台教团终于获得了独立。贞观八年(866年),最澄获传教大师谥号。中国临海龙兴寺则作为日本天台宗祖庭,为历代日本天台宗僧人和信徒所景仰。

天台宗的独立具有不可忽略的意义。最澄主张"一切皆成佛"、重视菩萨道之实践,并同奈良的教团进行了激烈斗争。这场斗争使国家实际上失去了通过僧纲统制教团的权力,使佛教自身的权威得以树立,形成了新的镇护国家的佛教。而比叡山自此成为日本佛教教学的中心,在镰仓时代孕育出了法然、亲鸾、道元、日莲等一代宗师的新佛教思想。[1]

在创建新佛教方面,日本真言宗的开山祖空海无疑是堪与最澄媲美的又一高僧。空海(774—835年)俗姓佐伯,幼名真鱼。赞岐国(今香川县)人。15岁学《论语》《孝经》等,后随伯父阿刀大足赴京都,入大学学习明经科和中国古典文学。虽然这一经历奠定了以后他学问、思想、文艺之基础,但是在读了《虚空藏求闻持法》后,他逐渐倾心于佛教,先信佛而作居士,后于延历十四年(795年)在奈良东大寺受具足戒,遁入山林修行。延历十六年(797年),空海撰写了《三教指归》(《聋瞽指归》),书中描述了登场的龟毛先生、虚亡隐士、假名乞儿等人物,论述了儒、道、佛三道之优劣,阐明了他选择佛教的理由。这一论著堪称他的出家宣言。

当时,畿内及其周边各地亦有一些山林修行者,他们实践着一种密教的修行法。空海受此刺激,决心在密教中探索出一条自己的道路以解决经典中的疑义。密教是在印度佛教末期的一个宗派,在教理上以大乘中观派和瑜伽行派的思想为其理论前提,在实践上以高度组织化了的咒术、礼仪、本尊信仰崇拜等为特征。宣传口诵真言咒语("语密")、手结契印(手势或身体姿势,"身密")和心作观想("意密"),三密相应可以即身成佛,并在修法之际建筑坛场(曼荼罗,意为"轮圆具足"),配置诸佛菩萨。这种行法和华严经的哲学相结合而发展成为一个佛教宗派,以大日经、金刚顶经为经典。据称开祖是龙猛。密教以大日如来为法主,体现其法的是法身佛,其他佛、菩萨、明王等,皆是大日如来的分身或化身,各具特殊的个性和功能,而直观地表示诸佛、菩萨等地位和功能的,就是胎藏界(大日经)、金刚界(金刚顶经)的曼荼罗。一切众生、自然界的一草一木,在宇宙的法世界都是平等、无差别、由大日抚育成长的,通过

---

[1] 法然、亲鸾、道元、日莲分别为日本净土宗、净土真宗、曹洞宗、日莲宗创始人。

大日的"加持"、感应而归一于佛性。①

密教曾经中亚传入中国,但在唐代,特别是善无畏(637—735年)、金刚智(？—741年)、不空金刚(705—774年)相继入唐后,密教得以系统地传入中国,并历玄宗、肃宗、代宗三朝得以传播。唐玄宗曾入坛受不空金刚灌顶。②代宗曾在宫廷内设立道场使宣讲真言密法。中国密教的兴旺使空海萌生了入唐求法的思想。延历二十三年(804年)空海随遣唐使入唐。他先到长安,翌年在青龙寺拜惠果为师学习大日系(胎藏界)、金刚顶系(金刚界),并获受"阿阇梨"(密教秘法的传授者)的地位。同年惠果圆寂,空海奉唐宪宗命撰写碑文。翌年即大同元年(806年),空海携诸多经典经疏和法物如密典、佛画、法具回到日本。

回国后,空海初住京都高雄山寺,从事传法灌顶,撰《请来目录》。大同四年(809年)嵯峨天皇即位后,翌年发生了平城上皇之变,空海应嵯峨天皇要求行密教之修法,并因此开始接近天皇,曾兼任东大寺别当,统辖一寺僧职,补大僧正位。弘仁三年(812年)空海在高雄山举行了金刚、胎藏两界的结缘灌顶,最澄和诸多南都僧侣亦前往参加,空海作为密教"阿阇梨"的声誉日益显隆。但与此同时,他和最澄的矛盾亦日益加深。

大同四年以后,空海和最澄之间多有书面交流。③由于空海名声日隆,学僧多聚于其门下,两人日渐疏离。特别是最澄的弟子泰范拒绝其师的恳请投奔高雄山寺空海门下,对最澄的打击尤为沉重。弘仁四年(813年),最澄向空海借阅《理趣释经》,空海以密教之兴废在人,其奥义非由文书传授为由拒绝,两人关系就此决裂。事实上,重视师弟相承、秘密主义的空海和重视通过书籍进行学习的最澄宗教观的差异,也是两人之间芥蒂渐生的原因。

弘仁十四年(823年),嵯峨天皇诏令,赐京都东寺予空海。空海遂仿效唐青龙寺之例,将其作为密教根本道场,将从唐携回的所有佛像、佛画、经卷、法具悉数移入该寺。"东密"名称由此而来。同年,真言宗徒50人获准常住东寺。空海为使密教理论体系化而笔耕不辍,撰写了大量论著。天长七年(830年),空海奉淳和天皇之命撰写了记述真言宗之宗旨的《十住心论》(《秘密曼荼罗十住心论》)10卷,以及约其概要的《秘藏保钥》3卷,将人类精神的发展分为10个阶段,并据此为诸宗教、思想、佛教宗派定位,强调人类精神的现象形态均是大日如来绝对智的显现。同时在完成作为密教教判论的《十住心论》之

---

① "加持"即互相加入,彼此摄持。密教认为,大日如来以大悲大智随顺众生、佑助众生,此为加;而众生受持其大慈悲,则称持。

② 密教的仪式,用圣水浇灌头部。有传授密教秘法的"坛法灌顶"和以结佛缘的"结缘灌顶"。

③ 空海和最澄之间的信函往来被收入《传教大师消息》、《高野杂笔集》、《性灵集补阙抄》等典籍。

后,又撰写了提供实践论基础的《即身成佛义》1卷,阐明了以至真至朴的作为人类的肉身完成绝对宗教人格的密教理想,从而成功地将从印度经中国传入的密教,归纳为兼有教义和实践论的真言宗。

除了灌顶、修法、著述外,空海还广泛开展社会事业、文化事业活动。天长五年(828年),空海在东寺旁边开设了综艺种智院,仿效唐代长安的做法,向庶民传授儒教、佛教、道教以及各种学艺理论、知识和技能,并撰有著名文学作品《文镜秘府论》。他甚至学习和掌握了农耕不可或缺的灌溉知识,并受国司的委托,担任乡里赞歧国满浓池改建工程的监督,使之顺利竣工。

弘仁七年(816年),空海获赐作为宗教冥想实践场所的高野山并努力经营。承和元年(834年),天皇敕许在宫中设立真言,并以唐的内道场为标准建立曼荼罗坛。翌年,真言宗年分僧三人获得认可,作为宗派的真言宗遂正式确立。同年,空海圆寂。延喜二十一年(921年)醍醐天皇诏令赐空海弘法大师谥号。

和最澄的复古主义不同,空海通过在佛教历史和理论的发展方向中寻找克服奈良佛教的道路,并因此走向密教。空海努力恢复将人们从苦恼中解救出来的佛教原本的使命。他所宣扬的人类平等、即身成佛思想以其巨大的魅力吸引了众多信徒。

在最澄、空海创建的新佛教日益发展的9世纪,佛教正式向各地渗透,各地的造寺、造佛趋向兴隆。特别在当时作为"边境"的关东、东北地区,因朝廷推行通过佛教镇护王土的佛教政策,这一趋向更为明显。尤其值得关注的是,佛教传播者认识到,为使佛教向封闭的乡村渗透,有必要使佛教同传统的神道融合,同时由于"护法善神"思想得到官府宣传,因此"神佛融合"的趋向在这一时期日渐显著,人们的神祇观念也随之发生变化,最明显的反映,就是诸神日趋人格化,神开始具有××命、××姬、彦等人名,历史上的人物作为祖先神得到祭祀。自8世纪后半叶,政府通过授予在各地得到祭祀的神社神阶,将神社纳入国家统制体制。贞观元年(859年),政府举行了同时授予各国267个神社神阶的仪式。[①]《延喜式》中记载的从太政官或国家衙门获得祈年祭等奉祀的神社,分别达到3 132个和2 861个。同时,所谓"社会越黑暗,宗教越光明"。10世纪以后平安京治安不稳、火灾频发、疫病流行,也推动了宗教信仰的普及。

9世纪至10世纪,随着平安京都市生活的成熟,作为贵族等都市居民信仰对象的社寺也获得了显著发展。迁都平安后,原先在平安京周围的贺茂、松尾、稻荷神社等,成了皇族和贵族参拜的场所,特别是贺茂神社更是被奉为皇

---

① 《日本三代实录》贞观元年正月二十七日条。

城的守护神。后石清水神社也获得劝请,天皇也经常行幸这两个神社。至于寺院,由于最初未获准从平城京迁入,平安京内只有官立的东西两寺。因此迁都后一个时期最澄创建的比叡山寺(延历寺)、和气氏的高雄山寺(神护寺)、乙训寺等平安京周边的寺院遂成京城布教活动的中心。此后,自9世纪至10世纪,仁和寺、醍醐寺等天皇的御愿寺,以及藤原忠平的法性寺等贵族寺院在京城周边陆续出现。10世纪以后,由于俗信流行和国家统制的弛缓,在平安京内,六角堂、革堂、因幡堂等产生于庶民信仰的佛堂也一个个显现身姿。佛教日趋繁荣,其中特别值得一书的,是天长七年(830年),淳和天皇诏令佛教各宗编纂其宗义大要。"天长敕撰六部宗书"因此问世:(1)普几撰《华严宗一乘开心论》(6卷)、(2)延历寺义真撰《天台法华宗义集》(1卷)、(3)大安寺玄睿撰《大乘三论大义钞》(4卷)、(4)元兴寺护命撰《大乘法相研神章》(5卷)、(5)丰安撰《戒律传来宗旨问答》(3卷,一般又称《戒律传来记》)、(6)空海撰《秘密曼荼罗十住心论》(10卷,略称《十住心论》)①另外,滋野贞主以中国的类书(百科辞典)为蓝本编纂的《秘府略》、景戒的佛教故事集《日本灵异记》,也是该时期问世的杰作。

10世纪和11世纪,佛教在日本开始作为独立的"平安佛教"发展并呈现贵族化、世俗化倾向。在这一时期,净土信仰和法华信仰同密教相结合,并作为祈愿个人现实利益和来世往生的拯救佛教而兴隆,女性信徒亦在这一时期显著增加。

事实上,佛教自传入日本以后,本已包含贵族化和世俗化可能。因为,作为外来佛教的佛教,其经典、经论均以梵文或汉文写成,为了学习了解其深奥的教义、复杂的礼仪,没有深厚的文化底蕴是不可能的,而当时具有这种文化底蕴的,首先是贵族。同时欲真正得其真谛,必须少时出家,刻苦修行,因此在摄关时期,在出家者中,多有皇族和贵族子弟,而皇族和贵族亦为出家人提供政治和经济保护。因此,佛教受到俗界的强烈影响。

在这一时期,贵族汲取佛教文化的方式主要通过以下途径学习佛教之神髓:或通过对唐朝道世所撰《法苑珠林》、《诸经要集》等经典按照其内容的分类整理,或通过萃取经典主要内容编纂成的要文集,或通过将经典中的佛教掌故通俗易懂地予以重现的故事集。另外,他们还通过僧侣的传记、寺院的缘起了解佛教在日本传播的历史;通过参加各种佛事礼仪和法会、僧侣的说经和绘解,以及在日常生活中汲取密教、净土信仰、法华信仰,体验佛教。尤其是作为

---

① "六部宗书"中《天台法华宗义集》、《大乘三论大义钞》两书,今仍存完本;《华严宗一乘开心论》今仅存卷下(本)一卷;《戒律传来宗旨问答》仅存上卷(即《戒律传来记》一卷);《大乘法相研神章》缺卷五之初丁;《秘密曼荼罗十住心论》卷末有阙文。

"年中行事"(每年定期举行的、风俗化的宗教庆典)的佛教法会浸润了贵族的感情生活,使之对佛教产生诉求、思索和精神寄托,并在他们中间产生了表现这种诉求、思索和精神寄托的物语和日记;用"和文"表现对教义的理解和对宗教的感慨的"释经歌";以及用汉文撰写"赞佛诗",甚或自愿皈依佛门乃至临终时剃度出家。

  了解摄关时期贵族皈依佛门情况的最佳读本,是佛教"说话集"(类似于故事)《三宝绘》。《三宝绘》是著名文人贵族源为宪为圆融天皇的妃子尊子内亲王而撰写的佛法入门书。当时尊子为求佛法,年纪轻轻即遁入空门。源为宪为助其修行,特撰此书。该启蒙书共 3 册,"三宝"即佛、法、僧各 1 册,通过故事、传记、缘起、法会,通俗易懂地阐述了佛教基础知识,并收录了法华经和其他经典的部分内容、《摩诃止观》等天台宗的论疏、大品般若经的注释书《大智度论》。其中对《法苑珠林》及其他要文集引述颇多。作为启蒙读物,该书配有插图,故题名《三宝绘》。上卷(佛宝)主要由以日本最早的佛教"说话集"《释迦本生谭》为中心的 13 个故事构成,通过切自己身上的肉喂鹰以救鸽子的尸毗王等故事,宣扬檀(布施)、持戒、忍辱、精进、禅定、般若六个"波萝蜜"(按:般若意为大智慧,波萝蜜意为到彼岸)。中卷(法宝)由圣德太子、行基、役行者的传记、9 世纪初问世的《日本灵异记》中的无名氏的故事、法华 8 讲的起源故事、华严经、方等经、般若经信仰故事等 18 个故事构成,其中收录了摄关时期最流行的法华经信仰故事是该卷的特征。同时,该卷的内容似有意宣扬佛法在天竺(印度)、震旦(中国)已呈衰退之状,而日本则圣、君辈出,佛法隆盛。下卷(僧宝)相对于上卷的"往昔"、中卷的"晚近",显示了"现在"即摄关时期存在于贵族社会的佛教传播状况,并宣扬了各法会创始者、将来者的故事。即所谓的"现在"以作者源为宪和读者尊子内亲王皈依的天台宗的建立为起点。特别为了显示"现在"的僧尼的行为,对作为"年中行事"而举行的法会佛事作了重点阐述,凝练地展现了贵族皈依佛门的时代特征。

  在摄关时期,佛教还渗入了贵族的日常生活。如摄关时代的朝廷重臣藤原师辅为子孙撰写了日常生活须遵守的行为规范,题名《九条殿遗训》。其中写道:"起床后须首先轻声称颂 7 遍自己所属之相星之名号",如卯年生者须称颂"文曲星、文曲星……"而星宿崇拜,既是阴阳道信仰,亦是密教宿曜道信仰。而作为日常功课的念佛,虽初见于 9 世纪中叶藤原良相,但是念佛风俗化则是在 10 世纪。例如,《日本往生极乐记》作者、文人贵族庆滋保胤在该书的序言中称其自幼念弥陀佛,40 岁后向佛之心愈烈。《源氏物语》作者紫式部也在《紫式部日记》里写到她在 38 岁时面向阿弥陀佛习经。而作为日常功课称名念佛,不仅同真言宗通过陀罗尼念诵神秘以灭罪、延寿、除厄一脉相承,而且在密教的土壤上日益壮大。

摄关时期高僧和皇族、贵族的结合,可以尊意和良源为代表。尊意曾为天台宗座主,亦曾受醍醐天皇和朱雀天皇皈依并为天皇身心安稳祈祷的护持僧;平定承平、天庆之乱的功臣藤原忠平亦通过尊意皈依佛门,并依尊意房号"法性房"建立了法兴寺,尊他为寺主。良源则受戒于尊意,因承平七年(937年)的维摩会番论义而闻名,遂使藤原忠平请其主持家族法会及后世的吊唁。皇族、贵族不仅因此保护僧侣,而且为了祈祖先追善、后生安稳而建造了诸多私人寺院,如光孝、宇多天皇的仁和寺、醍醐天皇的醍醐寺等就是其中的代表。由贵族建造的私家寺院最具有代表性的,则是由藤原家族建造的所谓摄关家"6所氏寺",即兴福寺、极乐寺、法兴寺、法成寺、法兴院、平等院。得此保护,佛教自然兴隆起来。

然而,恰如佛教宣扬"诸行无常",摄政时代佛教的容光也不可能长久。11世纪初,一种"末法时代"到来的氛围笼罩社会。①但是"末法时代"究竟何年来临众说纷纭。源信采纳了与他有过交流的中国高僧行迪的说法,认为宽仁元年(1017年)为末法到来之年。于是,在宽弘四年(1007年)7月作成了《灵山院式》,在华台院南的灵山院开讲释迦。皇族贵族亦一阵忙活,想方设法避免"末法时代"来临。最终,"末法时代"没有来临,但佛教却以一种新的姿态进入了下一个新的时代,即诞生了作为佛教革新运动重要阶段的镰仓新佛教的时代。

作者点评:

笔者在日本京都大学求学时居住于"平安神宫"旁边的冈崎法胜寺80番地。在初到京都时,平安神宫是使我能够"平安"回家的"路标"——在以"鳗鱼巷"纵横交错著称的京都,我经常"傻得连家都不认识"。每次回"家"找不到家门时,我都向路人探问:"平安神宫在哪里?"因为到了平安神宫,也就是到了我的"家门口"。因此我在撰写"平安时代"这一章时,怀有一种特殊的感情。

这种特殊的感情,使我有了一个"特殊"的发现:纵观整个日本政治史,平安时代无疑是最跌宕起伏的一个时代,而这种跌宕起伏的一个有趣现象,竟是我在撰写完本章、重新审阅各节标题时偶然发现的:一、"迁都平安·巩固皇权";二、"虚弱的天皇和幼帝接连登基——摄关政治"的前提;三、"由上皇或法皇在院厅主理国政"。也就是说,平安一朝,居然先后经历了天皇亲政、摄关专权、太上皇统治三种迥然不同的政治形态。正是这种权力结构的嬗变,奠定了

---

① 按照佛教史观,释迦涅槃后,其说教得以正确传布、僧侣正确修行、修行者能成正果,此为"正法时代";说教、行动虽正确,但未有修得正果者,此为"像法时代";仅有说教,既无行动,更无修得正果者,此为"末法时代"。

以后武家专权的重要基础。"象征天皇制"出现于第二次世界大战以后,但究其实质,却是古已有之。

在文化方面,平安时代唐风文化和国风文化的"共存共荣",使日本正式进入了复数文化并行不悖的时代。著名的日本文化人类学家中根千枝指出:"日本文化不存在完全独自的框子、形体和骨架","日本接近于没有骨骼的类似于海参那样的生物,原则上不表现出一个明显的形体,经常变化形体"。自平安以后,日本文化的这一特性开始日趋明显。

第五章 镰仓时代

一、"源平争乱"

由平清盛和源赖朝演对手戏的"源平争乱",是日本从平安时代进入镰仓时代的历史转折点。但是,"发生在治承、寿永年代被通称为'源平争乱'的内乱,并非始终是源氏的武士和平氏的武士之间的争斗。对此,希望能得到充分理解"。①

平清盛因在"平治之乱"时救驾有功,同时手中掌握强大的武士团,势力不断扩张。确实,平治之乱使之时来运转,而此前平氏家族则曾遭遇"不幸"。因为,平清盛本有皇族血脉,无奈因时运不济而遭贬:天长二年(825年),嵯峨天皇赐桓武天皇之孙高栋王平姓,后又赐予仁明、文德、光孝天皇的子孙平姓,将他们亦降至臣籍。在源、平两氏中,特别清和源氏和桓武平氏,以后成了武家的栋梁。不过按最新说法:"被称为桓武平氏一族,当时是尊贵的舶来民族。迄今为止与之并称的'清和源氏',其实和清和天皇毫无关系,即使和皇室有关,也是后来被藤原氏驱赶到山里的木地师元祖山民的祖先。"②

当然,平清盛此番得势,不是因为有皇统血脉,而是因为后白河上皇和二条天皇父子在"平治之乱"后的明争暗斗,使平清盛成了双方都想拉拢的人物,所谓"鹬蚌相争,渔人得利",因此平清盛叙位升官,几乎历年没有间断:永历元年(1160年)8月被敕封为参议正三位,成为公卿中的第一个武士;应保元年(1161年)9月任权中纳言兼任检非违使别当,掌握了王朝的"警察权";应保二年(1162年)任皇太后宫权大夫,升从二位;长宽二年(1164年)因女儿盛子嫁

---

① 上杉和彦:《源平争乱》,吉川弘文馆,2007年,第104页。
② 八切正夫:《新说·源平盛衰记》,作品社,2004年,第201页。

给了关白藤原基实而成为关白的岳丈;永万元年(1165年)兼任兵部卿任权大纳言。①

平清盛之得势,除了其"武(力)功(劳)"盖世外,还有一个很重要的原因,即在二条天皇和后白河上皇复杂的政争漩涡中谨慎行事,因而受到双方重视,左右逢源。永万元年(1165年)6月,23岁的二条天皇因病退位后,时隔1个多月便大行不归。年仅2岁的皇太子即位当上了六条天皇,朝廷权力重心即刻倾斜,旷日持久的法皇和天皇之争结束,日本历史正式翻开了"后白河院政"一页。对握有军权的平清盛,后白河法皇自然不敢懈怠,不断对其加官晋爵:仁安元年(1166年),平清盛升为正二位内大臣。同年10月,平清盛的小姨子小弁局平滋子所生的宪仁亲王(以后的高仓天皇)被立为皇太子,平清盛受命担任春宫大夫(负责皇太子饮食起居等事务的"春宫坊"最高长官);11月,平清盛升任内大臣。翌年,即仁安二年(1167年)2月,50岁的平清盛升任朝廷"第一行政长官"从一位太政大臣,成为非藤原氏并且出身武门的首任太政大臣。虽然同年5月平清盛即称病辞去了这一职位,但足以显示他如何在短短几年时间里"青云直上",坐上王朝贵族头把交椅的显赫经历和权势。

所谓"一人得道,鸡犬升天"。平氏一族亦因平清盛而一荣俱荣:在平清盛任太政大臣时,平清盛的嫡子、右兵卫督平重盛任权大纳言,从二位;另一子平宗盛和他妻弟平时忠均任参议,正四位下;其弟平赖盛任皇太后宫权大夫、大宰大二,从三位,几乎堪称"满朝朱紫贵,都是平家人"。平氏家族还有11名家族成员任一方诸侯——国守,5人为"知行国",不仅获得了政治地位,更获得了经济基础。因为,"知行国"是贵族、寺社、武家获得特定国家的知行权(即国务权,亦可称吏务权),并获得相应利益的制度。获得知行国者称"知行国主",可任命该国国司、获得该国官物。"知行国"亦称"沙汰国"、"给国"。由于平清盛私宅位于京都六波罗,因此平氏一族被称为"六波罗政权"。

仁安三年(1168年)2月,平清盛病重。为防止平清盛身后出现乱局,后白河上皇即诏令4岁的六条天皇退位,平清盛妻子的外甥、8岁的宪仁亲王即位成为高仓天皇。得上皇厚爱的平清盛病愈后,虽身为高仓天皇外戚,本可名正言顺摄政,但他却辞去了太政大臣的官职剃度出家,仿效"法皇"遥控朝政,权力不减反增。同年7月,平清盛的妻弟平时忠被任命为负责京城治安的"检非违使别当",作为"恶别当"臭名远扬。据《平家物语》记载,平时忠曾狂言:"非此门人者皆非人",其专横跋扈,由此可见一斑。

---

① 《平家物语》、《源平盛衰记》记载,平清盛所以急速"出世",是因为他实为白河上皇之子。按此"清盛皇胤说",白河上皇曾将自己宠爱的女性祇园女御赏赐给平清盛的父亲平忠盛,但当时女御已怀有身孕。明治以后,不少专家对平清盛的身世作了深入考证,但尚未能得出结论。

"平氏政权"有三大经济支柱：知行国、庄园、对外贸易。除了上述属于"六波罗政权"的知行国和庄园外，平清盛继承先祖遗业，为夯实对外贸易这根支柱殚精竭虑。出家后，平清盛常住摄津国福原(今兵库县神户市)，并在当地建起港湾，欲使之成为自濑户内海至九州的中转站。而平清盛与当地的关系，此前曾经写到，可追溯到其祖父平正盛和其父亲平忠盛时代。当时平氏祖先奉命追捕海贼进驻濑户内海，之后留驻当地，势力不断扩张。据史料记载，长承二年(1133年)，作为鸟羽上皇的院司平忠盛在兼管院领大庄园肥前国神崎庄时，擅自将下达的公文称为"院宣"，并反对大宰府的正当介入，同停泊在港内的宋船进行秘密交易。由此可见，"走私"之道在平清盛祖上时已经开通。平清盛亦在久安二年(1146年)至保元元年(1156年)任安艺国(今广岛西部)国守时在当地扩张了自己的势力。保元三年和仁安元年(1166年)，平清盛和他弟弟平赖盛相继担任实际地方长官大宰大二，①在促进日宋贸易扩张九州地方势力方面下了很大功夫。特别平赖盛在当时大宰大二不赴当地就任作为惯例时，亲赴当地经营，使平氏在九州的庄园和追随者迅速增加。

承安元年(1171年)，平清盛的女儿德子进入后宫成为高仓天皇的女御，翌年成为中宫。此时，平氏一族仅在朝廷内担任公卿者就有8人，势力更今非昔比。随着平氏家族势力的不断增强，其与摄关家族和朝中其他重臣的对立也日趋尖锐，最终和后白河上皇的关系也日趋恶化。

治承元年(1177年)，以权大纳言藤原成亲为首的反平氏官僚，在位于京都东山北麓鹿谷的俊宽僧都山庄(《愚管抄》称是信西的儿子静宪的山庄)几次密议，计划翦除平清盛，后白河上皇亦曾参加。但是，由于参与谋划的武士多田行纲告密，一干人被悉数逮捕并或被处死，或被流放。经此次事变，上皇的势力趋于衰落，拥立高仓天皇的平氏势力进一步扩张。

治承二年(1178年)2月，平清盛3岁的外孙言仁亲王取代高仓天皇成为安德天皇。4月22日，安德天皇在紫宸殿举行了即位仪式。让位后高仓天皇成了高仓太上天皇。此时称平清盛"挟天子以令诸侯"显然很不客观。因为，吃饭还需要人喂的3岁天皇管他叫"外公"，哪里用得着挟持？此时称平清盛"一言九鼎"倒是非常贴切，因为当时的宫廷充满"清(亲)平气息"，无人敢不顺从。然而，恰如"如日中天"既可形容威震遐迩，不可一世，也可暗喻此时已离日薄西山不远，末日即将来临。天行有常，大自然的规律始终如此。风水轮转，政治力学的规律也从无例外。既然如此，那"六波罗政权"当然无法置身规律之外。当然，平清盛一系列举措无异于四面树敌，是导致其陷入"四面楚歌"境地、最终灭亡的根本原因。是年，平清盛授意颁布了新制17条，除重复保元

---

① 大宰大二为地方次官，但因长官多为亲王兼任，所以是实权掌握者。

年间颁布的政策外,特别强调追捕不法神人和恶僧,显示出比前此更严厉的宗教政策,当然令僧侣极度不满。是年11月,平清盛期盼已久的外孙终于降临人世:他入宫7年的女儿德子产下了言仁亲王,并很快被立为皇太子(以后的安德天皇)。平清盛与皇族的关系愈益紧密,"六波罗"更加"风景这边独好"。然而,有的皇族成员偏最讨厌这种风景,甚或有人举起反旗。治承三年(1179年)4月9日,后白河法皇的三皇子以仁王(因以仁王兄长守觉出家,故有些史料称他为二皇子)登高一呼,向以源氏为中心的各国武士和大寺社发出了围剿平氏的令旨:"最胜王(按:即以仁王)敕称,清盛法师并宗盛等以威势,起凶徒亡国家,恼乱百官万民,掳掠五畿七道,幽闭皇院,流罪公臣,断命流身,深渊达楼,盗财领国,夺官授职,无功许赏,非罪配过(中略)。仍吾为一院第二皇子,寻天武天皇旧仪,追讨王位推举之辈,访上宫太子古迹,打亡佛法破灭之类矣(中略)。若于有胜功者,先预诸国之使节,御即位之后,必随乞可赐劝赏也。诸国承之宜承知依宣行之。"①

被以仁王寄予厚望的源氏家族,其实和平氏家族一样,也有皇统血脉。当年,嵯峨天皇"生机勃勃",膝下皇子皇女多达50余人。为正庶有别,弘仁五年(814年),嵯峨天皇赐四皇子四皇女源姓,将其降为臣籍,并有遗诏"母氏若有过,其子不得为源氏"(《三代实录》)。以后赐姓源氏有仁明、文德、清和、阳成、光孝、宇多、醍醐、村上各天皇的皇子女,其中村上天皇的皇子昭平是最后获赐源姓者。如果将"源平争乱"期的后白河天皇三皇子以仁王那样的特例除去(以仁王作为叛逆者被改名为源以光),再也不见皇子皇女获赐源姓。如后面所述,正是源氏一族最终将平清盛送入了坟茔。

不过,当时平清盛对源氏根本没有警觉,何况他首先要处置的,是敢于公开向他叫板挑衅的以仁王。5月15日,平清盛宣布剥夺以仁王皇族身份,将其改名源以光,流放土佐国。并当即命其内弟平时忠统领的检非违使缉拿"反贼",以正法令。平赖盛遂率300余骑疾驶以仁王府。但是,检非违使将前来缉捕的消息,以仁王事先已从源赖政的嫡子源仲纲处获知,因此先已巧扮女装从王府溜走并跋山涉水、历经艰难地逃入了其势力比较雄厚的近江地区的圆城寺。平赖盛见事机不密,反贼逸逃,遂按照"依法连坐"的规矩将以仁王6岁的儿子逮捕。翌日,平时忠、平赖盛从圆城寺长吏圆惠法亲王处获悉以仁王逃入该寺,遂率兵将圆城寺包围,要求交出"反贼"。但是寺内僧众众志成城,不

---

① 此史料见《吾妻镜》,但是否真有"以仁王令旨",学术界曾有怀疑。因为其文言和《吾妻镜》等史料中所见文言不同。但是,据当时公家日记和许多可资凭信的史料,以仁王讨伐平氏的旨令当时确实广泛传达至武士和寺社,成为平源两氏在全国范围内争斗的导火索似无可怀疑。《玉叶》中的"以仁王令旨"为"一院(后白河法皇)第三亲王宣",而源仲纲所奉的是"最胜亲王敕"即以仁(亲)王敕。因以仁王信佛,常自称"最胜王",故又被称为"最胜亲王"。

仅不从，而且将圆惠法亲王的房屋烧毁，并在 18 日向"南都北岭"，即兴福寺和延历寺发"牒"（地位对等的机构之间互发的公文），要求发兵支援,联手对抗平氏专制。此呼吁得到两寺积极响应，同时散布诸国的源氏末裔武士亦纷纷举兵。眼见地方势力日盛一日,平氏遂动员各方力量,并决定 23 日向"反贼"发起全面攻击。值得关注的是,当时源赖政亦在动员之列,说明源氏即将发动的叛乱,平氏尚未觉察。23 日,源赖政见天赐良机,计划趁夜色的掩护,对"六波罗"平氏官邸进行火攻。但所憾当时其同党均在圆城寺参与围剿平氏的军机,马拉松会议一直开到拂晓,终于错失千载难逢的良机。历史的发展虽然有规律可循,但历史的转变却往往在转瞬之间发生。上杉和彦指出："考虑到以后的会战,不能不说错失这次良机具有非常重大的意义。"①这一观点,显然不无道理。

本来,以仁王特别对拥有强大的僧兵的延历寺抱有厚望。但是,由于平氏的策反以及包括圆城寺在内的佛教内部的分裂辜负了以仁王的厚望。与其束手就擒,不如破釜沉舟。于是在 25 日半夜,以仁王率众突围。5 月 26 日,已经树起反旗的源赖政奉以仁亲王向奈良突围。但是,在京都宇治平等院附近即遭到平知盛、平重衡率领的大军截击。源赖政、以仁亲王等虽殊死抵抗,无奈寡不敌众。源赖政和他嫡子源仲纲双双战死,以仁亲王则被流箭射死。与源赖政气脉相通的圆城寺和兴福寺亦在高压下挂起了白旗。一场事变,终告平息。

事变虽然很快平息,但却令平清盛感到京都处处暗藏杀机,于是"奏请"迁都并当然获准。6 月 2 日,在平清盛"护驾"下,安德天皇、高仓上皇、后白河皇等全部离开平安京迁居福原,史称"福原迁都"。迁都后,同年 8 月,平清盛遭受了又一场打击:他的嫡子、平氏一族的实际掌门人平重盛去世。权力争夺,你死我活,当然不讲"恻隐之心"。法皇趁此机会联手关白藤原基房打压平氏势力,试图将其灭亡。②平清盛当然不会坐以待毙。11 月 14 日,平清盛和平宗盛率数千铁骑从福原杀入京城。翌日早朝,在大兵压境的背景下,后白河上皇的院政被命令停止;关白藤原基房被解任,由藤原基通取代;太政大臣藤原师长、权大纳言源资贤等 39 名法皇近臣和支持者被解职,其中多人被流放,有的甚至自杀。17 日,平氏一族及其同党或叙位封官朝中掌权,或赴任国守地方称霸,平氏主导的朝廷得以建立。20 日,白河法皇被送至鸟羽殿软禁。③

源赖政虽然举兵失败,但"一石激起千层浪",自此平氏政权不再太平,各国武士纷纷高举"反旗",源氏本身也前仆后继。

---

① 上杉和彦:《源平争乱》,第 35 页。
② 《百錬抄》治承三年 11 月 17 日条。
③ 《百錬抄》治承三年 11 月 20 日条。

第五章 ● 镰仓时代

治承四年(1180年)8月17日,中秋刚过,久阴初晴的天空皓月皎洁。然而,后来成为川端康成不朽之作《伊豆的舞女》出生地的伊豆国,在皓月映照下却不是泛出盈盈皎洁的清纯,而是透出令人恐惧的血红:平治之乱后随反平清盛失败的父亲被流放至伊豆国蛭岛、在当地生活了20多年的源赖朝,趁这天是伊豆三岛大社祭礼,官衙放松戒备之际,率领其岳丈北条时政聚集的军队,向伊豆国的目代判官山木兼隆住所发动了袭击。虽曾一时战败,但最终在千叶介常胤、上总介广常("介"为地方副长官)等房总半岛豪族的支援下取得了胜利,并不断扩张势力,于10月16日经武藏进入镰仓,并以镰仓为根据地构建了与平氏对抗的态势。

论述日本历史,对源赖朝的描述不可过于吝惜笔墨。作为源义朝嫡系第三个儿子,源赖朝崭露头角是在其元服翌年,即13岁那年。是年"平治之乱"时,源赖朝身披甲胄,腰挎利刃,冲锋陷阵,弯弓搭箭,取得了射死敌骑2人、射伤敌骑1人的骄人战绩。在石桥山(今小田原市)的战役中,源赖朝再次显示了百步穿杨的箭术。之后,源赖朝被流放至伊豆半岛的蛭岛。由于依然受到其乳母亲友及其父旧部的荫庇,源赖朝生活并不艰难。但时隔不久,其安稳的生活还是因内乱而被打破,未能摆脱源氏嫡子之宿命。这次率兵入京,就是其命运转变的开始。而转变他命运的福地,又是宿命地将他和川端康成联系在一起的镰仓(今神奈川县镰仓市)——1972年,川端康成在镰仓他的寓所因煤气中毒自杀。

镰仓位于三浦半岛近海处,南面朝着相模湾白沙堆积的海滩,出行便利,北面群山环绕构成一道天然防线,同时邻接东海道可南来北往,自古以来就是兵家必争的战略要地。在8世纪中叶奈良时代的文书中,"镰仓郡"、"镰仓乡"的地名已经出现;在正仓院宝物中亦有标明"此布出自镰仓"的标记;在《万叶集》的"东歌"中更有多首咏叹镰仓的和歌。但毫无疑问,真正使镰仓名闻遐迩的,不是它的地形,不是它悠久的历史,也不是它的美景和物产,而是源赖朝在这里创建了日本历史上第一个幕府——镰仓幕府,使日本从此进入了有着676年历史的幕府时代。

获悉源赖朝举兵后,朝廷当即于9月5日根据院的评议,任命平维盛、平忠度、平知度为将军率讨伐军挥师讨伐,并宣旨东海、东山两道的武士协力。但是,讨伐军发兵迟缓,9月29日才从京都出征。至10月中旬到达骏河时,驻扎在甲斐的源氏部属武田信义已将平氏麾下的猛将、骏河目代(地方长官)橘远茂击败,并在10月18日与源赖朝的军队会师,形成源平两军在富士川隔岸对峙的阵势。富士川决战是源赖朝举兵后的关键一战。是时,源赖朝战术巧妙,表面摆出阵势似欲与敌决战,暗里却令武田信义率军迂回偷袭。偷袭意为"偷偷袭击",孰料歪打正着成"大鸣大放":武田信义率军经过沼泽地时,惊动了栖息于沼泽地的野鸭,野鸭受惊,鸣叫纷飞。"羽音编成军势之状",平氏军队见敌军来袭且声势壮大,慌忙撤退,使源氏军队不战而胜,渡过富士川占得先机。之后,京都流言四起,称平氏军队4万人中因大量士兵临阵脱逃或不战而降,仅剩不足2 000骑兵,右大臣九条兼实遂根据平忠清的主张命令军队撤回,尽管讨伐军主将平维盛不愿撤离,但最终只能从命。眼见平氏军队溃退,源赖朝欲乘胜追击,一举攻克京都。但是千叶介常胤、上总介广常等源赖朝的主要支持者认为,常陆的佐竹义政等尚未归服,应先攻克东国,然后进攻京都。源赖朝无奈尊重他们的意见,即刻发兵常陆,并在诱杀佐竹义政后,于11月5日攻克了金砂城。就在同一天,平维盛率领的讨伐军悄悄撤回了京都。11月17日,源赖朝率军班师凯旋,回到了镰仓。12月12日,源赖朝率300余武士迁入大仓乡新邸。自此,东国的武士"推源赖朝为镰仓之主",关东南部源赖朝的敌对势力遂不复存在。之后,源赖朝令免除武藏国寺领的课役、各地领主照旧履行职责,成为关东北部的实际统治者。并拒绝承认平氏拥立的安德天皇。

另一方面,平清盛虽然在治承三年(1179年)迫使后白河法皇停止了院政并将其幽禁于鸟羽殿,但面对众叛亲离,无奈放弃了政权,并在翌年12月18日再次恳请后白河法皇重开院政,并献赞岐(现在的香川县)、美浓(现在的岐阜县)两国作为法皇的分国。同时为了荡平反平氏据点,于12月27日将平重衡的部队派往南都,烧毁了兴福寺、东大寺以下的寺院,并因此使原先不少支持平氏的寺院势力和贵族亦与他为敌。进入养和元年(1181年)后,各地反平氏叛乱此伏彼起,内忧外患。平清盛身心俱疲,终于病倒。《平家物语》称,当时平清盛高烧不退,浑身滚烫。他的亲属汲取比叡山千手井水倒入石制浴槽将他身体浸入,凉水顿时变成了开水。将井水浇在他身上,则如同凉水浇在烧得发红的石头上,发出"嗞"的一声,溅起一阵水花。按佛语,此即所谓入了"焦热地狱"。确实,在此之前平清盛的妻子时子做了一个梦,梦见平清盛因犯有焚烧东大寺大佛之罪,被阎魔厅判下无间地狱。但是平清盛不愧为一代枭雄。他留下遗言:"保元、平治以来,荣华的生涯别无遗憾,唯未能见到源赖朝的首级耿耿于怀。死后若能将源赖朝的首级置于幕前,当是最好的贡献。"治承五年(1181年)闰2月4日,九条兼实在其日记《玉叶》中如是写道:"入夜传闻,禅门薨去云云,但是否难知,可寻闻也。"翌日,他又在《玉叶》中写道:"禅门薨逝,一定也云云。"按平家物语的说法,是年闰2月5日,平清盛"入道死去"。①

翌日,平清盛的儿子平宗盛向后白河法皇表示,以后诸事均听命于院宣。

---

① 上横手雅敬:《源平的盛衰》,讲谈社,1997年,第171页。

而源赖朝见朝中局势发生变化,亦认为是接近院政的良好时机,遂于8月1日密奏法皇,称原先行动皆为翦除反法皇的平氏乱党,绝无叛意。如能既往不咎,愿与平氏共同奉侍朝廷。法皇当然希望此种局面出现,遂向平宗盛作了传达。然平宗盛决意遵循父亲遗训,和源氏抗争到底,拒绝了这一建议。但是,此时的平氏已经今非昔比,法皇亦燃起了报复心理。

再说一直蛰伏于信浓的木曾义仲当年曾响应以仁亲王的令旨,在治承四年(1180年)9月7日打出了反对平氏的大旗,之后利用北陆道追讨使平教盛的部队奉寿永元年(1182年)9月废除追讨使的院宣返回京都之际,在信浓的千曲川击败平氏势力、越后的豪族城永用,免除了后顾之忧,并于翌年3月将嫡子木曾义高作为人质送往镰仓与源赖朝讲和后,发兵京都,于5月11日在砺波山大败平氏军队,将平氏逐出京都,于7月28日入京。法皇即刻令其讨伐平氏,同时遣使镰仓催促源赖朝上洛。寿永二年(1183年)7月30日,后白河法皇着令木曾义仲负责京城守护。以此为界,原先的官军平氏军队成了叛军,而原来反贼源氏军队则成了官军。

8月初,后白河法皇削除了平氏一族200余人的官职。此时,得意忘形的木曾义仲力谏安德天皇大行后由以仁王之子北陆宫即位,但法皇却立尊成亲王为皇太子(以后的后鸟羽天皇),对其谏言不予采纳。由于法皇和木曾义仲之间芥蒂渐生,矛盾日益显露,木曾义仲的部队为筹措粮草在京城内恣意抢劫,人们更盼望源赖朝进京。后白河法皇顺应民意,叙源赖朝为正4位下。源赖朝之得势已指日可待。

将平氏逐出京都的木曾义仲虽然居功至伟,但远没有源赖朝那么幸运。由于获悉后白河院和源赖朝迅速接近,为了在京都政界确立自己的地位,木曾义仲迟迟不履院宣离开京都西下追讨平氏。最后,经不住再三敕命,于寿永二年(1182年)9月20日率兵离开京都,但是1个月后即为平氏军队所败,并抗命返回京都。此时,由于平氏势力有重新抬头迹象,京都纷纷传言木曾义仲和平氏暗中勾结,而木曾义仲又面临众叛亲离。孤注一掷,木曾义仲于11月19日袭击了后白河法皇的居所法住寺殿,将法皇迁往摄政藤原基通所在的五条,并将藤原光长以下百余人暴尸于五条河原。28日,又将藤原朝方等法皇近臣40余人的官职全部削除并没收所领,使后白河院政几乎陷于瘫痪。法皇无奈,被迫妥协。但尽管如此,面对延历寺不受诱惑投向源赖朝、向平宗盛求和被拒的乱局,木曾义仲焦躁不安,迫使受其控制的后白河法皇宣旨讨伐源赖朝,同时宣旨陆奥的藤原秀衡从源赖朝背后发起攻击。寿永三年(1183年)正月10日木曾义仲被拜为征夷大将军。但是未等出师,16日源赖朝已先发制人进入近江,20日突破京都最后的防线宇治川。惊闻此消息的木曾义仲不得不放弃挟持法皇前往北陆的计划,在近江的粟津迎击由源范赖、源义经统领的源氏军队,最后兵败身亡。

木曾义仲的灭亡同时也宣告了"平源之争"开始进入"一山不容二虎"的新阶段。

是时,平氏趁源赖朝和木曾义仲争斗之际,势力稍有恢复,并于寿永三年正月拥安德天皇回到福原。寿永三年(1184年)2月,平氏率数万骑兵扼守位于摄津与播磨之间的一谷(今神户市须磨区),试图拒源氏军队于关西门外。4日,源平两军隔山对阵,"相隔三里行程"。一谷后山非常险要,"石崖高耸二驹蹄难通,涧谷深幽而人迹已绝"。源氏军队挑选70余勇士,攀越山崖奇袭平氏军队指挥中枢,使敌军顿时群龙无首,溃不成军,"失商量败走,获策马出一谷之馆,获掉船赴四国之地"。①

一谷战役后,源赖朝返回了镰仓,开始建立起独立政权。是年,源赖朝建立了职掌家人的"侍所"——显示源赖朝和东国武士主从关系的最初机构。元历元年(1184年),源赖朝任命大江广元开设了中央贵族的家政机关"公文所",之后又建立了诉讼审理机关"问注所"。至此,镰仓殿完全成了拥有军事、行政、司法机构的独立政权,②在东国称霸一方。

源范赖在镰仓建立政权之际,源义经则作为源赖朝的代表留在京都,负责维持京都的治安和治理西部地区,并因此开始接近法皇。8月6日,源赖朝对源义经未经其推荐即接受检非违使左卫门少尉的任命非常不满,解除了源义经的追讨使头衔,令源范赖接任。两者之间遂产生明显冲突。另一方面,后白河法皇急欲使安德天皇重回京都,并索回落入平氏手中、作为皇位象征的三件神器,即镜、剑、玺,遂通过在一之谷战役中被捕的平重衡同平宗盛进行交涉。因遭到拒绝,便决定通过武力讨伐达到目的,法皇于8月29日向源范赖下达了追讨官符的宣旨。源范赖沿山阳道推进并历经艰险到达了丰后,但是因平氏强大的水军控制着濑户内海,无法攻占平氏的大本营屋岛,而且兵粮不足士气低落,使源赖朝不得不再度起用精通武略的源义经。文治元年(1185年)2月,源义经从背后向屋岛发起突袭,将平氏武装赶到了海上。平氏从海路赶赴长门的彦岛,试图以此为据点展开反攻。翌年3月24日,双方展开对决,史籍对当时情景作了如下描述:

"(元历二年)三月廿四日丁未,于长门国赤间关坛浦海上,源平相逢,各隔

---

① 《吾妻镜》卷2,元历元年2月7日条。
② 关于镰仓幕府建立于何时,有几种说法,一是"永寿二年说",即指1183年源赖朝取得东海道、东山道行政权;二是"寿永三年说",即1184年赖朝在镰仓建立起了侍所、公文所和问注所等军事、行政、司法机关;三是"文治元年说",即1185年赖朝在全国各地设守护、地头,掌握堰方军、政权;四是"建久三年说",指源赖朝于1192年就任征夷大将军。一般采用最后一说,即1192年建久三年说。

三町艫向舟船。平家五百余艘分三手，以山峨兵藤次秀远并松浦党等为大将军挑战于源氏之将帅。及午刻，平氏终败倾。二品禅尼持宝剑，按察局奉抱先帝(春秋八岁)共以没海底。建礼门院(藤重御衣)入水御之处，渡部党源五马允以熊手奉取之，按察局同存命，但先帝终不令浮御，若宫(今上兄)者御存命云云。前中纳言(教盛，号门胁)入水，前参议经盛出战场，至陆地出家，立还又沈波底。新三位中将资盛、前少将有盛朝臣等同没水。"①如上所述，此役平氏一门几乎全部战死，平宗盛被捉，安德天皇拒绝救援，葬身海底，而源赖朝则因追讨有功，升至从二位。至此，使木曾"就木"，将平氏"摆平"，源赖朝的势力已如水银泻地。

二、镰仓：武家政权的发祥地

文治元年(1185年)3月平氏在坛浦灭亡后，源赖朝及其同党"一党独大"的格局使后白河法皇深为担忧，试图采用"离间计"，激化原先已经存在的源赖朝和源义经之间的矛盾。同年8月，后白河法皇任命源义经担任伊予守，向其表示好感。原先已对源义经未经其推荐接受检非违使左卫门少尉任命的源赖朝，自然对此更加不满，两人之间的矛盾，如死灰复燃，并渐次势不两立。源赖朝曾召土佐的房昌俊入京，试图刺杀源义经，而源义经则和源赖朝的死敌源行家联手要求法皇宣旨讨伐源赖朝。虽然这一要求遭到慈圆的兄长、右大臣九条兼实和权中纳言吉田经房的反对，但后白河法皇仍向源义经等下达了讨伐源赖朝的宣旨。鉴于有诸多武士对源义经居功自傲、专横跋扈的作派不满，而畿内、近国的武士能参与讨伐的力量不多，在京都与源赖朝对阵不利，因此源义经和源行家决定离开京都前往四国。在11月2日获得九州和四国地头的任命后，两人于翌日离开了京都。贵族为京都因此免于再度燃起烽烟而庆幸，连反对宣旨源义经出征的九条兼实，也在其日记《玉叶》中对源义经未"挟持"法皇、未纵容部下掠夺奸淫，平静地离开京都的行为表示赞叹："实堪称义士。"

源义经等离开京都后，源赖朝即遣使就宣旨讨伐事责难后白河法皇。法皇百般解释，并应源赖朝要求于11月12日转而向各国宣旨讨伐源义经和源行家，并将两人抓获。由是，后白河法皇的软弱被源赖朝一览无遗，于是不断得寸进尺，党同伐异，将后白河法皇操控于股掌之间。是年12月6日，源赖朝奏请推亲幕派右大臣九条兼实为庙堂班首，宣旨九条兼实为内览。虽然九条兼实认为内览已有摄政藤原基通，权力两分容易引起祸乱，但后白河法皇执意遵从源赖朝的请求，九条兼实固辞不获。另外奏请推以九条兼实为首的10名

---

① 《吾妻镜》。

公卿为议奏公卿,根据议奏公卿的合议理政,同时给予他们知行国。另一方面,源赖朝奏请将与讨伐他的宣旨有关的官员,以及源义经和源行家的同党全部解职,将其中为首的大藏卿高阶泰经、刑部卿藤原赖经等流放边地。后白河法皇当然一一准奏、施行。源赖朝上述举措无疑使院政徒剩躯壳,但毕竟作了妥协,对院政本身未予废除。另外,他对宣旨讨伐一事亦没有深究,所罢免的官员亦只是少数,尤其没有罢免摄政藤原基通。但是,藤原基通对此政情一目了然,主动远离政务。文治二年(1186年)3月,后白河法皇宣旨由九条兼实取代藤原基通担任摄政。但是,对源赖朝提出的将高阳院、冷泉宫、堀河院等领地让与九条兼实的要求,后白河法皇却费尽心机予以拒绝,使源赖朝最终不得不放弃分割皇室私家领地的计划。此计划受挫,说明源赖朝当时还不能为所欲为。

源赖朝像

嗣后,源赖朝致函九条兼实,要求明确区分朝廷和幕府的职责,联手执政,由幕府负责维持治安、武士的升迁,不干预其他国政。随着"地头"、"守护"在全国的推广,一种双重政治结构开始形成。①

所谓"地头",在平安时代是庄园的领主为了管理土地而在当地设置的庄官。但在镰仓时代却是一种头衔,此头衔始于文治元年(1185年)。当时,源赖朝以追捕源义经、源行家为名得到敕许,在各国设立了地头。很多史书称,地头的基本形态是以国为单位,一国设一地头。但是以追捕源义经等紧急任务为目的设立的国地头,在这一问题不复存在后即被废止,真正对形成武家社会产生重要影响的,是源赖朝在国以下行政单位设立了"地头"一职,由其御家人(家臣)分别担任郡、乡、庄、保的地头。源赖朝原本获得的敕许对地头的设立有时间、范围、权限的明确规定。但实际上他在各地设立地头的范围达到除关东以外的66国,权限更被不断突破,使地头在庄园内拥有了刑事判决权,后慢慢发展为在地领主。

---

① 自明治时代以来,日本学者对"地头"进行了深入研究,大致可分为从政治制度的角度或从社会经济的角度,即地头领主制的角度进行考察;构成武家社会之基轴的"守护"的著述亦汗牛充栋,大致主要从政治制度史、法制史角度进行考察。

第五章 镰仓时代

镰仓幕府设置的"地头"大致分为三种类型：

1. "本补地头"，又称"本领安堵地头"。领地自祖先继承并获得幕府"安堵"（承认领主权），即原先就是该地领主，后获得"地头"头衔追封，使之在领地内继续获取原先所得。源氏曾除了拥有本家、领家等地位的"关东御领者"外，保留领主和领家之间以往的关系；而镰仓殿则使领主和领家之间建立起新的主从关系，使一个根本领主对一块土地有双重支配权，因而引起了庄园机构质的变化。

2. "新恩地头"或"新补地头"。源赖朝对御家人论功行赏赐予的地头头衔。所谓"御家人"，当今史书一般解释为"家臣"。按照《沙汰未练书》定义："所谓御家人，即往昔以来为开发领主、赐武家御下文人事也。所谓开发领主，即根本私领地也，又称本领。所谓非御家人，即其身者虽为侍，不知行当役勤仕之地人事也。"此项举措始于平家的"没官领"，即将官方领地赏赐给御家人。承久之乱和其他内乱时期没收的土地亦多有作为"奖品"赏赐御家人的情况。虽对御家人的赏赐形式内容多样，但一般均以赐地头头衔的形式进行赏赐，使之获得相应权益。

3. 处理警察事务的临时地头职，所领土地等不具有长时性，因此其地头头衔无稳定性。

地头大致拥有以下权限：1. 土地管理、包括荒地开发权；2. 为当地领家、国衙以及自己征收年贡和其他物品权；3. 警察权和司法审判权。

"守护"一职始于为追捕源义经而临时设置的九州"惣追捕使"，后推广至其他各国，发展成为各国持久设置的职位。守护负责一国治安的稳定，原则上由幕府的有力御家人担任。守护的权限是对"大犯三条"进行惩戒和取缔，即负责追捕领内的谋反者、杀人犯，指挥领内御家人交替承担京都御所大番役等警戒任务，战时率领国内御家人出阵。

通过地头、守护职位的设置，镰仓幕府掌握了全国的警察权，进而发展成为一个全国性的武家政权，使尚未进入源赖朝势力范围的，仅剩下平安末期后由藤原氏构建起坚实基础的奥州地区。源赖朝与弟弟源义经反目以后，源义经远遁奥州，得到了当地首领藤原秀衡的庇护。文治三年（1187年）10月，藤原秀衡去世，其子藤原泰衡继位。但是另一子藤原忠衡与其不和，产生"煮豆燃萁"之局势。面对这一局势，源赖朝遂强烈要求交出源义经。面对高压，藤原泰衡在文治五年（1189年）闰4月，向源义经居住的衣川馆，31岁的源义经自知在劫难逃，遂和妻女，以及色艺双绝，性格温柔的爱妾静一起自焚而死。他的门人武藏坊弁庆、鹫尾经春等人则拼死相搏，直至气绝。源义经虽死，但是他和爱妾静（据说出身京都"白拍子"，即一种女扮男装的舞伎）的爱情悲剧，却成为日本文艺经久不衰的主题，堪称日本版的"霸王别姬"。

源赖朝要求交出源义经本是借口,当然不会就此罢手。6月,源赖朝要求后白河法皇宣旨讨伐藏匿谋反者源义经的藤原氏。或许讨贼心切,源赖朝未待宣旨发出即指挥东海道军、中路军、北陆道军三路大军,向藤原氏的大本营平泉发起攻击。藤原泰衡此时方意识到袭击源义经无异于"自掘坟墓",但为时晚矣。

9月,源氏和藤原氏进行了会战。包括藤原泰衡在内,藤原一族几乎全部成为刀下之鬼。建久元年(1190年)2月,在平定了出羽的大河兼任叛乱后,3月源赖朝任命伊泽家景为陆奥国留守。至此,源赖朝终于建立起了覆盖全国的政权,同时也开始了决定性的幕府和朝廷政治折冲时期。明确认识到这一现实的源赖朝在是年10月3日率御家人离开镰仓,于11月7日第一次到达京都,会见了后白河法皇和摄政九条兼实。此行主要目的是"求官"——希望获封征夷大将军。但是后白河法皇只任命源赖朝为权大纳言和右近卫大将。翌年12月,未达目的的源赖朝辞去两项官职回到镰仓。将"公文所"改为"政所",长官为"别当",并始料不及的为以后北条氏掌控幕府政权留下了伏笔。另一方面,后白河法皇虽然使源赖朝欲当征夷大将军的野心未能得逞,但他明显感到源赖朝的威压和九条兼实的庇护对他的严重威胁,于是着力构筑对抗体制,削夺摄政权力。院政和摄政之间原先的暗隙于是逐渐裂痕明显。从九条兼实的日记《玉叶》中,可以看到他当时的处境:"无权之执政,孤随之摄政,如履薄冰,如踩虎尾,半死半死。"①

"国家与国家之间,没有永恒的敌人,没有永恒的朋友,只有永恒的利益"。这句原英国首相迪斯累里的名言,迄今仍被奉为国际政治的箴言。但这句箴言似同样适用于云谲波诡的日本国内政治。朝廷与镰仓幕府关系紧张的时候,在亲近幕府的关白九条兼实的牵制下,后白河法皇重振朝纲的努力可谓无果而终。但此消彼长,随着法皇侧近势力的增强,九条兼实在执政路上亦举步维艰。建久元年(1190年),源赖朝与朝廷和解,九条兼实失去政治拐杖,陷入深深的苦境。而源赖朝长女大姬即将进入内宫成为后鸟羽天皇妃子的消息,更令他坐卧不安。因为,九条兼实的女儿任子当时是后鸟羽天皇的中宫,如此一来,任子的地位必然受到威胁。

但是,上述情况很快发生剧变:建久三年(1192年)3月13日,后白河法皇驾崩。后白河法皇在政坛独领风骚40余年,同平清盛、木曾义仲、源赖朝周旋,为维护全体贵族的利益,几度挽战争狂澜于千钧一发,扶院政大厦于摇摇欲坠,并因此被称为"治天之君"。但另一方面,对他的批评也在天皇中罕见。例如,信西称他为:"和汉之间,难与伦比之暗主。"源赖朝骂他是:"日本国之第

---

① 《玉叶》建久二年11月5日条。

一大天狗。"虽褒贬各有不同,但有一点可以断定,即后白河天皇的驾崩,代表了一个时代的结束,以他为中心的院政势力也随之急剧衰落。当然,对政敌而言,他的死无疑是天大的喜讯。特别是九条兼实,不久避免了可能的危机并出任关白执掌了实权,而且没收院所属领地,逐法皇身边近臣,在11月让其弟慈圆当上了天台座主,密切了和比叡山的关系。更重要的是,经九条兼实斡旋,源赖朝被拜为征夷大将军,由此不仅开始了公(皇室)武(幕府)亲和、政务顺遂的时期,而且按照通行看法,树立了镰仓时代正式开始的路标。

尽管后白河法皇大行,然而源赖朝成为天皇外戚的欲望不仅依然存在而且继续付诸实施。由于他对九条兼实大权独揽极度不满,遂再次谋划因为法皇大行和大姬染恙而暂时中断的大姬入宫一事。此时,后白河法皇的宠臣丹后局、源通亲(土御门通亲)等开始与源赖朝接近。虽然这些人曾一直视幕府为朝敌,但是源赖朝非常清楚,法皇驾崩,今非昔比,他们已经失去了抗衡幕府的实力,只能仰仗源赖朝的力量约束九条兼实。这,正符合源赖朝的政治需求,因此他对先前政敌的投诚表示欢迎。

建久六年(1195年),为出席东大寺大佛殿的再建供养仪式,源赖朝偕夫人北条政子、女儿大姬再次上洛(即进京)。丹后局则鞍前马后为大姬入宫充当吹鼓手。不难想像,朝廷围绕继嗣问题的明争暗斗遂再次如水火不能相容。

赖朝返回镰仓时,九条兼实的女儿任子产下一名皇女,而源通亲的养女在子却为后鸟羽天皇产下皇子为仁。通亲、兼实之间权力争夺的胜败至此已经非常明显。因此第二年由于源通亲的进谏,九条兼实的关白职位被罢免,任子也被赶出宫中。史书有载,谓之"建久七年中宫政变"。

对于源通亲击垮政敌,镰仓幕府当然值得弹冠相庆。但是昔日的政敌源通亲在朝中的声望与日俱增,却显然大煞镰仓幕府风景。更令源赖朝难堪的是,天不遂人愿,翌年大姬病故,源赖朝想使之成为天皇皇妃然后当幼天皇外公的计划彻底成为泡影。建久九年(1198年),后鸟羽天皇退位,为仁亲王即位为土御门天皇,源通亲成了天皇的外祖父,掌握了朝廷的实务。之后,源赖朝曾有将次女三幡送入宫中的打算。但是,事在人为。正治元年(1199年)正月源赖朝猝死,野心勃勃的计划已无人实施。关于源赖朝的死因,有几种说法,但从相模川回幕府途中落马而死一说,似比较可信,尽管一个戎马一生的武将掉落马下摔死,犹如说猴子从树上掉下摔死,实在令人难以置信。

如果说后白河法皇的驾崩代表了一个时代的结束,那么源赖朝的猝死,则无疑是刚刚开幕的幕府时代剧突然换了主角。所以如此形容,是因为此后幕府同朝廷的关系以及幕府本身,此后开始发生明显变化。

一般认为,源赖朝是日本绵延600多年的"二元政治",即"至尊的天皇和至强的幕府"同时并存的始作俑者。如下向井龙彦即如是写道:"赖朝在设置守护、地头的同时,要求朝廷果断进行政治改革,并以此宣布'天下草创'。于是,王朝国家完成了自己的使命,新的国家在朝廷和幕府构成的庄园公领制的基础上得以成立。"①但应该注意到,如上所述,从文治元年(1185年)设置守护、地头,以及源赖朝致函九条兼实要求明确区分朝廷和幕府的职责,到对大姬入内的强烈欲求,源赖朝孜孜以求的,是强化同朝廷的关系而不是与之对立,既竭力维护御家人的权益,又对朝廷采取妥协政策。终其一生,幕府和朝廷的矛盾并未显现。

幕府的基础是御家人制度。但铁腕人物源赖朝在世时,维系幕府将军和御家人关系的纽带与其说是制度,毋宁说是源赖朝的个人魅力。因此源赖朝辞世后,这种纽带必然松弛。事实上,源赖朝18岁的嫡子源赖家无论资历、声望和能力,均不足以建立那种纽带。于是,源赖家便采取强硬手段进行抑制,和幕府重臣的矛盾日益尖锐。正治元年(1199年)4月12日,13名重臣合议,停止了源赖家的诉讼亲裁权,削弱了将军的绝对权威。随着将军权威的削弱,有实力的御家人围绕幕府主导权的斗争也愈演愈烈,而三浦义澄、千叶常胤等幕府草创时期的元老则相继病故。面对幕府乱局,朝廷开始反击。正治二年(1200年)9月,朝廷要求幕府追究淡路、阿波、土佐三国守护骚乱之罪,幕府竭力庇护未果,三守护分别受罚。4月15日,后鸟羽上皇立三皇子守成亲王为皇太子。由于此前未征求幕府意见,完全和先例不符,故显然是对幕府的藐视。

面对幕府江河日下的处境,源赖朝的岳父北条时政和他的女儿北条政子合谋,决定让源赖家交权并抑制源赖家的岳父比企能员的势力。源赖家的母亲北条政子运筹帷幄,真正堪称"巾帼不让须眉"。无奈源赖家刚愎自用,偏偏宠信一味溜须拍马的梶原景时。结果合谋初起,梶原景时首先被翦除,遭到流放。关于梶原景时的下场,史料上有两种完全不同的记载。一说是梶原景时向将军源赖家进言,陷害重臣结城朝光,孰料此事为结城朝光所知,遂和65人联名上奏,请求将其流放;另一说是梶原景时察觉到御家人中有推翻将军源赖家、拥立源赖朝次子源千幡的动向,遂向源赖家进言,但因查无实据而反遭流放。两种说法不管听信哪种,结局却并无区别。

建仁三年(1203年)8月,北条氏以源赖家生病为理由,让其隐退,将关西38国的地头职封于源赖家的弟弟源千幡(源实朝)、关东28国地头职和总守护职封于源赖家的嫡子源一幡。面对北条时政的得意,失意的比企一族当然不会善罢甘休并进行反击。但是北条时政早已运筹帷幄,将比企能员诱杀,并

---

① 下向井龙彦:《武士的成长和院政》,讲谈社,2001年,第331页。

和源一幡联手将比企一族及同党一网打尽。北条时政还废了源赖家,拥立源千幡,同时将此更替向朝廷禀报。朝廷赐源千幡讳名源实朝,并任命其为征夷大将军。10月,幕府为源实朝举行了元服仪式。然而,考虑到源赖家的存在终究是个祸害,北条时政又将源赖家从镰仓迁至伊豆修禅寺,禁止近臣出入。随后在元久元年(1204年)7月18日暗杀了源赖家。但时隔不久,北条时政"后院起火",其后妻牧子给他惹出诸多是非,源实朝亦与之反目。北条时政看破红尘剃度出家,于建保三年(1215年)病逝,享年78岁。

三、执权治世的时代

北条时政逝后,其子北条义时努力将幕府的权柄掌握于北条氏手中。最初,三代将军源实朝在北条氏的权势面前显得相当无力,愈益疏离政治,逃避现实,并听从宋人陈和卿的建议建造大船,准备投靠宋朝,尽管终未如愿。为拉拢源实朝,朝廷不断对其加官晋爵,使源实朝建保元年(1213年)即获正二位。以后亦一升再升。而北条义时,虽表面上奉源实朝为将军,实际上不断将其架空,同时压制其他御家人,将守护终身制改为交替制。但此项政策不仅因遭到强烈反对而未果,而且使反北条氏的氛围日益浓厚,最终由侍所别当和田义盛引发事端。是年2月,一个反北条氏的阴谋暴露。据悉参与者中有和田义盛的弟弟和田胤长及他的两个儿子和田义直及和田义重。后兄弟俩因其父功勋显赫而得以赦免。虽和田义盛多方奔走,但和田胤长仍被没收领地,流放至陆奥岩濑郡。你不仁,我当然不义。5月2日,和田义盛率兵袭击了北条义时的官邸。孰料原先与和田义盛约定共讨幕府的他的表弟三浦义村突然反水,向北条义时告发了和田义盛的行动,遂使和田义盛惨遭败绩,兵败战死。其属下当然分别受到惩罚。北条义时平定梶原氏、比企氏、和田氏叛乱后,进一步强化了"执权"的权限,开了使执权成为在幕府中枢由北条氏世袭的职位之先河。

然而,早已伺机而动的朝廷开始趁幕府内讧进行反攻,其标志就是以朝廷势力不断强化为背景而于承久三年(1221年)爆发的"承久之乱"。建仁二年(1202年),后鸟羽上皇的院政开始正式走上轨道,上皇的大权逐渐确立。当时的幕府将军源实朝对后鸟羽上皇怀有亲近感,因为上皇改他幼名"千幡"为"实朝"、将近臣坊门信清的女儿许配给他为妻。但当时幕府的实权掌握于执权北条氏之手。上皇将镰仓殿纳入"王臣系列"、使御家人侍奉朝廷的公武融合政策,同北条氏主宰执权政治、维护御家人利益的方针,显然难以调和。

承元四年(11月),上皇废了土御门天皇,让皇太弟守成亲王即位,是为顺德天皇。此次换位,朝廷事先亦没有告知幕府。让宠爱的顺德天皇即位、完成公家(皇室)内部整合的后鸟羽上皇下一步的行动,是扫除幕府这个"政权归一"的障碍。为此,除了直属院的武士"北面"之外,又建立了"西面",并着力于僧兵势力的组织化,颇见成效。此外,上皇还以身垂范鼓励修炼武艺。所有这些动向,幕府当然不可能置若罔闻。双方矛盾因源实朝被刺而进一步激化:

承久元年(1219年)1月27日,镰仓大雪纷飞。在一片银色世界中的鹤岗八幡宫内篝火通明,在银色辉映下显得分外耀眼。朝廷拜幕府将军源实朝为朝廷右大臣的仪式正在八幡宫本殿举行。程序繁琐的仪式结束了。源实朝带着满意的微笑一步步走下殿堂的台阶。为防滑倒,显得非常小心翼翼。此时,只听有人大喊一声:"杀父之仇,不能不报。"声音未落,一个银装素裹的人出现在源实朝面前,挥刀直刺他的颈部。源实朝当即一命呜呼。这时,只听刺客大声宣告:"我乃八幡宫别当阿阇梨公晓是也。"然后割下源实朝的首级提在手里疾步离开,消逝于茫茫夜色。①

源实朝被刺杀后,因没有源氏"正统"即位,因此以院为中心的朝廷和以北条义时为执权的幕府之间,围绕将军继嗣问题展开了一番角逐。最后院无奈地同意了最初由三浦义村提出的方案,于6月敕许稍有源氏血统的左大臣九条道家的儿子三寅即位。于是,才2岁的小孩虽然尚未被拜为"将军",但俨然已成了幕府"第一把手"。由于幕府名为有主,实则仅是2岁孩子"当家",故由源赖朝的未亡人北条政子代三寅听政。政子自此以"尼将军"闻名。

幕府显然没有因为迎来"新主"而使已经动摇的基础稳固,而上皇周边的倒幕呼声则越来越高。承久元年(1219年)7月,上皇令"西面"武士袭杀了察知院方动向的大内守护源赖茂。以此为契机,以上皇及其皇子六条宫雅成亲王、冷泉宫赖仁亲王,以及上皇外戚坊门忠信等为中心的讨幕计划得以迅速推进。承久三年(1221年),讨幕计划已臻完备。同年4月,顺德天皇让位于仲恭天皇成了上皇,亦参与谋划。5月15日,后鸟羽上皇向诸国守护、地头发出了追讨北条义时的院宣、宣旨,试图以西面、北面的直辖武士和近畿宫廷领地上的武士、诸寺僧兵为主力,同时努力策动属幕府麾下的武士反水,一举诛灭北条义时。接后鸟羽上皇举兵之报,有些镰仓御家人慑于朝廷权威,不免慌乱。面对这种局面,"尼将军"政子对聚集于她官邸的御家人发表了演说:"我们应众志成城接受挑战,发出我们最后的吼声。自故右大将军(源赖朝)惩罚

---

① 公晓是幕府两代将军源赖家之子。其父横死后,在祖母北条政子的抚养下长大,先后在鹤岗八幡宫和圆城寺修行,担任别当的职务。因为深信父亲源赖家之死是三代将军源实朝的阴谋,故在源实朝参拜八幡宫的时候予以刺杀。公晓被捕处死以后镰仓源氏血脉断绝。以往认为,北条义时是刺杀源实朝的幕后黑手。但现在有些学者根据诸多疑点,提出幕府重臣三浦义村可能是真正的幕后黑手。

朝敌、草创关东以来，赐官位，给俸禄，其恩情比山高，比海深，故殿知恩，何时才能回报？更何况今日朝廷听信逆臣谗言，下此不义之纶旨。为了报恩，为了生存，三代将军之墓，岂容京家马蹄践踏？我现申明，如欲听从宣旨，请首先杀尼，烧毁镰仓，然后赴京请赏。"①尼将军这一极大地鼓舞御家人斗志的演说，被誉为"一世一代之名演说"。

与幕府同仇敌忾形成鲜明对照的是，后鸟羽天皇的宣旨甚至没有得到本该属于他势力范围的畿内、关西各国的响应，尽管后鸟羽上皇至此仍乐观地认为关东的武士会提着北条义时的首级前来觐见。然而历史证明，这仅仅是后鸟羽天皇的黄粱一梦。同时与朝廷希望离间幕府御家人的愿望相反，幕府元老三浦义村首先率众宣誓忠诚，并向远江以东诸国御家人下达了动员令且获得响应。幕府同时根据大江广元的建议组成了由北条泰时、北条时房为大将军的远征军，于21日星夜离开镰仓前往京都讨伐。而朝廷军队闻此阵势斗志全无。十分显然，战事未开，胜负已定。

幕府远征军从东海、东山、北陆三道出发，沿途与各地武士汇合直逼京都。号称19万大军的幕府军队很快突破仅2万多院方军队守卫的宇治、势多防线，于6月15日进入京都。眼见大势已去，后鸟羽上皇赶紧致函幕府推卸责任，辩称追讨北条义时的宣旨是属下恣意所为，自己并不知情。以后一切宣旨均听命于幕府，并下达了讨伐院方部将藤原秀康、三浦胤义。后鸟羽上皇这一搬起石头砸自己脚的"倒幕始末"，因发生在承久年间，故史称"承久之乱"。

为防止死灰复燃，幕府在"承久之乱"后即着手"重建"朝廷：由上皇的兄长行助亲王（后高仓院）取代后鸟羽上皇施行院政。实际上，行助亲王不仅从未登上过皇位，而且是个出家人，由他理政，足见幕府的用意。幕府同时废黜仲恭天皇，立行助亲王之子后堀河天皇。之后又将参与谋划"倒幕"的后鸟羽上皇、顺德天皇、六条宫雅成亲王、冷泉宫赖仁亲王分别流放佐渡、但马、备前，并令各地守护严加监视。对其他相关人员分别量刑处罚。

承久之乱的意义极为深远：自此，武家开始左右"治天之君"的命运。皇位的继承亦由幕府的意志决定。国家政权开始由幕府掌握。正式形成了"至尊的天皇"和"至强的幕府"同时并存的"二元政治格局"。

另一方面，幕府意识到原先的京都守护不足以"防乱制乱"。为了监督朝廷的动向，幕府令率军进入京都的北条泰时、北条时房留驻京都六波罗："(承久三年)六月十六日已巳，相州武州两刺史移住六波罗馆。如右京兆爪牙耳目，廻治国之要计，求武家之安全。"②六波罗长官以后被称为"探题"，

---

① 《吾妻镜》承久三年五月十九日条。
② 《吾妻镜》承久三年六月十六日条。

享有很大权力,其地位仅次于执权。以后探题在北条一门中产生遂成为惯例。①以后,六波罗探题仿效镰仓建立起了行政、诉讼、检察等各种机构。自此,幕府对西部地区的统治显著强化,其势力范围终于覆盖全国。

在承久之乱中取得胜利从而巩固了武家政权的北条义时,于元仁元年(1224年)6月12日突发急病,13日去世,享年62岁。据《吾妻镜》记载,北条义时死于"脚气冲心"(由脚气引起的急性心脏病),临终状态为"心神违乱"。因此,后人根据各项史料分析,认为北条义时有可能被毒死,确切与否,迄今尚无结论。北条义时死后,其妻伊贺氏与在政所担任执事的兄长伊贺光宗合谋,欲将其女婿藤原实雅立为将军,让伊贺氏的儿子北条政村任执权,由伊贺光宗执掌幕府实权。但是"尼将军"明察秋毫,让担任六波罗探题驻留京都的北条泰时赶回镰仓担任执权,派遣北条泰时之子北条时氏和北条时房之子北条时盛赴京都任六波罗探题。伊贺光宗的图谋不仅未能得逞,而且被流放信浓、藤原实雅则被流放越前,伊贺氏被迁移伊豆北条。北条政村因与此阴谋无关,免予处分。

北条泰时接任执权后,幕府开府元勋相继去世。嘉禄元年(1225年)6月,大江广元去世;7月11日,"尼将军"政子也因患"不食之病"而结束了其波澜万丈的历史,享年69岁。她的灵柩被埋葬于镰仓寿福寺。至此,北条泰时已无宿老的掣肘。幕府开始进入由北条泰时自由裁量时期。但是,执权毕竟不是将军,加之北条氏出身伊豆下等豪族,既无将军之"权",又无名门之"威",难以服众。因此,进行政体改革,制定可据以遵守的各项规则,遂成为当务之急。有鉴于此,北条泰时就任执权后,即推进以下三项重要改革:

第一,建立"执权联署制",避免个人专断。北条泰时将执权定为2人,除了他本人,另一位执权由他叔父北条时房担任。虽然仅两人,但体现了"合议"的原则。

第二,任命三浦义村等11人为评定众,和执权一起就重要政务进行评议。以后,评定会议逐渐成为主管财政的政所和主管审判的问注所之上的机构,发挥作为最高行政、审判、立法机关的功能。其成员由北条一门及大江、清原、中原、三善、二阶堂等家族世袭。在建长元年(1249年)12月"引付众"设立后,由评定众成员兼任"引付头人"(按:职务名,执掌诉讼审理及其他政事)。评定众人数亦逐渐增加,自文永三年(1266年)3月,评定众被分为三组轮流当班。

第三,制定贞永元年(1232年)由北条泰时主导、太田狂练、太田康练和斋藤长定等起草制定的《御成败式目》。"成败"意为"处分","式目"意为"法规或法律条文"。《御成败式目》因制定于贞永元年而以《贞永式目》著称,共51条。

---

① "六波罗探题"虽采用了北方和南方的复数探题制,但未必始终是2名,有时仅1名。

北条泰时制定该法规的目的,可从他给在京都担任六波罗探题的弟弟北条重时的两封信函中窥见。其要旨是,使可作为审判基准的重要法规成文化,统一判案之尺度,"断滥诉之所起",强调"今日以后诉论是非,固守此法",使文盲之辈亦了解法令之规定,以免不知不觉中陷入犯罪。同时,北条泰时强调"式目"不是以"律令格式"(公家法)为基础而制定,而是依据当时在武士社会公认的"道理"而制定的行为规范。即"式目"(武家法)并不取代律令(公家法)。按照他的说法:"彼者海内龟镜,是者关东鸿宝。"也就是说,《贞永式目》是武士所必须遵守的行为准则,是确认或部分修正原先已经习惯性存在的基本原则,使之对应现实并具体化。"式目"规定了守护地头的职责和裁判标准,确认了"知行年纪法"等保护御家人领地的原则,以及御家人领地的转让、继承、买卖原则并使之成文化,是"最初的武家法典",其基本内容可大致分类如下:

第1条和第2条是强调必须崇敬幕府支配下的各国和庄园内的神社、佛寺,如有损坏应予修理。实际上,最初两条已显示《贞永式目》的适用范围。

第3条至第6条规定了诸国守护、地头的职权、幕府和朝廷及庄园本所的关系,即守护的职权主要是"大犯三条",如第3条规定:守护的职责是追捕"大番催促、谋叛杀人犯(包括夜袭、强盗、山贼、海贼)等事";禁绝"非国司而妨国务,非地头而贪地利"等现象发生。同时规定"大番役并谋叛杀害之外,可令停止守护之职,若背此式目相交自余事者,或依国司领家之诉讼,或依地头土民之愁郁,非法之至为显然者,被改所带之职可补稳便之辈也。又至代官可定一人也";第5条警诫地头不得滞纳年贡、不得干预国司、庄园本所的裁判,并强调:"犹背此旨令难涉者,可撤换其职。"这4条实质上也限定了《贞永式目》的适用范围,即相对于律令制下的"公家法",《贞永式目》是在幕府势力范围内贯彻执行的"本所法"(按:"本所"为名义上的最高庄园主)。

第7条和第8条规定了幕府判案的大原则。首先,第7条规定:"右大将军以后代代将军并二位殿御时所充给所领者,依本主诉讼,不得更改。"即强调由源赖朝及以后的将军和政子赐予的领地,即便旧主提出诉讼,亦不得变更。第8条则进一步明文规定,即便不拥有领地的权属证明,但只要实际拥有该土地支配权并连续20年从该土地上获得年贡,则承认其对该土地支配权。当时被称为"年纪法"的这一规定,得到了武士的热烈欢迎。总之,强调"实际拥有"而非"书面拥有"的原则,是整个《贞永式目》的支柱。

9条以下主要对谋反、杀人、盗窃、放火、伪造文书、诽谤等犯罪行为,以及执法不当、滥用职权,作了处罚规定。

《贞永式目》的适用范围最初仅限于幕府权限所及地域,但以后适用范围逐渐扩大,是整个中世纪,即从镰仓时代经室町时代至战国时代武家的基本法典。和8世纪贵族仿效中国的律令蓝本制定的艰涩难解的法规相比,《贞永式目》显然朴实易懂,容易普及。当然,以后随着历史的发展,《贞永式目》不断得到补充修改,修改补充的单行法被称为"式目追加"。《贞永式目》不仅是后世武士政权制定法规时效法的范本,而且对"公家法"和"本所法"产生很大影响。

但是,幕府并未因制定了法规而天下太平。确立了执权政治的北条泰时在与病魔恶战苦斗1个半月后,于仁治三年(1242年)6月去世,时年60岁。其嫡孙、20岁未满的北条经时登上了执权的宝座。然而他尚未将"宝座"坐热即在宽元四年(1246年)去世,由其弟北条时赖续任执权。短时间内执掌幕府实权的执权如此频繁更替,使幕府政局再次不稳:北条一门的名越光时策谋拥立前将军源赖经,打倒北条时赖。

承久元年(1219年)被立为镰仓殿主的三寅,至嘉禄元年(1225年)已满8岁,遂按规矩"元服",号称源赖经,翌年被任命为征夷大将军。宽喜二年(1230年),源赖经娶了赖家之女竹御所为妻,进一步密切了和赖家的关系,并在任职将军的20年左右时间里和部分御家人建立了密切的主从关系,形成了一股反执权势力。面对日益迫近的威胁,执权北条经时毅然先发制人,于宽元二年(1244年)废黜了将军源赖经,让年仅6岁的源赖经之子源赖嗣元服并就任幕府将军。翌年又让自己的女儿桧皮姬嫁于源赖嗣,看似密切了将军和执权关系,实则巩固了自己的地位。是年,源赖经剃度出家,法名行曾。表面上看,北条经时和源赖经的胜负已经相当明显,但作为前将军和现将军之父的"大殿"源赖经虽被打倒,但"虎倒不失威",依然伺机而动试图东山再起。在名越光时的谋划下,一项推翻北条经时的计划悄然进行。然而,事机不密,谋反的动向很快被北条时赖察知。北条时赖再次先发制人,将名越光时等一网打尽,并将阴谋参与者处以流刑。同时将源赖经送还京都,斩断了威胁执权的祸根。

但是,一波刚平,一波又起。北条氏将梶原氏、比企氏、和田氏等创建幕府的功臣逐一赶出幕府政治舞台后,执权北条氏和幕府最有实力的御家人三浦氏之间又起争斗。三浦氏和北条氏是几代姻亲,并曾努力和北条氏协调关系。但是对热衷政治的权贵而言,姻亲终不如权亲。正如当年三浦泰村本人所言:"本人官位已至正五位下,一族中多人任官并兼任多国守护,掌管的庄园达数万町,堪称兴隆之至。因此,遭他人谗言并不足怪。"如此权势,当然对北条时赖是个威胁。而北条氏和三浦氏对立的直接原因,是作为评定众成员的三浦光村、三浦泰村是策划谋反的名越光时的同党。可惜三浦氏意欲推翻北条时赖最初却以挑拨、谋略为武器。手段差于梶原氏、比企氏、和田氏,结果自然更惨。宝治元年(1247年),双方剑拔弩张展开格斗,结果三浦氏一门总领三浦泰村率近亲500余人逃入源赖朝的墓所法华堂,并在那里悉数自杀。这场血腥格斗史称"宝治合战"。三浦氏灭亡后,幕府内部再无堪与北条氏对抗的豪族,由此进一步拓宽了北条氏专制的道路。

建长三年(1251年),不满于北条氏专制的幕府的僧了行、矢作某、长久连等推翻幕府的阴谋败露,主谋者被处以死刑或流刑。据参与者招供,此阴谋与在京的源赖经有关,于是幕府想借机废黜源赖嗣、迎请皇族担任幕府将军。翌年2月,幕府派遣引付众二阶堂行方、武藤景赖上洛(进京)向朝廷提出了该项要求。其实奉戴皇族将军并非新的构想。在源实朝横死后,北条义时曾经提出,希望借此掌握幕府实权。但他的提案遭后鸟羽上皇否决,遂无奈选了出身九条的将军。但是时过境迁,这次朝廷顺从了幕府的要求。4月1日,后嵯峨上皇的皇子宗尊亲王作为征夷大将军到达了镰仓。翌日,原将军源赖嗣被送往京都,此后一直默默无闻。康元元年(1156年)10月2日,幕府接六波罗禀报:源赖嗣于9月25日去世。

之后在很长时期,幕府将军一直由皇族出任。文永三年(1266年),宗尊亲王任职幕府将军15年后返回了京都,他3岁的儿子维康王被立为征夷大将军。维康王亦在担任将军20余年后,于正应二年(1289年)9月返回京都,由后深草上皇的皇子久明亲王接任将军。久明亲王于延庆元年(1308年)8月返回京都,在位时间同样是20余年。接任的是他3岁的儿子守邦王。如果说平安时代"年幼的天皇接连登基"是摄关政治得以确立的基本前提,那么镰仓时代"年幼的将军接连登场"无疑是执权独裁得以巩固、形成所谓"得宗专制"的基本前提。历史往往有惊人的相似之处,尽管表现形式各有不同。①

四、"庄园制"和"御家人制"

作为武家政权的镰仓幕府,除了京都的公家贵族和僧侣外,主要由以下几类人构成:1.被称为"侍"的武士;2.被称为"郎从"、"郎党"的武士的从者;3.作为庶民的"凡下"、"平民"、"甲乙人";4.作为贱民的奴婢、杂人。而使镰仓幕府明显有别于平安时代的社会制度或结构,主要有两项:一是具有"封建性"特征的庄园制;二是具有封建性人身依附关系的御家人制。

中世纪庄园制的"上层建筑",由庄园领主、庄官、名主构成。但是,仅此尚不足以理解他们的确切身份。因为领主、庄官、名主既有属于旧律令制系统的身份,也有属于新庄园制系统的身份;既有在律令制"官权"中兼有官职者,又

---

① "得宗"系镰仓幕府执权北条氏的嫡系继承人(家督),亦作"德宗",其世袭领地称为"得宗领",由北条时政、北条政子在幕府初期获取的特权,在第二代执权北条义时扩大。北条义时作为北条氏的嫡系继承人,首称"得宗"。在第九代执权北条贞时以后,只要任执权,即便非北条氏家督亦称"得宗"。镰仓时期,北条氏"得宗"及其家族一直掌管幕府政治、军事、司法大权,并常常兼任数国守护,控制、统辖地方政权。因此北条氏的独裁统治亦称"得宗专制"。

有在庄园制"私权"中占有一席之地者,是一个重合、层叠的群体。

　　支撑上述"上层建筑"的,是由从事农耕的作人(农民)以及从事手工艺品等生产的手工业者构成的"经济基础"。虽然农业经营的主体存在地域差别,但一般都是以名主为父家长制的家族共同体。但是在13、14世纪,从属于名主的所谓"亲类"、"缘者"、"胁者"、"所从"、"下人"等农民,其个别经营分离化倾向不断加剧,自立化现象普遍存在。庄园制的经济生活虽然以自给自足为主,但特别自平安末期以后,由于宋朝钱币的不断流入,商品货币经济也不断发展。13世纪以后,庄园内定期集市的广泛形成,庄园经济不断成为整个国内经济循环系统中的一环。上述农民个别经营分离化倾向和自立化现象,即与此历史背景密切相关。

　　中世纪的庄园无论就形成的契机还是就规模、内部结构、支配收取形态而言均各不相同,但是作为一种体制,中世纪的庄园无疑存在某种共性,而这种共性主要即体现于在社会发展变化中相对不变的主从关系。简而言之,这种主从关系主要由三个要素构成,即:1. 庄园领主;2. 庄官即在地领主;3. 农民。但是,正因为土地不是将三者维系在一起的唯一"黏合剂",因此虽社会屡经变动,但因维系三者关系的既有古代律令制的官职和职业等旧身份体制的因素,也有中世纪与庄园、公领支配的"所职"(附属庄官职务的权力)、"得分"(相应于庄园的领主、庄官、地头等所获得的收益)相关的新因素,更有作为近世最初萌芽的社会职业分化的进程中逐渐产生的非农业因素,因此主从关系本身没有发生质的改变。

　　如果将庄园制比作一个"金字塔",那么居于塔尖的无疑是庄园领主。就身份而言,庄园领主分属皇室、公家(幕府)、寺院;就权限而言,有所谓"本家"、"领家"(领主)、"预所"(代领主管理庄官、庄民、年贡等庄务),"预所"又称"中司"。

　　介于庄园领主和农民之间的庄园实际支配者,或曰"金字塔"的中间,是庄官。庄官有下司、公文、庄司、别当、专当,以及从庄园内有势力的名主阶层挑选出的沙汰人、番头等各种名称。不同的名称与其前此的身份、职务、庄内的地位密切相关。主要来自于:1. 在厅官人、郡司、乡司等律令制的地方官员,2. 属于刀祢(地方官员)、大名田堵("田堵"原为"田头",即现场的意思。"大名田堵"即耕作庄田缴纳年贡的农民)系统的村官和有实力的农民;3. 武家政权系统、兼有将军御家人和庄官二重身份者。

　　金字塔的底层,是农民。农民的阶层、身份实际上比领主和庄官更加复杂。如果按照其村落的居住生活分类,可分成两大类:1. 被称为"根本住人"、"村住人"的名主层;2. 从其他地方迁入的"间人"(非名主层的下层农民,较缺乏稳定性)。按照以承包、耕作为媒介的庄园制身份系列分类,可分为四大类:

1. 名主即"根本住人"阶层;2. 借耕、承包名主所有土地、相当于名主亲友的"胁者"、"胁在家";3. 从其他地方迁入、定居并承包前两者土地的"间人";4. 作为在地领主和名主家奴的下人、所从。另外,还有畿内的"非人"、"乞食";地方的"散所民";各国在行商时定居的商人和职人所谓非农业者;以及原本处于庄园制身份系列之外、但为获得营业方面的特权而作为神人、寄人、供御人从属于庄园领主、支撑庄园体制的新的阶层。镰仓时代的庄园制还通过所谓名体制、工匠"给免田"①支给体制等,将非农业民吸收、编入庄园体制,从而构成了一种新体制并强韧地得以延续。

就农业生产和经营特点而言,中世纪庄园制和古代非庄园制存在显著差异。相对于古代以律令制国家权力集中投放劳动力或运用土木技术进行大规模开发,中世纪主要由田堵、名主以及零散的百姓进行小规模经营开发。虽然居住于中央庄园领主阶层对农业经营并非毫不关心,但是农业经营的主体是在地领主和农民。这种倾向在进入中世纪以后日趋明显。同时,中世纪以后,农业的集约化倾向日趋明显,主要表现于间耕的普及,即1年在同一块土地上种两种作物,如水稻和麦子。

庄园制虽然以自给自足的农业经济为基础,但是商业经济也不断得到发展。自平安末期,日宋贸易的发展已极大刺激了商品经济,但进入镰仓时代后,由于社会政治经济结构的转变,日本各阶层对交换的依赖性急速增强。以王朝贵族、大寺社为主体的庄园领主阶层和武家的交换,主要依赖京都、奈良、镰仓等都市市场,而在地领主阶层、名主以下的农民阶层、手工业者等非农民阶层,则主要依赖在庄园、公家领地内的行商,以及每月2、3次的定期集市。特别是镰仓时代在全国形成的定期集市,不仅满足地方各阶层的经济欲求,而且满足庄园、公家领地收纳的年贡及各种物品的调剂需求,因此同庄园领主经济的运营及商品货币经济关系密切,扮演着维系相互孤立、缺乏有机结合联系的中央、都市同地方、农村不可或缺的"中介"角色。

据史料记载,庄园和公家领地内定期集市形成于平安末期的12世纪,自13世纪中叶至14世纪在全国普及。定期集市的开市频率因各地经济发达程度不同而不同,但大致以每月3次为基准。其场所一般设在:1. 寺院前,如摄津国广田社市、备前国西大寺市等;2. 庄园政所附近,如筑前国粥田庄堺乡市、越前国坪江庄金津八日市等;3. 守护、地头等在地领主馆前,如纪伊国大野庄市、萨摩国入来院借屋崎市等;4. 各国国衙前,如尾张国中岛郡国衙下津市、周防国府中宫市等;5. 主要街道边的旅店、驿站,如骏河国藤枝、前岛宿市,尾张

---

① "给免田"是庄园领主或国司作为俸禄支付给担任地头、各种庄官、问丸、梶取、职人等职务的土地。这些土地无需向领主缴纳年贡,故称"给免田"。

国萱津宿市等;6.年贡物始发港,如伊势国安浓津御厨市、安艺国佐东八日市等;7.水陆交通要道,如山城国淀鱼市、近江国大津市等。在这些集市里经商的,既有行商,也有坐贾,既有周边庄园的名主、农民等商业兼营者,也有"山村住人"、渔民和既无耕地也无居所的"贱民"。交易的商品从"锅釜以下打铁锄錾等",到"布绢类米谷以下大豆小麦",非常广泛。①

庄园领主经济的基本成分主要由三大要素构成:1.以庄园名田制为基础征收的年贡、各种租、庸、调、课役、劳役;②2.接受俸禄或"给免田",或直属庄园领主,或居住于庄园内的各种手工业者贡纳的各种手工业制品;3.以神人、寄人、供御人、座人等身份从属于庄园领主的商人,在交易活动中获取的各种物资。不仅如此,包括庄园领主经济在内的整个镰仓时代的社会经济,也是由三大要素构成的,即:1.以庄园、公领内的名体制为基础的农业生产;2.被称为"道道细工""道道辈"的各种工匠从事的手工业生产;3.分属各种系统、持有不同身份的商人从事的商品交易活动。如果说中世纪社会是一个有机体,那么三大要素所具有的不同功能就是满足这个有机体的各种需求,使它的生命得以延续。特别是以工商业为代表的非农业经济的发展,即社会分工的划时代的进步,是中世纪社会经济的一大历史特征。很多手工业者和商人在获得经营特权、拥有供御人、寄人、神人等身份的同时,必须缴纳贡纳、提供服务。以此为背景,以保护自身权益为主要目的的工商业同业者组织——"座",在中世纪不断增加。手工业者和商人以同庄园领主的奉侍、从属关系为杠杆,形成排他性的"座",并利用免服国役、免缴通行税的特权和其他各种经营特权,不断强化其经济自立性。而居住在京都和奈良、视货币为必需品的庄园领主阶层,虽然通过收取市场钱、座役钱、关钱等满足了部分对钱币的需求,但这种满足仅仅是"部分"而非"全部"。因此,他们最终只能动用其手中所掌握的获取钱币的有力手段——以上缴的年贡物换取钱币。这种交换的必然结果,就是使以各地集市和港口地区的年贡物换钱币为基础的"代钱纳"(以钱缴纳租税等)历久不衰。13世纪以后,"代钱纳"在都市和乡村均成为普遍趋势,而这种趋势的形成无疑以从事远途年贡物交易,即从事"隔地"交易的商人不断登上商品经济舞台这种历史趋势作为前提。

在12、13世纪,庄园领主阶层基本延续着依靠庄园的"名田制"和"给免田体制"这两大支柱,维持着以自给自足经济为基础的庄园经济。然而,随着商品交换的活跃和货币经济的发展,特别在镰仓中后期,商品流通日益广泛、

---

① 《真继文书》建历三年十一月藏人所牒写。
② 所谓"名田制"的含义是:一个庄园由数个"名田"组成,名田主即"名主",从庄园领主处获得名田并以租借给农民等方式进行自主经营。名主向庄园领主交纳租税,农民向名主交纳"加地子"。

复杂,中央的庄园领主们对钱币的需求亦日趋强烈。以此为背景,庄园领主们开始征收市场钱、关钱与座役钱,并对商业高利贷者课税,和不断扩大以钱代替实物年贡和"公事"即租庸调税的范围。这种领主经济自发性的转变,成为对以后社会经济整体产生重大影响的基本因素。

在镰仓时代,商品经济的发展和商品经济结构的形成,亦经历了并非那么短暂的演变过程。给予包括庄园领主在内各阶级、各阶层的经济行为以深刻影响的钱币,主要是通过宋日贸易输入的宋、唐钱。但是至12世纪末,使用钱币买卖遭朝廷和公家严禁,其罪孽如私铸钱币,罪同"八虐"①("八虐"即依律认定的谋反、谋大逆、谋叛、恶逆、不道、大不敬、不孝、不义等八种重罪)。如文献记载"近日,天下上下,皆为钱病所烦恼"。②"万物之估价,差距悬殊,有违成法"。③所以如此,皆因为当时钱币的使用被朝廷视为引起社会经济混乱的根源。建久三年(1192年)12月,朝廷宣旨停止使用铜钱,并将之传达至镰仓幕府。④对于朝廷宣旨,幕府表面显示服从姿态,里面却不禁踯躅。因为幕府内部对朝廷旨意意见很不一致,结果未能取得"合意"。因为,与顽固沿袭旧制的京都不同,东国的钱币使用与商品货币经济发展水平,已浸透于各阶层的日常生活之中,幕府无法对抗这一现实。

面对朝廷的旨意和社会现实,幕府只能采取折衷立场。历仁二年(1239年)正月22日致陆奥国郡乡的"将军家御教书",非常明确地显示了当时的货币流通现实及幕府对这种现实的无奈。这份御家书写道:"自今以后,白河关以东,当禁止钱的流通,而下向之辈所持钱币,商人以下确应禁断,但上洛之族所持则不应禁断。"⑤这份御教书训诫了当时陆奥国"沙汰人"(中世时负责收取庄园年贡的下级庄官)、百姓等在缴纳年贡时规避绢布现物,好以钱币代纳的倾向,并下令禁止相关人等持钱币出白河关以北(白河关与勿来关、念珠关并称"奥州三关",奈良时代为防范虾夷南下而设,位于今福岛县白河市旗宿附近)。但同时允许奥州上洛者将当时在奥州流通的钱币带出白河关以南。由此可见,13世纪前半期,钱币流通早已扩展至遥远的郡国、町镇。货币经济已发达如此,想要严厉禁止显然绝非易事。事实上,即便在仍以自然经济为主的镰仓时代,钱币也已从一部分中央统治阶级的特需品,演进为边境地区代官、百姓缴纳年贡的替代品,可见钱币在当时社会使用之广泛。因此,不仅发出上述宣旨的朝廷抵制商品经济,而且幕府也抵制商品经济,尽管两者的目的不

---

① 《玉叶》治承三年七月二十七日条。
② 《百錬抄》治承三年六月条。
③ 《玉叶》治承三年七月二十五日条。
④ 《吾妻镜》建久四年正月二十六条。
⑤ 《中世法制史料集》第1卷第2部99条,岩波书店,1955年。

同。自贞永元年(1232年)幕府制定《御成败式目》，对当时盛行的买卖私领、恩领的现象加以严格的限制，并在永仁五年(1297年)发布"永仁德政令"，要求返还御家人出卖、抵押的领地，同时不再接受相关诉讼等，均只不过是对已普遍化的社会商品经济状况无力的阻止，以避免其摧毁武家统治的基础。①同样站在寺院、神社背后的朝廷连续发布"德政令"禁止寺领与神领买卖、出质并令返还，也是出于同样目的。但是，随着土地买卖、抵押的剧增，作为对价支付手段的钱币的使用必然相应增加，并逐渐波及社会各个阶层。有关研究显示，在镰仓时代前期，即至13世纪前半叶，代价的支付大部分为稻米，而中期的13世纪后半叶，约50%以钱币支付，至末期的14世纪上半叶，这一比例已上升至近100%。②

综上所述，似可得出以下结论：第一，13世纪以后，货币流通范围非常广泛，已划时代的达到全国规模；第二，货币经济的参与者分属社会各阶层，成员非常广泛。这种成员的广泛性反映了当时社会各阶层对货币的共同需求；第三，如幕府在"永仁德政令"中感叹："御家人等贫败之基已成。"货币的流通对武家社会形成了强烈冲击，甚至成为庄园村落内名体制解体、以名主为中心的农民的分解和重整的重要因素；第四，货币经济的发展使"山僧"(山门延历寺的部分僧侣从平安末期开始，借助山门的权威从事商业、高利贷等经营)、"借上"(主要指镰仓、南北朝时代的高利贷者)开始成为一个独立的阶层，从而促进了社会构成和行业的进一步分化。

在商品经济的冲击下，至镰仓时代，京都官营的东西市演变成了以条坊制下主要大路交叉点为中心的繁华的町座商业。市场上琳琅满目的，是经日宋贸易输入的绫、锦、缎制成的高级服装和其他各种珍贵"唐物"；以大舍人(律令制下大舍人寮的下级职员，负责宫中宿卫、行幸侍奉等杂务)和大宫(皇宫、神宫、神社的敬称)任职人员为顾客的高级绢织物。《庭训往来》等史籍对公家以诸国特产交换京都市场上技术、品质特别精湛的金属、美术工艺品有栩栩如生的描述。被这些商贩视为"顾客"者，自难以抗拒此种诱惑，因此想方设法通过各种手段获取钱币，便成了满足欲求的唯一途径。所谓"众人拾柴火焰高"，商品经济的发展，遂成燎原之势，最终成为促使具有自然、自给特征的中世纪经济发生本质转变，给予诸阶级经济方式以深刻影响，并进一步成为价值观、伦理观转换的基础和金钱万能思想萌发的主要根源。

---

① "永仁德政令"是永仁五年(1279)镰仓幕府出于救济御家人的目的而发布的法令。法令规定：御家人不得将领地出卖或典让给非御家人，非御家人已经取得的御家人领地必须无偿返还，幕府不再受理与御家人借贷相关的诉讼纠纷。
② 小叶田：《改订增补日本货币流通史》，刀江书院，1943年；铃木锐彦：《镰仓时代畿内土地所有的研究》，吉川弘文馆，1978年。

尽管"武士"一词在有关日本历史的论著中出现频频,但何谓武士却迄今未有统一释义。概括而言,日本学者对武士的释义主要侧重三个方面,一是侧重历史,如《广辞苑》的释义是:"一般泛指习武、以军事为职业者。如果将武士作为以武艺为生的职业人理解,那么武士当指自平安时代后期登上历史舞台一直延续至江户时代的一个社会阶层。"二是侧重其职能和社会地位,如《万有百科》的释义是:"以武艺为专业者"、"在封建时代作为支配者而发挥权势";《世界大百科》的释义是:"以武技、战斗为业者"、"后来成为身份阶层或其所属成员的呼称";三是侧重其阶级属性,如《现代百科》的释义是:"拥有武力并在农村居住的本地领主";《小学馆百科》的定义是:"凭依武力统治地方而又任职于政府者。"因此,为了对武士的形成有一基本了解,有必要对上述释义进行整合,即对武士的历史、职能、社会地位、阶级属性等作一全面考察。同时按照4项指标作为武士的释义:第一,无论视之为庄园领主还是封建领主,对其作为"领主"的本质属性予以肯定;第二,以武艺为特长,以军事为职业;第三,以掌握政权、"支配天下"为目标;第四,以"奉公"为核心、以主从关系为纽带的道德准则。

从语源学上考察,"武士"一词始见于中国。《新唐史》中有如下记载:"天宝十一载(752年)改诸卫士为武士。"而武士初见于日本史籍,则是在宝龟二年(771年),文载:"赐亲王已下五位已上丝,各有差。其明经、文章、音博士、明法、算术、阴阳、天文、历术、货殖、恪勤、工巧、武士,总十五人赐丝十绚。"不过,当时的"武士"与通常理解的"武士"显然含义不同。不仅如此,"武士"一词在10世纪以前虽已出现,但并无非常确切指向。同样含义的词语还有"兵"、"侍"、"武者"等。当然,这几个词语稍有差异:"兵"指以战争为职业者;"侍"指贵族的警卫;"武者"指政权中的武人。按照日本学者的观点,这三个词语反映同一实体的不同侧面,直至12世纪,三个语义稍有差异的词才"三位一体",被统一称为"武士"。

就武士形成的历史而言,大致可以分成平安时代的初现雏形至镰仓时代最终成形两大时期,其中又可分成几个阶段。

8世纪末至9世纪初,即平安时代早期,恒武天皇为将大和朝廷的势力范围扩张至本州岛东北部,曾派遣军队对当地的虾夷人进行讨伐。当时,讨伐军因缺乏士气和纪律,难以战胜当地骁勇的土著虾夷人,于是朝廷便向地方豪族求助,提出将授予任何讨伐虾夷人的地方势力"征夷大将军"的称号。于是,弓马娴熟的地方豪族很快成为天皇扩张势力范围的御用工具。这些人堪称武士的雏形。至9世纪中叶,一些地方领主开始建立保卫自己的私人武装,并利用其扩张势力。这种以宗族和主从关系为基础的私人武装,逐渐成熟为一种制度化的专业军事组织。至10世纪,朝廷无力镇压地方势力的叛乱,不得不借助各地武士的力量,武士更进一步得到了中央的承认,成为日本的特权统治阶级。9世纪末至10世纪初,朝廷为平定各地"争乱"而任命押领史、追捕使。平乱后押领史、追捕使仍留驻当地,至朝廷鞭长莫及,尾大不掉,对其无法控制,是武士作为一个阶层产生的真正始基。如佐佐木润之介等所言:"武士(武艺之辈)在这里诞生。"①

之后,武士逐渐发展并大致经历了四个阶段:第一阶段为天庆二年(939年)"平将门之乱"至长元元年(1028年)"平忠常之乱",此阶段的特征是武士阶层与朝廷对抗。第二阶段自平忠常之乱至1156年保元之乱、1159年平治之乱。此阶段特征为充当朝廷鹰犬;第三阶段自保元、平治之乱至1185年平氏灭亡。这一阶段的特征是武士成为新贵族;第四阶段为平氏灭亡至1192年源赖朝受拜征夷大将军,此阶段的特征是镰仓幕府最终建立。

以镰仓幕府的建立为标志的武家政权,具有几项特征:第一,以武力征服全国,建立政权。在镰仓幕府建立过程中,源赖朝以军事实力和实际领地为后盾,先后迫使后白河法皇承认他对东国的实际统治权(1183年10月)、向全国派遣守护地头权(1185年11月)、授予他军事指挥权(1190年任大将,1192年任征夷大将军)。

第二,逐步建立了独立于朝廷以外的行政系统。镰仓幕府机构的基本特色是独立于朝廷之外。首先,幕府所在地即武士政权的首都设在远离京都的镰仓——镰仓武士的根据地。其次,不仅有独立的中央机构,而且有自成系统的地方机构。

第三,制定了以武士社会的道德、习惯和惯例为基础的武士社会第一部成文法典——《御成败式目》,即《贞永式目》。

第四,在内战过程中逐步建立了主从原理与家族原理相结合的统率武士的制度——以惣领制为基础的御家人制,形成了以将军为顶点的金字塔式的武家政权。

御家人制度是武家政权的最基本特征。

"所谓御家人即往昔以来为开发领主,赐武家御下文人事也。所谓开发领主乃根本私领也,又称本领。非御家人即其身虽为侍,不知行当役勤仕之地人事也"。②作为御家人制之基础的是"惣领制"。惣领即族长,故惣领制就是以惣领为中心,由惣领统率全族,强调氏族认同的制度。惣领制的基础是领地和财产的分割、继承。嫡子在领地和财产分割时所获的"惣领分"最多,剩余的分给庶子。分得惣领分的庶子遂以地名为"苗字"(姓)分家自立。但即便如此,

---

① 佐佐木润之介等:《概论日本历史》,第42页。
② 《沙汰未练书》。

他们依然奉本家为大本营,接受本家"家督"(惣领)的统领,以血缘为纽带与本家保持紧密联系,由"本家"、"分家"构成的血缘集团称为一门、一族、一家。本家的首长为"家督",其成员为"庶子"或"家子",形成镰仓殿—惣领—庶子(家子)的主从关系链锁结构。惣领制虽为家族的结合,但并不排斥无血缘关系的小领主作为"家子"加入,结成拟似的血缘关系。惣领的职责是,对内统帅庶子,祭祀族神,分配领地和赋役;对外代表全族,为幕府服役,战时率领一族出征。家督(惣领)一职原则上由本家的嫡长子(出生时的嫡子)继承。但如果嫡长子不具备担任家督的品质和能力,则由长者从其他子嗣中选拔,此谓"选拔的嫡子"。总之,"举族一致"是中世武士社会的原则。

御家人的意思就是"家人"或"家臣"。因为是将军的家人,为对将军表示尊敬,故称将军的家人为"御"家人。同时也有对将军的家臣表示尊敬而称之为御家人的含义。御家人最初为东国武士,但随着源赖朝的势力向西伸展,西国的武士也被包容。将军与御家人之间的关系是主从关系。结成主从关系必须履行一定的手续:御家人谒见将军并宣誓,此谓"见参式"(亦有从者呈上表示忠诚的"起请文"),将军则颁发领地证明书,此谓"本领安堵下文"。继承时也要履行同样的手续。但是西国的程序没有如此繁琐严格,仅有作为源赖朝代表接受当地武将向源氏呈上将成为御家人的武士"交名"(列有名字的文件),然后由源赖朝下文给予认可。之后御家人人数渐多,程序更加简化,仅由源赖朝的代表"奉书"(奉将军之命而发的文书),将军不再下文。

镰仓殿和御家人结成主从关系的基础是"御恩"即恩赐和作为"御家人役"的"奉公"。

御恩主要内容是:1. 本领安堵(对原有领地给予确认,保证其支配权)。2. 新恩给予(分给新的领地)。3. 发生领地等纠纷时给以保护。4. 向朝廷推荐让御家人获取官职。奉公主要内容是:1. 率领一族参战;2. 由六波罗探题统辖承担"京都大番役"(又称内里大番)即皇宫警卫任务,3 至 6 个月轮番。另由西国御家人承担的"篝屋役"("篝屋"意为西国武士进京承担警卫任务驻留的营房)。"镰仓番役"即由东国御家人承担镰仓殿警卫,1 至 2 个月轮番。准战时承担"异国警固番役"(警戒异国入侵);战时承担临时性军役。3. 作为经济性奉公的"关东御公事",即承担固定和临时的课役;承担皇宫、幕府、寺社以及驿站等的修建费用等。奉公义务由侍所通过守护按各人的领地分配。奉公必须认真,不得懈怠,否则将视情节受到削减领地,剥夺身份,甚至没收领地和处死的惩罚。御家人制原本是私人间的主从关系,但从 1185 年源赖朝获得任命守护地头权以后,逐渐成为一项正式制度,并且与幕府的中央地方官制相结合,形成了将军—侍所—守护—地头的统辖系统。主从(纵向)关系和家族(横向)关系相结合的武士制度的建立,保证了武家政权的长久性和稳固性。

五、忽必烈征伐:"文永、弘安之役"

在镰仓时代对外关系史方面,最重大的事件莫过于在日本历史上被称为"文永、弘安之役"的蒙古忽必烈统领的军队对日本的征伐(文永之役时是大蒙古国,弘安之役时大蒙古国改国号为元)。因为这两次战役不仅最终导致中日关系的一度断绝,而且使幕府政治不断走向专制、作为御家人支配体制之基础的"惣领制"遭到严重动摇,最终使幕府崩溃。正如新田英治指出的:"对元防卫战极大地影响了以后的日本政治和社会。"①

追溯历史,中国同日本、朝鲜及其他一些亚洲国家同属"汉字文化圈"。汉字文化圈包含以汉字为核心的四大要素,即汉字、以汉字为媒介的儒教、佛教、律令制。这些对东亚地区有着深刻影响的文化和政治要素虽在各国有不同变异,但却或起源于中国,或受影响于中国。与之相应,汉字文化圈在政治上的典型特征是所谓的"册封体制",以及以等级差别的政治关系为本质、以经济贸易关系为形式的"朝贡贸易"。"册封体制"和"朝贡贸易",是"东亚秩序"的两大支柱。由于"东亚秩序"以中国为轴心,因此中国国势的强弱必然影响"东亚秩序"的命运。由是观之,我们不难发现唐朝由盛转衰不仅是中国社会秩序、同时也是东亚秩序发生重大变化的转折点。因为自唐以后,东亚秩序的政治联系趋于松弛。在中日关系方面最明显的例证,就是日本朝廷于公元894年采纳了菅原道真《请令诸公卿议定遣唐使停止状》中提出的建议,不再派遣唐使。但是另一方面,虽然东亚秩序的政治联系有所松动,但是经济贸易的联系却日趋加强。

唐朝衰亡后,经过五代十国的分裂,中国在宋朝又复归统一。虽然宋朝的国势和在东亚秩序中的地位同盛唐时代已不可同日而语,但是宋朝商品经济的发展,却胜过前朝并因此促进了与周边国家的贸易。平安末期,日本政府为避免宋朝商船来航过频,规定"每三年一航"。同时规定除获得许可的赴宋巡礼僧,其他人一律不得出海。但是至11世纪,上述规定已名存实亡。至平氏掌权,日本对宋贸易态度积极。镰仓时代初期,幕府沿袭平氏方针允许民间自由贸易,日本商船赴宋日盛。至镰仓时代中期,幕府也开始派自己的商船入宋。《宋史·日本传》记载:"倭人冒鲸波之险舳舻相衔,以其物来售。"尤其值得关注的是,日宋贸易的结构发生了两大显著变化:

第一,宋代以前的对外贸易主要是以朝贡和回赐的形式进行的官方"贸易",民间贸易在几可遮天的官方贸易的巨伞之下,几乎难见阳光。到了宋朝,

---

① 井上光贞、永原庆二等编:《日本历史大系·2·中世》,山川出版社,1985年,第293页。

尽管官方贸易依旧存在,但不再作为国际政治关系表现形式的民间贸易往来,开始占据重要地位。如佐伯有弘所言:"担任日宋贸易主角的,是前往日本的宋商,以及被称为'博多纲首'的宋商(居住在九州博多的宋朝商人)。当时在日本九州博多湾等海岸,有许多以庄园为依托的秘密贸易港,幕府指定的贸易港鸿胪馆前海岸渐被荒弃。赴日宋商亦多有长期居留当地者。11世纪后半叶即宋代陶瓷在日本博多被大量发掘出土,为当时活跃展开的日宋贸易提供了考古学依据。"①

第二,随着贸易往来的活跃展开,在中国、日本、朝鲜之间开始形成开放型的环流贸易圈:从日本的博多经对马海峡进入朝鲜;从王京经开城、义州进入中国的沈阳,从山海关进入北京。毋庸赘言,环流贸易圈同样以中国为轴心。因此,随着作为国际政治关系的东亚秩序的日趋解体,以及作为经济贸易关系的东亚秩序的逐渐形成,虽然中国的轴心地位并未改变,一个不可否认的变化却随着这一环流贸易圈的形成而出现,即中国不再具有能确保这一秩序安定持久的政治权威。

在蒙古族入主中原建立元朝以后,忽必烈即试图重建中国以往的政治权威。1231年,蒙古铁骑踏上朝鲜半岛。以权臣崔氏家族为首的高丽王朝势力进行了不屈的抵抗,甚至在半岛全境沦陷的境遇下,依然迁都江华岛作最后抗争。然而,毕竟实力悬殊。1259年,高丽王朝向大蒙古国降服。1269年,高丽王室离开江华岛返回开京(即开城)。

在降伏高丽后,至元三年(1266年),大蒙古国可汗忽必烈遣兵部侍郎黑的、礼部侍郎殷弘携两份国书到达高丽都城。两份国书一份致高丽国王,希望其协助晓谕日本,使之臣服,另一份国书致日本天皇,要求日本遣使来朝,以求通好。其传檄而定,诏谕臣服之意,昭然若揭。面对要么卷入对日战争,要么遭到蒙古可汗迁怒的两难选择,高丽宰相李藏用最终以"风涛险阻"为借口,力劝元使黑的放弃诏谕日本的使命,折返大都。高丽此举遭忽必烈严词训斥:"卿先后食言多矣,宜直身焉",并一怒之下令高丽单独与日本交涉。文永五年(1268年)闰正月,高丽被迫派遣使者潘阜携带两份国书到达对马。同年闰4月,筑前守护武藤资能将元朝国书送交幕府,国书言简意赅:

"上天眷命大蒙古国皇帝奉书日本国王:朕惟自古小国之君,境土相接,尚务讲信修睦,况我祖宗,受天明命,奄有区夏,遐方异域,畏威怀德者,不可悉数。朕即位之初,以高丽无辜之民,久瘁峰镝,即令罢兵,还其疆域,反其旄倪。高丽君臣感戴来朝,义虽君臣,而欢若父子。计王之君臣,亦已知之。高丽朕之东藩也,日本密迩高丽,开国以来,亦时通中国。至于朕躬,而无一乘之使以

---

① 朝尾直弘等编:《日本通史》第10卷,岩波书店,1994年,第287页。

通和好,尚恐王国知之未审,故特遣使持书,布告朕志。冀自今以往,通问结好,以相亲睦。且圣人以四海为家,不相通好,岂一家之理哉。至用兵,夫孰所好。王其图之,不宣。①

最后之"不宣",意为"此绝非命令"。幕府接国书后,于2月经关东申次西园寺实氏奏上朝廷。该国书在后深草上皇总裁院经连日评议后,认为"书辞无理",决定对蒙古帝国的要求置之不理。但日本方面也清楚大蒙古国这一要求遭拒,不会善罢甘休,于是朝廷在伊势神宫祈请国家安全,并在各寺社举行降伏异国的祈祷。充当防卫任务的幕府则为防蒙古军队袭击,积极构筑防卫态势和加强幕府统制。一方面令各地守护加强戒备,另一方面于3月5日立刚刚成人的得宗北条时宗为执权,由64岁元老北条政村任联署,辅佐年轻的北条时宗。

在国书遭拒后,忽必烈又4次遣使赴日本递送国书,但同样被置之不理。特别是文永六年(1269年)3月,大蒙古国使节和高丽使节到达对马要求返牒未果而带走两个岛民的事件发生后,双方关系已趋紧张。至文永八年(1271年)8月高丽使携牒状递交大宰府、9月元使赵良弼抵达筑前今津,发出11月前必须答复的最后通牒但仍被置之不理后,是年,幕府构筑了战时体制,开始设立"异国警固番",并分别任命资能和赖泰为负责北九州防卫的最高前线指挥官"镇西西方奉行"和"镇西东方奉行"。同年,大蒙古国改国号为元,忽必烈称元世祖。文永十年(1273年)3月,在派往日本的赵良弼再次无功而返后,翌年8月,忽必烈任命忻都为征东都元帅、洪茶丘为右副帅、刘复亨为左副帅,统帅蒙汉军2万人,加上金方庆统领的高丽军12 000余人共32 000余人东征日本,开始发动日本史书称为"文永之役"(中国史称"甲戌之役")的战争。10月3日,元、高丽联军分乘900余战船,从高丽合浦(今镇海湾马山浦附近)出发,3天后登陆对马岛。经过半月多时间的激战,至21日清晨,除留在志贺岛的一艘战船外,元、高丽联军的船只全部消失。"文永之役"至此结束。很多史书称,元、高丽联军的消失是因为遭遇狂风。此种说法的主要依据,是战事结束1年多后的建治元年(1275年)5月,萨摩国的天满宫和国分寺呈朝廷的奏状。奏状称:"蒙古凶贼等来犯镇西,虽经合战,但遭神风狂吹,异贼丧命,乘船或沉海底,或搁浅江浦。此岂非灵神之征伐,观音之加护?"②朝鲜方面的史料《东国通鉴》亦持此种说法,曰:"恰巧夜有大风雨,战舰多有触上岩崖而败。"毋庸赘言,此种立场显然有偏颇之嫌的说法值得怀疑,所谓"遭遇神风"更属无稽之谈。令人遗憾的是,中国学者亦多承袭此说。如吴廷璆主编的《日本史》就此

---

① 该国书的副本现藏于日本东大寺尊胜院的《蒙古国牒状》副本(《伏敌篇》卷一),第15—20页。
② 建治二年正月日大宰府下文案,载《镰仓遗文》12212号。

写道:"……激战至暮,日本武士被迫退到大宰府附近,组成新的防线。元军可能为了防备日本武士夜袭,回到船上。就在当天夜里,一场意外的台风刮沉了元兵船200艘,剩下的船只不得不返航。"①事实上元、高丽联军(按:称元军似不妥,因为参战将士1/3强是高丽军人)何以消失,至少迄今尚无定论。气象学家荒川秀俊曾发表论文指出,阴历10月20日即阳历11月26日已过了台风季节。统计显示,称北九州海面当时因为台风而掀起大浪的情况简直无法想像。文永之役元、高丽联军的撤退,不是因大风而遭受损害,而是自发的预定的行动。②尤其值得关注的是,对当时战况记载最详的《八幡愚童训》写道:"文永之役与弘安之役不同,没有遭受任何风雨。"

不管元、高丽联军因何撤退,但对日本来说文永之役未遭败绩。因此战后幕府即犒赏参战武士。同时,在京都朝廷,龟山上皇唯祈请祖灵攘击外敌及在寺社举行降伏异国的祈祷等,求助神佛保佑,而幕府虽亦举行类似祈愿仪式,但同时采取一系列措施强化战备体制,以防元朝再度攻袭。而元朝在"甲戌之役"(即文永之役)后,征服了南宋,将整个中国置于其统治之下,进而意欲招安日本。于是,在"文永之役"后的第二年即1275年(元朝的至元十二年,日本的建治元年)2月,忽必烈再次任命礼部侍郎杜世忠和何文著为宣谕日本使,于4月在长门室津(津山口县丰浦町)上岸后,即被送至大宰府。大宰府急报镰仓殿。3个月后,杜世忠等被护送至镰仓。中国素有"两军交战,不斩来使"之说,日本深受中国影响,并非不懂这一规矩。但是杜世忠等一行5人却在9月4日被悉数斩首于龙口刑场,其首级还被暴晒刑场。幕府执权北条时宗试图以此显示其对元朝的强硬态度。见赴日宣谕使未有音讯,在南宋降将范文虎的建议下,忽必烈遂再派南宋人周福、栾忠等出使日本。但是周福等亦遭受前者同样命运,于1276年(元朝至元十六年、日本弘安二年)被斩首,且未被押至镰仓,而是在博多被"就地正法"。直到周福等被斩首两个月后的8月,送杜世忠去日本的水手才回到高丽,带回了使者被杀的消息。消息传到元大都,忽必烈震怒,下令"立即攻打日本"。是年下半年,元朝大量征调军队(包括南宋降兵),并成立了"远征军司令部"征东行省(也称征日本行省),准备再度发兵讨伐日本。

1281年正月,忽必烈命元军兵分两路远征日本。由蒙、汉、高丽军4万、战船900艘组成的东路军由征东行省右丞沂都、洪茶丘统领,从高丽合浦起锚;由从江南征发的10万士兵和3 500艘战船组成的江南军从庆元(今宁波)、定海出发。江南军的主帅是元朝老将阿塔海,副帅是南宋降将范文虎。

---

① 吴廷璆主编:《日本史》,第142页。
② 荒川秀俊:《宣告文永之役结束的不是台风》,《日本历史》120号,1958年。

但是发兵之际阿塔海突患重病,不能出征,指挥权遂落到了范文虎手里。5月3日从合浦出发的东路军在穿越对马、壹岐后,于6月6日登上了博多湾口的志贺岛。日军以小舟围攻元军兵船,从陆上对登陆元军进行袭击,并在博多沿岸以石块构筑工事,顽强阻击元军登陆。最后,东路军只得退至肥前鹰岛,等待与江南军汇合。江南军6月18日从庆元(今宁波)出发后,于7月27日在肥前鹰岛与东路军汇合,日军仍以小舟抗击,但元军重整阵容后计划分兵数路进击博多湾,攻占大宰府。但由于元军内部成分复杂,将帅不和,两路大军行动不协调,而日军则吸取前次教训,调集65 000兵力严防死守,并在海岸线上建造了石垒,防止元军登陆,双方相持不下,战事呈胶着状态。7月29日夜晚,天空狂风暴雨大作,由于元朝军队的战船系仓促建造,质量很差,结果大部分船只沉没,军士溺死无数。按日本《八幡愚童训》记载,当时海里死者相叠似岛屿一般,可在上面行走。《高丽史》则记载,是役军官阵亡十之七八,士兵阵亡十之八九,14万大军生还者不足2万,损失极其惨重。尤其是江南军,由于范文虎在初五"独帆走高丽",使10多万江南军群龙无首,数万士兵被俘,只有3个士兵弄了条小船才得以命归故里。忽必烈从生还的3个士兵处知道真相后,怒将本是南宋奸相贾似道手下心腹大将的范文虎斩首。①此役日本史称"弘安之役",中国史称"辛巳之役"。之后,元朝又制定了第三次远征计划,但是,由于中国江南和安南(越南)动乱不止,不得不暂缓出兵。1294年,元世祖驾崩,第三次远征日本的计划遂没有实施。

关于忽必烈征伐日本的目的及失败的原因,西岛定生提出的见解颇值得关注:"第一,忽必烈对日本实施征伐,并不是为了满足自己的征服欲,而是因为自宋代以后,东亚地区虽然已经形成了所谓东亚贸易圈的经济世界,但是维护这一经济世界之秩序的政治机构却没有相应建立。于是,已经在东亚确立了霸权的蒙古皇帝以确定那种秩序为己任,发动了对日征伐。第二,征伐日本最终未能成功,并非仅仅因为暴风雨导致远征军的覆灭这一偶然因素,还因为中国国内对元王朝统治的反抗,以及元帝室的内讧。换言之,在东亚贸易圈确立一种秩序,首先必须有在中国国内能确立以强有力的统一王权为依托的社会秩序这一基本前提,没有这一前提,想在东亚贸易圈确立新秩序是不可能的。也就是说,所谓的东亚秩序,并不仅仅是国际关系问题,它同时也关联着各个国家的国内问题。"②

继元世祖之后登基的元成宗于1299年派遣僧一山一宁为诏谕使到达日本,试图通过外交途径招安日本,但遭到日本断然拒绝。至此,元彻底放弃了

---

① 方回:《桐江续集》卷32《孔端卿东征集序》。
② 西岛定生:《中国古代国家和东亚世界》,东京大学出版会,1983年,第626页。

诏谕日本的想法。

日本虽然成功抗击了元军的入侵,但是文永、弘安战役对日本政治和社会产生了极大影响。特别是公家和武家的权力对比发生了明显变化,主要反映于幕府关于修建寺社的命令开始适用于全国;"一国平均役"的赋课征收权归幕府所有;武家权力大步踏进公家管辖范围,由守护掌控国衙机构这一室町幕府体制的萌芽,虽然仅是局部,但已在文永、弘安之役后出现。尤其值得关注的是,北条氏的嫡系(得宗)以此为契机,进一步强化了专制统治。

北条氏的嫡流自北条时政—义时—泰时—经时—时赖,一直担任执权。至北条时赖担任执权扑灭三浦氏、抑制幕府内对抗势力后,北条氏家督即"得宗"的权力急剧膨胀,即便不再担任执权,仍遥控幕府,甚至幕府政治事项也在得宗私宅讨论决定,从而使以合议制为基础的执权政治徒具形骸。至文永五年(1268年)北条时宗就任执权后,执权政治已名存实亡。随着执权体制向得宗体制转变,所谓"宰相家人七品官",原先仅掌管得宗家政的"御内人"("被官",又称御内方,即得宗的家臣)不仅参与幕政,而且其"内管领"还担任掌握检察和刑事审判大权的侍所的"头人"(所司,即次官)。由于侍所长官"别当"由执权兼任,所以头人即实际统领。御内人独揽大权的治政格局,自然引起原先即参与幕政的御家人的不满。御家人虽为将军直系臣属,但却被称为"外样",心里颇为不平,于是便聚集于曾为执权政治建立汗马功劳的安达氏门下。两股彼此对峙的势力由此形成,其矛盾和对立亦日趋激化。以弘安七年(1284年)4月第8代执权北条时宗去世、14岁的北条贞时继任执权为契机,翌年,分别以"御家人"势力代表、北条贞时的外祖父安达泰盛和"御内人"势力代表、得宗内管领平赖纲为首的双方,于11月发生了武力争斗。因11月异称霜月,故这场争斗史称"霜月骚动"或"弘安合战"。最后经过一番激战,安达氏一族除安达泰盛的弟弟安达显盛幸免于难外,几乎灭绝,幕府政治开始进入平赖纲专权时代。但是,平赖纲也好景不长。由于平赖纲一族专横跋扈,日渐长大的北条贞时最后终于忍无可忍,于永仁元年(1293年)4月将其一族90余人分别处刑。不过必须强调的是,这场史称"平禅门之乱"①的争斗,仅仅是御内人换了主角,并不意味着御内人势力就此退出幕政舞台和御家人势力卷土重来。恰恰相反,御内人势力自此进一步扩大,得宗专制更加强化。

御内人势力的增长,逐渐动摇了由镰仓殿—惣领—庶子(家子)构成的御家人支配体制的基础,其基本表现,就是以商品经济的发展为背景,御家人阶层因经济实力的不均衡而开始分裂。与一些庶子家私领的分散和扩大相对应的另一些庶子私领的丧失,使御家人的绝对人数不断减少,惣领制因此逐渐解

---

① 平赖纲出家后法号为杲圆,故称此乱为"平禅门之乱"。

体。虽然幕府采取了各种措施予以阻止,如颁布"永仁德政令",但不仅收效甚微,而且招致诸多不满。幕府的统治基础遭受严重动摇。政治势力的此消彼长历来是一条基本规律。在幕府的统治基础遭受严重动摇的同时,朝廷乘机强势出击,后醍醐天皇即位后运筹帷幄,使日本政治重新复归"天皇亲政"。

后醍醐天皇的即位,似也可视为幕府"搬起石头砸自己脚"的又一项蠢举。在后嵯峨天皇退位后,他的两个皇子后深草天皇和龟山天皇相继即位,并因此产生了两个皇统——后深草一系的持明院统跟龟山一系的大觉寺统。两大皇统围绕皇位继承问题分庭抗礼,展开了激烈角逐。面对这种情况,对皇位继承拥有决定权的镰仓幕府欲"坐山观虎斗",于文保元年(1317年)4月提出了两大皇统每10年轮番即位的所谓"两统叠立"方案,史称"文保和谈"。照此方案,文保二年(1318年),大觉寺统的后醍醐天皇即位,同时也开始了后宇多法皇的院政。后宇多法皇选贤任能,听言纳谏,兴行政道,励精图治,使朝廷政治出现了勃勃生机。元亨元年(1321年),法皇决意将政务让渡天皇,于是派遣院的"评定众"吉田定房为使节前往镰仓,要求幕府赞同其这一意愿。幕府认为,这是大觉寺统内部的问题,无悖幕府提出的"两统叠立"原则,当即表示赞同。后醍醐天皇自此开始亲政。

通晓宋明理学、以大义名分为行动支点的后醍醐天皇登基后,以再现延喜、天历之治为目标,以"朕之新仪乃后代之仪范"为标榜,打破门第、不拘"皇统"起用人才,不仅续用其父后宇多法皇的良臣吉田定房和万里小路宣房等贤能之材,而且任命属持明院统的文章博士日野资朝、"大内记"日野俊基等少壮廷臣为参议和藏人头,其朝纲政绩深受朝野赞誉。百姓谓之"公家善政之复活",甚至持明院统的花园上皇也在日记中写道:"近日政道复归淳素。"[①]以此为背景,一个倒幕运动计划在后醍醐天皇的侧近中逐渐酝酿。

与朝廷的政治领袖"青出于蓝而胜于蓝"相比,作为幕府政治中枢的得宗专制,则是"日薄西山"。应长元年(1311年)10月,41岁的北条贞时去世。至正和五年(1316年)北条贞时之子北条高时即位时,得宗政治已今非昔比。按《保历间记》记载,北条高时"以病弱之躯,难以胜任将军家执权之职"。虽然北条高时即位时年仅14,但内外交困的得宗政治却似已步入风烛残年。嘉历元年(1326年),北条高时因病出家,法号"崇鉴"。因御内人"内管领"长崎高资的专断,联署金泽贞显就任执权。但因北条高时的弟弟北条泰家对此强烈不满,甚至意欲将其诛灭,金泽贞显仅任职1月有余便辞官出家,法号"崇显",由镰仓幕府最后一个执权赤桥守时就任执权。赤桥守时年长北条高时8岁,是北条一门的重镇,颇有声望,但并无实权。当时真正执掌幕政的是御内人"内

---

① 《花园院宸记》元亨二年12月25日条。

管领"长崎高资。毫无疑问,幕府如此政情是后醍醐天皇实施倒幕计划的重要原因和契机。

倒幕计划的积极推进者是日野资朝、日野俊基。按照他们的谋划,鉴于朝廷本身武力不足,须争取畿内、近国的武士和僧兵为伍,并策动对北条氏不满的御家人倒戈。于是,两人分别赴各地游说。之后,为了掩人耳目,两人通过举行"无礼讲"进行密谋。所谓"无礼讲"(又称"破礼讲")在花园天皇日记中有释义:"凡近日人云,资朝、俊基等聚众乱游,不着衣冠,几乎裸体之饮茶会。此或学达士之风。(中略)世人谓之无礼讲之众。"[1]按照密谋,两人决定将美浓武士等调入京都,趁9月23日例行北野祭时六波罗武士前往维持治安之际,袭击六波罗捕捉探题,扫除京都的幕府势力,并借南都北岭的僧兵把守交通要冲,然后集合近国武士发兵讨幕。虽然计划周密,但事机不密。据《太平记》记载,由于参与密谋的船木赖春在枕边泄露天机,将此告诉了身为六波罗奉行人女儿的妻子,结果六波罗探题先发制人,在京都四条的旅店里将日野资朝、日野俊基等捕获。眼见事情败露,后醍醐天皇即派遣自龟山天皇以后的七朝元老、67岁的万里小路宣房前往幕府递交"誓纸",称其与此事件无关。出于多方考虑,幕府于翌年,即正中二年(1325年)8月将自愿承担全部责任故成为"首谋"的日野资朝流放佐渡,将日野俊基释放,没有对后醍醐天皇是否涉案进行深究,但是强化了六波罗实力,对朝廷严密监控。这一倒幕事件,史称"正中之变"。

动乱虽然平息,但是朝廷和幕府的矛盾却越积越深。嘉历元年(1326年)3月,皇太子邦良亲王因病猝死,持明院统、后醍醐天皇、邦良亲王遗族围绕立嗣问题展开角逐。幕府按照"文保和谈"决定立邦良亲王之子康仁王为天皇。后醍醐天皇希望落空,对北条氏愈益不满。

幕府的敌人绝不仅仅存在于朝廷,此时的幕府所要防范的,绝不仅仅是"皇朝复辟"。事实上,在野势力更令幕府难以对付。至镰仓末期,被称为"恶党"的各地山贼、海贼、神人、僧人的群起,严重威胁着幕府统治,成幕府最棘手的问题。而这些"恶党"或名义或实质,均成为后醍醐天皇的"盟友"。因为,作用力和反作用力的对应这一物理学原理,同样可用作政治学原理。例如,幕府对寺院的强力统制引起了寺社的强烈抵触和反抗,并将其自然推向后醍醐天皇一边。

幕府内部反北条氏的气氛也日趋浓烈。特别是在"宝治合战"和"霜月骚动"败北的御家人对北条氏的反感,更是随得宗专制政治的强化而与日俱增。另外,在源氏嫡流自源实朝断绝后,残存的源氏中亦可称源氏嫡流的足利氏,在幕府中亦是可与北条氏抗衡的有势力的御家人,且其家族因与北条氏通婚

---

[1] 《花园院宸记》正中元年11月1日条。

而时时觊觎,欲取而代之。

　　总之,至镰仓时代末期,反北条氏的氛围已笼罩朝野,镰仓殿已摇摇欲坠。只要稍有"震动",以北条氏为梁柱的镰仓殿必然梁倾柱折。而引发一场使镰仓殿最终倒塌的震动,依然是后醍醐天皇。为了实现夙愿,后醍醐天皇再次将日野俊基等招致麾下谋划倒幕。元宏元年(1331年)4月,以日野俊基为首,开始密谋倒幕。鉴于前此教训和面临的时机,后醍醐天皇决定不再致力于聚集幕府统治下的武士,而致力于动员南都北岭的僧兵为倒幕主力。但是,后醍醐天皇此次又遭暗算:曾经是天皇先父后宇多法皇良臣的吉田定房将所有计划均向六波罗密告。受到密告的六波罗,即刻将日野俊基等逮捕并押送镰仓,并进入宫中。所幸后醍醐天皇事先得到急报先以脱身,于8月24日带着三件神器迁入南都,即东大寺。后因未能得到庇护,遂又前往大和的笠置山招兵买马。见后醍醐天皇屡屡密谋倒幕,幕府决定废黜后醍醐天皇,遂向院提出让皇太子量仁亲王践祚。9月20日,根据后付见上皇的院宣,量仁亲王成为和后鸟羽天皇一样没有神器而登基的光严天皇。同时,幕府发兵西进攻陷笠置山,并在宇治平等院将逃亡途中的后醍醐天皇抓获。根据幕府要求,后醍醐天皇将神器转交光严天皇后,随即被流放至隐岐,一如"承久之乱"时的后鸟羽上皇。此次事变史称"元弘之乱"。

　　事变后,后醍醐天皇皇子、时为天台座座主的尊云法亲王为替父报仇愤而还俗,自称护良亲王,并迁入南畿呼吁武士和寺社加入倒幕运动,得到广泛响应。元宏二年(1332年)年末,护良亲王和以后历代被视为忠君楷模的楠木正成在河内举兵倒幕,发出了最终令镰仓殿倒塌的"震动"。为了应战,幕府组成了河内道、大和道、纪伊道三路大军,均由北条氏一门担任大将。此时,被流放隐岐的后醍醐天皇亦离开流放地在出云登陆,并往各国募兵,使所有反北条氏势力均聚集其麾下。面临四面楚歌的幕府势力,最终遭到了源氏正统且早已对其不满的足利高氏及其同党新田义贞致命的反戈一击。元宏三年(1333年)3月,幕府接报光严天皇在六波罗北第避难,遂命足利高氏前往六波罗救驾。但是足利高氏却抗命西上、在近江的镜宿归顺了后醍醐天皇并接受了纶旨,在幕府军中进行策反,随后公开亮出反旗。而新田义贞在护良亲王和楠木正成举兵时,参加了对楠木正成的据点千早城的围攻。但是,料定幕府已经是前途末路的新田义贞称病回到了上野,并在足利高氏打出反旗10天之后,于5月8日举起反旗,一路攻城拔寨,于18日挥师直逼镰仓。幕府军虽然顽强阻击,但终未能抵挡其势如破竹的攻击。22日,新田义贞突破化妆坂和山内两道防线,得宗北条高时一族及其被官(家臣)均在东胜寺自杀。镰仓殿彻底坍塌。随后,各地镰仓幕府势力亦被如摧枯拉朽的倒幕军队横扫。6月4日,后醍醐天皇回到京都亲政。日本历史自此进入"一天二帝南北京"的南北朝时期。

六、镰仓时代的"纹化"

"文化"亦可被视为"纹化"即具有特征的标志。由是观之,除了刀,家纹当属武士又一项重要标志。家纹的全称为"家族纹章",也称家徽,最早出现于宫廷贵族。后来武士家族为了便于在战争中区分敌我,逐渐予以吸收、采用。镰仓时代在作为武家社会重要标志"家纹"的发展过程中,起了开拓性作用。推而广之,镰仓武家文化作为日本"传统文化"中的重要元素,对后世有重要影响。

在平安时代末期的"源平合战"时期,势力划分相对单纯,在野源氏使用白旗,据称白色象征纯洁无垢,据说神灵将会附着其上,因此源赖朝将白旗确定为本族嫡流的专用旗帜;在朝的平氏使用赤旗,因此家纹并非必需之物。后来源赖朝远征奥州藤原氏,路过下野国宇都宫时,同族的佐竹隆义赶来会合。佐竹隆义曾一度投靠平家阵营,更非源氏嫡流,但竟然也僭越使用白色御旗,使赖朝内心大为震怒。然而,对方为效忠远道匆匆赶来,终不能严加申饬。于是源赖朝经反复考虑,将一把绘有一轮明月的军扇赐给佐竹隆义,让他绘上军旗——据说这就是武士家纹的来源。

有了佐竹隆义这一先例,源氏一门遂纷纷在白旗上绘以纹样,以区别于宗家御旗。并因此使旗纹成为家纹。最早从旗纹转化为家纹有佐竹氏的"五本骨扇和月丸"、武藏七党之儿玉氏的"团扇",等等。"分纹"也逐渐出现。所谓分纹是指分家间各自使用不同的家纹,或者略作修改以和本家家纹区别。此外,还有部分幔幕纹也逐渐转化为武士的家纹——幔幕是指战斗和宿营时主将指挥所外张开的幕布——多为圆形,比如新田氏的"大中黑"、足利氏的"二引两"、三浦氏的"三引两",等等。至镰仓时代中期,家纹已被武士阶层广泛采用。不过,家纹和家门并非纯然一一对应。不仅全日本成千上万个武士家族难免出现重合,而且"赐纹"明显分离了家纹和家门的关系。所谓赐纹是幕府上峰将自己的家纹赏赐给有功之臣,允许其在一定场合下使用。毋庸赘言,有功之臣未必出自其家门。

虽然"纹化",但是在武家政权居统治地位的镰仓幕府时代,最初却并不具有其独自的武家文化。所谓的"武家文化"是在吸收、借鉴"公家文化"(朝廷文化)的基础上逐渐形成的。在镰仓殿建立之初,为了"对外"和公家交涉、"对内"统驭御家人,必须具备相应知识。因此源赖朝录用了诸多或没落于战乱,或失望于生活的原京都"公家"的下级文人。这些原朝廷文人不仅对草创期的幕府对外交往和制度创设作出了重要贡献,而且在强化幕府政治的礼仪方面也扮演了重要角色,从而使源赖朝在前往镰仓宗教中心鹤岗八幡宫参拜,以及为其他目的"出御"时更显威武。①特别在源赖朝被拜为右大将的建久二年(1191年)正月以后,幕府礼仪更具有了宫廷礼仪般的庄严。尤其值得关注的是,虽然东国武士长期生活在农村,但是幕府在举行"年中行事"即每年定期举行的各种祭祀时,如《吾妻镜》所描述的,几乎没有沿袭任何农耕礼仪和乡情民俗传统,而是以宫廷礼仪为蓝本。因为,镰仓幕府的"年中行事"并不是在包容所有武士的基础上形成的,而是在新建成的幕府政治中心镰仓由聚集在幕府侧近的武士形成的。由上层武士为中心的武家社会,试图通过摄取公家礼仪,对下级武士显示其威严从而维护其威望。另外,相对于源赖朝录用的前朝廷文人主要以文笔为他服务,源赖家和源实朝所采用的文人则传播了阴阳道知识、诗歌、管弦、蹴鞠等公家文化,以后更有具备各种公家文化特长的朝中文人移居镰仓。

但是,随着幕府和朝廷对抗的逐渐产生,形成不受公家藐视的独自的礼仪和技能,遂日益显得迫切而重要。由于武士的特征主要体现于武勇和武艺,因此作为武士之特技的弓马之技,首先得到重视。于是,镰仓幕府在鹤岗八幡宫每年举行大大小小的"行事"时,均让武士显示弓马之技,其中最大的"行事",就是8月"放生会"时的"马场之仪"。不过必须强调的是,在律令制下的宫廷也有很多和文官举行的礼仪并行的武将承担的礼仪,只是随着文官化的发展,朝廷中武将扮演的角色日益式微,逐渐边缘化。因此镰仓幕府举行的弓箭马术、相扑等,实质上也是构成公家文化的要素。例如,在镰仓时代中期论述整体性公家文化的《古今著闻集》中,编者橘成季通过30个篇目论述了公家文化,其中武勇、弓箭、马术、相扑角力占4个篇目。编者橘成季本人也以擅长赛马著名。因此武家社会强调弓马之艺并将其纳入武家"年中行事",说明其没有脱离公家文化的主观意愿。事实上,从东国的广阔生活中汲取文化果实进行洗练,构建与公家文化相抗衡的武家文化,绝非易事。综观整个镰仓时代,接受公家文化并突出其"武化"要素,是该时代武家文化发展的基本方向。真正具有明确形式和特征,与政治礼仪和日常生活密切结合并在"年中行事"中得以体现的武家文化,直至进入下一个时代即室町时代才开始真正形成。当然,对于镰仓时代在武家文化发展过程中的"承先启后"地位,必须给予充分评价。

镰仓幕府较具自身特点的"行事"是幕府将军参拜作为其守护神的鹤岗八幡宫,而鹤岗八幡宫也是前朝神社"遗址":平安时代的康平六年(1063年),源赖义将石清水八幡宫请至鹤岗作为其氏神社。治承四年(1180年)源赖朝将该社殿移至镰仓,改称鹤岗八幡宫。建久二年(1191年)社殿遭遇火灾,幕府

---

① 天皇、三后和将军正式出行称"出御",反义为"入御"。

在其后山上营造了新的社殿,将上下两社均视为本社。之后,鹤岗八幡宫作为源氏氏神,在镰仓幕府祭祀的诸神中位列首席。幕府将军每年正月初一均前往参拜,其他时候凡有重要事项亦前往参拜,特别8月15日的"放生会",仪式最为隆重。但作为"神佛习合"祭祀的"放生会"首次在宇佐八幡宫举行,是奈良时代末,后于平安时代传至石清水八幡宫,成为得到贵族社会重视的三大敕祭之一。在镰仓首次举行,是文治三年(1187年)。放生会最盛大的一项仪式是流镝马和笠悬。①

在文学领域,镰仓时代的文学特色体现了从古代到中世的转型期,即文学领域一方面承袭了平安时代以来遗风,另一方面吹入了武家时代的新风。以物语为例,一方面不仅有《今昔物语》、《宇治拾遗物语》两部通过口头传诵记录下来的"说话集",而"说话集"这种体裁初现于平安末期,成型于镰仓时代。另一方面随着武士阶级的成长壮大,出现了很多表现武家社会的文学作品,并逐渐汇成镰仓文学的主流,其中最引人注目的是"军记物语"的兴起。军记物语是以武士为主题的小说,发轫于平安时代后期的《将门记》、《陆奥话记》等"合战记录",之后出现了以"保元之乱"和"平治之乱"为题材、比前者具有文学色彩、各由3卷构成的"军记"《保元物语》和《平治物语》,最后产生了《平家物语》。

关于《平家物语》的由来说法颇多,一般认为产生于被称为"四大军记物语",即《保元物语》、《平治物语》、《治承物语》、《承久记》中的《治承物语》,最初仅3卷,主要描述了"治承、寿永之乱",之后不断被增补,达到48卷,但是承久之前《平家物语》已经形成,传至今日12卷本。13世纪后出现的《平家物语》有100多种版本,但均为异本。关于《平家物语》的作者,仅《醍醐杂抄》、《卧云日件录》、《徒然草》等史籍中提到就10人有余,其中最为详尽的,是《徒然草》226段。该段写道,据一叫生佛的东国盲僧所述,信浓前司行长在后鸟羽时代以学识丰富著名,后遁世并接受慈圆的扶持,撰写了《平家物语》。

《平家物语》以史书和公家日记、平家一门的各种记录、合战片断等为素材,叙述了平氏一门的盛衰,阐发了诸行无常、盛者必衰的佛理,不仅是日本具有代表性的古典文学作品,而且在世界文学史上占有一席之地。《平家物语》按内容可分为两大部分。前6卷描写了平氏家族的荣华鼎盛和骄奢霸道;后7卷着重描述了源平两大武士集团大战的经过,渲染了平氏家族终被消灭的悲惨结局。《平家物语》围绕平氏集团由盛至衰这一中心线索,艺术地再现了

---

① 流镝马:神祭仪式,又名矢驰马。身穿武士服饰的盛装射手们骑在飞奔的马上,一边高声呼喊,一边将利箭射向靶子。笠悬:始于平安时代的一种射艺。武士一边骑马一边射20、30米外挂着的斗笠,故谓笠悬。

平安王朝末期旧的贵族阶级日趋没落,逐渐为新兴武士阶层所取代,而上升到政治舞台上的武士集团,由于被贵族同化,又被地方上拥有实力的武士集团所吞没的历史画卷。尽管作者有意把平氏的消亡归咎于他们为所欲为的恶行,但在客观上却道出了"贵族化"才是平氏走向衰败的症结。《平家物语》最大的艺术成就是塑造了王朝文学所不曾有过的披坚执锐、跃马横枪的英雄人物。这些形象的出现,标志着日本古典文学开创了新的与王朝文学迥然不同的传统,给后世文学带来了极为深远的影响。其开篇的"祇园精舍的钟声,鸣诸行无常之响;婆娑双树的花色,呈盛者必衰之理"四句,更成为脍炙人口的佳句。

近年有学者对《平家物语》是"军记物语"的说法提出质疑。理由是所谓"军记"即描述战争的小说本应以叙事为主,但是《平家物语》却富于抒情;除了描述战争,亦包含诸多爱情故事,女性在《平家物语》中身影频现。尤其令人动容的是,不仅清纯可爱的女子,而且勇武刚毅的武士亦儿女情长,缠绵悱恻的爱情故事如泣如诉。日本文学的悲情传统,在《平家物语》中显得相当显著。

以往诸多学者认为,作为军记的《平家物语》无史料价值,但这种观点近年遭到质疑。首先,从体裁上看,《平家物语》共12卷,除了首尾两卷,卷2至卷11均以年月日开篇,承袭了日本传统的历史记叙体裁。例如,卷2开篇是"治承元年5月5日",卷三是"治承二年正月1日"。卷四是"治承4年正月1日"。而且10卷中有5卷均始于正月。其次,《平家物语》以文学的笔墨记述了诸多史实。如收录了九条兼实日记《玉叶》寿永三年(1184年)2月8日条关于"一谷合战"的记述,其中有基于源义经、源范赖战况报告的藤原定能的谈话,对合战的大要作了简洁的概括。尤其需要强调的是,"其他史料对一谷战况虽有记述,但通过这些史料我们无法了解战役细节,而《平家物语》则对该战役的惨烈和悲壮作了细致而栩栩如生的刻画"。①

新旧的并存、公武的合体,在和歌创作中亦得到很好体现。如果说被视为武士特征或武家文化重要内容的武勇和武艺,实质上是公家文化的构成部分,那么为镰仓殿所推崇的和歌,当更难以隔断其与公家文化的血脉。如前章所述,和歌是平安时代宫廷文化的重要象征。由于大批原朝廷文人移居镰仓,和歌在镰仓时代必然得以移植和传播,使武家中亦出现了不少和歌作者。如藤原定家的《敕撰集》、宗良亲王的《新叶集》等均是当时的优秀作品。尤其是师从藤原定家的幕府第三代将军源实朝的《金槐和歌集》,以忧伤的笔调抒发了作者受制于北条氏的郁闷和孤独,同当时贵族歌人的作品相比毫不逊色。特别是其中万叶调的歌极富个性,获得高度评价。除了镰仓以外,宇都宫亦聚集了诸多歌手,出现了不少脍炙人口的作品,源实朝的侧近盐谷朝业的《信生法

---

① 上横手雅敬:《源平争乱和平家物语》,角川书店,2001年,第151页。

师集》就是其中的一个范例。和歌在宫廷更得到发展。以后鸟羽院的宫廷歌坛为中心形成的《新古今和歌集》，是日本三大和歌集之一，共收录和歌20卷1980余首，其中除了前代和歌，还收录了大量镰仓当代的名家之作，既保持着古典和歌洗练、幽美的境界，又融入了日本文学哀婉幽寂的历史传统，堪称日本文学的典型。

镰仓时代还出现了不少佛教文学，有佛教说话集和随笔集，如鸭长明的《方丈记》、吉田兼好的《徒然草》等。它们大多用佛教观念对贵族生活进行尖锐的批判，给传统守旧的文坛带来一股清新的感觉。这些作品既有强烈的宿命观，也含有一些消极的思想，表现出中世隐者文学的特点。

在艺术领域，镰仓建筑仍以佛教建筑为主。由于时代转换期纷争不止，诸多佛教寺院严重受损，因此大规模的修整成为当时佛寺的一大景观。同时由于日宋交流频繁，形成了中国建筑风格的第二次传日高潮，因此宋代的建筑风格极大地影响了日本建筑界。镰仓时代的建筑主要有三种形式，即"大佛样"（又称"天竺样"），主要模仿中国南方寺院的建筑风格；二是"禅宗样"，其典型建筑是镰仓的圆觉寺舍利殿，精美细致，与豪放大气的"大佛样"有着显著的不同；三是"和样"，即传统的日本样式，也曾一度复兴。

镰仓时代的雕刻艺术一如前朝，主要是佛像的雕刻。初期采用"玉眼"的雕刻技法，即用水晶嵌入佛像的眼睛，成为以后镰仓雕刻的基本特点之一，代表作是1151年建造的奈良长岳寺阿弥陀三尊像。镰仓初期最著名的佛像雕刻师是康庆，现存的作品有兴福寺南圆堂的不空绢索观音、四天王、法像六祖等，体现了镰仓雕刻生动写实的特色。1203年建造的东大寺南大门的金刚力士像，是康庆之子运庆和快庆共同建造的。他们的作品以写实为基调，结合了前代的唯美主义和镰仓的武士风格，体现出强烈的日本民族精神。进入康庆年代，镰仓时代迎来了雕刻艺术的巅峰期。这一时期的雕刻深受宋朝美术的影响，融入了很多宋朝工艺手段。其中高德院金铜阿弥陀如来坐像（即镰仓大佛）是当时规模最大、工艺最精的雕像，也是镰仓时代雕刻水平的最高体现。

镰仓绘画主要以佛教绘画与水墨画为主，特别随着净土宗的广泛弘扬，表现净土宗内容的佛画日渐流行，尤以阿弥陀来迎图为最，与净土宗教义一致。尤其值得关注的是，镰仓佛画在题材、人物、布景等方面都与平安时代的佛画有很大不同。至镰仓后期，佛画不仅是绘画，而且成为有社会背景、故事情节、流行于民间的"绘卷物"，大都具有很明显的净土思想，如《地狱草纸》、《饿鬼草纸》等。宋朝禅林流行的"顶像画"也传到了日本，始于荣西把其中国师父虚庵怀敞的顶像画带回日本。顶像画即禅宗祖师的肖像，主要显示像主的真实精神风貌，以写实为主。顶像画的整体画面虽不如前代佛画美观，但着色和线条却足可与之媲美。除了佛教绘画外，还有表现市井百态的世俗绘画，以水墨画居多。相对于平安时代具有浓厚唐朝风格的日本画"唐绘",镰仓时代的日本画被称为"大和绘",更具日本独特风格。镰仓时代艺术与宗教的融合还反映于流行的朗诵艺术"和赞"。"和赞"是以和歌形式创作的顺口溜,明白浅显,通俗易懂,在民间流传很广,多被镰仓时代的新兴佛教用来传播教义。

　　曲艺在镰仓时代亦取得承先启后的显著发展。例如,曾流行于院政时期的新式歌谣"新样"为镰仓的贵族和武士们所爱唱,在镰仓时代极为流行,被称为"郢曲"、"郢律舞曲"。《梁尘秘抄》是收集"今样"最多的一本集子,惜大部分失传。现存最多的是记录在《古今目录抄》纸背文书上的"今样",共64首。在民间曲艺的传承方面,被称为"琵琶法师"的艺人功不可没。《平家物语》、《保元物语》、《平治物语》等军记物语大都由于他们而得以流传。琵琶法师多是以琵琶伴奏进行弹唱的盲人,演奏的曲子称为"平曲",一般用于神社祭祀。《平家物语》是最早的"平曲",后来经过发展创新,在镰仓中期流行一时。镰仓时代在曲艺的承先启后方面最值得强调的,是由"猿乐"发展而成的"猿乐能"。猿乐是各种曲艺形式的融合体,在平安时代已经出现。滕原明蘅写于11世纪后半叶、记有咒能、侏儒能、田乐、猿乐、木偶戏、魔术、哑剧等28个种类,分属杂艺和写实滑稽短句两大类的《新猿乐记》,是论述猿乐的最初著作。书中写道:表演者"尽猿乐之态,用滑稽之词,令人捧腹大笑"。镰仓初期,猿乐得以显著发展,并逐渐从寺社的佛、神仪式中获得独立。至镰仓中期,猿乐融入了更多滑稽短剧或歌剧的要素,形成了"猿乐能"的雏形。据史料记载,猿乐能的最初登场是在正平四年(1349年),由巫女在奈良春日若宫一次临时节目上表演。"猿乐能"的发展又为室町时代的古典戏剧"能乐"和"狂言"的形成和发达,奠定了基础。

七、"镰仓新佛教"

　　镰仓时代的文化不仅多姿多彩,而且呈现出承先启后的新动向,而在思想方面凝练地反映这种新动向的,当属镰仓佛教。山本幸司指出:"镰仓新佛教确实存在前所未有的革新性。"不少日本学者甚至认为,日本佛教在镰仓时代获得了空前绝后的发展。因为,有别于律令制度、作为一种外来文化体系而接受的佛教,在经历了700年历史后,至镰仓时代终于开始真正直面各种现实问题,真正开始被理解为一种拯救济世的宗教。在院政时期,既成宗教中异端教义的产生和同大陆佛教的交流,为以新宗派产生为标志的佛教的变革提供了重要前提,而整个社会从古代向中世纪转换所引发的动荡不安,则为由正法、像法、末法三个时代构成的所谓"三世思想"获得验证。以此为背景,如何评判以往宗教济世思想、主张是否应全盘否定和放弃既成佛教教义,成为新旧教派的分水岭。

如前章所述,平安时代的佛教以天台宗和真言宗(密宗)为主体。至镰仓时代,新教派兴起。由新教派构成的"镰仓新佛教"的缘起来自两个方面:一是脱胎于旧佛教的宗派,具有鲜明的民族特色;二是传入于中国的新宗派,具有浓郁的异国风格。前者均与旧佛教(尤其是天台宗)维系或强或弱的渊源关系,且其创始人如法然、亲鸾、一遍、日莲等,均未尝赴中国求法,与奈良、平安佛教的开山祖师大异其趣,并更使镰仓佛教具有日本民族特色。后者则主要受中国佛教宗派影响,具有中国宗教文化的明显烙印。具体而言,前者以净土宗、净土真宗、日莲宗为代表,后者则以同属禅宗的临济宗和曹洞宗为代表。镰仓时代兴起的民族佛教的效能对幕府来说尚属未知,因此幕府对其疑信参半,踟蹰观望,从而使其获得了广阔的发展空间。

综观世界宗教历史,贫、病、争是诱导人们皈依宗教的主要原因。12 世纪前后,日本经历了从古代向中世转换的巨大社会变革,铁骑践踏山涧林泉,累累白骨堆积荒野;干旱、水灾、疫病、饥馑则如一只只无形的手将人们推向贫病的深渊。世态万象,犹如"佛法、王法俱灭"的末世来临。然而作为既得利益者的佛教诸宗,对此却视而不见,促使部分关心民间疾苦的僧侣走出师门,新兴宗派遂应运而生。不过必须强调的是,镰仓时代新兴的民族佛教,几乎都源出天台宗,即发轫于天台的净土信仰,法然使之脱胎而为净土宗,从净土宗中派生出亲鸾的真宗和一遍的时宗;至于日莲创设的日莲宗,更自始至终以天台正传自居。

镰仓时代有一流行语:"天台属于官家,真言属于公卿,禅宗属于武士,净土属于平民。"此流行语虽有偏颇,但大致概括了镰仓时代各佛教宗派的信徒分布情况。

作为新佛教的代表首先出现的,是净土宗的法然。法然出生于长承二年(1133 年),其父漆间食国为美作国久米郡押领使,因为与稻冈庄预所明石定明结怨,于永治元年(1141 年)被杀。临终前,其父留下遗言,让他不要怨恨、复仇,而要出家寻求往生极乐。根据其父遗愿,法然被托付给了他的舅舅、天台宗菩提寺的僧侣观觉,走上了皈依佛祖的道路。天养二年(1145 年),法然前往比叡山修行,师从源光、皇圆,称源空。久安六年(1150 年)离开比叡山,入黑谷拜叡空为师,法号"法然"。之后,他又赴南都,广学法相、三论、华严各宗,最后发展了"称名念佛"的阿弥陀净土信仰,成为日本净土宗鼻祖。

阿弥陀净土信仰大约在奈良末期传入日本,平安时期以天台宗为中心传承。源信撰著的《往生要集》对地狱与极乐世界(净土)进行了生动的对照描述,其中提出的通过念佛达到极乐往生的理论,给予了法然极大影响。但法然认为,源信所倡导的,仍属"观想念佛",即便长期修行的僧侣和贵族能够做到,其他一般民众亦难以做到。因此，他进一步弘扬了中国僧侣善导提出的"称名念佛"理论，即通过念诵"南无阿弥陀佛"，将阿弥陀迎往极乐净土。安元元年（1175年），他读了善导的《观经疏》后受到极大启发，并撰著《选择本愿念佛集》，宣称舍弃天台宗选择专修念佛，以东山吉水为据点开始布教。净土宗开宗以此作为发端。法然所倡导的"称名念佛"的理论核心主要归结为两点：一是强调即便不能够通过觉悟获得菩提心，也能够通过念佛获得拯救；二是强调"称名念佛"是获得拯救的唯一途径。他倡导的简易的修行方式虽然获得了广大庶民的热烈拥护，但因从根本上对佛教僧侣的地位构成了威胁而遭到旧佛教的猛烈抨击。这种抨击获得朝廷支持。承元元年（1207年），法然被流放至赞岐国，改俗名源元彦，他的两个弟子住莲和安乐则被处死。这一事件史称"承元法难"。后法然逢大赦、重返京都。法然主要著作为《选择集》，但是论影响，他在建历元年（1211年）病逝前两天应其弟子源智所写的不满300字的《一枚起请文》毫不逊色。在《一枚起请文》里，法然以通俗易懂的文字凝练地概括了他的理论，为镰仓时代净土宗的发展指明了方向。法然逝后，其弟子弘扬了他的理论，《法然上人行状绘图》对此有详细描述。

稍后于净土宗形成的新宗派，是净土真宗，又称真宗、一向宗，是日本特有的教派，由亲鸾开创。亲鸾出生于承安三年（1173年），其父日野有范是一个下层贵族。治承五年（养和元年，1181年），9岁的亲鸾剃度出家，入比叡山。据传亲鸾在京都六角堂参笼时获观音菩萨启示，称如果他根据前世因缘娶女性为妻，则观音本身将成为如花似玉之女性与之成婚，他将一生富足，临终往生极乐净土。获菩萨"恩准"居家修行的亲鸾为了获得确信，于建仁元年（1201年）即29岁时造访了东山吉水法然，皈依了专修念佛。之后，法然始终是亲鸾不二之师。亲鸾的终生伴侣惠信尼先入法然门下，惠信尼的父亲三善为则也是下层贵族。"承元法难"时，亲鸾被流放至越后国并被迫还俗，改俗名藤井善信。之后，亲鸾自称"愚秃"，开始了非僧非俗生涯。建历元年（1211年）亲鸾获赦，后仍留在越后。建保二年（1214年）亲鸾和惠信尼偕两个孩子迁居常陆国笠间。之后至贞永元年（1232年）重返京都，亲鸾一直在当地布教，门徒甚众，包括《叹异抄》作者唯圆。

亲鸾常自叹"悲哉愚秃鸾，沉没于爱欲广海，迷惑于名利太山"（《教行信证》），并结合自身经历提出"恶人正机"，称"善人尚能往生，何况恶人哉"（《叹异抄》），公然与传统佛教的"善人超度"说大唱反调。亲鸾创设的净土真宗（亦简称"真宗"），系法然净土宗的支派，时人将其与净土宗混淆，或俗称之为"一向宗"。针对这种情况，1473年，莲如明确宣布："祖师圣人（亲鸾）定本宗之名为净土真宗，盖因本宗比其他净土宗优秀，故祖师特意加上'真'字。称本宗为一向宗，非所愿。"（《御文》）

净土真宗以亲鸾提出的"教"(奉《无量寿经》为根本教典)、"行"(主张"称名念佛")、"信"(坚信"他力本愿")、"证"(不论贵贱善恶,只要坚定"往相信心之愿",往生即可成佛)4字为教理体系,从社会各个阶层获得众多信徒,很快脱胎为影响巨大的独立教派。亲鸾著有《教行信证文类》6卷,其理论赢得了众多信徒,对后世影响很大,特别在战国时代有很大的发展,产生了"真宗十派"。按照亲鸾的理论,所有人皆为凡人,终其一生无法抑制欲望、愤怒、嫉妒。在充满各种人类烦恼的世界,凡夫俗子虽无法依靠自力获得觉悟,但如果笃信拯救众生的阿弥陀佛的誓愿,来世可以往生阿弥陀佛的净土。按照亲鸾的观点,念佛与其说是获得拯救的手段,毋宁说是因为深信必然获得拯救而感到欣喜并予以感谢。亲鸾注重信念,强调内心信仰,提出"恶人正机说",认为即使是恶人,只要诚信阿弥陀佛,死后一样可以往生净土。他还主张"僧俗一如",不反对僧侣食肉娶妻(他本人即曾娶妻生子),表现出与传统佛教的对立,自然被视为离经叛道,并因此引起诸多矛盾和摩擦,亲鸾对此深感烦恼。弘长二年(1262年),90岁的亲鸾在烦恼中驾鹤西行。

法然和亲鸾为佛教的革新作出了重大贡献,而佛教革新的另一条道路,就是通过学习中国佛教对日本佛教进行反思。在这方面,禅宗及其传播者扮演了主要角色。

禅宗自奈良时代,即中国唐代传入日本。孝德天皇白雉年间(650—654年),遣唐僧道昭在唐朝学习法相宗的同时,又师从扬州慧满禅师学习了禅宗。弘仁年间(810—823年),唐朝僧侣义空赴日讲禅,后醍醐天皇的皇后橘氏(檀林皇后)建檀林寺供其居住,并积极倡导禅宗,成为禅宗在日本正式弘扬的始点,所憾应者寥寥。日本最初关注禅宗思想和修行并以禅为中心展开宗教活动的,是摄津三宝寺的大日能忍。1186年,大日能忍因仰慕德光禅师的名声,特派心腹弟子练中、胜辩两人,怀藏自己悟道后所写的诗偈,远涉鲸浪往中国明州阿育王寺参见德光,以求印证。德光对远渡重洋前来求法的能忍门人,至诚接化,欣然应允并授嗣书、自赞顶相,应大日能忍之请在震旦初祖的《朱衣半身达磨(摩)像》上亲笔题字交给练中、胜辩,令其带回以为传法信凭。德光的题赞颇有意境,兹转录如下:

直指人心见性成,佛太华擘开沧溟;倾竭虽然接得神,光争奈当门齿缺。日□□□法□远遣小,师练中胜弁来求;达磨(摩)祖师道像,大宋国住明州阿育王山。

法孙德光稽首敬,已酉淳熙十六年,六月初三日书

德光题赞的前两句开宗明义地道出了禅宗以"直指人心,见性成佛"的宗旨和达摩禅劈山倒海的峻烈家风。第3、4句幽默地点示达摩道像的败缺之处,即达摩虽然得到了神光这样的逸才,但却脱落了一颗大门牙。在落款处写明了题字的缘起和题写的地点与时间。

大日能忍派遣弟子代替求法,遭到佛教界旧势力激烈抨击。至能忍弟子觉晏为首时,达摩宗遭奈良兴福寺等徒众袭击,殿堂、塔院、僧舍俱被摧毁和烧尽。《朱衣达摩像》虽免遭劫难,但不难发现画赞的第5行中有4个字留有明显被刮削过的痕迹,按上下文字可推测,将所缺4字补上,当为"日本能忍法师"6字无疑。至觉晏去世,门下怀奘、怀鉴、怀照、义介、义演、义尹等人四散各地。直至1227年(宋理宗宝庆三年、日本安贞元年),留宋的希玄道元得明州天童寺如净禅师所传的曹洞宗法脉返回京都,大日能忍徒众才纷纷投奔道元门下,成为道元原始僧团的中坚。

禅宗真正在日本得以弘扬,始于禅宗临济宗始祖明庵荣西。荣西(1141—1215年)出生于一神官家庭,14岁入比叡山,1168年(南宋孝宗乾道四年、日本仁安三年)4月入宋,师从重源,同年9月回国,将天台的新章疏30余部60卷带回日本,献给了天台座主明云。在短短5个月留学期间,荣西虽然来不及学习禅宗,但是宋朝禅宗的盛行情形,无疑深深地打动了这位年轻的求法僧。但是处于平安晚期的日本,以天台、真言以及南都6宗为代表的旧佛教宗派仍执日本佛教之牛耳,禅宗作为大陆新兴的宗教文化,无法见容于这些宗派。1187年(宋淳熙十四年、日本文治安三年),荣西在时隔19年后从九州博多港登船,再度入宋留学。最初他曾矢志仿效唐三藏法师玄奘往印度求法,但当时通往西域之路已经阻绝,荣西遂无奈往浙江天台山万年寺向虚庵怀敞禅师参禅问道。后怀敞迁居明州天童寺,荣西随师同往,得师获准传法之印,于1191年(宋绍熙二年、日本建久二年)学成归国。虚庵的禅属临济宗,荣西依据法脉为其第8世法孙。荣西回国3年后开始在京都讲禅,但不久即因比叡山僧众状告而遭朝廷禁止,并和大日能忍一起遭到弹压。为了回应佛教既成宗派对禅的责难,荣西撰写了《兴禅护国论》一书,力说禅宗兴隆对国家的种种益处。正治元年(1199年)荣西移居镰仓后,获得了北条政子、源赖家等幕府高层的支持。先在北条政子援助下建了寿福寺,后受源赖家援助,于建仁二年(1202年)在京都东山建起了建仁寺,使之成为京都禅宗的据点。建永元年(1206年),荣西继重源之后出任东大寺大劝进职,建保元年(1213年)被任命为权僧正。荣西所宣扬的禅,实以禅为中心融合了佛教各种宗派的思想,其宗教活动亦明显留有密教僧和戒律僧特征。荣西献呈源实朝的《吃茶养生记》一书的介绍,和他从宋国带回的茶种的种植,赢得日本社会的欢迎和接受,开了日本茶道之先河。

在日本禅宗发展的道路上,与临济宗并驾齐驱的,是以道元为始祖的曹洞宗。道元于正治二年(1200年)出生于山城木幡,其父为内大臣源通亲,其母为摄政太政大臣藤原基房之女,可谓名门之后,但其父母在其幼年相继去世。

建历二年(1212年)，道元受其叔父良显法眼之引导，入比叡山般若谷的千光房，翌年剃度，法号道元。之后，因不满足于比叡山天台教学，于贞应二年(1223年)和建仁寺明全一起渡宋，先在天童寺学临济各派教学，后在历访径山、天台山、大梅山后重返天童寺，安贞元年(1227年)回国。回国后道元以建仁寺为据点讲禅，强调坐禅乃佛法之真髓，并著《普劝坐禅仪》。但是和荣西一样，其说教亦受到比叡山压迫，并因越前门人的吁请，于宽元元年(1243年)移居越前，曾应北条时赖邀请赴镰仓，后复归越前。

　　与荣西不同，道元追求纯粹的禅的立场。在越前10年期间，除了应北条时赖之邀赴镰仓外，道元始终未离开寺院，贯彻出家至上主义，和弟子们一起严格修行，并撰写了《正法眼藏》一书，致力于在禅宗发现佛教理想和宣扬佛教本来的精神，对世俗化形骸化的日本佛教提出了尖锐批评，在佛教革新历程中留下了深深的足迹。

　　禅宗之所以得到幕府的重视和庇护，大致归纳有以下几方面原因：一是禅宗把先进的宋代文化带入了日本；二是禅宗与朝廷及旧佛教之间很少瓜葛，可借以压制南都北岭势力；三是禅宗倡导"道在日用"、"不立文字"等简洁明快的修行方式，迎合武士需要；四是禅宗宣扬"兴禅护国"思想，符合统治者利益。除此之外，禅宗所以受武士欢迎，还在于禅宗主张"生死一如"，主张"生也无所从来，犹如着衫。死也无所从去，犹如脱衫"。这种视死如归的价值观，容易获得出生入死的武士的青睐。

　　至镰仓时代后半期，以法然肇始的净土宗向市民阶层渗透、荣西和道元弘扬的禅宗受到武士阶层青睐为背景，镰仓新佛教开始进入最终阶段。在这一阶段扮演了重要角色的，是日莲宗始祖日莲和时宗创立者一遍。

　　日莲贞应元年(1222年)出生于安房国东条，自称"日本国东夷安房国海边旃陀罗(贱民)之子"，但确切与否不详。天福元年(1233年)入天台山清澄寺随寺主道善房修行，16岁时正式剃度出家，法号莲长。延历元年(1239年)，怀着学佛学之神髓、究真正之佛说的理想，日莲前往镰仓游学，广涉诸宗佛理；后又赴比叡山跟俊范法师学天台学，并历访圆城、高野山、四天王寺和京中各寺。在广泛涉猎各宗学问后，日莲更加深了久有的疑问：既然佛法隆盛，为何发生安德天皇溺水、三上皇被流放的承久之乱？既然独崇释尊，何以宗派林立而不归于一统？经过比较考究，日莲认为法华经的说教才是真理，遂于建长五年(1253年)自立山门传布法华信仰，并约在此时改号"日莲"。恰逢此时，天灾不断，疫病流行，日莲称人们皈依净土，是灾害根源，若不皈依法华信仰，必有"自界叛逆难"(国内战乱)和"他国侵逼难"(外敌入侵)。他于正元元年(1259年)和翌年先后撰写了《守护国家论》和《立正安国论》呈执权北条时赖，鼓吹佛教镇护国家的思想，谴责幕府袒护净土宗等"邪教"并呼吁即刻予以取缔,结果不仅未获支持且险些被杀。文应二年(1261年)5月,日莲被流放伊豆半岛,两年后获赦,复往各地布教。其后不久蒙古军队来袭,日莲的预言似得到验证,皈依者甚众,而日莲则撰《撰时抄》,宣扬蒙古军队是因幕府妨碍正确信仰的弘通而前来讨伐,呼吁幕府弘扬正法,结果再次遭到幕府压制,又险被斩首,后改为流放至佐渡。其留在镰仓的弟子亦遭到种种迫害,日莲教团受到重创。日莲在佐渡仍矢志法华信仰,撰写了《开目抄》和《观心本尊抄》。之后,日莲虽为执权北条时宗赦免并受地头波木井实长援助,在甲斐国身延山建立了据点,但寒冷的身延山气候损害了他的健康。弘安五年(1282年)10月13日,日莲在武藏池上疗养时病逝。

日莲所以激烈抨击净土宗,是因为他强调佛教的正途应是宣扬国家如何引导现世的人们,而不是人如何在来世获得拯救。他的四句格言,即"念佛无间,禅天魔,真言亡国,律国贼",不仅是对其他宗派的抨击,更是他思想的显示。他在行动上的"折伏"(驳斥对立思想、教育、引导人们的方法)亦为日本佛教所仅见。日莲强调通过"唱题"(念诵《南无妙法莲华经》和《法华经》的题目),释迦、《法华经》和众生将融为一体,众生将就此成佛,世界将成为"常寂光土"(信仰《法华经》的人们理想的净土、绝对常住的世界)。日莲认为,日本是释尊之御领,日本古来之神将助力于法华信仰之实现,是佛的守护神。他的这一思想否定了既成的权威,试图构建一个纯粹宗教的世界。日莲撰写的曼荼罗,体现了他对佛、菩萨、诸神的思想。

时宗的创立者一遍延应元年(1239年)出身于一个伊予国武士家庭,本姓河野。时宗与净土真宗相似,亦是从净土宗中独立出来的新兴教派,并最彻底地贯彻了镰仓新佛教"易行"的特质,同时以各种形式容纳吸收了传统的神祇信仰,因而比净土真宗更接近民众和较容易为民众所接受。一遍最初修学天台宗,后"竟舍台宗,归净土门",入法然系圣达之门修习净土宗,之后遍历各地。文永十一年(1274年),一遍入熊野参笼时接受神讬,确信无论信不信、净不净,只要获得"念佛牌",一心不乱唱颂念佛,并为了信仰之纯粹而"舍圣"即舍弃一切,即可借外在不可思议之力达到往生,于是率同信弟子巡教各地,游行街头巷里,口诵"南无阿弥陀佛"6字名号,手舞足蹈,向所遇之人广泛散发"念佛牌",由是创立"舞蹈念佛"。其足迹北至奥州,西至四国、九州,巡游六年间,得信徒250余万人。一遍将自己所悟写成偈颂:"十劫正觉众生界,一念往生弥陀国;十一不二证无生,国界平等坐大会。"正应二年(1289年),一遍在兵库圆寂,临终前将所持的圣教等付之一炬。

"镰仓新佛教确实存在前所未有的革新。若对镰仓新佛教的革新作一大胆概括,似可以列举以下几个共通点:第一,其不是国家乃至共同体的祭祀,而是为了拯救个人的宗教,其信徒多半属社会下层且多集中于地方而非京畿;第二,看似具有来世志向,但从其具有通过提供来世保证而使徒众专念于现实活动的效果来看,似可认为其具有现世志向;第三,强调只要称颂'阿弥陀佛'之名,或称颂'南无妙法莲华经'的题目即可,修行方法非常简略,同时免去了信徒建寺院、开法会、捐善款、抄经典等负担,故一般庶民均可入信;第四,除了临济宗等个别宗派,不依存政治权威,故不像旧宗教那样因拥有庄园而经营寺院、过富足的僧侣生活,仅仅依赖信徒的施舍维持职业宗教人员的生活。"①

不过必须强调的是,上述各宗并不占有镰仓时代佛教界的中心地位。镰仓时代佛教界的中心,依然是在平安时代即与朝廷和贵族联系紧密,并因此得以繁荣的比叡山延历寺和兴福寺等京都、奈良的旧佛教大寺院,被总称为镰仓新佛教的各个宗派始终遭到旧佛教的压制和迫害,被排挤于畿内佛教界之外。但是,镰仓新佛教在革新日本佛教方面不仅具有里程碑意义,而且必然使以"南都北岭"为代表的既成教团作出回应,从而推动了整个宗教界的变革。

既成教团对镰仓新宗教作出显著反应的,是"南都"各派僧侣。例如,虽然贞庆(解脱)被视为中世法相教学的集大成者,但其弟子良遍却对念佛和禅兴趣浓厚,并在吸收念佛和禅的基础上构筑法相教学。另一位为了驳斥法然的《选择集》而撰写了《摧邪论》的明惠(高弁),则是深受禅和念佛影响的华严宗高僧。尤其值得关注的是,镰仓新宗教对既成佛教的革新运动产生了不可忽略的影响。例如,贞庆和明惠对作为宗教实践的戒律颇为重视,贞庆曾积极倡导戒律复兴,而明惠则尊重戒律本身,并曾入宋学习戒律。对于他们来说,"戒"有两重含义,一是通过戒实践宗教,一是向寻求宗教拯救的人们授戒。不难发现,前者维系宗教革新运动,后者成为既成宗教接近民众的踏板。相对于真言律宗的叡尊致力于前者,和他同宗的忍性(良观)则致力于后者。忍性还努力寻求幕府等权力扶助,以开展架桥筑路,救死扶伤等社会事业。

以新佛教的兴起为契机,以南都为中心的诸大寺也顺应时代,开始整理积累了几个世纪的教学知识,涌现出了法相宗的贞庆、良遍;三论宗的明遍;华严宗的明惠、宗性、凝然等优秀的学问僧,使南都教学得以复兴。很多学问僧为了传达日本佛教的具体姿态,致力于教学和仪式的集成,觉禅的《觉禅抄》和承澄的《阿娑嚩抄》即分别是东密和台密实践知识的集大成之作,不仅对后世佛教以极大影响,而且发展为对整个佛教发展史的关心。作为这种关心的成果,宗性的《日本高僧传要闻抄》是由学问僧撰写的第一本僧传;宗性的弟子凝然则不仅撰写了《三国佛法传通缘起》等多部佛教史论著,而且撰写了概括日本佛教教学的《八宗纲要》。至镰仓时代末,禅僧虎关师炼继承了这一整体关注

---

① 山本幸司:《赖朝的天下草创》,讲谈社,2001年,第339页。

日本佛教发展史的传统，撰写了综合性佛教史论著《元亨释书》。总之，不仅镰仓新宗教，既成教团同样出现了一些"前所未有的革新"。

作者点评：

韩国著名"知日家"韩准石在其《文的文化和武的文化》一书中强调："我在这里所指的日本的传统文化，主要是指经过长期的武家时代而形成的一种文化。"由是观之，镰仓时代作为第一个武家掌权的政权，其所栽培养育的文化在日本传统文化中的地位，是我们难以高估的。因为，儒教、佛教、西学，但凡属于日本意识形态核心要素的内容，无不受武家文化影响。例如，中国的"四民"即士农工商中的"士"，是文士，而日本士农工商中的"士"，则是武士；中国儒教强调仁、义、礼、智、信，而日本儒教强调仁、义、礼、勇、诚。诚和信可通解，但"智"和"勇"却鲜明地反映了中日两国不同的价值观。日本对"忠"的崇尚，使他们虔诚地在涩谷车站为一条名叫"八公"的狗树立了雕像，并将它的事迹写入教科书，以至本尼迪克特在《菊花和刀》中也对其专门论述。因为，那是一条忠诚的狗。

正是对忠诚的强调，铸就了引导日本走向成功的"日本式经营""三大神器"：终身雇用、年功序列、企业工会。尽管在不同的时代，日本人忠诚的对象不同，但其本质不变。"松下信条"写道："只有我们公司的每个人都同心协力，互相配合，才能取得进步和发展。因此，当我们投身到继续不断地改善我们公司的工作中去的时候，我们必须把这一最终目的牢牢地记在心中。"这，是要求对企业忠诚。

"花为樱花，人为武士"。这句反映日本人生目标的谚语，在日本已发生翻天覆地变化的今天，依然有着顽强的生命力。

第六章 室町时代

一、"一天两帝南北京"

对"室町时代",史学界有着不同的划分。"最长的室町时代"自建武三年(1336年)足利尊氏在京都建立幕府,至天正元年(1573年)足利义昭被织田信长逐出京都;"最短的室町时代"自明德三年(1392年)南北朝合一至应仁元年(1467年)"应仁之乱"爆发。笔者取折衷立场:自南北朝内乱至应仁之乱爆发。

镰仓殿"倒塌"后,元弘三年(1333年)5月22日,赤松则村等将领联名奏请后醍醐天皇回京主持政务,获天皇准奏。5月25日,后醍醐天皇启程返京,途中下诏废黜光严天皇和"正庆"元号,罢免以关白鹰司东教为首的诸多官员。5月30日,赤松则村父子率领一门郎党500余人在摄津迎候御驾。6月2日,楠木正成率其部下7 000人沿路拜接。见到楠木正成,后醍醐天皇感慨万千地说:"今日之成功,全赖卿家之忠诚善战!"

元弘三年(1333年)6月4日,后醍醐天皇回到京都,开始实施"新政"。因后醍醐天皇复位次年(1334年)改元"建武",故史称"建武新政",又称"建武中兴"。

入京后,因足利高氏临阵倒戈并煽动各国源氏起义,功绩显赫,后醍醐天皇特赐"尊"字,更其名为"足利尊氏",足利高氏名中,原北条高时所赐"高"字,即被摈弃。同时,后醍醐天皇赐其叙正三位参议,封地武藏、常陆、下总三国,另委任足利尊氏担任镇守府将军。后醍醐天皇同时任命居功至伟的大塔宫护良亲王为征夷大将军,另对有功之臣各行封赏:新田义贞叙从四位上职,封地越后(新潟)、上野(群马)、播磨(兵库)三国;楠木正成叙从五位下职,封地摄津、河内两国;名和长年、千种忠显以下诸人亦依其功劳各有封赏。需要强调的是,护良亲王任历来由镰仓幕府首长世袭的征夷大将军,显然徒有其名,而足利尊氏担任作为关东武士之栋梁的镇守府将军,则确有其实。这两项任命显示了"建武新政"伊始,后醍醐天皇就难以真正实现"公家一统"的理念,只能对武家作出妥协,施行"公武合体"。事实上,这种以妥协为特征的"公武合体",在以"亲政"为原则进行的政府机构改革中同样明显。

建武元年(1334年)12月,后醍醐天皇对政府机构进行了整顿。虽然他仍保留了太政官和八省设置,但其意并不在复归律令制原理,而是为了否定以往作为上层贵族合议机构的太政官的议政职能,由天皇直接掌控八部。同时,后醍醐天皇无视传统的、作为朝廷人事准则的家格序列,否定了以往由特定氏族对下级官衙运作的世袭垄断。

除太政官和八省外,后醍醐天皇还重启和新设了其他一些机构,主要有:

1. 记录所。记录所初建于后三条天皇当政时,后醍醐天皇亦在元亨元年时已经设置,故属于重启。该机构主要职能是负责一般政务和诉讼。

2. 恩赏方。恩赏方是后醍醐天皇为将北条氏旧领地赏赐足利尊氏、足利直义、岩松经家等武士,于元弘三年(1333年)8月新设的。

3. 杂诉决断所。该所设立于元弘三年9月上旬,是以纶旨的绝对权威为标榜、具有独立裁判权的裁决机关,分成"四番"(四个部门),分别审理五畿七道某一地域的土地领有纠纷。根据人员构成和职能均不难判断,杂诉决断所实际上是对镰仓幕府"引付所"的翻版,是武家势力对抗天皇亲政的结果。

另外,后醍醐天皇还设立了武者所、窑所或侍从所,其职能据称大致相当于天皇卫队,但确切与否,迄今未详。

新政时期的地方组织较为复杂。元弘三年,后醍醐天皇设立了奥州将军府和镰仓将军府。这两个将军府不仅机构和人员均类似于"小幕府",而且是中央的政治斗争在奥羽、镰仓的投影。幕府对奥州地区的支配,始于为了和北畠亲房的陆奥国府对抗,任命斯波家长为奥州总大将。奥州总大将的职权主要是掌控当地的武士,使之集结于幕府帐下,即握有军事指挥权。康永四年(1345年),幕府建立了奥州管领制并派遣畠山国氏和吉良贞家赴奥州担任管领。两人同时担任管领且没有明确的管辖范围的规定,实是当时京都"二头政治"在奥州的反映。而镰仓将军府,则为了显示室町时代和镰仓时代的相续关系。

另外,后醍醐天皇还在诸国并置国司和守护。所以如此,主要因为守护制是镰仓幕府的一大特产。虽然从理论上说诸国整个指挥命令权由国司掌握,但由于守护是军事指挥官,经常干预国政,而且诸国已经在很大程度上被"世袭家产化",因此后醍醐天皇虽试图从守护(武士首领)手中夺回政权,但面对旧势力的抵触,最终只能妥协。换言之,后醍醐天皇欲废除旧地方行政体制,但这种废除因"心有余,力不足"而很不彻底。

第六章 ● 室町时代

综上所述，就中央和地方的机构设置而言，虽然中央机构仍保留了幕府旧制的重要因素，但至少在形态方面反映了天皇亲政的理念，而地方机构则在形态上显示了后醍醐天皇难以驾驭的武家势力的强韧。

在政策层面，新政的理念和现实同样存在"鸿沟"。所谓"后醍醐天皇"，和其他天皇一样，实为谥号，但该谥号往往由天皇生前选定。十分显然，后醍醐天皇选此谥号是为了以10世纪醍醐天皇、村上天皇为楷模，重现延喜·天历之治的盛世，其继嗣谥号"后村上天皇"，即是承袭了先辈的志愿。毋庸赘言，实现这一志愿的基本前提就是实现天皇亲政，不为以摄政、关白为代表的上层贵族所掣肘。后醍醐天皇中央机构的设置及废除关白的举措，就是为了实现这一志愿。不仅如此，元弘三年7月23日，后醍醐天皇还敕令有关机构首长向全国发出宣旨，以士卒民庶为对象——实际上的对象为大小领主，颁布领有确认法，主要内容是：1.除北条氏及其同党、明显与朝廷为敌者外，承认既有领地；2.由国司裁定领地纠纷，确定领地归属；3.在此宣旨发布之前，不管是否朝敌，其领地均根据纶旨逐一确认，今后则以"所领安堵"即承认既成事实为原则。不难发现，除却朝敌，承认土地领有的"既成事实"，是对地方势力的又一次妥协。

后醍醐天皇极为推崇朱子学，曾特召禅僧玄惠入宫讲解《新注》，而北畠亲房、日野资朝和日野俊基等人，则都是玄惠的门徒。按照朱子学理论，掌握王权的"王者"击败有实力的"霸者"乃是正义之举。按照"大义名分"，天皇是日本真正的统治者，公卿百官是其辅弼，武士地位更在其下。然而时过境迁，后醍醐天皇想让历史回归幕政以前的平安时代，显然没有可能。"新政"实质不新，决定了"建武新政"的宿命。原本被幕府和各地守护、地头们压榨得喘不过气来的黎民百姓未因新政获益，反而因后醍醐天皇为充实国库和扩建宫殿加重税收，负担更为繁重，亦决定了人心的向背，使"建武新政"蒙上阴影。

1334年1月29日，后醍醐天皇将元弘四年改元"建武元年"。由于该年号含有"武"字，因此遭到诸多公卿强烈反对，大藏卿平惟继更是犯颜直谏，称此年号"或起兵乱"，尽管刚愎自用的后醍醐天皇不予理会，但历史事实却使平惟继的谏言一语成谶。

建武二年(1335年)7月，北条高时的遗孤北条时行在曾任得宗"被官"(重要臣属)的诹访赖重等人的拥立下举兵攻入镰仓，杀了护良亲王，将成良亲王送回京都。镰仓的足利直义逃往三河。8月，足利尊氏未待敕许发兵讨伐，在与足利直义汇合后进入镰仓逐出北条时行。这一动乱史称"中先代之乱"或"20日先代之乱"。

足利氏早在镰仓时代初期即为源氏最有力的御家人，和北条氏一样具有颁发"袖判下文"的资格。14世纪初，足利氏的"本领"(直辖领地)"足利庄"从

223

足利尊氏像

陆奥至筑前有35所,"庶领"更是难以计数,上总、三河两国守护和奥州总大将亦出自足利一门,其势力之盛,由此可见一斑。进入镰仓后,足利尊氏即设立了"侍所"并奖赏有功将士,稳固了其作为武家栋梁的地位。足利尊氏"造反"的消息传到京都,后醍醐天皇龙颜大怒,当即向全国下达"足利尊氏追讨诏",并任命尊良亲王为上将军,新田义贞为大将军,分别从东山道和东海道两路进攻镰仓。同时传檄奥州,命令北畠亲房从足利尊氏背后发动攻击。

  11月25日,新田义贞在三河的矢引川大破足利尊氏部将高师直的先遣部队。12月5日又在骏河的手越河原大破足利直义的部队,并突破箱根天险,挥师直逼镰仓。但是,由于豪族在各处群起支援足利尊氏,新田义贞以寡敌众,关键时刻从幕府方投降过来的佐佐木道誉等军又突然倒戈,以致腹背受敌,最终战败并率部退回京都。足利尊氏挟战胜之威,亲率几乎全部兵力西上,欲趁后醍醐朝廷出师不利、兵马调度不及,一举攻下京都。一路上,各地对"建武新政"不满的武士竞相加入,使足利尊氏总兵力一时号称有数10万之众。尽管人多势众,但足利尊氏深知楠木正成用兵之策远在自己之上,且熟悉地形,于是写信封官许愿引诱楠木正成。然楠木正成不受诱惑,一口拒绝,并构筑三角形防御体系迎击,使足利尊氏的部队不可避免地陷入艰苦的攻坚战。

  就在足利尊氏率部久攻不下一筹莫展时,播磨的赤松则村、赞岐的细川定禅派来了联络使者,表示愿意协助夹击京都,令足利尊氏大喜过望。面对几路大军,楠木正成的三角形防御体系因寡不敌众而崩塌。见战事不利,新田义贞率残兵连夜进宫护送后醍醐天皇逃往比叡山,楠木正成、名和长年等人则率领残部突围。12月11日,京都沦陷,足利尊氏率部进京。由于楠木正成早已未雨绸缪,实行坚壁清野,使足利尊氏的大军进京后面临粮草断绝之虞。更令足利尊氏恐惧的是,当时琵琶湖中突现大批战船,船上树立着陆奥守北畠家的旗印。原来北畠亲房、北畠显家父子在接到后醍醐天皇的"足利尊氏追讨诏"后即积极行动,举兵勤王。翌年正月16日,楠木正成、新田义贞、北畠显家的部队开始发动反攻,于正月30日收复京都。足利尊氏及残兵数万人遁入曾经是足利氏发迹地的丹波篠村,后又西逃至摄津兵库。当足利尊氏乘船逃到备后时,部属仅剩2 000余人。

第六章 室町时代

眼看足利尊氏败局已定，建武朝君臣开宴庆功。席间，楠木正成进谏后醍醐天皇："新政失却民心，遂使武士倒向尊氏"，"此时当用怀柔政策，赦免尊氏一切罪责，主动诏其还朝"。同时进谏："如持明院统再起，则国家危矣。"但此时的后醍醐天皇哪里听得进此等谏言。他此时所想的是恢复天皇往日的荣光，权柄在手，号令天下，受公卿恭候，享武士拜谒。然而，历史的发展没有以后醍醐天皇的意志为转移，而是验证了楠木正成的判断。避于备后的足利尊氏，此时突然接到被废的持明院统旧帝光严院的"院宣"，令其聚集兵马，讨伐"伪帝"后醍醐，重扶光严院复位。正一筹莫展的足利尊氏喜不自胜，立即树起光严院的御旗，宣布讨伐逆贼，并手持院宣在各国征兵，应者甚众。2月15日，应九州豪族的敦请，飘扬着光严院御旗的足利尊氏军队浩荡西下。足利尊氏在九州晃荡了不过一个月，就拉起了号称50万大军的庞大部队，于延元元年（1336年）4月3日启程，分水陆两路浩浩荡荡踏上了东征之途。

面对如此庞大的敌军阵势，京都朝廷众官顿时手足无措，但楠木正成却胸有成竹地奉上了早已拟就的《楠木奏折》，其中写道："足利尊氏率筑紫九国之众进犯京都，其势似洪水猛兽。若以我疲兵对之，以惯常之法战之，则必败无疑。应召回义贞，君王退避山门，正成退守河内，引贼入京，遂以兵封锁淀川河口，切断京城联络，绝其粮道，派兵骚扰，敌必疲惫不堪。此时，义贞自比叡山、正成自河内，两翼进攻，则朝敌一举可灭。"然而，短视的公卿们却竭力反对这一正确战略，后醍醐天皇也不予支持，驳回楠木正成的奏折。楠木正成无奈，只得留下主力部队以保存反攻的实力，仅率胞弟楠木正季和500名亲信武士前往迎敌。

延元元年（1336年）5月25日，著名的"凑川合战"开战。面对如潮水般涌来的敌军，楠木正成的500余骑显然很快就会被淹没。然而，这些楠木正成的亲信武士早已舍弃了求生之念，个个奋勇争先，"水上菊花"旗（按：楠木氏家徽为水上菊花）如同猛虎般楔入敌阵，使足利尊氏的军队如波开浪裂，足利直义本人也被流箭射中马足，几乎死在乱军之中。足利尊氏远远望见这般情景，立即派遣高师直率6 000兵马前往增援，并代替足利直义指挥作战。所惜楠木正成在率军进行了16次冲锋后，也终成强弩之末。在"合战"进行了6个时辰后，楠木正成环顾四周，发现身边仅余73骑，不由长叹一声，与楠木正季一同走入凑川神社旁的一间民房，伏刃自尽，年仅43岁，留下11岁的儿子楠木正行。这历史的一幕，即著名的"樱井诀别"。临终前，楠木正成问其胞弟："你还有什么愿望？"楠木正季的回答是："愿与兄长七生报国，消灭朝敌！""七生报国"遂成绝世名言，楠木正成亦成世代武士楷模。江户时代著名诗人赖山阳为缅怀楠木正成，特赋诗一首，名《过樱井驿址》。

顺提一笔，对后醍醐天皇忠心耿耿的楠木正成，亦成为日本"皇军""忠君效国"的典范。第二次世界大战末日军发动的与美军同归于尽的自杀性攻击"菊水特攻",以及神风特攻队员的誓词"我们七生报国,效忠天皇……"即典出于此。

凑川合战后,足利尊氏攻入京都,迫使后醍醐天皇再度逃入比叡山。之后,双方在展开了包括长达4个月的京都攻防战在内的多次激战后,最终达成和解。11月,天皇交出神器,同时接受了太上天皇的尊号,建武新政寿终正寝。但仅时隔1月,后醍醐天皇便称交出的神器是"赝品",并携带神器"真品"离开京都进入吉野(今奈良县境内),并呼吁各方诸侯起兵勤王。吉野朝廷的"诞生",使日本出现了"一天两帝南北京"的分裂格局。①日本约半个世纪的南北朝内乱历史剧,自此正式拉开帷幕。

建武三年(1336年)2月,由后醍醐天皇赐名"尊"字的足利尊氏,此番向持明院统皇室表示了忠诚,并在8月15日拥立丰仁亲王践祚,光明天皇自此登基。同时,他还拥戴光严上皇为"治世之王",使"一天两帝南北京"真正形成大觉寺统和持明皇统两家"天皇""君和君争天下"的格局。可笑的是,当时皇室仿效后鸟羽天皇和光严天皇先例,以光严上皇颁布"传国诏书"的形式,完成了让位仪式,而且尽管后醍醐天皇声称交出的神器是"赝品",但神器的授受仪式毕竟已经进行,因此此次举行的让位,形式上是后醍醐天皇让位于光明天皇。尽管后醍醐天皇根本不在场,更不承认。于是,日本便出现了两个朝廷,吉野的后醍醐天皇方面为南朝,京都的光明天皇方面为北朝,并因此引起孰为"正统"的长期争论。

历应元年(1338年)8月,足利尊氏被任命为征夷大将军。同年11月7日,足利尊氏制定和颁布了《建武式目》。《建武式目》的制定,被认为是此前已基本建立中央和地方组织的室町幕府正式建立的标志。《建武式目》为问答体,共2项17条。第一项强调幕府的根据地应建于镰仓,但不排斥建于京都的可能(实建于京都)。第二项主要有三个方面:1. 强调继承镰仓以来公家和武家的优良传统和道德,弘扬德政理念,如强调厉行节俭;2. 确定具体的政治目标,如强调公正任用守护等;3. 着力解决当时紧迫的社会问题,如强调恢复京都治安。足利政权特别强调,守护当以"上古之吏务"为基准,即以国司为楷模,承担"国中之治否"的责任,并提出"上有所好,下必效焉",要求为政者有清廉之德,并以概括的形式提出,"远访延喜天历两圣之德化,近以义时泰时父子之形状为近代之师,施万人归仰之政道",是"四海安全之基"。②

---

① 《大乘院日记目录》。所谓"一天两帝南北京"。当年称京都朝廷和幕府为"北方、武家方";称吉野朝廷及其拥护者为"南方、宫方"。

② 新田一郎:《太平记的时代》,讲谈社,2001年,第124页。

需要强调的是,和《贞永式目》不同,《建武式目》虽名为"式目",但并非法律或法令,是否正式颁布和施行,学术界也存在很大争议。①

北朝虽然由足利尊氏拥戴建立,但其继续了前朝传统,具有独自的统治机构,有院政、院的评定制和文殿。朝廷的记录所和检非违所依然发挥其功能。以足利尊氏为首的室町幕府的存在,也至少在形式上需要北朝的授权。如果说镰仓幕府的成立以侍所或源赖朝获封征夷大将军为开端,那么室町幕府的成立同样以侍所的建立及足利尊氏受拜征夷大将军为开端。

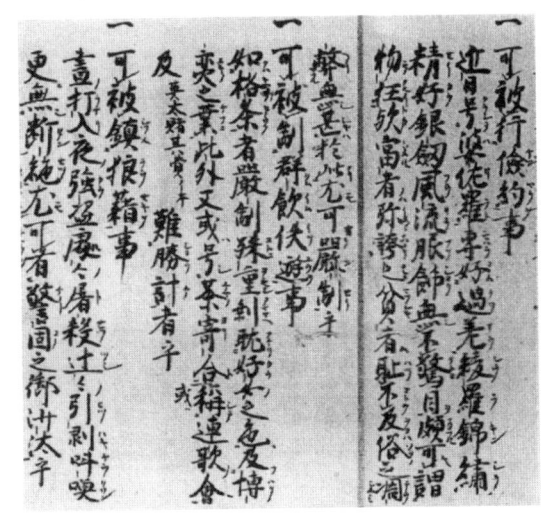

建武式目

如《建武式目》首先强调幕府的根据地应建于镰仓所显示,室町幕府是以镰仓幕府的继承者为始发点的,因此其中央机构的设立也以镰仓幕府为蓝本,如同样建立了政所、问注所、侍所。政所为将军家直辖领的年贡征收机构,侍所为统辖御家人和负责刑事裁判机构。此外室町幕府还有处理领地归属的安堵方、负责奖励的恩赏方、负责寺院诉讼的禅律方、负责对误判和冤假错案进行救济的庭中方、仁政方、内奏方等机构。

室町幕府的初代将军虽然是足利尊氏,但是室町幕府草创期的执权者和用权方式,却是足利尊氏和他的弟弟足利直义以及行使所谓"二头政治"。兄弟两人经常并称"两将军"。从两者分别下达的文件可以发现,足利尊氏下发的文件主要关于守护的补充和恩赏的颁给,而足利直义下发的文件则主要关于裁判、安堵、禁止等。由此可见,足利尊氏掌控政所、侍所、恩赏方,即握有人事任免权、军事指挥权和行赏权,足利直义则掌控问注所、引付方、禅律方等,即握有审判权。从对各种案子的裁决不难发现,足利直义比较重视维持传统和既有秩序,包括对光严上皇皇权的支持。因为就传统的王朝秩序而言,足利尊氏是由朝廷封为征夷大将军的,其作为武士栋梁的身份是以获得朝廷认可为前提的。否定朝廷即否定幕府本身。而他的对立者、执事高师直却希望通过对足利尊氏的拥戴扩张自己的权益。两者的关系随着周边局势和势力对比的变化而日趋紧张。正是这种制度性的权限分割而非制衡、两立而非隶属的

---

① 关于《建武式目》主要存在两大争议:一是当时是否公布;二是《建武式目》中的问答者究竟是哪些人。

"二元政治",给室町幕府的内部对立冲突留下了隐患,并最终导致内乱。

蛰伏已久的南朝的行动,是足利氏兄弟俩矛盾的激发点。正平二年(贞和三年,1347年)8月,后醍醐天皇以纪伊、大和为中心,命楠木正行等向京都发起攻击。楠木正行挥师长驱直入,击溃了足利直义的亲信、和泉守护细川显氏、河内守护畠山国清率军组成的防线。眼见情势危急,高师直、高师泰遂率兵出阵,于翌年即康永元年正月击溃了楠木正行所部,并向楠木氏根据地发起反攻,占领了吉野。一败一胜,足利直义的威信大受打击,足利兄弟的矛盾不断趋向白热化,并终于在贞和五年(1349年)闰6月爆发了"观应扰乱"。这场始于足利直义和高师直的冲突、终于文和元年(正平七年,1352年)正月足利直义去世的幕府内讧,大致可分为三个阶段:两派矛盾激化至足利直义辞退政务和与其共谋杀死高师直的上杉重能及畠山直宗被流放(后被杀害)、足利尊氏的嫡子足利义诠进京;第二阶段为两派发生武力冲突至高师直、高师泰兄弟兵败被杀;第三阶段为足利直义离开京都至足利尊氏进入镰仓平定"扰乱"、足利直义去世且死因不明(当时传说被毒死)。

面对室町幕府的内讧,南朝遂发兵征讨,欲夺回京都。面对南朝攻击,观应二年(1351年)10月足利尊氏"归顺"南朝,采用"正平"年号,形成所谓"正平一统"的局面。11月,南朝派北畠显能进京废黜崇光天皇,奉光明、崇光两院为太上天皇,并收回了神器。但是,翌年5月幕府势力发动反攻并奏效,后村上天皇等重新回到吉野,南朝欲夺回京都,终成南柯一梦。由于南朝军队撤退时将光严、光明、崇光上皇挟往吉野且带走神器,因此重返京都后的幕府经过一番焦心苦虑,最后拥立光严上皇的三皇子弥仁亲王即位,称后光严天皇,重新建立了王朝体制。践祚即天皇登基本应由上皇主持,但因三位上皇均遭"绑架",因此由弥仁亲王的祖母广义门院宁子代行"院政",并用三件宝物之一"神镜"的容器小唐柜代替神镜,举行了践祚仪式。

足利尊氏虽权倾举朝,但寻根究底,毕竟是"御家人"出身。于是,为了真正成为"武家掌门人",足利尊氏提出了一系列政策,其基调是:扩张自身权益、利用公家基础、保护武家利益、协调幕府与寺社关系。主要表现为:1.将足利一门被官晋升为守护,再由守护将国内官僚"被官化",将各国作为足利宗家的"惣领"管理。2.直接或通过北朝,努力掌握与朝廷公家关系紧密的商业集团,赋予其一定特权,使公家之基础为我所用。3.区别"寺社本所领"和"寺社一圆领",既承认武士在战乱时夺得庄园的现实,又保护寺社的权益,并划定寺社和武家的利益范围。

尽管初创的室町幕府的政策基调是协调各方利益,避免矛盾激化,但是古今中外的历史证明,以利益为中心的争夺,很难达成持久平衡。"观应扰乱"后,室町幕府进一步形成以幕府将军为中心的势力,以及包括足利直义的养子足利直冬在内的足利直义旧党两大势力。地方上各守护大名更是争权夺利，使幕府内讧此起彼伏。在关东地区，正平七年(1352年)闰2月，新田义宗、北条时行等甚至奉自称"大王"的宗良亲王攻击镰仓。虽然这次攻击最终为幕府所败，但反乱势头已可见一斑。在关西地区，直接受中央党争影响，各地"合战"周而复始，而其中心人物就是足利直义的养子足利直冬。在四国地区，以镰仓以来的传统势力、伊予国的河野氏为首的一方，和以细川氏为另一方的冲突，接连不断。在九州地区，镇西管领、探题和守护大名之间冲突不断。虽然各地的冲突表现各异、各种关系错综复杂，但作为全国性内乱之基础，守护和"国人"的抗争、国人成为守护的"被官"(代为行政的下属)及国人领主联手对抗守护、将军或公家，则是一种共通现象。①

二、"南北一统"和室町鼎盛

贞治元年(1362年)，二代将军足利义诠任命13岁的斯波义将为执事、其父斯波高经为"监护"后，众守护不满，迫足利义诠收回成命并将其放逐，酿成"贞治政变"。由此可见，当时政局尚有"鼻子大过脸"之嫌，将军的任命仍为守护左右。

室町幕府自初代将军足利尊氏经二代将军足利义诠传至三代将军足利义满时，与镰仓幕府曾由北条氏作为"执权"掌握实权类似，室町幕府形成了所谓"管领制"。管领就是从足利家的家政中分离出来的幕政的担当者，其权限承袭了镰仓幕府的"执权"，就是将治理天下的"国政"作为足利家的"家政"进行管理。所谓管领制就是在将幕府的首长地位作为家业传承的同时，区分足利本宗家和旁流诸家，"使一门诸家在本宗家的领导下辅佐幕政的运营"。②

1367年(南朝正平二十二年，北朝贞治六年)，年仅38岁的室町幕府第二代将军足利义诠病逝。应安元年(1368年)4月，11岁的足利义满元服时，细川赖之为其加冠，明确显示了其为新主保持者的身份。同年，足利义满被任命为征夷大将军时，细川一族不仅占据要职，而且细川赖之还兼任武藏守，这一职位以前曾由室町幕府第二代将军足利义诠担任，足见其权势之显赫。

足利政权在前两代将军足利尊氏、足利义诠时期始终处在动荡之中，不仅大和吉野山中的南朝始终是室町幕府最大的心病，北朝与南朝的对峙没有结束，而且其内部也同样充满着危机。足利政权的基础——守护大名诸氏各怀鬼胎，也许今天他们还与足利将军行君臣之礼，明天就会起兵叛乱。

---

① "守护"多为从其他地方派驻当地的官员，与之相对，所谓"国人"系指当地领主、武士。
② 新田一郎：《太平记的时代》，讲谈社，2001年，第197页。

11岁的足利义满成为室町幕府第三代将军时,面对的就是父祖留下的这样一个复杂混乱的局面。但是,他成人后励精图治,在30年统治时期,打败了南朝势力,平定了守护大名的多次叛乱,为室町230多年的统治打下了繁荣的基础。

应安五年(1372年)足利义满15岁,开始亲理政务,但"守护任命状"、"所领安堵状"、"充行状"(给家臣领地时交付的文件)、"裁许状"等,仍由细川赖之"署判"(签发)。因为,当时细川赖之作为将军代理人的"管领"地位已经确立。应安二年(1369年)正月,由于细川赖之的策动,官方(南朝)中心人物楠木正仪归顺武家,4月赴京谒见了管领细川赖之和将军足利义满,并被封为和泉、河内守护。但此后由于几次讨伐官方失手,细川赖之的地位开始发生动摇。2月20日,京都发生诸大名强烈要求细川赖之退位的骚乱,足利义满面对压力"丢车保帅",趁势令细川赖之离开京都。细川赖之遂率领一族郎党300余骑前往四国。2月28日,斯波义将出任管领。在发生了这场史称"康历之变"的幕府内讧后,细川赖之虽以四国为中心维持着一门势力,但是好景不再,幕府开始逐渐形成足利义满独裁体制。

足利义满亲自执权后,运用政治智谋取得了"三大战役"的胜利:一是暗渡陈仓偷梁换柱,不断削夺北朝权益;二是笑里藏刀欲擒故纵,与南朝"媾和"反客为主,实现"南北统一";三是巧设连环借刀杀人计,弱除拥兵自重的守护势力。

当时的幕府虽"挟天子以令天下",但北朝仍至少掌握着统辖寺社和公家的大权。公家和寺社的领地需通过院宣"充行"(分配)和"安堵"(确认),其发生的纠纷亦需由文殿和记录所根据朝廷历应三年(1340年)制定的公家"历应杂诉法"20条法规裁决。另外,京都的市场支配权亦为北朝操控,繁荣的商业产生的"座役"等商业税,为北朝提供了雄厚的财政基础。不仅如此,北朝还通过检非违使厅掌握着市场的行政权和检察权。因此,对欲建立全国性统治的幕府而言,如何夺取北朝的权力,无疑是一项重大课题。为此,幕府通过建立自己的机构和颁布从事有关活动必须获得幕府有关机构许可的法令,先后获取了京都市内的维持治安权、民事裁判权和市场课税权等政治、经济、司法大权,使北朝失去了原先掌握的国家权力的实体部分,仅"徒拥虚器",保留观念上的权威。

如果说北朝已行将就木,那么南朝则可以说在"观应扰乱"后经历了"最后的疯狂"。虽然南朝在"观应扰乱"后趁幕府内讧曾几次进攻且差点"收复"京都,但其颓势无可挽回已是不争的事实。更令南朝无奈的是,支撑朝廷的"支柱"相继"倒塌",使之摇摇欲坠:应安二年(1369年),楠木正成之子楠木正仪归顺幕府;永德三年(1383年),北畠亲房之子北畠显能和征西将军怀良亲王去世;天授四年(北朝永和四年,1378年),足利义满将幕府政所迁移至在京都室町新建的一所豪华邸宅(该邸宅因满是鲜花,故被称为"花御所"),大有取代朝廷之势。"室町幕府"之名亦由此产生。至德二年(1385年)九州探题今川贞世和宗良亲王去世。不久,南朝对幕府强硬派首领长庆天皇为温和派后龟山天皇取代,眼见南朝已班底大换,在幕府方面的和泉、纪伊守护大内义弘和后龟山天皇的积极推动下,双方在达成下述三项协议后"合体":1. 举行转让仪式,由后龟山天皇将三件神器交给后小松天皇。2. 今后皇位由南朝、北朝两大皇统轮番担任;3. 大觉寺统(南朝)管辖诸国国衙领,持明皇统支配长讲堂领。南北朝时代宣告结束。

　　实现"南北一统"后,足利义满遂致力于翦除不掉大尾、消灭拥兵自重的守护势力。守护阶层鞍前马后的奔跑为足利氏夺取政权立了汗马功劳,起了至关重要的作用。但所谓"狡兔死,走狗烹"。室町幕府一旦建立,这一原先的基础便成了如日本列岛下时时可能颠覆"御花所"的地质活动板块,必须予以制服。事实上,在南北朝前半期,地方势力曾一度动乱,但最终得到平息。南北朝后半期,幕府政治的特征是以斯波义将和细川赖之为中心的两大势力的抗争。两大势力合纵连横,竞相扩大自己的势力范围,将其他守护也卷入其中,严重削弱了足利义满的政治基础。

　　前面提到,经"贞治政变"和"康历政变",斯波义将重新复归管领权位。明德二年(1391年)3月,斯波义将因为不满于足利义满的"压制政策"而辞去管领一职,并离开京都去了领国越前。足利义满遂又重新启用细川赖之。事有凑巧,当时占有日本66国中11国,即6/1护守职位、被称为"六分一众"的山名氏一族嫡系和庶系发生内讧。足利义满听从细川赖之的意见,巧施连环之计让其互殴,最后发兵讨伐,使山名氏经此"明德之乱"遭受重创,仅剩3个领国。之后在应永二年(1395年)8月,足利义满又召回了已使九州成为独立王国的九州探题今川了俊,并于应永六年(1399年)平定了西国又一豪强、担任几国守护的大内义弘发动的史称"应永之乱"的谋反,扫除了建立将军专制体制的一大障碍,最终建立了将军专制体制。

　　室町幕府除将军足利氏外,其统治阶层还有所谓"三管领四职"。"三管领"即轮流担任管领的斯波、细川、畠山三氏。"四职"即轮流坐庄负责京都内外警备及刑事裁判的"侍所"、担任"所司"(长官)的赤松、一色、山名、京极四氏。室町幕府统治机构的特征,就是在畿内及周边地区配置作为幕府权力支柱的细川、畠山、斯波等足利一门的守护,在关东配置镰仓府、在奥州和九州分别配置奥州管领(后为奥州探题)和镇西探题(后为九州探题)等强有力的地方统治机构,以组织和掌控守护、国人。

　　足利氏为掌控九州殚精竭虑。建武三年(1336年),足利尊氏离开九州东上,一色范氏担任了作为九州军事指挥官的镇西管领(九州探题)后,九州各国的守护,特别是少贰、大友、岛津氏等即显示出强烈的分权和自立倾向。在各国内部,守护和管领之间的对立也日趋激烈。另一方面,南朝于延元元年(建武三年,1336年)派遣后醍醐天皇的皇子怀良亲王作为征西大将军前往九州,在肥后的菊池、阿苏两氏支援下,怀良亲王一边和熊野、濑户内海地区的海盗保持密切接触,一边集结九州诸氏,逐渐形成了压倒幕府的势力。为了挽回这一颓势,幕府于应安三年(1370年)派遣时任引付头人的今川了俊前往九州担任九州探题。上任后,今川了俊通过"半济"和给予兵粮料所等手段诱惑诸氏,同时通过各种军事手段彰显威力,驱逐南朝势力并恢复幕府势力,使九州基本为室町幕府所掌控。

　　足利氏遂致力于确立在关东地区的权势。当时,护良亲王和北畠亲房等成立了陆奥国府,将后醍醐天皇的皇子义良亲王和北畠亲房的嫡子北畠显家派驻陆奥多贺城,管辖奥羽两国,并和畿内及奥羽的反足利尊氏势力联手,牵制东国的足利尊氏势力。为此,足利尊氏奏准后醍醐天皇将皇子成良亲王及其兄弟足利直义派驻镰仓府担任镰仓公方(镰仓府最高长官称"镰仓公方,又称镰仓御所),统辖关东八国及伊豆、甲斐两国。建武政权崩溃后,足利尊氏在京都设立了幕府,同时将其子足利义诠派驻镰仓,组织东国武士与南朝势力抗衡。换言之,成立当初的镰仓府,主要是应付内乱的军事机构。至贞和五年(1349年)足利义诠的弟弟足利基氏入主镰仓府,特别在观应扰乱之后,与南朝势力的抗衡大致平息,镰仓府才成为以处理行政事务等为主的政府机构。镰仓公方的职位亦由足利基氏的子孙世代继承。镰仓府的组织机构仿效幕府:由总揽政务的"管领"(关东管领)辅佐"镰仓公方",管领最初称"执事",自贞治二年(1363年)上杉宪显复归镰仓后改称"管领",并亦由其子孙历任;有"评定众"和管领一起处理政务,辅佐公方;有以"头人"为长官的"引付"负责诉讼审理;有以"所司"为长官的侍所(御家人统领机构)、以执事为长官的政所(掌管财政)、以执事为长官的问注所(审判机构);有奉行,如御所奉行、社家奉行、禅律奉行鹤岗总奉行,等等。

　　奥州诸氏的知行安堵、恩赏充行、诉讼审理等,由幕府根据奥州管领的意见定夺。观应扰乱后,随着幕府"二头政治"的瓦解,吉良贞家和畠山国氏分别作为足利尊氏和足利义持的拥趸展开激烈冲突,原先的奥州管领制趋向瓦解。以后的奥州进入了所谓"四管领时代",管领不再掌管政务实权。明德二年(1391年),陆奥、出羽两国成为镰仓公方的辖区。应永六年(1399年),镰仓府将足利满直、足利满贞派赴奥州,分别作为"筱川公方"和"稻村公方"统辖奥州。两个公方均可下发安堵、充行、军事催促等文件,之间并无权限分割。在室町幕府和镰仓府的权力争夺中,筱川公方和稻村公方均分别以幕府和镰仓府为后盾,竭力扩张自己的势力,成为加剧政治紧张局势的重要原因。虽然原先的奥州管领制随着两公方的任职而逐渐淡出政治舞台,但是应永七年(1400年)大崎氏奉幕府之命担任奥州探题后,和羽州氏探题最上氏一起集结奥羽国人称霸一方,并在战国时代伊达氏夺取该职务之前,使奥羽成为其世袭领地。

应永二年(1395年),今川了俊因为在给当地御家人安堵、恩赏、充行之外,还交付感状,并作为对外交通门户的九州的支配者,经济实力日益增长,其在对外关系方面的地位也不断上升,使幕府感到了威胁,遂突然将其解职,由涉川满赖接任。但是涉川满赖并无统辖九州之力,因此虽然以后的九州探题先后由涉川义俊、涉川教直等涉川满赖的子孙继承,但九州各国守护特别是大内氏等极具独立性,根本不听号令,使涉川氏徒拥九州探题虚名。

幕府地方统治机构最初是在南北朝内乱时期应军事需要而建立的。由于室町幕府设在京都,因此对作为镰仓幕府所在地的关东,以及几乎无异于北条氏"殖民地"的奥羽、北条氏拥有诸多领地的九州,堪称鞭长莫及,因此当地豪强互争雄长。随着内乱的持续,幕府不仅授予当地政府军事指挥权,而且授予作为主从制重要内容的充行权,以及作为统治权重要内容的安堵、裁许权,最终导致地方诸侯拥兵拥权自重,尾大不掉。特别是随着镰仓府"独立"于室町幕府的趋势日益明显,幕府自足利义满之后,权力日益向将军集中,形成将军专制化倾向,彼此信赖日失,矛盾日趋激烈。

在统一南北朝、翦除山名氏和大内氏后,足利义满确立了幕府的权威,并逐渐夺取朝廷的权力,主要举措是关闭朝廷的审判机关记录所和文殿;将原由检非违使厅掌握的权力转移至侍所。甚至实际掌控了原先由朝廷不容他人染指的叙位任官的权力。应永元年(1394年),足利义满被"任命"为最高廷臣——太政大臣。但是同年12月,足利义满将将军职位让给了嗣子足利义持,翌年辞去了太政大臣职位剃度出家,改名"道义"。出家后其服装和仪式与法皇无异。按臼井信义的看法,足利义满出家的目的,是为了脱离世俗的束缚,君临公武之上。[①]也就是说,他看似离开了历史的舞台,但实是退到了历史的后台。足利义满以后的政治作为也证明了这一点。辞去将军职后,足利义满搬离了"花御所",另在京都北部新建了以庄严华丽的寝殿"舍利殿"为中心的北山府邸,在那里掌控政务。事实上,重要决策均政出于北山府邸。换言之,足利义满的嗣子足利义持徒拥将军虚衔,以"花御所"为中心的室町幕府机构,成了北山府邸的咨询机构或由北山府邸决定的政策的执行机构。因此,这一阶段幕府政治形态具有"二元特征",将军的地位相对低下。

---

① 臼井信义:《足利义满》,吉川弘文馆,1960年,第101页。

足利义满辞官出家后,所作所为仿效上皇或法皇,俨然如皇族一员。如其在南都北岭和京都营造大寺,供养法会仿效御斋会即朝廷礼仪,并仿效历代法皇先例莅临法会;关白致足利义满文件之规格和遣词如上奏法皇;应永十三年(1406年)足利义满使其妻子日野康子成了天皇的"准母亲";应永十五年足利义嗣按照亲王的标准元服。总之,足利义满作为"日本国王",在武家居将军之上,在公家居上皇之上,在寺社则俨然形同法皇。另一方面,在室町时代,天皇和上皇已不掌握独立的执政机关,以往行使的各项权力亦逐一被幕府剥夺。但是,幕府并不否定天皇制。事实上,足利义满的行动所以竭力与皇室一体化,亦因为其只能诉诸天皇制寻求使自身绝对权力正当化的依据。天皇作为一国之君的地位虽是名义上的,但其作为观念和宗教方面的权威还是极其强韧的,而其在国政方面的作用则以礼仪为中心。同时,幕府在国政运作遇见难题或面临危机时,亦需要作为观念性权威的天皇显示作为现实性权威的形象。因此,虽然足利义满自诩"日本国王"甚至其政治权力亦与国王无异,但是天皇作为获得体制保障的观念性、宗教性权威,以及根据礼仪,位居位阶秩序顶点的存在,始终得以维持。

应永十五年(1408年)4月25日,足利义满在朝廷圣地内里为其宠爱的足利义嗣举行了元服仪式后不久,即一命呜呼,时年51岁。足利义持继任,为第四代室町幕府将军。事实上,足利义持同其父足利义满、其弟足利义嗣关系微妙,因为足利义满曾想让足利义嗣作为将军继承人,只是因突然去世,此事尚未提上议事日程,而足利义持则在元老斯波义将等人支持下当上了足利家的"长老",并首次作为将军颁布了御判御教书。

上任伊始,足利义持即表现出与其父足利义满多有不同的政治和外交路线。概括而言,主要采取了五项举措:第一,足利义满逝后,朝廷欲赠其"太上法皇"尊号,但足利义持以臣下斯波义将等认为没有先例为由予以谢绝。足利义持此举,显示了其一开始即不甚尊重足利义满并有分道扬镳的姿态。第二,恢复当年因触怒足利义满而被罢免的相国寺住持大周周奝的职位;第三,返还隐居嵯峨的伏见宫荣仁亲王被足利义满没收的家领;第四,重用武家,把幕府政治由义满的公家化政治转变为武家中心政治;第五,中止足利义满开始的与明国交及对明贸易。应永十八年(1411年),足利义持拒绝明朝使节入京,在事实上断绝了与明朝的国交和对明勘合贸易。应永二十六年(1419年),足利义持又捏造足利义满的国书,正式拒绝勘合贸易。此外,足利义持还实施重用管领的方针,依次任命斯波义将、足利义重、足利义淳、畠山满家、细川满元、畠山满家为管领,作为将军辅佐。室町幕府由斯波、畠山、细川三氏世袭管领的所谓"三管领"制,即始于是时。

足利义持虽在有力的守护阶层支持下开始了其将军生涯,但刚刚落座室町幕府的将军宝座,即面临了一系列严峻挑战,主要是原南朝势力和镰仓幕府势力趁足利义满去世,一直伺机挑发事端颠覆他的政权。足利义持的弟弟足利义嗣亦与豪强勾结试图将他罢免。

应永十七年(1410年)年末,南朝出身的后龟山法皇秘密巡幸吉野,拉拢各国首领图谋起事,而应永十九年(1412年)朝廷发生的变故恰好为其树帜造反提供了良机。是年,后小松天皇的皇子躬仁亲王即位,号称光天皇。由于此举违反了作为"南北统一"条件的"两统叠立"即两大皇统的天皇轮流登基的原则,因此飞驿国司姊小路尹纲、伊势国司北畠满雅、肥后的菊池兼朝、河内的楠木一党等在后龟山法皇的号令下起兵。应永二十三年(1416年)10月,镰仓府前管领上杉氏宪(禅秀)亦聚合一些东国豪族举起反旗,发动了史称"上杉禅秀之乱"的动乱。这场动乱最终发展为东国之乱的导火索。与此同时,足利义嗣与上杉禅秀等诸多幕府阁僚和地方守护等密谋发动推翻足利义持的政变。虽然政变最终流产,但是将军近臣和地方守护层之间的对抗,却并没有因此有丝毫缓和,并对足利义持时期的幕府政治产生了重要影响。

足利义持时期,幕府政治的基本特征是以合议取代前此"二元政治",即以将军为中心、由将军、管领、宿老协商制定重要政治决策。管领由斯波氏、细川氏、畠山氏轮流担任。所谓"宿老"即掌握京都市中支配权并兼任山城守护的侍所头人,则有赤松氏、一色氏、山名氏、京极氏担任。这一时期政治相对比较安定,其主要原因之一就是足利义持在制定政策时比较尊重管领和宿老的意见,甚至在其病重时亦未确定后嗣,而是留下遗言,强调一切交由管领、宿老协商决定。因此其后嗣人选由管领和宿老在石清水八幡宫神前抽签,决定由足利义教继嗣。据史料记载:当时"各烧香后退出,管领以下诸大名聚一所,打开昨日于神前所取御阄,复由管领验看,定由青莲院殿担任并为诸人所珍重"。①事实上,南北朝内乱后惣领制趋向解体,家长和一族往往因自身难以决定继嗣而尊重家人和从者的意见,因为只有获得后者的支持,主人的地位才可能稳固。通过抽签决定将军继嗣,实质上就是反映了这一现实。但是如以后所述,因宿老的支持而成为还俗将军的足利义教,最终却因轻视后者的意向而导致嘉吉之乱爆发并死于非命。

镰仓府的权限更是在"观应扰乱"后呈不断扩大趋势。"观应扰乱"后,镰仓府获得了领内地头御家人的"所领充行权"、一国平均役的征收权、裁判权、检断权、向幕府提出御家人所领的安堵推举权。应永二十三年(1416年)10月"上杉禅秀之乱"平定后,留存在幕府手中的在东国的权限,仅剩守护补任权。五山住持补任权亦成为室町幕府和镰仓府争夺的对象。因此,镰仓府俨然如

---

① 《满济准后日记》应永三十五年一月十八日条。

"东国幕府",很难被认为是室町幕府的下属机构。

三、"乱":从"禅秀之乱"到"应仁之乱"

应永十五年(1408年)5月6日,足利义满病逝。当了14年"傀儡将军"的足利义持继任足利氏家督,由室町邸搬入北山邸,开始真正主宰幕府政治。不久,足利义持在京都三条坊门祖父足利义诠的旧居遗址建筑新邸,于应永十六年(1409年)10月将幕府的本据地迁往新邸。应永十六年(1409年),足利持氏继足利满兼出任第四代镰仓公方。应永十八年(1411年),上杉禅秀(俗名上杉氏宪)取代上杉宪定担任了关东管领。①这一人事变动,为随后发生的内乱留下了伏笔。

应永二十二年(1415年),上杉禅秀家人越幡六郎因作奸犯科,被足利持氏没收了所领。上杉禅秀对此甚为不满,认为越幡六郎罪不当罚并为其辩护,为镰仓公方所拒。上杉禅秀叹曰:"失谏诤之道,而逾法御政,宦职何益乎!"遂于同年5月2日上表请辞关东管领一职。足利持氏对此更为震怒,称:"禅秀此举,分明是轻慢上意",即刻接受上杉禅秀上表,于同月18日任命已故"大全"上杉宪定之子上杉宪基继任。镰仓公方和关东管领的矛盾,遂成为如布满干柴一点即燃的室町幕府的一把烈火,顷刻引发一场大乱,史称"禅秀之乱"。

室町幕府内部早已矛盾重重。应永二十三年(1416年)10月,室町幕府将军足利义持的弟弟权大纳言足利义嗣欲取代其兄长自任将军,秘密酝酿兵变,但事机不密,是年10月20日未及事发即被足利义持逮捕并关押于林光院,随后无奈遁入空门,法号道绳。如前面所述,足利义嗣是足利义满的爱子,足利义满本意让足利义持隐居而扶持年幼的足利义嗣执柄天下,不幸的是北山殿(足利义满)过早往生,未能实现意愿。足利义嗣本可得天下,现却无奈居于人下,早已不满,现关东镰仓公方与管领不睦、大乱将至的消息传来,他自然认为是天赐良机,遂派遣依附他的禅僧秘密前往关东,劝说上杉禅秀一起举兵。上杉禅秀欣然应允,并游说足利持氏的叔父足利满隆,称足利持氏为政恶逆,积如此不义之政,众人皆有背离之心,谋反者必出,覆世之事为期不远。足利满隆对足利持氏亦早已不满,遂与上杉禅秀同心。于是,上杉禅秀修书一封致足利义嗣,告知关东亦有共举大事者,数日之内即可攻下镰仓,乘势上洛(进京)。足利义嗣自然大喜过望。于是,上杉禅秀自是年初秋起称病不出,谋划起兵。其家臣属将各携兵革假装征集粮食,从各国进入镰仓,其中来自甲州的上杉禅秀的女婿武田信满最先到达,另外两个女婿千叶介兼胤、岩松治部大辅天用

---

① 足利氏和上杉氏有姻亲关系,足利尊氏的亲生母亲清子是上杉赖重的女儿。

(岩松满纯)随后到达。助其阵势的还有包括镰仓当地豪族在内的各方势力。在集结各路兵马后,上杉禅秀遂以参见为名欲逮捕足利持氏。是时,足利持氏浑然不知,在彻夜狂欢后烂醉如泥,在镰仓殿内睡得正酣。及至被属下唤醒告知兵乱将至,才率一干人马前往关东管领上杉宪基处,与其商讨退敌之策。但仓促之众难敌有备之师,经过几番激战,足利持氏连夜逃入箱根山内过夜,至翌日午刻左右逃往骏河,上杉宪基败走越后。

虽然足利满隆初尝胜绩并坐拥镰仓,以关东公方自居,但是,附近各国仍然听令于足利持氏。为了称霸一方,足利满隆决定出兵征讨四方不服之臣,遂以足利持仲为大将军,中务大辅上杉宪显(宪秋,上杉禅秀的儿子)及其弟伊予守上杉宪方为辅佐,率大军征讨。几次"合战",足利满隆和上杉禅秀的叛军和足利持氏的公方军互有胜负。是时,骏河国的今川上总介范政前往京都禀报"禅秀之乱"的情况,得蒙上赐御教书,令其立刻追讨上杉禅秀一党及新御堂殿足利满隆、足利持仲。于是,今川范政向关东各家发出回状,呼吁一同"讨贼"。面对强大对手的攻势,足利满隆、上杉禅秀的军队日渐气衰。各方势力几乎都转投讨伐军,上杉禅秀与足利满隆大势将去,显然已成宿命。应永二十四年(1417年)正月9日,镰仓被公方军攻陷。同月10日,上杉禅秀与其子在宝性院快尊法印的雪下御坊笼城固守。但是,面临四面楚歌,固守徒劳。随后不久,足利满隆、足利持仲、上杉禅秀、上杉禅秀之子上杉宪方、上杉宪春、宝性院快尊僧都、武州守护代兵库氏春等人及其部下全部在此自杀身亡,血流成河,在日本历史上又留下一曲悲歌。正月17日,足利持氏摆驾返回镰仓府。应永二十六年(1419年)8月,足利义持辞去内大臣职,应永三十年(1423年)3月18日把征夷大将军的位子让给了儿子足利义量并于同年4月25日出家,法名道诠。

上杉禅秀的嫡子上杉宪显(宪秋)因在合战前休整而留守本据,躲过生死一劫,随后秘密逃往京都隐藏。上杉禅秀的女婿岩松满纯纠集上杉禅秀余党在上野国岩松城再揭反旗,但很快被舞木宫内丞率军平定,岩松满纯被生擒并被押送镰仓,于5月13日在泷口斩首示众。4月28日辞职返回三岛的上杉宪基经劝说于5月24日重返镰仓,6月30日再度出任关东管领。"禅秀之乱"至此宣告平息。

虽然"禅秀之乱"宣告平息,但是这场动乱却使本来作为一股潜流的室町幕府和镰仓府的矛盾形如瀑布。动乱平息后,镰仓公方足利持氏以剿除叛贼余党为由,不断在关东各地用兵,大肆削弱亲幕府并与幕府过从甚密的京都"扶持众"(亲幕府的国人),如佐竹一族的山入与义、常陆的小栗慢重、下野的宇都宫持纲等。此种以讨伐"叛贼"之名行肃清异己之实的行为,使幕府强烈不满,并认为这是镰仓府的挑战,双方的矛盾遂日趋激化。应永三十年(1423

年),室町幕府欲讨伐镰仓府。由于两府元老的斡旋,特别是关东管领上杉宪实四处奔走,加之足利持氏向将军奉上了表示忠诚的"宣誓书",使已呈白热化状态的矛盾暂时平息。但随后发生的一连串变故,使矛盾重新激化。①

  应永三十二年(1425年)正月18日,足利义量夭折。足利义持重新管理幕政,并继续其父足利义满时期已经开始的抑压守护大名势力的政策。他在先已捏掉斯波氏,继而怂恿细川、畠山两家争斗并趁机将相当一部分管领职权收归己有后,此时正想削弱四职之一、拥有播磨、备前、美作三国守护职,势力在山阳道东部首屈一指的赤松氏。应永三十四年(1427年)9月赤松义则辞世,赤松满佑继任家督。同年10月,幕府下令将赤松氏一门总领赤松满佑的播磨领地移交给分家的足利持贞,孰知赤松满佑抗命,并愤然离开京都退回自己的领地,在祖先奋战过的白旗城笼城造反,史称"应永之变"。幕府随即商议派兵讨伐。但军势未合,11月10日,突然有人揭发说赤松持贞与将军家的内眷私通,足利义持"丢车保帅",使赤松持贞被迫自杀。赤松持贞一死,赤松满佑即通过斯波、细川、畠山等家族向义持将军求情。当月25日,赤松满佑即被赦免并回归幕府。"应永之变"就此平息。正长元年(1428年)正月18日,对神佛十分虔诚、对临济宗尤为推崇,法号胜定院殿显山道诠禅定门的足利义持病逝。根据神前抽签,足利义持的弟弟青莲院义圆被群臣从寺庙中请出,改名足利义宣。永享元年(1429年)3月,足利义宣正式继任第六代室町幕府征夷大将军,同时改名足利义教。登台伊始,足利义教完全听命管领及各宿老的意向行使政务。但随着时间推移,足利义教愈益对自己诸事无法亲力亲为感到厌恶,将军专制的志向逐渐增强,特别表现为修改幕府政策,实施一系列强化将军处理幕政的权力的措施,并党同伐异,竭力牵制镰仓公方。足利义教的一系列政策、举措,使足利持氏忍无可忍。因此1429年受幕府掌控的朝廷将元号"正长"改为"永享"后,足利持氏依然续用原有年号,明确显示对幕府的不屑一顾。

  本来,足利宗家断嗣,足利持氏认为只有自己才有资格继任家督和幕府将军,然而一等再等,不见洛中来人宣诏,却闻祈神求签最终择定青莲院义圆(足利义教)继任将军,早已心怀不满。此番足利义教步步进逼,于是持氏暗中招兵买马,准备杀上京都,取足利义教将军而代之。然而,关东管领上杉宪实不愿看到同室操戈局面的出现,两方奔走,竭力想弥合幕府和镰仓府之间的矛盾,所憾不仅收效甚微,而且引起足利持氏的强烈不满。永享十年(1438年),足利持氏和上杉宪实正式决裂,上杉宪实为避祸逃遁上野,足利持氏遂发布对上杉宪实的追讨令,统率大军前往征伐。眼见镰仓府内讧,幕府将军足利义教遂委派信浓守护小笠原政康、甲斐守护武田信重、骏河守护今川范忠等将率军

---

① 《满济准后日记》应永三十七年7月4日以下条。

第六章 ● 室町时代

前往救援上杉宪实,讨伐足利持氏。当年 9 月,幕府大军开进关东平原,杀入相模国。10 月,留守镰仓的三浦时高突然倒戈宣布拥护幕府,并挥师进击足利持氏。足利持氏腹背受敌,遂退至相模国海老名,后欲退回镰仓,但在途中遭遇由上杉宪实的家宰长尾忠政、长尾景仲率领的军队,在表示了对幕府的恭顺后,进入镰仓永安寺,继而于 11 月 4 日入称名寺剃度出家。其近臣一色直兼等则在该寺遭幕府军攻击而自杀。之后,足利持氏复移居永安寺,被幕府军幽禁。上杉宪实曾向幕府将军足利义教求情,希望放足利持氏一条生路并让其嫡子足利义久任镰仓公方,但是足利义教不依不饶,命继续讨伐。永享十一年(1439 年)2 月 10 日,上杉宪实无奈向永安寺发起攻击,迫使足利持氏自杀。其嫡子足利义久闻讯亦在镰仓报国寺自杀。这场动乱,史称"永享之乱"。

东国的形势并没有因为镰仓公方足利持氏的自杀而平和,更不表明关东战乱的终结。在足利持氏死后第二年,即永享十二年(1440 年)3 月,足利持氏的儿子安王丸、春王丸在结城氏朝的庇护下,举起了反抗上杉氏的大旗,并得到了小山、宇都宫、那须、岩松、桃井、小田、今川诸氏的呼应。佐竹、宍户氏等亲幕府将军势力则从外部声援。此时上杉宪实已然退隐,由新任关东管领、上杉宪实的族叔上杉清方以及另一位族叔上杉持朝组成讨伐军应战。由此爆发的战事史称"结城合战"。是年 7 月,上杉清方统领大军包围了结城城,经过近 1 年的笼城战,至翌年 4 月 16 日攻陷城池。结城氏朝、结城持朝等均战死。安王丸、春王丸被捕后,在押往京都的途中被斩杀于美浓国垂井金莲寺。在结城合战的同一年,奥羽的筱川公方足利满直亦为国人所杀。足利义教见关东、奥州的公方均被翦除,甚为兴奋,于当年 6 月 24 日在京都西洞院二条的前幕府侍所头人赤松满佑宅邸召开了盛大的庆功宴会,以庆祝结城合战的胜利。令足利义教始料不及的是,这次庆功宴最终要了他的性命。

前已述及,足利义持曾因插手赤松家事而引发"应永之变"。在灭"永享之乱"后,足利义教故技重演,于永享十二年(1440 年)3 月下令将赤松满佑之弟赤松义雅的领地转交当年引发"应永之变"的赤松持贞的侄子赤松贞村和细川持贤。赤松满佑及其子赤松教康对此当然极为不满,于是秘密策划暗杀足利义教。是时,正当宾客一边饮酒,一边观赏猿乐时,赤松教康率数十名手持利刃的武士冲进宴会场,当场砍翻足利义教以及众多大名。幕府管领细川持之得以从尸横遍地的宴会上逃走,随后率重兵包围了赤松满佑的宅邸,但赤松满佑烧掉家宅逃出京都回归领地播磨,随即召集一族迎立足利直冬的孙子足利冬氏为幕府将军,在其领国播磨、美作、备前的国人阶层的呼应下举起反旗。幕府方面则由管领细川持之等拥立足利义教之子足利义胜为将军,并为笼络人心,让原先被足利义教罢免的人重归原位,并以山名持丰、细川持常、赤松贞村为将,发兵讨伐,在当年 9 月相继攻陷赤松满佑据守的坂本的堀城和木下城,赤松满佑先放火烧城,随后自杀。四职之一的赤松氏就此衰败。由于此次动乱发生于嘉吉元年,故史称"嘉吉之乱"。

赤松满佑所以如此迅速溃败,主要原因是领国内国人的背离。由于赤松满佑通过国人"被官化"(家臣化)及掠夺庄园,强化其对领国的统治,早已引起国人阶层的普遍不满,因此后者乘机背离,促其早亡。必须强调的是,15世纪之前影响东国政治形势的关键是国人阶层的动向,因此国人阶层对赤松满佑的态度自然对他的命运有直接影响。

嘉吉之乱后,天皇家失去了叙任权、祭祀权,更罔论世俗权力,但是仍不失为"权威"。所以如此,拥有通晓和汉之学的后花园天皇,对皇室而言实为一大幸事。宽正大饥馑(1461年)时,后花园天皇赠送了一首讽刺诗给忙于山庄建造的将军足利义政,暗示让他停止楼堂馆所的建造:"残民争采首阳薇,处处闭炉锁竹扉;诗兴吟酸,满城红绿为谁肥?"这首诗反映,和后圆融天皇同足利义满的对立相比,将军的权威已经丧失。[①]

作为将军权威丧失的结果,"嘉吉之乱"后,作为嘉奖,赤松氏的领地大都被山名氏接收,山名氏的势力因此大为膨胀,和细川氏的矛盾亦日渐突出并最终酿成始于应仁元年(1467年)的"应仁之乱"。关于"应仁之乱"的意义,内藤湖南曾有如下论述:"为了大体了解今日的日本而研究日本史,则几乎没有研究古代史的必要,因为只要了解应仁之乱以后的历史便足够了。在那以前的日本历史,我们感到几乎是外国的历史,而应仁之乱以后的历史,我们才感到是直接触及我们身体骨肉的历史。可以说如果真正了解了这段历史,那么也就充分了解了日本历史。"[②]

应仁之乱所以发生,和嘉吉之乱后室町幕府的政治发生重大变化直接相关。在嘉吉之乱前,足利义教的政治是将军亲裁的专制政治。嘉吉之乱后,足利义教之子、年仅8岁的足利义胜继任家督,并于翌年元服,成为征夷大将军,但仅时隔一年即嘉吉三年便离世。同年7月,其弟足利义成获诸将拥立,在6年后的文安六年(宝德元年,1449年)4月改名足利义政并担任了将军。由于嘉吉之乱后年幼的将军一代接一代,因此管领复成为幕府政治的中心,由有力守护支撑的管领政治重新复活。在嘉吉之乱时,细川持之担任管领。之后由畠山持国和细川持之的儿子细川胜元轮流担任管领,掌握幕政的实权。

文安六年(1449年)4月,足利义政在15岁时元服并成了将军,逐渐成为幕政的中心。将军家御判教书开始取代管领下知状,成为裁决幕政的最高命令。足利义政亲裁期的政策核心,就是抑制管领和强势守护。概括而言,主要

---

① 榎本雅治编:《一揆的时代》,吉川弘文馆,2003年,第198页。
② 内藤湖南:《关于应仁之乱》,载《内藤湖南全集》第9卷,筑摩书房,1969年版,第79页。

有以下几方面:

第一,责令归还侵吞寺院的土地。仅禅宗寺院申请归还就达数百所之多。由于多数侵吞者系守护和守护被官,因此该项政策极大削弱了守护的经济实力。第二,命令"所领直务",即必须直接经营领地。第三,将军可以其权力进入诸领,由将军掌握诸领庄官的任命权;第四,强化服从体制。除了守护必须服从将军的命令,近邻的武士也必须服从将军。第五,实行保护"奉公众"政策,如根据宽正四年(1463年)法律,奉公众犯有重科时,守护必须等候将军命令,严禁擅自处分。第六,使守护被官将军家人化。

但是,足利义政此时欲独树幕府将军权威,显然已不可能。值得关注的是,足利义满以后,朝廷的权力几乎尽为幕府所收,宣旨、院宣、纶旨等均不见了踪影。天皇或上皇仅成为观念性的权威。但是嘉吉之乱以后,天皇的政治地位稍有上升。天皇的纶旨在"平乱"时再次颁布。嘉吉之乱时幕府在发兵讨伐赤松氏时获得天皇纶旨以正名分,就是例证。另外关于公家诸庄园的安堵、裁判亦由天皇裁定,甚至镰仓府主师和关东管领亦由天皇以纶旨任命,天皇的统治权似有恢复。究其原因,主要是将军权力失坠、幕府权力减弱,面临统治危机,需要借助天皇权威,即所谓"拉大旗做虎皮"。管领政治虽然获得守护支持,但是守护之间矛盾重重,而守护之间的内讧,恰是导致应仁之乱爆发的直接原因。

守护之间的内讧,在足利义教当政时期已经显露,并在嘉吉之乱后因幕府权力的下降而增强。在足利义教遭暗杀后,被足利义教驱逐的畠山持国即从河内入京,将其弟畠山持永驱逐,意图再任畠山氏家督。管领细川持之则为削弱畠山氏实力而挺畠山持永。虽然这场冲突一时得以平息,但双方在幕府中的权力争夺始终继续。并最终波及将军本身,在应仁元年(1467年)引发"应仁之乱",将日本带入"天下布武"的战国时代。

四、"中世纪是'一揆'的时代"

室町时代,除了乱事频起外,另一个重要特征是"一揆"不断,即"中世纪是'一揆'的时代。"①所谓"一揆",原意是"同心协力",但室町时代的"一揆"则是"犯上作乱"和"反抗压迫"的代名词。

"天下大势,分久必合,合久必分"。就室町时代的日本而言,大势如此,"大家"同样如此。如前面所述,镰仓时代一门、一族、一家的同族集结形成的"大家"即"惣领制",是镰仓时代的重要社会基础。武士团亦以此为基础形

---

① 井上光贞、永原庆二等编:《日本历史大系·2·中世》,第550页。

成。"惣领制"尽管规模大小不等,但以"惣领"即宗家为中心的一族庶子的结合,是其基本和共同特征。然而在进入13世纪后,"惣领制"开始呈现从"分割继承"向"单独继承"的变化,即庶子纷纷"分家"独立。进入14世纪后,这种变化趋势更加明显。所以出现这种趋势,显然与社会的两项发展变化密切相关:

第一,在镰仓时代,幕府的御家人一方面获得祖先传下即获得幕府"安堵"(认可)的"本领",并继续进行"荒地开发",另一方面还因功勋获得幕府新的恩赏。因此,御家人的领地不断扩大。而领地的扩大无疑进一步增强了使庶子分割继承的可能,并使"惣领"仅成为通过主宰祭祀集结一族的中心。

第二,随着幕府辖地的扩大,东国的御家人经常获得西国和其他地方的土地作为恩赏,其子嗣在远离"本领"的各个地方繁衍子孙。这一现实使惣领制分裂,即庶子脱离宗家独立和自立在所难免,并因此使庶子最终成为与宗家对等的御家人。而幕府在认定领地和御家人身份时也不得不承认这一现实,下发"让状"、"置文"予以承认。

上述现象的存在,使一个前所未有的概念:"惣领职"逐渐被普遍使用。虽然"惣领职"这一术语在弘长元年(1265年)时已经出现,当时指鹿岛神社大祢宜中臣氏为"惣领制职"。元亨元年(1321年),这一词语又用于指作为家督的信浓市河氏。但当时"惣领"具有明显的地域性,即某处的"惣领"即领有该处的土地。"惣领职"真正作为和领地无关的"家督"的代名词使用,是在进入南北朝以后。历应三年(1340年)武藏的安保氏、康永三年(1344年)信浓的小笠原氏、永德三年(1383年)石见的益田氏等所获得的"让状"、"契状"、"置文",均具有这一称谓。应永八年(1401年)佐佐木京极氏更是和出云、隐歧、飞驿三国的守护一起获赐太刀。也就是说,"惣领职"不仅是作为一族宗家之象征,而且是幕府的"编外官僚",其任命受到幕府的介入。

当然,幕府对惣领的"繁衍"也是有限制的,即一方面承认从惣领中分离出来的"庶子"享有与原来的"宗家"对等、独立的权利,另一方面不允许其内部的庶子再分出新家,即不允许无限制繁衍而产生"乘法效应"。但正是由于受到限制,各新的"惣领"只能不断对自身进行强化,使当地武士成为包括村落在内的地域支配者和直接收夺者。至15世纪,这种情况已成普遍现象,其最明显的特征就是惣领家督(族长)化、庶子被官(家臣)化。而这种变化的一个重要后果,就是使从本家、领家至地头、下司、公文的原职务体系崩溃。同时,这种变化也推动了两种形式的领主联合:一是以血缘为纽带的所谓"一族一揆",即以原先的惣领家即宗家为中心的同族一门的集结(按:一揆原意为步调一致,统一行动);二是以地域为纽带的所谓"国人一揆",即同一地域不同宗族的集结。不管哪种集结均具有同一目的,即对上特别是对守护保持其独立和自立;对下特别是对农民维持、巩固其支配地位。这种集结实为内乱之重要基础。应永十一年(1404年)安艺国33国人的"一揆",就是为反对守护山名满氏调查和没收国人所领的不满而结成"一揆"进行反抗,就是论证这一观点的史实。诉诸史籍,《太平记》中有诸多关于"一揆"的记载,尽管"一揆"名称五花八门,有东国的"白旗一揆"、"平一揆"、"上野藤家一揆"、"上总本一揆";九州的"筋一揆"、"角违一揆"等。但九九归一,当时的"一揆"本质上就是一种应因时局变化的临时性战斗组织。事实上,其中最早一例"一揆"见于贞和三年(1347年),恰是这一年,幕府中央的内讧已呈明显趋势。

与上述自镰仓末期至南北朝内乱期,地头和御家人系谱的武士的重新组合并行,处在御家人体制之外的所谓"遍历武士"(按:"遍历"原意为游走江湖,居无定所)的行动也发生了很大变化。所谓"遍历武士"亦常被称为"恶党",大都娴熟于使用"撮棒"(铁棒)、"飞砾"(弹弓弹小石子)、"忍术"(隐身术)等武艺,且仅凭其装束即可一眼辨认。据《峰相记》记述,正安、乾元年间(1299—1302年)时的恶党"异类异形,鲜有人伦,着柿色单衣,戴六角斗笠,乌帽乌袴"。不过,当时的恶党势力有限,且遭人诟病:"10人、20人结党,合战时容易叛逆,不守誓约。喜博弈,好偷盗。"但是至正中、嘉历年间(1324—1328年),恶党却是势头一变:"常骑马列队,50骑、100骑为阵,引马(马鞍上的装饰物)、唐柜(铠甲的柜子)、弓箭、兵器等类物品均镶嵌金银,全身铠甲闪闪发亮。"①更令人生畏的是,那些恶党多来自但马、丹波、因幡、伯耆等地,刈田刈地,打家劫舍,连负责各地警卫的守护和追讨的武士都慑其威势,退避唯恐不及。因此,尽管幕府多次下令讨伐,然收效甚微,恶党势力遂与日俱增。在《太平记》中,对恶党的描述耗去了作者极多笔墨,其中对恶党野伏山林、落草为寇更是多有描述。

一揆的村旗

必须强调,其虽被称为"恶党",但未必都是宵小之徒,并非只干些打家劫舍的营生。事实上,内乱发生后,恶党党徒不乏自愿参与勤王倒幕者。如当时备中国之住人田中盛兼等奉书朝廷,即表示了这一愿望:"我等父子兄弟,自少年时已有敕堪武敌之身,以山贼海贼为业,尝思乐此一生。然今发生动乱,余

---

① 《峰相记》为贞和四年(1348年)10月赴播磨国鸡足寺参诣的作者(姓名不详)和寺内老僧的问答录。

等欲助万乘之君一己之力。"①在千早城攻防战中,"野伏集团"(恶党)发挥了重要作用:"吉野、户津河、宇多、内郡之野伏之众(恶党)奉大塔宫(护良亲王)之命相集7 000余人,隐身于此峰彼谷,配合官军阻塞通路,骚扰敌军。"②至于镰仓末期以楠木正成、赤松圆心、名和长年为首、以非御家人为中心、包括"山立、强盗、溢者(无业游民)"山门恶僧等在内形成的"恶党势力",更是构成了反镰仓幕府阵线中一支无可替代的重要力量。

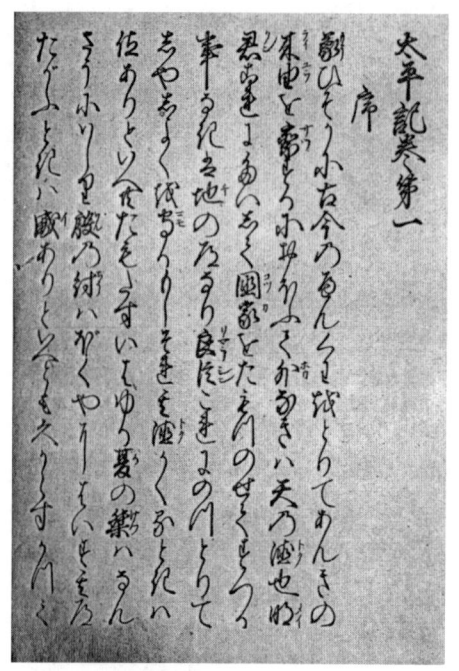

《太平记》庆长十四年(1609年)版本

同样必须强调,"恶党"亦并非全是"山林草寇、无赖游民",其中也包括御家人、地头、庄官、商人、农民。但是占中心地位的,却是被排斥在御家人制度之外的武士,即所谓"遍历武士"。而"遍历武士"在南北朝内乱时期,随着社会政治、经济、文化等各方面的转型,其"身份"发生了明显转变,从"匪"转变为"官"。所谓"有枪就是草头王",发生这种变异的主要原因,就是随着庄园制发生变异,原有的"职务支配体制"不断解体,"领域支配体制"取而代之,而地方守护不仅不惩恶扬善、维护治安,相反助纣为虐,袒护恶党,以权谋私。很多原本游走江湖的"遍历武士"逐渐转变为"定居武士"并日益被融入官方体制,从"山林草寇、无赖游民"转变为在南北朝内乱时权限急剧扩大的守护的"被官"(家臣)。用现代语言表述,即官匪勾结,"官匪一家"。不过,内乱时期各心怀鬼胎组成的"一家",不存在强韧的主从关系。例如,庄园领主若因国人抢夺庄园土地或不交年贡而向幕府申诉,如幕府认为其理由成立,一般判令守护进行干预。虽然守护拥有"使节遵行权",应该履行职责执行判令,但若其"被官"(家臣)和当事者互相勾结,他便无法行使该项权力。这一史实说明,守护若没有自己的被官和国人的配合,将无法行使职权。这一史实更说明,镰仓时代的"惣领制"已趋向解体,守护的权威已经不再。

另一方面,不少"国人一揆"亦与"恶党"同义。如伊贺国黑田庄通过血缘关系、婚姻关系等结成的服部党和同类集团拓殖党、河合党等一起结成"国人一揆",掌握了伊贺国的主导权,就是典型一例。尤其耐人寻味的是,自南北朝中期,"恶党"这一术语在史籍中迅速消失,而"国人"这一术语却频繁出现,似

---

①② 《太平记》卷8《4月3日合战事付妻鹿孙三郎勇力事》;《太平记》卷7《千韧破城军事》。

并不说明"国人"使"恶党"绝迹,而是说明恶党被贴上了新的标签。事实上,在南北朝内乱时期,武士和恶党之间很难划清界限。不仅很多"武士"成为"恶党",而且很多"恶党"变成了武士。据《峰相记》所述,恶党"容易叛逆,不守誓约。"恶党一族有时分别加入对阵双方开战,且几乎不懂什么叫"一仆不事二主",鲜有服从意识和忠诚观念。而这,恰是动乱时期特有的产物。据史籍分析,南北朝内乱时期的主从关系大致可分为两种,一种是代代相传的谱代的侍从("根本被官"),另一种是"家来"即合战时参战的家臣和降服归顺成为家臣者("外样被官")。前者被严格要求尽主从义务,而后者则来去自由。有一个史实或许颇能帮助我们理解两者的差异:

据《太平记》记载,由于足利高氏(尊氏)反戈一击进攻六波罗,遭到突袭的六波罗探题军寡不敌众只得逃往关东。在近江番场宿的莲华寺,以探题北条仲时为首,"432名将士一齐切腹,鲜血喷涌如黄河激流。尸体堆积庭院与屠宰场无异"。①其中最年长的64岁,最年少的仅14岁。最后自刃的主要是两探题的谱代家人、安东、长崎、江马、足利等地的得宗被官,关东御家人仅占少数。也有如安艺国沼田庄地头小早川贞平那样虽然到了番场宿的自刃场,但最终从那里逃脱者。也就是说,最后和探题共赴黄泉的只是北条氏历代家臣,说明仅谱代家人需要尽忠。不仅如此,当时降服和叛逆并不是很不名誉的行为,镰仓时代以后,对降服者仅没收其一半或1/3领地即予以宽恕是一种惯例。总之,南北朝内乱时期的武士密切关注南北朝两军的优劣,投身优势一方即"弃弱投强"不仅相当普遍,且被认为是一种理所当然的权利。据记述"明德之乱"的《明德记》记载,幕府军队和"六分一众"的山名氏军队在京都西北展开激战,作为主帅的山名满幸在兵败后也"弃弱投强"。

"国人一揆"的纷起,与其同守护的矛盾密切相关。守护是支撑室町幕府将军权力的一大支柱,室町幕府对守护极为重视,视之如律令制下的国守,即由中央政府派遣的地方行政长官。《建武式目》强调:"守护职乃上古之吏务。盖一国治理之兴废取决于守护。"室町时代的守护原先继承了镰仓时代的检察审判和统辖御家人两大权限,但是通过南北朝内乱,守护的权力迅速扩张,其扩张的权力主要有:1.军事指挥权。2."半济给予权"。根据观应扰乱以后的"半济令",寺社本所领的一半年贡须作为兵粮所交由武士掌控,而掌控兵粮料所的分配权等于直接控制了国人。3."刈田狼藉",即对强行割取他人土地上的稻谷的行为的处置权。4."使节遵行权",即根据幕府的命令在当地裁断土地纠纷等问题。5."催免权",即征收"役夫工米"和"大尝会米"等课役。

---

① 《太平记》卷9《越后守仲时已下自害事》。

由于权力的扩张,守护在各领国内的地位迅速提升,逐渐将"国衙领"即原本属于朝廷和幕府的公田变成了"守护领"。特别在动乱过后,很多守护向领国内的武士、寺社颁发了"安堵状"和"充行状",保证其领地和职务,以及应获得的权益,俨然如幕府"小"将军,因而强化了对领国的支配。因为,守护为了强化其对领国的支配,必须面对一个不可回避的问题,即如何使武士、国人组织化并与自己建立主从关系。由于国人对守护的领国支配具有重要影响,因此守护在尽可能有效利用和镰仓时代相比大为扩大的职权的同时,对国人的领地行使充行、安堵乃至裁判权,推进国人的"被官化"(家臣化),并通过守护和"被官化"的国人之间存在的军役收缴关系,即收缴部分年贡作为军役,强化两者的关系。事实上,守护主要通过相应的机构和家臣团对领国进行支配。室町时代的守护分为"在京守护"和"非在京守护"。在京守护必须在京都和领国内分别安置家臣团。守护在京家臣团被称为"御内众"或"内众",其成员,如细川氏的"内众",从其领国内的家臣和幕府奉行人(幕府派往当地的官员)的子弟中选拔培养、然后作为"守护代"(代行守护职权者)和"段钱奉行"等的"奉行人"驻扎其领国,而其领国内的家臣则被称为"国众";非在京守护,如大友氏的"内众",则是作为其主要辅佐者、被称为"年寄"的家臣团。在畿内和近畿地区,郡作为行政区划对守护支配领国具有重大意义。而郡代、郡奉行则是守护支配领国的主要帮手。

但是,守护和国人之间的关系并不安定,国人对"被官化"亦予以强烈抵抗。因此在整个室町时代,守护和国人之间并未结成稳固的主从关系,国人的相对独立性始终得以保持。一些有实力的国人"越级"直接和将军发生关系,作为奉侍将军的群体而享有守护难以管辖的独立权,在征收段钱时享有守护使不得进入其领内的所谓"守护使不入权",运用"段钱京济"即将段钱直接送交幕府的特权与守护抗衡。①即使成为守护的被官亦可以马上解除。综观明德之乱、应永之乱和嘉吉之乱不难发现,跟随守护平乱的国人人数非常有限。

如上所述,室町时代的守护试图通过运用较镰仓时代大为扩张的守护权、段钱、军役的赋课,通过强化对国衙机构和国衙领的掌控,以及使领国内的国人阶层被官化而强化对领国的统治,从而稳固其作为当地封建领主的地位,但是总体上并未取得成功。所以如此,无法完全掌握领国情况,是守护在支配领国方面的一大弱点。因为按照室町幕府规定,守护原则上必须居留京城,不得擅自居留领国。守护为避谋反之嫌,只能遵守这项规定并将领国管理委托当地家臣,从而造成整个权力的下移,使"守护代"阶层成为真正的实权阶层。

---

① 所谓"段钱"是朝廷和幕府为了修缮"内里"和道路等,以国为单位临时课收的税金。

"守护被官的一揆掌握守护家的主导权,是战国大名出现的第一步"。[1]

在领国内,被称为"国人"、"国众"的当地领主和土豪阶层根深蒂固、势力强大,亦是"架空"守护的一大势力。作为"本国人"的"国人"或"国众"反对作为"外国人"的守护对领国的支配,直接听命于幕府。其成员多延续自镰仓时代的地头,以及在南北朝内乱过程中领主化了的土豪。这些国人领主对农民的支配形态即"国人领主制",是室町时代基本的领主制形态。国人领主与镰仓时代的地头领主的一个不同之处,是领地的分布地区。镰仓时代,很多地头领主的领地分布全国各处,其支配和年贡收取体系通过庄园制职务体系进行。领主家族以"惣领制"这一支配形态,通过行使"劝农权"等权力支配各地农民。但是自镰仓末期至南北朝,庄园制的职务体系趋向解体,以往"惣领"(宗家)和庶子的强韧依附关系也随着庶子独立倾向的增强而趋于崩溃。同时,流通经济的发展和村落结合的强化,也使领主难以通过职务体系和惣领制,继续维持对分布在全国各地的领地的支配。因此一些有力的庶子的独立性显著增强,领地相对集中,近边的中小领主阶层和土豪阶层成为其家臣团,从而形成了封建的主从关系。

国人领主从镰仓时代那种同族结合的惣领制支配和庄园制的收取形态,演变为领地的一元化(相对集中)、近邻土豪地侍阶层的被官化(家臣化)、收取年贡的"贯高"化(权益化),最终甚至领内的段钱赋课权等亦由其掌握。但是这种趋势必然引起与农民阶层的尖锐对立。因此国人处于社会和政治矛盾的焦点:国人相互之间围绕土地权属问题的纷争、国人与守护等上层势力的矛盾、国人与农民的矛盾均聚集于此。处于矛盾漩涡中的国人领主为了克服各种矛盾,结成了跨地域联合体"国人一揆"。"国人一揆"的出发点是"一族一揆",即脱胎于血缘集团的地域集团。"国人一揆"作为一种共合体,其成员享有平等发言权,其机构具有检察权和审判权,主要调解和审理内部成员的争执和利益纠纷,以避免武装冲突的发生。国人领主层使村落上层被官化并以此掌控村落,强化对农民的支配。守护在"国人一揆"面前完全失去了往日的威风。例如,若狭国在1351年至1361年间因"国人一揆"的反抗,走马灯似的换了15个守护。直到1366年一色范国当上若狭守护,国人的反抗才告平息。

然而,和"国人一揆"相比,以农民为主体的"土一揆",对社会造成了更大震荡。14世纪,特别是进入南北朝内乱期后,由于遭受上下两方面的压力以及战争的破坏,庄园制日趋解体:第一,被称为作人、间人、小百姓的农民日趋自立,一种被称为"惣村"、"惣庄"的农民自治组织开始形成,并以此为基础展开史称"庄家一揆"的斗争,即采取名主农民联名上奏的"百姓申状"的诉讼形

---

[1] 樱井英治:《室町人的精神》,讲谈社,2001年,第299页。

式,对庄园领主的支配提出抗议;以逃避、抵抗等方式要求减免年贡和夫役、罢免恶德非法代官。第二,原本作为庄园制拥护者的室町幕府一方面以各种方式加强对庄园的"收刮",另一方面试图采取如"代官请"、"守护请"等形式维持庄园制(按:"请"意为"承包",即通过协议规定每年上缴的年贡量),最终使庄园制在进入15世纪后急剧解体。

13、14世纪社会分工的细化和商品流通的发展,对庄园、公领的经济结构产生了极大影响。长期支撑庄园体制的以名主、名田为基础的名体制,在商品货币经济的影响下迅速变质、解体。镰仓时代后期,在地侍即村落小领主和百姓名主等主导下,以近畿地方商业发达的地区为先导,一种被称为"惣村"、"惣庄"的村落共同体开始显现雏形,在南北朝动乱时期具有了明确形态,并逐渐扩展至各地,至15世纪,跨村甚至跨郡的"惣"的联合体也纷纷出现。"惣"是具有自立和自治机构的组织。其最高权力机构为审议"惣掟"(村规)的全体百姓(下人等除外)参加的"寄合"(村民大会),"惣掟"涉及确保农业生产所需的山林与原野等"入会地"(公用地)不受侵害、灌溉用水管理、治安、祭祀,以及其他各项公共事务由"长"(大人或乙名)、"年寄"、"沙汰人"、"刀祢"等组成的执行部行使"地下检断"权即检察监督执行权。惣村通过村神社祭祀和集团性耕作,强化其成员的团结;通过"村请"与"地下请"(又称"百姓请","请"意为"承包"),征收年贡课役,然后集中缴付领主。由于徭役折算为实物或金钱缴纳,因此劳役地租被完全废止。

以强烈的连带意识结合在一起的"惣村"农民,经常为罢免不法的代官,或是因遭受洪涝灾害要求减免年贡,结合成一揆,甚至大举结集至领主处"强诉"(强烈要求),当"强诉"不被认可时,农民进而采取"散逃",即集体不事耕作逃入其他领地或山林。此外,农民亦跨越庄园界线与周边村落势力联合,甚至村的指导者直接与守护大名缔结主从关系,导致领主对惣村的支配日益困难。"惣"在非常时期也是拥有武装的战斗组织,令守护经常畏避退缩,令庄园的代官无计可施。以惣村为基础结成的"土一揆"对中央政界最大的一次冲击,是应永三十五年(1428年)爆发的"土一揆"。

是年的"土一揆"爆发于动乱之秋。正月,幕府将军足利义持去世,后继者在京都六条八幡的神前通过抽签决定。这种异例的做法本身即反映了幕府内部难以调和的权力之争。4月,一种被称为"3日病"的瘟疫性疾病在日本爆发流行,造成死骸累累的惨状,甚至京都很多王公贵族亦未能幸免。为了祛灾避祸,朝廷将应永三十五年改为正长元年。5月,曾觊觎将军职位的镰仓公方足利持氏因不满足利义宣相续家督而试图举兵,为关东管领上杉宪实劝阻。不仅幕府,朝廷内亦倾轧不已。7月,称光天皇驾崩,贞成亲王的皇子即位,是为后花园天皇。由于后花园登基有违南北朝统一时确定的"两统叠立"继嗣原则,因此南朝系的小仓宫极为不满,离开京都投身伊势的北畠满雅。8月,北畠满雅拥其举兵。除此之外,山门徒众亦对幕府强烈不满,于7月底"闭笼"(关闭寺院),并向幕府提交了共有21条的"事书"(寺院徒众向地位比其高的人呈递的决议)。与此同时,北野神社的神人也因不满幕府设立"加征职"剥夺原寺社通过土仓(金融机构)和酒屋掌控的特权而"闭笼"抗议。"日本开白(建国)以来"规模最大的"土民"暴动,正是各种矛盾长期淤积的产物。

大暴动起于近江国"地下人"的"德政"要求。[1]9月,京都东南醍醐寺领地农民揭竿而起,山科、鸟羽、西冈的农民群起呼应。10月,京都市内也发生"德政一揆"。起事民众袭击社寺、土仓和酒屋,破坏房屋和仓库,撕毁借据,取走典押物品。而此时的幕府既要应付关东公方足利持氏和对关东豪族采取怀柔政策,又要讨伐伊势的北畠满雅和镇压呼应北畠满雅的大和国宇陀郡的国人,可谓四面楚歌。11月,曾一时沉寂的"土一揆"再度蜂起并不断袭击京都、奈良,进而波及近江和畿内以及日本其他地区。对此态势,奈良春日神社的"社头之诸日记"有如下描述:"伊贺、伊势、宇田(陀)、吉野、纪国、泉国、河内、堺,整个日本无有遗漏地均行德政。本国(大和)亦根据各地实际情况施行德政。"[2]

总之,始于正长元年的"土一揆",构成了贯穿整个室町时代的农民反权势阶层的一种重要历史形态,对日本中世纪社会产生了极大影响。

五、日明复交和"勘合贸易"

14至15世纪是亚洲新旧势力激烈对抗和交替、形成新的国际秩序的时期。中国大陆元朝的灭亡和明朝的建立;朝鲜半岛王氏高丽王朝的灭亡和李氏朝鲜王朝的出现;西南诸岛琉球王朝的勃兴及海外活动,日本本土镰仓幕府的崩溃和经过南北朝争乱后室町幕府的成立,均发生于这一时期。

在这一时期,被称为"倭寇"的集团在朝鲜半岛至中国大陆一带活动猖獗,给予了日本对外关系很大影响。

所谓"倭寇"是朝鲜和中国对有"寇贼"行为的日本人的称呼,最初见于高句丽广开土王(好太王)碑上的铭文。但是,"倭寇"作为一个先已存在的历史名词而得以普遍使用,则是在14世纪至16世纪。朝鲜忠定王当政的1350年,"倭寇"一词开始出现于史籍。据《高丽史》、《高丽史节要》等朝鲜方面的文献记载,是年倭寇袭击了朝鲜半岛的固城:"倭寇之侵,始此。""倭寇之兴,始

---

[1] "地下人"原指不能上殿的下层官员,在室町时代泛指包括农民在内的庶人。
[2] 中村吉治:《土一揆研究》,板仓书房,1974年版,第64页。

此"。由于1350年是庚寅年,故又有"庚寅以来之倭寇"的表述。之后,倭寇每年出没于朝鲜半岛沿岸掠夺财物,侵扰民生。高丽忠定王之后的恭愍王当政时期(1352—1374年),是倭寇活动正式展开时期。这一时期倭寇主要掠夺稻谷等生活用品,其规模有时甚至达到3 000多人、400余艘船,对朝鲜首都开京(开城)亦构成威胁。高丽辛禑王当政时期(1375—1388年),倭寇活动最为猖獗。《高丽史》对该时期倭寇活动所以如此猖獗的原因有如下记述:辛禑王执政初年,日本人藤经光率领党羽向高丽政府索要粮食。高丽政府备下酒席,欲将其诱杀。但是,由于计划事先泄漏,藤经光逃往海上,结果朝鲜政府只诱杀了3名藤经光党羽。朝鲜政府的这一"阴谋",极大地激怒了倭寇,使之日趋横暴。此事件前,倭寇虽然越货,但并不杀人。此后,倭寇开始杀人越货且不分男女老幼,使全罗、庆尚沿海州呈现一片萧疏景象。

  1392年,王氏高丽王朝被李氏朝鲜取代后,倭寇内部开始分化、变质。14世纪至15世纪倭寇渐趋衰落,其活动逐渐平息。

  按照田中健夫的分析,倭寇所以产生,主要有以下几点原因。第一,日本和高丽之间没有建立正式外交关系;第二,倭寇最需求的稻米和奴隶,在朝鲜半岛沿海很容易获得;第三,"元寇"的影响酿成了日本人赴海外的风气;第四,蒙古的进攻使高丽疲惫不堪,军备松弛,田制紊乱,无法防御倭寇的侵扰;第五,观应扰乱等南北朝内乱时期的风潮的影响。[①]

  相对于16世纪倭寇的主要成员是中国人,14、15世纪的倭寇成员则名副其实,即主要是日本人。在朝鲜有"三岛倭寇"一词。所谓"三岛",即对马、壹岐、肥前松浦。这三个地方地形险峻、土质贫瘠,不适合农业耕作,难以维持自给自足的经济,生活资源多半需要从海外获取,因此对倭寇的活动具有推波助澜的作用。另外,在高丽,被称为"禾尺"、"才人"等的"贱民"和渴望解放的奴婢,亦有与登陆朝鲜半岛的倭寇为伍、改扮成日本人实施掠夺者,从而使倭寇的侵扰更加扩大。自知通过武力无法抑制倭寇的高丽官僚,试图通过外交途径平定倭寇。见载于《太平记》的"高丽人来朝事"的叙述中,以原"征东行中书省"的名义发布的诸多关于高丽要求禁止倭寇的文书,即以此为背景。

  高丽王朝通过外交手段平定倭寇侵扰的政策,为李氏王朝所承袭。李氏朝鲜王朝太祖李成桂在即位当年(1392年)即派遣觉鎚前往室町幕府,要求抑制倭寇。足利义满令绝海中津书写复函,告知其已令镇西守臣禁止贼船,送还被俘获的朝鲜人之旨意。之后,朝鲜多次提出同样要求,并获得日本方面响应。与此同时,李氏朝鲜王朝加强了半岛的沿海军备,对防范倭寇亦产生了有效作用。

[①] 井上光贞、永原庆二等编:《日本历史大系·2·中世》,第492—493页。

除了外交斡旋和充实军备外,朝鲜方面还对倭寇采取了怀柔政策。首先,规劝倭寇首领降服归顺,对顺应者赐以田地家财,并让其娶妻安顿。有些归顺者甚至成为李氏朝鲜王朝的高官和专业技术人员,成为朝鲜王朝的中坚力量。其次,准许通商。随着朝鲜史籍关于倭寇记事的消失,朝鲜与西日本豪族频繁通交的记事开始出现。很多被称为"投化倭人"、"使送倭人"、"兴利倭人"、"贩卖倭人"、"商倭"的以往的倭寇,成了日方的使者,主要从事贸易。尽管亦有倭寇继续从事海盗的营生,但是他们的活动区域从朝鲜半岛转向大陆方面。据《元史》卷46顺帝九顺帝至正二十三年八月丁酉条记载:"倭人寇蓬州,守将刘暹击败之。自十八年以来,倭人连寇濒海郡县,至是海隅遂安。……海隅不安。"

1368年,朱元璋建立了明朝,年号洪武。明朝的建国原理是以儒教主义再建中华帝国,确立明辨华夷、使四海诸国向中华帝国朝贡的国际秩序。登基甫定,朱元璋即遣使日本,但使者在五岛附近为盗贼杀害,宣告明朝建立的诏书亦沉入水中。翌年,朱元璋再遣杨载出使日本,并随携《赐日本国王玺书》。主要内容是:一、宣告明朝立国,要求日本朝贡;二、告知倭寇之害及于中国,要求日本国王持上表文入贡,如果无臣属之意,则应严厉取缔倭寇;三、如不抑制倭寇之害,则明将举兵讨伐日本。① 杨载等在九州上岸后,向南朝的征西将军怀良亲王(明朝的史料为"良怀")递交了上述诏书。但是怀良亲王将杨载一行7人中的5人问斩,将杨载和吴文华监禁3个月后遣返回国。

洪武三年(1370年),经怀良亲王允许,明太祖派遣元朝著名文人赵子昂之孙赵秩为第三批赴日使臣,并随携诏书,其内容与前次基本相同。同时将日本的僧侣等15名俘虏送还。征西将军怀良这次投桃报李,于翌年派遣僧侣祖来等出使明朝,并奉表笺、称臣、随赵秩入贡。明赐怀良亲王大统历和文绮纱罗。所谓表笺又称表文或表,是诸国国王致中国皇帝的外交文书。大统历是明历,接受明历意味着使用明的年号,表示臣属。之后,据《明太祖实录》记载,洪武年代日本遣使中国的记载自洪武四年(1371年)至洪武十九年(1386年)另有10次。但是,至明太祖驾崩,明朝未能和日本正式建立外交关系。

足利义满主政室町幕府后,于应永八年(1401年)派遣"同朋众"② 祖阿(素阿弥)为正使、肥富为副使出使明朝。翌年,两人随明使天伦道彝和一庵一如回到了日本。是时,明朝正发生变故,足利义满因不知究竟燕王朱棣还是惠帝将会登基,便准备了两份分别致两位皇帝"候选人"的表文,于应永十年(1403年)由遣明正使、天龙寺的坚中圭密随明使天伦道彝和一庵一如前往明

---

① 《明太祖实录》卷39,洪武二年二月辛未条。
② "同朋众"为将军和大名侧近以艺能、茶事等奉侍将军的僧侣。

朝递交。即位不久的明成祖朱棣见日本使节来朝并携贺信,甚为欣喜,给予款待,即复函令赵居任为使臣随坚中圭密赴日,并赠足利义满阳刻的龟钮金印《日本国王之印》和100道"堪合符"。足利义满因此正式获明皇帝册封,日本亦因此融入了以明皇帝为中心、以册封体制和朝贡贸易为两大支柱的东亚国际新秩序。

足利义满当政时期日本外交从公家外交向武家外交的转换,在日本外交史上具有非常重要的意义。但是这一转换并非因足利义满的个人意志而突然完成,而是由于日本国内和国际多种要素的共同作用。首先,吸收中国文化的态势在日本早已形成;其次,室町幕府的建立使之无必要拘泥于原有的外交惯例;第三,和明朝的交往无论就政治还是经济意义而言均有助于维护室町政权;第四,中国国内局势的变化和以中国为中心的东亚秩序的重建等,均是促成这种转换的重要因素。

自应永八年(1401年)至天文十六年(1547年)约150年时间里,日本共派遣了19批遣明船。进行朝贡贸易的"堪合船"始发于应永十一年(1404年),共17批,84艘船。约150年时间的堪合贸易大致可划分为前期、中期、后期。前期是第1批至第8批,即足利义满和足利义持当政时代,为日明外交建立至中断时期。该时期遣明船的派遣为室町幕府所垄断。中期是第9批至第17批,即足利义教当政、明朝和日本复交及堪合贸易活跃时期。该时期对明贸易以有势力的大寺社和守护大名为主体。后期为第18、19批。这一时期的对明贸易由大内氏垄断。

所谓"堪合贸易",是持有明朝与他国交易时发给的、证明其为合法船只的许可证——堪合符进行的贸易,以区别于走私和海盗贸易。"堪合符"一般由明朝礼部代表皇帝颁发。日本和明朝之间的堪合由"日"和"本"两字组成,顺次编号,明朝持"日"字号堪合,日本持"本"字号堪合。另有用以印证堪合的"日"字号底册和"本"字号底册各两本,分别存明朝礼部、专管外贸的市舶司的上级机构布政司和日本幕府。日本遣明船到达中国后,出示"本"字号堪合,经验证无误后获准交易。交易完成后,堪合由明朝收回。明船到达日本的情况当正好相反,但目前无实例记载,故不可考。"堪合符"明记人员、货物等有关内容,与现在盖有"骑缝章"的介

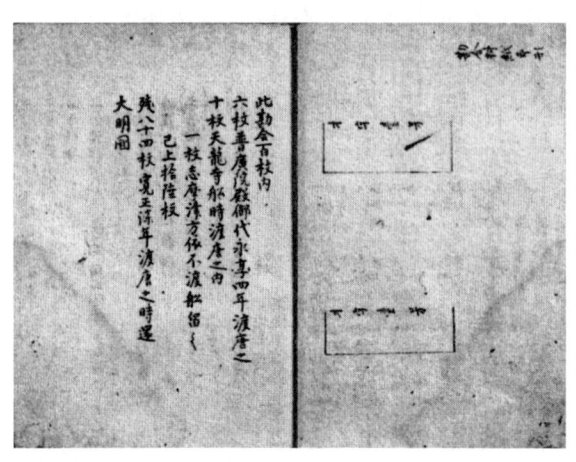

"勘合符"

绍信类似。明朝分别在永乐、宣德、景泰、成化、弘治、正德年间共 6 次向日本颁发了堪合符。

堪合船的正使多挑选京都五山的禅僧担任,持有"日本国王"(室町政权首领)致明朝皇帝的表文和别幅(表文以外的附件,故称"别幅")。因堪合船有经商目的,故有商人同行。堪合船起航地最初为兵库,后因风向关系春天从五岛的奈留浦、秋天从肥前大岛的小豆浦起航,靠岸地点均为中国浙江宁波,之后由浙江市舶司招待入住,经许可后赴京。

足利义满死后,明成祖专门派遣周全渝前往吊唁,并封其后任足利义持为"日本国王",赠锦绮沙罗。应永十六年(1409 年)7 月 5 日,足利义持在北山府邸接见了明使并以舞乐款待。翌年 4 月,足利义持遣坚中圭密等在周全渝回国时同行赴明,为明成祖赐"恭献王"谥号谢恩。①

应永十八年(1411 年)后,明朝和日本的关系一度中断。其标志性事件,就是当年明朝使节王进到达日本时,未被允许前往京都,最终无奈从兵库回国。②足利义持这一对明朝态度的巨大转变,使明成祖极为震怒,他向朝鲜使节表示要举兵征讨,尽管并未付诸实施。应永二十四年(1417 年,明永乐十五年),明成祖派遣刑部员外郎吕渊赴日送还数十名倭寇,并要求恢复交往,但未获响应。翌年,吕渊再次赴日。此次足利义持派元容西堂告知明使,不再与明继续交往系根据"神意"。③《明实录》记载:"其国王遣日、隅、萨三州刺史岛津藤存忠等,奉表随来谢罪。"④但此记载似与史实不符。因为足利义持在世时,两国外交未再恢复。

正长元年(1428 年)正月 18 日,足利义持去世。翌日其弟足利义圆成为其传人。翌年即永享元年,足利义圆改名足利义教并就任将军。足利义教继任后,试图通过朝鲜和明复交。足利义教所以希望恢复和明朝的外交,其健康状况不佳,恢复册封关系有助于强化其作为将军的权威,是重要原因。而派郑和第七次下西洋的明宣宗皇帝则为了使日本前来朝贡,以显示明王朝在华夷秩序中的至尊地位,以及为了平息再次抬头的倭寇骚扰,亦亟欲与日本复交。但当时因朝鲜不愿扮演中介角色而未果。

永享四年(1432 年,明宣德七年),宣宗遣内官柴山前往琉球,试图通过琉球将柴山送往日本,转交要求与明通交的敕书。但此次柴山亦无功而返。另一方面,足利义教自永享三年(1431 年)开始着手遣明船的派遣,翌年以僧侣龙室

---

① 《明太祖实录》卷八六、永乐六年十二月戊子、庚子条;卷一〇三、永乐八年四月甲辰、己酉条。
② 《明史》卷三二二、外国三、日本。
③ 《善邻国宝记》中、《五山文编》。
④ 《明太宗实录》卷一九九、永乐十六年四月乙巳条。

道渊为正使,率领由5艘船组成的使节团从兵库出发赴明。1433年,龙室道渊一行到达北京,向宣宗奉呈了表文。表文署名"日本国臣源义教",未采用"日本国王"的称号,并采用明朝年号"宣德"。在使节团回国时,明宣宗皇帝令雷春同行,并赐足利义教敕谕和宣德勘合符100道。永享六年(1434年)9月,明使一行在访问日本后从兵库启程回国,足利义教令恕中中誓等为使者,组成由6艘船组成的庞大使团相随,是为第10批遣明船。明朝和日本的外交就此恢复。

  第11批至第14批遣明船的派遣,适逢足利义政主政室町幕府时期。

  第11批遣明正使东洋允澎等虽在享德二年(1453年,明景泰四年)10月进京谒见了明代宗皇帝,但此时明对外政策已趋向消极,对日本使节极不友好,不仅其所持货物被极端低估,1 000多名成员的食品等供应不足,有些成员甚至因遭明朝官吏殴打而死伤。因此,以后的遣明船队的规模被限定为船3艘、人员300、10年一贡。康正二年(1456年,朝鲜世祖二年),足利义政通过朝鲜为此向明朝表示了谢罪之意。第12批遣明船以信浓开善寺的天与清启为正使,始发于宽正六年(1465年),船上树有"日本国进贡船"字样的旗帜,携有瑞溪周凤精心拟就的表文,但因风浪之故折回,于应仁二年(1468年,明成化四年)重新派出,翌年夏从宁波返回。当时,"应仁之乱"已经爆发,因此有两点与以往不同之处值得关注:第一,因濑户内海的制海权为大内氏掌握,因此3艘遣明船除了大内氏的船,公方(幕府)和细川的两艘船只从九州南部经土佐在堺靠岸。第二,明成化年颁发的新堪合曾为大内氏所夺,后返还幕府。细川氏和大内氏的抗争波及堪合符争夺。第13批遣明船有不少与细川氏联手的堺的商人加入。

  第14、15批遣明船更是完全由堺的商人所垄断。第16、第17批遣明船派遣之际,细川氏和大内氏围绕堪合符展开了激烈争夺。永正十三年(1516年)幕府承认了已经获得堪合符的大内氏的独占权,但是细川氏对此不服,独自派了遣明船,即第17批遣明船。大永三年(1523年),大内和细川遣明船的成员在宁波港发生了大规模冲突,史称"宁波之乱",使明朝于嘉靖八年(1529年,日享禄二年)废止了浙江市舶太监。第18、第19批遣明船为大内氏所独占。天文二十年(1551年),大内义隆被以叛将之名著称于世的陶隆房刺死,第19批堪合船遂成为最后一批遣明堪合船。

  堪合贸易的中断加之明朝海禁政策的松弛、走私贸易的盛行、日本银产量的增加,以及葡萄牙商人的东进,使作为海盗的倭寇的活动日趋猖獗。由于16世纪初葡萄牙商人的贸易活动未获明政府批准,他们遂和走私分子联手。东亚海域因此形成了两个走私贸易中心,一是浙江舟山群岛的双屿,一是福建漳州月港。中国人亦称走私分子为"倭寇"。不过,需要强调的是,在这一时期的"倭寇"中,被称为"真倭"的日本人仅占1至3成,其余是被称为"伪倭"、"假倭"、"装倭"的中国人。在倭寇的魁首中,与日本关系最密切的是王直。王直出身安徽,最初为盐商,因经商失败而转向海上贸易。他以日本的五岛、平户为据点,号称"徽王"。嘉靖三十年代,倭寇活动最为猖獗。特别在嘉靖三十四年(1555年),倭寇深入中国大陆腹地,在80多天时间里在浙江、安徽两省大肆侵扰,之后攻入江苏,杀死了4000余人。明朝政府为应付倭寇苦心焦虑,先后委任王忬、张经、周珫、杨宜、胡宗宪为海防责任者,并将王直诱捕杀死。之后,倭寇的活动依然持续。但自16世纪后半叶,因俞大猷、戚继光等诸将的积极讨伐,特别是由于海禁令的缓和,明朝商船只要在福建省的海澄纳税即可开展海外贸易,倭寇势力遂显著衰落。

另一方面,受倭寇刺激,中国人对日本包括好奇心在内的关注急剧增强,有关日本的知识相应扩大。薛俊的《日本考略》、郑若曾的《筹海图编》、郑舜功的《日本一鉴》、侯继高的《日本风土记》等,极大满足了中国人的这方面需求。

在这一时期,朝鲜对日政策的基准是防止倭寇再兴,在和日本保持外交关系的同时,主要以对马为中心,双方开展着有限制的贸易。日本的热望和朝鲜的相对冷漠必然产生矛盾,永正七年(1510年,朝鲜中宗五年),日本商人和朝鲜官吏发生冲突,史称"三浦之乱",双方交往一度中断。之后双方贸易虽然重开,但是两者关系始终一张一弛。琉球则趁明朝施行海禁政策之际,在整个东亚地区积极开展包括对日贸易在内的对外贸易。

六、神与佛的"共生"

产生于镰仓时代的佛教革新运动在层层推进中,开始脱离最初堪称贵族文化的自我批判性格,与民间各种神祇信仰的潮流汇合,开始朝探索新的宗教权威的方向迈进。新佛教向民间的渗透,必然遭遇如何面对神祇信仰这一无可回避的问题。在进入内乱期后,即使标榜不拜神祇的亲鸾创立的真宗,其传人觉如亦着力宥和亲鸾和神祇的关系,主张真宗的说教并不反对神祇信仰。觉如之子存觉撰写了《诸神本怀集》,以本地垂迹的理论统合神佛,提出了将诸佛归入阿弥陀如来的教说。连真宗都显示出这种倾向,其他佛教教团的动向更不待言。对神祇信仰态度积极的时宗,更是取得了很大发展。日莲宗亦大幅吸收了神祇信仰。以此为背景,既成佛教再次确认了自古以来的神佛关系,在重新构建神佛关系时着力恢复和维持宗势。

在内乱时期各种思想的交错不断持续,作为王朝文化之基础而得以构建的价值体系日趋崩溃。以蒙古大军的进攻为契机而扩展的民族意识,在思想的搏斗中产生了"神本佛从"的反本地垂迹思想和以日本为中心的主张。自古以来在僧侣中具有很大影响力的天竺、震旦、本朝这一序列开始解体。虎关师炼的《元亨释书》提出,日本使大乘佛教得以完成,日本的佛法所以优秀是因为日本的国土壮美,并以此强调天皇的权威。这种日本中心论思想,消灭了自平安时代末期具有很大市场的末法思想。

镰仓时代的佛教思想中否定现世的浓厚色彩,也在内乱时期重视政治的潮流中消退。觉如强调,在现世应遵循作为五常的仁义礼智信,着力掩埋来世和现世之间的鸿沟。出家意识、遁世意识的解体,构成了内乱时期的一大潮流。

在镰仓时代兴起的佛教革新运动中,禅宗作为使世俗化的日本佛教苏生的宗派而得以接受。具有非常中国式和高度知性色彩的禅宗,在日本虽然难以被理解,但是寻求前往中国修行的僧侣却络绎不绝。在镰仓时代末期,清拙正澄、明极楚俊等高僧、明僧亦相继前往大陆,从而使镰仓时代成为日本吸收外来文化的历史上一个罕见的时代。镰仓时代末期,吸收外来文化的中心是镰仓,在内乱时期,由于镰仓幕府的灭亡,开始具有强大力量的禅宗失去了最强有力的保护者。在禅宗输入遭受挫折时,梦窗漱石展开了新的活动,开拓了临济宗兴隆之道。梦窗漱石初学密宗,后转禅宗,曾拜无隐圆范等多名禅僧为师,继承了高峰显日之法,曾获后醍醐天皇等7代天皇赐予的国师称号,并深受足利尊氏、足利直义的信赖。所以如此,盖因其虽为禅僧,但说教颇具有密教的浓厚色彩,堪称日本化的禅宗说教。他曾向足利尊氏和足利直义进言,为了拯救陷于战乱的人们的灵魂,在每个国设立安国寺,后又建议营造了利生塔。在后醍醐天皇驾崩后,为了祈祷天皇冥福,劝说足利尊氏建造天龙寺。如是,梦窗漱石通过与当政者的接近,为禅宗奠定了稳固的基础,其门下聚集了为数众多的转宗者、改宗者,形成了诸宗融合的禅风。梦窗漱石的门派占了在室町时代发展起来的五山派之大半,并决定了以后日本禅宗的发展方向。另一方面,亦有不少禅僧对禅宗的日本化进行批判,主张维护禅宗的中国血脉。宗峰妙超就是这方面的代表人物。中岩圆月更是因此屡遭迫害。

室町幕府最初沿袭了镰仓幕府对佛教的方针,推行了以禅宗为中心、抑制诸宗寺院的政策,在各国建立了安国寺,并通过以梦窗漱石为中心的五山派统制全国的禅宗。五山制度是镰仓末期仿效中国宋代建立的官寺制度,但其当时的具体情况,迄今未明之处颇多。在建武新政时期,后醍醐天皇认可了新兴禅宗的重要作用,继承了镰仓时代的制度,确定了以京都为中心的五山。在中国,"五"这一数字是作为制度而规定的,而日本并不遵守这一规定。日本的"五山"仅仅表明寺的地位。至德三年(1386年),各寺的顺序得以确定。五山之上有南禅寺,之后依次为:第一,天龙寺、建长寺;第二,相国寺、圆觉寺;第三,建仁寺、寿福寺;第四,东福寺、净智寺;第五,万寿寺、净妙寺。五山之后还有"十刹"制及诸山制,形成以中国官寺为蓝本的五山、十刹、诸山制,并同样是地位的显示。在中国,官寺的住持不偏于一派,而是规定由各派选出,而日本各寺院的住持则由特定的门派的僧侣担任。以五山为代表的官寺住持均由幕府任免。

禅宗在中国唐代曾着力于脱离世俗,构筑独特的宗教世界。但在进入南宋后不断贵族化。这恰是镰仓时代禅宗传入日本的一个重要理由。因为,以北条氏为首的上流武士,正是为禅宗的贵族情调所吸引而一见倾心。他们试图以禅装点自身的权威。其对日本化的梦窗门派的重视甚于对中国贵族化的禅的重视,亦基于同样理由。为装饰权威而吸纳的禅宗,不久成了输入中国文化的窗口。

在南北朝内乱前半期,禅宗与日本文学的关系不容低估。扎根于镰仓时代的禅宗,作为竭力构建新的与公家对抗的权威室町幕府的意识形态而得以发展。在禅宗各派中,与幕府关系最为密切的是临济宗,而构成临济宗主流的是梦窗漱石的门派。五山派诸寺集中了优秀人才,禅宗僧侣努力创作欲与中国的禅僧媲美的诗文,创造了被称为"五山文学"的独特的优秀作品。以五山禅院为中心传播的中国文化,对日本人的生活产生了重要影响。

五山文学的初期代表人物虎关师炼以学识渊博而闻名遐迩,给予以后五山文学很大影响。雪村友梅亦留下了诸多脍炙人口的诗文。中岩圆月留下的作品则透视出广博的学识和理想主义相结合的个性。在南北朝内乱后半期,被并称为"五山文学中义堂"的义堂周信、绝海中津两大诗僧的作品更受瞩目。前者统合了五山文学的潮流,撰写了被认为五山文学巅峰之作的诗文集《空华集》和日录《空华日工集》。后者曾作为最初的入明僧远渡中国,回国后在传达新的禅风的同时,撰写了具有浓郁中国贵族风味的诗文集《蕉坚藁》。

由于承袭于公家的学问已无法满足广泛的政治需求,因此武士积极向僧侣寻求帮助,听取其政治见解。而凭借寺院宗教和文化权威这一律令制度建立以来的传统,则在室町时代日趋崩溃。寺院和僧侣的作用,发生了极大变化。集中体现这一变化的,是五山的禅僧。他们既是禅的努力修行者,也是武家的政治顾问。另一方面,守护等地方领主竞相在自己的领内建立属于官寺系列的寺院,使建立临济宗寺院的动向,从京都、镰仓扩展到全国。除了建立新寺外,原先很多寺院亦纷纷改宗投入临济宗五山派,使幕府的五山制度在这种潮流中得以完成。全国五山派寺院在室町时代后期达300多处,构成其主流的是圣一派和佛光派。属于该两派的寺院占了整个五山派寺院的半数,而在佛光派中,梦窗漱石法系又占主流。随着禅僧官僚化的加深,禅与密教日益习合,吸收民间信仰、注重祈祷的僧和专念于诗文的僧日益分化。至室町时代末期,更出现了向净土宗和隐遁思想倾斜的倾向,五山的寺院亦转变为日本化的禅和中国学艺的中心。

与禅宗主流五山派相对立的曹洞宗,由莹山绍瑾奠基,自镰仓时代末期以永平寺为中心展开了布教活动。当时,北陆地区既成佛教势力的急剧崩溃,为曹洞宗势力的急速发展提供了重要前提。探寻曹洞宗的传播轨迹不难发现,在室町时代,曹洞宗的传播方针是依托守护大名和地方豪族的保护构筑活动据点,深入五山派势力未及的地区。而曹洞宗能够在全国迅速普及的一个重要原因,则是吸收了密教的祈祷方式,与以修验道为代表、在民间根深蒂固的信仰协调,以庶民为教化对象。这一方针,同时也是对强调坚持坐禅修行、断绝与世俗交往的道元路线的修正。

活动于五山制度之外,被称为"林下"的诸派,大多属于曹洞宗系统,但亦有临济宗与非五山派的一个宗派——镰仓中期由南浦绍明开山的大应派。大应派有两大寺院:大德寺和妙心寺。大德寺由宗峰妙超所建并接受了花园上皇和赤松则村皈依。属于该门派的一休宗纯对当时形骸化的禅宗进行了彻底批判,矛头直指与皇室、公家关系密切的贵族化的禅宗。他的《狂云集》、《自戒集》否定了一切虚伪,显示了始终不渝地追求禅之真髓的一休的精神,在室町时代的文学中占有特殊地位。妙心寺由花园上皇所建并邀由宗峰妙超推荐的关山慧玄为首任住持,最初仅是大德寺的末寺并曾因卷入政争漩涡而为足利义满所废,后由日峰宗舜在细川赖之和细川胜元的保护下再兴,最终超越大德寺成为大应派的中心,两寺亦因此不和,在整个室町时代不相往来。虽然妙心寺与战国大名关系密切,甚至在京都获得了活动场所,但大应派的多数寺院与政争无甚瓜葛,在战国时代至近世极少受政权交替的影响,因此得以维持较大势力。

进入室町时代后,自镰仓时代末期较为活跃的镰仓新佛教诸宗的一些小教团,开始出现统一联合的趋势。

净土宗依然致力于向民间传教,关东白旗派的圣聪在武藏建立的增上寺和传通院,成为东国净土宗的据点。而京都的镇西派则以百万遍知恩寺为中心展开活动。该派的庆秀接受了后柏原天皇的皈依,从而得到知恩寺为净土宗第一寺、知恩院为别院的敕许。不久,知恩院又被敕许为净土宗总本山。长期被朝廷制度置于天台宗青莲院之下的净土宗,开始朝着独立的方向发展。而深入京都公家社会的西山派,则以三钴寺、二尊院为中心开展活动,该派的临空成为后花园天皇的戒师,其弟子接受了后土御门天皇的皈依,与公家社会具有深厚联系。

净土真宗在东国建立了很多小教团,其中下野的专修寺和京都佛光寺的势力日益增强。室町时代前半期,供奉着亲鸾之墓的本愿寺未能获得特殊权利,依然是个小寺。但是至莲如成为第八代法主后急速发展,成为真宗教团的中心,并因此遭受以比叡山为中心的既成佛教势力的打压和损毁,莲如迁移近江。之后,他在越前吉崎设立了道场,并以此为中心将传教路线向北陆地区延伸。另一方面,本愿寺的一些门徒采取了批判其他宗派和否定既成社会秩序的行动,并在因此受到旧势力的打压后形成门徒一揆,进行抗争。

另一念佛教团时宗也在室町时代改变了原先仅重视巡游的立场,开始致力于教义的整理。时宗被尊为活佛的游行上人在巡行四方传教、晚年定居于相模藤泽的清净光寺后,被尊为藤泽上人,而清净光寺亦因此成为时宗的中心寺院。

法华宗自日莲去世后虽分立为许多小教团并为争"正统"而冲突不断,对教义的解释亦多有分歧,但在镰仓时代末期仍为关东地区的一大佛教势力。进入室町时代后,法华宗教团开始向京都挺进,并以京都的职人、商人为传教对象,还创建了妙显寺和本圀寺。同时,法华宗还热衷于在整个关西地区传教。法华宗的代表人物日朝德学兼备,被誉为"日莲转世";另一代表人物日亲则颇有报国之心,并向将军足利义教呈献了《立正治国论》。日亲的主张和他对其他宗派的批判引起了憎恶,使之遭受迫害。但是,日亲不屈不挠,在京都建立了本法寺继续传教。法华宗势力的增长,必然引起与比叡山派系的矛盾。天文五年(1536年),以延历寺为中心的诸大寺对京都的法华宗展开攻击。法华宗诸寺在冲突中被焚毁,被迫将据点移向堺。天文十一年(1542年),幕府放松了不准法华宗再兴的禁令,使法华宗枯木逢春。

在室町时代,前代兴起的"镰仓新佛教"各宗派在都城和地方渗入民间、形成了教团组织。而古已有之的大寺院及传承旧佛教系谱的佛教教学,则如公家虽然风光不再,但仍保持着社会和文化权威之余威一样,仍然焕发着生命的力量。

镰仓时代前期镇压新佛教的主力、以天台宗为主的比叡山,进入室町时代以后在思想和教学方面未能展开创造性的活动,失去了在公家社会支持下主导佛教界的权威,但是其与幕府依然保持着复杂的政治关系。天台宗的亮守、真舜、真盛等更是为复兴天台宗而不懈努力。

真言宗在室町时代积极向关东地区发展,并积极在乡村建造寺院,形成了各地寺院和大寺院具有本末关系的网络结构。在真言宗的中心高野山存在三种势力,即潜心教学研究和密教修行的学侣、掌管世俗事务的行者、会聚于高野山的高僧。进入室町时代以后,学侣的主导地位开始动摇,行者的话语权渐次增强,两者的对立日趋明显。另一方面,高僧则因通过经商而具有了经济实力,并不断巡游全国进行说教,使对弘法大师和高野山的信仰在庶民间扩展。以口传法门为中心的天台宗教学更以关东为据点,逐渐向奥州、信浓方向扩展,并设立了许多"谈义所",被称为"关东天台"、"田舍天台",以相对于以比叡山为中心的天台宗。在当时真言宗的僧侣中,在教学方面作出重要贡献的首推宥快和长觉。宥快综合了镰仓时代的真言宗教学,撰写了大量著作;长觉则周游各地传播维护教学,两者均给予了后世宗学极大影响。与幕府关系深厚、在足利义持当政时期被称为"黑衣宰相"的满济,则从另一个侧面推动了真言宗的发展。

和天台、真言两宗的大寺院并立的南都各大寺院,在进入室町时代后由于庄园的变质而失去了经济基础,传统法令、礼仪、教学研究因此日渐式微。在镰仓时代高扬的复兴运动也陷于停滞。作为南都大寺魁首的东大寺和兴福寺则互争雄长,时而动用武力,使佛门亦现刀光剑影。但尽管如此,南都大寺依然致力于吸引参诣者,并因此使南都各寺的法会、佛像、伽蓝等成为庶民的信仰对象。同时,南都诸大寺大兴土木,重建在南北朝内乱后屡遭破坏的建筑。兴福寺的五重塔和金堂,即因此作为室町时代的代表性建筑享誉于世。

试图将一切归入大日如来的两部神道,以及将作为释迦垂迹的山王神为最高神、将一切神统合于山王神的山王神道说教,虽然在思想上并无新颖之处,但却是在杂多的神祇信仰的世界构筑宗教权威。诸多神道说教均在内乱时期形成了其说教。

伊势神道在这一时期由度会常昌、度会家行集其大成。元应二年(1320年),度会家行撰写了《类聚神祇本源》,以密教的思想为基础,援用儒教、老庄思想、阴阳五行说、易等,着力构建与佛教分庭抗礼的神祇说教。他的说教很好地显示了内乱时期的思想动向。按照度会家行的主张,万有之根源不是通过理论和逻辑认识,而是通过心的"清净"获取。试图构建宗教权威的伊势神道,对政治思想的形成也给予了很大影响。慈遍撰写的《旧事本纪玄义》等神道论著,提出天皇是承袭宇宙原始神之正统的唯一存在,将天皇神格化。他同时主张,天皇通过采取实现儒教之德目的政治而保持其作为神之子孙的尊严。

慈遍的上述政治思想为北畠亲房在《神皇正统记》中继承和发展。北畠亲房作为内乱时期的政治家,为了主张南朝的正统性,援用了伊势神道的说教。在与中世纪代表性史学论著《愚管抄》媲美的《神皇正统记》中,北畠亲房虽然也和慈遍一样主张天皇是神的子孙,但认为现实的天皇不能就此神格化。为了满足现实政治的要求,主张南朝正统性。北畠亲房对象征天皇地位的三件神器作了新的解释。他提出,镜意味"正直"、玉象征"慈悲"、剑代表"智慧"。天皇若具有这三种品德,方能名副其实。在完成《神皇正统记》的翌年,即延元五年,北畠亲房又撰写了《职原抄》,通过叙述官职制度的应有作用而阐明了国家的秩序。

日本固有的山岳信仰和佛教的山林修行,自古就有深厚的关联。在中世纪随着佛教向庶民阶层渗透,佛教和土著信仰的习合急速发展,出现了主张将山中视为佛的世界乃至佛本身、通过入山修行达到和佛融为一体的境地的"修验道"。至室町时代,有着悠久历史的修验道形成了以圣护院为顶点的组织。该集团以"本山派"著名,而以吉野的金峰山为中心展开活动的集团,则被称为"当山派"。

该时代村落的变化亦逐渐改变了传统的诸神信仰。在生活日益富足的农民中,除了村落的神之外,亦有祈愿异地会显灵的佛和菩萨,他们作为巡游诸国、被称为"御师"的神官和布教僧的施主依赖各种祈祷,甚而因神官的劝诱而赴辽远的伊势和熊野参诣。

在各宗教积极活动中,神道也出现了新的动向。世袭平野神社神官的平野家和承继吉田神社神官的吉田家曾分庭抗礼。在室町时代中期,吉田家的吉田兼具试图通过施展卓越的政治手腕统一神道。他汲取密教、儒教、道教、阴阳五行说的教说,撰写了《唯一神道名法要集》,提出了以神道为主、以佛教和儒教为从的元本宗源神道的主张。吉田神道的说教具有视世间万象为唯一神的显现的泛神教的性格,因此被称为"唯一神道"。

七、"传承至今的日本独特的文化"

当今所谓日本文化,主要由两大部分构成:一是自16世纪中叶以"南蛮学"为开端、不断流入、自明治维新后急速流入的西方文化;一是明治以前形成的传统文化。以是观之,中世纪文化至为重要。因为,"中世文化是以前此贵族文化、武家文化、民众文化等各阶层文化为中心的文化,以及从中国传入的文化融合,在南北朝动乱期以后逐渐形成和确立的、传承至今的日本独特的文化"。[①]

历时半个世纪的南北朝内乱,在文化史上是从镰仓时代向室町时代的过渡时期。在这一时期,随着公家社会基础的崩溃,自平安时代以来始终保持权威的传统文化形态日趋解体,新文化形态的探索日益醒目,并在首都和地方的交错中,在包容武士、庶民的过程中日渐成型。在这一时期,神祇信仰作为构成思想、宗教领域的基础而得以重视。作为社会支配力量的武士阶层,修武习文,在文化领域也发挥了重要作用,武家领导者更是着力创建五山制度,力争文武不歧。另一方面,累积了几个世纪的公家文化的各种要素被重新审视,并被重新排列组合后焕发出与前代不同的新的生机。

在南北朝内乱时期,贵族的没落极为明显。在镰仓时代,贵族在文化的各个领域扮演了指导者和维护者的角色,并进行了出色的文化创造活动。但是在内乱时期,贵族失去了创造文化的安定场所。于是,贵族努力将自己的角色

---

① 村井章介编:《日本的时代史·10·南北朝的动乱》,吉川弘文馆,2003年,第92页。

限定为文化的解说者,努力维护王朝文化的传统。开始于内乱时期的古典研究,是以王朝文化为对象的贵族的一大营生。四辻善成的《河海抄》所显示的《源氏物语》研究集成,就是其中的一个代表,而洞院公定集贵族系图之大成之作《尊卑分脉》,则堪称贵族没落之象征。

内乱时期文学方面最杰出的代表作,是《徒然草》和《太平记》。《徒然草》的作者吉田兼好(1283—1350年)曾入仕光严院,是二条派四天王之一,30岁前后在比叡山剃度出家,称兼好法师,精通儒、佛、老庄之学。《徒然草》共分243段,涉及当时社会各阶层诸多人和事,由杂感、评论、小故事,以及一些属于记录或考证性的作品构成,思想内容丰富而具有启发性,语言简练刚劲而不失深邃,描写生动准确而流露感悟,与鸭长明的《方丈记》被并誉为"日本中世文学之双璧"。《太平记》具有军记物语的特色,作者不详,共有三部分40卷构成,以儒教的政道思想为背景,借鉴以《史记》为代表的中国史籍的叙事手法,细致地勾画了错综复杂的时事变迁:第一部自后醍醐天皇登基至建武中兴;第二部自建武中兴的挫折至室町幕府的建立;第三部自室町幕府的分裂至细川赖之任将军辅佐。与《太平记》承袭军记物语传统相比,《增镜》则沿袭了镜物系谱,描述了自后鸟羽院的诞生至后醍醐天皇自隐岐还幸约150年的历史,文笔优美,充满了对王朝美好世界的憧憬,被认为是镰仓时代的宫廷画卷,与具有政治批判色彩的《太平记》形成了鲜明对照。站在室町幕府的立场上描述内乱时代的《梅松论》,在日本文学史上亦占有一席之地。

南北朝内乱时期的代表性歌集是完成于贞和二年(1346年)的《风雅和歌集》及弘和元年(1381年)的《新叶和歌集》。前者是京极派和歌的集成,后者是吉野朝廷侍奉者作品的荟萃。在内乱过程中,传统的宫廷文学的世界急剧缩小。虽然宫廷的御用歌人和一些女流作家的日记、随笔、拟古物语并非绝无仅有,但广泛把握社会、以多维的目光洞察世事的遁世者,是当时文学作品的主要作者。吉田兼好就是其中的代表人物。当时盛行的连歌作者,亦显示宫廷歌人为隐者取代的倾向。最明确显示这一动向的,就是五山文学的兴盛。五山禅僧的诗文以中国古典和禅宗思想为基础,开拓了与传统文学性格迥异的新的思想和学问的领域。但因曲高和寡,难以为一般民众所接受。走出贵族社会樊篱而向民间扩展的,是艺能。在古代,艺能的传载者是贱民。进入中世纪后,艺人组织起座并奉侍于寺社等权门。镰仓时代末期,田乐趋于繁荣。内乱时期,田乐亦多有看客。猿乐也在各地繁荣并形成了新的座,并由观阿弥整合猿乐和田乐,创造了猿乐能。这一新的文艺形式在室町时代由世阿弥集大成。同时,狂言作为室町时代正式登台的一种艺能形式,也在内乱时期开始形成。

在经历长期战乱进入室町时代后,新兴的武家取代公家成为文化舞台的主角。在武家文化中首先值得一提的,是北山文化。在战乱逐渐平息后,幕府将军足利义满获得了位于京都北郊北山的西园寺公经的山庄。应永元年(1394年),足利义满让位于其子足利义持,翌年出家。应永四年(1397年)着手建造北山邸,并在那里发号施令,使北山邸成为室町初期政治文化的中心,故当时的文化史称"北山文化"。在北山文化时代,禅宗的影响广及各个领域。例如,东福寺画僧明兆、相国寺画僧如拙和周文等为了引导禅宗的修行生活而作的绘画,以其独特的精神内涵把握对象的本质,并以独特的技法予以表现,开拓了一个独特的绘画世界,不仅对其他派系的绘画产生了不可忽略的影响,而且对其他文化领域也产生了强烈刺激。现藏于东福寺的《五百罗汉图》,就是明兆的杰作,而如拙则确立了室町时代水墨山水画的样式,妙心寺退藏院藏《瓢鲇图》,就是其代表作。和如拙同为相国寺画僧的周文将如拙开创的画风继续推进,使之更具日本特色,并留下了《水色峦光图》等作品。

　　禅宗寺院的庭院是按照禅宗的自然观建造的,作庭的繁荣,使被称为"立石僧"的作庭僧辈出。梦窗漱石亦作为当时代表性的作庭家而驰名。西芳寺以枯山水和池为中心的回游式庭园,就是他的作品。

　　在室町时代,日本人显示出了对明代中国的强烈关心,"唐物"成为憧憬对象,并在室町时代中期产生了以能阿弥、艺阿弥、相阿弥"三代三阿弥"为代表的"唐物"管理和鉴定专家。所谓"茶禅一味",随着禅宗文化在日本和明朝的交往中不断流入,饮茶之风亦随之普及。被精心装点于禅宗道场的插花艺术,亦被用于饮茶场所,使茶和花互相为媒,构建出一种新的生活文化。

　　足利义满对新文化的保护亦旁及艺能,使田乐、能乐等得以发展。能乐"大和四座"之一、结崎座的观阿弥、世阿弥的表演,成为以后能乐之大成。与传统祭祀仪式相结合的猿能乐,则由世阿弥改变为在以足利义满为中心的达官贵人面前表演的艺术,其题材、构成、曲节、演技,均显现出幽玄洗练之美,所憾观阿弥的表演所具有的庶民性和土著性因此日益丧失。世阿弥不仅是一名演出家,同时也是一名作曲家,创作和改编了50多首曲子。他的作品很多取材于《伊势物语》和《平家物语》。他在承袭其父观阿弥以模仿见长的艺风的同时,探索出了以歌舞为中心的幽玄之美。世阿弥还具有卓越的理论才能,撰写了《风姿花传》(《花传书》)、《花镜》、《申乐谈仪》等21种能乐理论作品。另外,近江猿乐比叡山的犬王,以及田乐新座的喜阿弥、增阿弥亦曾获得当权者足利义满和足利义持青睐,风光一时。

　　相对于具有歌舞剧特征的能,以日常语言表演的狂言,也在室町时代趋于繁荣。狂言是一种就近取材、描述庶民生活的文艺体裁,因此很受普通民众欢迎。

　　室町时代初期,以足利义满的北山山庄为中心的文化被称为"北山文化",

而室町时代中期的文化则被称为"东山文化",因足利义政文明五年(1473年)让位于其9岁的实子足利义尚、迁入营造于京都东山的山庄而得名。不过,两个山庄具有不同的含义:"北山山庄"是室町幕府确立期的政治中心,"东山山庄"是足利义政从政治舞台隐退后的私人生活场所。这一时期一揆频频,群雄角逐,幕府权力渐被削弱,在政治史上属于黑暗时期。但是在这一时期产生的贵族的武家文化则显示了武家文化的成熟并向民间普及,对后世文化的发展产生了极大影响。

北山文化的推动者,是新的统治者及受其保护的新文化的创造者和传承者。这一文化扎根于武家日常生活,以武家文化为基干、整合公家文化、吸收明朝中国的新文化,具有前所未有的特色。东山文化亦因禅宗寺院是吸收中国文化的据点而具有浓厚的禅宗色彩。不过,如足利义政在东求堂安置的阿弥陀三尊所显示,他对构成公家文化底流的净土宗具有强烈的关心,因此对作为东山文化背景的净土教思想,绝不可忽略。

东山山庄汇集了室町时代中期的文化之粹。围绕于足利义政周围的"同朋众"建起了一个以茶和连歌为主的游兴世界,并因此带动了茶器、文具、书画、插花创作。由将军家唐物藏品管理者能阿弥和他的孙子相阿弥编的《君台观左右账记》,记载了以宋、元为中心的150余名中国画家的名字及画题、作品种类和观赏方式,对后世具有很大影响。东山山庄常御所隔扇上的一些画作,出自后成为江户时代美术界一大势力的狩野派鼻祖狩野正信的手笔。现大德寺珍珠庵的《竹石白鹤图屏风》、《周茂叔图》、《崖下布袋图》等,就是他的作品。狩野元信子承父业,同样成为御用画师。他摆脱了禅宗画风,采纳了大和绘的技法,在日本绘画史上首次完成了汉画的日本化。他的画风融水墨画的精神性及大和绘的色彩感为一体,写实而质朴,成为近世绘画之先驱。其现存的代表作有东京国立博物馆藏《鞍马寺缘起绘卷》3卷、旧妙心寺灵云院隔扇画《四季花鸟图》。

东山时代画家辈出,其中最著名的画家当属雪舟等杨。雪舟等杨初入相国寺修行,随周文学画,后于应仁元年(1467年)赴明朝中国,最终摆脱宋元画的传统手法,开拓了独特的画境。其藏于毛利家的《山水长卷》是代表作;东京国立博物馆藏《天桥立图》作为水墨画的日本化的完成作品而闻名。而《慧可断臂图》亦作为禅画的大作而使其声名卓著。

自镰仓时代,武家社会汲取公家文化的一个重要渠道是年中行事。在武家看来,年中行事不仅是公家文化之荟萃,而且是幕府政治运营之手段。精于此道的公家颇受其重视。以文笔能力参与武家实务的公家因此获得了又一个施展才能的舞台。他们投其所好并以此作为巩固自己在武家社会中的地位的手段。

第六章 室町时代

如果说公家是教师,那么形成于室町时代前半期、作为武士子弟初等教科书的《庭训往来》,则堪称传授公家年中行事的教科书。《庭训往来》共25篇,每两篇对应1个月(8月为3篇)。各月份均有相应主题,如1月是庆典并以贺年祝词开篇;2月是赏花、连歌、和歌;3月是领地经营和劝农要义;4月是领内政治和市町的经营和监督;5月是社交礼仪;6月是军事知识;7月是游艺;8月是司法制度;9月和10月是佛教知识解说;11月是疾病和治疗;12月是地方行政制度及实务。在幕府式微后,各地大名在领内移植了中央的礼仪,在形成一个个"小京都"的同时,也使作为礼仪文化的年中行事在各地普及。

在镰仓时代仍未动摇的公家文化的权威性,在进入室町时代以后急速衰弱,并使公家文化随之发生质变。自《古今和歌集》以来具有500余年历史、作为公家文化象征的和歌敕撰集传统,在室町时代中期宣告中止,成为室町时代文化动向的一个重要象征。

虽然和歌日趋衰退,但自南北朝时代至室町时代初,属于二条派的遁世者和僧侣的歌人依然开展活动,清岩正彻就是其中的一位代表人物。清岩正彻是一位禅僧,曾随冷泉为尹学习和歌创作,他的《草根集》收入了11 000首和歌,为个人歌集之最,而他的《正彻物语》和《清岩茶话》则是站在唯美的立场上讴歌草庵生活和心情的论集,作为歌论大放异彩。

清岩正彻之后未见值得瞩目的歌人,唯见明显的崇拜《古今和歌集》并努力墨守其歌风的倾向,以及诠释其难解部分和秘传其语法知识的所谓"古今传授",并日趋形式化,尤以东常缘和他的歌集《东野州家集》和歌论《东野州消息》、《东野州闻书》为代表。

此消彼长。与和歌的衰退相对应的是,连歌作为一种新的文艺形式开始兴起。连歌是前此歌人的游戏,在南北朝时代为武士和僧侣所热衷,在一度沉寂后,自室町时代中期得以复兴,优秀连歌师辈出。宗砌的《连歌新式今案》欲重现敕撰歌集的传统;心敬的《心敬纪行》强调和歌、连歌、佛道殊途同归,聚焦连歌和人生的关系,是中世纪诗论的巅峰之作;和平安时代的西行、江户时代的芭蕉并称为"漂泊诗人"的宗祇的《新撰菟玖波集》垂范后世;宗祇、肖柏、宗长的《水无濑三吟百韵》,更是连歌史上的巅峰之作。至室町时代后期,连歌在各地得以广泛普及,同时其文学性渐弱,游戏性渐强。以此为背景,私淑一休的宗祇的弟子宗长在创作连歌的同时亦关心俳谐和狂歌,着力开拓新的领域,并撰写了《宗长手记》、《宗长日记》。至室町时代后期,连歌的地位为俳谐连歌所取代。

在政治上趋于没落的公家继续了曾经盛行于贵族社会的物语创作传统,撰写了一些短篇读物。其中流传至今的有500余篇,题材极为广泛,反映了室町时代的一种文化倾向。尤其是《明德记》、《嘉吉记》、《应仁记》、《结城战场物语》等军记物语,不仅是当时社会动荡的镜子,而且是后世文学的镜子。另外,描述吉野朝廷轶事的《吉野拾遗》,也值得一提。

作为一种文化动向值得关注的是,在室町时代,公家在政治方面的急剧后退,使之对实用性学问的关心日益疏淡,注意力开始转向古典注释研究,"有职故实"(按:关于古代朝廷和武家的礼仪、典故、官职、法令等的规定)作为公家的解说的性格进一步强化。室町时代和学的代表人物,是曾任摄政和关白、位居室町中期公家最高位准三宫的一条兼良。一条兼良自小耳濡目染"有职"的知识,著有《公事根源》、《日本书纪》神代卷的注释书《日本书纪纂疏》6卷,以及《源氏物语》的注释书《花鸟余情》。应仁之乱后,一条兼良为将军足利义尚撰写了《文明一统记》、《樵谈治要》,论述了为政心得和政治本义。他的一生堪称当时公家文化的一个缩影。

稍后于一条兼良的和学在室町时代后期的代表人物,是曾位居正二位内大臣的三条西实隆。三条西实隆致力于古典的书写、校勘、注释。他的《弄花抄》、《细流抄》、《伊势物语直解》、《万叶一叶抄》成为以后和学之基础。在"有职故实"领域,三条西实隆答大内义隆问的《多多良问答》亦堪称杰作。他历时63年撰写的158卷日记《实隆公记》,更是一部如实记述当时上层公家生活的珍贵史料。

由一条兼良、三条西实隆开创的室町时代的古典研究,后为中御门宣胤等人所承袭,为近世和学奠定了基础。同时,各地一些有权势的大名为之动心,邀请学者进行古典讲解,使公家文化通过古典研究和"有职故实"的学问在各地传播。

进入室町时代以后,庶民生活显著改善,许多传承至今、构成日本传统文化之基础的因素就是在当时形成的。特别在应仁之乱以后,作为重建京都的主力登上历史舞台的町人建立了自治组织,吸收传统的公家文化并将其融入。

在室町时代,律令制建立后支配京都的条坊制开始崩溃,居住在城市里的商人、职人开始按地域分布,并形成了各种自治组织。町众在文化方面最醒目的动向,就是在应仁之乱时成为废墟的京都的复兴中发挥了很大作用,如复兴了在平安时代前期建成的祇园社(八坂神社)的祭——祇园祭。祇园祭是一种以通过"铧"——一种山车的巡行为中心祛除灾厄的咒术性仪式,并逐渐成为京都民众的"年中行事"。在祇园祭的复兴中,民众掌握了主导权,从而显示出其自治力量。与祇园祭并行的,还有"风流踊"。风流踊是一种源于念佛舞的仪式,盂兰盆节时在京都举行。是时,町众张灯结彩,假面盛装,在街区狂热起舞,使之成为民众的文化盛事。居住在城里的公家也参加了以町人为中心举行的各种祭,在其中扮演一个角色。如果说室町时代初期文化的形成主要归功于武家和贵族,那么在室町时代中期以后的文化承载者中,町众和公家的作用不可低估。除了京都,在室町时代末期,堺和博多也出现了町众,他们在与海外的交流中也创造出了新文化。公家的文化由町众融入庶民文化,创造出了世俗的都市文化。当时流行于京都街头的小调《闲吟集》、《狂言小调集》,即很好地反映了脱离中世纪的歌谣世界,开始向近世转变的新动向。

如果说歌谣显示了町众的文学倾向,那么室町时代陆续问世的短篇小说,则显示了从中世向近世过渡的性格。自平安时代末期兴盛的大量叙事画卷在进入室町时代以后,顺应不断增加的读者的需要,不仅衍生出被称为"奈良绘"的稚拙短篇,而且衍生出连环画。室町时代的短篇小说则有承袭中世纪的说话文学和缘起物、古物语,以及合战记等诸多内容的作品,反映了以町众为中心的读者群的广泛性和室町时代文化的多样性。

这种文化氛围亦赋予了各种艺能以活力,为四处漂泊的杂艺者提供了各展身手的舞台,更使俳谐、连歌、猿乐、狂言等中世纪的各种艺能彼此借鉴,互相融合,成为近世町人文化的源流。一般室町时代的小说被总称为"御伽草子"。如名称所示,其与近世的假名草子的血缘关系可谓一目了然。

室町时代是庶民地位不断提高的时代,也是传承至今的生活文化的形成时代。一些从公家扩展到武家的年中行事也为市民所接受,与正月的胡鬼板(羽子板)、3月的桃花酒和草饼、5月的菖蒲汤、7月的盂兰盆等民间信仰相结合,并融入诸多艺能,为庶民生活增添了丰富色彩。观音灵场、地藏、药师等信仰作为回应庶民各种心愿的对象得以扩大,七福神,特别是其中的大黑天、夷、弁财天等诸善神,被当作为庶民带来现世利益的神而祭祀。

由公家社会传承、为武家社会吸收的传统文化亦在同庶民生活的结合中发生了多姿多彩的变化。在服装方面,随着武家服装的简略化,一些简化的服装开始成为庶民的日常穿着。在饮食方面,以稻米为主食的庶民不断增加。当时有蒸的所谓"强饭"和炊的所谓"姬饭"。至室町时代末期,人们已普遍食用"姬饭"。粥也成为日常食品,并出现了小豆粥、五味粥。在丰富饮食文化方面,禅宗寺院的食物和烹调方法的普及,是一大要因。羹、饼、馒头、面等食物,生、汤、煮、烤、蒸、煎、腌等烹调方法,不仅极大地丰富了庶民的日常生活,奠定了日本料理的基础,而且催生了料理的各种流派和礼仪规定。餐间食用的点心、喝茶时食用的茶点也在这一时代开始产生。一日三餐的习惯也在室町时代普及于庶民生活。糕饼、粽子等和年中行事结合,也是室町时代的一大变化。在住所方面,京都居民的房屋多呈"口"字形,中间有井和公用厕所,甚至还有工作和儿童游乐场所。庶民还开始用起了油灯,并因此得以将工作延伸至黑夜。

虽然庶民的生活在室町时代得到很大改善,但无法避免的饥馑的侵袭,仍产生饿殍遍野的惨状。在发生于1459—1460年的"宽正大饥馑"中,仅京都的死者就达8万余众,使鸭川为尸体堵塞。以此为背景,寺院成了祭奠死者的场所。民间塔婆形式墓标的制作,亦始于室町时代。从年中行事、衣食住至死者葬礼,生活各领域的变化和各种相应技术的专门化,构成了室町时代生活文化的一种趋势,艺能和游艺也在一流一派的主张中从根本上改变着古代文化,开始探索新的方向。

作者点评:

西方有所谓"黑暗的中世纪",日本亦有"黑暗的中世纪"。因为,"有序"的专制是一种黑暗,无序的乱世也是一种黑暗。中世纪的西欧属于前者,中世纪的日本属于后者。但是,正如军事是科技的"发动机"一样,乱世往往是文化的"推进剂"。"传承至今的日本独特的文化",从雅文化到亚文化,大体都在室町时代完成。

在作为观念形态的文化产物中,禅宗,尤其值得一提。这一独具日本文化特色的佛教宗派,在室町武家社会的扶持下得以迅速发展。按本尼迪克特在《菊花和刀》中的说法:"正是日本武士,把禅宗变成了他们自己的宗教。"武士所以对禅宗情有独钟,主要因为在将其哲学根基置于"他力"和"自力"的各宗教门派中,禅宗是后者最突出的典型。禅宗强调,一个人的潜力仅存在于自身,只有依靠自己的努力才能发现并发掘。

日本的禅宗,在许多方面离"正统"的禅宗相去甚远。其形式、内容、本质,均是日本文化之光的折射。在日本的禅宗体系中,既有宗教基础,又有生活哲学;既有与社会息息相关的习俗、情感,也有面对静谧空寂的自然抒发内心恬淡情思,使人与自然交融,理念与物像合一的思想留痕。日本著名学者铃木大拙以禅的眼光观照日本文化,撰写了《禅宗与日本文化》这本杰出论著,颇具说服力地指出了禅对日本人广泛而深刻的影响。

第七章 战国时代

一、"应仁之乱":日本历史的里程碑

和室町时代类似,学界对战国时代的起讫,意见也不统一。广义的"战国时代"指应仁元年(1467年)爆发的"应仁之乱"至元和元年(1615年)德川幕府消灭丰臣氏的"大坂之阵",并随之进入所谓"元和偃武"时期(按:是年适逢朝廷改元"元和",且日本自此进入了长期和平时期,故史称"元和偃武");狭义的"战国时代"指应仁之乱到永禄十一年(1568年)织田信长上洛的百年动乱,至织田信长独领风骚的"安土时代"和丰臣秀吉"君临天下"的"桃山时代"。庆长八年(1603年)德川家康得到征夷大将军的名号,在江户开设幕府,标志桃山时代终结。拙著采纳广义的战国时代的概念。所以如此,一个很重要的原因是,日本著名史家内藤湖南认为,如欲了解今天的日本,只需了解应仁之乱以后的历史。换言之,应仁之乱是日本历史的里程碑。

应仁之乱后,日本全国的大名(守护大名)互争雄长,不再听从幕府的号令。所以出现这种局面,同室町幕府与镰仓幕府政治结构的差异密切相关。在镰仓时代,镇守各国的"守护"是直属幕府将军的御家人。幕府将军由源氏宗家代代世袭。但是,因继承将军位的源氏宗家仅三代即断嗣,于是,镰仓幕府此后一直由作为宗家代理人的北条氏以"执权"的身份治理幕府政务。即便如此,守护作为幕府直属御家人的身份并未转变,并依然奉幕府为权威。

镰仓幕府瓦解后,足利尊氏建立了室町幕府。夺得天下的足利氏虽为源氏名门,足利氏虽世袭将军职位,但其仅为源氏之一支,与受其统治作为守护大名的家系并无贵贱之分。在非常注重"大义名分"的日本,这无疑是一个致命的"弱点"。换言之,室町幕府和镰仓幕府的一个极大区别是,大名对将军的臣属意识原本就很薄弱。应仁之乱就是围绕将军继嗣而发生争端并迅速波及全国,最后使将军权威尽失的一场动乱。所以称室町时代末期为战国时代,就

是因为将军有名无实,幕府对大名的统治有名无实。至六代将军足利义教(1394—1441年),室町幕府为驾驭诸大名而进行了不懈努力,但自足利义教被暗杀后,至八代将军足利义政(1436—1490年)即爆发了将军继嗣之争——应仁之乱。"因此,一言以蔽之,战国时代所以出现,就是因为室町幕府的足利将军家族未能成功地驾驭诸大名"。①

宽正五年(1464年)12月,将军足利义政由于无嗣,遂使其弟、净土寺门迹足利义寻还俗作为养子,改名足利义视,由细川胜元辅佐,欲以后让足利义视继任将军。孰料翌年11月,其正室日野富子生下了其儿子足利义尚,于是反悔,并将足利义尚托付给能与细川胜元抗衡的山名持丰(宗全),因此激化了两大氏族的矛盾,最终使两家围绕将军继嗣问题发生冲突,在应仁元年(1467年)引发"应仁之乱"。"应仁之乱"发生后,以细川胜元为东军和以山名宗全为西军的两股势力在京都街头展开激战,这场激战不仅使皇城京都遭到严重破坏,呈现"汝知京都艳,今朝遍荒野;黄昏云雀飞,悲凉泪满颜"(《应仁记》)的凄景,而且使京都作为首都的功能自此不复存在。更重要的是,1468年,即应仁二年,细川胜元和山名宗全分别拥立足利义视和足利义政,一时形成了东西两个幕府,尽管西幕府仅仅是幕府的"微型版",不被视为"正统",其势力也远不及东幕府,但却是室町幕府解体的一个征兆。文明五年(1473年),细川胜元和山名宗全相继去世,继任双方家督的细川政元和山名政丰于翌年签署了和约。文明九年(1477),持续了11年的应仁之乱终于休止,幕府也重新复归于一。但是,支撑室町幕府政治的大名联合体因此崩溃,幕府的政权结构因此发生极大变化,这种变化的基本特征,就是幕府受制于守护大名,以及守护大名占地为王的领国制倾向不断发展。他们使自己的领地成为"国家"并省略为"国",即始于当时。日本,自此进入群雄纷争的战国时代。所以如此,直接原因是"应仁·文明之乱使幕府的性质发生了重大变化。自乱中至乱后,由于诸大名纷纷回到领国,作为幕政之基础的守护在京原则趋于崩溃"。②

"应仁之乱"对日本历史产生了深远影响,概括而言主要有以下几方面:

第一,以"应仁之乱"为开端的战国时代,是日本民众作为推动历史的主体力量,在日本历史上首次明确显示自己姿态的时代。这种民众的力量不是作为单个的个人发挥的力量,而是开始形成作为家族共同体的"家"。这种"家"和13世纪左右形成的贵族、武士等的"家"一样,将祭祀祖先以及家族的延续持久和繁荣作为最大的价值规范。民众自己为了维护永续的"家"而建立的非常强固的共同体,在农村是被称为惣村和乡村的村,在城市是町。

---

① 井泽元彦:《日本史集中讲义》,祥传社,2004年,第122—123页。
② 樱井英治:《室町人的精神》,讲谈社,2001年,第330页。

第七章 战国时代

第二，这一时代是使日本从原始社会以来受自然支配的所谓"野生的时代"，向使人类生活和人类社会逐步分离独立的所谓文明时代跨出的第一步。在这一时代，以律令、佛教等为代表的一种普遍的价值观和具有体系性的高度的中国文明，进一步渗入尚未开化的强韧的土著文化，两者不断混合并形成了广义的文化。今天被视为日本传统文化的艺能，许多都是在这一时代成形的。同时，由于技术的革新、货币经济的发达以及文字向村和町的普及，一种近代合理主义观念开始在社会中确立。

第三，居住在日本列岛的民族开始成为国民，具有国民国家性格的日本开始形成。此时开始形成的日本的统治领域，不仅基本相当于现代的日本，而且开始从以中国为中心的传统的东亚秩序和华夷秩序中脱离出来，开始作为一个独立国家登上世界历史舞台。①

应仁之乱后，幕府日渐衰败，控制全国大名的能力几乎荡然无存。各地原有的守护大名，有的受到本国国人的"国一揆"暴动挑战；有的被"一向一揆"推翻。在应仁之乱平息后的最初年代，首先闯入战国时代的"一揆"极大动摇了原本摇摇欲坠的室町幕府。

"国一揆"中影响最为深远的，是"山城国一揆"。本来，山城国只有名义上的守护。但是1478年畠山氏被任命为守护后，山城国领国化的倾向日盛一日。而同属畠山氏的畠山义就和畠山政长同室操戈，互争雄长的争斗，使国人和农民深受其害，并因此酿就了"山城国一揆"的温床。文明十七年（1485年）12月11日，山城国南部相乐、缀喜两郡的土豪、地侍、农民聚集于宇治的平等院，通过了《国中掟法》，决议排除畠山氏的影响，实行"国人自治"，使当地具有了被称为"惣国"的政治形态。"山城国一揆"的显著特征，就是其政策、策略，仅限于国人、土豪、农民、商工业者利害一致的各种问题。

同时，京都西南部的山城国乙训郡一带也结成了"国一揆"，并聚集于西冈的向日宫，通过了与南山城类似的决议。此外，其他"国"亦有类似动向，如应仁元年（1467年）至文明三年（1471年）备中国新见庄及其周边地区排斥武家代官的"土一揆"。文明五年（1473年）在和泉国、文明十一年（1479年）在摄津国均形成了"国一揆"。特别在延德元年（1489年）9月至明应二年（1493年）3月，由于作为细川氏直属被官的"内众"同当地国人的深刻矛盾，以丹波国船井郡、何鹿郡、冰上郡为中心的区域，爆发了大规模的"国一揆"，以丹波国人为中心同守护军进行了长达4年的武装冲突，对守护细川氏构成了极大威胁。

明应二年（1493年）4月22日，细川政元在京城发动政变，废将军义稙，改立故堀越公方政知之次男义澄（清晃），是为"明应政变"。明应政变对室町幕

---

① 参阅朝尾直弘等编：《日本通史》第10卷，第4—5页。

府的权威是一个极大打击。"政变后,在畿内出现了前将军足利义材、现将军足利义澄均号称'室町殿'的状况。并使幕府始终存在两个'室町将军'体系,一是足利义澄—义晴—义辉—义昭,一是足利义材—义维—义荣。以室町将军为唯一最高权力者的室町幕府体制,基本解体"。① 另一方面,3月初,伊势贞陆被任命为山城国守护。由于"国一揆"内部国人与农民、国人之间的对立日益明显并召开会议自行放弃了自治,使"惣国"体制已显崩溃征兆,同时幕府令土豪、地侍听命于新守护。于是在8月18日,山城国一揆不得不承认伊势贞陆作为山城国守护的地位,伊势贞陆因此获得了进入南山城"惣国"的机会。"守护不入"的"惣国"体制崩溃。之后,"国一揆"内部的反伊势贞陆派进行了反抗,但以惨败告终,"山城国一揆"8年的历史宣告结束。随之上述畿内各国的"国一揆"亦相继趋于平息。

一向宗系净土真宗的一支,其总本山为本愿寺,由1世法主亲鸾开山。亲鸾以后,各地门徒自成教团,形成专修寺、佛光寺、三门徒等真宗诸派。除本愿寺派外,其他教派均关注现世利益,致力教团扩张,独本愿寺派恪守亲鸾教说,坚持"一念发起"、通过念诵弥陀即可往生净土的信仰;强调弥陀拯救广及社会各阶层,无有歧视,因此皈依者众。从南北朝后期直到室町后期,一向宗的传播范围广及近畿、北陆、东海(三河、尾张、美浓),以及中国(安芸、播磨、备前、备中)等地。至长禄元年(1457年)莲如任8世法主后,由于其亲自传道,一向宗广泛深入了民众生活。莲如于文明三年(1471年)前往北陆地区传教,发展了大批信徒。一向宗传教的基层组织为"讲",一般1村1讲,亦有数村1讲或1村数讲。1讲的人数从数十人到几百人不等。讲的基础来自"惣"——自主和自发性民众联合体,并因为需要对共用的山地、森林、水源进行开发,许多相邻的自然村也组织在一起,形成更大的"惣"。"惣"往往拥有自己的武装,以在战乱时自卫。一向宗的传教对象主

惣村的门

---

① 榎本雅治编:《一揆的时代》,吉川弘文馆,2003年,第97页。

要就是"惣"农民,也包括商人、手工业者和部分下级武士。通过宗教传播,一向宗的基层组织"讲"逐渐取代"惣"成为社会基层组织。国人曾欲利用这支力量,但由于宗教组织的强力牵制,其愿望始终未能完全实现。事实上,一向宗在传播过程中也产生了"王法为本"的思想,提出了尊重世俗权力,及守护和地头的思想,以避免遭到镇压。因此,"年寄"和"番头"傧相等有力农民成为"惣"的中坚。

时逢世事纷乱,北陆地方最先发起"一向一揆",一向信众暴力相向,令当权者大为震惊。但是,这种做法并不为莲如赞同,他呼吁停止暴力,但未获呼应。文明六年(1474年),加贺国守护富樫氏发生内讧,富樫政亲和富樫幸千代围绕家督继承问题展开冲突。在富樫政亲为富樫幸千代所败、退走越前时,本愿寺门徒伸出援手,富樫政亲最终战胜了受高田专修寺门徒支持的富樫幸千代。然而,共同敌人的毁灭同时也毁灭了两者结盟的基础。随后,两者变友为敌,刺刀见红,冲突升级为守护势力和"一向一揆"势力之间旷日持久的争斗。结果,富樫政亲兵败自杀,其势力迅速衰落。其同宗富樫泰高虽由一向宗势力拥立,但仅为一具傀儡,加贺国完全受"一向一揆"支配,成为"百姓把持之国"的"惣国一揆",成为独立于幕府的"宗教王国"之滥觞。另一方面,莲如眼见呼吁无效,遂于文明七年(1475年)返回近畿,并在京都山科地区建造了本愿寺,以此为本山统治全国信徒。

文明、长享年代,"一向一揆"以各村的道场为中心、以"弥陀之本愿"为纽带结合在一起,作为这一门徒组织之核心的,是被称为"坊主"的道场主。各道主彼此联携,形成道场主联盟。道场为"本愿末寺",与本愿寺具有"本末关系",并因此汇聚了诸多门徒。虽然道场主的联合体类似于世俗组织,究其本质毕竟是宗教组织。除此之外还存在既是作战单位,又是行政单位的"郡"。据史料推测,这些被称为"郡"的武装组织成立于"一揆"蜂起的文明六年(1475年)前后,属国人、土豪、庄官等为中心的在地领主联合体。这些"郡"往往以一向宗信徒为中心,但亦包括非门徒的国人和农民,性质基本属"国一揆"。在"郡"的内部还有"组",组也是"一向一揆"最基层单位。"如果脱掉'一向一揆'的宗教外衣,即显示出与山城国一揆和甲贺郡中惣同样的样态,故亦可将一向一揆定性为国一揆。如果从组织层面对一向一揆进行考察,可以说它既是以道场主为中心的门徒组织,也是郡中被称为惣和组的世俗联合组织。这种堪称郡中惣、惣国一揆的广泛且强有力的组织,是以一向宗的意识形态为核心构成的,因此必然同国人、守护、战国大名等世俗权力发生冲突"。[①]

紧随"一揆"之后,大致始于15世纪90年代,作为新兴势力的战国大名的抬头,"下剋上"愈演愈烈,是战国时代的又一显著特征。由于动乱的展开,室

[①] 井上光贞、永原庆二等编:《日本历史大系·2·中世》,第731页。

町幕府的"守护领国制"逐渐演变为"战国大名领国制"。

　　守护亦称"大名",其管辖的国家亦称"分国"。必须强调,分国的治理权是幕府委任的职权。守护对分国的支配,是以获取幕府的委任为前提的。若幕府和守护之间发生分裂,幕府可以给予严厉处分,甚至可收回其分国。另外,虽称分国,但幕府为了防止守护权力过大、尾大不掉,仍掌控着一些直属权力。换言之,幕府是根据统治战略决定配置守护及其职权的,守护无法脱离幕府自立。就这个意义而言,守护仅是地域封建制的承担者而非真正领有者。因此,20世纪60年代前使用的"守护领国制"的概念不确,当使用"幕府—守护体制"。①和镰仓时代相比,诞生后长时期未经历内乱的室町幕府给予了守护相当大的职权,如使节遵行权(派遣使者执行各项命令的权力)、刈田狼藉取缔权(禁止盗取他人田地里的庄稼的权力)、阙所地处分权(没收科罪的领主土地重新分配的权力),等等。但是综观整个室町时代,许多畿内、近国地区的守护(也有其他地方的守护)由于参与幕政,因此往往委派代理(守护代)管理领国。另外还有一些守护仿效幕府建立奉行人组织以执行审判结果和课税。守护代和奉行人居住的场所称"守护所",并以此为中心,在周边形成小规模的城下町。这种对领国的治理方式,为守护被"架空"提供了充分可能。这,也是在战国时代"下剋上"成为普遍现象的根本原因。

　　概括而言,室町幕府对全国的统治和支配,是以与御家人之间建立的"主从的支配权"和"统治的支配权"为基础的。若对守护领国内部进行分析,不难发现由于"国人领主"中存在着拥有"守护不入权",即直属幕府的"奉公众",所以就主从关系而言,各领国实际存在两大系统。第一个系统:幕府—守护—国人领主(守护被官)—土豪—农民;第二个系统:幕府—国人领主(奉公众)—土豪—农民。两大系统的稳定及两大系统的有机联系,是室町幕府得以存在的统治基础。但是随着动乱的发生,室町幕府的这一统治基础不断发生变异,"守护领国制"成了守护和国人领主各自为王的割据基础,最终演变为"战国大名领国制"。换言之,守护领国制为战国大名领国制的形成提供了基本前提。必须强调,战国大名领国制并非守护大名领国制的翻版。由于各领国之间的结盟、服属、吞并,"领国"的区域范围必然发生变化,而以结盟、服属、吞并为基本内容的"合纵连横",正是战国时代的基本特色。室町幕府的守护体制,也正是在这一过程中彻底瓦解的。

　　延德三年(1491年),骏河今川氏麾下的伊势宗瑞急袭伊豆的堀越御所,迫使公方足利茶茶丸自刃。这一"下剋上"事件,标志日本东部战国时代帷幕的拉开。两年后,京都的前管领细川政元向政敌畠山政长发起攻击,亦迫其自

---

① 榎本雅治编:《一揆的时代》,吉川弘文馆,2003年,第42页。

杀,并废黜了足利义材,拥立足利政知的次子足利义遐(足利义高、足利义澄)继位担任将军,他本人则重新担任管领,由此开了臣下废立将军之先例,使此类事件以后反复出现。如果说国人领主的活跃和将军权力的解体是考察战国时代开始的指标,那么上述事件无疑极具象征意义。

同一时期,诸国守护的危机和动摇也在发生。以文明十八年(1486年)出云的前守护代尼子经久驱逐守护京极氏夺取富田城为开端,各国的"下剋上"蔚然成风。关东堀越公方的灭亡,京都将军权力的弱化,各国守护被相继驱逐,标志幕府守护体制趋向灭亡。

作为"战国大名"的一个重要标志,是其本身而不是幕府将军,居于主从恩给制的顶点。因此幕府将军的所领恩给和奉公这一封建主从关系的解体,是战国大名产生的必要前提。历史见证了这一变化。至16世纪30年代,"战国大名"在日本全国普遍出现,与之相应,幕府将军的权力日益缩小。在朝幕关系方面,足利义满以后公家对武家的从属亦基本不复存在,天皇的权威明显呈上升趋势。这一趋势,同时也反映战国争乱愈演愈烈。战国大名经常有希望获得天皇、将军的认可成为守护,并因此强化与其关系。但基本上享有独自的权力,与天皇、将军不存在从属关系。就这个意义而言,战国大名的领国具有地域国家的性质,不仅各自为政,在领国内形成了自成一体的经济运营方式,而且制定了自己的法律——领国法。各大名领国法的篇幅不等,短的如《今川假名目录》由本编33条、"追加"21条、计54条构成。长的如《尘芥集》由171条构成。领国法的内容虽各不相同,但是大致可分为两大系列:一是以家臣为对象的所谓"家中法";一是以一般民众即整个领国的臣民为对象的真正意义上的领国法,尽管有些条文两者兼有,并无明确界线。通过大名领国法,可以考察当时的社会状况。例如《今川假名目录》第1条规定:"禁止地头无端没收谱代之名田",表明了保护农民负担年贡的土地对大名的意义;第5条规定"斗殴者,不论何方有理,双方均可行死罪",既反映了当时家臣间斗殴的存在,也反映了大名对内讧的恐惧。尤其值得关注的是,《今川假名目录》的追加20条指出,"守护不入"这一旧制已经脱离时代。换言之,绝不允许臣属不让"守护"即今川家入其领地的现象存在。

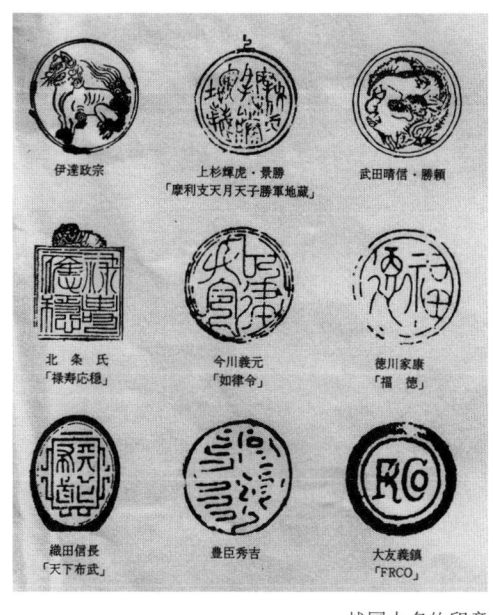

战国大名的印章

但是，由于京都天皇和幕府的存在，战国大名并非有恃无恐地自命代表"公的权力"即"公仪"。事实上，获得天皇或将军的任命是很多大名的目标，即使这样做仅仅是一种政治手段。

顾名思义，战国时代的显著特征是群雄割据，互争雄长，战事频仍。当时的日本，北有斋藤义龙，东有今川义元，东北有被誉为"战国第一兵法家"的"甲斐之虎"武田晴信（信玄），北陆有被称为"北陆的守护神"的上杉辉虎（上杉谦信）；濑户内海一带有"濑户内智将"毛利元就；畿内地区有六角义贤、细川胜元等强力大名，更有篡夺了细川实权的三好义长；畿内以北的越前国，则由名门朝仓孝景统治。他们或为一代名将，或为一代枭雄。但这些无论为后人景仰还是为后人诟病的人物，均只不过在乱世中称霸一方，且旋起旋灭。他们亦留下了许多著名战役，如桂川原合战、国府台合战、严岛合战、上田原合战、川中岛合战、小豆坂合战、姊川合战、长篠合战……但是，在四处狼烟蜂起的战国时代难以尽数的战役中，值得特书一笔的，是永禄三年（1560 年）爆发的"桶狭间合战"。因为，正是这场战役使尾张国（今爱知一带）一个根基浅薄的小领主织田信长脱颖而出，"天下布武"，重新统一日本。

当时尾张国名义上的统治者是守护斯波氏。但如前面所述，尤其进入战国时代后，守护往往被架空，而当地土豪却逐渐坐大成为大名。织田氏就是在这种背景下日益膨胀并谋得守护代职权的。至织田信长的父亲织田信秀一代，织田氏已经基本上掌握了尾张国的军政大权。织田信长是织田信秀的嫡长子，幼名吉法师，天文三年（1534 年）生于尾张国那古野城。天文十五年（1546 年），12 岁的织田信长在古渡城元服，取大名三郎信长，后来通过给已经权威丧尽的天皇朝廷献礼获赐上总介官职，遂称织田上总介信长。依照传统，武士之子行过元服礼即表明成年，当冲锋陷阵。因此翌年织田信秀即派信长为总大将，进攻三河国的吉良大滨。织田信长当时在敌阵放了几把火后安然撤回。织田信长原本就是一英俊少年，此时头戴红色头巾、身披铠甲和阵羽织，更显英姿，令他的家臣们激动得热泪盈眶。天文十八年（1551 年）3月，织田信秀去世，享年 42 岁。织田信长遂名正言顺地成为尾张下 4 郡新主。

永禄三年（1560 年）5 月 12 日，足利将军家一族、被称为"东海之雄"的骏河（静冈）守护今川义元，率 27 000 人大军拔寨向尾张挺进，矛头直指织田信长所在的清州城。18 日晚上，消息传来，27 岁的织田信长即召集群臣商议破敌之策，群臣众说纷纭。据《桶狭间合战记》，当时重臣林桶胜语气沉重地说："敌为大军，我为小势，若正面迎击，几无胜算。因此当先居城固守，再寻找战机。"当时，迎击大军时首先"笼城"是一军事常识，因此林桶胜的话得到了广泛赞同。但织田信长则提出了反对意见："先父信秀殿教诲，敌大兵压境时，

第七章 ● 战国时代

当离开居城奔赴国境抗敌,吾当谨遵教诲。出兵迎敌,迅决胜负。"他的话,极大鼓舞了将士斗志。但据《信长公记》,织田信长当晚虽和将士们议论,但并未有结论。"家老们一边叹息'运数终时,智慧之镜也蒙尘垢',一边各自归宅"。①

子夜,织田信长从被窝里猛然跳起,牵马备鞍,披挂盔甲,令手下打鼓,自己挥舞折扇,面向东方边唱边舞能乐幸乐舞《敦盛》中的一首曲子:"人间五十年,万事如梦幻。一度生存者,岂有长不灭?"这首曲子演绎了400年前平敦盛在源平合战中的一段情景。舞毕,即策马向前线飞驰。此刻跟随在他身边的,只有岩室长门守、长谷川桥介、佐藤藤八、山口飞驿守、贺藤弥三郎五名骑马武士和两百足轻。诸将纷纷从睡梦中被此动静惊醒后仓促赶上。等到达热田神社时,竟然也聚集了约千余之众。织田信长入神社祈祷,并宣读了讨伐今川义元的檄文,随后发兵迎敌。

织田信长画像

然而出师不利,织田信长的前锋指挥隼人正等50余名武士战死。得此消息,织田军同仇敌忾,士气不降反升。相反今川义元则更为轻敌,笑称:"便天魔鬼神前来,又能如何?!"据《信长公记》,隼人正战死时,织田信长闻讯欲南下,有家老拉住他的马辔谏阻,织田信长喝道:"今川军昨晚运粮前往大高,而今又已作战半日,定然十分疲惫,我军以逸待劳,获胜可期!"

就在此时,织田信长获得了有关今川义元在桶狭间扎营布防的一个重要情报,即刻紧紧抓住战机,挥师东进,冲向桶狭间。战神亦自此开始惠顾这位富有睿智的战将。因为,"桶狭间"如其地名所示,地势狭窄,今川义元在此扎营,难以采取常用守势阵势,使"中军帐"居中受众军士保护,反而呈西北、东南方向一字展开,几乎与道路平行。这种阵势为织田信长破敌创造了天赐良机。于是,织田信长在今川义元本队前卫正面展开,发动决死突击。正在此时,风雨大作。这场暴风雨似乎真是天意,不仅突如其来,而且持续时间仅10分钟左右,倏来倏去。织田信长乘风冒雨突进,敌军阵营顷刻崩溃。前卫崩溃,今川义元主力的士气急剧低落,与兵力仅为自己半数的织田军杀得难解难分。随后,今川义元舍弃乘轿,在旗本的保护下骑马后撤。然而,由于下雨道路泥泞,行动迟缓,加上今川军呈一字排开,无法集结有生力量阻遏织田信长突进,遂被织田信长近臣毛利新介追上割下首级。

今川方山田新右卫门、松井五八郎等勇士在主公死后,自杀性突入敌阵,

---

① 桑田忠亲:《新编日本合战全集·4·战国乱世编》,秋田书店,1990年,第69—70页。

令织田军震慑，但终无法扭转战局。之后，不肯及时逃走，要为主公复仇的这些勇士们全都战死。其余今川方势力闻讯匆忙退去。是役杀死今川士卒约3 000人。信长检视过首级后，将今川义元尸体和遗物交人带回骏府，然后在热田以南地区立义元塚，供奉千部佛经祭祀。今川义元的佩刀"左文字"，也从此挂在了织田信长的腰间。

二、"天下布武"

桶狭间合战后，织田信长马不停蹄，开始了"天下布武"重新统一日本的历程。丰臣秀结束战国乱世、德川家康将日本带向幕藩和平体制之基础，皆由织田信长奠定。

织田信长从今川氏手中夺得尾张中南部、统一尾张后，随即攻入三河国，攻克伊保、举母等城作为前线堡垒，防备今川军卷土重来。今川军落败后，其势力陆续聚集到松平元康麾下。是时，织田信长遣使向他提出了停战结盟的建议。在仔细权衡过利弊后，松平元康接受了这一建议，和今川家决裂，放弃了今川义元赏赐的"元"字，更名改姓，称德川家康。永禄五年(1562年)，织田信长和德川家康在清州签署盟约，史称"清州会盟"。此盟约一直维持到织田信长去世，达20年之久。

在将尾张纳入势力范围后，织田信长即挥师美浓国。美浓国南部土地肥沃，属于连接尾张的浓尾平原，北部则多高山丘陵，逐渐向北延伸，形成飞弹高地。当时美浓国由斋藤氏统治，主城井口城在长良川中游南岸的稻叶山。在桶狭间合战的翌年5月，斋藤义龙去世。其子斋藤龙兴继任，原本被压制的美浓各地豪族纷起异心，骚动起来。织田信长不失时机，继"清州会盟"后，于永禄七年(1564年)3月和领有近江北3郡的浅井长政和甲斐的武田信玄缔结姻亲，11月和上杉辉虎(谦信)交换了誓书。随后，织田信长开始着手拉拢斋藤氏重臣。永禄十年(1567年)8月，织田信长将斋藤龙兴属下的三员武将、被称为"美浓三人众"的伊予守稻叶良通、伊贺守安藤守就、常陆介氏家直元笼入帐下。在获得内应后，织田信长当即进军稻叶山，急袭井口城，将该城围困。见"美浓三人众"也归降了织田家，斋藤属下纷纷转变阵营，倒戈来投。四面楚歌的斋藤龙兴在被围持续整整1个月后，终于坚持不住，以放自己一条生路为条件，开城投降，并乘船顺长良川逃亡伊势长岛。织田信长进入井口城后，复其旧名"岐阜"，并将自己的据点从小牧山迁往该城。是时，织田信长的领域已扩大至尾张、美浓两国。

平定美浓和移住岐阜，在织田政权形成过程中具有非常重要的作用。织田信长入城后，即着力于复兴，颁布了一系列新的政策，如同年10月颁布的废除旧有的市、座特权,使商人能自由经营的"乐市乐座令",将该城加纳的市场定为"乐市"。11月,织田信长听从妙心寺派禅僧泽彦宗恩的意见,选择了以"天下布武"四字为印文的马蹄形印章,宣告了他意欲武力统一天下的意志。

织田信长"天下布武"印章

与此同时,织田信长挥师西南,发动了对伊势国的大规模进攻。在包围稻叶山城的同月,织田信长的军队在主将泷川一益率领下首度进入伊势。面对气势雄伟的织田军,伊势众豪族陆续献城降伏。上洛之前,北伊势已基本平定。永禄十二年(1569年)10月27日,织田军迫使守军开城投降。伊势大名北畠具教被迫让位给儿子具房并出家为僧,还将女儿雪姬嫁于织田信长之子织田茶筅丸,并立织田茶筅丸为下一代继承人。1572年,茶筅丸元服,称北畠三介具丰。至此,继尾张、美浓后,织田信长又成功吞并了伊势国。

在室町幕府第13代将军足利义辉时代,近畿也陷入分裂和战乱,幕府权柄落在了管领细川氏手中。细川的实权由其家臣三好氏把持,而三好氏则要看自称"幕府执权"的京都奉行松永久秀的脸色行事。永禄五年(1562年)三好长庆去世。不甘心被家臣玩弄的足利义辉暗中联络各地有力大名杀上京都,欲击败三好氏,恢复幕府昔日荣光。但是,"天下至恶"松永久秀唆使"三好三人众"(三好政康、三好长逸和岩成友通)攻入室町御所。虽"强情公方"足利义辉精通剑术并奋战多时,但终因寡不敌众,最后退归内室自焚。

足利义辉有个5岁出家的同父异母兄弟,法名觉庆。事发后觉庆被足利义辉家臣细川藤孝、一色藤长等人救出兴福寺一乘院,躲过追踪,隐居于琵琶湖畔的矢岛地方。翌年,觉庆还俗,取名足利义秋,并向朝廷上书说明自己才是室町幕府的合法继承人(是时足利义荣已被立为第14代幕府将军)。但其请不仅未果,而且遭到仇敌追杀。永禄十一年(1568年)夏,足利义秋元服,改名足利义昭并致信尾张请求织田信长帮助。织田信长为"挟天子以令诸侯"欣然应允,并许诺一定讨伐恶贼松永和三好,送其回归室町御所。同年7月25日,足利义昭到达岐阜与织田信长会面。织田信长献上钱千贯,和太刀、铠甲、马匹等物,以表达对足利义昭的敬意。

是年9月,织田信长拥足利义昭赴京,将三好一族和将军足利义荣逐出畿内。10月,足利义昭就任征夷大将军,成为室町幕府"正统"的后继者——第14代将军。元龟元年(1570年),织田信长向足利义昭提交了"五条事书",内容是：一、凡将军颁发之重要文件，均需有信长副署才产生效力；二、以前将军颁发之诏令全部无效；三、对属下的恩赏，悉委托信长处理；四、天下政务，信长可不经将军自行处理；五、天下平定后，一切礼仪规章，皆由将军施行。至此，织田信长夺取了室町幕府所掌握的军事指挥权、恩赏权等重要权力，两者的权力发生了逆转。同时织田信长在进京后即制定了修造皇居的计划，试图通过掌握事关"天下之仪"、征收徭役等的权力，动员和组织社会各阶层人员。

　　足利义昭曾欲让织田信长任副将军或管领，但织田信长志在夺取天下而不是帮助室町幕府复兴，因此婉言谢绝，并回到了岐阜。对织田信长的野心足利义昭当然不会一无所知，为此大为惶恐，他一方面在给织田信长的书信中称其为"御父织田弹正忠殿"（织田信长新晋升为"弹正忠"），一方面以将军的身份大肆分封其旧臣或降伏的大名、豪族为畿内守护。这些任命均未征求织田信长意见，当然使织田极度不满。同时织田信长也料到他会有这样一手，于是一面拉拢足利义昭的亲信，先使明智光秀，后使细川藤孝脱离义昭阵营，站到自己一边；一面任命羽柴秀吉（即木下藤吉郎）等家臣滞留京都，随时监视义昭的动向。织田信长和足利义昭互相利用的"蜜月"，就此结束，双方围绕权力展开争夺，逐渐交恶。

　　元龟三年（1572年）9月，织田信长向纠集了其反对势力、摆出决斗架势的足利义昭提出了"异见十七条"，谴责足利义昭贪婪卑鄙，对皇室不敬、对家臣不公；"元龟"年号不祥，灾厄颇多，但足利义昭不献改元之费用，使皇室无法改元。足利义昭则和浅井、朝仓、武田等战国大名和本愿寺等保持联络，显示出同织田信长对抗的动向。

　　为了对付织田信长，足利义昭当时最寄予厚望的势力，是甲信的武田信玄、北陆的上杉谦信、中国地区的毛利元就。这3个家族素以兵力雄厚、将领善战而著称。他们的政治经济实力，亦距控制织田家相距不远。

　　1572年10月，"甲斐之虎"武田晴信首先发难，率3万大军杀奔京都。武田晴信是甲斐（山梨）守护武田信虎长子，号信玄。天文十年（1541年），21岁的武田信玄将意欲废嫡的父亲逐至骏河，继承了武田家督。武田信玄被誉为"战国第一兵法家"，不仅精通兵法，而且擅以政略挫敌于未战。他和上杉谦信在信浓（上野）的川中岛合战，是日本战史上最著名的战役，也是战国时代双方将士阵亡最多的战役（史载共阵亡近2万人）。此番武田信玄响应足利义昭的号召，撕毁其与德川家康昔日的盟约，同织田信长、德川家康联军对阵。12月22日，两军在远江（静冈）三方原展开决战，史称"三方原合战"。战端始于是日黄昏，武田信玄首先派300名"投石兵"打乱敌阵，然后遣著名的甲州骑兵如巨浪飞扑，眨眼间即将德川军队吞没。联军阵脚大乱，德川家康遁走浜松，遭遇了平生最大的一次败迹,武田信玄的嗣子武田胜赖一直追至浜松。是役,武田军死伤仅数十人,而德川、织田联军却阵亡上千。德川家康逃回浜松城后,头脑突然清醒,他打开四门,玩了一招"空城计"。武田军不敢冒进,在武田信玄的指挥下继续汹涌向西,使德川家康躲过一劫。翌年4月,壮志未酬的武田信玄因为宿病复发并不断加重,在欲回甲斐计划重新发兵的途中病殁于信浓驹场,享年53岁。临终前,"甲斐之虎"武田信玄将"虎子"武田胜赖叫至枕边留下遗嘱:"我从三户小国奋起,令邻国他郡臣服,所获自当满足,唯未能使旌旗在帝都上空飘扬心有不甘,因为此乃我最大的心愿。如果信玄之死讯显露,凤敌毕伺机蜂起,故宜3、4年内秘不发丧,备战分国,赡养义兵,然后完成父亲遗志攻入京城。"①武田胜赖遵父亲遗嘱,积极备战,并在3年后方在甲斐的惠林寺为父亲举行了葬礼。武田信玄在三方原合战中大获全胜,实对当时忙于压制本愿寺为中心的一向一揆等反对势力的织田信长以不小的震慑和压力。因此,武田信玄的去世无疑是反织田信长势力的重大损失。

天正元年(1573年)4月3日,织田信长进京包围了二条城,足利义昭慌忙请朝廷出面斡旋,在保证绝不再悖逆织田信长意志后,双方交换誓书言和,织田信长暂时退兵。翌年7月,足利义昭在宇治举兵,结果反被织田信长活捉。战后,织田信长将足利义昭年仅2岁的儿子押作人质,将足利义昭流放到河内国若江城,派爱将羽柴秀吉严密看管。室町幕府在开幕两个多世纪后正式谢幕。

之后,织田信长灭朝仓氏、平浅井氏,使其在近畿的最大敌手灰飞烟灭。武田信玄去世、足利幕府垮台,以及浅井、朝仓的覆灭,对于织田信长来说,对于全日本来说,都是一个重大转折的标志。是年7月28日,朝廷商议改元,并征求织田信长的意见。织田信长在众多候选名称中择定了"天正"一词。"天正"典出《老子》"清净为天下正"。织田信长的选择,隐含着渴盼天下平稳、秩序安定的愿望。

然而,当时织田信长仍处于强敌环伺之中。武田信玄虽逝,但其子武田胜赖立志实现父亲的遗愿,使旌旗在帝都上空飘扬。天正二年(1574年)3月20日,武田胜赖收到了流亡的前将军足利义昭给他的"御内书",要求他为幕府再兴助一臂之力。翌年4月,获得名分的武田胜赖率15 000将士从信浓突入三河,5月8日包围了从信浓通往东海道的战略要塞、前两年落入德川家康之手的长篠城。接长篠急报,德川家康即向织田信长求救,双方再次组成由38 000人组成的联军前往增援。21日拂晓,著名的"长篠合战"以联军方面的奇袭开

---

① 川崎庸之等总监修:《日本史·可读的年表》,第498页。

始,一直持续到翌日2点左右。该战役联军方面大获全胜,武田军几乎全军覆灭,武田胜赖仅率5骑遁走甲斐。究问胜因,火枪的拥有极大地提高了织田信长的战斗力,是一大主因。在长篠合战中,织田信长3 000人组成的火枪队给予了武田胜赖的骑兵队以毁灭性打击,显示了火枪强大威力。"这一战役也作为装备有火枪的织田信长的先进性和其他大名的落后性形成鲜明对比的事例,屡屡得以引用"。"战国大名的火枪装备,无论在数量方面还是在实战中的机动性编制、动员方式方面,和织田信长的军队形成很大差异。但在这一时期,无论哪个大名均显然将增强军事力量的重点放在添置火枪,以及增加直属火枪队人数方面"。①

应仁之乱后,战国大名纷纷将小领主阶层和农民收编为"家臣",这一倾向在进入永禄年代(1558—1570年)后更为显著。战国大名同时通过免除或减轻赋役、赏赐土地、征服军役方式等动员民众,增强其军事力量。除了以步兵为主的家臣的增加外,大名们还着力于火枪的拥有。自天文十二年(1543年)"铁炮"(枪)由葡萄牙人传入日本后,翌年即为将军足利义晴和纪州根来寺所拥有,并很快传至日本全国。装备火枪以代替征集军役,或直接组织火枪队,是当时战国大名共同的措施。

之后,织田信长乘胜进击,使其主要对手毛利氏、上杉氏、武田氏相继覆灭。

为了制服本愿寺,织田信长曾在其四周构建起十余座城堡,欲将敌人困死、饿死。但不久这个包围圈就被与本愿寺联手、拥有七八百艘战船并纵横濑户内海十余年的毛利水军所破。

毛利氏本是安艺国的小诸侯。16世纪初,毛利家出了一位被称为"濑户内智将"的英主毛利元就,他奋斗毕生,基本统一了日本中国地区西部,并将势力伸入四国岛和九州岛。毛利氏拥有一支强大的海军,威震四方。毛利元就本欲传位于其子毛利隆元,但因其子不幸早逝,毛利元就遂以其孙毛利幸鹤丸为嗣。在元服仪式上,毛利幸鹤丸更名毛利辉元("辉"字拜领征夷大将军足利义辉的"辉")。毛利元就去世后,毛利辉元正式接管了西国毛利氏这个庞大的家族,统辖地域从九州岛的丰前一直延伸到播磨和备前的边境,并得到两位才能非凡的叔父小早川隆景和吉川元春的辅佐。毛利氏内部团结,将兵敢战,是令织田信长不敢忽视的强敌。

在本愿寺被织田信长包围时,毛利辉元遣水军前往增援石山本愿寺,并运送粮草物资。双方展开了著名的木津川口海战。是战,织田水军几乎全军覆没。本愿寺在得到毛利军粮草支援后,立刻发起猛烈反攻,织田军纷纷后退,

---

① 井上光贞、永原庆二等编:《日本历史大系·2·中世》,第999、1001页。

包围圈被撕裂。

为了重组对本愿寺的包围,织田信长决定首先扫清外围,荡灭其他敌对势力。然就在此时,被称为"北陆的守护神"、"毗沙门天神的使者"、"越后之龙"的上杉谦信,开始向他发起挑战。上杉谦信是越后守护代长尾为景的幼子,乳名"虎千代"。18岁时,虎千代离开春日山城,在林泉寺出家,受教于名僧天室光育禅师,法号谦信,后继承关东管领上杉姓氏。上杉谦信有很强的军事统率能力,被誉为"军神",在战国时代与武田信玄齐名。经过和织田军你来我往的几番拉锯战后,上杉谦信占据了优势。天正六年(1578年)4月,当上杉谦信欲再度发兵东进时,因脑溢血而暴亡于春日山城中,享年49岁。临终之年,他曾吟诗:"四十九年一睡梦,一期荣华一杯酒"。上杉谦信死后,其两个养子上杉景胜和上杉景虎为争夺继承人地位而爆发了"御馆之乱",实力严重削弱,织田势力趁机进击,使北线暂时得到保障。

北线暂时稳定以后,织田信长遂着手西征。为了重组对石山本愿寺的包围网和击败毛利水军,控制濑户内海,在木津川口海战败退后,织田信长下令建造了六艘巨大的新式战船,并在是年11月初的第二次木津川口海战中击败了毛利水军,血洗前仇。之后,织田信长通过合纵连横,动摇了毛利辉元在中国地区的统治,彻底扭转了战局。天正十年(1582年),织田军挥师讨伐武田氏,迫武田胜赖带着妻子儿女至天目山,并在山中辞世,留下辞世句:"朦胧之月被云遮蔽。云逐渐散开,终于月落西山。"其妻小田原氏的辞世句则是:"在晚春中渐次凋零,忧恨驻足于树梢花端。"关于武田胜赖和他妻子的死因,各种史籍记载多有不同。《改正三河后风土记》称有他杀、自杀和死于饥饿困顿多种说法。"这一天,3月11日,武田胜赖、子武田信胜、夫人以及对其忠贞不渝的家臣,全部去世。始于长篠合战的武田灭亡剧,这一天在天目山麓的田野悲壮谢幕"。[①]

4月2日,织田信长进入甲斐论功行赏,同时放火烧毁了供奉武田胜赖遗体的惠林寺。寺中长老快川绍喜自投火中寂灭,留下遗言:"灭却心头火自凉。"

如上所述,在和毛利氏抗衡时,织田信长还对付着以石山本愿寺为中心的一向一揆敌对势力。元龟元年(1570年),以石山本愿寺为中心的一向一揆势力树起反旗,向织田信长发起了挑战。一向宗(净土真宗)是门徒中既有在地领主,也有农民和商人的超越社会身份秩序、以宗教意识集合在一起的势力,具有宗教狂热和献身精神。为了平定反乱,织田信长对伊势长岛一揆和北陆一揆进行的大肆杀戮,堪称惨绝人寰。长岛一揆是木曾川下游流域的门徒农

---

① 桑田忠亲:《新编日本合战全集·4·战国乱世编》,第172页。

民在以愿证寺为中心的本愿寺教团的率领下的造反,在一揆方面投降,乘船退出要塞的时候,包围他们的织田信长的军队无视原先的约定开炮轰击,将其男女老幼全部杀害。据福井县武生市出土的文字瓦上以黏土记录的文字的描述,织田信长的将领前田利家在捕获了千余起事的门徒后,采用磔(将人绑在十字架上刺死)、锅煮等手段将其杀死。织田信长所以采用这种残忍手段,是因为以本愿寺教团为中心的一揆势力,拥有比任何一个战国大名都强大的在地领主权力。以加贺为例,当地有以讲、道场为中心结成的门徒农民,在此之上有作为在地领主联合的郡,以及作为一门寺院财政、军事组织的组,并通过这些组织使本愿寺的宗权支配得以实现。本愿寺对一揆具有军事指挥权和司法审判权。一揆体制也绝非名主、百姓平等的联合体,其对非组织成员是一种压制机构。天正四年(1576年),织田信长倾其所有兵力对石山本愿寺发动了攻击,本愿寺向各地门徒发出檄文,呼吁奋起应战,并和战国大名联手构建了彻底抗战的阵营。拥有濑户内海水军的毛利氏从海路支援石山,以北陆一揆为呼应的上杉氏则从陆上剑指京都,从而反过来对织田信长形成了包围态势。但是,以上杉谦信的死为转机,战局发生了变化。织田信长派遣以羽柴秀吉等为将领的大军从陆路,以九鬼嘉隆率领的水军从海路向本愿寺施压。天正八年(1580年),双方以接受正亲町天皇敕命的形式媾和。本愿寺门迹显如退出石山,一向宗门徒有组织的抵抗宣告终止。

织田信长对其他敌对佛教势力也施以重拳。元龟二年(1571年)9月,织田信长称比叡山延历寺与越前的朝仓氏、江北的浅井氏为伍,挥师对这一旧佛教的牙城展开了攻击并放火烧山,杀戮僧侣和俗人。

在攻击石山本愿寺的同时,织田信长已意识到,如天文年间"法华之乱"所显示,都市民众的能量,比一向一揆更加危险。天正七年(1579年),法华(日莲)宗和净土宗进行了一场著名的辩论,史称"安土宗论"。这场辩论在净土宗寺院进行。织田信长在场地四周布置了士兵并偏袒一方。法华宗方面的代表在辩论进行时不仅遭到袈裟被剥、殴打,经文被撕毁等羞辱,其主要代表还被指控制造骚乱而被斩首。之后在立誓不再诽谤他宗后总算获准存续。而净土宗方面则得到奖励,并获赐织田信长的朱印状。织田信长此举,主要是为了使具有广泛民众基础的净土宗成为自己的统治基础。

织田信长对基督教的宽容和援助,也可作类似理解,即一是为了借助基督教同佛教敌对势力抗衡,一是以传教士为中介,开展"南蛮贸易",获取中国产的生丝、东南亚产的香料,以及火枪、玻璃等。

织田信长"天下布武"的过程是"破"和"立"并举的过程。他一面平息叛乱、对外扩张,一面着力经营领国、奠立新都。天正四年(1576年)元月,织田信长封丹羽长秀为普请奉行,负责在近江国安土山上修筑一座前所未有的宏

第七章 战国时代

伟城堡,作为"国役"向各地课税,并广泛征用各地劳役,安土有"平安乐土"之意,构造极其雄伟。不仅扼东山道和北国路之水陆要冲,而且是临近京都的战略要地。安土城位于琵琶湖东岸,与丘陵东西相连,西北有安土山;城郭建于突出琵琶湖面的小半岛上,三面围以湖水,因奥岛、伊崎岛而与琵琶湖分开,成为方圆2里许的内湖。城内分本丸、二丸,均建于中央丘陵之上,后面则为长方形的天守阁——信长改变了天守阁的旧名,而呼之为"天主台"。这与其说他是亲近天主教,不如说他是自命为日本的"天主",将以此城君临天下。翌年6月,织田信长在安土城下颁布了"十三条掟书"(13条规定),根据永禄十年(1567年)10月颁布的"乐市乐座令",将安土定为"乐市"。基本内容是否定"座"的特权,奖励商人来此定居,免除土木工程的徭役负担,消除对"德政"的不安,保障治安、免除房屋税,等等。织田信长的"乐市乐座令"曾被认为代表了一种革新政策,但迄今为止的研究表明,织田信长这一政策的本质并不是为了废除特权,而是为了发展自身领国。因为被定为"乐市"的仅是尾张、美浓、近江等织田信长的少数领国。另外,"十三条掟书"还规定免除当地各种徭役和公事;若房屋被放火焚烧不追究家主责任,但若失火则在究明责任后将其驱逐;若不知情将房屋租给罪犯或购买赃物等,对责任不予追究,等等。逐项规定和战国法都有不同。分国中即使施行德政令亦不适用,并对"谴责使"入城作了严格规定,从许多方面对其进行政策保护。

安土城先后修建了3年,至天正七年正月完工。城堡完工后,织田信长命南化和尚作《江州安土山记》,以极力颂扬安土城的宏伟壮观,文后附诗云:"六十扶桑第一山,老松积翠白云间。宫高大似阿房殿,城险困于函谷关。若非唐虞治天下,必应梵释出人间。蓬莱三万里仙境,留与宽仁永保颜。"安土城是织田信长新的居城,同时也是新时代的标志。此后织田信长纵横驰骋的时代,被称为"安土时代"。但是,"安土时代"并未持续多久。天正十年(1582年)6月的本能寺之变,宣告了这个时代的结束。

安土城复原图

天正九年(1581年)2月28日,织田信长为了庆贺平定一向一揆叛乱,在京都举行了盛大的"御马前"(阅兵式)。《信长公记》称其盛况为"见物成群集,贵贱惊耳目"。在场观礼的公卿吉田兼见则在日记里写道:"规模极尽华丽雄伟,实非笔墨可以形容。"当年8月,信长意犹未尽,又在安土城外搞了一次大阅兵,盛况毫不逊色于年初在京都的表演。然而历史证明,这已是最后的辉煌。

翌年2月14日夜,安土城东面的天空突然如血色尽染。耶稣会士弗洛伊士在他的《日本史》中这样描述:"自东方开始,天空忽然变得非常亮。信长最高的塔(指安土天主台)的上方被映成了恐怖的红色。这一景况一直延续到清晨。红光的高度很低,离开20里外就看不到了……"织田信长认为这是吉兆。果然,一个月后属下即向他奉上了武田胜赖的首级。然而观此景象,不免使人联想到一个名词:落日余晖。

当时织田信长麾下主要有六大军团:东山道军团,主将泷川一益;北陆道军团,主将柴田胜家;南海道军团,主将神户信孝(织田信长的三儿子);山阳道军团,主将羽柴秀吉——以后威震天下的丰臣秀吉;山阴道军团,主将明智光秀;最后是德川家康统领的军团,掌控东海道。当时,羽柴秀吉的军团继围困鸟取、重创毛利军后,又率大军杀入备中国(冈山),包围了毛利名将清水宗治守备的高松城,并掘开附近足守川水,以隔绝高松与外界的联系。后世间有"饿杀三木,渴杀鸟取,不用一兵,水淹高松"的民谣流传。

为了给高松城解围,毛利辉元亲统近5万大军前往。他两位叔父吉川元春和小早川隆景也随行。羽柴秀吉闻报,即写信向织田信长求援,称:"毛利辉元亲率数万骑与我对阵,欲救高松,两阵距离约十町",并称此时如能得到织田信长亲率军队"合力"即与之决战,则"将西国于当年中悉归于幕下之事,如在掌中"。织田信长接报,即令明智光秀前往备中国,自己则同长子织田信忠前往京都,打算在觐见天皇后率军出征。行至京都后,信长下榻于本能寺,而信忠则住在相隔不远的妙觉寺。他们当然不知道,危险正步步逼近。

事实上,明智光秀并没有履行织田信长让他驰援备中国支援羽柴秀吉的命令。他在6月1日率领11 000人大军离开居地丹波国龟山出征后,又重新折返龟山城,并召集麾下最亲信的五名部将,说明了自己的决心,并直言相告:"如有异意,请斩光秀之首。"五部将皆拜伏应允,并草就誓书、递交人质以表示自己的诚心。当天下午4时左右,明智光秀召集家中物头,称织田信长要检阅军队,并整队出发。普通士兵当然不知"阅兵"仅为借口,甚至其中许多人直到信长死亡,仍不明内中真相。6月2日清晨,明智叛军将本能寺包围得水泄不通。当时跟随在织田信长身边的,只有小姓数十人。明智光秀为防止织田信长夺路逃走,首先控制马厩,因此战斗首先从马厩展开。织田信长的小姓24人全部在此战死。寄宿附近的下属闻讯前来救驾,试图突入寺中,也都全部战死。织田信长手持弓箭迎敌,终因寡不敌众,最后负伤退入熊熊火光中的本能寺内室,切腹自杀。一代霸主在烈火中灰飞烟灭,时年49岁。下榻于妙觉寺的织田信忠闻讯后即疾驰本能寺,但终无法援救父亲织田信长。织田信忠虽有2000骑本队,但逃亡者甚众,最后仅率500士兵退入二条城,亦因众寡悬殊,自杀身亡,年仅26岁。据传,织田信长等的遗体由京都阿弥陀寺的开基清玉殓葬。

明智光秀究竟为什么谋叛?究竟有无同谋?对这两个问题,历代众说纷纭,莫衷一是。关于明智光秀叛变的主要原因,《总见记》《明智军记》《义残后觉》《祖父物语》《甲阳军舰》等史籍的记载各有一说。大致归纳,主要有野心、宿怨和求生三种说法,其中宿怨说拥趸较多。关于明智光秀发动本能寺之变究竟有没有帮凶,一说天皇朝廷与废将军足利义昭也参与预谋。甚至有认为羽柴秀吉、毛利辉元、德川家康等人亦参与谋划。真相究竟如何,尚有待进一步考证。

"本能寺之变"使织田信长统一天下的霸业戛然而止。事变后,不仅织田一族就此一蹶不振,而且诸国大名再次陷入战乱。但是,"江山代有英雄出",织田信长"天下布武"统一日本的大业,得到了他的部将羽柴秀吉(丰臣秀吉)的继承。

三、"天下布武路线的转换"

秀吉继承了织田信长统一日本的事业,但是并没有遵循他的路线。在武力统一受挫后,秀吉即改变策略,先与敌手德川家康和解,并与朝廷接近,以朝廷的名义征讨"逆贼"。所有这些,标志着"天下布武路线的转换"。①

关于秀吉的出生,其"御伽众"(公家或将军、大名侧近陪他说话的人)土屋知贞的《太阁素生记》有如下记载:"尾州爱智郡有中邮里,里分上中下,为三村。日吉者,其中中邮之人也。天文五年正月朔,日出时生,故名日吉。"②今译此段史料,可知丰臣秀吉天文五年(1536年)出生于尾张国(爱知县西部)爱智郡中村,即今天名古屋市中村公园附近、源于木曾川扇状地的庄内川河口三角洲一带。关于丰臣秀吉的家世,因众说纷纭,故不可考,但其非名门望族出身当可以肯定。《太阁素生记》记载,丰臣秀吉的父亲叫木下弥右兵卫,是织田信长的父亲织田信秀属下的一名足轻,后因负伤回乡当了农民。关于秀吉幼名,一说叫"日吉丸",又由于以出生时干支命名是当时一种风俗,日吉出生"申"

---

① 池上裕子:《织丰政权和江户幕府》,讲谈社,2002年,第132页。
② 若林力:《近古史谈全注释》,大修馆书店,2001年,第79页。

年,故小名"猴子"。永禄元年(1558年),"猴子"成为织田信长从仆,称木下藤吉郎。天正元年(1573年)改名羽柴秀吉,并随织田信长南征北伐,屡建战功。

"猴子"丰臣秀吉像

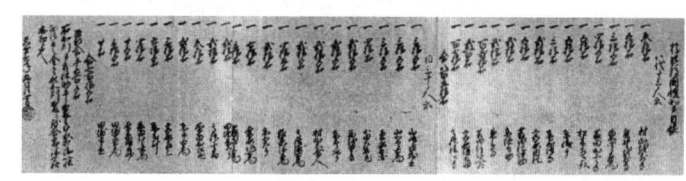

天正16年9月4日丰臣秀吉朱印状

天正十年(1582年)6月1日本能寺之变发生时,羽柴秀吉正围困高松,与毛利军对垒。6月3日闻讯后,羽柴秀吉隐瞒了织田信长的死讯,与毛利氏达成了和解,之后彻夜往京都进发,一路与织田旧部合流,总兵力达4万余。另一方明智光秀在谋反后,5日进入织田信长居城安土城,并攻城拔寨,平定了近江。可是明智光秀以后的行动却接连受挫,主要是其侧近不愿与之联手,使明智光秀势单力孤。此消彼长,明智光秀明显处于下风。10日,明智光秀惊悉羽柴秀吉正向京都进军后,尽起京都之兵,在山崎的八幡山以东的洞峠布阵。翌日,率军16 000人赶到京都附近的山崎以北,13日黄昏,羽柴秀吉大军赶到,双方在城外展开激战。史称"山崎合战"(又称天王山合战)。战端开后,明智光秀军士气涣散,节节败退。明智光秀欲趁夜色逃往近江坂本城,但在小栗栖(京都市伏见区)被当地土民刺伤。因无法继续行走,遂切腹自杀。此时距离本能寺之变仅短短11天,故后世讥称明智光秀"十日天下"。明智光秀留下辞世句:"逆顺无二门,大道澈心源。五十五年梦,觉来归一元。"

"山崎合战"后,羽柴秀吉进入了安土城。6月27日,由原织田信长重臣柴田胜家提议,织田信长之子信雄、信孝兄弟和柴田胜家、丹羽长秀、池田恒兴、羽柴秀吉4位重臣在清州举行会议,史称"清州会议"。会议首先商讨织田信长的继嗣。柴田胜家力推织田信孝继嗣,而羽柴秀吉力荐织田信长年仅3岁的孙子三法师(织田信忠之子,以后的织田信长)继任家督。经过一番争论,最后羽柴秀吉的意见占了上风。柴田胜家极为不满。其和羽柴秀吉的矛盾更加深刻。会议还商讨了领国分配,并各有所获。决议后,与会者和德川家康书写了"血判起请文"以志信守。清州会议以其结果昭告天下:织田政权正式解体。

10月15日,羽柴秀吉在京都大德寺为织田信长举行了隆重葬礼。织田信长的棺上刻有木像,号"总见院殿赠大相国一品泰岩大居士"。羽柴秀吉还在大德寺建立了总见院作为牌位所,捐钱 1 万贯。朝廷追封织田信长为从一位太政大臣。羽柴秀吉欲以此告知世人,他是织田信长的继承人。欲继承织田信长未竟的天下布武、统一日本的大业,羽柴秀吉首先采取的措施,是翦除其两个主要竞争对手:柴田胜家和织田信孝。12 月,趁漫天飞雪,料柴田胜家难以行动,羽柴秀吉向近江长浜城发起攻击,使柴田胜家的养子柴田胜丰降服,并在"贱岳合战"(贱岳位于滋贺县北部)获胜后,于翌年 2 月 23 日包围了北庄城。翌日晨,柴田胜家登上天守阁,将自愿求死的妻子、被誉为"天下第一美人"的织田信长的妹妹等杀死后,先放火、后自刃。羽柴秀吉挥师向织田信孝发起攻击。5 月 2 日,织田信孝在位于今爱知县美浜町的大御堂寺自刃。7 月 1 日,羽柴秀吉的另一个对手泷川一益降伏。

至此,织田信长统一天下大业继承者之争,宣告结束。除了旧武田领以外,原织田信长的版图完全转为羽柴秀吉的势力范围。5 月,羽柴秀吉致函毛利辉元通报战果,劝其跟随自己。羽柴秀吉在信中只字未提织田信长,而是提出要弘扬源赖朝以后的"日本之治",即以武家政权的创立者源赖朝的继承人自居,建立独立于织田信长的自己的政权。① 为了重建"日本之治",秀吉采取的第一个措施就是在大坂建立自己的据点。5 月 25 日,秀吉将原织田信孝领有的美浓国给了根据"清州会议"领有大坂的池田恒兴,令织田氏宿老池田恒兴父子迁居美浓。6 月 1 日秀吉进入京都,翌日在出席了织田信长的一周忌法会后,进入了大坂。9 月 1 日,秀吉开始了远比安土城雄伟的大坂城建设,于天正十三年(1585 年)完工。②

羽柴秀吉何以在大坂选建自己的"大本营",曾奉羽柴秀吉之命为他立传的大村由己在《天正记》中有如下记述:"秀吉选定摄津国大坂建城郭。大坂处五畿内之中央,东有大和,西有摄津,南为和泉,北靠山城。四方广阔,中间山岳巍然。绕山麓之大河为淀川之末,与大和川流汇合并即注入大海。"③ 确实,大坂位于畿内中心,紧邻京都和国际贸易港堺,海陆交通极为便利,其淀川流域广阔的平原地区土地肥沃,农业生产先进,周边小城之间的商业和手工业相当发达。但是,"秀吉所构想的,不仅仅是建立一个巨大的城郭,而是想使之取代'日本之治'的中枢即京都,成为日本新的都城"。④

如前节所述,安土城是织田信长新的居城,同时也是新时代的标志。此后

---

① 池上裕子:《织丰政权和江户幕府》,第 137 页。
② 大坂即今日的大阪,在代表武士时代结束的明治维新时,忌于"坂"字可拆为"士反",有"武士造反"之讳,故于明治三年(1870 年)更名为"大阪"。
③ 胁田修:《大阪时代和秀吉》,小学馆,1999 年,第 70 页。
④ 藤木久志:《天下统一和朝鲜侵略——织田·丰臣政权的实像》,讲谈社,2005 年,第 198 页。

织田信长纵横驰骋的时代,被称为"安土时代"。但是,与之对应,羽柴秀吉大坂建城后,虽然也有学者主张将他统治的年代称为"大坂时代"。但是这些主张没有被普遍接受。和安土时代构成对偶的是"桃山时代"。何故?

回答这个时代命名问题,有必要对丰臣秀吉的居所作一概述。大坂建城后,自天正十二年(1584年)至天正十五年的3年间,羽柴秀吉主要寓居大坂城。翌年,羽柴秀吉就任关白后,在京都"内里"(皇居)附近建造了一所豪华府邸,命名为"聚乐第"。天正十五年(1587年),聚乐第建成后,成为羽柴秀吉在京都的居所。聚乐第南至春日,西及朱雀,北有一条氏巨大府邸;四周围有石垣,并有铁柱铜扉,内有居室数百间,很多房间隔间之移门绘有天才画家狩野永德的四季花草,堪称富丽堂皇,美轮美奂。天正十五年至天正十九年(1591年)的3年间,羽柴秀吉主要寓居于此。文禄三年(1594年)伏见城建成后,羽柴秀吉迁入伏见,至庆长三年(1598年)。天正十九年至文禄三年主要居于何处,尚不可考。"伏见晚年的居城伏见城,后被称为桃山",至于何以称之为桃山,中山再次郎在《桃山城址》一文中有如下诠释:"大约在德川以后,城被摧毁后种上了很多桃树,桃花盛开,硕果累累。……如同今天那里有很多梅树,当时那里有很多桃树,故名桃山。于是,出现了桃山御殿的称呼,美术里也有桃山式这一名词。总之,桃山一名开始流传于世。"①

对羽柴秀吉来说,大坂建城在当时仅仅是欲实现"日本之治"的一个象征。真正迫切的政治任务,是平定东国。天正十二年(1584年)3月,在家督继嗣问题上对羽柴秀吉深怀不满的织田信雄及其拥护者德川家康同他的矛盾日益加深。是月,织田信雄杀了与羽柴秀吉勾通的3名重臣。以此为导火索,双方兵戎相见。织田信雄和德川家康均颇有势力,德川家康更是被认为当时除了羽柴秀吉以外,"当时日本最具有战争经验、最有实力的人物"。是时,羽柴秀吉率部向近江移动,首先对清州城内的织田信雄发起了攻击。但清州是织田故地,羽柴秀吉难以攻克。之后,织田军队与德川军队汇合后,双方进行了小牧·长久手之战。战后又多次发生小规模冲突,未见胜负。之后,根据羽柴秀吉提议,双方于11月15日达成和解。

羽柴秀吉清晰地看到,在实现"日本之治"、完成统一大业的道路上,德川家康是一个难以逾越的障碍。因此,羽柴秀吉开始改变织田信长式的"天下布武",即通过武力统一日本的路线,开始另辟蹊径——与朝廷接近。

在羽柴秀吉以武力征服敌手的同时,他在公家社会的地位也不断提高:从天正十年(1582年)10月的从五位下、左近卫权少将,至天正十三年7月任从一位、关白。翌年12月,武家出身的羽柴秀吉更是史无前例的升任率文武百官侍

---

① 胁田修:《大坂时代和秀吉》,第13页、28页。

奉天皇的身份制社会的顶点——太政大臣。"下剋上"风潮自此打上了句号。

有木下、羽柴姓的秀吉,以后自称平姓,在担任关白时又当了近卫前久的养子,改姓藤原。因为,非藤原而担任摄政、关白者没有先例。9月9日,他立新姓的奏请获得敕许,遂改姓"丰臣",从而创设了丰臣与源、平、藤、橘四姓平起平坐的"五姓"。以秀长、秀次为主的一族,以及宇喜多秀家等有力家臣亦从此改姓丰臣。此外,丰臣秀吉除了圆形朱印外,又启用了印文为"丰臣"的四方朱印,尺寸超过天皇印,主要用以外交文书。担任关白之后,丰臣秀吉在伊势神宫祈拜。自此丰臣秀吉出征时都前往伊势神宫领受纶旨,祈祷武运长久。而丰臣秀吉本身的征服战争则作为"圣战"受到神佛的保护。同时,丰臣秀吉作为关白致函奥州、九州、四国等地,称奉天皇敕命统治66国,要求停止纷争,服从朝廷命令,否则将根据敕命进行讨伐。由于当地诸侯不肯轻易就范,丰臣秀吉遂挥动干戈逐一将其"摆平"。

小牧·长久手之战后不久,丰臣秀吉向纪伊的根来、杂贺发起进攻,进而剑指两地背后的四国。四国的长宗我部元亲为避免战事四处奔走,但最终仍未能避免被武力征服。之后,长宗我部元亲获封土佐一国,成为丰臣政权的一个大名,长宗我部氏亦从此归顺,并在以后平定九州、侵略朝鲜时率先出阵。

四国平定后,丰臣秀吉即挥师征伐九州。天正十五年(1587年)3月1日,丰臣秀吉亲率25 000人大军离开大坂城前往九州,讨伐违背丰臣秀吉的"分国令"、侵入大友氏领地,几乎占领整个九州的岛津义久,并在4月17日大败岛津义久的军队。5月8日,岛津义久改名"龙伯",并剃光头、着黑衣,在太平寺(今鹿儿岛县川内市内)向丰臣秀吉表示臣服。丰臣秀吉予以赦免,并赐其萨摩一国,嘱其今后尊奉"叡虑"(天皇的话)、勉力忠功。毋庸赘言,所谓的"叡虑"实际是丰臣秀吉的命令。丰臣秀吉此时已俨然以天皇代言人自居。6月7日,丰臣秀吉在筑前的筥崎八幡宫(今福冈市内)将九州各国分封给各路诸侯,并命令复兴因战乱而荒废的博多。丰臣秀吉所采取的一系列措施,表明他此时已着手出兵朝鲜、与明朝为敌的准备。

九州平定后,尚未服属的仅剩关东和奥羽地区(今东北地区)。当时关东地区的北条氏和奥羽地区的伊达氏最有势力。丰臣秀吉认为,只要使两雄归顺,关东和奥羽即可纳入其势力范围,遂将荡平北条氏和伊达氏作为当时实现"日本之治"的重点,并向两地发出了令停止大名间"私战"的"惣无事令"。藤木久志在作为"惣无事令"研究之滥觞的《丰臣和平令和战国社会》一文中这样写道:"提出'惣无事令'之意义,是丰臣秀吉完成全国统一、君临诸方大名后,试图通过禁止大名们擅自行使暴力,达到一手掌控军事实权,实现国家'暴力'归于一统之目的。"[1]

---

[1] 斋藤慎一:《战国时代的终焉——"北条之梦"和秀吉的天下统一》,中央公论新社,2005年,第169页。

丰臣秀吉的第一个目标是关东。所谓"先礼后兵",丰臣秀吉先采取"和平"方式使之归顺。11月15日,丰臣秀吉通过德川家康,向北条氏当主(家督)北条氏直及其父亲北条氏政转达了"关东惣无事令",即"停战命令",要求归顺。之后,丰臣秀吉又遣富田知信向北条氏直提出了三点要求:1.停战,同意由其分封领国;2.上洛(赴京);3.出仕。最初北条氏直曾表示服从,双方达成协议,但北条氏旋即背约。于是,丰臣秀吉于11月24日向北条发出了"五条朱印状"(宣战通告),称:"氏直悖天道之理,对帝都施奸谋,必遭天罚。""对逆敕命之辈,当尽早诛伐。来年必携节旗进发,取氏直首级于旋踵之间"。①北条氏不甘示弱,亦积极备战。天正十八年(1590年)3月1日,丰臣秀吉统领大军离开京都向小田原进发。其先锋德川家康自2月已在前线完成备战态势迎候。3月29日,丰臣秀吉展开攻击。"小田原合战"就此爆发。曾在遭到上杉谦信、武田信玄攻击小田原时依靠"笼城战"退敌、此次亦构筑深沟高垒准备固守的北条氏,此次故伎重演,但未能奏效。最后,北条父子不得不放弃抵抗,在姻亲德川家康的劝告下于7月5日开城投降。丰臣秀吉念北条氏直是德川家康的女婿,放了他一条生路,将他流放至高野山。同时命其父北条氏政、其叔北条氏照、重臣松田宪秀等切腹自杀,将其首级送往京都,示众于一条戾桥。历5代百年的后北条氏历史,就此告终。嗣后,丰臣秀吉将北条领6国赐予德川家康,并进入江户,将德川家康的旧领五国收公,分封亲近部属。自此,丰臣政权的势力范围延伸至东海道一线,织田政权的发祥地被纳入丰臣氏的版图。

　　在北条氏降伏、关东平定之前,丰臣秀吉平定奥羽的计划已经获得落实。天正十八年(1590年)6月5日,原室町幕府的陆奥守护到达小田原,以一身死装(黑衣)拜见了丰臣秀吉,为违反"惣无事令"谢罪,并表示服属。丰臣秀吉遂令伊达政宗治理奥羽,并对顺从和违抗者进行赏罚,在一年内陆续平定了各地的反抗。同时对虾夷和人社会的整合也在进行。翌年正月,蛎崎庆广作为"虾夷之岛主"谒见了丰臣秀吉。秀吉甚喜,令其继续维持松前阿伊努人与和人的交易秩序,并向他颁发了赋予其船役征收权的朱印状,承认了其虾夷支配权。自此,虾夷地也被纳入丰臣秀吉的统治范围。丰臣秀吉的全国制霸,至此完成。

　　天正十九年(1591年)8月,丰臣秀吉痛失3岁嗣子鹤松,悲痛之至的丰臣秀吉,遂将关白一职"禅让"给其外甥(姐姐的儿子)丰臣秀次。但他作为"太阁"(退位的关白尊称太阁),且继续作为丰臣氏的家督,仍掌握着统领全体武士的最高权力。

　　随着全国的逐渐统一,丰臣秀吉为根据自己的意愿施行"日本之治"、巩固

---

① 桑田忠亲:《新编日本合战全集·5·天下平定》,秋田书店,1990年,第98页。

新生政权,首先推行了两项重要政策:"检地"和颁布《刀狩令》。

　　检地发生于丰臣秀吉"禅让"关白、自任太阁的同一年,故史称"太阁检地"。所谓"检地",就是通过土地检测,建立统一的全国土地制度。具体措施是:测量土地、统一计量单位;将土地分为各种等级,并规定相应的标准产量作为缴纳年贡的基准。具体内容是:将过去不统一的"一间"的长度定为6尺3寸;将原来的960步"一反"改为300步"一反";将田地分为上、中、下、下下四个等级,各规定标准产量——石数,上田为1.5石,中田为1.3石,下田为1.1石,下下田另行规定;以标准升"京升"统一各地区不相同的旧升;按标准产量的石数的2/3收取年贡;贯彻"一地一作人"的原则(每块耕地规定一责任人,既是所有权人,也是纳贡义务承担者)。检地非常严格,在命令实施检地的"朱印状"中明文规定,不管城主、土豪还是百姓,凡有反抗检地者,格杀勿论。据史料记载,奥羽地方一些抗拒检地的武士和百姓被全部问斩。①

　　丰臣秀吉早在天正十年(1582年)7月剿灭明智光秀后,即施行"检地"。此前其他战国武将为了重建土地制度,也曾进行过"检地"。但是,丰臣秀吉完成日本统一大业时进行的"太阁检地"的根本目的,是为了否定古代封建制即本领(世袭私领)制,将土地的最终所有权集中到自己手中;是为了提高农民生产积极性,巩固作为其统治基础的小农经济。同时,太阁检地也是为建立兵农分离体制、以编成军队为目的进行的一大土地改革,具有特殊意义。

　　颁布《刀狩令》解除农民武装,是丰臣秀吉巩固政权的又一重要措施。在中世纪,农民持有武器并不为法律所禁止。但是在战国时代,面对暴动频发的局势,农民拥有武器的危险逐渐为一些统治者所认识。在剿灭一向一揆后的越前,柴田胜家即施行过收缴武器的措施。天正十三年(1585年)丰臣秀吉在讨伐纪州的根来、杂贺一揆时,谴责高野山的僧侣怠疏于学问,用意于刀枪、火枪,并令一揆势力的最后据点田村的农民今后须用心于锄、锹等农具的准备、专念于耕作,实际上已经开始禁止僧侣和农民持有武器。天正十六年(1588年)7月8日,丰臣秀吉向大名、领主等统治阶层颁布了《刀狩令》,令其遵照执行。《刀狩令》共由3条构成,其中第一条可谓"本因"即真意,第二和第三条则是"建前"即冠冕堂皇的理由。其具体内容是:第一条,不准诸国百姓持有长刀、腰刀、弓箭、长枪、步枪及其他武器。持有这些武器不仅妨碍年贡缴纳,而且可能形成一揆反抗领主,必须予以禁止。此故,各国主、给人(领主)、代官应将上述武器收缴。第二条,收缴的长刀、腰刀、弓箭等不会浪费,而将用做制造建方广寺大佛所需的钉子、插销。将有助于百姓在来世获得拯救。第三条,中国在尧的时代为镇定天下,以宝剑利刀用以制造农具,而日本尚无此先例,百

---

① 《浅野家文书》五十九,天正十八年八月十二日条。

姓若专念于农业,则可奠国土安全、万民快乐、子孙长久安康之基础。是故,百姓当勉力农桑。①一些国主大名对此心领神会,仅向百姓传达了第二和第三条内容,隐匿了第一条内容。下令后1个月,仅在加贺江沼郡就没收了长刀1 013把、腰刀1 540把、枪矛160支。所收缴的武器确有用于寺院建设,但收缴武器的主要目的绝非如此。如多闻院英俊一针见血指出的,《刀狩令》"本质是为了防止一揆的发生"。②

在《刀狩令》颁布的同一天,以濑户内海地区发生盗船事件为契机,丰臣秀吉还向每个领国的大名、给人(领主)、代官颁布了《海上贼船禁令》,责成其让船头、渔民签署誓约,绝不从事海盗活动,由大名将誓约集中呈上。《海上贼船禁令》和《刀狩令》虽然内容不同,但是目的却是一致的,就是着令大名、领主等强化对农民和渔民的统治,勿使之走向统一政权的对立面。

天正十九年(1591年)8月,在规范"奉公人"和百姓身份的"天正十四年令"基础上,颁布了同样由三条内容构成的《身份统制令》,主要内容是:第一条,禁止奉公人的侍、中间、小者、荒子(侍奉武士不同等级的仆人)转为町人和农民;第二条,禁止农民放弃耕作从事商贩和租赁等业。将既不奉公又不耕作者逐出村庄。若有懈怠则唯给人(领主)是问。町人若收留、隐匿农民则罚其一乡、一町;第三条,禁止收容未经主人许可而出走之侍、小者等。若逃遁者以前的主人提出请求,当将其捕获、引渡。若纵其逃遁,则须砍下3人首级交给前主人。若不知行此令,则对主人问罪。③

需要强调的是,上述法令不仅巩固了丰臣秀吉新生的政权,而且强化了正式肇始于织田信长时代的"兵农分离"趋势。一般认为,日本中世到近世最重要的社会变化之一就是"兵农分离"。在日本武士抬头并建立武家政权的古代和中世纪,武士与农业经营者(中小地主、自耕农、农奴)并不存在截然的区分。如前章所述,在镰仓时代,被称为"地侍"的武士一般定居在村落,直接从事农业生产和经营。随着武士阶层势力的强化和武士支配体制的巩固,兵农杂居的状态逐渐崩溃,武士开始在城市集中,从而开始了"兵农分离"的进程。织田信长是实行"兵农分离"的真正先驱,同时又是这一政策的第一受益者。正是通过"兵农分离",织田信长建立了与其他战国大名的军事力量构成鲜明对比的军队,使他的"天下布武"进程得以迅速推进。

"兵农分离"作为历史的产物,作为一个近世概念和近世社会的重要特征,与身份制度密不可分。兵者,武士;农者,农民。前者支配后者。这,就是"兵

---

① 《小早川文书·天正十六年7月8日秀吉法令》,《日本史料集成》,第258页。
② 《多闻院日记》天正十六年7月17日条。
③ 《浅野家文书》二五八。

农分离"的本质。基本而言,兵农分离有以下三个要点:1.武士与农民身份的明确化;2.武士脱离农业生产和经营;3.武士在城市(城下町)集中居住。正是通过"兵农分离",以武士为统治阶级,以农、工、商为被统治阶级的"四民"等级制才得以形成,以此为基础的近世社会才得以建立。换言之,虽然诸多学者将"元和偃武"作为中世和近世的界碑,但是这一界碑的阶级基础是由丰臣秀吉奠立的。同时需要强调的是,丰臣秀吉虽然改变了织田信长"天下布武"的路线,但是仍延续了他的一些政策。主要有:

建立乐市乐座。为促进商业发达和城市繁荣,织田信长曾颁布了"乐市乐座令"。丰臣秀吉也继承了这一政策。天正十三年(公元1585年),丰臣秀吉下令京都诸座废止座头职等中间剥削;天正十五年(1587年)下令废止奈良、大和部分座的特权。当然,和织田信长的"乐市乐座"仅限于尾张、美浓、近江等织田旧领、并非鼓励自由竞争和鼓励自由交易一样,丰臣秀吉提倡的乐市乐座也并非为商人提供完全交易自由,而是为了使工商业者处于其控制下,确保其获得作为统治资源的商业利益。

减少关所。织田信长曾于永禄十一年(1568年)撤销了其势力范围内的"关所"(关卡),禁征"关钱",以打击关卡的设立者寺社和庄园领主势力,便于商人自由往来,发展工商业。丰臣秀吉继承了这一政策,在天正十年(1582年)6月底的"清州会议"上获得山城国后,当年10月即撤销了京都的关所。天正十三年7月丰臣秀吉担任关白后,更是采取了禁止向商人和商品征收"役钱"(税)的政策,并对违令者严惩不贷。9月18日,丰臣秀吉致函毛利、小早川、吉川,命令他们:"薄姓公家向诸国的牛征收役钱,恣意妄为,实不能容忍。凡征收役钱者,无论是公家还是世族,皆应予以拘捕。"被"通缉"的薄诸光因此被捕,死于非命。同年10月,丰臣秀吉的御用文人大村由己写道:"公家、武家、地下商人因诸役被废止、座被取缔而悦者众,悲者寡。"[1]

稳定通货。织田信长于永禄十二年(1569年)颁布了《择钱令》,规定"善钱"(良币)、"恶钱"(劣币)的交换比率。丰臣秀吉则更改铸统一货币,同时开发石见、佐野、生野等金银矿。

在平定"内乱"实现统一和巩固政权的征程上"策马扬鞭"的丰臣秀吉,同时也在谋划如何对付外来势力对他政权的威胁,以及"扬帆远航"对外扩张。

四、"从统一天下到侵略朝鲜"

在平定内乱、统一天下后,丰臣秀吉对外扩张的野心急剧膨胀。占领朝

---

[1] 池上裕子:《织丰政权和江户幕府》,第250—251页。

鲜,成为丰臣秀吉当时最基本的方针,其颁布的一系列内政外交政策均围绕这一方针展开。毋庸置疑,在丰臣秀吉欲实现这一野心的过程中,国内政策的强制推行和外交的侵略扩张是一对难以分割的"连体儿"。因此以"从统一天下到侵略朝鲜"①作为这一节的标题,似比较恰当,而且侵朝战争极大动摇了丰臣秀吉的统治基础,其本人也是在战争临近尾声的时候去世的。不过需要特别强调的是,侵略朝鲜仅是手段,占领唐国(明朝)、称霸亚洲,才是其最终目的。一系列史料可以提供佐证。

丰臣秀吉首次明确透露征服明朝野心,是在刚刚担任关白后不久给其家臣一柳末安的朱印状,称他不仅要统一日本,而且要征服唐国(明朝)。该朱印状只署有日期"9月3日",未署年号。经岩泽愿彦严密考证,当为天正十三年(1585年)9月3日。②需要强调的是,朱印状是官方文件而非私人信函。也就是说,当时入侵唐国,已提上政治日程。

翌年,在着手准备征服九州的时候,丰臣秀吉对黑田孝高等亲信大名表示,九州征服后的下一个目标是唐国(明朝)。③同年4月给毛利辉元远征九州的朱印状共14条,其中有一条明确提出"为渡海征服高丽做好准备"。④6月给对马大名宗氏的信函中也写道:"'已经将至东国的日本之地握于掌中,天下静谧。此番欲在观察筑紫动向的同时,出兵九州。此后,将派遣军队前往高丽国。'这番话无异于公开表示,九州动员仅仅是一种显示,出兵朝鲜才是目的。"但必须补充说明的是,这也不是最终目的。最终目的在两个月后的8月5日丰臣秀吉向诸大名发出讨伐违抗"惣无事令"的"九州动员令"时有明确表示:"征服唐国的计划原已在考虑之中。应充分利用敲打叛逆的岛津氏之良机,构建侵略态势。"⑤

从当时一系列动向判断,毋庸赘言,朝鲜仅仅是其进攻大陆的滩头阵地。

丰臣秀吉首次公开其侵略明朝计划,是在平定九州的前一年,即天正十四年(1586年)3月16日。该日丰臣秀吉在大坂城内会见耶稣会副管区长加斯帕·科艾洛(Gaspar Coelho)时声称,大致完成全国制霸大业后,他将出兵明和朝鲜,以"使威名传至后世",并委托加斯帕·科艾洛帮助购买两艘兵船。⑥

按照丰臣秀吉的考虑,欲征服明朝,当先征服朝鲜。因此在征服九州、使

---

① 池享编:《天下统一和朝鲜侵略》,吉川弘文馆,2003年,第51页。
② 《一柳文书》(东京大学史料编纂所藏)、藤木久志:《天下统一和朝鲜侵略》,讲谈社,2005年,第223页。
③ 《黑田文书》(东京大学史料编纂所藏)。
④ 《毛利家文书》。
⑤ 池享编:《天下统一和朝鲜侵略》,第225、256页。
⑥ 《耶稣会日本年报》(同年)。

岛津氏服属的天正十五年(1587年)5月,丰臣秀吉对北政所(丰臣秀吉正室)表示:"壹岐和对马均已提交人质服属秀吉。应尽早遣使朝鲜令其出仕日本内里。朝鲜若不服从则来年给予惩戒。秀吉将在'我等一期之内'将明纳入掌中。"①

在对外文件中,丰臣秀吉亦多次公开表示其侵略朝鲜、进而征服明朝的扩张野心。

天正十九年(1589年),丰臣秀吉致函印度的葡萄牙总督,称实现日本全国统一的丰臣秀吉,已经制定了征服明朝的计划。②同时致函吕宋(菲律宾)的西班牙总督,称丰臣秀吉本人在降生时已有治理天下之奇瑞。自立志统一日本后,历经10年实现了夙愿。此后使朝鲜、琉球服属、征服明朝,乃秀吉天赋之使命。是故吕宋亦当服属入贡。③

《加藤清正记》、《太阁记》等古籍称,丰臣秀吉所以征伐朝鲜,是因为痛失爱子鹤松的不尽悲哀需要发泄。此说从时间上看似不无道理。因为,丰臣秀吉痛失妾淀殿所生3岁爱子的第二天,即选定以室町时代后一直参与对明外交的五山的相国寺、南禅寺等寺院的高僧西笑承兑、惟杏永哲、玄圃灵三为入明僧,将聚乐第和周边的直辖领让给其外甥丰臣秀次,并通告诸大名翌年3月1日出兵,责令其做好出阵准备。亦有后世学者认为,丰臣秀吉出兵朝鲜是为了转移因天下平定而"失业"的武士们的愤懑,将武士们的不满引向国外,通过对外征服解决国内矛盾;为了和明重新开展堪合贸易。④另外还有学者认为,丰臣秀吉缺乏望族血脉,欲当"日本国王"、布威天下,需要借助武力征服。这些观点虽不无道理,但均只能作为解释丰臣秀吉发动侵朝战争的原因之一。最根本的原因是丰臣秀吉希望通过征服朝鲜进而占领大陆,成为亚洲的霸主,使自己名垂青史。

值得一提的是,早在1909年,日本鼓吹国权主义的史学家山路爱山就在其《丰太阁》一书的"征韩论"一节中,对所谓因痛失爱子而发动侵略战争,即视之为因"感慨人生之无常而采取的狂热行为"的观点提出了批评,并对丰臣秀吉何以"征韩"提出了未获得后世学者重视的两个原因。作为第一个原因,他指出:"如秀吉那样细心的人是不可能轻易采取不可思议的行动从事那样的英雄事业的。采取这一行动必另有原因。按愚见,当时在我国世界智识大开,对邻国的状态亦愈益明了,这是史家首先应该注意的……日本最初引进手枪仅

---

① 《妙满寺文书》(东京大学史料编纂所藏)。
② 《富冈文书》(东京大学史料编纂所藏)。
③ 堀正意:《朝鲜征伐记》,万治二年(1569年),名古屋市蓬左文库所藏。
④ 桑田忠亲:《新编日本合战全集·5·天下平定》,第115—116页。

因视之为珍奇物,但不久日本即成为东洋能够制造手枪和使用方法的一个特殊国家。城郭之制、矿山的开凿法骤然改变,棉花、烟草得以种植并成为国民日常所用,衣食方面亦发生极大改变。毋庸赘言,想到这些变化,可以认为当时日本人对海外情况并非无知。虽然这些似和征韩没有直接关联,但是却开启了日本人的心智,使之认识到自己乃世界一员,并不久成为使之欲用武于世界之动机。""使日本国民之壮志雄心转向大陆的第二个原因是对和(倭)寇的追怀"。山路爱山随后在列举了倭寇屡屡侵扰朝鲜的史实后指出:"观仅隔对马海峡朝鲜的文弱可欺,以及作为其宗主国的邻国明国的神气活现,当然难耐垂涎之欲。至当时明国势力渐次衰微,甚至对强国之威力亦常疏于防备、逐渐丧失独立之实力,已经统一的日本之武力、将挥舞的铁拳砸向大陆,毋宁说乃题中应有之义"。①

丰臣秀吉当时举兵侵略朝鲜亦不能排除历史和地理因素。追溯历史,早在4世纪,大和政权就在朝鲜半岛的"任那"地区建立了殖民地。日本在朝鲜的势力时进时退,最盛时曾一度打到平壤附近。663年8月28日,为了帮助被唐朝、新罗联军灭亡的百济复兴,当时的倭国与唐朝进行了一场决定性的战役——白村江之战。此战的惨败,使得日本在此后900多年间不敢再入侵朝鲜半岛,并使日本对大唐心生敬畏,开始努力学习唐朝各种先进的制度、技术与文化。然而,此一时,彼一时,明朝国势如江河日下,大唐盛世早已不再。丰臣秀吉当时举兵征韩,自有其内在历史因素。就地理位置而言,日本孤悬海外,"朝鲜半岛如一把匕首指向日本列岛",向大陆发展,唯经朝鲜一途。

总之,丰臣秀吉侵略朝鲜,固与国内局势和其个人野心等相关,亦与日本觊觎朝鲜的历史因素和地理因素不无关联。

以上述事实为背景,在征服九州后,丰臣秀吉即命令对马领主宗义智要求朝鲜入贡。与朝鲜有着长年外交关系的宗氏很清楚,如果照实转达朝鲜必不会同意,但抗命则将被剥夺对马的领知权,于是让家臣柚谷康广充任"日本国王"使节前往朝鲜,告知朝鲜丰臣秀吉已任日本国王,要求朝鲜派遣通信使前往祝贺。但朝鲜认为丰臣秀吉是篡位,并称"化外之国不可则以礼仪",不愿遣使祝贺。

天正十七年(1589年),丰臣秀吉命宗义智亲往朝鲜交涉。宗义智遂让博多圣福寺住持景辙玄苏为正使、自己为副使,并携博多豪商岛井宗室等前往朝鲜履命。宗义智等到达朝鲜后,日方代表小西行长提出了上述要求。最终,朝鲜总算同意,于天正十八年(1590年)7月派遣黄允吉为正使、金诚一为副使,

---

① 山路爱山:《丰臣秀吉》(下),岩波书店,1996年,第180—185页。该书原作为1909年出版的《丰太阁》后编。

由宗义智陪同到达京都,景辙玄苏随行。

黄允吉一行到达京都后,丰臣秀吉视其为臣属而非使节,直至11月才在聚乐第接见朝鲜使节一行。黄允吉呈上了表示祝贺的国书,丰臣秀吉赏其"入朝",让使节转交了给朝鲜国王的复函。复函语气傲慢,不仅不称"国王殿下"而称"国王阁下",并称"贵国先驱入朝"(对来访的属国使节才称"入朝"),俨然将朝鲜视为属国,而且提出了3点要求:1.统一天下和异域是上天赋予丰臣秀吉的使命;2.要求朝鲜与日本共同征伐明国并担任"征明向导";3.要求朝鲜服属、入贡。复函还露骨地表示:"予入大明之日,将士卒临军营,则弥可修邻盟也,予无愿也,只显佳名于三国。"①对这一俨然以对待臣属国的语气拟就的复函和无理要求,朝鲜使节当即表示抗议,并拒绝接受复函。景辙玄苏遂按宗氏授意,对复函原意进行"解释",称复函中提出的要求只是"假道入明",即通过朝鲜进入大明。之后,宗义智和小西行长为使丰臣秀吉收回让朝鲜担任"征明向导"的成命而奔走,同时继续要求朝鲜同意"假道入明"的要求。天正十九年(1591年)6月,接受明皇帝册封、奉大明为宗主国的朝鲜正式拒绝日本"假道入明"的要求。于是,日本开始加速备战进程,发动侵朝战争。这场战争,日本史称"文禄、庆长之役",中国和朝鲜则称"壬辰战争"。战争主要在朝鲜半岛南部的整个地区和北部的东部沿海地区展开。

天正二十年(1592年)正月,丰臣秀吉令诸大名的兵力往肥前(佐贺、长崎)名户屋集结,并在3月13日组成了第一次远征军,共约16万人。各路人马编成9个军,由宗义智、小西行长率第一军;加藤清正、岛锅直茂率第二军;黑田长政、大友义统率第三军;毛利吉成、岛津义弘率第四军,这4个军均由九州部队组成,另外几个军则分别由四国、九州、广岛、冈山、近畿和中国军队组成。另由藤堂高虎、早川长政、毛利高政、九鬼嘉隆、加藤嘉明、胁阪安治、服部春安等担任舟奉行(水军统领),负责运输和海上警卫。各军依次向壹岐和对马移动,准备渡海作战。3月上旬,第一至第三军按预定计划从名户港启航至壹岐、对马做好了出航准备:一旦再次向朝鲜提出的"假道入明"的要求遭拒,即发动进攻。丰臣秀吉亦离开畿内亲往肥前名户屋指挥。4月7日,交涉以失败告终,战争随之爆发。

1592年(日文禄元年,明万历二十年,朝鲜宣祖二十五年)4月12日,宗义智、小西行长率领的第一军约18 700人分乘700余艘战船从大浦启航,顺风满帆,当天下午5点左右即在釜山登陆,晚上在绝影岛安营。翌日凌晨,日军向釜山城发起猛攻,8点左右即将釜山攻陷。釜山守将郑拨中弹身亡,1 200余守城士兵被斩首,日本军队亦伤亡惨重。郑拨的阵亡碑上有:"一天内,有三

---

① 《续善邻国宝记》,载《改订史籍集览》21。

个地方贼死尸堆积如山。"翌日,日军又攻陷了釜山以北约8公里的东莱城。府使宋象贤自知难以抵挡,遂在铠甲外面穿上官服,坐待日军士兵斩杀。此战朝鲜方面死伤3 000余人,被俘500余人。

　　加藤清正所率第二军和第三军在4月17日和18日分别在釜山和安骨浦登陆。第四军至第九军亦在4月中旬至5月初依次在釜山登陆,随前面各军向京城挺进。沿途不少朝鲜将士奋力抗敌,事迹可歌可泣。日军大肆蹂躏朝鲜民众,四野一片惨状。日军军势凶猛,加之朝鲜面积狭小,日军很快逼近京城——汉城。接战报,汉城内一片恐慌。朝鲜国王宣祖于29日拂晓匆匆往开城避难。面对日军军势,朝鲜守将全无斗志,受命防卫京城的留都大将军李阳原、都元帅金命元未及一战即弃城逃走。接到攻陷朝鲜京城的战报,丰臣秀吉于5月8日致函关白丰臣秀次,提出了征服大陆后的25条分国方针,其中第18条称:"叡虑(后阳成天皇)可为后年(文禄三年,即1594年)行幸大唐都城(北京)。"都回之国(北京周边)10国,可为天皇领地。众公家可从中获取知行(经营权)。第19条称:"秀次任大唐关白,获北京周边100国。日本关白由羽柴秀保或宇喜多秀家担任。"第20条称:"由皇太子周仁亲王或皇弟智仁亲王任日本天皇。"①5月下旬,宇喜多秀家到达京城受任京城守备。5月27日,日军渡过临津江,兵不血刃进入开城。此前,宣祖已逃离开城前往平壤。日军旋即向平壤进犯,宣祖再次弃城往北逃难,守城军队亦随之逃亡,日军再次兵不血刃占领平壤。其余各路日军也进兵迅速,攻城拔寨,在两个月时间内,朝鲜的三都(京城、开城、平壤)全部陷落。朝鲜军队节节败退。朝鲜国王急遣使向明朝求援。藩属国求援,宗主国自不能坐视。更重要的是,当时明朝政府认识到"关白之图朝鲜,其意实在中国",②遂决定发兵援朝。万历二十年(1592年)6月下旬,明朝派辽东副总兵祖承训率领5 000明军开赴朝鲜。祖承训建功领赏心切,于7月16日黎明在对日军毫不了解的情况下轻敌冒进突入平壤城,与守城的700日军展开巷战。结果由于明军全是骑兵,不利进行巷战,招致惨败。

　　日军陆路虽然频传"捷报",水路却遭重创。开战当年,即1592年5月4日,全罗道左水使(一说朝鲜庆尚道水军统制使)李舜臣率85艘战船组成的船队从丽水启航,5月7日在玉浦与藤堂高虎率领的、由50余艘战船组成的日军水师展开激战,焚毁日船26艘,击沉5艘,取得了抗击日军的首场胜利。翌日再战,又击沉日军大中小战船13艘,令日军落荒而逃。5月29日,李舜臣在泗川海战中动用了秘密武器"龟甲舰",将与之交战的13艘日船全部击

---

① 天正十八年5月18日丰臣秀吉致丰臣秀次朱印状,载《古迹文征》,前田尊经阁文库藏。
② 明援朝经略宋应昌语,见《明史·纪事本末》卷六十二。

沉。6月2日,李舜臣在唐浦海战中击毙九州大名龟井真矩。6月5日,荡涤加藤清正属下33艘战船。6月6日,全歼来岛通久率领的船队,并将来岛通久击毙。7月8日,李舜臣又在闲山岛海战中击败胁坂安治率领的水军,击毁敌船39艘。7月10日又击沉九鬼嘉隆的"旗舰",并焚毁日船42艘。李舜臣带领朝鲜水军所取得的一连串胜利,使朝鲜完全掌握了制海权。朝鲜国王为了嘉奖李舜臣,特设立"三道水军统制使"一职,由李舜臣担任此职,统率朝鲜三道水军。8月29日,李舜臣对日军侵朝根据地釜山发起攻击,切断了日军和本土的联络。朝鲜水军的胜利,极大地鼓舞了朝鲜民众组成的义军士气,同时阻止了日军在全罗道登陆,切断了日军的运输线,使日军在战略上遭受严重挫折。8月29日,明朝沈惟敬遣使向占领平壤的小西行长提出和谈建议,小西行长提出贸易开港要求。沈惟敬要求50天后答复获得同意。事实上,明在议和同时,于10月在沈阳集结了近5万步兵和骑兵。11月下旬,沈惟敬前往小西行长营帐传言,称:"明的使节即将到达。"之后返回。史实证明,这是明麻痹日军的计谋。12月23日,前往日军营帐的不是明和谈使节,而是李如松率领的明军主力,明军踏过冰封的鸭绿江和8 000余朝鲜军汇合后,总数号称10万大军。

1593年正月6日,明、朝联军包围了驻屯平壤的日军,并于7日发起总攻。明军凭借新式火炮优势击败小西行长,连克平壤、开城。据史籍记载,日军鸟铳射程不达200米,而明军火炮的射程最远可达3 000米,将增援小西行长的大友义统吓退。正月24日,李如松在开城召集各路将领研究下一步作战计划。由于各路将领意见不一,作战计划暂未确定。于是,李如松派副总兵查大受等率3 000明军往京城方向侦察。正月27日,查大受军与日军小早川隆景部下加藤光泰部遭遇,双方交手后,日军败退。但日军主将小早川隆景接报后率军2万在碧蹄馆将明军查大受部包围,时李如松正好率1 000轻骑出来查看地形,得知查大受被围即刻杀入重围营救查大受。由于双方兵力悬殊,明军又未带任何火器,难敌日军火枪,情况十分危急。所幸杨元率领1 000明军星夜驰援。小早川隆景高估了援军数量,率军撤回京城。而在碧蹄馆战役尝到败绩的李如松撤回平壤后,渐失战意。双方遂停战并会谈媾和事宜。日方提出的媾和条件是:1.明朝向日本派遣媾和使节;2.明朝军队撤回辽东。明朝方面提出的条件是:1.送还被加藤清正俘虏的朝鲜两个王子;2.日军从京城撤退。

在双方会谈时,明军奇袭了日军粮仓,将日军粮烧毁。明的策士沈惟敬更威胁日军,称40万明朝大军即将到达,要求日军撤出朝鲜京城。日军为之震慑,要求明朝遣使以便会谈。明朝军队遂派谢用梓、徐一贯假作明皇使节前往日营会谈。4月17日,日军撤出京城,随朝鲜两个王子和明使一起南下。4月

28日,曾任侵朝先锋的九州各部队开赴尚州、其他部队至5月中旬撤至釜山。石田三成等携明使于5月15日回到名户屋。见明使到来,丰臣政权中不乏对和平表示乐观人士。伊达政宗称:"若太阁致辞表示欢迎,和议当即可成立。"德川家康欣喜地认为:"大明使节前来致歉。"丰臣秀吉本人也在给"正室"北政所的书信中认为:"因明派来敕使,故提出几项条件获得明朝接受后,即可凯旋。"①于是,丰臣秀吉接见明使,提出了7项媾和条件:1.日天皇迎娶明皇帝公主作为皇妃;2.重开日明官、商贸易;3.两国签署通好誓约;4.向日本割让朝鲜八道中的南部四道(庆尚、全罗、忠清、京畿);5.将朝鲜1名王子和12名大臣作为人质送往日本;6.将加藤清正捕获的两名朝鲜王子送还日本;7.朝鲜签署永不与日本为敌的誓约。小西行长和沈惟敬料自视甚高的明朝绝不会同意这些条件,困惑之余,小西行长遂派家臣小西如安(内藤如安)作为和谈使节随明使一同前往北京。由于明朝政府内部对日方的条件意见相左,小西如安无奈长期留住辽东。最后,明朝政府在是年12月30日达成一致意见:册封丰臣秀吉。小西如安遂得以于1593年2月7日进京。

其实在小西如安赴京时,为了使明朝能够接受这些要求,小西行长和沈惟敬已经为其准备好了一个必备文件——丰臣秀吉的"上表"。因为早在前一年,即1592年9月,明朝已要求丰臣秀吉必须向明皇帝呈递上表(作为臣属向皇弟递交的文件),表示臣从朝贡,否则免谈任何条件,并着令沈惟敬赴日向丰臣秀吉提出此项要求。此番日明议和,沈惟敬深知丰臣秀吉根本不可能呈这样的上表,无法向他提出这一要求,遂与小西行长商议。最后,两人作出了一个大胆的决定:伪造上表,且在表文中称:"深望获得册封藩王之称号。"幸携带了这一"上表",小西如安得以赴京。针对日方的要求,明朝也提出了议和条件:1.日军全部撤出朝鲜,不留一兵一卒;2.册封丰臣秀吉为日本国王,但不求任何贡市;3.日本和朝鲜修好。两国同为明朝属国,日本不得侵犯朝鲜。②小西如安表示"向天地神明起誓,尊奉此三条要求"后回国。

1595年正月13日,明册封正使离开北京前往日本,于7月7日到达堺(大坂附近)。9月1日,明使节在大坂城谒见了丰臣秀吉。翌日,丰臣秀吉设宴款待明使,并令西笑承兑诵读明皇帝国书。对前此小西行长、沈惟敬所作所为一无所知且根本没有归顺之意的丰臣秀吉闻国书称"特封尔为日本国王",只字未提他提出的7项要求,勃然大怒,决意再次出兵征伐。第二次侵朝战争因此爆发。根据年号和干支,这场战争日本称"庆长之役",朝鲜称"丁酉再乱",全部在朝鲜半岛南部展开。

---

① 山室恭子:《黄金太阁》,中央公论社,1992年,第123页。
② 诸葛元声:《两朝平壤录》。

这场战争所以没有扩大至半岛北部,主要因为丰臣秀吉发动"文禄之役"的目的是占领朝鲜,然后进攻明朝,而此次丰臣秀吉发动侵朝战争的主要目的是为了通过武力,实现前此提出的割让朝鲜南部四道的要求。事实上,丰臣秀吉在1593年5月向浅野长政等提出"和议7条"草案时,就指示他们要做和战两种准备。在和谈尚在进行时,已命令诸大名向朝鲜军队的据点、庆尚道晋州城发起攻击,试图制造既成事实。

庆长二年(1597年)2月,丰臣秀吉在集结起接近第一次侵朝的12万余兵马后,命令诸大名出兵朝鲜。重新登陆朝鲜的日军在朝鲜南部分成两路侵入庆尚、全罗、忠清3道,并和明、朝联军主要进行了如下战役:同年7月庆尚道巨济岛海战、同年8月全罗道南原城之战、同年9月忠清道稷山之战、同年11月庆尚道蔚山之战、1598年10月庆尚道泗川之战、同年11月庆尚道露梁海战。

巨济岛海战,朝鲜水师遭藤堂高虎所率日本水师重创。丰臣秀吉见机于7月末下令日军发动总攻。日军遂以小早川秀秋为主帅,陆上分两路进攻:右路军主将毛利辉元,先锋加藤清正;左路军主将宇喜多秀家,先锋小西行长,攻取南原。海军由藤堂高虎率领,配合左路军全力进攻南原。8月初,日军开始进攻全罗道。8月13日,左路军小西行长进攻南原,明军副总兵杨元率军3 000守城,终因寡不敌众,杨元负伤,南原失陷。8月中旬,日右路军先驱在加藤清正率领下攻陷黄石山,直逼朝鲜京城。9月7日,黑田长政率军进攻稷山,明军的后续部队前往增援,与守城将士击退了日军进攻。

面对纠缠战局,朝鲜政府不得不于9月再次起用前此朝廷听信谗言而革职的李舜臣。但此时的朝鲜水军仅存残余战舰12艘,实力大不如前。李舜臣一边以残存水军迎击日本水军,不断以少胜多,一边扩大水军。9月16日,李舜臣在鸣梁海峡击败了10倍于己的日本水师,击毙日军主将来岛通总。

稷山和鸣梁海峡两战阻遏了日军的攻势,并使明、朝联军转入战略反攻。11月,明、朝联军分三路向南推进。日军慌忙后撤,分别以加藤清正守蔚山、小西行长守顺天、岛津义弘守泗川。12月22日,明军猛攻蔚山。加藤清正"笼城"固守,至日援军赶到,明军屡攻不下,被迫撤退。1598年8月18日,丰臣秀吉在伏见城内病殁,终年63岁(一说62岁),结束了"波澜万丈",亦是遗臭万年的一生。临终留下一首辞世歌:"随露珠凋零,随露珠消逝,此即吾身。大坂之往事,宛如梦中之梦。"

根据丰臣秀吉遗命,"五大老"秘不发丧,以丰臣秀吉名义指示在朝各军撤退回国、力争最体面的议和。但尽管如此,此情报仍为明、朝联军获知,并决定进行阻击。①岛津率部因此在泗川和朝鲜军队展开激战,后获得增援才侥幸

---

① 《宣祖实录》宣祖三十一年8月癸酉、丙子条。

脱身。

从该年9月起,明、朝水军不断在海上截击撤退回国的日军舰队,使日军遭受巨大损失。11月15日,最后撤退期限已至,但小西行长被李舜臣截住。18日,岛津义弘率舰队前往增援小西行长。19日,明、朝水军和日本水军在庆尚道露梁附近海面展开了"文禄·庆长之役"规模最大的海战——露梁海战。此战日军遭毁灭性打击,被击沉、焚毁战船约400艘;伤亡数万人。明、朝水师亦损失惨重,李舜臣与明水师将领邓子龙双双战死。至是年年底,日军全部撤回,庆长之役(丁酉再乱)结束。

值得特书一笔的是,日军在入朝后行动极为残虐。战争爆发当年7月,日本丰后臼杵大名太田一吉属下、作为医僧从军的臼杵安养寺的庆念,在釜山上岸,8月进入全罗道。他在留给后世的《朝鲜日日记》中,对沿途所见日军的残虐暴行作了如实记载:"日军士兵恣意砍杀,被绑在竹竿上的尸首腐烂发臭。父母哭儿子,儿子寻父母,其惨状前所未见。"对全罗道南原城朝鲜人遭到大肆杀戮的惨状,庆念也作了记录:"城内无分男女皆被残杀抛尸。"①另外,由于此次侵略丰臣秀吉命令不问男女僧俗,皆以鼻子取代首级邀功,由"军目付"清点并出具"鼻请取状"。并在京都方广寺前建造了"鼻塚"。因此日军不仅大肆虐杀,而且将许多朝鲜民众削去鼻子,不问男女老幼。据记载,吉川氏统计有18 350个鼻子,锅岛氏统计有19 001个鼻子。②但是,"多行不义必自毙"。这场战争使日本各藩国人力物力损失极为惨重,并成为使丰臣政权垮台的重要原因。

五、"吉利支丹时代"的兴衰

大致从16世纪中叶至"锁国"前的17世纪30、40年代近一个世纪,是"西学东渐"影响日本的一个世纪。这个世纪在日本历史上被称为"吉利支丹时代"("吉利志丹"即基督教之音译)。

地理大发现后,"西势东渐"日盛一日。以此为背景,日本开始了同西方世界的联系。而日本对外关系的这一划时代变化,同东西方世界同时发生的历史性变动密切相关。

在西方,由于奥斯曼土耳其的崛起,当时不仅通往东方的陆上通路为奥斯曼土耳其所扼,而且随着1453年君士坦丁堡的陷落和东罗马帝国的灭亡,从希腊到东地中海的海上通道也成为奥斯曼土耳其的势力范围。因此,如何从

---

① 庆念:《朝鲜日日记》,见内藤隽辅:《文禄·庆长役被虏人研究》,东京大学出版会,1976年。
② 大河内秀元:《朝鲜记》,载《续群书类从》20辑下;《续续群书类从》四;《锅岛家文书》115号。

东地中海直达东方,成了当时商业日益繁荣、亟欲寻找外贸市场的葡萄牙的一大课题。同时,东方几乎遍地黄金的传说,也对西方世界产生极大诱惑。迪亚士、哥伦布、达·伽马的远航,即产生于这一时代背景。随着"新世界"被发现,为了避免葡萄牙和西班牙发生摩擦,教皇亲自斡旋,使两国于1494年6月7日签订了《托尔德西拉斯条约》,规定子午线(即"教皇子午线")西部新发现的地域属西班牙势力范围,东部新发现的地域则属葡萄牙势力范围。这一条约,是殖民主义分割势力范围的第一个条约。另一方面,马丁·路德领导的宗教改革向基督教世界发出的挑战,强化了后者的危机意识,促使其不得不进行自我完善和调节。16世纪初的宗教改革运动正是在这一背景下兴起的,而向东方传布"天主的福音",是这场运动的重要使命。一言以蔽之,经济和文化需求,是西势东渐的基本动力。

在东方,中国和日本、朝鲜等国自古以来构成了所谓的"东亚秩序"。"东亚秩序"主要由文化、政治、经济三大关系构成。文化关系是所谓的"汉字文化圈",包含以汉字为核心的四大要素:汉字、以汉字为媒介的儒教、佛教、律令制。政治和经济关系是作为中国和周边邻国宗属关系的"册封体制"和以政治关系为本质、以经济贸易关系为形式的"朝贡贸易"关系。"册封体制"和"朝贡贸易"关系是"东亚秩序"的两大支柱。由于"东亚秩序"的存在是以强大的中国为基础的,因此中国国势的强弱必然影响"东亚秩序"的命运。中国自唐朝由盛转衰,"东亚秩序"的两大支柱受到严重破坏。前述文禄·庆长之役的爆发,即与之密切相关。

西势东渐态势的形成和"东亚秩序"的破坏,为日本融入世界提供了基本前提。正如克莱因和滨下武志所言:"16世纪和17世纪,欧洲人之所以能够对中国附近海域进行渗透,完全是由于该地区内部和地区间权力关系本身发生了特殊变化。"[1]西方人要想在东方做生意,只能加入早已建立的"作为该地区一切关系之基础的……纳贡贸易网,在其中建立一个切实可行的据点"。[2]正是中日朝贡贸易关系——堪合贸易遭到破坏,"葡萄牙人才得以充当以中国的丝绸换取日本的白银这一有利可图的买卖的中间商"。[3]1510年,葡萄牙人在印度果阿设立了总督府后不断深入亚洲,并在1543年进入了日本:日天文十二年8月25日(1543年9月23日),一艘开往宁波的葡萄牙商船因遭遇暴雨

---

[1] Peter W. Klein: *The China Sea and the World Economy Between the Sixteen and Nineteenth Centuries: The Changing Structures of World Trade*, in *Interaction in the World Economy: Perspectives from International Economic History*, edited by Carl-Ludwig, London, 1989, p.86.
[2] 见贡德·弗兰克著、刘北成译:《白银资本——重视经济全球化中的东方》,中央编译出版社2000年版,第167页。
[3] L. L. Ahmed: *A Comprehensive History of the Far East*, New Delhi, 1981, p.261.

漂流到了日本九州的种子岛(今鹿儿岛境内),船上的三个葡萄牙人携带有"用眼瞄准,火便从一穴孔中放出,莫有不击中者。其发也,如挈电光,其鸣也,如惊电之轰,闻者莫不掩耳"的火绳枪。这一著名的"铁炮传来记"(日语中的"炮"释义为枪)是日本人与西方人的最初接触。之后,葡萄牙商人不断进入日本。但是,正如川崎庸之和笠原一男所指出:"东进的葡萄牙商人的活动,如果仅仅是一种经济现象的话,那还不能说它具有很大意义。附随于那些冒险商人的活动,甚至可以说制约那些活动的基督教教团的动向,才使那些活动变得复杂而多彩。"①

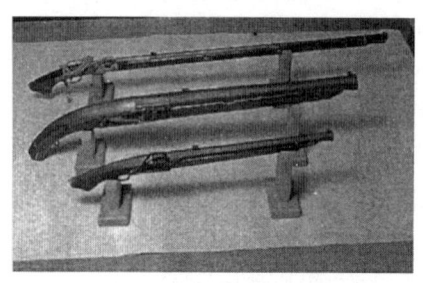

当年的"铁炮"(火绳枪)仿制品

另外需要说明的是,根据《托尔德西拉斯条约》,东方本应属于葡萄牙的势力范围,之所以由西班牙人罗耀拉创立、核心成员主要是西班牙人的耶稣会首先进入东亚,是因为:1.耶稣会在葡萄牙建立了神学院,从而在西班牙传教士和葡萄牙商人之间建立了精神联系。2."前往东亚传教,实际上是在以恢复因宗教改革而丧失的地盘为目标的罗马教皇的名义下,依靠西班牙、葡萄牙的王室对传教的保护而推进的"。②正因为此,耶稣会士如影随形,跟着葡萄牙商人进入了日本。

海老泽有道指出:"考察不仅是世界布教的先驱者,而且在世界文化交流史上扮演了重要角色的耶稣会在东亚的活动及其影响,必须充分把握耶稣会本身的特性。"③确实,耶稣会所以能够成为西学东渐的先驱,同其有别于其他教派的特征不无关系。耶稣会具有森严的等级,强调忠诚和绝对的服从,强调手段为目的服务,承认并允许应时、应地、应人作适当的妥协的基本特征,使以"为了天主更大的荣光"为宗旨、以"向全世界的被造物传播福音"为誓言的耶稣会能够成为西学东渐的先驱。

1540年9月,罗马教皇颁布教谕,承认了由前此多次被视为异端分子而遭宗教裁判所逮捕的罗耀拉成立的耶稣会,并根据葡萄牙国王提出的在东方提供宗教帮助的要求,命令耶稣会赴东方传教。罗耀拉的弟子、耶稣会的最初成员方济各·沙勿略(St Francis Xavier,1506—1552年)毫不犹豫地接受了教皇的派遣,成为在新的历史背景下将基督教传入东方的第一人。

1541年4月7日,沙勿略一行搭乘葡萄牙的"圣地亚哥"号船从里斯本出

---

① 川崎庸之、笠原一男:《体系日本史丛书》第18卷《宗教史》,山川出版社,1979年,第267页。
② 箭内健次编:《锁国日本和国际交流》(下),吉川弘文馆,1988年,第80页。
③ 海老泽有道:《南蛮学统的研究》,创文社,1978年,第3页。

发后,经过6个月的航行到达了印度果阿。在印度的传教业绩使沙勿略被誉为"印度的使徒"。

在西方势力进入日本之前,日本人对世界所知甚少,西方人对日本亦不甚了了。日本的确切情况始终没有被西方人探明,以至它在世界地图上不是被当作美洲加利福尼亚近海的一个大岛,就是被当作阿留申正南面的一个小群岛。"对他们来说,所谓的'Zipangu'(日本)仿佛是一个海市蜃楼般的国家"。①

"历史是必然的,也是偶然的。必然性往往存在于偶然性之中"。一个偶然的机会,使沙勿略决意赴日本传教:1547年12月底,沙勿略正在为一对新人举行婚礼时,葡萄牙商船船长阿尔瓦雷斯(Jorge Aluarez)向沙勿略介绍了一个"黄皮肤,眼角略向上挑的异邦人",告诉他此人是5年前葡萄牙人刚刚发现的"Zipangu"国的人,叫弥次郎,35岁,原来是一名武士,因杀了人受到追捕而遁入寺院。弥次郎向他介绍了有关日本的一些情况,使他极为兴奋。翌年,在进一步了解了有关日本的情况后,沙勿略决意赴当地传教。在给耶稣会葡萄牙地方管区长梅斯特莱·西曼尼的信中,沙勿略表达了这一意向。②

1549年4月,沙勿略和西班牙籍神父托尔雷斯(Cosme de Torres,1497—1570年)、西班牙籍修道士费尔南迪斯(Joao Fernandes,1525—1567年)在圣信保罗(弥次郎)和他的弟弟约翰及仆人安东尼奥、一名中国人、两名印度人的随同下,从印度的果阿搭乘一艘中国商船踏上了赴日传教的旅途,并于天文十五年7月22日(1549年8月15日),即圣母升天节那天到达了萨摩(鹿儿岛),揭开了将基督教传入日本的序幕。

沙勿略像

沙勿略等在日本辗转传教,首先获得了九州领主的庇护。9月29日,沙勿略带着礼物和弥次郎一起拜访了萨摩领主岛津贵久。岛津贵久热情接待了他,赐予一间小屋作为传教士的居所,并允许他们传教。沙勿略乘机请求派一条船让他能前往"日本国王"处获得传教的钦许,岛津贵久劝他待6个月后风向有利于航行时再作打算。

在萨摩期间,沙勿略等不舍昼夜进行传教,甚至佛僧也前往了解有关基督教的情况。但是沙勿略预见到,他们对基督教的关注仅仅是出于好奇。萨摩佛僧众多,特别是黑衣禅宗和弥次郎曾经隶属的灰衣真言宗势力强大,这些佛

---

① 松田毅一:《南蛮史料的发现》,中央公论社,1983年,第25页。
② 《耶稣会士日本通信》,第11页。

僧很有可能对传教士的说教进行抵制，因此决定努力向他们传授教义，使他们了解基督教的真理和佛教教说的谬误。在弥次郎的随同下，沙勿略多次前往寺院拜访僧侣。虽然沙勿略并不通晓佛教哲学，也不懂日本语，以至谈话都相当困难，并因此遭佛教僧侣嗤笑。但是，耶稣会为了向日本人传播基督教而远涉重洋这一事实本身，却使许多老年僧侣深感敬佩。

为了向日本人传播福音，沙勿略和托尔雷斯、费尔南迪斯一起开始学习日语，并在弥次郎的帮助下用罗马字写了一本书，宣扬从创世到末日审判的基督教教理，驳斥日本人认识上的谬误。虽然由于他日语发音不准，以及书中掺杂了许多佛教术语，不时引起嘲笑，但是仍有人认为这本书传播的是真理并受洗入教。不过，沙勿略的预见很快得到证实，当地的佛僧逐渐发现新传入的基督教和佛教教理水火不相容，因此不仅竭力避免佛教徒改宗，而且对耶稣会士的说教或嗤之以鼻，或猛烈抨击，或挖苦嘲笑，或冷眼讥讽，甚至恐吓领主，称如果接受新的教说，必将遭到天谴并导致灭亡。由于佛教势力强大，岛津贵久不得不改变态度，命令若改信基督教将处以死刑。于是在萨摩逗留10个月后，沙勿略等前往平户传教。

到达平户后，沙勿略等受到了当地领主松浦隆信的欢迎，并获准传教。由于领主的宽容，短短数日便有约百人受洗入教。在平户逗留近两个月后，沙勿略和费尔南迪斯等又乘船前往博多，并从那里徒步前往势力正旺的大名大内义隆的都城山口。由于大内义隆对沙勿略等态度冷漠，传教鲜有成效，于是他们动身到了京都。

沙勿略等先雇用一条小船到了当时日本最繁华的城市堺，并在当地一名豪商派出的向导的带领下，于1551年1月到了皇城京都。由于京都上空开始弥漫新一轮内战阴云，沙勿略即刻认识到，在这种局势下获得"日本国王"允许在京都传教，并在京都奠定全国传教基地是根本不可能的，于是不得不放弃原先计划，于同年4月底回到山口。

沙勿略回到山口后，以印度总督使者的身份，再次要求大内义隆接见并获得允许。沙勿略此番向大内义隆呈上了写在精巧的羊皮纸上的耶稣会印度果阿教区主教阿尔布魁克(Dom Juan de Albuquerque)和总督加西亚·德·沙(Garcia de Sa)的书信，并向大内义隆赠送了精巧的音乐钟、眼镜、火绳枪、水晶、缎子、葡萄牙酒、书籍、绘画、碗等13种礼品。大内义隆回赠了大量金银和贵重物品，但是均被沙勿略婉言谢绝。沙勿略称，他唯一的请求，是允许基督教传播。大内义隆即刻满足了他的这一请求，命令属下在街上张贴允许传教及不得伤害传教士的告示。大内义隆的告示改变了人们对传教士的态度。从早到晚，前往造访沙勿略等人的显贵、商人和普通民众，以及各派僧侣和比丘尼等络绎不绝。他们向沙勿略等提出了各种问题，从基督教的教理到地球的形状、太阳的运行、月的盈亏、日蚀和月蚀、彗星、雷鸣、电光、雨、雪、霜等自然现象，几乎无所不包。沙勿略的回答，使提问者对沙勿略的博学深表惊叹。虽然佛僧对沙勿略等的说教进行了攻击，但耶稣会士的传教业绩却随着这种攻击与日俱增，仅仅两个月就有约500人受洗入教，其中一半以上是大名的重臣，亦有不少佛教的改宗者。

在山口逗留了4个月并取得显著成绩后，沙勿略等又赴丰后传教，受到了当地22岁的年轻大名大友义镇的隆重欢迎，那里同样有很多人受洗入教。1552年11月，沙勿略来到中国广东沿海的上川岛，欲从那里进入中国开展传教事业，但当时正值明朝严格实行海禁，沙勿略难以入境。1552年12月3日，沙勿略在上川岛突发高热去世。

继沙勿略之后主管在日传教工作达21年的托尔雷斯继承了沙勿略所开创的传教事业，并努力开拓新局面，使基督教在日本的传播不断取得新的进展。据统计，耶稣会初入日本的当年，信徒人数约150人，至1571年则达到约3万人。"随着信徒人数的增加，信徒的阶层、职业和地域分布也日益广泛，以至其影响几乎无所不在"。[1]虽然在进入17世纪以后，赴日传教的除了耶稣会传教士外，还有方济各会、多明我会和奥古斯丁会的传教士。但是，"约有半个世纪，在日本的传教活动是由耶稣会的传教士垄断般进行的"。[2]1580年，大村纯忠将长崎"出让"给耶稣会作为其传教基地。

基督教所以能够在日本迅速传播，原因之一是在到达日本的初期，沙勿略等耶稣会士的传教事业主要是在九州大名的保护下推进的。那些大名对耶稣会士的欢迎，与其说是为基督教教义所吸引，毋宁说是出于功利目的。根据早期日本方面和葡萄牙方面的记录，十分明显，九州的一些大名为传教士提供了特别的照顾，因为他们注意到商人们对传教士的尊重。他们希望借此将商船吸引到自己领地内的港口来。也有学者认为是铁炮带来的冲击，使他们从原先对弓箭之神的信仰转变为对异国神的信仰。他们跪拜十字架，祈愿武运长久，默诵对"迪乌斯"的祈念开枪，将玛利亚像等附着于武器和身上祈求保护。但是，所有这些并未改变原先神佛信仰的形态，即很难认为他们的信仰已经内在化。在施行禁教政策的过程中，殉教的大名和武将绝无仅有，大部分大名不仅摈弃基督教回复原先的信仰，甚至有些大名对信奉基督教的农民进行了积极镇压。另一方面，葡萄牙商人也"经常以当地的大名是否宽容或欢迎基督教作为选择港口的基础"。[3]大名对传教的保护，使其家臣中亦出现了诸多改宗

---

[1] 藤井甚太郎：《明治文化史》第1卷《概说》，原书房，1980年，第7页。
[2] 箭内健次编：《锁国日本和国际交流》（下），吉川弘文馆，1988年，第80页。
[3] F. M. Bunge: *Japan: A country Study*, Washington D. C. 1983, p.415.

者,并进而影响到百姓、町人。传教士的传教方针也是首先吸引大名和其他有力的武士,获得传教的权利,然后向其家臣和农民普及。这和一向宗将传教中心置于村落内的有力者形成了鲜明对比。同时,神佛信仰也为日本人皈依基督教提供了意识形态基础。如宫崎道生所指出的,对于日本人来说,"基督十字架的传说一点都不难理解,因为在日本民间也有'苦难之神'和'死后复活之神'的信仰"。①"佛教并没有作为一个完全形成的体系进入日本,它在中国的不断变化如一股潮流,对日本构成了不断的影响"。②所以"在基督教传入日本时,它最初是被当作佛教的一个宗派而理解和接受的"。大内义长在允许创建大道寺时即写道:"西域来朝之僧,为佛法绍隆,可创建彼寺家。"③不仅如此,在经专家考证为日本方面记载沙勿略等行踪的史料《大内义隆记》里,向大名赠送自鸣钟、西洋琴、望远镜等"宝物"的沙勿略,居然成了"天竺人"。

总之,大名的保护,耶稣会采取的"商教一致"和"自上而下"的传教策略,西方先进文明的吸引,以及日本原有的神佛信仰,是耶稣会在日本迅速传播的政治、经济、文化等诸方面的基本动因。

需要指出的是,天正十年(1582年),大友宗麟、有马晴信、大村纯忠派遣领内少年即"天正遣欧少年"赴罗马教皇厅以显示日本基督教信仰的高涨,一直被视为是显示基督教大名虔诚信仰的重要象征。但是这一重要象征实际上是当时作为耶稣会总会长代理赴日的巡察使范礼安为了宣传自己的传教成果,在回国时一次牵强的作秀。现已证明,大友宗麟致范礼安的文件是伪作,至少大友宗麟在事前对此计划一无所知。④

除了地方大名的保护外,随着织田信长"天下布武"取得成效,耶稣会的传教开始获得整个武家社会的保护。

1568年9月织田信长上洛(到达京都)后,耶稣会士弗洛依斯等开始积极同他接近,试图获得中央政府的保护,而织田信长本人对传教士也似乎颇有好感,多次同意传教士去他寓所作私人拜访。据历史资料记载,织田信长和耶稣会士的最初接触是永禄十二年(1569年3月13日)。⑤这一天,织田信长会见了耶稣会传教士弗洛伊斯等一行,并备膳招待。当时织田信长未多言语,且仅

---

① 宫崎道生:《近世近代的思想和文化》,鹈鹕出版社,1985年,第30页。
② A. M. Graig: *Japan: A comparative View*, Princeton University Press, 1979, p.44.
③ 宫崎道生:《近世近代的思想和文化》,第26、29、30页。
④ 大石慎三郎编:《日本史·4·近世史》第1册,1977年,第29页。
⑤ 松田毅一、川崎桃太校注《弗洛伊斯日本史》第4卷,中央公论社,1978年,第143页。弗洛伊斯出生于葡萄牙首都里斯本,永禄六年(1563年)到达日本,后一直居留日本没有回国,直至庆长二年(1592年)在长崎的修道院去世。在日期间,弗洛伊斯为耶稣会撰写了大量有关日本的报告,并撰有《日欧文化比较》等多本著作。其论著是研究耶稣会日本传播史的珍贵资料。

在弗洛伊斯赠送的诸多礼物中接受了一顶帽子。4月初,弗洛伊斯在二条城建设现场再次谒见了织田信长,并告知织田信长,传教士赴日目的是向人们传布"上帝的教诲",随之提出了允许传教士居住京都,以及允许耶稣会士同佛教学问僧进行"宗论"(辩论),以便对基督教和日本传统宗教进行比较两项愿望。

第一项要求因为耶稣会分别从织田信长和足利义昭处获得"特许状"而得以实现。织田信长的朱印状即特许状颁发于4月8日,主要内容是允许耶稣会士在京都居住、免予承担赋役、为其在织田信长领国内的活动提供保证、对其妨碍者给予惩罚等。足利义昭的"下知状"颁发于4月5日,与织田信长的朱印状相比,其中没有免除赋役一项,但是将"领国"扩大为"诸国",同时增加了免予耶稣会士的住所承担士兵宿营义务。两者差别之涵义当毋庸赘言。上述特许状因织田信长的部下和田惟政的努力而被制成木牌挂于教会门口。①

第二项愿望因同强烈"排耶"的佛教僧侣朝山日乘进行了"宗论"而得以实现。朝山日乘初出家天台宗,曾被敕封为"上人",活跃于政界,同朝廷、织田信长政权均有密切关系,是协助织田信长创业的著名政僧。4月20日黄昏,弗洛伊斯等和朝山日乘在织田信长及其家臣面前进行了宗论。双方首先就基督教信仰对象的"三位一体"展开争论,之后依次就善恶赏罚的现世和来世论、人类灵魂是否存在等问题展开激辩。此次"宗论"极为激烈,朝山日乘否定耶稣会士强调的"人类存在不灭的灵魂",甚至最后对耶稣会士长刀相向,要求其给予"证明",后被织田信长制止。②史料记载,"宗论"前朝山日乘曾向织田信长提出,耶稣会士在居留地发生骚乱,应予平定,但织田信长不予理睬。"宗论"后朝山日乘积极策动正亲町天皇驱逐耶稣会传教士,并最终使天皇发布了驱逐传教士的纶旨。③朝山日乘将纶旨精神奉告织田信长,织田信长的态度是:"一切由日本之君处置。"然而,这显然不是织田信长的真实立场的表示。

必须强调,当时织田信长正着力"天下布武",日本统一的权威已破而未立,因此织田信长的朱印状、足利义昭的制札文和正亲町天皇的纶旨对耶稣会传教的立场明显相悖。但是,由于织田信长掌握至强武力,因此在"容耶"还是"排耶"的问题上更具有发言权。例如,其属下、亲耶稣会的和田惟政亦同朝山日乘各以朱印状和纶旨为依据,就"容耶"和"排耶"反复展开争论,并请织田信长裁定。"最终根据织田信长在岐阜的裁定,耶稣会未被驱逐,之后传教士在京都的传教活动仍得以继续"。④织田信长何以对耶稣会采取宽容政策,研究

---

① 东光博英译:《16、17世纪耶稣会日本报告集》第3期第3卷,第303页。
② 东光博英译:《16、17世纪耶稣会日本报告集》第3期第3卷,第307—311页,松田毅一、川崎桃太译注《弗洛伊斯日本史》第4卷,第159页。
③ 《续群书类从》补遗三,续群书类从完成会,1975年,第514页。
④ 清水弘一:《织丰政权和基督教——日欧交涉的起源和展开》,岩田书院,2001年,第147页。

耶稣会日本传播史的先学海老泽有道和松田毅一分别指出了两项原因。海老泽有道认为,织田信长善待耶稣会是出于利用基督教牵制传统宗教(特别是佛教)的政治目的。松田毅一认为,至本能寺之变的14年间,织田信长在京都会见耶稣会士15次、在安土会见耶稣会士12次,加上其他几次,共31次会见了耶稣会士,听取了他们的要求和关于世界各种情况的介绍。赴日的传教士均是在欧洲受过高等教育的文化人,他们的介绍对好学的织田信长颇有吸引力。① 不管怎么说,耶稣会和织田信长的蜜月,一直持续至1582年织田信长离世。

在战国末期,武家(以幕府将军为代表)对耶稣会采取保护政策,而公家(天皇和朝廷)则对耶稣会采取驱逐政策。这种政令和法令出自多门且互相矛盾的状况,直至丰臣秀吉扬威日本后结束。天正十四年(1586年)5月4日,丰臣秀吉颁发了作为传教士保护令的《关白殿许可状》,政令和法令出自多门的状况宣告结束。但是其对传教士的保护政策并未在政治中贯彻始终。天正十五年(1587年)6月19日,即仅时隔1年余,丰臣秀吉就颁发了《驱逐传教士令》,对耶稣会实施压制政策。这段虽然短暂,但是对基督教在日本的命运具有决定性影响的历史,值得特书一笔。

天正十四年3月16日,丰臣秀吉在大坂城会见了耶稣会日本副管区长加斯帕尔一行,让他们参观了大坂城天守阁,并于5月4日向耶稣会颁发了传教士保护令:《关白殿许可状》。该文件现已佚失,但是在弗洛伊斯的《日本史》中留有记录:"予准许伴天连(传教士)在日本居住,并赋予住所不用作士兵宿泊义务、不缴纳佛僧寺院等所需缴纳课税之特权。彼等在宣讲基督教教义时不得妨害。"② 为此,耶稣会巡察使范礼安专门致函丰臣秀吉表示感谢:"予由当地传教士告知,承蒙殿下恩泽,使他们能广布福音。彼等为该国之教师,乃值得尊敬之人,若遵循其宗规使之弘扬于世界,则可开拓真正的拯救之坦途。予闻殿下惠赐恩泽,甚喜。彼等要求予致函殿下及派遣大使向殿下表示感谢。予欣然遵行。"③ 不仅如此,丰臣秀吉还对西洋的器物显示出很大的兴趣。1591年3月天正遣欧使节回国后晋见丰臣秀吉,演奏羽管键琴、竖琴、鲁特琴,丰臣秀吉听了非常高兴。奏毕,丰臣秀吉还拿着那些乐器反复询问。当时一个耶稣会士曾在信里这样写道:"丰臣秀吉对葡萄牙的服装极为迷恋,他和他的随从经常穿这种服装。其他日本贵族也是如此,甚至包

---

① 海老泽有道:《日本基督教史》,塙书房,1966年,第264页;松田毅一:《近世初期日本关系南蛮史料的研究》,风间书房,1981年,第415页。
② 松田毅一、川崎桃太译注《弗洛伊斯日本史》第1卷,第222页。
③ 村上直次郎译:《异国往复书翰集》改定复刻版,雄松堂书店,1970年,第23页。

括在胸前挂有浮木念珠的异教徒。他们的身边或腰间挂着十字架,有时手里还拿着手绢。他们中的有些人甚至出于好奇而死记硬背连祷主祷文,口诵万福玛利亚,并且在街上边走边祈祷,不是为了讽刺和嘲笑基督徒,而是为了赶时髦,或是因为他们认为这样做将蒙佑福祉,使他们在俗世取得成功。"①

1587年,丰臣秀吉挥师南下讨伐岛津氏,使之望风披靡,将九州也纳入势力范围。是年6月中旬,丰臣秀吉就基督教和南蛮贸易,颁发了两份文件:一是所署日期为6月18日的"觉书"(备忘录),共11条;一是所署日期为19日的"定"(规定、命令,作为"伴天连追放令"即《驱逐传教士令》而闻名)。

"觉书"的主要内容是:②

一、信仰基督教乃本人之自由,"给人"(领主)不得强使领内百姓皈依基督教。领有地200町或贯文2 000至3 000以上之"给人"需得秀吉许可,方可入信基督(第1至第5条、第9条)。

二、基督教一向宗为一丘之貉。一向宗不仅不建寺内町和向领主缴纳年贡,在加贺国一向宗甚至驱逐守护、自诩领主,成"天下之害"。基督教同样如此。若上层之给人强使仆人和百姓入教,亦将成"天下之害"。

三、禁止将日本人卖与明、南蛮、朝鲜人;禁止食用牛马肉(第10、11条)。

"定"的主要内容是:③

一、日本是神国,不能接受从西方传来之基督教邪法。

二、传教士将庶民收为信徒并破坏神社佛阁,其所作所为,前所未闻,各地知行,须予以羁束,不可任其为所欲为。

三、在日本宣扬天主,破坏传统佛法的西方传教士,必须自即日起在20天之内离开日本。

四、黑船之仪(南蛮贸易)乃贸易之事,应予区别。

五、不妨碍佛法之商人,纵然来自基督教国,亦允准许。

按照"南蛮学"研究权威海老泽有道的观点,时隔一年,从"容耶"到"排耶",丰臣秀吉对基督教的政策所以发生如此根本性转变的原因,是因为丰臣秀吉此时已充分意识到,外来势力已经卷入了日本内部事务,新的意识形态正成为重新统一日本的重大障碍和破坏新的政治秩序的潜在威胁,大名和基督教势力的联合正形成新的敌对势力。他写道:"基督教在向武断的专制统治者、封建政治家,以及儒士佛僧显示其世界性的同时,也显示了使之不能容忍

---

① Paul. Varley: Japanese Culture, University of Hawaii Press, 1988, pp. 134—135.
② 《御朱印职古格》(伊势神宫文库所藏)。
③ 《松浦家文书》,见清水弘一:《织丰政权和基督教——日欧交涉的起源和展开》,第286页。

的危险思想。西欧的思想、学问、文化在日本社会成熟以前,已为统治者提供了断然禁教的理由。"①但是南蛮学研究另一权威松田毅一似并不同意这一看法。他写道,在发出禁教令9天前,传教士还受到关白丰臣秀吉的盛情款待,获赠大量财宝和食物,丰臣秀吉还几次开玩笑地说:"我当成为传教士的弟子。""秀吉如此盛情款待,使传教士认为他对基督教怀有好意。但是,就在丰臣秀吉登上他们船只9天以后,传教士就接到了将他们逐出日本的充满怒气的命令。内外诸多史家对以'天正传教士驱逐令'著名的这一事件已进行了大量研究,可迄今为止事件的真相并没有被彻底探明"。②

但是,对于统一时日尚短,从矿山和其他产业中所获得的财政收入不多的丰臣秀吉来说,对外贸易是不可或缺的。因此当葡萄牙商馆以中断生丝供应相威胁时,丰臣秀吉不得不作出妥协,同意传教士可留居长崎,但人数不得超过十人,同时答应日本和葡萄牙的贸易照常进行。投鼠忌器,使"定"(《驱逐传教士令》)无异于一纸空文。直至德川时代日本同荷兰建立商务联系、最终能够对"商教一致"这对连体儿施行"分离手术"后,禁教政策才得以真正实施。

六、"安土·桃山文化"和"南蛮文化"
——东西文化并行格局的形成

斯宾格勒曾经指出:"历史观有双重任务,一是比较地研究各文化的生活进程,一是探讨各文化之间一些偶发的和不规则的相互关系而钻研其意义。"③按照这一观点考察战国时代的文化,我们不难发现,在"文化的生活进程"方面,战国时代文化巅峰时期的名称——安土·桃山时代,源于织田信长和丰臣秀吉的居城——安土城和伏见城(后称桃山城),即具有"武"的气势。但是在这种"武"的气势中却蕴藏着优雅的"文"的内涵。毋庸赘言,这种武和文并行不悖的相对性贯穿于日本整个文化发展历程。并且如下所述,即便在"文"的内涵中也包含着诸多相对性或矛盾性。在"各文化之间一些偶发的和不规则的相互关系方面",日本文化使东西方因素并行不悖、互相包容的特征,更是由此肇始。事实上,作为本土文化的安土·桃山文化和作为外来文化的南蛮文化在这一时期的平行和交叉发展以及日后的延伸,构成了在东方文化和西方文化的两极对立和融合中不断发展的日本文化真正的起点。

---

① 海老泽有道:《南蛮学统的研究》,第11页。
② 松田毅一:《松田毅一著作选集》第6卷《丰臣秀吉和南蛮人》,朝文社,2001年,第49页。
③ 顾晓鸣等编:《多维视野中的文化理论》,浙江人民出版社1987年版,第178页。

第七章 战国时代

织田信长和丰臣秀吉完成统一日本大业的时代,又称安土桃山时代(1568—1598年)。但是作为文化史的"安土桃山时代"和作为政治史的安土桃山时代的时段并不一致,其止于何时,学界观点相左,形成两种主要意见:一种意见认为止于丰臣氏灭亡的庆长二十年(元和元年,1615年);另一种意见则认为止于宽永年间(1624—1644年)。根据拙著体例,笔者采取第一种意见。

"安土桃山文化"主要是在美术史领域使用的名称。按照尾藤正英的论述,安土桃山文化主要有三个特征:第一,原本以具有实用性、功能性为目的的文化产物,产生出诸多美的元素。例如,原本作为军事防御设施而构建的城,成了日本独特的建筑美学的代表。第二,原本是静谧的物体,却需要通过行动去感受。例如,姬路城迷宫般的房屋配置、以桂离宫和修学院离宫为代表的回游式庭园等结构,是只有通过行动才能真正感悟的。第三,社交性和独立性。例如,当时建造于城郭中的书院式御殿,有被称为"对面所"的客房,房内以板壁和隔扇分开(日语汉字写作"襖",其实是一种移门),板壁和隔扇上绘有金碧辉煌或浓墨重彩的绘画。这种布局,明显具有用作团体活动场所的特征。事实上,前代"会所"的传统在此得以继承。①

安土桃山文化得名于两座城的名字。以此命名确实不无道理,因为这两座城确实很好体现了当时的时代精神和价值取向,更何况建筑本身可以被纳入美术范畴。通过对历史的掠影,我们可以基本看清这一时期基本的文化变化。

室町幕府时代,以"驻京"为义务的守护大名在京都的邸宅处,在公家府邸、寺院、庶民居所的包围中,构建布局以不利于其战斗为前提。即便在应仁之乱爆发、武装冲突时常发生的年份,战场也大都临时设在寺院境内等非战斗性空间。直属幕府的军队或诸大名的军队移动和集散的规模、方式,均受制于作为居室的建筑空间,无法大范围展开。他们在各地的居城虽然围有护城河、有一定的备战态势,但一般都是规模较小且没有石垣的山城。领内除了母城外另有几个零散子城。若发生战事可设定临时前线。一般认为,这种布局是基于有序地摆开阵势的战斗观念和武家伦理,以及起居劳作的考虑。

但是随着历史的演进,军事、经济、政治各个领域,均对改变原有城的结构、布局提出了新的要求。首先,大量火枪的采用极大地动摇了原有的战争观,尤其使以城为中心的进攻和防守发生了根本变化。领主日益认识到,城郭必须具有能经受枪炮和大部队攻击的坚牢。其次,领国经营的规模和经济特别是商业的发展变化,使建设"城下町"成为必需。第三,战国时代地方势力的急剧膨胀和"守护在京原则"的废弃,使地方的城所具有的政治意义发生巨大

---

① 尾藤正英:《日本文化的历史》,2000年,岩波书店,第150—151页。

变化。城郭作为统治者权威象征的比重急剧增加,通过城体现已今非昔比的领国统治者的威严,成为领主的普遍认识。于是,坚牢、威严、繁荣,成为筑城的三大基本要求。而安土城和大坂城,不仅是上述新的筑城理念的集中体现,同时也是一种新的价值观和时代精神的体现。

在体现时代精神和价值观的建筑物中,首先无声地叙述城的上述性格的,是安土城。如果说安土城雄伟高大的外观体现了时代精神,那么其内部的障壁画则不仅流露出律动和华美,更体现价值趋向。城内画作由象征繁荣的金碧辉煌和彩色的"协奏"构成。以往的"书院"不可能拥有如此广阔的画面。障壁画题材广泛,花鸟、山水、道释、风俗,无所不包,除了古典的主题外,还有松竹梅等祥瑞图、龙虎、凤凰等超越通常鸟兽、显示超自然威容的动物。各种画作或以黄金粉饰空间,或以朱赤昭显祥瑞,多姿多彩,堪称集主题、色彩、技法之大成。虽然安土城竣工仅3年就因明智光秀的谋反而被焚毁,但是其内部景观在《安土日记》和《信长公记》中均有详细记述:①

安土城最底下一层是土藏,连土藏共七层(重)。城内障壁画由狩野永德受织田信长之命率其一族和门人所画。第一层以上各层的主题依次是:第二层墨梅、远寺钟声、鸽子、鹅、雉、唐朝儒士;第三层吕洞宾等"八仙"和西王母等;第四层龙虎战、山崖和树木、竹、梧桐和凤凰等;第五层无画作;第六层释迦牟尼成道说法历程、释尊的十大弟子,旁边有饿鬼等妖魔鬼怪和飞龙;第七层内柱上绘着上盘龙和下盘龙,天顶上有天人、三皇五帝、孔门十贤、商山四皓、竹林七贤等。

值得特别留意的是,各层画的题材经过精心选择,体现了当时的价值观:"七重天"中最高的第七层以儒教世界为主题,居第六层佛教世界之上,说明当时统治阶层对儒教的评价和佛教的相对衰退。绘画的技法是在金箔上采用汉画技法绘制,雄浑和细腻交融。外部空间以黄金装饰,如第六层外柱是朱红色,内柱是金黄色,体现佛教的观念,第七层则全部是金色,表现以"黄"为尊的儒教观念。

炫耀、以"黄"为尊,也存在于丰臣秀吉的价值观中。丰臣秀吉对黄金极为嗜好。据莳绘师的《幸阿弥家传书》所记,东福寺画僧吉山明兆绘的名作《凤凰砚箱》原本外面饰金箔,里面涂黑漆。丰臣秀吉命令将里面也饰以黄金。他的这一命令不仅是审美趣味使然,"更是为了表明他要以'天下人'的自负,用新的价值观取代旧的价值观并形成新的世风"。②天正十四年(1588年),弗洛伊

---

① 参阅今泉淑夫:《安土桃山文化》,教育社,1979年,第90页;宫上茂隆:《安土城天主的复原及其史料》(上),《国华》988号,1977年。
② 今泉淑夫:《安土桃山文化》,第100页。

斯在大坂城会见丰臣秀吉后写的报告里称:"日本人无睡床习惯,但那里却有欧洲使用的非常昂贵的床,在漂亮的织物上镶有黄金。"寝室作为私人空间,一般不示之与人,丰臣秀吉此举是作为一个权力者的示威。天正十三年(1585年)10月,丰臣秀吉在北野天满宫举行"北野大茶会"前,令"茶头"千利休建造可以拆卸移动的"黄金茶室",并在出兵朝鲜时将其运至前线指挥部所在地——肥前的名户屋。今天,在热海的 MOA 美术馆里就展出着金碧辉煌的"黄金茶室"复制品。

绘画艺术发展至安土桃山时代最值得关注的变化,是创作主题的迁移:风俗画开始真正崭露头角。

追溯历史,风俗画崭露头角经历了漫长的成长过程。

平安时代,在贵族邸宅的屏风和窗户上也画有四季风物,祭祀和庆典风物、著名场所,等等。这些画描述了自然和人类融为一体,以及季节的推移,并因而陆续演绎出四季绘、月次绘、明所绘,等等。该时代绘卷物创作非常繁荣,诞生了《源氏物语绘卷》、《信贵山缘起绘卷》、《伴大纳言绘词》等多幅杰作。那些作品描绘的虽然是贵族和庶民生活,但其主题是绘解缘起、物语、说话,不是描绘生活本身。

镰仓时代,因生动表现当时庶民生活和地方生活而获得高度评价的《一遍上人绘传》,是为了图解一遍传记所绘,不是以描写生活为主题和基本目的。另外《鸟兽人物戏画》和《扇面写经》虽然在表现风俗方面堪称杰作,但那些杰作仍非当时绘画的主流。

室町时代,由于宋元画的影响,在障屏画中出现了新的动向,即从物语、说话、缘起等主题连续的作品中,将风俗、花鸟、景色等分离出来单独描绘。从而使以前仅仅是整幅画中的一个陪衬,即为了表现连环主题的一个景色、一朵花、一棵树的配角,成为整个画面的中心。特别是绘于金屏风的花鸟画,已经和安土桃山时代的金碧花鸟障画相当接近,值得关注。正是在这种背景下,在安土桃山时代,"风俗画"开始真正崭露头角,成为后一个时代即江户时代的市井风俗画"浮世绘"的先驱。

安土桃山时代风俗画创作的代表人物及代表作,是早期狩野派的代表人物狩野永德和他的《洛中洛外图屏画》。狩野永德从小聪慧好学,是一名天才画家,长大后和父亲狩野松荣、祖父狩野元信一样,成为幕府将军的画师,先受织田信长青睐,后获丰臣秀吉赏识。他在安土城同一房屋中描绘的《三上山图》和描绘安土附近景色的屏风,则被正亲町天皇称为"天下无双"。《洛中洛外图屏风》是狩野永德工笔画的代表作,与聚光院的壁画风格一致。画面以辉辉金云为基调,生动描绘了在织田信长统治下繁荣的城市生活,共绘有 1 850 余人。在创作手法方面,狩野永德将汉画及大和绘的技法同时运用于该作品的创作,相得益彰。该作品后由织田信长饱含政治意义地赠送给上杉谦信。

本能寺之变后,狩野永德为丰臣秀吉所用,在大坂城、聚乐第屋内的隔扇、障壁上留下了不少作品,规模丝毫不亚于为织田信长绘制的作品。另外据称天正十年(1582年)5月,丰臣秀吉猛攻备中(冈山)高松城的毛利氏时,狩野永德向丰臣秀吉赠送了亲笔画的《唐狮子屏风》(高2.25公尺),且力度感和装饰性俱佳,彰显了王者的威严,作为狩野永德巅峰时期的画作闻名遐迩。该画现存日本宫内厅。另外在东京国立博物馆留存的他的画作,有《桧图屏风》、《许由巢父图》。尤其是他在聚乐第创作的两町余长的《桧图屏风》,以写实的风格配色彩的装饰,雄辩地通过画面叙述了当时美的意识。2007年6月4日,《东京新闻》刊登了两幅新近由日本同志社大学教授狩野博幸新近发现的狩野永德的作品。

最近发现的狩野永德的作品

狩野永德和土佐光永是儿女亲家,他的儿子迎娶了土佐家女儿,而土佐是世袭的朝廷御用画师。结果,不仅武家,连正亲町天皇御所需要作画,也邀请狩野派。同时,天瑞寺、东福寺法堂等处,均有他的作品。现京都南禅寺的本坊大方帐殿内隔扇,就是狩野永德的遗作。

天正十八年(1590年)狩野永德殁后,狩野派由狩野永德长子狩野光信掌门,其在画坛的地位开始下降。在"关原之战"丰臣政权为德川家康所灭后,狩野派分成狩野光信为江户幕府服务、狩野永德的弟子山乐为丰臣家服务、狩野永德的次子为朝廷御用。但是,狩野派风格却因此得以扩散、保留,并逐渐改变战国时代强调的威严,体现大和绘所具有的优美。

在安土桃山时代,日本画坛当然并非由狩野派垄断,其他一些画家,如与狩野永德同时代的长谷川等伯(1539—1610年)建立了"长谷川画派",创作了诸多佳作。他年轻时的作品《十二天图》、《涅槃图》表现出平安佛画的鲜明特色并成为以后他的作品的基本要素。长谷川等伯擅长工笔画,他的《日尧上人像》、《传名和长年像》、《武田信玄像》等,均被誉为桃山肖像画的代表作。长谷川等伯自称是水墨画一代宗师雪舟的第五代传人,现存东京国立博物馆的山水画《松林图屏风》就是他的作品。该佳作墨色使用巧妙,构图简洁明快,用笔生动活泼,画面水雾浓郁缥缈,气魄豪壮爽朗,既得中国水墨画之精要,又不失大和绘之特性,在日本绘画史上很有影响。他的障壁画也独见功夫。1591年丰臣秀吉为夭折的儿子鹤松追荐亡魂,建立祥云寺。长谷川等伯率其一门担纲障壁画创作,现京都智积院障壁画,就是其中保留下来的一部分。另有邻华院、禅林寺的障壁画。长谷川画派的障壁画的构图虽受狩野派画风影响,但同时也师法自然写生,并导入大和绘技法,确立了一种壮丽的大画面和细致的装饰趣味相结合的金碧障壁画的画风,如著名的《枫图》、《樱图》等。一个时期,长谷川派曾打破狩野派独揽达官贵人家庭障壁画制作的地位,形成与之对峙的局面。他的画论《等伯画说》更在日本美术史上独树一帜。1609年,长谷川等伯受德川家康召请前往江户,途中染疾,于翌年去世。

安土桃山时代,日本传统文化的其他领域亦取得发展,如与绘画关系密切的工艺特别是与建筑关系密切的建筑装饰物,以及作为武家必备的装剑器物,以及日常用的陶器、瓷器、漆器、染织,富有创意,难以一一尽数。另一方面,随着与西方世界的接触,西方文明开始在日本疏根蔓枝,给予日本以后发展不可估量的影响。

西学东渐,作为日本西学之先驱的"南蛮学"渗入了日本文化各个领域:

一、教育。日本的西方式教育和耶稣会的在日传播几乎同时发端。早在1548年,在果阿圣保罗神学院学习的弥次郎致信耶稣会总长,希望在日本建立神学院。1550年,托尔雷斯首先在山口设立了以教理教育为主的教会学校。1559年以后,教会学校在丰后府内(今九州大分)也得以建立。从1561年开始,除了教理教育外,以传授语言学、算术、艺能等科目的学校也开始逐渐形成。按《日本遣欧使节对话录》记载,在这些学校里,诸学艺分为两大类:第一类是文法学、修辞学、辩证学,以及其他有关语言的学科;第二类分为三个部分,第一部分研究自然,第二部分研究人伦,第三部分研究超自然。"在这些学校中系统传授的西欧学艺,可谓日本近世文化的诞生"。[1] 20年以后,日本全国的教会学校达到了200多所,为16世纪末"南蛮文化"的兴隆奠定了基础。除了教理教育之外,传教士还经常指出日本传统思想,特别是宗教思想和价值观、世界观的错误,使不少日本人因感服于西欧科学的合理性而承认其教理的

---

[1] 海老泽有道:《南蛮学统的研究》,创文社,1978年,第16、17页。

正确性并进而皈依基督教。

二、医学。耶稣会最早从事的科学活动是创办医学事业。医学,是实现"教学一体"的重要手段。1548年毕业于医科大学并有外科医师开业证书的耶稣会士路易斯·德·阿尔梅达(Luis de Almeida,？—1583年)是这项事业的开创者。1557年阿尔梅达在丰后府内将耶稣会的两幢住宅改为施疗院,一幢收治一般疾病患者,分内科、外科和小儿科,另一幢则专门收治麻风病患者。翌年他又根据日本人的需求开始临床教授南蛮外科,帮助日本医师掌握西方医疗技术。中山本玄仙1619年发表的《万外要集》,是现存最早的日本人撰写的"南蛮学"医书,而在传播"南蛮医学"方面影响最大的,则是在日本的西学史上多有建树的"改宗神父"泽野忠庵。他编译的《南蛮流外科秘传书》介绍了希腊名医希波克拉底的液体病理说即"四原液"说(血液、黏液、黄胆汁、黑胆汁),具有划时代的意义。在日本施行锁国政策以后,这本书又以《阿兰陀外科指南》为题出版,被称为"伪装的红毛流"(按:红毛流即南蛮流)。需要强调的是,南蛮医学作为日本近代医学的源头,其意义不容忽略。

三、天文历法。沙勿略曾经指出:"日本人不知地球是圆的,也不知何为太阳轨道,他们对流星、闪电、雨雪等自然现象提出种种疑问。由于我们作出令他们满意的说明,得到他们的信任,因而我们的宗教也使他们深受鼓舞。"① 耶稣会传播天文历法知识的根本目的,是为了传教,但正是通过"教学一体",西方的天文知识得以传入日本。西方天文学的传播不仅丰富了日本人的天文学知识,而且他们对作为朝廷秘学的天文历学的批判,在日本人中间唤起了科学的合理、实证和批判精神。这种精神,正是近代精神的灵魂。在传播西方天文历法方面功绩卓著的,是耶稣会在丰后地区的传教长佩德罗·戈麦斯。戈麦斯于1593年编集的神学院教科书《哲学神学纲要》,向日本人系统介绍了亚里士多德和托马斯·阿奎纳的自然和神学思想。经尾原悟考证,在"锁国"时代,小林谦贞的《二仪略说》几乎原封不动地"承袭"了《哲学神学纲要》的第一部分《天球论》,而"小林谦贞的学说不仅为小笠原岛探险和水户藩虾夷探险提供了理论依据,而且在锁国时代唤起了开拓精神"。②

四、语言文学。耶稣会士非常清楚,典雅而有情的日本语文,将是传播福音的最好媒介,因此他们在这方面不遗余力且成果累累。至1564年,耶稣会士已组织编辑了一些篇幅较小的词典和文法书。1579年以后,随着中高等教育机构的不断建立,耶稣会士又组织编辑了篇幅庞大、内容精确的词典和文法

---

① 村上阳一郎:《日本近代科学的步伐》,三省堂,1977年,第51页。
② 尾原悟:《对我国近世吸收欧洲科学的一项考察——佩德罗·戈麦斯的"天球论"和小林谦贞的"二仪略说"》,载《基督教文化研究会会报》(日本)第10卷第1号,1967年9月出版。

书,有史以来第一次使日语体系化。在这些典籍中,较具代表性、迄今仍是中、近世日语文研究者必备书的有《罗葡日词典》(1595年)、汉和词典《落叶集》(1598年)、《日葡词典》(1603年)、《日本大文典》(1604—1608年)。

耶稣会对日本文学的贡献主要分为世俗文学和教会文学两大类,前者的代表作有《伊曾保物语》(《伊索寓言》的日译本),它在进入江户时代以后进一步日本化并出现了七种版本,对以后日本文学的发展具有不可忽视的影响。另外还有日本文学的罗马文版《平家物语》。后者的代表作有《桑托斯的修业内省书》。为了更好地达到传教目的,这些书籍不仅大都采用平假名和对话形式,如《教理问答书》、《妙贞问答》,而且仿效日本原有的文体格式,如1568年出版的《贵理师端往来》即模仿了日本《庭训往来》的格式。"这些书如实地显示了耶稣会的人文主义主张,即强调只有在古典时代和基督教时代之源泉的汇合处,精神才能汲取到真实的养分"。①

罗葡日词典

五、美术。1549年沙勿略带到鹿儿岛的圣母玛利亚的油画,使日本人首次领略了什么是西洋美术。之后,西洋艺术品陆续传入日本,尤以耶稣会传教中心长崎为盛。受当时西洋美术影响最主要的遗产,当数狩野派、土佐派、住吉派画的"南蛮流"屏风。这种屏风今天仍是日本艺术中的瑰宝。另外,当时受西洋艺术影响,长崎出现了许多模仿"南蛮方式"制作器物的铸工、冶工、雕刻匠,以及优秀的铜版画家。"长崎美术工艺品的制作者们以教会为中心,灵活地运用娴熟的技巧,顺应当时在市民社会如春风催开的梨花骤然出现的对异国情调的追求,制作各种器物"。②另外,被称为"南蛮漆艺"、具有浓郁西洋风味的漆画,也在当时出现。现收藏于东京国立美术馆的《洋人泥金画马鞍》、收藏于东庆寺的《葡萄泥金画圣饼罐》,以及收藏于瑞光寺的《洋人泥金画椅子》,就是当年的杰作。京都妙心寺春光院藏、刻有"1577"和"HIS"(耶稣会徽章)的铃钟,亦是当年的杰作。

---

① 儿玉幸多、大石慎三郎编:《日本历史的视点》第3卷《近世》,日本书籍株式会社,1973年,第70页。
② 箭内健次编:《锁国日本和国际交流》(上),第245页。

六、音乐。音乐对于人心的教化具有独特功能,因此自然受到耶稣会重视。最初传入日本的西方音乐主要是声乐,神学校教授的西方音乐也主要是声乐,特别是圣歌——包括被称为"西洋音乐之起源"的《戈利高里圣歌》。耶稣会组织唱诗班,在做弥撒或举行其他宗教仪式时用拉丁语和日语唱赞美诗;在教会的节日,特别是平安夜排演各种宗教音乐剧。同时,耶稣会还教授日本人演奏和制作风琴、小提琴、竖琴、鲁特琴等乐器,并出版了远东最初的基督教典礼乐理书《教会的秘绩执行提要》(1605年)。不仅如此,耶稣会还将狂言、能乐等日本艺术融入其中,为东西合璧的日本文化的形成留下了深刻的印记。

七、社会生活。由于"南蛮学"的渗入,日本人的生活开始被涂抹上诸多西方色彩,这种色彩绵延持久地留存于日本人的精神和他们的生活表象。这种色彩处处可见:"宣扬信奉唯一、绝对神的基督教,使前此只知多神教或泛神教的日本人感到惊异。基督教宣扬的一夫一妻制的道德观念,对日本人更是一个极大的冲击"。① 出于遵守宗教礼仪的必要,日本的基督徒采用了太阳历并使之逐步成为社会习俗。在日常生活方面,"只要看一下我国(日本)现仍在使用的许多当时的服装用语就可以知道,南蛮式服装在当时多么流行"。"在饮食方面,可以说同样如此"。②例如,和"刺身"(生鱼片)同为"日本料理"之代表的"天妇罗",即由当年葡萄牙人传入。另外还值得一提的是,日本人此前不喝牛奶,但是自1555年丰后府内育婴堂饲养了三头奶牛后,饮牛奶的习惯和教会主张的育儿义务和拯救弃儿的观念相结合,很快推广到民间。在此之前日本人因受佛教影响不杀牛,也不食牛肉,随着"南蛮人"的到来,食牛肉的习惯开始在日本形成。弗洛伊斯在他的《日本史》中曾这样写道:"我们的食物深合他们的胃口。过去日本人很讨厌的鸡蛋和牛肉,现在都成了食品。"③

除了上述各领域之外,"南蛮文化"还涉及航海、军事、数学、测量学、地理学、建筑学等领域。总之,"南蛮文化"为日本人打开了一扇观赏西方世界的窗户,"使日本人在历史上第一次感觉到他们并非身处闭塞的孤岛",构成了日本西学的初创时代——"南蛮学时代"。

作者点评:

旅日华裔作家陈舜臣在《中国人和日本人》一书中指出:"中国是树立路标的民族,而日本则是循着路标前进的民族。"然而,这种状况在16世纪中叶开始出现重大转折。用美国的日本史专家克雷格的话表述,即:"日本在逐渐转

---

① 家永三郎:《日本文化史》,第176页。
② 箭内健次编:《锁国日本和国际交流》(上),第245页。
③ 冈田章雄:《天主教信仰与风俗》,思文阁,1987年,第177页

第七章 战国时代

向西方寻求新的文化模式方面,提供了从早先的文化权威中解放出来的真正的证明。"产生于战国时代的"吉利支丹时代"或"南蛮学时代",无疑是标志这种转变的第一块里程碑。因而也构成战国时代的一大亮点。

这一亮点为何会出现?这是一个颇为复杂的问题,有诸多堪称合理的解释,"社会越黑暗,宗教越光明"。战国乱世酿造了人们皈依宗教的三大要素,即贫、病、争;同时,佛教外在受到的打击和内在产生的腐败,是导致人们皈依基督教的一大原因;佛教不断传入日本,使基督教最初被视为一个佛教宗派;日本文化具有所谓"中空均衡结构",即始终存有内在的"空间",任何文化都可以进入,并不会破坏其始终均衡的结构;日本原始的宗教和神话意识和基督教不乏共通之处,等等。但是,我认为所有这些合理解释均无法使我们得出结论。因为,对照克雷格的表述,得出这个结论也就真正解开了"李约瑟难题":前此在科技方面领先的中国,为什么在13、14世纪以后和西方相比落伍了?对照当时一些日本学人"贬低华夏科技",称颂"西方科技"的论述,中国的落伍难道不是促使日本"逐渐转向西方寻求新的文化模式"的重要动因?

第八章 江户时代

一、"元和偃武":走向近世社会

庆长三年(1598年)8月18日,丰臣秀吉在伏见城死去。临死前留下遗言,由"五奉行"长束正家、石田三成、增田长盛、浅野长政、前田玄以任其6岁遗孤丰臣秀赖的"付家老";"御法度、御置目之仪"即国家的治理,由"五大老"德川家康、前田利家、毛利辉元、上杉景胜、宇喜多秀家"合议";"太阁藏入地"即他的领地和其他"算用",由德川家康、前田利家总揽,由此建立了"后丰臣秀吉体制"。从朝鲜撤兵,亦根据丰臣秀吉的遗言由该体制实施。

庆长四年正月,"后丰臣秀吉体制"内部早已存在的矛盾开始显露,德川家康势力逐渐扩大,几乎独揽政权,引起其他大老和奉行的极度不满,矛盾日益激化,最终使后丰臣秀吉体制彻底分裂并爆发武力冲突。

德川家康天文十一年(1542年)12月26日出生于三河国(爱知)冈崎城,为城主松平广忠嫡长子,幼名竹千代。出生7年后,24岁的松平广忠死于非命,松平领地为今川氏所控制,竹千代作为人质在骏府(静冈)度过了少年时代。弘治二年(1556年)15岁的竹千代元服时,今川义元赐以自己名字中的"元"字,他遂得名"元信",翌年改名"元康"。"康"为其统一三河国的祖父"清康"中的一字。德川家康曾自称"源元康",意为武家政权创立者源赖朝后裔。永禄三年(1560年)今川义元战死桶狭间后,他回到冈崎,翌年与织田信长结盟,势力大增,开始蚕食今川氏领地,势力日增。永禄六年(1563年)改名家康,以示与今川义元诀别。后向朝廷提出改姓"德川"申请获准,并被任命为三河守。本能寺之变后,德川家康拥织田信长长子织田信雄,与丰臣秀吉在"小牧·长久手合战"后讲和,并助丰臣秀吉剿灭北条氏,领有关东8国并按丰臣秀吉之意移住江户城,成"关东之雄"和丰臣政权"五大老"之"笔头"(首领)。

"后丰臣秀吉体制"分裂后,诸大名亦各事其主。前田利家殁后,德川家康更加专横。对立双方矛盾日益激化,几次发生武装冲突。最后形成以德川家康为统率的"东军"、以石田三成和毛利辉元为首的"西军"两大势力。双方在美浓国的关原(今岐阜境内)进行了著名的"关原合战"。关原合战有广义和狭义两层意思。广义而言,是指战事蔓延至日本全境,从双方出兵到撤退持续了3个多月的冲突,是应仁之乱以来日本最大规模的内战。狭义而言,是指其中决定胜负的一场战役。此战役爆发于庆长五年(1600年)9月15日上午8点左右,因西军小早川秀秋倒戈,下午2点左右即宣告结束。此战也是日本战史上对阵双方均没有打出天皇"旗号"的战役。

史籍关于"关原合战"有一段记载,有助于我们了解德川家康之性格和他的家臣对他的评价:[1]

"照公(德川家康谥号为'东照宫')之西征也,本多正信(德川家臣)留在江户。独自忧曰:'此役也西师之众,加倍于我。而诸将师又多更事者。假令主公当之,吾未见其全捷也。'遂招内藤正成(德川家臣)问之。正成笑曰:'勿用过虑。吾保其必胜矣。仆自幼侍公,知公之为人,每怯于耳,而勇于目,故闻变忧苦,不啻处女也。而一出门,勇气百倍,以致见大敌,殆成夜叉之猛矣。况此行可冲突陷阵者有三焉,井伊兵部(井伊兵部直政,德川重臣,著名武将)、福岛左卫门(福岛正则,著名武将),并主公为三也。有此三瑞锋而纵横冲敌,无坚不破。虽有西师百万之众,何足忧乎。'既而关原之报至矣,果如正成之言。"

"宁静子(此文作者)曰:'谁劝君王绘马首,真成一掷赌乾坤。'昌黎(中国唐代韩愈)此句,殆如为此役设者。而照公之胜算,早已定于东征之日。而返旆(挥舞旌旗)西讨也,驱逐群雄,如臂使指。战未半日,而敌众奔窜,天下既归于孤掌矣。自古胜败之速,未闻如此役者也。故本左州(本多佐渡守)之智,而不察乎此,何耶。岂其深于文法者,暗于兵机欤。若夫内藤氏怯耳勇目之论,何以想见公临事而惧之气象耳。"

"关原合战"后,除了"改易"(剥夺武士士籍),德川家康还于翌年对西军降伏和制服的原西军阵营的大名进行了"除封"(剥夺领地和俸禄),对原"大老"毛利辉元、上杉景胜等进行了"减封"(减少俸禄),并将由此所得对自己一方的大名和部属进行了"加封"和"转封",从而开始形成德川氏亲信的谱代小藩和德川氏的"藏入地"集中于近畿经东海道、中山道至关东地区,"外样大藩"分布于东北、北陆、中国、四国、九州等周边地区,使贯穿整个江户时代的各藩的布局因此得以形成。而诸大名按照与幕府的亲疏关系分为三类:亲藩大名、谱代大名和外样大名。亲藩大名与德川家族具有血缘关系,其中有能够继承将军职务的御三家(水户、尾张、纪州)以及御三卿(田安、一桥、清水);谱代大名是

---

[1] 若林力:《近古史谈全注释》,大修馆书店,2001年,第226—227页。

"关原之战"前臣服德川家族的大名,外样大名则是在关原之战后臣服德川家族的大名。

天皇任命德川家康为"征夷大将军"的宣旨

庆长八年(1603年),德川家康在伏见城领受敕封其为征夷大将军、右大臣(从一位)的宣旨(将军宣下),在江户建立了幕府。此后至1868年明治维新发生的250年,史称"江户时代",又称"德川(幕府)时代"。

需要说明的是,丰臣秀赖当时仍居于大坂,"后丰臣秀吉体制"虽然分裂,但是仍未彻底解体。庆长八年(1603年),德川家康根据丰臣秀吉遗命,将其孙女千姬(二代将军德川秀忠之女)嫁给了丰臣秀赖。两家建立了政治联姻。庆长十年(1605年)4月,任征夷大将军仅两年,德川家康便将将军一职让给了由其侧室于爱(西乡局)所生的第三个儿子德川秀忠,自己当了"大御所"(前将军)。两年后,德川家康移居骏府城。此举旨在昭告天下,将军一职自此由德川氏世袭,而自己则置身于官职规范之外,以"自由的身份"统治全国。同时也让德川秀忠能建立起作为将军的权威。翌年,德川家康迫使丰臣秀吉拥立的后阳成天皇退位、由后水尾天皇即位,并让诸大名向德川氏宣誓表示忠诚,使之成为"无冕之王"。但是关原之战以后,朝贺时丰臣秀赖仍处"雁行"的大臣之首,年始旧丰臣系的大名贺岁,亦首先前往大坂城,后往伏见城。年轻的丰臣秀赖继续作为丰臣秀吉体制的象征而存在,无疑是德川家康心头之患,当予以翦除。为此,德川家康运用了值得一书的政治智谋。

首先,为了消耗诸大名经济实力,避免其成为幕府的威胁,德川家康下令新筑和增筑多个城池,规定由诸大名组织人力并承担相应费用,特别让蒙恩泽于丰臣氏的20家大名参加。当时新筑的城有近江国(滋贺)彦根城、山城国(京都)的二条城和伏见城、越后国(新潟)筱山城以及尾张国(爱知)名古屋城。增筑的城是江户城和骏府城。

庆长十六年(1611年),德川家康让平日不听号令的丰臣秀赖和他的母亲淀殿前往新落成的幕府官邸——二条城贺拜。名为贺拜,实是对德川行从属之礼。德川家康心想,对此要求丰臣秀赖当不会答应,那样正好获得口实,翦除丰臣秀赖。但是,丰臣秀赖此番没有违背其要求,德川家康此计未成。

一计不成,又生一计。德川家康遂"鼓励"丰臣秀赖广建寺社,试图以此消耗其财产。丰臣秀赖也遵令执行,修建了山城国(京都)的东寺、南禅寺、石清水八幡;河内国(大坂)的叡福寺、近江国(滋贺)的石山堂、尾张国(爱知)的热田神社等寺社。但是,丰臣秀赖不知道"欲加之罪,何患无辞"的道理。令他始料不及的是,与佛结缘、修建寺社的善事,却不经意修建了自己的"坟墓"最后遭灭顶之灾。

灾祸起于"方广寺钟铭事件"。天正十四年(1586年),丰臣秀吉为了祈愿子孙繁荣,仿照奈良东大寺,在京都东山建造了方广寺。文禄五年(1596年,10月改元庆长)闰7月大地震,寺内高16丈的木质大佛倒塌。庆长七年(1602年)德川家康建议丰臣秀赖重建。后因遭遇火灾,工事中断,直至庆长十四年(1609年)工事再开,并于庆长十九年(1614年)年中竣工,只待8月3日举行落成典礼。孰料,事端由此发生——

据《骏府记》记载:"8月2日,大佛殿钟铭到来。中井大和守(正清)奉之。钟铭由东福寺韩长所书(按:经后人考证,韩长为清韩之误),其中国家安康之语令御(德川家康)不快。此外,文中多处有令御不快之仪。"

文中"令御(德川家康)不快"的"国家安康之语"和"不快之仪",是文中"国家安康君臣丰乐",被认为是诅咒德川家康分崩离析(将"家康"的名字分拆)、祈求丰臣家万世繁荣(当中两字"臣丰"意为"使丰臣乐")。"不快之仪"则是指文中不经意地用了"家康"之名讳。此"恶意"先由南禅寺住持金地院崇传发现,并由德川家康的幕府儒官林道春(林罗山)在学问上进行"注解"。当然,林罗山所为,完全授意于德川家康。

此事对丰臣家族而言无异于晴天霹雳。于是,丰臣秀赖再三解释,辩称决无此意。但是德川家康坚决咬住不放,不仅要求处置铭文作者清韩,而且提出了三个苛刻的条件,让丰臣秀赖选择其中一个:第一,迁出大坂接受转封;第二,丰臣秀赖移居江户;第三,浅野幸长留居江户。浅野幸长和其父浅野长政均是丰臣家重臣。当年千姬出嫁丰臣家时,在大坂接舆(类似于中国的轿子)的就是浅野幸长。接受其中任何一个条件,无异于向德川家康俯首称臣,甚至可能招致杀身之祸,丰臣秀赖当然无法接受。深知德川家康不可能善罢甘休的丰臣秀赖于是开始积极备战,并广招浪人。双方矛盾迅速升级并呈白热化状态,进行了一系列武力交锋,史称"大坂之阵"。

庆长十九年(1614年)11月15日,德川家康离开二条城,直逼大坂。同一天德川秀忠也从伏见城出发剑指大坂。11月19日,决战终于爆发,史称"大坂冬之阵"。之后,历经木津川之战、今福之战、真田攻防战,直至翌年"大坂夏之阵"等多次战役,双方展开拉锯,战事绵延持久,在天王寺、冈山之战时,德川家康甚至曾命悬一线。另一方面,德川家康深知大坂城乃丰臣秀吉倾全力建造,极为坚固,且丰臣秀赖方实力不俗,若其居城固守,顽强抵抗,战事结局很难预料。于是他在准备开战的同时,亦展开了和平攻势。在战争进行中时,12月17日,朝廷派敕使前往调停,双方曾一度"议和"并互换誓约。但是自古

"一山不容二虎",议和显然是假象,加之德川家康非常清楚,如果朝廷调停成功,不仅丰臣秀赖将继续存在,且公家威信将骤然上升,其一切如意算盘定将落空。在大坂城即将陷落之际,丰臣氏重臣大野治长让丰臣秀赖的妻子、德川家康的孙女千姬出城,要求其祖父放丰臣秀赖及其母亲淀殿一条生路。千姬出城后被送至冈山其父亲德川秀忠营帐。但是,她的要求被德川家康断然拒绝。因为,德川家康兴兵讨伐的根本目的,就是为了消灭丰臣秀赖。之后,德川秀忠属下井伊直孝转告大野治长,令丰臣秀赖母子自刃。庆长二十年(1615年)5月7日,大坂城天守阁发生大火,丰臣秀赖母子及大野治长等重臣均葬身火海。

大坂城陷落后,躲藏于伏见一座桥下的丰臣秀赖8岁的儿子国松被逮捕,并在京都六条河原斩首。其7岁的女儿在镰仓动庆寺出家为尼,法号"天秀"。丰臣一族,几乎灭门。战后,德川家康下令点验首级,合计达14 530余个(一说18 864个)。① 5月14日,丰臣氏余党600多人的首级被暴晒京都街头。丰臣秀吉的墓以及在京都供奉丰臣秀吉的丰国神社亦遭幕府破坏,其属下或被处死或被追捕。

"大坂之阵"后,虽然零星武力冲突偶尔发生,但是持续的、大规模的战役自此历200多年没有发生。由于这一年即庆长二十年(1615年)7月,天皇根据朝臣菅原为经的建议,取义唐朝宪宗治世的年号,改元"元和",故"大坂之阵"的结束又称"元和偃武"("偃武"意为平息武力)。"元和偃武"标志战国时代结束。饱经战乱的日本自此进入了长达200多年的相对和平时期。

"剿灭"丰臣秀赖后,大御所德川家康返回二条城、幕府将军德川秀忠返回伏见城。鉴于"大坂之阵"的经历,德川氏凯旋后当即于闰6月13日分别以将军和大老共同署名的文件"联署奉书"的形式致函各大名,颁布了所谓的"一国一城令",要求一个分国只能有一个城。居城之外若有些城仍留有残垣断壁等,当予破坏,不得重建。有些学者认为,颁布"一国一城令"是制定《武家诸法度》前对诸大名的反应进行试探。1个月后,该命令被收入《武家诸法度》第6条。

"元和偃武"后,德川家康倾力重建政治秩序,颁布了一系列法律和政策,特别以武家、公家、寺院和神社为对象,制定和颁布了一系列"法度"(法令)。这些"法度"的颁布不仅远远超出了征夷大将军的权限,超越了律令制度框定的范畴,凌驾于公家、武家、寺家之上,而且集中体现了德川家康的治国理念——

《武家诸法度》颁布于元和元年(1615年)7月,该"法度"传承了足利尊氏的《建武式目》和文禄四年(1595年)由丰臣秀吉五大老制定的"御掟",其中第

---

① 川崎庸之等总监修:《可读的年表·日本史》,第571页。

3、第 4 条照搬了庆长十六年(1611 年)4 月德川家康为庆贺后水尾天皇即位,集合西国大名,令其起誓的"三条誓约"中的后两条(翌年要求东国大名同样起誓),其文句有不少引自《十七条宪法》、《续日本纪》、《建武式目》、《长宗我部元亲百条》,以及《左传》、《诗经》等中国古典。《武家诸法度》共 13 条,基本内容如下(按:引文系原文,有些条文略去后面说明部分):①

1. 文武弓马之道,专可相嗜事。左文右武,古之法也,不可不兼备焉。弓马是武家之要枢也,号兵为凶器,不得已而用之。治不忘乱,何不励修炼乎。2. 可制(禁止)群饮佚游事。3. 背法度辈,不可隐置于国(不得藏匿违背"法度"之罪犯)。4. 国国大名、小名并诸给人各相抱之士卒有为反逆、杀害人告,速可追出(诸国大名、小名、领主之士卒若被举报谋反、杀人,当立即予以驱逐)。5. 自今以后,国人之外,不可交替他国事。凡因国,其风是异,或以自国之秘事告他国,或以他国之秘事告自国,佞媚之萌也。6. 诸国居城虽为修补,必可言上(必须报告)。7. 于邻国、起新仪、接徒党者有之,早可致言上事(不得与邻国结盟、定新制、结徒党,若有违者,须立即报告)。8. 私不可缔婚姻事(按:此为防止缔结政略婚姻)。9. 诸大名参觐做法之事(觐见将军时在人数、乘骑等方面须遵守等级规定)。10. 衣装之科不可混杂事(穿着须遵守规定)。11. 杂人恣、不可乘舆(非达规定级别,不可乘舆)。12. 诸国诸侍可被用俭约事(须厉行节俭)。13. 国主可撰政务之器用事(应选贤任能)。

需要指出的是,该"法度"有三个特点值得留意:第一,法度虽然继承了镰仓幕府以来的法的精神,进一步显示了武家政治的本质和理想,但是其第一条即明确规定"文"与"武"并立,使"习文"亦成为武士的行为准则,并由此奠定了既是政治统治者又是行政管理者的近世武士的出发点。第二,"法度"不仅明确规定了"忠诚"的基本要求,而且明确规定所采取行动等不得超越自身等级。第三,为防止"下剋上"风潮再度兴起。"法度"第 4 至第 8 条均是这方面的规定。

7 月 17 日,即《武家诸法度》颁布 10 天后,德川家康和德川秀忠将关白二条昭实、前右大臣和公卿中最年长的菊亭晴季(77 岁)作为公卿的代表邀请至二条城,让"武家传奏"广桥兼胜对他俩宣读了《禁中及公家诸法度》。二条昭实和菊亭晴季都称:"该法度至为神妙,无有遗漏。"于是先由二条昭实署名,然后由将军德川秀忠和大御所德川家康署名〔原本藏于"禁里"(内宫),万治四年(1661)年因"禁里"失火而被焚。宽文四年(1664 年)由第四代将军德川家纲和摄政二条光平在副本上重新连署保存〕。7 月 30 日,德川氏将全体"门迹"(出家当住持的皇族、贵族)、公卿招至"禁中"清凉殿,由"武家传奏"广桥兼胜

---

① (日)历史学研究会编:《日本史史料·3·近世》,岩波书店,2006 年,第 68—70 页。

向他们宣读《禁中及公家诸法度》。

《禁中及公家诸法度》共17条,不仅参照了织田信长以后对公家所定之"规矩",如庆长十年(1605年)"禁中作法"的8条规定、庆长十八年(1613年)的《公家诸法度》5条规定,而且如以"禁中"(御所、皇宫)两字开头的名称所示,该"法度"将天皇和公卿贵族一并作为对象,在历史上第一次对天皇的行为作了法律规定。是故,该"法度"在起首的第一条即规定:"天子诸艺能之事,第一御学问也。"以后各条大致内容(规定)是:2.公卿贵族座次。3.亲王、重臣座次。4.摄家若无才能,不可任三公和摄(政)关(白)。5.三公摄关辞官及再任。6.养子等可用同姓,唯女性不可。7.武家之官位,可为公家当官之外。8.改元参照汉朝和本朝之要求。9.天子及各冠位者的礼服色彩、样式要求。10.诸家升迁之次第和要求。11.违背关白传奏和职责履行者,可处流放罪。12.根据有关例律量刑。13.摄家门迹、亲王门迹等座次规定。14.僧正(僧官中最高级别)、门迹、院家之任用规定。15.门迹、僧都(地位仅次于僧正)、法印任官叙位要求。16.着敕许紫衣(袈裟)及位次之规定。17.使用"上人"号之要求。①

《禁中及公家诸法度》各条,尤其值得辨析的是第1条。中国史学界通常对第1条的解释是,认为其规定天皇当以钻研学问为先,不得过问政事。如吴廷璆主编的《日本史》写道:"幕府颁布了《禁中及公家诸法度》17条,规定天皇只许从事学问,诵读《群书治要》、《禁秘抄》,吟诵和歌,不得过问政治。"②但不能不指出的是,如此解释显然有"误解"之嫌。由于如此"误解"直接导致对德川幕府政治理念和江户政治体制之特征的歪曲,故必须予以指正。

在此先对第1条原文照录如下。通过解读,当不难发现其真义:"天子诸艺能之事,第一御学问也。不学则不明古道而能致太平者,未有之也,《贞观政要》明文也。《宽平遗诫》,虽不穷经史,可诵习《群书治要》云云。和歌自光孝天皇未绝,虽为绮语,我国习俗也,不可弃置云云。所载《紫秘抄》,御习学专要候之事。"

必须进一步指出和强调的是,《禁秘抄》是有关朝廷的礼仪和政务的"指南"或"教科书",是镰仓时代顺德天皇为训诫后世即后代天皇所撰。《贞观政要》阐述的是唐太宗的治世之道。《宽平遗诫》是平安时代宇多天皇给皇子醍醐天皇的告诫。《群书治要》则是中国唐代从群书中汇集关于统治的内容所编。因此,该"法度"所谓的"学问",是关于朝廷礼仪和政务知识,不是我们今天所理解的在书斋里潜心钻研的所谓"学问"。毋庸赘言,文字的含义因时代而异,我们不能以今义释古义。何况自源赖朝创立幕府以后,历400年,天皇、公家不干预政治作为一种传统早已确立。以万世一系的天皇为核心的公家作

---

① (日)历史学研究会编:《日本史史料·3·近世》,第82—83页。
② 吴廷璆主编:《日本史》,第220页。

为以武家为中心的政治体制的"配角",有其存在的价值。颁布《禁中并公家诸法度》是限制和削弱天皇及公卿贵族的权力,不是彻底剥夺他们的参政权;是规定他们仿效先人,不得试图扮演政治"主角",而不是将他们彻底赶下政治舞台,连"配角"也不让他们当。

又7天以后,德川家康通过南禅寺住持金地院崇传,向真言宗、高野山众徒、五山十刹、大德寺、妙心寺、永平寺、总持寺、净土宗、净土西山派发布了《诸宗诸本山法度》。该"法度"是庆长十三年(1608年)后陆续提出的各"法度"的强化。这些法度强调僧侣应努力承担"护国利民"之职责,并以本末关系为基础对寺院内部体制加强整顿,即以维持各宗派传统势力为前提而提出。内容大致包括寺内升进的基准和官职的选出、修行的义务,等等。值得留意的是,就内容而言,《诸宗诸本山法度》当属寺法,但是在"法度"上对佛教僧侣等提出种种要求的,却是作为寺院外的权力者的德川家康。德川家康制定此法度的目的,是以尊重各宗的现有体制为借口,通过各宗本山确立幕府对寺院的统制,并借以取代天皇对佛教各宗派的影响。

综上所述,各"法度"的共同点是表面上让朝廷、寺院、大名各司其职,即各自扮演"法度"所规定的角色,幕府对其内部事务的解决不进行干预。实质上幕府是从外部实施"监控",如认为必要,即进行干预。例如,对各大名领国内的"仕置"(政治),德川家康似顾及中世纪的传统,几乎没有发表意见,但行动却远非如此。事实上,"法度"本身早已为德川家康的干预奠定了基础。如《武家诸法度》规定的"国王应选政务之器用",系参照《建武式目》第7条"大名当以抚民为义务"一句。以后,幕府屡屡以这一条为根据介入大名领国的政治。对朝廷和寺社,德川家康亦经常采取同样手段。最终,江户幕府具有了镰仓、室町两个幕府所未能掌握的权力。

在创下为江户幕府奠定基础的业绩后,江户幕府第1代将军德川家康于元和二年(1616年)4月17日在骏府城去世,享年75岁,葬于日光,谥号东照宫,神号"东照大权现"。

二、幕藩体制的建立和享保改革

继一系列"法度"相继颁布后,德川幕府遂着力稳固其独特的政治体制——幕藩体制。

"藩"作为用以指代江户时代由一些大名统治的"小国家"的名词,人们早已耳熟能详。但必须指出的是,在江户时代初期,"藩"这一名词无论在幕府的官方文件中还是在人们的日常生活中均未曾出现。最初使用"藩"这一名词的,是江户时代中期的一些儒者,如新井白石的《藩翰谱》,他们借汉字"藩"的释义"屏障",将大名和将军的关系比作中国封建制下皇帝和诸侯的关系,即视大名为将军的"藩屏"。至明治时代,维新政府正式采用了"藩"这一称呼作为地方制度。但众所周知,随着"废藩置县"政策的实施,"藩"旋告终结。

"幕藩体制"这一概念由古岛敏雄在1953年首次提出,其定义学界并无一致意见。按笔者个人看法,主要有四个特点:1.即便土地各有"领主",但将军拥有最终领有权;2.集权与分权相结合;3.严格的不可逾越的身份等级制;4.在外交上施行严格控制的"锁国制度"。"幕藩体制"在丰臣秀吉时代已现萌芽,至德川幕府第3代将军德川家光时代确立。按朝尾直弘的观点,幕藩体制有三大支柱:石高制,兵农分离制,锁国制。

尝谓"伟人身后皆空白"。德川秀忠由于受其父德川家康"荫庇",内政外交业绩甚少受到点评。但其为人品格,却不乏可以圈点之处。在此择录一段《明良洪范》中的台德公(德川秀忠谥号台德院),以为见证:①

"公平素未尝履日影。夕阳入座,必避而过之。旁好插花枝。每有茶仪,自安之床。或有献冬日牡丹,公一览称善。左右启曰:'盍插之瓶。'公曰:'此花虽美,非节序之正,所不欲赏玩也。'伏枕数旬,未尝一朝废梳头,曰:'虽然病矣,天下之政,不可不敬听。岂可以蓬头垢面接之乎。'尝语左右曰:'人有恒言云,浮生如梦,寸步外皆暗夜矣,须及时行乐耳。'此言大谬,当云:'浮生既短矣,不可不加敬。敬之时亦不长,岂不能勉强乎。'"

元和九年(1623年),德川秀忠让位于嫡子德川家光。元和九年,德川家光在伏见领受"将军宣下",成为德川幕府第3代将军。但是,德川秀忠作为"大御所"仍掌控幕政实权。宽永九年(1632年)正月24日,54岁的德川秀忠去世,葬于江户增上寺,谥号台德院。

第3代将军德川家光执掌实权后,在内政外交外面采取了一系列措施,使"幕藩体制"最终得以建立。他在外交方面的主要措施,即所谓的"锁国政策",使日本进入了长达200余年的所谓"锁国时代"。德川家光的外交政策本章另有专题论述,在此仅涉及其内政。

德川幕府统治全国的机构,是以德川起家的三河国大小名为基础、逐渐扩大而形成的。在德川家康、德川秀忠时代,幕政主要由受到大御所德川家康和幕府将军德川秀忠信赖和恩宠的个人("出头人",即德川氏侧近参与政务的人)如大久保忠邻、土井利胜、酒井忠世等门阀谱代阶层承担,具有"三河政治"的明显色彩。"出头人"参政是一柄双刃剑:一面效率较高;另一面容易恣意妄为。德川家光亲政后不久,于宽永十一年(1634年)至宽永十五年(1638年)进行幕政机构建设,使幕府政治开始形成职责和权限明确的政治体制,从而为

---

① 若林力:《近古史谈全注释》,第320页。

"出头人"政治画上了句号。

宽永十一年,德川家光制定了"年寄"、"六人众"、"町奉行"(主管江户政务)各司其职的法令。翌年又从"年寄"、"六人众"的职务中分离出寺社奉行、勘定奉行、留守居等职,均由其直接掌控。宽永十五年后,由于健康原因,德川家光松弛了对臣属的直接控制,遂形成了统领留守居、寺社奉行、町奉行、大目付、作事奉行、勘定奉行的"老中制","六人众"的职务则由"若年寄"承袭,从而最终形成了德川幕府统治机构的框架。

宽永十一年(1634年),德川家光对"老中"、"若年寄"的职权作了规定:老中主要参与协调朝幕关系、统率大名、外交、财政、大规模工程建设等涉及幕府全国性统治的"公仪"工作;若年寄则主要参与直属家臣团(旗本、御家人)的统领、江户城的防卫和城附近的行政等德川氏侧近的工作。之后,寺社奉行、勘定奉行、留守居等职务相继设立,以将军-老中为中心、权限和工作内容明确的各种职务被陆续设定。①

德川家光还通过颁布以军制之核心的军役令,使以幕府为顶点的领主阶层的集结和编制得以强化。在江户时代,所谓"军役"就是获得领主恩宠的家臣,为报答领主而为之提供的军事奉公(服务)。军役令就是对军事奉公的动员人数和武器数作出基本规定。这种规定早在丰臣秀吉时代已经存在,即以"石高"为基准作出军役规定(按:"石"是稻谷等的量器,"高"在日语里意为"数量",即以"石"为基准的俸禄)。江户幕府采用了与之同样的方法,于元和二年(1616年)以德川氏直臣为对象,制定了最初的军役令。在德川家光执政的宽永十年(1633年),江户幕府制定了包括大名在内的系统的军役令,对石高(俸禄)和动员人数及武器数作了明确规定。例如,要求"石高"1万石的大名提供骑兵10个、枪20支、弓10张、镫10支、旌旗两面。各大名领国也参照幕府的军役令,作为主君的大名对家臣提供军役的内容作了具体规定。

宽永十二年(1635年),德川家光对《武家诸法度》作了大幅度修改,颁布了新版的《武家诸法度》——《别本武家诸法度》,从原先的13条增加至19条。经过对两个"法度"原文的比较,笔者发现《别本武家诸法度》对原有条文的新增和修改有几点尤其值得关注:②

一、对"参觐交代"及相关要求作出法律规定。第2条:"大名小名在江户交替,所相定,每岁夏四月中可致参勤,从者之员数、近来甚多,且国郡之费且

---

① 在日语中,"老中"的"老"意为"长者","中"同古代、中世时的"众",有尊敬之意。"老中"是江户时代权势最大的幕僚。"若"意为"年轻","年寄"意为"长者"。"若年寄"是地位仅次于"老中"的幕僚。

② (日)历史学研究会编:《日本史史料·3·近世》,第76—77页。

人民之劳也,向后以其相应可减少之。"

二、对将军和大名的上下级关系作出规定。第 19 条:"万事如江户之法度于国国所所可遵行之事",即规定各国各地必须遵循江户之法令。

三、具体规定了不得"私婚"的对象。第 8 条:"国主城主一万石以上者并近习之物头(者),私不可拾(结)婚姻事。"

四、不仅仍规定不得结党结盟定新制(第 6 条),而且规定不得挑发争端。第 7 条:"诸国主并领主等不可致私诤论、平日须加谨慎也。"

五、必须保证交通顺畅。第 15 条:"道路驿马舟梁等无断绝,不可令致往返停滞事。"

六、禁止私设关所。第 16 条:"私之关所、新法之津留,制禁事。"

七、不得建造大规模船只,以免"尾大不掉"。第 17 条:"五百石以上之船停止事。"

综上比较,可见此次修订遵循了一个最基本的精神和原则,即在法律上确定上下原则,避免地方势力扩张,维护"安定"局面,防止动乱发生。

另外,值得注意的是,庆长时的《武家诸法度》指代"大名"时,用词暧昧而不统一,时而称之为"国主",时而称之"诸国大名"、"诸给人",而《别本武家诸法度》则对所谓"大名"的基准作了明确定义:"国主、城主、一万石以上。"

江户时代的大名具有不同系谱:既有自中世纪后一直世袭的萨摩的岛津氏、陆奥的伊达氏、羽后的佐竹氏等,也有发迹于织丰政权的加贺的前田氏、阿波的蜂须贺氏,还有作为德川家臣起家的彦根的井伊氏、小浜的酒井氏。另外,其领地——江户时代称"藩",也规模迥异,既有超出百万石的加贺的前田氏,也有 1 万石的小大名。

尽管作为领主的大名出身不同、领地规模迥异,但面临的课题却是共同的:将权力集中于自己手中,建立强大而稳固的家臣团,对藩民实施有效统治。因此,在幕府中央巩固其政权的同时,各藩也在确立"藩政"建构方面取得显著成效。17 世纪中加贺藩实施的"改作法",就是这方面的典型例子。所谓"改作法"的基本措施,就是废除赐给家臣领地的"地方知行制",改行支给米和货币的"俸禄制"。同时进行"检地",将领地作为藩直接经营的事业,并推行能确保年贡收入的"定免法"。

德川家光的诸项措施成效显著。但是,在"旗本"领地较多的关东地区,朝廷、公家领地较集中的关西地区,由于地域不同,中小领主权之外还存在武家和公家通过"奉行"行使的权力,因此形成一种"二元统治结构"。另外,民众亦有对其不满。日本历史上著名的"岛原之乱",即爆发于宽永十四年(1637年),即德川家光统治时期。

宽永十四年(1637年)后,德川家光健康状况日益恶化,幕政主要通过"老中"管理。庆安四年(1651年)4月20日德川家光去世,葬于日光,谥号大猷院,享年48岁。

德川家光去世后,其与侧室于了之方所生的长子、11岁的德川家纲在江户接受"将军宣下",担任了第4代将军。以后,在江户接受"宣下"遂成为惯例。德川家纲治世的基本特点是比较具有温情,施行了一系列缓和政策,如放宽养子限制(1651年),禁止大名去世家臣殉死(1663年),废除证人制度(1665年),等等。同时在他统治时期,江户发生了很大变化。由于德川家纲幼年执政,自小身体欠佳,嗜好绘画和茶道,因此当时主导幕政的是以酒井忠清为首的门阀主导势力。延宝八年(1608年)5月8日,年仅40岁的德川家纲去世。在其有生之年,由于无嗣,因老中堀田正俊力谏,德川家纲已选定他的弟弟、上野馆林25万石的城主德川纲吉为后继者。德川纲吉因此在德川家纲殁后就任了第5代将军。

德川纲吉就任将军后,在政治、经济、文化各个领域对德川家纲"仁慈"的政策作了大量修正,建立了稳定和专制的体制。

在政治方面,德川纲吉党同伐异。即位伊始,德川纲吉首先解除了被称为"下马将军"的幕府权臣、"大老"酒井忠清的职务,同时重用堀田正俊,起用一些他任馆林藩主时的家臣充当幕僚;压制在其兄德川家纲时代掌控幕政的谱代门阀层,对一些不良大名、旗本进行改易(剥夺武士士籍)、减封(减少俸禄)处分,如根据巡见使的报告亲自审理了越后高田藩的骚动,对藩主实行改易,以昭彰将军的权威。

天和三年(1683年)7月25日,德川纲吉再次改订了《武家诸法度》。此次颁布的武家诸法度最值得关注的是:将宽永时代第3代将军德川家光改订时仍原文保留的第1条"文武弓马之道,专可相嗜事。左文右武,古之法也,不可不兼备焉"改为短短一句话,即"文武忠孝,可正礼仪之事"。需要强调的是,"窥斑而见豹",《武家诸法度》的这一修改,恰好体现了由德川幕府统治的日本至17世纪末的两大变化:

一、建立以意识形态为"武器"的专制统治。在法制和政制的基础已经相对稳固后,德川幕府遂从"武力统治"向"精神统治"转变。德川纲吉任命林信笃为大学头,在汤岛建"圣堂",就是这种思想的集中体现。试图通过"法度"这一武士的行为准则,构建精神统治的重要元素,是当时的统治需求。因此,"法度"第一条以"忠孝"取代"弓马",力践对主君的忠诚和对长辈的孝行而不是武艺,维护尊卑秩序和礼仪,便成了题中应有之义。

二、近世社会的稳定和成熟。"元和偃武"后,历经半个多世纪的和平,江户时代已进入和平发展时期。从强调"弓马是武家之要枢"转变为强调"文武忠孝,可正礼仪",不再告诫"治不忘乱",是当时相对和平的社会写照。

在经济方面,德川纲吉为改变其前任德川家纲因奢侈和吏治不善等原因造成的窘迫的经济状况,着手制定了一系列新的经济和财政政策。

首先,德川纲吉从整顿人事入手治理经济,采取了几项重要举措:1.任命堀田正俊为专管农政的老中,撤换原寺社、勘定、町三奉行;2.实施权力制衡,专门设立"勘定吟味役"一职,对勘定所官员进行监控;3.对年贡滞纳、勤务不良并培植起地方势力的"代官"进行整肃、撤换,其空缺由一批官吏作为新的"代官"担任。

其次,整顿全国金融秩序,制定新的流通经济政策。江户时代的通货体制,是西国等地区的通货银和东国等地区的通货金并存的"双重体系"。这种体系至元禄时代(1688—1704年)出现了两个问题:一是随着社会的繁荣,通货数量日显不足;一是江户的急速发展,使作为通货的金银比例失衡。为了解决这一问题,幕府根据"勘定奉行"荻原重秀的建议重铸货币。通过减少货币金银成色不仅使幕府获得极大收益,而且促进了商业繁荣和与之密切相关的货币流通量的增大。贞享二年(1685年),德川幕府以铜取代金银,以抑制在对荷兰和中国的贸易中金银的大量流出,同时对与荷兰及中国商船交易的年贸易额进行限制。正德五年(1715年)又制定"海舶互市新例"(史称"正德新例"),进一步掌控贸易。元禄十年(1697年),德川幕府设立了"长崎会所",控制一些重要物资的贸易,最终几乎垄断贸易,使绝大部分贸易利润为幕府所有。据统计,从长崎会所获得的收益达到政府年收的10%左右。

在文化政策方面,德川纲吉重视儒学。德川纲吉统治时代,也是以儒教推行人心教化政策的时代。德川纲吉上述对《武家诸法度》的修订即体现了其对儒学的重视。标榜"民为邦本"。建立孔庙和为诸多儒教先哲造像,并因孔子出生于鲁国昌平乡而将原"相生坂"改名为"昌平坂",在当地建立了"昌平坂学问所",宣讲儒学。另一方面,德川纲吉对神佛也很重视,为伊势神宫、石清水八幡宫、兴福寺等神社佛阁的修建投入了大量费用。

天和三年(1683年),德川纲吉5岁的世嗣德松夭折,在焦心苦虑求嗣不得时,僧隆光称,人之无嗣是因为前世杀生太多,并谏称德川纲吉出生戌年,尤应对犬类进行保护。依此为背景,德川纲吉颁布了《生类怜悯令》,严禁屠杀一切生灵。对犬类甚于对人的保护。这一法令被贯彻20多年,直至其去世。据新井白石记述,为一牲畜而遭极刑乃至满门抄斩,或被流放、妻离子散者达数十万众。宝永六年(1709年),64岁的德川纲吉去世,葬于上野宽永寺,谥号常宪院。德川纲吉讣告发出后,近卫基熙曾作如下记述:"抑此将军政务三十年间,岁岁无吉事,诸民忧愁日日增益。于近年者,待其让而已。于西丸(德川家宣)者大早云霓而。诸国人闻其凶事,内心含悦者欤,勿谓勿谓。"①因此,虽德

---

① 井上光贞、永原庆二等编:《日本历史大系·3·近世》,山川出版社,1988年,第504页。

川纲吉在政治、经济、文化诸领域全面推行的政策史称"天和之治",但是长期以来日本学界对其政策的评价却褒贬不一。

由于世嗣夭折,德川纲吉于宝永元年(1704年)12月立其外甥、甲府城主德川纲重之子德川家宣为嗣。德川纲吉去世后,继任幕府第6代将军的德川家宣立即废除了《生类怜悯令》等前代不受好评的政策,并由新井白石主导"刷新"政治,主要措施是全文改订《武家诸法度》,使之更具儒学色彩;施行堪定所和评定所改革;铸造"正德金银",提高其成色;进行长崎贸易改革,等等。正德二年(1712年)秋,德川家宣悟自己将不久于人世,遂根据新井白石的建议立其子锅松为嗣。10月14日,51岁、担任将军仅4年的德川家宣去世,谥号文昭院。遵其遗嘱,德川家宣被葬于江户增上寺。

德川家宣逝后,未满4岁的锅松于12月23日由灵元法皇赐名家继,翌年3月26日"元服",4月2日受"将军宣下",成为德川幕府第7代将军。如此年幼的将军自然不可能理政,因此一切照旧。享保元年(1716年)4月,年仅8岁的德川家继夭折,亦葬于增上寺,谥号有章院,由德川吉宗继位担任了幕府第8代将军。

德川吉宗生于贞享元年(1684年)10月21日,是有权继承将军职位的"御三家"(水户、尾张、纪州三藩)之一、纪州藩第2代藩主德川光贞的第4个儿子,幼名源六、新之助。讳名初为赖方,后改名吉宗,因其兄相继病逝,22岁便成了纪州藩第5代藩主。德川家继夭折后,因宗家血缘断绝,德川吉宗遂于享保元年(1716年)成为德川幕府第8代将军。

德川吉宗是江户时代最有作为的将军之一,他励精图治,领导了时间跨度近30年的"江户时代三大改革"中的第一场改革——享保改革(另两场改革是宽正改革和天保改革)。

17世纪末,由于商品经济的发展,城市生活费用增大。德川纲吉时期"偷工减料"重铸货币留下的后遗症,亦使通货混乱,物价上涨。靠禄米为生的武士日益贫困,幕府、大名诸侯也因支出增加而出现财政危机。德川吉宗就任将军时,幕府竟连旗本、御家人的俸禄米也无力发放。为加强幕府统治,解决财政危机,德川吉宗决意推行新政,史称"享保改革"。这场改革涉及政治、经济、文化各个领域,对日本历史的发展产生了深刻影响,主要内容是:

第一,鼓励开垦新田。江户时代初期约100年时间,是日本历史上进行大规模耕地开发的时期,被称为"大开发时代"。但是,在17世纪中叶,由于劳动力不足、自然灾害对新开发的土地的破坏导致得不偿失等多种原因,以前奉行"开发至上主义"的幕府和领主开始转向致力于已拥有土地经营的"精农主义"。贞享四年(1687年)幕府颁布命令,禁止町人承包新田开发。为了改变这种状况,享保七年(1722年)7月26日,幕府在江户日本桥竖立了"关于新田开发高札"(告示),鼓励开发新田,特别是鼓励商人出资开发新田并推行相应政策。例如,致力于开发新田的"代官"可从新田开发中获得年贡的1/10,从而特别使需要投入大量资本、劳力和获得政权支撑为前提的湖沼等地区获得开发。当时开垦的新田计有饭沼新田、见沼新田、紫云寺泻新田等。同时,幕府还鼓励发展经济作物,奖励种植油菜子、芝麻等新品种农作物,试种甘蔗、朝鲜人参。

第二,推行新的农业政策。宽永二十年(1643年)3月,幕府曾颁布著名的"土地永久买卖禁制令",即允许"一时性"买卖,但禁止永久买卖。随着社会发展,这一法令日益难以贯彻,因此在享保三年(1718年),幕府颁布新的政策,使这一法令事实上被废止。由此为土地兼并开辟了道路。

第三,推行年贡增征政策。享保七年至享保十五年(1722—1730年),幕府连续发布"上米令",要求大名年贡米收入万石者,必须上缴幕府百石。另在农村将估产定租制改为定租制,改变分配比率,将贡租率由过去的"4公6民"提高为"5公5民",以稳定和增加幕府收入。

第四,加强城市建设和管理。鉴于明历三年(1657年)发生的"明历大火"几乎使江户化为灰烬,死者达10万人,即几乎占江户全部人口1/3的深刻教训,同时也以此为契机,幕府不仅建立防火体系,而且全面实施了都市改造计划。

第五,改革物价政策,完善物价机制。江户时代的物价机制,是所谓的"诸色"(有各种颜色的酒、酱油、薪柴等日常生活用品)随米价变动的机制。这一机制也是以米谷为基准决定俸禄并支配幕藩体制的重要基础——"石高制"的前提。至德川吉宗就任将军时,为了解决前代遗留的"稻米贱而诸色贵"的反常状况,根据江户町奉行大冈忠相等连署的《关于降低物价的建议》,采取措施梳理自批发至零售的流通领域,抑制不正当利润的取得,形成了延续至今、由"问屋"(一级批发商)——"仲卖"(二级批发商)——"小卖"(零售商)构成的日本独特的流通路径。享保六年(1721年)令各种商人、工匠成立的"株仲间"(同业公会或行会)则为上述流通路径提供了支撑。

第六,改铸通货,整顿金融秩序,加强财政管理,增加幕府收入。前述德川纲吉根据荻原重秀的建议在元禄时代5次改铸货币并取得一定效果,但是在未取得全国性成功的时候,因主理幕政的新井白石"重蹈覆辙",即重新增加货币成色的政策而使金融秩序陷入混乱。德川吉宗时期,大冈忠相将荻原重秀的政策视为解决"稻米贱而诸色贵"("诸色"即油盐酱醋等)的重要手段,建议予以继承。于是在经过一番曲折后,德川吉宗政权于元文元年(1736年)改铸通货,改变了金融秩序的混乱状况。

第七,管制商业资本,打击非法行为。享保改革初期曾对商业资本实行抑制政策,但不久即实行利用、控制并举的政策。享保四年(1719年)幕府为救济负债武士,宣布今后不受理有关金钱借债的诉讼,令当事者双方自行了结。由于此项政策无异于允许武士赖债不还,从而既打击了商业资本,又堵住了武士借贷的门路,不久即废止。

第八,整肃社会纲纪,改革政府机构,健全法律制度。德川吉宗提倡勤俭尚武,恢复武士训练;命令翻译《六谕衍义》,强化道德教育。为防止民事纠纷的审理影响正常的行政事务,于享保六年(1721年)将勘定所分为专事财政的"胜手方"和专事民事诉讼的"公事方"两机构,同年设置"目安箱"(意见箱)供民众投诉。1723年为选贤任能,"不拘一格降人才",实行职俸补贴制,规定俸禄低而任高官者在职期间享受差额补贴。1742年组织编纂了江户幕府的第一部法典《公事方御定书》。

第九,为引进西方科学技术,准许输入与天主教无关的西方自然科学书籍,即颁布了所谓的"驰禁令"(此项内容本章另有专门论述)。

另外,享保改革还包括"出版规制"、设立小石川养生所收治贫穷者和孤独者;禁止私娼、赌博等方面内容。

享保改革使江户时代的政治、经济、文化获得了全面发展,推动日本进入了"近世社会的转换"时期。[1]

三、田沼政治和宽政改革

德川吉宗的长子是德川家重,正德元年(1711年)12月21日出生于江户赤坂的纪州藩邸,幼名长福丸。据《德川实纪》记载,"御多病,声音微弱,即使近侍亦难以听清其语"。《一条兼香日记》则称其"热衷酒食游艺,喜欢狩猎"。还有说德川家重被戏称"小便公方",一次去上野宽永寺参诣途中几次如厕(也有史书称其为"尿床公方")。如此长子能否执掌幕政大权,当然令人担忧。因此老中松平乘邑曾建议让颇受好评的德川吉宗的次子宗武继位。但当时幕府正进行改革,德川吉宗不得不恪守长子相续原则,不仅未采纳松平乘邑的谏言,而且立即将其罢免,以避免政治混乱。

延享二年(1745年),62岁并已"中风"的德川吉宗让长子德川家重接任了将军一职,自任"大御所"并移居西丸。德川吉宗原想亲自辅佐时年已35岁的新将军,无奈因健康原因力不从心,遂日渐远离政治。宝历元年(1751年)6月20日,68岁的德川吉宗在江户西丸寓所内去世,谥号"有德院"。遵其遗命,幕府将其和第5代将军德川纲吉合祀于上野宽永寺,未另建造灵庙。德川吉宗

---

[1] 朝尾直宏等编:《要说日本历史》,第227页。

至死履行了其亲自制定的厉行俭约的政策。

第9代将军德川家重无德无才,堪称酒囊饭袋,初任将军时完全依靠大御所德川吉宗权威荫庇。其父去世后,德川家重多半在"大奥"(后宫)厮混,幕政完全交给老中松平武元。同时因其近侍大冈忠光是唯一能够听懂其言语的人,故扮演了"传言"的重要角色。宝历十年(1760年),德川家重将将军职位让给了长子德川家治,翌年去世,葬于增上寺,谥号"惇信院。"

德川家治元文二年(1737年)出生,幼名竹千代,3年后改名家治,5岁时叙任权大纳言。德川家治担任第10代将军后,几乎没有亲政。其"执政"的前半期靠老中松平武元、后半期靠田沼意次理政。特别在其"执政"后半期,日本进入了所谓的"田沼时代"。

田沼意次执掌幕府实权时代,史称"田沼时代"——整个德川时代,唯一被冠以个人姓氏的"小时代"。所以如此,有两个原因:一、其身世具有传奇色彩。田沼意次原本是将军家"小姓"(侍从),后成为远州相良57 000石的城主,跃升老中。二、田沼意次推行扩大对外贸易、发展商业资本主义的重商主义等"开明政策",为推行锁国政策和墨守农本主义的幕政引入了新的活力。

构成所谓"田沼时代"最基本的政策有两项:

第一,着眼于各地日益增加的特产物,鼓励设置垄断流通的"株仲间"(同业行会)和实行专卖制的各种"座",同时收取"冥加金"(商业税)。即不是通过增征年贡,而是通过摄取专卖业和特权行会商品货币经济利益,增加幕府财政收入。随着这一政策的实施,长崎的对外贸易也相应扩大,为幕府增加了财源。

第二,随着对外贸易的扩大,金、银,特别是银大量流入,使发行统一通货成为可能。明和二年(1765年),幕府发行了江户时代最初的定量计数银币——"明和五匁银"。该银币正面为"文字银五匁",反面为"常是"字样。同时官定金银之间的汇兑比例:1两黄金＝60匁银,即12枚银币等于1两黄金。安永元年(1772年),幕府又发行了一种素材为银、表示使用金的单位"二朱"的"南镣二朱判"。所谓"南镣二朱判"不是在银币上有"二朱"字样,而是刻有"以南镣八片换小判一两"字样,"小判"即黄金,即八个"南镣二朱判"兑换一两黄金。这两种货币的发行,从根本上改变了以往金、银、铜各成系统的通货体制,形成了统一的通货体制,为近代统一的货币体制的建立奠定了重要基础,具有划时代意义。

田沼政策虽有适应现实的一些特点并取得了不可忽略的成效,但其本质对社会资源实行再分配的政策必然引发社会矛盾,尤其是引起贫富急遽分化,大量贫困农民流入江户引发社会不安。光明天皇继位后取义中国古籍《孝经》"即天之明,因地之力",改元"安永"为"天明",并没有获得天地之力。发生于天明三年至天明四年(1783年至1784年)、史称"天明大饥馑"的自然灾害,更使社会矛盾进一步激化。而田沼意次父子的专横和大量收受贿赂的"贿赂政治",更引起统治阶层其反对者的强烈不满。于是,以"御三家"为中心、以使白河藩主松平定信担任老中为目标的反田沼派逐渐形成。天明四年(1784年)3月2日,田沼意次的长子、"若年寄"田沼意知在江户城被佐野政信刺死后,田沼意次势力开始衰落。天明六年(1786年)5月,全国各地发生动乱,尤以江户为甚。农民在江户捣毁米铺980多家、酒店、当铺约8 000家。动乱延续整整4天,为"江户建城以来未曾有之事变"。反田沼派据此强烈要求罢免田中意次老中职位。所谓"福无双至,祸不单行",同样因几年前长子家基猝死而遭受沉重精神打击的第10代将军德川家治,于天明六年(1786年)8月25日病逝,获赠法名浚明院,葬于上野宽永寺。德川家治的去世,使两派冲突急剧激化。8月27日,即德川家治殁后仅两天,田沼意次被罢免老中职务。同年闰10月5日,受"减封"2万石处分。翌日,第11代将军德川家齐的生父一桥治齐向"御三家"提议,由白河藩主松平定信担任老中并获得赞同,遂于同年12月向幕府呈上了该提案。

"田沼政治"结束了。但是,其对以后日本社会发展的影响却极为深刻。对这种影响,村上直有如下一番评论:"田沼政治对现实的社会变动,确实采取了积极对策。但是,商业资本的发展使作为生产者的农民的生活失去了安定性,连续的灾害又不断推高米价,从而使有组织、大规模的农民暴动和城市暴乱在各地发生,由此引起的饥馑的慢性化使社会更加动荡不安,使田沼政治成为众矢之的。因此,田沼的下野和幕府的崩溃直接相关。'宽政改革'在财政收入方面也未能摆脱灾害的影响。可以认为,向明治维新方向涌动的潜流,其源头存在于田沼时代的天灾地变之中。"[1]

德川家治的去世和德川家齐的登台、田沼意次的下台和松平定信的继任,使幕府政治结构和与之相应的政策发生了极大改变:引发了"宽政改革"。

江户幕府第11代将军德川家齐是"御三卿"(田安、一桥、清水氏)中一桥治济的长子,幼名丰千代,天明六年(1786年)继任将军时年仅14岁,而"将军宣下"则为翌年4月15日。松平定信是前已提及的德川吉宗的次子、位居"御三卿""笔头"(首位)的田安宗武的第7个儿子,后成为白河藩主松平定邦的养子,出身与田沼意次形成了鲜明对照。但尽管出身名门并由"御三家"推荐,松平定信仍遭受阻力而未能径情直遂。天明七年6月,因反田沼派认为"此动乱(江户动乱)皆因主殿头(田沼意次)执政不当所致",强烈要求松平定信担任老中并最终达到目标。按"兰学"代表人物杉田玄白的说法:"若无此次骚动,松

---

[1] 村上直:《江户幕府的政治和人物》,同成社,1997年,第249页。

平定信当难以当政并改革政事。"①

松平定信担任老中后当即发表"改革宣言"："今后将以享保之政治为基准施政。"所以发表此"宣言"，是因为新政权的担当者普遍认为，田沼政权若能继承享保政治路线，当不会引起贿赂公行、都市动乱等政治和社会混乱。同时，这一宣言也为了显示"松平政治"对"田沼政治"的彻底否定。为了进一步达到这一目的，松平政权对田沼意次进行了追加处罚，将其居城全部没收，并勒令其永远"蛰居"。

政治改革当以人事改革为前提，尤其必须驱逐田沼势力。于是，松平定信就任老中后即采取了诸多党同伐异、重建政治权威的措施，建立起了能够真正掌控的政权。翌年3月他又因将军年幼而担任了"将军辅佐"，更加权倾一时。在松平定信主导下，幕府开始推行各项改革，拉开了江户时代"三大改革"中的第二场改革——宽政改革的帷幕。

"田沼政治"造成的最大后果，是不仅导致社会各阶层，而且导致各阶层内部贫富差距过大，造成大量农民涌入城市，特权商人财势日增，下层市民生活贫困；部分武士债台高筑，幕藩财政捉襟见肘。同时，田沼的开放政策导致纲纪松弛、"世风日下"。为了重建幕藩财政，稳定社会秩序，发展社会经济，松平定信进行了毁誉参半的改革，主要推出了下列政策和措施：

第一，整顿都市和农村秩序。

直接导致田沼意次下台的江户动乱的主体势力，是江户内部的没落工商业者和周边因生活日益窘迫而流入都市的农民，以及沦为"日雇"(短工)、车力(车夫)、小商人的武士。这些被称为"无宿"、"浮浪者"的盲流不仅因为缺乏稳定的经济收入而具有很强的流动性，而且是罪犯"预备队"，是引起秩序不安定的重要因素。是故，推行一石二鸟的城乡连动政策，既避免动乱发生，又复兴荒芜乡村，无疑至关重要。宽政改革所推行的，正是这样一种政策：

1. 鼓励务农。据统计，当时江户每三四个人中就有一个外来人。大量农民流入都市，必然导致耕地荒芜。因此，继一些地方颁布"外出打工限制令"即规定外出务工须经领主许可并设定期限，届时必须返乡后，宽正二年(1790年)幕府3次颁布"旧里归农令"(重新回乡务农令)，规定：从各领地到江户者，应尽早返乡，如有困难可提出申请，由政府为其发放旅费及购买农具等资金；如果由于某种原因无法返回原籍而想去他乡务农者，可提出申请，要求政府提供旅费、农具费，并可提供土地；从大名领地到达江户者，如有归农意向可提出申请，由幕府将其交还领主。另外，幕府还奖励"耕地起返"(恢复耕地面积)。

2. 奖励备荒储谷。要求村村建立"乡藏"(又称粮藏，即谷仓)；设置"江户

---

① 杉田玄白：《后见草》，载《燕石十种》第一。

町会所",规定其主要职责是将由"家持"(有居室的町人)、地主负担的市政费用的节俭部分(当时规定是7成)和幕府的其他拨款一并储存起来,用以购入常时备荒的米谷并存入"义仓",另将多余部分以低息贷给穷困的町人、武士。

3. 减轻农民负担。宽正元年(1789年),幕府废除了"三都"即江户、大坂、京都的"纳宿"(又称"藏宿",供交贡米的农民住宿的旅店。因经营者在收取住宿费时巧取豪夺而使农民负担不断增加),改由村直接缴纳并规定送粮人数等,以减轻农民相应负担;为农民购买种子、农具等提供优惠贷款,并颁布相关法令,对限期未还给予宽限。

4. 在江户设立"石川岛入足寄场"(劳动收容所),收容捕来的所谓"浮浪之徒",包括流入城市的农民、城市贫民或刑满无家可归者,强制其劳动和学习技艺,3至6年后使其就业或归农,同时由"石门心学"教师中泽道一每月3次给他们讲授心学,进行教化(按石门心学是石田梅岩创立的学说)。

5. 派遣作为幕府命官的"代官"前往各地,负责检查监督备荒储粮、荒地开垦、确保劳力等方面的工作,在检查监督之余承担取缔堕胎、溺婴,并鼓励生育,发给幼儿抚育费等诸多任务,故被称为"名代官"(名义上的代官)。

第二,统制流通和金融。

松平定信认为,导致"田沼政治"失败的主要原因,是政权和特权商人相互勾结导致"贿赂政治"的产生,从而使政治为商业资本所左右。松平定信指出:"今金谷之权柄归商家实属不当。"因此在宽正改革中,松平定信明确地将"金谷之柄归上"作为宽正改革的重要施政方针。[①]在这方面,松平定信采取了限制商品经济,控制商业流通,即与田沼扶植特权商人、发展垄断工商业等完全相反的政策。这方面的政策主要有:

1. 开展全国性的生产、流通结构调查,推行米谷流通、特别是米价调节政策,改变"谷贱伤农"趋势。鉴于幕府财政困难,无资金操控市场,因此利用民间商业资本运作。主要措施是天明八年(1788年)任命三谷三九郎等10名豪商组成"勘定所御用达",依靠其庞大的资金调节米价,即通过操纵市场、大量买入卖出影响米谷流通量,控制米价。

2. 排除商业高利贷资本势力,打击垄断和高利贷者。对"问屋"进行整顿,撤销田沼时代为实行专卖制而设立的"人参座"、"铁座"、"黄铜座"及"株仲间"对油菜子、棉籽油的垄断等,由幕府直接掌控商品流通。另外,于宽正元年9月颁布"札差弃捐令"("札差"原有收条、借据发给者之意,此为米谷等贷出者),规定旗本、御家人5年前的债务全部一笔勾销,实为"对札差之大镇压"。另一方面为了进行抚慰以避免社会动荡,设立了"猿屋町会所",让遭受打击的

[①] 松平定信日记《宇下人言》。

"札差"通过为旗本、御家人提供金融服务，获取利润，同时也使幕府能够对此进行监控。

3. 稳定货币，停铸货币"明和五匁银"和"南镣二朱判"，但依然允许其流通。特别为了改变"二朱判"过度向都市集中的趋势，采取各种措施使之向西部和中部农村分散，并在宽正三年和宽正四年明确提出"使二朱判在西国、中国通用"，通过代官为当地提供2万余两"二朱判"的低息借贷，规定利息所得30％作为代官等的奖金，70％纳入幕府金库，使金1两＝银60匁的汇兑标准得以确定，使名义为金、实质为银的"二朱判"在银本位的西日本也得以流通，为东西通货市场的一元化提供了一个重要阶梯。需要强调的是，致力于实现东西部经济发展的均衡，是宽政改革的一个重要特征。

第三，控制出版和"移风易俗"。

实施这一政策的背景是：当时"黄表纸"（针砭施政的绘画小说，封面为黄色)，以及淫秽写实的"洒落本"（花柳文学作品）充斥市场，如直接讽刺宽正改革的朋诚堂喜三二的《文武两道万通通》、恋川春町的《鹦鹉学舌文武两道》，以及唐来三和的色情读物《天下一面镜梅钵》、山东京传的《富士人穴观赏》，等等。在松平定信看来，所谓"万恶淫为首"，性放纵和流浪、偷盗一样，是造成社会秩序混乱的重要根源，针砭时政则更不能听之任之，因此施行了出版统制，禁止针砭时政和诲淫诲盗读物的出版，于宽政二年（1790年）5月颁布"出版统制令"，内容是：1. 禁止擅自出版新书，凡出版新书必须由"奉行所"（市政机构）批准；2. 禁止借古讽今的绘本小说"黄表纸"；3. 禁止出版、销售、出借批判政治和揭露"黑幕"的读物；4. 禁止贩卖作者不明的书籍。为此，朋诚堂喜三二因写《文武两道万石通》讽刺改革，受到"谨慎"（禁闭）处分。恋川春町因作《鹦鹉学舌文武两道》受罚病死（一说自杀）。宽政三年（1791年），山东京传因违反"洒落本"禁令而遭受"手锁"50天处分，其作品《仕挂文库》、《锦之里》、《娼妓绢篩》被禁止出版，出版商茑屋重三郎一半财产被充公。之后幕府又频频颁发命令和文件，禁止和规制赌博、卖淫、偷盗、流浪、男女混浴等。同时禁止女教师教男性如何为女性盘发，以及教授歌曲、净琉璃、三味线等。另颁布"禁奢令"、"俭约令"等政令，开源节流，严禁武士、民众服饰华美及制作、贩卖奢侈品。

第四，加强思想统制。

松平定信定朱子学为"正学"，贬其他学派为"异学"，禁止在幕府的昌平坂学问所讲授异学，并任命"宽政三博士"即柴野粟山、冈田寒泉、古贺精里为儒官，而其加强思想统治最著名的事例就是所谓的"宽政异学之禁"。宽政四年（1792年），洋学者林子平因著《三国通览图说》、《海国兵谈》，提出海防紧要之观点而被指责为"谈论外夷无稽之谈，动摇人心"，并以"处士横议"罪勒令其

"蛰居"(禁闭)。另外,在对外政策方面,松平定信厉行"锁国政策",并断言:"国家长久之基,在无外船出入。"而对长崎贸易,则认为"运来无用之玩具,换走有用之铜,非成长远之计",试图将贸易减半,并令外贸港口长崎的市民归农,后终因遭到强烈反对未果。

宽政五年(1793年)7月23日,因松平定信多次主动请辞,幕府同时免去了其老中和将军辅佐职务,并对其功绩进行奖励,不仅将松平定信本人从侍从晋升为左近卫少将,而且规定以后松平家代代升格。之后,松平定信重新专念于白河藩藩政。

然而,松平定信名为请辞,实被解任。其何以被解任,有几方面原因:其一,德川家齐欲将其生父一桥治齐迎来江户城西丸,尊为大御所,但遭到松平定信反对。这一矛盾冲突事件使松平定信和德川家齐、一桥治齐的矛盾日趋深化。其二,松平定信和另一位老中本多忠筹不和。本多忠筹本是松平定信的智囊,但是由于政见不和,本多忠筹日趋沉默,从而使作为松平定信政权之特色的幕阁会议制解体,进而导致松平定信日益独裁,令德川家齐等日益不满。至执政末期,松平定信在阁僚中已完全孤立。其三,对"大奥"的"风仪肃正"和预算的大幅度削减,引起将军和大奥的强烈不满。其四,所谓"水至清则无鱼"。正如当时著名的"落首"(匿名打油诗)写道:"白河水清鱼难生,思恋混浊田沼臣。"松平定信令人窒息的紧缩、高压政策,引起了士庶的普遍不满。据当时世评:"武家、町人均仇视怨恨越中(松平定信)。"①综上所述,朝野的普遍不满,是导致松平定信下台的根本原因。因为政治人物的政治生命,往往是由人心的向背决定的。

中国学术界对宽政改革基本持否定态度。例如,吴廷璆主编的《日本史》对宽正改革作了如此评说:"宽政复古主义的各项改革没有解决幕藩体制的根本矛盾,只是凭借幕府专制权力作的表面修改。作为改革最重要的经济政策,完全无视现实,遭到各方面强烈抵制,没有取得成效。无论是对物价的统制,改铸货币,对'札差'的'弃捐令',都不是用一纸法令所能解决的。因为经过田沼时代成长起来的商业高利贷资本势力,已经不是强制所能解决的了。不过,宽正改革在整理财政上多少取得一些成就,暂时解决了幕府长期的财政赤字问题。因此,使幕府寿命又得以延长30年。"②

笔者认为,宽政改革被称为"江户时代三大改革之一",这一定位本身已足以说明其在日本历史上的地位,对其评价绝不能简单化地进行"定义"。如竹内诚所言:"宽政改革存在诸多难以采用反动政治、复古政治这种单纯的评价。

---

① 《随便百花苑》九卷。
② 吴廷璆主编:《日本史》,第292页。

而且,如果说集中经济、信息、学问、技术的权力是宽政改革的一个特色,那么我们当可以看到这场改革决意将日本引向绝对主义。"①也就是说,宽政改革在结束以分权为特征的江户时代、向集权的明治时代发展的过程中,占有不可否认的地位。

四、"大盐之乱"和"天保改革"

松平定信被解任后,三河吉田藩主松平信明成了老中首席,包括老中本多忠筹在内的一些宽正改革的推进者继续留任。宽正改革方针在被稍作调整后,基本上仍继续得以贯彻。

文政元年(1818年)松平信明去世,沼津藩主水野忠成升任老中首席,主理幕政。同年,幕府采取了一项重要政策:改铸货币。所谓"改铸",即将市场上流通了90年的金币"元文小判"逐渐回收,重铸新的金币"真文二分判"。②翌年,幕府又对银币采取了相同政策。此项改革使幕府获得了极大收益。因为,幕府采取了前此曾玩过的伎俩:减少成色。以金币为例,新发行的"真文二分判"和先此发行的"元文小判"虽然重量相等,但是成色却有很大差异,两者比率为56.41%比65.71%。据记载,自文政元年至文政九年(1826年),幕府财政因改铸货币而获得的黄金收益达184万两。③货币贬值造成物价上涨,给予农村手工业生产和原料生产极大的刺激,为天保以后的经济发展提供了动力。良好的"政绩"以及将军和大奥的支持,使改铸货币的主导者、首席老中水野忠成的权势更加扩大。所谓"小人得志"用在水野忠成身上,非常恰当。因为和田沼意次类似,水野忠成也出身于旗本之家,并且也曾担任将军德川家齐的"小姓"。按当时世人的讽刺,"水野是当今的田沼"。事实上,两者还有一点更像,那就是热衷于金权政治,沉迷于权钱交易。关于水野忠成索贿受贿的事例,史籍中多有记载。如当时经常出入官府的儒士松崎慊堂在日记中写道,曾目睹想当"若年寄"的某大名,差人往箱子里装了1 000两银子送往水野忠成的府邸。箱子去的时候是满的,回来时是空的。④

"上有所好,下必效焉"。其他一些幕府权势官吏也竞相仿效。在当时有不少关于这种"情实"(徇私舞弊)和"赠贿"的记录。如古河藩主土井氏在江户的家老,也在日记中写下了他向幕府权臣中野石翁行贿之事。⑤这种风气也蔓

---

① 井上光贞、永原庆二等编:《日本历史大系·3·近世》,第868页。
② 《御触书天保集成》(1958年岩波书店复刻)金银铜钱部、5962号。
③ 《日本财政经济史料》第6卷,第456页。
④ 《慊堂日记》文政8年9月12日条。平凡社,1970年。
⑤ 《鹰见泉石日记》,见伊东多三郎《日本近世史》,有斐阁,1952年,第98页。

延至"大奥"(江户时代将军侧室的居所),特别是德川家齐晚年宠爱的美代的养父本中野清,虽隐居并号"石翁",亦借助养女"枕边风"开拓财源,使其居室常有求官者造访。而美代的生父、日莲宗法华经寺的僧侣日启也是一丘之貉,使他所在本来只能设道场、不能设官场的寺庙,几乎成了同大奥"女中"(侍奉将军者,这里指其女儿美代)买卖官职的官场。幕府官僚如此腐败,那幕府将军又在干什么呢?据历史记载,德川家齐在江户幕府历代将军中有两个"最",一是在职时间最长,达 50 年;二是拥有侧室最多,达 40 人。将军的御家人高尾彦四郎以笔名"柳亭种彦"描述的德川家齐的"大奥生活",堪称其奢侈糜烂生活的缩影。将军既无暇也无心理政,纲纪松弛,贿赂公行自然难以避免。

与官商勾结、沆瀣一气及生活骄奢淫逸形成鲜明对比的,是作为被统治者的庶民生活每况愈下,可谓民不聊生。但必须客观指出的是,民不聊生,同时也因自然灾害引起,并不能完全归咎于人为因素。

所谓灾害,通常指 8 种灾害,即风水、洪涝、干旱、饥馑、疫病、火山、地震、火灾。纵观日本历史,江户时代自然灾害的发生最为频繁,受灾程度也极为严重。如享保、天明、天保三大饥馑;宝永、安政的震灾;明历、明和的火灾;享保、安政的疫病,等等。如名称所示,其中江户时代享保、天明、天保的"三大改革"和"三大饥馑"在发生时间上一致,这种一致究竟是偶然还是必然,似是无需回答的问题。换言之,自然灾害对政治统治的影响显然不可否认。因为作为统治者,风调雨顺、国泰民安是其维护统治的基本前提。忌天变地异、祈苍天护佑,是其终生的追求。正因为此,江户时代因自然灾害而改元达 13 次之多。以命名江户时代"三大改革"的年号为例:1716 年 6 月 22 日取义《后汉书》"享兹大命,保有万国"改元"享保",是因为前此发生了"大饥馑"和"天变地异";1789 年 1 月 25 日取义《左传》"施之以宽,宽以济猛,猛以济宽,政是以和"改元"宽政",是因为前此"天明大饥馑"令统治者心有余悸;1830 年 12 月 10 日取义《孟子》"乐天者,保天下,畏天者,保其国"改元"天保",是因为同年 7 月京都发生了强烈地震。统治者何以如此畏惧天灾?毋庸赘言,在前工业时代,"天灾"将导致"人祸",即导致农民蜂起、社会动荡。因此,民众生活的困苦,固然与统治者巧取豪夺有关,即具有诸多人为因素,但是也与自然灾害有关。值得强调的是,自然灾害,不仅是"改元"的背景,同时也是"改革"的背景。

改元"天保"是统治者祈求苍天"保天下,保其国"。然而具有讽刺意味的是,天保年间发生的"天变地异"远比之前的文政时期频繁而激烈。江户时代的最后一场改革——天保改革即由此引发。据历史记载,天保四年(1833 年)以奥羽地方为中心,气候异常,水稻收获遭受极大破坏。根据纪录南部藩领实情的《饥馑考》等史籍,在这一年需要雨水浇灌的 4 月至 5 月连日晴天,降水量严重不足;在水稻进入成熟期的 6 月却阴雨连绵,在进入收获期的 8 月底至 9 月初则普降大霜。因此,这一年的水稻收获遭受毁灭性打击。津轻、南部、秋田等藩,有些村甚至几乎颗粒无收,很多人因此饿死。仙台、山形、会津诸藩和关东北部一些村和全国各地均有歉收报告。①

稻米歉收同时引发了社会动荡。

首先,由于日本社会至天保年间已发生深刻而复杂的变化,各种社会矛盾潜伏,特别是商品经济的发展破坏了自给自足的农业经济体制,甚至使农民对作为主食的米的依赖性也日益增强,很多农民需要通过购买而不是自给自足维持生活。

其次,由于米在生活中所占的地位日益重要,同时鉴于历史教训,各藩对米施行严格控制,并因此引起囤积居奇、分配不均等诸多矛盾。

再次,商品经济的基本特征是商品价格在很大程度上受供求关系影响。因此歉收必然引起米价上涨,使民众生活成本增加。为此,尽管幕府和诸藩采取了多种应对措施,但收效不大。天保七年(1836 年)日本再度遭受全国规模的粮食歉收,米价上涨,社会下层民众入不敷出,无法生存。

天保八年(1837 年),暴动和骚乱在日本全国各地爆发,而且与以往不同:"进入 18 世纪后,百姓一揆的单位有了明显扩大。以往一个村或充其量数个村的请愿,扩大为藩和代官所支配的范围,即几个村的联合。这种大范围的'强烈要求'被称为'全藩一揆'"。②在当时波及日本全国的动乱中,最著名的是爆发于大坂的"大盐之乱"。中国史书谓之"大盐平八郎起义"。

大盐平八郎(1793—1837 年)名后素,字子起,通称平八郎,为江户时代后期阳明学派儒者。大盐平八郎 14 岁承袭父职,担任了大坂"町奉行"(市政长官)的"与力"(协助奉行管理政务,类似于"助理")。1830 年辞职开设私塾"洗心洞",专事教育与著述。

"凶作"(歉收)发生后,被称为"天下厨房"的大坂米价急涨,引起原为"与力"、自诩"良吏"的平八郎不满,向町政府提出"穷民救济策",但是不仅未遭采纳,反遭当时的町奉行迹部良弼威胁,称既然已经离职隐居,若干预政事将受处罚。町政如此态度令其极为愤怒。此时,恰逢"甲斐一揆"消息传来,对町政极为不满的平八郎遂决定起事,并筹措武器,急召门徒教习枪炮使用方法,翌年又将所藏书籍 1 200 余册出售,所获 660 两黄金全部赈济灾民,因此获得了民众支持。并于 2 月 17 日夜向大坂近郊发送讨伐檄文。

大盐平八郎将起事之日定为当年 2 月 19 日,计划首先趁迹部良弼和另一

---

① 《日本庶民生活史料集成》第 7 卷,三一书房,1970 年。第 257 页。
② 佐佐木润之介:《江户时代论》,吉川弘文馆,2005 年,第 372 页。

个町奉行堀利坚视察市场时进行袭击,并发出了著名的檄文。但是,由于内部出现叛徒,消息泄露,起义被迫提前开始。2月19日上午,平八郎率20余门徒冲出洗心洞,以写有"救民"两字的旗帜为先导,向官吏私邸进发,沿途不时有民众加入,使人数迅速扩大至300余人。起事者一路鸣枪,放火焚烧衙门豪宅,但终因势单力薄,仅半天便被镇压。平八郎潜伏于市内一商人家,3月27日被发现,与其子同时自杀。当局虽然将平八郎起事镇压,但是两町奉行却在平乱中出尽洋相,曾相继落马,遭到町人嗤笑,留下民谣:"大坂天满正当中,翻身落马倒栽葱,此等武士谁曾见?实在让人看不懂。"[①]"大盐之乱"本身并非波澜壮阔,但是其影响波及各个地区。受其影响,4月,备后(今广岛县)的三原农民打着"大盐平八郎弟子"的旗帜起事;7月2日,摄津的能势、川边、丰岛三郡约2 000农民起事。虽然这些起事均被镇压,但给幕藩统治者留下的教训却极为深刻。大盐平八郎被誉为"名实相副的阳明学者",因为他实践了阳明学的基本理念:知行合一。他的讨伐檄文以汉文写成,慷慨激昂。在此择其一段,从中可见起事之诉求:"我等兴师问罪,不同于乱民之骚扰;既欲减轻各处年贡诸役,并欲中兴神武天皇之政道;待民一以宽仁为本,重建道德纪纲,一扫年来骄奢淫逸之风。俾四海共沐天恩,得养父母妻子,救当前之苦难,使来生之安乐世界得见于今日。尧、舜、天照大神之盛世,虽或难于重现;而中兴气象,当可光复也。"[②]

在"大盐之乱"发生的同一年,德川家齐将职位让给了第2个儿子、幼名敏次郎的德川家庆,自己当了大御所。德川家庆继任将军时虽然已45岁,早已过"不惑之年",但因"西丸"大御所的存在,并不掌握幕政实权。天保五年(1837年)闰正月,水野忠成病逝,三河国谱代大名出身的水野忠邦在政治斗争中战胜强劲对手松平康任,担任了幕府的首席老中。当时,日本社会正面临内忧外患,以水野忠邦为首的年轻阁僚虽亟欲摆脱德川家齐和水野忠成的路线,推行改革,但是尚未形成具体的改革构想。同时当时尚处于"大御所"时代,水野忠邦遂仅限厉行俭约,整肃纲纪等"重操旧业"的路线,以及提倡"旧弊改革",通过代官降低物价,奖励囤米备荒,限制酿酒,监察河流改造,等等。天保十二年(1841年)正月30日,69岁的德川家齐寿终正寝,谥号文恭院,葬于东叡山宽永寺。德川家齐逝后,水野忠邦即不失时机地在第12代将军德川家庆的充分信任和支持下,领导进行了江户时代"三大改革"中的最后一场改革——"天保改革"。

在德川家庆48岁生日的天保十二年(1841年)5月15日,幕府官员齐集

[①] 川崎庸之等总监修:《可读的年表·日本史》,第742页。
[②] 周一良、吴于廑主编:《世界通史资料选辑·近代部分》(下)。

于江户城,德川家庆宣布:"所谓政事,自当代代考虑,然享保、宽政之路线当不应违背,望诸位勉力遵行。"①虽然依此宣言判断,似乎改革的目标是"复古",但其真义是革除"大御所时代"政治恶弊,改变社会之混乱状况。而这一宣言在其生日当天发出,更是意味深长。

所谓"己身正,方以正人"。为了使担当改革重任的官员首先有良好的政治形象,改革首先从整肃幕府衙门纲纪入手。在老中的"觉书"(备忘录)中,对此有明确记载。根据当时规定:1.向上级报告必须既报喜又报忧;2.对上级不当之作为提出批评绝非对幕府不敬;3.如对政事有自己看法,即便超出自己职权范围,也应提出。②之后,幕府对各官衙的经常支出实态进行了调查,以精简开支。尤其对与一些"油水"衙门调查更为仔细,若有问题,当即要求按照纲纪肃正。同时,对各官府政务作出了21条规定。

肃正风纪、禁止奢侈,幕府从"正己"入手投身改革的形象,不仅很快获得町人认同,并且获得民众响应。官员微服私访发现,改革令发出后,吴服店、剧院和吉原(著名的花街柳巷)的顾客、观众、游客显著减少。例如,在改革令发出后的天保十一年6月至翌年6月的1年里,江户越后屋、大丸屋、白木屋等几家主要吴服店的销售额均近乎减半。③

当然,在围绕如何开展改革方面,幕府内部意见并不一致。水野忠邦的强硬路线因遭到很多官员反对而一度停滞,但是在水户藩主德川齐昭等支持下得以强力推行,并陆续颁布了下列法令和政策:

第一,颁布"株仲间解散令"和"降低物价令"。

自文政初年,物价已呈上涨趋势。天保饥馑后,这一趋势日益明显。因此降低物价、稳定民心,是当时幕政的首要课题。为此,水野忠邦于天保十二年(1841年)9月令新任大坂町奉行的阿部正藏对物价上涨的原因进行调查。经过调查,阿部正藏找到了4点原因:1.由于天保饥馑导致米价上涨,产地劳动者纷纷离散,导致生产和生活资料的产量相应减少;2.各地商人为了牟取高利而囤积居奇;3.生产者和产地商人不通过大坂"问屋",将产品直接运往各地销售,导致流通路径改变;4.各藩趁流通路径改变而直接进行产品交易,造成大坂问屋功能减弱、推高物价。根据上述调查结果,阿部正藏提出了降低物价的几点建议:1.禁止各藩专卖,以纠正其不将本藩产品运往"大坂问屋"、从而改变流通路径的倾向;2.禁止产地商贩囤积居奇,要求一律将价格下降20%;3.禁止产品在运往大坂"问屋"的中途(下关、濑户内海地区)贩卖;4.产地衰落

---

① 《日本财政经济史料》第4卷,官制之部,第49页。
② 《水野家书》。
③ 《市中取缔类集》第1卷,126号。

时,大坂商人应采取贷给资金等保护手段。同时要求大坂问屋尽早归还以前拖欠的货款。

事实上,水野忠邦政权在阿部正藏报告书提出之前,已经开始对"问屋"进行整顿。鉴于各地问屋仲间在流通上的"不正之风"是推高物价的原因,水野忠邦政权于当年12月颁布了对全国商品流通产生重大影响的"株仲间解散令",勒令解散江户"问屋仲间"及所有问屋,免除"冥加金"(幕府征收的商业税),同时对一切特权均不予承认,规定商品销售"由民间直接自由买卖",[1]并任命了一批市场监察官员,加强幕府对市场物价的监控。同时,幕府多次颁布"降低物价令",特别是命令降低土地、店铺的租金,以降低商品成本。

第二,农政改革。

天保十二年(1841年)11月,幕府向全国代官提出了农政改革方针,基本内容是:1.在收受年贡时采取正确的方法、手段;2.禁止农民奢侈;3.鼓励开垦荒地;4.促进"见取场"(刚开垦的生地)的高收入化。5.奖励储粮备荒;6.节俭村行政开支;7.精简代官所的开支。

为了使上述方针得到贯彻,幕府又发出了一系列指令,主要精神为:1.继续贯彻由第5代将军德川纲吉提出的"民为邦本"的儒教仁政思想;2.继续遵循始于第8代将军德川吉宗的重视稻米生产的方针;3.继续施行松平定信政权时已提出的代官厉行节俭,以身垂范的要求,强调代官在实施农政中的地位。

第三,参拜"日光"和颁布"上知"令。

在进行广泛而深入、涉及都市和农村的改革的同时,水野忠邦还推行了由德川家庆祭祀神祖德川家康的参拜日光东照宫的计划,以显示政治姿态。参拜日光东照宫自第10代将军德川家治在安永五年(1776年)参拜后一直没有进行,在第11代将军德川家齐时虽曾一度提出,但并未施行。德川家齐殁后,根据水户藩主德川齐昭的建议得以具体化。[2]根据这一提议,水野忠邦宣布:德川家庆将于天保十四年(1843年)4月17日,即德川家康的忌日参拜东照宫。

参拜东照宫作为一项传统始于第2代将军德川秀忠,基本形式是由将军率领谱代大名和旗本等大队人马从江户出发,然后沿日光街道行进(按:当时日本有东海、中仙、甲州、奥州、日光5个"街道"。街道既是军事通道,同时也是商业动脉,和现在的"街道"含义不同)。虽然德川吉宗和德川家治为了厉行节俭,力戒仪仗华美,但是行列总人数仍达14—15万人。德川家庆在推进改

---

[1] 《日本财政经济史料》第3卷,第7页。
[2] 《水户藩史料》别记(上),第138页。

革、厉行节俭的同时重新参拜东照宫,并进行军事动员,令各地外样大名在关东地区进行警卫。此举用意非常明显:重新确立外样大名、旗本等服从将军的态势,向各方面显示幕府的威严。

沿着德川齐昭制定的路线、依靠亲水野派"奉行"们丰富的行政经验以及曾任"日付"(监察)的鸟居忠耀(江户町奉行)等的监视,水野忠邦主导的改革得以推进。在通过"日光参拜"而强化了统治基础后,水野忠邦等改革派幕僚遂开始着手由"堪定吟味役"根本善左卫门等提出的另一项计划:征收"御料金"、开发"印旛沼"("印旛沼"是位于今千叶县北部的湖沼)、颁布"上知"令(按:上知又可写作"上地",即将部分领地交还幕府)。

首先,如前面所述,文政初年后,幕府通过改铸货币获得了极大收益。但是改铸导致通货膨胀。物价上扬,怨声载道。为此,鸟居忠耀、德川齐昭等坚持要求停止通过"改铸"增加政府财政收益的做法。为了维持财政开支,幕府决定"开源":向豪商等课征"御料金"(用于政府财政开支的税金)。天保十四年(1843年)7月,"堪定吟味役"羽仓外记等向鸿池善右卫门等60余名"腰缠万贯"的町人,提出了课征"御料金"的要求。之后,这一改革也在各地实施。同年9月,町人相继提交了"承诺书",政府财政收入因此得以增加。

其次,"印旛沼"开发始于田沼时代,后因资金不足多次停顿。天保十三年(1842年),幕府起用代官筱田藤四郎为负责人重新开工。根据预算,此项工程需资金15万两,如何筹措这笔资金是一个很大的难题。经过再三研究,幕府最后决定由鸟取、沼津等5个藩分头负责,由堪定奉行梶野良材和升任"堪定吟味役"的筱田藤四郎监督。由于耗费大大超出预算,工程进行极为困难,多次对计划进行修改。

在上述两项改革进行的同时,幕府的另一项改革,即令各藩"上知"(封地调换)也在进行。天保十三年(1842年)6月初,幕府向在江户方圆10里拥有领地的大名、旗本发出了"上知"令。4月中旬,又向大坂周边的摄津、河内、和泉、山城、大和国发出了"上知"令。最终江户、大坂近郊50万石大名、旗本的"知行地"被一举纳入幕府领地。另一方面,幕府封以其他地方的土地作为补偿。值得注意的是,这项意在强化一元化统治的改革,在很大程度上改变了自江户幕府成立以来的领地分配原则。

水野忠邦推行的天保改革的三大事业中,除御料金改革相对比较顺利外,另两项涉及幕府统治者自身利益的事业均遭受很大阻力,同时水野忠邦和德川家庆的矛盾也日益加深。天保十四年(1843年)闰9月1日,幕府以健康原因令水野忠邦"休息"。7日德川家庆颁布了撤回"上知"的命令。13日,幕府以水野忠邦"独断专行"为理由,罢免了水野忠邦的老中职务。上述提到的水野改革的主要支持者也相继被免职。这一年4月以后开始的改革事业全部终止。对水野忠邦的下野,不仅其政敌和豪商弹冠相庆,而且反对"上知"和因征收御料金而需多交年贡的农民也欢呼雀跃。据史料记载,在水野被勒令"谨慎"(禁闭、闭门思过)的当天黄昏,大批民众将其府邸包围,往里投掷石块。致力于改革的政治人物,往往是悲剧人物,水野忠邦也没有摆脱这种命运。

水野忠邦的改革所以失败,原因是多方面的。这场以天保饥馑为背景展开的改革,其目的是为了缓和社会矛盾,克服幕府面临的危机。但如前面所述,改革的不少内容是"重蹈覆辙",政策本身缺乏一贯性,从而引起改革派内部的对立。"株仲间解散令"的贯彻引起的商品流通领域的混乱,遭到诸侯集体反击的"上知"的挫折,以及因此暴露无遗的幕府权威的丧失,不仅使水野忠邦难辞担任悲剧角色的命运,更使德川幕府在内忧外患中被迫结束维持了200多年的"锁国"外交,最终在波涛汹涌的"倒幕"浪潮中覆灭。

五、"锁国"和"开国"

水野忠邦主导的幕府的改革以水野忠邦下野而收场,但是同样为克服危机,萨摩藩和长州藩由藩主主导的改革却取得了很大成效,并因此增强了实力,为"尊王倒幕"运动奠定了重要基础。而"尊王倒幕"运动的展开,是以"开国"为前提的。从宽政年代的"锁国"到安政年代的"开国",经历了200多年的历史。

一般认为,"锁国"开始于幕府第 3 代将军德川家光的宽永年代,以 17 世纪 30 年代的 5 个所谓"锁国令"的颁布为标志。其主要内容是:1. 禁止日本船只出海贸易和日本人与海外往来,违者处以死刑。2. 禁止基督教在日本传播,对潜入日本传教者应予告发并逮捕。3. 对驶抵日本的外国船只实施严密监视,其贸易活动由幕府严格管制。①如朝尾直宏所言:"归根结底,所谓的锁国令是以禁止基督教传播和统治贸易为内容的。"②如是观之,"锁国政策"在丰臣秀吉时代就已提出:1587 年,丰臣秀吉颁发了"驱逐传教士令";1592 年,丰臣秀吉颁发"朱印状",对海外贸易进行统制。换言之,"禁教和贸易统制,早在丰臣秀吉统治时代就已被确定为日本的重要国策"。③但是,由于当时丰臣秀吉亟需对外贸易,无法分割"商教一致"这个"连体儿",因此他的"禁教"方针未能真正贯彻。

德川家康最初试图分离商教一致这对"连体儿"。他曾通过一个西班牙籍

---

① (日)历史学研究会编:《日本史史料·3·近世》,第 130—135 页。
② 朝尾直宏:《日本的历史·17·锁国》,小学馆,1975 年,第 25 页。
③ 伊文成、马家骏主编:《明治维新史》,辽宁教育出版社 1987 年版,第 93 页。

方济各会传教士的斡旋,向菲律宾的西班牙总督提出建议:在东京附近的浦贺建立贸易港,使之成为西班牙商船往返于墨西哥的停泊点。但他的建议没有被接受。同样"投鼠忌器"的德川家康,也没有采取断然的禁教措施。

17世纪初,荷兰、英国等奉行商教分离原则的新殖民主义国家崛起并进入东亚,德川幕府开始走出"投鼠忌器"的困境。1600年,荷兰商船"利弗特"号漂流到了日本沿海,日本对外关系新的一页由此揭开。因为,荷兰奉行"商教分离"原则。"统一政权希望传教和贸易分离,与此相应的欧洲势力,在日本出现了"。① 1609年,日本与荷兰建立了外交关系,并批准荷兰在平户设立商馆,开展通商贸易。与荷兰修好,不仅使德川家康获得了大量军需品和其他商品,更重要的是获得了分割贸易和传教这个"连体儿"的手术刀。

与荷兰建交后,德川家康对基督教的态度日趋强硬。1612年,德川家康颁布了禁教令,重申"日本是神国,不允许基督教邪法传入",并下令关闭教堂,驱逐传教士。1613年,德川家康再次颁布长篇禁教令,明确指出了传播基督教和推行殖民侵略政策的关系,并发动了全国性镇压。德川家康死后,1616年江户幕府第2代将军德川秀忠又颁布了新的禁教令,并逐渐加强对朱印船的限制,继而又施行"奉书船制度",加强贸易统制。宽永七年(1630年),幕府又颁布命令,禁止输入和传播"由欧罗巴人利玛窦所作三十二种书及邪宗门教化之书"。②

1633年12月至1639年7月,德川家光连续5次颁布所谓的"锁国令",使日本正式进入了"锁国时代"。但必须强调的是:"实施'锁国'的17世纪,并没有'锁国'一词,也并没有证据证明,当时的人们意识到国家已被封锁起来。"③

"锁国"一词的产生,与恩格尔伯特·坎培尔(Engelbert Kaempfer,1651—1716年)的《日本志》有关。1690年9月24日,坎培尔作为荷兰商馆的医生到了长崎出岛。在日期间,他曾在1691年和1692年两次随荷兰商馆馆长亨德里克·冯·巴伊廷纳姆前往江户参见幕府将军。1693年坎培尔回到瑞典后,即开始着手整理在亚洲游历时所获得的资料和日记,撰写了两本有关日本的书籍。一本题为《异国奇观》(*Amoenitatum Wxoticarum*),另一本题为《日本志》(*Geschichte und Beschreibung von Japan aus dem Original schriften des Verfassers*, hrsg. Fon Christian Wilhelm Dohm zu Lemgo. 2 Bde. 1777—1779)。1727年,2卷本的《日本志》由一个叫约翰·卡斯帕尔的

---

① 高桥幸八郎等编、谭秉顺译:《日本近现代史纲要》,第52页。
② 关于受禁的32种书的书名,各处记载略有不同,学术界较为认同的是近藤正斋《好书故事》中的记载,载《近藤正斋全集》第3卷,第215页。
③ 高桥幸八郎等编、谭秉顺译:《日本近现代史纲要》,第46页。

德裔瑞士医生译成了英文并发表。之后,《日本志》的拉丁语版(1728 年)、荷兰语版(1729 年)也相继问世,而德语原版却迟至 1777 年至 1779 年才出版。1793 年坎培尔去世后,英国医生兼博物学家汉斯·斯隆从坎培尔的外甥约翰·海尔曼·坎培尔处购得了《日本志》的遗稿。现该遗稿收藏于大英博物馆。

1801 年,日本长崎的荷兰语"通词"(翻译)、兰学家志筑忠雄阅读了荷兰文版《日本志》后,将该书的第 6 章翻译成日文,题名《锁国论》。需要说明的是,原著第 6 章对当时幕府采取的贸易统制和禁教政策,虽然也有批判成分,但基本予以肯定。这在其标题中即显示得非常明确:《论日本帝国禁止本国人出海、禁止外国人入国,禁止海外世界同日本交流的规定是出自非常恰当的理由》。然而,当该书被翻译成荷兰文以后,却有了探讨这一政策是否正确的韵味:《探讨当今日本封锁自己的国家,不允许国民同国内外的外国人通商,是否对本国有利?》。志筑忠雄读了具有"探讨"韵味的《日本志》第 6 章以后,接受了其具有批判色彩的标题,并以"锁国论"为标题将其译出。"如果志筑忠雄阅读的是德文原版的话,他可能不愿意翻译此书"。①

《锁国论》最初仅以手抄本的形式流传,并未公开发表。"锁国"概念的一般化、大众化,是在明治维新以后。1894 年,日本《东京新闻》主编福地源一郎出版了《幕府衰亡论》一书,对"锁国"政策提出了尖锐批评。福地源一郎的观点代表了明治维新以后日本社会各界对"锁国"的基本看法,迎合了寻求扩张的日本统治者的心理和具有狭隘民族主义情绪的人们的偏见,从而使"锁国"一词广为人知,并引起了人们对锁国之是非的长期争论。

20 世纪 80 年代末,荒野泰典在《近世日本和东亚》中提出,应重新认识"锁国",并提出了重新评价"锁国"的两点理由:第一,当时所有的日本人均没有将当时的体制称为"锁国体制"。"锁国"一词只是在志筑忠雄翻译了坎培尔《日本志》中的一章,并冠以《锁国论》的标题后,才流传于世的。这一词汇因将日本近世社会和自给自足的社会相对应,从而脱离了历史实态。第二,由于坎培尔不了解日本和东亚各国的关系,而志筑忠雄翻译此书时又处于如何处理日本同一些欧洲国家的关系具有燃眉之急的时刻。因此,"锁国"一词将日本传统的同东亚各国的关系置于视野之外。总之,按照荒野泰典的观点,"锁国"作为一个历史学概念是缺乏科学性的。②

必须强调,推行"锁国政策"的目的,并不是为了将日本完全隔离于世界。因为当时幕府特意建造了一个同海外接触的窗口——长崎南部的人工岛"出岛",其目的就是为了控制贸易而非禁止贸易。岩生成一指出:"提起锁国,人

---

① 朝尾直弘:《日本的历史》第 17 卷《锁国》,小学馆,1975 年,第 17 页。
② 荒野泰典:《近世日本和东亚》,东京大学出版会,1989 年,第 1—3 页。

们往往容易将它想像为关上国门断绝彼此间的交往。但是如我们所看到的,实际上在经济方面,日本同世界市场始终存在着联系。在各国商品进入日本满足国民生活需要的同时,许多日本商品也进入了欧亚市场。毫无疑问,同海外的接触不仅仅局限于经济,它还包括文化,特别是实用性的学问和技术等的输入。"①更重要的是,众多资料显示,施行"锁国政策"以后,日本的对外贸易额不降反增。

　　至于禁教,虽然德川政权采取了极其严厉的手段,甚至在元和八年(1622年)8月,制造了在长崎西坂处死55名传教士和信徒的"元和大殉教"惨案,使日本出现了一些被称为"丸血留"的殉教徒(按:"丸血留"为葡萄牙语Martir的音译,意为"证人",即"真理的见证者")。在宽永十四年(1637年)10月以基督教徒为中心的九州"天草、岛原之乱"爆发后,幕府进一步强化了禁教措施,试图在日本根绝基督教,但是仍有日本人偷偷举行共同礼拜。他们有的用佛教的菩萨——观音,代表圣母玛利亚,并口耳相传赞美诗和教义使之得以保存。②"两个半世纪以后,当日本重新开展和各国的贸易时,世界因长崎存在许多基督徒而感到吃惊。在明治政府统治下,当宗教信仰自由得到承认后,秘密基督徒重新同到达日本的传教士建立了联系,重新加入了公开的教会"。③即便基督教在日本表面上的销声匿迹,也不完全是"禁教"的结果。1600年,罗马教皇克莱芒八世使所有修道会均获得了赴日传教权。随着各修道会传教士相继进入日本,耶稣会和方济各会、多明我会、奥古斯丁会的矛盾日趋尖锐,最终演化为激烈斗争。箭内健次经过研究后指出:"传教组织的急速崩溃,其原因不仅仅在于江户幕府实施了严厉的禁教政策。日本耶稣会首领的成见,传教活动被卷入西班牙、葡萄牙世俗的扩张势力的斗争漩涡以及由此产生的修道会之间的对立,也是导致传教组织急速崩溃的一个重要原因。"④

　　尽管对"锁国"不能望文生义,但是德川幕府竭力避免其政权受到外来势力颠覆,尤其为了避免出现"大名得以自由海外交通,或有假外心以逞野心者",严格控制日本人同海外的接触包括贸易,则是不争的史实。但是所谓"树欲静而风不止",对外关系问题在第11代将军德川家齐统治的天保时代以后,日益成为幕府无法回避的紧迫问题。进入18世纪下半叶后,俄国及西方势力不断向日本扩张。据统计,自1764年至1854年,西方势力同日本发生的摩擦达52次。文政七年(1824年)5月,英国捕鲸船船员在常陆大津浜上岸,要求

---

① 岩生成一:《日本的历史》第14卷《锁国》,中央公论社,1976年,第451页。
② 片冈弥吉:《日本基督教殉教史》,时事通信社,1979年,第536—537页。
③ L.L.艾哈迈德:《远东通史》,第273页。
④ 箭内健次:《锁国日本和国际交流》(下),第94页。

第八章 江户时代

日本方面供淡水,被水户藩逮捕。同月,英国捕鲸船员在萨摩宝岛上岸掠夺野牛。鉴于日本多次受到外来船只骚扰,翌年2月,幕府对沿海诸大名发布了"异国船驱逐令",命令凡有外国船只接近,须毫不犹豫给予轰击,将其驱逐。天保八年6月,即发生"大盐之乱"的同一年,一艘异国船只出现在江户湾浦贺海面,浦贺奉行当即根据幕府的上述命令开炮将其驱逐。后经翌年6月进入长崎的荷兰船员告知,那是英国船"莫利逊"(实为美国船),以送还7名日本遇难的船员为口实,想和日本通商。为此,就如何对待载有遇难船员的异国船只,幕府内部意见出现明显分歧。经反复争论,最后决定要求荷兰通过其定期前往日本经商的船只将难民送回。

1839年(天保十年,道光十九年)中英鸦片战争爆发前,幕府首席老中水野忠邦一方面命令加强海防,一方面竭力避免与外国船只发生冲突。恰在此时,高岛秋帆将西洋炮术传入,对巩固日本海防产生了重要影响。天保十三年,泱泱东方大国败于西方夷虏。受此影响,日本幕府的外交政策开始发生根本转变,最显著的标志,就是撤销了"异国船驱逐令"。

天保十五年5月,江户城发生大火,本丸在这场大火中化为灰烬。以此为契机,当年9月2日,日本朝廷根据式部大辅菅原为定推荐的《书经》"二公弘化,寅亮田地"一句,改元"弘化"。弘化元年在日本历史上是坚持"锁国"还是"开国"的一块里程碑。

当年7月20日,唯一同日本保持联系的荷兰,派遣海军大校考普斯作为赴日特使,携荷兰国王威廉二世国书率兵船"帕来恩班"号驶入长崎。

荷兰使节携国书而来,令长崎奉行深感困惑。因为日本的通信国家仅朝鲜一个国家。荷兰是日本的"通商"国家而非"通信"国家。日本仅允许荷兰通过东印度公司与日本开展贸易,没有与荷兰建立国家间的外交关系。荷兰也同意了日本方面提出的条件,以接受严格监控为前提,在长崎出岛设立了荷兰商馆。此番荷兰"国使"携国书而来,显然不能用以往的方式对待,何况荷兰商馆也告诫,这次来的荷兰人与往常不同。于是一边派人前往江户请示,一边同意兵船进港。按惯例,荷兰船只驶入长崎,长崎的日本士兵先要"调查身份",若有枪支弹药则予以收缴。但是这次日本士兵按规矩办事欲收缴枪支时,却被考普斯断然拒绝。日方无奈只能破例。此时,江户方面的指令传到:接受国书,但不接受赠礼。由于等待多时一直没有复函,考普斯只能回国,并将携带的礼品留下,其中有一幅荷兰国王等身大的画像。翌年6月,日本由首席老中阿部正弘署名复函荷兰,拒绝了荷兰国王的开国劝告,并提出以后不要再递交这样的文件。8月13日,复函通过荷兰商馆馆长转交。[①]

[①] 森冈美子:《关于弘化年间日兰国书的往复》,《日本历史》301号,1973年。

1848年2月28日,孝明天皇根据《宋书》"皇享多祐,嘉乐永无"一句,改元"弘化"为"嘉永"。在嘉永年代,日本发生了划时代的历史事件:培理叩关。

嘉永六年(1853年)6月3日,美国东印度舰队司令、海军准将马修·培理(Matthew C. Perry)作为美国赴日特使,率领两艘蒸汽船两艘帆船计4艘舰船驶入日本江户湾浦贺海面。由于美国舰船船身都漆成黑色,故日本称之为"黑船来航"。

黑船驶入浦贺海面后,浦贺奉行户田氏荣属下根据"国法",要求美军舰船驶往长崎,遭到培理断然拒绝。培理以持有美国总统的国书为理由,要求直接与日本政府的高级官员接触。4日接到急报后,首席老中阿部正弘鉴于事关重大,令以"不失国体"的方式慎重接待,翌日召集幕府重要官员商讨对策。因为,不管美国国书提出什么要求,接受外国"通信"本身即违反"锁国"祖法,况且浦贺港不是外国船只可以驶入的港口。但若拒绝培理要求,则有引发战

1853年5月7日《伦敦日报》刊载佩理叩关的新闻报道

端的可能。幕府面临违背祖法还是引发战端二者择一的两难境地。幕府高级幕僚商讨多日,未能作出任何决议。6月6日,幕府招"布衣"(没有冠位的高级官僚)再议,结果形成要求培理驶往长崎和作为特例接受国书两种意见,仍然莫衷一是。黄昏,幕府接到急报,称美国舰船深入浦贺并进行测量,为了避免发生武装冲突,幕府遂决定接受国书,并由浦贺奉行户田氏荣、井户弘道于9日在浦贺附近的久里浜临时设立的"应接所"接受了国书。美国总统亲笔署名的国书称,此番遣培理到日本,只为表示友好和要求通商,并无其他目的。按照美国国法,对友好国家的宗教、政治一律不予干涉,故绝不干涉日本的禁教方针。国书在炫耀了培理赴日目的和美国的强大国力后,提出了三项要求:1. 友好通商;2. 为美国捕鲸船和其他遇难船只提供保护;3. 为了给美国船只补充燃料和淡水、粮食,在日本南部开放一个港口。12日,美国舰船离开江户湾驶往琉球(冲绳),并称来年再访以听候回复。

美国舰船离开后,幕府内部就美方提出的要求进行了激烈争论。幕府老中德川齐昭(前水户藩主)坚决反对通商,而筒井宪政则赞同通商,双方各执己见,互不相让。

翌年正月16日,培理又率7艘舰船驶入江户湾,停泊于小柴附近海面(今武藏久良岐)。最初,幕府提出双方在镰仓的光明寺、后又提出在浦贺进行会谈。但是,培理坚持要求在首都江户会谈。最后,双方达成妥协,在浦贺和江户之间的神奈川会谈。正月20日,幕府"评议会"最后决定同意与美国通商。

嘉永七年(1854年)2月10日,双方开始在横滨举行会谈,日方代表为大学头林炜。会谈共进行了4轮,就一些具体问题进行了反复争议。最初,日本提出开港地为长崎,但是培理坚持要求日本开放浦贺、松前、琉球三港。最后,日本提出开放下田、函馆并获得美方赞同。双方随后就外国人自由活动区的设定、领事馆驻地和领事裁判权问题达成一致。3月3日(阳历1854年3月31日),日本和美国签署了在日本外交史上具有划时代意义的《日美亲善条约》,因签约地为神奈川(实际签署地点为横滨),故又称《神奈川条约》。翌年2月,双方在下田交换批准手续后,条约正式生效。

《日美亲善条约》,日文正式名称为《日本国美利坚合众国和亲条约》,英文正式名称为: Treaty of Peace and Amity between The United States of America and the Empire of Japan. 该条约共12条,要点是:1.日美两国及人民世代友好,互不歧视;2.日本对美国船只开放下田及函馆两港并提供必需品,美国船只非意外不得驶往其他港口;3.美国如有船员遇难,日方须予以救助并不给予如中国人和荷兰人在长崎所受限制,美方遇难人员须守日方法律;4.美方船员可在两港口交易,但须遵守日方规定;5.日本若给予他国此条约未设之优惠,当对美国同样待遇;6.两国间遇难以解决之问题,由双方代表酌情解决。7.条约由两国元首批准后生效。

特别需要提及的是,条约第11条日文和英文语意相差甚大。按照日文语义,该条当理解为"两国政府间如遇难以解决之问题,可以酌情由美国派遣官吏驻留下田港,以便商议。但在本条约签订后未满18个月时,对于派遣官吏一事不予讨论"。但是该条的英文语义却是:"如签约的任何一方政府认为必要,则条约签署18个月以后,由美国政府派遣官吏驻留下田港。"日方是"未满18个月,对于派遣官吏一事不予讨论",而美方则是"18个月以后,由美国政府派遣官吏"。笔者鉴于这一问题之重要,对原文进行了仔细比对,发现史籍中认为争端起于双方对条文不同理解的记载属实。随附日文和英文原文:[①]

日文:第十一ケ條　両国政府に於いて無拠儀有之候模様二より、合衆国官吏之もの下田に差置候儀も可有之、尤約定調印より十八ケ月後二無之候ては不及其儀候事。

英文: 11. There shall be appointed by the government of the United States consuls or agents to reside in Shimoda at any time after the expiration of eighteen months from the date of the signing of this treaty; provided that

---

① 日文见(日)历史学研究会编:《日本史史料·4·近代》,第19页;英文见(日)《近代日本外国关系史》,第524页。

either of the two governments deem such arrangements necessary.

由于这一当时双方均未察觉的问题之存在,因此问题随之发生。安政三年(1856年)7月21日,哈里斯根据《日美亲善条约》第11条约定,作为美国驻日总领事到达日本。此行目的是修订亲善条约和签署通商条约。但是,哈里斯的到来日本方面完全没有预料,双方发生冲突。美国方面甚至以武力相威胁,日本被迫作出妥协。经过为时不短的争议。安政四年(1857年)5月27日,双方继《日美亲善条约》之后,签署了第2个条约《日美约定》,共9个条款,主要内容是通商和对赴日美国人提供帮助等。同年12月11日,双方全权代表开始就通商条约草案进行审议。翌年正月12日,经过12个回合的交涉,双方就《日美友好通商条约》和实施细则《贸易章程》达成了一致意见。但当时的《日美友好通商条约》仅是草案,因为日本对外签约必须经天皇敕许,所以幕府向美国方面要求过两个月正式签约。然而如下一节所述,问题远非那么简单。令幕府始料不及的是,由此引发的剧烈冲突,最终导致德川幕府崩溃。

《日美友好通商条约》共14个条款,主要内容是:1.开神奈川(横滨)、长崎、兵库(神户)、新潟港,江户、大坂二地通商;2.承认美国人在开港地享有居住权和公使领事驻在权;3.承认美国享有领事裁判权;4.通商自由;5.由两国协定关税。之后,幕府又先后同荷、俄、英、法签署了同样条约,史称"安政五国条约"。日本锁国时代正式宣告结束。

六、尊王攘夷:明治维新的前奏

日本近代政治思想史研究领域的泰斗丸山真男指出:"民族意识只要它是自觉性的,早晚它就要凝聚成政治上的一体意识。所谓近代的民族国家,无疑就是这种意义上的民族意识。如果把以这种民族意识为背景而产生的民族统一和国家独立的主张称之为广义上的民族主义(nationalism, principle of nationality),那么民族主义恰恰就是近代国家作为近代国家而存立所不可或缺的精神推动力量。而且,因各民族在世界史上所处的地位不同,所以民族国家的形成乃至发展方式也各有独自的形态。"按照丸山真男的观点,作为日本"独自的形态",日本早期民族主义的形成经历了三个阶段:海防论、富国强兵论、尊王攘夷论。[①]"尊王攘夷"论的代表人物吉田松阴提出,要攘夷自强,必须先破除现有社会政治结构,树立"一君万民"的国体。攘夷乃"一时之定数",尊王才事关国家存续,乃"万世之定数"。这位草莽武士最终就是吟诵着"四海皆王土,兆民仰太阳。归朝君勿问,到处讲尊攘",慷慨赴死,走向刑

---

① 丸山真男著、王中江译:《日本政治思想史研究》,三联书店2000年版,第269页。

场的。①

"尊王攘夷"初见于公元前6世纪的中国。当时,任齐桓公宰相的管仲推行政治、军事、经济改革,并首创"尊王攘夷"政策,使地濒东海的齐国成为泱泱大国。南宋朱熹在《论语章句·宪问篇》中将此诠释为"尊周室以攘夷狄"。在日本,"尊王攘夷"一词,最早见于水户藩藩主德川齐昭为颂扬水户藩藩校弘道馆的建学精神而写的《弘道馆记》。但是,"尊王攘夷"思想最初和"尊王倒幕"截然不同。在18世纪中叶后俄国势力不断南下、"北溟黠虏,窥觎神州,常有图南之志"的历史背景下,后期水户学派的藤田幽谷明确提出了"尊王攘夷"的社会政治意义,即"尊王攘夷"和"尊王敬幕"是一致的。在《正名论》中,藤田幽谷明确写道:"幕府尊皇室,则诸侯尊幕府,诸侯崇幕府,则卿、大夫敬诸侯。夫然后上下相保,万邦协和。大矣哉! 名分岂可不正且严乎?"②他的儿子藤田东湖在《弘道馆记述义》中继承并进一步弘扬"尊王攘夷"思想,提出"以明大义于天下,则王室可尊,蛮夷可攘,幕府并昌,异端自衰,而皇道之隆,可翘首而望也"。③藤田幽谷的门人会泽正志斋(会泽安)更是将儒家的秩序说、名分论、忠孝观,同神道和国学者信奉的神国观综合在一起,撰写了"尊王攘夷"思想贯穿始终的《新论》。会泽正志斋提出,他撰写此书的目的是使"民志划一",阐明使国家富强的方策,而"尊王攘夷"则是实现"民志划一"的方法。因为,通过"尊王",可以使民众之心"畏敬悚服于天威"。通过"攘夷",可以使民众同仇敌忾。即"尊王攘夷者,实志士仁人尽忠报国之大义也"。④会泽正志斋的《新论》使"尊王攘夷"论成为一种系统的政治理论,并因此被视为"尊王攘夷"论的"圣典"。

作为日本近代之开端的明治维新的前奏尊王攘夷运动的兴起,不仅与上述理论,更与下述史实相关——

日本锁国时代的结束并迅速走向近代化,是内外多种因素"合力"产生的结果。石田一良指出:"一般地理上孤立的国家,或社会经济发展落后的国家,在走向近代化时,与其说是由于该国自身内部的酝酿,倒毋宁说是外来文化的刺激乃至外来压力,发挥了更大的作用。"因此,"日本近代化的序曲,奏响于18世纪中叶俄国的南下"。⑤

继俄国的南下引发"北方问题"之后,从18世纪中叶开始,西方国家的代

---

① 《吉田松阴全集》1卷,第191页。
② 赖祺一编:《日本的近世》第13卷《儒学·国学·洋学》,中央公论社,1993年,第354页。
③ 《藤田东湖集》,日本书院,1933年,第119页。
④ 《日本思想大系》第53卷,岩波书店,1973年版,第434页。
⑤ 石田一良:《体系日本史丛书》第23卷《思想史》,第203页;《日本文化史》,东海大学出版会,1989年,第192页。

表不止一次到达日本要求日本开港通商,均没有如愿。但是1854年2月美国海军准将、东印度舰队司令培理率舰船叩关,终于敲开了日本的国门。究其原因,主要有以下几点。

一、英国对日本缺乏"兴趣"。进入19世纪后,欧美各国侵入亚洲试图开拓市场并建立殖民地的最大原动力,产生于工业革命。正是工业革命产生了英国对外扩张的强烈冲动。但是,英国的这种殖民扩张,如同从震源逐渐扩散的"地震波"一样由近及远。及至远东,其势头已如强弩之末。更重要的是,对英国而言,占有日本市场很可能得不偿失。英国首任驻日公使、英国政府对日政策谋士阿礼国在他的《大君之都》中就日本市场的价值所发表的意见,颇具有代表性:"西洋列强,特别是我国在东洋拥有很大权益,日本是其前哨地点。我们有应该保持的威信和帝国,以及巨额的通商贸易。但是在增加通商贸易额方面,日本能够作出贡献的程度恐怕是不值得多加考虑的……和日本开展贸易对我们来说或许并不十分必要。因为,日本供给的茶和绢,我们在其他地方也能得到。日本的煤炭虽然有用,但是日本可能为了维护国家的体面将价格定得过高。日本的金属虽然品种丰富,但其死死抱住不愿自由出售,况且我们也可以从其他地方或离我国更近的地方搞到。最后,如果和日本开展某方面的贸易,那么它将取代英国在别处开展的同一项贸易,从而使英国和别国的贸易额无法增加。更重要的是,我国制造业因此所获得的利益,将不足以弥补为保护贸易而派遣小舰队所需要的经费。"①

二、对日本,英国不甚感兴趣,美国却感兴趣。但是,"美利坚合众国自建立以后,国内一直拥有广大未开发的土地,没有向他国殖民的必要"。虽然随着开发西部的浪潮涌向太平洋沿岸和"边疆"的消失以及资本主义的迅速发展,美国开始将目标转向亚洲,"虽然对美国来说,日本是相距最近的亚洲国家,但两国之间仍隔着难以奈何的太平洋"。尤其重要的是,在日本和美国签署的条约内容中我们不难发现,后者实际上主要是将日本作为一个向外扩张的"落脚点"。"如此考虑,我们不能不认为在英国这个距日本最遥远的国家开始产业革命,对于日本来说实在是莫大的幸运"。②

三、1853年美国海军准将、东印度舰队司令培理叩关,发生于中英鸦片战争结束10年以后。如前面有关内容所述,前车之鉴,和日本对西方的了解,使之自知"开战没有胜算"的自我定位,和中国以天朝大国自居有天壤之别。因此,当培理率领的"黑船"在浦贺海面出现,并要求递交"国书"时,幕府即召开紧急会议并达成了一致看法:在海防尚不充分的现实条件下,强行迎战将难

---

① 友野茂:《"不死身"的日本史——岛国日本为何没有被侵略?》,日本文艺社,1989年,第66页。
② 友野茂:《"不死身"的日本史——岛国日本为何没有被侵略?》,第64页。

以取胜,故宜接受国书,然后再寻求适当的对策。

正是上述因素,幕府最终屈服于美国的压力而被迫开国。但是,选择开国之路却引发了一系列矛盾,最终使幕府走上了一条不归路。就这个意义而言,幕府顺应历史潮流的举措,最终却被历史潮流所吞没。而导致幕府被淹没的最汹涌的浪潮,就是从尊王敬慕转变为尊王倒幕的"尊王攘夷"运动。

幕府慑于培理叩关的武威而被迫开国,并于1858年和美国签署了《日美通商条约》。由于这一条约是幕府未经天皇"敕许"的,因此社会各界特别是中下层武士对此强烈不满,要求幕府"尊王攘夷",并进而发展成"尊王倒幕"运动。

嘉永六年(1853年)6月12日,培理在递交国书后离开日本,外来危机一时解除。但是,幕府却内院起火。当月22日,幕府第12代将军德川家庆去世。谥号慎德院,葬于三缘山增上寺。德川家庆的第四个儿子,幼名政之助德川家定(原名家祥)继位,成为幕府第13代将军。德川家定出生于文政七年(1824年),翌年成为嗣子,继位时已是而立之年。由于德川家定身体羸弱,没有子嗣,性格怪僻,加之幕府处在非常时期,因此将军继嗣问题当早做决定。按照开幕以来惯例,将军只能在"御三家"和"御三卿"中产生,照此惯例,适合成为嗣子的有两人:一是"御三家"之纪州藩主德川齐顺的长子、即第11代将军德川家齐的孙子家福;一是"御三卿"中一桥的庆喜。家福是德川家定的堂弟,血缘最近,当时年仅8岁。庆喜是领导水户藩改革的藩主、幕府老中德川齐昭的7儿子,与现任将军没有血缘关系,时年17岁。纪州藩新宫城主水野忠央提议家福继嗣,越前藩主松平庆永(春岳)则提议庆喜继嗣,由此形成两派。推举家福的为"南纪派",推举庆喜的为"一桥派"。双方展开了激烈冲突。南纪派名为维护"血统",实则反对坚持改革的德川齐昭;一桥派推举庆喜,明称庆喜"英明",具有辅佐将军的才能,实为压制保守势力。两派的对立,实是幕藩体制保守派和改革派对立的缩影。

1854年农历11月27日,由于"外患"步步进逼,"后院"再度失火——禁里御门发生火灾。为祛外患困扰,祈国泰民安,日本朝廷宣布改元嘉永为"安政"。安政一词典出《群书治要》卷38"庶民安政,然后君子安位矣"。然而,外患日盛一日,政局扑朔迷离,进入安政年代的日本,实无"安政"可言。

安政四年(1857年)12月,幕府派大学头林炜和"目付"(监察)津田半三郎赴京都奏请天皇敕许签署《日美通商条约》,但无功而返。于是,负责外交的老中堀田正睦和勘定奉行川路圣谟、目付岩濑忠震再度赴京。堀田正睦一行到达京都后在本能寺下榻,于2月9日觐见了孝明天皇,呈献了将军的礼物,论说了世界之大势,请求天皇惠赐朝旨。但是,时隔几日,天皇态度依然保留。23日,朝廷议奏、传奏官向堀田正睦传达了敕谕,称此乃"国家大事",请将军和"御三家"及诸大名"再议"。天皇的态度所以大大出乎幕府预料,是因为公家内攘夷气氛日渐浓郁,同时围绕将军继嗣问题分裂的两派,均希望"将手伸入京都",获得朝廷支持以为正统。有此背景,天皇当然不会放弃显示政治权威的良机。事实上,天皇的地位日显重要,《禁中及公家诸法度》后形成的日本政治结构,开始发生重大变化。

另一方面,在幕府内部的两派斗争中,"南纪派"渐占优势。4月23日,井伊直弼就任幕府政事总裁——"大老"。井伊直弼担任大老,对幕府政局有不容忽视的影响。如前面所述,当时幕府面临的政治课题主要有两项:一是"签约";一是"继嗣"。6月19日,幕府代表经井伊直弼授意,和哈里斯正式签署了《日美友好通商条约》。由于签约未获敕许,故史称"擅自签约"(日语为"無断調印")。井伊直弼的这一做法,自然引起朝廷和"一桥派"的强烈不满,为"尊王倒幕"运动的兴起安装了"发动机"。

安政五年(1858年)6月23日,一桥派开始了对井伊直弼政权的"总攻击":一桥庆喜、德川广赖登上江户城,谴责井伊直弼"擅自签约"。翌日,德川齐昭、德川庆恕(尾张)、德川庆笃(水户)采取了同样行动。由于幕府对何时登城有时间规定,否则属于违法。故此次众大名登城,史称"不时登城"。另外,松平庆永则造访了井伊直弼的私邸,对他提出了严厉质问。但是,井伊直弼依然我行我素。6月25日,幕府正式发表了定家福(家茂)为将军世子的决定。同年7月,德川家定去世,13岁的庆福继位,改名德川家茂,由"御三卿"之一的田安家德川庆赖任"后见"(监护)。

同年6月27日,幕府"擅自签约"的消息由"宿继奉书"(驿站和驿站间迅速传送,所谓"马不停蹄")急报朝廷。孝明天皇对此极为震怒。经廷议,由"武家传奏"传旨,令"御三家"、大老等即刻进京,同时传旨关白,表示决定让位。旨意是:通商条约之缔结有损日本国体,但拒绝缔约则将引发战端,使日本面临"绝体绝命之期"。因收拾难局为微力所不逮,故决定让帝位与英明者。①天皇此举明是自责,实是对"擅自签约"的最终抗议。

然而,此时的井伊直弼正忙于清除异己。7月5日,井伊直弼对大名们的违法行为给予了制裁:分别判令松平庆永、德川家恕、德川齐昭"隐居"、"急度慎"(严格闭门思过、禁闭),剥夺一桥庆喜登城权。翌日,德川家定去世,享年35岁,葬东叡山宽永寺,谥号温恭院。将军去世后,井伊直弼更加专横。有鉴于此,8月5日,孝明天皇敕令关白九条尚忠对幕府之"横道"进行"评议",并就评议内容拟定敕谕发至幕府。②8月7日,朝廷重臣按照天皇旨意对幕府所

---

① 《尚忠公记》,第29页。
② 宫内省编:《孝明天皇纪》3卷,安政五年八月五日条,1906年。

为进行了"评议",但明哲保身的关白九条尚忠借故没有出席。结果,朝廷重臣不仅就下敕幕府的内容,而且就下敕水户藩事宜进行了议论,基本达成一致看法。天皇对评议结果满意,遂收回了"退位"旨意。

8月8日清晨,朝廷将水户藩的鹈饲吉左卫门招至"武家传奏"万里小路正房的里亭,下达了敕谕,并由鹈饲吉左卫门的儿子鹈饲幸吉于16日送达小石川水户藩邸。这一不仅未经幕府,甚至连主要内容也未让关白知晓、直接由天皇向水户藩主发出的史无前例的敕谕,史称"戊午密敕"。"密敕"严词谴责"擅自签约",要求其若生变故,当举兵征讨。"密敕"另在附件中要求水户藩主向"御三家"、"御三卿"及全国诸藩传达。[①]于是,日本政治开始出现自镰仓幕府建立后真正意义上的"两极体制",开始了"王政复古"、"大政奉还"的政治过程,成为以明治宪法的颁布为标志的近代天皇制的源流。

两天后的8月10日,下达给幕府的敕谕交京都"禁中"(御所)的武家的大久保忠宽转达。敕谕称,幕府擅自签约违背了3月"敕答"旨意,是"轻率之举"。将军虽然贤明,但对幕僚有失察责任。并称在面临前所未有的外患之际,应以国内安定团结为重,不应引发内忧。最后提出:"国内治平,公武合体,乃长久之策。德川当扶助御家整内并攘外夷之侮。"需要指出的是,在这一敕谕中"公武合体"这一词汇的首次出现,表明了朝廷对改革幕藩体制的要求。孝明天皇在一方面对由井伊直弼掌控的幕府采取强硬态度,另一方面出手打击朝廷内的"亲幕"势力。

朝廷如此态度,使幕府必须寻找其中原因。井伊直弼认为,各地"草莽武士"群集京都,使京都上空"风云险恶",主要是德川齐昭作祟,亟欲将其翦除。但是"亲幕府"的关白九条尚忠为了保住自身地位,竭力避免公武之间产生摩擦。天皇下达"戊午密敕"时,曾将"抽去骨架"的"密敕"给关白九条尚忠看过。九条尚忠不知"内情",将此消息暗中透露给了幕府,但让其"不必介意"。九条尚忠所为很快为天皇觉察,天皇对九条尚忠进行了谴责。9月2日,九条尚忠向孝明天皇提出辞去关白一职并获准。值得注意的是,以安政五年(1858年)为界,京都开始取代江户成为国家政治中心,迎来了所谓"幕末的京都时代"。

对于朝廷咄咄逼人的态势,幕府当然不甘示弱。在接到孝明天皇就"擅自签约"事要求"御三家"、大老等进京的圣谕后,幕府以大老政务繁忙为由,一拖再拖,进入9月后总算决定由老中间部诠胜赴京辩疏。上京辩疏,自然需要亲幕的关白九条尚忠的帮助。然而在尚未到达京都的9月8日,间部诠胜接到了九条尚忠辞职的报告。九条尚忠辞职的急报,以及朝廷周边状况对幕府(井伊直弼派)极为不利的消息很快传至幕府。面对险峻形势,井伊直弼等认为,

---

① 《孝明天皇纪》3卷,安政五年八月八日条。

如果予以默认,则无疑不仅是对朝廷表示屈服,而且是坐以待毙,必须予以回击。同时认为,朝廷所以敢如此目无"幕府",皆因有德川齐昭在背后撑腰,因此决定"釜底抽薪",将反幕府势力特别是水户藩主要人物及其同党一网打尽,并当即由井伊直弼的家臣长野义信传令间部诠胜执行此项使命。于是,本来进京为"擅自签约""辩疏"的间部诠胜一干人,顿时成为对反幕势力实施打击的先头部队。

9月17日进京后,根据幕府指令,间部诠胜首先将水户藩直接领受"戊午密敕"的鹈饲吉左卫门父子逮捕,然后将"一桥派"分子、鹰司辅熙的家臣小林良典、前内大臣三条实万家的家臣等逮捕,再后将矛头直指公家和武家的"一桥派"分子,对"反井伊势力"大肆镇压。这场恐怖镇压自安政五年(1858年)后半年进行至翌年年中,使大批朝廷和幕府中的"一桥派分子"或致仕左迁,或"隐居、谨慎",如公家右大臣鹰司辅熙、左大臣近卫忠熙、青莲院宫(朝彦亲王)、内大臣一条忠香、二条奇敬、近卫忠房、久我建通、中山忠能;大名德川齐昭、德川庆恕、松平庆永、幕吏大目付土岐赖旨、勘定奉行川路圣谟、目付鹈殿长锐、京都町奉行浅野长祚,等等。更有许多藩士和草莽武士或锒铛入狱,身陷囹圄,或被流放他乡,抛至荒岛,如青莲院宫家来伊丹藏人;或被勒令切腹,自己了断,如水户藩家老安岛带刀;或被枭首示众,死无全尸,如水户藩士鹈饲幸吉;或被斩首问罪,魂归故里,如长州藩士吉田松阴。萨摩藩士西乡隆盛投水自杀未成,也被流放。《九条尚忠文书》第四卷"解题"的附件"安政大狱处罚者一览",有受害者及所受处罚的明确记载,计75人。[①]其中青史留名者,首推吉田松阴。他临死前留下的绝笔,至今仍时时被引述:"吾今为国死,死不负亲君,悠悠天地事,鉴照在明神。"

10月19日大批"一桥派分子"被逮捕后,天皇疑虑"冰释"(日语为"御冰解"),让九条尚忠复职关白。之后,间部诠胜凭借初战之余威,于10月24日进宫向九条关白递交了六份"辩疏状"。第一份辩疏状强调,签约是根据敕旨征求诸大名的意见后所作的决定,是因为如果拒绝而引起战端,当无胜算;第二至第四份辩疏状对水户藩,特别是对德川齐昭进行了激烈抨击,指出朝幕纠纷皆因德川齐昭挑唆引起,其目的是为了篡夺幕政,甚至怀疑将军德川家定之死是被他毒死;第五份辩疏状提出多数大名希望平稳处置美方要求,幕府也为避免战争而签约;第六份辩疏状为兵库开港作了辩解。

但是,朝幕矛盾并未因幕府的辩疏而化解。在为"擅自签约"进行了辩疏后,幕府进而要求孝明天皇收回"戊午密敕"。事实上,接到8月8日的"戊午密敕"及要求水户藩向各藩传达的附件后,水户藩内部即出现了"震派"和"激

---

① 日本史籍协会编:《九条尚忠文书》"尚忠公记"4卷"解题",东京大学出版会,1971年复刻。

派"分歧。"激派"主张奉密敕行事,并开始集结兵马;"震派"首领会泽安主张避免事态扩大。藩主德川庆笃支持"震派"主张,竭力压制"激派"的过激行动。但是,井伊直弼认为,直接越过幕府向水户藩下敕谕的做法本身就不能容忍,在安政六年(1859年)正月令在京的间部诠胜要求天皇颁旨"返敕"(收回"戊午密敕"),最终获得了要求将密敕交给幕府的敕许。12月15日,井伊直弼要求水户藩主德川庆笃三天内遵旨执行,将"戊午密敕"转交幕府。主导藩政的"震派"不屈服于幕府压力,要求直接返还天皇,并遣使进京执行此项任务。①

但是,"激派"首领关铁之介、金子坚孙二郎等反对"返敕",并策划在江户和水户的中途长冈进行堵截(激派堵截兵马史称"长冈势")。结果,长冈势和藩兵发生了冲突。背负叛逆罪名的"激派"不得不于2月20日退出长冈。

水户藩的"震派"首领、著有"尊王攘夷"的圣典《新论》并被誉为"尊王攘夷""旗手"的会泽安(会泽正志斋),虽然敢于领头对抗幕府,但并不主张武力"倒幕"。他曾这样写道:"若朝廷和幕府发生争战,当竭力劝谏幕府。如果幕府不纳劝谏,则无论对哪一方均不应诉诸武力。"但是,水户派的"激派"人士却坚持"以刀""劝谏",特别当时遭到追捕的高桥多一郎、关铁之介等和萨摩藩志士提携,更是决定赴江户刺杀井伊直弼,演出"白昼刀取大臣头"的历史剧。刺杀幕府大老井伊直弼的"樱田门之变"因此发生。

安政七年(1860年)3月1日,"激派"志士陆续会聚江户,尽管比预定时间晚了两天——预定集合时间是2月28日。人员到齐后,志士最终决定3月3日动手。

3月3日(阳历3月24日)凌晨,漫天飞雪。难得的大雪足以令志士们欢呼"天助我也"。因为,风雪交加的恶劣气候,将使刺杀行动更具隐蔽性。18名志士事先埋伏在井伊直弼必经的樱田门,由关铁之介任指挥,只待井伊直弼路过立刻下手。8点左右,井伊直弼乘坐轿子到了樱田门外,他此行是去将军府邸参加日本传统的"偶人节"(又名女儿节、桃花节)宴会。井伊直弼的随从中有60多名卫士,身披红色蓑衣,头戴红色斗笠,腰挎武士佩刀。一些武士因怕刀沾上雪水容易生锈而收刀入鞘。眼见井伊直弼乘坐"驾笼"(轿子)行至面前,18名武士以迅雷不及掩耳之势一拥而上,挥舞利刀一阵砍杀,一些"刀入鞘"的卫士未及拔刀出鞘,已经成了刀下鬼。激斗很快结束。森五六郎率先杀向井伊直弼的轿子,稻田重藏将刀刺入轿内,萨摩藩士有村次左卫门拿下了井伊直弼的首级,其属下有多人被杀。刺杀行动完成后,自称"草莽"的志士发布了《斩奸旨趣书》,声讨井伊直弼违敕签约,迫害忠良,"实可谓天下之大罪人",

---

① 《水户藩史料》上编坤、卷22、《维新史》2卷,514页以下。

因此他们"代天诛戮"。虽然《斩奸旨趣书》强调,刺杀井伊直弼是声讨其不忠和卖国行为,"与官方(幕府)毫无敌对之意",但是光天化日之下将位高权重的大老当众斩首,本身就是对幕府的藐视。受此激励,"尊王攘夷"运动更如火如荼展开。

七、从"公武合体"到"大政奉还"

在行将就木之际,幕府及其拥趸曾策划"公"(皇室)与"武"(幕府)联合的"公武合体",并亦掀起了一场运动。但这场运动以失败告终,最后将军不得不奉还"大政"。延续近300年的江户幕府遂寿终正寝。

安政七年(1860年)3月18日,即"樱田门之变"发生后半个月,日本再度改元:取义《后汉书·马融传》"丰千亿之子孙,历万岁而永年",改元"万延"。但在风云激荡、外患步步逼近的历史背景下,"万延"年代仅存在不到半年。

1861年2月19日,朝廷采纳由菅原为定撰进、取义《后汉书·谢该传》"文武并用,成长文久计"一句,改元"文久"。但"文久"年代最基本的特征不是"文",而是"武"。在风云激荡的政治舞台上,经过一次次流血冲突,日本自镰仓幕府成立后形成的政治结构,开始发生根本性转变。必须强调指出,长期以来,我国学术界普遍认为明治维新使天皇权力重新得以恢复。事实上,这种认识显然是对史实的无视。因为如以下所述,天皇权力在文久年代已得以恢复。

井伊直弼被刺后,接掌幕政的老中安藤信睦面对"草莽"的恐怖行动,不得不抛弃以往井伊直弼对朝廷的强硬方针,转而鼓吹"公武合体",并积极撮合孝明天皇的妹妹和宫"降嫁"幕府将军德川家茂。为了阻止幕府借助朝廷苟延残喘,倒幕派武士遂实施了暗杀安藤信睦的计划。

文久二年(1862年)1月15日下午5时,安藤信睦的行列走出位于江户西丸的府邸,从桔梗门外抵达坂下门外。此时,一名男子佯装"上访"接近"驾笼"(轿子),突然用短枪向内射击。但弹丸仅击中一名卫士的脚。随之6名刺客与安藤信睦的卫士展开激战,因寡不敌众被全部斩杀。此次事变,史称"坂下门之变"。

在"坂下门之变"中,不仅安藤信睦只是被平山兵介砍伤一只手,而且是年3月11日,幕府将军德川家茂与孝明天皇的妹妹和宫举行了婚礼,"公"、"武"之间形成了一条血缘纽带。志士未能达成目标。但是以"樱田门之变"、"坂下门之变"为背景,外样雄藩开始全面实施进入"中央"、取幕府而代之的计划。

首先登场的是长州藩。被誉为"知辩第一"的藩士长井雅乐,于万延元年(1861年)3月向藩政当局递交了《航海远略策》。《航海远略策》基于"开国通商论立场",提出:"以神州固有之忠孝,以我为体,以洋夷日新之功利为用,以和交通商为形,横行五洲各国,熟知各国实情,施皇化于五洲。此为远略之国是。"①他的建议即刻被藩主毛利庆亲采纳。5月,长井雅乐带着已被议定为"藩论"、主张开国贸易的《航海远策略》首先前往京都,将其上奏处在浓郁的攘夷气氛中的天皇。使长州藩略感意外的是,天皇当即采纳了"开国贸易论"。7月,长井雅乐前往江户。正处在窘困境地的幕府视长州藩的主张为"救命稻草"。12月,长州藩主毛利庆亲正式以藩主的名义向老中提出了上述建议。长州藩和幕府开始接近。但时隔不久,《航海远略策》被指控有毁谤之词。此所谓"谤词一件",使长井雅乐在文久三年自尽。最后,长州藩将"尊王攘夷"定为"藩是"。

另一方面,亦有藩士热衷刷新国政、改革幕府。万延元年(1860年)6月,在停泊于江户湾的长州藩洋式船"丙辰丸"上,船长松岛刚藏和江户藩邸的桂小五郎(即"维新三杰"之一木户孝允)进行了议论,认为当和水户藩提携共图大业。之后,他们和水户藩士西丸带刀进行商谈并取得一致意见,最后在"丙辰丸"上缔结了"成破之盟":由水户藩"破"(坏)、长州藩"成"(立)。这一盟约又称"丙辰丸盟约"。虽然东西两雄藩士的"盟约"最终未成为官方文件,但却在打破以往因幕府政策而造成的彼此孤立状态、走向雄藩联合的道路上树立了一块重要标志。

萨摩藩此时也在酝酿如何进入"中央",其先驱是在将军继嗣问题上的"一桥派"分子、藩主岛津齐彬。安政五年(1858年)7月岛津齐彬去世后,自翌年开始,萨摩藩激进的少壮革新派积极和水户藩联络,试图通过"东西义举"推翻井伊直弼政权。少壮革新派被称为"精忠组"。在西乡吉之助因"安政大狱"遭流放后,大久保一藏(大久保利通)成了"精忠组"中心人物,并积极策动藩主岛津齐彬的弟弟岛津久光参与这一事业。"樱田门之变"后,文久元年(1861年),岛津久光上奏朝廷,要求天皇颁旨改革幕政,提出"扶持德川家、叡虑公武合体",是先君岛津齐彬之遗志,明确亮出了与长州藩不同的"公武合体"的旗帜。同时明确表示,将举兵进京"勤王"。

文久二年(1862年)3月16日,岛津久光率藩兵1 000余人从鹿儿岛出发,抵京后向朝廷提出"公武合体"的建议。5月9日,朝廷敕使大原重德和岛津久光进行了会谈,并提出了"王政复古派"主要人物岩仓具视拟定的朝廷方面的主张,史称"三事策":1.将军率诸大名进京,在朝廷商议国政;2.按照丰臣秀吉时之先例,沿海五大藩主作为"五大老""咨决"国政;3.任命刑部卿一桥庆喜任将军"后见"(辅佐)、越前藩的松平庆永任大老。"三事策"第一项是长州藩的主张,即所谓"将军上洛"(进京)论;第二项是岩仓具视为防止萨摩藩"一

---

① 周布公平监修:《周布政之助传》(上),东京大学出版会,1977年,第624—625页。

藩独大"而提出的对策；第三项是萨摩藩的主张。萨摩藩原则接受了"三事策"。5月22日，岛津久光和朝廷敕使大原重德一行遂离开京都前往江户。是时，群集京都的激进派要求岛津久光领导"倒幕"运动，但是岛津久光"闭门谢客"并严禁随从与激进分子接触。受此冷遇，激进派决定自己采取行动，举兵倒幕。

土佐藩是幕末各藩中实力仅次于长、萨的雄藩。同年6月，中山忠能将朝议决定向土佐藩作了传达，要求土佐藩参与。当时的土佐藩存在"佐幕攘夷派"、"开港派"、"尊王攘夷派"三股势力。经过一番同室操戈，集结了下层武士的"尊王攘夷派"将"开港派"首领吉田东洋暗杀，并力压"佐幕攘夷派"，成为主流。是故，文久二年被称为土佐藩的"勤王年"。尊攘派首领武市瑞山起草了"时务策"，提出了土佐藩的政策主张：1.以防备外寇为急务；2.改革参觐交代制；3.一切政令由朝廷颁布、各藩须参觐朝廷。不难发现，"时务策"具有浓厚的"王政复古"色彩。

面对各方压力，幕府方面积极作出回应。文久二年(1862年)4月25日，幕府解除了对一桥庆喜、松平庆永、德川庆恕的处分，并让他们重新参与幕政。之后，幕政主要由此三人主理。

前述朝廷敕使大原重德5月22日离开京都后，于6月7日到达江户，10日向将军德川家茂传达了"三事策"。由于其中第三项任命刑部卿一桥庆喜任将军"后见"、越前藩的松平庆永任大老，显然是对幕政最高人事的干涉，幕府当然不会轻易接受。经过一番"攻防"，7月1日幕府终于接受了朝廷的要求。27日，大原重德和德川庆喜进行会晤，提出了包括人事更迭在内的幕政改革11项要求，基本为德川庆喜所接受。幕政改革随之拉开帷幕。其要点是：1.改革幕府官制；2.缓和参觐交代；3.改革军制；4.改革学制，等等。

以上述政治动向为背景，自文久二年(1862年)后半年，京都攘夷的气氛日渐高涨，草莽志士将"佐幕派"的活动家和幕吏相继暗杀，号称"天诛"。天诛行动也指向廷臣，被称为"四奸二嫔"①的岩仓具视等相继被刺。岩仓具视虽躲过一死，但在8月20日被勒令"辞官落饰"(对廷臣中政治犯的处罚，勒令其辞官皈依佛门)。以京都为中心的"天诛"行动一直持续至翌年年初。在这种恐怖氛围中，幕府对一些幕阁要员进行了处罚，包括将安藤信睦幽禁("隐居、急度慎")，并对已经死去的井伊直弼进行了"削封"10万石的追罚。同时，对参与安政大狱及"擅自签约"的藩主、有司也进行了处罚。另一方面，对因"安政大狱"而受牵连者进行赦免，一桥庆喜、松平庆永等遂得以重新登上政治舞台，另外奏请朝廷赠德川齐昭官位、停止返还"戊午密敕"的要求。总之，井伊

---

① "四奸"系指久我建通、岩仓具视、千种有文、富小路敬直；"二嫔"是今里重子、堀川纪子。

直弼时的政策措施被全面否定。

　　与幕府的步步退让形成鲜明对比的,是朝廷的步步进逼,朝廷采取了使朝幕关系发生重大改变的一系列措施,史称"文久三年政变"。

　　首先,朝廷对长期得以遵行的朝幕关系的惯例进行了修正:朝廷任命的"武家传奏",无需向幕府提交"血判誓纸";朝廷任命关白、大臣、武家传奏等高官无需咨问幕府,即剥夺幕府介入朝廷人事任命的权力。朝廷方面的上述要求均被幕府所接受。自此,朝廷完全摆脱了以往幕府的控制。

　　其次,同年2月13日,朝廷设置了国是参政、国是寄人两职掌管政事,定员为前者4人,后者10人。2月20日,朝廷采纳了使草莽微贱者也能在学习院参政的建议,一些志士开始出仕学习院,使之逐渐成为志士的政治据点。[①]毋庸赘言,作为"五条御誓文"之一的"万机决于公论"自此已经发端。

　　再次,江户幕府成立后,原则上禁止朝廷与大名直接沟通,甚至禁止大名进京觐见天皇。但另一方面,公卿和大名之间往往通过"政略婚姻"建立联系。安政末年,大名更是"将手伸入京都",公然和朝廷进行政治交往。朝廷方面也称为了"御依赖"而直接同大名交往,从而使朝廷不断迈向政治舞台的中心。文久年间以后,自长州藩的公武周旋、萨摩藩的举兵入京,朝廷的权威逐步确立。之后,朝廷进一步采取了统辖诸大名的举措:文久二年(1862年)7、8月间,朝廷向肥后藩主细川庆顺、筑前藩主黑田齐溥等外样大名发出内敕,要求各藩向长、萨两藩一样参与国事。[②]10月15日,朝廷又指令为传达攘夷敕旨而东下的三条实美、姊小路公知,要求长、萨藩藩主等14个主要外样大名给予朝廷协助。同年秋天,朝廷又催促诸大名进京,各大名相继表明了进京意向。至文久三年(1863年)3月,有近20名大名相继进京并获得朝廷奖励、赏赐,其中包括岛原藩主松平忠和、松江藩主松平定安等谱代大名。同时,朝廷还对幕府提出了由诸大名承担京都警卫任务的要求。

　　随着京都地位日显重要,幕府也逐渐加强对京都的控制。文久二年(1862年)闰8月1日,幕府任命23万石的亲藩大名、会津藩主松平容宝出任京都守护,取代原先由谱代小藩主担任的这一职务,使京都守护作为将军的代表镇抚京都。文久三年(1863年)4月,幕府指令10石以上大名承担京都警卫任务,每3个藩一批、一批3个月。之后以所有大名为对象,制定了"朝勤制"(10年1勤)。幕府最初试图由隶属幕府的京都守护统领亲兵、朝勤官兵,但最后这支队伍直属朝廷。有些官吏对自己成为"朝廷命官"颇有微词,但遭到松平容

[①] 学习院的前身是弘化四年(1847年)设立的学习所,嘉永四年(1851年)改名学习院,为公家子弟教育机构,主要教授儒学和国学。学习院是现日本"学习院大学"的前身。

[②] 维新史料编纂会编:《维新史》3卷,吉川弘文馆,1983年复刊,第281—283页。

保训斥:"若拒在京都之御差,悖尊王之大义,受外夷之屈辱,则国威失坠。大义悖而国威坠,何来幕府之权威?"①总之,当时幕府大势是服从公武合体之大局。维护幕府传统的专制权力已成为维护"私"权,而与朝廷保持一致的"尊王"则成为维护"公"权。9月7日,幕府根据长州藩最初的提议,作出了将军"上洛"(进京)的决定。在"公武合体"即将最终实现之际,必须让每个幕府阁僚对攘夷还是开国作出选择。作为幕府政事总裁的松平庆永根据横井小楠的建议,主张首先毁约攘夷,然后召集各路诸侯举行国是会议,在达成共识后实行真正的开国。但一桥庆喜与之针锋相对,斥松平庆永的理论是不合时宜的愚论。松平庆永则据理力争,提出如果朝廷不容开国论,则幕府当断然将政权奉还以促其觉悟。值得注意的是,在幕府会议上首次出现了"政权奉还论"("大政奉还"论)。

将军德川家茂按原定计划从江户出发后,于文久三年(1863年)3月4日到达京都。在此之前,一桥庆喜、松平庆永已先期入京,并会同京都守护松平容保等进行商议,认为当前政局混乱之根本,是政出二门。为了改变这种局面,必须作出二者择一的决定,即或断然奉还大政,或要求将国政再委托幕府执掌。最后决定,首先作第二项选择。因此将军"上洛"后,作为将军"后见"(辅佐)的一桥庆喜即向朝廷提出了将政事"再委托"将军的要求。对此要求,孝明天皇同关白鹰司辅熙商议。最后,针对将军提出委托"全部国政"的请求,朝廷方面通过关白鹰司辅熙的回答是:"对征夷将军的委托,仍一如以往","重大国事当酌情由朝廷直接与诸藩商议",即不是全面、而是部分委托。这一回答当然令幕府不满。尤其令幕府不满的是,所谓"仍一如以往"的意思,就是强调"征夷"是"征夷大将军"的主要责任。②以一桥庆喜、松平庆永为首的幕府试图"重拾山河",但在已经伸张的皇权面前严重受阻。

1864年,即文治四年2月20日,朝廷根据"甲子革命说",取菅原为荣撰定的《易》"乾元用九,天下治也"一句,改元"元治"。所谓"九九归一",或许孝明天皇此时已预感到他的后世将在"维新"后"主权归一"理论的引导下执掌大权,使"天下治也"。因此,当是年4月20日幕府方面再次提出"大政委任"的要求时,由新任关白二条齐敬传达的旨意,虽然称政出一途可使人心不惑,但是强调"不过,国家之大政大议,当遂奏闻"。③即"国家之大政大议"仍由朝廷掌握,幕府作为朝廷的下属,仅仅是一个执行机构。不仅如此,朝廷还向幕府下颁了一个附件,提出四项要求:横滨锁港、沿岸防备、长州处分、人心安定。

---

① 日本史籍协会编:《续再梦纪事》1卷,第92页(文久二年九月二十日条)。
② 日本史籍协会编:《续再梦纪事》1卷,第407页;《维新史》3卷,第92页。
③ 日本史籍协会编:《续再梦纪事》3卷,第110页—111页。

这四项要求显然是幕府无法解决的四个难题。

尊攘派的活动至文久三年(1863年)上半年达到高潮,各藩志士浪人陆续会聚京都。正月,长州藩的久坂玄瑞、志道闻多(即以后担任维新政府外务卿的井上馨)、寺岛忠三郎、土佐藩的武市瑞山等30多名来自各藩的志士浪人会聚京都东山翠红馆,共襄攘夷大业。2月,久坂玄瑞、寺岛忠三郎等赴关白鹰司辅凞府邸,提出了三项要求:决定攘夷日期、洞开言路、精选人才。在朝廷内,关白鹰司辅凞为首的一派为"公武合体派",而三条实美和姊小路公知等担任"国是参政"、"国事寄人"的少壮派则主张尊王攘夷,以学习院校舍作为聚会场所。尊攘志士也以此为据点,因此与之建立了密切联系。长州藩尤其对少壮派的影响比较大,该藩的周布政之助、高杉晋作、桂小五郎(木户孝允)等还自称学习院"御用挂",通过向少壮派提出建议而间接参与朝政。① 京都守护松平容保最初采取观望态度,但是在"激派"的三轮田纲一郎等破坏等持院的足利将军三代的木像枭首事件发生后,他无法对批判幕府的态度放任不管,遂开始转向反尊攘派立场,并对志士浪人进行镇压。松平容保转向反尊攘派立场,是"8月18日政变"的源流。眼见长州藩势力逐渐控制京都政局,萨摩藩当然不能坐视。在此之前,萨摩藩为了挽回公武合体派的颓势,着力促使幕府起用岛津久光。松平庆永等幕阁首脑为了压制尊攘派,也想借助萨摩藩的势力,因此命岛津久光父子进京。萨摩藩则首先让大久保一藏进京,公武合体派的对抗运动由此展开。

文久三年正月,"尊攘派盟主"、长州藩主毛利庆亲、毛利定广父子赴京并向朝廷建议,由天皇率众廷臣赴加茂神社、石清水神社、泉涌寺作攘夷祈愿,为朝廷采纳。朝廷决意攘夷,身处京都的德川家茂自然处境窘迫,于是要求离开京都,但未获允许,仿佛成了尊攘派的人质。事实上,朝廷不让德川家茂离京的一个重要原因,是要求德川家茂尽早确定攘夷日期。面对朝廷催逼,4月20日,德川家茂奏告朝廷:来年5月10日发兵攘夷。翌日,又通过武家传奏将这一决定向在京的诸藩"留守居"(驻京办事处)作了通报,命令:"诸军政将官,当扫攘丑夷。"4月23日,幕府也向诸藩宣布了坚决攘夷的命令:"各防卫本国海岸,严阵以待,若夷袭来,坚决扫攘。"②

就在开始攘夷的5月10日,攘夷中心长州藩即突然向停泊在下关海峡田浦附近海岸的美国商船"贝姆布洛克"号发炮轰击,将其驱逐。5月23日,长州藩军队又向法国军舰"凯夏恩"号、26日向荷兰军舰"梅迪萨"号发炮轰击。日军的行为当即遭到美国和法国的报复,两国军舰不久进入长州藩海面,发炮

---

① 《学习院百年史》1编,1981年。
② 维新史料编纂会编:《维新史》3卷,第405—406页。

攻击日本兵船和炮台。长州藩随后彻底封锁了下关海峡。此时，因逃亡而被勒令"谨慎"(幽禁)的高杉晋作组织起了一支"奇兵队"。这支队伍成为日本新式陆军的起源。

7月2日，因不满于日方对前1年8月"生麦事件"的处置，英国"兴师问罪"，派遣7艘军舰驶入鹿儿岛湾，萨摩藩和英国之间的战争爆发。此后，日方为"生麦事件"作了赔偿，不仅获得英方谅解，而且迅速和英国接近，逐渐退出了攘夷运动。

尊攘志士的"总指导"、久留米的神官真木和泉，自安政年间即开始大胆提倡讨幕并有不少尊攘志士附和。自天皇幸行加茂、石清水神社为攘夷进行祈祷后，尊攘运动更日益向倒幕运动发展。长州藩的"尊王攘夷"主张，本是同萨摩藩的"公武合体"对抗的"藩是"主张，但是在真木和泉等尊攘志士的推动下，特别在局势的推动下，其方向也开始发生转变。尊攘派中的激进分子在主张讨幕的同时，要求天皇亲征攘夷并向长州藩提出了这一主张。在廷臣的尊攘派中也出现了这一主张的赞同者。文久三年(1863年)7月18日，朝廷重臣益田弹正等向关白鹰司辅熙提出了要求天皇亲征攘夷的建议。8月14日，孝明天皇颁布了"大和行幸诏书"，内容是天皇将在赴神武天皇陵和春日神社参拜、举行亲征军事会议后，幸行伊势神宫。这一诏书无疑向世人宣告：天皇将亲征攘夷。

孝明天皇虽然主张攘夷，但并不赞同激进派的做法。有鉴于此，在"大和行幸诏书"颁布后，幕府官员、担任京都守护要职的会津藩主松平容保遂与在京萨摩藩代表建立了反长州藩联盟，并暗中策划拥立中川宫、驱逐长州藩势力的政变，史称八·一八政变。

当天子刻(夜12点)，中川宫和松平容保等公武合体派公家诸侯，向天皇"逼宫"，提出了天皇亲征延期、禁止长州藩主毛利庆亲父子进京和将廷臣中尊攘派激进分子驱逐出京等几点建议，一举从尊攘派中夺取了朝廷大权。之后，大批尊攘派分子受到打击，三条实美等7名尊攘派公卿被迫离京前往长州，史称"7卿落荒而逃"。其他大批尊攘派藩主等也相继离京，"京都形势因此一变"，尊攘派势力遭受重创。①

此消彼长，公武合体派势力随之不断加强。文久三年(1863年)10月3日，公武合体派为操控政权，需要借助长州藩主要对手萨摩藩势力，于是策动天皇宣旨招萨摩藩主岛津久光入京。12月3日，天皇向岛津久光下达宸翰，明确否定了政变前的尊攘派政权，要求其推行政改。12月5日，天皇再次颁旨，称尊攘派的行动"歪曲叡旨"，并宣幕府首领和公武合体派藩

---

① 《防长回天史》4编上，1—2页。

主进京。①不久,幕府的一桥庆喜、松平庆永及公武合体派大名相继奉旨进京。德川家茂最初虽有犹豫,最后也不得不遵从敕令。在岛津久光策划下,朝廷建立了"参予制",一桥庆喜、松平庆永和诸藩大名等均被任命为"朝政参予"(亦作"朝政参预"),公武合体派政权遂得以形成。但是,由于利益有别,政见各异,公武合体政权很快出现分裂。3月9日后,一桥庆喜请求辞去"参予"一职,其他参予也纷纷请辞。于是,"参予制"历时仅3个月、未离开"襁褓"即骤然夭折。岛津久光试图推行的朝廷幕政改革计划以失败告终。

目睹"公武合体"解体后国内的乱局及外夷有恃无恐的嚣张气焰,各藩志士再次聚集京都,长州藩趁机东山再起,"禁门之变"随之发生。

元治元年(1864年)7月,长州藩兵和长州藩郎士高呼"夺回京都"冲向御所,与官兵发生冲突,因寡不敌众,当天即被击退。真木和泉等志士在京都南部的天王山自刃。禁门之变给文久二年以后的尊攘运动打上了句号,使朝廷和幕府中的公武合体派彻底分解,推动长州藩倒幕派的形成。

禁门之变后,朝廷对里通长州藩的公卿进行了处罚,并于元治元年(1864年)7月23日向禁里守卫总督一桥庆喜发出了讨伐长州藩的敕命。翌日,幕府令西部21个藩出兵,8月2日向大名以下发布了将军出征的公告,并任命德川庆胜为征长(州)总指挥、松平茂昭为副总指挥。"第一次幕长战争"正式爆发。

在日本政局陷入混乱、"内忧"阴云布满京城之际,"外患"更无解除迹象。西方列强根据条约规定步步进逼要求开港,战争风雨一时笼罩日本列岛。是年幕府向西方诸国提出延期开港要求,遭到西方国家断然拒绝。元治元年(1864年)7月27日、28日两天,英、美、法、荷四国联合舰队从横滨港出发驶向下关海峡。8月2日夜晚,各国军舰在姬岛沿海集结,总计有17艘,其中英国9艘、法国3艘、荷兰4艘,另有1艘美国军舰。8月5日,联合舰队在英国海军中将奥古斯特·库帕指挥下开始发动攻击。长州藩虽士庶无别奋力抵抗,终因西夷"船坚炮利",仅3天炮台即被登陆士兵占领。四国代表借战胜之威,9月6、7日向幕府再次提出赔款和下关开港要求。迫于压力日方只能就范。此后四国代表得寸进尺,提出了兵库开港等更多要求并为幕府老中阿部正外接受。但是,当时专程赶去的一桥庆喜表示不经敕许将重蹈覆辙,坚决反对。于是,幕府内部以一桥庆喜为首的"在京幕阁"和以老中阿部正外为首的"江户幕阁"产生对立。天皇获悉后责令幕府将阿部正外解职,幕府只得遵令执行。朝廷再显"主子"的权威。消息传至四国代表处,各国代表认为"大君"任命的老中居然被京都解职,说明幕府缺乏威严,难以置信,遂对将军下了"最

---

① 《孝明天皇纪》卷4,文久三年12月3日条。

后通牒"以为验证。

　　面对幕府方面的征讨,长州出现了主战的"正义派"同主和的"恭顺派"之争。最初,"恭顺派"占据上风,"正义派"受到沉重打击,该派家老清水清大郎被勒令自尽、高杉晋作等多人获罪。但不久"正义派"反攻得胜,原先立场不确定的藩主毛利敬亲将"恭顺派"领袖椋梨藤太等免职、斩首,并于元治二年(1865年)2月23日发出"藩论统一"布告,按照"正义派"的主张施行藩政一新,一扫藩内"恭顺派"势力,并因此奠定了以后和萨摩藩联合的讨幕体制。

　　1865年4月7日,以"第一次幕长战争"为背景,朝廷再次根据菅原在光的撰定,改元"庆应"。"庆应"两字,典出《文选》"庆云应辉,皇阶授木"一句。庆应年代,"皇"确实登上了新的台"阶"。

　　进入庆应年代后,已经历"藩政一新"、高杉晋作、桂小五郎(木户孝允)等讨幕派左右藩政的长州藩,同政治利益一致、同时也是"军火供应渠道"的萨摩藩迅速接近。最后,由土佐藩的坂本龙马和中冈慎太郎斡旋,庆应二年(1865年)正月21日,萨摩藩方面的西乡吉之助(隆盛)、小松带刀、大久保一藏(利通)同长州藩方面的木户贯治(原桂小五郎、后再改名木户孝允)签署了一份共有6条的"密约",大意是:1. 举兵上京坂;2. 战胜后上奏朝廷;3. 万一战事不利,仍当全力以赴;4. 上奏朝廷,求免冤罪;5. 拥奉朝廷,尽力周旋;6. 获免冤罪后,振皇威,兴皇国,万死不辞。①毋庸赘言,这份"密约"是导致"王政复古"的基本推动力。

　　另一方面,改元后朝府要解决的第一个课题则是处罚长州。就在江户幕阁和京都幕阁就处罚地点争议未决时,幕府老中本庄宗秀、阿部正外忽然率领大军闯进了京都。其此行目的原本是想将一桥庆喜和松平容保带回江户、由幕兵守护朝廷牵制朝政。但是因将军未应招入京,朝廷严厉对待,松平容保也不同意其做法,两老中无奈离京,无功而返。幕府威望再次失坠。之后,将军德川家茂在进京参见天皇后,于3月22日进入大坂并召开幕阁会议讨论处罚长州藩问题。经过一番争议,最后决定奏请朝廷下达再次征讨的敕令,朝廷准奏。

　　庆应二年(1866年)6月7日,第二次"幕长战争"爆发。由于强藩长州早已严阵以待,征讨严重受挫,而幕府方面意见不一,战局呈胶着状态。7月后,有力诸藩相继向幕府提出休战议和的建议。恰在此时,年仅21岁的德川家茂于7月20日去世。将军无嗣,以第13代将军未亡人天璋院为首的大奥势力力主按照遗命,由"御三家"之一的田安龟之助(田安家达)继嗣。但是,田安龟之助当时年仅4岁,根本没有临危受命的能力。因此各老中力推"英武"的一桥庆喜。②一桥

---

① 维新史料编纂会编:《维新史》4卷,15编2章3节。
② 明治后田安龟之助相续宗家成为德川家当主并改姓德川,后改名"家达"。1940年去世,享年78岁。

庆喜最初尚有犹豫,但最终决定相续宗家。8月20日,幕府发出了德川家茂的讣告和一桥庆喜相续宗家出任将军的公告。8月21日,朝廷发出了休战的"沙汰书"(裁决书、命令)。9月12日,长州方面也接到了休战命令。月中,幕府军队基本撤出长州。12月5日,庆喜接受"宣下",改名德川庆喜,成为江户幕府第15代、也是最后一代将军。未过多时,孝明天皇于12月25日突然驾崩。①

将军和天皇相继离世,使朝幕关系开始出现新的动向。德川庆喜受任后曾向侧近谋臣原市之进透露"王政复古"的想法,但被原市之进劝阻。②德川庆喜的心声透露,实为当时已病入膏肓的江户幕府之"病危通告"。于是,"倒幕"动向再次显露。两次遭到幕府"征伐"的长州藩自不待言,早有"讨幕"野心的萨摩藩此番也跃跃欲试。闻朝廷内佐幕派二条关白和中山宫朝彦亲王等相继辞职,萨摩藩士大久保一藏(利通)遂积极策划倒幕。在庆应二年(1866年)9月8日致西乡吉之助(隆盛)的信函中,大久保一藏写道:"余以为当乘此不可失之机,施共和之大策,破征夷府之权,尽吾等之力,立兴张皇威之大纲。"③10月后,大久保一藏还和力主朝廷改革的岩仓具视沟通,并由此奠定了岩仓具视和萨摩讨幕派合作,于庆应三年12月发动"王政复古"政变的基础。④

德川庆喜作为"幕末政治史上最值得关注的人物之一",⑤自临危受命后,着力构建强固政权。由于当时德川幕府陷于受萨长等外样雄藩挤压的穷困境地,因此德川庆喜试图借助外力达到自己目的。当时在对日外交方面最强势的是彼此对立的英法两国。英国认为幕府气数已尽,接近萨长,而法国则支持幕府,不仅为之提供经济、军事援助,而且为幕府再兴出谋划策。无奈法国的"重建方案"虽好,但虚弱的幕府已然不能承受"大手术"。法国对日政策遂以失败告终。支持萨长的英国逐渐取得了对日外交的主导权。

使幕府最终走向灭亡,土佐藩的作用不可不书。萨长趋向联合时,土佐藩因远祖即蒙德川家恩顾,最初和萨长提携有限。但当时藩内存在接近萨长的乾退助(坂垣退助)尊攘派,情况复杂。因此,作为一种折中理论的"大政奉还论"首先由土佐藩士坂本龙马提出,也就成了题中应有之义。庆应三年(1867年)6月9日,坂本龙马与土佐藩参政后藤象二郎一起乘藩船"夕颜号"赴京,途中提出了八条建议,即著名的"船中八策":⑥1. 天下政权奉还朝廷、政令悉

---

① 关于孝明天皇的死因,有"病死说"和"毒死说",现持后一说者居多。
② 涩泽荣一编:《昔梦会笔记》,东洋文库,1966年,第63—64页。
③ 庆应二年9月8日大久保利通致西乡吉之助信函,载《大久保利通传》中,第64页。
④ 大久保利谦:《岩仓具视》,中央公论社,1973年,第171—174页。
⑤ 竹内诚编:《德川幕府事典》,东京堂出版,2003年,第24页。
⑥ 宫地佐一郎编:《坂本龙马全集》,光风社书店,1978年。

由朝廷发布;2. 设上下议政局,置议员参赞万机,万机决于公议;3. 以有才公卿诸侯及天下人才为顾问,赐予官爵,除以往有名无实之官吏;4. 广泛开展对外交往,签订新约;5. 折中古来之律令,重新撰定无穷之大典;6. 扩张海军;7. 置亲兵守卫帝都;8. 定金银货币与外国平均之法。

"船中八策"深得后藤像二郎欣赏,认为此当作为土佐"藩论",并据此拟定了"大政奉还建议书"。鉴于当时萨摩藩已高举讨幕旗帜,推出"大政奉还建议"似有与萨摩藩对立之嫌。为此,6月22日后藤像二郎一行与在京的萨摩藩士西乡吉之助(隆盛)、大久保一藏(利通)等进行了会晤,签署了以土佐藩论为骨架的盟约,即通过大政奉还、王政复古和施行议会政治,推行新政。10月3日,受命赴京的后藤像二郎等,向幕府在京老中坂仓胜静呈上了以土佐藩前藩主山内信封的名义署名的"大政奉还建议书"。建议书称:"鉴于宇内之形势,古今之得失,夫惟欲建皇国振兴之基业,当一定国体,一新制度,王政复古,推举万国万世不耻者,实现本旨。除奸举良,行宽恕之政,令朝暮诸侯注意此大基本,当奉为方今之急务。"① 正处于窘困之境的德川庆喜接到"建议书"后,经与众幕僚商议,于10月14日派遣右京大夫高家大泽向朝廷提出了奉还政权的上表。② 翌日,朝廷接到上表后即降旨敕许。10月24日,德川庆喜又呈上了将军辞表并获敕准。

大政奉还后,王政复古的时机来临。但是,反对废幕复古的势力依然强大,于11月15日刺杀了坂本龙马和中冈慎太郎。萨摩藩讨幕派重要人物西乡隆盛、大久保利通等认为,只能发动政变,清除幕府残余势力。王政复古的中心人物岩仓具视经过一番犹豫,最终表示同意。11月下旬,萨摩藩兵入京,长州藩兵则在摄津西宫待机,政变态势由此构成。12月8日夜晚,朝廷召开了讨论如何处罚长州藩的会议并一直进行到翌日拂晓。当终于达成决议时,文久三年(1863年)"八·一八政变"的一幕再度重演。翌日,幼帝明治天皇在学问所召集众臣,发表了"王政复古"宣言。虽然日本天皇"万世一系",但这一宣言是具有革命性意义的真正的"改朝换代"宣言。

八、儒学的全盛和"诸学"的并行

一般认为,儒学是在5世纪前后传入日本的。但是,在相当长的一段时间里,儒学在日本未能表现出独立的发展。南北朝和足利时代占统治地位的社会关系,并不要求使儒学成为占统治地位的意识形态,而只要求它作为从属于

---

① 日本史籍协会编:《德川庆喜公传》(史料编)698号文书,东京大学出版会,1975年复刻。
② 日本史籍协会编:《德川庆喜公传》(史料编)709号—712号文书。

佛教,特别是佛教禅宗的一种教养。安土桃山时代,特别是江户时代,儒学作为一种独立的意识形态发展了起来,并进入了它在日本的全盛时期。如王家骅所言:"进入江户时代后,儒学摆脱对于佛教禅宗的从属,开始独立发展,进入它在日本的全盛时期。"①

江户时代,日本的儒学主要有三大派别:朱子学派、阳明学派和古学派,其中朱子学派因其尊奉的思想理论是江户时代的"官学",所以最具实力。

藤原惺窝(1561—1619年)脱离禅门转向儒学,被认为是日本儒学走向独立的标志。藤原惺窝5岁剃度入寺,18岁进入禅宗国寺为僧,在既学禅学,又习儒学的生涯中,他逐渐确立了"人伦皆真"的思想,并和中国的宋朝理学者一样,对佛教的出世主义进行了批判。他曾这样写道:"我久从事释氏然有疑于心。读圣贤书,信而不疑。道果在兹,岂人伦之外哉!释氏既绝仁种,又灭义理,是所以为异端也。"②于是,他便倾心于朱子学,并像朱熹一样,也把"理"说成是先于物质存在并产生万物的客观精神本体,持所谓理本体论的观点。但是,他不排斥陆(九渊)、王(阳明)学,也不忽视旧儒学汉唐训解的作用。藤原惺窝的学说,在使日本儒学摆脱佛教束缚,成为建筑于人类理性之上的独立学说的进程中,发挥了积极作用。

藤原惺窝的弟子林罗山(1583—1657年)承袭师业,继续致力于儒学的独立。不过,和藤原惺窝不同的是,林罗山对陆、王学说持批判态度,努力使朱子学官学化。他从朱子学的角度出发,对当时的社会问题作了种种解释,试图使朱子学在日本的地位,达到作为修身齐家治国平天下的思想武器的高度。的确,他在这方面起了举足轻重的作用。

日本儒学得以独立和朱子学作为官学地位的确立,除了藤原惺窝和林罗山等儒生个人的思辨与努力外,更主要的是朱子学内在的魅力,以及江户时代社会发展的需求。

同汉唐的儒学相比,朱子学具有以下特色:第一,排斥纠缠于经书的语言学研究,提倡所谓的道统之传和通过"四书"而不是"五经"来把握孔孟的根本精神,并力图弥补以往的儒教思想理论性的弱点,树立贯通宇宙和人类的形而上学,将儒教的伦理原则哲学化,从哲学的高度论证封建伦理道德的合理性。第二,强调"格物穷理"和"万物之理须你逐一去看,理会过方可"的实证主义精神。这种精神,同江户时代以手工业和农业的发展为背景的自然研究的精神,以及"从元禄、享保时代起,实证的学风逐渐风靡于学术世界"③的氛围,是一

---

① 王家骅:《儒家思想和日本文化》,浙江人民出版社1990年版,第77页。
② 王家骅:《儒家思想和日本文化》,第79页。
③ 伊东多三郎:《近世史的研究》第一册,吉川弘文馆,1981年,第247页。

致的。第三,朱子学强调,"大疑则大进,小疑则小进,无疑则不进",即提供了一种怀疑和批判的精神。这种精神,同样是日本近世思想界的一个特色。按照高坂正显的意见,日本新型的读书人,具有三方面的性格特征:1. 批判的精神;2. 实用的精神;3. 变革的精神。依此观之,朱子学为这种性格特征的形成,提供了必要的支持。

除了藤原惺窝和林罗山以外,日本朱子学的代表人物还有山崎闇斋、贝原益轩和室鸠巢,他们均为儒学在日本的发展作出了贡献。

在日本儒学中,阳明学派是与朱子学派分庭抗礼的一大学派,它的元祖,是"近江圣人"中江藤树(1608—1648年)。中江藤树原先也是朱子学的信奉者,直至岁时读了《王阳明全书》后才倾心于阳明学。

中江藤树没有重复王阳明"心即理"的命题,但和后者一样,他也认为"心"是本体,是天地万物和万理的本源。虽然在他的著述中不时出现"明德"、"良知"、"心"、"中"、"孝德"等名词,如他的见解就是围绕"大学之道,在明明德"这一命题而阐发的,但是,这些名词实际上都是同义词,都意味着将宇宙和人类贯穿起来的某种精神实体。和王阳明一样,中江藤树也是主观唯心主义者,但不同的是,王阳明是借助"心之本体"、"良知"这一抽象的先验的道德意识将儒学进一步道德哲学化的,而中江藤树则直接将"孝"这一道德规范作为本体,使他的道德哲学更富于感情与自然的色调。

日本阳明学的另一位代表人物是曾经师从中江藤树的熊泽蕃山(1619—1691年),尽管他并不以阳明学的信奉者自居,甚至批判中江藤树"学未成熟,尚有异学之弊",但他将"太虚"作为世界的根源,将人类的"性"、"心"和"太虚"等同的主观唯心主义观点,以及将"明德"同"孝德"等量齐观,使儒学成为人类普遍之道,主张"孝乃太虚之神道,造化之含德"的道德哲学倾向,并没有超出阳明学的范畴。所不同的,只是他努力从根本上将阳明学的"心法"理论同见于古典的各种范畴结合起来,以及他详尽阐发的宗教论和政治论。

日本的阳明学在熊泽蕃山之后一度陷于沉寂,近百年未出现具有重大影响的阳明学者,直至18世纪末19世纪初,才因为佐藤一斋和大盐中斋而呈复兴趋势。但是,由于日本的阳明学具有反体制性,所以从未上升至官学地位,从未获得过中国的阳明学曾经获得的荣耀与青睐。

朱子学派和阳明学派的对立,导致了人们对后世儒学的怀疑,促使他们试图在孔孟,或孔孟以前的先王之教那里探求儒学的真谛,并因此而形成了古学派。虽然古学派打着复古的旗帜,但他们所重视的,并不是考证性的经学,而是以古典信仰为依据的世界观,或"经世之学"。可以认为,在日本儒学各派中,古学派最具有日本特色,最充分地表现出了日本文化和日本民族心理的特征。

古学派有三大代表人物：山鹿素行、伊藤仁斋和荻生徂徕。他们虽然在以古典信仰为依据这一点上有着共同特点，并因此被归为同一派别，但事实上他们的思想体系在思想内容上有相当大的差别。

一般认为，古学派的先驱是山鹿素行(1622—1685年)。山鹿素行早年信仰朱子学，后又学习神道，并曾修佛学，习老庄。虽然他接触了各种思想体系，但都终觉不满，于是便"直览周公、孔子之书，以为规范"，在1662年，即41岁那年走上了所谓古学的道路，并在认识论、道德论方面发表了不同于朱子学和阳明学的见解。在认识论方面，山鹿素行提出天地"无始无终"，"气"(阴阳)是万物的终极因素，"理"是"万物之间"的"条理"，排斥朱子学的"理"的形而上学。但是，他同时又将"太极"说成是万物的开端，表现出一种矛盾性。在道德论方面，山鹿素行将"仁"视为道德的源泉，并在"仁"与"礼"的相互联系中理解"仁"，提出"仁者，克己复礼也"，在"礼"这个社会的、客观的规范中寻求形成道德的根据。另外他还提出："人皆有好利恶害之二心"，"果无此利害之心，乃死灰槁木，非人也"。这种"礼""义"不两立的观点，是山鹿素行道德论的一大特色。

伊藤仁斋(1627—1705年)和山鹿素行几乎同时倾向于古学。如果说后者是古学的先驱，那么前者则促成了古学的兴起与繁荣。伊藤仁斋以"一元之气"活动说明一切现象，认为"天地乃一大活物"，"盖天地之间，一元气而已"。按照这一观点，天地无始终，无开辟，天地万物就像走马灯似的生生变化。这是他颇具特色的认识论观点。在道德论方面，伊藤仁斋认为"仁义礼智四者，皆道德之名，而非性之名"，主张道德和性不同，是客观的东西，是一种"不待有人与无人"的本来自有之物。但他同时又在人类的"心"，在孟子所谓的"四端之心"(恻隐、羞恶、辞让、是非)中寻找仁义礼智的"端本"，从而陷入了一种矛盾境地。

荻生徂徕(1666—1728年)在1717年写了《辩道》一书，展开了他独特的古学研究。他的学说，使古学主义达到了顶峰。荻生徂徕主张直接依靠"六经"来阐明"先王之道"，认为要解读"六经"，必须研究古文辞学。因此，徂徕学派又被称为古文辞学派。荻生徂徕的学说最大的特点是，不仅像古学派的其他代表，如伊藤仁斋那样，以区别"天道"与"人道"的形式割断了宇宙观与伦理观的连续性，而且进一步将儒学界定为治国安民的政治学。他以"六经"作为经典之根本，指出经典中的所谓"道"，只能是"先王之道"，而"先王之道"，总的来说就是古代先王为治国平天下而制定的礼乐刑政，不是宋代学者讨论的抽象的"天道与性"。这一学说最根本的意义，用佐藤昌介的话来说，就是"使不属于政治领域的自然研究的自由，获得了意识形态的保障"，[①]即为西方科学

[①] 佐藤昌介：《洋学史研究序说》，岩波书店，1976年，第44页；第11页。

文化的导入,为近代化的形成,提供了必要的理论前提。

需要强调的是,江户时代日本儒学的发展,一方面具有缓滞传统社会向近代社会变革的步伐的作用,另一方面却又具有促进近代思想生长的要素。佐藤昌介曾经提出:"应该弄清楚在以正统的封建教学朱子学为主,包括阳明学、仁斋学、徂徕学等种种思想体系的儒学中,洋学是如何通过继承、接受哪种思想,或克服哪种思想而成立的。这一问题,是洋学史研究最根本的问题。"① 换言之,这也是研究日本近代化的重大课题。事实上,无论是在主张儒学是"教学",西学是"物理学"的渡边华山的理论中,还是在主张儒学是"旧说",西学是"新说"的高野长英的思想中;无论是在佐久间象山的"东洋道德,西洋艺术"的主张中,还是在"迈出全面吸收西洋文明第一步"的横井小楠"返回三代"的主张中,我们都不难发现儒学传统思想的投影。

江户时代,神道也较为幸运。在重视阶级和等级秩序的日本近世封建社会,知足安分和感恩图报被视为第一要义。只要不试图颠覆既成秩序,那么幕藩统治者原则上并不排斥宗教。一般而言,神道中不存在与幕藩权力冲突的要素,因此德川幕府对神社及神道采取了消极的保护政策,即对神社政治经济力量的增强保持一定的警戒,对神社施行一定的行政控制,在其不至于威胁自身统治的限度内予以保护。纵观江户时代三百年国内和平时期,可见幕府统治者巧妙地利用了民众神祇崇拜的思潮。因此,在近世,神道学说的研究,古典的研究,神社的研究较为繁荣,祭祀仪式得以复兴,神道信仰得以培育,神道的习俗,以神社为中心的民间每年例行的节日和活动趋于固定。

神道没有原始的经典,它的学说是由各种说教构成的,缺少一种历史性的发展。但是,近世的神道学说仍然包含肯定或否定中世神道两个方面,前者残存于两部神道、山王一实神道、吉田神道、垂加神道,后者则为复古神道所强调。

从神儒佛融合解释向神儒合一解释的演变,即神儒调和,排斥佛教的因素,不仅是近世前半期神道界的特色,同时也是当时普遍开展的儒教研究的结果。神儒一致论,在许多方面参照了大儒林罗山的"神道即王道"的观念,强调作为祭祀之道的神道和作为政治之道的王道的一致。当时,从人伦道德的意义上将神道视为人道的儒学者也颇为多见。例如,新井白石即明确提出:"神者,人也。"认为人类的神圣即称为神。另一方面,也有人提倡神佛一致的理论。例如,龙附近及其《神国决疑编》,就是这方面的代表。但这种理论少有市场,且没有取得明显的发展。

儒学神道的集大成者,是和林罗山齐名的大儒山崎闇斋(1618—1682

---

① 佐藤昌介:《洋学史研究序说》,岩波书店,1976年,第44页;第11页。

年)。他从《倭姬命世记》中摘取"神垂以祈祷为先,冥加以正直为本"中的"垂加"两字,创立了"垂加神道",并使之成为神道界的一大势力。他的学说的本质是主张神儒一致,具有立足于信仰境地强调"大义名分"的道德倾向,和幕藩体制的基调颇为一致。

江户中期以后,作为古学、和学研究的结果,在国学者中出现了复古神道。他们对依赖儒教和佛教解释神道的做法表示了疑问,并试图把握存在于古典的神道的真义。虽然他们在古典中发现的"真义"和强调的侧重点各有不同,如贺茂真渊注重于国民性,本居宣长注重于民族性和真心,平田笃胤从幽冥信仰出发确立了大和魂,但是,在赋予神道以古典的基础、国民的信念、宗教的情操这一点上,他们的观点和以往的神道学说相比,确实是崭新的。不过,需要指出的是,复古神道为了将儒教的因素逐出神道,虽然对以垂加神道为主的儒教神道进行了攻击和批判,可它在许多方面,仍具有和旧神道内在的联系。

神道信仰的普及,也是江户时期意识形态领域的一大特色和神道的一大特色。这种普及,主要归因于两个方面:藩主的鼓励和学者的宣传。当时,会津藩的保科正之、备前藩的池田光政、尾张藩的德川义直、松江藩的松平直政等,均是热心的敬神家。而垂加和复古神道诸家学者,则全都编撰了各种通俗的神道说,致力于对民众进行神道知识的启蒙,为宣传以鹿(春日大社)、太阳(伊势神宫)、鸽子(八幡宫)为象征的《三社讬宣抄》,就是这方面的代表作。因此,所谓"通俗神道家"的辈出,也是当时的一大特色。

在神道通俗化的同时,久已停止的神道古代祭祀仪式和庆典活动也日趋复活。这种复活在江户时代初期已经出现,至江户时代晚期,由于局势的变革,神道的敬神观念和崇祖观念,进一步具有了国家的色彩,并在行动上表现了出来,成为强化家族血统意识和集团意识的有力工具。

江户时代,儒学和神道的日益独立和强化,触发了复古国学的勃兴,这主要因为,一,神道是以日本古典,特别是以《古事记》和《日本书纪》为依据的。随着神道的发展,这些古典理所当然地成了研究对象。二,歌学的发展,为国学作为一个独特思想潮流的产生,创造了条件。三,古学,特别是徂徕学的治学方法和态度,对国学的发展产生了很大影响。

"应仁之乱"以后,日本的社会结构发生了深刻的变化,出现了所谓的"下剋上"。适应社会政治势力的消长,文化上也出现了大规模的新陈代谢,歌学,得到了很大发展。至江户时代,歌,更是深入市井,成为町人文化的一个重要方面。在17世纪末的元禄年间,曾经写出"圣朝有古道,荒芜甚少人迹。我来试登攀,悠悠忆往昔"这首传世名歌的户田茂睡,对强调形式主义的公卿歌学进行了尖锐抨击,提倡歌学上的"古道"和《万叶集》、《古今集》的意义。几乎同时,僧人契冲写出了著名的《万叶代匠记》,真正开始了对古典语言学的研究,并因此而被视为复古国学的先驱。按照本居宣长的评论:"我国古学,早经契冲开始。"①石田一良也认为:"跟(伊藤)仁斋大约同时,通过对《万叶集》的训诂、注释,在倭学的领域里创造了复古气势的便是大阪的僧人契冲。"②

确实,契冲为复古国学的产生做了开拓性工作,但他尚没有从古典研究中引出独特的思想体系。真正被称为复古国学代表人物的,是荷田村满、贺茂真渊、本居宣长、平田笃胤这"国学四大家"。

荷田村满(1669—1736年)对古歌和浩瀚的古书进行了大量研究,并对自伊势神道至垂加神道的一些观点进行了批评。但是,他的观点既同儒教思想具有折中的倾向,也不对佛教观点一概排斥。例如,他认为,"天尊地卑,君为天,臣为地,父子夫妇之别,亦同理也"的观点,本是传统的儒教思想。他提出的"万神悉皆集中其德于此一神也"的命题,也和主张神儒调和的林罗山"此一神分身而成诸神之总体,犹如天上之月一轮,而万水皆映其影"的思想如出一辙。另一方面,他并不盲目地信奉古典,认为古典的记载是为了讲道而编的寓言之类的故事,未必就是事实。因此,就作为一个独特思潮的国学而言,他的思想体系还不同于复古国学的思想体系。

复古国学的确立者是贺茂真渊(1697—1769年)。在徂徕学的治学方法和态度的影响下,贺茂真渊致力于古文辞学和语言学的研究,并因为在万叶研究中提出了独特的世界观而作为复古国学的确立者登上了历史舞台。

贺茂真渊对平安文化给予了否定的评价,认为代表平安时代的和歌《古今集》是"弱女风格",而代表奈良时代的《万叶集》的和歌则是"丈夫风格",并从这种观点出发歌颂上古社会,将质朴的奈良时代,特别是佛教兴盛以前日本为统一国家而采取的军事统治加以理想化。另一方面,他认为佛教和儒教这些外来的东西所倡导的礼和制度,使人们丧失了作为人类天性的"直心",使儒教的观"神祖之道"衰微。虽然这种批判封建制意识形态——儒教的观点,隐藏着反封建的因素,但是,他那"慧智出,有大伪"的老子式的愚民主义见解,却不属于反封建的意识形态。

居于国学发展最高峰的,是本居宣长(1730—1801年)。虽然本居宣长对国学中一些合理成分的歪曲使之在一定程度上趋于荒诞,但是他把对封建意识形态,特别是对儒教道学的批判向前推进了一步,为国学的研究开辟了新的局面。

本居宣长首先将文学的本质同伦理学的本质相区别,提倡文学抒发"事物之幽情"。在他看来,文学既不是"为了教人",也不是以"雄壮"与否为价值尺度。他承认艺术的独立价值,排斥道学对艺术的评价。和贺茂真渊不同的是,

---

① 永田广志著,陈应年等译:《日本哲学思想史》,商务印书馆1992年版,第125页。
② 石田一良著,许极燉译:《日本文化——历史的展开》,上海外语教育出版社1989年版,第261页。

他推崇平安时代的"弱女风格"而不是奈良时代的"丈夫风格"。但他对人类"真实心情"的肯定和对儒佛"慧黠"的批判，仍不外是对国学前辈的思想的继承和发展。

本居宣长神道说的特点，是认为历来被神道家视为经典的《日本书纪》，是受"汉意"影响的产物，唯有《古事记》值得推崇，应照《古事记》所传说的那样相信神业，听任神意，绝对服从天照大神的子孙——天皇。他的神道观极其强烈地表现出了日本优越观和尊皇观，反映出在德川封建制走向衰落时日本出现的国权主义社会思想。另外值得注意的是，如水户的儒者会泽安所批评的，在本居宣长的观点中，带有基督教的神学观的影子。

在本居宣长的学说中，表现出了国学世界观的主要特征和它行将转化为特殊神道说的倾向。而继承他的这种古学神道，并明确地将它与基督教调和，初步建成复古神道的，是自称为"宣长殁后的门人"的平田笃胤（1776—1843年）。平田笃胤确立了被理解为"古道"的神道——复古神道，并强调它是所有宗教世界观和道学世界观所望尘莫及的绝对真理。

为了克服神道缺少统一的思想体系这一缺陷，使之具有能对抗儒、佛之道的世界观，平田笃胤提出天御中主神是主宰一切宇宙事物的神；主张人死后要到大同主神所主宰的"幽事"世界去，在那里接受对自己生前所作所为的审判。他还将创世神话同天文学知识结合起来，创建出了独特的神学世界形象，使属于多神教性质的、现世的、主情的、民众的复古神道，变成了一神教性质的、来世的、伦理的、带国家色彩的复古神道。

平田笃胤一方面致力于建立独特的神道说，另一方面还对儒教、佛教以及与儒佛调和的"世俗神道"进行了猛烈抨击。他的排佛论，对维新时代的国权主义文化运动——废佛毁释运动，具有重大影响。不过，平田笃胤的学说中虽然有大体肯定幕府制度和肯定锁国、妄自尊大主义的思想，但并没有攘夷思想和排外主义。由于他的国权主义是同宗教结合在一起的，因而其政治性没有得到明确规定，尚属于国权主义极不成熟的形态。总之，至平田笃胤，复古国学虽已完成，但其坚持复古神道中固有的宗教因素同政治因素统一的努力，却并未成功。因为，如前所述，明治维新以后，统治者已不得不将崇拜神社和宗教神道分开。

德川幕府成立后，为了加强对佛教的控制，建立了两项重要制度：本末制度和檀家制度。本末制度，即确定各宗派本寺、中本寺、直末寺、孙末寺等上下统属关系。檀家制度是随着幕府强化对基督教的禁教政策而对以前类似制度的强化。所谓"檀家"，意为"施主"。自1640年开始，幕府先后在中央和各藩设立了所谓的"宗门改役"，规定民众在婚姻、旅行、迁移、担任公职时，必须具有由寺院开的证明其是佛寺"施主"，不是基督徒的文书，编制类似于户籍的账册,使各家各户同寺院建立特定的联系。

需要指出的是,幕府的规制没有压制佛教的发展。相反,江户时代作为佛教一大特色的各宗派学术机构的设立以及各宗学说明显的勃兴,在很大程度上归因于幕府为统制佛教而制定的各项政策。而且,在统制的同时,幕府要求各宗派开展教学研究。正是在幕府的鼓励下,各宗派相继建立了一些学寮、劝学寮、劝学院等开展教学的机构。但是,既然奖励教学同幕府维持封建统治的政策具有密切关联,那么"扶正驱邪"也就成了一种定例。这种定例在日莲宗、真宗、天台宗、真言宗等宗派中俯拾皆是。另一方面,这种"扶正驱邪"虽然很容易导致教学的定型化,使各宗派难以开展学术交流,但却使宗学内容得以整理并体系化。例如,1794年,净土宗西本愿寺文如宗主命学林的宗学者编纂了《22种邪义问答》。1827年,净土宗东本愿寺派妙音院了祥,也编纂了《异义集》。这种宗学的整理和体系化,为明治以后近代佛教的形成奠定了基础。

同时,在这一时期,佛教各宗派出现了一个新的共同的倾向,即宗教学说和世俗伦理的紧密结合。这种结合,同战国时代后成长起来的现世人文主义倾向,以及作为维护幕藩体制理论根据的五伦五常朱子学伦理,是相对应的。并且,这种结合也意味着对儒学者以佛教的非伦理性、非经济性的指责为核心的排佛论的反击。

各宗各学的这种结合,大多采取了将佛教的"四恩"、①"五戒"、"十善戒"等说教,同五伦五常的伦理观相结合的形式。为了求得同儒教伦理的妥协,它和维持、拥护幕藩体制的生活规范是相始终的,并因此而出现了作为自身整肃的"戒律复兴运动"以及护法思想的发达。

檀家制度的实施,虽然使民众同佛教有了密切联系,但这并不意味着民众理解并信仰各个宗派的说教。准确地说,大多数民众是通过将佛教的各项礼仪溶解在日常生活习俗中的方式来接受佛教,并使之多样化、普遍化、生活化的。这是江户时代的佛教的一大特色。

进入近代以后,佛教的变化主要通过明治早期、中期、晚期的三个浪潮表现出来,即:废佛毁释和佛教的觉醒,国家主义的抬头和佛教革新运动,近代佛教的形成。但是,废佛毁释(释迦牟尼像)早在江户时期就已开始了思想准备。以林罗山等人为首的儒学者,早在江户时代初期就指出,佛教的遁世解脱的教理有害无益。自江户时代中期,随着国学的勃兴,平田笃胤等为了复兴古神道,进一步提出了"废佛论"。中井竹山、正司考祺等经济学者对佛教进行了非难,他们认为,僧侣的寄生生活是经济上的重负。并且,废佛论者不仅仅停留

---

① 佛教术语,即四种恩德。有两说:1.父母恩、众生恩、国主恩和三宝恩;2.父母恩、师长恩、国主恩和施主恩。

在思想上的攻击,同时还采取了具体措施。例如,在天保改革时,水户藩断然废止或合并了一些寺院。萨摩、津和野等藩也整顿了一些寺院,并开始推行神佛分离。在废佛论出现的同时,佛教方面也出现了护法论,但是,由于佛教厌世、否定的教义与政府富国强兵的宗旨相悖,因此必然要受到排斥。这是佛教在进入明治时代以后命运陡然发生变化的重要原因。

九、并行不悖的"外来文化"和"本土文化"

1633年至1639年,日本德川幕府的第三代将军德川家光,连续颁布了5个以禁教和贸易统制为主要内容的所谓《锁国令》,使日本开始进入"锁国时代"。但是,在锁国时代,西方文化流入日本的途径并没有被堵塞。正如山室信一所言:"在考察德川时代吸收西洋学术的情况时,有必要留意通过荷兰文译本从欧洲直接导入,以及通过汉文译本经由中国导入这两条渠道。"①正是这两条渠道的存在,不仅使日本西学进入了一个新的时代——兰学时代,而且呈现出"外来文化"和"本土文化"并行不悖的景观。

锁国时代,由于荷兰是日本唯一直接交往的西方国家,因此早在17世纪前半期,日本就出现了以传译荷兰文和日文为职业的所谓"阿兰陀通词"。他们在吸收荷兰文化方面,做了一些初创性的工作。之后,经过几代人的努力,兰学不断得以深化和扩展。

为兰学的草创作出贡献的主要人物有:新井白石(1657—1725年)、青木昆阳(1698—1769年)和野吕元丈(1693—1761年)。1708年,作为将军侍讲的新井白石,通过对意大利人西多蒂的审议,详细了解了西方文化各方面的情况,撰写了《西洋纪闻》和《采览异言》这两本"洋学(兰学)史上古典中的古典",对西方文化作了一个凝练的概括:"由此可知,彼方之学唯精于其形和器,即仅知所谓形而下者,至于形而上者,则尚未正式有所闻。"②这一概括在作为"形而上学"的儒学和作为"形而下学"的西学之间划了一条界线,从而使两者的并存,以及西方自然科学的传入,在理论上成为可能。青木昆阳和野吕元丈的功绩,则主要在于开了通词以外的日本人学习、钻研荷兰文化的先河,为兰学的正式形成准备了知识基础。正是在这一基础上,产生了"正式的"兰学的创建者前野良泽、杉田玄白等兰学大家。

1771年4月,前野良泽(1723—1803年)、杉田玄白(1733—1817年)等通过约翰·亚当·库尔姆斯的《解剖图谱》和人体实体解剖的对照,确信了该书

---

① 松本三之介、山室信一:《日本近代思想大系·10·学问和知识人》,岩波书店,1989年,第475页。
② 新井白石著,村冈典嗣校订:《西洋纪闻》,岩波文库,1979年,第24页。

的真实性,并以《解体新书》的书名将其译出。他们的这项工作,不仅向社会宣布了"吾人形态之真形",而且是对传统观念的一种挑战,是思辨哲学的一场革命,正式拉开了兰学的帷幕。"兰学"这个名词,也是在翻译过程中产生的。因此,1771年被视为日本西学史一个划时代的年份。

《解体新书》问世以后,兰学如"滴油入水而布满全池",从医学发展到各个学科,从长崎、江户扩展到京都、大坂以及各个大名领国。在前野良泽、杉田玄白的弟子大槻玄泽以及桂川甫周、宇田川玄随等人的共同努力下,"至18世纪末,(日本人)对西洋的关心已不仅仅是表面的对异国情趣的追求,以及珍重松平定信等人戏称的西洋玩意儿,而是努力认真地追求并转化他们认为比以往从中国的文献中学得的知识优秀的西洋科学知识"。①

进入19世纪以后,兰学开始进入以吉冈长淑、足立长隽、宇田川玄真、坪井信道等人为中心的时代。虽然他们在兰学史上的地位,与作出开拓性贡献的前人似乎难以相提并论,但兰学本身,自此却呈现出令人瞩目的进步和变化,并作为"实学"而开始正式成为幕府的御用学问。其具体标志,就是1811年幕府设立了"蕃书和解御用挂"这一专门从事兰学翻译、研究的机构。"这一机构的设立,意味着原先仅作为自身爱好而产生的私学,开始作为服务于权力的知识而得到承认"。②以后,这一机构又演变成"蕃书调所"、"洋书调所"、"开成所",成为幕府移植西方文化的中心。

回顾兰学的历史,特别是享保年代(始于17世纪初)以后的兰学史,我们不难发现,随着西方科学文化的逐步渗透,日本人对它的吸收也日趋活跃,并不断变化和深化,这种变化和深化,可概括为三个阶段:

享保宽政年代　吸收西方文化的指导者:天文方通词。关注的中心:技术。所起的作用:认识西方文化的优秀性。

安永至化政年代　吸收西方文化的指导者:医师。关注的中心:文化。所起的作用:兰学的启蒙和普及。

天保至明治初期　吸收西方文化的指导者:士族。关注的中心:政治。所起的作用:使吸收西方文化制度化。

开国以后,1862年,幕府派遣西周和津田真道赴荷兰留学。"西周、津田真道的留学荷兰,是幕末洋学史上真正具有划时代意义的壮举。必须指出,在作为日本人首次正式学习西洋近代的人文、社会科学方面,他们的业绩迈出了明治新文化建设的第一步"。③西周和津田真道在莱顿大学教授毕洒林的指导

---

① R. P. 多尔著,松居弘道译:《江户时代的教育》,岩波书店,1978年,第147页。
② 田村园澄等:《日本思想史的基础知识——从古代到明治维新》,有斐阁,1974年,第421页。
③ 大久保利谦:《幕末·维新的洋学》,吉川弘文馆,1986年,第90页。

下,学习了自然法、国际公法、国家法、经济、统计等"五科"以及哲学,并将这些处在历史转折时期的日本最需要了解和掌握的理论、知识介绍到了日本,使西学具有了涵盖自然科学和人文、社会科学的广泛内容。

在江户幕府建立以前的16世纪末,即桃山时代,最能表现该时代文化特征的,首推城郭建筑,因为它恰好地表现出了一种不拘泥于清规戒律的、豁达豪放的精神。这种精神在高雅、纤弱的古代贵族文化,以及成熟而颓废、少有气魄的商人文化中,是不存在的。这种永久性的城郭建筑,是在大名领国形成后出现的。在它的中心部分,一般建有日本人独创的层或层的望楼,以炫耀封建统治者的威风,其中规模最大的有织田信长的安土城,丰臣秀吉的大坂城、伏见城(后更名为桃山城)。据记载,安土城曾有7层高的望楼。值得注意的是,这种城郭望楼取代佛寺的高塔而成为建筑界的主流,反映了世俗权力的强大和先已开始的宗教势力的式微。在城郭中,还建有独具一格的日本书院式宅邸,其墙壁和隔扇上,往往绘有各种金碧辉煌的图画。最能表现这一时代文化特征的,是综合了大和绘的色彩和水墨画的结构,因而具有气势磅礴的构图和浓墨重彩色调的狩猎派的作品,在这些壁画中占据了首席。

进入江户时代后,以城郭为中心的城下町急速发展。建筑的发展引起了美术的繁荣。特别由于营造江户殿舍的需求,幕府将许多一流的画家,如狩野派的狩野光信、狩野孝信等召集到那里,更使江户成了美术发展的源头,并使狩野派的画家成了幕府的御用画师。而各地大名也效仿幕府,以狩野派画家为御用画师,使之逐渐发展成了一个全国性的画派。此时的狩野派由于必须遵守官画样式的规矩,同时由于封建秩序已重新趋于稳定,因此其画风中先前那种豪放的气势已逐渐消退。另一方面,在狩野派的作品中,也不乏对当时市态民情的反映,如狩野长信表现市民生活感情的《花下游乐图》屏风,就是一幅力作。这种对市态民情的积极描绘,构成了浮世绘问世的远因。

与狩野派具有相似地位的,是自室町时代初期就世袭宫廷画师地位的土佐派。这一地位他们一直保持到江户时代末期。土佐派在延续家学方面,和狩野派如出一辙。这一方面是由于作为世袭御用画师,其技术和知识具有秘传的性质,另一方面也同江户时代的社会身份制度有重大关系。不过,土佐派在保持题材的固定性和大和绘的样式方面虽维持了自己的风格,但也积极吸取了狩野派的笔法,创造出了具有武家装饰感的画法和样式。土佐派的土佐光则曾和狩野派的画师一起绘制过《当麻曼荼罗狩野山乐等缘起》画卷,显示出他作为当时日本画坛权威者之一的地位。

土佐派的分支、由土佐广通另立门户形成的住吉派,也曾是日本美术界的一大势力。土佐广通法号如庆,他和儿子土佐广澄(法号具庆)合作绘制的《东照宫缘起》画卷十分出色,虽然它同样显示出和狩野派折中的特色。

至江户时代后期,田中纳言、渡边清、浮田一蕙、冈田为恭4人,力图摆脱土佐派程式化的大和绘样式,以自由的立场表现大和绘原有的情趣和内容,创作了一些优秀作品,其中最著名的有田中纳言的《金地着色草花图》、《十二个月庆典图》,浮田一蕙的《子日游图》等。因此,他们被称为复古大和绘派。此外,致力于古典复兴的,还有岩佐胜以、宫本武藏、本阿弥光悦等。这种现象的产生,同当时尊重历史和崇尚古典的社会思潮,是相吻合的。

在锁国时代,由于长崎是幕府向荷兰和中国打开的窗户,因此,在长崎形成了具有中国明清画风格的鉴画派和西洋画派。

鉴画作为长崎的官画,曾长期占据长崎画坛的主体地位。德川幕府建立以后,采取了以儒学为基础的文治政策,因此在社会上出现了汉学热和对明清画的推崇。以此为背景,各藩不少儒者、医师和僧人耽迷于明清文人诗画,模仿那种教养和生活,出现了一批文人画家,其中最重要的代表人物,有祇园南海、服部南郭和彭城百川。尤其是彭城百川,不仅创作了一些优秀的绘画作品,而且还编纂了《元明画人考》、《元明清书画人名录》,成为名副其实的文人画家。

祇园南海和彭城百川等,主要是通过画本中获得的知识和技法,以及通过赴日的中国人的指导,学习明清文人画的。虽主要依赖于自学,但由于他们具有类似于中国文人的生活环境和汉学教养,所以绘制的作品无论形式还是内容,均颇具中国明清文人画的韵味。

就西洋画而言,1549年沙勿略初访日本时,就已带去了圣母玛利亚的油画像,开了西洋绘画传入日本之先河。之后,西洋美术不断传入日本。由于长崎是耶稣会势力最盛的地方,因此自然成为吸收西方美术的中心。在西方美术的影响下,那里出现了"经常按蛮流制作的铸工、冶工、雕刻匠,以及在铜版画的制作方面掌握优秀技术的人"。①"锁国"以后,长崎同西方在这方面的交往仍未中断。1663年,荷兰商馆向德川家纲赠送了约翰·斯顿的《动物图谱》,后又向德川吉宗赠送花鸟图,介绍了荷兰画。

在以西洋风格绘画方面,18世纪后半叶的平贺源内是一个突出代表。他在1773年应秋田藩藩主佐竹曙山的邀请,前往秋田,向藩士小田野直武传授西洋画法,后小田野直武又将此传于佐竹义躬和佐竹曙山,形成了所谓秋田画派。秋田派虽然在题材和内容上保持了日本画的骨骼,但在技法上则吸取了西洋画的透视法和色彩与光的阴影法,在日本绘画史上独树一帜。事实上,在西方文化的影响下,以这种和洋折中的态度进行美术创作的不乏其人,如日本

---

① 片冈千鹤子:《八良尾的神学校》,基督教文化研究会1970年,第24页。

铜版画的创始者司马江汉,和以狩野派的画法为基础,将它同明清画、西洋画进行调和的渡边秀石等,均是这方面的代表。

致力于和洋折中及表现明清风格,固然是当时的美术界反映时代特征的一大动向,但是,最能反映当时社会变迁的,当数浮世绘。

浮世绘表现了一种世态民情,它的产生,同当时日本社会经济的发展有着密切关系。自室町时代末期,随着城下町的发展和工商业者的集中,形成了一个颇有经济实力的町人阶级,他们具有不同于武士和宫廷贵族的特殊的生活方式。为了反映这些工商业者,特别是上层工商业者的生活方式,以他们的生活习俗为题材的画作纷纷问世,形成了一种所谓的手笔风俗画,并从这种手笔风俗画中,产生了浮世绘版画。1608年,木阿弥光悦和角仓素庵等为《伊势物语》绘制了插图。此后,绘有所谓"墨摺",即黑白插图的通俗读物木刻本不断增加。同时,被称为"丹绿本",即绘有彩色插图的读物,也开始出现。不久,随着江户町人游乐生活的定型,以他们的生活习惯为主题的小说纷纷问世,而配有插图的这类小说,更是十分畅销。

初期木版插图的集大成者是菱川师宣(1618—1694年),他所描绘的世态民俗,即以可视的形式叙述故事,又以夸张的形式把握习俗,通俗易懂,使人一目了然。尤其值得一提的是,由于他象征性地表现出了在游乐的场景中女性美的形象,如《小伙与姑娘》、《美人回首图》,因此在当时颇受人们青睐。随着木版插图的魅力不断增强,不仅没有文字叙述而仅有连环图画的所谓画本得以出版,而且单张的版画也得以问世。换言之,在17世纪末,木版画已从作为"物语"插图的地位中独立出来,本身成了鉴赏对象。

菱川师宣绘制的木版画,几乎都是黑白的,而他的后继者,如鸟井清信、奥村政信、石川丰信、鸟居清满、铃木春信、喜多川歌麿,则绘制了许多彩色木版画,使画上的美人更栩栩如生,并使单张的版画完全作为一种世俗鉴赏画,在町人社会扎了根。总之,至18世纪后半叶,以表现美女的姿态美和表情美为中心的美女图进一步得到了发展,而版画家中也分出了许多流派。并且,如"美女图和花街柳巷"、"演员画和歌舞伎"、"相扑画和相扑"等词语所表述的,以游乐界的宠儿为主题的浮世绘版画,更具有流行画的特质,并由此而诞生了真正意义上的风俗画。自江户时代初期以来,作为享乐生活环境的花街柳巷被称为"浮世",因此表现这方面内容的版画往往被称为"浮世绘"。不过,"浮世"的含义,实际上并不止于此,它还泛指现实的社会生活。不管怎么说,"浮世绘"在题材的选择和技巧的运用上,均形成了独自的领域。

为浮世绘版画注入新的生命和活力的,是葛饰北斋和安藤广重,他俩分别绘制的《富士山36景》和《东海道53次》,不仅开拓了风景版面这个领域,而且在明确的美术自然观的基础上对构图和色彩作了很好的调和。

浮世绘是以日本风俗为题材的日本画的代表,但正如江户时代的各种文化形式均受到中国明清文化的影响一样,"浮世绘版画,也同中国版画具有密切关系"。①

明治维新以后,日本美术界在"文明开化"和"脱亚入欧"风潮中,也受到了西方美术的深刻影响;但是,日本美术复兴运动,也不时发生。正如宫崎道生所指出的:"近代日本文化,是以欧化主义和本国中心主义作为两极的轴心而形成的。"②处在日本文化之中的日本美术,当然不会例外。

综观16世纪以后的文学艺术领域,我们同样可以看到,由于町人阶级,或市民阶级经济实力的增长,出现了真正产生于市民中间并讴歌其生活的独特的文学艺术。虽然在这一时代,与此相对的、具有古代传统的文艺仍与统治阶级联系在一起,但因其墨守成规,没有新的发展,所以新兴的市民文艺,占据了主流。

最能代表市民生活意识的文学创作,是以"元禄年代"(17世纪末)为中心发展起来的"元禄文学",有俳谐,浮世草子,偶人净琉璃等。

所谓俳谐,就是诙谐、滑稽的俳句,诗形短小,仅几个音节,不仅俳人,而且广大民众都乐于写作、吟诵。在俳谐巨匠松永贞德生活的年代(1571—1635年),俳句即已盛极一时。在松永贞德的俳论《御伞》的序言中,曾这样描述当时俳句流行的情景:"无论京城还是乡村,不分老幼贵贱,只要一提到此道,无不侧耳倾听,感到有趣。"③

在俳句的世界里,松尾芭蕉(1644—1694年)是无与伦比的一代宗师,被誉为"俳圣"。他经过苦心钻研,将俳句从俳谐的诙谐导向真诚,开辟了一个独特的、被称为"芭蕉风格"的艺术境界。他的俳句别具一格,既带有"闲静"、"幽雅"的特点,又往往在孤寂的情调中表现出对现实的不满和消极逃避的态度,有较深的意蕴。例如,他的名作"古池塘,蛙儿轻跳入,水声响"这首俳句,既表现了自然的美感,又巧妙地将恒定的存在与瞬间的动作结合起来,从而暗示了无止境的事物与此时此刻的事物的并存这一人生的哲理。他的作品,对当时和后代的诗歌,产生了深远的影响。

"浮世草子"意为"风俗故事",它是由以前的御伽草子,以及与其一脉相承的假名草子进一步变化而成的,这方面的代表人物首推井原西鹤(1642—1693年)。井原西鹤本是俳人,后转写小说,他的作品,如《好色一代男》、《好色一代女》、《处世费心机》等,体察生活细致入微,状物写情引人入胜,遣词造句幽默

---

① 谷信一:《体系日本史丛书·20·美术史》,山川出版社1982年,第474页。
② 宫崎道生:《近世近代的思想和文化》,鹈鹕出版社,1985年,第104页。
③ 冯玮:《日本的智慧》,浙江人民出版社1994年版,第101页。

诙谐,既肯定了市民的享乐生活和营利行为,也反映了社会底层的人们窘迫的生活和绝望的心理,使日本现实主义文学,至此达到了顶峰。

"偶人净琉璃"意为"木偶剧",始于室町时代末期,其最初形式是盲人和着节拍说唱净琉璃故事,后来加上三弦和木偶,成了民众喜爱的艺术形式,并形成了许多流派——节。京都、大坂的净琉璃在17世纪末由竹本义太夫在大阪创设了竹本座,以近松门左卫门为剧作家,开创了独特的义太夫节。不久,演员与剧作家交相辉映,迎来了净琉璃的全盛时期;而剧作家近松门左卫门,也和松尾芭蕉、井原西鹤一样,成了创建近世文学黄金时代的代表人物之一。

被誉为"日本的莎士比亚"的近松门左卫门一生写了100多部剧本。他写的偶人净琉璃剧本题材广泛,其中成就最大的,是以市民生活为题材的"殉情剧",如《殉情天网岛》、《曾根崎殉情》等。这些殉情剧作为以义理和人情的冲突为主题的悲剧,成功地表现了生活在封建社会的人们的悲欢离合。这种主题与偶人剧的特点相结合,在日本文学艺术史上树起了一座丰碑。

和偶人净琉璃并称为民众娱乐双璧的歌舞伎,也是在近世发展起来的。歌舞伎起源于江户时代一个名叫出云阿国的女巫与名护屋山三郎合作创始的阿国歌舞伎,它起初是一种简单的念佛舞蹈,后发展成具有剧本结构的戏剧。17世纪末,在江户和京都分别出现了专演武打戏的市川团十郎和专演爱情戏的坂田藤十郎等著名演员,深受观众喜爱。不过,一般而言,歌舞伎由于是以演员为主的,剧本创作受到限制,因此在剧本创作的水平上,歌舞伎远远落后于偶人净琉璃。

作者点评:

在德国柏林市凯旋路尽头,有座几十丈高的凯旋塔,塔上是金光灿灿的"日耳曼尼亚"女神像,是德意志国家的代表和象征;在英国,也有座类似的神像"不列颠尼亚",在法国,国家的象征是"高卢利亚"。这些作为国家民族象征的神(像),扮演着凝聚人心的角色。但是在日本,这个角色显然是由天皇扮演的。按日本著名学者中村元的说法:"不管把天皇和国家视为同一概念,还是把天皇解释为国民团结的象征,总之,天皇制是日本特有的制度。"在日本,天皇曾经是神圣的存在(不然在战后何需发表《人格宣言》?)。因此,西方有所谓"君权神授"概念,但是日本却没有这种概念。因为,天皇本身就是神。

对日本人来说,万世一系的天皇除了能凝聚人心,还有什么特殊意义?一个世纪前,福泽谕吉在《文明论概略》中提出的观点,或许可以作为答案:至尊的天皇和至强的将军同时并存,是日本的"幸运"。"……假如在幕府执政的700年间,王室掌握着将军的武力,或幕府得到王室的尊位,至尊或至强被集于一身并且控制着人们身心,则绝不会有今天的日本"。另一方面,幕藩体制的性质决定了"幕"和"藩"的相互制约,这种不稳定的"三角"关系至少具有两项历史意义:第一,使江户时代成为日本历史上少有的政局相对稳定的时代;第二,"三角关系"在外力挤压下的变形,即在尊王攘夷旗帜下天皇和强藩的联手,使江户时代最终被尊王倒幕运动的浪潮葬送。

第九章 明治时代

一、定制·改元·迁都·变法

庆应三年(1867年)孝明天皇去世后,15岁的睦仁继位,成为日本第122任天皇。睦仁是孝明天皇的第二个皇子,万延元年(1860年)被定为储君,并获名睦仁,其母亲是英照皇太后,但据信其生母是权大纳言中山忠能的女儿典侍庆子。睦仁登基后,日本进入了明治时代。

20世纪初马克斯·韦伯在指出近代前中国和欧洲的差异时曾经写道,两者的差异不仅表现在价值观念方面,而且表现在社会政治体制和结构方面。他认为,中国是中央集权的大一统国家,而欧洲却不是。由是观之,日本虽然仿效中国建立起了律令制,但是自镰仓时代以后,日本显然不再是大一统的国家。江户时代虽然日本重新获得统一,但同样不是大一统的国家。有的学者甚至指出,日本幕藩体制和欧洲的封建制颇为相似。因此睦仁登基后首先面临的政治任务,是打破幕藩体制。

为了认识睦仁所面临的这项任务的艰巨性,首先有必要了解日本幕藩体制的性质,即其是否属于封建割据体制。关于这个问题,学术界存在争议,概括而言,有如下几种观点:

一、幕藩体制是中央集权制。如笠谷和比谷在《近世武家社会的政治结构》一书中提出,在江户幕府时代,"将军不但是大名的主君,而且是对全国统治负责的权威和权力的拥有者"。水林彪的《近世的法律与国体研究序说》、费正清的《东亚文明:传统与变革》也基本持这种观点。

二、幕藩体制是集权与分权相结合的体制。如朝尾直弘在《日本近世史的自立》一书中提出,在德川幕府的政治体制中,主君与家臣间存在相互制约的关系。所谓幕府无限度的专制性与集权性是一种误解。胁田修也在《近世封建制成立史论》中认为,近世幕藩体制是国家统一政治支配下的多层分割委任制。

三、幕藩体制具有多元性和非专制性。如美国学者贝拉在《德川宗教：现代日本的文化渊源》中指出，德川权力的一般性格受到了两方面制约，一是封建诸侯，尤其是外样大名依旧保有一定的自由范围；二是幕府不能赋予自身权力合法性。因为在现实上，幕府是全日本的权力中心，但是在理论上，天皇掌握着最高权力，将军仅是一个官吏。美国学者华尔也在《德川时代与近代化》中指出，由于自德川时代开始到末期为止，有力的大名在政治、军事等方面均拥有一定的独立性，因而幕藩体制不是完全的中央集权国家。

必须强调，在探讨日本何以从幕藩体制转变为明治宪法体制，即日本何以发生划时代变化时，关注"至尊的天皇"和"至强的将军"的二元存在，无疑更有意义。如高根正昭在《日本的政治精英》一书中所指出的，拥有赋予政治权力合法性的宗教权威天皇和拥有政治权力的将军的二元并存，并因此形成作为宗教中心的京都与作为政治中心的江户的相互分裂，是德川时代日本政治的一个重要特征。因此，不管我们如何认识幕藩体制的特征，阐明明治新政府如何结束"封建"走向集权、取代幕府执掌政权，以及变"二元"为"一元"，当是本章的基本任务。

综观中外历史，打破封建割据，革除封建残余，变分权为集权，往往要遭遇重重阻力，历经艰险。欧洲如此，中国如此，日本同样如此。

庆应三年(1867年)12月9日(公历1868年1月3日)，幼帝宣布接受德川庆喜奉还大政、辞退将军的请求，废止原来以摄政、关白为首的朝廷组织，建立了由有栖川宫炽仁亲王任"总裁"，由中山前大纳言等多名公卿和德川庆胜、岛津茂久等前或现藩主任"议定"，由岩仓具视、后藤像二郎、公卿和"五藩"各3名藩士任"参与"的所谓"三职"政体，掀开了明治维新的第一页。新政府颁布了明记上述内容的《王政复古大号令》："德川内府奉还前所委任之大政及辞退将军职位二事今已断然获准。原自癸丑以来，遭蒙未曾有之国难，先帝频年为之所苦，忧虑之情当众庶所知。因此，圣意已决，实行王政复古，树立挽回国危之基。自此废除摄关、幕府等，先暂设总裁、议定、参与三职，使之处理万机。诸事应按神武创业之始，无缙绅、武士、堂上、地下之别，皆需尽力发表至当之公议。圣意欲与天下同休戚。故望各自勉励，一扫历来骄惰之陋习，以尽忠报国之诚意努力奉公为要。"[①]

"王政复古大号令"颁布后，当天夜里在宫中小御所举行了由"三职"和萨摩、长州、土佐、尾张、越前"五藩"重臣参加的会议，史称"小御所会议"。会上，被任命为"议定"的前土佐藩主山内丰信(容堂)对"宫廷革命"的不足提出了批

---

① 《复古记原史料》22—16—48，东京大学史料编纂所藏。

评,强烈主张召开德川庆喜本人参加的诸侯会议,并获得同为"议定"的松平庆永的赞同。另一方面,大久保利通则认为德川庆喜应该"辞官纳地",如果不从,则应"免官削地",并主张"将其罪责昭示天下"。大久保利通的主张获得了岩仓具视的支持。出席会议者当即分成了两派。① 以萨摩藩的武力为背景,藩士当中唯有大久保利通发言,其余发言者均为担任"议定"的藩主。不难发现,小御所会议明显具有"大名合议"的诸侯会议特征。事实上,"王政复古"基本上是一场不流血的革命,一场以岩仓具视、大久保利通、西乡隆盛等为首的"宫廷革命"。唯其"不流血",因此旧有的政治体制并未被彻底打破。

之后,根据小御所会议决定,朝廷方面同德川庆喜就"辞官纳地"进行了交涉,结果交涉以破裂告终。讨幕派和诸侯会议派围绕这一问题的对立亦日趋激烈。由于获得旧臣属实质上的支持,原幕府方面采取了强硬态度,王政复古政体内的诸侯派的话语权亦不断增强。事实上,围绕"辞官纳地"多次修改方案表明,讨幕派后退一步,则德川支持派便前进一部。12月22日,三职会议再次讨论,最终通过决议,将"辞官"的"官"改成"前内大臣",同意德川庆喜进京担任"议定";"纳地"改为"政务费用",并在对他领地进行调查后,"由天下公论确定"。如此条件,德川庆喜当可就势下坡。12月28日,德川庆喜通过德川庆永、德川庆胜奏告朝廷同意接受。大久保利通曾经指出,就"辞官纳地"问题同德川庆喜交涉,以及"三职"会议最终的决议,是王政复古政府的"两大失策"。

面对幕府势力卷土重来的可能,以岩仓具视、大久保利通为首的讨幕派,遂通过使三条实美长州派公卿出任"议定"(同日,岩仓具视也升为"议定")和对长州藩进行军事动员,构建反击态势。他们认为,光在三职会议上"磨嘴皮"解决不了根本问题,必要时必须诉诸武力。但是,诉诸武力往往是一柄"双刃剑"。按照木户孝允的说法,如使用不当,则"不仅不能赢得公论,而且可能给敌手千载难逢之机会"。因此,长州藩对是否诉诸武力,一直犹疑不决。对此,萨摩藩的大久保深感忧虑。他在给岩仓具视的信中表露了这一心境:"以一藩之微力恐实难应付众多之朝敌。"② 相反,此时幕府方面却开始采取行动。本应携"辞官纳地"上表进京的德川庆喜,此时携带的却是讨伐萨摩藩的上表,由会津、桑名两藩的士兵为先锋,举兵上京。见此情景,萨摩藩兵在鸟羽街道、长州藩兵在伏见街道布阵阻止,双方展开了武装冲突。见德川旧幕府势力来势凶猛,岩仓具视和西乡隆盛等提出举兵征讨。然而,前土佐藩主山内丰信声称,这是德川家和长州、萨摩藩的"私斗",反对征讨,越前、尾张、土佐、安艺诸

---

① 中根雪江:《丁卯日记》庆应三年十二月九日条,《幕末政治论集》,第538—539页。
② 庆应四年(明治元年)正月3日大久保利通致岩仓具视信函,载《大久保利通文书》2卷,第157页。

藩的王政复古政权的"参与"亦赞同他的主张。但亲王、公卿等此时认识到,如果萨长军战败,旧幕府势必东山再起,因此力主讨伐。1月31日,朝廷发出讨伐德川庆喜的命令。2月3日,剥夺德川庆喜的官职。9日由西乡隆盛担任总参谋的东征军以萨摩、长州等藩兵为主力从京都出发。3月12日至13日,东征军诸路接近江户,决定3月15日发起总攻。幕府主战派要求决一死战,但幕府重臣胜海舟看到了民心背向的严重形势,与萨长军统帅西乡隆盛谈判成功,劝说德川庆喜投降。4月21日朝廷军队和平接收江户,软禁德川庆喜。

内战不仅仅局限于鸟羽、伏见,而是扩大到东北地区。讨伐军先后平定了彰义队、"奥羽越列藩同盟"、"虾夷共和国"等幕府残余势力,特别发生在8月的奥州会津之战,是最关键的一场战役。当时讨伐军3 000人迂回突袭会津藩的若松城,与幕府势力激战1个多月,最终于9月22日使会津藩开城投降。会津藩战死3 000人,包括数百名未成年的少年白虎队成员,另外还有许多人集体自杀。朝廷军不允许安葬尸体,使之在夏秋之际的炎热天气中很快腐烂,臭气熏天。直到12月,征讨军才允许掩埋,但是仍不许树碑题词。另外将会津藩诸多人士迁移至斗南藩(今青森县)。会津人被称为"会贼",居住地被称为"白河以北一山百文"(意即无人居住的荒凉之地)。1869年5月,战争以德川幕府及其残余势力的失败、讨伐军的胜利而告终。因1868年以干支纪年为戊辰年,故此次战争史称"戊辰战争"。

持续1年半的戊辰战争在日本历史上具有重大意义:一方面,王政复古后的新政府自此脱离如"三职"会议所显示的"诸侯合议"性质,萨摩、长州藩出身的藩士开始掌握实权。另一方面,明治天皇为了祭祀戊辰战争中阵亡的3 500多名官兵,在江户(东京)修建了"东京招魂社"。之后,在佐贺之乱(1874年)、西南战争(1877年)等日本内战中为明治政府奉献生命的战士,也作为"护国的英灵"被"合祀"在那里。1879年,日本政府取义中国古籍《左氏春秋》第六卷僖公二十三年秋中的"吾以靖国也"一句(意为"镇护国家,使国家永保安定"),将东京招魂社改名为"靖国神社"。

作为上述动向的背景,是明治政府从"祭政一致"向"政教分离"的转变。庆应四年(1868年)1月17日,明治政府设立了神祇事务科,推行"祭政一致"运动,并随之恢复了古代的神祇官,且地位高于太政官。同年6月睦仁天皇为征讨德川氏而行幸大坂时,在南殿祭军神。11月,明治政府以天皇的名义把武藏国大宫的冰川社定为武强国镇守,天皇亲临举行"祭政一致"大典。明治四年(1871年)将神祇官改为神祇省,不久又废神祇省,设置教部省,开始采取政教分离政策,神道国教制度开始崩溃,日本开始走向宗教信仰自由的时代。翌年,明治政府颁布了"三条教宪",神道开始向皇道蜕变。

"破旧立新"。旧幕府势力被清除后,新政府开始采取一系列新的举措建立新的体制和制度。概括而言,深受中国律令制影响的日本政府所采取的新举措,同中国改朝换代时的做法颇有几分相像,即:变法、迁都、改元、定制。但必须特别强调的是,如果认为这一切都是按既定方针、有计划、有步骤展开,那毫无疑问是明显的错误。

庆应四年(1868年)4月6日,睦仁天皇在紫宸殿率公卿诸侯,以向神明宣誓的形式颁布了由由利公正起草、福冈孝悌修改、木户孝允定稿的新政府施政纲领"五条御誓文":1.广兴会议,万机决于公论;2.上下一心,盛行经纶;3.官武一途以至庶民,各遂其志,勿使人心倦怠;4.破旧有之陋习,秉天地之公道;5.求知识于世界,大振皇基。①

同年闰4月21日,新政府公布了"政体书"(按:相当于现在英语 constitution "宪法"一词,在当时在华美国传教士布瑞季曼编著、箕作阮甫训点的《联邦志略》中译为"政体",但"政体书"实质是政治制度及相关规定,并非"国家大法")。"政体书"分"政体"和"官职"两部分,"政体"共11条,第一条即"五条御誓文",并强调:"与上述御誓文之条件不相违背,为确定政体之宗旨。"第二条提出了三权分立原则:"天下权力,总归于太政官,以除政令分歧之弊。太政官之权力,分为立法、行政、司法等三权,以免政权偏重之患。"其余各条是任官规定和为官原则。尤其值得关注的是第九条:"所有官员,以公议票选之法每隔四年更换之。"

另一方面,又根据政府命令,即"去冬皇政维新,置有三职,后又开设八局,分掌政务。然而,事举于兵马仓促之间,所制尚未巍宏。今者,以御誓文为目标,改订政体及职官制度",在政体书颁布当日,进行了官制改革,废除原来的"三职八局"制,建立"7官制"(后加上民部省为8官制),萨摩、长州、土佐、肥前、越前5个"雄藩"的主要人物进入了权力中心(翌年7月8日根据"职员令"改为2官6省)。

同时改革了地方制度,设定了东京、奈良、京都、大坂、长崎等9府、21县、273藩的府藩县制。

庆应四年7月17日,新政府以明治天皇的名义下诏将原幕府统治中心江户改为东京。诏书中写道:"今后改称江户为东京,此乃朕之海内一家,东西同视也。"(翌年3月正式迁都东京)

8月27日,前年已经践祚的睦仁天皇在京都皇宫紫宸殿举行了隆重即位大典。

9月8日,天皇根据臣属撰定,取中国古籍《易经·说卦传》中"圣人南面而听天下,向明而治"一句,改元"明治",并规定"自今以后,一世一元,永为定

---

① (日)历史学研究会编:《日本史史料·4·近代》,第82页。

制"。江户时代特别是江户末期之频繁改元,自此成为历史。

随后,大久保利通、木户孝允等倒幕派领袖又积极策划两大改革:版籍奉还和废藩置县。但是,由于这两项改革均事关地方首领最根本的切身利益,因此进展迟缓。进入明治年代后,大久保利通等即以各藩主"原领地皆朝敌(幕府)所授,并无天子之印玺"为理由,劝说强藩带头"奉还版籍"。自明治二年(1869年)后,版籍奉还更有了实质性启动。这年年初,萨摩藩主首先向长州藩主提出了版籍奉还的建议。之后,长州藩的广泽真臣、土佐藩的坂垣退助、萨摩藩的大久保利通也聚会京都,在京都一条拟定了"交还土地人民一条合议"。①之后,萨摩、长州、土佐、肥前4藩藩主于1月20日联名向朝廷提出了"版籍奉还"上表。上表称:"……如今正求丕新之治,大体所在、大权所系,不应有丝毫宽假。臣等所居即天子之土,臣等所牧即天子之民,安能私有乎?今谨收集版籍奉上,愿朝廷处置。其应予者予之,其应夺者夺之。凡列藩之封土,更宜下诏改定。而后,自制度典刑军旅之政,乃至戎服器械之制,皆应出自朝廷,天下之事不分大小,皆应使其归于一途,然而名实相得,始可与海外各国并立。此为朝廷今日之急务,又为臣下之责也。故臣某等不顾不肖谫劣,敢献鄙衷。天日之明幸赐照临!臣某等诚惶诚恐、顿首再拜上表。"②

值得关注的是,上表一方面称"安能私有乎",但随之又称"其应予者予之,其应夺者夺之",其弦外之音,当不难听出,与其说是主动提出"奉还",毋宁说希望得到"确认"。在4藩上表之后,至4月共有231个藩主呈交了此类上表,但热情不同,内容各异。天皇在嘉纳上表后,决定行幸东京,经公议后再作定夺。

4月22日,天皇集亲王、公卿、大名于"大广间",要求在5月4日前就确立国是发表自己意见。但是,在此期间,其对国是依然议论纷纷,对"版籍奉还",即使改革派内部也意见不一,要求"再议"。岩仓具视在这一问题上发挥了较大作用,相对于各藩的消极保守和木户孝允等的激进,岩仓具视所推行的是一条折中路线。最后,如岩仓具视所愿,天皇于6月27日向前此请求"奉还版籍"的261个藩的藩主表示了接受"请求"的旨意,并当即任命各藩主为"知藩事"。事实上剥夺了他们对土地和居民的领有权,使之成为明治政府的地方官。"版籍奉还"终于得以实现。

然而,新的政治结构并没有因此建立,新政府内部对这一成果也认识迥异。相对于木户孝允等对"版籍奉还"不彻底性的不满,各藩"公议人"(新设定的职位)则竭力希望维持这种不彻底的现状。明治二年(1869年)6月18日,

---

① 《大久保利通文书》3卷,第16页、第25页、第27—28页。
② 宫内省临时帝室编修局编:《明治天皇纪》2卷,吉川弘文馆,1968年,第20—21页。

第九章 明治时代

100名"公议人"联合签署了一份"建议书",提出:"藩主改知藩事后,藩士宜依然作为旧陪臣隶属于知藩事,如此可少祸害、振皇威",显示了对中央政府"剥离"封建主从关系的警觉。6月25日,"公议人"又向太政官提出了"质议书",明确警告新政府,称强制施行"政令归一",将导致"天下纷扰,开错乱之端"。①

和"维持派"相比,"改革派"的情况似乎复杂得多。明治三年(1870年)10月3日,木户孝允和大久保利通举行会谈,基本达成了通过萨长联合断然施行废藩置县的一致意见。翌年6月11日,木户孝允向岩仓具视提出:"版籍奉还是第一阶段目标,现在当尽力达到第二阶段目标。"但是,由于木户孝允、大久保利通、岩仓具视之间围绕中央政府改造方案意见不统一,因此关于中央和地方关系的废藩置县迟迟未能获得实质性进展。最终,由于西乡隆盛及井上馨、山县有朋、大隈重信等各省中坚官僚,以及刚从海外归来的伊藤博文的推动,僵局得以打破。大隈重信更是坚决主张,如果不废藩置县,则明治国家将难以保持对外主权。众人最后议决:断然施行废藩置县。经过一番策划,木户孝允等以明治天皇的名义,将在京的56名知藩事招至宫中,由三条实美宣读了《废藩置县诏书》:"朕惟值此更新之际,如欲内以保安亿兆,外以与各国对峙,宜使名实相副,政令归一。朕前听纳诸藩奉还版籍之议,新命各知藩事,使之各奉其职。然数百年因袭之久,或有其名而不举其实,将何以得保安亿兆而与各国对峙哉?朕深为之慨叹!故今更废藩为县,务除冗就简,去有名无实之弊,无政令多歧之忧。汝等群臣须体察朕意!"这一突如其来的敕令,犹如"雷霆下击",使在场的藩主"上下惊愕","相顾无言",只能俯首就范。之后,明治新政府将全国重新划分为3府72县,府县知事由中央重新任命。废藩置县最终削弱了封建割据势力,完成了中央集权的任务。

在中央,根据明治四年(1871年)7月1日后形成的明治新政府的政治框架,长、萨、土三个强藩出身的改革派人士执掌了明治政府的主要权力。从以下明治政府政治构架的三个组成部分中,我们很容易发现这一特点:

一、"正院":三条实美、西乡隆盛、木户孝允、板垣退助、大隈重信等4人担任参议。"正院"是7月29日设置的最高决策机构。三条实美更是位高权重的太政大臣。

二、"右院"以岩仓具视(外务卿)、大久保利通(大藏卿)为中心,统领各省长官、次官。显然,"右院"是明治新政府的行政机构。

三、"左院":设议事局,由后藤象二郎、江藤新平为正副议长。所谓"议事局"主要职责是法律制度建设,即立法机构。

以萨摩、长州、土佐三藩的军力集中于新政府为背景、拥有250余年历史

---

① 浅井清:《明治维新和郡县思想》,岩松堂,1939年,第205页。

的藩制度被一举废除的废藩置县,不管其推进者的动机和社会基础如何,当堪称一场革命性的变革。如镰仓幕府的成立是日本进入中世纪的界碑,德川幕府的成立是日本近世的入口,废藩置县是划分日本近世和近代的一块里程碑。但是这场大变革并非按照某个特定势力描绘的明确蓝图进行。如宫地正人在《废藩置县的政治过程》一书中阐明的,作为废藩置县动因的各种势力的行动,本身既有主动的推动也有反动的抵抗,既有政府内各机构的对立也有诸藩围绕领导权的争夺,情况非常错综复杂。也正是这种错综复杂,证明了本节起首即强调的变分权为集权之艰难。

在定制、改元、迁都、变法等一系列新政实施之际,天皇同时努力对外树立作为国君的权威形象。毋庸赘言,将天皇推上政治权力顶端的,是"尊王攘夷"浪潮。在天皇主政后,尊攘论虽然迅速退潮,但顿然消声绝迹,显然没有可能。事实上,在明治初年,日本对外局势依然不容乐观。木户孝允曾就天皇发辇行幸前的京都形势写道:"发辇前种种议论沸腾",攘夷论等亦有再兴"。特别在肥后藩士赴东京途中遇见英国公使帕库斯,居然要求其下马让路的事件发生后,英国方面的强烈抗议,更刺激了攘夷派的神经,使肥后藩等推波助澜有了更大可能。如木户孝允写道的:"攘夷论再兴之根源,是久留米和肥后二藩之煽动。"大久保利通也就当时的形势写道:"草莽士戏弄英公使要路之人如愚弄稚童,凌辱政府如鄙视奴俾。"①因此不仅对内、而且对外树立新形象,对明治新政府而言,是和上述改革同样重大的课题。

大政奉还后,新政府当即向各国政府发出通告,明确表示:"日本国天皇决定亲自裁决内外政事",以往以大君名义缔结条约,今后皆以天皇名义缔结。明治元年(1868年)11月和翌年2月,新政府先后同瑞典、挪威、西班牙、北德意志联盟缔结了通商航海条约,条约中虽然沿袭了幕末所订条约的治外法权、协定税率、最惠国待遇等不平等条款,但签约的主权代表是"日本天皇陛下"。

二、殖产兴业·文明开化·富国强兵

明治二年(1869年)2月9日,西方列强经过协商,宣布放弃所谓"局外中立"立场,承认明治天皇政府为日本国的合法政府,从而使天皇作为外交主权者的地位得以确立。

1871年11月20日,明治新政府组成了著名的"岩仓遣欧美使节团"出访,并在岩仓使节团乘坐的客轮离港不久,提出了使日本迅速走向近代化的三

---

① 《大久保利通文书》3卷,第162页。

大方针:"文明开化、殖产兴业、富国强兵"三大方针。如果说上述一系列改革属于政治改革,那么"文明开化、殖产兴业、富国强兵"三大方针及其以此为指导的一系列改革,则无疑是文化教育改革、经济改革和军事改革。

"文明开化"是由"文明"和"开化"两个词语构成的集合名词。"文明"典出中国古籍《书》舜典的"濬哲文明"和《易》上经、乾的"见龙在田,天下文明"。其含义是道德教养;"开化"典出顾恺之《定命论》的"夫见极开化,树声贻泽"。意为图世运之进步。明治维新后,所谓的"文明开化"有四重含义:1.作为一个历史时期,即明治初期;2.作为思想,主要是启蒙思想;3.以教育政策为中心、作为政府政策;4.以洋房、洋服等为代表,作为事态百象。

学术界对作为一个历史时期的文明开化期始于明治当初基本看法一致(亦有学者认为从幕末已经开始),但终于何时却意见不统一,大致有明治八年说(1875年)、十年说(1877年)、十四年说(1881年)。但不管持哪种观点,均以自上而下的开明政策同自由民权运动的对立作为认识的基点。

作为一种思想即启蒙思想的文明开化,首先由被誉为"国民教师"的福泽谕吉所倡导。在福泽谕吉发表于庆应三年(1867年)的著作《西洋事情》中,福泽谕吉首次采用了与civilization对应的"文明开化"概念,并在明治八年(1875年)发表的《文明论概略》中首次对文明开化进行了全面论述。这本论著不仅是当时体现启蒙思想的代表作,而且是构成福泽谕吉一系列政治主张的基础。

福泽谕吉

福泽谕吉具有浓厚政治色彩的文明论,可以被概括为四个方面:一、以基佐和巴克尔的学说为范本的主智主义文明史观。按照福泽谕吉的定义:"所谓文明,就是指人的安乐和品行的进步。由于能获得这种安乐和品行的是人的智慧和道德,因此所谓文明,归根结底就是人的智慧和道德的进步。"①二、智慧和道德进步的差异,使人类历史可以被分为三个阶段:野蛮、半开化、文明。非洲等属于第一阶段;土耳其、日本、中国属于第二阶段;欧美诸国属于第三阶段。因此,要取得智慧和道德的进步,必须"脱亚入欧"。三、人类所有善的东西均归因于有智,所有恶的东西均归因于无智,因此必须加强学习,并为此撰写了《劝学篇》。在该书中,福泽谕吉开宗明义地指出:"天不生人上之人,也不生人下之人",人与人之间之上下贫富差别,皆因学与不学造成。学而为贤为智,不学而为愚。亚细亚和欧罗巴文明所以不同,主要就是由于学习精神不同。②四、国家由政府

---

① 《福泽谕吉全集》第4卷,第10页。
② 《福泽谕吉全集》第3卷,第1—2页。

和国民组成。政府和国民是契约关系。但"日本唯有政府而没有国民",因为日本文明程度不高,缺乏能当好主人的国民。"主人"必须有智识,但日本由于文化程度不高,因此只能施行"君民同治"的君主立宪制,不能施行"万民共治"的民主共和制。毋庸赘言,福泽谕吉倡导的文明开化,不仅指智识和道德的进步,而且涉及内政外交建设,并直接导向"殖产兴业"和"富国强兵"。庆应四年(明治元年,1868年),福泽谕吉将他开设于中津藩的塾舍迁往江户芝新钱座(东京港区三田),取名"庆应义塾",创建了日本第一所近代化大学。

但是,当时福泽谕吉对"文明"的解释并非唯一的解释,文部省编书课长、明六社社员西村茂树于明治八年(1875年)在明六社大会发表题为《西语十二讲》的演说时,对文明作了与福泽谕吉迥然不同的诠释:"所谓文明开化,是英语 civilization 的译语,支那人将此解释为增进礼仪,而按照我国的通俗理解,则意为人品之完善。所谓 civilization 源于拉丁语 civis……当今认真考究 civilization 一词的意思,余辈绝不能将其理解为增强人民之威势、力量、富贵,唯视之为人民之人品和人类相互交往。"①

也就是说,按照西村茂树的解释,文明仅仅是道德水准的提高,与富国、强兵无关,更不能将其理解为"增强人民之威势、力量、富贵"。

最典型代表作为启蒙思想的文明开化的组织,是明治六年(1873年)由留美归国的森有礼呼吁建立的"明六社"。《明六社制规》宣布:"设立本社之宗旨,是聚合有志同仁,为推进我国教育发展共谋良策。"福泽谕吉、西周、加藤弘之、津田真道、中村敬直等"洋学者",是明六社的主要成员。翌年3月,明六社刊发了宣扬文明开化的重要论坛——机关杂志《明六杂志》。

作为政府政策的文明开化,在四重含义的"文明开化"中无疑是"三大方针"的代表。明治二年(1869年)8月,明治政府接办幕府的昌平学问所、开成所、医学校,将其合并,总称大学校(兼管高等教育行政,为文部省前身)并继续各校原有特点,即昌平学校讲授汉学(儒学)、"国学",开成所讲授"洋学",医学校讲授西方医学。开成所为南校,医学校为东校。之后,大学校改成"大学"。翌年,明治政府颁布了《海外留学生规则》,奖励留学。明治四年(1871年)7月,明治政府改"大学"为"文部省"(教育部)。翌年9月5日,文部省颁布了教育改革法令——《学制》,规定学制的基本原则为普及4年制义务教育和加强科学教育;同年在东京设立了男女师范学校。明治七年(1874年)在大阪、宫城、爱知、广岛、长崎、新潟等地也设立了师范学校。有些地方还设立讲习所、养成所等,以期迅速造就师资。明治十年(1877年)1月,工部省改工学寮为工部大学校。同年4月,合并大学南校和东校建立东京大学(即东京帝国大学的

---

① 《明六杂志》36号,1875年。

前身),设法、理、文、医四个学院。

另一方面,为"移风易俗",政府也颁布了一系列法令。明治四年(1871年),政府发布"断发脱刀令"。武士剪去武士发结(丁留),改为剪发,解除佩刀。1872年12月,明治政府颁布第373号太政官布告,废止幕府时期常礼服(狩衣、直垂袄),定西式礼服为官员礼服。禁止作为处罚的"切腹"和"混浴",以及使用太阳历,也始于这一年。①

在文明开化方针指导下,报纸、杂志等近代媒体纷纷出版。明治三年(1870年),日本最早的日报《横滨每日新闻》、《海外新闻》创刊。随后,《东京日日新闻》、《邮政报知新闻》、《日新真事志》等相继发行。以明治七年(1874年)的《成立民选议院建议书》为转机,报纸开始出现社论。《读卖新闻》(1874年)和《朝日新闻》(1879年)发行后,报纸开始从以政论转向以新闻报道为重心,并加强了群众娱乐性。之后,《西洋杂志》作为日本最早的杂志发行,所刊文章多为柳河春山等"洋学"家投稿,且多为荷兰学术杂志的译文。此外,作为著名杂志,政治类有作为明六社舆论阵地的《明六杂志》;经济类有田口卯吉创办的《东京经济杂志》(1879年);自然科学类有杉浦重刚、井上哲次郎等创办的《东洋学艺杂志》(1881年)。该杂志对基础科学发展作出的贡献,堪与英国代表性科学杂志《自然》相媲美。另有主要以女性为对象的《女学杂志》(1885年),等等。

随着文明开化的进行,日本的社会文化开始出现新气象,人们的生活习惯开始发生显著改变。同时,住洋房、点煤油灯,吃西餐的人日益增多,曾被贱视的猪牛肉、牛奶成为上品。1872年京浜(东京——横滨)、阪神(大阪——神户)等铁路线相继通车。1869年京浜直达电报开通。1877年同地电话通话。

作为事态百象的文明开化,实际上是一种将西方舶来品均视为"文明"的社会风潮。加藤祐一写于明治六年(1873年)的《论文明开化的意义》一文,对这股风潮有如下描述:"盖文明开化之事,如人们的口头禅经常提起。然真正理解文明开化之含义的人并不多见,若问何以如此评论,曰在世间经常可以听到,吃猪肉被视为文明,打着蝙蝠伞在路上行走更是了不起的文明;穿着皮鞋直接踏上榻榻米,是给人带来点麻烦的文明,更不用说牵着的狗也踏上榻榻米;毁坏佛坛是了不起的文明,模仿西洋人的、耳之所闻眼之所见的新的事物,只要与他人不同,全都成了文明开化。"

另一方面,明治政府在推行"文明开化"的同时,也注意维护传统意识,尤其注重于强化"皇权"意识和"神国"意识。明治元年(1868年)3月,明治政府颁发实施复古神道的"神佛判然令",支持神道教的"废佛毁释"运动,使神道"国教化"。新政府还颁布了取消传统的上巳(旧历3月3日)、端午(5月

---

① 拙著亦自明治五年(1872年)开始采用公历标示月、日。

5日)、七夕(7月7日)、重阳(9月9日)等节日,新设天长节(天皇诞辰纪念日)、纪元节(初代天皇神武天皇的即位纪念日,战败时废止,现改为2月11日"建国纪念日")、神武天皇祭、神尝祭(天皇献新谷于宗庙的节日)、新尝祭(天皇献新谷于天地并亲尝以祝丰收的节日)等崇拜天皇的节日。

明治十二年(1879年),划一的具有强制性的《学制》被废止,取而代之的是注重各地实际情况的《教育令》。由于自由民权运动的发展和"明治十四年政变"的发生等诸多因素,作为政策的文明开化大致在"10岁"左右夭折。

殖产兴业政策的制定,最早可追溯至"五条御誓文"中的第二条"上下一心,盛行经纶",即发展国家财政经济,由越前藩藩士由利公正在"誓文"初稿中首先提出。由利公正曾在安政年间主持过越前藩的财政改革,他深刻认识到:"扩大藩内的物产,是使民富之术,而民富国亦富。"因此他把"士民一心,盛行经纶",即政府和民间共同发展国家财政经济的主张,写入了"五条御誓文"。由利公正的主张在当时很快成为共识。

岩仓使节团目睹西方国家的情况,深有感触,回国后努力促使明治政府以西方为样板,推行各项改革,依靠国家政权全力推进日本工业化。明治五年(1874年)5月,大久保利通向政府提出了《关于殖产兴业的建议书》。在这份具有历史意义的文件中,大久保利通写道:"大凡国之强弱系于人民之贫富,人民之贫富系于财产之多寡。物产之多寡,虽依赖于人民致力于工业与否,但寻其根源,又无不依赖于政府官员诱导奖励之力……顺应国之风土习俗、民之性情智识,制定方法并以此作为方今行政之机轴,并以英国为楷模,保持开成之物,培植未成之物。"①大久保利通提出的建议被采纳后,政府对政府体制作了相应调整,由内务省、大藏省、工部省组成三位一体的领导体制,大久保利通、伊藤博文、大隈重信分别担任三个省的首脑。大藏省主要负责殖产兴业资金的筹措和调配。工部省继续主管铁路、矿山和机械制造。内务省经营劝农、畜牧和农产品加工这三大事业部门。中央各省在经费支持中,对这三个省的经费支持占到了41%,人员占到整个中央政府的53%。由此不难发现,所谓殖产兴业,就是依靠国家权力,通过各种政策手段、经济改革政策,动用国库资金推进资本原始积累,并以国营军工企业为主导,按照西方的样板,大力扶植资本主义的成长。

殖产兴业政策的推行大致分三个阶段:第一阶段1870至1873年,以工部省为中心机构。第二阶段1873年末至1880年,中心机构由工部省转向内务省。第三阶段1880至1885年,由农商务省统括殖产兴业的政策实行。特别在第二阶段,内务卿大久保利通在大藏卿大隈重信和工部卿伊藤博文的协助

---

① 《大久保利通文书》5卷,第561页。

下,以英、德为榜样,大力推进殖产兴业政策,形成了三位一体的领导体制:大藏省主要负责殖产兴业资金的筹措、调配;工部省继续主管铁路、矿山和机械制造工业;内务省则致力于经营劝农、畜牧和农产加工三大事业部门。

通过政府权力利用旧特权商人阶层,是作为"殖产兴业"主要内容的产业政策的一项基本特征。明治二年(1869年),明治政府成立了通商司,统辖"三都"和各大港口,半强制性地组织旧特权商人成立了主营金融的"汇兑会社"和主营贸易的"通商会社",并实施既保护、又干预的政策。翌年,明治政府设立了工部省,以铁路、矿山事业为重点,以官营的形态扶植大工业阶段的机械文明。明治四年(1871年)5月,明治政府颁布《新货条例》,建立金本位制,统一货币,但并未真正实行。金本位制的真正确立,是在1894年"日清战争"以后。明治七年(1874年)后,明治政府基于"大凡国之强弱系于人民之贫富,人民之贫富系于财产之多寡"的认识,开始以保护、扶持民间制造业为重点,以此促进输出、限制输入。自此,原来官僚企业占据主流的情况开始发生改变。特定"政商"在海运、贸易、金融等领域开始扮演主要角色。同时,内务省以与贸易相关的农产加工业为中心,建立了"官营模范工厂",并贯彻了大藏卿大隈重信提出的积极的通货供给政策。但是,由于通货膨胀的加剧,产业发展遭遇困境。明治十四年(1881年)4月,明治政府根据大隈重信和伊藤博文联名建议,设立了农商务省,对原先的官营主义和干涉主义进行了反省,开始将大批官营企业出售给民间人士经营。同年10月,松方正义由内务卿转让参议兼大藏卿,开始推行以外债指向和增加财政收入、推行军备扩张和增税为重点的所谓"松方财政"。自此,殖产兴业政策开始发生重大变化。

"富国强兵"政策的重点是军制改革。早在明治元年(1868年)10月17日,伊藤博文便提出了《统一兵权之建议》:"若普天之下皆为王土,率土之滨皆为王臣,则诸侯之兵,皆为天子之兵。若天子能予号令,则当能动员百万之众。然方今朝廷名义上拥有兵权,实际上兵权为诸侯掌控,故朝廷力弱无以驭下,今若能立此制,则将终中古以来之制,朝廷能乘机使北进之兵成朝廷之常备部队,总督、军督、参谋以下者,若赐以爵位,授以兵权,使其能号令部队,则兵士各得其所。若能博采欧洲各国兵制所长改革我兵制,由朝廷亲自统御军队并加以训练,则兵士将更加骁勇,愈益刚强,内制不逞,外对万国而不耻,巍然伫立。诸将士当感戴君子亲临之恩,乐于服从。方今一新之际,文武二权复归天子,然后张扬皇威国威,成复古之势,一则处理征讨之兵,二则帮助当今朝廷,三则四海炫耀国威。此乃当今之急务,望经朝野之公议察其裨益。"在伊藤博文等人的推动下,明治五年(1872年)12月28日,明治政府向全国颁布《征兵告谕》,取消了武士垄断军人身份的特权,实行仿效西方的义务兵役制。"告谕"称:"我朝上古之制,海内皆兵。有事之日,天子为帅,征募堪服兵役之丁壮,以征不服。解役归里,或衣或工,或为商贾,本无后世佩带双刀称作武士,以致坐食抗颜尤甚,杀人而官府不问其罪者。然大政维新、列藩奉还版籍,至辛未之岁(1871年),远复郡县之古,许世袭坐食之士减其禄,脱刀剑,四民渐得自由之权,是乃上下平均,人权齐一之道,使兵农合一之基地。至是,士非从前之士,民非从前之民,均系皇国一般之民,故报国之道也当本尤其别。乡长、里正当厚奉此意,依照征兵之令谕说庶民,使知保护国家之大本也。"翌年,明治政府颁布了《征兵令》,仿效法国建立陆军,仿效英国建立海军,建立了近代常备军并建立军校培养军事人才。同时,明治政府还改建和扩建了军事工厂,努力学习西方军事技术,为军队提供新式武器装备。明治二十年代初(19世纪90年代初),明治天皇在伊藤博文策动下每年"省内廷之费"30万日元充作海军经费,并要求大臣献10%的薪俸作为"海防献金",鼓动倾全国之力发展海军,使日本海军实力于甲午战争前夕赶上甚至超过中国北洋水师。

总之,"三大方针"极大地推动了日本近代化进程,同时也为日本走向对外侵略扩张奠定了重要精神和物质基础。

三、"外征论"和"安内论"的冲突

《日本史》"对朝鲜与中国的侵略政策"一节的"征韩论"部分写道:"早在幕末,长州藩士吉田松阴就主张以讲'信义'的名义屈从欧美,同时侵略朝鲜和中国。""明治政府最早倡导'征韩论'的是'参与'木户孝允。他在1868年12月14日向辅相岩仓具视提出侵略朝鲜的建议……木户、岩仓等人到1871年出国访问为止,一直在讨论和拟订侵略朝鲜的计划"。"日本企图侵略朝鲜有两个原因。第一个出自国内:明治政府发展资本主义的政策,使下级武士陷于困境。他们不满政府,纷起叛乱。政府为安定内部,决定转内讧为外征,把士气转向国外。第二个出自国外:俄国势力南下,企侵朝鲜;英国对琉球很感兴趣,企琉球作为第二个新加坡"。①

其实,侵略朝鲜以改变东亚秩序的图谋,在日本有着悠久的历史。且不论丰臣秀吉统一日本后已在各种外交文书中显示了这一意向,至少早在1792年,佐藤信渊(1769—1850年)的《宇内混同秘策》就已提出了"征韩":"我皇大御国乃大地最初形成之国,系世界万国之根本。故能经纬其根本之时,全世界均为其郡县,万国之君长皆为其臣仆。"为了实现这一目标,他提出应"首取鞑靼,次图朝鲜、支那"。②1853年日本开国后,"征韩论"叫嚣愈烈。1854年吉田

---

① 吴廷璆主编:《日本史》,第410页。
② 姜在彦:《朝鲜的攘夷和开化》,平凡社,1977年,第117页。

松阴(1830—1859年)在《幽囚录》中建议:"责令朝鲜纳质奉贡,一如古之盛时。"1855年,吉田松阴又在给杉梅太郎的信中称:"鲁墨讲和一定,我决然不可失信于戎狄。但严守章程笃厚信义,乘间养蓄国力,割易取之朝鲜、满洲、支那。"①作为改变东亚秩序的重要步骤,1862年,对马藩士大岛友之允向幕府提出了"征韩"建议:首先按"诚信原则派使交涉,在交涉陷入决裂局面之际,再派兵以武力打开交涉局面"。②1864年5月20日和7月8日,大岛友之允先后两次拜见幕府老中水野忠邦,建议尽快"征韩"。10月,大岛友之允集此前征韩建议,编辑了《朝鲜事务建议书》,提出了恩、威、利并用的对朝原则和出动军舰举行军事演习,向朝鲜人"显示神州之武威勇气"等7条措施,使前已提出的"征韩策"更为具体。

由此可以认为,《日本史》强调"征韩论"具有悠久历史的观点,是正确的。但《日本史》对明治时代何以使"征韩"从理论上升至国家行为的分析,特别是日本国内原因的分析,则似有"讹误"、"遗漏"、"偏颇"之嫌。

所谓"讹误",是因为旧藩士等幕府旧势力对新政的不满,主要是对强调"国民皆兵、四民平等",使他们无法继续作为"世袭坐食志士"的征兵制的不满,并非对"发展资本主义的政策"一概不满。为日本军制近代化作出重大贡献、被誉为"军制之父"的兵部大辅(相当于副部长)大村益次郎明治二年(1869年)9月4日晚被旧藩士刺杀身亡,就是很好的历史佐证(按:靖国神社入口处竖有大村益次郎纪念铜像)。

所谓"遗漏",是因为当时农民对新政的反抗,特别是全国纷起的所谓"血税一揆",作为日本"征韩"的重要历史背景,具有不可忽略的意义,而《日本史》对此只字未提。所谓"血税一揆"起于一个偶发事件。明治六年(1873年)6月,鸟取县会见郡一对在田里劳作的农民夫妇遇上根据《学制》赴当地任教的两名教员。农民认为他们是赴当地"榨血",双方遂发生冲突。闻讯赶到的村民将两名教师暴打一顿,由此引发全国所谓"血税一揆"纷起的动乱。"血税一揆"的发生虽然看似事发偶然,但《学制》因加重了农民的负担而遭到农民强力抵制,则使这场农民暴动的发生具有必然因素。而这一必然因素对日本历史的影响不容忽视:政府由于力量不足,因此为了镇压来势汹涌的农民暴动无奈只能动员旧藩士,从而使"脱离刀剑"并被减少了俸禄的"世袭坐食之士"获得了复辟机会。

所谓"偏颇",是引文中所谓的"政府"概念过于抽象。因为明治政府从来不是"铁板一块",尤其在成立当初,很多政府成员作为以前幕府的诸侯或幕

---

① 吉田长吉等编:《吉田松阴》,岩波书店,1978年,第193页。
② 参阅王明星:《韩国近代外交与中国(1861—1910)》,中国社会科学出版社1998年版,第35页。

僚,仅仅"脱胎",并未"换骨"。更重要的是,抽象的论述不仅有将错综复杂的权力斗争简单化之嫌,而且容易造成对一些政治人物政治主张的错觉。例如,"维新三杰"之一的木户孝允当时就是"征韩论"的反对而非支持者。

以"血税一揆"等暴力事件为背景,同年6月,原萨摩藩主岛津久光向太政大臣递交了一份共20条的"质问书",对采用太阳历、政府的尊重导致洋风盛行、兵制、学制、财政政策,以及武士的散发、"脱刀",对明治政府急激的政策提出了全面而尖锐的批评。作为旧萨摩藩主的岛津久光,不仅对作为留守政府最高决策者的参议、原萨摩藩士西乡隆盛仍具有很大影响力,而且代表了全国的藩阀旧势力。

即便是明治政府中主导"维新"的"倒幕中坚",当时对"征韩"意见也不一致。甚至如下所述,连"最早倡导'征韩论'的木户孝允",态度也有转变。事实上,明治六年(1873年)6月至10月发生的、作为"征韩论争"而为世人所了解的日本政府内部的那场争论,最初实际上主要讨论台湾问题而非朝鲜问题。并且最初舆论倾向于出兵台湾而非朝鲜。主要原因是,当时赴清朝签署《日清修好条规》的外务卿副岛种臣,默认了清朝对54名琉球岛民被高山族人虐杀事件的处理(按:这方面问题下面将会详述)。①因此,日本朝野议论纷纷,军部和士族中不少人主张出兵台湾,并希望当时政府和军队的中心人物、参议兼近卫都督西乡隆盛采取军事行动(按:近卫兵由原来御亲兵改名,主要由"废藩"主力萨、长、土的藩兵组成,故近卫都督相当于御林军首领)。对这一动向,西乡隆盛在8月3日写给太政大臣三条实美的"建议书"中有明确叙述:"近来副岛氏回国后,因谈判结果已经明了,就是否当即刻处分台湾,世上有诸多纷纭之议论。私亦听了数番。"②那么西乡隆盛的态度如何呢?根据此建议书判断,他最初希望根据副岛种臣与清朝交涉的结果再作决定,反对太政大臣三条实美提出的待岩仓具视回国后正院再作决定的意见,并主张由他担任使节赴朝鲜交涉。于是在明治六年(1873年)8月17日,正院作出决定,派遣西乡隆盛出使朝鲜。从表面上看,西乡隆盛出使朝鲜是为了商业目的,因为当年5月31日驻朝鲜"大日本公馆"(俗称"大和馆"、"倭馆")的外务省七等出仕广津弘信来信,称朝鲜东莱使谴责日本商人走私贸易的告示称日本为"无法之国",外务卿代理上野景范6月13日致信太政大臣三条实美,提出朝鲜政府妨害通商事关"内外民情之向背",为了保持良好通商关系,因就税率问题同朝鲜方面商讨。但真正目的如西乡隆盛致太政大臣三条实美的建议书中提出的,是为了"出使台湾、出兵朝鲜",平息由于副岛种臣回国后急

---

① 外务省编:《日本外交文书》7卷,1955年,第19页。
② 坂垣退助监修:《自由党史》上,岩波书店,1957年,第65页。

剧高涨的"出兵台湾论"。换言之,"出使"是为"出兵"寻找借口。这一目的在他8月17日写给坂垣退助的信中表露得更为明确,是"将试图挑起内乱之心外引,以图国家振兴之远略"。①换言之,是为了防止内乱发生。事实上,如果当时日本国内局势稳定,纵然当时副岛种臣对清朝宽容处理台湾人虐杀琉球岛民一事态度不够强硬,也不至于使日本当即决定出兵,更不用说在告示中"侮辱"日本一事,连西乡隆盛本人也在给板垣退助的信中承认构不成出兵理由。②

但是,对西乡隆盛怀有此种目的出使朝鲜,在吴廷璆主编的《日本史》中认为"最早倡导'征韩论'"的木户孝允却表示反对。他在日记中写道:"今万民困苦,新令屡传至民众日益不满,去年至今已蜂起数次,政府已不以为奇。若论今日之方略,则无有比内治更为紧急者。"③事实上,木户孝允担心,《征兵制》颁发后,如果"征韩",将导致农民为反对被征入伍派赴战场而"蜂起"更为激烈,即同样基于对国内局势的担忧。由于"征韩问题"是事关"内政外交"以何为先的重大决策问题,因此日本政府内部以此为中心的矛盾冲突日益激化,并在是否派遣使节赴韩问题上,形成了以西乡隆盛、板垣退助、副岛种臣、江藤新平、后藤象二郎"五参议"为一派,以木户孝允、大久保利通、大隈重信、大木乔任为另一派的正面冲突。反对遣使朝鲜的"四参议"和右大臣岩仓具视甚至提交辞呈以退为进。政府完全分裂。面对这种局面,太政大臣三条实美陷入"精神错乱"状态。为此,天皇于10月20日敕令右大臣岩仓具视摄行太政大臣事务。④面对局势顿时朝"反征韩派"方向发展,"征韩派""四参议"(除后藤象二郎)进行了最后努力,于10月22日拜访了岩仓具视,要求就遣使朝鲜的具体日程等尽快作出决定,遭到岩仓具视拒绝。翌日,岩仓具视向天皇禀呈了"意见书",陈述了不可派遣使节赴韩的理由,要求天皇"圣断"。同一天,西乡隆盛等"五参议"递交了辞呈并被接受。24日,天皇向岩仓具视下达了"嘉纳汝具视之奏状,汝宜奉承朕意"的敕书。⑤之后,明治政府进行了机构改革,司法卿大木乔任、大藏卿大隈重信、工部卿伊藤博文等兼任"参议",反"征韩"势力全面扩张。此次政局变故,史称"明治六年政变"。

"征韩派"的文官势力被压制后,"反征韩派"继而依靠天皇亲政解决武官势力。继近卫总督西乡隆盛提交辞呈后,近卫兵中萨摩、土佐出身的将校纷纷

---

① 明治六年8月17日西乡隆盛致坂垣退助信函,载坂垣退助监修:《自由党史》上,第68页。
② 坂垣退助监修:《自由党史》上,第68页。
③ 日本史编纂会编《木户孝允日记》2卷,东京大学出版会,1967年复刻,第420页。
④ 日本书籍协会编:《大久保利通日记》2卷明治六年10月19日条,1927年,第205页;《明治天皇纪》3卷,第145页。
⑤ 宫内厅编:《明治天皇纪》3卷,吉川弘文馆,1975年,第150页。

提交辞呈。为了抚慰近卫将校以免发生变故，10月25日，天皇将近卫局长官以下、校官10名和尉官1名招至宫中小御所，对其亲切安慰，称西乡隆盛虽然辞去了参议和近卫都督两职，但依然是陆军大将，"仍为需要依赖之国家柱石"，"诸君切勿怀有疑念，仍当继续勉力职守"。①当月29日，天皇再次召集140名近卫校官，要求其："值此北地局势不稳，国事多难之时"，"当更勉力恪尽职守"，不仅极不寻常地亲谕校官，而且明确指令："关于前涉事宜，陆军官员将由内地向远地开拔"，即暗示将发兵桦太(库页岛)或台湾。②天皇的敕谕、亲谕，是翌年即明治七年(1874年)2月由"征韩"反对派主掌的政府决定出兵台湾的一个重要原因。

"明治六年政变"后，日本政局并没有因为"征韩派"被逐退而趋向安定。稍后发生的一系列事件表明，"反征韩派"根本没有高枕无忧的理由。

岩仓具视

明治七年(1874年)1月14日发生的"赤坂喰违之变"，首先使"反征韩派"受到震慑。这天，天皇在赤坂离宫赐宴朝廷重臣。晚7点半左右，右大臣岩仓具视手持天皇赏赐的葡萄牙产葡萄酒退出离宫后，在赤坂喰违即遭到高知(原土佐)士族武市熊吉等6、7人突袭，狼狈逃串，丑态百出。在两天后黑田清隆写给五代友厚的信中，对当时情形有生动的描述："前天(14日)晚7点半左右，岩仓公退出离宫至赤坂喰违目付外，即王城前时，遭6、7人袭击，伤臀部和肩膀并被"扑通"一声抛入护城河。所幸河里蔓草丛生使之未被沉入，侥幸捡得一命，遂伏在河边静观动静，约30分钟后有警察及士兵巡逻至此，贼徒四散而去。岩公伏待良久，见贼徒远去，方以手为足匍匐爬行了约30个门面的距离进入离宫坐定。今夜闻其身体未有大碍，感到安心。"③

岩仓具视所以在王城根遭袭，"以手为足匍匐爬行了约30个门面"，据《大久保利通文书》记载，与对西乡隆盛的处置有关。因为西乡隆盛离职使大约200名萨摩和土佐出身的警官相继提出辞呈，造成警力不足。另外，亲西乡隆盛的警保寮(负责高官警卫)"政变"后属"反征韩派"的大久保利通任内务卿的内务省统辖，从而对警卫岩仓具视等态度消极，也是原因之一。总之，不可小觑主张"征韩"的势力。

"反征韩派"的反击不仅采取"武"的方式，而且也采取"文"的方式。"赤坂喰违之变"后仅时隔两天，以在"征韩论争"中败阵下野的土佐派人士为中心，

---

① ② 《明治天皇纪》3卷，第151页；第153—154页。
③ 日本经营史研究所编：《五代友厚传记资料》1卷，东洋经济新报社，1971年，第212—213页。

由"征韩派"人士后藤象二郎斡旋,坂垣退助、片冈碱吉等于1月17日向左院提交了一份《设立民选议院建议书》。"建议书"声称:"赋有向人民政府缴纳租税义务者,理当享有对政府之事表达可否的权利。"言辞虽然甚为中听,冠冕堂皇,国内诸多学术论著亦以此作为日本要求"民主"的声音引用,但殊不知在这"纳税人参政论"的背后,却是他们试图重新执政、使明治二年、三年的公议所、集议院得以复辟的真实意图。事实上,甚至建议书的提出者对此意图也不避讳。"建议书"倡导者的"核心"爱国公党,在和明六社的加藤弘之展开争论时声称:"夫今日立斯议院之意,盖为藩别议院登场作好铺垫、扩张御誓文含义而已。""今立斯议院,非立即给予人民普选其代言人之权利,而是暂先使士族及豪农豪商等保持该项权利"。①

一波刚平,一波又起。在"赤坂喰违之变"后第二天,一场论规模远非"赤坂喰违之变"能比的动乱"佐贺之乱",又开始酝酿。明治七年(1874年)1月16日,70多名"征韩派"人士在佐贺(原肥前)成立了以"征韩论争"中下野的江藤新平为党首的"征韩党",并购入大量武器弹药,决定发动"征韩先锋请愿"武装示威行动。该党还致函政府,要求"尽快决定征韩之庙议,下令任臣等为先锋"。②佐贺的保守派组织"忧国党"亦与之呼应,迎请获得朝廷信赖的岛义勇担任侍卫,以图进一步强化势力。面对此种擅自组织武装的做法,政府于2月14日向熊本镇台的部队发布了出兵命令。但是熊本镇台主张征韩的部队却因此发生哗变。当地司令官谷干城也对上峰命令明确表示不满,称:不去控制桦太(库页岛)、朝鲜、台湾"三大患事",却"兄弟相阋"。③更重要的是,政府若不对熊本镇台的军队哗变迅速采取措施,则很可能在整个九州地区引起"多米诺骨牌效应"。有鉴于此,大久保利通遂请求政府委以全权,亲赴九州。到达九州后,大久保利通首先将鹿儿岛出生的野津镇雄派往熊本镇台,将山口出生的岛尾小弥太派往大阪镇台,令东舰、云扬舰返回九州,迅速构成平暴态势。面对政府的镇压,总计3 000余人的佐贺士族的保守派忧国党和征韩党决定联合抵抗,并于2月16日向佐贺城发起攻击,18日攻入佐贺城。但是政府军为了防止鹿儿岛西乡隆盛军队的呼应,已于日前要求内阁顾问岛津久光前往当地。2月22日,岛津久光会见了西乡隆盛,要求其自重,勿卷入事态,同时从大阪镇台抽掉步兵两个大队和炮兵队奔赴佐贺,与熊本镇台兵汇合,从22日开始向佐贺城发起反攻。当天,江藤新平从佐贺逃往鹿儿岛。失去指挥

---

① 坂垣退助监修:《自由党史》上,第104页。"爱国公党"系在建议书提出前不久,由倡导者中心人物结成。
② 黑龙会编:《西南记传》上之二,1908年,第407—409页。
③ 岛内登志卫编:《谷干城遗稿》下,靖献社,1912年,第57页。

的反政府势力之后虽有反击,但毕竟大势已去。27日,"土佐之乱"被彻底平息。之后,政府对叛乱分子进行了处罚:2人被枭首,1人被斩杀,151人被判刑,239人被"除族"(剥夺武士资格),11 237人被免罪。"土佐之乱"的规模,由此可见一斑。

强调"内治优先"的大久保利通虽然平息了"征韩"引发的风波,但却未能抑制军部和鹿儿岛(原萨摩)士族的"征台"要求。他未能抵挡"通过发动对外战争转移国内矛盾"这一在统治者眼里如迷人般少女的挑逗,更重要的是,难以抵挡对外扩张的诱惑,终于在明治七年(1874年)5月,即平息"佐贺之乱"不久出兵台湾,跨出了明治后对外扩张的重要一步。

日本以何理由出兵台湾,其理由是否成立?吴廷璆主编的《日本史》写道,日方出兵理由是所谓"琉球岛民被杀事件",即明治四年(1871年)11月30日,两艘琉球"进贡"船只在驶往中国途中遭遇风暴,其中一艘船漂至西南海岸,66名船员上岸后,有54名被当地高山族土著居民杀死,以及清朝方面声称台湾人属"生蕃"的"化外之民",其行为清朝不承担责任,日方不满,战端遂开。① 然事实上日本最终出兵并非以此为由。因为琉球和清朝长期保持朝贡关系。以此事件为契机,清政府被迫承认与中国保持了约500年朝贡关系的琉球属于日本,后成为日本的"冲绳县"。但"台湾全岛属中国政府管辖"是英美等列强的共识,英国驻日公使帕克斯对外务卿寺岛宗则反复指出了这一点。② 故日本为琉球岛民被台湾高山族人杀害事向清政府问罪,当即遭到清政府冷言讥讽:"尝闻有琉球岛民在台湾被杀,但从未闻有日本人在台湾被杀。"③ 遭此反驳,日方理屈词穷,只能声称:"明治六年3月,日本小田县下备中浅江郡居民佐藤利八等4人漂至台湾,其衣服和渔具等被掠夺。"④ 日本出兵,即主要以此为理由。当然,毋庸赘言,这一理由实在荒唐可笑。因为纵然日方所谓4个日本人"衣物和渔具等被抢夺"一事属实,为了几件衣服和几把鱼叉兴师问罪,岂不是"欲加之罪,何患无辞"?

5月4日,见清朝态度强硬,大久保利通、大隈重信、西乡从道断然出兵。清朝政府当即提出严正抗议,要求日本立即撤兵。以英国为首的诸列强也支持中国的立场。日本政府此时意识到,如果拒不撤兵,则必然引发战事,遂于7月8日就是否同清朝开战征询意见。陆军卿山县有朋表示:"若现在对清国动用干戈,以陆军诸般供给之准备,有朋不敢断言必胜,唯仰仗庙谟议决",对

---

① 吴廷璆主编:《日本史》,第412—413页。
② (日)外务省编:《日本外交文书》7卷,第50页。
③ (日)外务省编:《日本外交文书》7卷,第85页。
④ (日)外务省编:《日本外交文书》7卷,第19页。

开战持否定意见。另外除鹿儿岛(萨摩)出身的野津镇雄、种田政明两名少将,其余5名将官均以军备准备不足为由,反对开战。①最后,政府和军队中坚持"对清决战论"者亦不得不同意和清朝议和。最后,在英国驻华公使艾德的斡旋下,双方于当年,即1874年10月31日缔结了和约。

"征台"暂告平息,"征韩"又起波澜。"征韩论争"后日本一系列外交动向,使朝鲜感到日本的侵略威胁正日益迫切,而力图避免与日本发生正面冲突的清朝政府则告诫朝鲜:"今若与日失和,本非长策,亦收旧谊。"②以此为背景,"王政复古"后始终拒绝和日本建立外交关系的朝鲜政府的态度,在明治七年后开始发生变化。日韩之间开始进行多层次会谈,以往存在的一些历史问题也获得谅解,双方开始商谈签订修好条规事宜。但是,会谈刚开始举行即因使节的服装问题产生分歧,陷入僵局。

眼见谈判陷入僵局,日本"征韩论"再次甚嚣尘上。尽管大藏卿松方正义警告,称若要举兵,当考虑国内财政状况:"今复起征韩之兵议论,不知行军一日需花费几万现货。现国库之现货已几乎用尽,唯存纸币。"③

"云扬号事件"(日本称"江华岛事件")就是在上述背景下发生的。"云扬号事件"发生后,该舰舰长井上良馨就事情经过向日本政府作了如下汇报:

"云扬"号奉命探查朝鲜西南海岸至中国牛庄的航路,于明治八年(1875年)9月20日在江华岛附近抛锚。井上良馨舰长因"此近海为未航未开之地,故若让士官去找水或要水心自不安",遂亲自乘坐一只小船在江华岛炮台上岸,想"请求良水"。当时炮台的朝鲜军队发现小船,一齐射击。井上良馨发射信号弹通知本舰应战。接信号后"云扬号"开始向江华岛发炮轰击。井上良馨返回云扬号指挥炮击江华岛炮台后,让22名水兵分乘两只小船登陆,占领了炮台。这场冲突朝鲜方面死35人,被俘16人,逃亡者四五百人,日本方面仅两名士兵负伤。④

上述报告之不可信是显然的:为"探航路"在江华岛附近抛锚;舰长亲自上岛取水;22名日本兵居然打死、打伤、打散约500名朝鲜守岛官兵……按照朝鲜方面的记载,当时情况是:1875年5月25日,日本"春日"、"云扬"、"第二丁卯"三艘军舰驶近朝鲜附近海面进行舰炮发射演习。1875年9月19日,"云扬"号一边测量朝鲜西海岸一边北上,在接近江华岛炮台时遭到朝鲜守军警示后开炮还击。

---

① 坂野润治:《征韩论争后的"内治派"和"外征派"》,载《幕末维新的日本》,山川出版社,1981年,第251页。
② (日)外务省编:《日本外交文书》7卷,第364—365页。
③ 坂野润治:《征韩论争后的"内治派"和"外征派"》,载《幕末维新的日本》,第256页。
④ 明治八年10月8日井上良馨上陈书,(日)外务省编:《日本外交文书》8卷,第130—131页。

上述关于"事件"的报告,孰述真情,孰述谎言,似无需争辩。但不管真相如何,既然悬挂日本国旗的舰船遭到朝鲜军队炮击,日本政府当然要进行交涉,并派出由黑田清隆为全权代表、井上馨为副全权代表一行 28 人代表团,由 6 艘军舰、300 多名士兵助阵,于 1876 年 2 月 4 日到达江华岛。同时,日本还派遣"日进"、"猛春"、"函馆"、"蛟龙"四艘军舰在朝鲜釜山附近进行军事演习,以震耳欲聋的炮声示威。

姑且不论以开拓长官黑田清隆为首的 28 名谈判代表中有 13 名陆军士官、9 名开拓使吏之构成,更重要的是,从日本政府给黑田清隆的训令中不难发现,一行目的不是去"谈判",而是去"签约",从而彰显了"云扬号事件"何以发生的真正原因:"令全权使节以缔结和约为主。委任使节为彼能与我修好并扩大贸易,故对云扬舰之赔偿将被视为就此作出承诺。"同时作为"内谕",在交涉中令全权代表不可作出三方面让步:"1. 定釜山外之江华为贸易港;2. 朝鲜海航行之自由;3. 对江华岛事件进行道歉。""若朝鲜政府要求必须征询支那意见后方能给予答复,则在其往复期间令我部队驻屯京城,要求彼提供饷给,并占领江华城,采用公法之所谓强行要求赔偿之方法,给彼制造难题"。①

综上所述,"云扬号事件"所以发生的根本原因是:一、使陷入僵局的日韩谈判向有利于日本的方向发展,达到所谓"通商"之目的;二、使日本政府内围绕立宪制彼此对立的争论,转换为围绕征韩之是非的争论。

明治九年(1876 年)2 月 27 日,朝鲜和日本经过"谈判"后正式签约。虽然所签条约第一条即声称"朝鲜国作为自主之邦拥有与日本平等之权利",但日文的条约名称即显示出不平等:《与朝鲜国之修好条规》(「朝鲜国トノ修好条规」)(按:很多论著将其译为《日朝修好条规》似不够确切,因为条约名称明确显示日本"自我中心"倾向)。该"条规"又称《江华岛条约》,3 月 22 日获得日本政府批准。自此,在"修好"、"平等"的美妙词汇掩盖下,日本欲使朝鲜成为其殖民地的图谋初步获得成功,并从此开始加快对外扩张的步伐。日本国内的"征韩论争"也趋于平息。

"征韩""初战告捷",但是"征韩论"的积极鼓吹者西乡隆盛,却又开始"兴风作浪"。

在"征韩论争"中败阵的西乡隆盛不久辞去参议,作为陆军大将,于明治六年(1873 年)10 月底和亲信、陆军少将桐野利秋一起回到了鹿儿岛(原萨摩)。之后,原近卫局长筱原国干少将等数十人也随西乡隆盛返回故里。陆军卿山县有朋曾上奏天皇要求就此作出处分,但天皇念其曾劳苦功高而未准。②因

---

① (日)外务省编:《日本外交文书》8 卷,第 145—148 页。
② 《明治天皇纪》3 卷,第 154 页。

此,作为现役军人的西乡隆盛等将官在回乡后,得县令大山纲良协助而执县政之牛耳。翌年6月,西乡隆盛等在当地设立了私学校,由"枪队学校"和"炮队学校"两校组成,实际上是军校。另外还设立了相当于士官学校幼年学校的教育训练机构。以此三校为中心,西乡隆盛等还在鹿儿岛市内和县内各乡设了136处分校,以防备日清、日韩关系破裂可投入战争为理由,在课外传习武艺,经费全部通过大山县令由鹿儿岛县政府负担。学校成立后规模不断扩大,仅时过1年学生人数即达3万左右。在西乡隆盛等支配下,整个鹿儿岛几乎成了独立王国。县令大山纲良以下区长、户长等官吏,均由私学校干部担任,警察官吏职位也大部分为私学校成员所占,俨然如地方军阀政权。在日本和清朝围绕台湾问题关系紧张、战事一触即发之际,县令大山纲良曾写信给筱原国干,认为这是天赐良机,当趁两国开战之际夺取政权。①"云扬号事件"后双方关系一度紧张,但随两国签署修好条规,机会没有再次出现。明治十年(1877年)初,随西乡隆盛返乡的陆军少将桐野利秋曾如此评价西乡隆盛:"大先生等待外患发生以伺机行动之说法已是旧说。"②

那么,何谓新说?值得关注的是,桐野利秋在明治八年(1875年)写的《时势论》中,已经从"外征论"向"革命论"转变:"今之政府乃今日国家之大仇敌,今之苍生怨望之所在。是故,可谓欲协助当今之政府者,实为对今之国家不忠,使今之苍生陷于涂炭之苦之左袒者。"③正是由于上述依靠"外征"夺取政权已无可能,桐野利秋等才选择了后一条"革命"的道路。

引发西南战争的导火索,是明治十年(1877年)1月初,政府欲将原鹿儿岛藩武器弹药制造所、后成为陆军炮兵附属兵工厂的大炮和炮弹移往大阪炮兵分厂,因而引起西乡隆盛等的不满。曾在岛津久光手下从事藩主岛津家历史编纂的市来四郎在当年1月2日的日记中,对此事经纬叙述甚详,并称:"私学校一帮家伙闻之此事,甚为不满。"④为此,众人要求西乡隆盛"蹶起"。但西乡隆盛至少态度消极。根据岩仓具视2月10日整理的报告:"1月23日、24日,私学校壮年辈即刻汇集西乡处,称切不可错失良机,当即刻大举。西乡表示异议,堂堂主张正理,百般进行劝说,壮士辈终不服,称即令背负贼名也当举兵。西乡见劝阻无效,遂抽身离去且难寻踪影(按:2月2日离开鹿儿岛),村田(新八)、筱原(国干)与其意见一致,故此事多半由桐野(利秋)主谋。"⑤

---

① 明治七年8月5日筱原国干致大山纲良书信,载德富苏峰编:《公爵山县有朋传》中,山县有朋公纪念事业会,1933年,第482页。
② 《大久保利通文书》7卷,第497页。
③ 黑龙会编:《西南记传》上之二,第685页。
④ 黑龙会编:《西南记传》中之一,第217页。
⑤ 《大久保利通文书》7卷,第506页。

1月29日深夜,私学校内的急进派首先开始采取行动。据市来四郎的日记记载,以松永高美为首,约20人冲进弹药库抢夺弹药。此后至2月2日,武器弹药被运至各分校和学生家中。前来装运武器弹药的蒸汽船和帆船只得返航。事已至此,对举兵犹豫不决的筱原国干也即刻转变态度同意举兵。①但是,眼见事态发展有可能反遭保守派久光派的打压,2月5日急速返回的西乡隆盛和桐野、筱原、村田等彻夜进行了研究,并对此轻率举动表示愤怒。但是,翌日发生的一件事使西乡隆盛完全改变了态度:这天,私学校学生、县"警部"(职称)中岛健彦奉大山县令的命令率数百名私学校生,将回到县里的东京警视厅"少警部"中原尚雄等19人逮捕。经过严厉审讯,中原尚雄等招供,此次返乡系奉川路利良大警视之名,前来刺杀西乡隆盛等私学校干部及岛津久光。于是,西乡隆盛决意起事,并于2月8日在私学校建立了司令部。

　　2月14日,大山纲良以县令的名义向各府县发出正式通告:西乡将"率兵入京",希望让部队通行。同一天,西乡隆盛等完成了部队编制。15日、16日、17日,筱原国干、桐野利秋、西乡隆盛分别率军离开鹿儿岛,西南战争正式爆发。虽然西乡隆盛等尽力说服岛津久光共同举事,但岛津久光对旧藩士明确表示:"这次西乡等之举动,与我等两家(岛津久光、岛津忠义)不仅毫不相干,且其所欲何为,我等亦毫不明了。"②

　　政府方面最初对如何应对意见存在分歧,但最终基本克服分歧。2月19日,天皇颁布了征讨鹿儿岛县暴乱的诏书,任命有栖川宫炽仁亲王为征讨总督,陆军中将山县有朋、海军中将川村纯义为征讨参军。2月25日,政府发布了"逆徒征讨布告",开始全面平乱。

　　战事最初围绕熊本城攻防激烈展开。最后,守城的起事者终不敌政府军几路夹击,被攻破城池。4月17日,征讨总督有栖川宫入城,战事基本结束。但是,西乡军仍顽强抵抗,在经历了一连串败仗、被政府军包围后,8月15日,四面楚歌的西乡隆盛、桐野利秋令松冈岩次郎等率领的私学校精锐突入敌阵,他们伺机撤离鹿儿岛、占据城山,进行最后的决战。但是,此番决战已然是悲歌一曲。9月12日开始,山县有朋下令日夜炮击城山。9月23日,政府军宣布翌日下午4时发动总攻击,劝西乡军投降,遭西乡隆盛拒绝。9月23日(阴历8月17日)夜,明月当空,西乡隆盛与众将士开宴诀别。诸君饮酒吟诗,唱琵琶歌,尽了此生最后的欢乐。9月24日下午4点,政府军发炮三响,如期发动总攻。西乡隆盛率众奋力突围,但2 400名狙击手的枪弹如密集细雨。眼见突围无望,小仓壮九郎(东乡平八郎的胞弟)愤然站着切腹自杀,西乡军将领

---

① 《鹿儿岛县史料·西南战争》1卷,第890页。
② 《鹿儿岛县史料·西南战争》1卷,第900—902页。

相继阵亡。西乡隆盛腹部和腿部亦中了枪弹,无法站立。这时,西乡隆盛跪着要求属下别府晋介将他杀死,并严肃地合掌向东方遥拜。别府晋介悲痛地大喊一声:"恕我罪过!"挥刀将西乡隆盛的头砍下。西乡隆盛的仆从吉右左门将其头埋在岛津应吉的家门前,以防被敌军取走。城山陷落,西乡隆盛、桐野秋叶等 160 名将士阵亡,200 余人投降。历时 7 个多月的西南战争结束。

　　行文至此,不能不指出的问题是,根据笔者利用在日之便仔细核查历史记载得出的结论,前述吴廷璆主编的《日本史》所论述的西南战争之经纬,似有讹误。《日本史》根据后藤靖的《士族叛乱之研究》、井上清的《西乡隆盛》(下)等研究性著作的资料撰写的西南战争经纬,不仅将事关战争起因的因果关系的顺序颠倒,将中原尚雄被捕并招供置前(1876 年 12 月下旬),使之不再成为导致西乡隆盛态度转变的关键因素;将移送武器弹药事置后(1877 年 1 月下旬),使之不再成为西南战争的触发因素。书中对西乡隆盛事变前后的态度变化一字未提,使读者误认为西南战争完全是西乡隆盛为首的旧势力蓄谋已久挑起的内战。对旧藩主岛津久光在事变中的立场不着一墨,则使西南战争具有过于浓厚的"复辟"色彩。①据笔者分析,在明治五年(1872 年)正式采用太阳历后,旧历日期和新历日期在研究性著作中的并存,是产生事件发生在顺序上被颠倒的主要原因。

　　行文至此,不能不写下的后话是,在《大日本帝国宪法》颁布那年,即明治二十二年(1889 年),睦仁天皇诏令赦免西乡隆盛,撤消其制造"叛乱"的罪名,为其恢复名誉,并追赠正三位。明治三十二年(1898 年),日本政府在东京上野公园为西乡隆盛建立了一座铜像,供后人瞻仰。1977 年西南战争百年纪念,鹿儿岛县专门建立了"西乡南洲显彰馆"。

　　作为明治时代最大一次内战的西南战争的结束,同时也结束了明治政府内错杂复杂的"治内论"和"征外论"之争,为明治宪法体制的建立提供了重要前提条件。

四、"大久保体制的三大历史遗产"

　　西南战争结束后,西乡隆盛的主要政治对手大久保利通称,明治国家结束了"兵马骚乱"的第一期,迎来了"整内治、殖民产"的第二期。为此,大久保利通遂着手解决一系列政治课题:第一,以天皇制为基轴,对以天皇为核心的国家统治机构进行全面改革;第二,进行地方制度改革;第三,以积极财政为前提,推进殖产兴业政策。

---

① 吴廷璆主编:《日本史》,第 417—419 页。

但是，以自由民权运动为主，各界人士对中央政府无视民意、"朝令夕改"的政治运作提出了尖锐批评，地方政府对中央的抵抗也动摇了大久保利通的权力基础，引起权力结构的变化，而参议兼内务卿、权力中枢大久保利通被刺事件，更加剧了政局的不稳：明治十一年(1878年)5月14日，大久保利通在乘马车上朝途经纪尾井町时，遭石川县士族岛田一郎等6名刺客袭击身亡。岛田一郎等在法庭上以《斩奸状》作了自我辩护。这份《斩奸状》他们在事发后即投给了《朝野新闻》和《近时评论》。翌日，《朝野新闻》刊出了其部分内容，并因此遭到停刊7天处分。

大久保利通被刺身亡，但作为"大久保体制"的首领，他留下了亟需处理的三大"遗产"：第一，体制改革，包括地方行政改革；第二，人员，即以元田永孚、佐佐木高行等宫中"侍补"集团以培养君德为旗帜，以强化自身参政权为目的展开的政治运动。第三，政策，即推行"积极财政"，推进"殖产兴业"。其中涉及一系列不可回避的问题，如元老院改革；参议和省卿分离；制定宪法召开国会和制定、修改一系列法令；修订条约，处理外债，等等。

在上述"遗产"中，"后大久保体制"首先必须"继承"的，是密切关联的第一和第三项遗产。元田永孚等将岛田一郎等的《斩奸状》中对"有司专制"的批判正当化，提出："政务之实际唯框翼君德，贯彻大有可为之御志，举亲政之时，固国家之本。"①但是，后大久保体制采取了排斥"侍补"的参政要求、强化密切内阁和天皇关系的方针。于是，"侍补集团"反对起用在《斩奸状》中也遭到批判的井上馨，但为岩仓具视、三条实美、大隈重信等抑制。此图谋未能得逞，其当然不会甘心，遂策划了以下将要提及的"明治十四年政变"。于是，明治政府构建了以继任内务卿伊藤博文(长州)、大藏卿大隈重信(肥前)、工部卿井上馨"三驾马车"为核心的"后大久保体制"，并着手解决遗产——历史遗留问题。

在地方制度改革方面，"后大久保体制"将涉及地方制度改革的郡、区、町、村编制法；府县会规则；地方税规则；即所谓"三新法"的制定，提上了议事日程，并最终得以确定。通过这项改革，郡长的监督权、府县的参政权、民众的自主权均得到加强。

在中央政体改革方面，波涛汹涌的自由民权运动所具有的历史作用无可否认。明治十年(1877年)6月，土佐的立志社首先提出了《设立民选议院建议书》，并成为全国民权运动中心，诸多社团很快向该社靠拢，再度兴起了"爱国社"运动。同时，全国另有百余独立的民权结社。杉田定一创立的自乡社、石阳社、三师社等以豪农为中心的各种社团也纷纷建立，曾因参与"动乱"被捕入狱的福冈县士族头山满，此番也异常活跃。明治十四年(1881年)2月，福冈的

---

① 《伊藤博文关系文书》7卷，1979年，第207页。

向阳社改名"玄洋社",由平冈浩太郎任社长,提出了"宪则三章":敬戴皇室、爱重本国、固守民权。其主要成员有头山满和箱田六辅。众所周知,玄洋社以后成为鼓吹国家主义的中心团体。

明治十三年(1880年),全国致元老院要求开设国会的建议书、请愿书达85份之多,其共同点是:以"五条御誓文"和明治八年(1875年)建立立宪政体的诏书即天皇本人的约定为依据,要求开设国会。另外,"天赋人权论"也得到强调。① 同年11月,由各种势力构成的"国会开设运动",举行了"第二届推进国会成立同盟大会"。建议设立英国式立宪君主制的宪法草案影响日益扩大,对明治宪法体制的建立产生了重大影响。

在自由民权运动的高潮中,日本近代政党开始出现。明治十四年(1881年)10月,日本第一个近代政党自由党发表了"自由党盟约·规则",同年12月29日,由板垣退助任总理的自由党正式宣告成立。翌年3月14日,在"明治十四年政变"(后有详述)中下野的大隈重信的组织下,尾崎行雄、矢野文雄等领导的东洋议政会、高田早苗等东大毕业生组织的鸥渡会、沼间守一领导的嘤鸣社、大隈重信属下的小野梓、河野敏镰等"四派合流",建立了"立宪改进党"。

与"国会开设运动"并行的,是以元田永孚和佐佐木高行为首的"侍补集团"主导的"天皇亲政运动"。明治十一年(1878年)5月16日,元田永孚和佐佐木高行等提出,作为天皇教师的侍补应该"补佐代行"天皇的亲政权。但这种显然的政治干预图谋被政府逐退。同年,以"竹桥骚动"为契机,② 桂太郎主张军政、军令分离的"参谋本部独立论"得以实施。当年12月5日,明治政府颁布了"参谋本部条例",撤销陆军省参谋局,设立参谋本部,由西乡从道(萨摩派系、西乡隆盛胞弟)任陆军卿,原陆军卿山县有朋(长州派系)改任参谋本部长,构建了"萨长联合体制",加强了对军队的控制。同时由伊藤博文亲任协调两者关系的参议,由井上馨继任内务卿,对"后大久保体制"进行了修正。因为在伊藤博文看来,国会设立即自由民权运动若同军队不统一乃至叛乱相结合,将对政局构成极大威胁。翌年1月4日,明治政府又颁布了《军人敕谕》,第一句即开宗明义地强调:"我国之军队世世由天皇统帅。"

强调"紧缩财政"的井上馨任内务卿,同时也意味着对"大久保体制"第二项遗产,即"积极财政"的修正。同时在地方行政方面,由于井上馨前此一直接近民权派、主张和"地方官"提携,对处理中央和地方体制改革这一"大久保的

---

① 升味准之辅:《日本政党史论》1卷,第294—297页;色川大吉:《自由民权》,第28—60页。
② 明治十一年(1878年)8月23日子夜,旧江户城竹桥门附近的近卫炮兵因政府削减俸给发生暴动,发炮轰击大隈重信府邸,并试图冲击天皇在赤坂的行宫,由于事先计划泄露,被严阵以待的军队镇压。

遗产"也相对比较有利。

但是,"侍补集团"当然不会对此满意。明治十一年(1878年)秋,随天皇巡幸北陆、东海地方之后,他们再次要求改正"侍补职制",提升"侍补"地位,并获得成功:侍补作为敕任官提升至侍讲之上;侍补德大寺实则和杉孙七郎兼任宫内卿和宫内大辅。随后,元田永孚和佐佐木高行又以天皇内论"今后当进一步专务勤俭之旨,在教育中施行我邦之德义"为"令箭",向政府提交了"勤俭爱民之圣旨"和以此为立足点的政治改革建议书。①要点是:1."贯彻勤俭之圣旨",其实质是对政府偏向"萨摩"的劝业政策提出批评;2."确定亲裁之体制",以及"遵奉(明治)八年4月14日之圣诏,遵循立宪之国是,遵循渐进之方法",即开设国会,强化元老院权限、强化太政官直属部局——大臣参议下的部局的权限,设立法制局、调查局、内阁书记官。明眼人清楚,其目的是强化立法权和分化行政权。翌年1月,在提出上述建议书后,元田永孚又紧接着提出了关于"侍补职制"的"私案",主张确保大臣、参议和侍补在御前地位平等,侍补作为正式官员位居宫内卿之上。②至此,侍补、宫中集团批评"后大久保体制"各项政策的目的已是"司马昭之心,路人皆知"。

为了达到上述目的,侍补、宫中集团采取了两项实际步骤以提高自身政治地位:

一、接近大久保去世后萨摩派的精神领袖伊地知政治和"明治六年政变"后赋闲在家的原外务卿副岛种臣,明治十二年(1879年)4月被起用为宫内省御用挂。翌年,佐佐木高行还就任了海军省御用挂,强化了同当时以大隈重信为首的萨摩派的关系,但也因此更加剧了以伊藤博文和井上馨为首的长州派的不满。

二、提出"开设国会"、"制定宪法"。这一主张似与自由民权运动呼应,但既以"天皇亲裁"为目的,西方式的立宪君主制自然受到排斥。明治十二年(1879年)6月,元田永孚就"政务亲裁"上奏天皇,主张建立日本固有的"君主亲裁立宪政体"。他指出,士族叛乱和"国会民权论","无疑均由来于内阁之专制",故"明示亲裁之实,立国宪为依法确定亲裁,开国会为据此提出宸断"。③并提出了以"天皇亲裁"为前提的分权主张。然而,是否开设国会在政府主流派内部意见尚不统一。面对这一挑唆性言论,伊藤博文等在三条实美、岩仓具视两大臣的密切提携下,由两大臣秘密上奏天皇,试图阻止侍补对权力的干预。

侍补集团另一项参政"实迹",是"教育令"的颁布。早在明治十一年(1878

---

① 元田永孚:《古稀之记》,载稻田正次编:《教育敕语成立过程之研究》,讲谈社,1971年,第34页。
② 元田永孚:《古稀之记》,载稻田正次编:《教育敕语成立过程之研究》,第35—37页。
③ 元田永孚:《古稀之记》,载稻田正次编:《教育敕语成立过程之研究》,第34—35页。

年),明治政府已着令文部大辅田中不二麿起草了《日本教育令案》,经修正翌年2月由内阁作为《教育令》提出,经元老院审议修改后,只待天皇裁定。7月至8月,元田永孚以"圣旨"的名义下达了《教学大旨》和《小学条目二件》,表达了对《教育令》的异议。元田永孚的"圣旨"否定了维新后启蒙开化的教育方针,强调以日本传统的仁义、忠孝道德为前提开展各项教育。9月,伊藤博文委托井上毅起草了"教育议",认为维新后的教育基本上是成功的,反对以儒教道德观为基础的单色化教育。两者之间遂发生冲突。此时,由于寺岛宗则修约谈判失败,更换外务卿成紧迫课题。侍补、宫中集团认为这是介入权力的好机会,遂一方面着力推荐佐佐木高行出任一直空缺的文相一职,另一方面再次提出要求扩大侍补权限、提升侍补地位的老问题,并有策士提出:"当请其作出一刀两断:或废黜侍补,或保留侍补建立能使其精神活跃之机制。"①对此,伊藤博文依然在岩仓具视的提携下作出回应:一方面阻止作为"异己分子"的佐佐木高行出任文部卿,另一方面伊藤博文将"教育令"同"教育议"合为一体,请新任文部卿寺岛宗则进行修改、定夺,尽管寺岛宗则最后未作修改,原文照发。侍补、宫中集团因此再次作出反驳。于是,岩仓具视、伊藤博文等政府主流派,在10月13日以侍补、宫中集团可直接向内阁提出政策建议的所谓"直接与内阁联系"为交换条件,采取"一刀两断"措施废除了侍补职位,解决了大久保体制在人事方面的遗留问题。但是,侍补职位被废除,他们的嘴并未被封住,即侍补集团对政策的影响力仍不容小觑。事实上,"勤俭论"、"国会开设论"、"天皇亲裁论"、"教育令反对论"等,均在以后政府的政策中得到体现。例如,明治十二年(1879年)7月大藏省商务局长河濑秀治致大隈重信的信中建议,"政权二道"的具体政策,一是以积极财政为基础,推进劝业政策;二是"节省政府费用",即削减不必要开支。这一建议,显然受"勤俭论"影响,而大藏省劝农局长松方正义在他的政策意见书"劝农要旨"中强调:"政府一味将资金贷与少数人民所获得的利益,当无法弥补因此产生的弊害",论调和侍补集团可谓异曲同工。②此后,明治政府施行参议和省卿分离及元老院改革,使佐佐木高行当上了元老院副议长,以及"改正教育令"的内容等,均表现出两者的妥协。之后,"外债论"和"米纳论"的争议,即是应该举借外债推进"积极财政",还是采取紧缩财政、针对米价腾贵农民生活"奢侈"的现状,对售米所得实施征税的"一时米纳法",最后亦由不可举借外债以推行勤俭主义的敕谕终止。尤其

---

① 东京大学史料编纂所编:《保古飞吕比》(佐佐木高行日记)8卷,东京大学出版会,1976年,第340页。
② 《松方伯财政论策集》,载大内兵卫、土屋乔雄编:《明治前期财政经济史料集成》1卷,1979年复刻,原书房,第522—530页。

值得关注的是,在这场争论中,"积极财政派"中除了大隈重信一人外,其余人均转向赞成"米纳论"即"勤俭主义"路线,使"积极财政"几无拥趸,大隈重信顿显孤立。更重要的是,以自由民权运动的高涨为背景,大隈重信提出了"实行政党内阁、本年内制定英美式宪法、两年后开设国会"的建议,与主张"渐进"的伊藤博文等人发生矛盾。加之同年萨摩藩出身的北海道开拓使长官黑田清隆决定把北海道官产廉价出售给萨摩藩出身的政商五代友厚等,和对此表示反对的有栖川左大臣等发生冲突,遂决定留待 7 月 30 日敕裁,8 月 1 日公布结果。但是 7 月 26 日,《东京横滨每日新闻》发表了题为《开西贸易商会的近况》的社论,揭露了上述问题,由此引起舆论抗议,并强烈要求早开国会。于是,大隈重信被怀疑向媒体透露消息。对大隈重信早有不满的伊藤博文和岩仓具视,遂决定将大隈赶出内阁。10 月 11 日夜,内阁在刚刚巡幸回到东京的天皇面前举行了御前会议,确定了中止上述交易、罢免参议大隈重信、十年后开设国会的三项方针。会议结束后,伊藤博文和西乡从道两参议前往大隈重信邸宅,要求其递交辞呈。翌日,天皇颁布了十年后开设国会的敕谕。10 月 13 日尾崎行雄、犬养毅、小野梓、中上川彦次郎相继提交了辞呈,翌日农商务卿河野敏镰也提交了辞呈,大隈重信的人马从政府内被一扫而空,史称"明治十四年政变"。政变后,大隈重信推行的"积极财政"为松方正义的"紧缩财政"所取代。至此,"后大久保体制"所面临的三个"历史遗留问题",全部得以解决。原侍补、宫中集团在政变中结成了"中正党",但是仅获得佐佐木高行任工部卿的"成果",实现其理想的"天皇亲政",显然已为时势所不容。

应该认识到,任何一种政治体制的建立,均依存于某种政治原理。作为一种政治体制,明治宪法体制的建立同样依存于某种政治原理。只是由于以往日本史论著几乎没有涉及这一问题,明治宪法体制赖以依存的政治原理,基本被忽略。

诉诸历史,在建立何种政治体制建设方面,受穆勒等英国自由主义思想家影响,主张仿效英国实行"君民同治"的"英学"家理论,受卢梭等法国启蒙思想家影响,主张"万民同治"的"法学"家理论,受布伦齐利等德国国权主义思想家影响,主张"主权归一"的"德学"家理论的相继亮相,对日本明治政治体制的形成产生了极其重要的影响。通过对"英学"家小野梓、"法学"家中江笃介、"德学"家井上毅政治主张的论述,我们可以清晰地看到由英学家提出、由法学家推动、由德学家定音的日本近代政治体制形成的基本历程。

小野梓(1852—1886),号东洋,是著名的自由主义、民族主义、国家主义者和明治时期的著名团体"共存同众"的主要创建者,"是在承认西洋文明的进步性、优越性的同时,拥护传统文化或者说探索如何革新传统文化以寻求二者调和的典范"。① 首先,小野梓指出,在日本"谋王室之尊荣和民众之幸福"是统一而非对立的,而"世界万邦有帝王之国,如需一并保全其帝室之尊荣和民众之幸福,则应仿效英国,维护两者利益"。② 其次,他将日本明治维新后的一系列重大政治改革,视为"建立立宪君主制的一种肥料",以及对日本传统政治的复归。按照他的观点,"君民同治"是日本历史悠久的政治传统。"版籍奉还"、"废藩置县"等"废除和杜绝长期以来分裂我国力之封建恶制"的政治改革,既是君主立宪的实现过程,也是日本传统政治的复归过程。

但是,正如大久保利通在出访欧美后所言,日本"虽天下渐恢复郡县,政令出自一途,然民众已习惯于封建压制,偏僻之陋习成性……应根据我国之土地风俗人情时势,确立我政体"。③ 英学派的"君民同治"论未能获宠于明治政府。

继"君民同治"论登场的,是受法国启蒙思想家特别是卢梭思想影响的法学家的"万民共治"论。以19世纪80年代为中心在日本全国蓬勃展开的自由民权运动,就是以这一理论为指导的。被称为"自由民权运动的参谋长"、"东洋的卢梭"的中江笃介,是这派观点的典型代表。

中江笃介(1847—1901),号兆民,曾留学法国,1874年回国后创办了法学塾,讲授法国启蒙思想家特别是卢梭的政治思想和理论。《民约论》(《社会契约论》),就是他的主要讲义。1882年,中江兆民在法学塾自办的刊物《政理丛谈》上连载了《民约论》的汉文译本,题名《民约译解》并作了大量诠释,在日本社会特别是知识界引起了很大反响。按照他的观点,"英国的政体虽美,但察其内政外交之情状,可见贵族跋扈,财产不均,压制多数,中央集权,吞食弱国等弊政,实乃背天理,反自由之政体"。④ 因此,中江兆民积极鼓吹共和。他在《民约译解》前关于"共和"的诠释中提出:"卢梭以前,论及共和皆指民本身为国家的主人而不设别的至尊者,如美利坚、瑞士,以及今日的法兰西。其余的均称帝制之国,或王制之国,以示区别。今按卢梭的说法,'民若自己制定律例而不受其他羁束,则无论有无帝王,皆可称为自治之国。'乍闻此言,甚感奇异,然细加考虑,则感到十分明白。因为,民已自操制定律例之权柄,即成了所谓的帝,所谓的王。"⑤ 也就是说"人民主权的实质是如何在国家机构中贯彻其精神,而不是'拘泥于外在的形态'"。⑥ 因此,在保留天皇制的前提下同样可以实行"万民共治"即民主共和。

---

① 早稻田大学大学史编集所编:《小野梓研究》,早稻田大学出版部,1986年版,第160页。
② 《小野梓全集》第3卷,第183—184页。
③ 《大久保利通文书》第5卷,第182页。
④⑤ 《中江兆民全集》第1卷,第139页;第1卷,第197页。
⑥ 松永昌三:《中江兆民和植木枝盛》,清水书院,1972年版,第80页。

作为自由民权运动的参谋长,中江兆民的理论在建立明治宪法体制时的作用不在于提供指导,而在于提供压力。因为,"明治立宪制是在不断镇压自由民权运动的过程中形成的……明治立宪制如果没有历时十数年的自由民权运动,是不可能建立的"。① 真正为明治宪法体制的建立提供理论指导的,是明治政府的"高级参谋"、被称为"影子首相"和"德意志学协会"创建者的井上毅。

井上毅(1843—1895),号梧荫,1871 年 12 月被司法省特征,从而开始仕途生涯。他对英国的立宪君主制和法国的共和制均持否定态度,认为法国共和制是"制度化的无秩序",而英国的立宪君主制则是"其名王政,其实不外乎共和政,宰相之进退由议院左右,国王徒拥虚器也耳,主权在民而冠履易所矣"。② 他所青睐的是"主权归一"论:"在日耳曼,50 年来布伦齐利、舒尔茨等大儒辈出,其学说不仅和卢梭、孟德斯鸠全然相反,而且在现行于法国、意大利、比利时、英国等国的王政党之说以外,更倡导一种正义。如一般政学家主张主权由君民共掌,而日耳曼学者主张主权专存于君王。晚近的政学家将三权分立一变而为立法行政二权分立,而日耳曼学者则进一步主张主权归一。"③ 为了"主权归一",井上毅在关于制定明治宪法的意见中明确提出:第一,采用钦定宪法主义;第二,大臣以下的文武官任免权由天皇独揽;第三,国务大臣对天皇负责。他积极鼓吹的"主权归一"在明治宪法中的体现是不言而喻的。他起草的明治宪法第一条即开宗明义地宣布:日本帝国由万世一系的天皇统治。④

在"自由民权运动"和"洋学家"的理论运动的共同推动下,明治十四年(1881 年),各民间和个人拟就的宪法草案纷纷登场:4 月,交询社提出了"私拟宪法案";5 月,立志社提出了"日本宪法商讨案";8 月,植木枝盛提出了"日本国宪法草案"。明治政府右大臣岩仓具视也向太政大臣三条实美和有栖川左大臣提出了起草宪法的建议,并递交了井上毅起草的"宪法大纲"。以此为背景,明治十五年(1882 年)3 月,伊藤博文率太政官大书记官山崎直胤、参事院议官伊东巳代治和西园寺公望等一行,从横滨启程赴欧洲考察宪法。此时,他已经拥有了交询社拟定、井上毅修改的宪法草案,此行主要是通过实地考察使宪法草案更具有权威性。从当年 8 月,伊藤博文写给岩仓具视的信中,我们不难发现伊藤博文通过考察,确定了上述各持一说的小野梓、中江兆民、井上毅的观点,是符合事实的:"三国虽均为议政体,然其精神迥异其趣。在英国,据

---

① 松永昌三:《中江兆民和植木枝盛》,第 11 页。
② 井上毅传记编纂委员会编:《井上毅传·史料篇》,第 1 卷,国学院大学图书馆,1966 年,第 247 页。
③ 井上毅传记编纂委员会编:《井上毅传·史料篇》,第 1 卷,第 233 页。
④ 参阅岛善高:《井上毅的统治论注解——帝国宪法第一条形成之沿革》,载梧荫文库研究会编《明治国家的形成和井上毅》,木铎社,1992 年 6 月。

说由议会中所占席位最多的党派首领组织政府施政(指行政);在法国,据称政府是国会众议之臣仆;在德国,政府虽然听取众议,但拥有采取独立行动之权力。"①在历访了欧洲各主要国家后,考察团于翌年 8 月 3 日回国。

明治十七年(1884 年)3 月,日本政府在宫中设立了"制度调查局",由回国不久的伊藤博文任长官,井上毅、伊东巳代治、牧野伸显等任调查局干部。制度局设立后的第一项工作是颁布"华族令"。此项措施所以必要,是因为明治二年版籍奉还后制定的华族制度,唯旧藩主和公家等为华族。如果立宪政体形成时按级别这批人进入贵族院,则上院和下院将成为明治版的"公武合体"。于是,制度局一方面在旧藩主内部理顺等级,另一方面将士族中为国家建立功勋者晋升为华族。7 月,封原公家中五摄家的当主为公爵,九精华为侯爵,其以下为伯爵;旧武家唯德川宗家为公爵,旧藩主中实禄 15 万石以上者为侯爵,5 万石至不足 15 万石者为伯爵,5 万石以下者为子爵,1 万石以上旧大藩家老为男爵。另外,三条实美、岛津久光、毛利元德、岛津忠义四人因"功勋卓著"而获封公爵;大久保利通之子大久保立和、木户孝允之子木户正二郎蒙荫父辈功勋,获封侯爵。其他士族中的功臣如黑田清隆、大木乔任、寺岛宗则、山县有朋、伊藤博文、井上馨、西乡从道、山田显义、松方正义、佐佐木高行等,获封伯爵,其中几乎鲜有非萨长派系者。坂垣退助和大隈重信因是政党总裁,当时未获爵位,但以后获封伯爵。

在形成了贵族院的母胎后,伊藤博文等随之着手建立内阁制度。但此前必须解决三个彼此相关的问题:第一,长州派系的伊藤博文和萨摩派系的黑田清隆谁任首相;第二,如何安排阁僚,使萨长派系得以平衡;第三,如何妥善解决建立内阁制度和制定预算问题,因为如前面所述,以往因大藏省抵制增加军费而产生诸多矛盾。为此,明治十八年(1885 年)10 月 17 日长州派系"代表"井上馨拜访了萨摩派系"代表"西乡从道,两者进行了会谈。第一个问题,井上馨推荐黑田清隆、西乡从道认为伊藤博文适任。最终以这种心口不一、互相探底的方式结束;第二个问题,完全依据萨长均衡的原则,未有争议;第三个问题则意味深长:井上馨提出将陆军军费预算削减 400 万左右,用以增加海军预算,由萨摩派的西乡从道出任陆军大臣、长州派的山田显义或井上馨本人出任海军大臣。此次会谈虽然没有形成定案,但确定了彼此"协调"的基础。②之后经几次反复和彼此妥协,同年 12 月 22 日,太政官第 69 号令宣布废除太政官制,建立内阁制。同一天规定了共 7 条构成的内阁职权,其中最值得关注的是,主要对内阁总理大臣的权限作了规定,但没有对内阁本身权限的规定。再

---

① 稻田正次:《明治宪法成立史》上,有斐阁,1960 年,第 583 页。
② 明治十八年 10 月 19 日井上馨致伊藤博文信函,见《伊藤博文关系文书》1 卷,第 195 页。

后由伊藤博文组阁并报天皇敕准：伊藤博文（首相兼宫内相）、井上馨（外务相）、山县有朋（内务相）、松方正义（大藏相）、大山岩（陆军相）、西乡从道（海军相）、山田显义（法务相）、森有礼（文部相）、谷干城（农商务相）、榎本武扬（递信相）。值得注意的是，这个由长州阀任首相、外务相、内务相；萨摩阀任大藏相、陆军相、海军相、文部相的内阁，是典型的萨长势力均衡的内阁。

宪法颁布50周年发行的明信片。画面下方是"夏岛"，上方自左至右依次为：井上毅、伊东巳代治、金子坚太郎、伊藤博文

明治十九年（1886年）秋，明治政府开始正式着手制定宪法，由井上毅负责起草。翌年4、5月，井上毅提交了甲、乙两个方案。同时，明治政府顾问、德国人洛艾斯勒（Hermann Roesler）也起草了一个宪法草案，并经伊藤博文允许而提出。6月至8月，伊东巳代治、金子坚太郎等根据伊藤博文的命令对两个草案继续进行了研究和修改。由于第二阶段起草工作在伊藤博文位于金泽附近的无人岛"夏岛"的别墅里进行，故史称"夏岛草案"。在接受各种意见后，宪法草案的起草工作于同年10月进入了第三阶段，故又称"10月草案"。在"10月草案"的基础上，伊藤博文属下4人又于翌年拟定了"2月草案"。明治二十一年（1888年）4月，《大日本帝国宪法》（草案）终于完成。

明治二十一年4月30日，明治政府颁布了枢密院官制，由伊藤博文和寺岛宗则任正副议长，副岛种臣、元田永孚、佐佐木高行、大木乔任等12人任顾问（规定年龄为40岁以上），另有敕任书记官长1名。枢密院的权限主要在立法和解释法律时"上奏意见请求敕裁"。需要特别提一笔的是，在枢密院的权限问题上，井上毅和洛艾斯勒曾产生明显分歧。伊藤博文支持洛艾斯勒意见，主张枢密院"可裁决帝国政府和帝国议会在决定预算和其他会计方面产生的争议"。①因为在伊藤博文看来，预算问题将是政府和议会可能产生对立的重要原因。但最后在御前会议讨论时，井上毅的意见占了上风，枢密院的裁决权改为"上奏权"，即预算争议由天皇裁决。

---

① 坂井雄吉：《明治宪法起草过程中的"两种立宪主义"》，载《国家学会杂志》9—10合并号，第59—60页。

一切争议结束后,明治政府选定明治二十二年(1889年)2月11日,即"纪元节"当天举行《大日本帝国宪法》颁布典礼。就在仪式举行前一刻,文部相森有礼在官邸玄关被刺客西野文太郎用刀刺中胸部,翌日死亡。日本政治,真是充满血雨腥风。

森有礼遇刺没有影响明治宪法颁布日程。当天上午10点半,《大日本帝国宪法》(又称《明治宪法》)颁布典礼在宫中正殿举行。仪式上,明治天皇首先朗读"上谕",然后亲手将宪法文本交给明治政府第二任首相黑田清隆(伊藤博文此时已转任枢密院议长)。值得留意的是,这一仪式本身即确定了《明治宪法》为"钦定宪法"的性质。《明治宪法》第一条更是开宗明义地宣布:"大日本帝国由万世一系之天皇统治。"

《大日本帝国宪法》的最大特点是明确规定天皇至高无上的地位和集政治、军事、法律、外交大权于一身的无限权力,并带有神权色彩。由于权力的无限和精力的有限,因此天皇对军队的统率权实际由军部辅佐并不受内阁干涉,这是以后军人擅权的祸根。《明治宪法》还显示出内阁权限过大,众议院权限过小的特点,无法形成制衡机制。而臣民的权利根据《众议院议员选举法》的规定,只有极少数人享有,故普通民众实际上只有纳税和服兵役的义务……但是,我们并不能因此断言:"这部宪法由7章76条组成,不反映民权派资产阶级民主主义的要求,而与专制主义的天皇制基本相适应。""宪法只是给专制主义天皇制披上了一件立宪君主制的外衣"。①《大日本帝国宪法》确实存在诸多不足,但是规定了"集权"、"民主"的两面性。事实上,我们更应看到这种两面性:"该宪法共76条,基本原则是天皇主权。万世一系的天皇神圣不可侵犯,天皇既是国家元首,也是统治权的总揽者。与天皇集极大权限于一身形成对比的是,国民的基本人权仅得到有限承认。但是,对于承认议会和政党的帝国宪法,包括民权派在内的许多国民,依然讴歌宪法的颁布,举国为之兴奋,为之庆贺。"②总之,《大日本帝国宪法》作为东方第一部具有近现代意义的宪法,其进步意义是应当得到肯定的。

在宪法公布的同时,《众议院议员选举法》和《贵族院令》也相继颁布。前者规定:选举人资格为25岁以上男子、缴纳直接国税15元以上者(当时大部分是地租,约相当于1%所得税),依此计算,当时日本的选民人数约占国民总人数的1.1%;被选举人资格为30岁以上男子,纳税规定和选举人相同。后者规定:贵族院议员由5种人组成:1.成年皇族成员;2.25岁公爵、侯爵;3.由伯爵、子爵、男爵之间互相选举产生25岁以上男子若干名(各从拥有爵位者总数

---

① 吴廷璆主编:《日本史》,第443页、第444页。
② (日)历史学研究会编:《日本史史料·4·近代》,第209—210页。

中选出五分之一,任期7年);4.由各府县15名最高直接国税缴纳者互选产生(各府县1名,任期7年);5.从国家有功勋者、学识者、纳税较多的工农商业者中敕选产生(其人数不得超过有爵位议员总数)。

需要强调的是,"明治宪法体制"的整个构建过程,表明了明治政府对西方法律政治制度的尊崇和"求知识于世界(西方)"的决心,但这绝不意味其同样尊崇西方思想道德文化。"和魂洋才"的原则即使在按照西方蓝本制定了国家根本大法以后,依然得以遵守。

明治二十二年(1889年)10月3日,在"以法律取代道德"的社会风潮中,明治天皇颁布了《关于教育的敕语》(简称《教育敕语》),开宗明义地指出:"朕惟念我皇祖宗肇国而宏达,树德而深厚,我臣民克忠克孝,亿兆一心,世世厥美,此乃我国体之精华。教育之渊源亦实存乎此。尔臣民孝父母,友兄弟,夫妇相和,朋友相信,恭俭持己,博爱及众,修业,以启智能,以成德器,进而广公益、开世务,重国宪,明国法,一旦缓急,必义勇奉公,扶翼天壤无穷之皇运。如是则不啻为朕忠良之臣民,也足以显彰祖先之遗风。斯道也,实我皇祖皇宗之遗训,子孙臣民俱应遵守之。用之古今而不谬,施之中外而不悖。朕尔臣民庶几共拳拳服膺,咸其德一。"

教育敕语事实上强调了道德的不可替代性。由此不难认为,颁布《教育敕语》的基本目的是培养忠君爱国的国家主义道德观,建立天皇制家族国家主义体制。

五、超然主义·政党内阁·桂圆体制

超然主义内阁、政党内阁、桂太郎和西园寺公望轮流执政的桂园体制(又称桂圆时代),是自"明治宪法体制"建立,前后相续的几种政权组织形式。

《明治宪法》颁布后最初形成的日本政治体制,被称为"超然主义"体制。"超然主义"这一词语,首次出现于总理大臣黑田清隆和枢密院议长伊藤博文在《明治宪法》颁布典礼上的演说。尽管当时政府成员"对其字义甚为漠然",但是他们在演说中强调的"超然主义"事实上主要有两点含义:第一,即使在开设议会以后,仍将坚持明治维新以后推行的"富国强兵"的"国是";第二,不使内阁倾向于某个政党,不和特定的政党形成紧密关系,强调"超然地置身于政党之外",做到"至公至正","不偏不党"。自此,日本政治的核心,主要就是"两条路线的斗争":第一,坚持"积极财政"即走"富国强兵"的扩军路线,还是强调"休养民力"、施行"紧缩财政"。历次议会的冲突和争论,主要围绕这一问题展开。第二,坚持"超然主义",拒绝"营党营私",还是反对藩阀揽权,强调"党要参政"。"政党内阁"就是在这种对垒中逐渐形成的。

第九章 ● 明治时代

明治宪法体制建立后,首先登上日本政坛的,是"超然主义"。明治二十三年(1890年)7月1日,日本举行了第一次众议院议员大选,同年11月25日成立了第一届议会。长洲藩阀代表人物、内阁总理山县有朋在议会强调了"强兵"的必要,并指出不仅要维护"主权线",而且要强化"利益线",要求各党派使具有浓厚扩军色彩的翌年预算获得通过。围绕这一事关"国是"的问题,政党之间和政党内部、各政党和藩阀政府出现了多重矛盾冲突,甚至应作为藩阀政府忠实支持者的贵族院内部,也出现了对山县有朋内阁的不满。于是,山县有朋政府相对采取了一种妥协路线。翌年5月,第一届山县有朋内阁以总辞职结束了"使命"。

山县有朋

山县有朋辞职后,由萨摩藩阀中心人物、山县内阁大藏大臣松方正义组阁。松方正义吸取了前届内阁的教训,一开始即在政策方面摆开了不与"民党"妥协的姿态。然而,既然《明治宪法》已经为政党活动提供了活动舞台并使之伸张了势力,"反山县有朋之道而行之",不与党派妥协显然也未必可行。松方正义内阁最后的结局是解散议会,重新大选。目睹"民党"势力日益强大,明治二十五年(1892年)6月22日,松方正义内阁的海相西乡从道和内相品川弥二郎"下野"组建了"吏党"国民协会,分别担任正副"会头",意欲和"民党"抗衡,并因此在议会中形成了"吏党"和"民党"两大政党势力。同年7月30日,第一届松方正义内阁总辞职。

松方正义

同年8月8日第二届伊藤博文内阁成立后,藩阀和"民党"之间的政治对立开始发生极大变化,其中比较引人关注的是:1.作为"民党"中心的自由党开始接近内阁,获得了"准执政党"的地位。2.自由党和内阁接近后,伊藤内阁和其他政党争论的核心问题,从作为国内问题的"富国强兵"和"休养民力",即"积极财政"和"紧缩财政"的对立,转向修改条约等对外问题。明治二十七年(1894年),日本修约显示成功的希望。同年,藩阀政府"根据国际条约"出兵朝鲜半岛并因此和清朝开战。虽然日本以明治维新后四分之一世纪的发展为依托,迫使清朝政府签署了包括割让辽东半岛在内的"城下之盟",但是俄、德、法三国却横加干预,联袂演出了一场以"三国干涉还辽"为剧名、以迫使日本将吃进嘴里的"肉"吐出来为剧情的历史剧。这场历史剧不仅对日本外交,而且对日本内政也产生了深远影响:民党原本强调"休养民力"的主张为"富国强兵"取代,"政党内阁论"不断抬头。

明治二十八年(1895年)5月15日,天皇颁布诏谕,归还辽东半岛。因此受到极大冲击的各党各派的重要人物：中央政社的志贺重昂、立宪改进党的尾崎行雄、立宪革新党的田野伊左卫门、国民协会的柏田盛文、自由党的重野谦次郎……经会谈后一致决定举行抗议活动。于是在 6 月 15 日，号称"政友有志会"的"反对归还辽东"的集会按期举行，并通过了以"三项纲领"为内容的决议："一、为复兴帝国的光荣，应迅速扩张军备、刷新军政；二、敦促内阁查明归还辽东半岛的责任；三、扶植朝鲜独立，维持我帝国在该国的地位、势力。"①之后，上述扩张分子开始在全国各地游说，否定内阁试图仅让天皇承担责任的"超然主义"，提出了内阁应对议会负责的"责任内阁论"。对此，政府颁布了"封口令"，停止报纸发行，禁止演说、集会，并通过由内阁书记官长伊东巳代治任社长的御用媒体《东京日日新闻》进行反击。对此，《日本》主笔、在对外政策方面鼓吹"北守南进论"和"东亚盟主论"的陆羯南愤怒地指出："在掌握压制舆论凶器的政府底下，不可能有真正的舆论，"与《东京日日新闻》展开了论战。②陆羯南认为，使日本在亚洲的威信失坠、使西方列强侵入远东的元凶，是政府封锁信息、控制舆论。他的观点，事实上代表了各党各派的一种共同的不满。在阁僚中，松方正义和谷干城也强调"北守南进"、反对"割让"辽东，主张缓和舆论，开展多方协作。松方正义要求伊藤博文召开临时议会，就如何应对局势展开讨论。但是伊藤博文强调，国务大臣当"对君主直接负责和对人民间接负责"，即坚持超然主义，在天皇的信任和支持下同"责任内阁论"对抗。虽然民党均赞成扩充军备和召开临时议会审议相关问题，但军部（特别是陆军）强调无法在临时议会召开前制定好预算计划，因此召开临时议会的要求遭到拒绝，松方正义被迫辞职。

在主张"责任内阁论"的民党联合构想，和强调对外危机、汇聚藩阀元勋建立"举国一致"体制的构想双双败退时，自由党东北派领袖河野广中认为："使藩阀同化于政党，将元勋引入政党，开启两大政党对立之端，无有比今日更好之时机"，遂积极致力于同"元勋中最具有进步思想，最得陛下信赖，具有出类拔萃之政治才干的伊藤博文首相"提携并获得成功，使伊藤博文作出了如下承诺：1.预算案在正式付诸讨论时先征求自由党意见；2.向议会提交的其他重要法律文件也照此程序办理；3.制定新的政策时，事先与自由党协调，征求其同意；4.政府充分倾听民意并以此作为施政依据；5.互相发表声明，明确表示各自态度。③

随后，河野广中进一步要求伊藤博文让自由党总理板垣退助入阁并经伊

---

① 伊佐秀雄：《尾崎行雄传》，纪念尾崎行雄刊行会，1951 年，第 532 页。
② 《陆羯南全集》5 卷，第 159—170 页。
③ 河野盘州传编纂会编：《河野盘州传》，1926 年，第 387—395 页。

第九章 明治时代

藤博文"奏请"天皇批准,在突破超然主义、建立政党内阁的道路上又克服一个障碍。但是,伊藤博文允许政党领袖进入政治枢纽、为政党内阁制的建立开辟道路的举措,引起了超然主义者的反对,使在藩阀势力包围中处境孤立的伊藤博文,不得不在明治二十八年(1895年)11月10日决定辞职。天皇获悉后,于当月21日让萨摩派"第一元老"、枢密院议长黑田清隆和长州派首领山县有朋宣誓协助伊藤博文,使之继续执政。同时,自由党也在伊藤博文同意留任的22日发表"协作声明"。

板垣退助

针对自由党、国民协会和伊藤内阁的合作,分裂为小党派的民党诸如立宪改进党、立宪革新党(武富时敏等)、中国进步党(犬养毅等)、帝国财政革新会(田口卯吉等)、大手俱乐部(大竹贯一等)等为了加强自身力量,于明治二十九年(1896年)3月1日组成了以大隈重信为实际党首的进步党,提出了以改革弊政、建立责任内阁、刷新外交、扩张国权、整理财政、发展民业等为目标的政纲。以"休养民力"为标榜,要求节减政费的民间政党与以宪法第67条和71条有关预算的规定为挡箭牌、贯彻超然主义的藩阀政府的对立,事关政党是否可参与政策决定之关键,因此两者展开了激烈的攻防战。最终,伊藤博文借助山县有朋势力的支持,终使预算案在众院表决时获得通过,并趁势压制扩军反对论者,确定了政治运作方针。但当他趁势推荐松方正义和大隈重信分别出任藏相和外相,尝试建立举国一致体制时却受到挫折:受其推荐就任内相后脱离自由党党籍的板垣退助认为,让反对党代表大隈重信入阁"违反立宪内阁之通义",表示坚决反对,而使松方正义入阁也未能如愿,伊藤博文遂于明治二十九年(1896年)8月28日提出辞呈,时隔4年再次离开政权宝座。伊藤博文的离职说明,尽管其依靠的自由党和国民协会在议会中占有多数席位(分别占有103席和32席),是执政党,但是萨长藩阀势力和在制定内政外交各项政策时以两大势力为旗帜的对立说明,建立政党内阁的路程,依然曲折漫长。

伊藤博文辞职后,除农商相榎本武扬,其他阁僚相继辞职。为避免政局混乱,天皇遂令黑田清隆兼任临时总理,并令其尽快选定正式继任人选。此时,日本政坛出现了被称为"萨摩武断派"的军人和"对外强硬派"的政党成员的联合趋向。使两者走到一起的直接动因是拥立坚持"北守南进论"的松方正义出任首相,尽管两者各怀鬼胎:军人希望借此占领台湾,政客则试图借此获取政权。而促使两者携手的根本动因,是试图以此同长州阀和自由党的联合势力对抗。于是,通过三菱财阀的岩崎弥之助的斡旋,双方达成了支持建立"松方内阁",图财政外交一新的"合意"。经过一番曲折特别是多人的"谦让"和"争

大隈重信

取",最终形成了由松方正义为首相、大隈重信为外相的所谓"松隈内阁"。明治二十九年(1896年)10月12日,松方正义发表了内阁的政纲和施政方针。松方正义推行的路线,有三点尤其值得关注:一是显示了"责任内阁论"和"超然主义"的折中;二是吸取了第一次直接导致其下台的教训,放缓了对言论、集会、出版的控制;三是推行金本位制。但是其政治经济运作的改革并不成功,"拼凑"而成的内阁内部也政见各异,最终在对内阁不信任案被提上议事日程后解散内阁、提出辞职。

明治三十年(1897年),眼见萨摩阀政权倒台,长州藩阀遂决定拥立一贯主张"举国一致"的伊藤博文登台组阁。以此为背景,伊藤博文首先和前此获得迅速发展的进步党首领大隈重信进行了会谈,邀其入阁,未果。之后又同自由党商议。与迅速发展的进步党形成鲜明对比的是,自由党已陷入分裂状态,伊藤博文伸出的橄榄枝当然很有诱惑,但该党提出由其首领担任内务大臣的要价太高,使伊藤博文担忧一党势力过大会导致内阁失衡,因此同样未果。眼见"举国一致"构想刚欲付诸实施即连连受挫,似又要重回"超然主义"的老路,伊藤博文遂召集山县有朋、黑田隆清、西乡从道、大山岩、井上馨五个元老举行了御前会议。这次会议的背景是:以德国占领中国胶州湾(1897年11月14日)为契机,俄、德、法、英在中国的争夺加剧,远东局势紧张;日本国内财政、军备状况堪忧。以此为背景,伊藤博文提出了局外中立、致力于解决国内问题的方针。伊藤博文认识到,政党官僚争名于朝,对政治利益蝇营狗苟;产业的发达必须向国外求取必要资本,战后政治经济运作面临很多困难。为此,他强调除了大胆起用人才,别无良策,要求担任君主委以裁量全权的首相:"伏请陛下许与臣下为社稷划策及奏请权,并使臣下在施行划策时不遇障碍。值此危急之秋,为保社稷除此别无良策。祈望圣断。"①直面内外紧迫课题的御前会议,同意了伊藤博文的请求。

明治三十一年(1898年)1月12日,第三届伊藤内阁正式组成。除了海相西乡从道和外相西德二郎留任,其他内阁成员是:芳川显正(内相)、桂太郎(陆相)、曾祢荒助、西园寺公望(文相)、伊东巳代治(农商相)、末松谦澄(递相)、井上馨(藏相,最先欲任用渡边国武,但因藏相面对地租增征和财政整理等诸多难题,渡边国武婉拒)。这些继元老之后执掌政权的新生代人才,多是精于实务的专家型官僚,和前一届内阁起用政党人士形成了鲜明对照。在阁僚中尤其值得一提的是桂太郎。他虽然为山县直系,但却自诩为改革藩阀统治的指

---

① 《伊藤博文传》下,原书房,1960年复刻,第327—331页。

导者,竭力倡导"消灭萨长观念"、"破除旧习"、"提拔后生"。

"后生内阁"在伊藤博文的统领下首先采取的重要举措,是改革重大事项均在"御前会议"上奏这一维新政府以来的惯例,着力制约天皇亲政和脱离宫廷政治。

1月19日,以分离统帅大权的辅弼者和国务大权的辅弼者为目的,伊藤内阁设立了作为天皇最高军事顾问机构的元帅府,翌日授山县有朋(陆)、大山岩(陆)、西乡从道(海)、小松宫彰仁(陆)四位大将"元帅"军衔。通过任命支持伊藤博文的大山岩和西乡从道为元帅,抑制山县有朋的独断专行。

2月9日,伊藤博文向明治天皇提交了《皇室制度改革案》。总共由10条构成的这一改革案,主要内容是:前5条希望天皇、皇族的行动遵循一定的基准和民间社会保持一定距离,其目的是稳定皇室和国民的关系;第6、第7条强调尊重君主的叙爵权,但希望不再由宫内省专管,而将其纳入政府的奏请权,即对华族制度进行修订;第8条建议修改握有外交大权的"皇室外交"惯例,强调重要外交不仅由外务省和宫内省充分讨论,而且必须由总理大臣参与审议。第9条建议为即将成年(20岁)的皇太子设立辅导职,由大山岩元帅担任。第10条强调,鉴于宫内省和内阁各省因存在诸多权限、事务不明之处而屡起争端(如第二届松方内阁和土方久原宫相的争议),建议明确职权。①

伊藤博文的建议,催生了一部重要法典:《皇室典范》。《皇室典范》是皇室制度的基本法典,异于一般法律,与宪法享有同等地位。一、《皇室典范》第四条规定:"皇子孙继承皇位,以嫡出为先。皇庶子孙继承皇位,仅限于没有可继位之皇嫡子孙时。"第八条规定:"皇兄弟以上同辈者,以嫡先庶后,长先幼后为序。"二、皇太子妃必须在皇族或三大贵族家庭中挑选。三、只有男子方能继嗣皇位(最后一条在现行的《皇室典范》中依然保留)。

伊藤博文

在伊藤博文提出宫中改革方针的同时,井上馨藏相提出了以增税为核心的重建财政的方针。此时,在3月15日举行的第5次临时大选中党势有所恢复(议席从82增加至约100)的自由党,提出以板垣退助入阁和起用该党党员担任行政高级职务为条件,在重建财政方面给予配合,但遭到拒绝。桂太郎支持井上馨的立场,而农商相伊东巳代治因与之前有约定,为此辞职,遂由农商务次官金子坚太郎继任。愤怒的自由党则在5月5日召开了党代会,通过了断绝与现内阁合作的决议并公开发表宣言,提出了引进外资推行"积极财政"的

---

① 《伊藤博文传》下,第335—352页。

方针，领导开展了反对增税和铁道国有化运动，与井上馨公开对抗。

在应对国际局势方面，由于西方列强划分在华势力范围的企图日益露骨，对外强硬运动再次兴起，并举行了以进步党和同志俱乐部为中心的"对外同志会"，对政府的外交政策提出批评。以此为背景，在明治三十一年（1898年）5月14日召开的第12次特别议会上，甚至有人提出了上奏案，追究招致"三国干涉还辽"的当事者伊藤内阁的责任，但终因自由党和国民协会两个当时的执政党不予赞同而以116票：171票的表决结果未获通过。

在议会这个"战场"，围绕内政问题，奉行超然主义的伊藤博文和民党的冲突亦相当激烈。为了扩大统治基础，伊藤内阁提出了"众议院议员改正法案"。该法案设定了诸多对急速成长的工商业者有利的选举条件，试图通过多种利益的调整推行"超然主义"的政治运作。另一方面，由于现行制度对地主阶层有利，选出的代议士多为地主阶层，作为财政整理重点的增税难获支持。事实证明，这一担忧是必要的，因为不仅该法案在议会审理时被作了重大修正，现行选举制度依然得以维持，而且同时审议的"地租增税法案"也因遭到自由、进步等党派的强烈反对而成废案，遂使内阁决意解散议会，进行大选。这一决定由天皇6月10日颁布的诏敕正式生效。

但是，多次解散使自由党和进步党终于深刻认识到，必须联手才能和超然主义势力对抗，获取政权，因此开始了两党合并为一党的运作。6月22日，新党创建仪式在京桥新富座举行。仪式上通过了《宪政党宣言》、党纲、党则。所以取名"宪政党"，如宣言中阐述的："宪法颁布、议会开设以来近20年，期间议会被解散已多达5次，全然未见宪政之实，政党之力亦未有大的伸张。是故，藩阀余弊尚固结，朝野之和谐被打破，使国势因此迟滞，使举国忠爱之士感慨万千。今吾人鉴于内外之形势，断然解散自由、进步两党，广泛团结同志组建一大政党，以一新姿态期待宪政之完成，兹宣告本党之成立。"①在同时颁布的党纲中显示了两党主张的折中，在人事安排方面，则突出了两党的均衡。

但是，"人事均衡"随着政权的获得而被打破。6月24日伊藤博文提交辞呈后，同时被奏请为首相人选的，有原自由党的板垣退助和原进步党的大隈重信。结果大隈重信出任首相，掌握了内阁的主导权。一年后，原进步党以修订对外条约的需要为由，建议由大隈重信兼任外相，但原自由党以"势力均衡"为由表示反对。最终这场争议以大隈重信兼任外相、人事重新调整收场：旧自由党要员中，板垣退助出任指挥地方官、相当于副首相的内相、松田正久出任执掌财政的藏相、林有造出任递相；原进步党则由大石正己任农商相、大东义彻任法相、尾崎行雄任文相。至于军部大臣人选，则只能从陆相桂太郎和海相西

---

① 《党报〈宪政党〉》第一号，1898年8月5日。

乡从道中挑选,结果桂太郎以撤回旧进步党提出的"缩军论"和实施扩军计划为条件,同意入阁。在任命军部大臣时,山县有朋曾试图越过首相大隈重信,直接奏请天皇决定,阻止政党对军部的干预。于是,桂太郎作为藩阀势力的代表监视政党动向。在完成组阁后,大隈重信和板垣退助觐见天皇,呈上了阁僚名单。天皇经过对阁僚的逐一仔细审核后,予以裁可。明治三十一年(1898年)6月30日,国务大臣任命仪式正式举行。第一届大隈内阁或"隈板内阁"的诞生,同时也标志着第一个"政党内阁"的诞生。

但是,第一个政党内阁所推行的方针很快遭到抵制:为了重建财政方针,松田正久藏相在全面削减事业费的同时,也减少了陆海军军备费用,从而引起桂太郎和西乡从道的不满。虽然两者最终接受了削减军费的预算案,但是尾崎行雄却因发表"共和演说"而遭到强烈抨击且被迫辞职。以尾崎行雄的后任人选为导火索,旧自由党和进步党再起纷争,这次旧进步党胃口增加,欲单独组阁。但是,这一意图为天皇所阻止。随后,星亨等旧自由党关东派于10月29日以党本部的名义召开临时协议会,通过了重新组建宪政党的决议。10月31日,大隈重信和旧进步党阁僚同时提出辞呈,旧进步党则于11月3日组成了宪政本党,宪政党彻底分裂。隈板内阁一届议会未开,只存在了4个多月即告夭折。

政党内阁夭折后,视政党政治为洪水猛兽的军部和官僚开始联合,其标志就是明治三十一年(1898年)11月8日第二届山县有朋内阁的建立。由于当时宪政本党(旧进步党派)在议会中占有123席,为议会第一大党。因此,只有超越"萨长对立",才能与之对垒。由于政党势力在议会中已渐成气候,因此山县有朋只能依赖"敕令"与之抗衡:明治三十二年(1899年)3月25日,山县有朋向以黑田清隆为议长的枢密院提出了要求就"敕令三案"进行讨论:修改文官任用令案、文官分限令案、文官惩戒令案。在获得枢密院多数顾问认同后,山县有朋不经议会立法手续直接奏请天皇敕许后,于3月28日公布。关于颁布这些敕令的目的,按山县友朋在其"发案"理由书中的说词,是行政官制理当仿照以年功序列为基础的武官任用制,同时如在欧洲诸国所见,作为一种惯例,司法官的终身制也适用于行政官,强调"为了保护官吏本人,巩固行政,为臣民谋福利,必须这么做"。①但是明眼人很清楚,这些法案的核心,是防止政党"猎官"、由官僚独揽行政权并排除其对议会的干涉。以陆羯南为主笔的宪政本党系机关刊物《日本》连日发表评论,抨击山县内阁的真实目的是在断绝政党仕途的同时"阻止政党内阁的成立,即便无法阻止,政党内阁也难以持续"。②

---

① 《公爵山县有朋传》下,第369—373页。
② 西田长寿、植手通有编:《陆羯南全集》6卷,美菱书房,1971年,第245—246页。

在这种形势下,纯藩阀政党国民协会则解散并重新建立了帝国党,打出了"拥护万世一系的国体"的旗号,完全蜕变为拥戴君主主义的国家主义政党。政党政治全面进入低迷时期,代议制日趋衰败。于是为了"自救",山县有朋内阁在修改府县会制的同时,提出了修改众议院议员选举法案。历经激烈冲突后,该法案最终获得议会通过,并于明治三十三年(1900年)3月29日公布。在使这一法案获得通过的第14届帝国议会上,还在废止集会结社法的同时,对山县有朋内阁提出的《治安警察法》进行了审理。结果,众议院未经一次大会审议即无条件使之获得通过,并在3月10日公布。

第二届山县有朋内阁时期最终建立的日本文武官僚制度,在使藩阀统治获得安定的同时,也产生了使制度和人事固定化的结果。因此,试图改变陆军优先的国防制度的海军帷幄上奏运动,和不属于山县派系的官僚,遂集结至伊藤博文的麾下,创设了新的政党:明治三十三年(1900年)8月25日,以"立宪政友会"命名的新党创设委员会在东京芝的红叶馆召开,通过了以建党宣言和政治纲领为内容的"立宪政友会趣旨书",对已有政党进行了尖锐批评,称其"罹患与宪法既定原则相悖之病,或通过执掌国务徇党派之私,或面对宇内大势显露与维新宏谟不容之弊",并在内阁和政党之间作了明确分界,对禁止猎官的文官任用令的修改作了全面肯定。①但尽管如此,议会议员加入立宪政友会者络绎不绝,达152名,过了议员半数。宪政本党以尾崎行雄为首的9名党员和其他几个政党中,"改换门庭"加入了立宪政友会者亦为数不少。9月13日,宪政党在举行临时党员大会发表解散宣言后,举党加入立宪政友会。9月15日,立宪政友会在帝国宾馆正式宣告成立,由伊藤博文任总裁。10月7日,伊藤博文受命组阁,建立了"立宪政友会内阁"。

立宪政友会内阁的建立,在日本政治史上是一个里程碑。因为,如前所述,此前主导日本政坛的主要有藩阀和民党两大势力。藩阀势力以山县有朋、伊藤博文、松方正义"三元老"为首,民党势力则是应了"分久必合,合久必分"之古语,先有自由党和进步党两大党派,后自由党和进步党"合流"成立宪政党,再后宪政党又分裂为以旧自由党为主的"宪政党"和以旧进步党为主的"宪政本党"。但"万变不离其宗",藩阀和政党基本泾渭分明。但立宪政友会的成立,则使日本政坛出现了藩阀元老(伊藤博文)组织政党、藩阀官僚出身的贵族议员希望成为政党党员这一划时代的变化,形成了官僚和政党提携关系固定、权力和利益分离的政治结构。这种结构,史称"1900年体制"。

"1900年体制"所以能够形成,就政坛内部关系而言,主要取决于各阶层、各利益集团对"权势"认识和行为的变化:1.以明治天皇为首的元老,在创建了

---

① 《立宪政友会趣旨书》,载《政友》第一号,1900年10月15日。

第九章 ● 明治时代

明治宪法体制后,不断对官僚制度和代议制度进行了改良,并逐渐"淡出"政治第一线,使少壮官僚和政党领袖获得了活动舞台。2.藩阀官僚曾强调君主主义以期独占权力,并为此压抑政党势力。但是在政治运营中,利害关系使其不得不同曾被他们鄙视为"追求私利私益"的政党党员妥协。3.曾高呼自由民权、攻击"有司专制"的政党党员,放弃了自成官僚、承担行政责任的道路,选择了追求党派利益,与官僚共存共荣的道路。4.始终坚持超然主义的山县有朋和鼓吹议会的利益政治化的伊藤博文,从相反的方向奠定了1900年体制的基础:山县有朋通过修改文官任用令,将权力交官僚之手;伊藤博文通过采用政党内阁制,将利益送政党之手。

但是,正如社会主义者幸德秋水预言,政友会内阁建立之日,也是"猎官热"和"腐败风"暴露之时。执政后,立宪政友会对公共权力的滥用和对私利私益的贪婪,很快招致朝野各界对政党政治的不信任,成为各种原先支持和反对势力众矢之的,使之于明治三十四年(1901年)6月2日为桂太郎内阁取代。在桂太郎阁僚中,始终与政党势力敌对的山县有朋系成员占了大多数,民党势力全面衰退。在其强硬路线面前,立宪政友会一次次屈服,"民党联合"在经历了一次次"磨难"后趋于崩溃。

桂太郎

但是,日俄战争结束后,第一届桂太郎内阁于明治三十八年(1905年)12月21日宣布总辞职。元老西园寺公望作为立宪政友会首领,于翌日1月7日组阁,成员为:西园寺公望(首相)、加藤高明(外相)、原敬(内相)、阪谷芳郎(藏相)、寺内正毅(陆相,留任)、斋藤实(海相)、松田正久(法相)、牧野伸显(文相)、松冈康毅(农商相)、山县伊三郎(递相)、石渡敏一(内阁书记官长)、冈野敬次郎(法制局长官)。从阁僚构成可以判断,第一届西园寺内阁是以政友会为执政党建立的内阁,但不是政友会内阁,因为除了首相西园寺公望外,仅有两名政友会成员入阁:原敬和松田正久。

西园寺公望

西园寺内阁建立后日本政治的动向有两点值得关注:第一,"日俄战争结束后取代官僚系成立的政友会系内阁,确实跨出了政治民主化的第一步。但是第一届西园寺内阁的成立,同时也宣告了前此虽不明了,但始终持续的'民党联合'的最终崩溃。与宪政本党的提携彻底决裂的立宪政友会,利用战后一时的景气,推行了该党一直主张的积极政策,在明治四十一年(1908年)的第十次众议院大选中取得了压倒性优势。在这一过程中,作为在野党第一大党的宪政本党的方针一变再变,最终导致党势衰退"。第二,自此以后至明治时代结束,桂太郎和西园寺公望轮流执政,形成了日本政治史上的所谓"桂园时代"。①

六、修改条约:明治政府的首要外交课题

明治政府成立后,利用欧美国家之间的矛盾,在收回原幕府出让给欧美国家的权益方面取得了一些成绩。如明治二年(1869年)1月,利用英美矛盾收回原幕府出让给美国公使馆秘书波特曼、已到时限的江户—横滨间铁路的权益;明治三年收回原幕府出让给普鲁士人、为期99年的北海道七重村土地,并不惜赔以重金;明治六年(1873年)从荷兰人手里收回作为外债抵押的长崎高岛煤矿。

但是,新政府面临的首要外交课题,无疑是修订不平等条约。早在明治元年(1868年)12月23日,明治政府即将修约意向非正式地向各国代表作了通报。明治二年,太政官令外务官员就修改条约问题进行调查。明治三年,新政府向美国提出,将于两年后(1872年)5月就修订安政五年(1858年)签署的《日美友好通商条约》进行交涉。明治四年(1871年)2月,明治政府外务省录用津田真道、神田孝平、渡边洪基等为"条约改正挂",从事修约的调查研究,并由他们起草修约草案《拟新定条约草本》(共23条。值得关注的是,这份文件对恢复法权问题立场比较暧昧,其用意主要是想待国力增强后再就此进行交涉)。

明治四年(1871年)9月,明治政府作出决定,派使节团出访欧美。10月8日,使节团正式组成,由参议兼外务卿岩仓具视任全权大使、参议木户孝允、大藏卿大久保利通、工部大辅伊藤博文、外务少辅山口尚芳为全权副使、司法大辅佐佐木高行、陆军少将兼兵部大辅山田显义等为理事官,使节团正式成员48名,另有华士族留学生等54名。使节团阵容之强大,使以三条实美为首的政府被称作"留守政府"。11月12日,使节团一行乘坐"美国号"客轮离开横滨,朝旧金山驶去。

明治政府派使节团出访欧美,有两项目的:一是向缔约国致"聘问之礼",并就修约事宜与各国交涉;二是进行考察,了解西方先进的制度文化,并以此为参照,进一步推进改革。太政大臣三条实美对使节团此行寄予厚望,在欢送辞中称:"外交内治,前途之大业,其成与否,实在此举。"②不过,似有必要在此作两点补充:1.明治政府认识到,日本各项法律的制定还未取得明显的进展。

---

① 井上光贞、永原庆二等编:《日本历史大系·4·近代》,第1044—1045页。
② 大久保利谦:《岩仓使节团研究》,宗高书房,1976年,第184页。

如果届时提出交涉,很可能处于被动局面。因此有必要派代表就是否可延期修约进行试探。①2.在使节团豪华阵容的背后,隐藏着权力斗争。试举一例:官制改革后,大藏省权力日益膨胀,致使其他官僚多有不满。明治四年(1871年)大久保利通给岩仓具视的信函中,就这一问题的危险提出警示,称若不采取措施,"不日必生不测之弊"。②因此,大藏省为了"自肃",还权于正院,也力推大藏卿大久保利通出访。另外,此行既然有考察任务,那么通过考察巩固和扩大自身权力,不啻是冠冕堂皇的理由。9月15日,外务卿岩仓具视等高官向太政官及正院递交了一份"意见书",针对前此正院在使节团派遣目的的"事由书"中将制度法律、理财会计、教育规则作为考察重点,提出:"当以法律、理财、交际三科为急务。"③

同年12月6日(美国当地时间为阳历1872年1月14日),使节团一行抵达旧金山。按照原定计划,使节团应于翌年2月12日出访英国。但是由于缺乏近代外交经验,使节团在美国滞留了近5个月。

代表团一行抵达美国后,受到了美国政府的盛情款待。但是,在就条约问题进行交涉时,问题却接连发生。首先,由于副使伊藤博文曾经留过洋且通晓英语,森有礼作为日本驻美"少弁"熟悉美国国情,因此"土鳖"正使岩仓具视只能听凭两人摆布。这对权力欲极强并在明治新政实施过程中叱咤风云的岩仓具视来说,显然是种痛苦和无奈。这种心境在他于翌年2月9日,即从美国发出的致太政大臣三条实美的信中表露无遗:"小生在此如受人摆布的偶人,心有余而力不足,实难当此大任。百般后悔,万般无奈。"④无奈归无奈,鉴于伊藤博文"啃过面包",岩仓具视作为全权大使致美国国务卿的信函等文件,只能委托伊藤博文起草。当时,伊藤博文拟就的致美国国务卿的文件主要涉及两方面内容:

一是不仅起首即明确写道:"特命全权使节赋有同欧美各国政府缔结新的条约,抑或废止、更正现今定约之全权",而且最后特别强调:"凡此使节与各国政府商议之条款,我政府均予接受,并确定在日后施行于内政外务之实际,或他日将其添加入条约。至条约改订时,纵有异同之处,亦可作大纲要领进行充分辩疏,另今后使节有权变更目前与各国政府协议之条款。"

二是提出"天皇陛下之期望要点"为领事裁判权之撤除(第三项)、内地杂

---

① 井上光贞、永原庆二等编:《日本历史大系·4·近代·1》,第294页。
② 《大久保利通文书》4卷,第380—381页。
③ 外务省编:《日本外交文书》4卷,1957年,第73页。
④ 明治五年2月9日岩仓具视致三条实美信函,载春亩公追颂会编:《伊藤博文传》(上),统正社,1940年,第648页。

居之许可(第八项)和关税自主权之恢复(第十项)。① (按:很多论著将领事裁判权写作治外法权 extraterritoriality,但实质上治外法权是指在所在国不受该国统治权支配的特权,只限驻外使节和军队享有,不同于侨民触犯所在国法律由驻该国领事裁决的领事裁判权)。

明治五年(1872年)1月21日,使节团一行到达美国首都华盛顿后,2月3日同美国国务卿哈密尔顿·费希(Hamilton Fish)等举行了会谈。日方使节首先宣读了伊藤博文起草的一系列文件。但是费希当即询问:"使节是否具有签署草案之权力?""贵国皇帝当在国书中写明赋予使节这些权力"。"如果国书中没有明记赋予使节交涉条约之条款的权力,则只能首先议论这一问题"。同时费希还声称,由于一年后美国要举行总统大选和上院三分之一议员的改选,因此除了正式签约之外,如果仅仅是交涉则其内容以后是否有效将无法获得保证。② 费希的一番话对使节团显然是很大震动,因此当天会晤结束后,使节团当晚举行会议,并决定为了获取全权委任状,暂先回国,并在2月5日与费希等的第二次会晤中表达了这一意思。但因使节团中最具有外交经验的外务少辅山口尚芳力劝而继续留下交涉。由于双方在条款问题上分歧明显,谈判呈胶着状态,使节团遂于2月28日决定,派大久保利通和伊藤博文回国取特命全权证书。当时情况,木户孝允在其日记里有明确记载:"雨,终日内居。条约一条未议定,这次派大久保、伊藤归朝求取条约改正之敕许……彼之所欲者尽与之,我之所欲者却无一得之。此间苦心且遗憾,唯有吞泪而已。"③ 伊藤博文和大久保利通3月24日回到国内后,向政府提出了颁发特命全权证书的要求。但是这一要求当即遭到外务卿副岛种臣和外务大辅寺岛宗则的反对。他们认为,仅仅和美国单独签约毫无意义,应当按预定计划赴欧洲,在那里聚集各国代表交涉、签署。④ 最后,两人好不容易获得了全权证书,并于5月17日从横滨出发赴美。

在大久保利通和伊藤博文回国期间,日美双方继续进行了交涉。但是,交涉存在根本分歧:美国不仅不同意修订不平等条款,而且要求进一步扩大权益。特别在最惠国条款上,美国坚持不肯让步。据木户孝允2月21日日记,当时在华盛顿的德国驻日公使马科斯·冯·布兰特(Max von Brandt)和木户孝允等会晤,就最惠国待遇问题对他进行了说明。因此使节团意识到,如果在这一问题上对美国让步,则各国也将"利益均沾"。因此,待大久保利通和伊藤

---

① 春亩公追颂会编:《伊藤博文传》(上),第643页。
② 外务省编:《日本外交文书》5卷,1955年,第139页、第147页。
③ 《木户孝允日记》2卷,第148—150页。
④ 外务省编:《日本外交文书》5卷,第207—208页。

博文两个副使 5 月 27 日返回美国时,使节团已决定终止和美国的交涉赴英国谈判。6 月 23 日,使节团离开华盛顿并于同年 7 月后访问了欧洲各国。

在英国,关于领事裁判权问题,英国外交当局建议采取埃及的"混合审判方式"。所谓"混合审判",就是由双方审判官参与案件审理。由于天皇在使节团出发前颁布的敕旨中,包含任命外国审判官事项,因此使节团认为这一建议似可研讨。于是,使节团便派福地源一郎前往土耳其、埃及调查审判制度,然后回国报告。在此期间,使节团对英国进行了参观考察,对英国称霸世界的工业极为赞叹。大久保利通表示,日本应将殖产兴业作为当务之急。国家富强了,改订条约方有希望。岩仓具视则表示,政规法典是一国之基轴,不仅要殖产兴业,同时也要认真考察列国之宪法政治。

在法国巴黎逗留期间,使节团一行在对国际条约进行了认真研究后认识到,列强和日本签订的条约是欧洲各国根据法律强加给亚洲国家的。如果通过向各国表明修约意向,各国必然会对日本迫害基督教徒进行谴责,并要求西方人在日本内地享有旅行自由。以后的历史证明,这点认识的获取非常重要。

在德国,铁血宰相俾斯麦设宴款待了使节团。席间,俾斯麦发表的一番说教,给使节团成员留下了深刻印象:"方今世界各国,虽以亲睦礼仪相交,但皆是表面名义。于其阴私之处,则是强弱相凌,大小相欺。何谓公理?强权就是公理!虽说有公法,但是各国都是与己有利就搬出公法,与己不利则将公法束之高阁。一国若欲国际上获得发言权,首先必须壮大自己。普鲁士原来也软弱受欺,但我们励精图治,壮大军事力量,以至当今论国力丝毫不逊色于英国和法国。"这番说教和普鲁士由弱转强的史实,让使节团认识到了比之在法国所获更具有历史意义的认识:"强权即公理。"

就在使节团对欧洲各国进行考察时,使节团接到了太政大臣三条实美发自东京的急电:"着大久保、木户副使急速回国。"接电报后,大久保利通当即动身。但是,木户孝允和大久保利通早有明争暗斗,不愿跟他一起回国,于是便暂继续随岩仓具视访问。一天清晨,在去俄国途经波兰某站时,木户孝允在一阵幽怨悲怆的笛声中醒来,他抬眼望去,只见一个衣衫褴褛的老人在风中吹笛,笛声如泣如诉,脚边放着一个铁罐。车站上另外还有一些蓬头垢面的小孩在乞讨钱物。这番情景让木户孝允一阵感慨:波兰也曾有过辉煌的历史。但是后来国土被一次次瓜分,国势如江河日下。木户孝允更加认识到,无论东方还是西方,无论大国还是小国,只有国家昌盛,才能免受欺凌。只有国力强大,才能扬威四方。木户孝允的这一感触,不仅是其日记中的记载,同时也是使节团所有成员此行共同的感触。

使节团总共访问欧美 12 个国家,历时 1 年 10 个月。修约交涉虽然未取得实质性成果,但是考察各国制度文化,却使使节团收获颇丰。通过考察,使节团成员深深认识到,整顿内政当成为修改不平等条约的前提。

明治六年(1873年)10月,外务卿副岛种臣因在"征韩论争"中失败而下野。继任外务卿寺岛宗则在明治八年(1875年)11月向政府提出,因以恢复关税自主权为目的,和列国进行修改条约的交涉,并提出这一交涉应先于领事裁判权的交涉。翌年2月,寺岛宗则命令日本驻欧洲各国的公使就税权问题进行交涉。明治十年(1877年)6月,日本驻美大使吉田清成根据外务卿寺岛宗则指令,向美国国务卿爱瓦兹递交了《日美条约私案》,并于翌年7月25日和爱瓦兹签署了日本恢复税权的条约。之后,英、法、德等国也同意在东京进行修改条约的交涉。

但是,在此期间发生的两个事件,使日本政府改变了寺岛宗则提出并贯彻的方针,即税约交涉先于领事裁判权交涉。

明治十年(1877年)12月,逗留横滨的英国人哈尔雷特秘密输入未经炼制的鸦片被日本海关查获,但是在进行英国领事裁判时,维尔金松推事将生鸦片作为药用品处理,宣判其无罪。1878年2月,哈尔雷特又因吸食鸦片被查获。由于吸用的鸦片属于违禁品,所以维尔金松只能加以处罚,但是仅罚以少量金额。日本外务卿寺岛宗则对轻判提出抗议未果。明治十二年(1879年)7月,因霍乱流行,日本方面加强了检疫。但是德国汽船"墨斯培利号"不服从日本检疫规定,仅作了所谓"自查"就驶入横滨港。寺岛宗则为此向德国公使提出抗议,正访问日本的美国总统格兰特也批评了德国的做法,并认为日本即便击沉该艘德国船只也属正当行为。

上述两个事件使日本国民要求废除领事裁判权的呼声日益高涨,寺岛宗则先就税权进行交涉,再就领事裁判权进行交涉的方针受到质疑。同时,由于寺岛宗则恢复税权的交涉未尝胜果,因此明治政府于明治十二年(1879年)9月让寺岛宗则转任文部卿,由井上馨任外务卿。

井上馨外务卿受命进行修改条约交涉,正式起步于明治十五年(1882年)1月至7月在东京举行的修约预备会议。这次会议确定了日本政府进行修约交涉的基本方针。在这次会议上,一方面井上馨宣布,在遵守日本法律的条件下,将允许外国人在日本全国享有旅行、通商、拥有不动产的权利;另一方面他保证,"审判的法律适用,将由日本政府特别采用的外国法官分担"。[①]值得关注的是,这次预备会议构建了日本以后在修约交涉时的两个关键:一、在允许外国人居留日本内地的同时,作为一种交换条件,逐渐废除领事裁判权。二、

---

① 日本学术振兴会编:《条约改正关系日本外交文书》2卷上,日本外交文书颁布会,1959年,第238页、第257页。

暂不进行恢复关税自主权的交涉,仅要求修改进口税率以增加关税收入。为此,井上馨于当年 6 月 23 日致函各国驻日公使,提出了增加 400 万日元进口税的原则要求,并提出具体项目可由各国商定。①

井上馨的信函虽然没有获得诸国的即刻反应,但是激发了西方诸国与日本扩大贸易的欲望,从而创造了和诸国进行修约交涉的前提。明治十七年(1884 年)5 月英国公使提案,在要求提供更多在日外国人贸易和交通的便利的同时明确表示,如果日本内地能够向外国人全面开放,使之拥有包括不动产在内的各项权利,英国政府可以考虑使日本拥有"关税独裁权"。同时还明确表示,如果日本能完善健全法律体系,制定民法、商法、诉讼法,则英国无意坚持保留领事裁判权。②

作为对上述动向的回应,井上馨决定修约交涉分两阶段进行:明治十七年(1884 年)5 月至明治十九年 5 月,主要以增加税率为中心,进行条约的部分修改。在这一阶段,允许领事裁判权继续存在,但是日本方面要求恢复逮捕权和禁锢 10 天以内的刑事案件处置权,以及新设港口的民事诉讼审判权。在此之后,以内地通商的全面开放作为交换条件,就废除领事裁判权、全面恢复关税自主权问题同诸强交涉,全面修改条约。井上馨的想法是,若将领事裁判权的部分废除和内地开放的部分实行结合起来,那么诸国要求进入日本内地通商的要求愈强烈,废除领事裁判权的时机也将愈成熟。英国的反应说明,井上馨的这种想法颇为聪明。

明治十九年(1886 年)5 月,日本政府正式举行了条约改正会议。在这个会议上,原先考虑按两个阶段进行修约谈判的井上馨,却提出了实行内地全面开放、要求基本废除领事裁判权的方针,即直接进入第二阶段。所以产生这种改变,是因为井上馨此时开始认识到,在日本民法、商法等法律公布、施行前,让诸国同意废除领事裁判权几乎没有可能,因此尽快正式着手进行各种法典的编纂、公布、施行,以及进行组织的整顿,或许能更快地实现条约的全面修改。5 月 29 日,井上馨在内阁会议上提出了以此构想和方针为基础的"审判权条约案"并取得了阁议的赞同。之后,井上馨和英、德两国公使进行了交涉,使之提出了符合他的构想的提案。6 月 15 日,井上馨撤回了自己原先提交的"审判权条约案",将两国提案"审判管辖条约草案"作为原案,提交列国参加的条约修改会议讨论。该草案的主要内容是:1. 日本政府在该条约批准后两年内,向外国人开放日本全国。2. 日本政府承诺在该条约批准后两年内,编纂、实施刑法、刑事诉讼法、民法、商法、民事诉讼法等法典,制定法院章程。3. 日

---

① 日本学术振兴会编:《条约改正关系日本外交文书》2 卷上,第 244 页。
② 日本学术振兴会编:《条约改正关系日本外交文书》2 卷上,第 324—325 页。

本政府在该条约批准后一年半内,将法院章程和各法典的英文译本送交各国政府。4. 该条约批准两年后,东京、横滨、神户、大阪、长崎、函馆等旧居留地内的领事裁判权仍可持续3年。除上述旧居留地外,其他地区服从日本裁判权。5. 在一定期限内采用外国审判官,与外国人相关的、物件价格100元以上的民事诉讼和以外国人作为被告的一切刑事诉讼案,在外国审判官占半数的法庭进行。至1888年4月22日,修约会谈共举行了26次会议。明治二十一年(1888年)4月,交涉各方基本以英德两国的提案为蓝本达成了协议,主要内容是:

1. 日本政府在批准文书交换后两年内,日本整个国土向外国开放。2. 日本政府"以泰西主义为原则",即根据西方规范编纂法典、建立司法组织。3. 上述法律在内地全面开放8个月之前公布,并将英文文本送交各国政府。4. 该条约批准两年后,东京、横滨、神户、大阪、长崎、函馆等旧居留地内的领事裁判权仍可持续3年。5. 外国人涉案的民事、刑事诉讼,在外国审判官占半数的法庭进行,担任一审的地方审判机关,除了东京外另设立于京都、山口、名古屋等八个城市,审判时使用日语或英语。6. 条约有效期为批准后的17年。

"裁判管辖条约案"的形成,对于日本来说既是划时代的成果,也是新出现的难题:第一,条约批准后的14个月内即公布民法、商法、民事诉讼法并全部译成英文,几乎不太可能;第二,外国审判官和领事裁判权在日本的存在,将延续至明治三十七年(1904年),这对日本的主权无疑是一种侵犯。因此,条约案形成后即遭到各方批评,引起了明治政府内部的对立,并为民权派的集结提供了绝好的机会,使之由此兴起了"大同团结运动"。

有鉴于此,明治二十一年(1888年)2月就任外相的大隈重信,在同年11月以"外交告知文"(外务大臣宣言)的形式提出的修约文本中,删除了采用外国审判官和法典编纂两项内容。不仅大隈重信和井上馨在修约时涉及的内容不同,而且交涉方式也不同。大隈重信的方式是:第一,和英、德、法、美、俄、意6国单独交涉并修改条约,使其他国家要么对原有条约作同样修改,要么废除条约,"二者择一"。第二,在6国中首先选择和日本立场比较容易接近的美、德、俄进行交涉并修改条约,将同英、法的交涉置后。但是,大隈重信的"计谋"实则存在一个致命的缺陷,即如果英国坚持不作妥协,则各国即便签署新约,同样可以援引最惠国条款的"利益均沾"原则,使"新约"变得毫无新意可言。井上馨所以历经马拉松式的交涉,主要就是因为无法无视英国的立场。井上馨以后的历任外相青木周藏、榎本武扬、陆奥宗光所以专念于对英交涉,原因也在这里。因此,大隈重信虽然在明治二十二年(1889年)2月、6月、8月先后同美国、德国、俄国签署了新约,但实际上并没有解决井上馨领衔和列国签署的"草案"所存在的问题。事实上,正是由于日本政府在编纂法典时遭遇的挫折,因此同年12月10日内阁会议就修约问题,对日本的立场作出了三点重要修正:1.回避"大审院"(最高法院)任用外国审判问题;2.避免在条约中明记日本国内法典的公布、实施;3.在领事裁判权存在期间,不允许外国人在日本拥有不动产。这三点修正,事实上完全撤回了大隈重信的上述"外交告知文",因此日本政府预料,对大隈重信方案尚且犹豫踯躅的英国当不可能接受。①

然而,英国政府却出乎预料地给予配合,因此井上馨的后任青木周藏外相遂于翌年,即明治二十三年(1890年)9月拟就《日英航海通商条约修改案(草案)》送内阁审议,由20条"航海通商条约"和5条议定书构成的这一草案的要点是:将领事裁判权这一难题从条约正文中剔除,放入议定书,而议定书则规定:领事裁判权在条约实施5年后完全废除;条约实施6年后由日本享有关税自主权,显示了高度平等性。同时为了获得平等权利,日本方面作出让步,规定外国人可在日本拥有不动产和企业股权;在领事裁判权废除1年半前实施民法、商法等法典;领事裁判权废除后,外国人在日本享有充分自由的通商、旅行、居住权。这一方案于翌年3月在内阁会议上终获通过。但由于山县有朋内阁解散、青木周藏辞任,因此和英国的交涉遂由其后任榎本武扬承担。虽然榎本武扬对青木周藏的方案作了高度评价,其拟订的方案基本上以此为蓝本,但因松方正义内阁对修改条约不甚积极,最初几乎未采取实质性步骤,直至明治二十五年(1892年)4月12日方成立委员会开始进行。不久,由于天皇颁敕,要求在修约问题上"充分慎重考虑利害得失,等待时机成熟",②加上委员会内部如寺岛宗泽等对榎本武扬方案表示反对,遂使修约交涉再次搁浅。

明治二十六年(1893年)年中,伊藤博文内阁再度着手修约交涉,具体工作由外相陆奥宗光承担。当时支持修约交涉的政治环境,也增强了政府的自信。同年7月8日,陆奥宗光向内阁提交了修约草案并当天即获得通过。草案内容同明治十三年的井上馨方案至榎本武扬方案,"只不过是程度上的差异"。除了5年内旧条约的一些条文仍得以遵守外,堪称是完全平等条约。③之后,日本国内出现了反对修约的所谓"现行条约厉行论",日英修约似乎又遇障碍。但由于当时朝鲜发生"东学党之乱",中日之间爆发冲突已在所难免,为了避免英国倒向清朝政府,日本外相陆奥宗光向日本驻朝鲜公使大鸟圭介发出训令:"日清两国之冲突终于难以避免的时刻已经来临。"④7月12日,陆奥宗光外相致电正在和英国进行修约谈判的日本全权代表青木周藏,电报原文

---

① 日本学术振兴会编:《条约改正关系日本外交文书》3卷上,第235—236页。
② 日本学术振兴会编:《条约改正关系日本外交文书》3卷上,第806页。
③④ 《日本外交文书》27卷1册,1953年,第10页;27卷1册,第558页。

是："Complication with China has become very critical. Make possible haste to sign treaty. You may yield all the points in my telegram of July 10th."①（译文："与中国的纠纷已难以缓解。尽快签署条约。你可根据我7月10日的电报在各方面作出让步。"）7月16日，青木周藏按照陆奥宗光的指令，全面作出让步，和英国全权代表金伯利(K. G. Kimberley)签署了《日英通商航海条约》及附属议定书。其让步主要是：1. 新条约至少在5年后施行，日本政府在新约施行1年前实施各项法典。2. 核定关税，但由附属议定书作出详细规定。日本未确立关税自主权。3. 外国人在居留地的所有不动产，由日本政府发给永久借地券作为保证。不过需要强调的是，就总体而言，这一条约的签署意味着日本终于可以脱离不平等条约的束缚。同时需要强调的是，这一条约是日本明治政府"对欧美协调，对亚洲扩张"之外交路线的缩影。换言之，日本对清朝，是另外一种姿态。

七、改变东亚秩序的"甲午战争"

以朝鲜问题为导火索的甲午战争（日本称"日清战争"），使东亚秩序发生了根本性变化。

《江华条约》签订后，日本一方面加强对朝鲜的控制，诱劝朝鲜政府改编政府机构和军队，聘请日本教官，一方面对朝鲜巧取豪夺，致使朝鲜民众困穷、国库空虚，军饷难以发放，引起士兵极端不满。为了平息兵怨，闵妃之兄兵曹判书（类似于军委秘书长）闵谦镐于1882年7月答应，发放拖欠了一年多的军饷。但实际上只发了一个月的薪米，且质差量少，士兵愤而哗变。闵谦镐滥施淫威，将为首士兵逮捕，遂引发事变。7月23日，在柳万春、金长孙的领导下，汉城驻军数千人发生兵变，并和汉城贫民起义汇合，夺取武器，释放"囚徒"，捣毁政要住宅，处死卖国大臣。起义者还焚烧日本公使馆，杀死日本官员。日本公使花房义质连夜狼狈出逃仁川。起义者遂拥立闵妃集团的对立势力、朝鲜国王高宗李熙（李太王）的生父、摄政的大院君李昰应执政。于是大院君乘机入宫，重掌政权。反华亲日的李昰应执政，自然引起清朝政府不满。8月下旬，在闵妃集团请求下，清政府派遣丁汝昌和袁世凯等率兵士3 000进入汉城，镇压了起事者，逮捕了大院君并押送中国审讯，闵妃集团重新掌权。此次事变，史称"壬午兵变"。②

翌年，中国和法国围绕安南（越南）的冲突，对"壬午兵变"后的日中、日韩

---

① 《日本外交文书》27卷1册，第87页。
② 关于"壬午兵变"的起因有三种说法：1. 民众自发；2. 大院君李昰应策动；3. 日本人策动。

关系,产生了不可忽略的影响。日本认为,面临可能发生的冲突,中国已构成临战体制。一旦中法和议成立,则中国很可能转手将剑锋指向日本。因为,中法围绕安南的对立,和中日围绕朝鲜的对立,本质相同。明治十六年(1883年)6月5日,山县有朋指出:"万一清朝和法国达成和局,则将难以保证其不萌生转锋东向之意。"①前此一直反对干涉朝鲜内政的自由党机关报《自由新闻》也一改以往立场,鼓吹起了"对清警戒论":"清国万一破法国之师,使安南完全成为其属邦,则必乘胜对日示威。"②日本朝野的这一舆论,同李鸿章为了抑制日法接近故意透露"对日强硬论"有关。

  1884年8月中法开战后,随着战局朝不利于中国方向发展,日本舆论迅速转向期望清朝败北。原本主张不干涉朝鲜内政的《自由新闻》和强调改造亚洲,与清朝抗衡的《时事新报》,双双放弃"同文同种、唇亡齿寒"立场,期待在中法全面开战中法国获胜。使日本舆论产生180度转变的根本原因,是壬午兵变后日本欲向朝鲜扩张的图谋,遭到中国的阻遏。如果清朝败北,这一障碍自当消除。于是,日本驻韩公使竹添进一郎向政府提出了在朝鲜建立亲日政权的建议。史料显示,虽然日本政府未即时采纳他的建议,但干涉朝鲜内政,图谋建立亲日政权,日本显然难辞其咎。同年12月4日,韩国亲日派首领朴泳孝、洪英植、金玉均、徐光范等趁京城邮政局大厦建成举行宴会之际,刺死议政闵泳翊,另刺死刺伤多名赴宴的朝鲜政府高官。"开化党人"随后进入王宫,要求朝鲜政府向日本公使馆提出派兵护卫朝鲜国王的要求,而早已整装待发的日本兵未等接到要求,已驰往国王避难的离宫驱散朝鲜卫兵,"护卫"朝鲜国王并严格控制离宫出入。而此时"改革派"则在王宫内外杀死了6大臣,于翌日清晨建立了以李载元为首、由上述改革派成员为阁僚的"新内阁",并由日本兵"护卫"的国王颁布了"大政一新"的敕令。6日,应被推翻的朝鲜政府要求,由袁世凯率领的清军攻入王宫,在朝鲜军队的策应下向日军发起攻击。"开化党人"死的死,逃的逃,驻朝日使竹添进一郎自焚使馆,率兵离汉城赴仁川日本驻韩领事馆避难。朝鲜的亲日势力被一扫而空。这一年,即光绪二十年(1884),旧历甲申年,中国纪年法被朝鲜官方正式采用。由于此事发生于干支甲申年,故史称"甲申政变"。袁世凯在此事中机智果敢、严厉大胆的卓越才能,深得李鸿章赏识,一年后被正式任命为驻朝鲜总理交涉通商大臣,成为二品驻外大员,为今后的进一步飞黄腾达奠定了坚实基础。削平"甲申政变"的功绩也树立了袁世凯在朝鲜的形象。朝鲜人为他立了生祠,供后世瞻拜,同时感谢他在平乱中治兵严厉,秋毫无犯。韩王亦拜他为上将,请他帮

---

① 《井上馨关系文书》675之6,国立国会图书馆宪政资料室藏。
② 《自由新闻》明治十六年6月3日社论。

助朝鲜编练新军。

但是,平息"甲申政变"并没有解决朝鲜问题,相反,干戈之后的宁静预示着一场更为猛烈的风暴,因为,政变失败使日本唯有通过武力迫使朝鲜政府听命日本一途。于是,时隔不久,日本即向朝鲜显示了"要么开战,要么签约",两者必择其一的强硬态度,提出了4点签约内容:朝鲜国王以国书谢罪;对日本伤亡者进行赔偿;处罚肇事者;负担日本公使馆和兵营的再建费用。迫于淫威,朝鲜政府接受了全部要求,双方随即签署《济物浦条约》(仁川条约),达成了"谅解"。在缔结《济物浦条约》的同一天,两国特命全权代表还在仁川缔结了《日朝友好条约》,主要内容是:1.扩大居留地;2.追加开放市场;3.允许公使馆馆员在朝鲜内地游历。

虽然朝鲜表示了"谅解",但朝鲜的宗主国中国却显然不那么"容易说话",加上以下两点原因,使日本同清朝政府交涉困难重重:第一,由于日本政府必须隐瞒事实,故不明真相的日本国民对中国军队"袭击"护卫朝鲜国王的日本士兵、残杀日本平民,表示极为愤慨,而一些日本将校则视之为"千载一逢之良机",鼓吹和清朝决战。第二,如日本外相井上馨明确表示的:"清国承诺日本要求的可能,极大地存在于中法战事。"[①]所以如此判断,是因为日本很清楚,清朝政府的妥协,主要是担心日本和法国联手。但是,伊藤博文亲任全权大使赴中国,和清朝全权大使李鸿章进行交涉时,已是明治十八年(1885年)4月,中法之间的和谈正顺利进行,中国已不必担忧日法是否联盟。因此,李鸿章断然拒绝了日本提出的惩罚肇事官兵的要求。结果,4月18日由双方特命全权大使签署的《天津会议专条》的主要内容,是双方均从朝鲜撤兵,以后如果有出兵必要当通知对方。明治十三年(1880年)后日本试图"加强"日韩政治经济联系的对韩政策严重受挫。日本欲染指朝鲜,必须与清朝一战。这,就是9年后中日之间何以爆发甲午战争的重要背景,而使中日两国兵戎相见的直接导火索,则是朝鲜的所谓"东学党之乱"。

所谓"东学党",实是折中儒教、佛教、仙道的宗教组织,名为"东学",因对抗基督教而兴起,自教祖崔济愚1864年被处死后,逐渐成为朝鲜民众反政府、排外的据点。由于不满政府的高压政策和残酷掠夺,1894年5月下旬,"东学党"在全臻准领导下奋起反抗并迅即席卷朝鲜南部诸道。为了"平乱",朝鲜宫廷执权势力闵氏一族遂向清朝驻朝鲜钦差总办袁世凯求援,要求清朝出兵。作为宗主国,清朝政府自感"责无旁贷"。6月6日,清朝政府按照前此《天津会议专条》的约定,将正式出兵朝鲜的决定通知了日本。但是在6月2日,日本政府已从日本驻朝鲜代理公使杉村濬处获悉清朝将出兵朝鲜消息,亦决定

[①] 明治十八年(1885年)2月9日井上馨致榎本武扬电报,载《日本外交文书》18卷,第193页。

以保护侨民为由,令当时回国述职的日本驻清朝兼驻朝鲜公使大鸟圭介搭乘军舰"八重山丸",率领数艘军舰和陆战队 300 余名士兵赶赴朝鲜京城(汉城),9 日到达仁川。翌日,《日本》发表社论,称"吾辈作为对外强硬派和条约厉行论派,对政府此举表示拥护"。①6 月下旬,日本政府基本确定了对清朝开战的决定。于是,日英之间便有了上述一幕:7 月 16 日,青木周藏作出重要让步,和英国全权代表金伯利签署了《日英通商航海条约》及附属议定书。

明治二十七年(1894 年)6 月 5 日,日本在参谋本部内设立了大本营,其成员逐渐增加,后囊括了内阁总理、枢密院议长、参谋总长、陆海军大臣、天皇侍从长等军政要员。翌日,清朝出兵朝鲜的通告到达日本。日本对其中"我朝保护属邦旧例"之语句提出抗议,并当即通过日本驻清朝临时代理公使小村寿太郎向清朝政府传达了日本也将出兵朝鲜的决定。清朝对日本出兵表示拒绝,但是日陆奥宗光外相提出,《天津会议专条》并不具有"行文知照"以外的约束力,而且根据《日朝修好条规》,日本承认"朝鲜国是自主之邦",否定朝鲜和清朝是宗属关系。同时强调,日本出兵朝鲜是遵循《济物浦条约》之规定,符合国际法,②并在此前已派遣大鸟圭介率军前往朝鲜。但是,6 月 9 日大鸟圭介达到仁川时,清军 1 000 余人已在牙山摆开阵势,而大岛义昌少将率领的日军混成旅也开始陆续登陆。中日是否开战,对于双方来说都如弦上之箭是否发射。6 月 16 日,自"甲申政变"后在朝鲜势力几被逐出的日本,向清朝提出了两国共同出兵朝鲜,两国共同改革朝鲜内政的方案,但在提出方案时,日本外相陆奥宗光对结果早有预料:"十之八九不会同意我方提案。"③换言之,所谓提案仅仅是为开战制造借口。果然,6 月 21 日,清朝对此方案断然拒绝,理由非常清楚:第一,"朝鲜之内乱已经平定,已无日清两国相互协力进行镇压之必要"。第二,"朝鲜的改革当由朝鲜自己进行,连中国都对其内政不予干涉,日本原本即承认朝鲜是自主国,理当没有干涉其内政之权利"。第三,"根据《天津会议专条》之规定,事态平息后当各自撤回军队,故此番毋庸置疑,双方理当相互撤兵"。④对此,日本方面表示,日本军队在朝鲜驻留,"不仅是依照天津条约之精神,而且是为朝鲜国善后之策"。为此,清朝方面向日本下了第一份"绝交书"。同时,在京城的大鸟圭介则以强大的兵力为后盾,向朝鲜国王提交了内政改革案。

就在双方唇枪舌剑、剑拔弩张之际,出现了使双方无法即开战端的动向:

---

① 西田长寿、植手通有编:《陆羯南全集》4 卷,第 528 页。
② 陆奥宗光:《蹇蹇录》,载陆奥广告编:《伯爵陆奥宗光遗稿》,岩波书店,1929 年,第 24—26 页。
③④ 同上,第 37 页;第 39—40 页。

1. 正同日本进行修约交涉的英国政府通过金伯利出面调停;2. 列强有介入事端之危险。但日本决心已下,遂以承诺不在上海周边采取军事行动为条件,婉拒了英方要求。在与英国签署新约后,7月17日,大本营从参谋本部移往宫中,构建了战争指导体制。7月20日,大鸟圭介向朝鲜政府提出了解除与清朝的宗属关系、要求清军撤离等要求,并要求3天内作出答复。在答复的最后期限7月22日,日军由伊东祐亨为司令长官的联合舰队驶出佐世保军港,大岛义昌指挥的混成旅团则进入京城(汉城)、武装占领了朝鲜王宫,并战胜清军、占领了牙山。7月25日,联合舰队由东乡平八郎任舰长的"浪速丸"遭遇清朝北洋水师运送士兵前往朝鲜的英国船"高升号",开炮将其击沉,船上1 000多名清军官兵遇难。此事件引起了英国舆论对日本的强烈谴责,但是支持日本开战的英国政府却采取了承认日本开战符合国际法的立场。事实上,英国当时最权威的国际法权威也在《泰晤士报》上撰文指出,日本实是不宣而战,因为宣战前日本已经向清朝开战。① 而日本的行为也证明了这一观点的正确性:为了装饰战争的合法性,直至8月1日日本天皇才颁布了自明治国家创建以来的第一份宣战诏书。日本对华宣战后,列强诸国纷纷发表中立宣言。

宣战诏书颁布后,日本国内充满了对战争的悲观气氛,东京、大阪的股票和债券暴跌。8月5日,参谋总长炽仁亲王和次长川上操六上奏的、由甲乙丙三个方案构成的作战计划,也显示出慎重态度。② 初时,日军海上作战遭遇丁汝昌指挥的北洋水师的阻击,进展不顺,但是在陆路,9月1日编制的日本第一军司令官山县有朋不受大本营牵制,采纳了第五师团长野津道贯的意见,于9月15日向平壤发起总攻,翌日攻占平壤、迫使清军后退。17日,日本联合舰队11艘军舰在黄海大孤山附近海面与清朝北洋舰队12艘军舰遭遇,双方舰只的吨位、排水量等大致旗鼓相当,但日本具有近代化的火炮优势。战争结果,北洋舰队退入旅顺口,日本掌握了制海权。此役后,日本大本营确定了翌年进行平原作战、占领辽东半岛的作战方针,于10月3日编制了由大山岩任司令官的第二军,并建立了举国一致体制和施行战时财政。明治二十七年(1894年)10月14日,日本第一军和由宗庆提督率领的清军主力约24 000官兵在鸭绿江畔进行了激战并取得了胜利,进入了九连城。第二军亦一路攻城拔寨,于22日占领了渤海门户旅顺口。至此,战争胜负已经揭晓。

翌年2月12日,清朝北洋水师在威海卫被日本联合舰队击溃。日本海军还占领了澎湖列岛、进逼台湾,摆开了南进架势;陆路日本占领了辽东半岛并在当地设立了总督府,扬言直取天津、北京。媾和对清朝而言当属求之

---

①② 《明治天皇纪》8卷,第469页;8卷,第476—477页。

不得。日本虽已稳操胜券,但自开战后始终窥探列强动静,因此也同意议和。

事实上,早在1894年9月15日至17日的平壤、黄海会战均告败北后,清朝已要求列强介入调停。1895年1月底,清朝派遣钦差大臣张荫桓、邵友濂作为媾和使节前往日本。但是日本政府以两大臣未持全权委任状,不符合国际法为由,拒绝与之交涉。而日本政府真实的"理由"是继续扩大战果,以便在交涉时占据更有利地位。

3月20日,日本全权办理大臣、首相伊藤博文和外相陆奥宗光,同清朝钦差头等全权大臣、直隶总督、北洋大臣李鸿章,在下关春帆楼正式开始进行和谈。李鸿章提议首先进行休战协议谈判,日本方面遂提出了4项休战条件:1.日本占领大沽、天津、山海关等要塞;2.占领地区清军的武器、军需物资交付日本;3.日本支配天津、山海关铁路;4.休战期间日军的费用由清朝负担。①由于这些条件过于苛刻,李鸿章无法接受,遂于3天后提出直接进行议和谈判。但是,在当天会谈结束后,发生了一件意外的事:李鸿章在回饭店途中,遭到反对议和的日本浪人小山六之助(本名丰太郎)狙击。交战国国民试图杀害对方使者的不法行为,使世界深受震动,日本则是"昨天以前还沉浸在战胜的极度狂喜中的社会,仿佛骤然陷入发丧的悲哀境地",日本各阶层人士对负伤的李鸿章表示同情。②面对这种突然的变化,伊藤博文和陆奥宗光担心,如果李鸿章愤而回国,则由此引起的国际舆论必然对日本极为不利,于是一方面要求天皇颁布"朕对此深表遗憾"的诏敕,向中国政府和李鸿章本人表示歉意,一面派军医前往为李鸿章疗伤,同时决定立即表示无条件休战,并为了说服大本营反对休战的萨摩派主要人物藏相松方正义、海相西乡从道、农商相榎本武扬、海军军令部长桦山资纪、参谋本部次长川上操六而赶赴战时移至广岛的大本营。另说服新任陆相山县有朋将休战期间定为3周;同时力避不属休战范围的台湾、澎湖列岛发生战事。③

3月30日,双方签署了休战条约,4月1日开始进行媾和谈判。清朝方面新增了全权大使李经芳(李鸿章之子)。伊藤博文和陆奥宗光要求清朝政府事先不要就条约内容咨询列强,但是日本方面提出的、充满觊觎中国野心的条约内容很快被列强知晓,因此日本政府怀疑此系清朝政府故意所为,以促列强干涉。④

如最终结果显示,日方一开始即欲对清朝提出割地要求。但对如何要求

---

① ② 陆奥宗光:《蹇蹇录》,第213页;第219页。
③ 德富苏峰:《公爵山县有朋传》下,第210—215页。
④ 陆奥宗光:《蹇蹇录》,第185—186页。

清政府"割地",日大本营内部和国内舆论意见并不统一,焦点是陆军觊觎帝都北京之咽喉辽东半岛,而海军则"青睐"台湾。意见相左既出于战略地位考虑,也出于可能招致的列强干预的顾忌。在明治二十七年12月24日至翌年3月30日举行的第八次通常议会上,在野党对外强硬派"狮子大开口",主张要求清朝政府割让盛京省(辽宁省)、台湾,赔款3亿以上;执政党自由党则主张要求割让吉林、盛京、黑龙江和台湾,扩大通商条约中的特权。在一片漫天要价声中,贵族院恳谈会代表谷干城向首相伊藤博文递交了意见书,提出了不同看法:"在使得陇望蜀这一人之常情急剧膨胀之际,若顺其势头则可能招致外人嫉妒,并激发清国如穷途末路之鼠孤注一掷之决心,从而使来之不易之胜利最终美中不足。"在"三国干涉还辽"后,谷干城随即主张放弃辽东半岛,而对台湾则作了如下评价:"台湾土地肥沃,未开发土地颇多,在经济上颇有潜力。"①

经过约半个月六次会谈,双方于4月17日签署了和约,史称《马关条约》(又称《春帆楼条约》)。条约共11款,并附有"另约"和"议订专条"。主要内容有:1.中国承认朝鲜的独立自主,废绝中朝宗藩关系。2.中国割让辽东半岛、台湾及澎湖列岛给日本。3.赔偿日本军费银2亿两。4.开放重庆、沙市、苏州和杭州为商埠。5.日本可以在中国通商口岸开设工厂。签约后仅6天,4月23日,德、法、俄三国驻日公使相继造访日本外务省,提出:"辽东半岛为日本所有,不仅有直接危及清国首府之虞,且将使朝鲜之独立有名无实,成为来远东永久和平之障碍。"②

在"三国干涉还辽"翌日,伊藤博文在广岛召开的御前会议上提出了如何应对的三项选择:第一,纵然遭遇新增敌国之不幸亦在所不顾,拒绝俄、德、法之劝告。第二,招请举行列国会议,在会议上处理辽东半岛问题。第三,完全听从三国之劝告,即刻将辽东半岛交还中国,以示恩惠。③在议论中,陆海军对第一策的意见是:"国内海陆军备不仅几近空虚,而且经长年累月征战,我舰队自不待言,人员军需亦均告匮乏,今日罔论应对三国联合海军,仅同俄国海军抗战亦难有胜算。"对第三策则认为:"几无议论必要,令人讨嫌",最终决定采纳第二策,希望在诸列强会议上求取美、英、意协力。④随之,日本发表了关于对华交涉方针的声明,基本内容是:1.要求清朝政府支付5 000万两银子作为交还辽东半岛的"补偿金"。2.在中国第一批补偿金和军事赔偿金支付后,日军撤至金州半岛,第二批补偿金和军事赔偿金支付

---

① 伊藤博文关系文书研究会编:《伊藤博文关系文书》6卷,塙书房,第168—172页。
②③④ 陆奥宗光:《蹇蹇录》,第250页;第253页;第254页。

和通商航海条约缔结并批准后,实施完全撤军;3.承认台湾海峡的自由航行,日本不向他国让渡台湾和澎湖列岛。①

"干涉还辽"成功后,俄、德、法三国进而"劝告"清朝政府中止批准条约。但美国特使、原国务卿约翰·福斯特(John Watson Foster)劝阻了清朝政府的动摇。在双方交换条约批准文本的5月8日,三国派遣了十数艘军舰前往条约批准文本交换地芝罘沿海示威。虽然清朝政府代表伍廷芳和日本政府代表伊东巳代治(内阁书记官长)均接到了本国政府延期交换文本的训令,但再次由于美国特使福斯特敦促两国政府收回训令,双方代表在最后期限5月8日深夜交换了文本,《马关条约》最终生效。5月10日,日本天皇颁布了交还辽东半岛的诏敕。10月7日,清朝向日本交付了交还辽东半岛的3 000万两银子"补偿金",日本承诺在3个月内撤军。原先以中国为盟主的东亚秩序被根本改变的中日甲午战争,至此正式结束。

八、日英同盟条约:日俄战争和日韩合并的"通行证"

《马关条约》缔结后,日本势力全面进入朝鲜并推行近代化改革。原先亲华的闵妃失势后,开始拉拢俄国对抗日本。对此,与俄国渐次交恶的日本大为紧张,最终导演了一出险恶事件:1895年10月7日夜,安达谦藏带领30余名日本浪人持武器直扑大院君官邸,将大院君从床上拉起,迫其宣读日本人拟定的解释这次起事原因的"告谕文",随后迫其同日本人一同上路。8日拂晓,这批日本浪人同其他日本武装队伍汇合后,分五路直扑朝鲜皇宫景福宫,冲进高宗居住的坤宁殿和闵妃居住的玉壶楼。在玉壶楼搜寻闵妃时,日本浪人中村楯雄看到一女子慌忙逃避,遂追上去揪住其头发挥手一刀,另一个赶来的暴徒顺手又砍了两刀,该女子呻吟倒地。日本浪人逢人便杀,但因谁也没见过闵妃,无法确信是否已杀死闵妃,便用刀架在一个宫女脖子上令其指认。该女子浑身战栗着告之闵妃额部有一痕痣。日本人遂复查地上各具女尸,发现中村楯雄砍杀倒地者即是闵妃。经多名宫女辨认无误后,日本暴徒用棉被把尚未断气的闵妃包起,搬至院中松林里泼上汽油焚烧。为灭痕迹,焚烧后歹徒又将残骸抛进水池。因此事件发生于1895年10月8日(农历八月二十日戊子),岁次乙未,因此史称"乙未事变"。诸多证据证实,策划此次事件的是日本驻清兼驻朝公使三浦梧楼。日本政府一方面竭力掩饰,一方面派小村寿太郎接替三浦梧楼职务。闵妃死后,高宗成日本人手中玩偶,朝鲜独立和主权被步步侵

---

① 《明治天皇纪》8卷,第862页。

夺。高宗不克恐惧,于1896年2月逃进俄国驻朝公使馆(一年后返回王宫)。

以上述事件为契机,明治二十九年(1896年)5月14日,小村寿太郎和俄国驻朝公使韦伯签署了一份共有4项内容的备忘录,主要内容为:1.双方保障朝鲜国王安全、严厉管束日本浪人;2.劝告朝鲜政府由"宽大温和之人物"组成内阁;3.由日本宪兵保护京城至釜山的电讯线路,至秩序恢复后撤回;4.俄国同意日本在京城、釜山、元山等地驻军以保护侨民安全。①自此,俄国开始全面推行"南下政策",试图通过铺设"大西伯利亚铁路",建立包括中国东北地区在内的"大经济圈"。

同年5月26日,在沙皇尼古拉二世加冕典礼之际,俄国和清朝政府、日本政府、朝鲜政府的代表分别签署了秘密协定——

俄国同中国代表李鸿章签署的协议史称"卡西尼密约",主要内容是清朝政府同意俄国出于军事目的,铺设最短距离连接彼得堡至符拉迪沃斯托克(海参崴)的铁道——"东清铁道"。

参加尼古拉二世加冕典礼的日本特命全权大使山县有朋为避免朝鲜完全沦为俄国保护国,向俄国外交大臣罗巴洛夫(Lobanov-Rostovskii)提议,日俄两国以北纬38度线为界,划分在朝鲜半岛的势力范围:南部属日本、北部属俄国。②虽然这一提议未获俄国接受,但是双方在6月9日签署了"权利平等"秘密议定书,主要内容共两点:1.以两国合意为前提出兵朝鲜,在两国军队间设立中间地带;2.至朝鲜组织起自己的军队,两国享有在朝鲜驻扎同等数量的军队之权利。

同朝鲜使节签署的秘密协议规定:由俄国军队保护朝鲜国王、俄国向朝鲜派遣军事教官和财政顾问;俄国向朝鲜提供300万贷款帮助其偿还欠日本的债务;架设俄朝两国间电讯线路。

同年9月8日,俄国和清朝政府正式签署了建设东清铁道的协议。12月,东清铁道公司宣告成立。1898年3月27日,双方又签署了"旅大租借条约",俄国终于获得了梦寐以求的不冻港,并获得了"大西伯利亚铁路"最南端出口。之后,俄国开始全力建设以哈尔滨为中心、向四处延伸的铁道网。当时出于各种原因,日本对俄国的扩张被迫走"协商路线"。

明治三十三年(1900年)中国发生义和团攘夷事件后,列国乘机掀起了瓜分中国狂潮。俄国以保护建设中的东清铁道为由,出兵占领了整个中国东北地区,并和当地官员签署秘密协议,实际掌握了当地的军政大权。

---

① 日本外务省编:《小村外交史》,原书房,1980年,第74—89页。
② (日)外务省编:《日本外交文书》29卷,日本国际联合协会,1954年,第812—813页。

李鸿章于1901年1月下旬向俄国方面建议,在两国政府层面上协商满蒙地区天然资源的利用权益,以期引起列强对俄国上述行径的注意。对此,俄国外交大臣拉姆兹道尔夫(Vladimir Nikolaevich Lamzsorf)对俄国驻清朝公使提出了交涉方针,称俄国所为不是合并满蒙领土,而是将东清铁道直接置于"国家直接"监理之下。并提出俄正规军在铁道竣工和运行后分三阶段撤出,但治安管理必须由铁道守备队负责,同时将俄国的"势力范围"划定为长城以北、帕米尔高原以西与俄国接壤地区,要求清朝政府不得将其"势力范围"内的权益让与他国并放弃铁道铺设权和关税自主权,要求清朝按此方针签约。对于俄国提出的交涉方针,清朝政府提出的协商案(满洲交还条约)则虽然强调"和平友好的性质"等"基本原则",但仍对俄国的方案表示异议,且要求列国予以干涉。

另一方面,俄国的行径自然引起列强的不满。美、英、德、日相继对清朝政府发出警告:不得和任何一国签署协议,给予其"有关领土的特别权益"。但是,由于当时英国陷于布尔战争泥淖无暇东顾,德国则忙于将山东纳入势力范围和在长江流域建立深入中国内陆的门户,于是劝诱日本合并朝鲜,希望日本和俄国开启战端以便借机获利。在获得德国将保持中立的承诺后,日本山县有朋内阁外相青木周藏遂单独上奏天皇建议对俄开战。山县有朋对此表示反对并宣布内阁总辞职。①

第四届伊藤内阁组成后,取代青木周藏的外相加藤高明(41岁)等少壮派主导的日本外交对俄更加强硬,并且开始显著改变对俄协调的外交方针。明治三十四年(1901年)3月12日,加藤高明在内阁会议上提出了下述几项选择,要求首相伊藤博文决断:1.即便对俄诉诸武力也应事先单独采取直接抗议行动;2.对抗满蒙分割,合并韩国;3.一如既往和英美协调,仅停留于形式上的抗议。经过一个多星期的探讨,最后日本政府以加藤高明提出的"第一选项"为基础,于3月24日向俄国发出了最后通牒。同日,英国公开表示,英德协商确定的"领土保全主义"也适用于满洲,对日本的行动表示支持。②英国的支持增强了日本说话的"底气",小村寿太郎公使随之向清朝政府承诺:"日本国将为了和平及保全清国而竭尽全力。"③受到日本方面承诺后,清朝政府遂决定拒绝和俄国签约。接到清朝政府驻俄公使珍田舍巳口头通告后,俄国外交大臣拉姆兹道尔夫当即表示,协约签署不容第三国说三道四。以英、日、清朝三国均采取对俄强硬方针为背景,4月5日,日本再次向俄国发出通牒,再次显

---

① 小松绿:《明治外交秘话》,原书房,1976年,第149—152页。
②③ (日)外务省编:《日本外交文书》29卷,第287页;34卷,第284—285页。

示了日本对俄开战的决心。同年9月,美国新任总统西奥多·罗斯福也表示,俄国的行为有损"门户开放"原则。11月7日,由于李鸿章去世,庆亲王奕劻出任清朝全权大使。12月,奕劻向俄国方面提出了协约修正案。结果,俄国不得不宣布撤回上述意欲割占中国东北地区的方针,另拟签约内容。

此时,明着表示中立、实则煽动日俄对立的德国,担心俄国转而同日本接近,建议英国让日本加入"英德协商"。但是,德国绝不想与俄国对立,因此德国此举实际上推动了日英接近,使日本在尔虞我诈的列强阵营中选择了日英同盟路线。在经历了一番曲折,特别是克服了认为由此必然开启日俄战争道路的伊藤博文的反对后,明治三十年(1902年)1月30日,日本驻英国公使林董和英国外交大臣兰斯道温(Marquis Lnsdowne),分别代表本国政府签署了具有攻守同盟性质的《日英同盟协约》及附属"秘密公文",当即生效。2月11日,双方同时公布了这一协约。协约第一条即声明:"两缔约国相互承认清国及韩国之独立",但同时又表示"英国承认日本在韩国拥有政治上及商业和工业上的特殊利益"。毋庸置疑,英日同盟不仅为走向日俄战争而且为走向"日韩合并"颁发了"通行证"。

明治三十五年(1902年)4月8日,俄国和清政府签署了"交还满洲"的协约,规定俄国军队撤出东三省。翌年5月中旬,俄国发生宫廷政变,鼓吹"满洲合并论"的贝索布拉索夫被任命为宫廷秘书(沙皇的常年顾问),俄国的"双重外交"路线开始向武断外交转变。俄军为了进行战争准备,采取了延期开战、将军事力量集中于主要地域和巩固旅顺口要塞工事的措施。同时主战的陆军大臣克鲁泡特金提出了暂时承认韩国属于日本势力范围的"满韩交换论",并和"非战论"者、财务大臣贝蒂取得了一致意见。于是,两者开始推进对日协商、禁止满洲开港、保全满洲领土的计划。6月,俄国陆军大臣克鲁泡特金访问日本时向日本外相小村寿太郎建议,以不分割满洲为前提,双方再行协商。在随后召开的旅顺口会议上,克鲁泡特金和据称是沙皇亚历山大二世私生子的关东都督叶夫根尼·阿列克西耶夫一起,建议贝索布拉索夫"缩小鸭绿江事业"。但是贝索布拉索夫对此不予认同,并说服沙皇于8月12日设立了"远东总督府",由阿列克西耶夫担任总督,统辖包括中国东北地区在内的远东地区行政、军事、外交全权,剥夺了克鲁泡特金的发言权。

无独有偶,日本此时也出现了"满蒙交换论"的拥趸。在6月23日的御前会议上,有的阁僚指出,日本面临两种选择:要么让主张对俄"协商"的桂太郎内阁"退阵",要么采纳参谋本部的意见,在俄国完成战备之前对俄开战,获取名副其实的"小胜"。7月1日,桂太郎提出了内阁总辞职的请求。天皇听取了山县有朋和松方正义的意见后,决定留任桂太郎;切断和伊藤博文及其领导的立宪政友会的联系以免受到牵制;削弱议会权力;建立"举国一致"体制。随之,"亲俄派非战论"者伊藤博文被任命为枢密院议长,不再担任政友会总裁,从而仅拥有作为"五元老之一"的发言权。事实上,所谓"协商"仅仅是以军事实力为背景、以他国利益做交易的恫吓外交,双方其实都在进行战前准备。日本更是大肆开展了"举国一致"的宣传活动。

当时,日本军内存在"主战论"和"非战论"两种声音。主战论者中,参谋本部总务部长井口省吾的观点颇有代表性。他提出的开战的"大义名分"即理由是:"将俄国人逐出满洲,解放满洲使之成为各国互市场所,由此满洲将牵涉各国利害关系,成为任何一国都无法染指的中立地带。"至于战略目标,则是占领韩国和彻底粉碎俄国的南下政策:"切实占领韩国,阻止俄国南下;要求俄国返还其租借的旅顺、大连;占领浦盐港堵塞俄国人进出太平洋之门户。"①非战论者认为,尽管主战论者的鼓动颇有民族感情色彩,称这场战争为"将使国家永远免遭危机,使国力国权得以切实维护"的"最后的战争",但是其速战速决论却显然缺乏根据。因为日本当时的兵力和战备状况都不容乐观。于是,非战论者以双方战斗力的差异为依据,提出了"满韩交换论"。按参谋本部次长田村怡与造的说法:"满洲之经营委予俄国,我取韩国。"田村为了能使"满韩交换论"付诸实施,代表参谋本部制定了以此为目标进行一场有限战争的计划,并要求海军军令部予以赞同。但是着力推进"海主陆从"国防政策的海相山本权兵卫认为,甲午战争以来,在海军掌握制海权之前,无需陆军出兵配合,并欲继续贯彻这一方针。因此,参谋总长大山岩便将计划作为参谋本部的方案,于6月22日上奏帷幄。

9月,外相小村寿太郎拟定了《万一和俄国的和平谈判破裂,我国对清韩两国应采取的方针》。在该文件中,小村寿太郎修正以往的路线,提出了"北守南进"的大陆政策:"北面拥护韩国的独立以保帝国之安全,南面以福建为立足点,将清国南部纳入我势力范围。"②10月1日,田村怡与造突然病逝,小村寿太郎继续推行"满韩交换论"。恰在此时,10月3日,俄国回复了日本前此提出的协商案,不仅拒绝日本进入满洲,而且要求尊重韩国的独立、领土完整;禁止将韩国的内陆、沿岸用于军事目的;设定北纬39度以北(包括平壤、元山)为中间地带。对此,以朝野日益喧嚣的"对俄开战论"为背景,小村寿太郎正式向俄国驻日公使罗森提出了"满韩交换论",要求日俄相互承认:"满洲不属于日本特殊利益范围,韩国不属于俄国特殊利益范围。"同时,小村也显示了一定程

---

① (日)参谋本部编:《明治三十七·八年秘密日俄战史》,岩南堂书店,1977年复刻,第35页。
② 海军省编:《山本权兵卫和海军》,原书房,1966年复刻,第151页。

度的妥协:保障朝鲜海峡的航行自由、在满韩边境两侧设立50公里中间地带。罗森对小村构想颇感兴趣。10月30日,小村和罗森签署了改定修正案。

眼看不费一兵一卒即将做成以"满"易"韩"的交易,但是12月11日俄国政府对改定修正案却不予认可,"满韩交易"遭受挫折。12月16日,日本元老会议作出了在加紧陆海军动员的同时,拖延与俄国交涉的决定。此后,日本实际上进入了临战状态。2月4日,日本御前会议作出了开战决定。会后,伊藤博文要求美国哈佛大学法学科出身的贵族院议员金子坚太郎前往美国开展宣传工作,诱导美国舆论反俄亲日。对战争前景持悲观态度的伊藤博文对金子坚太郎说:"本次战争陆海军均无胜利可能。由于日本是赌1国一战,因此我眼中没有胜败。"伊藤博文对战争前景的看法和陆海军首脑基本一致。但是,此番对战争前景持悲观认识的日本海陆军首脑,大多不是避战求和的"懦夫",而是孤注一掷的赌徒。参谋本部次长儿玉源太郎在金子坚太郎临行前对他说的一番话,就是赌徒心理的反应:"由于本次战争胜利的可能性不大,因此如果俄军出兵1万,我军必须以3万之众迎击。总之,一开始就要以3倍之兵力挫敌士气,寒其心胆。"同时,这种悲观也颇有"哀兵必胜"的色彩。山本权兵卫海相在回答对战争前景的估计时放言:"我首先有日本军舰可能沉掉一半的思想准备。即便如此,我军仍将获胜。"①

明治三十七年(1904年)2月6日,日本向俄国发出了最后通牒。同一天,日本关闭了位于圣彼得堡的日本驻俄大使馆,断绝了与沙皇俄国的外交关系。断交其实是日本发出的即将开战的信号,但这一信号并没有引起俄国人足够的警惕。2月8日,一艘日本轮船驶入旅顺港,在停泊于港湾的俄海军战列舰上的几千名俄国水兵的眼皮底下,将居住在旅顺的日本公民带走,包括混迹其中的一名日本秘密特工。足以令俄国沙皇和俄国军政要人遗恨终身的是,这名特工早已将俄国13艘巡洋舰和战列舰、4艘驱逐舰的确切停泊位置在地图上一一标出。2月9日夜,担任瞭望的俄国水兵发现了3艘战舰,最初以为这些战舰是返回基地的驱逐舰,孰料这是3艘日本驱逐舰,它们用鱼雷击沉了"太子"号、"雷特维赞"号战列舰和"帕拉达"号巡洋舰。俄国海军匆忙展开猛烈回击,但天色黑暗,日本军舰仅轻微受损。黎明时分,日本联合舰队在近海出现,并向俄军开火。同时,一支日本分舰队进攻并击沉了俄国停泊在朝鲜仁川港的两艘巡洋舰。

2月10日,在战端事实已开之后,日本天皇颁布了宣战诏书,俄国也于同一天对日宣战。日俄战争正式爆发。翌日,日本在宫中设立了大本营,决定由

---

① 谷寿夫:《机密日俄战史》,原书房,1983年,第46页、第47页。

山县有朋和大山岩负责军事问题;伊藤博文负责朝鲜统治问题;松方正义和井上馨负责解决财政问题并分别募集内债和外债。6月20日,满洲军总司令部从大本营独立,由参谋总长大山岩任满洲军总司令、次长儿玉源太郎任满洲军总参谋长,山县有朋转任大本营参谋总长。自此,由满洲军总司令部负责前线指挥,大本营负责兵站补给(山县有朋兼任兵站总监)。

战争全面展开后,战局最初对日军有利。5月1日,北上韩国的第一军在鸭绿江取得了胜利并渡江成功。5月9日,向英美举债1亿日元也终以关税担保获得成功。5月18日,韩国朝廷宣布废除与俄国的一切条约。5月26日,登陆辽东半岛的第二军攻占了金州城和南山要塞,成功地使旅顺要塞陷于孤立。

但是,日俄战争当然不可能始终呈一边倒态势。在这场由一系列战役构成的战争中,日军为获取三大具有决定性意义的战役即旅顺战役、奉天会战、日本海海战的胜利,付出了沉重代价。

日本为攻占旅顺要塞,专门编制了第三军,由乃木希典任司令官,同驻守旅顺、以斯特塞尔为要塞司令的俄军较量。旅顺一役,日军共发动了四次总攻,战况极为惨烈——

7月26日至30日,日军第三军以伤亡4 000名官兵的代价,迫使俄军撤回要塞内。但是在8月19日至22日发动第一次总攻时,日军损失了约16 000名将士,遭受了近乎毁灭性的打击。日军统帅部遂放弃迅速攻占要塞的计划,转为长期围困旅顺和准备新的强攻。

9月19日至22日,日军依靠大本营为攻占203高地而专门配置的28厘米重炮,发起第二次强攻。但多次突击,直至倒下约900名官兵,仍仅占领三个工事,位于城市之上的制高点——203高地仍由俄军镇守。面对日第三军以"死伤1万为标准"的战法,大本营派出了国内仅存的唯一野战师团第七师团前往增援。

11月26日,日军发起了第三次强攻,只占领了几个次要工事。翌日,不仅突击部队全军覆没,前往增援的第七师团也仅存1 000余名官兵。12月1日,满洲军总司令部总参谋长儿玉源太郎视察前线,呈现在他眼前的是"自山坡斜面至山麓,到处是烧成一团漆黑的我忠勇将士之尸体,场景极为惨惮"。① 尽管如此,大本营仍指责满洲军总司令部未即时攻占旅顺,要求尽快占领203高地,并发出指令:海军将同俄国波罗的海舰队进行决战,为此必须至12月10日吸引住封锁旅顺的俄海军军舰。换言之,第四次总攻将是最后

---

① (日)参谋本部编:《明治三十七·八年秘密日俄战史》,第30—31页。

惨不忍睹的 203 高地

一次总攻。为此,满洲军总司令部采取了由儿玉源太郎取代乃木希典担任指挥的非常措施,并命令采用重炮轰击的战法。

12月5日,日军在儿玉源太郎指挥下发起了第四次总攻。主要攻击方向即是 203 高地。俄军坚守 203 高地 9 天,多次发起反冲击,打退日军的猛攻,但日军最终仍以伤亡约 8 000 人的代价占领了 203 高地。至此,日军为攻占这一高地共有 17 000 人伤亡。随后,日军从高地上用电话校正 28 厘米口径的重炮进行轰击,不仅将停泊在船坞的俄国舰艇全部击沉,而且摧毁了市内的造船厂。12月15日,俄军指挥官、陆防司令孔德拉坚科同其最密切的助手一起阵亡。翌年 1 月 2 日,俄军旅顺要塞司令官斯特塞尔宣布投降。斯特塞尔回国后,因"在敌人面前懦弱"而被监禁 10 年。

同伤亡约 59 400 人(其中死亡约 15 400 人)的第三军类似,自 7 月底同 22 万俄军对抗的满洲军(第一、第二、第四军,作战总兵力 134 500 名)也损失了约六分之一兵力(伤亡约 23 500 人)。俄军虽然损失同样惨重,但公开扬言:只要有"波罗的海舰队和集结于奉天附近的陆军 40 万兵力",就不可能议和。因此,日军必须在陆上和海上同俄军进行决战。

1905 年 1 月在黑沟台战役损失约 9 300 人的日军,在 2 月 23 日以 25 万兵员同 37 万兵员的俄军进行了奉天会战,双方伤亡人数超过 13 万人。日军于 3 月 15 日半夜占领了铁岭,将俄军驱赶至四平,取得了会战胜利。

在陆上鏖战正酣时,俄军统帅部逐渐将能够与日本联合舰队相匹敌的波罗的海舰队(第二、第三太平洋舰队)的舰只陆续派往远东,日本海海战(因发生于对马海峡,故又称"对马海战")逐渐拉开帷幕。1904 年 8 月 10 日,日本海军在黄海海战中取得了胜利,控制了制海权后,决定迎击波罗的海舰队。

1905 年 5 月 14 日上午,由 50 艘战舰组成的波罗的海舰队驶出安南金兰湾,于 26 日朝对马海峡驶去。翌日下午 1 点 55 分,双方在对马海峡遭遇。日海军联合舰队旗舰三笠号打出"Z"信号旗,这是联合舰队司令官东乡平八郎向全舰队发出的指令:"皇国兴废在此一役,期盼诸君奋勇努力!"原来,东乡平八郎曾留学英国,颇为仰慕曾在特拉法加海战中大败法、西联合海军的纳尔逊将军。他的这个旗语即改编自纳尔逊在特拉法加海战决战前打出的旗语:"英格兰期盼每个男儿恪尽职守!"(England expects that every man will do his duty)

第九章 明治时代

此役,东乡平八郎采用日本海军士官学校教官秋山真之首创的"丁"字战法,即形成"一"字横向排开的战斗队形,集中各舰炮火,逐一轰击呈"丨"字纵向队形驶来的敌舰,将其逐一击沉。翌日,战事基本结束。此战结果,罗泽德斯特凡斯基海军上将指挥的俄国第二太平洋舰队 2/3,即 38 艘战舰被摧毁或捕获,而日本联合舰队仅损失 3 艘鱼雷艇,成为海战史上损失最为悬殊的一场海战。东乡平八郎因此被尊为"军神"。

日俄战争主要在中国领土上进行,持续一年半,规模之大,伤亡之惨,均为世所罕见。日本虽然取得了这场战争的胜利,但付出了昂贵代价:所耗战费达 15 亿日元,动员兵力近 110 万,日本陆军 13 个师团全部投入战场。战争中,日本修改了征兵令,服役年龄从 32 岁延至 37 岁,动员能力几达极限。乃木希典率第三军凯旋而归时,曾在船中迎风洒泪,赋诗一首:"皇师百万征强虏,野战攻城尸做山。愧我何颜见父老,凯歌今日几人还。"

回国后,日本天皇为"忠勇将士"举行了隆重的凯旋仪式。在仪式上,乃木希典发言时的第一句话是:"吾乃杀乃兄乃父之乃木希典。"乃木希典此话绝非"作秀",史料显示,他确实为第三军有如此众多将士阵亡而深深自责。此时此刻,用"悲喜交加"形容参加凯旋仪式的人们的心情或许是最贴切的:念及战死的亲人,凯旋庆典上一片哭声。

波罗的海舰队被歼灭后,美德两国劝尼古拉二世媾和。6 月 7 日,沙皇政府通过驻俄美国公使,表示了愿意和日本直接媾和的意向。8 月 9 日,由美国总统西奥多·罗斯福斡旋,日方全权代表小村寿太郎和俄方代表、前财务大臣、非战论者贝蒂举行了预备性会谈。在会谈过程中,俄国代表贝蒂故意将日本提出的媾和要求泄露以操纵媒体。结果,美国舆论从反俄亲日转变为对日批判,美国总统罗斯福原先答应给日本的援助也因此被取消。贝蒂在外交方面的老练,使日本政府深感"三寸不烂之舌能抵十万雄兵"。[①]结果,日本除了不得不放弃 12 亿日元的战费赔偿外,原先要求割让的桦太(库页岛)也不得不"减半":在谈判几乎破裂的 8 月 29 日,日本政府向小村寿太郎发出训令,让他在谈判中作出让步,将桦太的北半部分无条件归还俄国。[②]

最终,经过 8 月 10 日至 9 月 5 日共 17 次会谈,双方代表在会谈的最后一天,即 9 月 5 日在美国新罕布什尔州朴茨茅斯签订了和平协约。

协约规定,俄国承认朝鲜是日本独占的势力范围,俄国将包括中国旅顺和大连在内的辽东半岛租给权,以及由长春至旅顺的南满铁路的租让权转交给

---

① 《明治天皇纪》11 卷,第 308 页。
② 《小村外交史》,第 583—584 页。

日本,以北纬50度为界,俄国将萨哈林岛南部和邻近岛屿割让给日本。从此,岛国日本成为世界舞台上一支重要力量。

《日俄和约》(即《朴茨茅斯条约》)签署之后,日本政府又强迫中国政府与之签署了《中日会议东三省事宜正约》,获取了在中国东北南部的特殊地位和权益。为此,日本开始建设南满铁路,并成立了南满铁路守备队。这支队伍就是以后挑起九一八事变的对华侵略急先锋——关东军。

日俄战争后,日本进一步加快了吞并韩国的步伐。实际上,在双方开战后的1904年2月23日,日本已迫使朝鲜与之签订了《日韩议定书》,主要内容是:朝鲜承认日本在朝拥有军事行动自由权;日本有权干涉朝鲜内政;未经日本同意,朝鲜不得同第三国签订与前述内容相悖的任何条约。同年8月22日,日本又迫使朝鲜与之签订了第一个《韩日协约》,使朝鲜的财政、外交大权实际落入日本人之手。日俄战争结束后,1905年11月18日,韩国在赶赴朝鲜的伊藤博文的胁迫下,与之签订了《日韩保护协约》。1907年7月,日本又迫使朝鲜与之签署了第二个和第三个《韩日协约》(分别称为《乙巳保护条约》和《丁未七款条约》)。依照条约,朝鲜内政、外交大权均直接由日本人负责,各国外交官员均须从朝鲜撤离。日本在汉城设立"统监府",由伊藤博文任统监,直接掌控朝鲜内政、外交、军事、司法等各项大权。1910年8月22日,在日本胁迫下,朝鲜总理大臣李完用和日本驻朝鲜统监寺内正毅分别代表本国政府,签署了《日韩合并条约》。自此,朝鲜半岛成了"日本的一部分",朝鲜人的名称被"半岛人"取代,开始进入至二战时日本战败告终的36年"日据时代"。

1910年各国皇帝版图和人口图

作者点评:

费正清在《东亚:近代的变化》中指出:"要了解东亚近代的历史,不仅需要整体把握东亚的文明,同时还应把握东亚各国的差异。只有这样,我们才能解释为什么日本比它的近邻更快并成功地对西方的挑战作出了回应;为什么中国曾一度被分割并一度陷入动荡;为什么朝鲜曾一度被日本整个吞并。没有这种历史的眼光,我们将难以解释以后这一地区所发生的变化。"

第九章 明治时代

上述按汤因比式"挑战与应战"理论解析日本近代遭际的观点,为我们提供了一点启示,即"把握东亚各国的差异"。日本和亚洲别的国家相比有什么差异?这种差异和日本能够维持独立,并在维新后"脱亚入欧",与列强为伍有什么必然联系?回顾前章从"邪马台"时代起就不断扩张的历史,联系明治以前经历了三个"武家时代",我们是否很容易联想到四个字:武力扩张?

毋庸讳言,强调日本回应西方挑战,在认识论上存在很大危险。因为日本鼓吹"亚洲联合",正是以此为前提的。升味准之辅一针见血指出:"排除西洋列强,使日本可以独自掠夺的招牌,就是亚洲联合……从这里可以看到以后在大陆进行的长达半个世纪以上的谋略的滥觞。"

为了纠正这种危险,笔者在这一章尤其注意揭示日本在"维新"实现近代化的同时,如何对外扩张及其面临的种种问题,努力以史实揭示明治维新的真正涵义。

第十章 大正时代

一、"大正政变"

日本的历史刚踏入"大正时代"的门槛,就遭遇了一场对以后历史造成深刻影响的政变:"大正政变"。要了解"大正政变",似可从各大门户网站刊载的新华网2006年12月17日的一份电文说起:"(新华社2006年12月17日电)保存在美国国会图书馆的战前日本文部省思想局的一份文件解密,从而揭开了与日本法西斯势力抬头相关的1935年'天皇机关说事件'的内幕。该文件显示,由于1935年日本社会攻击'天皇机关说'的声浪高涨,日本文部省思想局开始正式就此学说展开调查,并将19名支持这一学说的学者分为'必须紧急处置'、'必须严重警告'、'必须加以提醒'三类。此后,思想局要求这些学者修改其著作或停止相关著作出版。该文件的解密,使战前日本政府向学者施加压力、强迫其更改学说,对国民进行彻底的思想统治的过程首次得到确认。二战结束后,美国占领日本后将该文件保存在美国国会图书馆。'天皇机关说'是东京(帝国)大学著名法学家美浓部达吉在1912年提出的。他认为日本的主权属于国家,天皇作为国家的最高行政机关行使权力,这就否定了'天皇主权说',为在日本建立政党内阁、实现政党政治奠定了理论基础。法西斯认为'天皇机关说'是建立独裁专制的一大障碍,便群起而攻之。"

新闻稿未提及"天皇机关说"之争议沸扬于"大正年代"的意义当可理解,但学术界论及"大正时代"忽略其与"天皇机关说"的关系,并仅将"天皇机关说"作为法西斯主义的排斥对象论述,则显然对这一理论过于怠慢,有必要在本章起首部分给予重点介绍。

关于"天皇机关说"的提出经纬,时年38岁的东京帝国大学法学科教授美浓部达吉在发表于《太阳》杂志大正元年(1912年)7月号上的《国体及政体论》一文中有明确叙述:"去年7月,余受文部省委托,在其召开的中等教员讲习会上,讲述了帝国宪法之大要。后对笔记进行修正增补,作为个人论著发表,题为《宪法讲话》。出乎预料的是,余关于此等根本问题之见解,遭到某些人的严厉批评,称之为'关于国体之异端邪说',数种新闻杂志亦刊载这种说法并大声疾呼,当'尽力排斥这种思想'。"①

上述引文中所称"某些人的严厉批评",系指同为东京帝国大学教授的上杉慎吉根据"明治宪法"中关于"天皇亲裁"的有关条文规定,在《太阳》杂志同年6月号撰文提出的批判。上杉慎吉亦是东京帝大的"少壮派"教授,比美浓部达吉更年轻,当时年仅33岁。他所以撰文提出批评,不仅是为了维护天皇的尊严,同时也是为了维护其恩师穗积八束的权威。穗积八束当年虽仅51岁,但因患肋膜炎而辞去了法科大学长(相当于法学部首席教授)一职,并让其弟子上杉慎吉执掌"宪法学"教鞭。当时,穗积八束因其长年主张的"国体论"即"天皇主权说"已不合时代风潮,渐次沦为"学术支流"而时有"孤城落日之叹"。尽管穗积八束的主张已渐成"明日黄花",但恩师受到"抨击",上杉慎吉仍义不容辞地在同年《太阳》杂志6月号上撰文进行了捍卫。阅读了弟子的论文后,穗积八束从疗养地镰仓发信称赞上杉慎吉,并呼吁文部省禁止美浓部达吉的学说流传。然而,当时执政党首领、内阁总理西园寺公望正欲限制天皇权力,并为扩大内阁权力寻找法律依据,故穗积八束的呼吁归于徒劳。

美浓部达吉和上杉慎吉的论战持续至翌年,引起了广泛关注。政界和学

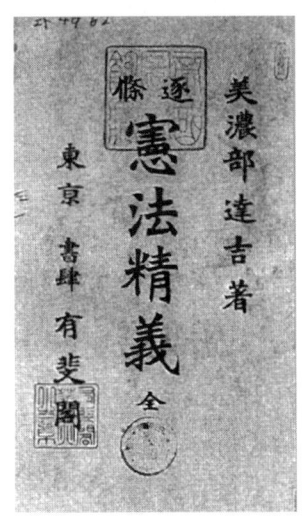

美浓部达吉的三本论著:《宪法精义》、《日本宪法的基本主义》、《宪法撮要》

---

① 美浓部达吉:《国体及政体论》,载星岛二郎编:《最近宪法论》,实业之日本社,1913年,第370—371页。

界人士认为美浓部达吉言之有理者居多,甚至包括国粹主义者、由司法次官升任检事总长(总检察长)的平沼骐一郎。此后,天皇机关说一直是明治宪法的主流解释,直至昭和十年(1935年)被统治当局彻底否定。

就在这场激烈争论方兴未艾时,7月20日,日本宫内省发表了天皇健康状况公告:明治天皇睦仁因患尿毒症,生命垂危。公告发表后,股市大跌,希望天皇病体康复的市民连日汇聚宫城前祈祷。但是,虔敬的国民毕竟不是死神的敌手。7月30日,明治天皇驾崩,享年59岁。

晚年的明治天皇

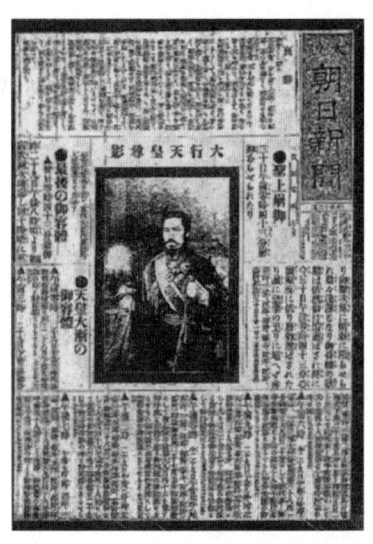

关于天皇"驾崩"的报道

明治天皇的驾崩,宣告了一个时代的终结。夏目漱石在小说《心》中,极具代表性地表达了人们因明治天皇的驾崩而感觉到的时代的更换:"明治天皇驾崩了。我感到明治的精神始于天皇,也终于天皇。"

讣告发出的第二天,日本著名散文作家德富芦花以悲怆的笔调,描述了周边的气氛和他内心的震颤:①

> 7月31日。
>
> 天昏地暗,万物悲泣的日子。
>
> 报纸套上了黑框。在没有图片的一版,"睦仁"二字映入眼帘,下面有"先帝手迹"几个字。刚以为是孝明天皇的御笔,但马上发现,陛下已成先帝。新帝陛下已经践祚,明治年号昨天告辞,从今天起已改元"大正"。陛下驾崩当更改年号,对此余当然清楚。但余以前似乎始终感到明治这一

---

① 德富芦花:《蚯蚓的梦呓》下卷,岩波书店,1977年,第83—84页。

第十章 ● 大正时代

年号将万世长存,永不更替。

余生于明治元年10月,即明治天皇陛下举行即位仪式那年。在陛下第一次从京都至东京行幸的那个月,在距东京西南约300里、萨摩附近的肥后苇北一个叫水俣的村子里,余来到了人世。余已习惯于将明治之年龄视为吾之年龄,与明治同龄,既使吾感到自豪,又使吾感到羞愧。

陛下之驾崩掩上了明治之史册。明治变为大正,余感到仿佛是自己生涯的中断,感到明治天皇携着余的半生驾鹤西行。

万物悲怆的一天。田圃对面的糖果店飘来的笛声,如一声声长叹,令人肝肠寸断。

明治天皇去世后,皇太子嘉仁践祚。8月13日,新天皇向元老们颁布了将继承先帝遗业的敕谕。当天,前首相桂太郎被任命为内大臣兼侍从长。9月13日,在东京青山举行了隆重的明治天皇大丧。

明治天皇的"驾崩"不仅对许多日本国民的心曲和感情是一大冲击,而且对以明治天皇为中心的明治宪法体制构成了一大冲击。因为在明

明治天皇大丧仪式

治时代,明治天皇颇有主见,许多重大政治决定均由明治天皇"亲裁",明治天皇本人也努力维护自己的政治权威。然而,继位的大正天皇嘉仁与明治天皇的极大差别,使"天皇机关说"有了更实际的政治含义。

日本第123代天皇嘉仁登基后,改元"大正"。"大正"年号典出《易经》第十九卦中的"大亨以正,天之道也"。这一年号过去曾四次被选为候补,此次改元终被采用。成年后,嘉仁天皇娶九条节子(贞明皇后)为妻,生有四子,即裕仁、秩父宫雍仁亲王、高松宫宣仁亲王、三笠宫崇仁亲王。

明治天皇的皇后一直未能生育,其他的妃子生有5子10女,但除了三子嘉仁以外,其他的儿子全部夭折。在别无选择的情况下,皇太子嘉仁得以在京都紫宸殿践祚。升味准之辅称之为世袭君主制的"阿喀琉斯之踵"。与其父明治天皇相比,嘉任天皇显然不可同日而语。嘉仁幼时患过脑膜炎,精神不甚健全,40岁又患脑血栓,转为精神病。病情发作时,贵为天皇却在大庭广众面前时有令人啼笑皆非的举动。如在观看军事演习时,嘉仁天皇会突然跑下检阅台,打开士兵的背包翻看究竟。据称有一次他在国会议事堂突然心血来潮,一

边傻笑一边把讲演稿卷成圆筒当"望远镜"到处"眺望",造成贻为笑柄的"望远镜事件"。大正天皇自幼骄横傲慢,性格暴躁,容易激动,一不高兴就用马鞭抽打他的侍从。同时,大正天皇还是西方崇拜者,尤其崇拜日耳曼。大正天皇留有德皇威廉二世式的牛角胡子,胡子上还涂满凡士林,平时的穿戴宛如德国骑士。日本政府元老感到,嘉仁作为日本天皇实在有损日本国格,遂于大正十年(1921年)迫其退位,并发表声明称,嘉仁由于幼时患过脑病导致脑力衰竭,无法理政,由皇子裕仁(昭和天皇)摄政。1926年底,大正天皇驾崩,年仅48岁。时过70多年后,日本有学者提出,大正天皇虽然幼时曾患过脑膜炎,但是青年时代已恢复健康,精神健全,所谓的"望远镜事件"纯属谣言。事实究竟如何可以存疑,但作为天皇,嘉仁和其父睦仁、其子裕仁不可同日而语,确是不争的事实。正是这一事实为天皇"不亲政"的逐渐制度化,为"第一次护宪运动"的发生原因作了很好的说明,也为政党政治的产生提供了重要前提。而"天皇机关说",如上述电文所述——这也是日本学术界的共识——"为在日本建立政党内阁、实现政党政治奠定了理论基础"。

嘉仁天皇和九条节子皇后

嘉仁天皇在位的大正时代,日本可谓幸与不幸参半。谓其幸,是因为当时欧洲恰逢第一次世界大战,大量西方商人转赴"殖产兴业"后的日本投资,使日本呈现一片繁荣,民主浪潮兴起,民主气息浓郁,使大正时代以"大正民主时代"著称;谓其不幸,是因为日本大正年代遭遇了罕见的"关东大地震"和其他诸多天灾人祸,使大正时代又被称为"不幸的大正时代"。

美国学者约翰·惠特尼·霍尔在《日本——从史前到现代》一书中写道:"大正时期的日本面临着明治宪法带来的结构内部发展和分化的压力,以及分化的压力所引发的挑战。至1920年,日本面临着扩大工业化问题、群众参政问题,以及介入国际上日益复杂的事务问题。用政治学家的话说,就是日本面临着迅速现代化的社会内部一体化的挑战。"简而言之,按照他的观点,明治宪法体制的建立,仅仅建起了民主的外表,并没有形成民主的内核。那么,大正时期是否形成了这种内核呢?按照迄今为止认识日本现代史的主流观点,法西斯时代的日本史,是脱离了近代社会应该走的原有的成熟路线,踏上了一条非正常的路线的历史。大正时代(1912—1926年)获得进展的民主化倾向在法西斯时代遭到了挫折,取而代之的是以非合理的超国家主义为意识形态支

第十章 大正时代

柱的强权体制,强制性地将国民引上了战时动员的轨道。与1945年的战败同时开始的战后改革,使日本的历史重新复归"大正民主"的路线。如三谷太一郎在《新版大正民主论》一书中提出:"在大正时期形成的自由主义,构成了与战后民主主义直接相关的政治传统。"松尾尊兊也在《大正民主》一书中提出:"应将大正民主视为日本社会在战后走向民主主义的前提。"那么,大正民主究竟是否为战后民主政治体制提供了前提和基础?如果提供了,为什么日本在经历了大正民主运动以后会走上军国主义的轨道?如果没有提供,那么"大正时代"又为什么以"大正民主时代"闻名?毫无疑问,这是一个很值得探讨的、具有悖论性的问题。

大正时代在日本近代史上仅仅存在短暂的15年。日本近代思想史研究会主编的《近代日本思想史》将大正时期称为"一朵美丽而虚幻的花"。日本一般民众也将大正时期视为一个社会过渡期。但是,综观日本历史,我们不难认为大正时代是继明治时代以后模仿欧美政体模式,进一步推进议会民主的一个重要时期。因为在日本近代史上,真正的民主运动浪潮仅仅涌动过两次:第一次是明治时期的自由民权运动,第二次是大正时代的大正民主运动。

但是,掀开大正新时代门帘首先看到的,不是民主运动,而是日本历史上历演不衰的历史剧——当年发生的"大正政变"。

进入大正时代后,作为日俄战争的"成果",朝鲜和中国东北南部被划入日本势力范围,从而使军备的需求急速膨胀。如何调和军部推行的扩军备战政策同严重的财政困难的矛盾,是当时日本政府面临的一个棘手的课题。"大正政变"即由此问题引发。

大正元年(1912年)11月22日,陆军大臣上原勇作向内阁会议提出了增设两个师团的提案。首相西园寺公望和政友会阁僚、法相松田正久商议后认为财政需要整理,因此表示反对且态度异常强硬,称即便内阁倒台亦在所不惜。1912年12月初,上原勇作获悉议案被内阁否决,于是便直接上奏天皇,认为对国防如此无视使自己无法留在内阁,并提出辞呈。事实上,上原勇作此举受到陆军军阀首领山县有朋的支持。西园寺公望为了陆相后任人选,于12月3日拜访了山县有朋,但是山县有朋拒绝推荐陆相后任人选。于是西园寺公望于5日决定内阁总辞职。内阁和陆军遂发生正面冲突。政友会将内阁总辞职的经纬通过电报向全国支部作了通报。另一方面,山县有朋虽然推倒了西园寺公望,但是随后却碰到异常棘手的问题:几次召开元老会议均无法找到首相人选。在12月7日举行的元老会议上,多名元老推荐松方正义继任,但为松方正义婉拒。再推荐山本权兵卫、平田东助等,亦被推脱。在12月17日举行的第十次元老会议上,山县有朋提出,如此局势只能由他本人或桂太郎出任首相,并让元老"二选一"。诸元老认为,山县有朋已75岁高龄,当首相恐心力不济,决定推荐桂太郎出任首相。

西园寺公望对推荐桂太郎继任首相似也态度积极。他在挂冠之际曾对元老山县有朋说:"余认为不奏荐后任便抽身而去是不负责任的做法,故向陛下推荐桂公(桂太郎)。桂公为余后任三天前在日桩山庄亦曾议论,刚刚总辞职的内阁成员显然表示赞成,当时状况使人感到,如果反对,必遭到质问,成众矢之的。"①受到推荐的桂太郎最初比较犹豫,认为自己已经担任内相,服务于皇宫,如果再出任首相,恐扰乱(皇)宫、(相)府之别,引起非议。按西园寺公望的记述:"桂对从宫中转入内阁踌躇不决,但我仍然劝其不必担心,告知不必心挂两头,可以时而入(皇)宫中,时而入(首相)府中,这种情况别处不少,并对他举了一些例子。"②

但是,长州出身的陆军大将山县有朋属意的并不是桂太郎,而是寺内正毅。实际上,桂太郎不情愿地出任内大臣,也是因为山县有朋不希望他三任首相。那么,为什么山县有朋不赞同本为自己嫡系的桂太郎出任首相,而本是桂太郎对手的西园寺公望却支持他呢?因为,元老自明治维新后一直是政府的中枢。即便在明治三十三年(1900年)元老们退出第一线以后,依然作为政府的最高顾问,对政府有着强大的影响力。然而,如下所述,桂太郎对"元老"不甚恭敬,时令山县有朋极为不满。

桂太郎出任首相后形成的政治体制,被称为"桂·园体制",即可理解为以桂太郎为首的执政党,和以西园寺公望为首的在野党立宪政友会掌握政治主导权的体制。

桂太郎上台后,着力将以往军事优先的政治,转变为经济和军事均衡的政治。事实上,作为军人的桂太郎在二任首相后努力钻研财政,就出于这一目的。基于经济和军事"均衡发展"的考虑,桂太郎不仅延期审理陆军增加两个师团的提案,而且试图将海军扩充方案也一并延期。这种"均衡发展政策"首先引起了海军的不满。但是此番桂太郎依然"故伎重演":拉大旗做虎皮,通过让天皇颁布敕令,强使斋藤实留任。12月21日,第三届桂太郎内阁正式组成:桂太郎(总理兼外相、后为加藤高明)、大浦兼武(内相)、若槻礼次郎(藏相)、木越安纲(陆相)、斋藤实(海相、留任)、松室致(法相)、柴田家门(文相)、仲小路廉(农商相)、后藤新平(邮政相)。

桂太郎对元老的"不敬",在第一次内阁会议上即表露无遗。他在会议上发表的言论,被认为是色彩明显的"元老排斥论":"抑立宪之要义在于辅弼内

---

① 伊藤隆编:《大正初期山县有朋谈话笔记》,山川出版社,1981年,第35页。
② 木村毅编:《西园寺公望自传》,大日本雄辩会讲谈社,1949年;升味准之辅:《日本政党史论》3卷,东京大学出版会,1967年,第56—57页。

阁大臣,此乃了然如火,毋庸置疑。以往之习惯做法是政事与阁外元勋私议,以显示后进对先辈之礼让观,此一方面有嫁累于元勋之嫌,另一方面似忽略了阁臣自身之责任……对此弊害,太郎早有所察,并欲将此些微之想法奉告元勋诸公,求其谅解。将来阁僚当进一步废除此弊害,并使元勋也乐于对政治采取回避态度。"①桂太郎这种收缩政府军费开支,不敬政府最高顾问的政策和态度,使第三届桂太郎内阁的基础不稳,客观上为自己的下台准备好了梯子。

以反对第三届桂太郎内阁为起因的第一次护宪运动的主导者究竟是哪种势力,迄今有各种解释,民众、产业资本家、小资产阶级、以三菱为代表的财阀、"国民主义的对外强硬派"、政党等,均各拥有推举者。但诉诸史实,当发现立宪政友会在这次运动中扮演了主要角色。因为第一次护宪运动本身,并没有使明治宪法体制解体的能量和目的,就本质而言,这场运动仍属"体制内运动",而对运动趋势的走向具有最大影响力的,是被迫对支持还是反对桂太郎内阁作出选择的立宪政友会。我们对揭开以"大正民主"著称的大正时代序幕的第一次护宪运动,无论依据史实还是依据逻辑,均应首先关注主导这场运动的资产阶级政党,尤其是居于其中心地位的立宪政友会。不过需要强调的是,如此认识立宪政友会的作用绝不意味轻视民众的推动和激励作用。

需要说明的是,日本"政党政治"虽然迟至20世纪20年代才确立,但是日本政党政治的历史却可以上溯至19世纪70年代,即明治维新刚刚展开的年代。1874年,板垣退助等政要因"征韩"主张未被采纳,愤而退出明治政府,发起了自由民权运动。这场运动促使明治政府以天皇诏书的形式宣布将颁布宪法、召开国会。在此背景下,日本出现了两个较大的现代性政党:以板垣退助为首的自由党和以大隈重信为首的立宪改进党。两个政党以议会为舞台,与藩阀势力展开角逐。1896年,面对两大政治势力不断发展的态势,一向反对政党政治的伊藤博文在内阁改造中和自由党提携,并让自由党党首出任内阁内务相。1898年,自由党和立宪改进党合并为宪政党,建立了日本历史上第一届政党内阁。虽然由于当时日本政治仍受藩阀势力控制,这届内阁仅仅存在了5个月,但却显示了一种政治趋势。有鉴于此,1900年伊藤博文组建了立宪政友会,与上述政党势力对垒。明治天皇驾崩后,面对日本政局的变化,立宪政友会加快了夺权步伐。

不过,在第一次护宪运动中首先提出"夺权"的是交询社而非立宪政友会。这个以庆应义塾大学出身的实业家为中心的俱乐部,也有不少政治家和媒体人员加盟。大正元年(1912年)年底,在一次同仁聚集的会议上,福泽桃介提出:在走向明治维新的过程中,"尊王攘夷"的口号让全国志士不惜流血牺牲,

---

① 《桂太郎关系文书》(国立国会图书馆宪政资料室藏)。

发挥了极大作用,这次我们也应提出一个响亮的口号。他的倡议很快得到认同。政友会的菊池武德首先提出了一个口号:"拥护宪政",国民党的古道一雄认为四个文字不够响亮,提出最好采用八个字:"打破阀族、拥护宪政。"这一口号当即为与会者所接受,于是成为定案。12月19日,东京歌舞伎座举行了第一次拥护宪政大会。一些政界要人和实业家,包括立宪政友会的尾崎行雄,国民党的犬养毅等也参加了这次集会。

另一方面,军阀官僚的"非立宪行动"激起了民众的极大愤怒。在"打破阀族、拥护宪政"口号的推动下,各地掀起了第一次护宪运动。据史料记载,他们表示:"阀族的飞扬跋扈已达极点,宪政危机迫在眉睫,我们断然排除妥协,以根绝阀族政治,拥护宪政。"大正二年(1913年)1月17日,有约400人参加的全国记者大会在东京筑地的精养轩召开,与会者宣言:"拥护宪政、扫荡阀族。"

护宪运动之火燃起之后,国民党内首先发生分裂。试图通过在野党地位成为打倒阀族运动中心的犬养毅等"非改革派",希望和政友会联手,成为多党联合内阁中的执政党。但是"改革派"希望进行更激进的变革,与之发生对立。同年1月19日,国民党举行全体大会,通过了以"打倒阀族、拥护宪政"为目的的内阁不信任案,并在党员干部选举中也占得优势。鉴于党内"非改革派"占据主流,"改革派"人士大石正己、河野广中等宣布脱离国民党。虽然"改革派"的退出使国民党的人数减少,但是却因此使之成为"第一次护宪运动"中的主力成员。

国民党分裂的第二天,即1月20日,桂太郎即召开新闻发布会,宣布了建立新的政党立宪同志会的计划,其试图依靠"立宪同志会"与"立宪政友会"、"国民党"交锋的意图让人一目了然。19日和20日,虽然看似时间严丝合缝,但事实上桂太郎此想法并非一日形成。在1月12日写给山县有朋的信中,桂太郎已经披露了欲通过建立新党与立宪政友会等对决,以打破政治僵局的考虑。①31日,桂太郎成立"立宪同志会"的计划正式付诸实施。是日,在东京的帝国饭店,46名国民党的脱党者即原党内"改革派"人士、中央俱乐部成员等共83人,发表了"立宪同志会成立宣言"。但是如此阵势表明,桂太郎想通过构建新党同政友会对抗的意图,显然没有实现的可能。怎么办?桂太郎非常清楚,如果将国民党提出的"内阁不信任案"付诸议会表决,那么结果如何可想而知,于是便在1月21日发出通知:议会休会15天。在休会期限将至的2月5日,又通知再休会5天,试图以"拖延战术"耗尽反对者热情,渡过难关。

然而,桂太郎内阁的反对者热情不仅不减,而且更加高涨。1月24日,第二次拥护宪政大会在东京新富座举行。会议正式举行前两个小时,整个会场

---

① 德富苏峰编:《公爵桂太郎传》坤,故桂公爵纪念事业会,1917年,第678—679页。

第十章 大正时代

已经爆满。在这次会议上,立宪政友会通过了和国民党全面合作的方针。

声势浩大的群众集会给了"第一次护宪运动"的主导者以很大支持。2月1日,大阪中之岛公园举行的宪政拥护大会有3万多人参加。2月5日,数万民众围住国会议事堂,激励政友会和国民党议员。以此为背景,政友会和国民党议员"自信满满"、抬头挺胸地走进了终于结束休会期的国会议事堂。他们如此自信确实不无道理,因为赞成将"内阁不信任案"付诸大会表决的支持者,远远超过半数200人。如此自信,还使尾崎行雄在申明提交"内阁不信任案"的理由时,对桂太郎进行了猛烈抨击:"你难道不是以玉座为挡箭牌,以诏敕为子弹来对付政敌的首相?"① 面对如此局势,2月8日桂太郎会晤了政友会总裁西园寺公望,要求撤回不信任案,但遭到西园寺公望拒绝。桂太郎遂依然不得不祭起惯用"法宝":"以玉座为挡箭牌,以诏敕为子弹",让天皇颁布敕令,令政敌撤回不信任案。

2月9日,天皇敕令西园寺公望解决众议院的纠纷,其意非常清楚:撤回"内阁不信任案"。敕令使政友会内部产生意见分歧。不少干部主张撤回议案。但是这种主张遭到尾崎行雄的严厉批评:"这么做诸君怎么有脸去见国民党的犬养毅?"进退维谷的西园寺公望无奈,遂表示辞去政友会总裁一职。最后,政友会议员全体会议通过了不撤回内阁不信任案的决议。原敬和松田正久取代西园寺公望成为政友会的首领。尾崎行雄所言不差,对天皇颁敕,犬养毅表示了如下意见:西园寺公望和皇室有着特别关系,他不得不遵从敕令。但作为天下之公党的政友会,不应使敕令凌驾于党议之上。他的忠告为政友会所接受,两党因此取得了共识。

包围国会的民众

2月9日,民众举行了第三次护宪大会。翌日,数万愤怒的民众围住国会议事堂并和警察发生冲突。在这种形势下,桂太郎宣布内阁总辞职。从上原勇作递交辞呈至桂太郎内阁倒台的日本政坛的变化,史称"大正政变"。

---

① 川崎庸之等总监修:《可读的年表·日本史》,第915页。

二、迈上"真正的政党内阁"的"台阶"

大正七年(1917年)9月29日成立的原敬内阁,被公认为"日本历史上第一个真正的政党内阁"。但"罗马不是一日建成的","真正的政党内阁"也不是一日形成的。原敬内阁成立前的几任内阁,就是使原敬有幸成为"第一"的一个个台阶。

桂太郎与以立宪政友会为中心的政治势力的对抗,以桂太郎内阁总辞职收场。大正二年(1913年)2月11日,元老会议推荐山本权兵卫继任首相。山本权兵卫在获知将出任下届首相后,即着手拉拢政友会,许诺让政友会入阁,使立宪政友会完全改变了立场。2月19日,以原敬和松田正久为首的政友会议员大会,确定了与山本权兵卫内阁协作的方针。2月20日,第一届山本权兵卫内阁宣告成立。除了新入阁的外相牧野伸显、留任的陆相木越安纲、海相斋藤实之外,其他内阁成员均是立宪政友会成员:立宪政友会首领原敬任内务相、松田正久任法务相、高桥是清任藏相、山本达雄任农商相、奥田义人任文相、元田肇任邮政相。2月23日,尾崎行雄等20多名立宪政友会成员脱离立宪政友会,另外成立了政友俱乐部。国民党也宣布终止与立宪政友会合作。

或许有人认为,山本权兵卫出任首相,应了中国的一句谚语:"蚌鹬相争,渔翁得利"。但事实上在桂太郎内阁和以立宪政友会为首的政治势力对立之际,山本权兵卫并无此野心。他一方面竭力劝说桂太郎放弃政权,内阁总辞职;另一方面劝说西园寺公望出任下一届首相。他当时的行动,原敬在当年2月17日的日记中叙述得很清楚。①山本所欲的前一个目标得以实现,尽管主要不是山本权兵卫劝说的结果,但后一个目标却因西园寺公望"违敕"而无法实现:如上所述,2月9日嘉仁天皇敕令西园寺公望"休战",即撤回"内阁不信任案",但是最终西园寺公望以"辞职"摆脱了两难处境。这一做法成为反对势力的把柄,抨击他"违抗敕令"。相反,西园寺公望却在元老会议上力推山本权兵卫组阁。西园寺公望一言九鼎,他的意见自然得到尊重。

同样,如果认为山本权兵卫得以组阁完全是因为"幸运",那显然也是错误的。他之当选,有几方面重要因素:第一,山本权兵卫出身于和"长州"派系构成日本政坛"双雄"的"萨摩"派系,在海军部任职时即开始崭露头角,并作为日俄战争的指挥者和海军建设者,在军内特别是海军内拥有厚实基础,一直被认为是首相的恰当人选。第二,虽然山本权兵卫出身海军,但他并不关注海军的发展,而是更关注军事和经济的平衡。这方面,他的政治主张和西园寺公望、

---

① 原奎一郎编:《原敬日记》3卷,福村出版,1965年。

桂太郎等是一致的,并因此能获得其支持。第三,原先所谓的"桂·园体制",即分别以桂太郎和西园寺公望为首的体制,基本构架是以山县有朋、包括桂太郎在内的"长州"派主要控制陆军,西园寺公望周围则聚集着一批"萨摩"派文官。在其有望成为首相的明治四十四年(1911年),以财部彪、床次竹二郎等"少壮派"为中心,原本分散的萨摩派势力开始汇聚其麾下,使之成为一支引人注目的新的政治势力。

山本权兵卫上台后,以萨摩派为基础,努力协调与长州派势力和政友会的关系,其内阁成员名单就是最好的说明书。不过必须强调,"协调"不是"协助"。作为首相,山本权兵卫并不是受各方势力摆布的傀儡。入座甫定,山本权兵卫即排除重重阻力,着手进行一系列重大改革。这些改革在打破藩阀、建立政党政治的过程中具有不可忽略的意义。

山本权兵卫内阁的改革涉及多个关键领域,包括由内相原敬主导的行政改革,重点是减少不必要开支,将由此所得资金投入必要开支;裁撤冗员,"淘汰老朽","精兵简政",整顿机构,等等。在山本权兵卫推行的各项改革中,政治体制改革对以后日本政治的影响无疑最为深远,值得特书一笔。

在各项改革中,废除军部大臣现役武官制是阻力最大的改革。在充分酝酿后,3月11日,山本权兵卫在国会就改革军部大臣现役武官制必要性作了答辩。随后开始推行改革。山本权兵卫的"基地"原本就是"海军基地",因此这项改革在海军未遭遇重大阻力,但是在陆军却引起很大反响。除了内阁成员、陆军相本越安纲以外,这项改革几乎没有支持者。所以出现这种状况,其原因在田中义一至寺内正毅的信中有明确袒露:"军制问题(军部大臣现役武官制)之解决,将最终使增师(按:前述增加两个师团的提案)问题不成立。故当今之善策,当毋宁使之成为悬案,先强烈要求增师之实行。"①但是,山本权兵卫内阁态度非常强硬。4月17日,参谋总长长谷川好道对山本权兵卫明确表示反对改革,山本权兵卫表示,即使他不同意也不得不施行。最终,山本权兵卫抑制了陆军方面的种种策谋,使之最终得以实现。6月13日,内阁对陆海军省官制进行了重大修改,撤销了陆海军大臣、次官只能由现役军人担任的限制,规定陆海军大臣可以从退役或预备役的陆海军大将或中将中选任。毋庸赘言,这对军阀官僚专制体制是一个有力冲击。

文官制也因内阁的坚决态度而得以改革。同样是3月11日,山本权兵卫在国会就修正文官任用制的必要性进行了答辩。8月1日,文官任用制被正式修订,原则规定通过文官考试,职业官僚以外的人,即民间人士也可以成为

---

① 《寺内正毅关系文书》大正二年5月15日田中义一至寺内正毅信函。国立国会图书馆宪政资料室藏。

官僚,具体规定除陆军省和海军省以外,各省次官、法制局长官、内务省警保局长、警视总监、贵族院、众议院书记长官、各省敕任参事官等官吏均可经考试任用。这项改革同样遭到既得利益者的强烈反对。但是经以山县有朋为议长的枢密院的斡旋,最终得以推行。文官制的改革为无任何官历的民间人士、政党成员进入官僚上层打开了通路。通过这场改革,资产阶级政党在政权机构中的势力不断增强,为政党政治的最终确立开辟了道路。

山本权兵卫内阁所推行的一系列改革,获得了具有同样政治见解的西园寺公望和桂太郎的支持。进行文武官制改革的根本目的,是为了在削弱藩阀势力的同时,吸引民间人士加入自己阵营,增强对抗力量。也正因为此,军部、官僚进行了激烈抵抗。改革虽然最后得以强力推行,但是矛盾双方的攻防使山本权兵卫为之付出了不小代价。2月10日,国民党、同志会、中正会三党派在众议院提交了弹劾山本内阁决议案,但是被否决。同一天,山本内阁的反对者在日比谷举行了声势很大的弹劾内阁国民大会。2月12日,众议院通过表决,在预算中削减海军扩军费3 000万。3月13日,贵族院将众议院修正案决定的拨款又减少了4 000万。其用意前面已经写明:山本权兵卫拥有"海军基地"。不仅如此,3月23日,由于贵族院否决了两院协议会案,导致预算案不成立。翌日,山本内阁宣布总辞职。

虽然山本内阁历时不到一年即告解散,但是这不到一年的时间对日本政治的影响,在以后的岁月里得到了充分证明。在这段时期,有大批官僚加入政党,其中有不少成为日本政坛上的风云人物,如加藤高明、若槻礼次郎、滨口雄幸、高桥是清。他们在使政党日益走向政治中心的同时,还着力构建地方政治基础,使代议制的产生获得了必要条件。

3月24日山本权兵卫内阁总辞职后,直至4月16日,新内阁大隈重信内阁才宣告成立。从内阁出现如此长时间的"真空"这一现象本身,即不难理解新内阁之"难产"。造成难产有诸多原因,但山县有朋派和立宪政友会派的关系破裂、桂太郎(去世)、西园寺公望(应"违敕"退出政坛)、山本权兵卫协调关系的消失,是难产的主因。

山本权兵卫内阁总辞职后,各种各样的"内阁论"纷至沓来,主要有:以贵族院为中心的贵族院议长德川家达内阁论;以山县派、贵族院、立宪政友会为中心的清浦奎吾内阁论;以立宪同志会、山县派为基础的大隈重信内阁论。虽然意见不一,但是诸多内阁论有两点认识相对比较一致:第一,山县阀或萨摩派中的一派,和立宪政友会或立宪同志会的某一派进行组合;第二,根据军人和非军人交替出任首相的惯例,应尽量由非军人继任首相。众说纷纭的局面,激发了桂圆体制后权威呈下降趋势的"元老"活力,长州派出身的山县有朋和井上馨表现尤为积极。3月28日,元老会议推荐贵族院议长、德川家后裔德川家达出任后任首相,但是德川家达以缺乏行政经验为由婉言拒绝。3月31日,根据山县有朋的意见,元老院推荐枢密院顾问清浦奎吾组阁,但由于构成贵族院中心的立宪政友会不予支持,同时海军方面认为没有政党支持的内阁难以在国会通过与海军有关的预算,拒绝推荐海军大臣人选,使这一方案4月7日再告"流产"。4月13日,大隈重信被推荐为第三位首相候选人。4月16日,第十二届大隈重信内阁宣告成立。内阁成员有:大隈重信(总理兼内相,后内相由大浦兼武、一木喜德郎担任)、加藤高明(外相,后大隈重信、石井菊次郎)、若槻礼次郎(藏相,后武富时敏)、冈市之助(陆相,后大岛健一)、八代六郎(海相,后加藤友三郎)、尾崎行雄(法相)、一木喜德郎(文相,后高田早苗)、大浦兼武(农商相,后河野广中)、武富时敏(邮政相,后箕浦胜人)。

大隈重信曾于明治二十一年(1898年)6月30日组建"日本政治史上第一个政党内阁",明治四十年(1907年)因宪政党分裂辞去党首和首相职务。之后,他通过各种媒体广泛开展宣传活动,有较高知名度,加之富有政治经验并曾经组阁,确实是合适的首相人选。但是使大隈重信再次组阁的关键因素,是井上馨的大力推荐。当时,曾一直以健康理由不出席元老会议的井上馨,获悉青浦奎吾组阁案流产后,即刻进京大力推荐大隈重信,并获得了诸多元老的赞同,使大隈重信重返政坛。立宪同志会和中正会遂成为执政党,立宪政友会则成为最大的在野党。

大隈重信内阁虽然给人以革新内阁的形象,但是首相大隈重信主要忙于协调元老和阁僚的关系,各项工作主要由阁僚处理。所以如此,和大隈内阁的基本结构或特征具有必然联系。大隈内阁的主要特征是除了占主导地位的立宪政友会外,"党棍"派系、官僚派系、元老"三位一体"。"党棍"派系主要是执政党的一些领导者,如中正会首领尾崎行雄等。"官僚"派系主要是帝国大学毕业后进入官场、特别是文官制改革后逐渐升至次官一级的高级官僚。他们的领袖人物是内阁阁僚中心人物外相加藤高明、大藏相若槻礼次郎、农商务相大浦兼武。三人虽在第三届桂太郎内阁中也是内阁成员,但当时没什么交往,自加入立宪同志会后逐渐接近。元老,不言而喻是对政治决策甚至包括"选相"亦具有重要影响的传统势力。

在大隈重信内阁,"党棍"派系和"官僚"派系的关系相对比较协调,如上述三名"党棍"获得了一批少壮官僚的支持。但新兴的"官僚"派系和元老间却时有摩擦。特别在第一次世界大战参战问题、对华关系问题等重大问题上,"官僚"派系的外相加藤高明和元老明显存在意见分歧。加藤高明主张以日英同盟为基轴,积极展开日本的世界战略,而元老则主张尽量避免和俄国、法国、中国对立。有鉴于此,"党棍"派系中的一些人遂利用这些矛盾,扩大自己在内政外交问题上的发言权,如"党棍"派系、执政党立宪同志会的大石正己、中正会的尾崎行雄等。他们借抨击政府的外交政策接近元老,以求获得内阁主导权。例如,在加藤高明根据"日英同盟"强行作出参加一战的决定后,大石正已对加藤高明进行了抨击,公开对元老的意见表示支持,称:"应该施行免去加藤职务、由大隈兼任外相这一元老一致的意见。"① 在执政的立宪同志会、宪政会、立宪民政党中,对政策表示不满的声音之所以时有所闻,与此政治动机不无关系。大隈内阁三个派系之间确实不无矛盾,但是三足鼎立格局仍得以维持。因为在矛盾的同时,维持三足鼎立格局的因素也在发挥作用。除了抱有政治目的的相互利用外,共同对付最大的在野党立宪政友会,是他们的共同目标。正是这一目标,使以多党合作为特征的现代政党政治的轮廓,日渐清晰。

不过,对付立宪政友会的目标虽然一致,但是动因和想法却各有不同。对元老而言,惩罚摆脱元老控制的立宪政友会是其主要目的,因此立宪同志会、中正会等执政党仅是其工具。而执政的"党棍"派系的主要目标是联合非立宪政友会议员,打倒立宪政友会,使本党从配角成为主角,建立本党为中心的内阁。"官僚"派系当时居于两者之间,例如,农商相大浦兼武虽然同与元老对立的加藤高明一样,也是该派系的领袖,但其想法和元老山县有朋似更为接近。因此,大正四年(1915年)7月"内阁改组"前的大隈内阁,在外交问题上的立场与元老而非另外两个派系更为接近,在内政方面则与元老、官僚的立场更为接近。

"内阁改组"起因于曾是"大正政变"导火索的增加陆军两个师团问题。围绕这一问题,各派意见严重对立。大正三年(1914年)12月19日,作为陆军元帅的元老山县有朋和在野党领袖、立宪政友会首领原敬举行了会谈,双方最终达成一致意见:一年后立宪政友会亦支持"增师"方案,从而使议会避免了解散危机。但是,内阁似无视元老山县有朋的想法,仍着力于解散议会,12月25日议会宣告解散。

翌年3月25日,议会重新进行了大选,执政党取得了超乎预料的大胜:立宪同志会的议席从原来的95席增加至151席,中正会依然是36席,大隈伯后援会和执政党无系属分别为31席和26席。另一方面,在野党立宪政友会议席则从原来184席减少为104席,立宪国民党从32席减为27席,无党派从33席减为6席。毋庸赘言,与执政党立宪同志会势力显著增强形成鲜明对比的是,立宪政友会势力大为减弱,自建党以来首次沦为第二大党。这一结果使立宪政友会必须面对一个事实:只有实行多党联合才能获取政权。同样,执政党议席相加明显超过全部议席的半数,但是立宪同志会一党则远不到半数。因此执政党内也出现了联合趋向。着力推进这项工作的是大隈伯后援会的高

---

① 山本四郎编:《第二次大隈内阁关系史料》,京都女子大学,1979年,第93页。

田早苗。他首先向尾崎行雄做工作,并建议由大隈重信和加藤高明分别担任新政党正副总裁,获得了尾崎行雄的赞同。但在随后和加藤高明商谈时却遭到加藤高明的拒绝。所以如此,或因为"元老、贵族院忌惮庞大的政友会,如果他们忌惮的原因是不喜欢有大的政党,那么立宪同志会对此是不能不注意的"。①大隈重信对多党联合建立新党也态度消极。

但是,随之发生的所谓"大浦收买事件",即反对"增师"案的立宪政友会揭发,大正三年(1914年)年底,有几个人收买内相大浦兼武,欲使其同意"增师案"。这一"事件"为"联合派"提供了绝好机会。当时,"党棍"派系的尾崎行雄等主张大浦兼武单独辞职,大隈重信也原则同意他们的意见,但外相加藤高明、藏相若槻礼次郎、海相八代六郎却以"连带责任"为由,主张内阁总辞职。阁议曾一度决定内阁总辞职,但由于天皇对大隈重信的信任、元老希望大隈重信留任,大隈内阁仍然持续。"大浦收买事件"不仅大浦兼武辞职,而且"官僚"派系成员加藤高明等相继递交辞呈、退出内阁,迫使大隈重信进行内阁改组。改组后的内阁是大隈派系和山县派系的并存,"官僚"派系不再构成内阁的中心。这种构成产生的最大变化是外交政策的变化。按照尾崎行雄的说法:"总算形成了能够多少听取我意见的内阁",并和陆军参谋次长田中义一一起展开了排斥袁世凯的政策。换言之,这次改组不仅使大隈内阁的结构产生很大变化,而且使日本的对外、特别是对华政策产生重大变化。

以往不少学者认为,大隈重信虽然是趋向进步、有活力的政治人物,但其实是个政治傀儡。但近年一些学者提出,事实上大隈重信是个能巧妙利用支持内阁的各独立、对立派系的老练政治家。但是,再老练的政治家,也往往难以依自己的意志左右政治。大正五年(1916年)10月,大隈重信内阁为寺内正毅内阁所取代。

大正四年(1915年)12月第37届国会围绕减债基金(国债整理基金)的争论,最终导致日本再次发生政权更替。所谓减债基金,即国债返还基金——为了返还国债,每年从国家预算中拨出5 000万纳入减债基金。但大隈内阁向众议院提交的大正五年年度预算,减债基金却只有3 000万,原来5 000万减债基金被拨出2 000万作为铁道建设预算。在承诺仍将返还5 000万的前提下,众议院通过了内阁的预算案,送交贵族院(上院)审议。由于送审的预算案中减债基金依然是3 000万,因此遭到一些早已对内阁不满的贵族院议员责难。最后在山县有朋斡旋下,双方达成协议:通过预算案,但是大隈重信在本届议会结束后辞职。此后的8个月,主要势力一直为后继组阁者的人选进行协调。所以经历8个月,主要是各派想法均有不同。山县有朋主张推荐寺内

---

① 《双龟堂日载》(市岛谦吉日记),早稻田大学特别资料室藏。

正毅组阁,但为了避免其权力扩张,希望建立各派势力基本均衡的"举国一致"内阁。他通过参谋次长田中义一,将自己的意向向寺内作了传达:"为了避免危险,最有利的做法是在举国一致的良好名声下组织内阁。"①而大隈重信则主张建立寺内正毅和加藤高明联合内阁,目的是虽然由寺内组阁,但是执政党仍可由自己控制。寺内正毅本人则希望建立以寺内正毅为首、立宪同志会、立宪政友会享有同等地位的"举国一致"内阁。他当时曾明确表示对建立山县有朋所希望的"举国一致"内阁的支持:"唯以此团结忧国之士,抑制纷扰,维持国体,推进国务,除此之外,别无良策,"显示了以山县政治事业继承者的身份开展国务的意向。②

以上述动向为背景,在上次大选中惨败的最大在野党立宪政友会亦标榜"举国一致",并提出了形成寺内、贵族院、立宪政友会联合的设想。立宪政友会首领原敬拜访了山县有朋,提出了上述构想,同时对寺内正毅进行鼓动。立宪政友会采取这些做法的明显用意,是修复第一次护宪运动后长期处于恶化状态的立宪政友会与山县有朋及"长州派"的关系,使自己处于比立宪同志会有利的地位。

大正五年(1916年)5月24日,在子爵三浦梧楼斡旋下,执政的立宪同志会党首加藤高明、立宪国民党党首犬养毅和最大在野党立宪政友会党首原敬举行了会谈。三浦梧楼组织这次会谈的目的,是为了应对一战爆发后世界局势的变化,通过排除元老的介入、实现超党派联合,确立新的外交、军事政策。同时,三浦梧楼力劝寺内正毅与山县有朋绝缘、与三个政党提携。

同年10月4日,大隈重信内阁宣布总辞职。元老当即推荐寺内正毅继任首相。如上所述,虽历时8个月,但各种路线尚未完全协调,内阁人选尚未确定。此时,寺内正毅本人的构想是"以自己为中心,通过结集藩阀势力、获取政党协助,实现举国一致"。③

10月9日,寺内正毅内阁正式组成,由于后藤新平在寺内正毅组阁前后发挥了重要作用,故新内阁又被认为是"寺内·后藤内阁"。具体成员是:寺内正毅(总理)、后藤新平(内相,后水野錬太郎)、本野一郎(外相,后后藤新平)、胜田主计(藏相)、大岛健一(陆相,留任)、加藤友三郎(海相,留任)、松室致(法相)、冈田良平(文相)、仲小路廉(农商相)、田健治郎(邮政相)。

10月10日,立宪同志会、中正会、公友俱乐部联合成立了由加藤高明出任总裁的宪政会,成为众议院内过半数的第一大党。

---

① 《田中义一意见书》,收录于《寺内正毅关系文书》。
② 大正五年5月4日寺内正毅致后藤新平信函,收录于《后藤新平关系文书》。
③ 《田健治郎日记》,收录于《寺内正毅关系文书》。

各种政治势力的存在、一战后复杂的对外关系,使寺内正毅打出了"举国一致"的旗号。但当时各政治势力各怀鬼胎,通过对当时政坛格局的大致分析,我们就不难得出"举国一致"是否可以实现的结论。

首先,山县有朋计划落空。内阁组成后,以山县有朋为首的势力,提出了"三党鼎立论",希望寺内内阁和宪政会联合。但另一方面,也有势力希望"切断内阁和宪政会的联系,将其'钉'在在野党的位置上并沦为小党"。原敬、后藤新平、犬养毅均为此各施策略。原敬的策略是:继续"追讨"旧债,即继续揪住"减债基金"不放。按照原敬的说法:"向国会提出如减债基金那种上院、政友会、山县立场一致的提案,立宪同志会即便想躲避也躲避不了,最后只能或分列、或解散、或实行。"①而立宪国民党的犬养毅的策略则是"调虎离山",引诱立宪政友会对寺内内阁投不信任票。

其次,立宪政友会肯定拆台。在组阁时,山县有朋希望寺内正毅同政友会提携,但寺内正毅根据后藤新平等的建议,对各党"一视同仁",因而不仅引起山县有朋的不满,而且引起政友会的强烈不满。按照政友会的如意算盘,通过"合作",尽可能让寺内内阁对政友会有较高的依存度。但是寺内内阁的做法恰好相反,即对山县有朋的"三党鼎立"论"取其精华,去其糟粕"。即基于这一基本认识,重点培植非党代议士,如先建立维新会,之后维新会又吸收其他无党派人士成立了"新政会"。立宪政友会热面孔贴上冷屁股,感觉当然不爽。

最后,立宪国民党力图"谋反"。自大正二年立宪国民党分裂沦落为小党后,如何提高政治影响力无疑是其首要课题。立宪国民党曾尝试和立宪政友会合作,但自原敬任总裁、强化党的体制后,立宪国民党认识到,再强调合作充其量只能是在帮政友会烹调出政治大餐后分口汤喝。最后经过一番摸索,立宪国民党决定确立自己的策略:一是确立自己的结构(建立犬养毅、后藤新平、伊东巳代治"三角同盟");二是提出自己的"国策"(反对现有政策);三是贯彻自己的主张(提携青年)。

大正六年(1917年)1月21日,宪政会和立宪国民党分别在党员代表大会上通过了反对寺内正毅内阁的决议。政友会表示严守中立。1月25日,众议院就上述两党共同提出的内阁不信任案进行辩论。立宪国民党的犬养毅就提案发表演说时,接到天皇诏敕:解散议会,进行大选。在4月20日的大选中,立宪政友会获得160票,重回众议院"老大"宝座;宪政会获119票,立宪国民党获35票,中立者53票。

9月2日,弹劾寺内内阁记者大会在东京举行,日本充满要求寺内正毅下

---

① 《原敬日记》大正五年10月6日条。

台的声音。9月21日,寺内正毅正式提出辞呈。由于西园寺公望的谢辞,9月27日,政友会总裁原敬受命组阁。9月29日,日本宪政史上"第一个真正的政党内阁"宣告成立。

三、"平民首相"原敬

大正七年(1918年)9月建立的原敬内阁,被公认为日本宪政史"第一个真正的政党内阁"。这一称谓本身无疑已具有了划时代意义。但是,作为哲学难题"谷堆论"的又一次证明,对原敬内阁我们也不能给予过高的评价。因为,"第一个"往往同时也是"最后一个"。必须强调,原敬内阁得以产生,一方面是在长年政治风雨的冲击下,党、阀"双重结构"的内阁逐渐向政党倾斜的必然结果,另一方面也是原敬运用出色的政治智慧博弈成功的结果。

进入大正七年后,面对寺内正毅病情日趋恶化、世界大战即将结束的国际局势,以及1918年7月中旬至9月中旬日本民众掀起规模空前的"米骚动"的国内局势,"后寺内内阁"问题不能不提上日程。按照以往惯例,当由众议院第一大党立宪政友会总裁原敬继任首相并出面组阁。但是,由于山县有朋对原敬一直具有的"政党本位"立场始终不满,遂使原敬内阁出现"难产"迹象。

为避免"胎死腹中",原敬运用卓越而娴熟的手腕,借助"外力"和"内力"的"合力"最终催生了原内阁。

在寺内"病危"时,寺内内阁的阁僚和"三角同盟"成员后藤新平、伊东巳代治等,均希望内阁的更迭只是更换首相,实际权力依然由他们掌握。大正七年(1918年)4月24日,伊东巳代治致邮政相田健治郎的信函,即透露了对"后寺内内阁"的想法:"若寺内首相病体康复充当大任收拾时局,当为天下之至幸,也有利于完成现内阁成立后所承担的大使命(意为出兵西伯利亚)。万一病情渐重不得不辞此大任,不能不请君慎重考虑。余非反对政党内阁者,然难担此大任。若寺内伯不幸退任,现阁僚团结一心,或推举后藤(新平),或推举同志亦无不可。总之,当鼎力襄助后藤以遂其志,竟未竟之大使命。"[①]

但是,在政坛举足轻重的山县有朋,对这批阁僚试图排斥元老的所作所为早有不满,特别认为以"三角同盟"为中心建立"外交调查会",显然是试图剥夺元老在对外政策方面的发言权。山县有朋希望由西园寺公望接任。除了西园寺公望两任首相、富有经验外,更重要的是他不像原敬那样持"政党本位"立场。但是最终未果。虽然原因绝不单一,但是原敬当时"忠告"其勿失晚节,当不无关系:"欲保留现有之节望,无有比仍作为元老更善之策。投入政争之漩

---

① 田健治郎传记编纂会编:《田健治郎传记》,1932年,第347页。

涡,遗留失败之历史,实属下策。"①

事实上,原敬忠告西园寺公望勿采取"投入政争之漩涡"的"下策",是为了他自己能够实施上策。原敬的"上策",就是"软硬兼施",让山县有朋相信自己是他的拥趸,同时让山县有朋明白他将不达目的,誓不罢休——山县有朋的态度,是原内阁能否产生的关键。

鉴于山县有朋对"政党本位"的顾忌,原敬首先通过属下、立宪政友会中与山县·长州派系关系密切的野田卯太郎等向山县有朋"解释",称如果立宪政友会掌握政权,不仅不排斥山县和军部,而且将在其帮助下进行政治运作;其次,在思想上向山县有朋"靠拢"。出于这一目的,原敬提出了"战后经营论",称:"余非常清楚,此战争一结束,汹涌之波涛将涌向东洋。"②比照一下,不难发现其观点和山县有朋的"危机意识"一脉相通:"本次大乱归于终息,欧洲大陆之政治经济、社会秩序重新有序,此后各国或再度注目东洋之利权,白人和有色人种之竞争将趋向激烈。不可不知的是,白人相互提携,与我有色人种为敌之情景,不日将至。"③无怪乎山县有朋要对原敬说:"余之看法与君之论旨,无有相左之处。"④

另一方面,在西园寺公望拒绝"重新出山"后,原敬虽没有马上"毛遂自荐",但是对西园寺公望说的一番话却意味深长:"若此次超然内阁再起,则吾将与加藤高明联手将它推翻。"其实,原敬此番是让西园寺公望这位元老当他的"传令兵"。果然几天后,西园寺公望便告诫山县有朋:"宪政会和大隈一起建立政府失败了。如果此次原敬率政友会建立政府失败的话,那么今后尚有再次建立超然内阁之可能,若此次令政党失望,则彼等(政友会、宪政会)联手搅扰政局,则超然内阁再无重起之希望,且原之后有加藤(高明),加藤之后有某某,如此今后必成政党之天下。"⑤西园寺公望所言,山县有朋能不答应?

大正七年(1918年)9月29日,原敬内阁正式宣告成立:原敬(首相兼法相,后法相由大木远吉担任)、床次竹二郎(内务相)、内田康哉(外相)、高桥是清(藏相)、田中义一(陆相、后山梨半造)、加藤友三郎(海相、留任)、中桥德五郎(文相)、山本达雄(农商相)、野田卯太郎(邮政相)。

虽然原内阁按照惯例没有任用政党党员担任外相、陆相、海相,但是包括他本人在内有6名阁僚是政党党员,成为日本宪政史上第一个真正的政党内阁,占据了比山县有朋系官僚优势的地位。但是另一方面,由于山县系官僚在

---

① 《原敬日记》5卷大正七年9月20日条,福村出版,1981年复刊。
② 原敬:《关于内阁更迭》,载《政友》大正五年11月。
③ 大山梓编:《山县有朋意见书》,原书房,1966年,第342页。
④⑤ 《原敬日记》5卷大正七年11月11日条;9月29日条。

陆军、贵族院(上院)、枢密院(批准条约等)拥有很大势力,仍注意与之协调关系,如起用山县派系的田中义一出任陆相。

原敬出任首相可谓适逢其时。因为,由于欧洲各国忙于战事,无暇东顾,历时4年的第一次世界大战为日本创造了前所未有的发展机遇,使日本经济出现了引人注目的变化,主要表现在以下几方面:

一、贸易显著增长。由于进口压力显著减弱而出口大幅增长,使战前始终入超的日本对外贸易自大正四年(1915年)转变为巨额入超。据统计,大正三年至大正八年(1914—1919年),日本外贸黑字合计达13亿日元。同时由于世界船舶运力不足,日本海运业也获得显著增长,使作为贸易外的运费收入等在此6年间达到15亿元,甚至超过贸易黑字。

以巨额贸易出超和海运收入为前提,日本外汇储备显著增加,从而刺激了海外投资。大战爆发前,日本是负债15.1560亿元的债务国,但是至大正七年(1918年),日本变为2.8937亿元的债权国。[①]与此同时,外汇储备急剧增长,至大正八年(1919年)达到20亿日元。

二、贸易金融特殊银行的发展。随着出口的跃进,横滨正金银行的外汇业务极为繁忙,台湾银行、朝鲜银行的亚洲贸易业务也不断增长;战前的住友、三井、三菱、第一等银行也纷纷开展外汇业务。在寺内内阁时期,日本政府已对对外金融机构进行了整顿,大正五年(1916年)年底,除了横滨正金银行承担的相关业务外,承担对华经济借款的特殊银行由日本兴业、台湾、朝鲜三行加以组织。在战后贸易、收支转为入超后,原敬内阁的藏相高桥是清和日本银行总裁井上准之助积极倡导扩充经济、应对战后国际经济变化的"积极整理"的金融政策,压抑利息增长,使国内的存贷款额达到可以和国外存贷款额匹敌的程度,刺激了经济繁荣。同时,都市大银行也出现协调态势。随着输出的跃进,普通银行的存贷款业务急速增长,并向东京、大阪集中。为了缓和在争取储户方面的竞争,大正七年(1918年)后,以属财阀系统的第一、三井、住友、三菱居前4位的大银行为中心,各主要银行均缔结了利息协议。各银行形成的信用银行团彼此协调,不断扩充业务,尤其是积极开展对外投资。

三、物价、利润、投资额同时增长。大正七年(1918年),日本平均物价超过战前的两倍,大正九年超过战前的三倍。另一方面,企业利润也大幅度增长,利润超过100%的行业相继出现。首先是海运业在大正五年下半期,其次是和海运业密切相关的造船业在大正六年下半期,另外还有依靠大量出口的纺织业和无法从德国获得进口的化工业。高利润导致高收入和调控通货施行低利息,使股票市场趋向活跃。公司的新建和扩大呈现盛况。至大正八年的

---

① 日本银行调查局:《明治以后本邦主要经济统计》大正部分。

5年里,这方面的投资增加了2.9倍。[1]但是,由于材料、设备的进口受到欧美各国的制约,因此导致的"供不应求"推高了物价。另一方面,农产品价格和工资则增长缓慢,因此使老企业的利润率显著增加。

四、军备扩张和官办企业的扩充。在长期维持紧缩财政的情况下,大隈重信内阁实现了陆海军扩充。紧随其后的寺内内阁,以战后财税状况开始好转为背景,开始转向"积极方针",提出了"充实国防"、"经济立国主义"、"日中经济亲善主义"等方针,展开了扩军和资本输出为中心的积极财政。同时由于日本的参战使日本国内的政治气氛为之一变,大规模的军备扩张几乎没有遭遇阻力。

五、购买外国公债和"西原借款"。以大量外汇储备为前提,寺内内阁积极推进资本输出。大正五年至大正七年,日本由政府和银行团认购了英、法、俄政府为了向日本购买军需物品和套取外汇等,发行的一批公债(债权、股票),并用政府资金开展对外投资。

寺内内阁尤其为实施对华投资政策,在对华借款方面构建了一个作业体制,使各经济机构各司其职:政治借款为横滨正金银行,经济借款为特殊银行团(日本兴业银行、台湾银行、朝鲜银行)、经济借款的窗口为中华汇业银行(大正七年即1918年1月中日合资设立)、武器借款的窗口为泰来组合(三井物产、大仓组、高田商会)。寺内内阁通过西原龟三具体推进的所谓"西原借款",就是通过这一体制运作的。除了官方资本外,日本民间资本也大量投向中国。特别是居留青岛的日本人数显著增加,超过了上海。据统计,当时日本的对华投资,大正三年为4.39亿日元,大正八年为9.50亿日元,超出1倍。[2]

六、除了丝绸、纺织、海运、造船等传统行业继续获得发展外,重工业和化学工业获得了显著增长,日本重工业和化学工业的自给率急速提高,蒸汽船、合成染料突破了100%;民间的钢铁生产能力达到了和官营制铁所的同等水平,日本的重工业和化学工业,自此进入了正式发展期。

七、财阀康采恩开始形成。在同族资本的支配下开展多种经营的财阀,在"大战景气"中不断扩张,其一方面推进旗下各行业公司实施股份化,另一方面通过持有这些公司的股票,对旗下公司实施统辖,从而形成了控股公司即"康采恩形态"的企业。在这方面,三井和三菱是最具代表性的两个集团。两家财阀本社在大战时期的主要利润来源,三井是商事、矿山、银行;三菱是造船、矿山、银行,即各有"三根支柱"。自日俄战争至一战,其事业范围进一步扩大,特别是在发展重工业和化学工业方面,动向十分明显;三菱主要发展包括内燃机、电机在内的造船业,三井也在这方面进行了发展,但是其发展化学工

---

[1][2] 内阁统计局:《日本帝国统计年鉴》。

业动向比较明显。至大战末期,两大财阀旗下的企业资本占全国总资本的12%。除此之外,很多"二流财阀"也不断开展多种经营,取得了显著发展。

正是以上述因一次大战引起的深刻变化为背景,大选获胜后,原敬采取强有力措施推进组阁前已经确定的政策。所谓"强有力",当时宪政会议员永井柳太郎7月8日在众议院发表演说时的一句话颇耐人寻味:"今日世界仍是主张阶级专制主义的世界,西有激进派政府的列宁、东有我们总理大臣原敬。""西有列宁,东有原敬",遂成为流行一时的名言。

作为日本宪政史上"第一个真正的政党内阁",原敬内阁在经济、政治、文化等各方面均推行了"积极政策"。"积极政策"最初是自由党在明治二十年代(1880—1890年代)提出的,其宗旨是:"国是问题即国民的生活、国民的教育、外交、国防",或者说"以积极的手段""铺设铁道、发展工业、改良农业、奖励蚕业","养成民力,充实国力"。[①]这一政策在时隔约25年后为原敬内阁所继承,显示出曾与坚持"开国进取之精神"、努力吸收西方文明的伊藤博文联手的政友会,无论立场还是具体政策均坚持了其一贯的方针,并视之为"国是"。这一方针或国是在原敬内阁时期得到了更具体的贯彻。

大正七年(1918年)10月11日,即组阁后约两个星期,原敬在东京商业会议所举行的午餐会上,首次公开发表了他的施政演说,显示了他施政方针的大致框架,并在第41届议会上获得通过。原敬的施政方针被称为"四大政纲":[②]

1. 改善充实教育设施。特别是充实高等教育和实业教育。明治以后,初等和中等教育获得了很大发展,但是高等教育相对滞后。例如,大正六年度文部省直属学校的入学率仅为18%(100个志愿者中18个人入学)。原敬内阁在立法、行政等多方面采取措施,包括制定鼓励私立学校发展的法规,使高等教育入学率不断上升。为此,原敬提出了1919年至1924年充实官立高等教育机构的6年计划,具体内容是:创设5所医科大学(新潟、冈山、千叶、金泽、长崎医科大学);建立1所商科大学(东京商科大学,即以后的一桥大学);创设帝国大学4个学部、扩充6个学部。另一方面,积极认可庆应义塾、早稻田、明治、法政、中央、日本、同志社等专门学校升格为大学,奠定了今日日本高等教育的基础。同时创设10所高级中学(弘前、松江、东京、大阪等);17所实业专门学校(横滨高等工业、金泽高等工业专门学校等);2所专门学校(富山药专、大阪外语);扩充2所实业专门学校。

2. 发展和改善铁道交通事业。在此之前,铁道建设根据明治二十五年

---

① 坂野润治:《明治宪法体制的确立》,东京大学出版会,1971年,第68—69页。
② 大藏省编:《明治大正财政史》1卷,经济往来社,1955年复刻,第358页、第397页。

(1892年)制定的《铁道铺设法》,以"兵商二途"为目的,根据明治三十九年(1906年)的《铁道国有法》大量收购"私铁"而得以发展。原敬内阁时期,铁道发展面临两种选择:是将一部分主干线改成"宽轨"增强运力,还是维持"窄轨"原状、主要构建全国铁路网络,即"抓重点"还是"抓普及"。经过争议,最后决定首先致力于构建全国铁道网。在大选获胜后,5月15日,铁道院升格为铁道省,元田肇出任第一任铁道大臣,领导铁道建设,主要任务是:除了抓紧建设12处主干线和轻轨外,新增总长为917公里的主干线和533公里轻轨线。为此,日本政府决定将大正十二年(1923年)以后6年度的铁道建设支出提前用于1919年以后4年。

3. 振兴开发产业及通商贸易。自明治末年,日本政府持续施行紧缩财政。一战时由于欧洲列强忙于战事,日本对外经济活跃,居留海外的日本人自大正二年(1913年)至大正九年(1920年)的7年间增加了7倍。以此为背景,原敬内阁着力于振兴开发产业和通商贸易,对日本进入战后重工业和化学工业现代化时期产生了重要影响,同时也对日本对外经济扩张产生了重要影响。

4. 充实国防。顺从元老山县有朋和陆海军官僚等的意向,对军队及装备进行扩充和改善,将陆军增至25个师团(原先是19个师团,1个师团平时为1万数千人),建立两个八·八舰队(以巡洋舰8艘、炮舰8艘为基干的舰队)。

原敬内阁的各项政策推进了"大战景气",但是其由此引发的社会问题,特别是对部分民众的生活造成的负面影响也不可否认。以下数字,或许可以作为例证:大正十年(1921年),日本全国的自杀人数激增,1月至8月,仅东京就有677人自杀,其中占最大比重的原因是生活困难。

原敬内阁的另一项政绩是实行普选。原敬最初反对立即实行普选,认为那将导致社会秩序的混乱。但最终在民众的强大压力下实行了普选。而在此过程中,立宪政友会所以能够大获全胜,从某种意义上说,是原敬在政治博弈中出色运用了其政治智慧。

大正八年(1919年)至大正九年,始发于东京、要求实行普选的运动很快波及全国。大正八年2月9日,河野广中等在东京举行了要求立即实行普选大会。在纪念宪法颁布30周年纪念日的2月11日,3 000名学生在日比谷公园集会,要求实行普选,并进行了游行。再后,大阪、京都、名古屋等各个地区均掀起了要求实行普选的浪潮。以此为背景,在第41届例行国会上,宪政会、立宪国民党等分别提出了选举法改革法案。

针对法案,原敬坚持作了两点修正:1. 将原先选民资格为纳税5元以上降为3元;2. 将原先大选举区改为小选举区。3月8日,新的选举法获得通过,3月23日公布。原敬所以坚持作这两点修改,实际上是"明修栈道,暗渡陈仓"。因为选民资格降为纳税3元后,众多支持立宪政友会的农民可以成为选民。更重要的是,"布尔乔亚"的民主观念尚未深入农村,农民对何谓"民主",不甚了。而实行小选举区制,则可以避免下层民众利益的代表者利用人数优势胜出。最后,选举法主要作了三点修改:1.将纳税资格降低至3元,从而使选民从130万人增加至260万人,即增加了1倍;2.将原来的大选举区制(除了都市的独立选举区外,全县为一个选区)改为小选举区制(2、3个郡为1个选区,选出1至2名代议士);3.议员人数从381名增加至466名。第三点修改,实际上是对前两点修改的顺应。

如此一改,原敬自感已稳操胜券,于是紧接着采取了下一个步骤:解散议会,实行大选,并将这一天选在大正九年(1920年)2月26日,即在野的国民党和宪政会分别向众议院提交普选法案的日子。所以这么做,是因为原敬明白,按照在众议院中掌握的过半数的议席,他领导的立宪政友会完全可以将法案否决。但是这将刺激舆论,造成对自己不利的局面,而让这些法案获得通过,则显然是为在野党颁发功勋奖章,显示其在这方面的主导地位。因此,他选择在表决前解散议会,以便按照他预料肯定可以获胜的新选举法选举。这一天,原敬发表演说,称普选法案试图打破阶级制度、威胁社会组织。演说结束后,天皇颁布的解散议会的诏书被送达议长手中。这一招,在野党根本没有料到,因为按照常识,完全有实力否决法案的原敬,根本没有必要解散议会。然而,这正是原敬的政治智慧所在。选举的结果为此作了最好的证明:立宪政友会获得了278个议席,即超出半数约50席,几乎是第二大党宪政会的3倍。事实上,这一结果也证明了一个基本的政治原理:施行了普选,未必等于推行了民主。"民主"和"普选"未必等同。

此外,原敬还有一个很重要的动向,即"原首相作为以众议院第一大党为背景的首相,试图取代君主,掌握国政,推行政治,在日本建立英国式的立宪君主制"。①当年轰动一时的所谓"宫中某种大事件"的发生,与原敬的这一欲求具有直接关系。

大正十年(1921年)2月10日,宫内省宣布,皇太子妃已经选定,不予变更。事先对此一无所知的民众突然听到这个"声明",甚感不解,更感惊讶。事实上,选妃一事此前就是有关当局为保密而仅由几个人操作,民众当然毫不知情。然而由于事机不密,消息最终泄漏出去并遭到干涉。宫内省只能奉命匆忙发表这一声明。

内定的皇太子妃是久迩宫良子女王。但是,由于其母亲家族岛津家有色盲遗传史,因此根据医学判断,久迩宫可能生下也有色盲的儿子。此消息传到

---

① 朝尾直宏等编:《要说日本史》,第367页。

了山县有朋耳朵里。对于山县有朋来说,萨摩藩势力(按:岛津氏是原萨摩藩主)进入宫中原本就是令他不快的事,当然要抓住这个机会不放,于是即刻采取了行动。他首先迫使宫内大臣波多野敬直辞职,让长州派阀的中村雄次郎继任其职务,然后唆使中村雄次郎去说服久迩宫家解除婚约。

此事令久迩宫家族非常恼火。所以恼火倒不是因为原先想隐瞒"色盲家族史",而是因为对山县有朋这种到处插手,这回对皇室和岛津家的婚约又横插一杠子的做法不满。都已经订婚了,长州派阀的"老板"居然以"色盲"为理由要求"务请"解除婚约,实在是过于霸道。于是,久迩宫家便借力于负责皇太子教育的杉浦重刚。深受儒学思想浸润的杉浦重刚,遂以取消婚约事关人伦为武器,同对方展开了交锋。头山满、内田良平等右翼分子也因为对山县有朋不满而站在杉浦重刚一边。另外,犬养毅的心腹寺岛和雄也站在他一边。在右翼分子谋划下,一项计划遂得以实施:2月11日纪元节,右翼分子在明治神宫前举行祈愿和民众大会,挑起了大骚动。宫内省获知这一消息,匆忙宣布"皇妃已定,不予变更"。这,就是令民众惊讶的那则消息的产生背景。

事件发生后,中村雄次郎引咎辞职。大久保利通的儿子牧野伸显被选为其后任。这也意味着宫内大臣一职从长州派阀转入萨摩派阀手中。这一事件对以山县有朋为首的长州派阀势力,无疑是一大打击。3月21日,山县有朋提交辞呈,辞去枢密院议长元老。但是遵从天皇的意见,他的请辞5月18日被退回。确实,在这个事件中,天皇以权威平息了事态,但是天皇权威之丧失早已成必然趋势,何况这一事件本来就因大正天皇身体和精神羸弱而起。按照宫内省的公告,天皇在事件发生前一年,已是"精神倦怠,行动乏力,言语障碍,说话不清"。

事实上,与这一事件几乎同时发生的一些变化,均说明大正天皇已权力有限。真正的权力操控者是首相原敬。例如,当时酝酿皇太子摄政及出访欧洲各国。原敬主张皇太子出访回国后再担任摄政,但是皇后反对并通过下田歌子等进行活动,甚至被称为"日本的拉斯普钦"(按:俄国的宗教领袖)饭野吉三郎也登场为皇后说话。但是,最终出访和担任摄政还是遵循了原敬定下的顺序。3月3日,皇太子裕仁赴英国、法国、比利时、荷兰、意大利等国家进行了访问,之后才被委以"摄政"重责。在这一阶段,原敬又逐一掌握了授勋和授爵等授予恩典的主导权;提出陆相田中义一后任人选推荐意见,以及作为文官兼任海相临时代理,等等,使首相名副其实地成为主理国家政务的核心人物。

作为首相,原敬是日本历史上"第一个真正的政党内阁"首相,同时也是日本历史上第一个遇刺身亡的在任首相。大正十年(1921年)11月4日晚上7点,原敬离开位于东京芝公园的宅邸后,于7点20分进了东京车站站长室,与先已到达的铁道相原田肇、文部相中桥德五郎、内阁书记官长高桥光威会合，打算乘车前往翌日在京都召开的立宪政友会近畿大会。在离开车还有6分钟时，一行由东京站站长高桥向导往检票口走去。突然，一个手持短刀、个子矮小的光头男子从斜里杀出，举刀朝原敬右胸猛刺一刀。原敬悄然倒地，脸色苍白。原敬侧近见状急忙将原敬抬入站长室放在桌子上紧急施救，但65岁的原敬终因失血太多而于7点33分停止了呼吸。

经审讯了解，被当场扭获的凶手叫中冈良一，是大塚车站的扳道工，18岁。因为对立宪政友会的一系列作为强烈不满，并受国粹主义者朝日平吾9月28日刺杀安田财阀创始人安田善次郎事件的启发，起意刺杀原敬。

原敬虽然事先根本没有料到会在这天晚上遇刺身亡，但是，作为身处险恶环境中的政治家，原敬早在当年2月20日已写好了4封遗书。使他留下遗书的直接动因，是当时原敬获悉，由于干预久迩宫良子的婚姻和皇太子出访欧洲事宜，他已成一项暗杀计划的目标。4封遗书，1封关于葬礼安排，另3封关于遗产分配。其中第3封写道，在前一次大选时，原敬获取了一些"政治献金"，其中有82.5万日元剩余（约合现在41亿余日元），秘密存放于古河家和三井家。原敬嘱咐，将这笔资金转交下任立宪政友会总裁。另外还写道，实业家原田二郎曾担心原敬没有财产，捐赠给他15万日元（约合现在7.5亿日元），希望返还原田二郎。如果原田二郎不肯接受，则捐赠给他参与设立的慈善团体。原敬的遗嘱，显示了他对金钱的态度。

原敬的葬礼遵其遗嘱在盛冈市原家的菩提寺大慈寺举行。虽然原敬遗嘱不要在东京举行任何仪式，但立宪政友会仍于11月7日举行了迎接原敬灵柩仪式作为党葬，举行了告别仪式。中午11点25分，灵柩从原敬私邸到达立宪政友会总部时，许多民众自发前往吊唁这位"平民首相"。葬仪由葬仪委员长、原敬内阁藏相高桥是清主持，向原敬遗体敬香告别的行列长达200多米。仪式后，原敬的遗体于当天晚上10点由上野发出的急行列车拖挂的灵柩车送往他的故乡盛冈。灵柩车到达停止一切娱乐活动、充满悲哀气氛的盛冈时，据当地报纸《岩手日报》报道，从盛冈车站至原敬别居谷川端，迎接原敬遗体的群众约有4万人。9日下午1点，原敬灵柩离开别居前往大慈寺下葬，参加葬礼的达3万人。按照遗嘱，原敬的墓碑上仅"原敬之墓"4个字，由原敬一手提拔的立宪政友会总裁秘书、贵族院敕选议员小池靖书写，没有标上任何位、阶、勋。

"原敬之墓"

与大正十一年（1922年）1月10

日病逝、享年83岁的大隈重信的"国民葬",以及同年2月1日去世、同样享年83岁的山县有朋的"国葬"相比,原敬的"盛冈市民葬"的规模和"规格"显然"寒酸",但这恰是"平民首相"遗愿所在。

不过,原敬遗愿亦有未遂之处:他的冠位从正三位被升至正二位,即升了两级,并被授予一等勋章"菊花大授章"。作为政党政治家,原敬获得了高度评价。因为除了原敬,其他获此殊荣的均是元老和军人,并均在生前获得:松方正义、井上馨、桂太郎和西乡从道元帅、东乡平八郎元帅、野津道贯元帅(按:伊藤博文、山县有朋、大山岩获得的是比之高一级即最高级的菊花章颈饰菊花大授章)。

原敬被刺后,他领导的内阁于翌日宣布总辞职。"第一个真正的政党内阁"就此结束了历史使命。

四、"护宪三派内阁"

原敬遇刺、内阁辞职后,11月12日,因72岁的西园寺公望患病在床,由87岁高龄的松方正义选定、摄政裕仁推荐,原敬内阁的藏相高桥是清继任首相。13日,高桥是清受命组阁,成立了亲自兼任藏相,留任全部阁僚的高桥内阁。同时,高桥是清还继原敬之后担任立宪政友会总裁。不过需强调的是,政党内阁至高桥是清内阁中止。之后加藤友三郎、山本权兵卫、清浦奎吾内阁均不是政党内阁。但1925年成立的"护宪三派内阁",则使政党内阁重现并使之趋向稳定。

第一次世界大战结束后,日本曾经历了"战后景气"。但是自1920年3月开始,由于对欧美输出减少,日本经济开始呈衰退征兆。因此,自1921年4月底,政友会内出现了要求修正以积极财政为中心的各项政策、强化与山县有朋系的提携的动向。曾任日本银行总裁的藏相高桥是清,就是这一动向的主要推动者。高桥是清担任内阁总理后,即开始实践他的改革构想。其构想大致可划分为四个方面:1.行政、财政整理;2.裁军;3.与中国合作;4.实施普选。具体而言,第一项是1920年大选时立宪政友会公开作出的承诺,即削减或推迟公共事业。第二项改革则主要根据华盛顿会议签署的《五国海军协定》,废弃14艘旧式战舰,将建造中的巡洋舰和驱逐舰改建为航空母舰,另外6艘建造中的战舰则或中止、或解约。陆军裁军由陆相山梨半造领导,故史称"山梨裁军",主要内容是精简军官,减少4个师团;延期实施陆军军备扩充计划。第三项改革主要是实践高桥是清在担任藏相时已提倡的"中日经济联携论"。高桥是清此举目的,一是考虑随着中国民族主义的高扬,中国的统一已指日可待;二是据以奠定堪与英美展开经济竞争的基础。第四项改革实施普选是因为普选更有助于奠定立宪政友会的政治基础。

但是,内务官僚出身的床次竹二郎等保守派反对积极财政和即行普选,因此高桥是清于1922年5月2日对内阁进行了改组,试图强行推进改革路线。孰料此举引起保守派更激烈的反抗并导致内阁分裂。因此高桥是清于6月6日宣布内阁总辞职。仅存在了7个月的高桥是清内阁倒台后,继任首相、日本海海战英雄加藤友三郎大将以"早晚实行论"排斥了"普选尚早论",并设定了施行普选的日期,并比高桥是清内阁更坚决地推行了财政紧缩政策,将各项费用缩减了15%至25%。立宪政友会作为"准执政党"给予了积极配合。

大正十二年(1923年)8月24日,正当改革排除阻力不断展开时,加藤友三郎因患胃癌去世。8月27日,山本权兵卫再次受命,组建了第二届山本权兵卫内阁,从而使日本政坛格局再次发生变化。首先,遭遇明治十年(1877年)西南战争西乡隆盛遇难、翌年大久保利通被刺、"明治十四年政变"大隈重信"下野"一系列打击后,萨摩势力大为衰退,一度人们甚至称长州为"阀",萨摩为"派"。此番山本权兵卫重新出山执掌权柄,使萨摩势力重新开始复苏。其次,前此长州阀风光无限,同为长州阀出身的伊藤博文和山县有朋对待政党的不同立场曾是日本政治的焦点,但此时则因山县有朋去世、山县系官阀内讧而势力开始衰退。第三,众议院第一大党、以高桥是清为党首的立宪政友会和以加藤高明为党首的第二大党宪政会(案:宪政会由宪政本党—立宪国民党—立宪同志会—宪政会演变而来),均有单独组阁的希望。以英国政党政治为理想的元老西园寺公望所以支持山本权兵卫,就是希望同为萨摩系的山本权兵卫能够在加藤友三郎之后继续推进紧缩财政、协调外交、实行普选的方针,并通过普选让国民决定究竟立宪政友会还是宪政会执掌政权。换言之,在政治格局的变动中,政党内阁已有重新问世的可能。但是,所谓"人算不如天算",举世震惊的关东大地震改变了上述政治路线。

大正十二年(1923年)9月1日11时58分44秒,日本关东地区发生了以相模滩的最深部为震源的大地震,地震范围广及东京、神奈川、静冈、千叶、琦玉、山梨、茨城一府六县。由于地震发生于中午做饭时间,因此引起各处火灾,东京大部、横滨、横须贺两市全部被烧毁。一府六县受灾家庭达59.2264万户,死亡99 474人,受伤102 961人,失踪38 782人,财产损失累计50亿至200亿日元,为前一年度政府财政支出14.2969亿日元的3.5至14倍。

地震不仅造成了巨大经济损失,同时也动摇了山本权兵卫内阁的政治基础。地震发生后,山本权兵卫内阁一边致力于震后复兴,一边以实施普选为标榜,致力于解体宪政会和1922年11月成立、犬养毅为首领的革新俱乐部,以便组建新的政党,与在普选方面尚未达成共识的众议院第一大党立宪政友会抗衡。但是,由于宪政会总裁加藤高明强烈反对加入新党,内阁成员中山之内一次铁相和桦山资英内阁书记官长等萨派中坚也反对立即施行普选,因此结成新党的构想未能付诸实施。由此陷入困境的山本权兵卫内阁已摇摇欲坠,而"虎之门事件"则使之遭受最后一击。

地震发生后,为了防止动乱,政府当局迅速发布了戒严令,并任命陆军大将横田雅太郎为戒严司令。但尽管如此,动乱依然不断发生,很多地区几乎处于无政府状态。许多平时受到欺压的底层民众借机发泄,自行武装滥杀无辜。据统计,至9月7日,有约6 000名朝鲜人、200名中国人、59名日本人被暴民残杀。①不仅不法暴民滥杀无辜,甚至执法者也滥施淫威。9月3日,龟户警察署逮捕并杀害了平泽计七等10名工人运动活动分子,制造了"龟户事件"。9月16日,宪兵大尉甘粕正彦等在东京宪兵队本部杀害了著名无政府主义者大杉荣及其夫人伊藤野枝和他的外甥,制造了引起极大震惊的"甘粕事件"。横田雅太郎为此于9月20日引咎辞职,由陆军大将山梨半造接任戒严司令。11月15日,戒严令被取消。

在上述狂乱的社会环境中,22岁的摄政裕仁(以后的昭和天皇)也成了攻击目标:12月7日,裕仁在赴议会途径虎门外时,一狂徒以自制土枪向他连发两弹,但均未命中,而刺客本人却被当场抓获。裕仁仍按照日程参加议会活动后回到赤坂御所。

刺客难波大助是山口县熊毛郡周防村人,他的父亲是山口县选出的议员难波作之进,两个兄长一个以第一名的成绩毕业于东京帝大法科,一个毕业于京都帝大法科,而他却因学业欠佳从早稻田高等学院退学。父亲的鄙视和在兄长面前的自卑,使自暴自弃的难波大助逐渐接近了无政府主义,最终成为"虎之门事件"的主角。翌年11月13日他被判绞刑,15日执行。因其家属拒领尸体,结果难波大助作为"无名无姓者"被埋于小菅刑务所犯人墓地。

大正十二年(1923年)12月29日,第二届山本权兵卫内阁因"虎之门事件"提出辞呈。出于和推荐山本权兵卫组阁时同样考虑,即为了使预定翌年举行的大选能够"不偏不党"、公正举行,西园寺公望经征求松方正义意见,向摄政裕仁推荐与特定政党没有联系的原山县系官僚清浦奎吾组阁并获认可。翌年1月7日,清浦奎吾内阁宣告成立。

清浦奎吾受命组阁时,曾邀请众议院第一大党政友会入阁。面对如此"诱惑",政友会出现了意见分歧。以高桥是清总裁和横田千之助总务为首的政友会主流派干部主张走政友会、宪政会、革新俱乐部三派联合"夺权"的道路。所以作此选择,主要是想以"拥护宪政"为旗帜,改变国民对立宪政友会的不信任状态,获取大多数国民对政党的支持,而政友会作为众议院第一大党,理所当

---

① 伊藤之雄:《政党政治和天皇》,讲谈社,2002年,第210页。

然能掌握政治主导权。但是,床次竹二郎等保守派主张加入清浦奎吾内阁,反对"三党联合",并获得财政界"大腕"、历任日本银行总裁和四届内阁农商相的山本达雄支持。1月16日,床次竹二郎、山本达雄等宣布脱离政友会,于1月29日结成了"政友本党",应者甚众。与此同时,政友本党成了清浦奎吾内阁的执政党。令高桥是清、横田千之助等始料不及的是,此次分裂,留在政友会的议员仅129名,而加入政友本党的议员则多达149名。

尽管如此,高桥是清等改革派依然坚持走"三党联合"的道路,并因此拉开了"第二次护宪运动"的帷幕。1月18日,由政界长老、原东京镇台司令官、朝鲜公使三浦梧楼斡旋,政友会总裁高桥是清、宪政会总裁加藤高明、革新俱乐部首领犬养毅举行了会谈,就建立政党内阁达成了协议。由于受到三党抨击,1月31日,清浦奎吾解散了众议院,宣布5月10日举行大选。面对即将举行的大选,各党相继提出了竞选方针,并展开了"合纵连横"。2月12日,高桥是清、横田千之助和加藤高明、若槻礼次郎等政友会、宪政会、革新俱乐部高层干部举行了秘密会谈,就大选获胜后的组阁问题达成了协议:由第一大党党首出任首相,邀请友党高级干部入阁,成立联合内阁。不难发现,此时对护宪三派而言,是否能在大选中获胜已无悬念,不确定的仅是政友会和宪政会哪个党能够成为第一大党。因为众议院解散时各党拥有的席位数是:政友本党149席、政友会129席、宪政会103席、革新俱乐部43席。

大正十三年(1924年)5月10日,大选如期举行,各党在众议院的得票情况如下:宪政会151席、政友会105席、革新俱乐部30席,而作为清浦奎吾内阁执政党的政友本党则仅占109席。不言而喻,"护宪三派"取得了压倒性优势。

大选结果揭晓后,清浦奎吾内阁于6月7日宣布总辞职。6月9日,根据西园寺公望推荐(元老松方正义当时病得神志不清),摄政裕仁命众议院第一大党宪政会总裁加藤高明组阁。加藤高明根据前此约定,邀请政友会和革新俱乐部高级干部入阁。6月11日,护宪三派内阁正式成立。

然而,护宪三派内阁成立之日,也是政党之间激烈的权力斗争开始之时。虽然名为"联合内阁",但在内阁中宪政会有"五相",且主要阁僚均为宪政会成员:首相加藤高明、内相若槻礼次郎、藏相滨口雄幸;外相币原喜重郎虽然不是宪政会成员,但是加藤高明的"连襟"(币原喜重郎的妹妹是加藤高明妻子的妹妹),另外还有铁相仙石贡;政友会占2席:高桥是清任农商相、横田千之助任法相;革新俱乐部仅占1席:犬养毅任递相。由于宪政会和政友会、革新俱乐部的议席比例分别为5:3:1,纵然政友会和革新俱乐部联合,所占议席也不及宪政会,加上媒体舆论甚至希望宪政会单独组阁,故他们只能"敢怒而不敢言"。

第十章 大正时代

护宪三派内阁,不,加藤内阁成立后,立即着手制定普选法案以回应国民的期望。6月30日,三派通过协商,建立了15名成员组成的普选调查会,由宪政会总务安达谦藏任会长。9月4日和8日,有关各方对内务、司法两省拟定的普选草案和三派调查会案进行了归并。12月12日,普选法案获内阁会议通过,经枢密院作部分修正后,新选举法《普选法》于大正十四年(1925年)3月29日在众、参两院获得通过。

《普选法》的主要内容是:一、废除男子纳税资格;25岁以上享有选举权,30岁以上享有被选举权;二、将小选举区(都市选区1至2人当选,其他选区1人当选)改为中选举区(1个选区3至5人当选)。这一选举制度沿用了69年,直至1994年。

虽然新选举法依然未给予妇女参政权,但是其进步意义依然值得肯定。因为日本不仅是整个亚洲最早实现普选的国家,而且即便和英国相比,亦稍显落后:早在200年前已经建立议会制度的英国,实现男子普选是在1918年,男女享有同等选举权则是在1928年。由于新选举法的实施,享有选举权的人数急剧增加:1924年大选时享有选举权的人数为328.8万人,4年后的1928年大选时,享有选举权的人数为1 240.9万人,增长了约4倍,约占包括儿童在内的全国总人口20%。

普选法的颁布使日本社会主义和工人运动出现了新的变化。1923年10月第二届山本权兵卫内阁宣布将实施普选后,11月,"日本劳动总同盟"中央委员会即确立了普选实施后利用选举权和议会开展活动的方针。但是,总同盟内的左派(共产主义派)重视以革命为目标的政治斗争,即偏重于走理想主义路线,右派则重视改善劳动条件等,即偏重于走现实主义路线,两条路线的斗争日益尖锐。"总同盟"遂产生第一次分裂:1925年3月《普选法》实施未到1年,"总同盟"将左派除名。被除名的左派于当年5月建立了"日本劳动组合评议会"。这次分裂虽然使日本工人运动的势力大为衰退,但是却使日本共产党获得了新生:工人运动左派活动家、社会主义者福本和夫此时提出了"福本主义",强调在以建设社会主义为目标形成同志团结之前,应该通过理论斗争分离异己分子、团结纯粹分子组建"前卫党"(共产党)。福本和夫的理论获得了左派活动家的共鸣。12月4日,日本共产党以这一理论为指针召开了重建大会。

1925年12月,一些无产者组织联合建立了农民劳动党。但是加藤高明内阁当即宣布该党为非法组织,理由是该党以实现共产主义为目标。于是,该党在翌年3月5日将日本劳动组合评议会排除在外,建立了劳动农民党。对此,信奉福本主义的左派为了使劳动农民党成为由其支配的政党,对右派领导者进行了全面抨击,迫使其离党,并于12月12日重新建立了以左派的"评议会"为基础的劳动农民党(简称"劳农党"),事实上为非法政党共产党披上了一件合法外衣。"总同盟"的右派于12月5日创设了社会民众党。另一方面,中间派则于12月4日脱离"总同盟",于9日建立了日本劳农党(简称"日劳党")。综上所述,在普选实施之前无产阶级政党已一分为三,劳动组合(工会)和农民组合(农会)也产生了相应分裂。

以往学术界对第一次护宪运动的评价高于对11年后发生的第二次护宪运动的评价,理由是当时政党和藩阀进行了对抗,并积极联合民众进行政治改革。应该指出的是,第一次护宪运动是一场主要以都市为舞台的政治运动,这场运动虽然极大冲击了元老制度和山县系官僚,但几乎没有波及农村、改变地方政治。而第二次护宪运动深入农村偏远地区,波及范围广大,不仅推翻了清浦奎吾内阁,建立了"护宪三派内阁",续写了政党内阁的历史;不仅实现了男子普选,而且使运动的核心即社会中层以下青年在以后几年中相继进入县、町、村等地方政权,使日本政治基础发生了革命性变革。

愤怒的民众反对《治安维持法》的集会

当然,"第二次护宪运动"也存在明显的反民众性。3月19日,议会在通过《普选法》的同时,还通过了一个法律:《治安维持法》。该法律的要点,就是禁止以变革"国体"和否定私有财产制度为目的的结社和运动。同时,由于取缔对象定义暧昧,因此存在被滥用的可能。所以制定这一法律,主要因为加藤内阁估计在任内有可能和苏联建交,社会主义思想将随之流入日本并激发工人运动和农民运动的高涨,需要以法律形式予以阻遏,而1900年制定的《治安警察法》对集会、结社、言论自由的限制不够充分。对这一包括限制集会在内的法律,民众当即以集会的形式表示抗议。

在三派协力获取政权后,由宪政会主导的内阁遂着手解决一系列政治、经济问题。以滨口雄幸藏相为中心,护宪三派内阁按照整理、紧缩行政、财政的方针编制了预算。在满足陆相宇垣一成军备近代化的同时,大幅削减了政友会特别重视的铁道建设和水利事业等公共事业经费,因此引起了立宪政友会的强烈不满。于是,政友会和政友本党内出现了重新合并以获取众议院多数、取代加藤高明内阁夺取政权的明显动向。为了达到这一目的,横田千之助等政友会成员希望高桥是清总裁引退,由旧山县系官僚、陆军大将田中义一出任。他们认为,高桥是清缺乏作为大党领袖的包容、忍耐和资金募集能力,并和政友本党党首床次竹二郎和山本达雄关系不睦。而田中义一曾任原敬内阁陆相,在推行国际协调政策和财政政策方面富有经验,是继续推进高桥是清改革路线的理想人选。1924年底,高桥是清本人同意了这一安排。虽然横田千之助积劳成疾,于1925年2月猝死,但田中义一仍按原计划于1925年4月13日就任政友会第五任总裁。同年5月14日,革新俱乐部与政友会合并,28日,犬养毅宣布退出政界。

为了实现政友会和政友本党合并以夺取政权,1925年7月底,以税制整理问题为理由,政友会宣布阁僚中的其3名成员退出内阁,因此使第一届加藤高明内阁解体。同一天,在补充了宪政会3名成员、其他阁僚照旧的情况下成立了第二届加藤高明内阁。翌年1月28日,第51届国会开会期间,原本患有慢性肾炎和心脏病的首相加藤高明因罹患感冒并发肺炎而猝死,享年66岁。加藤高明是有强烈政治欲望的内阁首相,同时也是在困难的环境中进行政治运作的内阁首相。宪政会虽是众议院中的第一大党,但其所占有的163个议席仅占全部议席的35%,政友会和政友本党的合并动向及企图,他并非全无觉察。事实上,政友会3名阁僚退出内阁时,加藤高明补充3名宪政会阁僚重新组阁,得到了唯一的元老西园寺公望(松方正义于1924年7月去世)和内大臣牧野伸显的支持。他们两人认为,"政、本合并"是欲以歪门邪道夺取政权,国民将支持宪政会。目的未达,政友会颇感失望。在这样的权力场上与"足智多谋"的对手进行政治角力,加藤高明自然不敢懈怠,带病上阵,并因此贻误病情,终告不治而亡。

加藤高明自己选定的雅号"刚堂",堪称是对他政治生涯及最后的日子的写照。加藤高明厌恶元老,曾与山县有朋公开对峙。他和原敬虽然是政治对手,同山县有朋"角力"的方式亦倏然有别,但他们对政党政治的执着和对两党内阁制的崇尚却如出一辙。同样如出一辙的是,他们两人均具有"严于律己"的人格。加藤高明去世后被追赠正二位大勋位伯爵,葬于东京青山,墓碑铭文是"伯爵加藤高明墓",比原敬多了"伯爵"两字。但那仅是为了避免仿效原敬之嫌,与同样担任过首相的大隈重信的13字墓碑铭文"从一位大勋位侯爵大隈重信墓",以及山县有朋28字墓碑铭文"枢密院议长元帅陆军大将从一位大勋位功一级公爵山县有朋之墓"相比,堪称相当简洁。就个人作用而言,原敬死于非命和加藤高明病死,是导致日本政党政治趋向中断和法西斯政权最终建立的一大原因。

大正十五年(1926年)1月28日加藤高明去世后,元老西园寺公望和内大臣牧野伸显商议后,向摄政推荐内务大臣若槻礼次郎组阁。作为第二届加藤高明内阁之延续的第一届若槻礼次郎内阁因此成立。同年12月25日,47岁的大正天皇嘉仁驾崩,早已摄政的皇太子、25岁的裕仁践祚,日本进入了昭和时代。1927年4月17日,若槻礼次郎内阁因陷入政治、经济困境而宣布总辞职。政友会总裁、陆军大将田中义一内阁取而代之。昭和天皇裕仁和田中义一内阁同时登上历史舞台,使日本昭和时代具有了远比大正时代鲜明的扩张主义色彩。

五、从"小村外交"到"币原外交"

日俄战争的胜利使日本一些军国主义分子的扩张野心急剧膨胀。

1905年,任职于日军参谋本部、后成为日本首相的小矶国昭在他题为《帝国国防资源》的考察报告中专门列了"中国国产原料"一项,提出:"为了进行总体战,必须从中国获取原料和资源。"

1908年9月,日本内阁通过决议,明确提出:"帝国现今在满洲拥有的地位不可轻易放弃。因此,必须采取措施,使现在的状态永远持续下去。"

1910年日韩"合并"后,日本外务省一些侵略扩张主义分子提出:"日本应当在继合并韩国之后,以处置南满和内蒙古为大陆政策的原则。""如不处置满蒙,则国防上无从保护朝鲜,不能同英俄在中国的外藩势力保持平衡,无法永久对中国政府施加压力"。

1911年10月24日,日本内阁通过了题为《关于对中国的政策》的决议。决议申明:"为满洲问题的根本解决,帝国政府必须不懈地进行策划,倘遇可乘之机,自应采取果断措施加以利用。"

"可乘之机"终于来临。1914年,第一次世界大战爆发。至8月4日,战火燃遍欧洲,以德国和奥匈帝国为中心的同盟国和以英法俄为中心的协约国全面开战。8月7日,日本的盟国英国请求日本协助其攻击以中国山东半岛胶州湾为根据地的德国舰队。大隈内阁接到请求后,当天彻夜开会研究。在外相加藤高明主导下,内阁最后决定对德开战。翌日,应大隈内阁要求,山县有朋、松方正义、大山岩等举行元老会议,同意内阁的决定。井上馨虽然因病后休养,未参加元老会议,但他认为这场战争是日本发展国运的天赐良机("天佑"),主张日本应和英法俄密切提携,确立"日本在东洋的利权"。10日,井上馨让秘书记下他的上述建议送交山县有朋和大隈重信。与此同时,日本好战分子也纷纷向政府提出建议。1914年8月7日,日军参谋本部第二部长福田雅太郎少将,向外务省提出了以"满蒙自治论"为中心的意见书《日华协约要领》。24日,陆军次官大岛健一建议,以归还胶州湾为交换条件,吞并满蒙。

第十章 ● 大正时代

此外,政府有关部门和黑龙会、东亚同志会、对华联合会等民间团体和个人,纷纷向日本外相加藤高明提出对华要求和意见。概括而言,这些意见有几个共同点:1.中国人没有能力统一国家,必须由日本"支援"。2.应利用大战确立日本在中国的优势。3.以日本的优势为基础的日中提携,有助于维持亚洲和平。

8月15日,日本军政要员在从避暑胜地日光赶回东京的大正天皇面前举行御前会议,正式决定参战。8月23日,日本向德国宣战。

日本宣战后,加藤高明始终坚持避免让元老和军人加入外交。在日俄战争时期,外交虽然也由桂太郎首相和小村寿太郎外相主导,但他们采取的是首先征得伊藤博文、山县有朋、井上馨、松方正义、大山岩同意,然后由内阁会议决定的方式,即依然尊重元老的意见。因此,加藤高明坚持外交"一元化"领导,是努力实践"责任内阁"构想。

宣战后,为攻击德军在胶州湾的根据地青岛,日本组建了以第18师团(久留米)为主力的约2.9万人部队,在约2 800名英军的配合下,于10月31日向由约4 900人驻守的青岛要塞发起了攻击。11月7日,青岛陷落,日军占领了胶州半岛,控制了青岛至济南的胶济铁路。得到攻克青岛的消息后,日本东京一片欢腾。据《时事新闻》报道,翌日,狂热的市民提着写有"祝贺攻克青岛"、"帝国万岁"的灯笼,汇集于神社和寺院。下午6点,以乐队为先导,"木挽町同志会"等团体涌向东京闹市区,一边高呼"天皇陛下万岁",一边向英、法大使馆、陆、海军省、参谋本部、皇居前进。

小村寿太郎

1915年11月11日,即攻克青岛不到一周,日本首相大隈重信召集临时内阁会议,讨论对华方针,形成了臭名昭著的"二十一条"。"二十一条"由五号文件构成,基本内容是:

第一号共四条,要求承认日本继承德国在山东享有的一切权益并予以扩大。

第二号共七条,要求租借旅顺、大连,并将"南满"、安奉两铁路的交还期由25年延续至99年;承认日本人在"南满"和"东蒙"的居住权、工商经营权、土地租借或所有权、筑路及开矿权。

第三号共两条,要求中日合办汉冶萍公司。

第四号共一条,中国沿岸港湾及岛屿不得割让或租借给他国。

第五号共七条,标题是"对中国全境之要求",要求中国中央政府必须聘用日本人为政治、财政、军事顾问,必要地方之警察也为中日合办,由日本采办一定数量军械,或在中国设立中日合办军械厂,等等。

1915年1月18日下午,日本驻华公使日置意驱车来到中南海怀仁堂,将

"二十一条"交给了民国总统袁世凯。按照国际惯例,日本驻华公使应将此递交中国外交部,由外交部转呈袁世凯。但是,日本公使根本无视国际惯例。袁世凯不顾日本对中国外交的藐视,答应给予"考虑"。2月2日下午,中国外长陆征祥和日本驻华公使日置意进行了会谈。另一方面,由于日本与英国有同盟关系,因此日本在1月22日将"二十一条"除第五号外的秘密内容外,以"秘密谅解"的形式照会英国。

英国表态:如果提出和英国国民既得权益相抵触的要求,必须立即进行协商;不得提出损害中国领土及独立的要求,谅解从一开始就遭到了挫折。

中国舆论获悉后更为愤怒。《亚细亚日报》大声疾呼:"二十一条要求严重损害中国主权,绝对不能答应进行交涉。与其坐以待毙,宁可抵抗而亡。"

冯国璋等19省将军联名电告政府:"日本之要求,职部所属军队一致强烈反对,吾辈军人必以死力拒之。"同时,日本秘而不宣的第五号内容也被各国获知。美国首先向日本提出了抗议。

为了扭转被动局面,日本于1915年2月5日照会俄、法;8日照会美国,声称"不曾侵犯列强既得权益,对中国并无领土野心",希望各国理解日本的行动。但是,"司马昭之心,路人皆知",而中国政府亦有意将消息泄露。2月11日,《华盛顿邮报》刊发了美联社北京通讯稿,几乎将"二十一条"第五号内容全部披露。获悉第五号内容后,原先对日本要求未表示反对的美国政府迅即改变立场,英国政府也"奉劝"日本放弃过分要求。日本不仅遭到列强攻击,而且失去了盟国英国的信任,处境更加被动,英日同盟初现裂痕。

1915年2月12日,中日交涉在东京再开。中国驻日公使陆宗舆和日本外相加藤高明进行了会晤。面对加藤高明的得寸进尺。陆宗舆忍无可忍地表示:"总之,我国政府决意不能再让一步。"加藤高明当即表示:"帝国决断已下,勿需徒耗时日。否则两国的冲突将难以避免。阁下是否果真已有面对冲突的精神准备?"或许感到刚才"决意"两字用得不够恰当,陆宗舆的态度软了下来,因为他非常清楚,外交是以实力为后盾的,中国当时没有与日本对抗的实力。

3月8日,中日双方又在北京举行了谈判。日置意对中国谈判代表曹汝霖进行了进一步威胁。他说:"由于会议拖延,日本国民难以继续承受中方的态度。倘若在几天内对于各重要条款中国不能给予满意的答复,也许会发生不测事件。"5月7日,日本政府迫于各方压力,特别是来自美国和英国的压力,撤销了第五号内容,并向袁世凯政府发出了最后通牒,要求5月9日前给予答复。同一天,袁世凯被迫接受日本的最后通牒。5月25日,双方就二十一条中的16条"达成协议",签署了所谓《日华条约》,另签署了《关于胶州湾租借地的换文》和《关于福建省的换文》。第五号则作为"悬案"留待日后交涉。

需要补充说明的是,日本统治阶层对向中国提出"二十一条"要求,看法并不一致。如政友会总裁原敬在当年6月10日表示,二十一条要求将恶化中日关系,增强列强对日本的猜疑,很可能得不偿失。需要强调的是,中日之间的"协议",特别是留下的"悬案",为华盛顿体系的建立留下了伏笔。

第一次世界大战结束后,日本作为战胜国,委派前首相、66岁的元老西园寺公望和前外相、57岁的牧野伸显作为全权代表参加了1919年1月18日至6月28日的巴黎和会。有的论著认为,相对于西方列强以执掌实权的现任国家元首或政府首脑为团长的代表团阵容,日本代表团阵容相形显得不够"豪华",说明日本对巴黎和会不够重视。事实上,根据日本全权代表的身份判断日本对和会是否"重视"并不确切。如前面所述,元老在日本政治中具有举足轻重的地位。另一

"日华条约"签约仪式

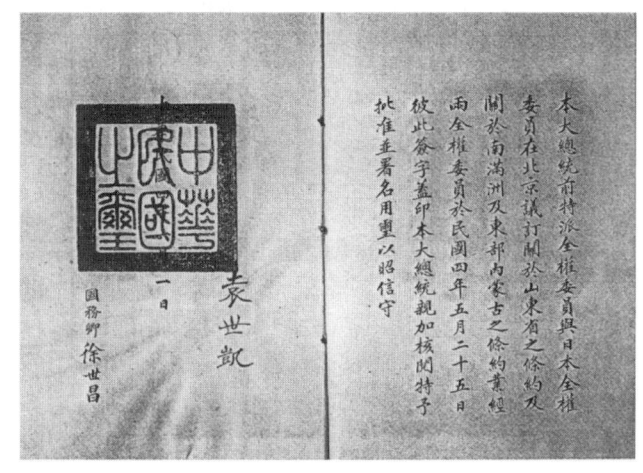

"日华条约"文本

方面,现任首相原敬刚刚组阁,面临"米骚动"后如何尽快恢复社会秩序等亟待解决的问题,无法脱离内政。事实上,日本对巴黎和会不仅很重视,而且早已确定了两项基本要求:1.要求让渡德国在中国山东省的基本权益;2.要求获取赤道以北原德国占领的南洋诸岛。照日本看来,提出这两项要求"理由充分"。就第一项要求而言,第一次世界大战爆发后,日本为将德国势力逐出中国山东省,立下了"汗马功劳"。就第二项要求而言,在第一次世界大战中,日本第一舰队南遣支队在太平洋上不断驱赶德国东洋舰队主力,于1914年10月中旬占领了赤道以北的德领南洋诸岛。1917年2月,日本应英国请求向地中海派遣了由1艘巡洋舰和8艘驱逐舰组成的第二特务舰队,后又增派了4艘驱逐

舰,以马耳他岛为基地,协助攻击德国潜水艇。

但是,日本的要求遭到中国的抵制,美国也赞同中国的立场。对此,日本全权代表西园寺公望于4月22日显示了强硬立场:如果日本要求得不到满足,将拒绝在和约上签字。于是,美国不得不作出让步。4月30日,美、英、法、日四国全权代表会议认可了日本对山东省的要求。5月4日,日本发表了接收德国在山东权益的声明。

但是,日本在中国的扩张终于引起了美国的担忧。面对英国势力衰退、德国一蹶不振,法国遭受重创,如何抑制日本在中国和远东的扩张,将日本纳入列强协调的体制,确保美国在中国的"经济自由",日益成为美国外交的一项紧迫课题。另外,日英同盟的存在,对日益激化的日美矛盾,显然是一个潜在威胁。鉴于为期10年的第三次英日同盟将于1921年(大正十年)7月12日到期,而英国对是否续约正举棋不定,这番机会应该利用。更重要的是,美国参议院虽然否决了《凡尔赛和约》,但是却通过保留条款的形式公开声明,不承认和约中规定的由日本接收德国在中国山东权益的条款,提出美国对中日间引起的争端,"有完全自由之行动权"。

以上述国际关系和美国国会拒绝批准凡尔赛和约为背景,美国总统哈定于7月11日向日本、英国、法国、意大利发出在华盛顿举行国际会议,商讨限制军备问题、中国山东问题、与英日同盟相关的远东及太平洋地区安全问题。如前所述,原敬奉行与西方列强协调的外交政策,虽然他希望维系英日同盟,但对此并不执拗。因为在原敬看来,美国成为世界最强国家已是必然趋势,与美国协调关系符合日本的根本利益。同时,原敬首相和内田康哉外相对列强个别"协议"划分远东势力范围的动向早有警戒,因此对哈定的建议表示欢迎。经奏请天皇批准,日本委派三人作为全权代表参加华盛顿会议:海相加藤友三郎(负责军备限制)、驻美大使币原喜重郎(负责远东、太平洋问题)、贵族院议长、德川氏后裔德川家达(负责全面协调,实为虚职)。

华盛顿会议召开于1921年11月12日,即原敬被刺身亡一周后,但日美双边关系和列强多边关系的协调在大战犹酣时已经开始,并取得了一些结果:

一、《兰辛—石井协定》的签订。面对日本咄咄逼人的扩张势头,美国难以坐视。日本也因为"二十一条"而失去列强信任,需要与其调整关系。1917年夏天,日本派出了以前外相石井菊次郎率领的代表团访问美国,同美国国务卿兰辛举行了谈判,并于11月2日以换文的形式,签署了所谓《兰辛—石井协定》规定:1.美国承认日本在中国拥有"特殊利益"。2.日本同意美国有权"维护"中国领土完整,以及门户开放、机会均等原则。

二、"新四国借款团"的组成。1918年10月至1920年10月,美国倡议和发起组织了美、英、法、日"新四国借款团",以对华贷款的国际化和美元优势,打击日本的在华势力和独占政策。日本痛感此举"残酷地斩断了日本帝国之根脉"。

值得关注的是,在华盛顿会议召开前,美日矛盾已相当尖锐。1921年,日本海军上将佐藤撰写了《如果日本同美国发生战争》一书,其中写道:"我们帝国无论就地理还是就历史,都有用一切手段在大陆上求得发展的使命。这完全不是侵略。假如它在大陆上的发展遇到困难,则它的生存本身就要受到威胁。像盆里的植物一样,帝国只有当它的根延伸到大陆上的时候才能够继续生存和生长。它离开了大陆就必然会死亡。可是美国却残忍地试图砍掉这些根,并试图取日本而代之在东亚大陆上推行自己的帝国主义。"

佐藤的这段话生动地反映了日美两国尖锐的利益冲突和矛盾。列宁当年也敏锐地指出:"要防止美日之间日益尖锐的冲突是不可能的。"

1921年11月12日,以限制军备、协调列强在远东及太平洋利益的会议在美国首都华盛顿独立纪念馆召开,史称华盛顿会议。这次会议极大地遏制了日本在远东的扩张势头。主要表现在:

一、"给英日同盟安排了一个盛大的葬礼"。由于英国是美国在远东太平洋地区争霸的另一个主要对手。因此,美国处心积虑地想拆散英日同盟,而日本则竭力想续签英日盟约,1921年5月日本皇太子甚至为此访问英国。面对"棒打鸳鸯"的美国和"含情脉脉"的日本,英国左右为难。经过权衡,老练的英国上议院议长贝尔福想出了一个两全之策:以美英日三国协定取代英日同盟。但是,山姆大叔担心英国和日本"情难割舍,藕断丝连",最终将其抛在一边,因此提出了三点修改意见:1.三国协定只适用于太平洋各岛屿,不包括中国。中国问题另议。2.缔约国在发生问题时,无使用陆海军之义务。3.邀请法国加入,将三国协定扩大为四国协定。

英日两国最终无奈接收了美国的修改意见。法国在签约前48小时获知协定内容,匆匆加入。1921年12月13日,美、英、日、法四国签署了《关于太平洋区域岛屿属地和领地的条约》(史称"四国协定")。四国协定的签署是美国外交的一项重大胜利。美国代表团1922年2月9日专呈总统哈定的报告中写道:"英日同盟的适时解体及签署新条约新约,是美国代表团最欢欣鼓舞之事。"

二、日本独霸中国的梦想破灭。1922年2月6日,美、英、法、日、意、荷、比、葡、中九国签署了《九国关于中国事件应适用各原则及政策之条约》(史称"九国公约"),共九项条款,主要内容是:1.维持中国主权、独立和领土完整。2.为中国自身建立和维持稳固的政府提供充分机会。3.维持各国在中国获取商业、工业权益的机会均等。4.反对寻求有损于"友好国家"国民权利的特权,以及采取利用中国情势损害"友好国家"的行动。"九国公约"的签署,是美国外交的又一重大胜利,因为"九国公约"再次确定了美国提出的在中国实行"门户开放,机会均等"的原则。

三、迫使日本"将《凡尔赛和约》中吞下的赃物重新吐了出来"。1922年2月4日,中日两国代表签署了《中日解决山东悬案条约》及《附约》,共28条内容,规定:日本将胶州租借地归还中国,具体涉及撤退日军、移交公产、矿山、盐场、海关等。

不过,和"九国公约"同日签署的"五国海军协定",将美国、英国、日本、法国、意大利主力舰吨位的比例规定为5∶5∶3∶1.67∶1.67,却使担纲此项工作的加藤友三郎表示满意。因为,日本在海军军备竞赛方面,无法同美国"并驾齐驱"。现有的比例使日本能够在远东太平洋地区保有较强海军实力。

随着上述各协定、公约的签署,重新安排列强在远东、太平洋势力范围的"华盛顿体系"得以建立。这一体系使美国意志得到了较充分的体现,但无疑也为日美矛盾的激化埋下了火种。因为,正如信夫清三郎所指出的:"在华盛顿会议上,美国对日本取得胜利。由1922年2月3日签订的裁军条约、九国公约等诸条约所构成的华盛顿体系,否定了大战期间日本以武力威胁为背景在中国所获得的特权地位。"①

火种埋下后,1924年5月26日通过的《1924年美国移民法》,开始引发日本人心中反美的烈火。因为,美国新移民法是以北欧、西欧的移民优于其他地区的移民为前提制定的,而且事实上禁止日本向美国移民,从而使日本的民族自尊受到伤害、经济利益受到侵害。为此,早在1923年12月,即新移民法案尚未付诸实施时,日本驻美国大使埴原正直即向美国国务卿休斯提出交涉,并于翌年1月递交了备忘录。但是,美国政府不仅未予接受,而且认为埴原正直递交休斯的文件含有对美国表示威胁的语句,尽管按照蓑原俊洋的观点,这纯然是美国政府寻找的托词。

被认为是"排日移民法"的通过,使日本的亲美派人士也产生了对美不信任感,进一步激化了日本人的反美情绪。在新移民法付诸实施的7月1日,1万余名日本民众聚集东京增上寺,举行了反美国民大会表示抗议。正是在日本国民充满反美情绪的背景下,1924年6月11日,币原喜重郎担任了"护宪三派内阁"的外务大臣。

币原喜重郎毕业于东京帝大法科,43岁任外务次官,46岁任日本驻美大使,是一个精通英语和国际法的

币原喜重郎

---

① [日]信夫清三郎编:《日本外交史》(下),商务印书馆1980年版,第479页。

第十章 大正时代

职业外交家,并且和首相加藤高明是"连襟",在内阁中被赋予外交全权。币原喜重郎和原敬一样,在外交方面兼顾合理主义和现实主义。他认为,虽然就日本民族自尊和民族感情而言,移民问题是不可忽略的问题,但是就日本的政治和经济利益而言,表现出过激反应是不足取的。与之相比,在包括中国问题在内的国际问题上和美、英建立协调关系更为重要。因为币原喜重郎不仅关心日本在大陆的经济利益,而且关心如何在与列强协调的背景下,与中国政府提携,在远东建立稳定的国际秩序。

必须强调,币原喜重郎采取"协调外交"政策更重要的原因,是华盛顿体系的建立使日本赤裸裸的军事扩张受阻,不能不改变战略,通过隐蔽的经济扩张获取在华权益。

参加华盛顿会议的日本特命全权大使币原喜重郎两次表示,对日本来说,重要的不是获取土地,而是占有市场。1924年6月币原出任外务大臣后,提出了所谓的"协调外交"的方针,开始推行所谓的"币原外交"。币原喜重郎在就任外务大臣后举行的记者招待会上表示:"权谋术数之策略以及侵略性政策之时代现已完全过去,外交在于踏着正义和平之大道前进。""我们决不牺牲他国以满足自己非理的欲望,也不为所谓侵略主义、扩张领土政策事实上不可能的迷梦所动摇"。"总之,日本将遵循并扩充巴黎和约即华盛顿会议诸条约、诸决议等所明示或暗示的崇高精神,努力完成帝国的使命"。[1]可以认为,币原所言不是外交辞令,而是日本重新调整的扩张战略,而现实情况也允许日本推行这项战略。因为,当时列强在华经济竞争中,日本已开始占有优势:1914年第一次世界大战爆发时,列强在华投资的排名为:英国第一、俄国第二、德国第三、日本第四、法国第五、美国第六。但是大战爆发后,1914—1925年间,日本对华借款投资年均增长率高达20.49%。至1920年,日本在华投资总额增至4.664亿美元,较之1914年增加了108.21%,其中直接投资为3.519亿美元,比1914年增加了88.59%;占各国对华投资总额的比重上升至23.12%,位次从原来的第五跃居第二。因此,日本继续采取措施贯彻经济扩张战略,并同样取得显著成果:1924年,日本向驻华使馆新增派了专门负责商务、金融、运输的官员。至1930年时,日本投资总额又猛增至13.864亿美元,直接投资数额亦相应增至10.131亿美元,分别比1920年增加了197.26%和187.89%,占外资总额的比重再次大幅上升至41.83%,居遥遥领先的第一位。[2]

毋庸赘言,对币原喜重郎来说,继续推行"协调外交",恪守华盛顿体系规定的"原则",即不干涉中国内政、维护中国主权、独立和领土完整,维持各国在

---

[1] 币原和平财团编:《币原喜重郎》,同财团,1955年,第259页。
[2] 许涤新、吴承明主编:《中国资本主义发展史》,第2卷,人民出版社1990年版,第727—728页。

中国获取商业、工业权益的机会均等,有一个基本的前提,即确保日本在华享有特殊经济利益。否则必然毫不犹豫地抛弃华盛顿体系自欺欺人的"原则"。历史为此提供了证明。

1924年9月,中国以直系军阀吴佩孚为一方、以奉系军阀张作霖为另一方的第二次直奉战争爆发后,政友会"谋士"小泉策太郎和革新俱乐部事实上的党首犬养毅即达成了共识:如果奉系军阀败北,为了维持满洲治安,日本必须出兵。币原喜重郎也认为,日本在中国享有"合法权益",出兵将是"无奈之举"。结果由于冯玉祥倒戈、吴佩孚败走,这一计划才未付诸实施。事实上,币原喜重郎所谓"不干涉中国内政"的外交方针,不排除日本在其认为必要的时候干涉中国内政的可能。币原喜重郎本人曾直言不讳地指出:"有的人将对中国内乱不予干涉的方针用作为谴责政府当局无为无策的口实,认为如果拘泥于此种方针,则终究不能维护我国权益。这种议论将不干涉内乱与维护权益方针误解为是性质相反的方针,并得出如果贯彻其中之一,则不得不在某种程度上放弃另一种方针的结论。然而这两种方针其实并不是相互抵触的,是可以并行的。"①

1925年10月,列强和中国政府在北京举行了关税特别会议。会议一开始,中国政府即提出了关税自主的要求。但各国强调关税自主当以废除中国国内的关卡税"厘金税"为前提。就在会议进行期间,11月22日,张作霖部下郭松龄发动反张作霖兵变,受到突然袭击的张作霖一时情况危殆。加藤内阁见状,当即指示关东军司令白川义则发出不得侵害日本在满洲权益的警告,于15日派军队进入满铁沿线重要地区,并从日本和朝鲜派遣约3 500人的军队前往增援。"从币原外相(加藤内阁)对郭松龄事件的反应可以看到,币原外交虽然采取了尽量不干涉中国内政的措施,但是如果日本按照条约规定的权益受到侵害,则其并不排斥进行最小限度的武装干涉"。②

诉诸史实还可以发现,除了中国"政局不稳"外,还有两方面因素使"币原外交"显示出虚伪性:

一、20世纪20年代后期不断高涨的中国民族主义。随着中国民族工业的发展,日本和中国的矛盾不断加深。广泛而大规模展开的抵制日货运动,就是这种矛盾最鲜明的体现。虽然抵制日货运动有诸多起因,但是最深刻的原因无疑是日本对中国的剥削和压迫。同时,中国政府一些维护民族权益的措施,也激发了民族主义的高扬。

二、列强同日本在华经济利益的争夺。特别在日英同盟被解除后,日本

---

① 币原和平财团编:《币原喜重郎》,第275—276页。
② 伊藤之雄:《政党政治和天皇》,第273页。

和英国的矛盾日趋恶化。1925年至1927年,英国和中国产生摩擦时,日本始终袖手旁观,而两国围绕中国市场和原料产地展开的争夺更是日趋激烈。20世纪20年代初,英国是中国的最大贸易对象国。但是至20世纪20年代末,英国的这一地位为日本取代,从而对日本极度不满。

总之,诸多因素使标榜恪守"华盛顿体系"框架的"币原外交"无法维持,并最终在进入昭和年代后完全为田中义一奉行的赤裸裸的侵略扩张政策所取代。

六、"大正民主"的政治思潮

森岛通夫在《日本为什么"成功"》一书中提出,世界上的宗教,就其与政治的关系而言大致可以分为三种类型:第一种类型作为国家统治势力辩护者或卫道士而存在,其主要作用是证明占统治地位的阶级的神圣性或合法性。第二种类型着重于帮助非统治阶级建立一种信念,并对现政权持理性批判态度。它为人们提供精神依托,而不是证明权力的神圣合法性。第三种类型也以救助非统治者为目标,但它是一种非理性的、具有巫术和神秘色彩的宗教,它不是对现政权持理性批判态度,而是提倡脱离政治或现实,采取离群索居的生活方式。宫崎道生在《近世·近代的思想和文化》一书中提出,日本近代社会是在国粹主义和欧化主义的两极对峙中构建、发展起来的。

森岛通夫和宫崎道生为我们提供了考察"大正德谟克拉西"(大正时代的民主运动和民主思潮,始于第一次护宪运动、止于第二次护宪运动)的一种方式。因为,作为"大正德谟克拉西"基本组成部分的六大政治思潮,体现了国粹主义和欧化主义的对峙,并且也可以被划分为三种类型:第一种类型:作为国家权力辩护者或卫道士的"国家主义、皇室中心主义思潮"和"超国家主义思潮";第二种类型:对现存政权持理性批判态度的"民本主义思潮"和"共产主义、马克思主义思潮";第三种类型:非理性的、具有空想色彩的"理想主义思潮"和"无政府主义思潮"。

明治以后,一方面日本民族精神在西方思想的冲击下,出现"吸收中的演化",另一方面日本民族精神迅速向传统意识形态回归并在"回归"中完成。对于这一日本现代精神史的耀眼亮点究竟该作何评价?必须明确,这不仅是一个"学术"问题,而是涉及事关民族文化复兴、民族精神再生、社会发展方向的一系列重大问题:日本"回归传统"所带来的民族利益究竟有多少?所造成的国家危害究竟有多大?所形成的民众"感染"究竟有多深?离开世界普世价值的距离究竟有多远?

大正时代的政治思潮渊源于明治时代,延续至昭和时代。认识这些政治思潮的流变和性质,无疑有助于回答上述问题,特别是回答日本为什么在经历了"民主时代"后会掀起法西斯主义狂潮,成为第二次世界大战的又一个战争策源地这一重大问题。

一、国家主义、皇室中心主义思潮。需要强调的是,大正时代的国家主义、皇室中心主义思潮事实上是明治20年代,即19世纪末出现的反对"欧化"思潮几经波折的延续。

对明治国家的设计者而言,所谓国家就是以天皇为核心、由国民道德支撑的超个人机构。培养忠君爱国思想,是国民道德教育的基本使命。因此,早在明治十二年(1879年),由元田永孚起草、以明治天皇名义发布的《教学大旨》即开宗明义地强调:"教学之要在于明仁义忠孝,究知识才艺,尽人伦道德。"①1880年4、5月,明治政府公布了西村茂树编纂的《小学修身训》。翌年6月,明治政府又公布了尊奉水户学的江木千之起草的《小学校教员心得》,要求"振起尊王爱国之志气"。同时,宫内省则由元田永孚等编纂了《幼学纲要》,强调"仁义、忠孝"。明治十五年(1882年)12月,明治政府向全国所有学校颁发敕谕,强调:"年少就学最当以忠孝为本,以仁义为先。"

但是,"以忠孝为本,以仁义为先"的教育思想并未就此顺利得以贯彻。明治十八年(1885年)森有礼出任明治政府第一任文相后,以儒教主义重构道德规范的倾向为文部省所阻碍。

明治十九年(1886年)年底,西村茂树在帝国大学连续三天发表了题为《日本道德论》的演说,提出了"一种新道德学"。按照他的观点:"国家之盛衰完全由人民之道德决定,日本当务之急即在于建立道德之教。"他将"教"(道德)分成"世教"和"世外教"两种,提出"世教以道理为主",如东方的儒学和西方的哲学;"世外教以信仰为主",如东方的佛教和西方的基督教。按照西村茂树的观点,应将"世教"和"世外教"糅合在一起并据以构建日本的国民道德。而日本国民道德的核心,就是"以皇室为中心"。②

明治二十年(1887年),前东京大学综理加藤弘之在大日本教育会例行集会上,作了题为《关于德育之一案》的演讲。以此为契机,日本学界展开了一场激烈而绵延持久的"德育论争"。加藤弘之曾以德文和日本同时发表《强者权利的竞争》。在这本对日本的强权扩张具有重要理论影响的论著中,加藤弘之提出,在野蛮和未开化社会,强者权利唯通过暴力实现。而在文明社会,强者权利则唯通过优雅的方式实现。这种"弱肉强食,适者生存"的丛林原则,在加藤弘之关于国民道德教育的论述中同样得以贯彻。按照他《关于德育之一案》

---

① 松本三之介编:《明治思想集Ⅰ》(《近代日本思想大系》第30卷),筑摩书房,1976年,第263页。
② 《泊翁西村茂树传》上,日本弘道会,1933年,第572—575页。

中提出的观点,道德教育应专以宗教为依托,可在各学校同时实施以神道、儒教、佛教、基督教为依托的道德教育。按照优胜劣汰的原理,其中最适合于教育的宗教将得以生存。[①]或许争论本身即体现"适者生存"。在加藤弘之提出上述观点后,各种理论、学说纷纷登场,包括西村正三郎强调教师作用的"无需规准说",和内藤耻叟以水户学为依据、强调以天照大神在天孙降临的时候所授"誓诏"为"教化之本"的"依据誓诏说"。事实上,展开这场争论的一个共同认识前提,就是"国民道德规范的沦丧"。

明治二十二年(1889年),宫中顾问西村茂树向宫相土方久元书面建议:"按照本邦历史,国民道德之根源始终在皇室。故今日欲维持国民道德,应以皇室为道德之根源。舍此别无他途。"西村茂树"应以皇室为道德之根源"的建议,因获得山县有朋和芳川显正的采纳而得以具体实施,其标志就是由受芳川显正委托的帝国大学教授中村正直、授意于天皇的元田永孚和法制局长官井上毅拟定《关于教育的敕语》(简称《教育敕语》)。最终定稿的《教育敕语》非常简洁,仅300多字,但却是对儒教、佛教、立宪主义、爱国主义等多种价值观中最具有普遍意义的因素的提炼,其核心思想是在国体中寻求"教育之渊源"。

明治二十三年(1890年)2月,以明治宪法的颁布和教育论争的方兴未艾、《教育敕语》的拟定为背景,在各地方长官参加的会议上,许多知事对道德教育的现状深表担忧,并致函文相榎本武扬,提出了两项改变现状的建议:"(1)确立以我国固有的伦理为基础的德育主义;(2)选定伦理修身教科书、增加课时。"[②]其中所谓的"我国固有的伦理",就是"皇室中心主义"。由于榎本武扬未根据此建议采取积极应对措施,强调在维护日本利益线方面"第一兵备、第二教育"的山县有朋,任命芳川显正取代榎本武扬出任新的文相,将确立道德标准作为最大的课题。是年10月3日,明治天皇颁布了《教育敕语》,开宗明义地强调:"朕惟念我皇祖宗肇国而宏达,树德而深厚,我臣民克忠克孝,亿兆一心,世世厥美,此乃我国体之精华。"德育论争至此宣告终结。

大正时代的国家主义、皇室中心主义思潮,就是明治时代国家主义、皇室中心主义思潮的延续。其中心人物是著名思想家、评论家德富苏峰。德富苏峰1863年1月出生于肥后国上益城郡益城町(今熊本市秋津町)一个豪农家庭,自幼熟读"四书五经"和其他中国经典,具有深厚的汉学功底。他一生历经明治、大正、昭和时代前期并始终处于理论界核心地位,在每个时代均经历巨大转折和演进:明治时代,德富苏峰从主张全面欧化、"平民主义"转为"国家主义"、"皇室中心主义";大正时代着力将"皇室中心主义"和"国家认同"结合,

---

① 久木幸男:《日本教育论证史录》1卷,第一法规出版,1980年,第73—76页。
② 《日本近代教育百年史》1卷,国立教育研究所,1973年,第168页。

以求达到"举国一致";昭和时代则完全为法西斯侵略扩张主义张目。

在明治时代,德富苏峰已非常活跃,于明治19年(1886年)发表了被誉为"试图网罗当时一切思想、一切知识、一切学问"的出世之作《将来之日本》,翌年又发表了与《将来之日本》构成对偶的《新日本之青年》,提出:"明治的世界是批评的世界、怀疑的世界、无信仰的世界",开始构建信仰价值规范。①

大正时代,德富苏峰痛感于"国家无根本之经纶,国民无中枢之志趣"的现实,着力弥补这两方面缺陷。首先,为了确立"根本之经纶",德富苏峰竭力鼓吹"大和民族的海外发展"。提出"以大和民族为中心,绝非排斥其他民族。既然大和民族乃混合人种,则与其他人种混合当然无碍,但关键是我同化彼,还是彼同化我。若欲以我大和民族为中枢民族,则必须以大和民族同化其他民族。"②为了构建"中枢之志趣",德富苏峰着力于两方面思想建设。一是将"皇室中心主义"作为构建国民价值规范的基石,鼓吹"皇室是大和民族的根干,我大和民族是其枝叶。日本国是皇室家族的繁衍。天皇既是日本国民的元首,又是大和民族的家长。支那以君为父的思想,在我国是普通的事实。因此,皇室中心主义不是由逻辑演绎出的事实,而是从事实中归纳出的逻辑"。③"我国民的举国一致唯在于以皇室为中心的举国一致"。④二是强调"我大和民族,作为落后的民族,得以与白种人抗衡的条件之一,唯在拥有较其更多的朴实刚健",即提倡尚武精神。德富苏峰认为,日本人不可缺乏"尚武之精神",不可染有"文弱之恶习"。培养尚武之精神宜成为"青年精神修养之关键"。1922年,德富苏峰在《国民新闻》元旦号上刊载短文《卧薪尝胆》作为新年寄语,煽动民族主义情绪。1924年美国制定新移民法时,德富苏峰再次载文于《国民新闻》,称新移民法是"对我大日本帝国的侮辱";"不在于利害,而在于我国的脸面"。

必须强调,昭和时期天皇制超国家主义、法西斯主义,实际上是德富苏峰的皇室中心主义和北一辉的超国家主义的混血儿,是将日本引向歧途的非常重要的精神力量。

二、超国家主义思潮。"超国家主义"一词初现于一次大战后日本面临经济危机和世界出现巨大变革的背景。这一政治思潮主要承袭于明治维新后宣扬天皇权威、力主对外侵略的狭隘民族主义思潮,但又不仅限于民族主义。超国家主义思潮的突出特点,是提出对国家进行"改造与革新",其主力是主张

---

① 《明治文学全集》34集,第117页。
② 德富苏峰:《时务一家言》,载植手通有编《德富苏峰集》,筑摩书房,1974年,第335页。
③ 神岛二郎编:《近代日本思想大系·8·德富苏峰集》,筑摩书房,1978年,第581页。
④ 德富苏峰:《时务一家言》,载植手通有编《德富苏峰集》,第329页。

"革新"的右翼团体,如1919年8月1日大川周明、满川龟太郎等创建的日本最早的"革新"右翼团体"犹存社";其核心人物是被称为"日本法西斯主义鼻祖"的北一辉。北一辉1883年4月3日出生于新潟县佐渡郡凑町(今新潟县两津市凑町),父亲经营酿酒业和海产品批发。北一辉自小随其父好友、儒学家若林玄益学习汉语,为以后研究中国问题和参与中国革命奠定了基础。北一辉自小思想活跃,1900年入大学考试不合格后即开始在《明星》杂志和《佐渡新闻》上发表一系列反传统"国体论"的文章,后对社会主义产生浓厚兴趣并参与了各项活动,由此奠定了其"纯正社会主义"的思想基础。北一辉一生撰写的三部重要著作:《国体论及纯正社会主义》(1906年)、《支那革命外史》(1916年)、《日本改造案原理大纲》(1920年),是"大正时代提出了最完备、最系统的'国家改造'方案的思想家"。北一辉主张通过武装政变夺取政权,继而完成国家改造,然后由改造后的日本帮助亚洲其他国家以战争手段摆脱西方帝国主义的控制,因此他的思想既有侵略扩张性,又有"超国家主义"色彩。特别是北一辉的《日本改造案原理大纲》,更是被一些法西斯主义者奉为"圣经"。

《国体论及纯正社会主义》的理论经历了逐步的发展和成熟。北一辉的"国体论"在1901年11月发表的《人道之大义》和1903年6月发表的《国民对皇室历史的考察》中已现雏形:第一,目睹弱肉强食的残酷竞争,北一辉呼吁建立具有合理的"社会制裁"体制的"世界性的大政府",基于"人道之大义"引导"世界万邦"。而要建立这样的大政府,"首先要增强本国国力,确立文明之基础,上下一致,君臣联合。而后,将其志向推广至全世界"。换言之,这一"大政府"当由"君子之国"日本建立。由于日本的"天皇"与"国体"之间可以划一等号,因此北一辉的"国体论",核心是"君民一体"。[①]用他本人的话说:"天皇是民之父母,民是天皇之子女。此乃我立国之根本,万世不变之原则。"[②]而所谓的"纯正社会主义",即对内生产资料和手段的公有、公营、公平分配;对外以消灭国际间竞争为目标,但在现阶段由于竞争不可避免,故应赞同以战争手段解决国际争端。事实上,这也是北一辉主张的建立世界大政府的手段。

《支那革命外史》是北一辉经历了中国革命实践后的理论结晶,主要表露了一个思想:以"革命的支那"为认识基础,以提出理想的日本对外政策即所谓"革命的对外政策",作为构建超国家社会秩序的有益补充。他强调:"革命的支那与革命的对外政策是不可分割的两个议题。"[③]作为对"革命的支那"的认

[①] 按日本政治学家石田雄介绍,国体在近代日本人的意识中至少有两层含义:一、公元前660年神武天皇的建国传说;二、日本国土本身的独立性和神圣性。两层含义在天皇身上被具象化。
[②] 《国体论及纯正社会主义》,载《北一辉著作集》第3卷,三铃书房,1976年,第5页。
[③] 《支那革命外史序》,载《北一辉著作集》第2卷,第2页。

识,第一,北一辉对中国革命指导者孙中山、黄兴、宋教仁等逐一作了评述,给予宋教仁的立国方案高度评价,称之为"东洋的共和政体";第二,认为"窝阔台汗"即元太宗精神是"革命的支那"发展的精神力量;第三,"武力"对一个民族的自卫和发展至关重要,因此"孔教"对"革命的支那"毒害至深,是"亡国教"。援引他的原话:"支那因文弱而带来的亡国命运在于孔教。"①鉴于中国的教训,北一辉认为中国"革命的对外政策"应采取的步骤是:一、武力统一、摆脱西方束缚、向"中亚"扩张;二、主张支持中国对俄开战,但是这种支持目的是获取日本的权益。按照他的说法:"支那应该得到内外蒙古,日本应该得到南满洲和北满洲。"②三、建立"日支同盟",依托美国经援,"击退英德的元寇来袭","让日出之处的太阳旗照亮全世界的黑暗",完成"亚洲门罗主义的天赋使命"。四、北一辉明确提出,他的这本书可以和当年日莲为警醒统治者而写的《立正安国论》相比,可以将此书改名为《大正安国论》。因为他撰写此书的目的就是"成就正义,指明立国安邦之道"。③

　　北一辉的超国家主义理论以《日本改造法案大纲》最为著名,《日本改造案原理大纲》即是其原型。1918年8月,耳濡俄国十月社会主义革命和目染中国革命状况的北一辉,在上海动笔撰写《国家改造案原理大纲》。翌年8月1日,大川周明、满川龟太郎等成立犹存社,奉北一辉的思想为指导思想。8月23日,大川周明赴上海迎请北一辉回国并加入犹存社,同月将他的《日本改造案原理大纲》用钢板秘密刻印并印制47部。1923年2月,北一辉和大川周明产生分歧,犹存社解散。同年5月,改造社对《日本改造案原理大纲》稍作删节后出版,改名《日本改造法案大纲》。

　　《日本改造案原理大纲》的主体部分由序言、结语和本文8卷构成。概括而言,一、国家改造的内容是:1.政治结构的全面改造,即废除宪法、明确国体、废除华族制度、实行普选、建立"国家改造议会"、将皇室财产收归国有;2.经济结构的全面改造,即限制私有财产、推行新的土地政策、完成"大资本的国家统一";3.社会保障体系的改造,即保障劳动者的权利、保护国民的教育权、拥护国民的人权。二、国家改造的手段是:"武装政变"。不过,他对"武装政变"有独特的解释:"武装政变是直接发动国家权力即社会意志。"三、施行"日本改造"方案的指导思想是"超国家主义"或曰"极端国家主义",其特征是攻击和排斥外来思想和体制,采取恐怖活动;强调民族至上主义和世界政府主义。

　　总之,北一辉将"君民一体"、"家族国家化"、"民族至上"、"世界联盟"等观念融合起来。他的思想和德富苏峰的"皇室中心主义",在推动日本向法西斯

---

① ② 《支那革命外史》,载《北一辉著作集》第2卷,第164页;第185页。
③ 《支那革命外史序》,载《北一辉著作集》第2卷,第4页。

主义道路迈进的历史过程中,成为国民精神的整合力量。尤其需要强调的是,这种右翼思潮迄今仍影响着日本国民的思想。昭和初年日本发生的一系列政变和暗杀活动,都和北一辉的思想有关。1936年北一辉作为"二·二六事件"的"幕后指导者"被捕,并于1937年8月被处以死刑。

三、民本主义思潮。以实现资本主义民主政治为目的的民本主义思潮,是"大正德谟克拉西"的合理主义、改良主义思潮。"民本主义"一词,在明治末期开始流传。大正初期,民本主义成了茅原华山、井上哲次郎、上杉慎吉等人的论著中具有专指性的政治术语。1912年5月27日,茅原华山在《万朝报》上发表了《民本主义的解释》一文,提出"民本主义"是与"贵族主义、官僚主义、军人政治"等对立的政治思想,并因此使他成为民本主义的首倡者。由于茅原华山提出的"民本主义"涉及日本政治体制最敏感的部分,因此引起了很大争论。1913年,井上哲次郎在《东亚之光》杂志上发表了《国民思想的矛盾》一文,为民本主义辩解。井上哲次郎指出,日本自古以来就有"民为邦本,本固邦宁"的思想。因此,民本主义不仅无害于日本现实政体,而且可以调和君主主义和民主主义的矛盾。上杉慎吉则在1915年5月发表的论文《民本主义和民主主义》中提出,民本主义是"君主道德的根本意义",日本历代天皇都注重"民本主义"。

吉野作造和《中央公论》1916年1月号

总体而言,在诸多民本主义思想理论中,赋予民本主义以体现时代精神解释,并对"民本主义"系统地进行理论阐述的,是东京帝国大学教授、著名的政治学者和思想家吉野作造。

吉野作造1878年1月29日出生于宫城县志田郡古川町一个中小工商业者家庭,曾在仙台的浸礼教会受洗入教,受基督教思想影响。1900年9月,吉野作造入东京帝国大学政治学系学习,并对法学兴趣浓厚,亦受社会主义影响。毕业后,吉野作造任教于母校并赴欧美考察。所有这些经历,对他民本主义思想的产生具有不可忽略的影响。

吉野作造深受他的老师小野塚喜平次影响。小野塚喜平次反对将政治视为"为政者之术",主张将政治理解为"国民生活的一个侧面",并将Democracy译为"众民政治"。以此为基础,吉野作造将Democracy译为"民本主义"。

1915年,吉野作造在《欧美宪政的发达及其现状》一文中初次使用了"民本主义"概念。1916年,吉野作造发表了《论宪政主义和对宪政主义的彻底贯彻》一文,对民本主义作了如下解释:民本主义实际上是"德谟克拉西"(民主)的译语,所以采用"民本"这一译语,主要是避免同"主权在民"混同,从而与"主权在君"的日本国体发生抵触。吉野作造强调,民本主义不涉及主权的"拥有",只涉及主权的"运用",即在运用和行使国家主权时必须重视民众的利益,主张"政治必须依据一般民众的意志而实施"。为实现这一宗旨,必须反对军阀官僚专制,实现普选,建立政党内阁,确立资产阶级议会制,使议会成为政治的中心势力。因此,他倡导的民本主义思想,很快成为"大正德谟克拉西"的指导思想,并为二战后的民主改革奠定了理论基础。

  吉野作造的"民本主义"理论体系主要涉及宪政,以及与之密切相关的宪政的精神基础及议会政治等问题。吉野作造的民本主义思想中的"德谟克拉西"含义,包括两个层面:一是"国家在法理上属于人民";二是"国家主权活动的基本目标在政治上属于人民"。吉野作造将前一层含义命名为"民主主义",将后一层含义命名为"民本主义"。他认为,所谓民本主义不涉及主权归属,只涉及主权运用,即后一层含义。民本主义需要民众直接参政,但是,民众智德的不成熟,要求代议政治成熟,以获取民众监督议会、议会监督政府的政治效果。他提出:"宪政能否正常运用,一与制度及其运用相关,一与一般国民智德发达程度密切相关。如果国民智德发达程度很低,则唯由少数贤达英雄施行所谓专制政治或贵族政治。"但是为了避免少数人专权,宪政的内容必须包括"保障人民权利,实行三权分立,开设民选议院"。①

  四、共产主义和马克思主义思潮。在明治30年代,即19世纪末,共产主义传到了日本,并逐渐成为一股反现实政治思潮,主要代表人物有幸德秋水、堺利彦、山川均、片山潜等。1908年6月22日,为欢迎社会主义者山口义三出狱,堺利彦、山川均、大杉荣等打着红旗上街游行,遭政府逮捕。这一所谓的"赤旗事件"使社会主义在日本遭受打击。1910年5月,幸德秋水等数百名社会主义者和无政府主义者因涉嫌"谋刺"天皇被捕。翌年1月幸德秋水等12人被判死刑,另12人被判无期徒刑,史称"大逆事件"。自此,日本共产主义运动进入了"严冬时期"。大杉荣曾赋诗描述当时的情景:"阳春三月服绞刑,残花飘零。"

  大正时代,以"大正民主"为背景,社会主义运动重新活跃。1908年因"赤旗事件"被捕入狱的堺利彦1910年获释。1916年,堺利彦、山川均等创办了

---

① 吉野作造:《论宪政主义和对宪政主义的彻底贯彻》,载三谷太一郎等编:《吉野作造选集·2·德谟克拉西与政治改革》,岩波书店,1996年,第5页、第14页。

"卖文社",主办了杂志《新社会》坚持研究和传播社会主义思想。在俄国十月社会主义革命影响下,日本社会主义运动趋于活跃。1919年,堺利彦、山川均等创办《社会主义研究》杂志,连载《共产党宣言》全文。同年,河上肇创办了《社会问题研究》。作为经济学家、京都大学教授,河上肇在传播马克思主义政治经济学方面作出了杰出贡献。1920年,堺利彦、山川均、片山潜等创建了"日本社会主义同盟",并于1921年组成日本共产党筹委会,制定了

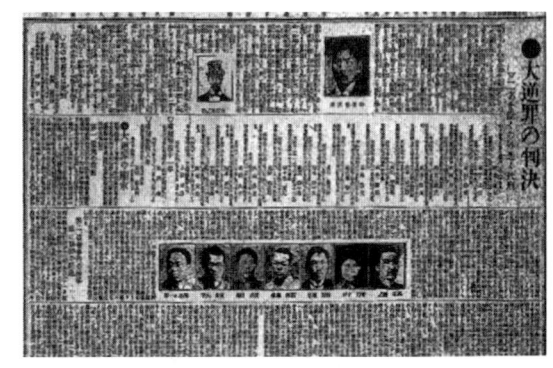

报纸对大逆事件的报道

党章和宣言,设立了临时中央执行委员会。1922年7月,日本共产党宣告成立,多数左翼社会运动领导者均加入该党,堺利彦当选为日共第一任中央委员会委员长。同年,片山潜代表日共出席共产国际第三次代表大会,任共产国际执行委员会委员,此后一直在共产国际工作。1923年,日共中央理论刊物《赤旗》创刊。1923年6月,日本共产党遭到"集体起诉",几乎溃灭。随后不久发生的关东大地震,以及与之相关的军、警、暴民等的迫害,也使社会主义遭到沉重打击。1924年2月,日共宣布解散。在这种氛围中,被称为日本"社会主义、马克思主义"知识分子典型代表的山川均和堺利彦均改变了原有立场。

五、理想主义思潮。所谓"理想主义思潮",是以"理想"为目标、与现实主义相对的思想倾向。"理想"一词是明治十年以后的"译语",但是"理想主义"则是大正时期的产物。作为一种思潮,它以《白桦》杂志为发表言论的主要阵地,领军大正时代文坛,代表了"大正的文化概念",形成了一个非常有影响的文学派别——白桦派。他们宣扬以个性自由为基础的人道主义思想,宣扬"超阶级的人类的爱",力图以此来改良社会,建设理想主义社会。

理想主义思潮的代表人物是武者小路实笃。武者小路实笃1885年5月12日出生于东京麦町区元园町(今千代田区麦町)贵族家庭,父亲武者小路实世是子爵,1891年入"华族学校"学习院接受初等教育,1910年与同窗木下利玄等20余人共同创办了《白桦》杂志。武者小路实笃的心路历程经历了两个阶段,第一阶段1910年至1914年,具有"自我中心主义"的特点。他的作品,如中篇小说《天真的人》(1910年)、随笔《罗丹与人生》(1910年)、现代剧本《某日的一休》(1913年)的主题,或尊重个性、肯定个人主义,或通过历史人物阐发作者自身的人生哲学。第二阶段1914年至1927年,具有反战的"托尔斯泰人道主义"特色,幻想以"人类之爱"阻止战争,维护人类和平。他这一阶段发表的作品,如现代剧本《他的妹妹》(1915年)、《一个青年的梦》(1916年)等,均

具有这种特色。

作为理想主义思潮的代表人物,武者小路实笃的一项重要工作,是倡导"新村"运动。1918年5、6、7月,武者小路实笃在《白桦》杂志上连载《新生活之路》;7月创办了《新村》月刊。概括而言,他所倡导的新生活主要包括以下几个方面:有一技之长;共同劳动和贮蓄资金;充分施展人类个性;消灭阶级差别。同年11月在九州宫崎县日向地区购置土地,创建乌托邦式的理想国"新村"作为实践"新生活的场所",在国内外引起强烈反响,使之被同为白桦派作家的有岛五郎称为"应该到来的新时代的奠基人"。

六、无政府主义思潮。无政府主义是一种否定一切国家政权的主张,19世纪上半叶产生于欧洲,主要代表有蒲鲁东、巴枯宁和克鲁泡特金。这种思潮在产生后不久即传入日本,成为反体制社会运动中的一股重要思潮。日本明治时代无政府主义的代表人物是幸德秋水。他提出,"无政府主义希望实现一个不为武力、权力所强制之万人自由的社会"。大正时代无政府主义的代表人物是大杉荣。

大杉荣1885年1月17日出生于香川县丸龟市,自小学习优秀,但品行不端,1901年4月因"男色事件"(同性恋事件)受到其就读的名古屋陆军学校处分,同年11月又因与同学斗殴而被学校开除。1902年其母亲去世后,悲伤和孤独使他受洗皈依基督教,翌年入东京外国语学校(东京外国语大学的前身)法语系学习。1906年11月,他翻译发表了克鲁泡特金的《告新兵诸君》,自此开始青睐无政府主义,并多次被捕入狱。1912年,大杉荣创办《近代思想》,并发表其论文集《生的斗争》和《社会的个人主义》。他所宣扬的无政府主义大致可概括为两个精神内核:第一,强调基于人道主义的"自我",指出"自我"是"生"这一人类本能的本义,而他宣扬无政府主义的最终目的,则是呼吁人们"自己主宰自己的命运",打破"锁链"——统治阶级的束缚。第二,恢复人的本能包括生物学意义上的本能,并将个人和社会联系起来,提出"社会的个人主义"是个人主义的真谛,强调追求人在社会中的根本属性及人类的生活途径,是"个人主义"的目标。换言之,他既强调

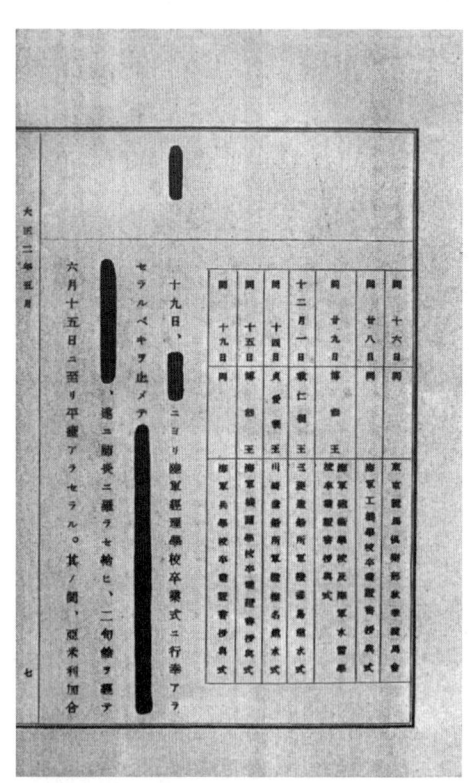

经过涂改的《嘉仁天皇实录》

第十章 大正时代

人的生物属性,也强调人的社会属性,而这两种属性的共同要求,就是实现自我,反对束缚。大杉荣的无政府主义观念在他著名的"白纸主义"中有精辟论述:"人生决不是事先固定下来的、书写整齐而存放在那里的一本书。它是需要每个人逐字逐句填写的一本空白的书。"①

一战后,共产主义者、无政府主义者和社会改良主义者成立了"社会主义同盟"。但是,大杉荣攻击俄国十月社会主义革命和无产阶级专政,主张充分伸张自我,彻底贯彻不要政府的无政府主义,对社会主义运动的分裂具有不可推卸的责任。1923年9月16日,大杉荣死于前述"甘粕事件"。之后,无政府主义、工团主义在工人运动中的影响也逐渐消失。

疑是摄政裕仁代天皇嘉仁署名

作者点评:

在日本历史的各时代中,承明治时代之先,启昭和时代之后的"大正时代",却是最少受到中国日本史研究者关注的一个时代。原因何在?为了阐释这一疑问,本章开篇即阐述了"天皇机关说"问题,其意在于发问:"天皇机关说"提出于大正时代,为什么当时不成问题,直至昭和时代才遭到封杀?这个问题和下面一则史实显然不无关系:

"2002年3月29日,记录大正天皇活动情况的《大正天皇实录》(本文共85册),在时隔65年后被部分公开。所公开的部分为即位当年1912年7月30日至1925年6月。其中86天共141处经过涂抹,同详细记录明治天皇活动并全部公开的《明治天皇录》(宫内厅书陵部藏),形成了鲜明对比。"

上述问题和所引史实,直接涉及一个学术界长期争论的问题:如何认识在明治宪法体制下的皇权?其实依我之见,如果我们视明治天皇和大正天皇为"人"而非"神",那么当懂得一个基本常识:"事在人为。"如果我们对具有雄才伟略的天皇睦仁和幼时即患脑膜炎、后又罹患多种疾病而无法亲政的天皇嘉仁"一视同仁",必然只能"智者见智,仁者见仁"。

---

① 大杉荣:《社会的理想论》,载《大杉荣全集》第2卷,世界文库,1973年,第627页。

第十一章 昭和时代(战前)

一、"改朝换代":裕仁登基·田中登台

大正十五年(1926年)12月25日,自幼体质孱弱、已几年没有在公众面前露面的大正天皇嘉仁驾崩,享年47岁。早已摄政的25岁皇太子裕仁践祚,改年号为"昭和"。

有关嘉仁天皇"驾崩"的报道

昭和天皇出生于1901年4月29日,其名"裕仁"取自中国《尚书》中"裕乃以民宁"一句。"昭和"年号,则取自《书经·尧典》的"克明俊德,以亲九族。九族既睦,平章百姓。百姓昭明,协和万邦"。但是,昭和天皇登基后的20年,日本既没有"民宁",更没有"百姓昭明,协和万邦",而是成了第二次世界大战的远东策源地,使世界人民特别是亚洲人民遭受无穷灾难。

昭和天皇登基不久,若槻礼次郎内阁因"朴烈事件"和"松岛游廓事件"遭受攻击。

朴烈本名朴准植,1902年2月出生于朝鲜庆尚北道的一个农民家庭,1919年三·一独立运动后到达日本组织反日团体,并和日本人金子文子结婚。关东大地震后,在朝鲜人将举行暴动的流言中,朴烈夫妇因涉嫌谋杀天皇和皇太子而被捕,1926年3月15日被判处死刑。庭审时,法庭曾给予了一项特别待遇:默认夫妻俩当庭拥抱。之后,当局以天皇的名义改判无期,但朴烈拒绝减刑,金子文子则于7月23日在监狱内自杀身亡。7月29日,刊载有两人当庭拥抱照片的传单在市井流传,传播者是国粹主义者北一辉。政友会和政友本党认为此举事关"国体",对若槻礼次郎内阁进行抨击。

第十一章 昭和时代（战前）

所谓松岛游廓事件的大致经纬是："松岛游廓"（花街柳巷）迁移时,土地公司为了使之迁入自己地区,动用巨额资金策动政界要人。事发后,宪政会总务、著名的政界长老箕浦胜人(72岁)被逮捕起诉,当时的内相若槻礼次郎也受到调查。

昭和二年(1927年)1月20日,政友会和政友本党因上述事件向议会提交了"内阁不信任案"。众议院为此休会三天。但是三天后,若槻礼次郎(宪政会)、床次竹二郎(政友本党)、田中义一(政友会)三党党首戏剧性地达成了妥协,使若槻内阁一时避免了危机。令当时很多两党议员也感到不可思议的是,只要政友会和政友本党合力,内阁不信任案必然获得通过,并可以进而获得政权,为什么达成妥协？原来,当时三党党首做了一笔政治交易。

对此,按若槻礼次郎的说法,当时在总理大臣办公室里进行会谈,田中义一要求若槻礼次郎写个会谈备忘录,于是若槻礼次郎便在纸上写下了会谈内容,示于田中义一和床次竹二郎。田中义一表示,"还应该加上一条",若槻礼次郎便说,"那你写下吧",田中义一于是加上了一条："这是政府认真的考虑。"但据《田中义一传》所述,当时被称为"备忘录"的那张纸上写着的是"议会再开后,在两天内进行质询和第三天向议会提交不信任案"、"政府在6月前后无条件总辞职"。另据宪政会"谋士"松本刚吉的《松本刚吉政治日志》记载,若槻礼次郎当时对青木信光表示："一定在5、6月份干干净净地辞职"。目前不少学者认为,若槻礼次郎(宪政会)、床次竹二郎(政友本党)、田中义一(政友会)三党党首所以能达成妥协,主要是为了不使昭和天皇借机亲政,"如松尾尊兊所言,政党为了夺取政权而自己提出'国体问题',值得关注。因为这一动向同努力强化首相权限、尽可能缩小天皇作用、在日本确立英国式立宪君主制这一目标,完全背道而驰"。①

必须强调的是,最终导致若槻礼次郎倒台,既同他当时信誓旦旦,最后没有信守承诺有关,更与其在处理"金融恐慌"时的失策有关。关东大地震后,作为赈灾对策,第二届山本权兵卫内阁发行了许多债券,之后两度延期偿付,引起国民不安。东京渡边银行的破产更增强了民众恐慌心理,引起挤兑风潮。而殖民地台湾的金融中心台湾银行贷给铃木商店的巨额资金(3.5亿日元,约相当于现在的1.5兆日元)大多成为坏账,使台湾银行的经营发生动摇。根据明治宪法第八条、第七十条规定,政府为了维护公共安全,在面临紧急情况无法召集议会时,可奏请天皇要求枢密院对紧急敕令进行审查,如果获准,可以敕令取代法律进行财政处理。若槻内阁为了救济台湾银行、缓解金融恐慌,决定按照这一宪法规定颁布紧急敕令,将台湾银行的2亿日元债权划归政府。

---

① 伊藤之雄：《政党政治和天皇》,第257—258页。

4月14日,若槻内阁奏请天皇要求枢密院对其要求进行审议。但是,若槻内阁的这一要求首先遭到枢密院议长、审查委员会委员长平沼骐一郎的反对,认为这一议案违宪。4月17日,在枢密院全体会议上,该议案被全票否决。据枢密院议长仓富勇三郎在日记中的记载,导致议案被否决的根本原因,是枢密院对若槻内阁内外政策不满。在审议会上,伊东巳代治对"币原外交"的对华政策进行了激烈批评。[1]紧急敕令案被否决后,若槻内阁于当天宣布总辞职。

今天,通过一些当事人的记录,当时的内幕已经明了:若槻礼次郎试图通过"敕令"解决台湾银行坏账的方案遭到枢密院否决后,政友会的铃木喜三郎、与铃木喜三郎关系密切的贵族院的马场瑛一、枢密院的伊东巳代治等遂开始策划倒阁阴谋。用日后伊东巳代治的话说,欲"毒杀"内阁。若槻礼次郎失策的是,当时枢密院议长仓富勇三郎建议其撤回"紧急处理案",代之以"暂缓支付"紧急敕令案,但是未被若槻礼次郎所接受,从而导致和伊东巳代治等发生正面冲突。

4月17日,即若槻内阁宣布总辞职的当天,见内阁换届已成必然之势,牧野内大臣和一木宫相、珍田侍从长、何井侍从次长等议定了首相后继人选。若槻内阁提出辞呈后,天皇召见内大臣牧野伸显,向他咨询后继内阁首相人选,牧野伸显即推荐政友会总裁田中义一。翌日,天皇派河井侍从次长担任敕使,前往京都征求西园寺公望的意见。西园寺公望当即表示赞同牧野伸显等人的推荐。19日,作为对天皇咨询的奉答,元老正式推荐田中义一组阁,天皇当即发出敕令。20日,田中义一内阁正式成立。

田中义一元治元年6月22日(公历1864年7月25日)出生于一个长州藩士家庭,入伍后在长州阀长老山县有朋手下顺利升进。大正七年(1918年),即54岁的田中义一担任原敬内阁陆相这一年,或许是田中义一最神清气爽的一年。因为他不仅如愿以偿升任陆相,而且正式和小他30多岁、才貌双全的文子同居。田中义一29岁时已经和陆军中将大筑尚志的女儿绮子成婚,但绮子长期患病,难以照料繁忙的田中义一,何况当时达官贵人与非婚女子同居几乎"蔚然成风",所以田中义一所为,在当时构不成"绯闻"。文子出生于群马县藤冈町(今藤冈市)一个河鱼批发兼加工的豪商家庭,以第一名的成绩毕业于高崎高等女校。田中义一数年前任第二步兵旅团长(陆军少将)时,曾由町长介绍入宿文子家,与刚高中毕业的文子相识并一见钟情。之后,田中义一又继任山本权兵卫内阁陆相,大正十四年(1925年)4月出任立宪政友会总裁。

---

[1] 《仓富勇三郎日记》同日条(国立国会图书馆宪政资料室藏)。1990年《牧野伸显日记》公开后,从而为《仓富勇三郎日记》获得了重要佐证。这些政要的日记,是研究日本20世纪20、30年代历史的珍贵资料。

昭和二年(1927年)4月,62岁的田中义一受命组阁。

田中义一内阁是政友会内阁,重要职位均由政友会成员把持,但是与1900年伊藤博文创立政友会以后该党一贯的政策,特别是与原敬政友会内阁的政策,即注重内政改革、外交强调与列强协调、走稳妥路线不同,田中内阁的阁员构成就显示出其欲走革新路线:田中义一(首相兼外相)、铃木喜三郎(内相、原法相、检察总长,敕选贵族院议员)、高桥是清(藏相、原首相)、小川平吉(铁相)、白川义则(陆相、原关东军司令)。田中内阁的构成,至少有两点值得关注:第一,田中义一亲自兼任外相、任用高桥是清担任藏相"过渡"表明(高桥是清6月2日辞职,藏相由原文相三土忠造担任),田中义一注重外交先于内政;第二,田中内阁成员大都有较强的扩张野心,属强调革新对华政策的"鹰派人物",如陆相白川义则一贯主张扩大满蒙权益,转变"币原外交"的协调路线。不仅如此,田中义一对地方长官也作了大幅度调整,显示出"革新"姿态。

田中义一内阁成立后,陆续提出和采取了一些新的政策措施,使日本政治、经济、外交均发生了很大变化。

田中内阁面临的首要经济问题是如何平息"金融恐慌"。诉诸历史,当时导致"金融恐慌"的一个重要原因,是一战中急速成长的企业,在持续经济不景气的环境中经营状况不断恶化,有关方面救济性的融资造成大量呆账、坏账。根据当时颇为活跃的经济评论家高桥龟吉的说法,当时的日本经济:"犹如一棵大树的树干已被蛀空,只要一阵不大的风即可将其刮倒。"他特别指出:"铃木商店、川崎造船、台湾银行、十五银行等大型企业和金融机构的倒闭,使人们惶恐地感到整个国民经济已捉襟见肘,政府和日本银行此前修修补补的措施,至昭和二年已被证明彻底失效。"因为,当时日本的"金融恐慌"已成慢性"病症",问题积重难返。日本银行总裁井上准之助大正十五年(1926年)10月在银行俱乐部讲演时指出:"大正九年财界发生不良状况迄今已历时6年,情况日益恶化。改变财界这种状况绝非易事。"换言之,金融恐慌的产生,并非始于若槻礼次郎执政时期,使他最终倒台,也绝非单纯的政策失效和应对失策,而是深刻的政治经济背景。

田中内阁成立后,于翌日即4月21日向枢密院提交了要求颁布"暂缓支付敕令"的报告,使全国各银行有三周"暂缓支付"时间,翌日获得枢密院通过和天皇敕准。同时,田中内阁在临时议会通过了"日银特别融通及损失补偿法",并采取其他相应措施平息"金融恐慌",收到一时性效果。在"金融恐慌"缓解后,高桥是清于6月2日递交了辞呈。

在政治方面,田中内阁组成后,日本政治开始正式步入"宪政之常道"。因为一方面,众议院第一大党党首组成的内阁解散、第二大党党首组阁取而代之的政治运作方式,开了"宪政之常道"的先河。另一方面,田中"政友会内阁"建立在即,主政无望的现实打乱了政友会和政友本党原先基本一致的步调。于是,在宪政会安达谦藏的策划下,"宪本提携",即宪政会和政友本党联合的趋向开始出现。3月,两党以备忘录形式建立了双方议员互相提携的"宪本联盟"。田中内阁成立后,两党正式合并,一度取名"新党俱乐部",后于6月1日正式结成立宪民政党,由原宪政会的滨口雄幸(加藤内阁藏相)担任总裁,基本沿袭了宪政会的政治路线。立宪民政党的建立,标志日本政治正式走上了"宪政之常道",即正式进入了两大政党轮流执政时代。不过需要事先说明的是,虽是两党"轮流执政",其实战前在政党内阁制范畴内,政权在政友、民政两党间的转手只有两次:一次是田中政友会内阁为滨口民政党内阁取代,另一次是若槻民政党内阁为犬养政友会内阁取代。但是,就政党在众议院内的势力而言,政友会和民政党不断击退新兴势力对既成政党的多次挑战,长期在议会中占有多数。就这个意义而言,日本自此进入"两党政治时代"是名实相符的。

"两党政治时代"显然不受田中义一欢迎。因为,由两党合并建立的民政党即刻成了众议院第一大党:在昭和二年(1927年)12月24日举行的第54次例行国会上,全部464个议席中民政党占221席(47.6％)、政友会占189席(40.7％)。对田中义一来说,要顺利进行政治运作,径情直遂地推行各项法令和政令,使政友会成为众议院第一大党是必要条件。于是,田中义一于翌年1月21日解散了众议院,进行了《普选法》颁布后日本在国家政治层面上的首次大选。

昭和三年(1928年)1月21日,经过短暂休会的日本第54届议会重新举行。但是,在议会重开的当天,议会内即"两军对垒,泾渭分明":立宪政友会190席对立宪民政党219席。由于这种议席对比使政友会内阁几乎不可能顺利通过各项法案,解散议会重新举行大选遂势在必行。当天,在首相兼外相田中义一发表了施政方针和外交方针演说,以及三土忠造藏相发表了财政演说后,随之发表的,是天皇解散议会的诏书。

2月20日,日本举行了第一次普选,立宪政友会和立宪民政党的候选人为342:340,另有革新党16名候选人、实业同志会31名候选人、无党派149名候选人,以及最引人关注的无产阶级政党劳动农民党40名候选人、社会民众党18名候选人、日本劳农党13名候选人、日本农民党4名候选人。选举的最终结果是:立宪政友会217席(增加30席)、立宪民政党216席(减少3席)、实业同志会4席、革新党3席、劳动农民党2席、日本劳农党1席、社会民众党4席、无党派17席。立宪政友会虽成为第一大党,但议席仍然未过半数。因此,实业同志会、革新党和无产阶级政党遂成为决定两大政党胜负的"王牌",两党争夺"中间地带"之激烈,已可以预见。同时由于众议院议长由立宪政友会成员担任,而副议长则由在野党青濑一郎担任,内阁在众议院的政治运作似更不容乐观。但是8月1日,因立宪政友会的策动,立宪民政党顾问床次竹二郎由于对民政党的内外政策主张不满,突然宣布退党,并于9日建立了新党俱乐部。之后不久,立宪民政党的田中善立等也退党另外建立了宪政一新会。立宪民政党的两次分裂,使该党议席大幅减少,而立宪政友会不仅使"离间计"策动立宪民政党议员反水,而且努力争取"中间地带"的议员并取得成功,因此巩固了田中内阁的政治基础。

在外交方面,由于让田中义一组阁原本就是陆军、枢密院、右翼国粹主义者期望他转变"币原外交"路线,属"众望所归",西园寺公望和牧野伸显提名他组阁仅是顺应这种趋势,因此日本外交政策发生变化实属题中应有之义。

当时中国国内政局发生的变化,为田中义一推行扩张路线提供了契机。1926年7月,以蒋介石为总司令的国民革命军为推翻北方军阀政府,从广东省出师北伐。北伐军一路势如破竹,并于翌年1月收回了汉口、九江的英租界。当时,英国请求美国和日本派兵,但其时日本外相币原喜重郎以不干涉内政为由表示拒绝。3月,北伐军进入南京后,币原外交的不干涉方针在日本国内遭到抨击,陆相宇垣一成也强烈要求首相若槻礼次郎改变对华政策。虽然如前面所述,"币原外交"对中国内政进行了干预,但其基本方针依然得到遵守。

昭和二年(1927年)4月20日田中内阁形成后,"币原外交"路线被彻底修正。在国民革命军迫近山东时,5月28日,田中内阁发表声明称,将出兵保护当地日本侨民,随即将关东军的2 200人派往青岛。7月为了"保护"胶济铁路,命派往青岛的部队开赴济南,并又从满洲增派2 000名日军前往济南,此即所谓"第一次出兵山东"。

6月27日至7月7日,田中义一将派往"满洲"、"支那"、朝鲜的日本军政要员召回东京,会同内阁主要成员及陆海军方面首脑举行了一次联络会议,统一对大陆政策的认识。这次会议即著名的"东方会议"。当时出席这次会议的有首相兼外相田中义一、外务省政务次官森恪①、事务次官出渊胜次、参谋次长南次郎、陆海军次官、外务、大藏、陆海军有关部局长;关东军司令武藤信义、驻华公使芳泽谦吉、关东长官儿玉秀雄、驻奉天总领事吉田茂。在各方汇报和以此为基础的讨论之后,田中义一作了题为《对支政策纲领》的训示。田中义一首先提出:"确保远东和平,获取日支共荣成果,是我对支政策的根干。"随后

---

① 包括山浦贯一编修的《森恪》(1940年,森恪传记编纂会出版)在内,诸多史籍指出,森恪是田中内阁有实无名的外相,是"东方会议"的主角。

以"支那本土和满蒙对我有不同的含义"为前提,发表了被称为"当地保护主义"和"东三省分离主义"的讲话。就对"支那本土"的政策,田中义一提出:"支那国内政情的安定和秩序的恢复,乃我当务之急","虽然这当依靠建立稳固的中央政权才能达到。但目前建立稳固的中央政权绝非易事。故须和各地方稳健政权进行适宜接洽,除此之外别无他途。因此日本政府对各政权的态度当完全一致"。最近"不逞分子"或可能搅扰治安,挑起不幸的国际问题,虽应寄希望于支那政权进行平息,但是"如有危害帝国权益及当地侨民生命财产之虞,则当断然采取必要的自卫措施予以维护。舍此别无其他选择"。关于对"满蒙地区"的政策,田中义一指出:"满蒙特别是东三省地区,维系我国防以及国民之生存,于我利害关系重大,我邦必须予以特殊考虑。不仅如此,为了维持当地和平及经济发展,使之成为内外人士安居之地,作为与之接壤的邻邦,我等必须感到特殊之责任。"

"东方会议"结束后不久,中国报纸以《田中奏折》为题,连载了据称是7月25日田中义一首相通过一木喜德郎宫内大臣向天皇呈上的关于对满蒙采取积极政策的文件,全文约4万字,以及田中义一致一木宫相、希望他转奏此文件的信函。同时,一份关于日本基本国策的机密文件《田中备忘录》(Tanaka Memorandum)开始在市上流传,在舆论界掀起了很大波澜。"欲征服支那,必先征服满蒙。欲征服世界,必先征服中国",遂成为《田中奏折》提出的日本基本国策。①

需要指出的是,参加"东方会议"的日本军政要人对"满蒙政策"认识并非铁板一块,大致可以分为两派:森恪和关东军、参谋本部的将领属于最强硬派。他们主张推翻随着中国民族主义浪潮的高涨而不再对日本俯首听命的张作霖政权,另外扶植傀儡政权,扩大日本在满蒙的权益。田中义一、山本条太郎等属于强硬派(东方会议后12天,山本条太郎被田中义一任命为"满铁"社长)。他们主张和张作霖提携,维持、扩大日本在满蒙的权益。据一种说法,森恪和陆军少壮派铃木贞一等在东方会议前制定了分离满蒙的方案,《田中奏折》的内容基本上即取自于这一方案。虽然对《田中奏折》的真伪迄今尚存有争议,但如重光葵在《日本侵华内幕》中指出的:"后来东亚发生的事态,和随之日本所采取的行动,恰似以《田中奏折》作为教科书,按其所提示的步骤进行。"②事实上,认识"田中外交"的关键,不是是否有一个侵略扩张的文件,而是是否有侵略扩张的实际步骤。

---

① 在二战后的远东国际军事法庭上,《田中奏折》亦被提出。关于《田中奏折》的真伪,迄今尚有争议。日本方面认为是杜撰之作,但是中国方面依然有人认为其真实存在。
② 重光葵:《日本侵华内幕》,解放军出版社1987年版,第20页。

二、从"皇姑屯事件"到"九一八事变"

1927年8月24日,田中内阁决定从山东撤兵并于9月上旬实施。同年12月,南京国民政府和苏联断交。翌年1月4日,蒋介石就任国民革命军总司令。2月,国民革命军重新开始北伐,50万国民革命军和以东北军为中心的35万国民政府军摆开了决战架势。4月,北伐军包围了济南,4月19日,田中内阁作出了第二次出兵山东的决定,除了调动天津的部队外,又派遣了第6师团(熊本)约5 000名官兵。5月1日,北伐军进入济南城内。5月3日,日军悍然向中国军民开枪,制造了"济南惨案"。5月8日至11日,日军在济南郊外和市区向北伐军发起攻击,造成北伐军大量伤亡。5月8日,田中内阁作出了第三次出兵山东的决定,将第3师团(名古屋)派往山东。至6月初,日本派遣军总数达到了1.5万人,并占领了济南周边地区。此后,双方进行了外交交涉,并于1928年3月达成妥协。

另一方面,田中义一于7月29日,即东方会议后不到两周,即任命山本条太郎为满铁总裁,令他就保护铁道利权事宜与张作霖进行交涉。10月,张作霖同意满铁铺设5条铁道,双方签署了协议。翌年即1928年1月,双方又开始就铁道建设承包事宜进行谈判,并在北伐激战正酣的当年5月签署了协议。

此时,"济南惨案"后一度停止前进的北伐军,迂回绕过济南,向京津地区进逼。5月16日,田中内阁决定向张作霖和国民政府发出通告,内容是:"满洲治安之维持,原本最受帝国重视,若发生引起当地治安紊乱或有可能引起紊乱之事态,帝国政府当极力予以阻止。若战乱向京津地方蔓延并祸及满洲,帝国政府为维持满洲治安,将不得不采取适当且有效措施。"5月18日,日本驻华公使芳泽谦吉拜访张作霖,传达了上述通告,并要求张作霖重回东三省。所以劝其"重归故里",是因为田中义一希望张作霖能够在当地建立得到日本政府支持的、半独立于国民政府的政权,保护日本的权益。但是,日本关东军一些人却反对张作霖复归,他们希望能够趁机在当地建立新的傀儡政权。面对和北伐军作战不利战况的张作霖,于6月3日子夜1点在北京正阳门车站乘上了开往奉天的特别列车,列车在翌日凌晨5点20分经过皇姑屯车站,即将到达奉天(沈阳)时,在京奉线

"皇姑屯事件"现场

和满铁线交叉处被爆,包括张作霖乘坐的车厢在内的三节车厢轰然一声爆炸。张作霖身负重伤,当天不治身亡。这起事件,就是震惊中外的"皇姑屯事件"。

谋划这起爆炸事件的是关东军高级参谋、45岁的河本大作大佐,具体执行者是35岁的独立守备队东宫铁男大尉。河本大作等试图在暗杀张作霖后,使关东军能以维持治安为理由占领满洲。

当时,东宫铁男在别处杀了两名吸食鸦片的中国人,将其移至现场,试图制造这起事件系"南方便衣队"所为的假象,关东军也随即发表声明,称肇事者"显然是南方便衣队"。但是,真相很快为中国方面和田中内阁阁僚及日本陆军中央了解,中国要求回收满洲权益的运动亦急剧高涨。

6月19日,铁相小川平吉收到了大陆浪人工藤铁三郎寄给他的关于"奉天爆炸事件的真相"的信函。小川平吉接信后当即前往田中义一处,并约陆相白川义则一起商量。为核准事实,田中义一令外务省、陆军省、关东厅进行联合调查,并令陆相派宪兵司令峰幸松前往现场勘察。

事有凑巧,当时松村谦三等6名民政党议员在视察了济南后前往奉天,正好撞上爆炸事件。6人遂对冒着缕缕青烟的现场作了勘察,在以后3天逗留奉天期间完全弄清了事情真相,并收集了全部资料,回到东京后即刻向民政党总裁滨口雄幸作了汇报。

被派往现场勘察的宪兵司令峰幸松经过核实,也查明了事件真相,先于10月8日向田中义一作了口头汇报,后于10月底递交了调查报告。

事件真相既已清楚,如何处置遂成为关键。对此,田中义一最初欲公布事件真相,并严厉处罚肇事者。但是上原勇作元帅和皇族闲院宫元帅认为,事件真相一旦揭露,对日本极为有害,均反对田中义一处理问题的方针。原先犹豫不定的陆相白川义则也因此改变了立场,并向内阁递交了出兵满洲的动议。在6月7日的内阁会议上,该动议首先被田中义一否决。

12月24日,田中义一向天皇禀告了事件真相,称:"张作霖横死事件,似与帝国军人有关。目前正对此事进行严格调查,如若确系帝国军人所为,当严惩不贷。详细情况待调查结束后由陆相奏上。"同时,事件真相很快在政界流传。在第56届议会开会期间,田中义一就此事件受到咨询。元老西园寺公望闻讯后,要求田中义一公布事件真相并严厉处罚肇事者。但是,几乎所有阁僚、关东军和陆军中央高级将领均认为曝光真相对日本不利,表示坚决反对。最终主张严惩的,仅剩田中义一和西园寺公望两人。于是,田中义一不得不表示妥协,打算以事件系因满铁线警备区域玩忽职守所至为理由,给予关东军司令村冈长太郎和河本大作大佐行政处分,就此将事件搪塞过去。

在昭和天皇"驾崩"前,史家仅依靠铁相小川平吉的《满洲问题秘录·秘》了解天皇对皇姑屯事件的态度。因为该回忆录记述了田中义一就皇姑屯事件的处理意见上奏天皇及天皇的态度。但是,在昭和天皇去世 10 多年后,3 份史料的公开,为人们了解相关史实提供了翔实及通过相互印证能够判明真伪的记载。这 3 份史料均是天皇侧近者当日和翌日的日记:一是内大臣牧野伸显 27 日的日记;二是侍从次长河井弘八 27 日的日记;三是侍从武官长奈良武次 28 日的日记。由于小川平吉的回忆录和三位天皇侧近的日记所述内容基本一致,故在此以《牧野伸显日记》为主,追溯这一关乎"天皇亲政"、"天皇同内阁的关系"的重大事件,借以窥视现代日本政治体制的一个侧面。

6 月 24 日,田中义一通知内大臣牧野伸显,将于 6 月 27 日上奏天皇对张作霖被炸死事件的最终处理意见。6 月 25 日,牧野伸显和铃木侍从长、一木喜德郎宫内大臣商议如何应对,并达成了一致意见:让昭和天皇就此问责于首相田中义一。当天,牧野伸显拜访了唯一的元老西园寺公望,告知了他们协商的意见。孰料,西园寺公望对他们的意见明确表示反对。他指出,天皇问责首相,自明治以来未有先例。因为明治天皇始终以政治协调者的姿态干预政治,从未有过主导性地采取直接关系首相进退的政治干预。如果天皇问责,很可能直接导致内阁倒台,并对年轻的天皇的权威造成伤害。但是,67 岁的牧野伸显内大臣没有听取西园寺公望的忠告,铃木侍从长和一木宫相的立场也和牧野伸显一致,没有向天皇转告西园寺公望的意见。

昭和四年(1929 年)6 月 27 日下午 1 点半,田中义一拜谒天皇,向天皇禀告了事件处理意见。田中义一退出后,天皇将牧野伸显召入殿内。天皇对牧野伸显说,这次田中就"满洲事件"作了禀告。天皇对田中说,刚才和你上次所说的情况好像不太一样。田中即刻连说了两遍"真的非常抱歉",似乎想进行辩解。天皇说,不必那样,就此打住,然后转移了话题。也就是说:第一,天皇当即指出,田中义一两次上奏,前后矛盾。第二,田中义一想就此进行解释,但是天皇不愿听其辩解。

翌日早晨,田中义一向陆相白川义则坦言将实行内阁总辞职。之后,在内阁会议上,田中义一表示,将按照预定计划施行内阁改造,希望内阁全体成员提出辞呈,并表示可能会正式使用这些辞呈,同时概要通报了前一天在宫中遭遇的情况。由于前一天铃木侍从长已告知白川义则,称田中首相的上奏不是陆军的问题,而是田中个人的问题,因此在内阁会议上通报了关于"满洲事件"行政处分的内容,并将有关情况上奏天皇。在白川义则退出后,铃木侍从长以电话告知,天皇认可了他们的处理。天皇此举是想避免采取同时批评内阁和陆军的方式。内阁既已决议辞职,此事当可了结。

但是,铁相小川平吉认为,既委以首相政治责任,又不听有关政务的说明,不是"明君之言行",应该纠正天皇之失误,弥补君德之不足。他主张田中义一收回已经作出的辞职决定。递相久原房之助也劝告田中义一不要轻易辞职。

于是，田中义一再次进宫，委托铃木侍从长禀告天皇，他想就前一天的上奏再作解释。但是铃木侍从长告知，天皇不想听其解释，并告知他天皇为此"逆鳞"（愤怒）。田中义一遂决意正式辞职。7月1日，田中义一召集内阁会议，宣布了自己的决定。翌日，田中义一递交了全部阁僚的辞呈。同一天，昭和天皇根据西园寺公望和牧野伸显的推荐，敕令众议院在野党第一大党民政党总裁滨口雄幸组阁。

9月29日凌晨，辞职不到3个月的田中义一因心肌梗死发作，死于他在东京麹町的别墅，结束了64年的一生。

滨口雄幸在7月2日，即受命当天便组成了新的内阁：滨口雄幸（首相）、币原喜重郎（外相）、安达谦藏（内相）、井上准之助（藏相）、宇垣一成（陆相）、财部彪（海相）、渡边千冬（法相）、小桥一太（文相）、町田忠治（农相）、俵孙一（商相）、小泉又次郎（递相）、江木翼（铁相）、松田源治（拓相）、铃木富士弥（内阁书记官长）、川崎卓吾（法制局长官）。不难发现，滨口内阁阁僚基本上是加藤高明内阁和第一届若槻礼次郎内阁的原班人马，唯藏相井上准之助是新人。滨口内阁建立后，当即发表了由十个项目构成的"政纲"：1.推行公明政治；2.振兴国民精神；3.肃正纲纪；4.革新对华外交；5.缩小军备规模；6.整理、紧缩财政；7.减少国债总额；8.施行黄金解禁；9.确立社会政策；10.推行其他政策。

虽然政纲有十个项目，但滨口雄幸内阁外交内政的核心，是以黄金解禁为中心的财政紧缩政策，即所谓"井上财政"，以及对中国宥和、对欧美协调的外交政策，即所谓"币原外交"。

在外交政策方面，滨口内阁出于财政考虑，同时为了消除因田中内阁的对华政策引起的欧美诸国对日本的疑惑，对当年10月英国邀请日本参加由英、美、日、法、意五国参加的伦敦海军裁军会议，当即表示欢迎。11月，日本派遣若槻礼次郎和财部彪为全权大使，出席于翌年1月召开的伦敦海军裁军会议。4月22日，日本政府在海军稳健派（又称"条约派"）的支持下作出适当妥协，签署了保留近7成（7成是谈判底线）海军军备的协议。

但是，伦敦海军裁军条约的签署，迅即成为政治问题。海军中的强硬派（又称"舰队派"）坚持认为，内阁不顾作为军事统帅的天皇的辅翼者海军军令部长的反对，签署了事关统帅权的裁军条约，是侵犯统帅权的违宪行为。内阁则根据美浓部达吉对宪法的解释给予回应，称缔结条约纯然是国务，且虽然与海军兵力有关，但事先已充分考虑了包括军令部在内的海军方面的意见，根本不涉及违宪问题。在冲突中，政府撤换了包括海军军令部长在内的一批反对签约者，并在元老的支持下排除阻力，于10月1日使条约在枢密院表决时获得通过。

虽然条约最终获得通过，但是军部、右翼、政界的"复古·反动派"却自此彼此联络,形成了反政党内阁、反裁军、反英美、反"币原外交"的集团。换言之,伦敦海军裁军条约成了有上述立场的各种势力的黏合剂。11月14日,滨口雄幸遭遇狙击,身负重伤。刺客叫佐乡屋留雄,出生于满洲,是国家主义者、原大陆浪人岩田爱之助主宰的爱国社同仁,并与黑龙会关系甚笃。滨口雄幸受伤,失去"轴心"的内阁一时运转紊乱,最后推举币原喜重郎临时代行首相职责,方稳住了阵容。但是昭和六年(1931年)2月,由于币原喜重郎的"失言"遭到立宪政友会的猛烈攻击,滨口内阁克服"昭和恐慌"的政策遭到批评,内阁本身已现裂痕,加之滨口的病情恶化,4月,滨口内阁宣布总辞职。第二届若槻礼次郎内阁随之登场亮相。

在国内政策方面,滨口内阁则推行以"黄金解禁"为中心的紧缩财政政策。实施"黄金解禁"政策的背景,是20世纪20年代几度遭受挫折的恢复金本位制问题,至滨口雄幸内阁时再次成为紧迫问题。由于前此田中内阁时期国际收支的恶化和外汇市场日元汇率剧烈变动,世间舆论要求稳定外汇市场、即刻施行黄金解禁的呼声日益强烈。虽然各行业和利益集团对此发出了不同声音,如缫丝、银行、贸易等行业要求施行解禁,而钢铁、机械行业则反对解禁,或认为解禁为时尚早。最终不仅由于财阀内部银行业、贸易业的话语权强于制造业,而且由于大企业认为通过解禁实施紧缩财政、将推动"财界的整理",强化垄断,因此强烈主张解禁。而一些与出口相关的中小企业因希望安定汇率使业务能顺利开展,另一些中小企业也亟欲摆脱不景气状况,因此"解禁论"逐渐成为时代强音并最终得以实施。同时,藏相井上准之助将已经决定的昭和四年度(1929年度)的预算17.7亿日元缩减为16.8亿日元,并着手整理国债,将昭和四年度预定发售的国债削减了一半,同时采取了其他一些措施为解禁做好准备。在万事俱备之后,大藏省发布大藏省令,称将于昭和四年(1929年)11月至翌年1月11日期间施行黄金解禁。时隔12年,按照旧平价价格,恢复了金本位。

黄金解禁后,黄金即大量流出,超乎大藏省预计。所以出现这种情况,是因为很多人在解禁前抛出外汇购进日元,而在解禁后则因外汇市场对日元有利而逆向操作,即抛售日元换购外币,同时由于外汇市场的稳定增加了输入,因此在昭和五年(1930年)上半年,黄金输出达到约2.2亿元,超出预想2至3倍。

另一方面,至前一年10月保持下降趋向的物价,在黄金解禁预告发出后下降速度加快,同时股票也两次探底性下挫,日本经济开始呈现"昭和恐慌"征兆。之后,受美国纽约股市"崩盘"影响,整个资本主义世界陷入了一场空前的经济危机,日本也未能幸免。在"昭和恐慌"期间,物价、股价暴跌,利润率低下,大批企业破产倒闭。在昭和四年(1929年)至昭和六年(1931年)的两年时

"昭和恐慌"时的街景

间里,日本物价的下降率超出美、英、德、法任何一个国家,其中尤以棉、丝织品等日本传统产品,以及大米、大豆等农产品价格的下跌最为显著。而一些相关企业为了获取利润,不仅没有减少、反而增加生产,从而更加剧了物价的下跌,形成恶性循环。昭和四年后,劳资争议等案件也急剧增加,整个社会动荡不安。

在此期间,为了应付危机,日本几乎所有产业均建立了卡特尔,整个日本经济几乎被卡特尔所网罗,财阀资本因"昭和恐慌"进一步强化了对产业的支配力。目睹"昭和恐慌"对中小企业的巨大打击,日本政府在通过黄金解禁施行紧缩财政的同时,不得不采取与"紧缩财政"相悖的救济融资,以银行储蓄分别给予遭受打击最大的缫丝业融资补偿和养蚕业应急贷款,并为农村、渔村和中小工商业提供低息贷款。正是在这一背景下,日本关东军主任作战参谋石原莞尔提出了"满蒙领有论",认为"领有"满蒙将有助于缓解"昭和恐慌"燃眉之急。正是在"满蒙领有论"的指导下,日本关东军发动了九一八事变。

三、"九一八事变"和"十月事变"

早在大正十一年(1922年),法西斯主义理论家大川周明就开始在"社会教育研究所"对陆海军青年军官宣讲"日本精神"。翌年,该研究所改称"大学寮",大川周明成为其中心人物。大正十三年(1924年),大川周明在参谋本部举行了演讲,他的"国家改造论"为众多陆军青年军官所接受。

昭和二年(1927年),陆军中央的东条英机、石原莞尔、铃木贞一、永田铁山、冈村宁次等青年校官以"改造国家"为志向结成了"木曜会"。中心议题是如何解决满蒙问题。其解决方案,在石原莞尔提出的"世界最终战论"中有完整的表述:"为了帝国之自存,需要在满蒙确立完全的政治权力。为此,我国军队的战争准备当以对俄战争为主体,对支战争准备无需大的顾虑。但本次战争需顾虑美国参战之可能,故必须做好采取守势的准备。"

昭和四年(1929年)初,以陆军士官学校第16期学生为中心的青年军官成立了"双叶会",河本大作、板垣征四郎、冈村宁次、土肥原贤二、小畑敏四郎、永田铁山、东条英机等是其主要成员,即其成员与"木曜会"有重复。在"双叶会",满蒙问题也是主要议题。同年5月,上述两个组织合并为一夕会,有会员约40名,其目标是:1.革新陆军人事,以便使各项政策能得以推进;2.拥立荒木贞夫、真崎甚三郎、林铣十郎三位将军出任陆军"三长官"(陆军大臣、参谋总长、教育总监),改造陆军;3.以解决满蒙问题为重点。该团伙就是与以陆相宇垣一成为核心的陆军主流派(长州阀之延续)抗衡的"皇道派"之雏形。

陆军内部的这些动向影响了更年轻的一批军官,使之亦产生了"改造国家"的"抱负"。昭和五年(1930年)10月1日,以陆军中央大尉级军官田中清等为核心的20余名青年军官,组成了"樱会",刚调任参谋本部俄国班长的原日本驻土耳其公使馆武官桥本欣五郎少佐也加入了这一团体。"樱会"在立会"趣意书"中宣称:"明治维新以来发达之国势,今日趋衰败",所以如此,不仅因"为政者"腐败,而且因"国民"缺乏改变这种状况的"勇气和决断"。"现今此颓废的政党者流的毒刃已指向军部。这一事实在'伦敦(裁军)条约中彰显无遗。由于军部本身缺乏与之对抗的"勇气和决断",故"吾人构成军部之中坚者须紧密团结,并始终怀有这种意识迈进"。①据桥本欣五郎回忆,樱会的"改造案"也得到了参谋本部第二部长建川美次、参谋次长二宫治重、陆军次官杉山元、军务局长小矶国昭的赞同,遂着手制定具体计划:由大川周明与无产阶级政党联络,动员1万人在审议劳动法案那天,即3月17日包围议会,然后军队借机出动包围议会、军队首脑进入议会现场解散议会,要求天皇敕令宇垣一成组阁。虽然由于宇垣一成本人不同意这一计划,"3月事件"无疾而终,没有真正发生。但是"樱会"自此开始采取行动进行"国家改造",具有特殊意义。

值得关注的是,"一夕会"首先致力于解决满蒙问题,强调"先外后内","樱会"则首先致力于"国家改造",强调"先内后外"。这一后来发展为所谓"皇道派"和"统制派"之争的法西斯主义路线,均奉行对外扩张,堪称殊途同归。九一八事变和与之几乎同时发生的"十月事件",即是奉行这两条路线的极端主义分子挑起的事端。

昭和三年(1928年)4月,"皇姑屯事件"余烬未消,原陆军省军事课长石原莞尔被调任关东军主任作战参谋。石原莞尔赴任后即和河本大作重新研讨了占领满洲的作战计划,制定了"奉天城攻略计划"。翌年5月,板垣征四郎取代河本大作担任了关东军高级参谋,"理论的石原,行动的板垣"这一关东军"最佳搭档"开始形成。1929年5月1日,关东军情报会议决定,"做好采取全面军事行动的准备",并确定了具体步骤。石原莞尔为此兴奋不已:"昭和四年

---

① 田中稔编:《田中隆吉著作集》,1979年,第435—438页。

5月1日,是引发满洲事变的纪念日。"①根据上述会议精神,1929年7月,日本关东军以制定对苏作战计划为名,组织参谋赴"北满"旅行。在旅行途中,石原莞尔委托佐久间亮三大尉进行"有关占领地统治的研究",并对他说明了满蒙领有计划。佐久间亮三的研究工作于昭和五年(1930年)9月完成,并在12月付诸讨论。石原莞尔等对其作了进一步修改,制定了《为解决满蒙问题战争计划大纲》,并与陆军中央的永田铁山、建川美次保持联系。

石原莞尔任参谋本部第一部部长时期

关东军司令本庄繁

昭和六年(1931年)5月至6月,军部为了制造行使武力的机会,策动和拟定了"蒙古独立运动"和"间岛暴动"计划,但均未能得逞。7月中旬,日军参谋本部中村震太郎大尉在洮南进行调查时失踪,日方认定系被中方所杀。关东军强烈主张以此为理由武力占领满洲。同年5月,石原莞尔提出了《满蒙问题私见》,7月5日又提出了《作为国运转回之根本国策的满蒙问题解决案》,指出:"满蒙问题的解决是日本唯一的生存途径。"与此同时,一批从法国进口的28厘米口径的要塞炮秘密运抵关东军,至9月10日配置完毕。

关东军的行动使东京的日本统治阶层感到不安。以此为背景,天皇听取了西园寺公望的建议,在1931年9月10日和11日分别召见了海军大臣和陆军大臣,垂询了军纪问题。天皇的召见,使两者感到对关东军的"冒进"应进行必要劝阻,以免受到天皇的谴责。几乎与此同时,9月12日和13日,关东军参谋长三宅光治给陆军大臣南次郎发了两份电报,提出鉴于"满洲"局势日趋紧张,要求派遣参谋本部作战部长建川美次和军务局长小矶国昭前往满洲视察。南次郎基于免受天皇谴责的考虑,决定同意这一要求。由于小矶国昭忙于军制改革和预算问题无法脱身,故仅派建川美次一人前往。按照"樱会"成员花谷正所述:"我等最初预定9月28日实施铁道爆破计划,并约定以爆炸为号,用配置在奉天驻屯军兵营(步兵第29联队)内的28厘米要塞炮,轰击北大营支那军兵营。同时,奉天部队发动夜袭,占领奉天。""9月15日,特务机关收到了从很早以前同我们有联系并进行过接触的桥本(欣五郎)中佐那里打来

---

① 伊东六十次郎:《满洲问题的历史》,原书房,1983年,第54页。

的电话,称:'因为计划暴露,决定派建川前往满洲,请我们不要犹豫,要尽快行动。即使建川到达也来得及,要赶在尚未听到建川传达中央命令之前行动。'"①关东军接报,遂决定将原计划9月28日起事提前至9月18日,而建川美次旅行途中因访问朝鲜军司令部,抵奉天时已较预定日程为迟。9月18日夜10点多,正当关东军幕僚在饭店为建川美次洗尘时,关东军引爆了奉天柳条湖附近一段铁路,并以此为口实,当即向张学良的北大营兵营发动攻击,挑起了九一八事变(日本称"满洲事变")。由于关东军早有准备,并得到朝鲜军司令官林铣十郎的支援,进展顺利,19日占领了长春,21日占领了吉林。

早有预谋并布置在奉天城头的关东军第29联队

日本陆军中央所以派建川美次前往阻止关东军行动,是因为两者"解决满蒙问题"的时间表不同。1931年4月,日军参谋本部拟定了《昭和六年度形势判断》,提出解决满洲问题应分三个阶段:第一阶段,以外交交涉为主,建立国民政府主权的亲日政权,努力确保日本权益之扩张;第二阶段,建设独立国家;第三阶段,占领满蒙,将其并入日本版图。同时,军队高层还为"形势判断"拟定了具体对策。是年6月11日,日本军方组成了由参谋本部作战部长建川美次为委员长、陆军省军事课长永田铁山、补任课长冈村宁次、参谋本部编制课长山胁正隆、欧美课长渡久雄、支那课长重藤千秋等"五课长"为委员的"满蒙问题对策委员会",并在6月19日拟订了决定对满蒙采取军事行动的最初文件《满蒙问题解决方策大纲》。该大纲明确写道:"一、在采取军事行动时,需要多少兵力,在和关东军协商的基础上,由作战部拟定计划,寻求良策。二、为了求得国内外理解,再等待约1年时间,即等待明年春采取行动,以期实施之周密。三、使关东军首脑部充分理解中央之方针意图,在今后一年时间里隐忍自重,避免卷入因排日行动引起的纷争。万一引起纷争,应限于作局部处理,努力避免事态扩大。"②但是同年8月,关东军《关于形势判断的意见书》对参谋本部上述解决满蒙问题的"三阶段论"提出了明确批评:"不能等待好机会之偶发,应自己创造机会","过去隐忍自重是因

---

① 花谷正:《"满洲事变"是这样策划的》,载《别册知性·5·被隐藏的昭和史》,1956年12月,第44—47页。
② 《现代史资料·7·满洲事变》,三铃书房,1964年,第164页。

为帝国的武力尚不充分","遂行解决满蒙问题之国策以急速为要。急速解决未免显露骨之势,但以往为避免露骨而采取渐进主义却一无所获"。①九一八事变就是关东军为反对"渐进主义"所采取的实际行动。

9月19日,即九一八事变发生后的翌日上午7时,接到陆相南次郎报告的首相若槻礼次郎当即召开临时内阁会议。席间,币原喜重郎指出,根据当地机关的报告,"满洲事件"所以爆发系关东军蓄谋已久,并对此提出了批评。南次郎原主张从朝鲜派兵,但整个内阁会议的氛围不适合这种动议的通过。最后,考虑到事态的扩大极易引发与欧美的矛盾和冲突,日本内阁决定采取"不扩大事态"方针。天皇的旨意也是希望乘势"解决满洲问题"的制动闸。19日下午7时,关东军向陆军中央请求:"我们确信,现在是解决满蒙问题之绝好机会。今日我军如果退缩,以后再想解决满蒙问题当绝无可能。……期望能以最大之决心,促成国家百年大计和整个陆军之猛进。"②当天下午内阁会议后和第二天,陆军高层也举行了会议,态度非常强硬,称:"军部此番希望一并解决满蒙问题,若万一政府不同意军部方案,则将毫不犹豫推翻政府。"

9月22日,若槻礼次郎奏告天皇:"我为出兵至吉林长春责难了陆军大臣。外务大臣主张撤出占领区,通过外交谈判解决争端。陆军大臣则主张在占领当地的情况下进行外交谈判。"③显示出他的无奈。据史料记载,前一天晚上若槻礼次郎已对原田熊雄叙述了他难以控制陆军的无奈。同一天,关东军制定了《满蒙问题解决策案》,主要内容为:"第一,方针。建立由我国支持,领土包括东北四省及蒙古,以宣统皇帝为元首的中国政权,成为满蒙各民族的乐土。第二,要领。(1)根据新政权的委托,国防和外交由日本帝国掌管,交通、通信的主要部分也由日本管理。关于其他内政,由新政权自行处理。(2)关于元首及我帝国在国防和外交等方面所需要的经费,由新政权负担。"④建立名义上"独立"的傀儡政权,放弃"领有满蒙"的计划,令石原莞尔颇为伤感。他在日记中写道:"获悉9月19日占领满蒙的意见因不为中央所采纳,连建川美次少将也表示反对而无法施行,我只能吞下万斛之泪,退而接受在满蒙建立独立国家的方案,将其作为最后的阵地,待机最终贯彻满蒙领有论。"⑤

9月23日,内阁会议同意了陆军的出兵要求,并同意拨给经费。9月24日,日本政府发表了第一次声明,阐明了不扩大事态和通过与中国政府交涉解决问题的方针。但是,中国政府投诉国际联盟,拒绝与日本直接交涉。而关东

---

① 角田顺编:《石原莞尔资料——国防论策》,原书房,1978年,第73页。
② 《现代史资料·11·满洲事变·续》,三铃书房,1964年,第312页。
③ 《西园寺公和政局》2卷,第70页。
④ 国际政治学会编:《走向太平洋战争之路·别卷·资料编》,朝日新闻社,1962年,第124页。
⑤ 山室信一:《怪兽客迈拉——满洲国的肖像》,中央公论社,1993年,第65页。

军则不顾政府声明,继续扩大事态。在10月1日的内阁会议上,币原喜重郎要求在14日国联开会之前,将军队撤至满铁附属地区,但南次郎不仅反对撤军,而且主张退出国联。关东军则"乘胜进击",于10月8日攻击了张学良的据点锦州。同一天,陆军中央拟定了《时局处理方策》,承认了将满蒙分离于中国本土、在当地建立新政权的方针。关东军任命满铁上海事务所的松木侠为国际法顾问。

10月13日,国际联盟理事会提前举行专题会议并邀请美国代表出席,最终以13国赞成、1国(日本)反对的表决结果,通过了要求日本24日前撤军的决议。但是,日本对此置若罔闻。10月21日,松木侠拟定了《满蒙共和国大纲》。11月7日松木侠草拟了《满洲自由国设立大纲》,提出了"建国构想"。

"上海事变"发生期间,日本关东军进入了建立"满洲国"实施阶段,根据"纲要"建立了"中央政务委员会"。1932年2月16日,在关东军司令官本庄繁主持下,东北各省"领袖"张景惠、熙洽、马占山、臧式毅、谢介石、于冲汉、赵欣伯、袁金铠等人在沈阳大和旅馆召开了"东北政务会议"。2月18日成立了以张景惠为委员长的"东北行政委员会",会议决定迎请溥仪为满洲国执政,分配了各人在政权中的职务,并聘请板垣征四郎任"满洲国"最高军政顾问。

1932年3月1日,当地"政府"发表了以实现"五族协和"、建立"王道乐土"为标榜的"建国宣言",正式建立了以溥仪为国家元首的"满洲国"。6日,溥仪从抚顺出发,9日到达长春,正式宣布就任"满洲国执政",定年号为"大同","定都"长春并将其改称"新京"。同时,"满洲国"各府、院、部的负责官员也被任命。至此,一战后的远东政治秩序事实已被打乱。日本翌年退出国联、华盛顿体系彻底崩溃,仅仅是朝既定方向的惯性运动。

"十月事件"对日本内政外交也具有无可替代的影响。

昭和六年(1931年)4月,滨口雄幸再度入院。由于康复无望,后继人选开始提上议事日程,内相安达谦藏、外相币原喜重郎、陆相宇垣一成、原首相若槻礼次郎、原藏相山本达雄各有拥趸。但是元老西园寺公望和滨口雄幸本人倾向于由若槻礼次郎接任。4月13日,滨口雄幸内阁宣布总辞职,若槻礼次郎受命组阁。按木户幸一给铃木贯太郎内大臣等人的报告所述:"现内阁推行之财经政策可使财界经济界获得安定。现内阁的施政方针并非徒劳无益,亦不可言其已进退维谷。特别是滨口总理大臣虽因病辞职,但实是具有政治含义之暗杀,因此而总辞职,似有奖励暗杀之嫌,故须慎重对待。考虑再三,认为今日之情况,降组阁之大命于民政党总裁若槻男爵,当最为恰当可行。"[①]4月14日,第二届若槻礼次郎内阁正式成立,9名滨口内阁成员留任:首相若槻礼次

---

① 木户幸一日记研究会:《木户幸一日记》上卷,东京大学出版会,1966年,第72页。

郎、外相币原喜重郎(留任)、内相安达谦藏(留任)、藏相井上准之助(留任)、陆相南次郎、海相安保清种(留任)、法相渡边千冬(留任)、文相田中隆三(留任)、农相町田忠治(留任)、商相樱内幸雄、递相小泉又次郎(留任)、铁相江木翼(留任)、拓相原修次郎。

币原外相和井上藏相的留任,显示若槻礼次郎欲继续贯彻滨口内阁时期的内外政策,即继续行政、财政、税制"三大整理",对外继续奉行宥和、协调的外交路线。同时,民政党在党内设立了"国政改革调查会",欲进行以"进步"为标榜的各项改革,包括减少官吏薪俸、改革贵族院。但是,这场改革激化了利益集团间原已存在的矛盾,而满洲局势的日趋紧张,宥和、协调外交路线日益遭受批评。当时的内大臣秘书官长木户幸一7月1日以后的日记,大都记载了统治阶层的内部矛盾:"据悉,对裁军问题,特别是对最近大藏省提出的缩减支出问题,陆军方面一周来的态度日趋强硬。""军部已构筑背水一战的阵势,或会采取上奏等手段,令人担忧。"另一方面,时间舆论也认为战争已不可避免。9月4日,若槻礼次郎告知原田熊雄:"刚才会见了新闻记者,被问到的都是'读者问,究竟何时开战'之类的问题。"①日本政府也有不少强硬分子认为,必要时当不惜一战。9月10日,木户幸一在日记中写道:"在近卫邸宅和冈部(长景)、织田(信恒)两君及谷(正之)亚洲局长一起用餐,听取了谷氏有关对支关系问题的实情及其意见,并大致赞同他的意见,即如果情况紧急,当不惜使用自卫权。"

九一八事变发生后,在以安达谦藏内相为首的协力内阁运动和立宪政友会的倒阁运动的推挟中,若槻礼次郎内阁产生了摇摆。"樱会"以此为契机,决定与"满洲事件"相呼应,发动"十月事变",以便对国内政治施行根本改造。

"十月事变"的主谋者是曾任日本驻土耳其公使馆武官、对凯末尔革命极为欣赏的桥本欣五郎,以及参谋本部第二部(包括支那课、俄国课)的青年军官等。大川周明、北一辉也参与了这一事件。主谋者决定于昭和六年(1931年)10月21日起事,并确定了具体步骤:1.袭击在首相官邸举行的内阁会议,杀死包括首相在内的阁僚;2.袭击并占领警视厅;3.包围陆军省和参谋本部,切断其与外界的联系,向军队发布命令;4.东乡平八郎元帅晋见天皇,奏请天皇敕令荒木贞夫组阁。樱会还计划在得手后由荒木贞夫兼任陆相、桥本欣五郎任内务大臣、建川美次任外务大臣。

然而,事机不秘,10月17日,两名参与者被宪兵队"保护拘留"。消息所以走漏,远因是有关人员不谨慎的言行引起了警视厅的警觉;近因是桥本欣五郎要求陆军次官杉山元参与行动。事后,军队首脑部为防止青年军官"暴走",

---

① 原田熊雄述:《西园寺公和政局》2卷,岩波书店,1950年,第46页。

对桥本欣五郎和田中清分别给予了禁闭20天和10天处分。虽然桥本欣五郎等通过政变建立军事政权的目的没有达到,但是对导致若槻礼次郎内阁倒台却产生了重要影响。

两次"危机"使若槻礼次郎内阁陷入了穷途末路。昭和六年(1931年)12月11日,内阁宣布总辞职。翌日,元老西园寺公望奏请天皇由犬养毅组阁,随之建立了政友会内阁,其阁僚最值得关注的是高桥是清出任藏相和荒木贞夫出任陆相。前者是犬养毅"钦定",意味着将对井上准之助的财经政策进行全面修正。因此,在组阁完成后第二天,即12月13日,政府即颁布了"黄金输出禁止令"。后者则是陆军中坚阶层"众望所归"。

犬养毅内阁组成后,为了平息因九一八事变而迅速高涨的抵制日货运动,以军事手段进行威胁,同时为了转移各国关注"满洲事变"的视线,制造了"上海事变"。

昭和七年(1932年)1月28日,日本海军陆战队以日莲宗僧侣在上海被杀等为借口,向上海发动攻击,"上海事变"由此爆发。①

战事展开后,日军颇为被动。因为,上海有法租界和公共租界,日军为了免遭列国反击,尤其是为了避免引起在"满洲事变"中采取"宥和"立场的英法两国的反感,不得不采取避开两个租界的作战行动,而1 800名日本海军陆战队官兵的交战对手,是装备精良、以抗日斗志高昂著称的中国国民革命军第19路军3万之师,推进极为困难。于是,日本内阁决定编成以野村吉三郎为司令官的第三舰队,于2月2日和陆军第9师团和第24混成旅团一起派往上海。3月1日,日本又增派了两个师团。经过激战,终于迫使中国守军退至租界后20公里,达到了作战目标。3月3日,即国联临时大会召开的前一天,日本宣布停火,试图以胜者的姿态接受国联的停战决议。最终,双方于5月5日签署了停战协议。

"上海事变"爆发后,美国和英国显示了在"远东政策"方面的分歧。1月26日,美国国务卿史汀生在日记中写道:"应利用已定的海军综合演习这一机会,使日本产生恐怖感。"2月13日"上海事变"激战正酣时,美国太平洋舰队驶入了军港,但是与往年不同,其侦察舰队仍在巡航。2月18日史汀生写道:"现在我所能够依赖的警察力量,是美国海军。"2月23日,史汀生致信美国参议院议员威廉·波拉(William E. Borah),称"日本如果扩大事态,将废除华盛顿五国海军协定",表明了将强化太平洋上美国海军基地的意向。3月1日,英国外交大臣罗伯特·艾登(Robert A. Eden)在下院发表演说称:"关于是否

---

① 战后查明,所谓"日莲宗僧侣被中国人杀害",是日本陆军少佐田中隆吉等人策划的阴谋,田中隆吉本人也对此明言不讳。见有马学:《帝国的昭和》,讲谈社,2002年,第125页。

承认(满洲国)新政权,英国并不打算和美国采取相同立场。"对此,史汀生在日记中写道:"如果这样的话,那(美国)在上海充当英国的代表将毫无意义",对英国表示了显然的不满。① 可以认为,美英两国远东政策的"不协调",是日本胆大妄为,敢于冲破华盛顿体系的重要原因。

"九月事件"(九一八事变)和"十月事件"后,一些极端分子对内摧毁政党内阁,对外冲破华盛顿体系,为日本最终成为远东战争策源地树立了一块重要界碑。

如上所述,"三月事件"和"十月事件"均为"流产事件",但"上海事变"后发生的"血盟团事件"则是真正的"流血事件"。

"血盟团"由茨城县大洗海岸的护国堂堂主、日莲僧井上日召创建。井上日召原本是东洋协会专门学校学生,中途退学后先是放浪大陆,后在茨城县大洗的草庵坐禅和讲述《法华经》,并因此聚集了一批青年。血盟团青年受井上日召个人主义救世思想影响,计划逐一清除社会"恶之源"——政党首领和财阀首脑,并制定了"一人一刀"暗杀计划,准备暗杀20名日本政界要员。

"血盟团"由井上日召麾下三个集团构成:1. 霞浦海军飞行学校的学生,如海军青年军官运动领袖藤井齐;2. 汇聚于护国堂的农村青年,如小沼正、菱沼五郎;3. 以金鸡学院寮的学生为主体的大学生,包括四元义隆等4名东京大学学生和田仓利之等3名京都大学学生。由于"血盟团"中的海军军校学生大都在"上海事变"时上了前线,大学生在实际动手之前已被检举,因此直接行动者都是农村青年:昭和七年(1932年)2月9日夜晚,立宪民政党副总裁、滨口和若槻内阁藏相井上准之助被小沼正枪杀;同年3月5日,三井合名会社理事长团琢磨被菱沼三郎枪杀(按"合名"即"合股")。事后,小沼正和菱沼三郎被捕。3月11日,"血盟团"首领井上日召畏罪向警方自首,被判无期徒刑。

井上日召锒铛入狱、藤井齐战死上海后,军队和民间的一些恐怖分子决定起事,遂引发了"五一五事件"。大致划分,该事件参与者由4种人组成:1. 海军青年士官古贺清志、中村义雄、三上卓等;2. 陆军士官候补生;3. 以茨城县爱乡塾塾头橘孝三郎为首的农民;4. 法西斯主义分子大川周明、本间宪一郎、头山秀三、长野郎等。按照分工,由古贺清志带领第1、2种人为前卫队;第3种人为别动队;第4种人为共斗队。值得关注的是,其中1、3两个集团基本上是"血盟团事件"参与者。同时,按照井上日召的构想,由农民进行的"一人一刀"暗杀计划为"第一冲击波",待"上海事变"参战的海军同志凯旋后建立海陆联合军发起"第二冲击波"。换言之,无论就成员还是就行动而言,"五一五事件"和"血盟团事件"均具有内在联系。

---

① 秦郁彦:《1932年的日美危机——虚象和实象》,载(日)《国际政治》41号。

事件主谋最初确定的行动步骤是：第一，动员陆军青年军官参与行动，以建立海陆联合军；第二，待海军同志回国后，在昭和七年(1932年)5月以前，对统治集团聚集场所发动集团性袭击。但是，出师不利，第一行动步骤即遭受挫折：由于荒木贞夫出任陆军相、小矶国昭出任陆军次官，通过由内阁书记官长森恪主持的"五省会议"，可以将自己的意志传达至国家政治水平的陆军青年军官已经达成了改造国家的初期目标，无意呼应。①因此最终建立的"海陆联合军"有名无实，而且仅11人。随后，主谋者将各方人马分成几个行动组，并确定了具体袭击目标和步骤。5月15日，"前卫队"各组按预定计划采取了行动：第1组井上卓、黑岩勇等袭击了首相官邸，打死了首相犬养毅和1名警卫后赴东京宪兵队自首；第2组古贺清志等向内大臣牧野伸显官邸投掷了手榴弹，但未造成人员伤亡；第3组中村义雄等向政友会本部投掷了手榴弹，未造成人员伤亡；第4组袭击了三菱银行，亦未造成伤亡。以爱乡塾成员为主的"别动队"欲破坏为东京输电的6个发电所，但未成功。值得关注的是，"对统治集团聚集场所发动集团性袭击"的第二步骤，事实上也被放弃。

事发当天，起事者还散发了由三上卓执笔的《告日本国民书》，语句堪称铿锵有力："日本国民，请直视眼下的祖国日本！政治、外交、经济、教育、思想、军事，哪里还有皇国日本的雄姿？！热衷政权、党利的政党、与之沆瀣一气榨取民众膏血的财阀、支撑政党财阀压制民众的官宪、软弱的外交、堕落的教育、腐败的军部、恶化的思想、忍受涂炭之苦的农民和劳动者阶级(中略)民众，怀着进行这种建设的愿望，首先要进行破坏！破坏一切现存的丑恶制度！伟大建设之前需要彻底的破坏。我等对日本的现状痛心疾首，痛哭流泪，赤手为世人之先，我们愿与诸君一起，将昭和维新的火炬点燃！"②

事变后，社会舆论对起事者普遍表示同情。20岁左右的陆军士官学校预备生在法庭涕泣辩解：农民为谋生计让女儿卖淫，财阀为购买美元四处狂奔，政治家在贪污和金钱上耍弄权力……逾百万封减刑请愿书如雪片般从全国各地寄往法院。法庭外，老人和妇女向庭长请求："先生，判这些青年无罪吧。"在当时的杂志上，他们的行为俨然如义士的壮举。

以此社会反映为背景，陆军军法会议和海军军法会议的判决反差明显。昭和八年(1933年)9月19日，陆军军法会议以"反乱罪"和"反乱预备罪"对11名军人和士官生一律判处监禁4年，将检方要求监禁8年的刑期减少了一半。海军检方则要求判处为首分子古贺清志、三上卓、黑岩勇死刑、中村义雄

---

① "五省会议"是陆军、海军、外务、大藏、拓务五省的次官、局长会议。
② 斋藤三郎：《右翼思想犯罪事件的综合性研究》，载《国家主义运动》1卷，第103—104页。斋藤三郎是该事件主审法官。

无期监禁。11月9日，法庭以"忧国之至情有可谅鉴之处"，判处古贺清志、三上卓监禁15年、黑岩勇监禁13年、中村义雄监禁10年。昭和九年（1934年）2月3日，橘孝三郎在民间法庭被判处无期徒刑，后藤圀芳被判处12年劳役。相比之下，军方的判决显然较轻。五一五事件被视为昭和史的转折点。此次判决对军人政治运动产生了不可忽略的影响。

犬养毅在事变中去世、高桥是清兼任首相后，于5月16日当天宣布内阁总辞职。按照以往惯例，因政变导致政权更迭，均由执政党新党首出任首相，如原敬→高桥是清、滨口雄幸→若槻礼次郎。犬养毅被杀后，人们一般认为，5天后出任政友会总裁的铃木喜三郎，将受命组阁。铃木喜三郎本人也明确否定了建立联合内阁的意见，表达了建立政友会单独内阁的意欲，然而，结果完全出乎人们预料。

5月20日，西园寺公望和高桥是清、枢密院议长仓富勇三郎、内大臣牧野伸显就首相继任人选进行了商谈。牧野伸显建议他再征询一下原首相若槻礼次郎、清浦奎吾、山本权兵卫，以及元帅东乡平八郎、上原勇作的意见，并为西园寺公望所接受。自大正十三年（1924年）西园寺公望成为唯一的元老后，在选定内阁首班时从不和原首相和陆海军代表商议，由此可见五一五事变的影响。最终，西园寺公望充分考虑了牧野伸显和军方的意见，于5月22日奏请天皇敕令前朝鲜总督、海军大将斋藤实组阁，历时9年的"政党内阁时期"就此拉上了帷幕。

四、冲破"华盛顿体制"

昭和七年（1932年）5月23日，刚刚受到组阁敕令的斋藤实便表示了"建立拥抱政民两党的联合政权的决心"、"要求政友会高桥是清、民政党山本达雄入阁，由斋藤、高桥、山本担当政局"的方针，并随即拜访了民政党和政友会两党总裁进行交涉，于5月26日建立了超党派的"举国一致"内阁。值得关注的是，斋藤内阁阁僚中仍有5名政党成员：山本达雄（内相、民政党）、高桥是清（藏相、政友会）、鸠山一郎（文相、政友会）永井柳太郎（拓相、民政党）、三土忠造（铁相、政友会）。后藤文夫（农相）虽属无党派人士，但以亲民政党著称，故他的入阁有寻求平衡考虑。其他阁僚包括：内田康哉（外相、原满铁总裁）、①小山松吉（法相、原检事总长）、冈田启介（海相、海军大将）、中岛久万吉（商相、贵族院议员）、南弘（递相）、荒木贞夫（陆相）。"举国一致"内阁最值得关注之处，是高桥是清和荒木贞夫的留任，显示在克服"昭和恐慌"、稳定陆军军心方

---

① 组阁初斋藤实兼任外相，7月6日起任命内田康哉为外相。

面,"举国一致"内阁仍将继续贯彻既定方针。

虽然"举国一致"内阁建立、"政党内阁时期"中止后,各政党的势力并未骤然消退,如立宪政友会依然拥有301个议席,立宪民政党拥有144个议席,众议院9成以上议席为政党所有,但是其对政党政治的影响甚为显著。就日本以后的政治走向而言,尤其值得注意的是共产主义的"退潮"和国家社会主义的高涨。

无产阶级政党在大正末年已呈分裂之势,以后更是"七花八裂"。以麻生久为核心的日本劳农党为克服这种状态,采取了种种行动。昭和三年(1928年)12月,5个政党联合建立了"日本大众党",1930年7月建立了全国劳农大众党,形成了和另一个无产阶级政党社会民众党同时并存的局面。九一八事变爆发后,昭和七年(1932年)7月24日,两党合并建立了社会大众党,由安部矶雄任中央委员长、麻生久任书记长,拥有7万党员,成为当时最大的无产阶级政党,并得到诸多工农劳动组合的支持。但尽管如此,共产主义的退潮势头依然堪称"汹涌"。

昭和八年(1933年)6月10日,各报朝刊以大幅标题和篇幅,报道了原共产党中央委员长佐野学和中央委员锅山贞亲的"转向声明":《告共同被告同志书》,称:"日本现外临未曾有之困难,迫切需要进行空前之变革。对这一孕育着战争和内部改革之内外情势,一切阶级和党派均忙于解决课题的准备和寻求解决问题的对策。此时,以劳动阶级的前卫为己任的日本共产党,则显露出几多缺陷。"①这封"告同志书"在狱中和狱外均引起了极大反响。7月2日,同为囚徒的河上肇发表了放弃社会主义活动的《狱中独语》。②7月6日,三田村四郎、高桥贞树等狱中干部也表示"转向"。据司法省调查,至7月底,在不到50天时间里,未判决的1 370名共产党员,有450名表示转向;已判决的393名党员,有133名表示"转向",合计有583名原共产党员"转向"。③

昭和五年(1930年),原共产党著名活动家、社会民众党书记长赤松克麿开始了和陆军及民间的"革新派"大川周明等的交流,并参与了"三月事件"。翌年9月,赤松克麿和大川周明、津久井隆雄等建立了"日本社会主义研究所",表明了国家社会主义等立场。在该研究所的机关刊物《日本社会主义》第2期,赤松克麿撰文对马克思主义和国际主义进行了批判,宣称:"我们的见解,即资本主义变革后,通过国民社会主义阶段走向国际社会主义,是现实主

---

① 《改造》昭和八年(1933年)7月号发表了这封公开信。《世界政经》昭和50年(1975年)5月号也刊载了这封公开信。
② 《河上肇全集》续6卷,岩波书店,1985年,第175—178页。
③ 思想的科学研究会编:《转向》上,平凡社,1959年,第164页。

义见解。"九一八事变发生后,赤松克麿当即表态支持,呼吁:"废满蒙布尔乔亚之管理,确立没有剥削的国家统制经济。"赤松克麿的主张遭到了强调"三反主义",即反资本主义、反共产主义、反法西斯主义的党内反对派阻遏,后者主张和劳农大众党合并建立新的政党。昭和七年(1932年)4月,赤松克麿率平野力三、稻富稜人、岛中雄等退党,和同时从劳农大众党退党的国家社会主义者今村均、山名义鹤等建立了"日本国家社会党"。几乎与之同时,下中弥三郎、佐佐井一晁等建立了"新日本国民同盟"。虽然名称各异,但是政纲基本相同,在此仅以"日本国社党"的纲领为例:"1.我党期望通过国民运动废绝金权统治,实现彻底的皇道政治。2.我党期望以合法手段打破资本主义机构,通过国家统制经济之实现,保障国民生活。3.我党期望以人种平等、资源平衡为原则,实现亚洲民族之解放。"

以大川周明、高畠素之为首领的右翼团体,在昭和六年(1931年)3月建立了"全日本爱国者共同斗争协议会",公布了其政治纲领:"废绝议会政治、实现天皇政治、打倒资本主义、克服阶级对立。"同年6月,右翼分子建立了以内田良平领导的黑龙会为中心的"大日本生产党"。1932年2月,以大川周明为中心,建立了"神武会"。同年,以大川周明、高畠素之为中心的右翼分子又结成了"拥护国体联合会",以粉碎共产主义、实行昭和维新为标榜。

昭和七年(1932年)1月,政界官僚以内务省的后藤文夫为中心,建立了"国维会",近卫文麿等"革新"派华族和吉田茂等内务省新官僚担任理事。"国维会"在立会趣旨中宣称:"联合至公血诚之同志,不使共产主义之国际主义擅意横行,阻止排他的苏维埃之飞扬跋扈。依赖日本精神,内图政教之维新,外修善邻之友谊,并期以实行真正的国际昭和。"① 斋藤实内阁成立后,后藤文夫出任农相,成为欲"打破现状"的"革新"势力在内阁中的代表。在昭和九年(1934年)斋藤实内阁辞职、冈田启介内阁成立时,后藤文夫是组阁的中心人物,并出任冈田内阁内相。他在阁僚和各省重要位置上安置"国维会"成员,使欲"实行真正的国际昭和"的势力迅速增长。

1933年,后藤隆之助和新渡户稻造、近卫文麿等建立了时事问题研究会——"昭和研究会",由东京帝大教授蜡山政道任指导。该研究会"审议"了蜡山政道的"昭和国策要项草案",确定了在现行宪法框架内进行国内改革、反现有政党、反法西斯主义的方针。

1934年3月,矢次一夫和池田纯久等建立了"国策研究会",以"改革"为宗旨,研究领域几乎无所不包:政治体制、经济结构、金融、财政、产业、农政、社会、文化、人口、外交,等等。

---

① 《论我国最近的国家主义和国家社会主义运动》,第93—96页。

以上述变化为背景,日本在举国一致内阁建立后,继续了前此已经出现的内政外交"惯性滑行",与政党政治及国际社会渐行渐远。

在外交方面,使日本如脱缰野马奔离国际社会约束的,依然是满洲问题。

昭和七年(1932年)3月"满洲国"《建国宣言》发表后,首相犬养毅和外相芳泽谦吉依然保持了不承认"满洲国"的立场。①但是斋藤实"举国一致"内阁建立后,日本对"满洲国"的政策发生了明显转变。

6月14日,众议院全票通过了"关于承认满洲国的决议"。6月18日,已内定出任外相的内田康哉与外务省首脑进行磋商并达成共识,确立了对满洲问题之基本方针:"我方并无合并满洲之企图,而是希望使满洲国成为所谓理想国。使满洲国作为独立国家而存在,有助于确保并伸张我国权益",并决定"通过缔结基本条约承认满洲国"。

7月12日,内田康哉就是否在李顿调查团提交最终调查结论之前承认"满洲国",制定了基本方针:承认"满洲国"是"帝国自身认定的问题"。因此,7月12日、14日两天内田康哉同访日的李顿调查团进行了会晤,当调查团质疑日本干预满洲立国违反九国公约时,声称:"满洲国是由满洲人自发建立的国家,无法认为能适用九国公约。"②7月26日,斋藤实内阁通过了关于"满洲国"机构问题的决议。

8月8日,陆军大将武腾信义受命出任关东军司令官、特命全权大使、关东长官。8月19日,斋藤内阁通过了"日满议定书案",其中部分内容是对前此关东军司令本庄繁和"满洲国国务总理"郑孝胥缔结的协定的追认。

9月9日,斋藤内阁通过了承认满洲国的决议。翌日,枢密院开始审议决议,并于13日在枢密院大会全票通过。9月15日,日本帝国特命全权大使武藤信义和"满洲国国务总理"郑孝胥在勤民殿签署了日满两国《议定书》,当天生效。该《议定书》很短,除引文宣称"日本国确认满洲国基于其居民之意志,自由建立独立国家之事实",以及鼓吹"将永远巩固日满两国间睦邻关系,相互尊重领土权"外,仅两个条款,即保障日本在"满洲国"的权益和日本在"满洲国"的驻兵权:"一、满洲国在日满两国间未缔结其他约定之前,将确认并尊重满洲国领域内的日本国及日本国臣民根据以往日支间缔结的条约、协定和其他公私契约所规定的一切权利利益。二、日本国和满洲国明确认识,对缔约国一方的领土及治安的一切威胁,同时也是对缔约国另一方的安宁及存在的威胁,因此两国约定将共同防卫和日本国军队在满洲国内驻屯。"③《议定书》秘

---

① 绪方贞子:《满洲事变和政策的形成过程》,原书房,1966年,第231—236页。
② 守岛五郎、柳井恒夫监修:《日本外交史》18卷《满洲事变》,鹿岛出版会,1973年,第321—326页。
③ 外务省编:《日本外交年表及主要文书》下,原书房,1965年,第215—223页。

密附件规定:1."满洲国"委托日本负责其国防和维持其治安,负担所需经费;2.委托日本管理和设立作为国防需要的交通、运输设施;3.聘用日本人担任"满洲国"参议、官吏,其任免须经关东军司令官推荐、同意。

但是,日本之所为,引起了中国的强烈抗议和国际社会的反对。九一八事变爆发后,中国国民政府于当月21日正式向国联提出控诉。国联遂组成了西班牙籍国联理事会议长雷洛克斯(Lerroux)和英、法、德、意5人委员会处理中日两国纠纷。最初,国联各大国和美国对中国的诉求表现冷淡,但1931年10月8日,日本攻击锦州的野蛮行径刺激了国际舆论特别是美国舆论。10月15日,国联决定邀请美国派观察员出席国联大会。这既是为了对日本施加压力,同时也是英法两国想置身事外,而日本则提出了恢复中日关系的"五条大纲":1.相互否认侵略政策及行动;2.尊重中国领土完整;3.双方彻底取缔妨害相互通商自由、煽动国际憎恶之念的组织性运动;4.有效保护满洲各地的帝国臣民一切和平的业务;5.尊重帝国依据条约获得的在满洲的权益。①12月10日,国联理事会决定建立以英国人维克多·李顿(Victor A. G. Lytton)任委员长,英、美、德、法、意各国人任委员的调查团,对"事变"进行调查。1932年9月4日,李顿调查团完成了最终报告,9月30日交付有关国家,10月2日公开。

李顿报告书公布后,日本拟定了《帝国政府对国际联盟支那调查委员会报告书的意见》(简称"帝国意见书")进行反驳。10月11日,日本政府任命松冈洋右为国联代表,前往申诉日本的立场。虽然松冈洋右态度强硬,但当时日本并不想退出国联。因为,日本最初的不妥协仅是一种策略。按照内田康哉的判断,蒋介石政权可能采取对日宥和姿态,因此如果日本始终坚持不妥协,则事态的最终解决将对日本有利。

12月6日,国联开始对李顿报告书进行审议。英法等国态度暧昧,而捷克、爱尔兰等小国则要求全面采纳。松冈洋右以"帝国意见书"为基础,竭力为侵略行径辩护,并于12月8日在国联大会上作了题为《十字架上的日本》的演说。②

昭和八年(1933年)2月14日,包括美苏在内的"和协委员会"以"满洲的主权属于中国"为原则,以李顿报告书为基准,制定了对日

松冈洋右在国联发表演说

---

① 外务省百年史编纂委员会编:《外务省的百年》下,原书房,1969年,第159页。
② 松冈洋右传记刊行会编:《松冈洋右——其人及其生涯》,讲谈社,1974年,第460—466页。

本的"劝告案"。2月16日,松冈洋右表明了退出国联的意向。日本内阁原先"自重论"的声音较强,但自此"退出论"成为主旋律,连西园寺公望也倾向于"退出论"。2月20日,日本内阁通过决议:如果"劝告案"在国联大会获得通过,即宣布日本退出国联。2月24日,国联大会将"劝告案"付诸表决,最终以赞成42票、反对1票(日本)、弃权1票、缺席12票获得通过。松冈洋右在宣读了日本政府的"声明"并称:"无法认为劝告能确保世界的这一部分(远东)的和平"后,当即退场。在退场时用日语说了句"再见"。①3月22日,日本枢密院投票表决,通过了内阁退出国联的决议。同一天,日本各媒体发表了退出国联的天皇诏书和政府声明。27日,日本政府致函国联秘书长,正式通知他日本退出国联。

日本此举不仅标志其进一步脱离了与欧美协调的路线,而且标志一战后确定的远东国际秩序——华盛顿体系正式解体,远东战争策源地正式形成。

与此同时,日本在占领东三省后又试图将热河省并入"满洲国",进一步入侵中国,于5月逼近北平。1933年5月31日,关东军代表、关东军参谋次长冈村宁次少将和"北支"中国代表、国民政府军事委员会北平分会总参谋熊斌签署了"塘沽协定",设定河北省东部为非武装地带。

停战协定使中日之间的战事一时得以平息,但是日本国内政治局势却依然动荡剧烈。

昭和九年(1934年),斋藤实的"举国一致"内阁因"事件"续发而开始发生动摇。当年1月下旬,《现代》月刊重新刊载了商相中岛久万吉的《足利尊氏》,贵族院指斥该文为逆贼歌功颂德,对其进行了猛烈抨击。②2月8日,中岛久万吉宣布辞职。2月15日,政友会议员冈本一巳发表了"五月雨演说",揭露了鸠山一郎文相收受桦太工业株式会社的渎职行为。3月3日,鸠山一郎宣布辞职。在遭到两相辞职的打击后,当年5月前后发生的"帝人冤案事件",又给了斋藤实内阁致命一击。

"帝人"是台湾银行拥有的"帝国人造绢丝株式会社"的简称。所谓"冤案事件",发端于斋藤实前任和现任内阁阁员和高级官僚涉嫌受贿、操纵股价。原商相中岛久万吉、文相鸠山一郎和铁相三土忠造、藏相高桥是清的儿子高桥是贤,以及大藏省次官黑田英雄、银行局长大久保偵次等均受到检方指控。5月下旬,所有涉案人员均遭检方起诉。但是,最终16名被告均被宣判无罪。不仅如此,审判长宣读的判决书也意味深长:"今日判决,不是因为证据不足而宣判被告无罪,而是因为十分显然,他们的犯罪事实根本

---

① 外务省编:《日本外交年表及主要文书》下,第267—278页。
② 《足利尊氏》一文最初发表于大正十年(1921年)。

不存在。"①事实上，这很可能是首相候选人平沼骐一郎制造的政治冤案。但目前尚无确证。

1934年5月24日，在内阁多名成员涉嫌与事件有染后，斋藤实即向西园寺公望表明将挂冠而去。6月29日，斋藤实正式表明了辞意。在斋藤内阁气数将尽时，各派系即纷纷攘攘"推戴"后继首相。7月3日，西园寺公望表示将以新的方式推选内阁总理："根据已经确定的内奏方式，将前总理和枢密院议长召至宫中。"②这里所谓的"内奏"，是指1933年2月28日经天皇允裁的首相选定方式，即由前首相、枢密院议长为成员、以内大臣为秘书长的"重臣会议"进行推荐。7月4日，在西园寺公望主持下，第一次重臣会议在宫中举行。由斋藤实推荐的冈田启介得到了一致认同。于是，西园寺公望便奏请天皇敕令冈田启介组阁。

7月8日，冈田启介组阁完成，成员如下：冈田启介（首相兼拓相）、后藤文夫（内相、前农相）、广田弘毅（外相、留任）、藤井真信（藏相）、林铣十郎（陆相、留任）、大角岑生（海相、留任）、小原直（法相）、松田源治（文相、民政党）、山崎达之辅（农相、政友会）、町田忠治（商相、民政党）、床次竹二郎（递相、政友会）、内田信也（铁相、政友会）。

值得关注的是，虽然和斋藤内阁一样，政党在冈田内阁中占有5个职位，且政友会和民政党的比例也是3∶2，但是政党失去了内相和藏相两个重要职位，说明政党在政权中的地位在进一步下降。

冈田内阁建立后，军队要求走扩张路线的势力进一步增强：陆军要求强化关东军司令官的权力和在满军事力量；海军要求废除昭和十一年（1936年）底到期的伦敦海军裁军条约。作为回应，冈田启介内阁使日本在"满洲国"的军事力量得到了前所未有的加强；确定了废除伦敦海军裁军协定的方针，并制定新的海军扩充计划。著名的"大和"号战舰和"武藏"号战舰即因此诞生。

除了军事扩张外，日本外交也不断奉行扩张主义，其集中体现，就是所谓的"广田外交"。

在斋藤内阁中途出任外相的广田弘毅认为，采取强硬态度大规模扩军，完全破坏与欧美各国的协调关系，有损日本国利益，应当采取和平方式达到增强和扩大日本在华政治、经济地位和利益之目的。

昭和九年（1934年）12月7日，陆、海、外三省有关课长协商制定了《关于对支外交政策的文件》，提出以日本为中心、通过日满华三国提携实现东亚和

---

① 野本盛隆：《审判帝人》，平凡社，1938年，第463页。
② 《西园寺公望和政局》3卷，第346页。

平的方针;采取和平方式诱使华北地区脱离南京政权控制,即实现"华北分离";尽力排除外国对华援助。中国方面根据"一面抵抗,一面交涉"的方针,对广田的"协和外交"表示欢迎,并采取了一些政策性措施:在此之前,1934年7月,中国已实行了给予日本优惠的关税;12月,中国和"满洲国"签署了通邮协定;1935年1月,广田弘毅在议会发表了"日支亲善"演说。作为回应,2月蒋介石即发表了中日亲善方针。3月,国民党中央向全国各党部下达了停止排日行动的命令。5月,中日两国公使馆升格为大使馆。

但是,广田弘毅的"协和外交"遭到了日本军方的反对。1935年3月30日,关东军制定了《关东军对支政策》,显示了欲进军华北的意向,并不断"登堂入室",以军事方式展开"华北分离运动"。

1935年5月25日,日本驻天津军参谋长酒井隆就中国孙永勤部队在停战协定规定的非武装地带采取军事行动、蓝衣社暗杀亲日满的报社社长等,向中国北平政务整理委员会代理俞鸿钧秘书长和军事委员会分会长何应钦提出要求:"宪兵第三团及类似团体、军事委员会分

外国讽刺华北分离运动的漫画

会、政治训练所、国民党部蓝衣社有必要从北支撤出,同时希望支持这些机构的第二师、第二十五师等有害无益的中央军一律撤退,罢免与本次事件有直接、间接关系的蒋孝先、丁正、曾扩情、何一飞等,罢免无视停战协定之精神,与上述各机关通谋、与北支日军对立的于学忠。"①

6月5日,日本陆军中央制定了《北支交涉问题处理要项》,要求中国将宪兵第三团从天津地区撤出、罢免河北省主席于学忠。6月9日,日方向何应钦提出了上述"要项"中的要求,并辅以军事威慑。6月10日,按日本若杉参事官给广田外相的报告,中国方面"全部接受我军要求"。7月6日,何应钦与梅津美治郎达成协定,史称《何梅协定》。

之后,关东军又觊觎位于河北省西面、与"满洲国"接壤的察哈尔省,并不断挑起事端,与察哈尔省政府主席宋哲元属下二十九军发生摩擦。其时正在

---

① 秦郁彦:《日中战争史》,河出书房新社,1961年,第19页。

北平的奉天特务机关长土肥原贤二要求中国军队撤出察哈尔。6月18日,国民政府任命秦德纯为察哈尔省代理主席,免去了宋哲元的这一职务。6月27日,以关东军特务机关成员被宋哲元部逮捕的所谓"察哈尔问题"为契机,奉天特务机关长土肥原贤二和察哈尔省首席代表秦德纯签署了"秦土协定",规定宋哲元部撤出察哈尔省东部,使"满洲国"西南边境获得了安全保障,同时也实际撕毁了"塘沽协定"。

8月1日,日本军方制定了由"方针"和"要领"两大部分构成的"对北支那政策"。其"方针"是:"解消北支那一切反满抗日策动,实现日满两国间经济文化的通融提携,清除日满两国国防上之不安定因素"。其"要领"是:"在实现上述趣旨之过程中,使北支五省政权在对日、满关系方面采取统一步调,同时在对南京政权的关系方面也努力采取统一步调,相互团结,不为有违上述趣旨之南京政权的政令所左右,形成自治色彩浓厚的亲日、满地带。"①同一天,中共中央发表了"为抗日救亡告全国同胞书",即著名的"八一宣言",在中华民族最危急的时候,"被迫着发出了最后的吼声"。同年11月19日,蒋介石也在国民党五次全会上表示:"以不侵犯主权为限度,谋各友邦之政治协商;以互惠平等为原则,谋各友邦之经济合作;否则即当听命党国,下最后之决心",并强调:"和平有和平之限度,牺牲有牺牲之决心。"翌日,蒋介石会见日本驻华大使有吉明,明确表示:"中国对反对国家主权完整,阻碍行政统一等自治制度,无论如何不能容许。"同时,蒋介石一方面电令宋哲元等地方将领不得与日军交涉,一方面调集军队开往京沪、陇海等线,做好了开战准备。

另一方面,在日本军队不断向中国发起挑衅、引起欧美国家强烈反感,并导致日苏关系紧张的同时,广田弘毅则积极推行"协和外交",而其时恰逢中国国民政府的外交部长汪精卫也欲调整中日关系,并托日本驻华大使有吉明向广田弘毅转达。10月4日,广田弘毅和陆海军大臣进行了磋商,取得了一致意见,制定了"陆海外三大臣了解事项"即著名的"广田三原则"。

昭和十一年(1936年)1月21日,广田弘毅在议会发表外交政策演说时,公布了"广田三原则",即要求中国:1. 停止排日;2. 承认"满洲国";3. 共同防共。10月7日,广田弘毅向中国驻日大使蒋作宾表示了"三项原则"。21日,蒋作宾会晤广田弘毅,转达了中国方面的态度:在中国政府同年9月7日提出的"三原则",即:1. 不侵略;2. 亲善友好;3. 以外交手段处理争端的前提下,原则同意"广田三原则"中第1、第3项原则,但是不接受第2项原则,即承认"满洲国"。同时要求华北地区恢复九一八事变爆发之前的状态,即废除侵害中国在华北的主权的各项协定。几乎与此同时,日本军队继续致力于"华北自治",

---

① 陆军省:《密大日记》昭和十年第九册,国立公文书馆藏。

中国主张对日实施强硬外交的势头也日益高涨。11月1日，汪精卫遇刺，身负重伤。12月25日，前外交部副部长唐有壬被暗杀。"广田三原则"至此已无被中方接受之可能。

在冈田内阁外交走入困境的同时，政府内极端分子、军内青年军官激进分子和民间右翼"革新"势力，则视冈田内阁为斋藤内阁之后的又一个"维持现状"内阁，不断对其发动攻击。昭和十年(1935年)，美浓部达吉(东京帝大名誉教授、贵族院议员)早在大正时代就提出的"天皇机关说"，所以成为当年"最大的问题"，原因就在于此。

"问题"以是年2月18日菊池武夫在国会的质疑为正式开端。菊池武夫提出，美浓部达吉的思想是"反国体"思想。美浓部达吉对此给予了思路清晰的有力反驳，获得了在贵族院极为罕见的热烈掌声。2月27日，众议院议员、陆军少将江藤源九郎在众议院预算委员会会议上向冈田启介发难，质问他是否认为美浓部达吉的"国体观念"存在错误。同时，民间右翼"革新"团体和在乡军人会也向美浓部达吉及拥护"天皇机关说"的冈田内阁发起攻击。政友会则视之为"倒阁"良机，推波助澜。3月23日，众议院通过了《国体明征决议案》。

面对各方攻击，冈田启介在议会明确表示反对"天皇机关说"，其领导的内阁也随之采取了一系列排斥"天皇机关说"的措施。4月9日，内务省下令封禁美浓部达吉的《宪法撮要》等著作；文部省也向各学校下达了《国体明徵训令》。8月3日和10月15日，内阁两次发表"国体明征声明"，否定"天皇机关说"。所谓"项庄舞剑，意在沛公"，问题的本质，并不是"天皇主权说"和"天皇机关说"之争，而是"革新"派对"维持"派之争。昭和天皇本人对此似看得明白，他对侍从长明言："朕认为，美浓部绝不是不忠之人。今天，像美浓部那样的人在日本究竟有几个？葬送那样的学者实在太可惜了。"[①]

"天皇机关说"成为当年"最大的问题"，与当时日本军队内部愈演愈烈的"皇道派"和"统制派"之争密切相关。为了了解皇道派和统制派之争的由来，似有必要追溯历史脉络：两派的"路线"分歧，是皇道派强调由"天皇主权"实现内政外交"革新"，其精神领袖是荒木贞夫，较著名的成员有真崎甚三郎，及以后发动二二六事变的青年佐、尉级军官村中孝次、矶部浅一、栗原安秀等，其行为有"下剋上"之历史演绎的痕迹。统制派则强调即使"革新"亦必须按照军人的组织程序，在体制内展开，领军人物是林铣十郎，著名人物有永田铁山少将、东条英机少将、武藤章中佐、田中清少佐、片仓衷少佐等。据池田纯久在回忆

---

① 《西园寺公望和政局》4卷，第238页。天皇同样的发言亦见于《本庄日记》，原书房，1967年，第204页。

录中称,"皇道派"最初制定的"国家革新案"(现已佚失),"具有一种暴力革命的色彩"。

"事在人为",因此人事问题是两派矛盾斗争的焦点。1933年10月,斋藤内阁根据陆相荒木贞夫的建议,于昭和八年(1933年)10月设立了首相、藏相、外相、陆相、海相协调国防、外交、财政政策的"五相会议"。但是在"五相"会议上,荒木贞夫基于"苏联威胁论"提出的加强军备要求接连受阻,则意味着皇道派的"革新"受挫。1934年1月,荒木贞夫称病辞职,林铣十郎取而代之出任陆相。同年3月,被认为以后将是"统制派"首领的永田铁山被任命为陆军军务局长。实力天平上,统制派一边又增加了一个砝码。

永田铁山的升迁,使两派抗争愈演愈烈,并因1934年"十一月事件"而进一步激化:陆军士官学校中队长、统制派的辻政信"调查"发现,村中孝次、矶部浅一等"密谋政变"并进行了处分。但是所谓"政变"并无证据,村中孝次、矶部浅一遂反诉辻政信诬告。皇道派亟欲"天皇主权"进行"革新",而林铣十郎、永田铁山等"统制派"首领认为,"天皇机关说"所以成为"问题",皆因皇道派煽动引起。皇道派则认为,统制派是和重臣、元老、财阀、政党等"维持现状势力"互相勾结的军阀,是压制真正的"革新"派皇道派的死敌。以此为背景,8月12日,"皇道派"先锋相泽三郎中佐在光天化日之下,将"统制派"重镇陆军省军务局局长永田铁山劈死于局长室。

事发后,林铣十郎陆相于9月5日引咎辞职,被委以调和两派矛盾重任的川岛义之大将出任陆相。但是,皇道派和统制派此时已形同水火,根本不可能调和,两者的矛盾在翌年发生的"二二六事件"这一日本20世纪规模最大的政变中爆发。

事发的"导火索"是统制派主导的陆军中央,欲将由皇道派左右的第一师团调往满洲,使后者产生了"时不我待"的紧迫感,遂选定2月16日蹶起——

昭和十一年(1936年)2月26日拂晓前,以步兵第一、第三联队为主的1480余名士兵在矶部浅一、村中孝次、栗原安秀、野中四郎等率领下,踏着厚厚积雪朝8个袭击目标疾行:首相冈田启介官邸、侍从长铃木贯太郎官邸、陆相川岛义之官邸、内大臣斋藤实私邸、教育总监渡边锭太郎私邸、藏相高桥是清私邸、汤河原前内大臣牧野伸显疗养地、警视厅。

袭击从凌晨5点开始,一开始其进展可谓如愿以偿:内大臣斋藤实、藏相高桥是清、教育总监渡边锭太郎被杀,侍从长铃木贯太郎负重伤。蹶起军人还认为杀死了首相:他们冲入首相官邸后,碰上冈田启介的妹夫松尾川藏大佐,以为他就是"首相",遂将其杀死,而此时冈田启介躲在女佣的屋里。之后,冈田启介在其女婿兼秘书迫水久常的帮助下,趁许多人前去为他"吊唁",人多纷杂,乘乱逃出。迫水久常日后在回忆录《机关枪下的首相官邸》里,将冈田启介的成功脱险归因于"难以解释的一系列奇迹"。

蹶起军人以"陆军步兵大尉野中四郎及其同志"的名义,向陆相川岛义之递交了《蹶起趣意书》,阐明了他们起事的根本原因和目的:"此国体之尊严秀绝,自天祖肇国,神武建国,经明治维新愈益体制完备,今应正值面向万邦实现开显进展之秋。所谓元老、重臣、军阀、财阀、官僚、政党等,乃破坏该国体之元凶——中冈、佐乡屋、血盟团之先驱舍身、五一五事件之愤腾、相泽(三郎)中佐之闪发,皆绝非无故。然几度颈血喷溅,其仍旧毫不忏悔反省,依然为私权自欲所驱,热衷苟且偷安之事。我与俄、支、英、美之间,战事一触即发,此祖宗遗垂之神州,一掷即坠,归于破灭,已洞若观火。值此内外重大危急之时,我等决意诛戮破坏国体之不义不臣之徒,芟除遮蔽稜威、阻止维新之奸贼。——为匡正大义,拥护国体,开显进展,纵然肝脑涂地,亦在所不辞。谨以此呈献神州赤子之卑微之忠言。"①同时,蹶起军人向川岛义之提出了"希望事项","希望"罢免和清除统制派军人,重用皇道派精神领袖荒木贞夫、真崎甚三郎。

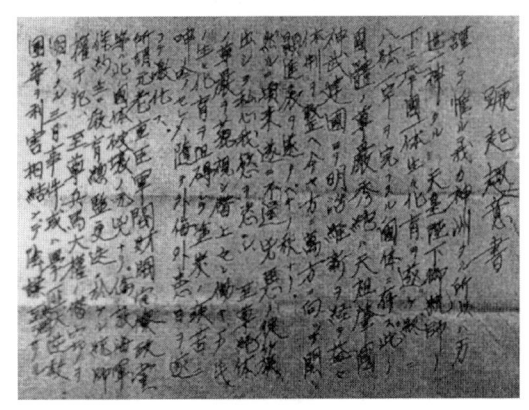

野中四郎起草、村中孝次修改的《蹶起趣意书》

2月26日当天下午,川岛义之陆相根据军事参议官会议决议,通过东京警备司令部颁布了《陆军大臣告示》:"1.蹶起之趣旨已上达天听(天皇);2.诸子之行动基于显现国体之至情;3.国体之真实显现(包括弊风)恐惧不堪;4.各军事参议官一致赞同依趣旨采取的行动;5.谨此禀告天皇。"②

根据《本庄日记》记载:"2月27日下午1点,内阁决定总辞职,由后藤文夫内相任临时首相收取各阁僚辞呈,早晨捧呈阙下。"但是,宫廷官僚木户幸一向天皇进言,"一旦为了收拾时局建立暂定内阁",则将使同情乱军的势力获得讨价还价的材料,实质上使乱军希望得逞,因此必须拒绝现内阁辞职,对乱军采取坚决镇压的方针。天皇也对几位重臣被枪杀事件极为震怒,对侍从武官本庄繁说:"朕将亲率近卫师团,平息叛乱。"

2月27日,当局颁布了戒严令,并成立了戒严司令部,任命东京警备司令官香椎浩平中将任戒严司令官。翌日早晨,戒严司令官向占领警视厅、陆军大臣官邸、陆军省、参谋本部的蹶起军人发出奉敕命令,令其回归原有部队,但未

---

① 《现代史资料》四《国家主义运动》(1),三铃书房,1963年,第174—175页。
② 河野司编:《二二六事件——狱中手记·遗书》,河出书房新社,1972年,第443页。

被遵行。29日上午8点55分,戒严司令部通过广播,深情并茂地发表了《告士兵书》,即刻动摇了蹶起军人的军心。10点15分,戒严司令部再次以口语体发布消息:"参谋本部附近已有约30名下士官等士兵携带机枪归顺。各方面还有继续归顺的势头。所幸到目前为止双方尚未交火。"之后又连续发表类似消息,并散发传单进行劝说。下午1点30分,戒严司令部发表声明,称叛乱已被平定。下午4点55分,内阁发表声明,称冈田首相有幸躲过了26日凌晨发生的危机,目前十分安全。并称"28日上午,冈田首相递交了辞呈,并于当晚进宫,为惊扰圣驾向天皇请罪。蒙圣情宽厚,冈田惶恐感激之至,拜谢君恩后告退"。

震撼帝都的"二二六事件"以蹶起军人归顺、为首军官被捕、内阁全部辞职告终。蹶起军人首领矶部浅一、村中孝次等17人被判死刑,其中包括没有直接参与、但被认为事实上为乱军提供理论指导的"日本法西斯主义的鼻祖"北一辉。

二二六事件的平息,同时也宣告了第一次世界大战后日本青年军官运动的结束。取而代之的是陆军进入政治中枢。军人政治的帷幕在处罚该事件"首恶分子"的枪声中开启。

五、"卢沟桥事变"·"北支事变"·"支那事变"

二二六事件后,西园寺公望原推荐近卫文麿继任首相,但是近卫以对统御派阀没有自信和与元老政见不同拜辞大命。昭和十一年(1936年)3月5日,广田弘毅受命组阁。陆军对广田弘毅组阁甚为不满,因此在翌日即公开反对内定的阁僚人选。最后经过一番交涉妥协,广田弘毅方完成组阁。值得关注的是,军人公开对组阁发表意见,这是第一次。

广田弘毅内阁时期,日本内政外交发生了进一步走向"远东战争策源地"的两大变化:一是重新恢复军部大臣、次官现役武官制;二是签署"日德共同防共协定"。

广田弘毅内阁组成后即对陆军进行彻底整肃。在整肃中,真崎甚三郎、林铣十郎、本庄繁、荒木贞夫等7名大将,以及对叛乱措置不够果断的香椎浩平被编入预备役。之后,与事件没有关联的桥本欣五郎、建川美次也被编入预备役。近卫文麿等认为,整肃是派阀之争,是权欲分子为了排除异己、只留"能够为幕僚操纵的将军"的口实。于是,对阵双方进行了一场激辩。最终依然由天皇裁决。昭和十一年(1936年)5月18日,天皇颁布了敕令《改正陆海军省官制的文件》。根据敕令,重新恢复了已废除23年的军部大臣、次官现役武官制。同时,陆军进行了大规模军制改革,其宗旨是"强化大臣的人事任免权,提高陆军大臣在政府内的地位"。

"日德共同防共协定"从双方开始接触到正式签署,经历了1年多时间。其最初的启动始于石原莞尔从驻仙台的联队长调任参谋本部作战课长以后。对苏联的威胁具有强烈危机感的石原莞尔,到任后说动参谋本部次长杉山元让参谋本部德国班开始这项工作,这是协议的发端。日本驻德大使馆武官大岛浩和希特勒的外交顾问里宾特洛甫的交涉记录显示,大岛浩当时始终和杉山元通过电报保持联络。日本的提案具有以苏联为对象、建立日德军事同盟的强烈色彩,并考虑将来能够让英国加入同盟。而德国的提案则坚持将协议限定于意识形态而非军事同盟层面。因为在远东政策方面,德国外交部和国防军主流派坚持传统的亲华路线,反对里宾特洛甫推行亲日路线。昭和十一年(1936年)11月25日,日德防共协定正式签署,德国对建立军事同盟的消极态度,最终决定了该条约的性质。虽然协议的秘密附属协定规定,如果受到苏联攻击,两国应为了共同的利益即刻进行磋商,但该协议并没有使日本和德国形成攻守同盟。

在日本政局和对外政策出现重大变化时,中国的政局也出现了重大变化,并进而影响了中国的对外方针。1935年8月1日,中共中央发表了《为抗日救亡告全国同胞书》,即著名的《八·一宣言》,呼吁全面停止内战、建立反日统一战线。1936年5月5日,中共中央发表了《停战议和抗日通电》,即"五五通电",公开表示了对国民党政策的转变:将"反蒋抗日"改变为"联蒋抗日"。同年8月,周恩来会晤了张学良,约定"联蒋抗日"。①但是,蒋介石仍坚持反共立场,并在第六次剿共时令阎锡山的山西军和张学良的东北军担任先锋,要求3个月内剿灭共产党。但是与日本有杀父之仇的张学良对剿灭主张抗日的共产党态度消极。以此为背景,12月12日早晨,"西安事变"突发。当天夜晚,张学良和西北军17路军军长杨虎城通电全国,在强调保证蒋介石生命安全的同时,提出了全面停止内战等八项要求。②最终,在双方妥协的情况下,"西安事变"和平解决。1937年1月6日,国民政府撤除了"西安剿匪总司令部"。2月10日,中共中央致函国民党三中全会,保证将停止土地革命。3月15日召开的国民党五届三中全会充满了"抗日"气氛,国民党内的亲日派随后势力渐失,国共合作已大势所趋。

在中国面对日本侵略,逐渐形成抗日统一战线的同时,日本最终形成了发

---

① 产经新闻社编:《蒋介石秘录》11卷,第166—169页。这里的记述出自张学良的《西安事变反省录》。
② 八项要求是:1.全面停止内战;2.改组南京政府;3.释放在上海逮捕的爱国领袖;4.释放一切政治犯;5.保障民众有举行爱国运动的自由;6.保障人民的政治自由和权利;7.恪守孙文遗嘱;8.召开救国会议。

动全面侵华战争的政治和军事态势。

近卫文麿

昭和十二年(1937年)1月,政友会的滨田国松对广田内阁的内外政策提出批评,陆相寺内寿一进行了反驳,并建议解散议会,广田内阁随之宣布总辞职。最初宇垣一成获得推荐,但是因陆军拒绝推荐陆相,宇垣一成内阁遂以"流产内阁"闻名。2月2日,林铣十郎内阁组成,但是5月31日即宣布辞职,期间还经历了国会休会、解散、大选,因此考察其政见只能通过2月8日提出的"林内阁政纲"和4月11日提出的"林内阁八大新政策"。概括而言,其内政外交的要点是:1.扩大银行功能,强化经济统制;2.修复日英关系,推行对华经济外交。然而,这些几乎均属于"未曾发生的历史",真正在内政外交方面采取实质性措施并将日本带入战争轨道的,是其后任近卫文麿内阁。

昭和十二年(1937年)5月31日,即林内阁总辞职当天,元老即奏请让近卫文麿继任首相。这一次,近卫拜受了天皇的组阁命令,并于6月4日建立了第一届近卫内阁,成员如下:近卫文麿(首相、外相)、马场瑛一(内相)、贺屋兴宣(藏相)、杉山元(陆相、留任)、米内光政(海相、留任)、盐野季彦(法相、留任)、安井英二(文相)、有马赖宁(农相)、吉野信次(商相)、永井柳太郎(递相、民政党)、中岛知久平(铁相、政友会)、大谷尊由(拓相)、风见章(内阁书记官长)。

近卫内阁时期,日本发动全面侵华战争,使前此逐渐形成的"远东战争策源地"最终确立,和作为首相的近卫文麿本人的经历、威信、思想,均不无关系。

近卫文麿出身于位尊仅在天皇家之后的"五摄家之首"家族,身材高挑,风度翩翩,39岁已成为贵族院副议长,41岁时成为议长,当时即被视为未来的首相人选。正式当选首相时年仅47岁,为前所未有,而其既非军人、也非官僚的身世,更为他蒙上了一层神秘的光环和未知的魅力,在当时堪称众望所归,上任后没有积极的反对者。西园寺公望更视其为自己的接班人物,故一而再推荐他担任首相。近卫文麿出任首相后,各报纷纷报道,称其为"白面青年宰相,我内阁史上划时代的首相,47岁的近卫公"(《东京朝日新闻》)、"非常时代日本的王牌,热情的人近卫,年轻并敏感于时事潮流"(《东京日日新闻》),等等。

近卫文麿是个很有政治思想和野心的人物,其政治思想的基础是所谓的"国际正义"和"社会正义"。大正七年(1918年)大学毕业后,近卫文麿即在《日本及日本人》杂志上发表了题为《排除英美本位的和平主义》的论文,指出在英美政治家民主主义和人道主义美妙言辞的背后,是希望维持对己有利的现状的丑恶动机,是极端的利己主义。作为领土狭窄资源贫乏的日本,如果不想纵容这种利己主义,如果想在世界上继续生存,必须打破现状,实现国家平等即国际正义。而他所谓的"社会正义",则渊源于学生时代所受的社会主义影响。

在组阁后会见记者时,近卫文麿强调,必须克服国内各种势力的对立。为此,作为内阁的指导原理,对外就是确立"以国际正义为基础"的国际环境,因为"单纯维持现状不是真正的和平";对内则努力采取"以社会正义为基础的措施",并表示"要和全体国民携手进行革新,为国家发展竭尽全力"。①即近卫文麿希望建立以全体国民为基础,结集一切政治势力的"举国一致"内阁。

在政治运作方面,近卫文麿强调"先手论",即政治家应通过率先采取措施回应包括军人在内的"革新"势力的诉求,防止混乱发生、保持政治家的优势地位。

正是这样一个人物,将日本带上了侵略战争的轨道。

众所周知,七七事变即"卢沟桥事变",是日本发动全面侵华战争的导火索。这一事件的发生绝非偶然。据当时任参谋本部第一部第二课课长的河边虎四郎少将回忆:"自昭和十二年4、5月,一些不祥的情报时而传入我的耳内。据华北驻屯军司令部的幕僚称,华北出现了一些可能会闹事的征兆。"②

1937年7月7日夜晚,日军中国驻屯步兵旅团(旅团长是河边虎四郎的胞兄河边正三少将)第一联队第三大队,在卢沟桥西北1公里处的龙王庙附近进行了军事演习。演习结束后发现一名士兵失踪(按:日本诸多当事人和研究者称,在演习结束时有十几发子弹射向演习部队,并认为开枪者很可能是深受中共影响的二十九军士兵)。尽管失踪士兵很快被找到,但是日军原本寻衅滋事,战端就此打开。

据河边虎四郎回忆,当天夜里日本陆军中央接到"卢沟桥事变"的报告后,最初并没有预料到它会成为一场延续8年的战争的开端。因此最初的反应是"尽快收拾局面"。③

据内阁书记官长风见章回忆,当天夜里他接到消息后,即向近卫首相作了汇报。近卫说了句:"难道是日本陆军有计划的行动?"米内光政海相、山本五十六海军次官也作出了同样反应。④

7月8日凌晨4点左右,双方军队在卢沟桥周边展开了激战,但与此同时

---

① 《东京朝日新闻》昭和十二年6月5日朝刊。
② 河边虎四郎:《从市谷台到市谷台——最后的参谋次长的回想录》,时事通信社,1962年,第133页。
③ 上述河边虎四郎《回想录》及《石原莞尔中将回想应答录》、《下村定大将回想应答录》等,均载于《日中战争》(2)。
④ 风见章:《近卫内阁》,中央公论社,1982年再版,第31页。

事变当晚首相府前停满了车,日本军政要员紧急磋商对策

停火谈判也在进行。7月9日凌晨3点,双方根据协议暂时停火。同一天,在日本临时内阁会议以及在此之前召开的"四相会议"(首相、外相、陆相、海相)上,陆相杉山元表示应尽快在当地将问题解决,而军界绝大多数人的意见是:乘势依靠实力一举解决华北堆积如山的"悬案"。但是,参谋本部第一部部长石原莞尔力排众议,坚持采取"不扩大方针"。按照石原莞尔的考虑,日军在满洲和拥有强大军事力量的苏联对峙,局势不容乐观,若在中国分散兵力,将非常危险。因此按照他的观点,最近10年应致力于"满洲国"建设和构建对苏战略态势,尽量避免和中国及美国发生冲突。如果发生冲突,则应避免扩大战事、作为局部冲突解决。①

7月10日,为了抗击日本侵略,中国国民政府出动了空军,并将四个师调往河南。民众的抗日热情也空前高涨。日本军内侵华叫嚣甚嚣尘上。7月11日,日本内阁在确定"当地解决"方针的同时,决定增派关东军和朝鲜军部队、在本土再动员3个师团增援华北驻屯军,并决定将此次事变称为"北支事变",制定3亿元预算。之后,日本又先后制定了5.3亿元、20.2亿元、52.4亿元预算。②面对日本咄咄逼人的气势,蒋介石于7月17日对各界要人发表了著名演说:"纵然真是弱国,若不幸被逼至最后关口,则我等唯一能做之事,就是为国家存亡奋起抵抗,直至流尽我国民最后一滴血。"③20日,日本从本土正式派出了3个师团。7月底,战事在华北全面展开。

日本所以最终同中国全面开战,一个很重要的原因是完全低估了中国的实力。现保存于日本陆上自卫队的《松井石根日记》称:"要贯彻日本陆军的传统精神和作战方针,速战速决。"《河边虎四郎少将回想录》也写道:"向当地派遣3到4个师团,予敌一击,旋即敛戈收兵。只要派遣大军攻击一下作为恐吓,中国马上会投降。即可防止事态扩大。"时任陆军参谋本部作战课长的武藤章,也提出了所谓"对支一击论"。

上述扩张主义分子怀有这种认识,与6年前的"满洲事变"有关。当时,关东军不断扩大战线,仅在4个月内便几乎征服了整个中国东北地区。《陆军省

---

① 战史丛书《大本营陆军部》(1),朝云新闻社,1967年,第412—414页。
② 《议会制度七十年史·帝国议会史》下,1962年,大藏省印刷局。
③ 产经新闻社编:《蒋介石秘录》12卷,产经新闻社,1976年,第29—30页。

调查资料·八》显示,日本陆军对以蒋介石为首的国民党的评价是:"国民党堕落,党员腐败","中国四分五裂,不成国体"。

但是,此一时,彼一时。与1931年相比,1937年的中国已发生极大变化。在"卢沟桥事变"翌日,即7月8日的日记中,蒋介石写道:"雪耻。倭寇在卢沟桥采取挑衅行为,认为我军尚未完成准备,企图逼我屈服。现在是下决心应战的时候了。"蒋介石侍从秘书、104岁的何志浩在接受日本NHK电视台采访时说:"蒋公第二天接到'卢沟桥事变'的电报后,一点也不感到惊讶,他知道一定有这么一天,中日难免一战。"以后,蒋介石每天在日记中必写下这两个字:"雪耻。"①

"卢沟桥事变"后,日本又向上海发起进攻,制造了"八一三事变"。事变爆发后,蒋介石即派遣精锐部队参战,日军也再次增兵10万,战火迅速蔓延。上海之战所以激烈,一个很重要的原因是蒋介石的德国军事顾问法肯豪森在1937年1月已预测日军将从上海登陆,并已帮助蒋介石构筑起了上海防线。法肯豪森当年绘制、今天依然留存的地图显示,当时上海至南京在事变前已建立了防御线,尤以上海西面为重,即形成了保卫首都南京的态势。按蒋介石的看法,在中国北部,中日无论打得多么激烈,都不会引起世界太大关注。但若在国际都市上海开战,则即刻能聚集国际视线,唤起国际舆论。蒋介石在开战前一年的日记中写道:"亚洲的问题必须与欧洲和世界各国协同解决,以此来处置倭寇。"

8月15日,日本政府发表声明,称:"为了敦促南京政府反省,今已不得不采取断然措施。"8月17日,日本内阁会议通过决议:"抛弃以往奉行的不扩大方针","准备战时态势必要的各种对策"。8月24日,日本内阁会议决定并颁发了《国民精神总动员实施纲要》(略称"精动"),强调颁布此纲要之宗旨是:"以举国一致坚忍不拔之精神,应对当今之时局,克服今后可能持续之艰难时局。为了扶翼皇运,开展官民一体之大国民运动。"同时规定了名称、运动目标、实施机关、实施方法。在此期间,日本不断增加对华作战兵力。8月31日,在华日军已有以香月清司中将为司令官的北支那方面军8个师团约10万人、以松井石根大将为司令官的上海派遣军5个师团。

9月2日,在战事已经扩大的形势下,日本政府不得不考虑是否由天皇发布"宣战诏书"正式对中国"宣战",使"北支事变"成为符合国际法定义的战争。但是,日本外务省、陆军省、海军省等经研究后,决定将"北支事变"改称"支那事变",不宣战。所以仍称"事变",究其原因,是顾忌美国的立场。当时美国对日军轰炸国际都市上海进行了猛烈抨击。罗斯福宣称:"美国厌恶战争,美国希望和平。因此我们将积极致力于和平的实现。"由于日本的石油和大量制造

---

① 《蒋介石日记》保存于台湾国民党党部。本人在拙著中所引均根据日本NHK电视台播出的《中日战争扩大化的真相》中的实物展示。

武器的原材料,均依赖从美国进口。美国的"中立法"禁止向战争当事国出口战略物资。如果日本宣战,美国完全有可能动用中立法。因此,日本天皇没有像明治后的其他对外战争那样发布"宣战诏书",而是一直将此称为"支那事变",直至太平洋战争爆发。另一方面,以近卫为首的日本政府认为,只要动员大军、采取强硬态度,中国方面将在短时期内屈服,并不断出兵中国。①9月,主张"不扩大"战事的参谋本部第一部长石原莞尔被调任关东军参谋次长。至9月底,日本共向中国派遣了相当于15个师团的兵力。

"八一三事变",日军伤亡惨重,日本驻屯金泽、曾经参加过日俄战争的精锐部队第九师团,仅在一个月内就丧失了1万兵力。另据"第九师团第七联队战斗详报"1937年10月22日汇总的伤亡表,在两周的战斗中,该联队2 566名官兵中,死450名,伤905名,伤亡率高达53%。

战事的旷日持久令日本当局感到棘手。10月1日,日本"四相会议"制定了《支那事变对策处理纲要》,提出既应尽早收拾战局,同时又必须做好长期战争准备,为此须"实施总动员、制定战时法令,建立耐久的举国一致体制,为适应战时需要,开展国家各方面的运作"。②

面对日本的步步进逼,中国也不断构建起了抗战体制。8月15日,中国国民政府发出了全国总动员令,并在内外两方面采取了两项应对日本侵略的措施:8月21日,中国和苏联签署了《中苏互不侵犯条约》。8月22日,中国工农红军被改编为"国民革命军第八路军",形成了国共联合抗日的态势。9月9日,中国设立了领导抗战的指挥机构:最高国防会议。

另一方面,随着战事的扩大,希望通过欧美进行"斡旋"的动向也开始出现。以前,日本政府一贯强调"直接交涉",几乎从不希望欧美国家干预日本外交。但是在上述"纲要"制定的第二天,陆、海、外三省主管日常工作的首领即决定利用欧美国家进行斡旋。陆军首先提出,希望通过与日本缔结"防共协定"的德国出面斡旋。于是,广田弘毅外相于10月21日约见了德国驻日大使赫伯特·冯·迪尔克森(Herbert von Dirksen),要求其调停中日两国冲突,并提出了日方的和谈条件:1. 在内蒙建立自治政府;2. 在"满洲国"境和天津、北平之间建立非军事地带;3. 扩大上海的非军事地带;4. 放弃排日政策;5. 协同反共;6. 降低日货进入中国的海关税率;7. 尊重外国人在中国的权利。③同时,日本军部将作战主力从华北移师华中。广田弘毅提出上述条件不到一周,10月27日,日本扶植建立了蒙古联盟自治政府。

---

① 《木户幸一关系文书》,东京大学出版会,1966年,第296—315页。
② 堀场一雄:《支那事变战争指导史》,原书房,1973年,第101页。
③ 三宅正树:《日德意三国同盟研究》第二章"特劳特曼工作的性质和史料",南窗社,1975年。

受到广田弘毅委托后,迪尔克森当即同德国驻华大使奥斯克·特劳特曼(Osker P. Trautmann)进行了联系,希望他进行斡旋。蒋介石最初对此反应冷淡,但至11月底由于战局的变化,蒋介石态度有所松动。12月7日,蒋介石托迪尔克森转达他给广田弘毅外相的正式答复:同意以领土主权完整为前提、以日本提出的条件为基础,进行和平谈判。①广田弘毅当天即向近卫首相和陆相杉山元、海相米内光政转达了蒋介石的意见,获得一致赞同。但是翌日杉山元却向广田弘毅表示,希望拒绝德国的和谈斡旋。杉山元所以转变态度,主要因为原先不知政府请德国出面调停的军队将领,在战事进展顺利的情况下,反对和谈。

六、"支那事变"的扩大

中日双方在和谈问题上的态度变化,与当时战局的变化密切相关。1937年11月5日,由柳川平助中将率领的日军第十军约7万人在杭州湾登陆,对"八一三"后顽强抵抗的中国军队形成了包抄之势。以此为转机,战局开始对日方有利。蒋介石开始加紧向欧美各国呼吁,试图扭转战局。蒋介石在日记中写道,他呼吁欧美各国:"目的在于促使各国对日实施经济制裁。"担心战争扩大的欧美各国,遂决定在比利时首都布鲁塞尔召开国际会议,商讨如何应对国际局势。蒋介石欲在会上揭露日本的劣迹,呼吁各国采取经济制裁措施,因此有必要让上海一战吸引欧美的关注。为此,蒋介石向受过德式训练的精锐部队下达了"死守"命令。四行仓库攻防战,即以此为背景展开。四行仓库在苏州河边,对岸即是公共租界,欧美媒体拍摄了四行仓库的攻防战,传播到全世界,正中蒋介石下怀。蒋介石秘书的日记记载了他当时的讲话:"要死守这个地点,这样就能感动中外人心。"当年接受过德式训练的蒋介石嫡系部队的少尉,在四行仓库战斗中失去左眼、92岁的杨养正,在接受NHK记者采访时也证实,当年上级下令"死守四行仓库"。但是,四行仓库的激战最终仅持续了四天。

11月上旬日军攻陷上海后,上海派遣军司令官松井石根亟欲继续扩大战线。11月22日,松井石根致电东京参谋本部,称:"将部队停留在制令线只会逸失战机。向南京进击是可能的。"(按:11月上旬日军攻占上海前,日军部上层为了尽早结束战事,划定了一条连接苏州和嘉兴的直线,谓之"制令线",禁止擅自跨越此线向西进军)按照松井石根的考虑,只要攻陷南京,蒋介石就会屈服,因此他建议逾越"制令线",进军南京。对此,军部上层发出参谋本部令,指出若"越线"向南京进击,将是违反命令的"越轨"行为,要求松井自律。但是

---

① 产经新闻社编:《蒋介石秘录》,12卷,第97—98页。

参谋本部的一些军官,却积极主张扩大战线。11月24日,天皇听取战事报告的御前会议再次举行。就在同一天,即11月24日,松井石根所部第六师团参谋冈田重美拍摄的录像显示,前线作战部队已在嘉兴越过了"制令线",向南京进击。于是,日本陆军中央在12月1日正式发布了攻占南京的命令,20多万日军一齐向南京进击。由于这一决定,战争扩大为全面战争。

面对日大军压境,蒋介石手下和很多军人建议从南京撤退,但是蒋介石决心进行南京保卫战,以期获得国际社会更多支持。11月30日,蒋介石在日记中写道:"固守南京以求挽回之策。"蒋介石所谓"挽回之策",就是敦促苏联参战。当时,日本驻苏使馆发给蒋介石的电报中,有当时苏联高官的如下讲话:"中国面临存亡危急关头,我们苏联绝不坐视。"之后,斯大林在发给中国的电文中作出承诺:"武器供应可增加到1亿中国元,可提供战斗机200架,坦克200辆。"11月30日,蒋介石致电斯大林,称:"现在唯有期待阁下出兵。"12月5日,蒋介石收到了斯大林对其要求苏联出兵的答复:"苏联出兵须经最高苏维埃会议批准,会议最迟将在两个月后召开。"

事实上,所谓"批准"仅是托词,当时斯大林关注的,是在欧洲不断扩张的德军动向。但是,蒋介石仍对苏联寄予希望。12月6日蒋介石致电南京中国守军司令官唐生智:"再等一个月,国际形势就会有重大改变。因此当抗战保卫南京以扭转战局。"12月7日,蒋介石留下10万南京守军,为重建战线而前往重庆。在此前后,德国军事顾问团和国民党干部也先后避战出城。12月10日,日军开始发动总攻,在日军猛攻之下,南京防卫军司令长官唐生智逃跑,中国军队失去指挥,陷入混乱。攻击开始3天后,12月13日,南京陷落。

南京陷落后,日军进行了惨无人道的"南京大屠杀"。据史料,如原日军步兵第七联队通信兵小西与三松日记记载,事件的大致经纬是:当时日军入城后发现南京街上有大量被丢弃的军服。日军认为中国军人换上便衣躲藏了起来,遂命令步兵第七联队进行扫荡:"凡青壮年一律视为败兵或便衣,必须全部逮捕监禁。"日军还以难民区中也有中国军人躲藏为由,将其划入扫荡范围。在将有皇族参加的入城仪式还剩两天的12月15日,步兵第七联队又接到了新的扫荡命令:"明日,即16日,联队全部开往难民区,将残兵彻底抓获歼灭。"13日的命令要求将残兵"逮捕监禁",15日的命令变成了"抓捕歼灭"。因此,如小西与三松在日记中写道的:"12月16日。昨晚以来,大队在扫荡区域进行扫荡,捕捉年轻人,每五个人绑在一起,带到长江下关附近沿岸枪杀。"与此同时,无辜平民亦跟着遭殃。据日军的正式记录"步兵第七联队战斗详报",扫荡持续了12天,仅第七联队就刺杀和枪杀了6 670人。当时,侨居南京20多年的美国传教士约翰·马奇拍摄下了诸多场景,美国媒体根据他拍摄的场景制作了纪录片,并根据约翰·马奇胶卷所附说明,为纪录片配上了解说词,再现了日军残忍的暴行,引起美国舆论强烈反响。对美国参战,产生了不可忽略的影响。

1937年12月14日,在德国大使斡旋下,当年11月20日设立的最高决策机构"政府·大本营联络会议"举行了成立后的第一次讨论,议题是向中国政府提出的和平条件。由于此前一天日军已占领了中国首都南京、日本华北派遣军扶植建立了傀儡政权——中华民国临时政府,因此会议议定的和谈条件极为苛刻:华北地区特殊化、将上海非武装地扩展至"华中占据地区"、要求赔偿战争费用、在停火协定签署后缔结停战协定、向日本派遣媾和使节,同时要求中国政府年内答复这些表明"完全屈服"的条件。12月21日,上述条件被定为日本内阁会议决议,并经由德国驻华大使特劳特曼转达中国政府。

在此期间,日本政府于12月18日开始修订前述《支那事变对策处理纲要》,使之作为正式的内阁决议,并于24日完成。经修订的"纲要"提出,若和平不能达成,将不再像以往那样仅以国民政府为对手。必须强调,日本自此确定了通过建立"新政权",使整个中国成为第二个"满洲国"的方针。①

南京近郊的尸体

昭和十三年(1938年)1月11日,日本军政要员在"御前会议"上确定了《处理支那事变根本方针》。1月13日,日本阁僚恳谈会达成共识:如果至15日中国方面对日本的要求仍不予答复,则停止和平交涉。1月14日,迪尔克森将正在参加内阁会议的广田弘毅叫出,转达了中国政府对前述和谈条件的答复:希望明确提出具体条件。日本内阁认为,这是中国政府的"缓兵之计",决定停止和谈交涉,并决定了"不以国民政府为对手"的方针。1月16日,日本公开发表了《不以国民政府为对手》政府声明:"帝国政府在攻陷南京后,迄今为止一直在为支那国民政府提供最后的反省机会。然国民政府不解帝国之真意,枉然策动抗战,内不察人民涂炭之痛苦,外不顾东亚全局之和平。是故帝国政府尔后将不以国民政府为对手,期待能与帝国真正提携的新兴支那政权之建立发展,并与之调整两国国交,为革除旧貌、换取新颜之新支那的建设提供协助。"②

---

①② 《日本外交年表及主要文书》下,第381—384页;第386页。

但是,"不以国民政府为对手"的政策,在遭遇现实的壁障后很快被修正。

1938年3月,继前一年11月攻陷南京、扶植建立中华民国临时政府后,日本又扶植建立了以梁鸿志为首的"中华民国维新政府"。推翻蒋介石政权、完善傀儡政权,使整个中国成为第二个"满洲国",一时成为日本军界的基本主张,政府内很多人也赞成这一主张。4月,为了沟通津浦线(天津至浦口),使上述两个政权能建立密切联系,进而控制整个中国,日军发动了对徐州的攻击,并在5月20日占领了徐州。

尽管日军"攻城略地",但是不少人依然因未能尽快了结"支那事变"而对近卫内阁不满,并出现了拥护和反对近卫文麿两股势力的角力。一方面,有些人主张拥戴近卫文麿,实现"一国一党",建立"强力内阁",甚至发生了"防共护国团"两帮人马分别袭击立宪政友会和立宪民政党总部,要求其立即解散的事件。另一方面,以杉山元陆相为首的统制派军人则反感近卫文麿,各政党更是对近卫的政策进行猛烈抨击。

在这种情况下,近卫文麿本人对自己原先的对华政策也显示了悔意,甚至一度萌生退意。他对挚友原田熊雄说:"我和广田(弘毅)打倒蒋政权的话,显然讲得太过分了。因此为了实现外交转换,我想把首相职务辞了,让宇垣一成来干。"①只是近卫文麿"撂挑子"行为因当即被周边人劝阻而未遂,并促使他决意进行内阁大换班,以修正"不以国民政府为对手"的对华政策。

昭和十三年(1938年)5月26日,近卫文麿组成了新的内阁班底:宇垣一成任外务大臣、池田成彬任大藏大臣、荒木贞夫任文部大臣、木户幸一任当年1月成立的厚生省的厚生大臣。宇垣一成入阁时,提出了四个条件并获满足,其中一个条件就是"必要时撤销'不以国民政府为对手'的政府声明"。②6月3日,经过一番曲折,板垣征四郎出任陆相。所谓"曲折",是因为板垣出任陆相遭到统制派首领、陆军次官东条英机反对而"难产"。为此,当时在"满洲国"的石原莞尔甚至擅自从"满洲国"跑回国内和东条英机大闹了一番,并从此开始遭受冷落。但祸福相倚,他也因此在战后免遭东京审判严惩。

宇垣一成就任外相后,即开始修正对华外交路线。一方面他试图通过英国斡旋,但是此举遭到陆军省和外务省"少壮革新派"以及右翼团体的强烈反对,被斥为"对英媚态外交"。另一方面,宇垣一成着手与国民政府进行交涉,并得到了参谋本部的支持。1938年9月,参谋次长多田骏向外相宇垣一成提出:"为了尽快收拾时局,也不妨以蒋介石为对手。"因为,在1937年8月《中苏

---

① 《西园寺公和政局》7卷,第5页。
② 宇垣一成出任外相时提出了4个条件:1.统一强化内阁;2.外交一元化;3.着手对华和平外交;4.必要时撤销"不以国民政府为对手"的政府声明。

互不侵犯条约》,翌年 2 月《中苏航空条约》签署后,满洲作为"赤色防疫地带"的作用日益减弱。面对"满苏"边境剑拔弩张、欧洲战争一触即发的形势,参谋本部亟欲尽快收拾"支那事变"局面。在持这种主张的参谋本部高层看来,扶持临时政府和维新政权将导致中国分裂,并孕育使共产主义得以伸张的危险。与其如此,不如允许"排日"但不"容共"的统一政权存在。

于是,宇垣一成以其老友、蒋介石的侧近张群致电祝贺他出任外相为契机,让日本驻香港总理事中村丰一和国民政府行政院长孔祥熙的秘书乔辅三进行秘密谈判。谈判以日本早先曾通过特劳特曼提出的条件为基础,自 1938 年 6 月 23 日开始。从迹象判断,两者的谈判当有相当成效,因为已进展到宇垣一成和孔祥熙在长崎海面上的军舰进行会晤的程度。但是,军部对宇垣一成的上述行为表示反对,并着手设置"中央对华机关"兴亚院(10 月正式成立),夺取对华交涉权。近卫首相也逐渐对宇垣一成报以冷眼,对宇垣一成大权旁落兴亚院无动于衷。于是,宇垣一成在 9 月 27 日递交了辞呈。与国民政府的交涉遂告流产。

有田八郎继任外相后,自 1939 年 2 月开始同汪精卫进行接触。经过长期交涉,11 月 12 日至 14 日,双方代表最终签署了协议,要点是:1. 联手反共,排除西方侵略势力,开展经济合作,共同建设东亚新秩序;2. 承认"满洲国";3. 日本人在华享有居住和营业自由;4. 废除领事裁判权并考虑返还租界;5. 协约规定之外的日军两年内撤离。双方还约定,在日本政府公布上述条件前后,汪精卫离开重庆并发表与蒋介石脱离关系、支持建设东亚新秩序和日华提携的声明,待机会成熟建立新政府。按照近卫文麿的判断,汪精卫若建立新政权当获得众多支持,重庆政权将随之崩溃,"支那事变"将获得根本解决。①11 月 30 日,日本御前会议同意了上述协议,并确定了《日支新关系调整方针》。12 月 18 日,汪精卫离开重庆,于 20 日到达越南河内。22 日,近卫文麿发表了以上述协议内容为重点的谈话。但是,出乎近卫文麿预料的是,对汪精卫的汉奸行为应者寥寥,重庆政权根本不为所动。通过扶植汪精卫收拾"支那事变"局面的构想同样受挫,近卫内阁的基础遭到严重动摇。

同时动摇近卫内阁基础的,是在是否与德国建立攻守同盟问题上内阁及军政首脑意见的不统一。1938 年 1 月,即将就任外交部长的里宾特洛甫,向前往祝贺新年的日本驻德大使馆武官大岛浩提出了进一步加强日德合作的要求,并显示了其"诚意":5 月,德国承认了"满洲国",召回了派往中国的军事顾问团,停止了对华武器供应。7 月 17 日,日本"五相会议"决定,就强化防共协定进行探讨。8 月 5 日,笠原幸雄携带德国提出的加强合作草案从德国秘密

---

① 矢部贞治:《近卫文麿》上,弘文堂,1952 年,第 582 页。

返回东京。德国方面提出,如果一方遭受"缔约国以外的第三国"攻击,另一方当提供援助。对此,主张"第三国"未必要限于苏联的陆军表示赞同,而坚持"第三国"当限于苏联的外务省和海军表示反对,两者展开了激烈冲突。最终,双方达成了妥协。8月26日,五相会议原则同意了德方草案,但对"第三国"作了暧昧解释,并通过大岛浩将日方决定通知了德国。10月8日,"功臣"大岛浩升任驻德大使。11月1日,德国非正式地提出了修正案,而日本"五相会议"依然对是否限定"第三国"意见分歧。

昭和十四年(1939年)1月,由于在强化防共协定问题上内阁意见不统一、未能尽快收拾"支那事变"局势等多方原因,近卫文麿宣布总辞职,由枢密院议长平沼骐一郎组阁。平沼骐一郎在留任近卫内阁12名阁僚中的7名阁僚、聘近卫文麿为"无任所大臣"后,完成组阁。

平沼内阁建立后,对华和对德政策依然是核心问题。是否"不以国民政府为对手",再次成为对华政策核心。令日本军政要人不得不面对的一个现实是,在10月27日战略要地武汉三镇沦陷后,蒋介石政权仍未见任何衰弱征兆。因此,在11月上旬举行的省部(陆军省和参谋本部)首脑会议上,参谋本部说服了坚持主张"蒋介石不下野,则不进行停战交涉"的陆军省,使陆军的意见得以统一:"以国民政府为对手,以蒋介石为停战谈判对象。"[①]1月4日,平沼内阁在第一次内阁会议后即明确表示,将继续前内阁的对华方针,即同时以蒋介石和汪精卫为"对手",而且不将两者"等量齐观":与汪精卫的接触,只是与蒋介石的间接接触。对此,日本陆军高层表述得非常明确:"我对汪方面的态度当全部反映至重庆。与汪方面的秘密协议只是与重庆的间接谈判。"[②]

在强化"防共协定"、与德意建立军事同盟问题上,由于德国拉日本入伙的根本目的是对付英法美、而日本与德国结盟的主要动机是邀其共同对付苏联。这一显然的差异不仅导致三国协议终未在平沼任内签署,而且成为其倒台的基本原因。

在近卫内阁时期,陆军与德国建立军事同盟的谈判、海军与意大利签署对英中立协定的谈判同时进行。外务省也赞同两项谈判同时进行。同时,将两者"合二为一",缔结日德意三国协定的倾向也已出现。1938年11月11日,近卫内阁最后一次"五相会议"定下的方针是:"当然应采取尽快缔结三国协定的方针。"如果进展不顺,"则先缔结日德、日意平行的协定,待以后有机会将两个协定合并为日德意三国协定"。[③]1939年初,由于意大利和法国关系恶化,

---

① 堀场一雄:《支那事变战争指导史》,第217页。
② 防卫厅防卫研究所战史部编:《支那事变陆军作战》(2),朝云新闻社,1976年,第259页。
③ 角田顺解说:《日中战争》(3),三铃书房,1963年,第189页。

墨索里尼遂愿意同德国建立同盟,但里宾特洛甫坚持缔结三国同盟。1939年1月6日,德国向日本和意大利提出了建立三国同盟的方案。1月19日,日本政府提出了修正意见:1.增加"禁止单独停战媾和"条款;2.如仅以英法为对象,则不进行武力援助;3.向第三国说明,该协定是以共产主义破坏性活动为对象的防御性协定。不言而喻,和原先日本政府的立场相比,这里明确显示"第三国"不仅仅是苏联,在必要时也可包括英法。

1939年2月7日,意大利和苏联缔结了新通商条约;同时日本驻外大使重光葵禀告了英国和苏联接近的确实情报,英、法、苏联合已成事实。鉴于形势的变化,3月24日的五相会议对上述答复又作了修正,并决定向德意提出外务省和陆海军的两个方案,供其选择。第一个方案(外务省方案):如果缔约国遭受苏联攻击,可保留出兵援助义务(考虑到意大利和苏联的友好关系)。第二个方案(陆海军方案):出兵援助问题,在三国协定签署后,另外签署具体实施细则。但是,如果选择第二个方案,则须以书面形式原则规定,如第三国系苏联以外的国家,则不实施武力援助。

4月4日,德国外交部长里宾特洛甫通过大岛浩对日本提出的方案作了回应:无需另行签署文件就"保留出兵义务"和"第三国"进行说明。并提出条约所涉内容将全部作为机密,不予公开。由于日本驻德大使大岛浩和驻意大使白鸟敏夫明确告知里宾特洛甫和意大利外交大臣齐亚诺,称:"德意若和英法发生战争,日本也将参战",为了纠正这种说法,日本政府4月8日和4月23日两次举行"五相会议",决定训令两大使向德意传达日本政府旨意:"若仅在欧洲发生战争,则日本没有参战意志。"4月25日,天皇裕仁要求内阁召回大岛浩和白鸟敏夫。由于陆相板垣征四郎的强烈反对,政府未按照天皇训令召回驻德意两国大使。天皇裕仁获知这一情况后,极为震怒,对陆相板垣表示:"驻德国的大使随意表示参战,这是超越天皇大权的行为,陆军居然予以支持,令人愤慨。此外,每次内阁会议陆军大臣都要推卸责任,这非常不妥。"①

至此,日德谈判陷入了僵局。于是,等得不耐烦的希特勒于5月22日首先同意大利缔结了军事同盟条约。另一方面,苏联和英国也因皆不愿为对方火中取栗而导致谈判破裂。因此,苏联和德国开始接近。当时细心的观察家已注意到,进入1939年后,两国领导人的演说已不再有攻击对方的言辞。当年5月底,莫洛托夫取代被称为亲英派的李维诺夫出任外交人民委员。6月15日,苏联驻德大使阿斯塔科夫(Georgei Astakhov)明确表示:"英国和法国对与德国接近犹豫不决,但如果德国提出缔结德苏互不侵犯条约,苏联将会接受。"②7月26

---

① 角田顺解说:《日中战争》(3),第235—259页。
② 义井博:《日德意三国同盟和日美关系》,南窗社,1977年,第107页。

日,德国外交部经济局长谢努勒(Julius K. Schnure)和苏联通商使节巴巴林开始就签署新的通商协定进行谈判。

8月20日,双方正式签署了新的德苏通商协定。8月23日,德国和苏联签署了《苏德互不侵犯条约》。需要强调的是,德国同苏联的接近,并不是日本不愿意缔结以英法为假想敌的三国同盟导致的结果,而是随着德国在中欧和东欧的扩张,苏联必然要加入英法或德意的某个阵营。对此,里宾特洛甫看得相当清楚。他于4月4日对大岛浩明确表示:"今天,英法和德意哪一方将成为苏联盟友这一问题,正愈来愈变得具有现实意义。"①

《苏德互不侵犯条约》的签署,意味着德国欲使日本牵制苏联而同日本缔约的目的不复存在,即对德国而言,德日同盟已失去价值。因此,当这一爆炸性消息传到东京后,平沼内阁茫然不知所措,惊呼:"欧洲形势复杂奇怪。"1939年8月25日,平沼召集了最后一次五相会议,决定停止对德交涉,8月28日宣布内阁总辞职。几天后,第二次世界大战爆发,日本的政治、经济、外交也随之发生变化。

七、构筑"大东亚共荣圈"

1939年7月26日,美国通知日本政府将不再续签1940年1月到期的《美日通商航海条约》。这对军需供应越来越依赖美国的日本,无异于晴天霹雳。于是,平沼内阁辞任后建立的阿部信行内阁的外相野村吉三郎,即会晤了美国驻日大使格鲁(Joseph C. Grew),提出希望缔结新的经济协定。8月23日,苏德签署了互不侵犯条约。9月1日,二战爆发。9月4日,刚上任一周、以预备役大将阿部信行为首相的日本内阁即声明:"现欧洲正勃发战乱,帝国将不介入。"

然而,希特勒德国以3"S"(surprise、speed、superiority,即出其不意、迅速推进、集中优势)为特征的"闪电战"如摧枯拉朽,顺利推进:1939年9月1日进攻波兰,9月17日与苏联分割波兰;翌年4月9日攻占丹麦和挪威;5月10日进攻荷兰、比利时、卢森堡,并突破马其诺防线攻入法国,使英法联军在法国北部上演了著名的历史悲剧"敦刻尔克撤退"(日本称"敦刻尔克悲剧")。6月10日,前此保持"中立"的意大利投入德国一边参战。6月14日,德军进入了巴黎。

德军的胜利,使日本国内亲德派势力迅速抬头。西园寺公望对他秘书原

---

① 土井章监修:《昭和社会经济史料集成》7卷,东洋研究所,1984年,第292页。

田熊雄说:"不管希特勒有多了不起,想一下当年拿破仑一世的情况,他能否持续15年还是个问题。"①但是,当时持这种看法的人极少,大多数日本人都认为,德国将在短时期内征服英国,建立以德国和意大利为中心的欧洲新秩序。新闻媒体也显示了这种观点,如《东京朝日新闻》6月18日的评论认为:"由于法国的降伏,英德将爆发战争,德国将攻击英国本土,一直按兵不动的美国也可能参战。但即便如此,当今还无法认为仅依靠英美海军的优势能战胜德国。因为德国有意大利参战,而且因征服了法国,已经称霸欧洲大陆,在物资、食品等方面获得了补充。英美陆军虽然善战,但无法认为可以战胜其精锐的陆军。"以此为背景,一些日本极端分子提出,为构建"大东亚新秩序"以与德国正构建的"欧洲新秩序"相呼应,应仿效德国建立强力政治体制,并开始了取代已有政党、建立新党的活动。于是,一场推翻1940年1月取代阿部信行内阁的米内光政内阁、建立以近卫文麿为核心的新体制运动,遂轰轰烈烈展开。

1940年6月24日,近卫文麿辞去枢密院议长,明确表态将参与建立"新体制"运动。7月16日,畑俊六陆相递交了辞呈。但是,陆军拒绝推荐后任人选,米内光政内阁遂不得不总辞职。翌日下午,根据西园寺公望定下的由枢密院议长和"有首相经验者"在宫中会晤选择首相的模式,枢密院议长原嘉道和若槻礼次郎、冈田启介、广田弘毅、林铣十郎、平沼骐一郎、近卫文麿等历届首相在宫中举行了重臣会议,最终决定推荐近卫文麿继任首相并获天皇敕准。7月19日,近卫文麿和内定新内阁外相松冈洋右、陆相东条英机、海相吉田善吾(留任)在东京荻窪一个别墅里举行了史称"荻窪会谈"的会晤,就基本国策达成了共识。7月22日,第二届近卫内阁正式成立。②

与此同时,各政党则为加入以近卫为中心的"新党"竞相解散。8月8日,各解散了的政党成员建立了"新体制促进同志会"。8月23日,内阁会议通过了设立新体制准备会的决议。准备会由各界代表组成,有26名委员、8名干事。

10月12日,新体制的"核心""大政翼赞会"成立大会在首相官邸举行。由首相近卫文麿任总裁、有马赖宁任事务总长、内相兼厚相安井英二、陆相东条英机、海相及川古志郎(按:9月5日,及川古志郎取代因病辞职的吉田善吾出任海相)、法相风见章等任常任顾问。在成立大会上,近卫文麿在讲话中称:"政府奉戴圣旨,顺应当今国际形势,并正为完善高度国防国家体制而竭尽全

---

① 《西园寺公和政局》8卷,岩波书店,1952年,第264页。
② 近卫内阁其他阁僚是:安井英二(内相兼厚相)、河田烈(藏相)、风见章(法相)、桥田邦彦(文相)、石黑忠笃(农相)、小林一三(商工相)、村田省藏(递相兼铁相)、星野直树(国务相、企画院总裁)、富田健之(书记官长)、村濑直养(法制局长官)。

力。""本运动之纲领是尽力于大政翼赞之臣道实践。除此之外,可以说既无纲领,也无宣言"。①由此可见,所谓"新体制"依然是体制内机构的性质,和最初的构想有很大差异,因此使很多对新体制满怀期待的人颇为失望。

如果说政治体制只是"旧瓶装新酒"的话,那么经济体制却因经济统制的不断强化而发生了根本性变革。

早在进入1938年中日战争呈持久化态势的新阶段后,日本当局在实施经济统制方面已经采取了一系列举措。是年4月1日,日本统治当局颁布了《国家总动员法》,赋予政府在经济活动的一切领域近乎无限的权力。第二届近卫内阁建立后,进一步强化经济和金融统制,颁布了一系列法令和政令,其所引起的日本经济体制的变化,构成了"战后日本经济体制三大特征"的母胎或原型。

一般认为,同欧美各国相比,现代日本经济体制主要有三大特征:第一,在"企业内部关系"方面,拥有"三大神器"或"三大法宝",即长期雇用、年功工资序列(工资随工龄递增)、按企业而不是按行业组织工会;第二,在"企业与金融业的关系"方面,主要不是通过资本市场发行股票和公司债券等"直接金融"的方式融资,而是通过以银行为中介的"间接金融"方式融资,即通过"主银行体制"——特定的银行和企业保持长期稳定的信贷关系——融资,以及与之相关的重视从业人员而非股东;第三,在"政府和企业的关系"方面,双方相互依存,构成一种被称为"日本株式会社"的封闭的格局。所谓"日本株式会社",简而言之,即日本政府就是"董事会",所有日本企业都是其属下的"子公司"。②而这些特征,主要就是在第二届近卫内阁时期形成的。限于篇幅,以下仅作扼要叙述。

第一,"三大法宝"的形成。继1939年3月颁布《从业者雇入制限令》后,第二届近卫内阁于1940年10月和11月颁布了《工资统制令》和《从业者移动防止令》。1941年3月,日本当局又制定了《国民劳动手册法》,规定企业员工有义务保存和上交政府发给的记载有身份、经历、技能和工资的劳动手册,使离职和转职受到进一步限制。"年功型工资"作为日本企业用工惯例的重要方面,也是通过战时立法正式形成的。如野口悠纪雄所指出的:"正是因为经历了这一过程,年功序列工资和根据工作年限升职制度,在全国得以普及。"③

企业内工会也在此阶段正式形成。1938年7月,以企业为单位的"单位

---

① 下中弥三郎编:《翼赞国民运动史》,翼赞运动史刊行会,1954年,第138页。
② 详细内容可参阅拙论《"总体战"和现代日本经济体制三大特征的形成》,载《历史研究》2004年第五期。
③ 野口悠纪雄:《1940年体制——别了,战时经济》,东洋经济新报社,2002年,第28页。

产业报国会"结成了"产业报国联盟"。1940年10月,"产业报国联盟"发展为"大日本产业报国会",从而导致工人运动的分裂和行业工会的瓦解。最显明的例子,就是日本工会总同盟在1940年不得不"自发地解散",海员工会等行业工会也宣告解体。按照中村隆英的观点:"战后劳资关系的源流也可以在战时寻找。在战时,工会被解散,以企业为单位组织起了产业报国会,由劳资双方共同参与产业安全运营、生活指导、物资分配等工作。战后,占领军下达组织工会的指令时,许多工会所以能够迅速建立,就是因为存在产业报国会这一母胎。按企业组建并存续至今的企业工会,只不过是战时产业报国会等组织变换了一下名称。"①

第二,"间接金融"的形成。1937年7月中日战争爆发后,为了使金融适应战争需要,日本政府强化了金融统制,颁布了三个重要法律和法令:《临时资金调整法》和与之配套的《事业资金调整标准》(1937年9月);《会社利益分配及资金融通令》(1939年9月)。第二届近卫内阁成立后,于1940年10月颁布了《银行等资金运用令》。根据《临时资金调整法》,兴业银行债券的发行限额,从"兴业银行法"规定的5亿元增加至10亿元,且本金和利息的支付由政府提供保证。另外,1939年前后银行自发建立的一个个"协调融资团"流入日本银行的资金和储蓄资金,也通过兴业银行这一窗口流向军需产业。政府通过兴业银行建立的融资体系,使其能够对资金的分配实施有效控制。至1941年底,兴业银行贷出的资金,26%是执行融资命令,其中57%投向飞机制造业。换言之,随着"总体战体制"的建立,在政府的控制和推动下,间接金融体制开始逐渐形成,银行开始从"配角"变成"主角"。②

正是在上述过程中,作为间接金融体制枢纽的"主银行制"(Main Bank System)开始形成。如寺野重郎所言:"主银行制的源流存在于日中战争爆发后战时经济化的动向中。"③

第三,"政府和企业紧密的相互依存关系"。1937年中日战争爆发后,日本当局除颁布"统制三法",即《临时资金调整法》、《输出入品等临时措置法》、《军需工业动员法适用于支那事变之法律》外,又相继颁布了《人造石油事业法》、《制铁事业法》等一系列"事业法",对各个产业,特别是与军需密切相关的产业实施统制,同时又制定了一系列战时经济计划以迎合"总体战"的需要:1938年制定了第一个战时经济计划《物资动员计划》;1939年后又相继制定了《贸易统制计划》、《劳务动员计划》、《交通电力动员计划》、《资金统制计划》等

---

① 中村隆英:《日本经济——其成长和结构》,东京大学出版会,1993年,第137页。
② 野口悠纪雄:《1940年体制——别了,战时经济》,第31页。
③ 寺野重郎:《日本经济体制》,岩波书店,2003年,第218页。

一系列计划。这一系列被统称为"国家总动员计划"的颁布,大致形成了计划经济体制。"在这一阶段,战后政府和业界团体双向关系或者说行政指导体制的原型,开始出现"。①

另一方面,第二届近卫内阁对外正式推行"南进战略",全面构建"大东亚共荣圈",使日本开始走向太平洋战争。

早在1938年11月3日,日本即发表了《东亚新秩序》政府声明,称:"东亚新秩序的建设,以日满支三国提携,建立政治、经济、文化各领域的互助连环关系为根干,以期在东亚确立国际正义、达成共同防共、创造新文化、实现经济联合。"②这一声明,是"大东亚共荣圈"构想首次登场亮相。

1940年初,根据陆军军务局长武藤章的建议,日本政府委托国策研究会着手制定《综合国策十年计划》。之后,又将此计划转交企画院继续研究并在同年6月份由牧达夫概括完成。这一计划构建了"大东亚共荣圈"的雏形:"我国的最高国策是以帝国为核心,以日满华的牢固结合为主干,建设大东亚协同经济圈,以达到国力的综合发展。""协同经济圈的范围,是东西伯利亚、内外蒙古、满洲、中国、东南亚细亚诸邦和印度及太平洋"。

1940年7月26日,内阁会议根据上述《综合国策十年计划》和"荻窪会谈"的精神,制定了《基本国策纲要》,提出了作为国策基本方针的"建设大东亚新秩序"的构想。7月27日,政府大本营联络会议提出了《顺应世界形势变化之时局处理纲要》,规定"大东亚"的范围,除了日满华以外,还包括"南方",并提出了"利用时局的变化把握良好的机遇,推进对南方行使武力"的方针。自此,日本正式将"南进"战略提上了日程。

1940年8月1日,日本外相松冈洋右在会见记者时,正式发表了日本的《基本国策纲要》,明确宣布要"确立以日满华为其一环的大东亚共荣圈"。自此,"大东亚共荣圈"这一名词正式出现。

必须强调,在建立"大东亚共荣圈"的战略构想形成以后,其区域范围是随着日本对外关系和对外政策的调整而不断变化的。

1940年9月6日,日本"四相会议"议定并在9月16日的日本大本营政府联络会议上获得通过的《关于强化日德意轴心的文件》秘密附件三《处理日德意提携强化之基本要点》,对"大东亚共荣圈"的地域范围作了如下规定:"在与德意交涉时,作为建设皇国大东亚新秩序之生存圈应予以考虑的范围,是以日满华为主干、包括原德国委任统治诸岛、法属印度支那及太平洋岛屿、泰国、英属马来亚、婆罗洲、荷属东印度、缅甸、澳大利亚、新西兰、印度。不过,在交

---

① 冈崎哲二、奥野正宽编:《现代日本经济体制的源流》,日本经济新闻社,1995年,第193页。
② 《日本外交年表及主要文书》下,第401页。

涉中,我方提示的南洋地域为缅甸以东、荷属东印度新喀里多尼亚以北。另外,可原则上承认将印度置于苏联生存圈内。"

这一秘密文件提出的"生存圈"的区域范围,有几点值得注意:第一,文件提出,为了协同德意对英作战,"应努力排除英国在东亚的权益,对英示威,支援英国属领及殖民地的独立运动"。因此,"生存圈"包括了属于英属殖民地的广大地域,以及法属殖民地。第二,在日本实施南进政策的战备尚未完成之际,为了避免过分刺激美国,提出"对美国尽量采取和平手段"。因此,生存圈虽然包括了亚太地区广大地域,甚至将澳大利亚、新西兰也纳入其范围,但是却不包括属于美国势力范围的菲律宾。第三,为了消除南进战略的后顾之忧,限制苏联的对华援助,秘密附件提出应对苏联"从东西两方面加以牵制并尽力和德意采取相同立场,尽可能促使其朝对日德意的利害关系影响较少的方面发展势力",因此提出"可原则上承认将印度置于苏联的生存圈内"。

1940年10月3日,日本内阁会议通过了《日满华经济建设纲要》,明确提出:"皇国之基本经济政策是:一、完成国民经济的重新组合;二、形成并强化自存圈;三、扩大形成东亚共荣圈"。至此,建立"大东亚共荣圈"的战略构想最终确定。

1940年11月10日,日本当局为纪念神武纪元2600年,在九州宫崎市八纮建造的、高36米的"八纮之基柱"即"八纮一宇塔"落成。"八纮一宇"遂成所谓"建设大东亚"的口号。战败后,"八纮一宇"四字被涂掉,神武像被"请走"。1962年和1965年像和文字被先后复原,将此处随"和平台"改称"和平塔"。

1942年2月23日,即太平洋战争爆发后,日本大本营政府联络会议将"在大东亚战争目前之形势下,应由帝国指导建设新秩序的大东亚地区",即"大东亚共荣圈"的区域范围,正式确定为"日满华及东经90度至180度之间、南纬10度以北的南北诸地区",即将当地原属欧美殖民领的所有地区均包括在内。

另一方面,松冈洋右出任首相后,即着手强化与德意的关系。1940年8月1日,松冈洋右约见德国驻日大使尤根·奥特(Eugen Ott),对结盟事进行了试探。8月23日,德国方面通知日本,将派海因里希·斯塔玛(Heinrich LG. Stahmer)访问日本,就具体问题进行商谈。

"八纮一宇塔"

9月5日,及川古志郎取代因病辞职的吉田善吾出任海相(吉田善吾反对与德意建立军事同盟)。9月6日,"四相会议"开始对外务省提出的《关于军事同盟交涉方针案》和《关于强化日德意轴心的文件》进行讨论。值得关注的是,《顺应世界形势变化之时局处理纲要》中提出的是"强化与德意的政治关系",但外务省提出的是建立军事同盟的方案。

9月7日,海因里希·斯塔玛到达日本,自9日开始和松冈洋右进行了会谈。斯塔玛提出,德国希望借助同盟使日本牵制美国,防止美国参战。三国同盟缔结后,德国将为日本和苏联接近进行斡旋。德国还提出,如果三国中有一国遭到现在尚未卷入欧战和日中纷争的国家攻击,则将彼此给予政治、经济、军事援助。这些要求均获得松冈洋右赞同。各方遂开始拟定三国同盟草案。

9月16日,三国军事同盟方案在日本内阁会议获得通过。9月19日,方案在御前会议获得通过,9月26日在枢密院获得通过。9月27日,日本驻德大使来栖三郎、德国外长里宾特洛甫、意大利外长齐亚诺在柏林签署了《日德意三国同盟条约》。条约第三条规定:"三缔约国中有一国遭到现在尚未卷入欧洲战争和日中纷争的国家攻击,将彼此给予政治、经济、军事援助。"①

在东京外相官邸举行的三国同盟签署庆祝酒会　　1942年天皇视察茨城县霞浦海军航空兵基地

在缔结《日德意三国同盟条约》后,改善与苏联的关系,缔结日苏中立条约,遂成为日本外交的重大课题。诺门坎事件解决后,日本陆军开始推动"日苏"和解,苏联也显示出了改善两国关系的动向。以此为背景,松冈洋右继承了前米内内阁的对苏外交路线,电示日本驻苏联大使东乡茂德采取行动,争取

---

① 《日本外交年表及主要文书》下,第459页。

使日苏中立条约尽快签署。苏联原则接受了日方的要求,但是提出了取消日本在库页岛北部的权益等要求。这些要求显然令日本无法接受。于是,松冈洋右在1940年8月29日召回了东乡茂德,任命建川美次为日本驻苏联大使,停止了以往的交涉,转而寻求新的外交路径:由德国进行斡旋。

接到日方要求后,里宾特洛甫于10月13日给斯大林发了一封长信,邀请莫洛托夫访德,商谈德日意三国与苏联的关系。11月10日至12日,莫洛托夫应邀访德,与希特勒、里宾特洛甫进行了会谈。里宾特洛甫在会谈期间提出了四国协商草案(包括势力范围的划分),并提出愿意为日苏互不侵犯条约的签署尽斡旋之劳。

11月26日,苏联回复德国,表示原则同意参加四国协商,但是要求德国在有争议的巴尔干、东欧问题上作出让步,并要求日本放弃在北库页岛开发石油、煤矿的权利。莫洛托夫表示,"苏联舆论认为,无法想像与日本签署不同时收回失地(库页岛南部、千岛群岛)的互不侵犯条约",提议以日本放弃在库页岛北部的权益为条件,签署互不侵犯条约。松冈洋右表示,无法以权益为代价签署协议。这一问题遂陷入僵局。为打破僵局,松冈洋右于12月19日向德国提出了访问要求,德国于12月24日表示欢迎。

1941年1月2日,《大公报》以《炉边爆弹破春晓》为题发表评论,称德国和日本在欧亚两洲的穷兵黩武,使"1941年将为决定世界大局的命运之1年"。在这种形势下,除了"英国的战斗力量及中国的继续抗战自然是直接的决定因素"外,还有两个足以左右局势的重要力量:美国对民主国家的援助、苏联和平政策的坚持。评论指出:从罗斯福总统"对于暴力之不能妥协,一若我们不能与燃烧弹讲理"的表述判断,美国已经"走近参战之路"。因此,苏联是否信守承诺,继续坚持其反法西斯立场,具有了至关重要的作用,于是日本和苏联的外交动向颇受中国关注。

1941年1月6日,松冈洋右领导制定了《对德意苏交涉案要纲》。1月21日,松冈洋右在议会上发表演说,提出要消除日苏之间的误会,重新调整两国关系。2月中旬,松冈洋右又在日本众议院声称,日苏两国关系"最近颇多改善"。日本和苏联幕后的外交活动中国政府和人民所知有限,但其迹象却引起中国政府的高度关注:2月23日苏联建军节,苏联驻华武官在重庆举行招待会。蒋介石破例亲自赴苏联驻华大使馆祝贺,表明对中苏关系的高度重视。

3月8日,《大公报》援引伦敦《泰晤士报》的消息称,日苏两国可能会签署互不侵犯条约。这一消息,引起了广泛关注。两天后,路透社又报道称,日本外相松冈洋右将取道西伯利亚赴德国、意大利访问。但他此行的真正目的,是前往苏联签署日苏中立条约。3月12日,松冈洋右离开东京经西伯利亚铁道到达了莫斯科。在和莫洛托夫、斯大林会谈后,松冈洋右离开莫斯科,于3月

26日夜在欢呼声中到达了柏林,翌日会晤了里宾特洛甫和希特勒。之后又访问了罗马,再后于4月7日重返莫斯科。

3月22日,《大公报》发表了题为《松冈骗不了苏联》的述评,指出松冈此行的第一目的,即第一阴谋,就是"想在莫斯科挂一钩"。至于如何挂钩,述评写道:"大概不外下述三点:1.借口南进,请苏联予以谅解及保障。2.利用中国党派问题,劝诱苏联停止援华。3.借调停英德战争的姿态,使苏联感觉孤立,因而就范。"述评认为,日本的这些伎俩是骗不了苏联政治家的,理由是:1."苏联是中国的友邦,对中国同情最深,对日本认识最透,自然不会为松冈的如簧之舌所惑,而谅解其灭华"。2.党派问题是中国的内政,中国人有把握解决,因此这个问题不会改变苏联的对外政策。3.调停英德战争,英国首先不会相信其诚意,要让苏联因为"感觉孤立"而就范,也没么容易。

4月7日,松冈访问德国、意大利后重返莫斯科,为分析松冈是否负有特殊使命,舆论界纷纷猜测。4月9日,《大公报》在社评中称:松冈此行的目的,是企图争取苏联在远东地区保持中立。但根据常识判断,苏联不可能满足其欲望,理由是:1如果苏联满足日本的要求,会使日本暂无北顾之忧,将力量用于对付中国和英美。这不仅对德、意、日有利,也对苏联构成更大威胁。因为三国同盟是反共同盟,苏联绝不会做这种损人不利己的事情。2.中苏两国是唇齿相依的友好邻邦,"凡足以减弱中国抵抗力量或便利日本对华进攻的日本任何要求。苏联一定不会允诺"。

但是,松冈洋右并不那么认为。按照他的考虑,虽然不能期待德国为调整日苏两国关系提供援助,但是德国和苏联围绕巴尔干的矛盾激化,却对日本有利。松冈洋右的判断确实不无道理,事实上,德国已在1940年12月8日,开始着手实施进攻苏联的"巴巴罗萨计划"。

4月7日到达莫斯科后,翌日松冈洋右即和莫洛托夫进行了会谈,并就双方签署日苏中立条约而不是互不侵犯条约,达成了一致意见。但是在要求日本放弃库页岛北部权益问题上,交涉再度搁浅。松冈洋右遂表示,如果在他13日离开莫斯科前,双方还不能达成一致意见,则谈判将不得不中断。之后,松冈洋右即去列宁格勒访问。舆论认为,松冈洋右曾经在列宁格勒担任过外交官,这一次虽看似"旧地重游",但实际上很可能是等待苏联当局作最终选择。

这次舆论的判断是正确的。11日夜晚,松冈接到通知:翌日继续会谈。在12日的会谈中,苏联方面提出了斯大林对此问题所作的修正:"在几个月内努力解决关于库页岛北部的权益问题。"松冈洋右接受了这一修正案。由于难题被"束之高阁",会谈仅历时十几分钟。之后,松冈洋右拜会了斯大林。这一迹象表明,会谈当取得令双方满意的结果。

上述动向自然引起了中国外交界的高度关注。4月12日,中国驻法国大使顾维钧会见了苏联驻法国大使鲍格莫诺夫,"急欲了解松冈两次访问莫斯科有何用意"。"鲍格莫诺夫表示不会签订任何重要条约,但是很可能签订一项协议,更完整、确切地阐明两国贸易能够得以发展的条件"。"当问及他对松冈将向苏联政府提出要求停止对中国物资援助这一消息有何看法,鲍说苏联和日本的关系固然很好,但是和中国的关系更好。虽说中国正出现某些政治问题,他认为这纯属内政问题,不致影响苏联援助中国抗战的政策"。[1]

但是,鲍格莫诺夫话音未落,4月13日下午3点,日苏双方代表在克里姆林宫签署了期限为5年的《日苏中立条约》(截止期为1945年9月12日)。与此同时,发表了尊重"满洲国"和蒙古的领土完整和不可侵犯的两国政府声明。4月15日,《大公报》披露了《日苏中立条约》的内容。该条约共四个条款,其中第二条规定:"倘缔约国之一方成为一个或数个第三国敌对行动之对象时,则缔约国之他方在冲突期间,即应始终遵守中立。"同时,该报还刊登了《日苏共同宣言》的全文,其中强调:"遵照苏日于1941年4月13日缔结之中立条约的精神,苏日双方政府为保证两国和平与友好邦交起见,兹特着重宣言:苏联誓当尊重'满洲国'之领土完整与神圣不可侵犯性;日本誓当尊重'蒙古人民共和国'之领土完整与神圣不可侵犯性。"

由于在这场交易中蒙古和东北成了日苏双方相互馈赠的"赠品",因此《日苏中立条约》和《日苏共同宣言》签署后,国民政府外交部长王宠惠当即发表声明,称:"查东北四省及外蒙为中华民国之领土,中国政府和人民对于第三国间所为妨害中国领土与行政完整之任何约定,绝不承认。苏日两国公布之共同宣言,对于中国绝对无效。"

4月22日松冈洋右回到东京后,受到了如英雄凯旋般的欢迎。4月24日,《日苏中立条约》获得了枢密院的批准。

八、南进——"日本刀"直逼"山姆叔"

松冈洋右在外交方面接连获得两大成果后,遂着手和中国进行交涉。满铁南京事务所所长西义显通过浙江财阀钱永铭,向松冈洋右提出了由以下内容构成的和平方案:1. 国民政府的健全统一;2. 撤回事变后派遣的日本军队;3. 在互惠平等的前提下开展经济合作;4. 以签署秘密协定的方式承认"满洲国";5. 缔结防共协定。这一方案于10月31日由松冈洋右转达重庆政权。11月中旬,重庆方面表示如果能够接受下述两项条件,则同意开始和谈:1. 日本对全面撤军表示原则性同意;2. 取消对南京政府的承认。就在松冈推进与重

---

[1] 《顾维钧回忆录》4分册,中华书局,1986年,第548页。

庆的交涉时,11月13日举行的御前会议根据《支那事变处理要纲》,选择了承认汪精卫政权的既定方针。①

不仅对华政策存在分歧,松冈洋右和近卫文麿等在对美政策方面的分歧,更直接导致第二届近卫内阁的解体。

追溯历史,日美关系的恶化始于日本"南进政策"的正式实施:1940年9月22日,日军根据"协定"进驻了法属印度支那。同年10月,美国宣布全面禁止向日本输出铁屑,实施各项经济制裁,显示出强硬姿态。所以如此,不仅和日本实施"南进政策",而且和松冈洋右的"外交成果"有关。美国国务卿赫尔在回忆录中写道:"1941年1月,我政府的立场非常明确。我们将日本视为希特勒和墨索里尼的同盟者、我敌对同盟的签约国。我们认为,日本扩张主义野心最终将对我安全构成威胁。"②

1941年初,日美冲突一触即发。以此为背景,野村吉三郎受命出任驻美大使。据史料记载,最初野村曾表示拒绝,理由是在当时情况下,自己难以恪尽职守。但是他被告知"海军方面将加紧备战,然如能将危局平安处理,当属上策。今日本已疲惫之至,我们不希望因为遵守了条约而使海军付出徒劳的牺牲"。于是,野村决定将成败置之度外,接受任命,于1941年2月11日到达了华盛顿。③同样,美国方面哪怕亲日的驻日大使约瑟夫·格鲁(Joseph C. Grew)也认为,日美必然一战。他致函罗斯福,提出:"只要我们没有完成战备,或早或晚,均应撤回'包括南洋在内的大东亚'整个地区的财产(即便认为那不太可能)。我们和日本将必然发生冲突。"④不言而喻,当时日本和美国均开始采取"战争爆发之前的政策"。

总之,日本在此阶段已经得出了"英美不可分"的判断,并据此得出结论:日本推行"南进"战略,和美国难免一战,但必须有备战时间。另一方面,美国也很清楚美日难免一战,但是根据美国海军作战部长斯塔克1940年11月12日提出的"先欧后亚"的战略原则,有必要避免过早和日本发生直接武力冲突。双方各自心怀叵测,开始了长达一年的和谈。

和谈首先以"民间方式"进行。1940年11月25日至12月28日,美国天主教外国传道会总会长詹姆斯·E.沃尔什主教(Bishop James E. Walsh)和詹姆斯·K.德劳特神父(Father James K. Drought)造访了产业组合中央金库理事井川忠雄,提出希望采取必要措施,尽快恢复美日两国国民的友好关系。

---

① 《走向太平洋战争的道路》4卷,第240—244页;《松冈洋右》,第818—842页。
② Cordell Hull "The Memoirs of Cordell Hull", vol Ⅱ, The Macmillian Company, New York, 1948.
③ 《西园寺公和政局》8卷,岩波书店,1952年,第377—378页、第388页。
④ 实松让编:《太平洋战争》(1)(《新代史资料·34》),三铃书房,1968年,第131页。

12月7日,井川忠雄致函近卫文麿首相作了详细汇报。12月11日,德劳特神父经由井川忠雄向日本政府递交了一份备忘录,提出了日美谅解方案,要点是:美日共同发表"远东门罗主义"宣言;按照美国提倡的门户开放政策解决日中战争问题;承认"满洲国"和日本在华所占领土;实现美日首脑会谈,等等。松冈洋右外相对美国"民间大使"的访日相当重视,于12月5日和23日两次会见两位神父,请他们向罗斯福总统转达他希望与美国保持良好关系的愿望。

1940年12月28日,两位神父离开了日本。为了便于和井川忠雄联络,他们就美国政府的反应约定了如下暗号:diffcult(没有交涉的可能);good(顺利进行中);satisfactory(总统正考虑中);complete(已万事俱备)。

1941年1月20日,井川忠雄收到了"good"信息;21日收到了"satisfactory"信息;25日收到了"总统往访结果有望进行中,期待进一步开展"的信息;28日收到了"昨晚再次与罗斯福总统进行了交谈,很有希望"的信息。近卫文麿对此进展颇感满意,并表示了适时访问美国的意向。

2月13日,井川忠雄受近卫文麿委托前往美国,与美国邮政总长、天主教徒弗兰克·沃克进行了接触。从以下动向中似可窥视井川忠雄此行结果:2月底,沃克致函罗斯福总统,提出应以日本解除与德国和意大利的轴心同盟为条件,缔结日美协定。3月7日,沃克致函赫尔国务卿,写道:"天皇、近卫、枢密院、军部首脑及平沼骐一郎正着手于日本政策的转换。但是有关信息如果泄露,他们或许会遭暗杀。"①事实上,当时由于"三国同盟条约"的签署导致日美矛盾激化并呈现战争危机,近卫文麿等正欲调整对外政策。

井川忠雄、德劳特神父在华盛顿着手拟定了日美两国协定草稿。3月17日,他们向赫尔汇报了原则性内容:根据协定,日德意三国同盟将成一纸空文;由罗斯福出面斡旋,以停止排日、共同防共等为条件,日军完全撤出中国。赫尔认为,根据"先大西洋,后太平洋"的原则,美国已经事实上开始为英国提供援助。因此,在太平洋地区哪怕只能一时避免战争,也值得欢迎,以免两线作战。因此他和罗斯福均赞同推进日美协商。

3月30日,原陆军省军务局军事课长岩畔豪雄大佐调任日本驻美大使到达纽约,和井川忠雄、德劳特一起对已拟定的草案作了原则性修正:不明记使三国同盟成一纸空文的内容。之后,这项工作交由驻美大使野村吉三郎进行,草案又经历了修正。

4月14日,野村同赫尔在官方层面上首次就《日美谅解草案》进行了会晤,赫尔以书面形式向野村提出了作为美日会谈前提的四项不可动摇的原则:1.尊重一切国家的主权和领土完整;2.不干涉内政;3.通商机会均等;4.不以

---

① 美国国务院编:《美国对外关系》1941年,4卷,第63页。

非和平手段改变太平洋现状。

4月16日,岩畔豪雄等拟定了《日美谅解草案》。4月18日,草案送达近卫文麿时,由于不知有意还是无意,电文只字未提"赫尔四原则",使近卫文麿等误以为那是美方提出的草案,并在当天召开的政府大本营联络会议上提交讨论。结果,与会者大都表示可以接受,并决定待听取了正在苏联访问的松冈洋右的意见后再作决定。①

但是,这一草案遭到了松冈洋右明确反对,理由是不符合外务省制定的外交路线(使前此一系列外交努力付诸东流),并且未和外务省协商,违背了外交一元化原则。于是在5月12日,根据近卫文麿和陆军省的要求,日本方面拟定了"回应"《日美谅解草案》(以为那是美方草案)的日方修正案,增加了"松冈三原则":不与三国同盟相抵触、承认中国现状、奉劝蒋介石采取对日和平政策、为日本经济方面的"南进"提供协助。②

对日本的"修正案",美国的反应堪称"针锋相对",令日本感到棘手。所以如此,一个很重要的原因是1940年9月美国情报当局成功破译了日本外务省的收发电文。在当时,这被称为"奇迹"。为了不使日方觉察这一事实,当时只有总统、国务卿、军队首脑等极少数人能看到破译的电文。③由于美方首脑已探明日方谈判意图,因此对日美达成谅解根本不抱希望。美国所以和日本交涉,主要有两个皆与时间有关的原因:第一,为了贯彻"先大西洋,后太平洋"的方针。第二,要待德苏开战,让日本"日德意三国同盟"和"日苏中立"两个协定的自相矛盾自行暴露。

6月6日,日本驻德大使大岛浩发回电文:"德苏即将开战的消息基本属实",令日本内阁震惊。6月21日,预料苏德将即刻开战的赫尔,向野村提出了显然令日本无法接受的修正案:停止武力南进;在美国参战时不得援引"三国同盟条约";从中国撤兵。6月22日,苏德战争爆发,松冈洋右的外交路线的自相矛盾即刻暴露。于是,松冈洋右上奏天皇,提出"在德苏已经开战的今天,日本应与德意协力攻打苏联。为此,南方应暂时缓一缓,但早晚也要打。这样,最终日本将同时与苏美英开战"。④但是,7月2日御前会议通过的《适应形势变化的帝国国策纲要》提出了不介入苏德战争、南进印度支那的方针。为了避免日美开战,须继续日美谈判。7月12日,政府大本营联络会议要求美国撤回赫尔修正案,同意有"松冈三原则"的修正案。"赫尔四原则"和"松冈三

---

① 参谋本部编:《杉山札记》上,原书房,1967年,第199页。
② 《日本外交年表及主要文书》下,第504—506页。
③ 《太平洋战争·4·资料解说》。
④ 《木户幸一日记》下,东京大学出版会,1966年,第884页。

原则"的互不兼容,直接导致了谈判的最终破裂,尽管利害关系的截然对立,使"日美谅解"谈判自始就没有成功的可能。

7月15日,奉行对美威压政策的松冈洋右将《日美谅解案》的日方修正案秘密通报德国、意大利。为罢免松冈洋右,近卫内阁于7月16日宣布总辞职。果然不出近卫预料,翌日的重臣会议依然上奏天皇推荐他出任首相。接到敕令的近卫于18日组成了第三届近卫内阁。除了田边治通取代平沼骐一郎任内相、小仓正恒取代河田烈任藏相受到关注,根据军方要求,没有邀请一名旧政党出身者入阁也受到关注。但最受关注的是海军大将、日美交涉的推进者丰田贞次郎出任外相。遗憾的是,美国政府对此似并不关注,更未给予好评。近卫文麿在《朝着和平方向努力》一书中写道:"推荐丰田海军大将为外相,是余希望能使日美谈判得以实现之热情的表示。""丰田海军大将是必须采取措施努力避免这次日美冲突之主张的支持者。但是,如此明显的政治改变之意义,华府的野村大使并不清楚。由于大使本身对此并不理解,因此也就没有采取任何方式使美国方面理解这是个信号。在新内阁成立后,使美方即刻对其产生好印象,使谈判一扫以往暧昧的气氛以一种明快的节奏进行,是东京政府的期望。但不能不说的是,结果令人失望。"①事实上,日本外交电文的解读,使美国政府不敢"奢望"日本转换外交政策,因为外交政策必然服从基本国策——南进。

7月,刚上任的丰田外相即根据以陆海军统帅部的要求为基础的内阁的方针,电告日本驻外使节:坚持三国同盟的国策并未改变。同时电告驻德大使大岛浩,日本将致力于南进,这将是对英美的打击,并可能是对德国的支援。

8月初,近卫文麿向美国提交了一个"谅解"方案:1."南进"将止步于法属印支;2.保障菲律宾的中立;3.帮助美国在东亚获取必要资源;4.美国停止在西南太平洋地区的军事措施;5.美国协助日本在荷属印支获取物资;6.恢复日美正常通商关系;7.美国为日本和蒋介石政权直接谈判进行斡旋。②但是,由日本驻美大使野村吉三郎转交赫尔国务卿的这一提案,即刻被束之高阁。赫尔答称,只要日本不放弃扩张政策,就没有谈判的余地。近卫认为,只有直接会晤罗斯福,弥合分歧,舍此别无他途,并就此征询陆海军大臣的意见。及川古志郎海相当即予以认同,东条英机陆相表示,如果采取破釜沉舟的姿态、不成功即不惜一战,则对此举不持异议。天皇对近卫决意亲晤罗斯福非常高兴,催促他早日成行。③

---

① 近卫文麿:《近卫文麿手记——朝着和平方向努力》,日本电报通信社,1946年,第68—69页。
② 外务省:《日美交涉资料》,原书房,1978年,第145—146页。
③ 近卫文麿:《近卫文麿手记——朝着和平方向努力》,第72—76页。《木户幸一日记》下,第897—898页。

8月8日,野村吉三郎将近卫的要求转告了赫尔,但赫尔表示,他对能否让罗斯福总统邀请近卫首相访美没有自信。其实,当时美国总统罗斯福和英国首相丘吉尔正在大西洋纽芬兰洋面上进行会谈。8月12日,罗斯福和丘吉尔发表了著名的《大西洋宪章》。3天后,罗斯福约见了野村吉三郎,交给他两份文件。第一份文件的要点是:如果日本为了对邻国施行军事统治而采取进一步行动,美国将采取一切必要行动。第二份文件的要点是:如果日本停止扩张行动,遵循美国提出的原则,提出并采取致力于恢复太平洋地区和平的行动,美国有意重开7月中止的美日交涉。①

8月26日,日本政府和大本营联络会议决定就美方文件作如下答复:批判美国对其所谓的原则和信念的自以为是,但对两国首脑进行建设性会晤表示欢迎。会议还通过了近卫首相致罗斯福总统的信,大致内容是:因时局变化,以往的原则当作调整。为此,首先应实现两国首脑会晤,着眼大局,就整个太平洋地区的重要问题进行磋商,缓和紧张局势。具体问题可在首脑会晤后由事务承担者交涉。8月28日,野村吉三郎将上述答复和文件交给了罗斯福,得到了罗斯福的认可。当天夜里,赫尔会见了野村,正式同意了日方实现首脑会谈的要求。接到野村的报告后,近卫文麿即和侧近井川忠雄、松本重治、牛场友彦、西园寺公一等制定了首脑会晤方案,并让野村吉三郎转交罗斯福。

在致力于"日美谅解"的同时,日本也在着手战争准备。在日本进驻法属印度支那、美国对日施行全面禁运和冻结日本海外资产后,"交涉无用论"、"对美开战论"甚嚣尘上,各种作战方案也纷纷出笼。在8月26日的陆海军局部长会议上,海军提出了《帝国国策遂行方针》,其核心内容是:1.以10月下旬为限,备战和外交同时并进;2.至10月中旬,如果外交解决无望,采取启动实力之措置。陆军对此案尚不满意,于当天制定了自己的方案,翌日送交会议讨论。陆军方案的核心内容是:"决意不辞对美、英、荷开战,并大致在10月下旬完成战争准备。在此期间,通过别的文件努力贯彻对美英外交之要求。至9月下旬,若我要求无法贯彻,则决意立即对美英荷宣战。"②最后经过对两个方案的微调,制定了陆海军方案《帝国国策遂行纲要》,将外交交涉的时间节点定为9月下旬。9月3日,日本政府大本营联络会议通过了《帝国国策遂行纲要》,但对时间节点再次作了修改:"若我要求至10月上旬仍无得到贯彻之可能,即决意对美(英)开战。"

同一天,罗斯福约见野村,向他提出了首脑会晤的前提条件,即"赫尔四原则"。这一条件完全出乎近卫的意料,令近卫颇感失望。于是政府大本营联络

---

① 外务省编:《日美交涉资料》,第166—180页。
② 《大本营陆军部大东亚战争开战经纬》(4),第491页、第500页。

会议当天又通过了向美方提出的方案。这个方案的"新意",就是暗示日本可以放弃"三国同盟条约"。但是,这一方案提交美国后,如石沉大海,美方未再作任何答复。于是,日本当局遂决定9月6日举行御前会议作最后抉择。

9月6日,御前会议如期举行。近卫文麿在他的手记中对会议作了翔实记载:9月6日上午10点举行了御前会议。会上原(嘉道)枢密院长提出质询:"阅此案后,给人的印象是重点没有放在外交上,而是放在战争上。我想知道政府和统帅部究竟是如何考虑的。"对此,海军大臣代表政府作了回答,但统帅部方面无人作答。

此时,陛下突然发言:"朕以为刚才原枢密院长的质询很有道理。统帅部对此未作任何答复,令人甚感遗憾。"说着从怀里取出写有明治天皇御诗的纸片朗读:"四海之内皆同胞,缘何世上起波涛?"随之说道:"朕经常拜读这首御诗,并努力继承发扬先帝爱好和平的精神。"这时,全场肃静,鸦雀无声。一会儿,永野修身军令部总长起身发言:"陛下对统帅部的指责,令我们惶恐不堪。实际上,刚才海军大臣的回答代表了政府、统帅部双方的意见,所以我们没有发言。统帅部事实上如海军大臣所回答的那样,主张以外交为主,万不得已才诉诸战争。这个基本精神从未改变。"就这样,御前会议在前所未有的紧张气氛中结束。①

御前会议后,近卫秘密会晤了美国驻日大使格鲁,为实现首脑会谈作最后努力。由于以东条英机为首的陆军坚持对美开战,而对美开战须唱主角的海相及川古志郎亦不反对开战,只是表示:"一切服从首相决断。"在外交交涉期限将至、但始终未见希望曙光的现实面前,近卫遂于10月16日参内,向天皇呈上了内阁总辞职奏书。他在辞呈中提出的请辞理由耐人寻味:"日美交涉若假以时日,当不可断言没有取得成效之可能。同时,对最大的难题撤兵问题,我根据弃名取实之主旨相信,若形式上采取对彼让步之态度,则当有妥善解决争端之可能。在尚未解决支那事变之今天,进一步闯入前途未卜之大战,对于支那事变勃发以来始终痛感责任重大的臣文麿来说,实在不堪忍受。"②第三届近卫内阁倒台后,东条英机受命组阁。以简单的因果关系判断,重臣会议选择了东条英机也就是选择了太平洋战争,尽管这和其最初愿望恰好相反。

九、"攀登新高山·1208"

10月16日近卫内阁解体后,当天近卫文麿本人和东条英机等均提议由

---

① 近卫文麿:《近卫文麿手记——朝着和平方向努力》,第87—88页。
② 矢部贞治:《近卫文麿》下,第626页。

皇室成员东久迩宫继任首相（"宫"是亲王的尊称，其全名为东久迩宫稔彦）。但是，选任后继首相的中心人物、内大臣木户幸一却不赞同。木户幸一认为，日美战争一触即发，如果那样，则皇室本身必须承担战争责任、有成为国民怨府之虞，因此通过企画院总裁铃木贞一转告东条英机："艰难问题尚未解决，期待皇族寻找解决问题之良策，此举断不可行。"①

10月17日，宫中再次举行遴选后任首相的重臣会议。会议由内大臣木户幸一主持，92岁高龄的清浦奎吾，以及若槻礼次郎、冈田启介、林铣十郎、广田弘毅、阿部信行、米内光政等历届首相出席了会议。近卫内阁给会议写了《"日美交涉经过"及总辞职始末》书面意见，没有到会。

席间，木户幸一推荐东条英机："坦率说，我认为东条英机可继任首相的理由是，众所周知，即便陆军主战，但海军若不真正决意开战，日本仍不会闯入日美战争。可以认为，若执行御前会议决定且海军方面无明确修正意向，则必然向战争方向迈进。依此观察事态，可以说实际情况是陆海军尚未实现真正合作，而御前会议在仓促之间作出了重大决定。因此，我认为御命充分了解此事态之经过、对上述困难有切身感受的东条组阁，同时御命其实现陆海军的真正协调、重新研讨御前会议决定，是最实际的收拾时局的方法。"②

若槻礼次郎对木户幸一的意见明确表示反对："……经再三考虑，我认为宇垣（一成）陆军大将是最合适人选。如果推荐陆军大臣出任首相，恐使美国产生日本决意开战之误解，这是当今最需注意的。"③

冈田启介提出："从这次政治变化经纬来看，似可以认为陆军已不足依赖，降大命于代表陆军的陆相会产生什么结果，我对此持有疑问。""我见过东条，但未同他说过话。对他是怎样一个人一无所知。听了木户的话，感到有点不安，对让东条出任首相比较担心。"④

最后，木户幸一表示："我大体明白了诸位的意向。我将详细上奏，请圣上宸裁"，结束了会议。之后根据木户上奏，天皇召见了东条英机，对他说："命卿组织内阁，望遵守宪法条规。在时局出现重大事态之际，望特别加强陆海军的合作。"在东条英机退出后，木户幸一又对东条说："我拜察陛下刚才谈到了陆海军协作。然就关乎国策之大本而言，我认为不应拘泥于9月6日御前会议之决定，而应对内外情势进一步作广泛、深刻的检讨并作出慎重决定。"⑤

前首相虽然对东条英机"一无所知"，但东条英机亦可算出身名门。他是

---

①② 《木户幸一日记》下，东京大学出版会，1966年，第916页；第917页。
③ 若槻礼次郎：《明治·大正·昭和政界秘史——古风庵回忆录》，讲谈社，1983年，第370—371页。
④ 冈田贞宽编：《冈田启介回忆录》，每日新闻社，1977年，第200—201页。
⑤ 《木户幸一日记》下，东京大学出版会，1966年，第917页。

家中长子,其父东条英教也是军人,并以首届第一名的成绩,从日本陆军大学毕业。大正元年(1912年)12月底,东条英机也考入了陆军大学。毕业后晋升迅速,最后从陆军次官、陆军大臣升至首相。出任首相后,东条英机挥毫写下六个字:"努力即是权威。"这六个字是他往日信条的浓缩:"如果付出努力,必能得到相应的地位,并成为与地位相称的权威。"东条英机常以此激励部下,并笼络了一批亲信。

东条英机

东条英机出任首相后仍为现役军人并升任大将。18日,东条英机组成了内阁:东条英机(首相兼内相兼陆相)、东乡茂德(外相)、贺屋兴宣(藏相兼拓相)、嶋田繁太郎(海相)、岩村通世(法相)、桥田邦彦(文相)、井野硕哉(农相)、岸信介(商工相)、寺岛健(递相兼铁相)、小泉亲彦(厚相)、铃木贞一(企画院总裁、国务大臣),原企画院总裁星野直树任书记官长。不难发现,东条内阁最大的特色,就是首相兼任内相和陆相,集政、军、警、宪于一身。另外,和上届内阁相同,政党出身者无人入阁。

东条内阁组成后,即刻重新检讨9月6日御前会议的决定。1941年10月23日至30日,日本大本营政府联络会议连日召开。但是东条对会议结果不满,于11月1日再次召开联络会议,并提出了三个备选方案:1.卧薪尝胆、暂不开战;2.决意立即开战,通过战争解决问题;3.在决意开战的前提下备战和外交并行(对外交是否能取得成果再作尝试)。①经反复研讨和争论,会议最后决定,以第三个方案为基础制定《帝国国策遂行要领》,要点如下:②

一、帝国为摆脱当今危局,实现自存自卫,建设大东亚新秩序,决意同美英荷开战并采取下列措施:1.定发动武力之时机为12月初,此前陆海军完成作战准备;2.对美交涉根据另行制定的方案施行;3.努力强化与德意之提携;4.武力发动之前与泰国建立紧密军事关系。二、如在12月1日零点之前对美交涉成功,中止武力发动。

会议同时制定了对美交涉的甲、乙两个方案:甲案主旨为全面解决日美间问题;乙案主旨是解决日美间眼前面临的问题,要点是以日本止步于法属印支为条件,美国为日本提供石油等战略物资。

会议于11月2日子夜1点半结束。会议的结果不仅没有实现使9月6日御前会议的决定"白纸还原"即"归零",而且决意开战。因为,虽然"备战和外交并行",但留给外交交涉的时间不足一个月。当天下午5时,东条英机首

---

①② 《杉山札记》上,第362页;第417—418页。

相和陆海军统帅部长一起将上述决定上奏天皇。

11月4日,东乡茂德外相给野村驻美大使发去了联络会议制定的甲、乙两个方案,并就日美交涉要领发去训令:"本次交涉为最终尝试。望了解我方提案乃名实相符之最终方案。若不能以此作最后了结,则只能遗憾地表示决裂,并申明其结果将是两国关系已不得不直面破裂。"①

11月5日,御前会议再次举行并通过了联络会议制定的"要领",使之成为日本最高当局的最终决定。

但是,在此之前,美国方面已经掌握了上述"决定"。因为,东乡茂德给野村吉三郎的训令已经被美国解读。因此,在11月7日野村将"甲案"交给美国国务卿赫尔时,赫尔几乎根本不在意。11月12日,赫尔将要求东条内阁确认8月28日日方提交的备忘录的文件、有关日中交涉的文件交给了野村,但对"甲案"却只字未提。

11月14日,野村吉三郎给东乡茂德发去了一个较长的电文,陈述了对形势的分析和对日美交涉的意见,要点是:"1.美国政府太平洋政策是阻止日本继续南进和北进。在以经济压迫之手段达到其目的的同时,也在进行切实的战争准备。""2.若国情允许,与其争一两个月之早晚,毋宁再稍作忍耐,待能够判明世界战全局之前途时再行定夺。"② 东乡茂德本人也同意这种看法,但由于时间节点是御前会议的决定,故再次电示野村,必须在11月底之前进行了断。

11月15日,前往援助野村的来栖三郎到达了华盛顿。两人17日和18日分别同罗斯福和赫尔进行了会谈。在18日的会谈中,赫尔再次强调日美谅解和三国同盟无法并存。野村遂作为个人意见提议,日本从南部印度支那撤兵、美国解除冻结令,暂先缓和紧张局势,即将"乙方案"作了进一步缩小。赫尔对此持保留意见,但显示出了一定的兴趣。

11月20日,野村和来栖向美方提交了乙方案,早已通过解读电文了解此案的赫尔当即表示:"接受这个方案意味美国表示投降。"但是,由于美国陆军备战需要时间,因此22日至24日,双方签署了一个临时处理方案,主要内容是:以后三个月内日本若停止南进和北进,美国将每月向日本供应一定量的石油、棉花、粮食、药品。之后,美国将此方案照会了中、英、荷、澳等国。

11月22日,由于此后双方交涉再无进展,焦虑不安的东乡茂德外相致电野村,要求其进一步作出努力。另一方面,由于中国和澳大利亚的反对,赫尔于11月25日放弃了上述临时处理方案,决定另外制定作为"最后通牒"的"赫尔照会",在经罗斯福同意后提交日本。

---

①② 外务省编:《日美交涉资料》,第385—390页;第426—428页。

第十一章 昭和时代（战前）

11月25日傍晚，美国总统罗斯福、国务卿赫尔、陆军部长史汀生（Hrnry L. Stimson）、海军部长诺克斯（Frank Knox）、总参谋长马歇尔（George C. Marshall）、作战部长斯塔克（Harold R. Stark）在白宫举行了会议，在提出警戒日本发动突袭的同时，又称"不能不等日本首先发动攻击"。因为，美国当局清楚，只有那样才能突破传统的中立主义牵制，赢得国内舆论对战争的支持。当时，赫尔对陆军部长史汀生说："我已经收手不进行交涉了。这个问题就交给你和诺克斯等陆海军去办了。"这一天，美国军事当局向夏威夷等前线基地司令发出了临战警报。接下来就等日本开第一枪了。

11月26日，赫尔向野村和来栖递交了"赫尔照会"。"赫尔照会"有10个项目，主要内容是：日、美、英、苏、中、荷、泰缔结多边互不侵犯条约；日本从中国和法属印支撤出所有军队；承认重庆政权为中国唯一合法政权；否定三国同盟。这一照会，令野村感到震惊，因为这意味着将被日本改变的状态，恢复至"满洲事变"以前。同一天，日本政府收到"赫尔照会"即"最后通牒"后，用木户幸一在日记中的言辞表述，感到已"无计可施"。

12月1日，日本根据原定安排，举行了太平洋战争前最后一次御前会议，作出了没有异议的最终决定："基于11月5日确定的《帝国国策遂行要领》，与美国进行了交涉，但未能奏效。帝国决定对美英荷开战。"

12月2日，陆、海军统帅部向前线部队发出了战斗指令："攀登新高山·1208。"意即12月8日开战。

昭和十六年（1941年）12月8日早晨7点，广播里传出大本营陆海军部的公告："帝国陆海军在本月8日拂晓前，在西太平洋同美英军进入了战斗状态。"11时40分播发了日本天皇的宣战诏书。夜晚，发表了突袭珍珠港的战报。之后又播发了"全歼英东洋舰队主力"的报道。初战的辉煌战果，将日本国民战前的不安吹得烟消云散。

对夏威夷美国海军基地的攻击，是一次打破日本海军作战常规的突然袭击。因为，按照日本海军传统的作战方式，应该是在西太平洋迎击美军舰队，与之展开决战。提出并实施在开战之初即以大规模的机动部队对美军进行突袭这一构想的，是这次突袭的总指挥、日本联合舰队司令长官山本五十六。

山本五十六曾任海军次官，是反对强化防共协定的急先锋和著名的亲英美分子，日本右翼对他恨之入骨。1939年，山本五十六被任命为联合舰队司令长官后，依然反对三国同盟和对美开战。但是，面对日美战争已不可避免的局势，山本在1941年1月6日向海相及川古志郎提出了代号为"Z作战"的突袭珍珠港的构想。经过再度研讨，8月，山本司令长官正式向军令部提出了突袭珍珠港的作战方案，10月被正式采用。这一构想的要点是：开战之初，以第一航空舰队司令长官率领的六艘航空母舰为主力,组成机动部队,对停泊在夏威夷基地的美国主力舰队进行空袭。山本五十六就这一作战构想写道:"在日美战争中,我首先应遂行之要领,是在开战之初即对敌主力舰队进行毁灭性猛烈袭击,这种袭击当达到使美国海军和美国国民一蹶不振的程度,使之志气沮丧。唯其如此,方能占据东亚之要障,立于不败之境地,方能建设并维持东亚共荣圈。"①

根据1941年11月15日御前会议决定,军令部总长永野修身向联合舰队司令长官山本五十六发出了实施战斗准备的"大海令第一号"。11月26日,以南云忠一为司令长官的机动部队离开集结地择捉岛单冠湾,向珍珠港驶去。机动部队共由30艘舰艇组成:以赤城、加贺、苍龙、飞龙、瑞鹤、翔鹤6艘航空母舰(日本当时共有10艘航母)为主力,另有轻型巡洋舰1艘(负责警戒)、重巡洋舰2艘、驱逐舰9艘、战舰2艘(负责支援)、特务舰7艘(负责补给)、潜水艇3艘(负责观察)。

12月1日,出发后的第七天,刚刚驶过东经180°国际日期变更线进入指定区域,旗舰"赤城"号上的南云忠一便接到了作战指令:"攀登新高山·1208"。为了保持行动机密,机动部队即关闭所有无线电通讯设备,从当时所在位置、中途岛和阿留申群岛之间的海域,加速向目的地进发,于12月7日(夏威夷当地时间12月6日)夜南下夏威夷北方海面。

12月7日凌晨6时和7时15分(当地时间。东京时间8日子夜1时30分和2时45分),机动部队航母上计350架飞机分两批起飞,对位于夏威夷群岛的美国太平洋海军基地发动了突然袭击,使美军遭受了前所未有的损失:8艘战舰、188架飞机、死伤3 500余人,而日军仅损失29架飞机和5艘特殊潜航艇。突袭成功后,机动部队顺利返航。

清晨7时58分,接到夏威夷海军航空队司令官报告的美国海军部长诺克斯,惊愕不已。但实际上,美国驻日大使格鲁早在1941年1月就了解了这一绝密作战计划,并向美国国务院作了汇报。1月27日,格鲁给美国国务卿的电文称,从秘鲁驻日公使处听说日本有突袭珍珠港的计划,但是斯塔克作战部长2月1日给太平洋舰队司令长官的电报称,日军突袭珍珠港的情报是"没有根据"的流言。美军的大意,付出了极其惨重的代价。

更具讽刺意味的是,日本在12月6日晚8时56分发出了给美国的备忘录("最后通牒")的电文。预定这一最后通牒于突袭开始前30分钟,即华盛顿时间12月7日下午1时由野村吉三郎和来栖一郎交给美方。这一电文也在7日上午被美方破译,美国总统罗斯福和其他政府高官均阅读了电文。但是,

---

① 《夏威夷作战》,朝云出版社,1967年,第84页。

由于日本驻美使馆工作人员的工作失误,待解读、誊写完成,已经时过下午1时,待野村吉三郎和来栖一郎匆匆赶往美国国务院,已为时过晚。

下午2时刚过,赫尔从罗斯福那里获悉珍珠港遭受日军突袭的消息后,惊愕不已。恰在这时,野村、来栖前来递交日本政府的"最后通牒"。当时的时间恰好是日军对珍珠港攻击正酣的下午2时20分(夏威夷时间上午9时20分)。赫尔拿到"最后通牒"后冷冷地说:"在50年公职生涯中,我还从未见过如此充满虚伪的文件。"而莫名究竟的野村和来栖回到大使馆后才知道,就在他们会晤赫尔前后,日军对美军进行了突袭。

以日军突袭珍珠港为起点,太平洋战争全面爆发。开战当天,美国和日本当局的情景反差之明显可谓"冰火两重天"。一方面,罗斯福总统强烈谴责了日本突袭在前、通牒在后的"欺骗行为",要求议会发布战争状态宣言。美国国民则高举"记住珍珠港"的标语。美国朝野为愤怒笼罩。另一方面,内大臣木户幸一在当天的日记里写道:"7时15分上班。今天天气格外晴朗。登上赤坂见附的坡道向三宅坡走去。遥望从对面楼顶上冉冉升起的红日,回想时至今日,我国终于以美英两个大国为对手开始了大战,真的感慨良多。海军航空队已在今日子夜大举空袭夏威夷。作为知情者的我,挂念此次空袭之成败,不禁向太阳鞠躬,瞑目祈祷。7时半,见到首相和两总长,获悉奇袭夏威夷大获成功,深深拜谢天佑神助。"①

几乎与突袭夏威夷同时,12月8日子夜1时半,由总司令官寺内寿一大将率领、以11个师团和两个飞机集群为主力的日本南方军,开始了对"南方"的全面攻击,其作战目标是:"覆灭东亚的美国、英国、荷兰的主要根据地,确保占领南方的重要地区。"须"确保占领"的地区包括菲律宾(美领)、马来半岛、缅甸(英领)、印度尼西亚(荷领)等地区。这些地区加上已"武力进驻"的法属印支,将"友好进驻"的泰国,基本覆盖了整个东南亚。至1942年5月上旬日军第25军占领缅甸全境,"南方作战"告一段落,日军占领了总面积约达386万平方公里的"南方"地区。特别是1941年12月8日,日本支那派遣军第23军开始攻击香港,于12月26日攻陷香港;1942年2月15日,新加坡陷落,英军马来亚驻屯军司令官帕斯瓦尔(Arthur E. Percival)向日第25军司令官山下奉文中将投降。

在"南方作战"即将告一段落时,在1942年2月4日的大本营政府联络会议上,东条英机提议对今后的战争指导、大东亚建设纲要以及与之关联的国内指导等问题进行探讨。2月9日,联络会议制定了《世界形势判断》,决定将上述问题分9个项目进行研究。

---

① 木户幸一日记研究会编:《木户幸一关系文书》,东京大学出版会,1966年,第40页。

1943年3月和4月,东条英机访问了中国和"满洲国",分别会晤了南京的"国民政府"首脑汪精卫和"满洲国"皇帝溥仪。5月和7月初,东条英机又分别访问了菲律宾、泰国、新加坡等东南亚国家。进行了一系列铺垫后,11月5日至6日,在日本帝国议会议事堂举行了大东亚会议。出席会议的有日本首相东条英机、中国"国民政府"行政院长汪精卫、"满洲国"国务总理张景惠、菲律宾总统劳莱尔(Jose Paciano Laurel)、泰国代首相维塔雅克恩(Wan Waithayakorn)、缅甸首相

签署"大东亚共同宣言"后的合影

巴·莫(Bar Maw)、作为列席者的"自由印度"流亡政府首领昌德拉·博斯(Subhas Chandra Bose)。与会者就建设"大东亚新秩序"问题进行了"商讨",达成了"共识",并发表了《大东亚共同宣言》。以大东亚会议为标志,日本"南进"初步取得成功。

但是,"浪峰之后即是浪谷",日军的成功同时也是失败的开始。由于在外巡航而在日军突袭珍珠港时幸免于难的美国航母,此后不时对日军占领的南洋群岛进行空袭,使日军痛感必须予以击灭。另一方面,英国首相丘吉尔则对日本进攻印度感到担忧,要求美国牵制在印度洋上耀武扬威的日本机动部队,使之退回太平洋,于是美国决定通过航母对日本本土进行空袭。1942年4月18日下午1时以后,美国空军中校杜立特率领的少量飞机对日本东京、横滨、川崎、横须贺、名古屋、神户等城市进行了空袭。当时,日军其实已经发现了美国航母舰队,但由于判断失误,认为美军将在翌日实施空袭,故未作有效准备。①日本在此次空袭中虽损失并不严重,但却因此痛感中途岛美军基地对日本本土的威胁。

5月5日,日本大本营正式决定实施攻占中途岛作战计划。攻占中途岛计划在此之前由山本五十六联合舰队司令提出,目的是将美军航母诱出、击灭。最初大本营对此颇有犹豫,但美军的空袭促使其痛下决心。

在中途岛战役展开之前,5月7日、8日,在新几内亚东面的珊瑚海,日本

---

① 所谓"判断失误",是因为日军认为舰载机没有那么远的航行距离,不知当时实施空袭的是经过改造的美军B25轰炸机。

和美国进行了世界史上首次航母大战。此次战役日本轻型航母"祥凤"和1艘驱逐舰被击沉,另一艘航母"翔鹤"遭重创,美国损失了大型航母"列克星敦"和1艘驱逐舰、航母"约克郡"受创。虽然双方损失大致相同,但是日本却被迫放弃了原定攻占新几内亚岛东南端重要港口莫尔兹比的计划,使美国在战略上占得先机。

5月27日,由南云忠一中将率领的机动部队(4艘航母、17艘其他战舰)、山本五十六亲自率领的主力部队,由近藤信作率领的攻略部队的舰艇陆续出航,正式开始实施攻击中途岛的作战行动。另外,对阿留申群岛进行攻击的北方部队的舰艇也随之出航。

但是,通过破译日军密电,美军对日军此次军事行动了如指掌,由太平洋舰队司令率领的包括企业号、大黄蜂号、约克顿号三艘航母在内的庞大舰队正严阵以待。6月5日,机动部队开始对中途岛进行空袭。但早有准备的美军舰载飞机随即向日军航母发起攻击。日舰击退一波美军飞机,紧接着又来一波。由于日航母舰甲板上停有多架满载炸弹和鱼雷的舰载轰炸机,遭受突袭未及起飞即自行引爆,使赤城、苍龙、加贺3艘重型航母陷入一片火海。最初幸免于难的"飞龙"放出攻击队对美航母约克顿号实施猛攻,但下午未及将其击沉也被引爆起火。日军4艘航母全部丧失了战斗力。最后,"加贺"、"苍龙"5日沉没,"赤城"和"飞龙"6日沉没。重型巡洋舰"三隈"7日沉没,而美军仅损失航母、驱逐舰各1艘(约克顿号在6月7日遭日军潜水艇"伊168"攻击,于翌日沉没)。中途岛海战以日军惨败告终。虽然北方部队在6月4日、5日实施空袭后,7日占领了阿留申群岛的两个岛屿,但中途岛海战后,日军已开始节节败退。

中途岛海战获胜后,美国陆海军参谋长联席会议于1942年7月4日决定实施攻占太平洋诸岛的作战,由太平洋舰队司令尼米兹和西南太平洋军司令道格拉斯·麦克阿瑟(Douglas MacArthur)分别指挥。9月和10月,美军在瓜达尔卡纳尔岛附近的海空大战中获胜,并在翌年2月9日占领了瓜岛。瓜岛战役后,美军开始转入全面战略反攻,日军节节败退。

1943年4月18日,由于美军破译了密码,了解了联合舰队司令长官山本五十六的行踪,对其乘坐的飞机进行袭击,山本五十六阵亡。[1]6月19日、20日两天,由小择治三郎中将指挥的、以9艘航母为主力的日军舰队,同由斯普鲁安斯(Raymond A. Spruance)指挥的、以15艘航母为主力的美军舰队在塞班岛西部进行了世界史上规模最大的一次航母大战——马里亚纳海战。日军惨败,损失3艘航母、430架飞机。自此,日军彻底丧失了制海权。

---

[1] 据最新研究,美军并非在理论上破译了日军密码,而是从沉没的潜艇中获取了密码本。

初战连连告捷阶段,对东条内阁批评者几乎销声匿迹。随着战局的恶化,东条最大的政敌、日美开战的反对者近卫文麿,以及包括冈田启介、米内光政等海军长老在内的重臣、海军内的反东条势力、皇道派、宇垣一成派、东条英机的宿敌石原莞尔等迅速聚拢,时时捕捉推翻东条政权、早日实现和平的机会。对"东条独裁"的批判日盛一日,东条内阁开始摇摇欲坠。一些极端分子甚至密谋暗杀东条:石原派系的津野田知重少佐即计划暗杀东条英机。天皇和木户幸一对东条英机也感到失望。东条垮台,已势在必然。

1944年7月17日,重臣会议在平沼骐一郎私邸举行。多数重臣要求更换内阁。18日,木户幸一以"欲摆脱此危局,必须实现人心一新"为主旨,将重臣会议的情况奏告天皇。同日,东条英机递交了辞呈。当天,宫中一如既往召开重臣会议权衡内阁首相,与会者提出了诸多论说,有"文官内阁说"、"全员重臣内阁说"、"皇族内阁说",等等。最后基于"强化国土防卫体系"考虑,认为后任首相"必须出自陆军",并聚焦于小矶国昭、寺内寿一、畑俊六三人,最后决定由朝鲜总督小矶国昭组阁。7月19日,近卫文麿和平沼骐一郎向木户幸一建议:"为使此届内阁成为真正的举国一致内阁,似可成立小矶(国昭)·米内(光政)联合内阁。"木户表示赞同并上奏天皇。20日,东条内阁宣布内阁总辞职。同一天,天皇召见小矶和米内,对他俩说:"望卿等组织协力内阁。"

7月22日,小矶国昭和米内光政完成组阁:小矶国昭(首相)、米内光政(副相、海相)、大达茂雄(内相)、重光葵(外相兼大东亚相)、二宫治重(文相),等等。东条英机退任并转入预备役。另外,撤销大本营政府联络会议,代之以首相、外相、陆相、海相、参谋总长、军令部总长组成的最高战争指导会议。8月19日,最高战争指导会议制定了《今后应采取的战争指导大纲》,提出了战后小矶国昭在回忆录中称之为"一击媾和论"或"决战媾和论"的构想:"帝国当彻底集结现有战力以及至本年度末能够战力化之国力,通过破敌,摧毁其继续作战之企图";"帝国期待依靠彻底的对外施策,实现世界政局之好转"。①

11月24日,美军马里亚纳基地的B29轰炸机开始对日本本土进行战略轰炸。翌年3月10日的"东京大空袭",使日本被炸死和失踪者达9万人以上。美军使用燃烧弹的"无区别轰炸",至6月使日本主要城市化为焦土。7月后,中小城市也遭受同样攻击。

1945年1月20日,面对战局的持续恶化,特别是本土不断遭受空轰和当月菲律宾决战的败北,日本军政当局制定了新的《帝国陆海军作战计划大纲》,以"摧毁主要敌人美军的进攻为指向",开始施行以"本土决战"实现"一击媾和

---

① 战史丛书《大本营陆军部》(9),朝云出版社,1975年,第45—91页。

论",并将南千岛群岛、小笠原、冲绳、台湾、上海作为本土防卫的前沿阵地,至1945年秋,构成本土、朝鲜的防卫线。同时扩增5—6个师团、38个旅团的兵力。同年2月,日本天皇裕仁以个别召见重臣的方式听取了对战争前途的看法,结果不言而喻。近卫文麿提出,军部高呼"1亿玉碎"是为了防止因战争引起的混乱诱发共产革命。即便为了避免此种局面出现,也应争取早日实现和平。①

2月19日,美军对硫磺岛发起猛攻,由栗林忠道中将指挥的2万日本守军以"地下要塞化"的方式殊死抵抗,使进攻的美国3个师团付出了死7千、伤2万的惨重代价。3月17日,硫磺岛守军全部"玉碎"。位于日本关东和马里亚纳中间位置的硫磺岛的陷落,使美军B29轰炸机获得了燃油供给和战斗机护航的便利,因而对日本本土的空袭更加容易。

3月23日,美军开始对日本西南诸岛进行空袭,26日在庆良间列岛登陆,4月1日在冲绳本岛的嘉手纳海岸登陆,占领了两个飞机场。当时,大本营考虑冲绳战役以空战为主,但当地第32军司令官牛岛满中将坚持采取地面持久战的作战方针,因此未死守两个机场。为此,大本营严令其必须夺回空战不可或缺的两个机场。根据大本营指令,当地日军在7、8日两天实施了反攻,但遭遇失败。12日组织夜袭,再告失败。

同时,日本陆海军自4月6日至6月22日实施了代号为"菊水作战"的10次"特攻",投入了2 000架"特攻机"。"神风特攻"是由谋划突袭珍珠港的日本海军中将大西泷次郎首创的。"神风特攻队"采用了令美军震颤的驾机撞舰、"鱼死网破"的作战方法,击沉了美军17艘驱逐舰等舰艇,但终未能将美军舰艇逐出冲绳海域。在开始实施"空中特攻"的同一天,4月6日,以"大和"号为旗舰的水上特攻部队也开始出击,但翌日下午即被美军击溃(按:1944年10月,日海军中将大西泷次郎在马尼拉附近的克拉克海军基地组织了一支"驾机撞艇"的特别攻击队,取名"神风特攻队"。所以取名"神风",是因为13世纪末元世祖忽必烈两次率舰队攻击日本,但是均因遭遇大风而出师未捷。日本人认为那使日本幸免于难的大风是"神风"。大西泷次郎给特攻队取名"神风特攻队",就是祈盼再次蒙佑福祉,击溃敌军)。

4月19日,登上冲绳本岛的美军开始发动总攻,激战在本岛南部持续展开。当地日本第32军于5月4日进行了总反攻,但以失败告终,遂重新回复持久战。6月1日,美军占领了首里。6月23日,冲绳全岛被美军占领,"冲绳

---

① 细川护贞:《细川日记》,中央公论社,1978年,第360—365页。受召见的重臣依次是:2月7日平沼骐一郎、9日广田弘毅、14日近卫文麿、19日若槻礼次郎和牧野伸显、23日冈田启介、26日东条英机。

血战"至此告终。此役,美军伤约6万人、亡约1.3万人(包括海军)。日军阵亡6.5万人,另有约10万居民战殁。大批日军官兵集体自杀,日军最高指挥官牛岛满也切腹自杀。美军最高指挥官、第10集团军司令巴纳克被流弹击中身亡。①

冲绳日美血战正酣之际,日本内政和外交发生了重大变化。4月1日,杉山元陆相因就任东部军司令官而请辞陆相职务。小矶国昭试图借此机会兼任陆相,实现军政统一,但遭到陆军三长官会议拒绝。5日,小矶国昭宣布内阁总辞职。当天夜里,铃木贯太郎受命组阁并于4月7日完成,主要阁员是:安倍源基任内相、阿南惟几任陆相、米内光政留任海相、东乡茂德留任外相、冈田忠彦任厚相、太田耕造任文相。

铃木内阁组成后,同时推进"本土决战"和"体面媾和"。②但是如下一章所述,"本土决战"因美国投掷原子弹后日本最终表示接受《波茨坦宣言》、美国没有实施日本本土登陆作战而未出现;"体面媾和"则因以美国为首的盟国事实上同意了日本"护持国体"的最低要求而勉强实现。以1945年8月15日"玉音放送"即日本天皇《终战诏书》的颁布为标志,日本宣布投降。

作者点评:

本章最主要的内容是战争。但战争虽然结束,却留下了始终影响中日关系的战争责任问题。为什么这个问题难以彻底解决?首先请看以下史实:

1993年8月23日,细川护熙首相在就职后首次发表的施政演说中表示:"过去,我国的侵略行为和殖民统治给很多人带来了难以忍受的痛苦和悲伤,为此再次表示深刻的反省和歉意。"1995年8月15日,村山首相在战后50周年代表日本政府就历史问题发表谈话,明确表示愿正视历史,承认侵略,对此表示深刻反省和道歉。而同一天,联合内阁9名内阁大臣参拜了靖国神社。

1996年7月29日,桥本龙太郎首相参拜靖国神社。1997年9月4日,桥本龙太郎成为战后访问中国东北地区的首位日本现职首相,并参观了"九一八"纪念馆。2001年8月13日,小泉纯一郎就任首相后第一次参拜靖国神社。2001年10月8日,小泉纯一郎在访华期间参观了卢沟桥抗战纪念馆,对日本侵华历史表示反省和道歉……2006年8月15日,小泉纯一郎就任首相

---

① 该数据根据《日本的战争:图解和数据》,第62页。虽日本宣称冲绳守军全部"玉碎",但实际上仍有数千人生存并投降。当时冲绳人口约50万人。

② 战后,铃木贯太郎因接受了《波茨坦宣言》而被视为"和平主义者"。但史实显示,铃木组阁之初依然试图进行"本土决战",并没有采取措施结束战争的迹象。

后第六次参拜靖国神社。

为什么出现上述现象？如我在下一章将写到，作为战后首位以公职身份参拜靖国神社的首相，中曾根康弘在时隔一年后，即1986年给胡耀邦总书记的信中，说了这样一句话："在充分尊重本国国民感情的同时，也必须充分尊重世界各国国民的感情。"

第十二章 昭和时代(战后)

一、"和平"在蘑菇烟云中升起

1945 年 4 月 5 日,苏联外长莫洛托夫通告日本,无意延长即将到期的《日苏中立条约》。4 月 8 日,即铃木贯太郎完成组阁的第二天,已濒临绝境但仍负隅顽抗的日本陆军当局制定了《"决号"作战准备要纲》,正式开始本土决战的准备。正是在这种背景下,铃木内阁开始了收拾战争残局的"体面媾和"和"本土决战"两方面工作。

为了"体面媾和",日本当局再次寄希望于苏联斡旋。早在 1944 年 8、9 月间,日本为了使苏联保持中立,同时为了通过苏联帮助,摆脱举步维艰的国际局势,向苏联提出遣使访苏和为苏德实现和平进行斡旋,但遭到苏联拒绝。

1944 年 11 月 6 日,斯大林发表演说,谴责日本是"侵略者"。这一演说,使一些日本人的下述担忧和疑惑心理不断增强:"苏联今后是否仍会认为有必要签署中立条约?"尽管如此,东京方面一直在探讨若能获得苏联的友好表示,或能使苏联成为和平的中介,如何作出大幅度让步的问题。①之后,尽管客观形势恶化,但日本似始终没有放弃对苏联执拗的期待。1945 年 2 月,苏联和美英在雅尔塔会议上签署了"雅尔塔秘密协定",其中包括苏联对日参战条件,日本对此一无所知,仍然期待苏联能充当其走向"和平"的桥梁。

5 月 11 日后,"最高战争指导会议构成员会议"(简称"构成员会议",即仅由"会议"正式成员首、陆、外、海"四相"和参谋总长、军令部总长出席,其他作为"干事"的中坚幕僚不出席),连日举行会议,基于"在将来苏联和美国对抗时",搞好日苏关系有利于保持日本国际地位、有利于将来日苏中联手对付美英,决定"不仅为了防止苏联参战,同时也为了进而获得苏联友好的

---

① 松本俊一、安东义良监修:《日本外交史》25 卷,鹿岛出版会,1972 年,第 41—78 页。

中立,成为在终结战争时进行于我有利的斡旋之目的,立即开始日苏两国间的磋商"。①会议同时还就通过瑞士、瑞典等中立国家,以及通过南京政府与美英接触的可能进行了探讨,但根据前此经验得出结论:除了要求日本无条件投降,不太可能从美英那里获得别的答复,因此对苏联的斡旋更加期待。

根据上述会议决定,东乡茂德外相即刻委托"苏联通"广田弘毅与苏联驻日大使马立克(Iakov A. Malik)进行接触。6月3日和4日,广田弘毅会晤马立克,提出了根本改善日苏关系的要求。6月6日和6月8日,最高战争指导会议和御前会议先后通过了新的《今后应采取之战争指导大纲》。大纲提出:"迅即强化皇土战场态势并集中皇军主要战力";"期待对苏、对支施策活跃有力之实行,以此使战争之遂行于我有利"。②

但是,对依此收拾战局并不乐观的木户幸一,于6月8日起草了仰赖"天皇陛下勇断"终结战争的《收拾时局之对策试行方案》,并于9日上奏天皇,主要内容是:以苏联斡旋为媒介,以占领区独立、自主撤军、缩小军备为条件,实现"体面媾和"。裕仁天皇同意木户幸一就此和首相、陆相、海相、外相进行磋商。6月13日至18日,木户幸一分别会晤了铃木贯太郎首相、米内光政海相、东乡茂德外相、阿南惟几陆相。阿南陆相最初主张通过本土决战实现"一击媾和论",但木户幸一告知了天皇的忧虑:若本土决战败北将难以维持国体,阿南惟几遂同意进行交涉。③

6月18日,"构成员会议",就下述问题达成共识:在美英要求日本无条件投降时将继续战斗,但在尚拥有相当兵力时通过苏联的斡旋,实现以"护持国体"等为最基本条件的和平。6月22日,御前会议召开,上述成员列席。席间,天皇首先要求对终结战争进行研讨。东乡茂德提出:"虽然有相当的危险,但是除了通过苏联斡旋,别无他途。"同时提出:"对付与苏联的代价及媾和条件,需要有相当意识。"与会者对他的意见基本表示赞同。④6月24日,广田弘毅根据御前会议精神再次会晤了马立克,并根据马立克的要求,于6月29日提交了包括"满洲国"中立等条件为内容的具体方案。但是,此后马立克一直称病,对日方要求不再作答。

7月10日,由于广田弘毅和马立克的会谈无果而终,日本最高战争指导会议决定派特使前往苏联,要求苏联为终战进行调停,并在7月12日内定近卫文麿为特使。同日,日本政府向苏联表达了裕仁天皇希望以除无条件投降

---

① 外务省编:《终战史录》,终战史刊行会,1986年,第322—328页。
② 战史丛书《大本营陆军部》(10),朝云出版社,1975年,第315—324页。
③ 《木户幸一日记》下卷,第1208—1210页。
④ 外务省编:《终战史录》,第410—419页。

以外的方式结束战争的意向，并通知苏联将派遣近卫文麿作为特使前往访问。在1995年发表的《昭和天皇独白录》里，裕仁天皇这样写道："之所以选择'苏联'为中介，是因为其他国家皆势单力薄，即使从中调停，仍有遭到英美压制，从而导致无条件投降的虞患。若是苏联的话，既有实力，且与我有缔结中立条约之情谊。总之，就是出于这两个理由。"但是，苏联在7月18日以日本派遣特使的目的不明确为理由，拒绝近卫访苏。日本政府指示驻苏联大使馆继续进行交涉。7月26日，《中美英促令日本投降之波茨坦公告》(也称《波茨坦宣言》)发表，交涉中断。

毋庸置疑，苏联拒绝接近日本，是因为两国虽然签有《日苏中立条约》，但是作为美国的"盟国"、作为同日本具有直接重大利害关系的国家、作为同"三国同盟"中的德国交战的国家，苏联同日本的疏远和同美国的接近原本顺理成章。诉诸历史，《波茨坦宣言》后日苏交涉的中断，是美苏接近的必然结果。

1943年11月22日—26日，美、英、中三国首脑在埃及开罗举行会议，并在会后发表了《开罗宣言》，明确提出了战后处理日本的方针："三国之宗旨，在剥夺日本自1914年第一次世界大战开始后，在太平洋上所夺得或占领之一切岛屿，及使日本在中国所窃取之领土，如东北四省、台湾澎湖列岛等，归还中华民国。其他日本以武力或贪欲所攫取之土地，亦务将日本驱逐出境。我三大盟国轸念朝鲜人民所受之奴隶待遇，决定在相当时期使朝鲜自由独立。基于以上各项目的，三大盟国将继续坚忍进行其重大而长期之战斗，以获得日本无条件之投降。"

1943年11月28日至12月1日，美、英、苏三国首脑在伊朗首都德黑兰举行会议，在确定对德战争基本战略的同时，也就苏联对日参战问题进行了探讨。席间，斯大林表示了对德战争结束后对日开战的意向。同时，会议也探讨了与之相关的苏联在远东的权益问题。

1945年2月4日至11日，罗斯福、斯大林、丘吉尔在克里米亚的雅尔塔举行会议，就处置德国、对日作战、成立联合国等问题进行了磋商。11日，"三巨头"签署了秘密协定《雅尔塔协定》，约定苏联在对德战争结束2至3个月后对日开战，条件是将南库页岛和千岛群岛交付苏联、维持外蒙古现状、大连商港国际化并承认苏联享有优先权、恢复苏联对旅顺口的租借权、苏中合作经营满洲铁路，等等。日本在欧洲的情报机构获得了雅尔塔会议后，苏联对日作战的可能性将增大的情报，但未探得秘密协定的内容。

6月18日，白宫最高军事会议通过了实施代号为"奥林匹克"(即登陆日本本土、九州)的作战方案，决定投入兵力76.67万人，11月1日发起攻击。因罗斯福于1945年春猝死而继任美国总统的杜鲁门，批准了这一方案。与此同时，以陆军部长史汀生为首的班子于6月29日完成了战后处理日本草案，

7月2日递交美国总统杜鲁门。草案对天皇制的存废未得出最终结论。

7月16日,美国首次成功进行了原子弹爆炸试验。第二天,杜鲁门、丘吉尔(会议中途因工党上台执政、丘吉尔为艾德礼取代)、斯大林在德国柏林郊外的波茨坦,就欧洲战后处理和结束对日战争问题举行了会议。原子弹试爆成功对战争的直接影响,在丘吉尔的回忆录中得到了准确阐述:"如今,这个(本土登陆作战的)噩梦般的情景完全消失了。随之浮现的是经过一两次猛烈冲击便全面结束战争的光景,那实在是令人感到愉快而辉煌的情景……我们已不再需要俄国军队了。对日战争的结束,已经不用投入俄国军队去进行可能还会是旷日持久的杀戮战了。我们没有必要去乞求他们的援助了。"①

7月26日,美英中三国发表了以"如果日本不投降,就给予毁灭性打击"为主题的《美英中促令日本投降之波茨坦公告》(简称《波茨坦公告》,亦称《波茨坦宣言》)。除天皇制存续问题外,其余内容基本上以史汀生等拟定的草案为基础。公告第5项明示:"以下为吾人之条件,吾人决不更改,亦无其他另一方式。犹豫迁延,更为吾人所不容许。"第8项强调"《开罗宣言》之要求必将实施,而日本之主权必将限于本州岛、北海道、九州岛、四国及吾人所决定之其他小岛之内"。第13项提出"吾人通告日本政府立即宣布所有日本武装部队无条件投降,并对此种行动诚意实行予以适当之各项保证,除此一途,日本即将迅速完全毁灭"。

拙著在绪言中已经指出一些影响较广的史书对《波茨坦公告》的错误诠释及因此形成的错误"通识"。例如,吴廷璆主编的《日本史》称:"7月26日,波茨坦公告发表,这是反法西斯盟国敦促日本无条件投降的公告。"②

核查原文不难发现,《波茨坦公告》本身就是美英中三国为敦促日本尽早投降而提出的"条件",如果按照《日本史》的阐述,显然构成提出诸项要求日本投降的条件,却"要求日本无条件投降"这种显而易见的悖论。但事实上《波茨坦公告》提出者并未提出悖论,这一悖论的成因,是《日本史》作者混淆了要求"日本武装部队"无条件投降(第13条)和要求"日本"无条件投降两个不同的概念。赵建民、刘予苇主编的《日本通史》,也有同样错误的阐述:"7月26日,美英中三国《波茨坦公告》发表,敦促日本及早无条件投降。"③

关于《波茨坦公告》的意义,刘世龙在《美日关系(1791—2001)》一书中表述得相当准确、到位:"就美国而言,7月26日《公告》的发表,意味着它最终对日采取了不确定的有条件投降政策。首先,《公告》正式把日本国和日军无条

---

① 丘吉尔:《第二次世界大战回忆录》24卷,第182—183页。
② 吴廷璆:《日本史》,第780页。
③ 赵建民、刘予苇主编:《日本通史》,复旦大学出版社1989年版,第318页。

件投降的政策变为日军无条件投降的政策。其次,在美国国务院远东司司长巴兰坦看来,《公告》宣布投降条款有可能使日本早日有条件投降。第三,在美国看来,《公告》的实际含义是事实上保留天皇制。"①

  日本政府在逐字逐句研究了《波茨坦宣言》后得出结论:只能以《波茨坦宣言》作为终结日美战争的基准,除此之外,别无其他途径。东乡茂德外相认为,该宣言并未要求日本无条件投降。和德国的情况相比,日本"终战"的条件还算有利,政府的形态、武装的解除等仍有可确认、修正之处。如果拒绝"宣言",很可能导致严重后果,并在最高战争指导会议正式成员会议和内阁会议上,建议不要对"宣言"进行表态。但是,陆相阿南惟几认为,日本已经委托苏联为中介进行斡旋,应该在得到苏联方面的答复以后再决定怎么做。所以这么认为,是因为德国投降后,苏联军队已开始向"满洲国"边境集结。他认为,即使为了阻止苏联进攻满洲,委托苏联为和平中介也属上策。铃木贯太郎首相建议:"仅在报纸上作为新闻刊载,不加批判,予以'默杀'。"②7月28日,报纸上译载了《波茨坦宣言》,《每日新闻》还附上了编者按:"政府并不视之为具有重大价值的文件,故予以默杀,同时更坚定了唯有将战争进行到底之决心。"③当天,被统帅部视为"软弱"的铃木贯太郎,在会见记者时表示:"我认为三国共同声明重申了开罗会议精神。政府并不认为它有什么价值,因此予以默杀。我们将朝继续进行这场战争的方向迈进。"④铃木贯太郎的原意是对《波茨坦宣言》不作评论。但是,"默杀"在他回答记者质疑这一特定的语境中被译为"ignore"(无视、忽略)。当时日本驻瑞士大使加藤俊一等在仔细分析公告内容后向外务省发去急电,认为可予以接受,但为时已晚。

  见日本"拒绝"接受《波茨坦宣言》,美国遂决定按照既定方针使用原子弹,彻底摧毁日本的抵抗意志。1945年8月6日上午8点15分,B-29型轰炸机"爱诺拉·盖"号在广岛上空1万米处投下了代号为"胖墩"的铀原子弹,使爆炸中心区域及附近区域立即被摄氏7000度的高温吞没,造成约14万人死亡(正负误差1万人)。⑤当天夜晚,美国总统杜鲁门发表了"投弹声明":16小时之前,美国一架飞机在日本陆军重要基地广岛投下了一颗炸弹。这颗炸弹具有TNT炸药2万吨以上的威力,是迄今为止在战争史上使用过的炸弹中最大型的炸弹……那是一颗原子弹,是利用存在于宇宙的基本能量制作的。我们将作为太阳之能源的这种能量,射向给远东带来战争的那些人……7月26

---

① 刘世龙:《美日关系(1791—2001)》,世界知识出版社2003年版,第371页。
② 外务省编:《终战史录》,第508—518页。
③ 《每日新闻》1945年7月28日。
④ 《每日新闻》1945年7月30日。
⑤ 空袭编集委员会编:《日本的空袭》7卷(中国·四国),三省堂,1980年,第38页。

日在波茨坦发出的最后通告,是为了拯救日本国民使之免遭全面破坏。但是,他们的领导者却断然拒绝接受这一通告。如果他们不接受我们现在提出的要求,那他们必须意识到空中将落下令他们遭受灭顶之灾的弹雨,那种弹雨将是在这个大地上前所未有的。在空中攻击之后,海军和陆军将以日本领导者未曾领教过的强大兵力和他们已经领教过的战斗技术,发起攻击。①

翌日,日本当局敦促科学家去广岛实地调查。及至获知真相,深深为之战栗。

日本时间8月8日上午11时,苏联外长莫洛托夫通报日本政府,称由于日本拒绝接受《波茨坦宣言》,通过苏联进行和平斡旋的基础已经丧失,9日以后苏联将同日本进入战争状态(按:《日苏中立条约》有效期至1946年4月)。此时,苏联军队已向满洲、朝鲜、内蒙古、南库页岛发起了攻击。8月9日上午11时刚过,美国向长崎

原子弹轰炸后的广岛一片瓦砾

投下了代号为"小男孩"的钚原子弹,造成7万人死亡(正负误差1万人)。②

8月9日上午,在最高战争指导会议正式成员会议上,铃木贯太郎首相表明了接受《波茨坦宣言》的意向。对此,与会者均表示原则上赞同。但是东乡茂德外相表示,接受宣言当附上"护持国体"这一条件,而阿南惟几陆相、梅津美治郎参谋总长、丰田副武军令部总长则认为除此之外还应附上对占领不予保障、自主撤兵和复员、自主处罚战犯三项条件。阿南惟几强调,如果被解除武装,则将同意大利一样前途渺茫。双方各执己见,各有拥趸。但赞同附随"三条件"者居多。直至深夜,讨论仍无结果。

当天黄昏,对"三条件附加论"感到担忧的重光葵前外相在与近卫文麿商量后,决定通过内大臣木户幸一向天皇提出,除了护持国体一项,其他条件均不宜提出。是否可行,请天皇敕裁。木户对他们的看法也表示赞同。

9日深夜至10日拂晓,最高战争指导会议在天皇临席的情况下举行。上述两种意见依然对立。铃木贯太郎遂要求"仰圣上根据圣虑作出决断,并以之作为会议决定"。于是,天皇作出了决断:"关于对盟国的答复,朕同外相的意见一致。朕以为,如果皇室、人民和国土能够保存,则国家生存之根基尚存。

---

① 山际晃、立花诚一编:《资料曼哈顿计划》,大月书店,1993年,第605—607页。
② 空袭编集委员会编:《日本的空袭》7卷(中国·四国),第38页。

如果继续进行无望的战争,则有丧我根基,亡我子民之虞。察彼我之物力、内外诸般之形势,可知我等没有胜算。"①此即所谓"第一次圣断"。事后,裕仁在《昭和天皇独白录》里这样写道:"当时我下决心的第一理由是:这样下去日本民族将会灭亡,我保护不了天下赤子。第二是为了护持国体。在这方面,木户也持完全相同的意见。假如敌人从伊势湾附近登陆的话,那么伊势、热田两神宫将立即被置于敌人的控制之下,这样就来不及转移神器,无法指望保护它们。果真如此的话,护持国体将会更为艰难。故,此时此际,我觉得哪怕牺牲我自己,也要媾和。"

内阁书记官长迫水久常对当时的情形作了如下描述:"陛下先说道:'那么,朕说一下自己的意见吧。'接着便说:'朕的意见是赞成外务大臣的意见'……就在这一瞬间,我仿佛听到每个人的泪水都在噼里啪啦地向文件上滴落。接下来的瞬间是凄凄的哭泣,再接下来便是号啕大哭。……建国业已两千六百余年的日本,今天迎来了第一个战败的日子。这天也是日本天皇第一次哭泣的日子。"

裕仁天皇作出"圣断"后,最高战争指导会议根据东乡茂德外相的方案即刻拟定了决议,并决定在致盟国的电文中保留这一句:"在认识到不包含要求变更天皇统治国家之大权的前提下"接受《波茨坦宣言》。凌晨3时,内阁举行会议通过了接受《波茨坦宣言》的决议。上午10点,外务省通过瑞士、瑞典,向美、英、苏、中四国发出了接受《波茨坦宣言》的电文,并特别注明:"相信你们当不会误解我以上表述,并望尽快告知明确意向。"

8月12日下午6时,日本收到了盟国对电文的正式答复,要点有三:1."为了实施投降条款,采取必要措施,自降伏之时起,天皇及日本国政府统治国家之权限当受控于盟军最高司令官"。2."根据波茨坦宣言,日本国之最终政治形态,当根据日本国国民自由表明之意愿决定"。3."盟军在《波茨坦宣言》所提出的各项目的完遂之前,留驻日本国内"。

上述复电第一项中,笔者译为"受控于"的英文原文是"subject to",该词亦有"从属、隶属于"的含义。外务省为避免刺激军方,将subject to译为"受控于"(日语为"受……制限")。但是陆军省认为subject to意为"隶属于",遂又引起"国体"之争。梅津美治郎参谋总长、丰田副武军令部总长上奏天皇,要求拒绝接受《波茨坦宣言》。枢密院议长平沼骐一郎和阿南惟几陆相也对其中有些内容表示异议。结果,最高战争指导会议和内阁经再三讨论,仍未能作出是否接受的结论。于是铃木贯太郎不得不再次上奏天皇:"敬禀今日之阁议未有结果,再次仰仗圣断。"

---

① 保科善四郎:《大东亚战争秘史》,原书房,1975年,第49页。

第十二章 昭和时代（战后）

8月14日上午10点50分,御前会议在宫中防空壕内举行,再次由天皇宸裁,接受《波茨坦宣言》。此即所谓"第二次圣断"。第二次"圣断"后,迫水久常邀请川田瑞穗和安冈正笃两位汉学家当顾问,以"第一次圣断"的内容为基准草拟诏书,在14日夜完成、提交阁僚会议审议并获通过后,由全体阁僚署名上奏天皇裁决。

8月14日晚11时,天皇在宫城内录下了《大东亚战争终结之诏书》(略称《终战诏书》),计划15日正午以"玉音放送"的形式通过无线电播发。此时,陆军军务局课员椎崎二郎中佐、畑中健二少佐等前往近卫第一师团长森赳处,强行要求其"蹶起",森赳拒绝了他们的要求,一干人遂杀了森赳,并欲夺取录有"玉音"的磁盘、拘留天皇的侧近。这场政变最终以失败告终,首谋者自杀。同一天拂晓,阿南惟几陆相切腹自杀。

8月15日正午,广播中传出了由天皇亲自宣读的《终战诏书》即所谓"玉音放送"。①以下特录《终战诏书》全文,意在引起读者关注一个史实:战后日本否定战争责任的"自卫战争论"、"大东亚战争解放论",在《终战诏书》中有明白无误的表述。

终 战 诏 书

朕深鉴于世界大势及帝国之现状,欲采取非常之措施,收拾时局,兹告尔忠良臣民:朕已饬令帝国政府通告美、英、支(中国)、苏四国,愿接受其联合公告。

盖谋求帝国臣民之康宁,同享万邦共荣之乐。斯乃皇祖皇宗之遗范,亦为朕所眷眷服膺者。往年,帝国之所以向美、英两国宣战,实亦为希求帝国之自存于东亚之安定而出此,至如排斥他国之主权,侵犯他国之领土,固非朕之本志。然交战已阅四载,虽陆海将兵勇敢善战,百官有司励精图治,一亿众庶克己奉公,各尽所能,而战局并未好转,世界大势亦不利于我。加之,敌方最近使用残酷之炸弹,频杀无辜,惨害所及,实难逆料。如仍继续作战,则不仅导致我民族之灭亡,且将破坏人类之文明。如此,则朕将何以保安亿兆赤子,陈谢于皇祖皇宗之神灵乎!此朕所以饬帝国政府接受联合公告者也。

朕对于始终与帝国同为东亚解放而努力之诸盟邦,不得不深表遗憾。念及帝国臣民之死于战阵,殉于职守,毙于非命者及其遗属,则五脏为之俱裂。至于负战伤,蒙战祸,失家业者之生计,亦朕所深为轸念者也。今后帝国所受之苦固非寻常,朕亦深知尔等臣民之衷情。然时运之所趋,朕欲忍其所难忍,耐其所难耐,以为开万世之太平计耳。

---

① 《官报》号外,1945年8月14日。

朕于兹得以维护国体,信倚尔等忠良臣民之赤诚,并常与尔等臣民同在。若夫为情所激,妄滋事端,或者同胞互相排挤,扰乱时局,因而迷误大道,失信义于世界,此朕所深戒。宜举国一致,子孙相传,确信神州之不灭。念任重而道远,倾全力于未来之建设,笃守道义,坚定志操,誓必发扬国体之精体,期不落后于世界之进化。望尔等臣民善体朕意。

裕仁
昭和二十年八月十四日

　　日本政府8月15日夜晚广播和16日报纸发表了关于"终战"的内阁告谕。有些军人和军属以自杀表示抗议,人数超过600,其中包括37名将军。[①]

　　8月16日下午4时,大本营向所有部队发出了停战命令,但是在与苏联军队进行殊死搏斗的满洲、库页岛一带,战斗仍持续了一周。

　　8月15日下午,铃木贯太郎内阁宣布总辞职。木户幸一内大臣和平沼骐一郎枢密院议长协商后,推荐皇族成员东久迩宫稔彦继任首相。16日,裕仁天皇敕令东久迩宫组阁、近卫文麿辅佐。8月17日,日本历史上第一、也是唯一的东久迩宫内阁诞生,近卫任副首相、内务大臣。建立皇族内阁本身也意味着日本向全世界表明对"终战"的态度。日本自此开始进入"战后"时期。按照日本的历史时代划分,近代至此结束,现代正式开始。

二、"战后处理"和"战后改革"

　　《波茨坦宣言》基本规定了战后盟国对日本的政策框架:1.日本的主权范围为本州、北海道、九州、四国,以及盟国规定的周边诸小岛;2.排除军国主义势力,解除日本军队武装和处罚战争罪犯,剥夺其发动战争的能力;3.复活并强化民主主义倾向,确立并尊重基本人权;4.维持能进行战争实物赔偿的产业,将来加入世界贸易体系。5.上述目的实现后,根据日本国民的自由意志,建立具有和平倾向的、负责的日本政府,盟军撤出日本。

　　值得关注的是,以美国为中心制定、在《波茨坦宣言》中提出的占领政策,在日美战争爆发后不久即已开始得到研究并逐步确立,说明美国对战胜日本早已有充分的自信。

　　1942年2月,美国政府在国务院设立了战后外交政策咨询委员会。关于战后如何对日处置,委员会的一种意见认为,应该使日本的领域回复至中日甲午战争之前,另一种意见则认为,应在日本建设民主政治和培养亲美倾向,为此必须着重研究如何使日本作为不对和平构成威胁的国家"重返"国际社会。

---

① 额田坦:《改订版·世纪的自决》,芙蓉书房,1981年。

第十二章 ● 昭和时代（战后）

随时间推移,后一种意见逐渐占据上风。

1942年8月,美国国务院特别调查部设立了以克拉克大学乔治·布拉克斯理(George H. Blakeslee)博士和哥伦比亚大学胡格·博顿(Hugh Borton)博士等远东问题专家为中心的研究班子,着手研究战后对日政策问题。与此同时,美国陆军部和海军部也在制定战时和战后对占领区实施管理的行政计划,并开始培训将派赴当地、具有专业知识的管理人员。因为,尽管军事长官对占领区握有全权并承担相应责任,但是占领区的管理不能依赖职业军人。

1944年后,美国军政当局开始对军方的占领计划和国务院的预定政策进行调整。当年1月,美国政府在国务院内设立了战后计划委员会。由于当年对日战争胜利的曙光已经出现,军方废止天皇制、给予日本严厉打击的"惩罚日本论"获得越来越多人的支持,但美国驻日大使约瑟夫·格鲁、胡格·博顿等"稳健派"坚持认为,天皇制有助于日本的和平国家化、民主化,对"惩罚日本论"进行反驳。以此为背景,11月,美国设立了国务院、陆军部、海军部三院部协调委员会(SWNCC)对日本的投降和占领进行研究。

1945年2月,三院部协调委员会的工作正式全面展开。作为其下属的太平洋、远东分委员会(SFE)在上述远东问题专家的参与下,开始对日本的投降形式等问题进行研究,并提出了以借助天皇的权威、使日本的投降和占领顺利进行为轴心的方案。6月,三院部协调委员会拟定了作为战后对日政策之基础的SWNCC-150号文件《战败后美国初期对日方针》。① 该文件由"一般条款"、"政治"、"经济"三部分构成。"一般条款"是对战后日本领土、军事、政治、经济的原则性规定。"政治"将占领期分为三个阶段,即1.通过军事占领实施严格管理;2.严密监视及统制的缓和;3.复归国际社会。同时规定设置严格及公正的军政府,清除军国主义、强化民主主义的倾向和过程,鼓励自由主义的政治要素。"经济"主要是实现日本经济的非军事化,施行军政活动必需的经济统制,使日本具有赔偿和返还能力,鼓励发展工业、农业等民主组织。另外,分委员会还准备了受降、对日占领军的构成等文件。1945年6月18日,在实务阶层准备好上述文件基础上,白宫最高军事会议决定了当年11月1日实施九州登陆的"奥林匹克"作战计划、1946年3月实施进攻东京的"科罗纳多"作战计划。

无可否认,日本战败只是时间问题。同样无可否认,由于原子弹的试爆成功和迅速使用,日本接受了《波茨坦宣言》,从而意味着其投降的时间,先于美国最高当局的预料。换言之,在三院部协调委员会尚未完全确定对日基本政策和占领统治机构时,战争已经结束了。这一美国政府始料未及的"时间差",

---

① 美国国务院编:《美国对外关系》,1945年,6卷,第549—554页。

对占领日本初期的政策和统治方式,产生了不可忽略的重要影响。

毋庸置疑,《波茨坦宣言》提出的对日政策和前此拟定的政策最大的差异,就是日本政府的存废。三院部协调委员会(SWNCC)拟定的政策,是以进攻日本本土为前提的。因此,如在攻陷冲绳后那样,美国占领军将理所当然建立军政府、停止日本政府的政策决定功能。上述SWNCC-150号文件《战败后美国初期对日方针》,也提出了在日本建立军政府的构想。但是,以后《波茨坦宣言》提出的对日政策,则是要求日本政府采取复活和强化民主主义倾向的措施。不言而喻,内中含义是允许日本政府继续存在。由于两者明显存在差异,因此三院部协调委员会在日本政府通告接受《波茨坦宣言》后,立即以日本政府将继续存在为前提,以如何施行"间接统治"为课题,对前此拟定的政策进行修正。

1945年8月12日,44岁即成为美国陆军史上最年轻的少将、历任陆军参谋长、远东美军司令官的盟军西南太平洋方面军司令官道格拉斯·麦克阿瑟,被任命为对日占领的最高责任人——盟军最高司令官。与此同时,三院部协调委员会也拟定了顺应新形势的占领军的构成及受降文件。但是,由于日本投降的时间先于预料,因此对日占领体系的形成、占领方针政策的颁布等,是在历时6年8个月的占领过程中逐渐成形的——

第一,美国和盟国其他国家的协调。1945年8月,美国任命麦克阿瑟为盟军最高司令官,得到了其盟国的赞同。但是,如何设立占领日本的管理机构这一重大问题,在盟国间尚未达成一致意见。当时,美国向其他盟国提出了成立由少数国家参与的远东咨询委员会作为对日占领机构的设想,但由于各国均想参与对日占领,故构想未获一致赞同。为了解决对日占领机构这一问题,1945年12月,美、苏、英、中四大国外长在莫斯科进行了会晤,决定成立远东委员会和对日理事会两个机构。远东委员会设在华盛顿,由11个盟国(后为13个盟国)组成,主要任务是制定日本须遵守的政策、原则、基准。对日理事会设在东京,由盟军最高司令官(美)及中国和英联邦的代表组成。最高司令官就对日政策发布命令,当与管制委员会协议。盟国还通过远东国际军事法庭和占领军一部分,参与对日占领。例如,日本的中国、四国部分地区,即由英联邦军队占领。但是,其他盟国的军队仅为"点缀",事实上日本几乎由美军单独占领。

第二,美国内部对日政策的协调。由于美国在盟国内具有决定性影响,对日占领问题几乎是美国的内部问题,因此负责政治问题的美国国务院和负责军事问题的陆军部、参谋长联席会议,必须协调对日政策。在日本投降后,三院部协调委员会作为对日政策立案机构继续存在,其探讨的政策经参谋长联席会议认同后报送盟军占领机构最高长官麦克阿瑟。美国对日政策的原型、

1945年11月3日公布的《投降后初期致盟军最高司令官关于占领及管理日本的基本指令》(简称"初期的基本指令"),也经由这一路径向麦克阿瑟传达。麦克阿瑟基本按照美国发布的指令实施各项政策,但有时也作为盟军最高司令官自行制定和实施占领政策。毋庸置疑,美国军政当局欲"遥控"立有赫赫战功、具有独自占领哲学的占领当局最高长官麦克阿瑟,绝非易事。因此,在日本实施的各项占领政策,难以简单归结为"美国的对日政策"。

第三,占领当局内部的协调。1945年11月2日,有关当局在东京设立了作为麦克阿瑟辅佐机构的"盟军最高司令官总司令部"(简称"盟总",英语缩写GHQ或SCAP)。盟总以麦克阿瑟指挥下的美军军事组织作为母体起步,最初由9个负责同占领相关的业务局构成,之后随业务的变化几度重组。但是,盟总作为美军军事组织的性质,和作为占领机构、承担专门业务的部局,常有矛盾发生。麦克阿瑟指挥的、作为占领军的美军,最初是根据实施"军政"(军管)即进行"直接统治"的要求构建的,因此在战斗部队内设立了"军政部"。进驻日本后各军政部在各府县开展工作,而其同在东京的总司令部的联系则经由盟军军事组织。

第四,盟总和日本政府关系的协调。由于对战后日本的占领和管理采取了"利用而非支持"现存日本政府机构的方式,即采取"间接统治"方式,因此占领当初即在日本政府内设立了"终战中央联络事务局"(简称"终联"),作为占领当局与日本政府的联络机构,主要成员是失去外交权的外务省工作人员。同时,各地也设立了"终联"相应机构。随着时间的推移,日本政府各省厅也自行设立了和盟总相关部局进行联络的机构。占领当局给日本政府的指令,最初大都采取"觉书"(备忘录)和"内部指导"的形式。日本政府为了使占领军的指令在国内法律体系中"合法化",往往采取明治宪法体系中具有法律效力的"应急敕令"的形式。日本国宪法施行后,"敕令"作为"政令"继续有效。

终战后两天,即1945年8月17日成立的东久迩宫稔彦内阁面临的主要课题,就是完成"终战"任务,当务之急是劝说国内和海外的日本军队投降并解除武装;帮助盟军顺利进驻日本。如此艰难的任务也只有皇族内阁能够承担。

东久迩宫内阁根据盟军最高司令官麦克阿瑟"为了履行投降条件,派遣有权接受各项要求的代表"的指令,让参谋次长河边虎四郎和外务省调查局长冈崎胜男等前往马尼拉盟军总部,进行有关投降手续的谈判。麦克阿瑟向河边虎四郎交付了关于投降的文件,并告知他盟军先遣部队8月26日进驻日本,8月31日签署受降书。之后,由于气候关系推迟了两天。

1945年8月28日,美军先头部队进入日本。8月30日麦克阿瑟降临神奈川县厚木机场。当时,机场周边仍有30万尚未解除武装的日军,而美军只有7 000人,麦帅此举有一定风险。但是麦克阿瑟不避风险,因为他要显示胜利者的姿态。与胜利者的趾高气扬相对应的,是失败者的痛定思痛。同一天,东久迩宫首相会见了内阁记者团,提出日本国民道德的低下,是日本最终战败的重要原因之一。他强调:"我认为,当今军、官、民即全体国民必须进行彻底反省。我相信,全体国民总反省是我国重建的第一步,也是我国内团结的第一步。"①在此后举行的国会会议上,东久迩宫发表演说,再次强调了这一观点。

9月2日,在停泊在东京湾的美国军舰"密苏里"号上,盟国代表与日本代表举行了受降文件签字仪式。麦克阿瑟主持仪式并讲了话。分别代表天皇和政府的日本外相重光葵、代表日本武装部队的日军参谋总长梅津美治郎首先在投降书上签字,然后麦克阿瑟代表盟国签字、再后9个同日本交战的国家的代表分别签字。

在举行签字仪式的当天黄昏,横滨的终战联络委员长铃木九万在与麦克阿瑟的副参谋长理查德·马歇尔(Richard J. Marshall)交谈时,获得了将于翌日公布的三个文告。这三个日英两种文字的文告均以"告日本国民"开头,主要内容是日本政府的所有权力都将在盟军最高司令官的监督下行使;设立占领军审判庭;以占领军发行的军用通货为法定通货等。日本政府获得这一信息后,重光葵外相于翌日直接前往会晤了麦克阿瑟,要求中止发布上述文告,代之以盟军最高司令官对日本政府发布命令的形式,理由是如果盟军直接以日本国民为对象发布文告:"国民将完全丧失对政府的信任,将引起行政上的混乱,其结果必然在国内产生混乱。"麦克阿瑟答称,期待日本方面忠实履行各项义务,"政府和国民的行动一致"。结果,这三个文告均没有发布。不仅如此,以后盟总的政策也均以向日本政府发出"指令",由日本政府将其转化为"法令"或"政令"的形式进行贯彻。

9月11日夜晚,盟总发出了逮捕包括东条内阁阁僚在内的30名战犯嫌疑犯的命令。由于国务大臣绪方竹虎也名列其中,而此前日本政府对此一无所知,因此不少阁僚提出,应罢免外相重光葵。9月17日,东久迩宫要求重光葵提交辞呈,并任命吉田茂出任外相。同一天,麦克阿瑟将盟总从横滨迁到东京,且地点就安排在皇居旁边的"第一生命"大厦。

9月22日,美国媒体报道美国政府制定了《战败后美国初期的对日方针》。9月24日,日本媒体也作了同样报道。但麦克阿瑟向日本政府传达的,是比之更为详尽的《投降后初期致盟军最高司令官关于占领及管理日本的基本指令》(简称"初期的基本指令")。②

---

① 《朝日新闻》1945年8月30日。
② 《投降后初期致盟军最高司令官关于占领及管理日本的基本指令》11月3日正式传达,但其大部分内容在9月中旬已由麦克阿瑟作了传达。

第十二章 ● 昭和时代（战后）

在盟国占领军进入东京的同时，盟国的大批记者也进入了东京。东久迩宫首相和近卫副首相均会见了记者。但是，记者仍要求直接采访天皇。然而，在盟军已开始逮捕战犯嫌疑犯的背景下，天皇如何回答记者提问是个非常棘手的问题。为此，继9月13日和15日近卫和东久迩宫相继拜会麦克阿瑟之后，9月20日吉田茂造访了麦克阿瑟，就天皇和麦帅会晤事进行了磋商。9月26日，海军大将、侍从长藤田尚德作为天皇的使者拜访了麦克阿瑟，再次就天皇往晤麦克阿瑟事宜进行了磋商。

9月27日，天皇裕仁在美国驻日大使馆和麦克阿瑟进行了会谈，由外务省参事官奥村胜藏担任翻译。据麦克阿瑟在回忆录中的记述，当时天皇表示："我在国民进行战争时，对政治、军事两方面所作出的一切决定负有全部责任。我本人是为了表示愿意接受你所代表的诸国的裁决而前来拜访的。"①但是，按照奥村胜藏的笔记《元帅（麦克阿瑟）和御（天皇）会见录》，天皇的表态显然不是这样："陛下说，关于这场战争，我本人是想极力避免的，因此最终看到战争爆发这一结果，感到非常遗憾。"奥村胜藏的笔记直至1975年才由儿岛襄在《文艺春秋》1975年11号上公开。由于奥村胜藏当年9月去世，真相究竟如何，可能将永远是个谜。

虽然谜团难解，但下述动向却令人似有所悟：

9月29日，日本各大报纸均报道了天皇会见麦克阿瑟的消息并刊载了两人的合影。但是，内务省当即下令禁止发售所有刊载天皇和麦克阿瑟会晤消息的报纸。

9月30日，日本政府制定了《关于接受波茨坦宣言后发布的命令之敕令》，开始着手建立与盟军总司令部要求相对应的国内法体制。

在投降文件签署后举行的帝国议会上，东久迩宫首相发表了演说，在介绍了走向终战的基本过程后强调："以粉身碎骨在所不惜之努力，期待在国民诸君的前面，充当进行和平的新日本之建设的铺路石。"②另一方面，以副首相身份入阁的近卫文麿周边一些人，则为了形成以近卫为核心的政治势力，鼓吹"内阁辞职论"。

10月4日，近卫再次造访麦克阿瑟。当天傍晚，盟军总司令部通过"终战

天皇和麦克阿瑟

---

① 道格拉斯·麦克阿瑟：《麦克阿瑟回想记》（下），朝日新闻社，1964年，第142页。
② 东久迩宫稔彦：《我的记录》，东方书房，1947年，第184页。

联络中央事务局",向日本政府发出了《关于政治、民事、宗教自由的指令》(即"人权指令"),要求日本政府立即释放政治犯、废止作为拘捕政治犯之法律依据的《治安维持法》和其他相关法令、处分内务大臣及特别高等警察(简称"特高")的责任者、撤销所有这类机构,并强调这种自由"包括对思想、宗教、集会及言论自由进行限制,以及维持这种限制的政策措施等、天皇、国体及日本帝国政府无限制的讨论。"①

这一"指令"使东久迩宫首相意识到,他已失去了麦克阿瑟的信任,遂决定内阁总辞职。

接到内阁总辞职的要求后,木户幸一内大臣即和平沼骐一郎枢密院议长、藤田尚德侍从长等商议后继首相。"此时,根据不为美国方面反感、无战争责任嫌疑、通晓外交事务的标准,一致确定币原(喜重郎)为第一候选人、吉田(茂)外相为第二候选人"。但是,此番选相仅获得天皇赞同还无法下达敕令,因此吉田茂外相即和理查德·苏萨兰(Richard K. Sutherland)参谋长取得联系,在获得盟总准许后,天皇敕令币原喜重郎组阁。

币原喜重郎当时已74岁,曾任职于大正至昭和的民政党内阁,因开展对美协调的"币原外交"而闻名,在日本和美英矛盾日益激化时不断被边缘化。此番让他重新出山,涵义当然不言而喻。

币原喜重郎出任首相后,当即发表了以遵循"五条御誓文"精神、确立民主主义等为内容的"八项政策":1.确立民主主义政治;2.解决粮食问题;3.复兴经济;4.解决失业问题;5.救护战争受害者,整理军队和在外同胞;6.整理行政;7.制定财政及产业政策;8.确立进步的教育制度、振兴科学。

10月11日,币原喜重郎造访了麦克阿瑟。麦克阿瑟首先提出:"通过逐项实现《波茨坦宣言》的要求,几个世纪日本国民隶属的传统社会秩序将会得到改变",遂要求币原进行"五大改革":1.通过赋予选举权,使日本妇女获得解放;2.鼓励建立工会,使工人能保护自己免受残酷剥削、提高生活水平;3.推动教育自由化,使国民获得基于事实的知识和利益,并了解政府不是他们的主人,而是他们的仆人;4.废除秘密警察制度及其他使国民始终处于恐怖状态的制度;5.改变垄断性产业支配方式,实现日本经济结构民主化。②

币原对上述"民主主义化"的要求作了如下表态:"我认为这些要求非指日可待就能实现。因为,如果这仅仅意味尊重一般民众的意愿、反映这些意愿的

---

① 大藏省财政史室编:《昭和财政史——从终战到媾和》17卷,东洋经济新闻社,1981年,第23—24页。
② 大藏省财政史室编:《昭和财政史——从终战到媾和》17卷,第25—26页。

政治上的主义,那在十多年前人们已经看到它们的萌芽,但是要使人们看到其实现,则或许将是在遥远的未来。"①

与此同时,根据"人权指令",大批政治犯被释放。10月10日,日本共产党领导人德田球一、志贺义雄获释,尽管半个月前,当时的内务大臣近卫文麿在会见外国记者时还声称,无意释放共产主义分子。德田球一等在出狱当天发表的声明《对人民的呼吁》中表示:"由于为了使世界从法西斯主义和军国主义魔爪下解放出来而进驻日本的盟军,日本民主主义革命的端绪已经出现。对此,我们谨表示深挚的谢意。"

"人权指令"颁布后,11月2日、9日、16日,日本社会党、日本自由党、日本进步党相继宣告成立并发表了建党纲领,同时,日本共产党机关刊物《赤旗》宣布复刊。12月1日,日本共产党召开了第四次大会并通过了包括"打倒天皇制,建立人民共和政府"在内的《行动纲领》。

刚刚建立的上述政党的最初行动,就是追究战争责任。在1945年11月底召开的第89次临时议会上,日本自由党、日本社会党递交了两党共同提案《关于议员战争责任决议案》。与此同时,日本进步党递交了与之内容、措辞有异的《关于战争责任的决议案》。经辩论,内容温和的后者作为众议院的决议案获得通过。其中孰应承担战争责任一段值得关注:"惟战争责任,以国际眼光察之,当指兴搅乱世界和平无谋之师的开战责任,以及开战后违背国际条约滥施惨虐暴行之刑事犯罪。宣战以后服从国家命令合法地参与战争,在职业领域内挺身之一般国民,不应承担战争责任。"②

但是,此后占领军不断扩大战犯嫌疑犯的动向让各政党担忧。即9月发布第一批战犯嫌疑犯名单后,11月和12月,盟总又分几次发布了战犯嫌疑犯逮捕令。12月2日,盟总发出了皇族梨本宫、多名日本政治领导人、经济界首脑、媒体人的逮捕令。12月6日,原首相近卫文麿和内大臣木户幸一也被列入逮捕名单。"战犯嫌疑犯"将延及何处?天皇是否也会成为战犯嫌疑犯?这个疑问悬在很多日本人心头,而重新开展活动的日本共产党,则呼吁追究天皇的战争责任。"天皇退位论"一时在日本各处回旋。

1945年12月,盟总为了破除神道和忠君爱国思想,发出了神道和国家分离的指令。每年迎新之际国民学校组织学生去护国神社和众灵塔参拜的活动也被禁止。同时,为了破除日本国民深受浸染的"神国观"和视天皇为现世之"神"的思想,盟总决定让天皇自己对其"神格"进行否定。

受到盟总暗示后,首相币原喜重郎、内大臣木户幸一,以及天皇本人均赞

---

① 江藤淳编:《占领史录·3·宪法制定过程》,讲谈社,1982年,第110页。
② 《官报》号外,载1945年12月2日《第89届帝国议会众议院议事录》。

同发表一个自我否定神格的诏敕。精通英语的币原首相当即命令下属以英文起草诏敕。因为他很清楚,这份诏敕首先得提交盟总审查。12月24日,币原晋见天皇,呈上了诏敕译稿。12月28日,诏敕最终定稿。

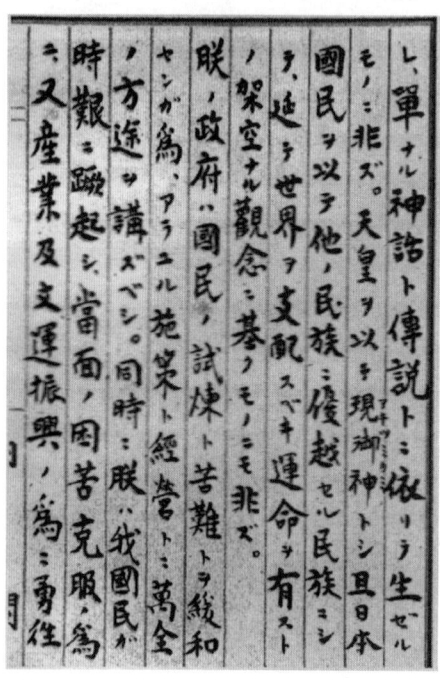

《国运振兴之诏书》,即通常所谓《人格宣言》

1946年1月1日,官报《号外》发表了天皇自我否定"神格"的新年《国运振兴之诏书》(即通常所谓《人格宣言》),各大报纸也刊登了这一诏书。

此诏书开篇重申了"五条御誓文",并在强调了要"畅达民意,举官民贯彻和平主义","爱家"、"爱国"、"爱人类"后,申明:"朕与尔等国民之间的纽带,始终由相互信赖和敬爱联结,而非单只是由神话和传说产生。朕与尔等国民之间的关系,非基于视天皇为当今之神、日本国民优于其他民族,因而赋有支配世界之使命虚构的观念。"①

1946年1月4日,盟总发出了由其民政局(英语缩写GS)拟定的"剥夺公职令",由此开始了一场当时报纸所谓的"无血革命"。这场"革命"对日本以后政治、经济、社会领导者的构成产生了很大影响。所谓的"剥夺公职令"由两个文件构成:一是《关于剥夺不适合从事公务者的公职的文件》;二是《关于废止政党、政治结社、协会及其他团体的文件》。前一个文件中所谓"不适合从事公务者"是:1.战争罪犯;2.职业军人、陆海军省的宪兵和其他职员;3.超国家主义团体、恐怖团体、秘密爱国主义团体主要成员;4.大政翼赞会、翼赞政治会、大日本政治会主要成员;5.参与日本扩张的金融机构、开发机构的干部;6.占领区的行政长官;7.其他军国主义者和超国家主义者。至当年2月底,被剥夺公职者已达1 067人,包括5名当时的阁僚和高级官吏、贵族院、众议院议员。1947年1月4日,盟总又发出了第二次"剥夺公职令","整肃"范围扩大至地方政府机关和战时主要财界人士、媒体干部。同时,根据后一个文件,"黑龙会"等140多个法西斯军国主义团体被解散。

战后民主化改革最主要的成果,无疑是《日本国宪法》的颁布。这一日本国根本大法的问世,经历了一个曲折的过程。

---

① 《官报》1946年1月1日。

第十二章 ● 昭和时代（战后）

　　1945年9月中旬，投降文件刚刚签署，日本内阁法制局已开始非正式地对宪法修订问题进行探讨。同时，日本外务省也通过对"美国初期对日方针"的分析，认识到宪法修订势在必行，开始听取学者的意见，据以探讨宪法修正案。

　　同年10月4日，麦克阿瑟在会见东久迩宫内阁副首相近卫文麿时提出："需要对宪法进行修订，以充分融入自由主义要素。"当天黄昏，"人权指令"发布后，东久迩宫内阁辞职。近卫趁机更积极地推动宪法修订。10月8日，近卫拜访了盟总政治顾问乔治·阿吉逊（George Atcheson），听取了宪法修改意见，并和内务大臣木户幸一取得了联系，弄了个"内大臣府御用挂"的头衔，然后委托京都帝国大学教授佐佐木惣一起草宪法修正案。但是，战争责任者近卫文麿积极策划修订宪法，甚至在美国也引起了诸多非议。11月1日，盟总专门就此发表声明：近卫参与宪法修订与盟总无关。但尽管如此，近卫依然"乐此不疲"。12月6日，在盟总公布的战犯嫌疑犯名单中，对"决定日本战争政策方向"负有责任的近卫文麿的名字赫然在列。在被勒令至巢鸭监狱"报到"的最后一天，12月16日，近卫文麿留下遗书，服氰化钾结束了54年的生命。遗书中有如下内容："我无法忍受作为所谓战犯在美国的法庭上接受审判。"

　　10月11日，麦克阿瑟会见首相币原喜重郎、提出"五大改革"时，涉及了宪法的修订。但是币原却对此态度消极。由于一些阁僚提出，内阁在修订宪法时有辅弼责任，遂设立了以国务大臣松本烝治为主任的宪法问题调查委员会（通称"松本委员会"）。

　　1945年12月8日，松本烝治在众议院提出了所谓"松本四原则"，即：1.不改变天皇总揽统治权的原则；2.扩充议会权限，即所谓限制大权条款；3.国务大臣的辅弼责任涉及所有国务，并对帝国议会负责；4.保护人民的自由和权利。宪法修订有关内容的公之于众，引起了人们对宪法修订的关心，日本政党和民间团体也开始独自进行宪法修订。

　　1946年1月，松本委员会拟定了修订范围不同的两个宪法草案。由于这项工作是秘密进行的，期间和盟总没有任何联系，引起了美方的关注和"担忧"。当月，华盛顿向盟总发去了题为《日本统治体制的变革》的SWNCC-228号文件。

　　2月1日，《每日新闻》独家报道了"宪法问题调查委员会草案"。盟总麦克阿瑟阅后认为，这一草案过于保守，遂决意"越俎代庖"，让下属"为日本国民"起草日本国根本大法，并向执行这项任务的盟总民政局提出了三点原则：1.天皇为国家元首，皇位世袭；2.放弃以国家权力发动战争；3.废除日本的封建制度。这三点原则，就是上述SWNCC-228号文件，即《日本统治体制的变革》的指示精神。2月13日,由11章92条构成的盟总民政局拟定的草案送达吉田茂外相和松本蒸治国务相手中,并附有说明:"我们完全难以接受日方拟定的草案,因此作成此案。"2月22日,麦克阿瑟和币原进行了会谈。当天,日本内阁决议,以美方草案为基础重新拟定宪法草案。3月2日,新宪法草案拟订完成。4日至5日,盟总民政局职员和日本法制局第一部部长佐藤达夫等最终敲定草案,完成了《宪法修订草案纲要》。6日,纲要正式公布并获得广泛支持。

1946年11月3日,新宪法以《日本国宪法》的名义公布,1947年5月3日起正式实施。

新宪法由绪论和正文11章构成,核心是主权在民、和平主义、尊重人权。同时规定"政教分离"(第20条)。根据新宪法精神,日本国会两院先后通过了《参议院议员选举法》、《国会法》、《内阁法》、《法院法》、《检察厅法》、《地方自治法》、《教育基本法》等一系列法律。这些法律的制定不仅使新宪法精神得到落实,而且推动了新一轮政治改革,包括1947年12月31日撤销内务省,1948年5月底将商工省(至1945年8月为军需省)、贸易厅和煤炭厅合并为通产省,等等。

除了新宪法的制定和颁布外,占领期的"三大经济改革",即农地改革、解散财阀、劳动改革亦值得特书一笔。

农地改革非由盟总先导。1945年11月16日日本当局即颁布了《农地调整法改革方案》,开始自行开展农地改革。但是"第一次农地改革"颇为保守。盟总通过和盟国管制委员会协议后,发布了农地改革指令。根据盟总要求,第一届吉田茂内阁于1946年10月颁布了《修改农地调整法》、《创设自耕农特别措置法》,开始进行"第二次农地改革"。通过这次改革,地主制被解体,大多数农民成了自耕农。同时于1946年2月建立了日本农民组合(简称"日农"),于1947年建立了延续至今的农民团体——农业协同组合(简称"农协")。

财阀是日本特有的垄断资本集团,产生于明治时代,具有垂直、同族、封闭三个特征。

解散财阀的开端以1945年11月盟总发布的"株式会社解体指令"为标志。自1946年至1947年,被责令解散的范围逐渐扩大。最初被责令解体的是四大财阀(三井、三菱、住友、安田)本社,之后扩大至与"四大财阀"并称"十大财阀"的鲇川、浅野、古河、大仓、中岛、野村等六个著名财团。另外,政策内容也不仅仅是解散其组织,而是发展到禁止垄断。1947年4月颁布的《禁止垄断法》、1947年12月颁布的《排除经济力过度集中法》,就是"禁止垄断"政策的集中体现。前者主要为了"防"垄断组织的形成,后者则是为了"治"(分割)已经形成的垄断组织。1946年8月至1947年5月,日本"经济四团体",

即经济团体联合会("经团联")、经营者团体联合会(后改称日本经营者团体联盟"日经联")、经济同友会("同友会")、日本商工会议所("日商")相继成立。

　　劳动改革的重要标志是工会的大量建立。如上所述,"鼓励建立工会"是1945年10月11日麦克阿瑟指令币原首相进行的"五大改革"之一。同年12月,美国政府制定了《关于如何对待日本工人组织问题》的政策,明确要求日本政府采取保障工会发展的措施。12月22日,日本当局颁布了《工会法》,于翌年3月1日实施,基本内容是:1.保障工人的团结权和争议权;2.资方不得歧视工会会员和阻止工人加入工会;3.工人正当的争议行为不承担刑事和民事责任,即以法律形式承认了工人享有"劳动三权",即团结权、团体交涉权、团体争议权。得立法推动,工会迅速发展。至1945年底,企业工会数已达800多,工会会员数大大超过战前最高水准的42万人。1946年8月2日和8月3日,日本两大工会组织"全日本产业别劳动组合会议"(简称"产别")和"日本劳动组合总同盟"(简称"总同盟")先后成立。"产别"会员数达155.9万人,约占全国工会会员数的41%,干部中共产党员较多;"总同盟"会员单位达1699个,会员总数约85.5万人,约占全国工会会员总数的22%,奉行"集合以社会党为中心的民主主义势力"的方针,具有明确的反资本主义、反共产党立场。1950年7月,"劳动组合总评议会"(简称"总评")成立后,"总同盟"并入"总评",形成日本两大工人组织。

　　1946年10月13日,日本开始实施《劳动关系调整法》(简称"劳调法"),进一步为调整劳资关系提供了法律依据。

　　1947年4月7日,与《工会法》、《劳调法》一起被统称为"劳动三法"的《劳动基准法》颁布实施,从而标志战后日本劳动法规基本完善。

　　必须强调的是,迄今为止,中国学者多给予日本战后民主化改革很高的评价。例如,著名学者吴于廑、齐世荣主编、被许多高校选作教材的《世界史·现代史编》这样写道:"战后初期日本的政治经济民主化改革,是一次从思想意识到政治、经济诸制度方面较为彻底的变革。从一定意义上说,它完成了资产阶级民主革命的任务,为战后日本经济高速发展铺平了道路。"① 但是,野口悠纪雄在《1940年体制——别了,战时经济》的序言中写下的话,却显然对上述观点表示疑问:"我在执笔撰写本书的过程中阅读了各种各样的文献。印象深刻的是,对为什么在战后改革的风暴过后,战时体制依然得以留存这一问题,迄今为止尚未得到充分研究。所谓历史研究,实际上仅关注那些已经发生的事,不以'没有发生的事'作为研究对象。对战后改革的研究同样如此。关于农地改革、解散财阀等实际已进行的改革,学者们已撰写了大量论著。另一方面,

---

①　吴于廑、齐世荣主编:《世界史·现代史编》(下),高等教育出版社2002年版,第123页。

对'哪些方面没有进行改革'的研究,却少得令人惊讶。但战后改革最重要的,恰恰是那些没有得到研究的方面,特别是官僚制度和金融制度的连续性。所以称其重要,是因为官僚制度和金融制度是当今日本经济的中枢。"①

三、"东京审判"

首先需要申明,拙著所以将对甲级战犯的审判即东京审判(正式名称为"远东国际军事法庭对甲级战犯的审判")单独列为一节,是因为笔者发现井上光贞、永原庆二、儿玉幸多、大久保利谦等日本一流史学家编纂、"由在各自的领域中取得最优秀业绩的学者分别执笔撰写、显示最新研究水平"的5卷大开本《日本历史大系》,对"东京审判"几乎只字未提。日本历史学会编的5卷本《日本史史料》,也仅收录了《远东国际军事法庭审判条例》和《乙丙级战争犯罪审判》两份资料,对"东京审判"亦几乎只字未提。最权威的论著和史料集这一耐人寻味的现象,无疑彰显了作者和编者的"难言之隐"。另一方面,也不能不说中国一些论著对东京审判的叙述多有不符史实之处。"无言"和"不符"造成的结果,是使东京审判的真相被掩盖。因此,笔者经再三思考,决意不吝篇幅,将东京审判单独列为一节。因为,不了解给予日本人的战争观决定性影响的"东京审判",将无法真正了解战后日本,尤其是了解直接影响中日关系的"靖国神社问题"和"战争责任问题"的重要成因。

了解东京审判,有必要首先了解进行审判的法律依据,以及这一依据的基本形成过程。

以纽伦堡审判和东京审判为集中体现的国际军事审判,是第二次世界大战即将结束时出现的一种新生事物。自19世纪后半叶,以欧洲国家为中心,世界上一些国家为了处理通商贸易、领事职责、罪犯引渡等诸多国际问题,签署了大量国际条约,从而使签约国家进行国际司法审判具有了法律依据。当时,各国对战争所涉及的各项问题,也作了明确的法律规定:海牙和平会议1899年拟定、1907年修改并表决通过的《陆战条规》,在认可战争作为解决国际纠纷最后手段的前提下,对交战资格、战场俘虏、害敌手段、特工间谍、军事使节、投降规定、占领权限等,均作了明确规定。

至第一次世界大战爆发,维护国际和平主要依赖列强的"协调"。这种"旧外交"最典型的事例,就是1913年的"伦敦会议"。在这个会议上,由于英、法、俄、德、奥(匈)、意六国代表的会晤及协调,使发生在巴尔干半岛的冲突没有演化为列强间的战争。同理,如果列强不干预,则不会爆发大规模战争。

---

① 野口悠纪雄:《1940年体制——别了,战时经济》,东洋经济新报社,2002年,第5页。

第十二章 昭和时代（战后）

第一次世界大战的爆发宣告了"旧外交"的终结。由于战前"同盟国"和"协约国"内部签署的条约对国民"保密"、战争在国民毫不知情的情况下突然爆发，因此，以战后民族主义和民主主义潮流的高涨为背景，废除秘密外交，成为爱好和平的人们的一大诉求，并由此催生了"新外交"。

"新外交"的首倡者，是美国总统伍德罗·威尔逊。因为威尔逊于1918年1月提出的《重建和平构想14点建议》，奠定了"新外交"的基本原则：公开外交、民族自决、国际协调。威尔逊倡议建立"国际联盟"，就是为了贯彻上述原则。由于国际联盟的努力，世界许多国家开始朝缩小军备、和平解决纷争、国联提供安全保障的方向努力。国联盟约限定了"合法的战争"的范畴，为和平作出了贡献。1928年的《非战公约》，即《白里安-凯洛格条约》，将除了自卫和制裁以外的战争定义为侵略战争并予以禁止，规定应以和平手段解决国际纷争，比认可将战争作为解决国际纷争最终手段的海牙和平会议制定的《陆战条规》，前进了一步。至1933年底，国联加盟国达到了63个国家。但就在这一年，作为国联四个发起国之一的日本却宣布脱离国联，从而使国联无法发挥"维护和平"的功能。因此就这个意义而言，日本违背上述以和平手段解决国际纷争的准则，最终受到制裁无疑是咎由自取。

第二次世界大战后，在"反法西斯主义"旗帜下集结而成的联合国，重新探讨并确立了维护国际和平的基本准则，并建立了重要"维和"机构：由美、苏、中、英、法五大国组成的安全保障常任理事会。

第二次世界大战后，由战胜国军队进驻战败国并进行"占领下的改革"，是前所未有的新生事物。改革的目的是为了防止战败国再次成为战争策源地。对发动战争者进行国际审判，不仅同样是新生事物，而且基于同样目的。

可以认为，"东京审判"的序幕在逮捕东条英机时开启——

1945年9月11日上午10时左右，几个身着军服的美国记者来到了东条宅邸，并向警卫要求采访东条英机。当被告知"大将不在家"后，他们表示："那我们等东条大将回来。"记者所以此时采访东条英机，是因为据美联社报道，盟总了解到东条英机当时在东京后，已于9月10日下午2时发出了逮捕东条英机的命令。

9月11日下午3时刚过，东条宅邸外来了几辆吉普。获悉东条英机将被逮捕的记者陆续赶来。东条英机见此情景，赶紧按照原定安排催促妻子胜子和21岁的女佣出后门去隔壁的铃木医生家躲避。4时，美国宪兵中校克劳斯率领一群宪兵分乘几辆吉普包围了东条英机宅邸，前来执行逮捕令。他们边急促地敲门边高喊："东条，我们来逮捕你。"听到喊声，东条英机从窗口探出头问："你们有逮捕证吗？""没有逮捕证，但有正式的拘捕命令书。""是原件吗？"东条要求克劳斯给他确认一下。"把门打开，我进屋给你看。"东条英机关上窗户,宪兵以为他去开门了。但是过了好一阵门也没开。4时19分,从屋子里传出"乓"一声枪响。听到枪声,宪兵立即破门而入,只见穿着白衬衣的东条英机倒在一张椅子边,鲜血不断从左面胸口涌出。东条英机用美制科尔特32毫米手枪开枪自杀。8月15日,东条的二女婿古贺秀正在近卫师团政变失败试图自杀时,东条英机曾用这支枪阻止。后来,古贺秀正切腹自杀。

终战时,东条英机已经料到他的必然下场,曾对妻子东条胜子表达了如果美军直接前来逮捕,他将自行了断的意志。作为"不能当囚徒活着忍受屈辱"的《战阵训》的制定者,东条英机非常清楚,他如果被捕本身就是屈辱。克劳斯等见东条自杀,赶紧叫来日本医生抢救。东条英机自杀未遂,被送往横滨美军医院。当天夜晚,盟总发布了第一批战犯嫌疑犯名单,包括东条内阁全部阁僚在内的30人在列。盟总随即发出了逮捕令。

了解到东条英机被捕的消息后,海军大将嶋田繁太郎预料紧接着该来抓他了。嶋田繁太郎是太平洋战争爆发时的海军大臣,当然对突袭珍珠港负有责任。所以他9月12日一早已将内衣和其他一些生活用品塞进包里,坐等被捕。下午5时,由盟总派出的20名美军宪兵包围了东京芝区(现港区)高轮南町47番地嶋田的府邸。美国宪兵在门口出示了逮捕令后,进屋将嶋田繁太郎带走。和东条英机不同,对美国宪兵的大声命令,嶋田喝了一声:"安静点,我不会自杀的。"

几乎与嶋田繁太郎被捕同时,陆军元帅杉山元在位于市谷的陆军第一总军司令官室,朝自己的胸口连发四枪自杀。第一总军是负责本土防卫的,作为这支部队的最高司令官和前参谋总长,杉山元认识到逮捕他是早晚的事,因此作了自我了断。

10月19日,盟总发布了第二批战犯嫌疑犯名单。陆军大将、九一八事变时任关东军司令的本庄繁,陆军大将、原陆相荒木贞夫等11人被列入名单。不过,与前次不同,这次盟总没有直接采取逮捕行动,而是向日本政府发出了逮捕命令。20日上午,本庄繁在位于东京青山的陆军辅导会本部自杀,留下两份遗书。荒木贞夫在被指定为战犯嫌疑犯后,即刻去日赤医院齿科看牙齿,理由是:"不想被美军说三道四,称战败国的陆军大将穷得连牙医都看不起。即便战败,我也要维护陆军的荣誉。"9月22日,荒木贞夫被3名美军宪兵押上美军吉普带走。

12月2日,盟总发布了第三批战犯嫌疑犯名单,共59人,其中包括后被列为甲级战犯的前陆军大臣、支那派遣军总司令畑俊六,枢密院议长平沼骐一郎,前首相广田弘毅,东条内阁书记官长星野直树,陆军中将、前陆军军务局长佐藤贤了,东京大学哲学科教授、右翼思想家大川周明。另外还有皇族、陆军元帅梨本宫守正。12月4日,各大报纸以整整一个半版面的篇幅,刊载了

59人的简历和照片。皇族成员被列为战犯嫌疑犯,使日本举国震惊。

12月9日,外务省内的终战事务联络局给住在东京涩谷区美竹町的皇族梨本宫送去了一份文件:"指名梨本宫守正王殿下为战争犯罪人。你必须在12月12日9时前到巢鸭监狱报到。"根据这一命令,72岁的梨本宫于12月12日8时20分乘坐皇族专车来到巢鸭监狱。面对围在那里的一堆记者的提问,梨本宫作了如下回答:"我怎么也弄不明白。我在战争中都没怎么行动。在皇族中,如果指定闲院宫和伏见宫,那我还能明白,可我是没有指挥权的元帅,没有权力的皇族。作为武人,我没有什么行动,不过我在战时倒是担任了许多名誉职务,如大日本武德会、大日本警防协会、飞行协会。但那都是宫内省要求我承担的,我只是接受而已。"

在陆续逮捕战犯嫌疑犯之前,盟国已经开始着手准备"东京审判"。

1945年8月8日,美苏英法四国在莫斯科制定了对欧洲轴心国重要战争罪犯进行起诉、处罚的协定,以及纽伦堡国际军事法庭条例,并对以下"战争犯罪"概念进行了审议:1.反和平罪(策划、准备、发动、进行、共同谋划侵略战争);2.违反战争法规罪;3.反人道罪(实施杀戮、虐待等非人道行为)。上述三项罪名中,第二项是以往国际法对战争犯罪的规定,而第一和第三项则是新的罪名。四国代表同时议定了纽伦堡军事法庭条例,设立了由四国司法人员组成的检察委员会和书记局。

但是,东京审判和纽伦堡审判不同,不仅在设立过程中没有上述"合议机制",而且被置于美国的操控之下。1945年12月8日,在美国的安排下建立的国际检察团(IPS),由美国人约瑟夫·基南任首席检察官。

1946年1月19日,麦克阿瑟公布了国际检察团制定的《远东国际军事法庭条例》。1946年1月22日,麦克阿瑟颁布了这一条例。"条例"涉及战犯审判的各方面问题,包括根据三项罪名,对"战争犯罪"进行审判。三项罪名同上述纽伦堡审判相同。但值得关注的是,"纽伦堡法庭条例"第七条规定,"国家元首"不属免责对象,与之对应的"东京法庭条例"第六条却将这一句删除。另外,战犯嫌疑犯虽由以基南为首的国际检察团确定,但是最终须经麦克阿瑟认可。书记局则全部由美国人组成。3月2日,国际检察团执行委员会设立。4月5日,执委会向检察团提交了29名战犯名单。4月8日,全体检查官大会经过审议,确定将其中26人列为战犯嫌疑犯。日本天皇裕仁未被列入。另一方面,东京审判的审判团由在日本投降书上签字的9个国家,即美、英、苏、中、法、荷、澳、加、新(西兰),以及英国的殖民地印度、美国的保护国菲律宾的审判官组成。澳大利亚的卫勃任审判长,代表中国出任审判员的是梅汝璈。

国际检察团的美国检察官,最初认为起诉天皇理所当然。两位美国检察官事后在接受采访时说:"参加检察团的所有美国法律专家均确信,如果有人要接受审判,那么天皇无疑是头号对象。所有检察官都认为,对天皇适合援引'共同谋划侵略战争'这项罪名。""我们都认为,起诉天皇不仅在技术上可能,而且应该起诉。"那么,后来为什么没起诉天皇呢?他们随后说的话似可作为答案:"1945年12月2日,我们正要上飞机时,一辆车从白宫匆匆驶来,送来了给基南的一封信。飞机起飞后,基南向我们传达了信的内容,说让我们可不必找天皇。12月6日,我们到东京几天后,被叮嘱不要谈起那封信的事,也别去找任何皇族。""具体时间记不清了,总之是在到了东京以后,我们听说了不起诉天皇的消息。但是,这一消息没有公开发表。"①

毋庸置疑,当时对是否追究天皇裕仁战争责任,远东委员会各成员国的意见明显对立。

在美国对日政策方面拥有很大发言权的麦克阿瑟坚决反对追究天皇裕仁的战争责任。按照麦克阿瑟的看法,利用日本国民对天皇的敬爱心理的占领政策,比之耗费大量资金、派大批军队长期驻留日本,无疑是上策。在一次会议上,麦克阿瑟表述了如下看法:"裕仁天皇具有道德勇气和出色教养。如果委员会欲将天皇作为战犯加以审判,必须要取得全体一致赞同,同时必须清楚,那样的决定将增加多少占领费用,需要延长多少占领时间,甚至很可能需要派百万军队无限期驻留日本。如果天皇受到审判、被宣告有罪甚至处刑,日本的天皇制或许会前所未有地变得更加牢固。"②麦克阿瑟所以持坚决反对起诉天皇的立场,在很大程度上是听取了他的军事秘书波纳·费拉斯准将的建议。波纳·费拉斯在对日本天皇制作了详细调查后,在曾给他讲授过《武士道的精神和天皇制》的原惠泉女子大学校长河井道子、原议会议员笠井重治的帮助下拟了一份建议书。麦克阿瑟的发言,就是该建议书精神的体现。

1月25日麦克阿瑟给艾森豪威尔参谋长发去了一份电报,表达了坚决反对将天皇列为战犯的意见:③

"在过去10年间,没有发现如何特定的、明确的证据可以证明,天皇在各阶段均参与作出了日本帝国的各项政治决定。已经进行的尽力调查给我的明确印象是,至终战时期,天皇与国家诸事件的关系主要在行政方面,并且只是机械地回应辅弼者的建议……如果认为应将天皇作为战犯进行审判,那么必

---

① 栗谷宪太郎等编:《走向东京审判之路》,NHK出版社,1994年,第82—87页。
② 盐田道夫:《天皇和东条英机的苦恼——甲级战犯的遗书和终战秘录》,日本文艺社,1988年,第127页。
③ 参阅武田清子:《天皇观的相克——1945年前后》,岩波书店,1978年。

须对占领计划作极大变更。如是,那么在开始实际行动之前必须做好一切必要准备。毫无疑问,对天皇的控告必将在日本国民中引起极大振荡,其反响之烈,不管我们如何评估都不会过分。天皇是凝聚所有日本人的象征,将他灭掉就是使日本这个国家崩溃。"

澳大利亚执拗地主张在东京审判中起诉天皇、追究天皇的战争责任。受澳大利亚政府委托,当时任昆士兰州最高法院院长的威廉·卫勃对战时日军在南太平洋的残暴行为进行了调查,获得了471个人的证词和1 000件证据,于1944年3月提出了《关于1941—1944年日本人的残虐行为和违反战争法规的报告》。这一报告也同时提交位于伦敦的联合国战争犯罪委员会。这份报告主张起诉天皇。同年8月11日,澳大利亚政府以卫勃的这份报告为依据,向联合国提出:"对日本的侵略行为和战争犯罪,天皇难辞其责。"对澳大利亚政府的这种做法,英国于8月17日向澳大利亚发去极密紧急电文:"我们认为,视天皇为战犯,是重大政治错误。我们希望以天皇的地位作为统制日本人的手段,以及控制人员和其他资源的手段。因此,按照我们的看法,起诉现在占据天皇地位者(昭和天皇),是很不明智的。"①10月22日,卫勃向哈佛·艾伯特外长提交将天皇名字列在第七位的澳大利亚的战犯名单时提出:"根据英国的意见,我打算建议将天皇的名字从这份暂定名单中删除。"但他又表示:"确实,天皇的巨大权力在使战争迅速结束时得到了显示。但这也无疑表明天皇负有本可以运用这一权力回避战争的责任。或者说,即便无法回避战争,天皇也负有使战争以文明方式进行的监督责任。"最终,艾伯特决定将天皇列入战犯名单。②

2月5日,澳大利亚检察官曼斯费尔德到达东京。在他提交的战犯名单中,天皇裕仁被列在第七位。名单所附文件,对将天皇裕仁列为战犯作了如下说明:"天皇裕仁作为个人,无疑具有和平的愿望和自由主义思想。但是按照帝国宪法的规定,宣战、媾和、缔结条约的权力为天皇所有,因此在认可发动侵略战争时,天皇负有作为战犯的个人责任。""美国国务院认为,突袭珍珠港,天皇虽表示赞同,但那是因为受军国主义者的胁迫,故因免除其责任。但是,天皇并非始终受军国主义者胁迫。如果他是真正的和平主义者,那么他应能够表示反对发动战争,能够以退位或自决(切腹)表示抗议。"③

4月9日,澳大利亚政府致函曼斯费尔德检察官,要求其坚持自己的立场,不要屈从美国的压力。但是,前一夜在东京召开的办案检察官会议(印度和苏联检察官尚未到达),已传达了美国不起诉天皇的方针。在决定了26名被告之后,会议主持者说明,如果认为有未被列入名单、但也应该作为被告列

---

① ② ③ 栗谷宪太郎等编:《走向东京审判之路》,第54—55页;第58页;第134页。

入名单者,可以提出异议。于是,曼斯费尔德提出应起诉天皇。但是会议的最终决议,根据议事录记载:"讨论结果,考虑到检察之外的各种情况,与会者一致认为,起诉天皇是错误的,同意战犯不包括日本天皇。"此后,澳大利亚呼吁英国、新西兰、印度和澳一起诉请远东委员会起诉天皇,但是远东委员会已在4月3日作出了不起诉天皇的决议。

1945年10月2日,中国国民参政会向最高国防委员会递交了强烈要求追究天皇战争责任和废除天皇制的提案。委员会将此提案转至行政院。最终,行政院外交部和司法行政部提出了如下共同意见:是否将天皇列为战犯,由于和麦克阿瑟的占领政策有密切关系,因此将留待与美国进行磋商、对犯罪事实进行调查后再作决定。中国军令部1945年6月拟定的战犯名单,列在首位的就是天皇裕仁。10月份,中国政府却表示:虽然天皇应承担主要战争责任,但是为了在日本顺利实施占领政策,防止共产主义势力的扩大,天皇的存在是有价值的。12月,中国政府正式决定不起诉天皇。

苏联对美国主导东京审判甚为不满,故意推迟派出代表团。但正致力于在东欧扩张的苏联,为了获得美国对其势力范围的承认,最终决定采取避免和美国发生冲突的方针。1946年3月20日,莫洛托夫外长指令即将成行的苏联代表团:1."苏联检方的主要课题,是揭露日本对我国有组织的侵略行为的罪状"。2."我们不将被告中是否包括天皇作为问题。但是,如果其他国家的代表提出将天皇列入战犯名单的提案,当予以支持"。3."苏联代表当努力将与日本帝国主义分子关系密切的大资本家组织(如三井、三菱、大仓、中岛、日本银行等)的主要首脑列入名单。如果美国方面对此表示坚决反对,不要与之产生纠纷"。苏联代表团3月22日乘火车离开莫斯科,沿西伯利亚铁路到达符拉迪沃斯托克(海参崴)后,乘坐美国"自由门"军舰于4月13日到达东京港。4月17日办案检察官举行会议,对4月8日决定起诉26名战犯的方案再次进行商讨。会上,苏联要求追加5名被告,最终增加了两名被告:重光葵和梅津美治郎。财阀代表人物未被列入战犯名单。苏联在追加被告时没有提出天皇裕仁,令各国检察官感到惊讶。此次会议最终确定了28名甲级战犯名单。

1946年4月29日,首席检察官基南正式向法庭递交起诉书。一天后起诉书送达28名被告手中。5月3日,东京审判在东京市谷法庭正式开庭以三项罪名对战犯嫌疑犯提起诉讼:1.反和平罪(策划、准备、发动、进行、共同谋划侵略战争);2.违反战争法规罪;3.反人道罪(实施杀戮、虐待等非人道行为)。

东京审判审理过程长达31个月,此间控辩双方提供证人1 194人,其中419人出庭作证,开庭818次;判决书达1 200页。检察方与辩护方共提出证据4 336件;法庭记录达48 000页。整个审判共耗资750万美元。

第十二章　昭和时代（战后）

1948年11月12日下午,经过长达31个月的审理,远东国际军事法庭正式对甲级战犯进行宣判。下午3时52分,卫勃审判长宣布开庭,然后按照以下顺序对甲级战犯一一进行了判决:荒木贞夫、土肥原贤二……最后一名是东条英机。贺屋兴宣、梅津美治郎、白鸟敏夫因病正接受治疗,缺席审判,由其辩护人站在各自的席位上接受判决。判决结果如下:

绞刑(死刑)7人:

东条英机、板垣征四郎、木村兵太郎、土肥原贤二、广田弘毅、松井石根、武藤章;

终身监禁16人:

荒木贞夫、梅津美治郎、大岛浩、冈敬纯、贺屋兴宣、木户幸一、小矶国昭、佐藤贤了、嶋田繁太郎、白鸟敏夫、铃木贞一、南次郎、桥本欣五郎、畑俊六、平沼骐一郎、星野直树;

有期徒刑2人:

重光葵(7年)、东乡茂德(20年);

判决前病死:永野修身(1947年1月5日病死)、松冈洋右(1946年6月27日病死);

免予起诉:大川周明(精神异常)。

通过"译意风"听到"判处被告东条英机绞刑"后,东条英机摘下耳机,朝旁听席看了一眼——那里坐着他的妻子东条胜子和三女儿东条幸枝。几年前,作为首相的东条英机就在这个地方——当时是陆军士官学校大礼堂,激励全体国民参战。真可谓造化弄人,东条英机理当接受这一命运。

天皇的战争责任没有被追究。对此,审判长卫勃在宣判结束后对记者作了如下表述:

> 天皇的权威在终结战争时,已经得到了毋庸置疑的证明。同样,在发动战争时天皇所扮演的显著角色也为检方所指明。但检方同时明确表示对天皇不予起诉。
>
> 我认为尽管天皇在开战时扮演了角色,但对天皇免予起诉这一事实,在对被告定刑时,当然不能不考虑。虽然有天皇希望和平的证据,但作为立宪君主制下的日本国元首,天皇受到政府和其他方面好战的劝告时,即便天皇可能认识到这些劝告有违其本意,但最终还是接受了劝告。
>
> 开战,必然需要天皇的权威。如果天皇不希望发动战争,那么天皇理应保留这一权威。认为天皇始终必须尊重周围人的意见行动这一意见,与证据不符。即便真是那样,也不应减轻天皇的责任。
>
> 我并不是说天皇应该被判决,因为那不是我应该考虑的问题。但使天皇免予受到审判,毫无疑问完全是基于对盟国最有利的考虑而作出的

决定。①

那么，检方为何对天皇不予起诉呢？首席检察官基南在回国的时候，直言不讳地阐述了理由：

> 天皇没有和东条英机一起作为战犯嫌疑犯受到审判。这是因为各战胜国出于政治理由，在赋予天皇免罪特权方面取得了一致意见。事实上，即便从证据方面来看，也缺乏起诉天皇的理由。但是，使天皇免受审判是盟国的政治决定。对此，苏联元首斯大林也不得不表示赞同。
>
> 这一决定是政治决定，检察当局对此并不知情。不管怎么说，作为首席检察官，我认为缺乏将天皇作为战犯起诉的证据。证据显示，按照我们西方的思维方式，天皇是意志薄弱的人。但是，天皇始终希望和平这一事实，得到了显而易见的证明。
>
> 作为个人观点，我希望天皇本人能够出庭作证，即便只是为了阐明其个人立场。但是，同样拥有君主的英国难以容忍这种做法，对此表示反对。麦克阿瑟元帅的看法与英国接近，我认为这可能是出于占领行政方面的考虑。
>
> 根据麦克阿瑟元帅对我表示的看法，如果让天皇作为证人出庭，天皇本人将会完全无视我们根据证据所认定的对他有利的事实，显示甘愿为日本政府所采取的行动承担全部责任的决心。也就是说，根据证据，天皇作为立宪君主制国家的元首，在法律上以及在职责上必须按照侧近者的辅佐采取行动这一事实，已经得到证明，但如果被迫出庭，天皇可能完全不以此为自己辩护。②

在参与东京审判的11个审判官中，以1 275页、洋洋百万言提出自己的判决书（参与东京审判的每个审判官均自行提出判决书）的印度审判官拉达·彼诺德·帕尔（Radha Binod Pal）提出的"全员无罪论"，至今仍为日本国内的右翼势力所津津乐道。帕尔的主要观点是：1.东京审判是"戴着法庭这一假面具达到政治目的的审判"。其隐义即"这是美国进行复仇的审判"。2."既然承认战争，杀人行为就是必然行为。何况在国际法中本没有战争是犯罪这种法律。无法律之处当无刑罚，无法律之处当无审判"。根据这一逻辑，帕尔认为："东京审判本身是无效的。"3."在突袭珍珠港之前，美国政府向日本政府发出的同样的通牒，如果发给其他国家，即便像弱小的摩纳哥和卢森堡那样的国家，也必然为了自卫对美国诉诸武力"。4.审判原本应力求公正，但东京审判的审判团只有战胜国的法官，没有战败国的法官。这种战胜国审判战败国的

---

① 盐原时三郎：《东条札记》，手册社，1952年，第24—25页。
② 盐原时三郎：《东条札记》，第25—26页。

审判团构成,本身就不公正。因此仅仅战败国日本受到审判,对日本实施无差别轰炸甚至投掷原子弹,杀戮数十万平民的美国这种显然的"反人道"行为,却未受到审判。①显然,帕尔的定论是基于无原则的"自卫"立场,因而也是站不住脚的。

1948年12月23日零点,东京巢鸭监狱。东条英机、松井石根、土肥原贤二、武藤章在接受了监禁期间已定期对他们进行"教诲"的佛僧、教诲师花山信胜博士祈祷后,首先被绞死。20分钟后,广田弘毅、板垣征四郎、木村兵太郎紧接着按同样程序被绞死,其尸体当即被装入7具棺木,运往处理美国人尸体的横滨久保山火葬场火化。火葬场场长飞田串通小矶国昭的辩护律师三文字正平、火葬场边的兴禅寺住持市川伊雄,趁12月25日圣诞节夜晚美军戒备比较松弛,将已经被扔在公共弃骨场且混在一堆的7个人的骨灰偷出,先用"三文字正辅",即三文字正平在上海战场阵亡的侄子的名字安放于兴禅寺本堂,然后通知了7名战犯的家属。1949年5月3日,4名甲级战犯的妻子东条胜子、松井文子、木村可缝、板垣喜久子,以及广田弘毅的二女儿广田美代子,在静冈县热海市松井石根家举行了简单的慰灵仪式后,将遗骨安放在热海市伊豆山麓的"兴亚观音像"边。1958年,7名甲级战犯的遗骨被迁往松井石根的出生地、俯视三河湾的爱知县三根山(幡豆町)。

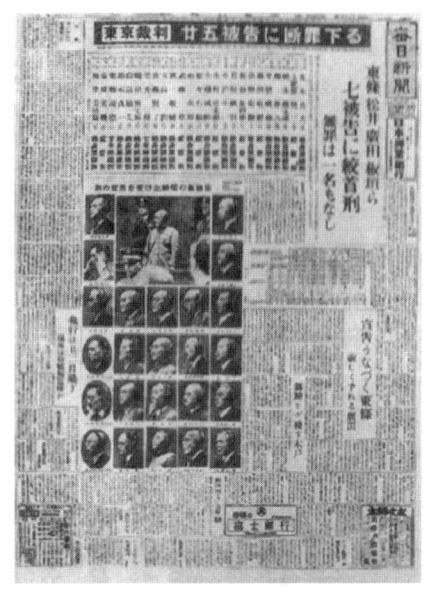

报道东京审判结果的报纸版面

甲级战犯最后的合影

二战后,日本被处死的战犯共计908人,其中甲级战犯7人,乙级和丙级战犯901人,包括台湾出生者20人,朝鲜出生者21人。另外病死93人,事故死亡19人,自杀35人,死因不明13人。1948年12月24日,即7名甲级战犯被处绞刑后的第二天,以美国对日政策的转变为背景,盟总宣布,释放

---

① 盐田道夫:《天皇和东条英机的苦恼——甲级战犯的遗书和终战秘录》,第221—222页。

仍囚禁在东京巢鸭监狱中的岸信介等19名甲级战犯嫌疑犯。1949年10月19日,盟军总司令部又宣布对乙、丙级战犯结束审判,不再逮捕、搜查战犯嫌疑犯。

被判终身监禁的甲级战犯梅津美治郎、白鸟敏夫、小矶国昭、平沼骐一郎1949年1月至1952年8月先后死于狱中;被判20年监禁的东乡茂德也于1950年7月23日死于狱中。

随着"冷战"的开始、美国对日政策的转变,日本开始为战犯翻案——

1952年4月30日,日本制定了《关于援助保护战伤病者以及战殁者家属等的办法》(简称《援护法》)。根据这个法律,战争负伤者以及战殁者家属每年能够领取一定金额的抚恤金。1953年8月以后,日本政府对《援护法》进行了几次修正,使战犯家属跟一般战殁者家属一样也能够领取抚恤金。

1953年8月,日本开始重新实施《军人恩给法》,对战犯给予了一般的战殁者同样待遇。修正后的《军人恩给法》甚至还将战犯的刑死、狱死认定为"因公殉职",将战犯被拘留也算作"在职",同样能够领取"恩给"。这意味着在远东国际军事审判以及在战争发生国家的审判中被判为有罪的战犯,根据日本法律,已不再是罪犯。

1952年6月9日,日本第13届国会参议院全体会议通过了《有关释放在押战犯的决议》,请求政府为日本国内外在押人员减刑或免除死刑。

1952年12月9日,日本第15届国会众议院全体会议通过了《有关释放战争犯罪受刑者等的决议》,要求政府采取措施,使国内外在押犯尽快获得释放。

1953年8月3日,日本第16届国会众议院全体会议通过了《有关赦免战争犯罪受刑者的决议》,"请求政府为全面释放战犯,采取更强有力的、适当的措施"。

1955年7月19日,日本第22届国会众议院全体会议通过了《有关请求战争受刑者迅速释放的决议》:提出:"现在,巢鸭监狱仍然有582名作为战犯被拘留的同胞。旧金山和约生效已经3年了,在此期间,我们就全面释放战犯在本院通过了3次决议,但是,问题还没得到根本性的解决,我们感到非常遗憾。……政府应当尽快向有关国家请求立即释放全部在押人员。"

至1956年3月,服刑中的甲级战犯全部被释放。至1958年5月,乙级和丙级战犯全部被释放。在远东国际军事法庭审判获刑7年的甲级战犯重光葵,被释放后不久即当上了鸠山内阁的副总理以及外务大臣。被判终身监禁的甲级战犯贺屋兴宣也在获释后担任了第三届池田勇人内阁的法务相。甲级战犯嫌疑犯岸信介不仅被免予起诉获得释放,而且于1957年成立了第一届岸信介内阁。上述法律、国会决议和战犯被释以及身份的转变,为靖国神社供奉战犯灵位提供了前提条件。1959年10月,日本厚生省向靖国神社提供了一份"祭神名单",要求供奉乙级和丙级战犯的灵位,这成为靖国神社供奉战犯灵位的开始。1966年2月8日,厚生省又向靖国神社提供了一份"祭神名单",要求供奉14名甲级战犯的灵位。1971年靖国神社崇敬者总代会通过了这份名单。在1978年秋季例行大祭的前一天,14名甲级战犯的灵位按照正常的祭祀程序被正式供奉于靖国神社,就此产生了严重影响中日、韩日关系的靖国神社问题。①

四、战后复兴和"旧金山体制"的建立

用"满目凄凉"形容战后的日本,当无夸大之嫌。因为,发动侵略战争不仅给世界特别是亚洲人民造成了巨大灾难,而且经美军一次次用燃烧弹进行的"无差别轰炸",日本全国几乎成为一堆瓦砾,幸免于难的城市屈指可数。据日本厚生省援护局应国会要求汇总的资料,自1937年"七·七事变"爆发至1945年8月15日《终战诏书》颁布,日本陆海军及家属死亡人数达194万人,战败后至复员又死亡18万人,累计212万人。因空袭、原子弹袭击而死亡的平民、在"冲绳决战"等战役中死亡或失踪的平民约90万人,两者相加逾300万人。战争使日本经济也遭受极大损失。据经济安定本部(战后的经济企划厅前身)1948年公布的数据,仅在太平洋战争中,按当时的金额计算,日本即损失国家财富653亿日元(建筑物、物资等),加上舰艇、飞机损失约404亿日元,总计约1057亿日元。②

1942年秋,日本军国主义者曾通过报纸征集到一个蛊惑人心的口号:"啥也不想要,只要打胜仗。"不到3年,如果再要征集口号的话,或许会征集到这样一句口号:"除了打败仗,啥也没得到。"由于前此日本施行"总体战",一切均围绕战争展开,因此随着战败,日本经济顿时受到极大冲击,进入恶性循环:

第一,由于战败,不仅军需生产全面停止并导致很多工厂倒闭,而且由于原材料不足和战争灾害等原因,至1945年8月,生产几乎全面停止。

其次,战争期间,军需产业雇用和征用的劳动人口达616万人,战败后,随着军需产业的停止,这些人基本失业。据厚生省统计,至1945年10月上旬,因工厂停产而失业者达413万人。同时随着战争结束,本国和从原先的殖民

---

① 靖国神社里供奉的不全是军人。据统计,至2004年10月17日,靖国神社的本殿里以"合祀"的形式共供奉了2 466 532个亡灵,其中包括日本战败前作为日本士兵参战的朝鲜人和台湾人、14名二战甲级战犯和1 000多名二战乙级和丙级战犯,亦有其他战殁者,甚至慰安妇。

② 《日本的战争图解和数据》,第21页。

地、占领地复员的陆海军人数约达720万人至760万人,其中很多人从"皇军"转入"失业大军"。据统计,当时日本劳动人口约3 000万,而失业和半失业人口达600万,约占20%。

第三,深刻的粮食危机。在战争年代,日本已经陷入"粮荒",自1939年开始施行大米定量供应。1942年《粮食管理法》颁布后,小麦、杂粮等也施行定量配给,每人每天345克。1945年由于气候欠佳、肥料和劳力不足等原因,收获仅常年的2/3。同时由于战败、国家统制力减弱,粮食管理制度本身直面危机。为此,日本政府相继颁布《粮食紧急措施令》、《确保粮食临时措施法》,在农村强制征粮、低价统购统销,但依然难以缓解"粮荒"。

第四,通货膨胀的显在化。战后初期,物价急剧上涨。以1936年的批发物价为基准,1945年是其3.5倍,1946年是其16.27倍。由于物品奇缺,黑市猖獗。以1946年为例,黑市价格是公定价格的7.2倍;如果1946年价格为100,则1948年为479.2。造成通胀的一大原因是战败初期日本银行的货币投放量急剧增大。据统计,1945年日本银行货币投放量的增加为:1月至3月2.778亿日元;4月至6月5.655亿日元;7月至9月为15.245亿日元;10月至12月14.051亿日元。[1]另一方面,战时的大量财政资金以储蓄和证券的形式蓄积。虽然大量储蓄属"企业补偿金"和"战灾保险金"等不可即时兑现的"封锁"储蓄金,但随着战后经济循环的变化,这些储蓄金存在可投放市场成为购买力的潜在能量。

据日本经济四团体之一"经济同友会"创始人之一山下静子《战后日本企业家群像》所述,1946年4月,经济同友会为庆贺成立想搞一次聚餐,但居然找不到一家餐馆。因为曾经的餐馆不是成了"禁止日本人入内"的美国占领军娱乐场所,就是改成无家可归的职工的宿舍。大企业头面人物遭际如此,一般平民的境遇更可想而知。

为了复兴日本经济,日本政府首先作出了自身的努力,主要表现为"贸易立国"方针的确立和"倾斜生产方式"和"产业合理化"两个产业政策的提出。

1945年8月16日,即《终战诏书》颁发的第二天,日本外务省即组织了特别调查委员会,其主要任务是分析国内外形势,为重建日本经济提出具体设想。委员会成员包括为日本经济复兴作出重要贡献的经济学家:"倾斜生产方式"的倡导者有泽广巳、"国内开发论"的代表人物都留重人、"贸易立国论"的拥趸中山伊知郎。委员会连续召开了40多次会议,为日本经济"把脉"。1946年3月,大来佐五郎等撰写了题为《重建日本经济的基本问题》的报告,经修改成为战后日本第一个广义的经济计划。该报告的结论是:"振兴对外经济

---

[1] 日本银行:《本邦经济统计》(昭和21年报)。

贸易,乃是重建日本经济的方向。并提出了实现上述目标的两点建议。第一,以融入"布雷顿森林体系"为核心的世界经济为前提;第二,改善产业结构,提高技术水平,参与世界分工。这一基本观点,为"贸易立国主义"奠定了基础。

在美国转变对日政策、变压制日本为扶持日本后,日本经济学家就复兴日本经济大致形成了两种观点:以都留重人为代表,主张"国内开发论",以中山伊知郎为代表,支持"贸易立国论"。"国内开发论"认为,如果日本欲施行外向型经济,通过增加出口刺激经济发展,则只能通过"降价"实现,那样外汇收入并不会增加。按照这一派的观点,有效途径应该是立足国内,大力增加粮食产量,减少进口,开源节流特别是节省原材料,增加就业机会。"贸易立国论"则强调,日本人口众多,资源较少,只有在"世界范围内"解决日本的经济问题才能奏效。1949年12月,一桥大学校长中山伊知郎在《评论》杂志上发表了《日本的面目》一文,强调"只有进口和确保进口的出口,才能支持日本的工业化和人口的增加"。"战后复兴的重点必须放在振兴出口上"。之后,他又发表了《贸易立国和国内开发主义》一文,提出:"就原理而言,日本经济的生存之路必须靠发展外贸。日本依靠外贸取得经济独立不仅是依照过去和现在的情况得出的常识性结论,而且实际上有着更深奥的原因……国内经济问题,说到底是人口过剩问题。通过外贸解决这一问题,就是把国内问题作为世界问题来解决。处于资本主义时代的各个国家,一般都采取这种方式。"

政治经济学常识显示,贸易本身仅实现价值而非创造价值。如何创造价值?为解决这个问题,日本政府先后提出了"倾斜生产方式"和"产业合理化"两个产业政策。

战后日本经济陷入了燃、原料短缺→生产萎缩→通货膨胀的恶性循环。为了阻遏这种循环,日本政府决意从源头抓起,于1945年下半年制定了《煤炭生产紧急对策》,在劳力、资金、物资等方面优先向煤炭业倾斜。1946年5月第一届吉田茂内阁成立后,继续将煤炭生产作为政策重点。同年8月,日本政府成立了有"经济内阁"之称的经济安定总部(简称"安总",经济企画厅前身),负责在几乎所有经济领域实施有计划的经济统制。"安总"成立后,第一件事就是具体实施"倾斜生产方式"。

1946年11月,日本政府建立了以东京大学教授有泽广巳为委员长、由16名学者组成的"煤炭小委员会",专门研究煤炭增产对策。同年12月10日,有泽广巳发表了《挽救日本经济败局之路》,鉴于煤炭生产和钢铁生产互为因果的关系,明确提出了"倾斜生产方式"的构想,要点是:增强煤炭生产,拉动钢铁生产,推动工业生产,将国民经济引上良性循环的轨道。这一构想获得了吉田茂内阁的采纳。1946年12月27日,日本内阁通过了贯彻"倾斜生产方式"的决议,从而使"倾斜生产方式"成为日本战后最初实施的产业政策。为了贯彻"倾斜生产方式",日本政府于1947年1月24日设立了专门为基础工业部门提供资金的"复兴金融金库"(简称"复金")。

继"倾斜生产方式"之后,1949年9月13日,吉田内阁正式作出了《关于产业合理化的决议》,并提出了涉及产业结构、国际价格、企业环境、技术推广四个方面的开展产业合理化的"四项原则",从而标志新的产业政策的基本形成并贯彻于整个50年代。

美国在复兴日本经济方面所发挥的重要作用,当然无可否认。

随着"冷战"的形成,美国开始重新调整其远东战略,其最基本的构想就是"以日本取代中国"。因此,美国的对日政策开始发生根本性转变:变"抑制"日本为"扶持"日本。为了了解美国何以在此时进行这一转变,似有必要对"冷战"作一基本诠释。

"冷战"(The Cold War)一词最早出现于1946年4月16日美国参议员伯纳德·巴鲁克的演说,称美国正处于"冷战方酣之中"。这篇演说稿由美国政论家赫伯特·斯沃普起草。1947年9月,美国政论家沃尔特·李普曼出版了题为《冷战》的小册子。自此,冷战一词迅速流传。

按照传统观点,冷战的定义是"美苏间非武力全面对抗"。但是90年代以后,国际学术界就冷战问题提出了一些新的观点,其核心,就是认为冷战存在东西方两个战场,其差异是:第一,东西方的冷战存在时间上的差异。西方的冷战是以第一次柏林危机为标志正式形成的,但东方的冷战以朝鲜战争为正式形成标志。第二,西方的冷战主要是美苏之间的对抗,而东方的冷战,则主要是美中之间的对抗。在西方,如柏林危机所显示的,美苏互不相让,彼此剑拔弩张。但是在东方,如在朝鲜划定三八线问题上和朝鲜战争中所显示的,美苏之间存在着很大程度的妥协,而美国和中国之间,却没有这种妥协。第三,西方的冷战是名副其实的冷战,而在东方,则不仅有冷战,而且有热战,如朝鲜战争、越南战争。第四,西方冷战爆发后,美国和苏联很快形成了以北大西洋公约组织和华沙条约国组织为核心的两大阵营的对抗。但是在东方,由于新成立的社会主义国家中国、朝鲜、越南等均有殖民主义或半殖民主义的经历,不轻易依附某个大国,或如日本和韩国存在历史积淀的民族宿怨,因此没有形成彼此对抗的两大阵营。

理解东西方冷战的差异,对理解美国从压制日本到扶持日本乃至重新武装日本的政策转变,以及旧金山和约的签订等,均不无意义。

美国最初转变对日政策的公开"信号",是1948年1月6日美国陆军部长罗亚尔(Kenneth C. Royall)在旧金山"公共福利俱乐部"发表的演说。罗亚尔在演说中首先提出:"占领日本和占领德国一样,造成了超乎我们预料的负担"，随之指出了世界政治、经济、军事形势的变化，表示"在决定我们今后道路时，必须充分考虑这些变化，并且必须清楚其趋势多是在确定最初方针以后产生的"，然后强调，"当初广泛使日本非军事化的方针和要把它建设成独立国家的新方针之间，不可避免的产生矛盾"，从而得出结论：必须修正以往将重点置于日本的非军事化和非武装化的政策，使对日占领进入奖励工业、使日本能够自立的新阶段，以适应"新的形势"。他表示："我们力求在日本确立稳定而强有力的自主的民主主义，使之独立，并由此而在阻止远东可能发生下一次极权主义战争中发挥作用"。罗亚尔特别强调："要使日本在应付今后将在远东发生的新的极权主义的威胁方面，充分发挥强有力的、稳定的堡垒作用。"①

不言而喻，在转变对日政策方面，罗亚尔的讲话仅是"公开信号"，而非"正式开端"。以冷战结构的形成和对日政策的改变为背景，美国政府遂开始着手两方面工作：一是签署对日和约；二是复兴日本经济，两者紧密关联。

1947年3月8日，远东问题专家胡格·博顿携对日和约的第一个草案抵日，征询麦克阿瑟的意见。1947年8月5日，博顿小组根据麦克阿瑟的意见拟订了第二个和约草案。但是这一草案遭到麦克阿瑟、陆军部、海军部和以乔治·凯南为首的政策规划研究室的一致反对。焦点问题，是媾和后由谁控制日本。博顿的第一个草案是美、苏、中、英四大国取代军事占领当局监督、管制日本；第二个草案将四大国改成远东委员会11国。反对者则认为媾和后仍应保持美国在日本的优势地位。1948年1月8日，博顿小组又完成了第三个对日和约草案。但是仍不符美国国务院和军方要求，遂成废案。

另一方面，1947年5月5日，美国国务院设立了以前驻苏联大使乔治·凯南（George F. Kennan）为主任的政策规划研究室，负责制定对外政策。以后真正得以实施的美国主要对日政策，基本上由该机构完成。

1947年8月25日，该研究室提出了媾和后日本的安全保障方式，核心目标与"博顿草案"迥然相异：第一，外部安全由美国提供保障，但日本须设立和扩充以军事基地为主的必要设施。为实现这一构想，媾和后日美需缔结双边条约予以确认。第二，日本在媾和后当拥有能够维持国内治安而非抵御外来入侵的保安队、海岸警备队和警察，即拥有一支变相军队和警察。

9月17日，凯南等完成了题为《美国对日媾和政策》的文件，除上述内容外，还提出对日本的工业生产只作最低限度的限制。

1948年2月29日，乔治·凯南和陆军部副部长威廉·德拉帕（William H. Draper）抵达日本进行实地考察，并和麦克阿瑟进行了三次会晤，就对日政策问题进行了磋商。经过一系列研究和调研，美国国务院政策规划研究室拟

---

① 让清明编：《资料战后20年史·1·政治》，日本评论社，1963年，第58—59页。

定了新的、全面的对日政策,作为研究室第28号文件。

1948年10月7日,以上述研究室28号文件为蓝本,美国国家安全委员会拟定了NSC13-2号文件,9日获得总统批准。这份绝密文件不仅以使日本"占领后仍维持安定,并自愿作为美国的友好国家而存在"为目标,而且特别注明:"与这些政策有摩擦、抵牾之原有政策无效",因此是美国转变对日政策的标志性文件。

该文件的标题是《国家安全委员会关于美国对日政策的建议之报告》,由"媾和条约"、"安全保障"、"占领政策"三大部分构成,共20项,要点是:1.美国暂不就缔结和约施加压力;2.和约本身应尽可能简洁和非惩罚性;3.占领军应留驻日本,直至和约正式签署。此前,美国不应就缔约后日本军事安全问题形成最终立场;4.美国应永久保留其在冲绳的设施,长期驻军冲绳;5.加强日本警察力量。①NSC13-2号文件不仅确立了美国对日媾和的基本原则,而且确立了复兴日本经济的基本原则。

美国为复兴日本经济,改变了几项以往的政策:第一,改变惩罚性的要求日本进行战争赔偿的方针。1949年,美国政府决定大幅度放宽对日本的赔偿要求,并于1950年解散了盟国赔偿技术咨询委员会(英文缩写为RTAC)。至此,日本被占时期的战争赔偿问题基本告一段落。第二,缓和《排除经济力过度集中法》(简称"集排法")。1948年3月,"集排法"实施仅3个月,美国国务院便通知麦克阿瑟,撤回"FEC230号决议",即停止支持远东委员会《排除日本经济力量过度集中计划》的通知。至1950年1月,根据"集排法"解散的仅18家公司,实际上被分割的企业仅11家。第三,修改禁止垄断法。1949年,不仅该法被大幅度修改,而且一系列新法令被实施,从而形成了以银行为基础的新的企业集团。不过,就美国的政策而言,在日本经济复兴方面最值得瞩目的,是"稳定经济9原则"。

1948年12月10日,美国政府以远东委员会中间指令的名义,向麦克阿瑟下达了"稳定经济9项原则"。12月18日,麦克阿瑟将此向日本首相吉田茂作了传达。需要强调的是,"稳定经济9项原则"就是上述NSC13-2号文件第15项"复兴经济"的细化。顺提一笔,在复兴经济方面,麦克阿瑟的占领计划也早有安排。他在1946年3月17日公开表示,对日占领的目标可分为三个阶段:第一阶段是非军事化;第二阶段是在盟总的指导下对日本进行政治改革;第三阶段是帮助日本实现经济复兴。②

"稳定经济9项原则"的基本内容是:1.节省财政经费,实现综合预算的真

---

① 美国国务院编:《美国对外关系文件》,1948年,第6卷,第691—693页。
② 《朝日新闻》1946年3月18日。

正平衡;2.促进并强化税收,杜绝偷税漏税;3.将银行融资范围严格限定于有益经济复兴的事业;4.制定并实施稳定工资计划;5.强化物价统一管理;6.强化外贸和外汇管理,逐步将此权限委让日本方面;7.努力振兴出口贸易,改善物资定额分配制度;8.扩大重要国产原料和工业制品;9.强化粮食征购体制。①"9项原则"采用"货币优先主义"作为稳定经济的基本手段,置重点于平衡综合预算、控制通货膨胀,并摈弃了仍具有日本"生产第一主义"传统痕迹的逐步控制(通过加强生产、增加产量抑制通胀),采用了"一举收缩"控制通胀的思路,既以自由主义经济原则为基调,又有统制经济的浓厚色彩(第4至第9项原则)。

1949年2月,美国总统杜鲁门委派底特律银行总裁、曾任驻德美军军政部财政部长的约瑟夫·道奇(Joseph M. Dodge)作为盟军总司令官财政金融政策顾问和美国总统特使前往日本,负责具体立案实施"9项原则"。道奇抵日后,经过深入细致调查,将当时日本经济形象地比喻为"高跷经济"(日语为"竹马经济"),即日本经济缺乏脚踏实地的基础,而是借助两根"高跷"支撑:美国的经济援助和日本政府的各种补贴。两根"高跷"抽去任何一根,日本经济即刻坍塌。按照他的结论,要改变这种状况,必须:第一,在避免通货改革的情况下抑制物价,设定1美元=360日元的单一汇率机制,同时为维持这种机制在不牺牲输入的前提下增加输出;第二,平衡财政预算,废止政府补贴,紧缩财政和金融支出,抑制通货膨胀。道奇据此进行的治理被称为"道奇路线"(Dodge Line)。

但是,不难发现"道奇路线"选择的是紧缩银根、强使收支平衡的"硬着陆"路线,此举的积极作用是值得肯定的,但其必然后果是在减少财政支出的同时也必然抑制投资和开发,抑制消费,从而引起有效需求不足,造成所谓"稳定危机",以致不仅中小企业,连代表大企业利益的"经济同友会"也发出了"抵制道奇路线"的呼吁。②

就在"道奇路线"负面效应日益明显、日本尚不知接下去"路在何方",时,朝鲜战争的爆发,为日本开辟了一条出路。

1950年6月25日爆发的朝鲜战争,对美国占领下的日本至少产生了三方面影响:

第一,刺激了日本经济的发展,形成所谓"特需景气"。"特需"有两层含义:一是使日本成为名符其实的服务于朝鲜战争的"兵站",为之提供军需物品和其他生活必需品;二是极大刺激日本经济发展的美军和美国国际开发署

---

① 有泽广巳等编:《资料战后20年史·2·经济》。
② 山下静一著、王振锁译:《战后日本企业家群像》,天津大学出版社1994年版,第32页。

(AID)的物资、劳务等方面的需求。

由于"特需"刺激,日本对外贸易出现大逆转。朝鲜战争爆发后,出口急剧增加,1950年出口额达8.2亿美元,比1949年增加50%强。1949年,日本外贸赤字为1.92亿美元,1950年变为3.8万黑字;"特需"收入逐年递增,1950年为1.5亿美元,1951年为5.9亿美元,1952年和1953年均突破8亿美元。①外汇储备,1949年末仅2亿美元,1952年末增至11.4亿美元。1952年的特需收入相当于出口换汇收入的63.7%。在特需景气中,纤维业和金属工业景气最为明显,并因此产生"纟"字旁和"钅"字旁景气之说。

由于"特需"刺激、出口增加,日本经济进入了良性循环:有效需求不断增加—库存积压及滞货减少—刺激特定产品生产—刺激相关部门发展。至1953年朝鲜战争结束,除进出口外,日本主要经济指标均达到或超过战前水平,从而基本上完成了战后经济复兴任务。

第二,成为日本重整军备的催化剂。朝鲜战争爆发后,由于美国出兵朝鲜,日本国内的军事空白必须填补。为此,美国政府和盟总均希望重新武装日本。1950年7月8日,朝鲜战争爆发两周后,麦克阿瑟致函吉田茂,要求日本立即组建一支7 500人的国家警察预备队,同时要求海上保安厅增员8 000人。吉田茂当时正为警力不足而担忧,因此"对总司令官的这一指示特别关心,认为这是一个极好的机会"。1951年3月后,日本当局进行了一项征募原日军士官的运动。在缔结和约过程中,警察预备队增加到11万人,为以后重整军备奠定了重要基础。

第三,成为美国对日媾和的推动力。由于冷战的形成和"共产主义的威胁",早在1946年,美国已开始着手对日媾和问题,至正式签约,经历了三个阶段变化。

第一阶段,1946年秋,美国政府开始着手对日媾和。当时,美国的基本方针是签署防止日本改变战后改革方向的、限制严格的条约。但是,由于美国坚持"远东委员会11国议决,2/3多数通过"的方式,苏联坚持"四大国外长议决,各有否决权"的主张,两者分歧无法统一,最终不了了之。

第二阶段,1948年美国对日本政策转变后。随着美国对日政策的转变,美国对日媾和的立场也随之发生转变,主要表现为政治上逐渐将行政权移交日本政府,经济上扶持日本自立,外交上允许日本参与国际事务,进行所谓"事实上的媾和"。另一方面,随着1949年9月苏联原子弹试验成功、10月中华人民共和国宣告成立,美国开始加速对日媾和进程。不过,当时在美国国内对如何实现对日媾和存在分歧,主要焦点有两个:1.是和苏联及中国一起施行

---

① 大藏省财政史室编:《昭和财政史——从终战到媾和》19卷,第117页。

"全面媾和",还是仅美国等部分国家施行"片面媾和"?很多党派、团体主张全面媾和,社会党更是明确提出了"全面媾和、坚持中立、反对提供军事基地"三项原则。1948年12月9日,东京大学校长南原繁在美国发表了"全面媾和论"。1950年1月15日,由35名著名学者和知识分子组成的"和平问题谈话会"也发表了"全面媾和论"。但是,南原繁等人被吉田茂首相斥为"曲学阿世"之徒。最终,后一种"片面媾和论"占据上风。2. 如何为日本提供安全保障,即在日本整个国土驻军还是仅在冲绳驻军?这个问题,最终因吉田茂同意提供军事基地而基本落定。

第三阶段,朝鲜战争爆发后。以朝鲜战争为开端的"东方的冷战",形成了中美对立的格局,使日本作为美国在远东"反共桥头堡"的地位更显突出,并使美国决意实现对日媾和。1950年6月,在美国国务卿杜勒斯访日、就美国对日政策和麦克阿瑟磋商之际,朝鲜战争爆发,对日媾和遂更加紧迫。最终,日本政府接受了以"片面媾和",以及媾和后美军仍留驻日本为核心的媾和方案。日本方面媾和的当事人吉田茂在《十年回忆》中写道,他当时预料到,朝鲜战争所引起的国际局势的变化,使美国不会强加给日本苛刻的媾和条件,而且在与盟国斡旋时将成为日本的代言人,成为日本权益的拥护者。他就是以这种判断着手媾和准备的。[①]9月,杜勒斯发表了"对日媾和7项原则",要点是:1. 对日和约签约国;2. 日本加入联合国;3. 日本的领土范围;4. 日本的安全保障;5. 日本与别国的政治通商关系;6. 战灾赔偿请求权;7. 有关战争赔偿的纷争。其中尤值得关注的是下述几项:1. "缔约国为与日本处在战争状态,有缔约意向的国家";4. "至联合国采取别的方式决定日本安全保障之前,考虑美国与日本缔结条约,解决在日本的设施及其与美国的协作责任关系";6. "一切当事国放弃战灾赔偿请求权"。[②]对"7项原则",中国政府当即发表声明表示反对。苏联也表示反对。尽管如此,美国仍一意孤行,并说服了曾希望中国参加和会的英国,于1951年7月3日向远东委员会各国提交了英美共同草案。7月20日,美英两国向对日宣战的其他49国发出了出席和会的邀请。

1951年9月4日,对日和会在美国旧金山召开,包括日本在内的55个国家受到邀请。但是南斯拉夫、缅甸、印度拒绝出席。9月8日,《与日本的和平条约》(通称《旧金山和平条约》,简称《旧金山和约》)签署。苏联、捷克、波兰拒绝在和约上签字,故最终签署和约的除日本外是48个国家。自此,日本与签约国结束了战争状态,并在法律上获得了独立。

---

① 吉田茂:《十年回忆》3卷,新潮社,1957年,第23—26页。
② 河野康子:《战后和高度成长的终焉》,讲谈社,2002年,第127页。

《旧金山和约》共 19 条,基本精神体现了杜勒斯提出的"对日媾和 7 项原则"。其中与东京审判有关的第 11 条值得关注:"日本接受远东国际军事法庭与其他在日本境内或境外之盟国战罪法庭之判决,并将执行各该法庭所科予、现被监禁日本境内之日本国民之处刑。对此等人犯赦免、减刑与假释之权,除由每一案件科刑之一个政府或数个政府之决定并由日本之建议外,不得行使。如该项人犯系由远东国际军事法庭所判决,该项权利除由参加该法庭之多数政府之决定并由日本之建议,不得行使。"①

9 月 8 日,旧金山和约签署后几个小时,美国和日本根据"和约"第 5 条和第 6 条规定(在日驻军等),又签署了《日本国和美利坚合众国间的安全保障条约》(简称《日美安保条约》)。该条约由作为缔约依据和目的的引言及作为具体措施的 4 个条目构成,开篇即是:"和平条约承认了日本国作为主权国家,拥有缔结集体安全保障条约之权利。同时根据联合国宪章承认一切国家拥有进行个别及集体自卫之固有权利。作为行使这些权利之体现,日本国作为暂定防卫措施,希望美利坚合众国在日本国内及附近派驻军队,以防止对日本国的武力攻击。"②审核整个条约,可发现两个特点:第一,该条约不是军事同盟条约,双方均不对对方承担防卫义务。第二,该条约虽然不是军事同盟条约,但是为建立军事同盟铺平了道路。

10 月 10 日,《旧金山和约》及《日美安保条约》在日本国会获得批准,1952 年 4 月 28 日生效。1952 年 2 月 28 日,日本和美国签署了作为安保条约具体实施办法的《日美行政协定》,与上述两个条约同时生效,从而正式形成了以两个条约、一个协定为基础的"旧金山体制"。该体制虽然为日本在法律上的独立和安全提供了保障,但是至少遗留了以下问题。

问题一:因此影响了与苏联、中国等国的关系,使北方四岛问题等迄今未获解决。

问题二:日本的安全保障问题不是由多边的《旧金山和约》,而是由双边的《日美安保条约》为基础的,而其具体实施细则,则是由日美行政协定规定的。换言之,在《旧金山和约》中没有关于亚太地区和平及集体安全的规定。

问题三,虽然《旧金山和约》在逻辑上是规定日本投降条件的《波茨坦公告》之继续,但是战争责任却以"温和"(吉田茂称为"公正宽大")的方式处置,不仅没有继续追诉战犯,而且大量战犯和战犯嫌疑犯被减刑、释放,并通过了一些事实上否认战犯存在的法律和决议,从而留下了严重影响与周边各国关系的战争责任问题。

---

① 人民出版社辑:《对日和约问题史料》,人民出版社 1951 年版,第 39—40 页。
② 外务省编《主要条约集》,1990 年,第 169—194 页。

五、50年代:日本政治、经济、外交的分水岭

50年代中,日本国内政治格局发生了重大变化,变化首先产生于社会党。社会党成立于1945年11月2日,是战后最早成立的政党。1947年日本根据新宪法举行首次大选,社会党成为国会第一大党,并建立了以社会党领袖片山哲为首相的三党联合内阁。之后,社会党发生第一次分裂,不久重新统一。1951年10月,因对《旧金山和约》和《日美安保条约》意见严重分歧,社会党再次发生分裂,并相继建立了以铃木茂三郎为首的"左派社会党"和以浅沼稻次郎为首的"右派社会党"。在吉田政权出现"末期症状"后,两派社会党均产生了重新统一进而夺取政权的设想。1954年9月下旬,两派社会党共同设立了"促进统一委员会"。1955年4月,双方开始着手于合并的具体工作,并于9月制订了统一纲领草案。

1955年10月12日,两派社会党分别召开了党的"解散"大会。翌日召开了统一大会并发表了"宣言"和"党纲"。[1]

宣言:"我们在内外注目和期待中,在这里实现了日本社会党的统一大业,以实现日本的和平、独立、社会主义革命为历史使命的日本社会党,在今天发出了新生儿问世的响亮声音。"

纲领:"作为以工人阶级为核心的广大劳动者阶级的联合体,社会党将获得政权并巩固政权。没有这种政治变革——没有革命,将无法实现社会主义。我们将不是以暴力和武力,而是以民主主义的方式,通过在议会中获得绝对多数议席,完成这场革命。"

另一方面,战后初期成立的保守政党进入50年代后经过多次分化组合,形成了自由党和日本民主党两大政党,其最终合并建立自由民主党,取决于三大因素。

第一,经过战后近10年的摸索,保守政党的基本路线逐渐成形。日本民主党的纲领堪

1955年10月13日社会党统一大会场景

---

[1] 日本社会党政策审议会编:《日本社会党政策资料集成》,日本社会党中央本部机关报局,1990年,第79—86页。

称这一路线的缩影:1.以民主主义为前提,对被占领以来的日本政治进行革新;2.实现自主外交,缓和国际紧张局势,振兴亚洲,实现世界和平;3.实现"独立自卫";4.通过综合计划确立自主经济,遵循社会正义原则安定民生,建设福利国家;5.排除阶级斗争,加强民族团结。

第二,两派社会党的统一使保守政党面临"夺权"挑战。50年代前期,日本保守政党在国会中的地位占优,但在三次大选中总得票率呈逐年递减趋势:1952年为66.1%,1953年为65.7%,1955年为63.2%。与之相反,社会党左右两派和劳农党得票却逐年递增,1955年为30.2%,议席数占34.3%,构成能阻止修宪的1/3强。更重要的是,社会党统一后,明确提出以夺取政权为目标,更使保守政党危机感陡生。因此,自由、日本民主两党很多党员强烈要求合并。

第三,财界要求保守党合并。财界与政界关系密切,是关系保守政党存亡的政治资金的来源。50年代后,财界"四大团体"成立后,财界对日本政治的介入更不断增强。在劳资矛盾冲突日显的社会环境中,为了自身利益,迫切要求巩固保守政权。"劳动者阶级的联合体"社会党的统一并欲问鼎政权,使之深感担忧,强烈要求保守政党通过合并构筑合力。1955年1月,财界成立了"经济再建恳谈会"作为提供政治资金的统一筹划组织,为日后充当"政治指南"奠定了重要基础。

1955年11月15日,自由党和民主党正式合并,组成了由首相鸠山一郎任总裁的自由民主党(简称"自民党"),并颁布了党的纲领、性质、政纲。①

纲领:"1.我党以民主主义理念为基础,以革新和改善各项制度和机构,建立文化的民主主义国家为目标。2.我党立足于希求和平与自由的人类普遍的正义,期望改善、调整国际关系,实现自由独立。3.我党以公共福利为准绳,规划实施以个人的创意和企业的自由为基础的综合计划经济,期待民生的安定和福利国家的形成。"

性质:1.国民政党;2.和平主义政党;

1955年11月15日自由民主党成立大会。照片中人物自左至右为重光葵、鸠山一郎、绪方竹虎、芦田均、三木武吉、大野伴睦、岸信介

---

① 自由民主党编:《自由民主党党史资料编》,1987年,第8—10页。

3.真正的民主主义政党;4.议会主义政党;5.进步的政党。

政纲:1.国民道义的确立和教育改革;2.政、官界的革新;3.实现经济自立;4.建设福利社会;5.积极开展和平外交;6.完备独立体制。

值得关注的是社会党和自民党性质和目标的明显差异。社会党:"以工人阶级为核心的劳动者阶级联合体";自民党:"我党是国民政党。我党不是仅代表特定的阶级、阶层利益、招致国内分裂的阶级政党,而是立足于信义和同胞之爱,服务于全体国民的利益幸福,和国民大众一起创建民族繁荣的政党。"社会党:"实现社会主义。"自民党:"期待民生的安定和福利国家的形成。"

以自民党的建立为标志,雄霸日本政坛38年的"1955年政治体制"(简称"55年体制")正式形成。这一体制有两项基本特征:1.自民党长期执政,并形成以自民党、政府、财界为核心的"政官财一体化"政策形成中枢;2.自民党和社会党长期并存、对峙。但必须强调的是,当时在国会中,"自民党占2/3议席,社会党占1/3议席",因此当时的"55年体制"被戏称为"一又二分之一体制"。以"一党独大,多党参政"为特征的"战后政治体制的确立",是在佐藤荣作当政的1967年大选以后。

20世纪50年代中期,也是日本经济的分水岭。1956年7月17日,日本政府发表了1956年度《经济白皮书》,开篇即宣称:"战后日本经济恢复之迅速,实出乎万人之预料。那是因日本国民的勤奋努力培植、因世界形势之良好而育成",随之提出:"确实,由于日本贫乏之故,和世界其他国家相比,消费和投资的潜在需求尚在高涨,但与战后一段时期相比,其欲望之炽烈已显著减弱。现在已不是'战后'。我们正面临与以往不同的事态。"①这份文件中"已经不是战后"这句话作为经济高速增长的宣言而闻名遐迩。

另外,在这份《经济白皮书》中出现了一个新的、以后被广泛采用的名词:作为innovation译语的"技术革新"。以后的历史证明,日本经济的高速增长正是由以"技术革新"为目的的设备投资牵引的。

在日本政治、经济昭显新时代来临之际,日本外交也发生了重大变化。

1952年4月,《旧金山和约》生效。自此,日本正式进入旧金山体制时期,在法律上获得了独立。盟军(基本上是美军)长期占领日本、对日和约迟迟未能签署,曾使盟国对日本的处理方式和对德国的处理方式迥然有异。由于《旧金山和约》是在冷战形成的背景下缔结的,因此和德国被肢解、其原有的政权被粉碎不同,日本不仅"国体"获准保留,而且国内政治体制问题和媾和问题是被分开处理的。同时,如杜勒斯7项原则和条约本身显示的,《旧金山和约》草案是以尽量避免对日本"伤筋动骨"、不进行严格限制为前提拟定的,因此日本

---

① 经济企划厅:《昭和三十一年度年次经济报告》,1956年,第42—43页。

政权结构从未经历彻底改造。这一由国际因素规定的特点,对战后日本长达38年的政治体制"55年体制"的形成,产生了重大影响。

就国内因素而言,55年体制形成前独领风骚的吉田茂所奉行渐趋右倾保守的路线,产生了其始料未及、培植起反对势力的"二律背反"效果。追溯历史,自日本战败至55年体制形成,日本政权经历了如下变化:经处理终战问题的东久迩内阁、币原内阁,自1946年5月22日至1954年12月,除了两届如匆匆过客的"保守·革新联合内阁",即以社会党为主,社会、民主、国民协同三党联合的片山哲内阁(1947.5.24—1948.3.10),和以民主党为主,民主、社会、国民协同三党联合的芦田均内阁(1948.3.10—1948.10.15),吉田茂五次组阁。尤其是1948年10月至1954年12月,吉田茂连续四次组阁,在日本政治史上形成了所谓"吉田时代"。

在第一届吉田内阁时期,日本颁布了《日本国宪法》;在后四届吉田内阁即"吉田时代",日本完成了三件大事:第一,经历了"道奇路线"、产业合理化、特需景气,实现了经济复兴;第二,建立了由两个条约、一个协定构成的"旧金山体制",结束了被占历史,在法律上获得了独立;第三,从建立警察预备队到陆海空自卫队,国内武装力量重新形成并初具规模。这些重大变革显示,吉田茂绝非等闲之辈。

吉田茂出生于东京,其生父竹内纲是日本自由民权运动的核心人物之一。吉田茂因自幼被商人吉田健三收养而改姓吉田。吉田茂在东京大学政治学科毕业后进入外务省,在战前历任日本驻奉天(沈阳)总领事、田中义一内阁外务次官、驻意大利和英国大使,因以亲英派著称,在太平洋战争时期因参与反战活动而曾遭军部排斥并一度被捕。战后,吉田茂历任东久迩内阁和币原内阁外相。之后,吉田茂取代此时被解除公职的鸠山一郎,以自由党总裁的身份组成了第一届吉田内阁。并在片山内阁和芦田内阁之后连续四次组阁,开创"吉田时代"。

吉田茂是天皇制国体观的拥趸。在他看来,"皇族的始祖即民族的始祖","皇室即国家"。皇室是日本"政治、宗教、文化等社会各方面精神和道德的核心"。[①]战后,吉田茂在公开的文件上经常署名"臣·茂",这一现象表明,吉田茂在"象征天皇制"建立后,依然以天皇的"臣"自谓。因此不难认为,吉田茂奉行的保守的政治路线,是其保守的思想性格的反映。历史的发展往往以"二律背反",即动机和目的背离的方式上演戏剧。吉田茂也未能幸免于此,在这种历史剧中扮演了无意中为"55年体制"鸣锣开道的角色。

1951年1月25日杜勒斯访日,吉田茂就媾和问题同杜勒斯进行了四次

[①] 白鸟令编:《日本的内阁》2卷,新评论出版社,1986年,第93页。

会谈,提出盟总推行的改革有些不合日本国情,有的甚至妨碍了日本自立,希望纠正。作为对吉田茂这一要求的回应,1951年4月9日,麦克阿瑟收到了要求其废止、修正占领时各项法令的信函。4月11日麦克阿瑟离任后,麦克阿瑟的后任李奇微也收到了同样内容的信函。

1951年5月1日,李奇微为纪念《日本国宪法》颁布4周年发表声明,称:"日本政府赋有重新审理为了实施总司令部的指令而颁布的现行法令的权力。"①根据这一精神,吉田茂设立了作为首相私人咨询机构、由7个人组成的"政令修改咨询委员会"。自1951年5月至1952年3月,该委员会就经济法令、劳动法规、行政制度、教育制度和解除公职等问题进行了全面审查,特别在媾和后的政治体制方面采取了一条"纠正占领时期过度之处"的路线,这条路线被媒体称为"逆反路线",主要表现为:

第一,重整军备。《旧金山和约》签署后,1952年4月26日,日本政府决定建立海上警备队。1952年7月31日,即"和约"刚刚生效,日本国会即公布了《保安厅法》,于8月设置了保安厅,由首相吉田茂亲自出任第一任厅长,并将海上警备队改组为警备队;10月又将警察预备队改组为拥有11万人的保安队。同时,日美双方政府着力增强日本准军事力量装备。例如,1952年11月,日本和美国签署了包括1 500吨级战舰"自由门"在内的日美船舶租借协定。1954年3月2日,日本内阁会议通过了《防卫厅设置法》和《自卫队法》草案纲要,3月11日提交国会审议并最终获得通过,随之建立了"以防卫直接侵略和间接侵略为主要任务,必要时维持公共秩序",由陆海空三支队伍构成的自卫队。

第二,压制进步"左倾"势力。日本"向右转"当然并非始于吉田内阁时期。受麦克阿瑟"鼓励组织工会"这一指令的刺激,日本工人运动迅速高涨,工会和官厅工作人员形成了一股强大势力,并计划于1947年2月1日举行推翻吉田内阁的示威游行。但是此前一天,麦克阿瑟发表了禁止游行的声明,称:"在当今日本限于穷困和虚弱的状态下,不允许行使这种致命的社会性武器,故特令彼等放弃助长此种行为的考虑。"②自此,日本工人运动开始走向衰落。1952年3月27日,吉田内阁开始正式着手作为治安对策立法的《破坏活动防止法》,以限制共产党、工会民主团体及其活动。对此动向,日本新闻协会于4月22日发表声明:"要求国会和政府在对该法案进行审议时慎重检讨,切勿随意限制公正的言论自由。"5月15日,由吉田内阁立案、作为治安对策立法的《破坏活动防止法》(简称"破防法")在众议院获得通过、送参议院审核时,曾因民

---

① 《朝日新闻》1951年5月2日。
② 竹前荣治等编:《资料日本占领·2·劳动改革和劳动运动》,大月书店,1992年,第149页。

众反对而一度被否决,但是在增加了"煽动推翻政府"等内容后于7月4日成立,7月21日实施。

促使《破防法》最终获得通过的重要动因,是当年"流血的五·一事件":1952年5月1日,政府一改惯例禁止使用皇居前广场,民众对此表示抗议,并因此发生约6 000名游行学生和约5 000名警察的冲突。警察开枪打死2人、打伤一千数百人,逮捕1 230人,其中261人遭到起诉。自此,日本民主运动开始走向低潮。

第三,使部分旧军人和官僚重返政治和军事舞台。1950年11月,旧军人中有3 250人被"解放";1951年秋,陆军士官学校第40期以后的军官被采用;1952年7月,第30期以后的军官陆续归队,很多旧军人重新成为高级军官、占据重要位置。另一方面,在美国转变对日政策,特别是朝鲜战争爆发后,原先被解除公职者先后获得"解放"并重返政治舞台。1950年10月,经盟总认可,日本政府"解放"了1.009 0万人。同年11月,作为甲级战犯而在服刑中的重光葵获得假释。媾和前后,"政令修改咨询委员会"建立了"公职资格审查会",对原先被剥夺公职者进行审查。1951年6月至7月,近7万被剥夺公职者获得"解放",其中包括后任日本首相的石桥湛三。8月6日,包括鸠山一郎在内的1.4万人获得"解放"。在和约生效后的同时,《剥夺公职令》被废除,包括原东条内阁岸信介、大麻唯男等5名阁僚在内等5 700人获得"解放"。①

与此同时,新颁布和历经修订的有关法律,对战犯进行了事实上的否定。

如前所述,1952年4月30日,即和约刚生效,日本即颁布了《关于援助保护战伤病者以及战殁者家属等的办法》(简称《援护法》)。1953年8月后,《援护法》经历了几次修正后,战犯家属和一般战殁者家属也享有了能领取抚恤金的待遇。1953年8月,日本政府开始重新实施《军人恩给法》,不仅对战犯"一视同仁",甚至还将战犯的刑死、狱死认定为"因公殉职",将战犯被拘留也算作"在职",使之同样能够领取"恩给"。

与此同时,日本国会也通过了一系列敦促政府采取措施尽早释放战犯和否定战犯之存在的决议。1952年6月9日,日本第13届国会参议院全体会议通过《有关释放在押战犯的决议》。1952年12月9日,日本第15届国会众议院全体会议通过《有关释放战争犯罪受刑者等的决议》。1953年8月3日,日本第16届国会众议院全体会议通过《有关赦免战争犯罪受刑者的决议》。1955年7月19日,日本第22届国会众议院全体会议通过《有关请求战争受刑者迅速释放的决议》。

《旧金山和约》第11条肯定了远东国际军事审判的判决结果,承认被判罪

---

① 石田雄:《破局与和平》,东京大学出版会,1968年,第347页。

者的战犯身份。但是日本国内法和国会决议却否定了东京审判的结果,在日本及7个国家49个法庭被判刑的战犯事实上不再被视为战犯。时至今日,不少日本右翼分子,包括靖国神社本身仍以后者作为否定东京审判、为日本政要参拜靖国神社辩护的理由。包括前不久去世的前日本首相宫泽喜一在内,许多人认为,国际法和国内法的结论相反这一矛盾,是导致一些日本人否定东京审判和产生"靖国神社问题"的重要原因。例如,在是否应将甲级战犯迁出靖国神社的争论中,持反对立场的靖国神社辩称:日本国内法和国会决议已否定了战犯的存在。

旧势力的复活引起了保守阵营的变化,并酿就了一杯吉田茂必须喝下去的苦酒:自取消"剥夺公职令"后,保守势力内部形成了一股反吉田势力,其核心人物就是鸠山一郎、岸信介、石桥湛三。

鸠山一郎的父亲鸠山和夫是日本著名律师、政治家,曾任众议院议长。受父亲影响,鸠山一郎积极参与政治活动,在战败后创建了日本自由党并任总裁。1946年4月,日本举行战后首次大选,自由党获胜。正当鸠山一郎踌躇满志盘算如何组阁时,孰料占领当局发出"整肃令",鸠山一郎因曾经发表过吹捧希特勒的文章而于当年5月被解除公职,组阁当然告吹。吉田茂因此得到天上掉下的馅饼,组成第一届吉田内阁。

鸠山一郎被解放复归自由党后,根据吉田茂曾经作出的承诺,要求同党,即自由党党首吉田茂"让位",但吉田茂食言,拒绝让位,鸠山一郎遂与之决裂。1954年7月,自由党内反吉田派首要人物、战后复归自由党的石桥湛三和新入党的岸信介等建立了"新党筹备会"。11月24日,"新党筹备会"、以获假释的重光葵为党首的改进党、日本自由党合并建立了由鸠山一郎任总裁、重光葵任副总裁、岸信介任干事长的日本民主党,成为仅次于自由党的第二大党。这一动向为不久自由党和民主党合并建立"自由民主党"并进而形成"55年体制",提供了一个前提。

另一方面,曾因1951年10月对《旧金山和约》及《日美安保条约》看法对立而分裂为以铃木茂三郎为首的"左派社会党",和以浅沼稻次郎为首的"右派社会党"的重新统一,为形成"55年体制",提供了另一个前提。

1954年12月6日,日本民主党和左右两派社会党联合提出了对吉田内阁的不信任案。12月7日,吉田茂屈从于以绪方竹虎副总裁为首的党内多数人压力,宣布内阁总辞职,"吉田时代"随之落幕。

1954年12月10日,鸠山一郎内阁宣告成立,由重光葵任外相(副总理)、石桥湛三任通产相、日银总裁一万田尚登任藏相,岸信介任干事长。12月27日,日本举行第27次大选,舆论对以鸠山一郎为首的民主党普遍表示好感,形成一股"鸠山热"。究其原因,一方面因为独断专行、日趋腐败的吉田政权失却民心,另一方面民众普遍对这位 72 岁高龄并曾被解除公职、患过脑溢血的"悲情政治家"表示同情和期待。凭借"鸠山热"的能量,民主党在此次大选中获得 185 个议席(原为 124 议席),而自由党仅获 112 个议席(原为 180 议席)。民主党取代自由党成为议会第一大党。

自 1954 年 12 月 10 日第一届鸠山一郎内阁执政,至 1956 年 12 月 20 日第三届鸠山内阁总辞职,历时两年零 11 天。这一时期,无论政治、经济、外交,在日本战后历史上均是分水岭,均处在"承上启下"时期。政治上,形成了"55 年体制",经济上从复兴转入高速增长,外交上实现了日苏邦交正常化,加入了联合国。另外,以 1956 年为界标,每年春天开展"例行"罢工即"春斗"这种具有日本特色的工人运动形式,正式确定。

鸠山一郎在首次内阁会议后会见记者时表示,将致力于恢复与中国和苏联的邦交。此话意在显示,鸠山内阁的外交路线将和"对美一边倒"的前内阁的外交路线不同,因此很快引起美国警觉。1955 年初,美国总统艾森豪威尔致函鸠山首相,称鸠山·重光外交中促进与中国和苏联经济交流、邦交恢复的路线,使美国国会和美国国民产生了日本试图与共产圈接近的印象,成为美国政府实施援日计划的障碍。①但是,美国的压力并没有使鸠山一郎完全改变既定方针。究其原因,与下述事实显然不无关系:

鸠山一郎执政时提出了修改宪法、建立自卫军,以及调整日中、日苏关系"两大政策"。但是,由于在两次大选中作为"护宪派"的在野党和国民运动势力有了很大增长,在将面临大选时露骨地表示修改宪法,显然不合时宜,而调整与日中的关系因涉及与"中华民国"的关系,绝非轻而易举,遂专念于恢复日苏邦交。

日苏复交能够实现,根本原因存在于当时国际环境和两国国内环境。

苏联方面,1953 年 3 月 5 日斯大林逝世后,继任者马林科夫对斯大林路线进行了诸多修正,提出了缓和与西方国家关系的"新方针"。当年 8 月 8 日,马林科夫公开表示:"朝鲜停战协定的签订,预示着远东各国,特别是苏日关系正常化时机的到来。"同年 9 月,尼基塔·赫鲁晓夫出任苏共第一书记,进一步强调缓和与西方国家的关系,提出了"和平共处"政策。另一方面,同年 4 月,中国总理周恩来和印度总理尼赫鲁在中印通商交通协定中提出了"相互尊重主权和领土完整、互不侵犯、互不干涉内政、平等互利、和平共处"五项原则。1954 年 10 月,中苏两国政府发表共同声明,表示愿意以"和平共处"的原则为基础,与日本发展互利互惠的贸易关系,最终恢复邦交。

日本方面,鸠山一郎认识到,日本欲奉行独立自主外交,必须加入联合国。

---

① 岸信介:《岸信介回忆录》,广济堂,1983 年,第 165 页。

由于1952年日本申请加入联合国时苏联投了反对票,因此欲实现这一目标,日苏复交是重要前提。

另一方面,旧金山体制建立后,美军在日本建立了军事基地,由此遭到各相关地区的强烈反对。"对美一边倒"的外交方针日益不得人心。1952年12月,日本内阁会议决定在石川县内滩村建美军射击场,遭到当地以渔业协同组合、县议会为中心的各界人士的强烈反对。1954年3月1日,美国在太平洋举行水下核试验,在离爆炸中心200多公里的静冈县烧津港所属的"第五福龙"号渔船遭受放射性污染,23名船员遭到伤害,其中通信负责人久保山爱吉于9月23日去世。以这一事件为契机,东京都杉并区主妇发起了反对水下核试验签名运动。这一运动很快波及全国,推动日本各界于1955年8月在广岛举行了第一次禁止水下核试验世界大会。

日苏恢复邦交的直接动因,是1955年1月25日原苏联驻日代表部主任多姆尼茨基前往鸠山一郎府邸拜访,向鸠山个人转交了苏联政府希望恢复两国邦交的信函。①2月4日,日本政府作出了"与苏联进行复交谈判"的决议。经过一系列接触和挫折,1956年6月1日,日本全权代表、前驻英大使松本俊一和驻英国大使马立克在伦敦开始举行复交谈判。

7月31日,谈判升格为日本外相重光葵和苏联外长谢皮洛夫(Dmitrii T. Shepilov)在莫斯科举行,但是谈判在"北方四岛"问题上再陷僵局。9月7日,根据日本内阁会议决议及与苏联部长会议主席布尔加宁的信函往来,双方就下列问题达成了事先谅解和共识:领土问题以后再议;两国结束战争状态;互设大使馆;即时释放被关押者;渔业条约生效;苏联支持日本加入联合国。10月7日,鸠山一郎作为日本国特命全权大使离开东京前往苏联访问,于18日完成谈判。10月19日,双方签署了《日本国和苏维埃社会主义共和国联盟的共同宣言》(简称《日苏共同宣言》)。11月27日,"宣言"在日本众议院获得通过,12月5日在参议院获得通过,12月12日正式发表、生效。同一天,联合国安理会以全票通过的表决结果,通过了日本的加入申请。12月17日,英国、加拿大等国向联大会议提出了接纳日本加入联合国的建议。18日上午,第11届联大会议以一致通过的表决结果接纳日本为第80个会员国。至此,继1952年4月作为"第14条会员国"加入国际货币基金组织(英文缩写为IMF)②、1955年9月10日正式加入关贸总协定(英文缩写为GATT,即世界

---

① 驻日代表部是获得对日理事会承认的机构,旧金山和约签署后撤销。
② 国际货币基金组织条例第14条规定:若会员国无法承担该组织第8条所规定的义务,可以采取过渡措施,即对汇率采取限制措施。因此,日本在加入该组织后,依然实行日元兑换美元360:1的固定汇率。

贸易组织WTO的前身),日本走完了重返国际经济、政治舞台的最后一步。

在带领日本走上重返国际政治舞台最后一步的同时,用日语中的表述,鸠山一郎也走上了"引退的花道"。1956年11月5日,鸠山内阁宣布总辞职。经过自民党内岸信介、石桥湛三、石井光次郎三人的角逐,曾任吉田内阁藏相和鸠山内阁通产相的石桥湛三以微弱优势胜出,于1956年12月23日建立了石桥内阁。

石桥湛三在上任后发表的施政演说中,将新内阁的政策主张概括为"五项誓言",即:1.国会活动正常化;2.整顿政、官界纪律;3.扩大就业、增加生产;4.建设福利国家;5.推动世界和平。但是,石桥在信誓旦旦提出上述五项目标后,即因病走上"引退的花道",执政仅两个月。

1957年2月25日,第一届岸信介内阁宣告成立。岸信介东京大学毕业后进入政界,战时曾任东条内阁的商工大臣。1943年11月商工省改军需省,东条亲自兼任军需大臣,岸信介任国务大臣级的军需次官。战后被定为甲级战犯嫌疑犯,1948年12月获释,原因是其意见和东条相左,多次发生冲突。"岸信介与东条英机对立的立场获得承认,因此虽然是战犯嫌疑犯,但被无罪释放"。[①]1952年剥夺公职令被废除后,岸信介重新进入了政界。

岸信介执政时,正值日本"神武景气"时期,遂按照石桥湛三内阁的既定方针,推行"积极财政"。但是由于投资过大导致国际收支失衡,使日本经济由"神武景气"转入"锅底萧条"。为改变这一状况,岸内阁制定了继《经济自立五年计划》后的第二个经济计划《新长期经济计划》,并辅以各项政策,催生了始于1959年的"岩户景气",为其后任池田勇人制定《国民收入倍增计划》奠定了基础。

岸信介的另一项主要政绩是实现了修订《日美安保条约》的目标。为达到这一目标,日本政府可谓"孜孜以求":1955年8月鸠山内阁外相重光葵访美时,要求修订"安保条约",但遭到拒绝;1957年6月岸信介首相访美时,美国对修约要求态度消极,但已不明确反对;1958年9月岸内阁外相藤山爱一郎访美再提修约要求,美国给予了积极回应。

美国所以改变态度,主要是为了使日本建立起自卫体系,贯彻"以亚洲人对付亚洲人"的策略。然而,美国表示支持,日本国内,特别是自民党内吉田派势力,却明确表示反对。主要理由是:遵守现行条约可增强互信;国际形势尚无要求修约的变化;日本防卫能力尚不完备,难以实现自卫。但是,岸信介力排众议,坚决主张修约。

1960年1月19日,《日本国和美利坚合众国相互合作及安全保障条约》

---

① 盐田道夫:《天皇和东条英机的苦恼》,第248页。

(通称《新安保条约》)正式签署。《新安保条约》和原"安保条约"相比,有三大差异:1.删除了美军可参与平定日本"内乱"的条款;2.增强了对等性,具有军事同盟条约的性质。3.为美国提供了"国际警察岗位"。因为,《新安保条约》被称为"远东条款"的第6条规定:"为维护日本国的安全以及远东的国际和平与安全,美国的陆、海、空军获准使用日本国内的设施及区域。"①

由于《日美安保条约》的修改有悖于日本宪法第九条规定的"和平主义"原则,因此遭到日本各界的强烈反对。1959年3月28日,日本社会党、日本劳动组合总评议会、全日本农民组合联合会等13个政党和团体建立了"阻止修改安保国民会议",组织开展了声势浩大、绵延持久的反对修改安保条约的斗争。1960年5月20日零点6分,由自民党左右的众议院强行通过了《新安保条约》。因此而愤怒的国民当天举行大会,通过了"要求岸内阁总辞职、解散国会决议",宣布:"我们将一直战斗到以这种暴行破坏民主政治的岸内阁倒台和丧失功能的国会解散。"②这场斗争,史称"安保斗争"。

1960年6月19日,由于国会至会期最终期限未能召开,《新安保条约》自然成立。6月23日,日美交换批准书仪式在东京港区白金台日本外相官邸举行,《新安保条约》正式生效。就在当天上午政府和执政党联络会议上,岸信介内阁表明了辞职意向。岸内阁时期,自民党内原先相对流动的派阀趋于固定,党内派阀被戏称为"八个师团"。自此,日本政治确立了执政党自民党的运作主要通过派阀间的斡旋进行的独特机制。另一方面,在日本战后最大、同时也是最后一次反体制斗争"安保斗争"以后,随着国民经济的高速增长给国民生活带来的迅速变化,作为整体,日本国民的政治热情日渐消退。

六、60年代:创造"东方奇迹"

1960年7月14日,自民党在东京日比谷公会堂举行总裁选举大会。面对日本因安保斗争所产生的分裂使标榜"政治主义"的岸信介下台的教训,鉴于1955年至1957年的"神武景气"虽因经济发展过热等因素遭受挫折,但在1958年后半年超过"神武景气"规模的"岩户景气"已经来临的现实,池田勇人作为候选人,发表了由大平正芳拟稿的竞选演说,突出了两个重点。这两个重点不仅审时度势,而且引导了以后日本政治和经济的发展方向。③

第一,修复议会政治,确立社会秩序。池田勇人表示:"欲修复被损害的议

---

① 《官报》号外,1960年6月23日。
② 1960年5月20日《总评新闻》。
③ 大平正芳回忆录编集委员会编:《大平正芳回忆录》,鹿岛出版会,1983年,第192—193页。

会政治,恢复国民对政治家的信任,首先必须深刻铭记对反对党的宽容和忍耐。""人心的安定和相互的信赖,是社会秩序之根本和推行受到国民信赖的政治的先决条件"。

第二,提高国民生活水平,扩充社会保障。池田勇人宣布:"首先,我将以10年后国民生产总值翻番作为政策目标,提高各阶层的收入水准,特别在国民经济成长过程中消除农业和工商业之间,一切大企业和小企业之间、各地区之间的收入差距。我将采取有力的、建设性的措施,使整个国民的生活水准及其内容,上升到不逊色于各先进国家的程度。另一方面,我将扩充社会保障,让不幸运、境遇差的人们分享社会繁荣的喜悦。"

在随即进行的投票表决中,池田勇人、石井光次郎、藤山爱一郎均未过半数,遂进行第二轮投票。结果,池田勇人以302票的绝对优势当选(其次是石井光次郎,获194票)。7月18日,国会指名池田勇人组阁。7月19日,池田内阁正式成立。

池田勇人1899年出生于广岛农村,天资聪颖,顽皮好动。1925年从京都帝国大学法学部毕业后入大藏省从事税务工作,被称为"征税魔王"。战时为"事务官僚",有丰富工作经历。战后,吉田茂主宰日本政坛,池田勇人以其出色才干深得吉田茂赏识,被称为"吉田学校优等生",并历任吉田内阁藏相、通产相。吉田茂下台后作为吉田派首领历任石桥内阁藏相、岸内阁藏相、国务相、通产相。

池田勇人主政后,努力改变前内阁的强权政治形象,厉行竞选演说中的主张,注意与在野党协调关系,以协商方式运作国会。在组阁的第二天,池田勇人在演说中提出的"宽容和忍耐"的真实性即经受了考验。

1960年初,"三井矿山"(株式会社)三池煤矿劳资双方围绕"合理化"问题产生了激烈冲突。煤矿工会在接受由社会主义协会指导的向坂逸郎等人领导下,为反对资方停产和"指名解雇",组织工人进行了长达几个月的罢工。资方则通过组织"第二工会"即亲资方的工会,以及组织复工进行对抗,引起工人之间的流血冲突。警方出动万余名警察,开着装甲车赶赴现场,用施放催泪弹等手段平息事态。工会方面也从全国动员了2万多名工人前往"增援",双方剑拔弩张,互不相让。面对这种事态,作为首相,池田勇人表示"三井三池问题虽然是目前一个社会治安问题,但是解决这种问题光靠增派警察是无济于事的,关键是要创造出使社会秩序不至于动乱的、获得国民信赖的政治"。在组阁的第二天,即7月19日下午,劳动大臣石田博英根据池田勇人的指示,要求中央劳动委员会进行斡旋,避免了20日可能爆发的警察和工人的冲突。"中劳委"的斡旋方案要求资方撤销指名解雇,使事态最终得到平息。

1960年10月12日,社会党委员长浅沼稻次郎在日比谷公会堂发表演说时,被一右翼青年当场刺死。池田勇人不仅责令国家公安委员会委员长山崎严引咎辞职,而且在国会发表了追悼演说,在演说中引用了讴歌浅沼稻次郎的诗句:"沼是擅长演说的老百姓,脏脏的衣服破破的包,今天在本所的公会堂,明天在京都的辻庙堂。"池田勇人的演说声情并茂,令人动容,取得了很好的政治效果。浅沼稻次郎逝世后出任社会党代理委员长的江田三郎,提出了推进"结构改革"的目标,与以往相比政治调门明显降低。同年11月大选前,由社会党倡议,日本举行了首次党首电视讨论(辩论)。结果在这次大选中,日本社会党议席有所增加,自民党取得了大胜,对政治稳定产生了积极影响。

池田勇人

池田勇人的政治实践,使"宽容和忍耐"成为当时的流行语。以"宽容和忍耐"为原则的政治方针和运作方式,为从"政治季节"转为"经济季节"的季节转换,提供了重要前提和基本保障。

池田勇人的经历决定了其精通经济,不擅长外交。恰在这一点上,幸运的池田勇人走向日本政治舞台的中心可谓适逢其时。因为,如前面所述,日苏复交、加入联合国,以及修改日美安保条约等政治难题,均已由其前任鸠山内阁和岸内阁完成,而恢复日中邦交在当时条件尚不成熟,因此在内政外交相对安定的环境中,池田勇人只需致力于发展经济。而当时日本的国民经济,如前面所述,"已经不是战后"。在经历了"神武景气"和"岩户景气"后,日本经济如同一架已经进入跑道、只待发动引擎就能翱翔蓝天的飞机。

池田勇人的政绩主要是经济。池田内阁任内主要完成了一项重大任务,这项任务为日本成为世界经济大国奠定了坚实的基础:制定并实施"国民收入倍增计划",使日本经济高速增长。

1960年12月27日,第二届池田内阁通过了《国民收入倍增计划构想》。从内容到表述,人们均不难发现该"构想"其实是池田勇人"竞选演说"的"实施细则"。[①]

该构想由以下几项内容构成:首先,提出了计划目标:"国民收入倍增计划必须以迅速使国民生产总值倍增、通过增加就业机会实现完全就业、大幅提高国民生活水平为目标。因此,必须特别努力纠正农业和非农业之间、大企业和

---

① 经济企画厅编:《国民收入倍增计划》,1960年,第5—6页。

中小企业之间、地区相互之间和收入阶层之间存在的生活上和收入上的差别,以期实现国民经济和国民生活的均衡发展。"其次,提出了计划目标:"国民收入倍增计划,以今后十年内国民生产总值达到 26 兆日元(1958 年度价格)为目标。"再次,提出了在实施计划时须特别注意的方面及相应对策,即:1. 推进农业现代化,并指出"沿岸渔业的振兴亦采取同样措施"。2. 实现中小企业现代化;3. 促进后进地区的开发;4. 促进产业结构调整和重新审核对各地公共投资的分配;5. 积极协助、配合世界经济的发展。

"国民收入倍增"和池田勇人的名字是紧密联系在一起的。但必须强调,虽然"国民收入倍增计划"是池田勇人在竞选演说时提出的"国民收入倍增"的"细化",但这一概念和内容,在岸信介内阁时代已经发轫并具雏形。可以认为,"国民收入倍增构想"是在岸内阁时期"开花",在池田内阁时期"结果",尽管中心人物始终是池田勇人。

1957 年,岸信介内阁制定了"新长期经济计划",时任自民党副干事长的福田赳夫在听取企画厅综合计划局长大来佐五郎的说明时曾经发问:"难道不能用倍增这种提法?"1959 年 1 月 3 日,经济学家、原一桥大学校长中山伊知郎在《读卖新闻》上发表文章,提出:"未来日本经济的设想是建设福利国家。为达到这一目的,作为其具体体现,应提倡'工资倍增'。"时任岸信介内阁通产相的池田勇人对此颇有同感。同年 6 月,池田勇人为支持本派候选人竞选参议员而赴各地演说时,提出了"月薪倍增"的口号。但是这一口号显然没有将农民和中小企业者包容在内,因此根据大平正芳、宫泽喜一等人的建议,池田勇人将其改为"国民收入倍增",并作为经济政策提出。1959 年 11 月,池田勇人组织了由大藏省出身的幕僚大平正芳、宫泽喜一和学者、经济评论家等组成的智囊团,对经济审议会提出了"以国民收入倍增为目标的长期计划"的咨询。

1960 年 11 月 1 日,即池田内阁成立后,经济审议会提交了"国民收入倍增计划"咨询报告。这份报告由 250 位专家在召开 152 次会议审议后拟订,长达 8 万余字,对"计划"的方针、总目标和年度阶段目标、可能存在的问题及政府应采取的对策、产业结构的分布及调整设想、10 年后国民生活的展望等问题作了全方位分析。12 月 27 日,作为内阁决议的《国民所得倍增计划构想》,使这一报告最终成为政府的政策。"国民收入倍增计划"在国民中唤起了对实现目标、改善生活的美好期待。社会党当时发表《长期政治经济计划》,提出在四年间实现国民生产总值 1.5 倍的计划,正是"收入倍增计划"获取国民舆论支持的显示。

根据"倍增计划"提出的方案,池田内阁在岸内阁已有工作的基础上,进一步有针对性地采取了全方位的发展经济措施。笔者针对倍增计划并追踪池田内阁时期日本政府的举措,将其归纳为五项对策。

对策一,"积极协助、配合世界经济的发展"。池田内阁时期,日本实现了贸易·汇率自由化。但这一动向在岸信介内阁时期已经展开。

1960年6月24日,岸内阁通过了以三年后实现进口自由化率80%为目标的《贸易·汇率自由化计划大纲》。这一大纲的提出,具有以下背景:

由"国际货币基金组织"(IMF)引导的、支撑以美元为标准的国际货币制度,虽然以建立各国货币能自由兑换的体制作为理想,但是允许处在战后复兴过程中的一些国家施行汇率限制,谓之"第14条国家"。1952年加入国际货币基金组织的日本,即属此类国家。1958年西欧各国货币的自由兑换恢复以后,日本依然采取固定汇率机制和贸易保护主义,引起许多国家强烈不满,国际货币基金组织和西方国家的"老大"美国亦要求日本早日撤销对汇率的限制。1959年秋,国际货币基金组织和关贸总协定年会在东京举行,各国纷纷谴责贸易已经顺差、国际收支早已大大改观但仍是"第14条会员国"的日本"改弦易辙"。以英国为首的西方国家态度更为强硬,声称如果日本不实行自由化,则将援引贸易限制条款,对日本商品的进口实施限制。果真如此,对奉行"贸易立国主义"的日本将是一场灾难。面对这种形势,日本"财界总司令部"经团联于11月4日表示:"面对世界各国通过国际货币基金组织和关贸总协定大会提出的关于实行贸易自由化的强烈要求,再次痛感有必要积极要求政府尽可能早日撤销我国对汇率和贸易的限制。"

以上述动态为背景,池田内阁虽然担忧撤销汇率限制将对国内产业构成冲击,但是更担忧如果不顺应汇率自由化的潮流,将会在世界经济中限于孤立,因此在1960年6月24日通过了以三年后实现进口自由化率80%为目标的《贸易·汇率自由化计划大纲》。该大纲对国际经济形势和日本经济发展的需求和问题作了分析,对实施自由化的原则作了规定:"我国资源贫乏,人口众多。为了使我国经济在今后长期得到发展,不断顺应世界经济交流的趋势,进一步拓展与海外各国的自由贸易是不可或缺的重要条件。因此,努力推进自由化,不仅是发展世界经济的国际要求,对于我国经济自身而言,也是非常重要的课题。

迄今为止,我国由于战后复兴的需要和国际收支上的困难,对贸易和汇率进行了限制。但最近数年,随着国际收支好转、外汇储备增加,这种限制已渐趋缓和,自由化正获得推进。可以判断,虽然当今日本经济在国内物价稳定和国际收支黑字的基础上,正高速增长,但如果今后能获得政策支撑,则这种高速增长将得以持续,自由化将因此进一步得以推进。鉴于自由化发展的趋势,当今积极缓和对贸易和汇率的限制,进一步采取重视企业根据经济合理化要求的自主创意和责任的举措,将会给我国经济带来更多更好的效果……在推进自由化时将慎重考虑我国经济的特殊性,循序渐进,有计划地实施。"[①]

---

① 经济企画厅调整局编:《图说贸易汇率自由化计划大纲》,至诚堂,1960年,第80页。

1961年,日本内阁又发表了《促进贸易和外汇自由化计划》,提出了撤销外汇分配制度、取消商品进口限制的方针。1963年2月,国际货币基金组织理事会建议日本取消外汇限制,向该组织"第8条国家"过渡,"不要以国际收支为理由继续限制正常外汇往来"。①1964年3月,日本政府公布了《外汇汇率及对外贸易管理法》和《外资法》,决定自当年4月1日起正式承担作为国际货币基金组织第8条会员国的义务。

对策二,"推进农业现代化"。农业是池田勇人特别关心的领域。在1960年11月12日党首电视讨论时,池田勇人表示:"虽然其他产业正趋向合理化、现代化,但是日本的农业状况和德川时代基本相同。必须将农业当作一个企业,通过扩大农业规模、开展多种经营来发展。"②

需要强调的是,池田勇人所以能提出上述构想,《农业基本法》所以能在当时问世,除了受当时联邦德国制定《农业基本法》的启发,以及随着经济高速增长,农村人口日趋减少,从而使扩大农家经营规模成为可能外,还有不可忽略的历史背景。

在战后经济高速增长开始后,战时至战后复兴期以粮食增产为至上目的的农业政策必须得到调整。因此,岸信介内阁于1959年4月设立了作为首相咨询机构的"农林渔业基本问题调查会"。1960年5月10日,调查会提出了咨询报告《农业的基本问题及其对策》。该报告的结构是最典型的科学研究方法的显示,即提出问题、分析问题、解决问题。③

第一,提出问题。报告起首部分即写道:"农业的基本问题所以被广泛议论,是因为近年农业从业者的生活水准乃至收入,和其他产业从业者相比较低且这种差距趋于扩大。因此,为了阐明农业基本问题,首先有必要弄清这种现象为何产生。"

第二,分析问题。报告指出了导致日本农业生产率低下的6个基本原因:1.劳动力过剩;2.经营规模狭小;3.土地制度死板;4.发展资金匮乏;5.资金使用不当;6.技术知识水平低下。

第三,解决问题。报告提出了对策:1.均衡工农业从业者收入;2.提高农业生产率;3.改善农业结构。毫无疑问,上述咨询报告为当年颁布的、由四大方面即生产政策、收入政策、价格政策、结构政策构成的《农业基本法》提供了基本思路。

对策三,"促进产业结构调整和重新审核对各地公共投资的分配"。1961

---

① 国际货币基金组织条例第8条要求避免限制经常性支出和采取歧视性货币措施,等等。
② 伊藤昌哉:《池田勇人——他的生与死》,至诚堂,1974年,第112页。
③ 农林渔业基本问题研究会编:《农业的基本问题和基本对策》,1960年,第14—25页。

年 4 月,日本政府设立了产业结构调查会,由"倾斜生产方式"的首倡者有泽广已任产业体制部会长。面对随着贸易、汇率自由化,日本向开放经济过渡,许多日本人产生了继培理叩关之后的所谓"第二次黑船"来航的危机感。有泽广已提出,与其让日本企业与之展开"自由竞争",不如通过产业界、金融界、政府的协调,开展经济运营。

1963 年 11 月 19 日,产业结构调查会提出了咨询报告,有泽广已的构想被融入其中:"特别提倡作为基于产业民主主义精神、为产业发展指明方向的新方法——'协调方式'。"报告强调了"协调方式的意义",指出"政府和产业界应该在各守本分的同时,紧密协作,为解决政策性课题而努力"。[1]

对策四,"促进后进地区的开发"。1962 年 5 月,日本颁布了《新产业都市建设促进法》。1962 年 10 月 5 日,池田内阁以《国土综合开发法》为依据,提出了作为内阁决议的日本第一个正式的地域开发计划《全国综合开发计划》(通称"第一次全综")。提出这一计划的目的,是为了缩小沿太平洋"四大工业地带"和其他地区在经济发展、资源分布、人口密度等方面的差异,在各地建立"据点都市"。

《全国综和开发计划》由以下内容构成:

首先,指出现有经济布局的历史合理性:"我国经济是通过以东京和大阪为中心,集中积聚资本、劳动、技术等各项资源而发展起来的……企业适度集中,有利于企业成本核算,提高社会资本效率,促进整个国民经济的发展。"

其次,指出历史合理性的历史界限即随着历史的发展而产生的问题:"企业密集将使可以享用的积聚利益淡化,最终产生因密集导致的弊害。今日超大都市的问题,就是因此而产生的。"

最后,提出解决上述问题的对策——以"据点开发方式"改变现有状况:"所谓据点开发方式,就是对东京、大阪、名古屋及其周边以外的地区,各根据其特性进行区分,在使之与中心区域加强联系的同时,根据各区域应该发挥的作用设定几个大规模的开发据点,并考虑各区域之间的接续关系及其与周边农林渔业的关系,或使之在工业或其他产业的生产功能、流通、文化、教育、观光等某方面特性化,或并用这些功能配置中规模、小规模的开发据点,通过发达的交通通信设施,在使这些据点形成念珠状有机联系、互相影响的同时,给予周边地区的农林渔业有益影响,形成连锁反应的开发方式。"

对策五,"实现中小企业现代化"。1963 年,日本颁布了《中小企业基本法》。该法律的重点,就是改善中小企业结构,并为了实现这一目标,进而制定

---

[1] 产业结构研究会编:《日本的产业结构》1 卷,通商产业研究社,1964 年,第 84—86 页。

了《中小企业现代化促进法》,提出了指定行业的现代化计划和政府的资金援助计划。在政府立法的同时,中小企业内部也对应经济本身的变化而发生变化。最显著的变化就是汽车制造业和其他行业"承包企业"(日语为"下请企业")的发展。出现了一些具有较强技术能力的企业开始脱离已有生产系列框架、努力成为独立生产厂家直至被称为"中坚企业"的现象。另外一种现象就是在"流通革命"的背景下,"超级市场"等新型流通企业获得了迅速发展。

上述针对"国民收入倍增计划"而提出的法律、政策、计划,以及池田内阁采取的其他政策性措施,有效促进了经济持续高速增长。虽然在计划实行过程中也出现了一些问题,倍增计划促使经济发展加速,使"景气"加热,但另一方面,过热的经济也促使"岩户景气"早日释放完能量而"寿终正寝"。因此,1962年初,延续了42个月的"岩户景气"开始出现"末期症状"。但是,池田勇人能够顺应时势,倾听批评意见,适时进行政策调整。例如,"计划构想"提出后,当即引起了一些批评,被认为"优先考虑大企业"、"舍弃农民"、"目标过高,难以实现"。但是,池田勇人1961年1月的施政方针演说,即回应了这些批评:"充实社会保障,中小企业和农业现代化,以及后进地区的开发,是我们必须致力解决的问题。"另外,根据"倍增计划"所采取的相应对策,有些也未取得预想效果。如"地区开发"虽然在调整工业布局、促进后进地区加速实现工业现代化方面取得了较好效果,但是在解决人口过密过疏方面却并未奏效。但总体而言,"倍增计划"及其主导者池田勇人的历史功绩是无可否认的。

"出师未捷身先死,长使英雄泪满襟"。这句诗曾令无数中国人感慨万千。以是观之,池田勇人是幸运的。因为,他是在"国民收入倍增计划"取得显著成效的时候告别人世的。

1964年7月,自民党再次进行总裁竞选。第一轮投票,池田获242票,以仅过半数4票的结果,避免了和另两位候选人佐藤荣作、藤山爱一郎进行"决胜投票",第三次当选自民党总裁,并于1964年7月18日组成了第3届池田内阁。但是,仅时隔一个多月,池田勇人便被确诊患了喉癌,9月9日入院就医。10月10日,东京奥运会开幕,池田勇人带病出席开幕典礼,并作为日本首相以嘶哑的声音发表了贺词。但是,病魔不允许池田勇人以此病弱身躯继续充当"日之丸"的舵手。①10月25日,池田勇人宣布内阁总辞职。

由于池田第三次当选时自民党内在推举候选人时发生尖锐对立,弊害明显。因此这次自民党决定采取由副总裁川岛正次郎和干事长三木武夫进行斡旋,产生候选人,再由总裁指定的方式产生新总裁。结果,在吉田茂、岸信介的

---

① 在日语中,船名"××丸"相当于中文"××号"。"日之丸"也是日本国旗。

极力推荐下,池田勇人在佐藤荣作、藤山爱一郎、河野一郎三名候选人中指定同为"吉田学校优等生"的佐藤荣作为其后任。

佐藤荣作1901年出生于山口县,其二哥即是池田勇人的前任岸信介。在前任总裁病退而接班这一点上兄弟相似,但不同的是,岸信介属于"少年得志",在出任首相前已连任要职,以致成为"甲级战犯嫌疑犯"。佐藤荣作则属于"大器晚成",虽出身于东京帝国大学,但是长期默默无闻,45岁时才升任大阪铁道局长。战后,佐藤荣作开始崭露头角,升任铁道总局长官,并享有了"铁道的佐藤,大藏的池田"的美誉。1948年加入自由党后,历任政务调查会长、干事长、池田内阁官房长官、邮政大臣、大藏大臣。其兄岸信介组阁后出任大藏大臣,并"自立门户"形成了"佐藤派"。池田内阁时任通商产业大臣。

1964年11月9日,佐藤荣作组成了第一届佐藤内阁,之后被选为自民党总裁。池田勇人指定佐藤荣作接班时,附有三个条件:1.继承政策;2.维持党和内阁的原有人事安排;3.与河野一郎联手。佐藤荣作几乎全部接受,不仅只是将"宽容和忍耐"改为"宽容和调和",而且除了内阁官房长官外,留任了其他全部阁僚。此后,佐藤荣作连选连任,执政时间达7年零8个月,创日本历届首相连任时间最长纪录,史称"佐藤长期政权"。①

佐藤内阁的政绩主要在外交方面。执政不到一年,佐藤荣作即解决了作为外交"悬案"的日韩邦交正常化问题。朝鲜半岛分裂为大韩民国和朝鲜民主主义人民共和国后,日韩于1961年开始举行建交预备交涉。但是因谢罪、竹岛主权、"渔业权线(李承晚线)"、战争赔偿等"障碍"的存在,交涉一直进展艰难。但是佐藤荣作执政后,由于双方作出了必要妥协,同时由于美国和其他各种因素的推动,1965年6月22日日本和韩国正式建交。

佐藤内阁解决的另一个外交"难题"是收回冲绳行政权,这一难题也是佐藤荣作为自己设定的最大政治课题。1964年7月自民党总裁选举时,佐藤荣作即提出:"日本将向美国提出返还冲绳的要求。同时将怀着诚意遵守有关冲绳的特别基地协定。"②1965年1月,佐藤出任首相不久即出访美国,和美国总统林登·约翰逊(Lyndon B. Johnson)举行了会谈。当时发表的《日美共同宣言》第11项即有关此项内容:"总理大臣表明了希望尽快将冲绳及小笠原行政权交还日本的愿望……总统对日本政府及国民归还行政权的愿望表示理解,将在远东安全保障方面的利益允许的条件下,使之实现这一愿望。"③当月,佐藤荣作在国会发表施政方针演说时称:"我将强烈主张,归还冲绳、小笠原诸岛

---

① 战前曾三次组阁的桂太郎任首相时间为7年零11个月,但不是连续任职。
② 横田实编:《佐藤政权·2797天》(上),第62页。
③ 根据《旧金山和约》第3条,冲绳和小笠原的施政权属于美国。

的行政权是日本国民的强烈愿望。"1963年8月,佐藤荣作造访冲绳,在机场坚定地表明了要求返还冲绳行政权的鲜明态度:"我明确认识到,只要冲绳没有回归祖国,对我国来说'战后'就没有结束。"①

鉴于佐藤内阁执拗、强烈、鲜明的立场,美国政府不得不面对现实。1969年6月,日本外相爱知揆一访美,开始就归还冲绳行政权问题和美方进行预备性交涉。爱知揆一向美方表明了日本政府的两点基本立场:1.冲绳行政权至迟于1972年归还日本。2.行政权归还后,冲绳将和本土一样,适用日美安保条约及有关诸协定。1969年11月,佐藤会晤了前一年当选美国总统的理查德·尼克松,双方达成了两点共识,并在11月21日发表的"佐藤·尼克松共同声明"第8项中宣布了"共识":"总理大臣详细说明了日本国民对核武器的特殊感情及以为背景的日本政府的政策。总统对此表示深刻理解,并对总理大臣明确承诺,在不损害美国政府有关日美安保条约事先协议制度的立场、不背弃上述日本政府政策的前提下归还冲绳。"②也就是说,第一,为期10年的《新日美安保条约》1970年后仍然有效;第二,1972年内,"以与本土一样撤除核武器的方式",将冲绳归还日本。1972年5月15日,日美双方签署《冲绳返还协定》,宣布"美国自该协定生效之日起,为了日本放弃基于和平条约第3条规定的一切权利和利益"。冲绳行政权正式归还日本。

一般认为,在经济方面,佐藤荣作基本沿袭了池田勇人时期的既定路线,用"萧规曹随"形容,似比较贴切。佐藤荣作在经济方面确实没有大的动作,在他任内"日本经济是自由自在发展的"。但是"萧规曹随"并非无所作为。不应否认,佐藤荣作内政方面的主要政绩,就是保持了经济的持续增长。1965年,日本经济开始陷入许多经济学家谓之"结构型原因产生的不景气"。为了尽快脱离这一境地,佐藤荣作内阁即刻采取了对策。同年7月,佐藤内阁藏相福田赳夫提出了发行公债的方针,并要求财政制度审议会就此进行研究。11月,审议会提出了中间报告,认为:"未必要拘泥于均衡财政主义,发行公债使之成为公共投资财源的举措,是适当的。"报告就发布公债的意义、建设公债的原则、消化公债的方法等作了论证。③1966年,作为特例,日本政府发行了公债。在克服不景气后,日本进入了长达57个月的"伊奘诺景气"时期,使日本60年代经济发展呈"V"字型走势。

在国家规划改造方面,即池田内阁1962年10月5日提出《全国综合开发计划》("第一次全综",又曰"旧全综")后,佐藤内阁于1969年5月30日提出

---

① 中村隆英:《昭和史》2卷,东洋经济新报社,1993年,第544页。
② 外务省编:《主要条约集》,大藏省印刷局,1977年,第79—87页。
③ 财政制度审议会:《建议·报告集(1)昭和四十一—四十九年》,第16—19页。

了《新全国综合开发计划》("新全综"),主要目的是纠正在"旧全综"的贯彻过程中产生的公害、人口疏密不均等问题。作为内阁决议的这一计划开宗明义宣称:"本计划的基本目标,是在调和下列四方面课题(关系)的同时,为人类创造富裕的环境。"(按:四方面课题是:人和自然、各地开发的均衡、各地的特性、经济发展和国民生活环境)①但实际上是在全国建立大规模工业基地,对整个日本进行开发并建立全国性交通通讯网络。

佐藤荣作在内政外交方面的政绩,无疑是"佐藤长期执政"得以产生的首要原因。但亦与下列因素不无关系,而这些因素同时也是佐藤荣作的施政特点和时代特征的反映——

第一,选择并提出了正确的政治课题和口号。如实证主义哲学创立者、"社会学之父"奥古斯特·孔德所指出的,"进步"和"秩序"的关系问题,是社会发展的根本问题,两者永远是一对矛盾。针对当时高速经济增长引起的问题,日本产生了"高速发展"还是"稳定发展"的争论,自民党内部亦有不少人对此不无担忧。以此为背景,佐藤荣作批评了池田勇人促进经济高速增长的政策,提出了"社会开发"口号。所谓"社会开发",就是将经济高速增长所产生的社会问题、矛盾减少到最低限度,使经济增长直接与国民福利挂钩,将经济"高速增长"转向"稳定增长"。虽然佐藤荣作的"社会开发"支票并没有兑现,例如公害更加严重。但是其在诱惑人心方面却是显然见效的。

第二,在实际政策运作方面,较多关心舆论而不是预想效果。例如,佐藤荣作在上任伊始即表明,不积极致力于修改宪法。在公害问题发生后,即设置了环境厅,制定了《公害对策基本法》。在冲绳回归问题上也充分顾虑舆论反映。总之,佐藤荣作不乏对反面意见的"柔和态度"和认真实现反面意见的认真态度。

第三,党内不存在强有力的对抗势力。佐藤荣作上任后,自民党内实力人物、佐藤显在和潜在的政治对手相继去世,党内派系相继分裂。1964年5月池田内阁末期,大野伴睦去世。之后大野派分裂为船田派和村上派。1965年6月,佐藤荣作进行内阁改造时,根据池田要求佐藤荣需与之"提携"的河野一郎,对党和阁僚人事安排提出了意见,因未获佐藤荣作采纳而挂冠而去,一个月后因腹部动脉瘤破裂而去世。之后,河野派分裂为中曾根派和森派。1965年8月,池田勇人去世,池田派宏池会继任会长前尾繁三郎和大平正芳也产生了裂痕,最终分裂。

佐藤内阁时期,真正意义的"一党优势,多党合作"的政治体制最终得以形成。1960年1月24日,民主社会党宣告成立,并在宣言中表示:"以改正多数

---

① 经济企划厅编:《新全国综合开发计划》,1969年,第9—11页。

横暴和少数暴力、维护议会制民主主义、实现渐进式的社会主义为目标。"众议院中遂出现第三势力。1961 年 7 月 27 日,日本共产党颁布了新的党纲,宣布"废除君主制,根本变革反动的国家机构,缔造人民共和国,确立使国会名符其实作为国家最高机构的人民的民主主义国家体制",以议会为舞台开展了政治斗争。在 1962 年参议院选举中,创价学会 9 名候选人全部当选,一举成为参议院第三势力,并于 1964 年 11 月 17 日成立了公明党,在《公明党建党宣言》中明确宣布:"以王佛冥合,佛法民主主义为基本理念。"在 1967 年的众议院选举中,自民党获 280 席,社会党获 141 席,公明党获 25 席,民主社会党获 30 席,共产党获 5 席,其他人士获 5 席。① 以"一党独大,多党参政"为特征的"战后政治体制"最终得以确立。

同时,按照"国民收入倍增计划"预定目标,十年后,即 1970 年,国民生产总值(GNP)应为 1960 年的两倍,即 26 兆日元(按 1958 年价格计算)。按年均增长率,每年当实现 GNP7.2%的增长率。但实际上 1970 年的国民收入是 40 兆 6 千亿日元,GNP 年均增长率超过 11%。特别在佐藤内阁时期,发展更超过池田勇人内阁时期。

在整个 60 年代,历池田勇人和佐藤荣作两届内阁,随着日本经济的迅猛发展,日本社会结构发生了剧变,国民生活进入了拥有电视、空调、轿车的"新三 C 时代"。② 但是,日本经济是携着交通、公害、地域人口疏密不均等"产儿"前行的。特别是"公害"在 60 年代后半期成为严重社会问题。为了治理大气、食品、水质污染等"公害",1967 年 8 月日本公布实施了《公害对策基本法》;1969 年更一举通过了 14 个与公害有关的法律,使此届国会被戏称为"公害国会"。

同时,这一时期汹涌澎湃的学生运动,此起彼伏的工人运动,不断增长的革新势力及不断获取地方执政权,对自民党政权构成了潜在威胁。特别是自1950 年社会党和共产党共同推荐的蜷川虎三当选京都府知事后,1963 年 4 月社会党副委员长飞鸟田一雄当选为横滨市长;1964 年日本成立了以社会党系统市长为中心的"全国革新市长会",成为这一时期革新自治体运动的核心;1967 年 4 月社会党和共产党共同推荐的美浓部亮吉当选为东京都知事。此外,大阪府知事、大阪市市长、北九州市市长等职位也一度被革新政党所掌握。

但是,所有问题和挑战,均未能根本动摇"55 年体制",更未阻挡日本走向经济大国的步伐。作为经济大国,日本国民的生活水平不断上升,国际地位不断提高。1965 年日本的国民生产总值(GNP)为 883 亿日元,在美国、联邦德

---

① 石川真澄:《数据战后政治史》,岩波书店,1984 年,第 120—125 页。
② 彩色电视机、空调、轿车英文首字母均是"C"。

国、英国、法国之后,居第五位。1968 年,即恰逢明治维新 100 周年纪念,日本的 GNP 达 1 419 亿美元,超过 1 322 亿美元的联邦德国,成为仅次于美国的世界经济大国。

日本经济的高速增长是在能源革命、技术革命的拉动下实现的。因此,这种高速增长在 1971 年 8 月的"尼克松冲击"和 1973 年的"石油冲击"下,不可避免地停止。

七、70 年代:"两次尼克松冲击"和"石油冲击"

进入 20 世纪 70 年代后,日本即遭遇了两次"尼克松冲击"。"第一次尼克松冲击"促使日本外交从"对美一边倒",转向"以日美关系为基轴的多边自主外交";"第二次尼克松冲击"和随后发生的"石油冲击",则结束了日本经济的高速增长。"两次冲击"均对日本内政外交构成影响,促使佐藤内阁倒台。

1971 年 7 月 15 日(北京时间 16 日),美国和中国同时发布了一则内容一致的公告。中国新华社的公告称:"获悉尼克松总统曾表示希望访问中华人民共和国,周恩来总理代表中华人民共和国邀请尼克松总统于 1972 年 5 月前的适当时间访问中国。尼克松总统愉快地接受了这一邀请。中美两国领导人的会晤,是为了谋求两国关系正常化,并就双方关心的问题交换意见。"

这一消息令全世界惊讶,更使日本政府震惊。因为作为美国的盟友,美国国务卿罗杰斯告知日本驻美大使牛场信彦这一消息,是在尼克松发表电视讲话 1 小时前。佐藤荣作获此消息更是在讲话数分钟前。尼克松的这一电视讲话,被日本称为"第一次尼克松冲击"。日本所以如此称谓,是因为 1970 年佐藤荣作访美时,曾和尼克松达成"就对华关系继续进行秘密协商"的一致意见。因此当美国对华政策出现转换、美中出现彼此接近的动向时,日本外务大臣爱知揆一表示:"在对华关系方面,美国可能会越过日本有所作为这种说法时有所闻。但我认为这是绝对不可能的。"[①]然而,美国在对华关系方面,恰恰采取了越过日本、不让日本政府事先知晓的所谓"越顶外交"。如下所述,"第一次尼克松冲击"是导致佐藤荣作下台的重要因素。

"第一次尼克松冲击"余波尚存,当地时间 1971 年 8 月 15 日下午 9 时(日本时间 16 日上午 10 时),美国总统尼克松发表电视演说。这一演说,对日本构成了"第二次尼克松冲击"。

尼克松在演说中首先阐述了"创建美国新的繁荣"三个不可或缺的因素,然后指出:"过去 7 年,平均每年都遭遇通货危机。是谁从这些危机中获利?

---

① 冈田晃:《水鸟外交秘话——外交官的证言》,中央公论社,1983 年,第 97 页。

既不是劳动者,也不是投资者。获利的,是国际通货投机者。他们因能够从中获得荣华富贵,因此更乐于对危机推波助澜。过去数周间,投机者们对美元进行了全面博弈。"为了遏制这种做法,同时为了复兴美国经济,他宣布了两个令全世界震惊的决定:"我已指示财政部长采取必要措施维护美元地位,打击投机家的破坏。我已命令财政部长康纳利,暂时停止美元和黄金,以及与其他通货资产的交换。""为了改善国际收支,扩大就业,保护美元,我还决定采取一项新的举措。今天,作为暂定措施,我决定对输入美国的商品课征 10% 的附加税"。①

这一消息所以引起全世界震惊,是因为当时的国际金融体制是二战末期建立的"布雷顿森林体制",这一体制在战后已维持了 25 年。按照这一体制,国际货币基金组织成员国的货币,与作为基准通货的美元建立固定的汇率关系。这种以美元为中心的国际通货体制由两大支柱支撑:第一,美元和黄金的比例为 1 盎司黄金兑换 35 美元;第二,美元和黄金可以自由交换。由此不难想像,美元和黄金一旦"脱钩",将对整个世界经济造成什么影响。另一方面,当时世界贸易是以"关税和贸易总协定"为基础的,美国增收附加税,也从根本上动摇了这一体制。因此,尼克松声明发表后,西欧各国一起关闭了外汇市场。一周后,西欧各国除法国实行双重汇率制外,其他国家均实行浮动汇率制。外汇市场重新开放。

为了减缓"第二次尼克松冲击"引起的震荡,特别为了避免日元大幅升值对日本外贸的负面影响,日本银行即通过公开市场操作对汇市进行干预。自 8 月 16 日至 8 月 27 日,日本银行共购入 39 亿美元,仅 27 日一天就购入 11.9 亿美元。8 月 28 日,日本撤除了由"道奇路线"确定、持续了 22 年 4 个月的 1 美元比 360 日元的固定汇率,开始实行浮动汇率,日元随之开始步入持续升值的轨道。同一期间,日本股票市场持续振荡下跌,指数下挫近 20%。

1971 年 12 月,美国等 10 个发达国家在华盛顿史密森博物馆举行了财长会议(G10),就美元贬值和各国货币的汇率调整达成协议。此次协议,史称"史密森协议"。根据协议,日元升值 16.88%,为各国货币升值之最,1 美元 = 308 日元。同时,黄金和美元的比价也从 1 盎司黄金 = 35 美元上调为 1 盎司黄金 = 38 美元。"史密森协议"达成后,美国撤销了进口附加税。

尼克松演说中提出的两项举措,对奉行"贸易立国主义"的日本经济产生了极大负面影响。"史密森协议"后虽然进口附加税被撤销,但是日元大幅升值,却仍对日本商品出口构成极大阻力。以下数据,即显示了这一影响——

---

① 《朝日新闻》1971 年 8 月 16 日夕刊。

随着经济发展,日本的外汇储备逐年增加:1968年为20亿美元,1969年为35亿美元,1970年为44亿美元,1971年为76亿美元。日本外汇储备持续增长的基本原因,是国际收支黑字持续增长。1970年,这一数字为25亿美元,但翌年1971年猛增至63亿美元,而国际收支黑字的持续增长,则是由于外贸顺差的持续增长。1968年至1971年,日本出口连续4年增长幅度超过20%。与此形成鲜明对比的是,美国的国际收支赤字严重,而造成这种情况的重要原因,是对日贸易持续出现赤字。1970年,美国对日贸易逆差达十多亿美元,尤其在纤维贸易方面,日美贸易摩擦日益严重。为了改变这种状况,美国不断对日施加压力。日本政府为了实现冲绳行政权早日归还,意欲作出让步,故在当时出现了以"线"(纤维)换"绳"(冲绳)的说法。但是,日本纤维业界反对让步,日本产业界反对通过日元升值减少对美贸易黑字。因此,美国遂通过美元贬值强使各国货币升值。这,就是"尼克松冲击"的本意和实质,其对日本经济的冲击及对佐藤政权的影响,似毋庸赘言。

进入20世纪70年代后,"佐藤长期政权"开始出现"期末征兆"。据《朝日新闻》1971年6月调查(结果公布于6月8日该报),曾拥有72%高支持率的佐藤内阁,当时的支持率已下降至35%。佐藤内阁为了挽救受1971年尼克松冲击而动摇的经济,毅然决然地采取了进行大规模公共投资、降低银行利率、大量增加通货的金融措施,最终导致自1972年底物价大幅上扬,1973年的通胀率超过前一年的10%。由于20世纪70年代是世界性的通货膨胀时期,因此进口商品物价也猛烈上涨。另一方面,美国"越顶外交"显示佐藤内阁无力恢复中日邦交,使之渐失民心。1972年6月15日,社会、公明、民社三党联合向国会提交了对佐藤内阁的不信任案。议案虽遭否决,但佐藤荣作自感对政局已难以驾驭,遂于6月17日在自民党两院议员大会上表明将辞去总裁职务,也即不再担任首相。7月5日,佐藤辞去总裁职务。7月6日,佐藤内阁宣布总辞职。

1972年7月5日,自民党举行决定佐藤荣作后任的公选,田中角荣、福田赳夫、大平正芳、三木武夫四人进行角逐,结果第一轮投票田中获156票、福田获150票、大平获101票、三木获69票,均未过半数。在对前两位进行决胜投票时,田中在大平、三木两派的支持下获282票,而福田仅获190票。54岁的田中角荣以压倒优势当选,成为日本战后最年轻的首相。

1918年出生于新潟县偏僻乡村的田中角荣,在历届日本首相中是颇为特殊的人物。田中角荣家境贫寒,小学毕业即只身"上京",在中央公校半工半读。笔者儿时读过几本"伟人传记",其中《田中角荣传》留给我的印象最为深刻。据《田中角荣传》记述,当年学校里排演戏剧,田中因"口吃",虽苦苦哀求仍无法获得一个角色。自尊心极强的田中遂每天口含石子苦练演说。后被征入伍,依然秉持顽强个性。我记得《田中角荣传》有一节的标题是"不屈不挠:田中上等兵的傲骨"。1943 年,田中创办"田中土木建筑公司"并自任总经理。1945 年日本战败时,"田中土建"已进入日本建筑业 50 强。1947 年 4 月,年仅 29 岁的田中角荣以民主党员身份当选为众议员,从此步入政界,在内阁中历任池田内阁大藏大臣、佐藤内阁通产大臣;在自民党内历任政调会长、干事长等要职。

自进入昭和时代,田中是第 26 位首相。与前 25 位首相相比,他有明显不同的经历和信条。此前 25 位首相均是官僚、外交官、皇族、政党政治家、媒体人士出身,都受过良好的教育,有自己的组织和集团,在职业生涯中逐步升迁,懂得如何和天皇打交道。前宫内厅长官宇佐美毅用"异类首相"形容他。同时,田中角荣也得到媒体追捧,称其为"庶民宰相"。

田中执政后,即着手恢复日中邦交。1972 年 9 月 29 日,即组阁不到 3 个月便和中国周恩来总理一起签署了"日中共同声明",与中国实现了"邦交正常化"。然而,中日邦交正常化,远非一蹴而就。

追溯历史,冷战形成后,日本首相吉田茂对"选择大陆还是选择台湾",一度颇为犹豫。出于政治考量,他当选择"台湾",但是出于经济考量,大陆是个庞大的市场。在 1930 年至 1939 年,对华贸易占了日本输出总额的 21.6%,输入总额的 12.4%。当时日本朝野强烈要求,为了日本的经济发展,必须重新开拓中国市场。但是,最后迫于美国压力,在《旧金山和约》生效前不久的 1952 年 4 月 28 日,吉田茂政权与台湾当局签署了《日华和平条约》,要点有三:1. 日本和中华民国的战争状态宣告终止;2. 条约适用范围为中华民国治理下及今后将归其治理的一切领域;3. 在附属议定书中,"中华民国"宣布不提出战争赔偿请求。但是,由于日本国内对和中国大陆开展经济交流有强烈兴趣,因此日本一直以"经济和政治分离原则"和中国进行交涉。1952 年、1953 年、1954 年,双方签署了第一、第二、第三次民间贸易协定。1957 年 2 月,由于岸信介访问台湾遭到中国强烈批评,民间贸易一时中断。1958 年 5 月"长崎国旗事件"①发生后,中日关系进一步冷却。池田勇人组阁后,中日关系趋向好转。1962 年 11 月 19 日,双方签署了《关于中日综合贸易的备忘录》,确定了 1963 年至 1967 年中日贸易的基本框架。更重要的是,该备忘录表明中国政府事实上默认了池田内阁竭力主张的"政经分离"。由于分别代表本国签约的

---

① 1958 年 5 月,日中友协在长崎百货公司"滨屋"举行中国邮票和剪纸展示会,两个日本右翼青年扯下了会场上的中国国旗。虽然警方当即将其逮捕,但是翌日即释放。对此,日本政府的态度是:中国和日本无外交关系,因此这一行为不适用刑法第 92 条关于损毁外国国旗国徽的处罚规定。这一事件使中日关系进一步冷却。

廖承志和高碕达之助姓氏标音的首字母为"L"和"T",且双方约定凡按此备忘录开展的贸易均用 LT 作符号,如第一年度为 LT/1,第二年度为 LT/2,等等。因此根据该备忘录开展的中日贸易被称为"LT 贸易"。

佐藤政权建立后,中国方面曾一度寄希望于他改善中日关系。1964 年秋,佐藤委派自民党议员久野忠治访华,廖承志对久野忠治说:"由于佐藤先生赞同政治经济不可分的原则,所以日本今后的对华政策当会采取一种向前看的姿态。我们对此寄予很大希望,并衷心欢迎佐藤政权的组成。"①但是,佐藤之所为有负中国的厚望。1964 年 11 月,佐藤政府拒绝给为了出席日本共产党代表大会而赴日的北京市市长彭真发放入境签证。之后,佐藤政权又采取了一系列对华不友好措施,使中国终于失望。1965 年 4 月 8 日,《人民日报》发表评论员文章,称:"中国人民对佐藤政权已不抱有任何幻想。"当然,佐藤荣作所以令中国"失望",有一个重要背景,即自民党内存在强大亲台湾势力,如果推行"急进"亲华路线,将加深党内分裂,影响冲绳返还。

1972 年 6 月 17 日,佐藤荣作表示不再竞选自民党总裁。但在此之前,田中角荣和福田赳夫已开始角逐总裁宝座。中国通过访华的自民党议员古井喜实获悉,田中角荣可能胜出。5 月 15 日,周恩来委托访华的公明党二宫文造秘密捎口信给田中角荣:"如果田中先生担任首相并真心希望恢复中日邦交,我们中国人民、政府、军队,将开放机场迎接。"②同时,田中角荣也亟欲恢复日中邦交。3 月中旬,他对党内重镇田川诚一说:"如果我能取得政权,将立即着手恢复日中邦交。"③

田中组阁后,提出了"以日美关系为基轴的多边自主外交"路线,中日邦交正常化迅速得以推进。田中内阁外相大平正芳在就任后表示:"我们有决心实现邦交正常化……以前的外交是看美国的脸色行事,这不能说是错误的。今后我们要走自己的路,尽管这会比较艰难。"④7 月 25 日,公明党竹入义胜委员长访问中国。29 日,周恩来总理让他将中方的实现邦交正常化共同声明草案转交田中角荣。声明草案共有 8 项。此外,周恩来总理还提出了有关台湾问题的三项口头约定,即以后的所谓"中日复交三原则":1. 中华人民共和国政府是代表中国人民的唯一合法政府;2. 台湾是中国不可分割的一部分;3. 所谓"日华和平条约"是非法和无效的,必须予以废除。

竹入义胜回国后,将中方草案和他同周恩来会面的记录("竹入笔记")交

---

① 田川诚一:《日中交流和自民党领袖们》,读卖新闻社,1983 年,第 32 页。
② 每日新闻社政治部编:《转换期的安保》,每日新闻社,1979 年,第 156 页。
③ 田川诚一:《日中交涉秘录——田川日记:14 年的证言》,每日新闻社,1973 年,第 337 页。
④ 谷川万太郎:《日中战后关系史》,辽宁人民出版社 1993 年版,第 409 页。

给了田中角荣。由于中方草案没有对日美安保条约表示异议,田中角荣当即决定亲自访问中国,实现邦交正常化,并在8月31日的夏威夷日美首脑会谈时,向美方作了通报,同时派自民党副总裁椎名悦三郎去台湾,通知了有关情况。9月21日,田中角荣亲自宣布,他将于9月25日访问中国。

此前,为了就具体问题进行沟通,9月9日,日本政府派自民党议员古井喜实、田川诚一前往北京,主要向中国方面表明日方对中方草案的三点不同意见:1.战争状态的终结。日方认为,由于《日华和平条约》已经作了如此表示,因此难以按照中方草案表述,再作"终战声明"。2.对中方提出的"对日复交三原则"中的第三项,即废弃"日华和平条约"。日方希望不要明确触及这一条约,让其"自行消亡"。3.关于战争赔偿。由于"日华和平条约"中已经明确中国"放弃对日赔偿请求权",如再次申明"放弃请求权",似乎承认此后中国依然拥有这项权利。最后,上述三个问题经协商均获得妥善解决。1972年9月29日,两国发表了《中华人民共和国政府日本国政府联合声明》。"联合声明"本身即反映三个问题的最终解决——①

第一个问题的解决反映于第一条,即按照周恩来总理的建议改为"自本声明公布之日起,中华人民共和国和日本国之间迄今为止的不正常状态宣告结束";第二个问题则采取了"绕弯子"的做法,即根据日本方面要求,声明本身不直接涉及"日华和平条约",而是由日本单方面宣布予以终止。声明本身仅在前言中表示:"日本方面重申站在充分理解中华人民共和国政府提出的'复交三原则'的立场上,谋求实现日中邦交正常化这一见解,中国方面对此表示欢迎。"然后在正文第三条申明:"中华人民共和国政府重申:台湾是中华人民共和国领土不可分割的一部分。日本国政府充分理解和尊重中国的这一立场,并坚持遵循波茨坦公告第八条的立场。"(《波茨坦公告》第八条是:"《开罗宣言》之要求必将实施,而日本之主权必将限于本州岛、北海道、九州岛、四国及吾人所决定之其他小岛之内。")第五条:"中华人民共和国政府宣布:为了中日两国人民的友好,放弃对日本国的战争赔偿要求。"(按:将"请求权"改为"要求")

实现中日邦交正常化后,田中遂试图和苏联缔结和平友好条约,实现关系正常化。苏联方面也有此要求。但是,中日"联合声明"中的第七条,使苏联感到恼怒。该条内容是:"中日邦交正常化,不是针对第三国的。两国任何一方都不应在亚洲和太平洋地区谋求霸权,每一方都反对任何其他国家或国家集团建立这种霸权的努力。"1972年10月,苏联外长葛罗米柯责难为签署日苏

---

① 田桓主编:《战后中日关系文献集》(1971—1995),中国社会科学出版社1997年版,第110—111页;外务省编:《主要条约集》,1977年,第58—63页。

第十二章 昭和时代(战后)

和约事宜而访苏的日本外相大平正芳:"中日联合声明中的第六条和第七条,岂不是中日以苏联为对象的攻守同盟?"苏联对此问题的态度,成为日苏签署和平友好条约的重大障碍。

但是,外交方面的重大突破,似未给田中政权增加多少分数。在1972年底众议院选举中,自由民主党获271席,比选举前减少了17席,而日本社会党、日本共产党的议席则有所增加。鉴于这一结果,田中角荣试图修改选举法,实行小选举区制,但是因自民党内不少人持"慎重论",在野党拒绝审议,因此未提交国会审议。

自民党威信的下降,更促使田中角荣实现他作为首相的最大抱负:"改造日本。"1972年6月,时任自民党干事长的田中角荣发表了《日本列岛改造论》一书,阐述了他改造日本的计划:分散在经济高速增长期集中于沿太平洋区域的人口,在各地建设人口规模约为25万人口的城市;在每个区域形成产业据点都市,建立相应产业,通过新干线和高速公路予以联结。而对日本列岛进行改造的一个重要目的,是缩小工业地区和农业地区的地域差别,解决人口过密和过疏问题。①以田中角荣的这一计划为蓝本,1973年中,日本内阁正式将《经济社会基本计划》作为内阁决议。

田中角荣的《日本列岛改造论》

体现田中"列岛改造论"构想的《经济社会基本计划》,实际上是"旧全综"(或曰"一全综")和"新全综"(或曰"二全综")的延续。这一计划是在保持年均经济增长率为9%的前提下制定的。因此,1973年的财政预算比前年增加了近25%,其中除了实践田中角荣的"列岛改造论"所需公共事业费外,还有养老金的大幅度扩充。但1973年10月第四次中东战争爆发后,阿拉伯石油输出国组织发动了"石油战略",即采取了对石油输出进行限制和将原油价格提高4倍的措施。由于当时日本一次能源的3/4依赖原油,因此遭受的打击额外沉重,造成物价急剧上升。1974年9月,日本批发物价比上年增长了30%以上,成为战后物价最狂乱时期。商品短缺,使日感不安的消费者不断囤积商品,形成恶性循环。田中角荣最终不得不任用政敌福田赳夫为大藏大臣,放弃列岛改造计划,全力应付通货膨胀。1975年春,通胀基本被遏制,金融限制取消。虽然通过历时两年的限制政策,物价的狂乱上涨势头终于被遏制,但是工矿业生产自1973年底至1975年春降低了20%,企业产生了大量过剩人员和过剩设备,平均利润几乎降低到零,经济高速增长已成

---

① 田中角荣的《日本列岛改造论》是在许多人的协助下完成的,该书阐述了田中角荣的政策性抱负,1972年由工业新闻社出版后,成为畅销书。据称,该书激发了土地投机。

明日黄花。

在列岛改造论被放弃后,田中角荣依然对改造日本雄心勃勃。在1974年7月参议院选举时,自民党为选举投入了大量资金,并以拥立演艺界人士候选等手法,欲使自民党获取更多席位,挽回上一次失去的势力。田中角荣本人则乘坐直升飞机周游全国进行演说。自民党志在必得之势,使当时各报大都预测其能够获胜。但是结果却出乎许多人预料,自民党席位不增反减,在改选的三分之一议席中:自民党获66席,和获得64席的各在野党仅差两席。加上未改选的议席,自民党的议席为129席,在野党为122席。对此,《读卖新闻》以"保革伯仲"为题进行了报道。以日中邦交正常化和"列岛改造"为发端的"田中热",由于通货膨胀和石油危机而完全"退热"。与此同时,日本销量第一的综合期刊《文艺春秋》更对田中角荣"落井下石"——

当时提前出版的《文艺春秋》1974年11月号,同时刊登了著名评论家立花隆的《田中角荣研究——其资金来源和人际关系》,以及儿玉隆也的《孤寂的越山会的女王》两篇文章。这两篇文章揭露了田中角荣金权政治的黑幕及其男女关系问题,使田中角荣顿时成为内外媒体的追踪目标。日本政府于10月22日在东京内幸町出版中心举行的记者会时,田中角荣的"金脉"问题被内外记者穷追不舍。为渡过难关,田中角荣在按原计划历访澳大利亚、新西兰、缅甸三国后,于11月11日第三次改组内阁。但是,"杯水车薪","打倒田中内阁"当时已成为响彻全国的口号,甚而引发秋季大罢工。各在野党则采取联合行动,提出了对田中内阁不信任案。自民党内部以福田起夫为代表的反对派亦使田中内阁"后院起火"。11月26日,在美国总统福特对日本的正式访问结束后,田中角荣表明了辞意,大意是:"最近政局混沌,其中有些皆因我个人问题引起。作为国政最高责任者,我痛感必须承担政治与道义责任。"[①]田中角荣的"辞职声明"由内阁官房长官竹下登代为宣读。田中内阁因此总辞职。

田中角荣下台后,因拥有巨大派阀,依然是政界的一大巨头,但是洛克希德受贿事件使之成为被告,在1985年病倒并因此失势。

田中角荣执政后,以"决断和实行"为旗帜,试图在外交方面超越佐藤内阁日韩复交、收回冲绳的政绩,在内政方面再现池田勇人内阁"国民收入倍增"的辉煌,因此一方面致力并恢复了日中邦交,另一方面提出了雄心勃勃的"列岛改造计划"。但是由于通货膨胀和无法预期的石油冲击的影响,不仅经济高速增长时期GNP年均10%以上的增长率无法维持,而且在1974年实际GNP的增长率为-1.2%。"列岛改造计划"赖以立足的经济高速增长无法实现,同

[①] 《日本内阁》3卷,第117页。

时因田中角荣丑闻败露自酿其辱,最终凄然下台。"田中内阁的解体是名符其实的经济高速增长的丧钟"。

八、80年代:昭和时代在内政外交的剧变中谢幕

自1974年底田中角荣下台后至1989年即昭和末年,日本政坛先后由三木武夫、福田赳夫、大平正芳、铃木善幸、中曾根康弘、竹下登、宇野宗佑七任首相主政。除了连续执政5年的中曾根内阁和执政仅2月有余的宇野内阁,内阁的平均寿命为两年左右。历届内阁可谓"来也匆匆,去也匆匆"。

这一时期,以国际局势剧变为背景,日本政治、经济、外交均发生了显著变化。政治方面,决定日本政治方向的"55年体制"开始出现"末期症状";经济方面,从"高速增长"转入"稳定增长";外交方面,从"美国一边倒"转向"全方位自主外交"。

田中内阁下台后,自民党分裂的危机在三木内阁和大平内阁时期公开化,虽然最终没有成为现实,因为自民党的核心人士非常清楚,分裂将使自民党遭受毁灭性打击,使自己失去安身立命之本。20世纪80年代被称为"保守复兴"的时代。在1980年和1986年众议院和参议院的同时选举中,自民党议席均获得了大幅度增加。但是在1989年选举中,过半数为127席,而自民党仅获109席。另一方面,社会党自60年代后半期议席急速减少,在1969年众议院选举中未达100席,之后虽然议席重新过百,但在1986年众议院选举中仅获86席,可谓铩羽而归。虽然在80年代末土井多贺子任委员长后,社会党在参议院选举中获胜,但是在发生分裂、以社会民主党的身分重新亮相时,新结成的民主党取而代之成为在野党首席。总之,作为"55年体制"核心部分的自民党和社会党,均发生了极大变化。

"55年体制"形成后,占据其核心部位的自民党和社会党占有的议席1958年为90.7%,但1980年减为67.2%。因为,处在自民、社会左右之间不断增长的"中间势力"占去了不少席位。1967年公明党首次参加众议院选举,成为势力仅次于民社党的"三野";1976年大选,公明党超过民社党成为"二野",并将此地位一直保持到"55年体制"解体的1993年。至70年代中,在国会审议各项法案时,公明和民社两党基本采取了和社会党同样的立场。虽然在1971年关于冲绳归还问题上,两党被佐藤内阁官房长官保利茂说服,从而使"在野党共斗"自民党的局面没有出现。不过,两党不再始终和社会党"并肩作战"、真正具有明确的独立倾向,则是在80年代以后。例如,在外交、安全保障政策方面,公明党的立场发生了如下变化:在首次获得参议院议席的1965年,公明党和社会党步调一致,在国会对日韩建交案进行审议时,采取了强硬的抵制态

度。1978年,在成为众议院第二大在野党时,公明党在党的大会上确定了支持安保条约和自卫队的立场。1981年,公明党在党的大会上确定了拥护"自卫队合宪论"和支持"日美安保条约"延续的方针,从而明确显示了和社会党迥然不同的立场。总之,"第三势力"的出现并不断采取独立判断,特别在国会对各项法案、政策进行审议时,给予了日本政治不可忽略的影响。就这个意义而言,可以认为在这一阶段,日本政党进入了继1945年至1955年之后的又一个"重组期"。同时,在这一时期,"55年体制"框架内的政策趋向也发生了显著变化,主要表现为从以外交、与安保相关的政策为中心,转为以选举制和中央省厅的重新编制为中心的政治改革,以及财政重建、社会保障、金融机构不良债权的处理等问题为中心的经济改革。

经济方面,高速增长期结束后,日本1973年至1990年GNP的年均增长率约为4%,进入了"稳定增长期"。和同样遭受"石油冲击"的西方国家相比,日本的这一GNP增长数字依然值得骄傲。所以如此,和日本应对70年代后急剧变化的国际局势的方式,密切相关。

通货膨胀和石油危机给经济高速增长打上休止符后,日本经济界在通产省的援助下,为了顺应急剧变化的局势,按照合理化原则改善经营,采取了一切可以采取的措施,如节约能源、削减雇用、开发新技术、新市场、整理资金、废弃过剩设备、转变经营内容,等等。至1977年,大多数企业基本脱离了危机。这种"减量经营"的结果,使日本经济发生了很大变化。汽车、电子、精密机械等高附加值的加工型产业,取代了经济高速增长期的中心产业钢铁、造船、石油化工、轻金属等高能耗的素材型产业,并成为出口主打商品。计算机、自动控制、新材料、发动机、生物工程等方面技术不断取得新的进展。在第三产业领域,以计算机软件为代表,为产业服务的行业日新月异,商业、家庭服务业、不动产业取得了显著发展,形成在全部从业人员中,第三产业从业人员约占六成的状况。

虽然"尼克松冲击"和"石油冲击"对日本消费的增长和出口的增加产生不利影响,但对外贸易依然是日本的强项,并因此减弱了这一时期日本国内设备投资不足等给经济发展造成的负面作用。但是,由于经济不景气,税收大幅减少,政府为了填补赤字仍不得不发行公债,从而使扩大内需政策和不景气经济周而复始,政府债务不断增加,使赤字财政负面影响日趋明显。同时,日本外贸黑字居高不下,使美国和欧洲国家不断对其施压,特别是要求日本对以汽车、电子产品为主的日本出口商品的数量加以限制,撤销农产品进口壁垒,允许外国企业参与日本国内项目的竞标,不仅是经济问题,而且是外交问题。

1979年至1980年,以伊朗革命和伊朗·伊拉克战争为契机,阿拉伯石油输出国组织(OPEC)将每桶原油的价格从11美元提高至34美元,即将原油价格提升了 3 倍多,从而引发了"第二次石油冲击"。日本政府和日本银行鉴于第一次石油危机的教训,及早采取了财政和金融政策措施,成功地将原油价格上涨的影响基本控制在石油及与之相关的产品,但是仍无法避免景气后退。

另一方面,进入 80 年代后,由"尼克松冲击"引起的布雷顿森林体制动摇、国际汇率市场从固定汇率转变为浮动汇率后,调整宏观通货政策成为西方先进工业国家必须面对的课题。处在世界经济体系中的日本,在大幅削减国际收支黑字的过程中,进入了"日元升值时代":1977 年初,日元兑美元为 290 日元兑 1 美元,至 1978 年 10 月骤升至 170 日元兑 1 美元。之后几年基本维持在 240 日元—250 日元兑 1 美元。1984 年 9 月美、日、德、英、法五国财长和国家银行总裁会议后,更是曾达到 120 日元兑 1 美元。日元的持续升值不仅极大影响了日本对外贸易,而且在 1977 年至 1986 年引起日本景气后退。为了减少贸易赤字,美国一再要求日本扩大内需。1978 年,福田内阁扩大 3 兆日元的公共投资规模和 1987 年中曾根内阁扩大 6 兆日元的公共投资规模,均是对美国这一要求的回应。由于日本外贸出超显著,因此尽管日元不断升值,但外贸出超势头依然不减,并由此产生几方面特点:在显示出日本产业强韧竞争力的同时,成为对外贸易摩擦的重要原因。

总之,日本经济在 20 世纪 70 年代至 80 年代因日元升值和石油危机,三次出现景气后退,即:1977 年至 1978 年、1981 年至 1982 年、1985 年至 1986 年。

以上述变化为背景,"重建财政"成为 20 世纪 70 年代末至 80 年代中大平正芳、铃木善幸、中曾根康弘三届内阁的政策目标,而石油危机后通过"减量经营"和合理化经营取得成功的财界,也对政府提出了这一要求。因此自 1980 年,日本政府极力抑制财政支出,特别采取了使新的支出不高于前年的措施。

自 1987 年后半年,日本景气开始回升,并在 1988 年迎来了 20 年未遇的景气时期。同时,日本经济也开始酝酿"泡沫"。尽管日元升值对外贸构成了负面影响,但是日本国内经济仍持续"景气",地价急剧上升,股票大幅上扬,日经指数在 1989 年达到成为峰值的 38 915 日元,但在 1990 年 10 月却急速下挫至 20 000 日元以下。进入 90 年代后,面对景气呈现急剧回落趋势,媒体开始使用一个今天人们已耳熟能详的词语:"泡沫经济。"

外交方面,福田赳夫执政的 1978 年,堪称划时代的一年。因为,这一年日本和中国签署了拖延多年的《日中和平友好条约》,和美国签署了强化双方军事协作关系的《日美防卫合作指针》,使日本同这两个大国的关系进一步改善。

中日"联合声明"第八条宣布,双方"同意进行以缔结和平友好条约为目的的谈判"。之后,双方就此进行了交涉。但是,由于中国要求明确写入"反霸权条款",而日本顾忌苏联的强烈反应和台湾当局的干扰,即日本国内亲台势力的阻挠,对此表示反对,谈判陷入僵局。1975年9月,日本三木内阁外相宫泽喜一出席联合国大会时,向中国外长乔冠华提出了四点原则意见,即所谓"宫泽四原则",就反对霸权提出:1. 不仅在亚太地区,而且在世界任何地方反对霸权;2. 不针对特定的第三国;3. 不意味日中采取联合行动;4. 不违反联合国宪章原则。但当时中国正值文革向改革开放转化,日本则正值"洛克希德事件"和"倒三木"运动正酣,故无进展。1977年,中国结束文革,日本福田内阁建立,两国形势因此一变。加之美国总统卡特、国务卿万斯对写入"反霸权条款"明确表示支持,双方终于在1978年8月12日签署《中日和平友好条约》。条约第二条条文即是纠缠许久的"反霸权条款"的"修订版":"缔约双方表明:任何一方都不应在亚洲和太平洋地区或其他任何地区谋求霸权,并反对任何其他国家或国家集团建立这种霸权的努力。"①

《中日和平友好条约》签署后,至昭和时代结束,中日两国政治、经济、文化等方面交流不断发展,两国关系总体发展顺利。但是,1982年"历史教科书问题"的产生,以及1985年8月15日日本首相中曾根康弘以首相身份正式参拜靖国神社,引起了中国政府和民众对日本否定战争责任行为的强烈抗议,使中日关系受到严重影响。

1978年11月28日在第17次日美安全保障协议委员会后签署的《日美防卫合作指针》(简称"指针"),则是加强日美间军事合作的重要文件。"指针"主要根据"日美安保条约"第5条(日本"有事")和第6条(远东"有事")的规定,针对下述情况一旦发生如何应对,开展共同作战研究。由于这一文件非常重要且国内论著未见引用,故笔者择其要点摘译如下:

一、构建防侵略于未然的态势。

(1) 作为防卫政策,日本为了自卫,在必要的范围内保持适当规模的防卫力量的同时,形成、维持能确保其防卫力量最有效运用的态势。同时,根据地位协定,确保美军在日设施、区域的稳定且有效使用。美国在保持核遏制力的同时,保持能在前方展开的应急部队和能够提供支援的其他兵力。

(2) 日美两国在日本遭到武力攻击后,为了能够顺利采取共同应付行动,自卫队和美军将在作战、情报、后方支援等方面努力构建协作态势。(后略)

二、日本遭受武力攻击时的对应行动。

1. 日本有遭受武力攻击之虞时,日美两国进一步加强联络,在各采取必要措施的同时,根据局势变化,采取各项能确保展开共同应对行动的措施,必要时设立自卫队和美军之间的协调机构。(后略)

2. 日本遭到武力攻击时。(1) 作为原则,日本将独力排除有限的小规模

---

① 田桓主编:《战后中日关系文件集(1971—1995)》,第228—229页。

的侵略。由于侵略的规模、方式等难以独力排除时,则由美国协助予以排除。(后略)

三、日本以外的远东发生事态并对日本的安全产生重要影响时,日美间的合作。

日美两国政府顺应形势变化随时协议。日本以外的远东发生事态且对日本安全构成重要影响时,日本为美军提供便利的方式,遵循日美安保条约及相关文件、日美间其他有关文件和日本有关法令。日美两国政府对日本按照上述法律框架范畴内为美军提供便利的方式,将重新相互开展研究。这一研究包括美军共同使用自卫队基地,以及提供其他便利的相关问题。①

根据"指针",1981年日美双方制定了假设北海道受到侵略的作战计划,1986年进行了防卫"海上航线"研究;1989年进行了无线电联络互通性研究。但就在同一年,日本国内新民族主义思潮不断兴起,日美关系受到影响。1989年,日本光文社出版了石原慎太郎(现任东京都知事)和盛田昭夫(原索尼公司总裁)合撰的《日本可以说"不"——新日美关系的方策》。文人政治家和著名企业家此时主张对美国说"不",和冷战结构的解体显然不无关系。按日本外务省顾问栗山尚一的比喻:"失去了共同目标的日本和美国,如同在辽阔的大海上漂泊的两艘船,一方面它们要共同解决一些燃眉之急的问题,另一方面却有正面碰撞的危险。"②

在微观层面,自经济高速增长终结至昭和时代终结的历届内阁,各有特点,各有建树。

田中角荣表明辞意后,党内在"协商"还是"选举"产生后任总裁问题上出现田中派、大平派和福田派、三木派的对立。自民党副总裁椎名悦三郎和干事长保利茂经协商达成共识:为了避免党内分裂,重塑自民党形象,决定以副总裁"裁定"方式,由三木武夫继任总裁,理由是:"新总裁必须清正廉明,致力于改善党的素质和现代化","廉洁的三木"是"最合适的人选"。③12月9日,受命于国会的自民党总裁三木武夫组成了新的内阁。不难断言,产生新总裁过程本身,说明自民党"众志成城"的情景已经不再。

作为小派系首领的三木武夫执政后,任命各派"长老"出任内阁要职:福田赳夫为副总理兼经济企画厅长官,大平正芳留任大藏大臣,中曾根康弘任自民党干事长,宫泽喜一任外务大臣,并以"净化政治"、"廉洁的三木"为旗号,着手

---

① 防卫厅编:《日本的防卫 昭和五四年七月》,第268—272页。1997年9月23日,日美两国经过一年半磋商,在纽约正式公布了《日美防卫合作指针》的修改案。1999年4月27日,《新日美防卫合作指针相关法》在日本众议院获得通过,同年5月24日在参议院获得通过。
② 栗山尚一:《日美同盟——摆脱漂流状态》,日本经济新闻社,1997年,第220页。
③ 《日本内阁》3卷,第139页。

"清洁政治":

一、修订《政治资金规正法》。1975年4月,三木内阁通过了作为内阁决议的《禁止垄断法修订纲要》,主要内容是设定企业捐献政治资金上限、政治资金公开化、对违反选举的"连坐制"进行强化、鼓励个人捐献政治资金以防止企业与政治"黏着",等等。二是修正《公职选举法》,主要精神是扩大选举"公营"成分,减少选举费用。上述触犯某些人既得利益的"选举二法"几经周折后,最终获得通过。另外三木武夫还提议修改自民党总裁选举法,由10名以上国会议员提名产生候选人,经全体党员投票产生两名候选人,最后由国会议员投票选出一名总裁,任期由3年缩短为2年。

二、修改《禁止垄断法》。"石油冲击"时,一些商社囤积居奇,高价抛售,导致许多商品的价格大幅上扬,使公正交易委员会决意强化管理,并建议修改《禁止垄断法》,三木决意施行。但是,这一纲要遭到党内强烈批评,最终在参议院审议未获通过,成为废案。

三、在防卫问题上立下"规矩",将防卫费控制在GNP的1%以内。

尽管上述举措颇有"正义凛然"之势,但1976年在三木内阁时期举行的大选中,自民党议席却从283席减为277席。究其原因,主要是"洛克希德案"曝光。1976年2月6日,据揭发,美国洛克希德飞机制造公司副总裁柯钦在美参议院作证:为了获取日本市场,曾给日本政府高官200万美元"活动费"。三木首相认为,此事关系日本政治声誉,下令彻查。结果,自民党内最大派系、"田中军团"首领田中角荣涉案被捕。自民党威信扫地,遂迁怒于三木武夫,掀起"倒三木"运动。1976年12月17日,三木承担大选失败责任,宣布内阁总辞职。三木被指名当选,归因于自民党的分裂。三木黯然下台,说明自民党"金权政治"已积重难返。不过,当年的选举使自民党获得一点重要启示:尽管农村人口不断减少,自民党在农村的得票率却并未减少。但是在大城市,自民党的得票率却明显减少。"票田"的变化,成为执政的自民党自70年代后半期不断提出环境、福利等新的政策课题的重要背景。

三木下台后,福田赳夫被选为自民党总裁,并受命于国会组织内阁。

1976年12月24日,福田赳夫内阁在大(平)福(田)合作的基础上产生。福田赳夫资历丰富,曾任几届内阁大臣和自民党要职,和田中角荣一起为左膀右臂。总体而言,福田赳夫的最大政绩是"顺应时势"。内政方面,20世纪70年代后半期是日本真正从"行政权优势"向"立法权优势"转变,以及与之相辅相成的从"强权政治"向"协商政治"转变的时代。福田赳夫对此洞若观火,于1977年春成立了"改革实施本部",自任本部长,并"断然解散派阀"。虽然派阀名亡实存,后来更卷土重来,但福田赳夫的这一志向,是值得肯定的。外交方面,70年代作为日美、日中关系里程碑的《日美防卫合作指针》和《日中和平友好条约》,均签署于福田内阁时期。

1978年10月31日后,福田赳夫吞食"两年后将政权禅让大平"的许诺,和大平正芳等竞选。由于预选结果大平遥遥领先,福田遂宣布退出正式选举。大平正芳不战而胜,于12月1日当选为自民党总裁,12月7日成立大平内阁。

大平正芳在执政时体现了"政治新秩序时代"的精神。他在发表竞选演说时即表示了对这种精神的尊奉:"我遵从民主的原则,以谦虚和灵活的姿态示人,与人坦诚相见,将眼前的困难公诸于众,并站在取信于民的立场上对严峻现实采取有效对策,形成集思广益的政治局面。我认为,必须改变政治对国民生活的过分介入和国民对政治的过分期待。"[①]

大平正芳上台后,为应对"第二次石油危机"和"重建财政",执政伊始即欲导入"一般消费税"。同时以自民党势力在地方选举中有回升趋向为背景,1979年9月,大平正芳宣布解散众议院实行大选,试图振兴自民党在众院中的势力。包括经济界在内,诸多人士认为自民党将会获胜。但是投票结果恰好相反。在全部511席中,自民党仅获248席。究其败因,征收"一般消费税"案是罪魁祸首。选举失败,福田、三木、中曾根迫大平下台,而大平不屈不挠,使自民党处于"将分裂而未分裂,未分裂却将分裂"的危险境地,使国会出现了40天空白期,史称"40天抗争"。最后,自民党经"追认"9名无党派人士为自民党党员勉强过半数,大平和1976年6月25日三木内阁时期从自民党"出走"另立门户、成立"新自由俱乐部"的河野洋平等联手,击败福田,组成了第二届大平内阁。但是,大平正芳的支持率仅18%,不支持率达38%。

面对这一动向,在野党公明、民社两党于1979年12月就"中道联合政权"构想达成一致意见,1980年社会党亦加入其中,提出了"社公民联合政权"构想。同年5月16日,社会党提出了内阁不信任案。由于自民党反大平派议员大量缺席,不信任案获得通过,迫使大平正芳再次解散众议院,进行日本历史上首次众参两院同日选举。心力皆疲的大平正芳为竞选获胜四处演说,在参议院选举公示后的5月31日,刚喊出游说第一声的大平正芳即因心肌梗塞而倒下,6月12日去世。大平之死唤起了民众对自民党的同情。大选结果,自民党在众议院获284席,远远超过半数。

大平正芳去世后,同一派别宏池会(旧池田派)伊东正义出任代理首相。7月17日,同会的铃木善幸就任首相,组成了铃木内阁。征收"消费税"使自民党议席大减,但大平不觉地以生命为代价换取了自民党的大胜,使联合政权构想成为泡影。在这一背景下成立的铃木内阁,执政伊始,一方面标榜"和

[①] 《日本内阁》3卷,第227页。

的政治",另一方面为重建财政,继 1962—1964 年第一"临调"(临时行政调查会)后,于 1981 年 3 月成立了第二"临调",由经团联名誉会长土光敏夫任会长。第二"临调"以"不增税重建财政"为标榜,于 1982 年 7 月向铃木内阁提交了答询报告,分析了财政状况恶化的原因,提出了削减直接税、增加间接税的方案,以及三公社(国铁、电讯电话、专卖)的民营化方针。

根据上述答询报告,铃木内阁于 1982 年 9 月制定了作为内阁决议的行政改革大纲,同时决定在 5 年内对三"K"赤字(稻米、国铁、健康保险)之一的国铁进行重建,对电讯电话公社和专卖公社的事业形态进行改革。但是,发誓要"豁出政治生命"进行改革的铃木善幸原本资质平平,其本人也承认:"我充分感到缺乏担任总裁的能力"。铃木内阁一开始就具有"过渡内阁"的性质,在国内改革面对重重阻力,在改善对外关系方面没有取得成功后,于 1982 年 10 月,即总裁改选前夕宣布不再参加竞选。中曾根康弘在田中派的支持下当选自民党总裁,并任命 7 名田中派成员,包括任命后藤田正晴为官房长官、二阶堂进为自民党干事长,组成了中曾根内阁。因此,这一内阁被媒体戏称为"角营内阁"(按:日语中,"营"和"荣"谐音,意为田中角荣经营的内阁)。

中曾根康弘在佐藤荣作之后的所谓"三角大福中"之争中最后登上首相宝座,也是其中任期最长的一名首相。① 中曾根毕业于东京帝国大学法律系,1947 年从政,在"55 年体制"中历任要职,并逐渐形成自民党内五大派系之一的中曾根派。中曾根是民族主义者,在日本被占时经常系一根黑色领带,寓意"为日本守孝"。1956 年,中曾根曾创作"修改宪法之歌"在剧场演唱。1970 年任佐藤内阁防卫厅长官时首次提出了"自主防卫五原则"。1978 年,中曾根发表了《新保守理论》一书,大力宣扬民族主义和国家主义。

中曾根组阁后即提出了"政治大国"的口号,在外交方面致力于改善日美关系。1983 年 1 月上任伊始,即访问美国,并在和美国总统里根会谈时表示:"整个日本列岛或日本本土要像航空母舰那样,形成对抗(苏联)反转式轰炸机入侵的巨大防卫要塞。"② 此言一出,舆论哗然,中曾根遂矢口否认,但言之凿凿,录音为据,其真实思想因此为世人知晓。同时,在 1983 年 7 月 30 日对其家乡群马县选民发表演说时,首次明确提出日本要从经济大国走向政治大国的主张:"今后要在世界政治中加强日本的发言权,不仅要增强日本作为经济大国的分量,而且要增加日本作为政治大国的分量。"

内政方面,中曾根康弘提出:"对过去的基本规定和结构,应该毫无禁忌地

---

① "三角大福中"指三木、田中、大平、福田、中曾根,五人曾彼此角逐,先后担任首相,其中穿插"过渡性质"的铃木善幸。
② 《读卖新闻》,1983 年 1 月 20 日。

重新认识。"此即所谓中曾根康弘的"战后政治总决算"论。中曾根内阁还继承了前任的"重建财政"和"行政改革"路线。因此,中曾根一方面致力于解决美国屡次表示不满的日美贸易不均衡问题,一方面努力使国内改革取得实效。虽然其"行政改革"方案因遭遇官僚的抵抗而被抽去了骨骼,但是实现了国铁、电讯电话、专卖三个公社的民营化,成功减轻了财政负担。虽然自民党在1983年的大选中大败,仅获250席,但是中曾根因在党内获得田中派的支持而再次当选。1986年众参两院同时选举,自民党在众议院选举中大获全胜,得300个议席,一雪前耻,中曾根总裁任期延长一年。1987年春,中曾根挟选举大胜之势,试图在国会通过曾在发表竞选演说时承诺不予实施的一般消费税,但是因遭到在野党的抵制,最终成为废案。中曾根遂离开首相宝座。

对中曾根康弘,特别值得记述的是他在中日关系方面的影响。2007年4月2日,中国中央电视台《岩松看日本》节目,专门播出了节目主持人白岩松对中曾根康弘的采访。如下几段解说词不仅与史实相符,而且耐人寻味:

"从1947年29岁的中曾根康弘当选国会议员,到他2003年退出日本政坛,前后时间长达56年。在日本政坛,中曾根康弘作为一位资深政治家,对于中日关系30多年来的变化和发展,他是少有的几位重要见证人之一。"

"在田中角荣担任日本首相之前,中曾根康弘和他的许多同僚都表示要支持田中角荣。作为支持他的交换条件之一,中曾根康弘希望田中角荣能够恢复和中国的正常外交关系。"

"中曾根康弘于1982年起担任日本首相,前后5年。1984年,他来华访问时和我国达成协议,共同设立'中日友好21世纪委员会'。那一年,时任中共中央总书记的胡耀邦还邀请了3 000名日本青年来华访问。对于当时中国领导人的远见卓识,中曾根康弘至今心怀敬意。"(按:2006年,胡耀邦诞辰90周年,88岁高龄的中曾根康弘专程前往江西胡耀邦墓地祭奠胡耀邦,在他的墓地周围栽种了90棵樱花树,表达他对胡耀邦的敬意。)

"在中曾根康弘担任首相的前两年,中日关系在两国政府的推动下,平稳、健康地发展着,但是,在中曾根康弘上任的第三年,两国关系却由于他的一个错误举动而出现了波折。"这个"错误举动",就是1985年8月15日中曾根康弘首次作为总理大臣对靖国神社进行"公式参拜"(官方性质的参拜)。

在这个节目中,白岩松向中曾根康弘提出了这个棘手的问题。以下是两人的问答:

白岩松:"很多人知道,您在1985年的时候,去参拜过靖国神社,您当时为什么要去？"

　　中曾根康弘："我本人也参加过战争，体验过战争，并且我的弟弟是在战争中阵亡的。靖国神社战前是一个国家的机构，战后它才变成了一个普通的宗教的组织，这里边有很多很多战争的时候牺牲的我们叫做英灵的灵魂。但是到1985年为止，日本政府、国家，还没有一个人代表一个国家去安慰这些灵魂，对他们表示感谢，并且让他们安心，这种行为还是从来没有过的。当了总理大臣以后，我就认为，应该作为总理大臣，以公事的名义去安慰这些战争时牺牲的人们的灵魂。所以我就去了。但是去了以后，引起了周边各国很多的反应，也引起了摩擦。那个时候我就想到，我已经是作为一个总理大臣参拜了，已经尽职，这就足够了，以后我就没有再去参拜。"

　　白岩松："您后来为什么没有再去？您是如何考虑的？"

　　中曾根："因为参拜以后，中国政府也提出了中国政府的见解，我们也了解到了中国政府的考虑，我是出自尊重政府的考虑采取行动的……作为总理大臣，我要考虑周边各国人民的感情。"

中曾根康弘以上表述，同他1986年8月15日致函胡耀邦总书记，表示不再"公式参拜"靖国神社的观点是完全一致的：

　　在作为战后40周年纪念的去年终战纪念日，根据我国战殁者遗族会和有关各方希望战殁者安眠的悲凄的愿望，我作为首相首次以官方身份参拜了靖国神社。我参拜靖国神社的目的完全不是对战争和军国主义的肯定，而是恰恰相反。我参拜靖国神社是为了尊重国民感情，悼念为国牺牲的普通的战殁者，祈祷国际和平。坦率地说，我的同胞弟弟曾经是日本海军士官，他也在那场大战中战死并被供奉于靖国神社。

　　我认识到，虽然战争结束已经过去了40年，但是不幸的历史伤痕依然深深留在亚洲近邻各国国民的心中，以官方身份参拜供奉着对侵略战争负有特定责任的领导者灵位的靖国神社，其结果不可避免地将伤害贵国和亚洲邻国国民的感情，因此我作出了今年不正式参拜靖国神社这一需要深思熟虑的政治抉择。

　　我所以作出这一抉择，是因为我确信，不管面对多么困难的抉择，在充分尊重本国国民感情的同时，也必须充分尊重世界各国国民的感情。这是为了构筑和平友好、平等互利、相互信赖、长期稳定的国家关系的政治家采取明智行动时必须遵守的基本原则，同时也是和阁下建立信赖关系的必要途径。①

---

①　译自世界和平研究所编：《中曾根内阁史》。

中曾根任期届满行将卸任时,自民党首脑部原打算在田中派推荐的竹下登、铃木派推荐的宫泽喜一、福田派推荐的安倍晋太郎三名候选人中"协商"产生总裁,但因各派系互不相让,最后由中曾根康弘指定后任总裁。

1987年10月21日0时30分,自民党政务调查会长(简称"政调会长")伊东正义将上述三人召集到一起,将写有结果的信函当场启封,并宣读了中曾根的"指令":"经过深思熟虑,我决定让竹下登作为总裁候选人。"随后伊东正义补充道,中曾根总裁"希望未被指定的安倍和宫泽分别担任干事长和副总理"。①

1987年10月31日,竹下登正式当选为自民党总裁,安倍晋太郎任干事长。11月6日,竹下登内阁宣告成立,宫泽喜一任副首相兼大藏大臣。20名内阁成员中,竹下派(原田中派)5人,中曾根派、安倍派(原福田派)、宫泽派(原铃木派)各4人。

竹下登执政后,继续致力于推进中曾根内阁时期的行政、财政改革。1988年12月,竹下登在自民党内设立了"政治改革委员会",建立了作为首相咨询机构的"政治改革有识者会议"(通称"贤人会议"),提出了政治改革五项内容:1.强化对政治资金的规制;2.改正选举的定额不均衡制;3.改革选举制度;4.制定政党法;5.确立政治伦理。1989年5月,政治改革委员会提出了以此为内容的"政制改革大纲"。②另一方面,竹下内阁通过延长国会会期,在1988年底终于使征收消费税法案获得通过。外交方面,竹下内阁由中曾根派的宇野宗佑外相为主导,继续前任外交路线,加强日美同盟。80年代末,正值日元渡过升值难关,日本经济"顺风满帆",日美同盟更加巩固,教育改革蓄势待发之际,加之由自民党"第一门派"掌权并建立了"派阀均衡"体制等因素,舆论普遍认为竹下登将继中曾根康弘之后长期掌权。

然而,正当竹下登踌躇满志之际,作为日本金权政治大暴露的"利库路特事件"被媒体披露,最终发展为刑事案件,竹下内阁黯然下台。

"利库路特"是英语"recruit"音译,意为征集、招募等,最初是1960年由东大毕业生江副浩正创办的3个人的广告代理店"大学广告公司",1963年改称"利库路特中心",再后成为经营范围广泛的企业集团,发展迅猛。所以如此,主要因为其选择了"权钱交易"之捷径。1988年6月18日,《朝日新闻》披露,自民党政调会长渡边美智雄、前农林大臣加藤六月、前防卫厅长官加藤弘一等分别以各种名义收受"利库路特"未上市股票,转手抛出获利。随着案情调查的深入,竹下内阁的支持率急剧下降,由成立之初的48%,降至1988年12月

---

① 菊池久:《总理大臣竹下登》,皮普尔社,1987年,第24页。
② 《日本的论点94'》,《文艺春秋》,1993年,第289页。

的29%。为改变形象,竹下登于12月17日改组内阁,凡与"利案"有染者一概不用。但仅时隔两天,新入阁的官房长官小渊惠三和法务大臣长谷川峻也不得不承认接受过"利库路特"的政治捐款。12月30日,长谷川峻在舆论压力下辞职,创下了战后57名内阁成员任内辞职之"最"——仅任职3天。

1989年1月7日,正当"利案"沸沸扬扬,竹下登内阁焦头烂额之际,在位63年的昭和天皇裕仁驾崩,享年87岁。昭和时代拉上了历史的帷幕,日本开始了新的时代——平成时代。竹下登内阁也拖着尚未了结的沉重的"利案""走进新时代"。

作者点评:

1981年5月日本首相铃木善幸访美时宣称,日本正进行"第三次远航"。所谓"第三次远航",即继"第一次远航"明治维新后实现近代化、"第二次远航"建成经济大国后,使日本成为政治大国。本章着重论述了日本的"第二次远航"。

1962年,英国《经济学者》杂志首先报道,称日本经济的高速增长值得关注。之后,研究日本"奇迹"的论著纷至沓来:罗曼·马库雷的《惊奇的日本——日本经济调查报告》、《日本上升了——日本经济的七个关键》;罗贝尔·吉朗的《第三大国·日本》;哈斯·瓦雷菲尔德的《一亿人的独特行动》;毕斯·斯顿的《日本"大跃进"》……在所有西方学者探索日本成功奥秘的论著中,西方学者最值得关注的论著是艾兹拉·沃格尔的《日本名列第一——对美国的教训》。按照他的观点,日本成功的关键因素之一,是拥有"日本式企业经营"。

但是,冈崎哲二、奥野正宽、野口悠纪雄等日本著名经济学家指出:以"三大神器"为核心的所谓的"日本式企业经营",是战时"总体战"体制的遗留物,从而对战后改革的意义提出了挑战。今天,在经历了"失去的十年"后,"三大神器"作为经济发展的桎梏正逐渐被抛弃。日本今后将如何构建新的经济体制?

未了章:平成时代……

一、"象征天皇制"的延续

1989 年对世界历史和日本历史而言,均是划时代的一年。这一年,世界经历了东欧剧变、冷战结构解体。日本则经历了从昭和时代到平成时代的"时代转变"。

1989年1月7日,在位63年的昭和天皇驾崩,皇太子明仁亲王继承皇位,改元"平成"。"平成"年号取自《史记·五帝本纪》的"父义、母慈、兄友、弟恭、子孝,内平外成",以及《尚书·大禹》的"地平天成,六府三事,允治。万事永赖,时乃功"。

1912年7月30日明治天皇驾崩、新天皇登基后,颁布了改元的诏书、"早朝式敕语"、致陆海军人的诏敕;随后是西园寺公望首相对"早朝式敕语"致"奉答文"、陆海军大臣致奉答文。宫内省发布告示,出售"丧章"(天皇逝世纪念章)。然而,"萧瑟秋风今又是,换了人间"。1989年1月7日昭和天皇驾崩时,象征天皇制已历时42年。虽然历经时代变革的象征天皇制在高速经济增长终结后,在"55年体制"摇晃时依然坚挺如故,但昭和天皇与平成天皇作为新宪法颁布后首位"驾崩"和首位登基的天皇,"大丧之礼"和"即位之礼"的举行按照"政教分离"原则,还是"恪守传统"原则,经历了一番矛盾。对此,时任内阁官房副长官、专门主管内阁和皇室联络的石原信雄在《首相官邸的决断》中有明确表述:"宫内厅的人们直言不讳地希望天皇崩御后的各项仪式按照传统方式进行。但法制局强烈主张,这次祭祀是新宪法的基础上举行的首次天皇丧礼和即位礼,当与新宪法精神吻合,排除具有宗教色彩的仪式。因此,如何协调恪守传统的要求和根据宪法规定、排除宗教色彩的要求,遂成为非常困难的问题。"[①]

---

① 石原信雄:《首相官邸的决断》,第40—41页。

早在1977年,日本政府已成立"非官方"的研究会,着手研究"时代更替"问题。1979年秋,研究会提出了中间报告。1982年11月,中曾根内阁成立后,研究会成员藤森昭一担任了内阁官房副长官,研究会重新起步,成员除了藤森昭一本人外,还有内阁官房首席参事官、内阁法制局次长和第一部长、宫内厅长官官房审议官等。1986年后,研究会每月举行一两次会议,均安排在没有内阁会议的周三下午。会议场所几乎都假座东京赤坂王子饭店举行,故通称"赤王会议"。

在研究中,最大的焦点是天皇驾崩后如何举行国家仪式。战前,《皇室丧仪令》和《登极令》等皇室令对有关礼仪有详细规定:作为践祚式的"即位之礼"有4项仪式;驾崩后一周年举行的"大丧之礼"有29项仪式;1年服丧后举行的"即位之礼"有28项仪式,共计61项仪式。但是新宪法实施后,皇室令随之失效,与皇室相关的仅有1947年修改的《皇室典范》,其中仅有天皇驾崩时举行"大丧之礼"(第25条)、继承皇位时举行"即位之礼"(第24条)的原则性规定,无任何具体规定。

天皇裕仁1988年4月照

1987年9月,经手术后切片化验,确诊天皇裕仁患了胰腺癌。"赤王会议"研究遂急速进行,并确定了几项基本原则:1.遵循宪法基本原则;2.参考大正天皇崩御先例;3.与作为国家和国民统合之象征的天皇的地位相称;4.具有现代特征。根据这一方针,确定原"大丧之礼"29项仪式中的2项仪式、"即位之礼"中的3项仪式为国家仪式。

1988年春,天皇病体有所康复。当年5月3日即"宪法纪念日",东京都内举行了种种规模各异的"护宪"、"改宪"集会。社会党"总评"系统的"拥护宪法国民联合"在日比谷公会堂会聚一千余人,举行了"宪法施行41周年纪念集会"。社会党土井多贺子委员长指出,改宪议论虽然沉寂,但是防卫费突破了1%GNP框架,"脱离宪法的政治正往前迈步"。另一方面,"守卫日本国民会议"则在靖国神社附近、东京九段会馆主办了宪法问题学术研讨会"天皇制度可以这样吗——皇室的传统和现代",约300人参加了会议。与会者向国旗"日之丸"敬礼,齐唱"国歌""君之代"。①会议以改宪事实上不可能为前提,探讨了如何维护象征天皇的权威。

---

① 1999年底,日本通过《国旗法》和《国歌法》,"日之丸"和"君之代"成为法律意义上的国旗、国歌。

8月5日，当年6月出任宫内厅长官的藤森昭一召集"赤王会议"，对已经确定的5项国家仪式如何实施进行最后研讨。

8月15日，日本举行例行的全国战殁者追悼会。天皇在前一年秋天动过手术后，首次出席了这一在皇居外举行的正式活动。参加这一活动是天皇的强烈愿望。虽然在奏国歌起立的3分40秒时间里，天皇一直由侍从长搀扶，但仍在追悼会上以嘶哑的声音发表了追悼亡灵、祈愿和平的讲话。

9月19日，裕仁开始大量出血，病情急剧恶化，医疗机构全力抢救，总输血量超过3万毫升，为常人原有血量的6倍。虽然据媒体报道称天皇病体尚未处危笃状态，但是前往问候的"记账者"（捐钱表示心意）从坂下门至皇居广场入口排成几列长队。街市开始弥漫为祭奠进行准备的气氛：商店的橱窗里似唯有黑白两色，促销的"打折旗"被"驱逐"，"麦当劳"门前等身大的"麦当劳叔叔"被"请走"。各企业也开始建立从悬挂吊旗的方式到建立公司员工联络机制的细致准备。

9月20日，"赤王会议"决定，根据"政教分离"原则，"大丧之礼"中的"殡宫拜礼"从国家仪式中分离、作为皇室祭祀单独举行。"即位之礼"中的"剑玺交付仪式"曾使"赤王会议"颇费踌躇，最后内阁会议经研究得出结论：此仪式可视为"作为国事行为的国家仪式"。根据皇室经济法第七条，"三种神器""寓意于和皇位一起传承"，无宗教性，并不与政教分离的原则相悖。

1989年1月7日（周六）上午7时55分，日本政府正式发布了"天皇崩御"的公告。9时半，吊问的"记账"开始，皇居前人头攒动。据统计，当天的"记账者"达12.9万人。为"X日"的警备机制启动，警方出动了1.5万名警察。红白两色的道路标示，套上了蓝白两色的塑料口袋。银座周边的办公大楼瞬时悬挂起了吊旗，其他旗帜全部降半旗，其中金融机构的反应尤为迅速。在伊势丹百货店食品商场，店堂里平日流淌的音乐声全部"消声"，能够听到的只有顾客的脚步声；红色食品金枪鱼、血米饭等全部"匿迹"；女店员全部穿着清一色的绿色制服。新宿歌舞伎町的霓虹灯全部关闭，显得异常昏暗。电影院等根据同业工会对"X日"

昭和天皇登基照片

东京皇居坂下门"记账"祈愿天皇康复的国民

的安排,全部关闭霓虹灯,其他商店和饮食店也自觉地将霓虹灯关闭。路上行色匆匆的行人没有了谈笑,表情肃穆。按电视和电台的报道,"国民为悲痛所笼罩"。

但是,在伊势丹百货店,1月7日和往常的周六一样,客流量达到10万,营业额也没有减少。去新宿歌舞伎町的人也同往常的周六相同。①时逢正月(春节),电影院门前年轻人排队购票;××剧场前如往日一样簇拥着中年妇女。街上,青年情侣依然醒目。下午3时左右,在到处悬挂着弔旗、降半旗的涩谷,约有150名20岁至30岁左右的年轻人组成的游行队伍一边行走,一边高呼口号:"反对强行制造肃穆气氛!""不准逃脱战争责任、美化昭和!"据警视厅统计,当天在日本1都(东京都)、2府(大阪府、京都府)8县24个地方都举行了反对天皇制的集会或游行。②

自1月7日开始,有关机构组织人员在皇居前对"记账者"进行了调查采访。虽然便衣警察在13日将这些调查者轰走,但是仍有160人的认识被记录,其中50岁以上的"经历战争的一代"和战后出生的15岁至30岁左右的"年轻一代"对天皇的认识明显不同,耐人寻味。在此辑录几例:

"我对天皇的认识是复杂的。在孩提时的战争年代,对天皇有着良好的印象,但是自遭遇空袭、家人离散至日本被占领,认识开始变得复杂。明确地说,我对天皇没有憎恶的感情,只有一种无法割舍、无法抛弃的感情。对于天皇驾崩后要求我们自律,说心里话,我是反对的。今天在新闻里听到天皇的讣告后,我感到有一种似乎什么已经终结的感觉,一种自己和昭和一起告别历史的心情。于是,我便怀着一种缅怀自己的心情来这里记账。"(59岁,男,公司职员,7日)

"去年从报道中获悉天皇病了,感到心情沉重,精神不安。过了一个月左右才习惯。今天上午听到天皇病危的消息,正在吃着的早餐怎么也咽不下去。我以前就喜欢天皇。我不认为他是个掌握权力的人。可能他被别人利用一直有一种苦涩的感觉。他将那种苦涩埋藏在心头,所以我喜欢他。我是天皇的崇拜者。"(58岁,女,保险公司职员)

---

① 东京新宿歌舞伎町是日本著名的"红灯区"。
② NHK报道局:《全纪录·昭和最后一天》,NHK出版,1989年,第97—116页。

"关于天皇,我只在学校里学到过。我是怀着怎么也得悼念一下的心情来这里的,就像我的亲人去世了总得去一下。天皇生病的时候,我没怎么关心。我感到天皇挺可怜,为了别人不得不痛苦地延长生命。(26岁,男,学生,12日)

"我今天休息,所以来了。我想,这种重大事件一生只能遇到一次,所以就带着观光的心情到这里来了。有一种看活剧的感觉。天皇病情急变后,突然感觉天皇离我很近。……至于战争,虽然有的人认为天皇不应承担战争责任,但是我认为在旧宪法体制下,天皇是应该承担战争责任的,尽管现在的天皇只是象征、装饰。"(30岁,男,公司职员,10日)①

天皇去世一周后,有关机构对东京都立高中的400名高中生进行了记述式调查。高中生对天皇又有一种别样的情感。

对天皇去世,高中生大致有如下看法——

"虽然天皇作为人类中的一员,对他的逝世我不免心情有点沉重,但天皇毕竟不是和我生活在一起的家人,我还不致有悲伤落泪的感觉。年纪大的人想起战争年代的往事或许会感到悲哀,但那是接受战时将天皇视为神的教育产生的结果。教育能如此改变人,我感到恐怖。"

"我同辈的一个朋友在天皇生病的时候心想,'学校可能要放假了'。'但愿天皇能过了正月再死'。天皇驾崩后,他也没表现出怎么关心。但我的父亲却说,'天皇逝世后,整个社会全都将发生变化。你们小孩子不知道,天皇拯救了日本国民'。天皇逝世后,父亲一直默默地看着电视。我本身也受父亲影响,不免有为日本的前途担忧的感觉。但是,我更有一种对新时代的憧憬和期待。"

对天皇制,高中生大致有如下看法:

"天皇也是人类中的一员,由于实施了天皇制,天皇没法和普通人一样生活,而是被天皇制所束缚,我感到他真可怜。"

"我认为天皇制是不必要的。仅仅为了特殊对待一个人和他的家族而花费那么多资金,我认为不应该。因为,大量需要资金的不幸的人们光日本就有很多。天皇逝世后,不会产生因国民无法得到凝聚的困惑。"

"现在天皇虽然不像过去那样拥有权力,但我认为没有特别的理由,废除延续至今的天皇制是不必要的。""天皇制也罢,皇室也罢,既不能成为毒品,也不能成为药品,我想还是应该维持的。"②

读着这些言论,回想起明治天皇驾崩后如拙著引述的以夏目漱石和德富

---

① 栗原彬等编:《记录·天皇之死》,筑摩书房,1992年,第67页、第79页、第91页、第95页。
② 栗原彬等编:《记录·天皇之死》,第238—241页。

芦花为代表的国民的感受,不免令人感慨:"萧瑟秋风今又是,换了人间。"

1990年11月12日平成天皇即位礼

据《朝日新闻》1989年1月进行的舆论调查,认为"应该强化天皇的权威"为4%;认为"天皇当如同现在这样是一种象征"为83%;认为"应该废除天皇制"为10%。作其他回答和不回答为3%。据1997年4月的调查,回答上述问题的百分率分别是6%、82%、8%、4%。从1978年到1989年,就天皇制共进行了五次同样的问卷调查,提出同样的问题,回答比率分别是4%—6%、82%—84%、7%—10%。也就是说,在20年时间里,国民对象征天皇制的支持率基本维持在82%—84%,相当稳定。① 曾经由明治宪法制度化的权威,在新宪法体制下已徒具形式。尽管新宪法切断了天皇和政治权力的联系,高速经济增长摧毁了天皇制的社会基础,但天皇制依然坚挺。

二、"泡沫经济"的崩溃和"55年体制"的终结

在天皇裕仁告别人世后不久,日本经济也开始出现了"世纪末"征兆。1991年8月笔者在日本京都大学求学时,曾耳闻目睹日本经济企画厅通过媒体极为振奋地宣称:"日本经济已持续57个月景气,并将继续景气。"但1991年11月22日经济企画厅提出的月例经济报告显示:"经济增长的速度将缓慢下降",对经济预测的口气有所改变。1992年2月25日,日本政府发表的2月份月例经济报告承认,日本经济出现了衰退。这是时隔五年首次作出这一判断,泡沫经济开始崩溃。1992年3月16日,作为"日本经济晴雨表"的东京证券市场的平均股价跌破2万日元,股价回落到5年前(1987年2月)的水平。自此,日本经济持续不景气,进入了"失去的十年"。

与此同时,日本的"55年体制"也开始趋向崩溃。1993年7月22日,宫泽喜一因自民党在大选中落败而引咎辞职,宫泽内阁随之解散。自民党在随之举行的大选中惨败,被迫离开雄踞了38年的宝座,首次成为"在野党",自民党

---

① 《朝日新闻》1997年4月26日朝刊。

政权被"7党1会联合政权"取代,"55年体制"寿终正寝。

导致自民党下野的根本原因是"金权政治"。1989年2月,即昭和天皇裕仁驾崩后1个月,"利案"侦查取得重大突破,而且"拔出萝卜带出泥",前首相中曾根康弘、现大藏大臣宫泽喜一、自民党干事长安倍晋太郎等亦与此案有染。百余名国会议员为变革"金权政治",唤回国民对政治的信任,于3月23日组成了超党派的"政治净化联盟"。然而,此其时矣,竹下内阁已无法得到"净化"。根据法务省1989年6月12日发布的案情调查"最终报告",涉嫌国会议员44人,高级官僚16人,其中多为自民党党员。牵涉范围之广,涉案金额之巨,不仅数倍于洛克希德案,而且前所未有。一直试图依靠"忍耐"精神渡过难关的竹下登,于1989年4月25日表示,将在预算案通过后辞职。6月3日,竹下登内阁宣布总辞职。

1989年6月3日,即竹下登内阁解散同一天,未涉利库路特案、尚有清廉形象的宇野宗佑被指定为后任,并于当天成立了宇野内阁。宇野宗佑虽有"清廉"形象,但时运不佳,因为竹下内阁时强行通过的"消费税法案"在当年4月1日开始实施,引起民众,特别是家庭主妇强烈反感。1989年4月26日的民调显示,自民党支持率仅为7%。以此为背景,在当年7月的参议院选举中,社会党在土井多贺子新委员长领导下议席大增,而自民党则铩羽而归,自1955年成立后首次未过半数。参议院自民党和在野党的议席比例由选举前的142∶110变为选举后的109∶143。这一比例意味着只要在野党联手,自民党在众议院通过的任何法案都可能在参议院被否决,这对自民党政权形成有力掣肘。恰在此时,一则桃色新闻又为行将就木的宇野宗佑增光添"彩"。6月9日,在参议院大会上,一社会党议员质询宇野宗佑有关他与一陪酒艺伎过从甚密是否属实。此宗"桃色新闻"的真情是:80年代中期,宇野宗佑在娱乐场所结识了一名"艺伎",两人多次在饭店幽会。①后艺伎改行在一家公司就职,获悉宇野宗佑当上首相后,揭露了宇野宗佑和她的"情史"。首相的桃色新闻当然备受媒体关注,宇野宗佑因此声誉扫地。8月10日,宇野宗佑宣布辞职。从上台到下台,历时仅50天。

宇野下台后,鉴于前车之鉴,"清廉"成为"选相"的第一要项。但"利案"之后,难免使人发问:"覆巢之下复有完卵乎?"经再三甄别,最后自民党五大派系中仅小派河本派(原三木派)有资格推荐总裁,但河本派首领河本敏夫已届78岁,力负于心,最终58岁的宇野内阁文部大臣海部俊树成为最终人选。

1989年8月8日,404名自民党国会议员和47名都道府县党的代表以无记名方式选举海部俊树为自民党第14任总裁。海部俊树同时也是1972年后

---

① 艺伎一般卖艺不卖身,此类与客人上饭店开房的艺伎被称为"床上的艺伎"。

首次不是以指名、"协商"方式产生的总裁。8月10日，海部俊树完成组阁。海部内阁给人以"耳目一新"的感觉：20名内阁成员没有一人是"前朝元老"，其中有13人无阁僚履历，有两名女性入阁：经济企画厅长官高原须美子和环境厅长官森山真弓（后改任内阁官房长官）。

海部俊树毕业于日本私立大学"双峰"之一早稻田大学的法学部。毕业后，29岁海部俊树在第29次大选中当选为众议员，时隔29年成为日本首相。执政后，海部俊树在内政方面以改善"票田"为目的，以解决民生关注的问题为手段，试图取信于民、重塑自民党形象。针对城市和乡村最关注的问题，海部上台后即着力于使消费税收入为社会福利服务，明确表示不实行大米进口自由化。海部内阁的上述举措取得了很大成功。在1990年2月举行的大选中，自民党大胜，获得了275席。与此互为表里，根据媒体当年7月19日公布的调查数据，海部俊树内阁支持率达到60%，仅次于田中内阁成立不久在1972年10月创下的60.5%最高记录，在历代内阁中支持率列第二位。

为了树立"新政"形象，1990年初，海部内阁提出了《政党赞助法案》《政治捐款限制法案》《公职选举法修改法案》，具体提出了政治改革方案。但是，日本政界实力阶层担心三个法案的通过将损及其"财路"和"票田"，竭力予以阻挠。因此，三个"政改"关联法案遂成为海部俊树下台的"阶梯"。

在外交方面，海部内阁努力缓和日美贸易摩擦，改善日美同盟关系。1990年8月，海湾战争爆发。以美国为首的多国部队对出兵入侵科威特的伊拉克进行"惩罚"。海部内阁于8月和9月分别作出决定，为多国部队提供10亿美元和30亿美元援助。1991年1月，海部内阁又作出了追加90亿美元援助的决定。并派遣自卫队直升机帮助运送难民。

1991年6月12日，《朝日新闻》刊登了该报调查结果：自民党的支持率高达64%，创1955年"保守合流"以来的最高记录；社会党的支持率为17%，持续低迷。海部俊树内阁支持率则维持在50%的高记录。此项调查说明，援助"维和行动"，不是海部内阁减分因素。

海部俊树任内致力于改善中日关系。1991年8月10日至13日，在"天安门事件"余波未消、西方国家仍在"抵制中国"的背景下，海部俊树作为西方国家首位在职的政府首脑访问了北京，并在北京中日青年活动中心（21世纪饭店）发表演讲，强调日中两国应不仅开展地区合作，而且在国际问题上进行广泛合作。为此，《人民日报》发表评论员文章，称海部首相此次访华是"中日关系发展的新起点"。

海湾战争结束后，科威特对许多给予援助的国家表示感谢，却没有提及日本。有评论称，此皆因日本在海湾战争爆发后援助迟缓、数额太少所致。同时介入"维和行动"也引起国际社会议论。为了使日本能够及时、合法地应对冷战结束后频发的地区性争端,1991年9月19日,海部俊树内阁向国会提出了《关于协助联合国维持和平行动的法案》(通称"PKO法案")。"法案"出台后,遭到社会党强烈抵制和舆论的猛烈批评。同时,在开展协作时究竟应派遣自卫队,还是派遣别的组织,在自民党内意见也不统一。虽一时未获通过,但是却为其后任宫泽喜一创立"一大政绩"奠定了基础。

1991年9月,海部内阁上述"政改"三法案关联法案在国会未获通过,成为"废案"。受此挫折,任期届满的海部俊树于1991年10月4日宣布不再竞选自民党总裁,预示海部内阁将退出政治舞台。此言一出,日本媒体当即推出报道此项消息的"号外"。之后,经过宫泽喜一、渡边美智雄、三塚博一番角逐,宫泽喜一以绝对优势获胜,出任自民党总裁。

1991年11月5日,海部内阁总辞职,同日宫泽喜一内阁成立。宫泽喜一毕业于东京大学法学部,33岁从政,42岁即成为国务大臣,历任藏相、通产相、外相等要职,是"保守主流"一员,主张"宽容和忍耐"。但是,至73岁他才成为首相,不知当属"少年得志"还是"大器晚成"。(承铃木善幸衣钵的)宫泽派在自民党内是仅次于田中派的"变体"竹下派的第二大派系,宫泽内阁要职均由能干、务实的人物担纲,被称为"重量级内阁"。

宫泽喜一任内最大的政绩,就是通过与民社、公明两党协调,对PKO法案作了若干修正后,作为三党修正案提交国会,于1992年6月19日在国会获得通过。《联合国维持和平行动合作法》就此制定。①根据这一法律,"维和"目的是"在完备国际和平协作业务实施体制的同时,采取为这些活动提供物资协作的措施,依此使我国为以联合国为中心的维护国际和平的努力作出积极贡献"(第一条)。法案规定"国际和平协作业务的实施,不等于以武力进行威吓和行使武力"(第二条)。法案对"联合国维持和平行动"、"人道的国际救援行动"、"国际和平协作业务"作了定义;并特别对"以联合国大会或安全保障理事会的决议为基础"参加维和活动的五项要求作了规定:1.纷争当事者一致同意停战;2.对方国家同意进入;3.在维和行动中严守中立立场;4.战斗期间活动停止后撤离;5.武器的使用仅限于自卫目的(第三条)。

《联合国维持和平行动合作法》使日本自卫队出兵海外合法化,因此在日本战后史上具有里程碑意义。但值得特别关注的是,该法律"附则"规定,"第三条第三号各项任务(即实际采取维和行动)……至专门制定法律之前,不予实施"。也就是说,日本实际参加国际维和行动时,必须获得国会批准。根据这一法律,同年9月17日,日本派遣600名自卫队员参加了联合国在柬埔寨的维和行动。之后又先后参加了在莫桑比克、扎伊尔、戈兰高地的维和行动。

---

① 《官报》1992年6月19日。

这是日本外交一项具有里程碑意义的变化。

在财政政策方面,宫泽喜一奉行"积极财政",即通过国家干预扩张需求的政策,提出了建设"生活大国"的目标。1992年6月25日,宫泽喜一的咨询机构"经济审议会"确定了《生活大国与五年计划——与地球社会共存》(1992—1996年)。计划的具体目标极具诱惑力:缩短劳动时间;改善居住和环境;增加国民收入;扩大文化领域投资;发展社会福利。

正当被称为"财政通"的宫泽喜一欲大展宏图时,"金权政治"这一自民党的顽症再次复发,并和自民党的分裂、新党的成立交错展开,最终将宫泽喜一的政治前途葬送。

1992年1月13日,自民党众议员阿部文男在担任北海道冲绳开发厅长官期间收受"共和公司"贿赂被揭发,于1月13日被东京检方逮捕,2月1日被起诉。一波未平,一波又起。1992年2月13日,东京地方检察厅对东京"佐川快递公司"进行了"入室搜查",并于14日逮捕了公司前总经理渡边广康,理由是"涉嫌特别渎职罪"。渡边被捕后,"佐川事件"进展迅速。1992年10月,78岁的自民党前副总裁、竹下派首领金丸信亦因收受"佐川快递"5亿日元政治献金而辞去众议员一职(翌年3月涉嫌偷税漏税被捕),告老还乡。

金丸信"告老还乡"后,竹下派(经世会)围绕会长一职,小渊惠三和羽田孜的争夺呈白热化。10月22日,"小渊帮"拥立"帮主"小渊惠三出任会长,羽田帮则在小泽一郎领导下不予承认,并宣布脱离竹下派。12月18日,竹下派正式分裂为小渊派和羽田派。小渊派在众议院有29个议席,而小泽派则拥有35个议席,并结成了新生党的前身"改革论坛21",为自民党"下野"、"55年体制"解体埋下了重要隐患——

1993年4月2日,自民党向众议院提交了关于政治改革的四项法案:公职选举法法案、众议院选区划定委员会设置法案、政治资金规正法修正案、政党资助法案。围绕这些政治改革关联法案,自民党和在野党尖锐对立。6月17日,除共产党外,各在野党联合向众议院议长樱内义雄提交了对宫泽内阁不信任案。翌日,众议院以255票对220票的表决结果通过了这一议案。首相宫泽喜一遂按照法律规定宣布解散众议院,举行大选。在自民党议席过半的众议院,所以产生这一结果,是因为18名自民党议员未参加投票;以小泽一郎为核心的羽田派自民党议员、自民党政治改革推进本部事务局长武村正义等39名自民党议员投了赞成票。当天,日本各大报纸均在"自民党分裂"的大幅标题下,对"6·18政变"作了报道。《朝日新闻》社论发问:"接踵而至的政治丑闻,难道不是必然导致这一结果产生的原因?"

内阁不信任案被通过后,原滋贺县知事武村正义、鸠山由纪夫等10人宣布退出自民党,于6月21日结成了"新党先驱"(日语为"新党さきがけ"。中文有译为"先驱新党",亦有译为"新党魁党")。该党成员多为未参加投票的自民党年轻议员。6月23日,以小泽一郎为核心的羽田孜派成立了"新生党"。"改革论坛21"44名成员入党。

1993年7月18日,大选结果揭晓:自民党获223席,未过半数;社会党获77席(上次选举获139席),创38年最低纪录;新生党获55席(比选前增加19席);1992年5月成立、以原熊本县知事细川护熙为首的新党首次亮相即获35席;新党先驱获13席。这一结果使自民党38年来首次被迫"下野"。

自民党下野后,在新生党代表干事小泽一郎的积极斡旋下,以1992年5月成立的日本新党首领、原熊本县知事细川护熙为首、由社会党委员长山花贞夫、新生党党首羽田孜、公明党委员长石田幸四郎、民社党委员长大内启伍、新党先驱代表武村正义、社会民主联合代表江田五月等七个党的首领,以及参议院院内会派"民主改革联合"代表达成共识,成立"7党1派联合政权"。

1993年8月9日,宫泽喜一首相辞职,7党1派联合政权即细川护熙内阁宣告成立,6个党的首领出任国务大臣,社会党土井多贺子当选为众议院议长。社会党自1947年片山哲联合政权和芦田均联合政权以后,再次成为执政党。

一般认为,自民党下野、联合政权成立,即意味着"55年体制"的终结。但如前面所述,"一党独大、保革对峙",即自民党单独执政、社会党长期与之抗衡,是"55年体制"的基本特征。因此,就本质而言,与"保守的"自民党下野相比,"革新的"社会党的变质,对日本政治的影响更大。因为,自民党下野不到3年即"卷土重来"——1996年1月11日,自民党总裁桥本龙太郎出任首相。期间,自1994年6月30日羽田孜内阁下台后,自民党已经和社会党、新党先驱"联合执政",而社会党逐渐走"中间道路",则使日本原有的政治构图不复存在。

社会党自"左"至中,经历了一个漫长的过程。

1955年10月13日社会党统一大会发表的"宣言"明确规定社会党"以实现日本的和平、独立、社会主义革命为历史使命";社会党是"以工人阶级为核心的广大劳动者阶级的联合体"(请参阅拙著第十三章第五节)。1966年,社会党发表宣言《在日本走向社会主义道路》,继续坚持了原有路线。但是自70年代后,社会党的"使命"和"性质"逐渐开始发生变化。

1977年后,社会党的退党者建立了以田英夫为党代表的"社会民主联合",开始探索和中间道路势力公明、民社两党提携的途径。但是,社会党仍通过和共产党"共斗",强化革新自治体势力。同年6月,社会党在参议院选举中惨败,成田知巳委员长引咎辞职。在后任难产、出现几个月委员长席位空缺后,建立了由横滨市长飞鸟田一雄任委员长、多贺谷真稔为书记长的新班子。

1978年,社会党内围绕1966年宣言《在日本走向社会主义道路》的争论趋于激烈。1980年,党内以胜间田清一为所长的"社会主义理论中心",向党的领导层提出了关于重新认识这一主张的中间报告,并在12月党的大会上获得通过。为此,负责社会党理论指导的社会主义协会和大内秀明等学者持续展开了激烈争论。

1983年6月,社会党在首次导入比例代表制的参议院选举中减少了4个议席,飞鸟田一雄为此辞职。9月,石桥政嗣被选为社会党委员长,田边诚被选为书记长。石桥政嗣作为反60年代安保体制的一介论客,是社会党有关安保政策的立场的主导者。早在1966年5月,石桥政嗣就提出了所谓"石桥构想",阐明了社会党对安保政策的意见,其中对废除安保条约和取消自卫队过程的具体阐述引人关注。同时,"石桥构想"将美国定位于战争势力,将苏联定位于和平势力。担任委员长后,石桥政嗣在1984年2月举行的党的大会上提出了自卫队"违宪·合法论",即认为自卫队虽然违宪,但属于合法的存在,在日本取消安保条约、走向中立之前,应允许自卫队存在。这一意见被正式采纳为社会党的正式主张。社会党所以作此选择,一个重要原因是自70年代后半期,社会党减少的议席难以恢复已呈明显态势,走中间道路各政党虽然是少数,但是已取得稳定议席。因此在进入80年代后,社会党的基本方针开始从"全部野党一起和自民党斗",向通过社会、公明、民社三党共斗建立联合政权转变。上述关于安保的新方针,有利于和其他在野党进行协调、实现这种转变。

1985年,在国铁、电话电讯、专卖"三公社"实行民营化之前,社会党内开始出现"新社会党"的萌芽,即开始摈弃阶级斗争史观。

1986年1月社会党大会确定了走西欧型社会民主主义道路的方针,并决定对党纲进行修改。大会通过了具有划时代意义的《1986年宣言》。"宣言"规定,社会党的性质不是"阶级政党",而是"代表所有国民并向所有人开放的国民政党",不排斥与自民党的联合,并放弃了过去一贯坚持的"科学社会主义",指出"以人类解放为目标的社会主义不变的根本理念,是对人的尊重"即人道主义。①《1986年宣言》取代了此前一直在党内占主导地位的1966年纲领《在日本走向社会主义道路》,全面改变了过去的路线,终结了社会党内关于"党的性质"绵延持久的争论。

但是,社会党立场的转变却导致事与愿违的结果。在当年7月众参两院同日选举中,社会党在众议院仅获86席,创建党后新低;在参议院则减少了27席。社会党大败与自民党大胜形成了鲜明对比。为此,石桥政嗣引咎辞

---

① 饭塚繁太郎等:《结党40年·日本社会党》,行政问题研究所,1985年,第3页。

职。9月,土井多贺子出任社会党委员长。

冷战的结束使二战后日本"保革对立"的政治赖以存在的基础消失,因而从根本上改变了社会党的政治方向。以冷战结束为背景,日本社会党于1990年召开了第55届全国大会。大会再次强调,社会党"无论就其性质还是基础而言,都是代表所有国民并向所有人开放的国民政党",并决定从党纲中删除"和平、民主地实现社会主义"等字句,改为"选择社会主义最民主的方针——社会民主主义"。

1991年,社会党认为,冷战结束后,"代替以经济效率为首的价值观,以生活和心灵的充实为最大价值的时代"已经来临,应"鲜明地提出以社会民主主义为方向的新政策",决定在《1986年宣言》的基础上对党进行改革,并设立了"《1986年宣言》改正作业委员会",起草新的宣言。1993年6月7日,社会党在经过党内讨论后发表了《对政权的挑战——93年宣言》(简称《93年宣言》)。该宣言更鲜明地规定,社会党"是以新社会民主主义为基础的国民政党",以"自由、公正、合作"为基本理念,"实现和平、人权、环境、福祉、分权的基本政策目标"。"通过公正的多样化的手段,一步一步地实现将理念和政策目标具体化的以生活优先的社会,这个持续的过程就是社会民主主义"。《93年宣言》还指出,"苏联、东欧的崩溃证明了一党专政、中央集权的计划经济和生产手段国有化等社会主义手段的错误",社会党将"以市场经济为基础",但是"为了进行公平的分配和保护环境,公正的规制是必要的"。因此,社会党主张"以市场经济与公正的规制有机地结合起来的混合经济为基础,以议会制民主主义为基本,辅以直接民主主义","取代经济效率优先的价值观,创造以生活和心灵的满足为最大价值的时代","高举以公正、公平为重点的政策,与以偏重竞争的保守党进行对抗"。《93年宣言》还明确提出,社会党将"与保守自由阶层共同携手,以创造性地发展宪法为基础,建立联合政权"。①

社会党主张建立联合政权,从某种意义上说是一种欲问鼎政权但面对民心日失的趋向而力不从心的无奈。如前面所述,在1993年的大选中,社会党遭到了前所未有的惨败,众议院议席由上次选举的139席锐减至77席。但是,"失之选举,得之政权"。社会党因此成为联合政权的一员。其在野党地位本身,已不存在。

1994年6月30日社会党委员长村山富市出任首相后,继7月18日发表政治立场演说后,于当年7月20日在国会回答新生党党首羽田孜质询时,明确表达了对日美安保体制、自卫队、联合国维和行动、国歌、国旗的认识态度:

"冷战终结后,国际社会依然包含着不安定重要因素,为了继续确保

---

① 《对政权的挑战——93年宣言》,载《社会党月刊》1993年第7期。

我国的安全,日美安保条约是必要的。同时,日美安保体制是在国际社会中开展广泛的日美合作的政治基础。这一体制确保了美国在亚洲·太平洋地区的存在,而美国的存在是保障该地区安定的重要因素。因此,安保体制在促进该地区的和平与繁荣方面是不可或缺的……在我执政时期,日本今后仍将履行日美安保条约及相关规定,同时确保日美安保体制的顺利、有效性。"

"我认为,贯彻专守防卫、出于必要的自卫保持最低限度的实力组织自卫队,是为宪法所允许的。"

"为了形成能够实现日本国宪法精神和理念的世界,顺应国际局势的变化,在努力确立国际协调体制、推进军备缩减的同时,将倾全力于(使日本)能够在国际社会中占据有名誉的地位。""另外,对寻求以联合国为中心的国际社会的和平与安全的努力,我认为当然不仅应在资金方面,而且在人员方面也作出贡献,因此今后将在宪法框架内、在国际和平协作法的基础上,积极采取国际维持和平协作行动。"

"关于国歌、国旗,根据长年习惯,日之丸是国旗、君之代是国歌这种认识,已经在国民中确定,我本人将尊重这一惯例。"①

村山富市在众议院的上述表态,表明了社会党基本政策的全面转换。7月28日,村山首相的上述表态在社会党中央执行委员会得到认可,从而成为社会党的正式方针。1994年9月,社会党召开临时代表大会,经过激烈辩论,大会最后通过了《我党对当前政局的基本态度》的决议,与"村山讲话"无异的决议的基本精神和内容均诉诸报端。决议认为:"冷战结构和1955年体制已经崩溃,社会党已经变成支撑首相的负有责任的政党。根据这种观点,我党对于包括安全防卫政策在内的重要政策需加以修改。""需加以修正"的"重要政策"是:(1)关于自卫队。决议根据裁减军备的方针,承认自卫队是为了自卫所需要的最低限度的实力组织,并认为现在的自卫队是在宪法的范围内设置的。(2)关于日美安保条约。决议指出,继续坚持日美安全保障条约。(3)关于"日之丸"("太阳旗")、"君之代"和二战结束50周年的问题。决议指出,我们党认为"日之丸"是国旗,"君之代"是国歌。这种认识在国民中间已扎下根来,我们党尊重国民的认识。(4)关于能源问题。我们党认为已在运转的核电站是在确立替代能源之前的一种过渡性能源。②

---

① 《官报》号外,1994年7月20日《众议院会议录》第二号。1999年7月22日,小渊惠三内阁时期,将"日之丸"规定为日本国旗,将"君之代"规定为日本国歌的《国旗国歌法案》在众议院通过。1999年8月9日,《国旗国歌法案》在参议院通过。8月13日公布实施。

② 1994年9月4日《产经新闻》。

由于社会党性质、立场、基本政策的全面转换,以往"保革对峙"的焦点不复存在,从而根本改变了"55年体制"的政治构图。然而,社会党尽管"变性",可在保守势力看来,依然是"非我族类,其心必异",对其不予认同和接受。而社会党本身却因"变性"引起党内矛盾和分裂,并失去了民众的支持和信任,从最大的在野党逐步沦落为无足轻重的小党,从一个特色鲜明的政党沦落为毫无特色和个性、毫无吸引力的政党。

1996年1月19日,社会党在第64届大会上将具有50年历史的"日本社会党"改名为"社会民主党"(简称社民党),并决定了新的党纲,建立了新的组织体制,开始探索一条不同于原社会党和保守党的道路,以吸引选民的支持。但是否成功,历史已作出回答。

1994年12月10日,以海部俊树为党首、小泽一郎为干事长、以为之解散的新生党为班底的新进党宣告成立,并在党纲中宣称"我们将创建向国民开放,与国民一起前行的参加型政党"。该党立党之初即拥有议员214名,因而在表面上再现了"执政党和在野党"两大势力对峙的格局。但是好景不长,1997年12月27日,新进党宣布解散,小泽一郎的"两大保守政党制"的尝试以彻底失败告终。

另一方面,1996年9月28日,成立当初以菅直人、鸠山由纪夫为代表的民主党逐渐发展壮大,最终在日本政坛构成了今天我们所看到的以自民党为主的执政党和以民主党为主的在野党对峙的格局。"此一时也,彼一时也","55年体制"时期"保革对峙"的政治构图,已彻底告别日本历史。但毫无疑问,自此以后的日本,将在新的政治格局下,继续走向她的未来。

后记

在位于"日出之国"的首都东京、由积极倡导文明开化的福泽谕吉创办的庆应义塾大学 International Residence 310 室,我为拙著《日本通史》画上了最后一个句号。此时,一缕阳光透过窗户玻璃射入房间——太阳出来了!

平时,每见这一景色,我总不免想起一句歌词:"东方红,太阳升,中国出了个毛泽东。"因为,我是在《东方红》的乐曲声中生长的。那个年代,《东方红》在中国被传唱的程度远远超过《义勇军进行曲》。然而此时此刻,这极为平常、早已司空见惯的一缕阳光,对经历了夜以继日写作的我,却宛如日本的太阳神"天照大神"温柔的目光对我的深情一瞥。

自接受这项重任,历时四载有余。虽不如曹雪芹写《红楼梦》那般"批阅十载,增删五次",更无法让人感到"字字读来都是血,十年辛苦不寻常",但扪心自问,当也算得上"呕心沥血"。我曾对朋友戏言,在写作期间,"我是标准的早睡早起——早上睡,早上起"。借用当年臧克家先生形容自己写诗时的感受,可谓"甘苦寸心知"。

和吴廷璆先生主编的《日本史》由多人合力完成不同,拙著虽得多方援助,但毕竟由才疏学浅的我独力草撰,因此肯定在诸多方面存有讹误。这绝非我故作"谦虚",而是不可回避、必然存在的事实。但恕我大言不惭,我是不自量力以超越《日本史》为定位、以兼具"真实性"和"可读性"为引导进行撰写的。是否做到了这一点,切望先学师长、同人学友、后学诸君评判指正。在此,我谨表示深深的、最衷心的谢意。

冯 玮
于日本庆应义塾大学
International Residence 310 室

图书在版编目(CIP)数据

日本通史:珍藏本/冯玮著.--上海:上海社会科学院出版社,2019
 ISBN 978-7-5520-2725-9

Ⅰ.①日… Ⅱ.①冯… Ⅲ.①日本-历史 Ⅳ.①K313.0

中国版本图书馆 CIP 数据核字(2019)第 066555 号

日本通史(珍藏本)

著　　者：冯　玮
特约编辑：张广勇
责任编辑：王　勤
封面设计：周清华
出版发行：上海社会科学院出版社
　　　　　上海顺昌路 622 号　邮编 200025
　　　　　电话总机 021-63315947　销售热线 021-53063735
　　　　　http://www.sassp.org.cn　E-mail:sassp@sassp.cn
照　　排：南京理工出版信息技术有限公司
印　　刷：江阴金马印刷有限公司
开　　本：710×1010 毫米　1/16 开
印　　张：44.25
插　　页：5
字　　数：815 千字
版　　次：2019 年 11 月第 1 版　2019 年 11 月第 1 次印刷

ISBN 978-7-5520-2725-9/K·514　　　　　　　定价：128.00 元

版权所有　翻印必究